2025

年版

法律法规全书系列

中华人民共和国

招标投标法律法规全书

BIDDING LAWS AND REGULATIONS

·含相关政策·

法律出版社法规中心 编

法律出版社
LAW PRESS·CHINA

北京

图书在版编目（CIP）数据

中华人民共和国招标投标法律法规全书：含相关政策／法律出版社法规中心编. --3版. --北京：法律出版社，2025. --（法律法规全书系列）. --ISBN 978-7-5197-9747-8

Ⅰ. D922.297.9

中国国家版本馆CIP数据核字第20248NN317号

中华人民共和国招标投标法律法规全书（含相关政策）
ZHONGHUA RENMIN GONGHEGUO ZHAOBIAO TOUBIAO FALÜ FAGUI QUANSHU（HAN XIANGGUAN ZHENGCE）

法律出版社法规中心 编

责任编辑 陈昱希
装帧设计 臧晓飞

出版发行 法律出版社
编辑统筹 法规出版分社
责任校对 张红蕊
责任印制 耿润瑜
经　　销 新华书店

开本 787毫米×960毫米 1/16
印张 38.25　**字数** 999千
版本 2025年1月第3版
印次 2025年1月第1次印刷
印刷 三河市兴达印务有限公司

地址：北京市丰台区莲花池西里7号（100073）
网址：www.lawpress.com.cn
投稿邮箱：info@lawpress.com.cn
举报盗版邮箱：jbwq@lawpress.com.cn
销售电话：010-83938349
客服电话：010-83938350
咨询电话：010-63939796

书号：ISBN 978-7-5197-9747-8
定价：88.00元

编辑出版说明

招标投标是一种重要的市场竞争方式，其最大的优势是充分体现“公开、公正、公平”的市场竞争原则，众多投标人通过招标采购、公平竞争，以最低或更低的价格获得最好的货物、工程或服务，以提高经济效益和社会效益，提高招标项目质量，提高国有资金使用效率，推进投融资管理体制和行业管理制度改革。

招标投标（含政府采购）领域涉及的法律法规和规章政策众多，《中华人民共和国招标投标法》和《中华人民共和国政府采购法》是规范我国境内招标采购活动的两大基本法律，在总结我国招标采购实践经验和借鉴国际经验的基础上，《中华人民共和国招标投标法实施条例》和《中华人民共和国政府采购法实施条例》作为两大法律的配套行政法规，对招标投标制度作了补充、细化和完善，进一步健全和完善了我国招标投标制度。另外，国务院各相关部门结合本部门、本行业的特点和实际情况相应制订了专门的招投标管理的部门规章、规范性文件及政策性文件。总的来看，这些规章和规范性文件使招标采购活动的主要方面和重点环节实现了有法可依、有章可循，已经构成了我国整个招标采购市场的重要组成部分，形成了覆盖全国各领域、各层级的招标采购制度体系。同时，我们也注意到，招标投标领域制度体系的建立对相关从业人员的法律水平等职业能力提出更高的要求，可以说，相关的法律和规定掌握得是否足够全面，成为能否成功处理招标投标工作的重要因素之一。为此，我们精心编辑出版了这本《中华人民共和国招标投标法律法规全书（含相关政策）》，以期为各方提供法律依据，助力法律落地起跑。本书具有以下特点：

一、收录全面，编排合理，查询方便

收录截至2024年11月底以来公布的现行有效的与招标投标相关的法律、行政法规、司法解释、部门规章及政策规定。本书以招标采购相关法律法规文件为主要内容，分为两大部分，涵盖招标投标和政府采购的通用性规定，以及各行业招标采购相关的具体规定。本书分类细致，全面覆盖招标投标活动的方方面面，具有体例清晰、查询方便的特点。

二、法律文本标准，特设条旨，权威实用

作为专业法律出版机构，多年来，我社积淀了丰富的标准法律文本资源，并根据立法进度及时更新相关内容，有能力向公民传播权威的法律信息。全书对重点法律附加条旨，可指引读者迅速找到自己需要的条文，实用性强。

三、特色服务,动态增补

为保持本书与新法的同步更新,避免读者在一定周期内重复购书,特结合法律出版社法规中心的资源优势提供动态增补服务。(1)为方便读者一次性获取版本更新后的全部增补文件,本书特设封底增补材料二维码,供读者扫描查看、下载版本更新后的全部法律文件增补材料。(2)鉴于本书出版后至下一版本出版前不免有新文件发布或失效文件更新,为了方便广大读者及时获取该领域的新法律文件,本书创新推出动态增补服务,读者可扫描侧边动态增补二维码,查看、阅读本书出版后一段时间内更新的或新发布的法律文件。

动态增补二维码

由于编者水平有限,还望读者在使用过程中不吝赐教,提出您的宝贵意见(邮箱地址:faguizhongxin@163.com),以便本书继续修订完善。谢谢!

法律出版社法规中心

2024 年 12 月

总　目　录

目　　录

一、招标投标

1. 一般规定

2. 招标范围

3. 招标程序

① 目录中对有修改的文件，将其第一次公布的时间和最近一次修改的时间一并列出，在正文中收录的是最新修改后的文本。特此说明。

4. 监督处理

5. 法律责任

6. 领域规范

(1)房屋市政工程

①一般规定

②使用权招标

③设计招标

④施工招标

(2)机电产品国际招标

① 加*的文件为重见件,收录在本书其他位置。

二、政府采购

1. 一般规定

3. 政策功能

4. 公共资源交易平台

5. 采购方式

(1)公开招标

(2)竞争性磋商

(3)非招标采购

(4)其他

6. 其他

(1)政府购买服务

(2)信息公开

一、招标投标

资料补充栏

1. 一般规定

中华人民共和国招标投标法

1. 1999年8月30日第九届全国人民代表大会常务委员会第十一次会议通过

2. 根据2017年12月27日第十二届全国人民代表大会常务委员会第三十一次会议《关于修改〈中华人民共和国招标投标法〉、〈中华人民共和国计量法〉的决定》修正

目　　录

第一章　总　　则

第一条　【立法目的】[①]为了规范招标投标活动，保护国家利益、社会公共利益和招标投标活动当事人的合法权益，提高经济效益，保证项目质量，制定本法。

第二条　【适用范围】在中华人民共和国境内进行招标投标活动，适用本法。

第三条　【必须进行招标的建设工程项目】在中华人民共和国境内进行下列工程建设项目包括项目的勘察、设计、施工、监理以及与工程建设有关的重要设备、材料等的采购，必须进行招标：

（一）大型基础设施、公用事业等关系社会公共利益、公众安全的项目；

（二）全部或者部分使用国有资金投资或者国家融资的项目；

（三）使用国际组织或者外国政府贷款、援助资金的项目。

前款所列项目的具体范围和规模标准，由国务院发展计划部门会同国务院有关部门制订，报国务院批准。

法律或者国务院对必须进行招标的其他项目的范围有规定的，依照其规定。

第四条　【规避招标的禁止】任何单位和个人不得将依法必须进行招标的项目化整为零或者以其他任何方式规避招标。

第五条　【招投标活动的原则】招标投标活动应当遵循公开、公平、公正和诚实信用的原则。

第六条　【招投标活动不受地区和部门的限制】依法必须进行招标的项目，其招标投标活动不受地区或者部门的限制。任何单位和个人不得违法限制或者排斥本地区、本系统以外的法人或者其他组织参加投标，不得以任何方式非法干涉招标投标活动。

第七条　【对招投标活动的监督】招标投标活动及其当事人应当接受依法实施的监督。

有关行政监督部门依法对招标投标活动实施监督，依法查处招标投标活动中的违法行为。

对招标投标活动的行政监督及有关部门的具体职权划分，由国务院规定。

第二章　招　　标

第八条　【招标人】招标人是依照本法规定提出招标项目、进行招标的法人或者其他组织。

第九条　【招标项目的批准】招标项目按照国家有关规定需要履行项目审批手续的，应当先履行审批手续，取得批准。

招标人应当有进行招标项目的相应资金或者资金来源已经落实，并应当在招标文件中如实载明。

第十条　【公开招标和邀请招标】招标分为公开招标和邀请招标。

公开招标，是指招标人以招标公告的方式邀请不特定的法人或者其他组织投标。

邀请招标，是指招标人以投标邀请书的方式邀请特定的法人或者其他组织投标。

第十一条　【适用邀请招标的情形】国务院发展计划部门确定的国家重点项目和省、自治区、直辖市人民政府确定的地方重点项目不适宜公开招标的，经国务院发展计划部门或者省、自治区、直辖市人民政府

---

① 条文主旨为编者所加，下同。

批准，可以进行邀请招标。

第十二条　【自行办理招标和招标代理】招标人有权自行选择招标代理机构，委托其办理招标事宜。任何单位和个人不得以任何方式为招标人指定招标代理机构。

招标人具有编制招标文件和组织评标能力的，可以自行办理招标事宜。任何单位和个人不得强制其委托招标代理机构办理招标事宜。

依法必须进行招标的项目，招标人自行办理招标事宜的，应当向有关行政监督部门备案。

第十三条　【招标代理机构及条件】招标代理机构是依法设立、从事招标代理业务并提供相关服务的社会中介组织。

招标代理机构应当具备下列条件：

（一）有从事招标代理业务的营业场所和相应资金；

（二）有能够编制招标文件和组织评标的相应专业力量。

第十四条　【招标代理机构的隶属关系限制】招标代理机构与行政机关和其他国家机关不得存在隶属关系或者其他利益关系。

第十五条　【招标代理机构的代理范围】招标代理机构应当在招标人委托的范围内办理招标事宜，并遵守本法关于招标人的规定。

第十六条　【招标公告】招标人采用公开招标方式的，应当发布招标公告。依法必须进行招标的项目的招标公告，应当通过国家指定的报刊、信息网络或者其他媒介发布。

招标公告应当载明招标人的名称和地址、招标项目的性质、数量、实施地点和时间以及获取招标文件的办法等事项。

第十七条　【邀请招标方式的行使】招标人采用邀请招标方式的，应当向三个以上具备承担招标项目的能力、资信良好的特定的法人或者其他组织发出投标邀请书。

投标邀请书应当载明本法第十六条第二款规定的事项。

第十八条　【潜在投标人】招标人可以根据招标项目本身的要求，在招标公告或者投标邀请书中，要求潜在投标人提供有关资质证明文件和业绩情况，并对潜在投标人进行资格审查；国家对投标人的资格条件有规定的，依照其规定。

招标人不得以不合理的条件限制或者排斥潜在投标人，不得对潜在投标人实行歧视待遇。

第十九条　【招标文件】招标人应当根据招标项目的特点和需要编制招标文件。招标文件应当包括招标项目的技术要求、对投标人资格审查的标准、投标报价要求和评标标准等所有实质性要求和条件以及拟签订合同的主要条款。

国家对招标项目的技术、标准有规定的，招标人应当按照其规定在招标文件中提出相应要求。

招标项目需要划分标段、确定工期的，招标人应当合理划分标段、确定工期，并在招标文件中载明。

第二十条　【招标文件的限制】招标文件不得要求或者标明特定的生产供应者以及含有倾向或者排斥潜在投标人的其他内容。

第二十一条　【潜在投标人对项目现场的踏勘】招标人根据招标项目的具体情况，可以组织潜在投标人踏勘项目现场。

第二十二条　【已获取招标文件者及标底的保密】招标人不得向他人透露已获取招标文件的潜在投标人的名称、数量以及可能影响公平竞争的有关招标投标的其他情况。

招标人设有标底的，标底必须保密。

第二十三条　【招标文件的澄清或修改】招标人对已发出的招标文件进行必要的澄清或者修改的，应当在招标文件要求提交投标文件截止时间至少十五日前，以书面形式通知所有招标文件收受人。该澄清或者修改的内容为招标文件的组成部分。

第二十四条　【编制投标文件的时间】招标人应当确定投标人编制投标文件所需要的合理时间；但是，依法必须进行招标的项目，自招标文件开始发出之日起至投标人提交投标文件截止之日止，最短不得少于二十日。

第三章　投　　标

第二十五条　【投标人】投标人是响应招标、参加投标竞争的法人或者其他组织。

依法招标的科研项目允许个人参加投标的，投标的个人适用本法有关投标人的规定。

第二十六条 【投标人的资格条件】投标人应当具备承担招标项目的能力；国家有关规定对投标人资格条件或者招标文件对投标人资格条件有规定的，投标人应当具备规定的资格条件。

第二十七条 【投标文件的编制】投标人应当按照招标文件的要求编制投标文件。投标文件应当对招标文件提出的实质性要求和条件作出响应。

招标项目属于建设施工的，投标文件的内容应当包括拟派出的项目负责人与主要技术人员的简历、业绩和拟用于完成招标项目的机械设备等。

第二十八条 【投标文件的送达】投标人应当在招标文件要求提交投标文件的截止时间前，将投标文件送达投标地点。招标人收到投标文件后，应当签收保存，不得开启。投标人少于三个的，招标人应当依照本法重新招标。

在招标文件要求提交投标文件的截止时间后送达的投标文件，招标人应当拒收。

第二十九条 【投标文件的补充、修改、撤回】投标人在招标文件要求提交投标文件的截止时间前，可以补充、修改或者撤回已提交的投标文件，并书面通知招标人。补充、修改的内容为投标文件的组成部分。

第三十条 【投标文件对拟分包项目的载明】投标人根据招标文件载明的项目实际情况，拟在中标后将中标项目的部分非主体、非关键性工作进行分包的，应当在投标文件中载明。

第三十一条 【共同投标】两个以上法人或者其他组织可以组成一个联合体，以一个投标人的身份共同投标。

联合体各方均应当具备承担招标项目的相应能力；国家有关规定或者招标文件对投标人资格条件有规定的，联合体各方均应当具备规定的相应资格条件。由同一专业的单位组成的联合体，按照资质等级较低的单位确定资质等级。

联合体各方应当签订共同投标协议，明确约定各方拟承担的工作和责任，并将共同投标协议连同投标文件一并提交招标人。联合体中标的，联合体各方应当共同与招标人签订合同，就中标项目向招标人承担连带责任。

招标人不得强制投标人组成联合体共同投标，不得限制投标人之间的竞争。

第三十二条 【串通投标的禁止】投标人不得相互串通投标报价，不得排挤其他投标人的公平竞争，损害招标人或者其他投标人的合法权益。

投标人不得与招标人串通投标，损害国家利益、社会公共利益或者他人的合法权益。

禁止投标人以向招标人或者评标委员会成员行贿的手段谋取中标。

第三十三条 【低于成本的报价竞标与骗取中标的禁止】投标人不得以低于成本的报价竞标，也不得以他人名义投标或者以其他方式弄虚作假，骗取中标。

第四章 开标、评标和中标

第三十四条 【开标的时间与地点】开标应当在招标文件确定的提交投标文件截止时间的同一时间公开进行；开标地点应当为招标文件中预先确定的地点。

第三十五条 【开标人与参加人】开标由招标人主持，邀请所有投标人参加。

第三十六条 【开标方式】开标时，由投标人或者其推选的代表检查投标文件的密封情况，也可以由招标人委托的公证机构检查并公证；经确认无误后，由工作人员当众拆封，宣读投标人名称、投标价格和投标文件的其他主要内容。

招标人在招标文件要求提交投标文件的截止时间前收到的所有投标文件，开标时都应当当众予以拆封、宣读。

开标过程应当记录，并存档备查。

第三十七条 【评标】评标由招标人依法组建的评标委员会负责。

依法必须进行招标的项目，其评标委员会由招标人的代表和有关技术、经济等方面的专家组成，成员人数为五人以上单数，其中技术、经济等方面的专家不得少于成员总数的三分之二。

前款专家应当从事相关领域工作满八年并具有高级职称或者具有同等专业水平，由招标人从国务院有关部门或者省、自治区、直辖市人民政府有关部门提供的专家名册或者招标代理机构的专家库内的相关专业的专家名单中确定；一般招标项目可以采取随机抽取方式，特殊招标项目可以由招标人直接确定。

与投标人有利害关系的人不得进入相关项目的评标委员会；已经进入的应当更换。

评标委员会成员的名单在中标结果确定前应当保密。

第三十八条　【评标的保密】招标人应当采取必要的措施，保证评标在严格保密的情况下进行。

任何单位和个人不得非法干预、影响评标的过程和结果。

第三十九条　【投标人对投标文件的说明义务】评标委员会可以要求投标人对投标文件中含义不明确的内容作必要的澄清或者说明，但是澄清或者说明不得超出投标文件的范围或者改变投标文件的实质性内容。

第四十条　【评标的方法】评标委员会应当按照招标文件确定的评标标准和方法，对投标文件进行评审和比较；设有标底的，应当参考标底。评标委员会完成评标后，应当向招标人提出书面评标报告，并推荐合格的中标候选人。

招标人根据评标委员会提出的书面评标报告和推荐的中标候选人确定中标人。招标人也可以授权评标委员会直接确定中标人。

国务院对特定招标项目的评标有特别规定的，从其规定。

第四十一条　【中标人的投标应符合的条件】中标人的投标应当符合下列条件之一：

（一）能够最大限度地满足招标文件中规定的各项综合评价标准；

（二）能够满足招标文件的实质性要求，并且经评审的投标价格最低；但是投标价格低于成本的除外。

第四十二条　【对所有投标的否决】评标委员会经评审，认为所有投标都不符合招标文件要求的，可以否决所有投标。

依法必须进行招标的项目的所有投标被否决的，招标人应当依照本法重新招标。

第四十三条　【确定中标人前对招标人与投标人进行谈判的禁止】在确定中标人前，招标人不得与投标人就投标价格、投标方案等实质性内容进行谈判。

第四十四条　【评标委员会成员的义务】评标委员会成员应当客观、公正地履行职务，遵守职业道德，对所提出的评审意见承担个人责任。

评标委员会成员不得私下接触投标人，不得收受投标人的财物或者其他好处。

评标委员会成员和参与评标的有关工作人员不得透露对投标文件的评审和比较、中标候选人的推荐情况以及与评标有关的其他情况。

第四十五条　【中标通知书的发出】中标人确定后，招标人应当向中标人发出中标通知书，并同时将中标结果通知所有未中标的投标人。

中标通知书对招标人和中标人具有法律效力。中标通知书发出后，招标人改变中标结果的，或者中标人放弃中标项目的，应当依法承担法律责任。

第四十六条　【按投标文件订立书面合同】招标人和中标人应当自中标通知书发出之日起三十日内，按照招标文件和中标人的投标文件订立书面合同。招标人和中标人不得再行订立背离合同实质性内容的其他协议。

招标文件要求中标人提交履约保证金的，中标人应当提交。

第四十七条　【向有关行政监督部门提交招投标情况报告的期限】依法必须进行招标的项目，招标人应当自确定中标人之日起十五日内，向有关行政监督部门提交招标投标情况的书面报告。

第四十八条　【中标人对合同义务的履行】中标人应当按照合同约定履行义务，完成中标项目。中标人不得向他人转让中标项目，也不得将中标项目肢解后分别向他人转让。

中标人按照合同约定或者经招标人同意，可以将中标项目的部分非主体、非关键性工作分包给他人完成。接受分包的人应当具备相应的资格条件，并不得再次分包。

中标人应当就分包项目向招标人负责，接受分包的人就分包项目承担连带责任。

第五章　法律责任

第四十九条　【必须进行招标的项目而不招标的责任】违反本法规定，必须进行招标的项目而不招标的，将必须进行招标的项目化整为零或者以其他任何方式规避招标的，责令限期改正，可以处项目合同金额千分之五以上千分之十以下的罚款；对全部或者部分使用国有资金的项目，可以暂停项目执行或者暂停资金拨付；对单位直接负责的主管人员和其他直接责任人员依法给予处分。

第五十条　【招标代理机构泄密、招投标人串通的责任】招标代理机构违反本法规定，泄露应当保密的与招标投标活动有关的情况和资料的，或者与招标人、投标人串通损害国家利益、社会公共利益或者他人合法权益的，处五万元以上二十五万元以下的罚款；对单位直接负责的主管人员和其他直接责任人员处单位罚款数额百分之五以上百分之十以下的罚款；有违法所得的，并处没收违法所得；情节严重的，禁止其一年至二年内代理依法必须进行招标的项目并予以公告，直至由工商行政管理机关吊销营业执照；构成犯罪的，依法追究刑事责任。给他人造成损失的，依法承担赔偿责任。

前款所列行为影响中标结果的，中标无效。

第五十一条　【限制或排斥潜在投标人的责任】招标人以不合理的条件限制或者排斥潜在投标人的，对潜在投标人实行歧视待遇的，强制要求投标人组成联合体共同投标的，或者限制投标人之间竞争的，责令改正，可以处一万元以上五万元以下的罚款。

第五十二条　【泄露招投标活动有关秘密的责任】依法必须进行招标的项目的招标人向他人透露已获取招标文件的潜在投标人的名称、数量或者可能影响公平竞争的有关招标投标的其他情况的，或者泄露标底的，给予警告，可以并处一万元以上十万元以下的罚款；对单位直接负责的主管人员和其他直接责任人员依法给予处分；构成犯罪的，依法追究刑事责任。

前款所列行为影响中标结果的，中标无效。

第五十三条　【串通投标的责任】投标人相互串通投标或者与招标人串通投标的，投标人以向招标人或者评标委员会成员行贿的手段谋取中标的，中标无效，处中标项目金额千分之五以上千分之十以下的罚款，对单位直接负责的主管人员和其他直接责任人员处单位罚款数额百分之五以上百分之十以下的罚款；有违法所得的，并处没收违法所得；情节严重的，取消其一年至二年内参加依法必须进行招标的项目的投标资格并予以公告，直至由工商行政管理机关吊销营业执照；构成犯罪的，依法追究刑事责任。给他人造成损失的，依法承担赔偿责任。

第五十四条　【骗取中标的责任】投标人以他人名义投标或者以其他方式弄虚作假，骗取中标的，中标无效，给招标人造成损失的，依法承担赔偿责任；构成犯罪的，依法追究刑事责任。

依法必须进行招标的项目的投标人有前款所列行为尚未构成犯罪的，处中标项目金额千分之五以上千分之十以下的罚款，对单位直接负责的主管人员和其他直接责任人员处单位罚款数额百分之五以上百分之十以下的罚款；有违法所得的，并处没收违法所得；情节严重的，取消其一年至三年内参加依法必须进行招标的项目的投标资格并予以公告，直至由工商行政管理机关吊销营业执照。

第五十五条　【招标人违规谈判的责任】依法必须进行招标的项目，招标人违反本法规定，与投标人就投标价格、投标方案等实质性内容进行谈判的，给予警告，对单位直接负责的主管人员和其他直接责任人员依法给予处分。

前款所列行为影响中标结果的，中标无效。

第五十六条　【评标委员会成员受贿、泄密的责任】评标委员会成员收受投标人的财物或者其他好处的，评标委员会成员或者参加评标的有关工作人员向他人透露对投标文件的评审和比较、中标候选人的推荐以及与评标有关的其他情况的，给予警告，没收收受的财物，可以并处三千元以上五万元以下的罚款，对有所列违法行为的评标委员会成员取消担任评标委员会成员的资格，不得再参加任何依法必须进行招标的项目的评标；构成犯罪的，依法追究刑事责任。

第五十七条　【招标人在中标候选之外确定中标人的责任】招标人在评标委员会依法推荐的中标候选人以外确定中标人的，依法必须进行招标的项目在所有投标被评标委员会否决后自行确定中标人的，中标无效，责令改正，可以处中标项目金额千分之五以上千分之十以下的罚款；对单位直接负责的主管人员和其他直接责任人员依法给予处分。

第五十八条　【中标人转让、分包中标项目的责任】中标人将中标项目转让给他人的，将中标项目肢解后分别转让给他人的，违反本法规定将中标项目的部分主体、关键性工作分包给他人的，或者分包人再次分包的，转让、分包无效，处转让、分包项目金额千分之五以上千分之十以下的罚款；有违法所得的，并处没收违法所得；可以责令停业整顿；情节严重的，由工商行政管理机关吊销营业执照。

第五十九条　【不按招投标文件订立合同的责任】招标人与中标人不按照招标文件和中标人的投标文件订立合同的，或者招标人、中标人订立背离合同实质性内容的协议的，责令改正；可以处中标项目金额千分之五以上千分之十以下的罚款。

第六十条　【中标人不履行合同义务的责任】中标人不履行与招标人订立的合同的，履约保证金不予退还，给招标人造成的损失超过履约保证金数额的，还应当对超过部分予以赔偿；没有提交履约保证金的，应当对招标人的损失承担赔偿责任。

中标人不按照与招标人订立的合同履行义务，情节严重的，取消其二年至五年内参加依法必须进行招标的项目的投标资格并予以公告，直至由工商行政管理机关吊销营业执照。

因不可抗力不能履行合同的，不适用前两款规定。

第六十一条　【行政处罚的决定】本章规定的行政处罚，由国务院规定的有关行政监督部门决定。本法已对实施行政处罚的机关作出规定的除外。

第六十二条　【干涉招投标活动的责任】任何单位违反本法规定，限制或者排斥本地区、本系统以外的法人或者其他组织参加投标的，为招标人指定招标代理机构的，强制招标人委托招标代理机构办理招标事宜的，或者以其他方式干涉招标投标活动的，责令改正；对单位直接负责的主管人员和其他直接责任人员依法给予警告、记过、记大过的处分，情节较重的，依法给予降级、撤职、开除的处分。

个人利用职权进行前款违法行为的，依照前款规定追究责任。

第六十三条　【负有行政监督职责的机关工作人员的责任】对招标投标活动依法负有行政监督职责的国家机关工作人员徇私舞弊、滥用职权或者玩忽职守，构成犯罪的，依法追究刑事责任；不构成犯罪的，依法给予行政处分。

第六十四条　【中标无效的处理】依法必须进行招标的项目违反本法规定，中标无效的，应当依照本法规定的中标条件从其余投标人中重新确定中标人或者依照本法重新进行招标。

第六章　附　　则

第六十五条　【异议或投诉】投标人和其他利害关系人认为招标投标活动不符合本法有关规定的，有权向招标人提出异议或者依法向有关行政监督部门投诉。

第六十六条　【招标除外项目】涉及国家安全、国家秘密、抢险救灾或者属于利用扶贫资金实行以工代赈、需要使用农民工等特殊情况，不适宜进行招标的项目，按照国家有关规定可以不进行招标。

第六十七条　【适用除外】使用国际组织或者外国政府贷款、援助资金的项目进行招标，贷款方、资金提供方对招标投标的具体条件和程序有不同规定的，可以适用其规定，但违背中华人民共和国的社会公共利益的除外。

第六十八条　【施行日期】本法自2000年1月1日起施行。

中华人民共和国招标投标法实施条例

1. 2011年12月20日国务院令第613号公布
2. 根据2017年3月1日国务院令第676号《关于修改和废止部分行政法规的决定》第一次修订
3. 根据2018年3月19日国务院令第726号《关于修改和废止部分行政法规的决定》第二次修订
4. 根据2019年3月2日国务院令第709号《关于修改部分行政法规的决定》第三次修订

第一章　总　　则

第一条　为了规范招标投标活动，根据《中华人民共和国招标投标法》（以下简称招标投标法），制定本条例。

第二条　招标投标法第三条所称工程建设项目，是指工程以及与工程建设有关的货物、服务。

前款所称工程，是指建设工程，包括建筑物和构筑物的新建、改建、扩建及其相关的装修、拆除、修缮等；所称与工程建设有关的货物，是指构成工程不可分割的组成部分，且为实现工程基本功能所必需的设备、材料等；所称与工程建设有关的服务，是指为完成工程所需的勘察、设计、监理等服务。

第三条　依法必须进行招标的工程建设项目的具体范围和规模标准，由国务院发展改革部门会同国务院有关部门制订，报国务院批准后公布施行。

第四条　国务院发展改革部门指导和协调全国招标投标工作，对国家重大建设项目的工程招标投标活动实施监督检查。国务院工业和信息化、住房城乡建设、交通运输、铁道、水利、商务等部门，按照规定的职责分工对有关招标投标活动实施监督。

县级以上地方人民政府发展改革部门指导和协调本行政区域的招标投标工作。县级以上地方人民政府有关部门按照规定的职责分工，对招标投标活动实施监督，依法查处招标投标活动中的违法行为。县级以上地方人民政府对其所属部门有关招标投标活动的监督职责分工另有规定的，从其规定。

财政部门依法对实行招标投标的政府采购工程建设项目的政府采购政策执行情况实施监督。

监察机关依法对与招标投标活动有关的监察对象实施监察。

第五条　设区的市级以上地方人民政府可以根据实际需要，建立统一规范的招标投标交易场所，为招标投标活动提供服务。招标投标交易场所不得与行政监督部门存在隶属关系，不得以营利为目的。

国家鼓励利用信息网络进行电子招标投标。

第六条　禁止国家工作人员以任何方式非法干涉招标投标活动。

第二章　招　　标

第七条　按照国家有关规定需要履行项目审批、核准手续的依法必须进行招标的项目，其招标范围、招标方式、招标组织形式应当报项目审批、核准部门审批、核准。项目审批、核准部门应当及时将审批、核准确定的招标范围、招标方式、招标组织形式通报有关行政监督部门。

第八条　国有资金占控股或者主导地位的依法必须进行招标的项目，应当公开招标；但有下列情形之一的，可以邀请招标：

（一）技术复杂、有特殊要求或者受自然环境限制，只有少量潜在投标人可供选择；

（二）采用公开招标方式的费用占项目合同金额的比例过大。

有前款第二项所列情形，属于本条例第七条规定的项目，由项目审批、核准部门在审批、核准项目时作出认定；其他项目由招标人申请有关行政监督部门作出认定。

第九条　除招标投标法第六十六条规定的可以不进行招标的特殊情况外，有下列情形之一的，可以不进行招标：

（一）需要采用不可替代的专利或者专有技术；

（二）采购人依法能够自行建设、生产或者提供；

（三）已通过招标方式选定的特许经营项目投资人依法能够自行建设、生产或者提供；

（四）需要向原中标人采购工程、货物或者服务，否则将影响施工或者功能配套要求；

（五）国家规定的其他特殊情形。

招标人为适用前款规定弄虚作假的，属于招标投标法第四条规定的规避招标。

第十条 招标投标法第十二条第二款规定的招标人具有编制招标文件和组织评标能力，是指招标人具有与招标项目规模和复杂程度相适应的技术、经济等方面的专业人员。

第十一条 国务院住房城乡建设、商务、发展改革、工业和信息化等部门，按照规定的职责分工对招标代理机构依法实施监督管理。

第十二条 招标代理机构应当拥有一定数量的具备编制招标文件、组织评标等相应能力的专业人员。

第十三条 招标代理机构在招标人委托的范围内开展招标代理业务，任何单位和个人不得非法干涉。

招标代理机构代理招标业务，应当遵守招标投标法和本条例关于招标人的规定。招标代理机构不得在所代理的招标项目中投标或者代理投标，也不得为所代理的招标项目的投标人提供咨询。

第十四条 招标人应当与被委托的招标代理机构签订书面委托合同，合同约定的收费标准应当符合国家有关规定。

第十五条 公开招标的项目，应当依照招标投标法和本条例的规定发布招标公告、编制招标文件。

招标人采用资格预审办法对潜在投标人进行资格审查的，应当发布资格预审公告、编制资格预审文件。

依法必须进行招标的项目的资格预审公告和招标公告，应当在国务院发展改革部门依法指定的媒介发布。在不同媒介发布的同一招标项目的资格预审公告或者招标公告的内容应当一致。指定媒介发布依法必须进行招标的项目的境内资格预审公告、招标公告，不得收取费用。

编制依法必须进行招标的项目的资格预审文件和招标文件，应当使用国务院发展改革部门会同有关行政监督部门制定的标准文本。

第十六条 招标人应当按照资格预审公告、招标公告或者投标邀请书规定的时间、地点发售资格预审文件或者招标文件。资格预审文件或者招标文件的发售期不得少于5日。

招标人发售资格预审文件、招标文件收取的费用应当限于补偿印刷、邮寄的成本支出，不得以营利为目的。

第十七条 招标人应当合理确定提交资格预审申请文件的时间。依法必须进行招标的项目提交资格预审申请文件的时间，自资格预审文件停止发售之日起不得少于5日。

第十八条 资格预审应当按照资格预审文件载明的标准和方法进行。

国有资金占控股或者主导地位的依法必须进行招标的项目，招标人应当组建资格审查委员会审查资格预审申请文件。资格审查委员会及其成员应当遵守招标投标法和本条例有关评标委员会及其成员的规定。

第十九条 资格预审结束后，招标人应当及时向资格预审申请人发出资格预审结果通知书。未通过资格预审的申请人不具有投标资格。

通过资格预审的申请人少于3个的，应当重新招标。

第二十条 招标人采用资格后审办法对投标人进行资格审查的，应当在开标后由评标委员会按照招标文件规定的标准和方法对投标人的资格进行审查。

第二十一条 招标人可以对已发出的资格预审文件或者招标文件进行必要的澄清或者修改。澄清或者修改的内容可能影响资格预审申请文件或者投标文件编制的，招标人应当在提交资格预审申请文件截止时间至少3日前，或者投标截止时间至少15日前，以书面形式通知所有获取资格预审文件或者招标文件的潜在投标人；不足3日或者15日的，招标人应当顺延提交资格预审申请文件或者投标文件的截止时间。

第二十二条 潜在投标人或者其他利害关系人对资格预审文件有异议的，应当在提交资格预审申请文件截止时间2日前提出；对招标文件有异议的，应当在投标截止时间10日前提出。招标人应当自收到异议之日起3日内作出答复；作出答复前，应当暂停招标投标活动。

第二十三条 招标人编制的资格预审文件、招标文件的内容违反法律、行政法规的强制性规定，违反公开、公平、公正和诚实信用原则，影响资格预审结果或者潜在投标人投标的，依法必须进行招标的项目的招标人应当在修改资格预审文件或者招标文件后重新招标。

第二十四条 招标人对招标项目划分标段的，应当遵守招标投标法的有关规定，不得利用划分标段限制或者排斥潜在投标人。依法必须进行招标的项目的招标人不得利用划分标段规避招标。

第二十五条 招标人应当在招标文件中载明投标有效期。投标有效期从提交投标文件的截止之日起算。

第二十六条 招标人在招标文件中要求投标人提交投标保证金的，投标保证金不得超过招标项目估算价的2%。投标保证金有效期应当与投标有效期一致。

依法必须进行招标的项目的境内投标单位，以现金或者支票形式提交的投标保证金应当从其基本账户转出。

招标人不得挪用投标保证金。

第二十七条 招标人可以自行决定是否编制标底。一个招标项目只能有一个标底。标底必须保密。

接受委托编制标底的中介机构不得参加受托编制标底项目的投标，也不得为该项目的投标人编制投标文件或者提供咨询。

招标人设有最高投标限价的，应当在招标文件中明确最高投标限价或者最高投标限价的计算方法。招标人不得规定最低投标限价。

第二十八条 招标人不得组织单个或者部分潜在投标人踏勘项目现场。

第二十九条 招标人可以依法对工程以及与工程建设有关的货物、服务全部或者部分实行总承包招标。以暂估价形式包括在总承包范围内的工程、货物、服务属于依法必须进行招标的项目范围且达到国家规定规模标准的，应当依法进行招标。

前款所称暂估价，是指总承包招标时不能确定价格而由招标人在招标文件中暂时估定的工程、货物、服务的金额。

第三十条 对技术复杂或者无法精确拟定技术规格的项目，招标人可以分两阶段进行招标。

第一阶段，投标人按照招标公告或者投标邀请书的要求提交不带报价的技术建议，招标人根据投标人提交的技术建议确定技术标准和要求，编制招标文件。

第二阶段，招标人向在第一阶段提交技术建议的投标人提供招标文件，投标人按照招标文件的要求提交包括最终技术方案和投标报价的投标文件。

招标人要求投标人提交投标保证金的，应当在第二阶段提出。

第三十一条 招标人终止招标的，应当及时发布公告，或者以书面形式通知被邀请的或者已经获取资格预审文件、招标文件的潜在投标人。已经发售资格预审文件、招标文件或者已经收取投标保证金的，招标人应当及时退还所收取的资格预审文件、招标文件的费用，以及所收取的投标保证金及银行同期存款利息。

第三十二条 招标人不得以不合理的条件限制、排斥潜在投标人或者投标人。

招标人有下列行为之一的，属于以不合理条件限制、排斥潜在投标人或者投标人：

（一）就同一招标项目向潜在投标人或者投标人提供有差别的项目信息；

（二）设定的资格、技术、商务条件与招标项目的具体特点和实际需要不相适应或者与合同履行无关；

（三）依法必须进行招标的项目以特定行政区域或者特定行业的业绩、奖项作为加分条件或者中标条件；

（四）对潜在投标人或者投标人采取不同的资格审查或者评标标准；

（五）限定或者指定特定的专利、商标、品牌、原产地或者供应商；

（六）依法必须进行招标的项目非法限定潜在投标人或者投标人的所有制形式或者组织形式；

（七）以其他不合理条件限制、排斥潜在投标人或者投标人。

第三章　投　　标

第三十三条　投标人参加依法必须进行招标的项目的投标，不受地区或者部门的限制，任何单位和个人不得非法干涉。

第三十四条　与招标人存在利害关系可能影响招标公正性的法人、其他组织或者个人，不得参加投标。

单位负责人为同一人或者存在控股、管理关系的不同单位，不得参加同一标段投标或者未划分标段的同一招标项目投标。

违反前两款规定的，相关投标均无效。

第三十五条　投标人撤回已提交的投标文件，应当在投标截止时间前书面通知招标人。招标人已收取投标保证金的，应当自收到投标人书面撤回通知之日起5日内退还。

投标截止后投标人撤销投标文件的，招标人可以不退还投标保证金。

第三十六条　未通过资格预审的申请人提交的投标文件，以及逾期送达或者不按照招标文件要求密封的投标文件，招标人应当拒收。

招标人应当如实记载投标文件的送达时间和密封情况，并存档备查。

第三十七条　招标人应当在资格预审公告、招标公告或者投标邀请书中载明是否接受联合体投标。

招标人接受联合体投标并进行资格预审的，联合体应当在提交资格预审申请文件前组成。资格预审后联合体增减、更换成员的，其投标无效。

联合体各方在同一招标项目中以自己名义单独投标或者参加其他联合体投标的，相关投标均无效。

第三十八条　投标人发生合并、分立、破产等重大变化的，应当及时书面告知招标人。投标人不再具备资格预审文件、招标文件规定的资格条件或者其投标影响招标公正性的，其投标无效。

第三十九条　禁止投标人相互串通投标。

有下列情形之一的，属于投标人相互串通投标：

（一）投标人之间协商投标报价等投标文件的实质性内容；

（二）投标人之间约定中标人；

（三）投标人之间约定部分投标人放弃投标或者中标；

（四）属于同一集团、协会、商会等组织成员的投标人按照该组织要求协同投标；

（五）投标人之间为谋取中标或者排斥特定投标人而采取的其他联合行动。

第四十条　有下列情形之一的，视为投标人相互串通投标：

（一）不同投标人的投标文件由同一单位或者个人编制；

（二）不同投标人委托同一单位或者个人办理投标事宜；

（三）不同投标人的投标文件载明的项目管理成员为同一人；

（四）不同投标人的投标文件异常一致或者投标报价呈规律性差异；

（五）不同投标人的投标文件相互混装；

（六）不同投标人的投标保证金从同一单位或者个人的账户转出。

第四十一条　禁止招标人与投标人串通投标。

有下列情形之一的，属于招标人与投标人串通投标：

（一）招标人在开标前开启投标文件并将有关信息泄露给其他投标人；

（二）招标人直接或者间接向投标人泄露标底、评标委员会成员等信息；

（三）招标人明示或者暗示投标人压低或者抬高投标报价；

（四）招标人授意投标人撤换、修改投标文件；

（五）招标人明示或者暗示投标人为特定投标人中标提供方便；

（六）招标人与投标人为谋求特定投标人中标而采取的其他串通行为。

第四十二条　使用通过受让或者租借等方式获取的资格、资质证书投标的，属于招标投标法第三十三条规定的以他人名义投标。

投标人有下列情形之一的，属于招标投标法第三十三条规定的以其他方式弄虚作假的行为：

（一）使用伪造、变造的许可证件；

（二）提供虚假的财务状况或者业绩；

（三）提供虚假的项目负责人或者主要技术人员简历、劳动关系证明；

（四）提供虚假的信用状况；

（五）其他弄虚作假的行为。

第四十三条　提交资格预审申请文件的申请人应当遵守招标投标法和本条例有关投标人的规定。

第四章　开标、评标和中标

第四十四条　招标人应当按照招标文件规定的时间、地点开标。

投标人少于3个的，不得开标；招标人应当重新招标。

投标人对开标有异议的，应当在开标现场提出，招标人应当当场作出答复，并制作记录。

第四十五条　国家实行统一的评标专家专业分类标准和管理办法。具体标准和办法由国务院发展改革部门会同国务院有关部门制定。

省级人民政府和国务院有关部门应当组建综合评标专家库。

第四十六条　除招标投标法第三十七条第三款规定的特殊招标项目外，依法必须进行招标的项目，其评标委员会的专家成员应当从评标专家库内相关专业的专家名单中以随机抽取方式确定。任何单位和个人不得以明示、暗示等任何方式指定或者变相指定参加评标委员会的专家成员。

依法必须进行招标的项目的招标人非因招标投标法和本条例规定的事由，不得更换依法确定的评标委员会成员。更换评标委员会的专家成员应当依照前款规定进行。

评标委员会成员与投标人有利害关系的，应当主动回避。

有关行政监督部门应当按照规定的职责分工，对评标委员会成员的确定方式、评标专家的抽取和评标活动进行监督。行政监督部门的工作人员不得担任本部门负责监督项目的评标委员会成员。

第四十七条　招标投标法第三十七条第三款所称特殊招标项目，是指技术复杂、专业性强或者国家有特殊要求，采取随机抽取方式确定的专家难以保证胜任评标工作的项目。

第四十八条　招标人应当向评标委员会提供评标所必需的信息，但不得明示或者暗示其倾向或者排斥特定投标人。

招标人应当根据项目规模和技术复杂程度等因素合理确定评标时间。超过三分之一的评标委员会成员认为评标时间不够的，招标人应当适当延长。

评标过程中，评标委员会成员有回避事由、擅离职守或者因健康等原因不能继续评标的，应当及时更换。被更换的评标委员会成员作出的评审结论无效，由更换后的评标委员会成员重新进行评审。

第四十九条　评标委员会成员应当依照招标投标法和本条例的规定，按照招标文件规定的评标标准和方法，客观、公正地对投标文件提出评审意见。招标文件没有规定的评标标准和方法不得作为评标的依据。

评标委员会成员不得私下接触投标人，不得收受投标人给予的财物或者其他好处，不得向招标人征询确定中标人的意向，不得接受任何单位或者个人明示或者暗示提出的倾向或者排斥特定投标人的要求，不得有其他不客观、不公正履行职务的行为。

第五十条　招标项目设有标底的，招标人应当在开标时公布。标底只能作为评标的参考，不得以投标报价是否接近标底作为中标条件，也不得以投标报价超过标底上下浮动范围作为否决投标的条件。

第五十一条　有下列情形之一的，评标委员会应当否决其投标：

（一）投标文件未经投标单位盖章和单位负责人签字；

（二）投标联合体没有提交共同投标协议；

（三）投标人不符合国家或者招标文件规定的资格条件；

（四）同一投标人提交两个以上不同的投标文件或者投标报价，但招标文件要求提交备选投标的除外；

（五）投标报价低于成本或者高于招标文件设定的最高投标限价；

（六）投标文件没有对招标文件的实质性要求

和条件作出响应;

(七)投标人有串通投标、弄虚作假、行贿等违法行为。

第五十二条 投标文件中有含义不明确的内容、明显文字或者计算错误,评标委员会认为需要投标人作出必要澄清、说明的,应当书面通知该投标人。投标人的澄清、说明应当采用书面形式,并不得超出投标文件的范围或者改变投标文件的实质性内容。

评标委员会不得暗示或者诱导投标人作出澄清、说明,不得接受投标人主动提出的澄清、说明。

第五十三条 评标完成后,评标委员会应当向招标人提交书面评标报告和中标候选人名单。中标候选人应当不超过3个,并标明排序。

评标报告应当由评标委员会全体成员签字。对评标结果有不同意见的评标委员会成员应当以书面形式说明其不同意见和理由,评标报告应当注明该不同意见。评标委员会成员拒绝在评标报告上签字又不书面说明其不同意见和理由的,视为同意评标结果。

第五十四条 依法必须进行招标的项目,招标人应当自收到评标报告之日起3日内公示中标候选人,公示期不得少于3日。

投标人或者其他利害关系人对依法必须进行招标的项目的评标结果有异议的,应当在中标候选人公示期间提出。招标人应当自收到异议之日起3日内作出答复;作出答复前,应当暂停招标投标活动。

第五十五条 国有资金占控股或者主导地位的依法必须进行招标的项目,招标人应当确定排名第一的中标候选人为中标人。排名第一的中标候选人放弃中标、因不可抗力不能履行合同、不按照招标文件要求提交履约保证金,或者被查实存在影响中标结果的违法行为等情形,不符合中标条件的,招标人可以按照评标委员会提出的中标候选人名单排序依次确定其他中标候选人为中标人,也可以重新招标。

第五十六条 中标候选人的经营、财务状况发生较大变化或者存在违法行为,招标人认为可能影响其履约能力的,应当在发出中标通知书前由原评标委员会按照招标文件规定的标准和方法审查确认。

第五十七条 招标人和中标人应当依照招标投标法和本条例的规定签订书面合同,合同的标的、价款、质量、履行期限等主要条款应当与招标文件和中标人的投标文件的内容一致。招标人和中标人不得再行订立背离合同实质性内容的其他协议。

招标人最迟应当在书面合同签订后5日内向中标人和未中标的投标人退还投标保证金及银行同期存款利息。

第五十八条 招标文件要求中标人提交履约保证金的,中标人应当按照招标文件的要求提交。履约保证金不得超过中标合同金额的10%。

第五十九条 中标人应当按照合同约定履行义务,完成中标项目。中标人不得向他人转让中标项目,也不得将中标项目肢解后分别向他人转让。

中标人按照合同约定或者经招标人同意,可以将中标项目的部分非主体、非关键性工作分包给他人完成。接受分包的人应当具备相应的资格条件,并不得再次分包。

中标人应当就分包项目向招标人负责,接受分包的人就分包项目承担连带责任。

第五章 投诉与处理

第六十条 投标人或者其他利害关系人认为招标投标活动不符合法律、行政法规规定的,可以自知道或者应当知道之日起10日内向有关行政监督部门投诉。投诉应当有明确的请求和必要的证明材料。

就本条例第二十二条、第四十四条、第五十四条规定事项投诉的,应当先向招标人提出异议,异议答复期间不计算在前款规定的期限内。

第六十一条 投诉人就同一事项向两个以上有权受理的行政监督部门投诉的,由最先收到投诉的行政监督部门负责处理。

行政监督部门应当自收到投诉之日起3个工作日内决定是否受理投诉,并自受理投诉之日起30个工作日内作出书面处理决定;需要检验、检测、鉴定、专家评审的,所需时间不计算在内。

投诉人捏造事实、伪造材料或者以非法手段取得证明材料进行投诉的,行政监督部门应当予以驳回。

第六十二条 行政监督部门处理投诉,有权查阅、复制有关文件、资料,调查有关情况,相关单位和人员应当予以配合。必要时,行政监督部门可以责令暂停招标投标活动。

行政监督部门的工作人员对监督检查过程中知悉的国家秘密、商业秘密,应当依法予以保密。

第六章 法律责任

第六十三条 招标人有下列限制或者排斥潜在投标人行为之一的,由有关行政监督部门依照招标投标法第五十一条的规定处罚:

(一)依法应当公开招标的项目不按照规定在指定媒介发布资格预审公告或者招标公告;

(二)在不同媒介发布的同一招标项目的资格预审公告或者招标公告的内容不一致,影响潜在投标人申请资格预审或者投标。

依法必须进行招标的项目的招标人不按照规定发布资格预审公告或者招标公告,构成规避招标的,依照招标投标法第四十九条的规定处罚。

第六十四条 招标人有下列情形之一的,由有关行政监督部门责令改正,可以处10万元以下的罚款:

(一)依法应当公开招标而采用邀请招标;

(二)招标文件、资格预审文件的发售、澄清、修改的时限,或者确定的提交资格预审申请文件、投标文件的时限不符合招标投标法和本条例规定;

(三)接受未通过资格预审的单位或者个人参加投标;

(四)接受应当拒收的投标文件。

招标人有前款第一项、第三项、第四项所列行为之一的,对单位直接负责的主管人员和其他直接责任人员依法给予处分。

第六十五条 招标代理机构在所代理的招标项目中投标、代理投标或者向该项目投标人提供咨询的,接受委托编制标底的中介机构参加受托编制标底项目的投标或者为该项目的投标人编制投标文件、提供咨询的,依照招标投标法第五十条的规定追究法律责任。

第六十六条 招标人超过本条例规定的比例收取投标保证金、履约保证金或者不按照规定退还投标保证金及银行同期存款利息的,由有关行政监督部门责令改正,可以处5万元以下的罚款;给他人造成损失的,依法承担赔偿责任。

第六十七条 投标人相互串通投标或者与招标人串通投标的,投标人向招标人或者评标委员会成员行贿谋取中标的,中标无效;构成犯罪的,依法追究刑事责任;尚不构成犯罪的,依照招标投标法第五十三条的规定处罚。投标人未中标的,对单位的罚款金额按照招标项目合同金额依照招标投标法规定的比例计算。

投标人有下列行为之一的,属于招标投标法第五十三条规定的情节严重行为,由有关行政监督部门取消其1年至2年内参加依法必须进行招标的项目的投标资格:

(一)以行贿谋取中标;

(二)3年内2次以上串通投标;

(三)串通投标行为损害招标人、其他投标人或者国家、集体、公民的合法利益,造成直接经济损失30万元以上;

(四)其他串通投标情节严重的行为。

投标人自本条第二款规定的处罚执行期限届满之日起3年内又有该款所列违法行为之一的,或者串通投标、以行贿谋取中标情节特别严重的,由工商行政管理机关吊销营业执照。

法律、行政法规对串通投标报价行为的处罚另有规定的,从其规定。

第六十八条 投标人以他人名义投标或者以其他方式弄虚作假骗取中标的,中标无效;构成犯罪的,依法追究刑事责任;尚不构成犯罪的,依照招标投标法第五十四条的规定处罚。依法必须进行招标的项目的投标人未中标的,对单位的罚款金额按照招标项目合同金额依照招标投标法规定的比例计算。

投标人有下列行为之一的,属于招标投标法第五十四条规定的情节严重行为,由有关行政监督部门取消其1年至3年内参加依法必须进行招标的项目的投标资格:

(一)伪造、变造资格、资质证书或者其他许可证件骗取中标;

（二）3年内2次以上使用他人名义投标；

（三）弄虚作假骗取中标给招标人造成直接经济损失30万元以上；

（四）其他弄虚作假骗取中标情节严重的行为。

投标人自本条第二款规定的处罚执行期限届满之日起3年内又有该款所列违法行为之一的，或者弄虚作假骗取中标情节特别严重的，由工商行政管理机关吊销营业执照。

第六十九条　出让或者出租资格、资质证书供他人投标的，依照法律、行政法规的规定给予行政处罚；构成犯罪的，依法追究刑事责任。

第七十条　依法必须进行招标的项目的招标人不按照规定组建评标委员会，或者确定、更换评标委员会成员违反招标投标法和本条例规定的，由有关行政监督部门责令改正，可以处10万元以下的罚款，对单位直接负责的主管人员和其他直接责任人员依法给予处分；违法确定或者更换的评标委员会成员作出的评审结论无效，依法重新进行评审。

国家工作人员以任何方式非法干涉选取评标委员会成员的，依照本条例第八十条的规定追究法律责任。

第七十一条　评标委员会成员有下列行为之一的，由有关行政监督部门责令改正；情节严重的，禁止其在一定期限内参加依法必须进行招标的项目的评标；情节特别严重的，取消其担任评标委员会成员的资格：

（一）应当回避而不回避；

（二）擅离职守；

（三）不按照招标文件规定的评标标准和方法评标；

（四）私下接触投标人；

（五）向招标人征询确定中标人的意向或者接受任何单位或者个人明示或者暗示提出的倾向或者排斥特定投标人的要求；

（六）对依法应当否决的投标不提出否决意见；

（七）暗示或者诱导投标人作出澄清、说明或者接受投标人主动提出的澄清、说明；

（八）其他不客观、不公正履行职务的行为。

第七十二条　评标委员会成员收受投标人的财物或者其他好处的，没收收受的财物，处3000元以上5万元以下的罚款，取消担任评标委员会成员的资格，不得再参加依法必须进行招标的项目的评标；构成犯罪的，依法追究刑事责任。

第七十三条　依法必须进行招标的项目的招标人有下列情形之一的，由有关行政监督部门责令改正，可以处中标项目金额10‰以下的罚款；给他人造成损失的，依法承担赔偿责任；对单位直接负责的主管人员和其他直接责任人员依法给予处分：

（一）无正当理由不发出中标通知书；

（二）不按照规定确定中标人；

（三）中标通知书发出后无正当理由改变中标结果；

（四）无正当理由不与中标人订立合同；

（五）在订立合同时向中标人提出附加条件。

第七十四条　中标人无正当理由不与招标人订立合同，在签订合同时向招标人提出附加条件，或者不按照招标文件要求提交履约保证金的，取消其中标资格，投标保证金不予退还。对依法必须进行招标的项目的中标人，由有关行政监督部门责令改正，可以处中标项目金额10‰以下的罚款。

第七十五条　招标人和中标人不按照招标文件和中标人的投标文件订立合同，合同的主要条款与招标文件、中标人的投标文件的内容不一致，或者招标人、中标人订立背离合同实质性内容的协议的，由有关行政监督部门责令改正，可以处中标项目金额5‰以上10‰以下的罚款。

第七十六条　中标人将中标项目转让给他人的，将中标项目肢解后分别转让给他人的，违反招标投标法和本条例规定将中标项目的部分主体、关键性工作分包给他人的，或者分包人再次分包的，转让、分包无效，处转让、分包项目金额5‰以上10‰以下的罚款；有违法所得的，并处没收违法所得；可以责令停业整顿；情节严重的，由工商行政管理机关吊销营业执照。

第七十七条　投标人或者其他利害关系人捏造事实、伪造材料或者以非法手段取得证明材料进行投诉，给他人造成损失的，依法承担赔偿责任。

招标人不按照规定对异议作出答复，继续进行招标投标活动的，由有关行政监督部门责令改正，拒不改正或者不能改正并影响中标结果的，依照本条例第八十一条的规定处理。

第七十八条　国家建立招标投标信用制度。有关行政监督部门应当依法公告对招标人、招标代理机构、投标人、评标委员会成员等当事人违法行为的行政处理决定。

第七十九条　项目审批、核准部门不依法审批、核准项目招标范围、招标方式、招标组织形式的，对单位直接负责的主管人员和其他直接责任人员依法给予处分。

有关行政监督部门不依法履行职责，对违反招标投标法和本条例规定的行为不依法查处，或者不按照规定处理投诉、不依法公告对招标投标当事人违法行为的行政处理决定的，对直接负责的主管人员和其他直接责任人员依法给予处分。

项目审批、核准部门和有关行政监督部门的工作人员徇私舞弊、滥用职权、玩忽职守，构成犯罪的，依法追究刑事责任。

第八十条　国家工作人员利用职务便利，以直接或者间接、明示或者暗示等任何方式非法干涉招标投标活动，有下列情形之一的，依法给予记过或者记大过处分；情节严重的，依法给予降级或者撤职处分；情节特别严重的，依法给予开除处分；构成犯罪的，依法追究刑事责任：

（一）要求对依法必须进行招标的项目不招标，或者要求对依法应当公开招标的项目不公开招标；

（二）要求评标委员会成员或者招标人以其指定的投标人作为中标候选人或者中标人，或者以其他方式非法干涉评标活动，影响中标结果；

（三）以其他方式非法干涉招标投标活动。

第八十一条　依法必须进行招标的项目的招标投标活动违反招标投标法和本条例的规定，对中标结果造成实质性影响，且不能采取补救措施予以纠正的，招标、投标、中标无效，应当依法重新招标或者评标。

第七章　附　　则

第八十二条　招标投标协会按照依法制定的章程开展活动，加强行业自律和服务。

第八十三条　政府采购的法律、行政法规对政府采购货物、服务的招标投标另有规定的，从其规定。

第八十四条　本条例自2012年2月1日起施行。

中华人民共和国价格法

1. 1997年12月29日第八届全国人民代表大会常务委员会第二十九次会议通过

2. 1997年12月29日中华人民共和国主席令第92号公布

3. 自1998年5月1日起施行

目　　录

第一章　总　　则

第一条　**【立法目的】**为了规范价格行为，发挥价格合理配置资源的作用，稳定市场价格总水平，保护消费者和经营者的合法权益，促进社会主义市场经济健康发展，制定本法。

第二条　**【适用范围】**在中华人民共和国境内发生的价格行为，适用本法。

本法所称价格包括商品价格和服务价格。

商品价格是指各类有形产品和无形资产的价格。

服务价格是指各类有偿服务的收费。

第三条　**【价格机制】**国家实行并逐步完善宏观经济调控下主要由市场形成价格的机制。价格的制定应当符合价值规律，大多数商品和服务价格实行市场调节价，极少数商品和服务价格实行政府指导价或者政府定价。

市场调节价，是指由经营者自主制定，通过市场竞争形成的价格。

本法所称经营者是指从事生产、经营商品或者提供有偿服务的法人、其他组织和个人。

政府指导价，是指依照本法规定，由政府价格主管部门或者其他有关部门，按照定价权限和范围规定基准价及其浮动幅度，指导经营者制定的价格。

政府定价，是指依照本法规定，由政府价格主管部门或者其他有关部门，按照定价权限和范围制定的价格。

第四条　【价格秩序】国家支持和促进公平、公开、合法的市场竞争，维护正常的价格秩序，对价格活动实行管理、监督和必要的调控。

第五条　【价格主管部门】国务院价格主管部门统一负责全国的价格工作。国务院其他有关部门在各自的职责范围内，负责有关的价格工作。

县级以上地方各级人民政府价格主管部门负责本行政区域内的价格工作。县级以上地方各级人民政府其他有关部门在各自的职责范围内，负责有关的价格工作。

第二章　经营者的价格行为

第六条　【自主定价】商品价格和服务价格，除依照本法第十八条规定适用政府指导价或者政府定价外，实行市场调节价，由经营者依照本法自主制定。

第七条　【定价原则】经营者定价，应当遵循公平、合法和诚实信用的原则。

第八条　【定价依据】经营者定价的基本依据是生产经营成本和市场供求状况。

第九条　【价格合理】经营者应当努力改进生产经营管理，降低生产经营成本，为消费者提供价格合理的商品和服务，并在市场竞争中获取合法利润。

第十条　【准确记录成本】经营者应当根据其经营条件建立、健全内部价格管理制度，准确记录与核定商品和服务的生产经营成本，不得弄虚作假。

第十一条　【价格活动权利】经营者进行价格活动，享有下列权利：

（一）自主制定属于市场调节的价格；

（二）在政府指导价规定的幅度内制定价格；

（三）制定属于政府指导价、政府定价产品范围内的新产品的试销价格，特定产品除外；

（四）检举、控告侵犯其依法自主定价权利的行为。

第十二条　【价格活动守法】经营者进行价格活动，应当遵守法律、法规，执行依法制定的政府指导价、政府定价和法定的价格干预措施、紧急措施。

第十三条　【价格、商品明示】经营者销售、收购商品和提供服务，应当按照政府价格主管部门的规定明码标价，注明商品的品名、产地、规格、等级、计价单位、价格或者服务的项目、收费标准等有关情况。

经营者不得在标价之外加价出售商品，不得收取任何未予标明的费用。

第十四条　【禁止的价格行为】经营者不得有下列不正当价格行为：

（一）相互串通，操纵市场价格，损害其他经营者或者消费者的合法权益；

（二）在依法降价处理鲜活商品、季节性商品、积压商品等商品外，为了排挤竞争对手或者独占市场，以低于成本的价格倾销，扰乱正常的生产经营秩序，损害国家利益或者其他经营者的合法权益；

（三）捏造、散布涨价信息，哄抬价格，推动商品价格过高上涨的；

（四）利用虚假的或者使人误解的价格手段，诱骗消费者或者其他经营者与其进行交易；

（五）提供相同商品或者服务，对具有同等交易条件的其他经营者实行价格歧视；

（六）采取抬高等级或者压低等级等手段收购、销售商品或者提供服务，变相提高或者压低价格；

（七）违反法律、法规的规定牟取暴利；

（八）法律、行政法规禁止的其他不正当价格行为。

第十五条　【中介收费】各类中介机构提供有偿服务收取费用，应当遵守本法的规定。法律另有规定的，按照有关规定执行。

第十六条　【进出口商品价格】经营者销售进口商品、收购出口商品，应当遵守本章的有关规定，维护国内市场秩序。

第十七条　【行业组织义务】行业组织应当遵守价格法律、法规,加强价格自律,接受政府价格主管部门的工作指导。

第三章　政府的定价行为

第十八条　【政府定价范围】下列商品和服务价格,政府在必要时可以实行政府指导价或者政府定价:

(一)与国民经济发展和人民生活关系重大的极少数商品价格;

(二)资源稀缺的少数商品价格;

(三)自然垄断经营的商品价格;

(四)重要的公用事业价格;

(五)重要的公益性服务价格。

第十九条　【政府定价目录】政府指导价、政府定价的定价权限和具体适用范围,以中央的和地方的定价目录为依据。

中央定价目录由国务院价格主管部门制定、修订,报国务院批准后公布。

地方定价目录由省、自治区、直辖市人民政府价格主管部门按照中央定价目录规定的定价权限和具体适用范围制定,经本级人民政府审核同意,报国务院价格主管部门审定后公布。

省、自治区、直辖市人民政府以下各级地方人民政府不得制定定价目录。

第二十条　【价格主管部门】国务院价格主管部门和其他有关部门,按照中央定价目录规定的定价权限和具体适用范围制定政府指导价、政府定价;其中重要的商品和服务价格的政府指导价、政府定价,应当按照规定经国务院批准。

省、自治区、直辖市人民政府价格主管部门和其他有关部门,应当按照地方定价目录规定的定价权限和具体适用范围制定在本地区执行的政府指导价、政府定价。

市、县人民政府可以根据省、自治区、直辖市人民政府的授权,按照地方定价目录规定的定价权限和具体适用范围制定在本地区执行的政府指导价、政府定价。

第二十一条　【政府定价依据】制定政府指导价、政府定价,应当依据有关商品或者服务的社会平均成本和市场供求状况、国民经济与社会发展要求以及社会承受能力,实行合理的购销差价、批零差价、地区差价和季节差价。

第二十二条　【主管部门权利、义务】政府价格主管部门和其他有关部门制定政府指导价、政府定价,应当开展价格、成本调查,听取消费者、经营者和有关方面的意见。

政府价格主管部门开展对政府指导价、政府定价的价格、成本调查时,有关单位应当如实反映情况,提供必需的帐簿、文件以及其他资料。

第二十三条　【价格听证】制定关系群众切身利益的公用事业价格、公益性服务价格、自然垄断经营的商品价格等政府指导价、政府定价,应当建立听证会制度,由政府价格主管部门主持,征求消费者、经营者和有关方面的意见,论证其必要性、可行性。

第二十四条　【价格公布】政府指导价、政府定价制定后,由制定价格的部门向消费者、经营者公布。

第二十五条　【价格调整】政府指导价、政府定价的具体适用范围、价格水平,应当根据经济运行情况,按照规定的定价权限和程序适时调整。

消费者、经营者可以对政府指导价、政府定价提出调整建议。

第四章　价格总水平调控

第二十六条　【调控目标】稳定市场价格总水平是国家重要的宏观经济政策目标。国家根据国民经济发展的需要和社会承受能力,确定市场价格总水平调控目标,列入国民经济和社会发展计划,并综合运用货币、财政、投资、进出口等方面的政策和措施,予以实现。

第二十七条　【调控手段】政府可以建立重要商品储备制度,设立价格调节基金,调控价格,稳定市场。

第二十八条　【价格监测】为适应价格调控和管理的需要,政府价格主管部门应当建立价格监测制度,对重要商品、服务价格的变动进行监测。

第二十九条　【农产品保护价】政府在粮食等重要农产品的市场购买价格过低时,可以在收购中实行保护价格,并采取相应的经济措施保证其实现。

第三十条　【价格干预】当重要商品和服务价格显著上涨或者有可能显著上涨,国务院和省、自治区、直辖市人民政府可以对部分价格采取限定差价率或者利润率、规定限价、实行提价申报制度和调价备案制度等干预措施。

省、自治区、直辖市人民政府采取前款规的干预措施,应当报国务院备案。

第三十一条　【紧急措施】当市场价格总水平出现剧烈波动等异常状态时,国务院可以在全国范围内或者部分区域内采取临时集中定价权限、部分或者全面冻结价格的紧急措施。

第三十二条　【解除干预、紧急措施】依照本法第三十条、第三十一条的规定实行干预措施、紧急措施的情形消除后,应当及时解除干预措施、紧急措施。

第五章　价格监督检查

第三十三条　【价格监督主体】县级以上各级人民政府价格主管部门,依法对价格活动进行监督检查,并依照本法的规定对价格违法行为实施行政处罚。

第三十四条　【监督职权】政府价格主管部门进行价格监督检查时,可以行使下列职权:

（一）询问当事人或者有关人员,并要求其提供证明材料和与价格违法行为有关的其他资料;

（二）查询、复制与价格违法行为有关的帐簿、单据、凭证、文件及其他资料,核对与价格违法行为有关的银行资料;

（三）检查与价格违法行为有关的财物,必要时可以责令当事人暂停相关营业;

（四）在证据可能灭失或者以后难以取得的情况下,可以依法先行登记保存,当事人或者有关人员不得转移、隐匿或者销毁。

第三十五条　【被检者义务】经营者接受政府价格主管部门的监督检查时,应当如实提供价格监督检查所必需的帐簿、单据、凭证、文件以及其他资料。

第三十六条　【工作人员义务】政府部门价格工作人员不得将依法取得的资料或者了解的情况用于依法进行价格管理以外的任何其他目的,不得泄露当事人的商业秘密。

第三十七条　【社会监督】消费者组织、职工价格监督组织、居民委员会、村民委员会等组织以及消费者,有权对价格行为进行社会监督。政府价格主管部门应当充分发挥群众的价格监督作用。

新闻单位有权进行价格舆论监督。

第三十八条　【举报制度】政府价格主管部门应当建立对价格违法行为的举报制度。

任何单位和个人均有权对价格违法行为进行举报。政府价格主管部门应当对举报者给予鼓励,并负责为举报者保密。

第六章　法 律 责 任

第三十九条　【不执行行政措施责任】经营者不执行政府指导价、政府定价以及法定的价格干预措施、紧急措施的,责令改正,没收违法所得,可以并处违法所得五倍以下的罚款;没有违法所得的,可以处以罚款;情节严重的,责令停业整顿。

第四十条　【不正当价格行为处罚】经营者有本法第十四条所列行为之一的,责令改正,没收违法所得,可以并处违法所得五倍以下的罚款;没有违法所得的,予以警告,可以并处罚款;情节严重的,责令停业整顿,或者由工商行政管理机关吊销营业执照。有关法律对本法第十四条所列行为的处罚及处罚机关另有规定的,可以依照有关法律的规定执行。

有本法第十四条第（一）项、第（二）项所列行为,属于是全国性的,由国务院价格主管部门认定;属于是省及省以下区域性的,由省、自治区、直辖市人民政府价格主管部门认定。

第四十一条　【民事责任】经营者因价格违法行为致使消费者或者其他经营者多付价款的,应当退还多付部分;造成损害的,应当依法承担赔偿责任。

第四十二条　【不明码标价责任】经营者违反明码标价规定的,责令改正,没收违法所得,可以并处五千元以下的罚款。

第四十三条　【经营者违反义务责任】经营者被责令暂停相关营业而不停止的,或者转移、隐匿、销毁依法登记保存的财物的,处相关营业所得或者转移、隐匿、销毁的财物价值一倍以上三倍以下的罚款。

第四十四条　【不按规定提供资料责任】拒绝按照规定提供监督检查所需资料或者提供虚假资料的,责令改正，予以警告；逾期不改正的，可以处以罚款。

第四十五条 【政府工作人员违法行政责任】地方各级人民政府或者各级人民政府有关部门违反本法规定，超越定价权限和范围擅自制定、调整价格或者不执行法定的价格干预措施、紧急措施的，责令改正，并可以通报批评；对直接负责的主管人员和其他直接责任人员，依法给予行政处分。

第四十六条 【价格工作人员刑事责任】价格工作人员泄露国家秘密、商业秘密以及滥用职权、徇私舞弊、玩忽职守、索贿受贿，构成犯罪的，依法追究刑事责任；尚不构成犯罪的，依法给予处分。

第七章 附　　则

第四十七条 【收费管理、除外适用】国家行政机关的收费，应当依法进行，严格控制收费项目，限定收费范围、标准。收费的具体管理办法由国务院另行制定。

利率、汇率、保险费率、证券及期货价格，适用有关法律、行政法规的规定，不适用本法。

第四十八条 【施行日期】本法自 1998 年 5 月 1 日起施行。

中华人民共和国审计法

1. 1994 年 8 月 31 日第八届全国人民代表大会常务委员会第九次会议通过

2. 根据 2006 年 2 月 28 日第十届全国人民代表大会常务委员会第二十次会议《关于修改〈中华人民共和国审计法〉的决定》第一次修正

3. 根据 2021 年 10 月 23 日第十三届全国人民代表大会常务委员会第三十一次会议《关于修改〈中华人民共和国审计法〉的决定》第二次修正

目　　录

第一章　总　　则

第一条 【立法目的】为了加强国家的审计监督，维护国家财政经济秩序，提高财政资金使用效益，促进廉政建设，保障国民经济和社会健康发展，根据宪法，制定本法。

第二条 【审计监督制度】国家实行审计监督制度。坚持中国共产党对审计工作的领导，构建集中统一、全面覆盖、权威高效的审计监督体系。

国务院和县级以上地方人民政府设立审计机关。

国务院各部门和地方各级人民政府及其各部门的财政收支，国有的金融机构和企业事业组织的财务收支，以及其他依照本法规定应当接受审计的财政收支、财务收支，依照本法规定接受审计监督。

审计机关对前款所列财政收支或者财务收支的真实、合法和效益，依法进行审计监督。

第三条 【依法审计】审计机关依照法律规定的职权和程序，进行审计监督。

审计机关依据有关财政收支、财务收支的法律、法规和国家其他有关规定进行审计评价，在法定职权范围内作出审计决定。

第四条 【审计工作报告】国务院和县级以上地方人民政府应当每年向本级人民代表大会常务委员会提出审计工作报告。审计工作报告应当报告审计机关对预算执行、决算草案以及其他财政收支的审计情况，重点报告对预算执行及其绩效的审计情况，按照有关法律、行政法规的规定报告对国有资源、国有资产的审计情况。必要时，人民代表大会常务委员会可以对审计工作报告作出决议。

国务院和县级以上地方人民政府应当将审计工作报告中指出的问题的整改情况和处理结果向本级人民代表大会常务委员会报告。

第五条 【审计监督权独立】审计机关依照法律规定独立行使审计监督权，不受其他行政机关、社会团体和个人的干涉。

第六条 【审计原则】审计机关和审计人员办理审计

事项，应当客观公正，实事求是，廉洁奉公，保守秘密。

第二章　审计机关和审计人员

第七条　【审计署】国务院设立审计署，在国务院总理领导下，主管全国的审计工作。审计长是审计署的行政首长。

第八条　【各级审计机关】省、自治区、直辖市、设区的市、自治州、县、自治县、不设区的市、市辖区的人民政府的审计机关，分别在省长、自治区主席、市长、州长、县长、区长和上一级审计机关的领导下，负责本行政区域内的审计工作。

第九条　【审计机关领导体制】地方各级审计机关对本级人民政府和上一级审计机关负责并报告工作，审计业务以上级审计机关领导为主。

第十条　【派出机构】审计机关根据工作需要，经本级人民政府批准，可以在其审计管辖范围内设立派出机构。

派出机构根据审计机关的授权，依法进行审计工作。

第十一条　【经费保证】审计机关履行职责所必需的经费，应当列入预算予以保证。

第十二条　【审计监督】审计机关应当建设信念坚定、为民服务、业务精通、作风务实、敢于担当、清正廉洁的高素质专业化审计队伍。

审计机关应当加强对审计人员遵守法律和执行职务情况的监督，督促审计人员依法履职尽责。

审计机关和审计人员应当依法接受监督。

第十三条　【审计资格】审计人员应当具备与其从事的审计工作相适应的专业知识和业务能力。

审计机关根据工作需要，可以聘请具有与审计事项相关专业知识的人员参加审计工作。

第十四条　【不得干预、插手正常生产经营管理活动】审计机关和审计人员不得参加可能影响其依法独立履行审计监督职责的活动，不得干预、插手被审计单位及其相关单位的正常生产经营和管理活动。

第十五条　【回避】审计人员办理审计事项，与被审计单位或者审计事项有利害关系的，应当回避。

第十六条　【保密】审计机关和审计人员对在执行职务中知悉的国家秘密、工作秘密、商业秘密、个人隐私和个人信息，应当予以保密，不得泄露或者向他人非法提供。

第十七条　【职务保护】审计人员依法执行职务，受法律保护。

任何组织和个人不得拒绝、阻碍审计人员依法执行职务，不得打击报复审计人员。

审计机关负责人依照法定程序任免。审计机关负责人没有违法失职或者其他不符合任职条件的情况的，不得随意撤换。

地方各级审计机关负责人的任免，应当事先征求上一级审计机关的意见。

第三章　审计机关职责

第十八条　【审计监督对象】审计机关对本级各部门（含直属单位）和下级政府预算的执行情况和决算以及其他财政收支情况，进行审计监督。

第十九条　【审计结果报告】审计署在国务院总理领导下，对中央预算执行情况、决算草案以及其他财政收支情况进行审计监督，向国务院总理提出审计结果报告。

地方各级审计机关分别在省长、自治区主席、市长、州长、县长、区长和上一级审计机关的领导下，对本级预算执行情况、决算草案以及其他财政收支情况进行审计监督，向本级人民政府和上一级审计机关提出审计结果报告。

第二十条　【对中央银行的审计监督】审计署对中央银行的财务收支，进行审计监督。

第二十一条　【对事业组织等的审计监督】审计机关对国家的事业组织和使用财政资金的其他事业组织的财务收支，进行审计监督。

第二十二条　【对国有企业、国有金融机构等的审计监督】审计机关对国有企业、国有金融机构和国有资本占控股地位或者主导地位的企业、金融机构的资产、负债、损益以及其他财务收支情况，进行审计监督。

遇有涉及国家财政金融重大利益情形，为维护国家经济安全，经国务院批准，审计署可以对前款规定以外的金融机构进行专项审计调查或者审计。

第二十三条　【对预算执行情况和决算的审计监督】审计机关对政府投资和以政府投资为主的建设项目的预算执行情况和决算，对其他关系国家利益和公共利益的重大公共工程项目的资金管理使用和建设运营情况，进行审计监督。

第二十四条　【对国有资源、国有资产等的审计监督】审计机关对国有资源、国有资产，进行审计监督。

审计机关对政府部门管理的和其他单位受政府委托管理的社会保险基金、全国社会保障基金、社会捐赠资金以及其他公共资金的财务收支，进行审计监督。

第二十五条　【对国际组织和外国政府援助、贷款项目的审计监督】审计机关对国际组织和外国政府援助、贷款项目的财务收支，进行审计监督。

第二十六条　【对贯彻落实国家重大经济社会政策措施情况的审计监督】根据经批准的审计项目计划安排，审计机关可以对被审计单位贯彻落实国家重大经济社会政策措施情况进行审计监督。

第二十七条　【其他审计事项】除本法规定的审计事项外，审计机关对其他法律、行政法规规定应当由审计机关进行审计的事项，依照本法和有关法律、行政法规的规定进行审计监督。

第二十八条　【全面审计与专项审计】审计机关可以对被审计单位依法应当接受审计的事项进行全面审计，也可以对其中的特定事项进行专项审计。

第二十九条　【专项审计调查】审计机关有权对与国家财政收支有关的特定事项，向有关地方、部门、单位进行专项审计调查，并向本级人民政府和上一级审计机关报告审计调查结果。

第三十条　【风险隐患报告】审计机关履行审计监督职责，发现经济社会运行中存在风险隐患的，应当及时向本级人民政府报告或者向有关主管机关、单位通报。

第三十一条　【审计管辖】审计机关根据被审计单位的财政、财务隶属关系或者国有资源、国有资产监督管理关系，确定审计管辖范围。

审计机关之间对审计管辖范围有争议的，由其共同的上级审计机关确定。

上级审计机关对其审计管辖范围内的审计事项，可以授权下级审计机关进行审计，但本法第十八条至第二十条规定的审计事项不得进行授权；上级审计机关对下级审计机关审计管辖范围内的重大审计事项，可以直接进行审计，但是应当防止不必要的重复审计。

第三十二条　【健全内部审计制度】被审计单位应当加强对内部审计工作的领导，按照国家有关规定建立健全内部审计制度。

审计机关应当对被审计单位的内部审计工作进行业务指导和监督。

第三十三条　【审计报告核查】社会审计机构审计的单位依法属于被审计单位的，审计机关按照国务院的规定，有权对该社会审计机构出具的相关审计报告进行核查。

第四章　审计机关权限

第三十四条　【被审计单位不得拒绝、拖延、谎报相关资料】审计机关有权要求被审计单位按照审计机关的规定提供财务、会计资料以及与财政收支、财务收支有关的业务、管理等资料，包括电子数据和有关文档。被审计单位不得拒绝、拖延、谎报。

被审计单位负责人应当对本单位提供资料的及时性、真实性和完整性负责。

审计机关对取得的电子数据等资料进行综合分析，需要向被审计单位核实有关情况的，被审计单位应当予以配合。

第三十五条　【政务信息系统和数据共享平台开放】国家政务信息系统和数据共享平台应当按照规定向审计机关开放。

审计机关通过政务信息系统和数据共享平台取得的电子数据等资料能够满足需要的，不得要求被审计单位重复提供。

第三十六条　【被审计单位不得拒绝提供相关资料】审计机关进行审计时，有权检查被审计单位的财务、会计资料以及与财政收支、财务收支有关的业务、管理等资料和资产，有权检查被审计单位信息系统的安全性、可靠性、经济性，被审计单位不得拒绝。

第三十七条　【如实提供材料】审计机关进行审计时，

有权就审计事项的有关问题向有关单位和个人进行调查,并取得有关证明材料。有关单位和个人应当支持、协助审计机关工作,如实向审计机关反映情况,提供有关证明材料。

审计机关经县级以上人民政府审计机关负责人批准,有权查询被审计单位在金融机构的账户。

审计机关有证据证明被审计单位违反国家规定将公款转入其他单位、个人在金融机构账户的,经县级以上人民政府审计机关主要负责人批准,有权查询有关单位、个人在金融机构与审计事项相关的存款。

第三十八条　【审计行政强制措施】审计机关进行审计时,被审计单位不得转移、隐匿、篡改、毁弃财务、会计资料以及与财政收支、财务收支有关的业务、管理等资料,不得转移、隐匿、故意毁损所持有的违反国家规定取得的资产。

审计机关对被审计单位违反前款规定的行为,有权予以制止;必要时,经县级以上人民政府审计机关负责人批准,有权封存有关资料和违反国家规定取得的资产;对其中在金融机构的有关存款需要予以冻结的,应当向人民法院提出申请。

审计机关对被审计单位正在进行的违反国家规定的财政收支、财务收支行为,有权予以制止;制止无效的,经县级以上人民政府审计机关负责人批准,通知财政部门和有关主管机关、单位暂停拨付与违反国家规定的财政收支、财务收支行为直接有关的款项,已经拨付的,暂停使用。

审计机关采取前两款规定的措施不得影响被审计单位合法的业务活动和生产经营活动。

第三十九条　【违法规定的纠正】审计机关认为被审计单位所执行的上级主管机关、单位有关财政收支、财务收支的规定与法律、行政法规相抵触的,应当建议有关主管机关、单位纠正;有关主管机关、单位不予纠正的,审计机关应当提请有权处理的机关、单位依法处理。

第四十条　【审计结果公布】审计机关可以向政府有关部门通报或者向社会公布审计结果。

审计机关通报或者公布审计结果,应当保守国家秘密、工作秘密、商业秘密、个人隐私和个人信息,遵守法律、行政法规和国务院的有关规定。

第四十一条　【协助义务】审计机关履行审计监督职责,可以提请公安、财政、自然资源、生态环境、海关、税务、市场监督管理等机关予以协助。有关机关应当依法予以配合。

第五章　审 计 程 序

第四十二条　【审计执行】审计机关根据经批准的审计项目计划确定的审计事项组成审计组,并应当在实施审计三日前,向被审计单位送达审计通知书;遇有特殊情况,经县级以上人民政府审计机关负责人批准,可以直接持审计通知书实施审计。

被审计单位应当配合审计机关的工作,并提供必要的工作条件。

审计机关应当提高审计工作效率。

第四十三条　【审计方式】审计人员通过审查财务、会计资料,查阅与审计事项有关的文件、资料,检查现金、实物、有价证券和信息系统,向有关单位和个人调查等方式进行审计,并取得证明材料。

向有关单位和个人进行调查时,审计人员应当不少于二人,并出示其工作证件和审计通知书副本。

第四十四条　【审计报告】审计组对审计事项实施审计后,应当向审计机关提出审计组的审计报告。审计组的审计报告报送审计机关前,应当征求被审计单位的意见。被审计单位应当自接到审计组的审计报告之日起十日内,将其书面意见送交审计组。审计组应当将被审计单位的书面意见一并报送审计机关。

第四十五条　【审计报告和审计决定】审计机关按照审计署规定的程序对审计组的审计报告进行审议,并对被审计单位对审计组的审计报告提出的意见一并研究后,出具审计机关的审计报告。对违反国家规定的财政收支、财务收支行为,依法应当给予处理、处罚的,审计机关在法定职权范围内作出审计决定;需要移送有关主管机关、单位处理、处罚的,审计机关应当依法移送。

审计机关应当将审计机关的审计报告和审计决定送达被审计单位和有关主管机关、单位,并报上一级审计机关。审计决定自送达之日起生效。

第四十六条 【级别监督】上级审计机关认为下级审计机关作出的审计决定违反国家有关规定的，可以责成下级审计机关予以变更或者撤销，必要时也可以直接作出变更或者撤销的决定。

第六章 法律责任

第四十七条 【拒绝、拖延提供资料的处罚】被审计单位违反本法规定，拒绝、拖延提供与审计事项有关的资料的，或者提供的资料不真实、不完整的，或者拒绝、阻碍检查、调查、核实有关情况的，由审计机关责令改正，可以通报批评，给予警告；拒不改正的，依法追究法律责任。

第四十八条 【转移、隐匿、篡改、毁弃财务、会计资料等的处罚】被审计单位违反本法规定，转移、隐匿、篡改、毁弃财务、会计资料以及与财政收支、财务收支有关的业务、管理等资料，或者转移、隐匿、故意毁损所持有的违反国家规定取得的资产，审计机关认为对直接负责的主管人员和其他直接责任人员依法应当给予处分的，应当向被审计单位提出处理建议，或者移送监察机关和有关主管机关、单位处理，有关机关、单位应当将处理结果书面告知审计机关；构成犯罪的，依法追究刑事责任。

第四十九条 【对违规财政收支行为的处理措施】对本级各部门（含直属单位）和下级政府违反预算的行为或者其他违反国家规定的财政收支行为，审计机关、人民政府或者有关主管机关、单位在法定职权范围内，依照法律、行政法规的规定，区别情况采取下列处理措施：

（一）责令限期缴纳应当上缴的款项；

（二）责令限期退还被侵占的国有资产；

（三）责令限期退还违法所得；

（四）责令按照国家统一的财务、会计制度的有关规定进行处理；

（五）其他处理措施。

第五十条 【对被审计单位违规财务收支行为的处罚】对被审计单位违反国家规定的财务收支行为，审计机关、人民政府或者有关主管机关、单位在法定职权范围内，依照法律、行政法规的规定，区别情况采取前条规定的处理措施，并可以依法给予处罚。

第五十一条 【审计决定的执行】审计机关在法定职权范围内作出的审计决定，被审计单位应当执行。

审计机关依法责令被审计单位缴纳应当上缴的款项，被审计单位拒不执行的，审计机关应当通报有关主管机关、单位，有关主管机关、单位应当依照有关法律、行政法规的规定予以扣缴或者采取其他处理措施，并将处理结果书面告知审计机关。

第五十二条 【审计整改】被审计单位应当按照规定时间整改审计查出的问题，将整改情况报告审计机关，同时向本级人民政府或者有关主管机关、单位报告，并按照规定向社会公布。

各级人民政府和有关主管机关、单位应当督促被审计单位整改审计查出的问题。审计机关应当对被审计单位整改情况进行跟踪检查。

审计结果以及整改情况应当作为考核、任免、奖惩领导干部和制定政策、完善制度的重要参考；拒不整改或者整改时弄虚作假的，依法追究法律责任。

第五十三条 【救济途径】被审计单位对审计机关作出的有关财务收支的审计决定不服的，可以依法申请行政复议或者提起行政诉讼。

被审计单位对审计机关作出的有关财政收支的审计决定不服的，可以提请审计机关的本级人民政府裁决，本级人民政府的裁决为最终决定。

第五十四条 【对直接责任人员的处分】被审计单位的财政收支、财务收支违反国家规定，审计机关认为对直接负责的主管人员和其他直接责任人员依法应当给予处分的，应当向被审计单位提出处理建议，或者移送监察机关和有关主管机关、单位处理，有关机关、单位应当将处理结果书面告知审计机关。

第五十五条 【被审计单位的刑事责任】被审计单位的财政收支、财务收支违反法律、行政法规的规定，构成犯罪的，依法追究刑事责任。

第五十六条 【报复陷害审计人员的责任】报复陷害审计人员的，依法给予处分；构成犯罪的，依法追究刑事责任。

第五十七条 【渎职责任】审计人员滥用职权、徇私舞弊、玩忽职守或者泄露、向他人非法提供所知悉的国家秘密、工作秘密、商业秘密、个人隐私和个人信息的,依法给予处分;构成犯罪的,依法追究刑事责任。

第七章 附 则

第五十八条 【离任审计】领导干部经济责任审计和自然资源资产离任审计,依照本法和国家有关规定执行。

第五十九条 【解放军审计工作】中国人民解放军和中国人民武装警察部队审计工作的规定,由中央军事委员会根据本法制定。

审计机关和军队审计机构应当建立健全协作配合机制,按照国家有关规定对涉及军地经济事项实施联合审计。

第六十条 【施行日期】本法自1995年1月1日起施行。1988年11月30日国务院发布的《中华人民共和国审计条例》同时废止。

中华人民共和国审计法实施条例

1. 1997年10月21日国务院令第231号公布
2. 2010年2月11日国务院令第571号修订
3. 自2010年5月1日起施行

第一章 总 则

第一条 根据《中华人民共和国审计法》(以下简称审计法)的规定,制定本条例。

第二条 审计法所称审计,是指审计机关依法独立检查被审计单位的会计凭证、会计账簿、财务会计报告以及其他与财政收支、财务收支有关的资料和资产,监督财政收支、财务收支真实、合法和效益的行为。

第三条 审计法所称财政收支,是指依照《中华人民共和国预算法》和国家其他有关规定,纳入预算管理的收入和支出,以及下列财政资金中未纳入预算管理的收入和支出:

(一)行政事业性收费;

(二)国有资源、国有资产收入;

(三)应当上缴的国有资本经营收益;

(四)政府举借债务筹措的资金;

(五)其他未纳入预算管理的财政资金。

第四条 审计法所称财务收支,是指国有的金融机构、企业事业组织以及依法应当接受审计机关审计监督的其他单位,按照国家财务会计制度的规定,实行会计核算的各项收入和支出。

第五条 审计机关依照审计法和本条例以及其他有关法律、法规规定的职责、权限和程序进行审计监督。

审计机关依照有关财政收支、财务收支的法律、法规,以及国家有关政策、标准、项目目标等方面的规定进行审计评价,对被审计单位违反国家规定的财政收支、财务收支行为,在法定职权范围内作出处理、处罚的决定。

第六条 任何单位和个人对依法应当接受审计机关审计监督的单位违反国家规定的财政收支、财务收支行为,有权向审计机关举报。审计机关接到举报,应当依法及时处理。

第二章 审计机关和审计人员

第七条 审计署在国务院总理领导下,主管全国的审计工作,履行审计法和国务院规定的职责。

地方各级审计机关在本级人民政府行政首长和上一级审计机关的领导下,负责本行政区域的审计工作,履行法律、法规和本级人民政府规定的职责。

第八条 省、自治区人民政府设有派出机关的,派出机关的审计机关对派出机关和省、自治区人民政府审计机关负责并报告工作,审计业务以省、自治区人民政府审计机关领导为主。

第九条 审计机关派出机构依照法律、法规和审计机关的规定,在审计机关的授权范围内开展审计工作,不受其他行政机关、社会团体和个人的干涉。

第十条 审计机关编制年度经费预算草案的依据主要包括:

(一)法律、法规;

(二)本级人民政府的决定和要求;

(三)审计机关的年度审计工作计划;

(四)定员定额标准;

(五)上一年度经费预算执行情况和本年度的变化因素。

第十一条 审计人员实行审计专业技术资格制度,具体按照国家有关规定执行。

审计机关根据工作需要，可以聘请具有与审计事项相关专业知识的人员参加审计工作。

第十二条　审计人员办理审计事项，有下列情形之一的，应当申请回避，被审计单位也有权申请审计人员回避：

（一）与被审计单位负责人或者有关主管人员有夫妻关系、直系血亲关系、三代以内旁系血亲或者近姻亲关系的；

（二）与被审计单位或者审计事项有经济利益关系的；

（三）与被审计单位、审计事项、被审计单位负责人或者有关主管人员有其他利害关系，可能影响公正执行公务的。

审计人员的回避，由审计机关负责人决定；审计机关负责人办理审计事项时的回避，由本级人民政府或者上一级审计机关负责人决定。

第十三条　地方各级审计机关正职和副职负责人的任免，应当事先征求上一级审计机关的意见。

第十四条　审计机关负责人在任职期间没有下列情形之一的，不得随意撤换：

（一）因犯罪被追究刑事责任的；

（二）因严重违法、失职受到处分，不适宜继续担任审计机关负责人的；

（三）因健康原因不能履行职责 1 年以上的；

（四）不符合国家规定的其他任职条件的。

第三章　审计机关职责

第十五条　审计机关对本级人民政府财政部门具体组织本级预算执行的情况，本级预算收入征收部门征收预算收入的情况，与本级人民政府财政部门直接发生预算缴款、拨款关系的部门、单位的预算执行情况和决算，下级人民政府的预算执行情况和决算，以及其他财政收支情况，依法进行审计监督。经本级人民政府批准，审计机关对其他取得财政资金的单位和项目接受、运用财政资金的真实、合法和效益情况，依法进行审计监督。

第十六条　审计机关对本级预算收入和支出的执行情况进行审计监督的内容包括：

（一）财政部门按照本级人民代表大会批准的本级预算向本级各部门（含直属单位）批复预算的情况、本级预算执行中调整情况和预算收支变化情况；

（二）预算收入征收部门依照法律、行政法规的规定和国家其他有关规定征收预算收入情况；

（三）财政部门按照批准的年度预算、用款计划，以及规定的预算级次和程序，拨付本级预算支出资金情况；

（四）财政部门依照法律、行政法规的规定和财政管理体制，拨付和管理政府间财政转移支付资金情况以及办理结算、结转情况；

（五）国库按照国家有关规定办理预算收入的收纳、划分、留解情况和预算支出资金的拨付情况；

（六）本级各部门（含直属单位）执行年度预算情况；

（七）依照国家有关规定实行专项管理的预算资金收支情况；

（八）法律、法规规定的其他预算执行情况。

第十七条　审计法第十七条所称审计结果报告，应当包括下列内容：

（一）本级预算执行和其他财政收支的基本情况；

（二）审计机关对本级预算执行和其他财政收支情况作出的审计评价；

（三）本级预算执行和其他财政收支中存在的问题以及审计机关依法采取的措施；

（四）审计机关提出的改进本级预算执行和其他财政收支管理工作的建议；

（五）本级人民政府要求报告的其他情况。

第十八条　审计署对中央银行及其分支机构履行职责所发生的各项财务收支，依法进行审计监督。

审计署向国务院总理提出的中央预算执行和其他财政收支情况审计结果报告，应当包括对中央银行的财务收支的审计情况。

第十九条　审计法第二十一条所称国有资本占控股地位或者主导地位的企业、金融机构，包括：

（一）国有资本占企业、金融机构资本（股本）总额的比例超过 50% 的；

（二）国有资本占企业、金融机构资本（股本）总额的比例在50%以下，但国有资本投资主体拥有实际控制权的。

审计机关对前款规定的企业、金融机构，除国务院另有规定外，比照审计法第十八条第二款、第二十条规定进行审计监督。

第二十条　审计法第二十二条所称政府投资和以政府投资为主的建设项目，包括：

（一）全部使用预算内投资资金、专项建设基金、政府举借债务筹措的资金等财政资金的；

（二）未全部使用财政资金，财政资金占项目总投资的比例超过50%，或者占项目总投资的比例在50%以下，但政府拥有项目建设、运营实际控制权的。

审计机关对前款规定的建设项目的总预算或者概算的执行情况、年度预算的执行情况和年度决算、单项工程结算、项目竣工决算，依法进行审计监督；对前款规定的建设项目进行审计时，可以对直接有关的设计、施工、供货等单位取得建设项目资金的真实性、合法性进行调查。

第二十一条　审计法第二十三条所称社会保障基金，包括社会保险、社会救助、社会福利基金以及发展社会保障事业的其他专项基金；所称社会捐赠资金，包括来源于境内外的货币、有价证券和实物等各种形式的捐赠。

第二十二条　审计法第二十四条所称国际组织和外国政府援助、贷款项目，包括：

（一）国际组织、外国政府及其机构向中国政府及其机构提供的贷款项目；

（二）国际组织、外国政府及其机构向中国企业事业组织以及其他组织提供的由中国政府及其机构担保的贷款项目；

（三）国际组织、外国政府及其机构向中国政府及其机构提供的援助和赠款项目；

（四）国际组织、外国政府及其机构向受中国政府委托管理有关基金、资金的单位提供的援助和赠款项目；

（五）国际组织、外国政府及其机构提供援助、贷款的其他项目。

第二十三条　审计机关可以依照审计法和本条例规定的审计程序、方法以及国家其他有关规定，对预算管理或者国有资产管理使用等与国家财政收支有关的特定事项，向有关地方、部门、单位进行专项审计调查。

第二十四条　审计机关根据被审计单位的财政、财务隶属关系，确定审计管辖范围；不能根据财政、财务隶属关系确定审计管辖范围的，根据国有资产监督管理关系，确定审计管辖范围。

两个以上国有资本投资主体投资的金融机构、企业事业组织和建设项目，由对主要投资主体有审计管辖权的审计机关进行审计监督。

第二十五条　各级审计机关应当按照确定的审计管辖范围进行审计监督。

第二十六条　依法属于审计机关审计监督对象的单位的内部审计工作，应当接受审计机关的业务指导和监督。

依法属于审计机关审计监督对象的单位，可以根据内部审计工作的需要，参加依法成立的内部审计自律组织。审计机关可以通过内部审计自律组织，加强对内部审计工作的业务指导和监督。

第二十七条　审计机关进行审计或者专项审计调查时，有权对社会审计机构出具的相关审计报告进行核查。

审计机关核查社会审计机构出具的相关审计报告时，发现社会审计机构存在违反法律、法规或者执业准则等情况的，应当移送有关主管机关依法追究责任。

第四章　审计机关权限

第二十八条　审计机关依法进行审计监督时，被审计单位应当依照审计法第三十一条规定，向审计机关提供与财政收支、财务收支有关的资料。被审计单位负责人应当对本单位提供资料的真实性和完整性作出书面承诺。

第二十九条　各级人民政府财政、税务以及其他部门（含直属单位）应当向本级审计机关报送下列资料：

（一）本级人民代表大会批准的本级预算和本

级人民政府财政部门向本级各部门(含直属单位)批复的预算,预算收入征收部门的年度收入计划,以及本级各部门(含直属单位)向所属各单位批复的预算;

(二)本级预算收支执行和预算收入征收部门的收入计划完成情况月报、年报,以及决算情况;

(三)综合性财政税务工作统计年报、情况简报,财政、预算、税务、财务和会计等规章制度;

(四)本级各部门(含直属单位)汇总编制的本部门决算草案。

第三十条　审计机关依照审计法第三十三条规定查询被审计单位在金融机构的账户的,应当持县级以上人民政府审计机关负责人签发的协助查询单位账户通知书;查询被审计单位以个人名义在金融机构的存款的,应当持县级以上人民政府审计机关主要负责人签发的协助查询个人存款通知书。有关金融机构应当予以协助,并提供证明材料,审计机关和审计人员负有保密义务。

第三十一条　审计法第三十四条所称违反国家规定取得的资产,包括:

(一)弄虚作假骗取的财政拨款、实物以及金融机构贷款;

(二)违反国家规定享受国家补贴、补助、贴息、免息、减税、免税、退税等优惠政策取得的资产;

(三)违反国家规定向他人收取的款项、有价证券、实物;

(四)违反国家规定处分国有资产取得的收益;

(五)违反国家规定取得的其他资产。

第三十二条　审计机关依照审计法第三十四条规定封存被审计单位有关资料和违反国家规定取得的资产的,应当持县级以上人民政府审计机关负责人签发的封存通知书,并在依法收集与审计事项相关的证明材料或者采取其他措施后解除封存。封存的期限为7日以内;有特殊情况需要延长的,经县级以上人民政府审计机关负责人批准,可以适当延长,但延长的期限不得超过7日。

对封存的资料、资产,审计机关可以指定被审计单位负责保管,被审计单位不得损毁或者擅自转移。

第三十三条　审计机关依照审计法第三十六条规定,可以就有关审计事项向政府有关部门通报或者向社会公布对被审计单位的审计、专项审计调查结果。

审计机关经与有关主管机关协商,可以在向社会公布的审计、专项审计调查结果中,一并公布对社会审计机构相关审计报告核查的结果。

审计机关拟向社会公布对上市公司的审计、专项审计调查结果的,应当在5日前将拟公布的内容告知上市公司。

第五章　审计程序

第三十四条　审计机关应当根据法律、法规和国家其他有关规定,按照本级人民政府和上级审计机关的要求,确定年度审计工作重点,编制年度审计项目计划。

审计机关在年度审计项目计划中确定对国有资本占控股地位或者主导地位的企业、金融机构进行审计的,应当自确定之日起7日内告知列入年度审计项目计划的企业、金融机构。

第三十五条　审计机关应当根据年度审计项目计划,组成审计组,调查了解被审计单位的有关情况,编制审计方案,并在实施审计3日前,向被审计单位送达审计通知书。

第三十六条　审计法第三十八条所称特殊情况,包括:

(一)办理紧急事项的;

(二)被审计单位涉嫌严重违法违规的;

(三)其他特殊情况。

第三十七条　审计人员实施审计时,应当按照下列规定办理:

(一)通过检查、查询、监督盘点、发函询证等方法实施审计;

(二)通过收集原件、原物或者复制、拍照等方法取得证明材料;

(三)对与审计事项有关的会议和谈话内容作出记录,或者要求被审计单位提供会议记录材料;

(四)记录审计实施过程和查证结果。

第三十八条　审计人员向有关单位和个人调查取得的证明材料,应当有提供者的签名或者盖章;不能取得提供者签名或者盖章的,审计人员应当注明原因。

第三十九条 审计组向审计机关提出审计报告前，应当书面征求被审计单位意见。被审计单位应当自接到审计组的审计报告之日起10日内，提出书面意见；10日内未提出书面意见的，视同无异议。

审计组应当针对被审计单位提出的书面意见，进一步核实情况，对审计组的审计报告作必要修改，连同被审计单位的书面意见一并报送审计机关。

第四十条 审计机关有关业务机构和专门机构或者人员对审计组的审计报告以及相关审计事项进行复核、审理后，由审计机关按照下列规定办理：

（一）提出审计机关的审计报告，内容包括：对审计事项的审计评价，对违反国家规定的财政收支、财务收支行为提出的处理、处罚意见，移送有关主管机关、单位的意见，改进财政收支、财务收支管理工作的意见；

（二）对违反国家规定的财政收支、财务收支行为，依法应当给予处理、处罚的，在法定职权范围内作出处理、处罚的审计决定；

（三）对依法应当追究有关人员责任的，向有关主管机关、单位提出给予处分的建议；对依法应当由有关主管机关处理、处罚的，移送有关主管机关；涉嫌犯罪的，移送司法机关。

第四十一条 审计机关在审计中发现损害国家利益和社会公共利益的事项，但处理、处罚依据又不明确的，应当向本级人民政府和上一级审计机关报告。

第四十二条 被审计单位应当按照审计机关规定的期限和要求执行审计决定。对应当上缴的款项，被审计单位应当按照财政管理体制和国家有关规定缴入国库或者财政专户。审计决定需要有关主管机关、单位协助执行的，审计机关应当书面提请协助执行。

第四十三条 上级审计机关应当对下级审计机关的审计业务依法进行监督。

下级审计机关作出的审计决定违反国家有关规定的，上级审计机关可以责成下级审计机关予以变更或者撤销，也可以直接作出变更或者撤销的决定；审计决定被撤销后需要重新作出审计决定的，上级审计机关可以责成下级审计机关在规定的期限内重新作出审计决定，也可以直接作出审计决定。

下级审计机关应当作出而没有作出审计决定的，上级审计机关可以责成下级审计机关在规定的期限内作出审计决定，也可以直接作出审计决定。

第四十四条 审计机关进行专项审计调查时，应当向被调查的地方、部门、单位出示专项审计调查的书面通知，并说明有关情况；有关地方、部门、单位应当接受调查，如实反映情况，提供有关资料。

在专项审计调查中，依法属于审计机关审计监督对象的部门、单位有违反国家规定的财政收支、财务收支行为或者其他违法违规行为的，专项审计调查人员和审计机关可以依照审计法和本条例的规定提出审计报告，作出审计决定，或者移送有关主管机关、单位依法追究责任。

第四十五条 审计机关应当按照国家有关规定建立、健全审计档案制度。

第四十六条 审计机关送达审计文书，可以直接送达，也可以邮寄送达或者以其他方式送达。直接送达的，以被审计单位在送达回证上注明的签收日期或者见证人证明的收件日期为送达日期；邮寄送达的，以邮政回执上注明的收件日期为送达日期；以其他方式送达的，以签收或者收件日期为送达日期。

审计机关的审计文书的种类、内容和格式，由审计署规定。

第六章 法律责任

第四十七条 被审计单位违反审计法和本条例的规定，拒绝、拖延提供与审计事项有关的资料，或者提供的资料不真实、不完整，或者拒绝、阻碍检查的，由审计机关责令改正，可以通报批评，给予警告；拒不改正的，对被审计单位可以处5万元以下的罚款，对直接负责的主管人员和其他直接责任人员，可以处2万元以下的罚款，审计机关认为应当给予处分的，向有关主管机关、单位提出给予处分的建议；构成犯罪的，依法追究刑事责任。

第四十八条 对本级各部门（含直属单位）和下级人民政府违反预算的行为或者其他违反国家规定的财政收支行为，审计机关在法定职权范围内，依照法律、行政法规的规定，区别情况采取审计法第四十五条规定的处理措施。

第四十九条 对被审计单位违反国家规定的财务收支行为,审计机关在法定职权范围内,区别情况采取审计法第四十五条规定的处理措施,可以通报批评,给予警告;有违法所得的,没收违法所得,并处违法所得1倍以上5倍以下的罚款;没有违法所得的,可以处5万元以下的罚款;对直接负责的主管人员和其他直接责任人员,可以处2万元以下的罚款,审计机关认为应当给予处分的,向有关主管机关、单位提出给予处分的建议;构成犯罪的,依法追究刑事责任。

法律、行政法规对被审计单位违反国家规定的财务收支行为处理、处罚另有规定的,从其规定。

第五十条 审计机关在作出较大数额罚款的处罚决定前,应当告知被审计单位和有关人员有要求举行听证的权利。较大数额罚款的具体标准由审计署规定。

第五十一条 审计机关提出的对被审计单位给予处理、处罚的建议以及对直接负责的主管人员和其他直接责任人员给予处分的建议,有关主管机关、单位应当依法及时作出决定,并将结果书面通知审计机关。

第五十二条 被审计单位对审计机关依照审计法第十六条、第十七条和本条例第十五条规定进行审计监督作出的审计决定不服的,可以自审计决定送达之日起60日内,提请审计机关的本级人民政府裁决,本级人民政府的裁决为最终决定。

审计机关应当在审计决定中告知被审计单位提请裁决的途径和期限。

裁决期间,审计决定不停止执行。但是,有下列情形之一的,可以停止执行:

(一)审计机关认为需要停止执行的;

(二)受理裁决的人民政府认为需要停止执行的;

(三)被审计单位申请停止执行,受理裁决的人民政府认为其要求合理,决定停止执行的。

裁决由本级人民政府法制机构办理。裁决决定应当自接到提请之日起60日内作出;有特殊情况需要延长的,经法制机构负责人批准,可以适当延长,并告知审计机关和提请裁决的被审计单位,但延长的期限不得超过30日。

第五十三条 除本条例第五十二条规定的可以提请裁决的审计决定外,被审计单位对审计机关作出的其他审计决定不服的,可以依法申请行政复议或者提起行政诉讼。

审计机关应当在审计决定中告知被审计单位申请行政复议或者提起行政诉讼的途径和期限。

第五十四条 被审计单位应当将审计决定执行情况书面报告审计机关。审计机关应当检查审计决定的执行情况。

被审计单位不执行审计决定的,审计机关应当责令限期执行;逾期仍不执行的,审计机关可以申请人民法院强制执行,建议有关主管机关、单位对直接负责的主管人员和其他直接责任人员给予处分。

第五十五条 审计人员滥用职权、徇私舞弊、玩忽职守,或者泄露所知悉的国家秘密、商业秘密的,依法给予处分;构成犯罪的,依法追究刑事责任。

审计人员违法违纪取得的财物,依法予以追缴、没收或者责令退赔。

第七章 附 则

第五十六条 本条例所称以上、以下,包括本数。

本条例第五十二条规定的期间的最后一日是法定节假日的,以节假日后的第一个工作日为期间届满日。审计法和本条例规定的其他期间以工作日计算,不含法定节假日。

第五十七条 实施经济责任审计的规定,另行制定。

第五十八条 本条例自2010年5月1日起施行。

政府投资条例

1. 2019年4月14日国务院令第712号公布
2. 自2019年7月1日起施行

第一章 总 则

第一条 为了充分发挥政府投资作用,提高政府投资效益,规范政府投资行为,激发社会投资活力,制定本条例。

第二条 本条例所称政府投资,是指在中国境内使用预算安排的资金进行固定资产投资建设活动，包括新建、扩建、改建、技术改造等。

第三条 政府投资资金应当投向市场不能有效配置资源的社会公益服务、公共基础设施、农业农村、生态环境保护、重大科技进步、社会管理、国家安全等公共领域的项目，以非经营性项目为主。

国家完善有关政策措施，发挥政府投资资金的引导和带动作用，鼓励社会资金投向前款规定的领域。

国家建立政府投资范围定期评估调整机制，不断优化政府投资方向和结构。

第四条 政府投资应当遵循科学决策、规范管理、注重绩效、公开透明的原则。

第五条 政府投资应当与经济社会发展水平和财政收支状况相适应。

国家加强对政府投资资金的预算约束。政府及其有关部门不得违法违规举借债务筹措政府投资资金。

第六条 政府投资资金按项目安排，以直接投资方式为主；对确需支持的经营性项目，主要采取资本金注入方式，也可以适当采取投资补助、贷款贴息等方式。

安排政府投资资金，应当符合推进中央与地方财政事权和支出责任划分改革的有关要求，并平等对待各类投资主体，不得设置歧视性条件。

国家通过建立项目库等方式，加强对使用政府投资资金项目的储备。

第七条 国务院投资主管部门依照本条例和国务院的规定，履行政府投资综合管理职责。国务院其他有关部门依照本条例和国务院规定的职责分工，履行相应的政府投资管理职责。

县级以上地方人民政府投资主管部门和其他有关部门依照本条例和本级人民政府规定的职责分工，履行相应的政府投资管理职责。

第二章 政府投资决策

第八条 县级以上人民政府应当根据国民经济和社会发展规划、中期财政规划和国家宏观调控政策，结合财政收支状况，统筹安排使用政府投资资金的项目，规范使用各类政府投资资金。

第九条 政府采取直接投资方式、资本金注入方式投资的项目（以下统称政府投资项目），项目单位应当编制项目建议书、可行性研究报告、初步设计，按照政府投资管理权限和规定的程序，报投资主管部门或者其他有关部门审批。

项目单位应当加强政府投资项目的前期工作，保证前期工作的深度达到规定的要求，并对项目建议书、可行性研究报告、初步设计以及依法应当附具的其他文件的真实性负责。

第十条 除涉及国家秘密的项目外，投资主管部门和其他有关部门应当通过投资项目在线审批监管平台（以下简称在线平台），使用在线平台生成的项目代码办理政府投资项目审批手续。

投资主管部门和其他有关部门应当通过在线平台列明与政府投资有关的规划、产业政策等，公开政府投资项目审批的办理流程、办理时限等，并为项目单位提供相关咨询服务。

第十一条 投资主管部门或者其他有关部门应当根据国民经济和社会发展规划、相关领域专项规划、产业政策等，从下列方面对政府投资项目进行审查，作出是否批准的决定：

（一）项目建议书提出的项目建设的必要性；

（二）可行性研究报告分析的项目的技术经济可行性、社会效益以及项目资金等主要建设条件的落实情况；

（三）初步设计及其提出的投资概算是否符合可行性研究报告批复以及国家有关标准和规范的要求；

（四）依照法律、行政法规和国家有关规定应当审查的其他事项。

投资主管部门或者其他有关部门对政府投资项目不予批准的，应当书面通知项目单位并说明理由。

对经济社会发展、社会公众利益有重大影响或者投资规模较大的政府投资项目，投资主管部门或者其他有关部门应当在中介服务机构评估、公众参与、专家评议、风险评估的基础上作出是否批准的决定。

第十二条 经投资主管部门或者其他有关部门核定的投资概算是控制政府投资项目总投资的依据。

初步设计提出的投资概算超过经批准的可行性研究报告提出的投资估算10%的，项目单位应当向投资主管部门或者其他有关部门报告，投资主管部门或者其他有关部门可以要求项目单位重新报送可行性研究报告。

第十三条 对下列政府投资项目，可以按照国家有关规定简化需要报批的文件和审批程序：

（一）相关规划中已经明确的项目；

（二）部分扩建、改建项目；

（三）建设内容单一、投资规模较小、技术方案简单的项目；

（四）为应对自然灾害、事故灾难、公共卫生事件、社会安全事件等突发事件需要紧急建设的项目。

前款第三项所列项目的具体范围，由国务院投资主管部门会同国务院其他有关部门规定。

第十四条 采取投资补助、贷款贴息等方式安排政府投资资金的，项目单位应当按照国家有关规定办理手续。

第三章 政府投资年度计划

第十五条 国务院投资主管部门对其负责安排的政府投资编制政府投资年度计划，国务院其他有关部门对其负责安排的本行业、本领域的政府投资编制政府投资年度计划。

县级以上地方人民政府有关部门按照本级人民政府的规定，编制政府投资年度计划。

第十六条 政府投资年度计划应当明确项目名称、建设内容及规模、建设工期、项目总投资、年度投资额及资金来源等事项。

第十七条 列入政府投资年度计划的项目应当符合下列条件：

（一）采取直接投资方式、资本金注入方式的，可行性研究报告已经批准或者投资概算已经核定；

（二）采取投资补助、贷款贴息等方式的，已经按照国家有关规定办理手续；

（三）县级以上人民政府有关部门规定的其他条件。

第十八条 政府投资年度计划应当和本级预算相衔接。

第十九条 财政部门应当根据经批准的预算，按照法律、行政法规和国库管理的有关规定，及时、足额办理政府投资资金拨付。

第四章 政府投资项目实施

第二十条 政府投资项目开工建设，应当符合本条例和有关法律、行政法规规定的建设条件；不符合规定的建设条件的，不得开工建设。

国务院规定应当审批开工报告的重大政府投资项目，按照规定办理开工报告审批手续后方可开工建设。

第二十一条 政府投资项目应当按照投资主管部门或者其他有关部门批准的建设地点、建设规模和建设内容实施；拟变更建设地点或者拟对建设规模、建设内容等作较大变更的，应当按照规定的程序报原审批部门审批。

第二十二条 政府投资项目所需资金应当按照国家有关规定确保落实到位。

政府投资项目不得由施工单位垫资建设。

第二十三条 政府投资项目建设投资原则上不得超过经核定的投资概算。

因国家政策调整、价格上涨、地质条件发生重大变化等原因确需增加投资概算的，项目单位应当提出调整方案及资金来源，按照规定的程序报原初步设计审批部门或者投资概算核定部门核定；涉及预算调整或者调剂的，依照有关预算的法律、行政法规和国家有关规定办理。

第二十四条 政府投资项目应当按照国家有关规定合理确定并严格执行建设工期，任何单位和个人不得非法干预。

第二十五条 政府投资项目建成后，应当按照国家有关规定进行竣工验收，并在竣工验收合格后及时办理竣工财务决算。

政府投资项目结余的财政资金，应当按照国家有关规定缴回国库。

第二十六条 投资主管部门或者其他有关部门应当按照国家有关规定选择有代表性的已建成政府投资项目，委托中介服务机构对所选项目进行后评价。后评价应当根据项目建成后的实际效果，对项目审批和实施进行全面评价并提出明确意见。

第五章　监督管理

第二十七条　投资主管部门和依法对政府投资项目负有监督管理职责的其他部门应当采取在线监测、现场核查等方式，加强对政府投资项目实施情况的监督检查。

项目单位应当通过在线平台如实报送政府投资项目开工建设、建设进度、竣工的基本信息。

第二十八条　投资主管部门和依法对政府投资项目负有监督管理职责的其他部门应当建立政府投资项目信息共享机制，通过在线平台实现信息共享。

第二十九条　项目单位应当按照国家有关规定加强政府投资项目档案管理，将项目审批和实施过程中的有关文件、资料存档备查。

第三十条　政府投资年度计划、政府投资项目审批和实施以及监督检查的信息应当依法公开。

第三十一条　政府投资项目的绩效管理、建设工程质量管理、安全生产管理等事项，依照有关法律、行政法规和国家有关规定执行。

第六章　法律责任

第三十二条　有下列情形之一的，责令改正，对负有责任的领导人员和直接责任人员依法给予处分：

（一）超越审批权限审批政府投资项目；

（二）对不符合规定的政府投资项目予以批准；

（三）未按照规定核定或者调整政府投资项目的投资概算；

（四）为不符合规定的项目安排投资补助、贷款贴息等政府投资资金；

（五）履行政府投资管理职责中其他玩忽职守、滥用职权、徇私舞弊的情形。

第三十三条　有下列情形之一的，依照有关预算的法律、行政法规和国家有关规定追究法律责任：

（一）政府及其有关部门违法违规举借债务筹措政府投资资金；

（二）未按照规定及时、足额办理政府投资资金拨付；

（三）转移、侵占、挪用政府投资资金。

第三十四条　项目单位有下列情形之一的，责令改正，根据具体情况，暂停、停止拨付资金或者收回已拨付的资金，暂停或者停止建设活动，对负有责任的领导人员和直接责任人员依法给予处分：

（一）未经批准或者不符合规定的建设条件开工建设政府投资项目；

（二）弄虚作假骗取政府投资项目审批或者投资补助、贷款贴息等政府投资资金；

（三）未经批准变更政府投资项目的建设地点或者对建设规模、建设内容等作较大变更；

（四）擅自增加投资概算；

（五）要求施工单位对政府投资项目垫资建设；

（六）无正当理由不实施或者不按照建设工期实施已批准的政府投资项目。

第三十五条　项目单位未按照规定将政府投资项目审批和实施过程中的有关文件、资料存档备查，或者转移、隐匿、篡改、毁弃项目有关文件、资料的，责令改正，对负有责任的领导人员和直接责任人员依法给予处分。

第三十六条　违反本条例规定，构成犯罪的，依法追究刑事责任。

第七章　附　　则

第三十七条　国防科技工业领域政府投资的管理办法，由国务院国防科技工业管理部门根据本条例规定的原则另行制定。

第三十八条　中国人民解放军和中国人民武装警察部队的固定资产投资管理，按照中央军事委员会的规定执行。

第三十九条　本条例自2019年7月1日起施行。

国务院办公厅关于创新完善体制机制推动招标投标市场规范健康发展的意见

1. 2024年5月2日

2. 国办发〔2024〕21号

各省、自治区、直辖市人民政府，国务院各部委、各直属机构：

招标投标市场是全国统一大市场和高标准市场体系的重要组成部分，对提高资源配置效率效益、持续优化营商环境具有重要作用。为创新完善体制机制，推动招标投标市场规范健康发展，经国务院同意，现提出如下意见。

一、总体要求

创新完善体制机制，推动招标投标市场规范健康发展，要坚持以习近平新时代中国特色社会主义思想为指导，深入贯彻党的二十大精神，完整、准确、全面贯彻新发展理念，加快构建新发展格局，着力推动高质量发展，坚持有效市场和有为政府更好结合，聚焦发挥招标投标竞争择优作用，改革创新招标投标制度设计，纵深推进数字化转型升级，加快实现全流程全链条监管，坚持全国一盘棋，坚决打破条块分割、行业壁垒，推动形成高效规范、公平竞争、充分开放的招标投标市场，促进商品要素资源在更大范围内畅通流动，为建设高标准市场体系、构建高水平社会主义市场经济体制提供坚强支撑。

——坚持问题导向、标本兼治。直面招标投标领域突出矛盾和深层次问题，采取针对性措施纠治制度规则滞后、主体责任不落实、交易壁垒难破除、市场秩序不规范等顽瘴痼疾，逐步形成推动招标投标市场规范健康发展的长效机制。

——坚持系统观念、协同联动。加强前瞻性思考、全局性谋划、战略性布局、整体性推进，深化制度、技术、数据融合，提升跨地区跨行业协作水平，更好调动各方面积极性，推动形成共建共治共享格局，有效凝聚招标投标市场建设合力。

——坚持分类施策、精准发力。按照统分结合、分级分类的思路完善招标投标制度、规则、标准，统筹短期和中长期政策举措，提升招标投标市场治理精准性有效性。

——坚持创新引领、赋能增效。不断强化招标投标制度规则创新、运行模式创新、交易机制创新、监管体制创新，提升交易效率、降低交易成本、规范市场秩序，推动招标投标市场转型升级。

二、完善招标投标制度体系

（一）优化制度规则设计。加快推动招标投标法、政府采购法及相关实施条例修订工作，着力破除制约高标准市场体系建设的制度障碍。加快完善分类统一的招标投标交易基本规则和实施细则，优化招标投标交易程序，促进要素自主有序流动。探索编制招标投标市场公平竞争指数。加快构建科学规范的招标投标交易标准体系，按照不同领域和专业制定数字化招标采购技术标准，满足各类项目专业化交易需求。建立招标投标领域统一分级分类的信用评价指标体系，规范招标投标信用评价应用。

（二）强化法规政策协同衔接。落实招标投标领域公平竞争审查规则，健全招标投标交易壁垒投诉、处理、回应机制，及时清理违反公平竞争的规定和做法。各级政府及其部门制定涉及招标投标的法规政策，要严格落实公开征求意见、合法性审核、公平竞争审查等要求，不得干涉招标人、投标人自主权，禁止在区域、行业、所有制形式等方面违法设置限制条件。

三、落实招标人主体责任

（三）强化招标人主体地位。尊重和保障招标人法定权利，任何单位和个人不得干涉招标人选择招标代理机构、编制招标文件、委派代表参加评标等自主权。分类修订勘察、设计、监理、施工、总承包等招标文件示范文本。加强招标需求管理和招标方案策划，规范招标计划发布，鼓励招标文件提前公示。加大招标公告、中标合同、履约信息公开力度，招标公告应当载明招标投标行政监督部门。落实招标人组织招标、处理异议、督促履约等方面责任。将国有企业组织招标和参与投标纳入经营投资责任追究制度从严管理。

（四）健全招标代理机构服务机制。制定招标代理服务标准和行为规范，加强招标代理行业自律，完善招标人根据委托合同管理约束招标代理活动的机制。加快推进招标采购专业人员能力评价工作，研究完善招标采购相关人才培养机制，提升招标采购专业服务水平。治理招标代理领域乱收费，打击价外加价等价格违法行为。对严重违法的招标代理机构及其直接责任人员依法予以处理并实行行业禁入。

（五）推进招标采购机制创新。全面对接国际高标准经贸规则，优化国内招标采购方式。支持企业集中组织实施招标采购，探索形成符合企业生产经营和供应链管理需要的招标采购管理机制。加强招标采购与非招标采购的衔接，支持科技创新、应急抢险、以工代赈、村庄建设、造林种草等领域项目采用灵活方式发包。

四、完善评标定标机制

（六）改进评标方法和评标机制。规范经评审的最低投标价法适用范围，一般适用于具有通用技术、性能标准或者招标人对技术、性能没有特殊要求的招标项目。在勘察设计项目评标中突出技术因素、相应增加权重。完善评标委员会对异常低价的甄别处理程序，依法否决严重影响履约的低价投标。合理确定评标时间和评标委员会成员人数。全面推广网络远程异地评标。推行隐藏投标人信息的暗标评审。积极试行投标人资格、业绩、信用等客观量化评审，提升评标质量效率。

（七）优化中标人确定程序。厘清专家评标和招标人定标的职责定位，进一步完善定标规则，保障招标人根据招标项目特点和需求依法自主选择定标方式并在招标文件中公布。建立健全招标人对评标报告的审核程序，招标人发现评标报告存在错误的，有权要求评标委员会进行复核纠正。探索招标人从评标委员会推荐的中标候选人范围内自主研究确定中标人。实行定标全过程记录和可追溯管理。

（八）加强评标专家全周期管理。加快实现评标专家资源跨地区跨行业共享。优化评标专家专业分类，强化评标专家入库审查、业务培训、廉洁教育，提升履职能力。依法保障评标专家独立开展评标，不受任何单位或者个人的干预。评标专家库组建单位应当建立健全从专家遴选到考核监督的全过程全链条管理制度体系，完善评标专家公正履职承诺、保密管理等制度规范，建立评标专家日常考核评价、动态调整轮换等机制，实行评标专家对评标结果终身负责。

五、推进数字化智能化转型升级

（九）加快推广数智技术应用。推动招标投标与大数据、云计算、人工智能、区块链等新技术融合发展。制定实施全国统一的电子招标投标技术标准和数据规范，依法必须进行招标的项目推广全流程电子化交易。加快推进全国招标投标交易主体信息互联互通，实现经营主体登记、资格、业绩、信用等信息互认共享。加快实现招标投标领域数字证书全国互认，支持电子营业执照推广应用。推动固定资产投资项目代码与招标投标交易编码关联应用。全面推广以电子保函（保险）等方式缴纳投标保证金、履约保证金、工程质量保证金。

（十）优化电子招标投标平台体系。统筹规划电子招标投标平台建设，提高集约化水平。设区的市级以上人民政府要按照政府主导、互联互通、开放共享原则，优化电子招标投标公共服务平台。支持社会力量按照市场化、专业化、标准化原则建设运营招标投标电子交易系统。电子交易系统应当开放对接各类专业交易工具。任何单位和个人不得为经营主体指定特定的电子交易系统、交易工具。

六、加强协同高效监督管理

（十一）压实行政监督部门责任。进一步理顺招标投标行政监督体制，探索建立综合监管与行业监管相结合的协同机制。理清责任链条，分领域编制行政监督责任清单，明确主管部门和监管范围、程序、方式，消除监管盲区。对监管边界模糊、职责存在争议的事项，由地方人民政府按照领域归口、精简高效原则明确主管部门和监管责任。

（十二）强化多层次立体化监管。加强招标投标与投资决策、质量安全、竣工验收等环节的有机衔接，打通审批和监管业务信息系统，提升工程建设一体化监管能力，强化招标投标交易市场与履约现场联动，完善事前事中事后全链条全领域监管。推行信用分级分类监管。发挥行业组织作用，提升行业自律水平。完善招标投标行政监督部门向纪检监察机关、司法机关等移送线索的标准和程序，推动加大巡视巡察、审计监督力度，将损害国家利益或者社会公共利益行为的线索作为公益诉讼线索向检察机关移送，将串通投标情节严重行为的线索向公安机关移送，将党政机关、国有企事业单位、人民团体等单位公职人员利用职权谋取非法利益和受贿行为的线索向纪检监察机关移送。建立移送线索办理情况反馈机制,形成管理闭环。

(十三)加快推进智慧监管。创新招标投标数字化监管方式,推动现场监管向全流程数字化监管转变,完善招标投标电子监督平台功能,畅通招标投标行政监督部门、纪检监察机关、司法机关、审计机关监督监管通道,建立开放协同的监管网络。招标投标行政监督部门要建立数字化执法规则标准,运用非现场、物联感知、掌上移动、穿透式等新型监管手段,进一步提升监管效能。加大招标文件随机抽查力度,运用数字化手段强化同类项目资格、商务条件分析比对,对异常招标文件进行重点核查。

七、营造规范有序市场环境

(十四)严厉打击招标投标违法活动。建立健全招标投标行政执法标准规范,完善行政处罚裁量权基准。依法加大对排斥限制潜在投标人、规避招标、串通投标、以行贿手段谋取中标等违法犯罪行为的惩处力度,严厉打击转包、违法分包行为。适时组织开展跨部门联合执法,集中整治工程建设领域突出问题。推动修订相关刑事法律,依法严肃惩治招标投标犯罪活动。发挥调解、仲裁、诉讼等争议解决机制作用,支持经营主体依据民事合同维护自身合法权益,推动招标投标纠纷多元化解。完善招标投标投诉处理机制,遏制恶意投诉行为。

(十五)持续清理妨碍全国统一大市场建设和公平竞争的规定、做法。开展招标投标法规政策文件专项清理,对法规、规章、规范性文件及其他政策文件和示范文本进行全面排查,存在所有制歧视、行业壁垒、地方保护等不合理限制的按照规定权限和程序予以修订、废止。清理规范招标投标领域行政审批、许可、备案、注册、登记、报名等事项,不得以公共服务、交易服务等名义变相实施行政审批。

八、提升招标投标政策效能

(十六)健全支持创新的激励机制。完善首台(套)重大技术装备招标投标机制,首台(套)重大技术装备参与招标投标视同满足市场占有率、使用业绩等要求,对已投保的首台(套)重大技术装备一般不再收取质量保证金。鼓励国有企业通过招标投标首购、订购创新产品和服务。

(十七)优化绿色招标采购推广应用机制。编制绿色招标采购示范文本,引导招标人合理设置绿色招标采购标准,对原材料、生产制造工艺等明确环保、节能、低碳要求。鼓励招标人综合考虑生产、包装、物流、销售、服务、回收和再利用等环节确定评标标准,建立绿色供应链管理体系。

(十八)完善支持中小企业参与的政策体系。优化工程建设招标投标领域支持中小企业发展政策举措,通过预留份额、完善评标标准、提高首付款比例等方式,加大对中小企业参与招标投标的支持力度。鼓励大型企业与中小企业组成联合体参与投标,促进企业间优势互补、资源融合。探索将支持中小企业参与招标投标情况列为国有企业履行社会责任考核内容。

九、强化组织实施保障

(十九)加强组织领导。坚持加强党的全面领导和党中央集中统一领导,把党的领导贯彻到推动招标投标市场规范健康发展各领域全过程。国家发展改革委要加强统筹协调,细化实化各项任务,清单化推进落实。工业和信息化部、公安部、住房城乡建设部、交通运输部、水利部、农业农村部、商务部、国务院国资委等要根据职责,健全工作推进机制,扎实推动各项任务落实落细。省级人民政府要明确时间表、路线图,整合力量、扭住关键、狠抓落实,确保各项任务落地见效。健全常态化责任追究机制,对监管不力、执法缺位的,依规依纪依法严肃追责问责。重大事项及时向党中央、国务院请示报告。

(二十)营造良好氛围。尊重人民首创精神,鼓励地方和基层积极探索,在改革招标投标管理体制、完善评标定标机制、推行全流程电子化招标投标、推进数字化智慧监管等方面鼓励大胆创新。国家发展改革委要会同有关部门及时跟进创新完善招标投标体制机制的工作进展,加强动态监测和定期评估,对行之有效的经验做法以适当形式予以固化并在更大范围推广。加强宣传解读和舆论监督,营造有利于招标投标市场规范健康发展的社会环境。

2. 招标范围

必须招标的工程项目规定

1. 2018年3月27日国家发展和改革委员会令第16号公布
2. 自2018年6月1日起施行

第一条　为了确定必须招标的工程项目，规范招标投标活动，提高工作效率、降低企业成本、预防腐败，根据《中华人民共和国招标投标法》第三条的规定，制定本规定。

第二条　全部或者部分使用国有资金投资或者国家融资的项目包括：

（一）使用预算资金200万元人民币以上，并且该资金占投资额10%以上的项目；

（二）使用国有企业事业单位资金，并且该资金占控股或者主导地位的项目。

第三条　使用国际组织或者外国政府贷款、援助资金的项目包括：

（一）使用世界银行、亚洲开发银行等国际组织贷款、援助资金的项目；

（二）使用外国政府及其机构贷款、援助资金的项目。

第四条　不属于本规定第二条、第三条规定情形的大型基础设施、公用事业等关系社会公共利益、公众安全的项目，必须招标的具体范围由国务院发展改革部门会同国务院有关部门按照确有必要、严格限定的原则制订，报国务院批准。

第五条　本规定第二条至第四条规定范围内的项目，其勘察、设计、施工、监理以及与工程建设有关的重要设备、材料等的采购达到下列标准之一的，必须招标：

（一）施工单项合同估算价在400万元人民币以上；

（二）重要设备、材料等货物的采购，单项合同估算价在200万元人民币以上；

（三）勘察、设计、监理等服务的采购，单项合同估算价在100万元人民币以上。

同一项目中可以合并进行的勘察、设计、施工、监理以及与工程建设有关的重要设备、材料等的采购，合同估算价合计达到前款规定标准的，必须招标。

第六条　本规定自2018年6月1日起施行。

必须招标的基础设施和公用事业项目范围规定

1. 2018年6月6日国家发展和改革委员会发布
2. 发改法规规〔2018〕843号

第一条　为明确必须招标的大型基础设施和公用事业项目范围，根据《中华人民共和国招标投标法》和《必须招标的工程项目规定》，制定本规定。

第二条　不属于《必须招标的工程项目规定》第二条、第三条规定情形的大型基础设施、公用事业等关系社会公共利益、公众安全的项目，必须招标的具体范围包括：

（一）煤炭、石油、天然气、电力、新能源等能源基础设施项目；

（二）铁路、公路、管道、水运，以及公共航空和A1级通用机场等交通运输基础设施项目；

（三）电信枢纽、通信信息网络等通信基础设施项目；

（四）防洪、灌溉、排涝、引（供）水等水利基础设施项目；

（五）城市轨道交通等城建项目。

第三条　本规定自2018年6月6日起施行。

国家发展改革委办公厅关于进一步做好《必须招标的工程项目规定》和《必须招标的基础设施和公用事业项目范围规定》实施工作的通知

1. 2020年10月19日
2. 发改办法规〔2020〕770号

各省、自治区、直辖市、新疆生产建设兵团发展改革委、公共资源交易平台整合牵头部门：

为加强政策指导，进一步做好《必须招标的工程项目规定》（国家发展改革委2018年第16号令，以下简称“16号令”）和《必须招标的基础设施和公用事业项目范围规定》（发改法规〔2018〕843号，以下简称“843号文”）实施工作，现就有关事项通知如下：

一、准确理解依法必须招标的工程建设项目范围

（一）关于使用国有资金的项目。16号令第二条第（一）项中“预算资金”，是指《预算法》规定的预算资金，包括一般公共预算资金、政府性基金预算资金、国有资本经营预算资金、社会保险基金预算资金。第（二）项中“占控股或者主导地位”，参照《公司法》第二百一十六条关于控股股东和实际控制人的理解执行，即“其出资额占有限责任公司资本总额百分之五十以上或者其持有的股份占股份有限公司股本总额百分之五十以上的股东；出资额或者持有股份的比例虽然不足百分之五十，但依其出资额或者持有的股份所享有的表决权已足以对股东会、股东大会的决议产生重大影响的股东”；国有企业事业单位通过投资关系、协议或者其他安排，能够实际支配项目建设的，也属于占控股或者主导地位。项目中国有资金的比例，应当按照项目资金来源中所有国有资金之和计算。

（二）关于项目与单项采购的关系。16号令第二条至第四条及843号文第二条规定范围的项目，其勘察、设计、施工、监理以及与工程建设有关的重要设备、材料等的单项采购分别达到16号令第五条规定的相应单项合同价估算标准的，该单项采购必须招标；该项目中未达到前述相应标准的单项采购，不属于16号令规定的必须招标范畴。

（三）关于招标范围列举事项。依法必须招标的工程建设项目范围和规模标准，应当严格执行《招标投标法》第三条和16号令、843号文规定；法律、行政法规或者国务院对必须进行招标的其他项目范围有规定的，依照其规定。没有法律、行政法规或者国务院规定依据的，对16号令第五条第一款第（三）项中没有明确列举规定的服务事项、843号文第二条中没有明确列举规定的项目，不得强制要求招标。

（四）关于同一项目中的合并采购。16号令第五条规定的“同一项目中可以合并进行的勘察、设计、施工、监理以及与工程建设有关的重要设备、材料等的采购，合同估算价合计达到前款规定标准的，必须招标”，目的是防止发包方通过化整为零方式规避招标。其中“同一项目中可以合并进行”，是指根据项目实际，以及行业标准或行业惯例，符合科学性、经济性、可操作性要求，同一项目中适宜放在一起进行采购的同类采购项目。

（五）关于总承包招标的规模标准。对于16号令第二条至第四条规定范围内的项目，发包人依法对工程以及与工程建设有关的货物、服务全部或者部分实行总承包发包的，总承包中施工、货物、服务等各部分的估算价中，只要有一项达到16号令第五条规定相应标准，即施工部分估算价达到400万元以上，或者货物部分达到200万元以上，或者服务部分达到100万元以上，则整个总承包发包应当招标。

二、规范规模标准以下工程建设项目的采购

16号令第二条至第四条及843号文第二条规定范围的项目，其施工、货物、服务采购的单项合同估算价未达到16号令第五条规定规模标准的，该单项采购由采购人依法自主选择采购方式，任何单位和个人不得违法干涉；其中，涉及政府采购的，按照政府采购法律法规规定执行。国有企业可以结合实际，建立健全规模标准以下工程建设项目采购制度，推进采购活动公开透明。

三、严格执行依法必须招标制度

各地方应当严格执行16号令和843号文规定的范围和规模标准，不得另行制定必须进行招标的范围和规模标准，也不得作出与16号令、843号文和本通知相抵触的规定，持续深化招标投标领域“放管服”改革，努力营造良好市场环境。

3. 招标程序

国务院办公厅印发国务院有关部门实施招标投标活动行政监督的职责分工意见的通知

1. 2000年5月3日
2. 国办发〔2000〕34号

各省、自治区、直辖市人民政府，国务院各部委、各直属机构：

中央机构编制委员会办公室《关于国务院有关部门实施招标投标活动行政监督的职责分工的意见》已经国务院同意，现印发给你们，请遵照执行。

关于国务院有关部门实施招标投标活动行政监督的职责分工的意见

（2000年3月4日　中央机构编制委员会办公室）

根据《中华人民共和国招标投标法》（以下简称《招标投标法》）和国务院有关部门"三定"规定，现就国务院有关部门实施招标投标（以下简称招投标）活动行政监督的职责分工，提出如下意见：

一、国家发展计划委员会指导和协调全国招投标工作，会同有关行政主管部门拟定《招标投标法》配套法规、综合性政策和必须进行招标的项目的具体范围、规模标准以及不适宜进行招标的项目，报国务院批准；指定发布招标公告的报刊、信息网络或其他媒介。有关行政主管部门根据《招标投标法》和国家有关法规、政策，可联合或分别制定具体实施办法。

二、项目审批部门在审批必须进行招标的项目可行性研究报告时，核准项目的招标方式（委托招标或自行招标）以及国家出资项目的招标范围（发包初步方案）。项目审批后，及时向有关行政主管部门通报所确定的招标方式和范围等情况。

三、对于招投标过程（包括招标、投标、开标、评标、中标）中泄露保密资料、泄露标底、串通招标、串通投标、歧视排斥投标等违法活动的监督执法，按现行的职责分工，分别由有关行政主管部门负责并受理投标人和其他利害关系人的投诉。按照这一原则，工业（含内贸）、水利、交通、铁道、民航、信息产业等行业和产业项目的招投标活动的监督执法，分别由经贸、水利、交通、铁道、民航、信息产业等行政主管部门负责；各类房屋建筑及其附属设施的建造和与其配套的线路、管道、设备的安装项目和市政工程项目的招投标活动的监督执法，由建设行政主管部门负责；进口机电设备采购项目的招投标活动的监督执法，由外经贸行政主管部门负责。有关行政主管部门须将监督过程中发现的问题，及时通知项目审批部门，项目审批部门根据情况依法暂停项目执行或者暂停资金拨付。

四、从事各类工程建设项目招标代理业务的招标代理机构的资格，由建设行政主管部门认定；从事与工程建设有关的进口机电设备采购招标代理业务的招标代理机构的资格，由外经贸行政主管部门认定；从事其他招标代理业务的招标代理机构的资格，按现行职责分工，分别由有关行政主管部门认定。

五、国家发展计划委员会负责组织国家重大建设项目稽察特派员，对国家重大建设项目建设过程中的工程招投标进行监督检查。

各有关部门要严格依照上述职责分工，各司其职，密切配合，共同做好招投标的监督管理工作。各省、自治区、直辖市人民政府可根据《招标投标法》的规定，从本地实际出发，制定招投标管理办法。

评标委员会和评标方法暂行规定

1. 2001年7月5日国家发展计划委员会、国家经济贸易委员会、建设部、铁道部、交通部、信息产业部、水利部令第12号公布
2. 根据2013年3月11日国家发展和改革委员会、工业和信息化部、财政部、住房和城乡建设部、交通运输部、铁道部、水利部、国家广播电影电视总局、中国民用航空局令第23号《关于废止和修改部分招标投标规章和规范性文件的决定》修订

第一章　总　　则

第一条　为了规范评标活动，保证评标的公平、公正，维护招标投标活动当事人的合法权益,依照《中华人民共和国招标投标法》、《中华人民共和国招标投标法实施条例》,制定本规定。

第二条　本规定适用于依法必须招标项目的评标活动。

第三条　评标活动遵循公平、公正、科学、择优的原则。

第四条　评标活动依法进行,任何单位和个人不得非法干预或者影响评标过程和结果。

第五条　招标人应当采取必要措施,保证评标活动在严格保密的情况下进行。

第六条　评标活动及其当事人应当接受依法实施的监督。

有关行政监督部门依照国务院或者地方政府的职责分工,对评标活动实施监督,依法查处评标活动中的违法行为。

第二章　评标委员会

第七条　评标委员会依法组建,负责评标活动,向招标人推荐中标候选人或者根据招标人的授权直接确定中标人。

第八条　评标委员会由招标人负责组建。

评标委员会成员名单一般应于开标前确定。评标委员会成员名单在中标结果确定前应当保密。

第九条　评标委员会由招标人或其委托的招标代理机构熟悉相关业务的代表,以及有关技术、经济等方面的专家组成,成员人数为五人以上单数,其中技术、经济等方面的专家不得少于成员总数的三分之二。

评标委员会设负责人的,评标委员会负责人由评标委员会成员推举产生或者由招标人确定。评标委员会负责人与评标委员会的其他成员有同等的表决权。

第十条　评标委员会的专家成员应当从依法组建的专家库内的相关专家名单中确定。

按前款规定确定评标专家,可以采取随机抽取或者直接确定的方式。一般项目,可以采取随机抽取的方式;技术复杂、专业性强或者国家有特殊要求的招标项目,采取随机抽取方式确定的专家难以保证胜任的,可以由招标人直接确定。

第十一条　评标专家应符合下列条件:

(一)从事相关专业领域工作满八年并具有高级职称或者同等专业水平;

(二)熟悉有关招标投标的法律法规,并具有与招标项目相关的实践经验;

(三)能够认真、公正、诚实、廉洁地履行职责。

第十二条　有下列情形之一的,不得担任评标委员会成员:

(一)投标人或者投标人主要负责人的近亲属;

(二)项目主管部门或者行政监督部门的人员;

(三)与投标人有经济利益关系,可能影响对投标公正评审的;

(四)曾因在招标、评标以及其他与招标投标有关活动中从事违法行为而受过行政处罚或刑事处罚的。

评标委员会成员有前款规定情形之一的,应当主动提出回避。

第十三条　评标委员会成员应当客观、公正地履行职责,遵守职业道德,对所提出的评审意见承担个人责任。

评标委员会成员不得与任何投标人或者与招标结果有利害关系的人进行私下接触,不得收受投标人、中介人、其他利害关系人的财物或者其他好处,不得向招标人征询其确定中标人的意向,不得接受任何单位或者个人明示或者暗示提出的倾向或者排斥特定投标人的要求,不得有其他不客观、不公正履行职务的行为。

第十四条　评标委员会成员和与评标活动有关的工作人员不得透露对投标文件的评审和比较、中标候选人的推荐情况以及与评标有关的其他情况。

前款所称与评标活动有关的工作人员,是指评标委员会成员以外的因参与评标监督工作或者事务性工作而知悉有关评标情况的所有人员。

第三章　评标的准备与初步评审

第十五条　评标委员会成员应当编制供评标使用的相应表格,认真研究招标文件,至少应了解和熟悉以下内容:

(一)招标的目标;

(二)招标项目的范围和性质;

（三）招标文件中规定的主要技术要求、标准和商务条款；

（四）招标文件规定的评标标准、评标方法和在评标过程中考虑的相关因素。

第十六条 招标人或者其委托的招标代理机构应当向评标委员会提供评标所需的重要信息和数据，但不得带有明示或者暗示倾向或者排斥特定投标人的信息。

招标人设有标底的，标底在开标前应当保密，并在评标时作为参考。

第十七条 评标委员会应当根据招标文件规定的评标标准和方法，对投标文件进行系统地评审和比较。招标文件中没有规定的标准和方法不得作为评标的依据。

招标文件中规定的评标标准和评标方法应当合理，不得含有倾向或者排斥潜在投标人的内容，不得妨碍或者限制投标人之间的竞争。

第十八条 评标委员会应当按照投标报价的高低或者招标文件规定的其他方法对投标文件排序。以多种货币报价的，应当按照中国银行在开标日公布的汇率中间价换算成人民币。

招标文件应当对汇率标准和汇率风险作出规定。未作规定的，汇率风险由投标人承担。

第十九条 评标委员会可以书面方式要求投标人对投标文件中含义不明确、对同类问题表述不一致或者有明显文字和计算错误的内容作必要的澄清、说明或者补正。澄清、说明或者补正应以书面方式进行并不得超出投标文件的范围或者改变投标文件的实质性内容。

投标文件中的大写金额和小写金额不一致的，以大写金额为准；总价金额与单价金额不一致的，以单价金额为准，但单价金额小数点有明显错误的除外；对不同文字文本投标文件的解释发生异议的，以中文文本为准。

第二十条 在评标过程中，评标委员会发现投标人以他人的名义投标、串通投标、以行贿手段谋取中标或者以其他弄虚作假方式投标的，应当否决该投标人的投标。

第二十一条 在评标过程中，评标委员会发现投标人的报价明显低于其他投标报价或者在设有标底时明显低于标底，使得其投标报价可能低于其个别成本的，应当要求该投标人作出书面说明并提供相关证明材料。投标人不能合理说明或者不能提供相关证明材料的，由评标委员会认定该投标人以低于成本报价竞标，应当否决其投标。

第二十二条 投标人资格条件不符合国家有关规定和招标文件要求的，或者拒不按照要求对投标文件进行澄清、说明或者补正的，评标委员会可以否决其投标。

第二十三条 评标委员会应当审查每一投标文件是否对招标文件提出的所有实质性要求和条件作出响应。未能在实质上响应的投标，应当予以否决。

第二十四条 评标委员会应当根据招标文件，审查并逐项列出投标文件的全部投标偏差。

投标偏差分为重大偏差和细微偏差。

第二十五条 下列情况属于重大偏差：

（一）没有按照招标文件要求提供投标担保或者所提供的投标担保有瑕疵；

（二）投标文件没有投标人授权代表签字和加盖公章；

（三）投标文件载明的招标项目完成期限超过招标文件规定的期限；

（四）明显不符合技术规格、技术标准的要求；

（五）投标文件载明的货物包装方式、检验标准和方法等不符合招标文件的要求；

（六）投标文件附有招标人不能接受的条件；

（七）不符合招标文件中规定的其他实质性要求。

投标文件有上述情形之一的，为未能对招标文件作出实质性响应，并按本规定第二十三条规定作否决投标处理。招标文件对重大偏差另有规定的，从其规定。

第二十六条 细微偏差是指投标文件在实质上响应招标文件要求，但在个别地方存在漏项或者提供了不完整的技术信息和数据等情况，并且补正这些遗漏或者不完整不会对其他投标人造成不公平的结果。

细微偏差不影响投标文件的有效性。

评标委员会应当书面要求存在细微偏差的投标人在评标结束前予以补正。拒不补正的，在详细评审时可以对细微偏差作不利于该投标人的量化，量化标准应当在招标文件中规定。

第二十七条 评标委员会根据本规定第二十条、第二十一条、第二十二条、第二十三条、第二十五条的规定否决不合格投标后，因有效投标不足三个使得投标明显缺乏竞争的，评标委员会可以否决全部投标。

投标人少于三个或者所有投标被否决的，招标人在分析招标失败的原因并采取相应措施后，应当依法重新招标。

第四章 详细评审

第二十八条 经初步评审合格的投标文件，评标委员会应当根据招标文件确定的评标标准和方法，对其技术部分和商务部分作进一步评审、比较。

第二十九条 评标方法包括经评审的最低投标价法、综合评估法或者法律、行政法规允许的其他评标方法。

第三十条 经评审的最低投标价法一般适用于具有通用技术、性能标准或者招标人对其技术、性能没有特殊要求的招标项目。

第三十一条 根据经评审的最低投标价法，能够满足招标文件的实质性要求，并且经评审的最低投标价的投标，应当推荐为中标候选人。

第三十二条 采用经评审的最低投标价法的，评标委员会应当根据招标文件中规定的评标价格调整方法，对所有投标人的投标报价以及投标文件的商务部分作必要的价格调整。

采用经评审的最低投标价法的，中标人的投标应当符合招标文件规定的技术要求和标准，但评标委员会无需对投标文件的技术部分进行价格折算。

第三十三条 根据经评审的最低投标价法完成详细评审后，评标委员会应当拟定一份“标价比较表”，连同书面评标报告提交招标人。“标价比较表”应当载明投标人的投标报价、对商务偏差的价格调整和说明以及经评审的最终投标价。

第三十四条 不宜采用经评审的最低投标价法的招标项目，一般应当采取综合评估法进行评审。

第三十五条 根据综合评估法，最大限度地满足招标文件中规定的各项综合评价标准的投标，应当推荐为中标候选人。

衡量投标文件是否最大限度地满足招标文件中规定的各项评价标准，可以采取折算为货币的方法、打分的方法或者其他方法。需量化的因素及其权重应当在招标文件中明确规定。

第三十六条 评标委员会对各个评审因素进行量化时，应当将量化指标建立在同一基础或者同一标准上，使各投标文件具有可比性。

对技术部分和商务部分进行量化后，评标委员会应当对这两部分的量化结果进行加权，计算出每一投标的综合评估价或者综合评估分。

第三十七条 根据综合评估法完成评标后，评标委员会应当拟定一份“综合评估比较表”，连同书面评标报告提交招标人。“综合评估比较表”应当载明投标人的投标报价、所作的任何修正、对商务偏差的调整、对技术偏差的调整、对各评审因素的评估以及对每一投标的最终评审结果。

第三十八条 根据招标文件的规定，允许投标人投备选标的，评标委员会可以对中标人所投的备选标进行评审，以决定是否采纳备选标。不符合中标条件的投标人的备选标不予考虑。

第三十九条 对于划分有多个单项合同的招标项目，招标文件允许投标人为获得整个项目合同而提出优惠的，评标委员会可以对投标人提出的优惠进行审查，以决定是否将招标项目作为一个整体合同授予中标人。将招标项目作为一个整体合同授予的，整体合同中标人的投标应当最有利于招标人。

第四十条 评标和定标应当在投标有效期内完成。不能在投标有效期内完成评标和定标的，招标人应当通知所有投标人延长投标有效期。拒绝延长投标有效期的投标人有权收回投标保证金。同意延长投标有效期的投标人应当相应延长其投标担保的有效期，但不得修改投标文件的实质性内容。因延长投标有效期造成投标人损失的，招标人应当给予补偿，但因不可抗力需延长投标有效期的除外。

招标文件应当载明投标有效期。投标有效期从提交投标文件截止日起计算。

第五章 推荐中标候选人与定标

第四十一条 评标委员会在评标过程中发现的问题，应当及时作出处理或者向招标人提出处理建议，并作书面记录。

第四十二条 评标委员会完成评标后，应当向招标人提出书面评标报告，并抄送有关行政监督部门。评标报告应当如实记载以下内容：

（一）基本情况和数据表；

（二）评标委员会成员名单；

（三）开标记录；

（四）符合要求的投标一览表；

（五）否决投标的情况说明；

（六）评标标准、评标方法或者评标因素一览表；

（七）经评审的价格或者评分比较一览表；

（八）经评审的投标人排序；

（九）推荐的中标候选人名单与签订合同前要处理的事宜；

（十）澄清、说明、补正事项纪要。

第四十三条 评标报告由评标委员会全体成员签字。对评标结论持有异议的评标委员会成员可以书面方式阐述其不同意见和理由。评标委员会成员拒绝在评标报告上签字且不陈述其不同意见和理由的，视为同意评标结论。评标委员会应当对此作出书面说明并记录在案。

第四十四条 向招标人提交书面评标报告后，评标委员会应将评标过程中使用的文件、表格以及其他资料应当即时归还招标人。

第四十五条 评标委员会推荐的中标候选人应当限定在一至三人，并标明排列顺序。

第四十六条 中标人的投标应当符合下列条件之一：

（一）能够最大限度满足招标文件中规定的各项综合评价标准；

（二）能够满足招标文件的实质性要求，并且经评审的投标价格最低；但是投标价格低于成本的除外。

第四十七条 招标人不得与投标人就投标价格、投标方案等实质性内容进行谈判。

第四十八条 国有资金占控股或者主导地位的项目，招标人应当确定排名第一的中标候选人为中标人。排名第一的中标候选人放弃中标、因不可抗力提出不能履行合同，或者招标文件规定应当提交履约保证金而在规定的期限内未能提交，或者被查实存在影响中标结果的违法行为等情形，不符合中标条件的，招标人可以按照评标委员会提出的中标候选人名单排序依次确定其他中标候选人为中标人。依次确定其他中标候选人与招标人预期差距较大，或者对招标人明显不利的，招标人可以重新招标。

招标人可以授权评标委员会直接确定中标人。

国务院对中标人的确定另有规定的，从其规定。

第四十九条 中标人确定后，招标人应当向中标人发出中标通知书，同时通知未中标人，并与中标人在投标有效期内以及中标通知书发出之日起30日之内签订合同。

第五十条 中标通知书对招标人和中标人具有法律约束力。中标通知书发出后，招标人改变中标结果或者中标人放弃中标的，应当承担法律责任。

第五十一条 招标人应当与中标人按照招标文件和中标人的投标文件订立书面合同。招标人与中标人不得再行订立背离合同实质性内容的其他协议。

第五十二条 招标人与中标人签订合同后5日内，应当向中标人和未中标的投标人退还投标保证金。

第六章 罚 则

第五十三条 评标委员会成员有下列行为之一的，由有关行政监督部门责令改正；情节严重的，禁止其在一定期限内参加依法必须进行招标的项目的评标；情节特别严重的，取消其担任评标委员会成员的资格：

（一）应当回避而不回避；

（二）擅离职守；

（三）不按照招标文件规定的评标标准和方法评标；

（四）私下接触投标人；

（五）向招标人征询确定中标人的意向或者接受任何单位或者个人明示或者暗示提出的倾向或者

排斥特定投标人的要求；

（六）对依法应当否决的投标不提出否决意见；

（七）暗示或者诱导投标人作出澄清、说明或者接受投标人主动提出的澄清、说明；

（八）其他不客观、不公正履行职务的行为。

第五十四条　评标委员会成员收受投标人的财物或者其他好处的，评标委员会成员或者与评标活动有关的工作人员向他人透露对投标文件的评审和比较、中标候选人的推荐以及与评标有关的其他情况的，给予警告，没收收受的财物，可以并处三千元以上五万元以下的罚款；对有所列违法行为的评标委员会成员取消担任评标委员会成员的资格，不得再参加任何依法必须进行招标项目的评标；构成犯罪的，依法追究刑事责任。

第五十五条　招标人有下列情形之一的，责令改正，可以处中标项目金额千分之十以下的罚款；给他人造成损失的，依法承担赔偿责任；对单位直接负责的主管人员和其他直接责任人员依法给予处分：

（一）无正当理由不发出中标通知书；

（二）不按照规定确定中标人；

（三）中标通知书发出后无正当理由改变中标结果；

（四）无正当理由不与中标人订立合同；

（五）在订立合同时向中标人提出附加条件。

第五十六条　招标人与中标人不按照招标文件和中标人的投标文件订立合同的，合同的主要条款与招标文件、中标人的投标文件的内容不一致，或者招标人、中标人订立背离合同实质性内容的协议的，由有关行政监督部门责令改正，可以处中标项目金额千分之五以上千分之十以下的罚款。

第五十七条　中标人无正当理由不与招标人订立合同，在签订合同时向招标人提出附加条件，或者不按照招标文件要求提交履约保证金的，取消其中标资格，投标保证金不予退还。对依法必须进行招标的项目的中标人，由有关行政监督部门责令改正，可以处中标项目金额10‰以下的罚款。

第七章　附　　则

第五十八条　依法必须招标项目以外的评标活动，参照本规定执行。

第五十九条　使用国际组织或者外国政府贷款、援助资金的招标项目的评标活动，贷款方、资金提供方对评标委员会与评标方法另有规定的，适用其规定，但违背中华人民共和国的社会公共利益的除外。

第六十条　本规定颁布前有关评标机构和评标方法的规定与本规定不一致的，以本规定为准。法律或者行政法规另有规定的，从其规定。

第六十一条　本规定由国家发展改革委会同有关部门负责解释。

第六十二条　本规定自发布之日起施行。

评标专家和评标专家库管理办法

1. 2024年9月27日国家发展改革委令第26号公布
2. 自2025年1月1日起施行

第一章　总　　则

第一条　为了加强评标专家和评标专家库管理，提高评标专家队伍整体素质，促进评标专家资源共享，保证评标活动的公平、公正，提高评标质量，根据《中华人民共和国招标投标法》、《中华人民共和国招标投标法实施条例》等法律法规规定，制定本办法。

第二条　本办法适用于评标专家的选聘、抽取、管理以及评标专家库的组建、使用、共享、监督等活动。

第三条　本办法所称评标专家，是指符合本办法规定的条件，经评标专家库组建单位聘任，以独立身份为招标人提供评标服务的技术、经济等方面的专业人员。

本办法所称评标专家库，是指存储评标专家信息，并具备抽取专家参加评标、辅助评标专家库组建单位管理、向评标专家提供必要服务等功能的电子信息系统。

第四条　国务院发展改革部门指导和协调全国评标专家和评标专家库管理工作。国务院有关招标投标行政监督部门按照职责分工，对评标专家的评标活动和评标专家库的组建、使用、共享实施行政监督。

地方各级人民政府有关部门在各自职责范围内

负责评标专家和评标专家库的监督管理工作。

第五条 国家实行统一的评标专家专业分类标准和评标专家库共享技术标准,推动专家资源跨区域、跨行业、跨评标专家库共享,应用数智技术提高评标专家管理水平,推广远程异地评标等评标组织形式。

第二章 基本要求

第六条 入选评标专家库的专业人员,应当具备下列条件:

(一)具备良好的职业道德;

(二)从事相关专业领域工作满八年并具有高级职称或者同等专业水平;

(三)具备参加评标工作所需要的专业知识和实践经验;

(四)熟悉有关招标投标的法律法规;

(五)熟练掌握电子化评标技能;

(六)具备正常履行职责的身体和年龄条件;

(七)法律、法规、规章规定的其他条件。

评标专家库组建单位应当根据前款所列条件,制定入选评标专家库的具体标准,并向社会公布。

第七条 存在下列情形之一的,不得入选评标专家库:

(一)无民事行为能力或者限制民事行为能力的;

(二)被有关行政监督部门取消担任评标委员会成员资格的;

(三)被开除公职的;

(四)受过刑事处罚的;

(五)被列入严重失信主体名单的;

(六)法律、法规、规章规定的其他情形。

第八条 评标专家享有下列权利:

(一)接受招标人聘请,担任评标委员会成员;

(二)依法对投标文件进行独立评审,提出评审意见,不受任何单位或者个人的干预;

(三)接受参加评标活动的劳务报酬;

(四)法律、法规、规章规定的其他权利。

第九条 评标专家负有下列义务:

(一)如实填报并及时更新个人基本信息,配合评标专家库组建单位的管理工作;

(二)存在法定回避情形的,主动提出回避;

(三)遵守评标工作纪律和评标现场秩序;

(四)按照招标文件确定的评标标准和方法客观公正地进行评标;

(五)协助、配合招标人处理异议,按规定程序复核、纠正评标报告中的错误;

(六)发现违法违规行为主动向招标人、有关行政监督部门反映,协助、配合有关行政监督部门、纪检监察机关、司法机关、审计部门开展监督、检查、调查;

(七)法律、法规、规章规定的其他义务。

第三章 评标专家库组建和评标专家选聘

第十条 评标专家库由法律、行政法规规定的组建单位依法组建。评标专家库的组建活动应当公开,接受公众监督。

第十一条 组建评标专家库,应当具备下列条件:

(一)有符合本办法规定条件的评标专家,且专家总人数不得少于2000人;

(二)有满足评标需要的专业分类;

(三)有满足异地抽取、随机抽取评标专家需要的必要条件;

(四)符合网络安全和数据安全管理有关规定;

(五)有负责系统运行和维护管理的专门机构和人员。

第十二条 专业人员入选评标专家库,实行个人申请和单位推荐相结合的方式。申请入库的专业人员应当提交下列材料:

(一)个人申请书;

(二)所在工作单位或者退休前原单位的推荐书;

(三)符合本办法第六条规定条件的证明材料;

(四)关于入库信息真实性合法性和依法履职的书面承诺;

(五)法律、法规、规章规定的其他材料。

第十三条 评标专家库组建单位应当对申请人或者被推荐人进行审核,决定是否聘任入库。审核过程及结果应当全过程记录并存档备查。

评标专家库组建单位应当组织测试或者评估,确认拟入库专家是否符合本办法第六条第一款第三项至第五项规定的条件。

第十四条 评标专家库组建单位应当根据评标专家的入库申请材料和测试、评估情况，确定评标专家参加评标的专业类别。

第十五条 评标专家实行聘期制，聘期届满自动解除聘任关系。评标专家可以在聘期届满前提出续聘申请，评标专家库组建单位应当按照入库标准进行审核，决定是否继续聘任。

评标专家库组建单位结合实际确定聘期，一般为三年至五年。

第四章 评标专家抽取和评标专家库共享

第十六条 依法必须进行招标项目的评标专家，应当从评标专家库中随机抽取。在一个评标专家库中无法随机抽取到足够数量专家的，应当从其他依法组建的相关评标专家库中随机抽取。

第十七条 技术复杂、专业性强或者国家有特殊要求的依法必须进行招标项目，采取随机抽取方式确定的专家难以胜任评标工作的，招标人可以依法直接确定评标专家，并向有关行政监督部门报告。

第十八条 政府投资项目的评标专家，应当从国务院有关部门组建的评标专家库或者省级综合评标专家库中抽取。

第十九条 评标专家库组建单位、招标投标电子交易系统运行服务机构应当建立健全与远程异地评标相适应的评标专家资源共享和协同管理机制，为评标专家远程异地参加评标提供服务保障，为有关行政监督部门开展监督提供支持。

第五章 履职管理

第二十条 评标专家库组建单位承担评标专家档案记录、教育培训、履职考核、动态调整等日常管理责任，加强评标专家全周期管理。

评标专家库组建单位不得以任何名义非法控制、干预或者影响评标专家的具体评标活动。

第二十一条 评标专家库组建单位应当建立并永久保存评标专家电子档案，详细记录评标专家的基本信息、参加评标的具体情况、参加教育培训和履职考核的情况，并进行动态更新。

第二十二条 评标专家库组建单位应当加强对评标专家的教育培训，每年组织招标投标有关专业知识、法律法规和电子化评标技能等方面培训，并开展廉洁教育。

评标专家库组建单位可以结合教育培训情况开展专项测试。

第二十三条 评标专家库组建单位应当建立评标专家年度履职考核制度，制定考核标准，并向社会公布。考核标准应当包含下列内容：

（一）响应抽取参加评标情况；

（二）遵守评标工作纪律和评标现场秩序情况；

（三）评标客观公正情况；

（四）协助、配合招标人处理异议、复核评标结果情况；

（五）协助、配合有关行政监督部门、纪检监察机关、司法机关、审计部门开展监督、检查、调查情况；

（六）参加教育培训情况；

（七）其他能够反映评标专家履职情况的内容。

评标专家库组建单位应当结合评标专家年度履职考核结论、在库年限、参加评标频次等开展履职风险评估，并根据评估情况调整抽取频次、设置抽取间隔期，防范评标专家履职风险。

第二十四条 年度履职考核结论应当通知评标专家。评标专家对考核结论有异议的，有权向评标专家库组建单位申请复核，评标专家库组建单位应当在收到异议后30日内核实有关情况并作出答复。

第二十五条 评标专家年度履职考核不合格的，评标专家库组建单位应当与其解除聘任关系，调整出库，并通报入库推荐单位。

第二十六条 对于入库后不再具备本办法第六条规定的条件，不再符合评标专家库组建单位制定的入库具体标准，或者存在本办法第七条规定情形的评标专家，评标专家库组建单位应当在发现有关情形后30日内与其解除聘任关系，调整出库，并通报入库推荐单位。

第二十七条 评标专家自愿退出评标专家库的，应当向评标专家库组建单位提出书面申请。

评标专家库组建单位收到申请后，应当停止抽取该评标专家参加评标，在10日内与其解除聘任关系，并调整出库。

第二十八条　评标专家库组建单位应当结合经济社会发展水平和评标专家工作价值，制定评标专家劳务报酬标准和支付机制。

第六章　法律责任

第二十九条　评标专家有下列情形之一的，由有关行政监督部门责令改正，没收收受的财物，并依法处以罚款；情节严重的，禁止其在一定期限内参加依法必须进行招标项目的评标；情节特别严重的，取消其担任评标委员会成员的资格，并向社会公布；涉嫌违纪违法犯罪的，及时移送纪检监察机关、司法机关处理。

（一）提供虚假材料入库的；

（二）应当回避而不回避的；

（三）擅离职守或者扰乱评标现场秩序的；

（四）不按照招标文件确定的评标标准和方法进行评标，或者对依法应当否决的投标不提出否决意见的；

（五）与招标人、招标代理机构、投标人或者其他利害关系人私下接触或者相互串通的；

（六）向招标人征询确定中标人的意向，或者接受任何单位、个人提出的倾向、排斥特定投标人要求的；

（七）暗示或者诱导投标人作出澄清、说明，或者接受投标人主动提出的澄清、说明的；

（八）对其他评标委员会成员的独立评标施加不当影响的；

（九）违法透露对投标文件的评审和比较、中标候选人的推荐以及与评标有关的其他情况的；

（十）索取或者收受评标劳务报酬以外财物的；

（十一）不协助、不配合有关部门的监督、检查、调查工作的；

（十二）其他不客观、不公正履行职责的行为。

有关行政监督部门对评标专家前款所列情形作出处理的，应当将处理结果通报评标专家库组建单位。

第三十条　评标专家对评标行为终身负责，不因退休或者与评标专家库组建单位解除聘任关系等免予追责。

评标专家存在本办法第二十九条第一款所列情形的，除依法给予行政处罚外，评标专家库组建单位应当作进一步核实，依照本办法第二十五条、第二十六条规定调整出库，并将处理结果通报其入库推荐单位；涉嫌违纪违法犯罪的，及时移送纪检监察机关、司法机关处理。

评标专家所在工作单位根据专家职务晋升、职称评审等工作需要，可以查询评标专家参加评标情况并作为参考；涉及国家秘密、商业秘密或者个人隐私的除外。

第三十一条　评标专家不履行本办法第九条规定的义务，给招标人造成损失的，依法承担赔偿责任。

第三十二条　评标专家库组建单位有下列情形之一的，由有关行政监督部门责令改正；情节严重的，对负有责任的领导人员和直接责任人员依法给予处分；涉嫌违纪违法犯罪的，及时移送纪检监察机关、司法机关处理。

（一）组建的评标专家库不符合本办法规定的；

（二）未按本办法规定开展评标专家管理的；

（三）违法泄露评标委员会成员名单的；

（四）以管理为名非法控制、干预或者影响评标专家的评标活动的；

（五）利用评标专家库开展其他业务谋取利益的；

（六）其他滥用职权、玩忽职守、徇私舞弊等违法违规行为。

法律、法规对前款规定行为的处罚另有规定的，从其规定。

第三十三条　招标投标电子交易系统运行服务机构违法泄露评标委员会成员名单的，依法处以罚款；对负有责任的领导人员和直接责任人员依法给予处分；涉嫌违纪违法犯罪的，及时移送纪检监察机关、司法机关处理。

第三十四条　依法必须进行招标项目的招标人违法组建评标委员会，或者违法确定、更换评标委员会成员的，由有关行政监督部门责令改正，可以处十万元以下的罚款；对负有责任的领导人员和直接责任人员依法给予处分；涉嫌违纪违法犯罪的，及时移送纪检监察机关、司法机关处理。

政府投资项目的招标人不按照本办法规定抽取专家的，由有关行政监督部门责令改正；对负有责任的领导人员和直接责任人员依法给予处分；涉嫌违纪违法犯罪的，及时移送纪检监察机关、司法机关处理。

违法确定或者更换的评标委员会成员作出的评标结论无效。

第七章　附　　则

第三十五条　本办法由国家发展和改革委员会负责解释。

第三十六条　本办法自2025年1月1日起实施。原《评标专家和评标专家库管理暂行办法》（国家发展计划委员会令2003年第29号）同时废止。

工程建设项目自行招标试行办法

1. 2000年7月1日国家发展计划委员会令第5号公布

2. 根据2013年3月11日国家发展和改革委员会、工业和信息化部、财政部、住房和城乡建设部、交通运输部、铁道部、水利部、国家广播电影电视总局、中国民用航空局令第23号《关于废止和修改部分招标投标规章和规范性文件的决定》修订

第一条　为了规范工程建设项目招标人自行招标行为，加强对招标投标活动的监督，根据《中华人民共和国招标投标法》（以下简称招标投标法）、《中华人民共和国招标投标法实施条例》（以下简称招标投标法实施条例）和《国务院办公厅印发国务院有关部门实施招标投标活动行政监督的职责分工意见的通知》（国办发〔2000〕34号），制定本办法。

第二条　本办法适用于经国家发展改革委审批、核准（含经国家发展改革委初审后报国务院审批）依法必须进行招标的工程建设项目的自行招标活动。

前款工程建设项目的招标范围和规模标准，适用《工程建设项目招标范围和规模标准规定》（国家计委第3号令）。

第三条　招标人是指依照法律规定进行工程建设项目的勘察、设计、施工、监理以及与工程建设有关的重要设备、材料等招标的法人。

第四条　招标人自行办理招标事宜，应当具有编制招标文件和组织评标的能力，具体包括：

（一）具有项目法人资格（或者法人资格）；

（二）具有与招标项目规模和复杂程度相适应的工程技术、概预算、财务和工程管理等方面专业技术力量；

（三）有从事同类工程建设项目招标的经验；

（四）拥有3名以上取得招标职业资格的专职招标业务人员；

（五）熟悉和掌握招标投标法及有关法规规章。

第五条　招标人自行招标的，项目法人或者组建中的项目法人应当在向国家发展改革委上报项目可行性研究报告或者资金申请报告、项目申请报告时，一并报送符合本办法第四条规定的书面材料。

书面材料应当至少包括：

（一）项目法人营业执照、法人证书或者项目法人组建文件；

（二）与招标项目相适应的专业技术力量情况；

（三）取得招标职业资格的专职招标业务人员的基本情况；

（四）拟使用的专家库情况；

（五）以往编制的同类工程建设项目招标文件和评标报告，以及招标业绩的证明材料；

（六）其他材料。

在报送可行性研究报告或者资金申请报告、项目申请报告前，招标人确需通过招标方式或者其他方式确定勘察、设计单位开展前期工作的，应当在前款规定的书面材料中说明。

第六条　国家发展改革委审查招标人报送的书面材料，核准招标人符合本办法规定的自行招标条件的，招标人可以自行办理招标事宜。任何单位和个人不得限制其自行办理招标事宜，也不得拒绝办理工程建设有关手续。

第七条　国家发展改革委审查招标人报送的书面材料，认定招标人不符合本办法规定的自行招标条件的,在批复、核准可行性研究报告或者资金申请报告、项目申请报告时,要求招标人委托招标代理机构办理招标事宜。

第八条 一次核准手续仅适用于一个工程建设项目。

第九条 招标人不具备自行招标条件,不影响国家发展改革委对项目的审批或者核准。

第十条 招标人自行招标的,应当自确定中标人之日起十五日内,向国家发展改革委提交招标投标情况的书面报告。书面报告至少应包括下列内容:

(一)招标方式和发布资格预审公告、招标公告的媒介;

(二)招标文件中投标人须知、技术规格、评标标准和方法、合同主要条款等内容;

(三)评标委员会的组成和评标报告;

(四)中标结果。

第十一条 招标人不按本办法规定要求履行自行招标核准手续的或者报送的书面材料有遗漏的,国家发展改革委要求其补正;不及时补正的,视同不具备自行招标条件。

招标人履行核准手续中有弄虚作假情况的,视同不具备自行招标条件。

第十二条 招标人不按本办法提交招标投标情况的书面报告的,国家发展改革委要求补正;拒不补正的,给予警告,并视招标人是否有招标投标法第五章以及招标投标法实施条例第六章规定的违法行为,给予相应的处罚。

第十三条 任何单位和个人非法强制招标人委托招标代理机构或者其他组织办理招标事宜的,非法拒绝办理工程建设有关手续的,或者以其他任何方式非法干预招标人自行招标活动的,由国家发展改革委依据招标投标法以及招标投标法实施条例的有关规定处罚或者向有关行政监督部门提出处理建议。

第十四条 本办法自发布之日起施行。

工程建设项目申报材料增加招标内容和核准招标事项暂行规定

1. 2001年6月18日国家发展计划委员会令第9号公布

2. 根据2013年3月11日国家发展和改革委员会、工业和信息化部、财政部、住房和城乡建设部、交通运输部、铁道部、水利部、国家广播电影电视总局、中国民用航空局令第23号《关于废止和修改部分招标投标规章和规范性文件的决定》修订

第一条 为了规范工程建设项目的招标活动,依据《中华人民共和国招标投标法》、《中华人民共和国招标投标法实施条例》,制定本规定。

第二条 本规定适用于《工程建设项目招标范围和规模标准规定》(国家发展计划委员会令第3号)中规定的依法必须进行招标且按照国家有关规定需要履行项目审批、核准手续的各类工程建设项目。

第三条 本规定第二条包括的工程建设项目,必须在报送的项目可行性研究报告或者资金申请报告、项目申请报告中增加有关招标的内容。

第四条 增加的招标内容包括:

(一)建设项目的勘察、设计、施工、监理以及重要设备、材料等采购活动的具体招标范围(全部或者部分招标);

(二)建设项目的勘察、设计、施工、监理以及重要设备、材料等采购活动拟采用的招标组织形式(委托招标或者自行招标);拟自行招标的,还应按照《工程建设项目自行招标试行办法》(国家发展计划委员会令第5号)规定报送书面材料;

(三)建设项目的勘察、设计、施工、监理以及重要设备、材料等采购活动拟采用的招标方式(公开招标或者邀请招标);国家发展改革委确定的国家重点项目和省、自治区、直辖市人民政府确定的地方重点项目,拟采用邀请招标的,应对采用邀请招标的理由作出说明;

(四)其他有关内容。

报送招标内容时应附招标基本情况表。

第五条 属于下列情况之一的,建设项目可以不进行招标。但在报送可行性研究报告或者资金申请报告、项目申请报告中须提出不招标申请，并说明不招标原因：

（一）涉及国家安全、国家秘密、抢险救灾或者属于利用扶贫资金实行以工代赈、需要使用农民工等特殊情况，不适宜进行招标；

（二）建设项目的勘察、设计，采用不可替代的专利或者专有技术，或者其建筑艺术造型有特殊要求；

（三）承包商、供应商或者服务提供者少于三家，不能形成有效竞争；

（四）采购人依法能够自行建设、生产或者提供；

（五）已通过招标方式选定的特许经营项目投资人依法能够自行建设、生产或者提供；

（六）需要向原中标人采购工程、货物或者服务，否则将影响施工或者配套要求；

（七）国家规定的其他特殊情形。

第六条 经项目审批、核准部门审批、核准，工程建设项目因特殊情况可以在报送可行性研究报告或者资金申请报告、项目申请报告前先行开展招标活动，但应在报送的可行性研究报告或者资金申请报告、项目申请报告中予以说明。项目审批、核准部门认定先行开展的招标活动中有违背法律、法规的情形的，应要求其纠正。

第七条 在项目可行性研究报告或者资金申请报告、项目申请报告中增加的招标内容，作为附件与可行性研究报告或者资金申请报告、项目申请报告一同报送。

第八条 项目审批、核准部门应依据法律、法规规定的权限，对项目建设单位拟定的招标范围、招标组织形式、招标方式等内容提出是否予以审批、核准的意见。项目审批、核准部门对招标事项审批、核准意见格式见附表二。

第九条 审批、核准招标事项，按以下分工办理：

（一）应报送国家发展改革委审批和国家发展改革委核报国务院审批的建设项目，由国家发展改革委审批；

（二）应报送国务院行业主管部门审批的建设项目，由国务院行业主管部门审批；

（三）应报送地方人民政府发展改革部门审批和地方人民政府发展改革部门核报地方人民政府审批的建设项目，由地方人民政府发展改革部门审批；

（四）按照规定应报送国家发展改革委核准的建设项目，由国家发展改革委核准；

（五）按照规定应报送地方人民政府发展改革部门核准的建设项目，由地方人民政府发展改革部门核准。

第十条 使用国际金融组织或者外国政府资金的建设项目，资金提供方对建设项目报送招标内容有规定的，从其规定。

第十一条 项目建设单位在招标活动中对审批、核准的招标范围、招标组织形式、招标方式等作出改变的，应向原审批、核准部门重新办理有关审批、核准手续。

第十二条 项目审批、核准部门应将审批、核准建设项目招标内容的意见抄送有关行政监督部门。

第十三条 项目建设单位在报送招标内容中弄虚作假，或者在招标活动中违背项目审批、核准部门审批、核准事项，由项目审批、核准部门和有关行政监督部门依法处罚。

第十四条 本规定由国家发展改革委解释。

第十五条 本规定自发布之日起施行。

附表一

招标基本情况表

建设项目名称：

	招标范围		招标组织形式		招标方式		不采用招标方式	招标估算金额（万元）	备注
	全部招标	部分招标	自行招标	委托招标	公开招标	邀请招标			
勘察									
设计									
建筑工程									
安装工程									
监理									
设备									
重要材料									
其他									
情况说明： 建设单位盖章 年　月　日									

注：情况说明在表内填写不下，可附另页。

附表二

审批部门核准意见

建设项目名称：

	招标范围		招标组织形式		招标方式		不采用招标方式
	全部招标	部分招标	自行招标	委托招标	公开招标	邀请招标	
勘察							
设计							
建筑工程							
安装工程							
监理							

续表

	招标范围		招标组织形式		招标方式		不采用招标方式
	全部招标	部分招标	自行招标	委托招标	公开招标	邀请招标	
主要设备							
重要材料							
其他							
审批部门核准意见说明： 审批部门盖章 年　月　日							

注：审批部门在空格注明“核准”或者“不予核准”。

工程建设项目施工招标投标办法

1．2003 年 3 月 8 日国家发展计划委员会、建设部、铁道部、交通部、信息产业部、水利部、中国民用航空总局令第 30 号公布

2．根据 2013 年 3 月 11 日国家发展和改革委员会、工业和信息化部、财政部、住房和城乡建设部、交通运输部、铁道部、水利部、国家广播电影电视总局、中国民用航空局令第 23 号《关于废止和修改部分招标投标规章和规范性文件的决定》修订

第一章　总　　则

第一条　为规范工程建设项目施工(以下简称工程施工)招标投标活动，根据《中华人民共和国招标投标法》、《中华人民共和国招标投标法实施条例》和国务院有关部门的职责分工，制定本办法。

第二条　在中华人民共和国境内进行工程施工招标投标活动，适用本办法。

第三条　工程建设项目符合《工程建设项目招标范围和规模标准规定》(国家计委令第 3 号)规定的范围和标准的，必须通过招标选择施工单位。

任何单位和个人不得将依法必须进行招标的项目化整为零或者以其他任何方式规避招标。

第四条　工程施工招标投标活动应当遵循公开、公平、公正和诚实信用的原则。

第五条　工程施工招标投标活动，依法由招标人负责。任何单位和个人不得以任何方式非法干涉工程施工招标投标活动。

施工招标投标活动不受地区或者部门的限制。

第六条　各级发展改革、工业和信息化、住房城乡建设、交通运输、铁道、水利、商务、民航等部门依照《国务院办公厅印发国务院有关部门实施招标投标活动行政监督的职责分工意见的通知》(国办发〔2000〕34 号)和各地规定的职责分工，对工程施工招标投标活动实施监督，依法查处工程施工招标投标活动中的违法行为。

第二章　招　　标

第七条　工程施工招标人是依法提出施工招标项目、进行招标的法人或者其他组织。

第八条　依法必须招标的工程建设项目，应当具备下列条件才能进行施工招标：

(一)招标人已经依法成立；

(二)初步设计及概算应当履行审批手续的，已经批准；

(三)(2013 年 3 月 11 日删除)

(四)有相应资金或资金来源已经落实；

(五)有招标所需的设计图纸及技术资料。

第九条　工程施工招标分为公开招标和邀请招标。

第十条　按照国家有关规定需要履行项目审批、核准手续的依法必须进行施工招标的工程建设项目，其招标范围、招标方式、招标组织形式应当报项目审批部门审批、核准。项目审批、核准部门应当及时将审批、核准确定的招标内容通报有关行政监督部门。

第十一条 依法必须进行公开招标的项目，有下列情形之一的，可以邀请招标：

（一）项目技术复杂或有特殊要求，或者受自然地域环境限制，只有少量潜在投标人可供选择；

（二）涉及国家安全、国家秘密或者抢险救灾，适宜招标但不宜公开招标；

（三）采用公开招标方式的费用占项目合同金额的比例过大。

有前款第二项所列情形，属于本办法第十条规定的项目，由项目审批、核准部门在审批、核准项目时作出认定；其他项目由招标人申请有关行政监督部门作出认定。

全部使用国有资金投资或者国有资金投资占控股或者主导地位的并需要审批的工程建设项目的邀请招标，应当经项目审批部门批准，但项目审批部门只审批立项的，由有关行政监督部门审批。

第十二条 依法必须进行施工招标的工程建设项目有下列情形之一的，可以不进行施工招标：

（一）涉及国家安全、国家秘密、抢险救灾或者属于利用扶贫资金实行以工代赈需要使用农民工等特殊情况，不适宜进行招标；

（二）施工主要技术采用不可替代的专利或者专有技术；

（三）已通过招标方式选定的特许经营项目投资人依法能够自行建设；

（四）采购人依法能够自行建设；

（五）在建工程追加的附属小型工程或者主体加层工程，原中标人仍具备承包能力，并且其他人承担将影响施工或者功能配套要求；

（六）国家规定的其他情形。

第十三条 采用公开招标方式的，招标人应当发布招标公告，邀请不特定的法人或者其他组织投标。依法必须进行施工招标项目的招标公告，应当在国家指定的报刊和信息网络上发布。

采用邀请招标方式的，招标人应当向三家以上具备承担施工招标项目的能力、资信良好的特定的法人或者其他组织发出投标邀请书。

第十四条 招标公告或者投标邀请书应当至少载明下列内容：

（一）招标人的名称和地址；

（二）招标项目的内容、规模、资金来源；

（三）招标项目的实施地点和工期；

（四）获取招标文件或者资格预审文件的地点和时间；

（五）对招标文件或者资格预审文件收取的费用；

（六）对投标人的资质等级的要求。

第十五条 招标人应当按招标公告或者投标邀请书规定的时间、地点出售招标文件或资格预审文件。自招标文件或者资格预审文件出售之日起至停止出售之日止，最短不得少于五日。

招标人可以通过信息网络或者其他媒介发布招标文件，通过信息网络或者其他媒介发布的招标文件与书面招标文件具有同等法律效力，出现不一致时以书面招标文件为准，国家另有规定的除外。

对招标文件或者资格预审文件的收费应当限于补偿印刷、邮寄的成本支出，不得以营利为目的。对于所附的设计文件，招标人可以向投标人酌收押金；对于开标后投标人退还设计文件的，招标人应当向投标人退还押金。

招标文件或者资格预审文件售出后，不予退还。除不可抗力原因外，招标人在发布招标公告、发出投标邀请书后或者售出招标文件或资格预审文件后不得终止招标。

第十六条 招标人可以根据招标项目本身的特点和需要，要求潜在投标人或者投标人提供满足其资格要求的文件，对潜在投标人或者投标人进行资格审查；国家对潜在投标人或者投标人的资格条件有规定的，依照其规定。

第十七条 资格审查分为资格预审和资格后审。

资格预审，是指在投标前对潜在投标人进行的资格审查。

资格后审，是指在开标后对投标人进行的资格审查。

进行资格预审的，一般不再进行资格后审，但招标文件另有规定的除外。

第十八条 采取资格预审的，招标人应当发布资格预审公告。资格预审公告适用本办法第十三条、第十四条有关招标公告的规定。

采取资格预审的，招标人应当在资格预审文件中载明资格预审的条件、标准和方法；采取资格后审的，招标人应当在招标文件中载明对投标人资格要求的条件、标准和方法。

招标人不得改变载明的资格条件或者以没有载明的资格条件对潜在投标人或者投标人进行资格审查。

第十九条 经资格预审后，招标人应当向资格预审合格的潜在投标人发出资格预审合格通知书，告知获取招标文件的时间、地点和方法，并同时向资格预审不合格的潜在投标人告知资格预审结果。资格预审不合格的潜在投标人不得参加投标。

经资格后审不合格的投标人的投标应予否决。

第二十条 资格审查应主要审查潜在投标人或者投标人是否符合下列条件：

（一）具有独立订立合同的权利；

（二）具有履行合同的能力，包括专业、技术资格和能力，资金、设备和其他物质设施状况，管理能力，经验、信誉和相应的从业人员；

（三）没有处于被责令停业，投标资格被取消，财产被接管、冻结，破产状态；

（四）在最近三年内没有骗取中标和严重违约及重大工程质量问题；

（五）国家规定的其他资格条件。

资格审查时，招标人不得以不合理的条件限制、排斥潜在投标人或者投标人，不得对潜在投标人或者投标人实行歧视待遇。任何单位和个人不得以行政手段或者其他不合理方式限制投标人的数量。

第二十一条 招标人符合法律规定的自行招标条件的，可以自行办理招标事宜。任何单位和个人不得强制其委托招标代理机构办理招标事宜。

第二十二条 招标代理机构应当在招标人委托的范围内承担招标事宜。招标代理机构可以在其资格等级范围内承担下列招标事宜：

（一）拟订招标方案，编制和出售招标文件、资格预审文件；

（二）审查投标人资格；

（三）编制标底；

（四）组织投标人踏勘现场；

（五）组织开标、评标，协助招标人定标；

（六）草拟合同；

（七）招标人委托的其他事项。

招标代理机构不得无权代理、越权代理，不得明知委托事项违法而进行代理。

招标代理机构不得在所代理的招标项目中投标或者代理投标，也不得为所代理的招标项目的投标人提供咨询；未经招标人同意，不得转让招标代理业务。

第二十三条 工程招标代理机构与招标人应当签订书面委托合同，并按双方约定的标准收取代理费；国家对收费标准有规定的，依照其规定。

第二十四条 招标人根据施工招标项目的特点和需要编制招标文件。招标文件一般包括下列内容：

（一）招标公告或投标邀请书；

（二）投标人须知；

（三）合同主要条款；

（四）投标文件格式；

（五）采用工程量清单招标的，应当提供工程量清单；

（六）技术条款；

（七）设计图纸；

（八）评标标准和方法；

（九）投标辅助材料。

招标人应当在招标文件中规定实质性要求和条件，并用醒目的方式标明。

第二十五条 招标人可以要求投标人在提交符合招标文件规定要求的投标文件外，提交备选投标方案，但应当在招标文件中作出说明，并提出相应的评审和比较办法。

第二十六条 招标文件规定的各项技术标准应符合国家强制性标准。

招标文件中规定的各项技术标准均不得要求或标明某一特定的专利、商标、名称、设计、原产地或生产供应者，不得含有倾向或者排斥潜在投标人的其他内容。如果必须引用某一生产供应者的技术标准才能准确或清楚地说明拟招标项目的技术标准时，则应当在参照后面加上“或相当于”的字样。

第二十七条 施工招标项目需要划分标段、确定工期的，招标人应当合理划分标段、确定工期，并在招标文件中载明。对工程技术上紧密相连、不可分割的单位工程不得分割标段。

招标人不得以不合理的标段或工期限制或者排斥潜在投标人或者投标人。依法必须进行施工招标的项目的招标人不得利用划分标段规避招标。

第二十八条 招标文件应当明确规定所有评标因素，以及如何将这些因素量化或者据以进行评估。

在评标过程中，不得改变招标文件中规定的评标标准、方法和中标条件。

第二十九条 招标文件应当规定一个适当的投标有效期，以保证招标人有足够的时间完成评标和与中标人签订合同。投标有效期从投标人提交投标文件截止之日起计算。

在原投标有效期结束前，出现特殊情况的，招标人可以书面形式要求所有投标人延长投标有效期。投标人同意延长的，不得要求或被允许修改其投标文件的实质性内容，但应当相应延长其投标保证金的有效期；投标人拒绝延长的，其投标失效，但投标人有权收回其投标保证金。因延长投标有效期造成投标人损失的，招标人应当给予补偿，但因不可抗力需要延长投标有效期的除外。

第三十条 施工招标项目工期较长的，招标文件中可以规定工程造价指数体系、价格调整因素和调整方法。

第三十一条 招标人应当确定投标人编制投标文件所需要的合理时间；但是，依法必须进行招标的项目，自招标文件开始发出之日起至投标人提交投标文件截止之日止，最短不得少于二十日。

第三十二条 招标人根据招标项目的具体情况，可以组织潜在投标人踏勘项目现场，向其介绍工程场地和相关环境的有关情况。潜在投标人依据招标人介绍情况作出的判断和决策，由投标人自行负责。

招标人不得单独或者分别组织任何一个投标人进行现场踏勘。

第三十三条 对于潜在投标人在阅读招标文件和现场踏勘中提出的疑问，招标人可以书面形式或召开投标预备会的方式解答，但需同时将解答以书面方式通知所有购买招标文件的潜在投标人。该解答的内容为招标文件的组成部分。

第三十四条 招标人可根据项目特点决定是否编制标底。编制标底的，标底编制过程和标底在开标前必须保密。

招标项目编制标底的，应根据批准的初步设计、投资概算，依据有关计价办法，参照有关工程定额，结合市场供求状况，综合考虑投资、工期和质量等方面的因素合理确定。

标底由招标人自行编制或委托中介机构编制。一个工程只能编制一个标底。

任何单位和个人不得强制招标人编制或报审标底，或干预其确定标底。

招标项目可以不设标底，进行无标底招标。

招标人设有最高投标限价的，应当在招标文件中明确最高投标限价或者最高投标限价的计算方法。招标人不得规定最低投标限价。

第三章 投 标

第三十五条 投标人是响应招标、参加投标竞争的法人或者其他组织。招标人的任何不具独立法人资格的附属机构（单位），或者为招标项目的前期准备或者监理工作提供设计、咨询服务的任何法人及其任何附属机构（单位），都无资格参加该招标项目的投标。

第三十六条 投标人应当按照招标文件的要求编制投标文件。投标文件应当对招标文件提出的实质性要求和条件作出响应。

投标文件一般包括下列内容：

（一）投标函；

（二）投标报价；

（三）施工组织设计；

（四）商务和技术偏差表。

投标人根据招标文件载明的项目实际情况，拟在中标后将中标项目的部分非主体、非关键性工作进行分包的，应当在投标文件中载明。

第三十七条 招标人可以在招标文件中要求投标人提交投标保证金。投标保证金除现金外，可以是银行出具的银行保函、保兑支票、银行汇票或现金支票。

投标保证金不得超过项目估算价的百分之二，但最高不得超过八十万元人民币。投标保证金有效期应当与投标有效期一致。

投标人应当按照招标文件要求的方式和金额，将投标保证金随投标文件提交给招标人或其委托的招标代理机构。

依法必须进行施工招标的项目的境内投标单位，以现金或者支票形式提交的投标保证金应当从其基本账户转出。

第三十八条 投标人应当在招标文件要求提交投标文件的截止时间前，将投标文件密封送达投标地点。招标人收到投标文件后，应当向投标人出具标明签收人和签收时间的凭证，在开标前任何单位和个人不得开启投标文件。

在招标文件要求提交投标文件的截止时间后送达的投标文件，招标人应当拒收。

依法必须进行施工招标的项目提交投标文件的投标人少于三个的，招标人在分析招标失败的原因并采取相应措施后，应当依法重新招标。重新招标后投标人仍少于三个的，属于必须审批、核准的工程建设项目，报经原审批、核准部门审批、核准后可以不再进行招标；其他工程建设项目，招标人可自行决定不再进行招标。

第三十九条 投标人在招标文件要求提交投标文件的截止时间前，可以补充、修改、替代或者撤回已提交的投标文件，并书面通知招标人。补充、修改的内容为投标文件的组成部分。

第四十条 在提交投标文件截止时间后到招标文件规定的投标有效期终止之前，投标人不得撤销其投标文件，否则招标人可以不退还其投标保证金。

第四十一条 在开标前，招标人应妥善保管好已接收的投标文件、修改或撤回通知、备选投标方案等投标资料。

第四十二条 两个以上法人或者其他组织可以组成一个联合体，以一个投标人的身份共同投标。

联合体各方签订共同投标协议后，不得再以自己名义单独投标，也不得组成新的联合体或参加其他联合体在同一项目中投标。

第四十三条 招标人接受联合体投标并进行资格预审的，联合体应当在提交资格预审申请文件前组成。资格预审后联合体增减、更换成员的，其投标无效。

第四十四条 联合体各方应当指定牵头人，授权其代表所有联合体成员负责投标和合同实施阶段的主办、协调工作，并应当向招标人提交由所有联合体成员法定代表人签署的授权书。

第四十五条 联合体投标的，应当以联合体各方或者联合体中牵头人的名义提交投标保证金。以联合体中牵头人名义提交的投标保证金，对联合体各成员具有约束力。

第四十六条 下列行为均属投标人串通投标报价：

（一）投标人之间相互约定抬高或压低投标报价；

（二）投标人之间相互约定，在招标项目中分别以高、中、低价位报价；

（三）投标人之间先进行内部竞价，内定中标人，然后再参加投标；

（四）投标人之间其他串通投标报价的行为。

第四十七条 下列行为均属招标人与投标人串通投标：

（一）招标人在开标前开启投标文件并将有关信息泄露给其他投标人，或者授意投标人撤换、修改投标文件；

（二）招标人向投标人泄露标底、评标委员会成员等信息；

（三）招标人明示或者暗示投标人压低或抬高投标报价；

（四）招标人明示或者暗示投标人为特定投标人中标提供方便；

（五）招标人与投标人为谋求特定中标人中标

而采取的其他串通行为。

第四十八条 投标人不得以他人名义投标。

前款所称以他人名义投标，指投标人挂靠其他施工单位，或从其他单位通过受让或租借的方式获取资格或资质证书，或者由其他单位及其法定代表人在自己编制的投标文件上加盖印章和签字等行为。

第四章 开标、评标和定标

第四十九条 开标应当在招标文件确定的提交投标文件截止时间的同一时间公开进行；开标地点应当为招标文件中确定的地点。

投标人对开标有异议的，应当在开标现场提出，招标人应当当场作出答复，并制作记录。

第五十条 投标文件有下列情形之一的，招标人应当拒收：

（一）逾期送达；

（二）未按招标文件要求密封。

有下列情形之一的，评标委员会应当否决其投标：

（一）投标文件未经投标单位盖章和单位负责人签字；

（二）投标联合体没有提交共同投标协议；

（三）投标人不符合国家或者招标文件规定的资格条件；

（四）同一投标人提交两个以上不同的投标文件或者投标报价，但招标文件要求提交备选投标的除外；

（五）投标报价低于成本或者高于招标文件设定的最高投标限价；

（六）投标文件没有对招标文件的实质性要求和条件作出响应；

（七）投标人有串通投标、弄虚作假、行贿等违法行为。

第五十一条 评标委员会可以书面方式要求投标人对投标文件中含义不明确、对同类问题表述不一致或者有明显文字和计算错误的内容作必要的澄清、说明或补正。评标委员会不得向投标人提出带有暗示性或诱导性的问题，或向其明确投标文件中的遗漏和错误。

第五十二条 投标文件不响应招标文件的实质性要求和条件的，评标委员会不得允许投标人通过修正或撤销其不符合要求的差异或保留，使之成为具有响应性的投标。

第五十三条 评标委员会在对实质上响应招标文件要求的投标进行报价评估时，除招标文件另有约定外，应当按下述原则进行修正：

（一）用数字表示的数额与用文字表示的数额不一致时，以文字数额为准；

（二）单价与工程量的乘积与总价之间不一致时，以单价为准。若单价有明显的小数点错位，应以总价为准，并修改单价。

按前款规定调整后的报价经投标人确认后产生约束力。

投标文件中没有列入的价格和优惠条件在评标时不予考虑。

第五十四条 对于投标人提交的优越于招标文件中技术标准的备选投标方案所产生的附加收益，不得考虑进评标价中。符合招标文件的基本技术要求且评标价最低或综合评分最高的投标人，其所提交的备选方案方可予以考虑。

第五十五条 招标人设有标底的，标底在评标中应当作为参考，但不得作为评标的唯一依据。

第五十六条 评标委员会完成评标后，应向招标人提出书面评标报告。评标报告由评标委员会全体成员签字。

依法必须进行招标的项目，招标人应当自收到评标报告之日起三日内公示中标候选人，公示期不得少于三日。

中标通知书由招标人发出。

第五十七条 评标委员会推荐的中标候选人应当限定在一至三人，并标明排列顺序。招标人应当接受评标委员会推荐的中标候选人，不得在评标委员会推荐的中标候选人之外确定中标人。

第五十八条 国有资金占控股或者主导地位的依法必须进行招标的项目，招标人应当确定排名第一的中标候选人为中标人。排名第一的中标候选人放弃中标、因不可抗力提出不能履行合同、不按照招标文件的要求提交履约保证金，或者被查实存在影响中标结果的违法行为等情形，不符合中标条件的，招标人可以按照评标委员会提出的中标候选人名单排序依次确定其他中标候选人为中标人。依次确定其他中标候选人与招标人预期差距较大，或者对招标人明显不利的，招标人可以重新招标。

招标人可以授权评标委员会直接确定中标人。

国务院对中标人的确定另有规定的，从其规定。

第五十九条 招标人不得向中标人提出压低报价、增加工作量、缩短工期或其他违背中标人意愿的要求，以此作为发出中标通知书和签订合同的条件。

第六十条 中标通知书对招标人和中标人具有法律效力。中标通知书发出后，招标人改变中标结果的，或者中标人放弃中标项目的，应当依法承担法律责任。

第六十一条 招标人全部或者部分使用非中标单位投标文件中的技术成果或技术方案时，需征得其书面同意，并给予一定的经济补偿。

第六十二条 招标人和中标人应当在投标有效期内并在自中标通知书发出之日起三十日内，按照招标文件和中标人的投标文件订立书面合同。招标人和中标人不得再行订立背离合同实质性内容的其他协议。

招标人要求中标人提供履约保证金或其他形式履约担保的，招标人应当同时向中标人提供工程款支付担保。

招标人不得擅自提高履约保证金，不得强制要求中标人垫付中标项目建设资金。

第六十三条 招标人最迟应当在与中标人签订合同后五日内，向中标人和未中标的投标人退还投标保证金及银行同期存款利息。

第六十四条 合同中确定的建设规模、建设标准、建设内容、合同价格应当控制在批准的初步设计及概算文件范围内；确需超出规定范围的，应当在中标合同签订前，报原项目审批部门审查同意。凡应报经审查而未报的，在初步设计及概算调整时，原项目审批部门一律不予承认。

第六十五条 依法必须进行施工招标的项目，招标人应当自发出中标通知书之日起十五日内，向有关行政监督部门提交招标投标情况的书面报告。

前款所称书面报告至少应包括下列内容：

（一）招标范围；

（二）招标方式和发布招标公告的媒介；

（三）招标文件中投标人须知、技术条款、评标标准和方法、合同主要条款等内容；

（四）评标委员会的组成和评标报告；

（五）中标结果。

第六十六条 招标人不得直接指定分包人。

第六十七条 对于不具备分包条件或者不符合分包规定的，招标人有权在签订合同或者中标人提出分包要求时予以拒绝。发现中标人转包或违法分包时，可要求其改正；拒不改正的，可终止合同，并报请有关行政监督部门查处。

监理人员和有关行政部门发现中标人违反合同约定进行转包或违法分包的，应当要求中标人改正，或者告知招标人要求其改正；对于拒不改正的，应当报请有关行政监督部门查处。

第五章 法律责任

第六十八条 依法必须进行招标的项目而不招标的，将必须进行招标的项目化整为零或者以其他任何方式规避招标的，有关行政监督部门责令限期改正，可以处项目合同金额千分之五以上千分之十以下的罚款；对全部或者部分使用国有资金的项目，项目审批部门可以暂停项目执行或者暂停资金拨付；对单位直接负责的主管人员和其他直接责任人员依法给予处分。

第六十九条 招标代理机构违法泄露应当保密的与招标投标活动有关的情况和资料的，或者与招标人、投标人串通损害国家利益、社会公共利益或者他人合法权益的，由有关行政监督部门处五万元以上二十五万元以下罚款，对单位直接负责的主管人员和其他直接责任人员处单位罚款数额百分之五以上百分之十以下罚款；有违法所得的，并处没收违法所得；情节严重的，有关行政监督部门可停止其一定时期内参与相关领域的招标代理业务，资格认定部门可暂停直至取消招标代理资格；构成犯罪的，由司法部门依法追究刑事责任。给他人造成损失的,依法承担赔偿责任。

前款所列行为影响中标结果,并且中标人为前款所列行为的受益人的,中标无效。

第七十条 招标人以不合理的条件限制或者排斥潜在投标人的,对潜在投标人实行歧视待遇的,强制要求投标人组成联合体共同投标的,或者限制投标人之间竞争的,有关行政监督部门责令改正,可处一万元以上五万元以下罚款。

第七十一条 依法必须进行招标项目的招标人向他人透露已获取招标文件的潜在投标人的名称、数量或者可能影响公平竞争的有关招标投标的其他情况的,或者泄露标底的,有关行政监督部门给予警告,可以并处一万元以上十万元以下的罚款;对单位直接负责的主管人员和其他直接责任人员依法给予处分;构成犯罪的,依法追究刑事责任。

前款所列行为影响中标结果的,中标无效。

第七十二条 招标人在发布招标公告、发出投标邀请书或者售出招标文件或资格预审文件后终止招标的,应当及时退还所收取的资格预审文件、招标文件的费用,以及所收取的投标保证金及银行同期存款利息。给潜在投标人或者投标人造成损失的,应当赔偿损失。

第七十三条 招标人有下列限制或者排斥潜在投标人行为之一的,由有关行政监督部门依照招标投标法第五十一条的规定处罚;其中,构成依法必须进行施工招标的项目的招标人规避招标的,依照招标投标法第四十九条的规定处罚:

(一)依法应当公开招标的项目不按照规定在指定媒介发布资格预审公告或者招标公告;

(二)在不同媒介发布的同一招标项目的资格预审公告或者招标公告的内容不一致,影响潜在投标人申请资格预审或者投标。

招标人有下列情形之一的,由有关行政监督部门责令改正,可以处10万元以下的罚款:

(一)依法应当公开招标而采用邀请招标;

(二)招标文件、资格预审文件的发售、澄清、修改的时限,或者确定的提交资格预审申请文件、投标文件的时限不符合招标投标法和招标投标法实施条例规定;

(三)接受未通过资格预审的单位或者个人参加投标;

(四)接受应当拒收的投标文件。

招标人有前款第一项、第三项、第四项所列行为之一的,对单位直接负责的主管人员和其他直接责任人员依法给予处分。

第七十四条 投标人相互串通投标或者与招标人串通投标的,投标人以向招标人或者评标委员会成员行贿的手段谋取中标的,中标无效,由有关行政监督部门处中标项目金额千分之五以上千分之十以下的罚款,对单位直接负责的主管人员和其他直接责任人员处单位罚款数额百分之五以上百分之十以下的罚款;有违法所得的,并处没收违法所得;情节严重的,取消其一至二年的投标资格,并予以公告,直至由工商行政管理机关吊销营业执照;构成犯罪的,依法追究刑事责任。给他人造成损失的,依法承担赔偿责任。投标人未中标的,对单位的罚款金额按照招标项目合同金额依照招标投标法规定的比例计算。

第七十五条 投标人以他人名义投标或者以其他方式弄虚作假,骗取中标的,中标无效,给招标人造成损失的,依法承担赔偿责任;构成犯罪的,依法追究刑事责任。

依法必须进行招标项目的投标人有前款所列行为尚未构成犯罪的,有关行政监督部门处中标项目金额千分之五以上千分之十以下的罚款,对单位直接负责的主管人员和其他直接责任人员处单位罚款数额百分之五以上百分之十以下的罚款;有违法所得的,并处没收违法所得;情节严重的,取消其一至三年投标资格,并予以公告,直至由工商行政管理机关吊销营业执照。投标人未中标的,对单位的罚款金额按照招标项目合同金额依照招标投标法规定的比例计算。

第七十六条 依法必须进行招标的项目,招标人违法与投标人就投标价格、投标方案等实质性内容进行谈判的,有关行政监督部门给予警告,对单位直接负责的主管人员和其他直接责任人员依法给予处分。

前款所列行为影响中标结果的，中标无效。

第七十七条 评标委员会成员收受投标人的财物或者其他好处的，没收收受的财物，可以并处三千元以上五万元以下的罚款，取消担任评标委员会成员的资格并予以公告，不得再参加依法必须进行招标的项目的评标；构成犯罪的，依法追究刑事责任。

第七十八条 评标委员会成员应当回避而不回避，擅离职守，不按照招标文件规定的评标标准和方法评标，私下接触投标人，向招标人征询确定中标人的意向或者接受任何单位或者个人明示或者暗示提出的倾向或者排斥特定投标人的要求，对依法应当否决的投标不提出否决意见，暗示或者诱导投标人作出澄清、说明或者接受投标人主动提出的澄清、说明，或者有其他不能客观公正地履行职责行为的，有关行政监督部门责令改正；情节严重的，禁止其在一定期限内参加依法必须进行招标的项目的评标；情节特别严重的，取消其担任评标委员会成员的资格。

第七十九条 依法必须进行招标的项目的招标人不按照规定组建评标委员会，或者确定、更换评标委员会成员违反招标投标法和招标投标法实施条例规定的，由有关行政监督部门责令改正，可以处 10 万元以下的罚款，对单位直接负责的主管人员和其他直接责任人员依法给予处分；违法确定或者更换的评标委员会成员作出的评审决定无效，依法重新进行评审。

第八十条 依法必须进行招标的项目的招标人有下列情形之一的，由有关行政监督部门责令改正，可以处中标项目金额千分之十以下的罚款；给他人造成损失的，依法承担赔偿责任；对单位直接负责的主管人员和其他直接责任人员依法给予处分：

（一）无正当理由不发出中标通知书；

（二）不按照规定确定中标人；

（三）中标通知书发出后无正当理由改变中标结果；

（四）无正当理由不与中标人订立合同；

（五）在订立合同时向中标人提出附加条件。

第八十一条 中标通知书发出后，中标人放弃中标项目的，无正当理由不与招标人签订合同的，在签订合同时向招标人提出附加条件或者更改合同实质性内容的，或者拒不提交所要求的履约保证金的，取消其中标资格，投标保证金不予退还；给招标人的损失超过投标保证金数额的，中标人应当对超过部分予以赔偿；没有提交投标保证金的，应当对招标人的损失承担赔偿责任。对依法必须进行施工招标的项目的中标人，由有关行政监督部门责令改正，可以处中标金额千分之十以下罚款。

第八十二条 中标人将中标项目转让给他人的，将中标项目肢解后分别转让给他人的，违法将中标项目的部分主体、关键性工作分包给他人的，或者分包人再次分包的，转让、分包无效，有关行政监督部门处转让、分包项目金额千分之五以上千分之十以下的罚款；有违法所得的，并处没收违法所得；可以责令停业整顿；情节严重的，由工商行政管理机关吊销营业执照。

第八十三条 招标人与中标人不按照招标文件和中标人的投标文件订立合同的，合同的主要条款与招标文件、中标人的投标文件的内容不一致，或者招标人、中标人订立背离合同实质性内容的协议的，有关行政监督部门责令改正；可以处中标项目金额千分之五以上千分之十以下的罚款。

第八十四条 中标人不履行与招标人订立的合同的，履约保证金不予退还，给招标人造成的损失超过履约保证金数额的，还应当对超过部分予以赔偿；没有提交履约保证金的，应当对招标人的损失承担赔偿责任。

中标人不按照与招标人订立的合同履行义务，情节严重的，有关行政监督部门取消其二至五年参加招标项目的投标资格并予以公告，直至由工商行政管理机关吊销营业执照。

因不可抗力不能履行合同的，不适用前两款规定。

第八十五条 招标人不履行与中标人订立的合同的，应当返还中标人的履约保证金，并承担相应的赔偿责任；没有提交履约保证金的，应当对中标人的损失承担赔偿责任。

因不可抗力不能履行合同的，不适用前款规定。

第八十六条　依法必须进行施工招标的项目违反法律规定，中标无效的，应当依照法律规定的中标条件从其余投标人中重新确定中标人或者依法重新进行招标。

中标无效的，发出的中标通知书和签订的合同自始没有法律约束力，但不影响合同中独立存在的有关解决争议方法的条款的效力。

第八十七条　任何单位违法限制或者排斥本地区、本系统以外的法人或者其他组织参加投标的，为招标人指定招标代理机构的，强制招标人委托招标代理机构办理招标事宜的，或者以其他方式干涉招标投标活动的，有关行政监督部门责令改正；对单位直接负责的主管人员和其他直接责任人员依法给予警告、记过、记大过的处分，情节较重的，依法给予降级、撤职、开除的处分。

个人利用职权进行前款违法行为的，依照前款规定追究责任。

第八十八条　对招标投标活动依法负有行政监督职责的国家机关工作人员徇私舞弊、滥用职权或者玩忽职守，构成犯罪的，依法追究刑事责任；不构成犯罪的，依法给予行政处分。

第八十九条　投标人或者其他利害关系人认为工程建设项目施工招标投标活动不符合国家规定的，可以自知道或者应当知道之日起10日内向有关行政监督部门投诉。投诉应当有明确的请求和必要的证明材料。

第六章　附　　则

第九十条　使用国际组织或者外国政府贷款、援助资金的项目进行招标，贷款方、资金提供方对工程施工招标投标活动的条件和程序有不同规定的，可以适用其规定，但违背中华人民共和国社会公共利益的除外。

第九十一条　本办法由国家发展改革委会同有关部门负责解释。

第九十二条　本办法自2003年5月1日起施行。

工程建设项目勘察设计招标投标办法

1. 2003年6月12日国家发展和改革委员会、建设部、交通部、信息产业部、水利部、民用航空总局、国家广播电影电视总局令第2号公布

2. 根据2013年3月11日国家发展和改革委员会、工业和信息化部、财政部、住房和城乡建设部、交通运输部、铁道部、水利部、国家广播电影电视总局、中国民用航空局令第23号《关于废止和修改部分招标投标规章和规范性文件的决定》修订

第一章　总　　则

第一条　为规范工程建设项目勘察设计招标投标活动，提高投资效益，保证工程质量，根据《中华人民共和国招标投标法》、《中华人民共和国招标投标法实施条例》，制定本办法。

第二条　在中华人民共和国境内进行工程建设项目勘察设计招标投标活动，适用本办法。

第三条　工程建设项目符合《工程建设项目招标范围和规模标准规定》（国家计委令第3号）规定的范围和标准的，必须依据本办法进行招标。

任何单位和个人不得将依法必须进行招标的项目化整为零或者以其他任何方式规避招标。

第四条　按照国家规定需要履行项目审批、核准手续的依法必须进行招标的项目，有下列情形之一的，经项目审批、核准部门审批、核准，项目的勘察设计可以不进行招标：

（一）涉及国家安全、国家秘密、抢险救灾或者属于利用扶贫资金实行以工代赈、需要使用农民工等特殊情况，不适宜进行招标；

（二）主要工艺、技术采用不可替代的专利或者专有技术，或者其建筑艺术造型有特殊要求；

（三）采购人依法能够自行勘察、设计；

（四）已通过招标方式选定的特许经营项目投资人依法能够自行勘察、设计；

（五）技术复杂或专业性强，能够满足条件的勘察设计单位少于三家，不能形成有效竞争；

（六）已建成项目需要改、扩建或者技术改造，由其他单位进行设计影响项目功能配套性；

（七）国家规定其他特殊情形。

第五条 勘察设计招标工作由招标人负责。任何单位和个人不得以任何方式非法干涉招标投标活动。

第六条 各级发展改革、工业和信息化、住房城乡建设、交通运输、铁道、水利、商务、广电民航等部门依照《国务院办公厅印发国务院有关部门实施招标投标活动行政监督的职责分工意见的通知》（国办发〔2000〕34号）和各地规定的职责分工，对工程建设项目勘察设计招标投标活动实施监督，依法查处招标投标活动中的违法行为。

第二章 招 标

第七条 招标人可以依据工程建设项目的不同特点，实行勘察设计一次性总体招标；也可以在保证项目完整性、连续性的前提下，按照技术要求实行分段或分项招标。

招标人不得利用前款规定限制或者排斥潜在投标人或者投标。依法必须进行招标的项目的招标人不得利用前款规定规避招标。

第八条 依法必须招标的工程建设项目，招标人可以对项目的勘察、设计、施工以及与工程建设有关的重要设备、材料的采购，实行总承包招标。

第九条 依法必须进行勘察设计招标的工程建设项目，在招标时应当具备下列条件：

（一）招标人已经依法成立；

（二）按照国家有关规定需要履行项目审批、核准或者备案手续的，已经审批、核准或者备案；

（三）勘察设计有相应资金或者资金来源已经落实；

（四）所必需的勘察设计基础资料已经收集完成；

（五）法律法规规定的其他条件。

第十条 工程建设项目勘察设计招标分为公开招标和邀请招标。

国有资金投资占控股或者主导地位的工程建设项目，以及国务院发展和改革部门确定的国家重点项目和省、自治区、直辖市人民政府确定的地方重点项目，除符合本办法第十一条规定条件并依法获得批准外，应当公开招标。

第十一条 依法必须进行公开招标的项目，在下列情况下可以进行邀请招标：

（一）技术复杂、有特殊要求或者受自然环境限制，只有少量潜在投标人可供选择；

（二）采用公开招标方式的费用占项目合同金额的比例过大。

有前款第二项所列情形，属于按照国家有关规定需要履行项目审批、核准手续的项目，由项目审批、核准部门在审批、核准项目时作出认定；其他项目由招标人申请有关行政监督部门作出认定。

招标人采用邀请招标方式的，应保证有三个以上具备承担招标项目勘察设计的能力，并具有相应资质的特定法人或者其他组织参加投标。

第十二条 招标人应当按照资格预审公告、招标公告或者投标邀请书规定的时间、地点出售招标文件或者资格预审文件。自招标文件或者资格预审文件出售之日起至停止出售之日止，最短不得少于五日。

第十三条 进行资格预审的，招标人只向资格预审合格的潜在投标人发售招标文件，并同时向资格预审不合格的潜在投标人告知资格预审结果。

第十四条 凡是资格预审合格的潜在投标人都应被允许参加投标。

招标人不得以抽签、摇号等不合理条件限制或者排斥资格预审合格的潜在投标人参加投标。

第十五条 招标人应当根据招标项目的特点和需要编制招标文件。

勘察设计招标文件应当包括下列内容：

（一）投标须知；

（二）投标文件格式及主要合同条款；

（三）项目说明书，包括资金来源情况；

（四）勘察设计范围，对勘察设计进度、阶段和深度要求；

（五）勘察设计基础资料；

（六）勘察设计费用支付方式，对未中标人是否给予补偿及补偿标准；

（七）投标报价要求；

（八）对投标人资格审查的标准；

（九）评标标准和方法；

（十）投标有效期。

投标有效期，从提交投标文件截止日起计算。

对招标文件的收费应仅限于补偿印刷、邮寄的成本支出，招标人不得通过出售招标文件谋取利益。

第十六条 招标人负责提供与招标项目有关的基础资料，并保证所提供资料的真实性、完整性。涉及国家秘密的除外。

第十七条 对于潜在投标人在阅读招标文件和现场踏勘中提出的疑问，招标人可以书面形式或召开投标预备会的方式解答，但需同时将解答以书面方式通知所有招标文件收受人。该解答的内容为招标文件的组成部分。

第十八条 招标人可以要求投标人在提交符合招标文件规定要求的投标文件外，提交备选投标文件，但应当在招标文件中做出说明，并提出相应的评审和比较办法。

第十九条 招标人应当确定潜在投标人编制投标文件所需要的合理时间。

依法必须进行勘察设计招标的项目，自招标文件开始发出之日起至投标人提交投标文件截止之日止，最短不得少于二十日。

第二十条 除不可抗力原因外，招标人在发布招标公告或者发出投标邀请书后不得终止招标，也不得在出售招标文件后终止招标。

第三章 投　　标

第二十一条 投标人是响应招标、参加投标竞争的法人或者其他组织。

在其本国注册登记，从事建筑、工程服务的国外设计企业参加投标的，必须符合中华人民共和国缔结或者参加的国际条约、协定中所作的市场准入承诺以及有关勘察设计市场准入的管理规定。

投标人应当符合国家规定的资质条件。

第二十二条 投标人应当按照招标文件或者投标邀请书的要求编制投标文件。投标文件中的勘察设计收费报价，应当符合国务院价格主管部门制定的工程勘察设计收费标准。

第二十三条 投标人在投标文件有关技术方案和要求中不得指定与工程建设项目有关的重要设备、材料的生产供应者，或者含有倾向或者排斥特定生产供应者的内容。

第二十四条 招标文件要求投标人提交投标保证金的，保证金数额不得超过勘察设计估算费用的百分之二，最多不超过十万元人民币。

依法必须进行招标的项目的境内投标单位，以现金或者支票形式提交的投标保证金应当从其基本账户转出。

第二十五条 在提交投标文件截止时间后到招标文件规定的投标有效期终止之前，投标人不得撤销其投标文件，否则招标人可以不退还投标保证金。

第二十六条 投标人在投标截止时间前提交的投标文件，补充、修改或撤回投标文件的通知，备选投标文件等，都必须加盖所在单位公章，并且由其法定代表人或授权代表签字，但招标文件另有规定的除外。

招标人在接收上述材料时，应检查其密封或签章是否完好，并向投标人出具标明签收人和签收时间的回执。

第二十七条 以联合体形式投标的，联合体各方应签订共同投标协议，连同投标文件一并提交招标人。

联合体各方不得再单独以自己名义，或者参加另外的联合体投同一个标。

招标人接受联合体投标并进行资格预审的，联合体应当在提交资格预审申请文件前组成。资格预审后联合体增减、更换成员的，其投标无效。

第二十八条 联合体中标的，应指定牵头人或代表，授权其代表所有联合体成员与招标人签订合同，负责整个合同实施阶段的协调工作。但是，需要向招标人提交由所有联合体成员法定代表人签署的授权委托书。

第二十九条 投标人不得以他人名义投标，也不得利用伪造、转让、无效或者租借的资质证书参加投标，或者以任何方式请其他单位在自己编制的投标文件代为签字盖章，损害国家利益、社会公共利益和招标人的合法权益。

第三十条 投标人不得通过故意压低投资额、降低施工技术要求、减少占地面积，或者缩短工期等手段弄虚作假，骗取中标。

第四章 开标、评标和中标

第三十一条 开标应当在招标文件确定的提交投标文件截止时间的同一时间公开进行；除不可抗力原因外，招标人不得以任何理由拖延开标，或者拒绝开标。

投标人对开标有异议的，应当在开标现场提出，招标人应当当场作出答复，并制作记录。

第三十二条 评标工作由评标委员会负责。评标委员会的组成方式及要求，按《中华人民共和国招标投标法》、《中华人民共和国招标投标法实施条例》及《评标委员会和评标方法暂行规定》（国家计委等七部委联合令第12号）的有关规定执行。

第三十三条 勘察设计评标一般采取综合评估法进行。评标委员会应当按照招标文件确定的评标标准和方法，结合经批准的项目建议书、可行性研究报告或者上阶段设计批复文件，对投标人的业绩、信誉和勘察设计人员的能力以及勘察设计方案的优劣进行综合评定。

招标文件中没有规定的标准和方法，不得作为评标的依据。

第三十四条 评标委员会可以要求投标人对其技术文件进行必要的说明或介绍，但不得提出带有暗示性或诱导性的问题，也不得明确指出其投标文件中的遗漏和错误。

第三十五条 根据招标文件的规定，允许投标人投备选标的，评标委员会可以对中标人所提交的备选标进行评审，以决定是否采纳备选标。不符合中标条件的投标人的备选标不予考虑。

第三十六条 投标文件有下列情况之一的，评标委员会应当否决其投标：

（一）未经投标单位盖章和单位负责人签字；

（二）投标报价不符合国家颁布的勘察设计取费标准，或者低于成本，或者高于招标文件设定的最高投标限价；

（三）未响应招标文件的实质性要求和条件。

第三十七条 投标人有下列情况之一的，评标委员会应当否决其投标：

（一）不符合国家或者招标文件规定的资格条件；

（二）与其他投标人或者与招标人串通投标；

（三）以他人名义投标，或者以其他方式弄虚作假；

（四）以向招标人或者评标委员会成员行贿的手段谋取中标；

（五）以联合体形式投标，未提交共同投标协议；

（六）提交两个以上不同的投标文件或者投标报价，但招标文件要求提交备选投标的除外。

第三十八条 评标委员会完成评标后，应当向招标人提出书面评标报告，推荐合格的中标候选人。

评标报告的内容应当符合《评标委员会和评标方法暂行规定》第四十二条的规定。但是，评标委员会决定否决所有投标的，应在评标报告中详细说明理由。

第三十九条 评标委员会推荐的中标候选人应当限定在一至三人，并标明排列顺序。

能够最大限度地满足招标文件中规定的各项综合评价标准的投标人，应当推荐为中标候选人。

第四十条 国有资金占控股或者主导地位的依法必须招标的项目，招标人应当确定排名第一的中标候选人为中标人。

排名第一的中标候选人放弃中标、因不可抗力提出不能履行合同，不按照招标文件要求提交履约保证金，或者被查实存在影响中标结果的违法行为等情形，不符合中标条件的，招标人可以按照评标委员会提出的中标候选人名单排序依次确定其他中标候选人为中标人。依次确定其他中标候选人与招标人预期差距较大，或者对招标人明显不利的，招标人可以重新招标。

招标人可以授权评标委员会直接确定中标人。

国务院对中标人的确定另有规定的，从其规定。

第四十一条 招标人应在接到评标委员会的书面评标报告之日起三日内公示中标候选人，公示期不少于三日。

第四十二条 招标人和中标人应当在投标有效期内并在自中标通知书发出之日起三十日内，按照招标文件和中标人的投标文件订立书面合同。

中标人履行合同应当遵守《合同法》以及《建设工程勘察设计管理条例》中勘察设计文件编制实施的有关规定。

第四十三条　招标人不得以压低勘察设计费、增加工作量、缩短勘察设计周期等作为发出中标通知书的条件，也不得与中标人再行订立背离合同实质性内容的其他协议。

第四十四条　招标人与中标人签订合同后五日内，应当向中标人和未中标人一次性退还投标保证金及银行同期存款利息。招标文件中规定给予未中标人经济补偿的，也应在此期限内一并给付。

招标文件要求中标人提交履约保证金的，中标人应当提交；经中标人同意，可将其投标保证金抵作履约保证金。

第四十五条　招标人或者中标人采用其他未中标人投标文件中技术方案的，应当征得未中标人的书面同意，并支付合理的使用费。

第四十六条　评标定标工作应当在投标有效期内完成，不能如期完成的，招标人应当通知所有投标人延长投标有效期。

同意延长投标有效期的投标人应当相应延长其投标担保的有效期，但不得修改投标文件的实质性内容。

拒绝延长投标有效期的投标人有权收回投标保证金。招标文件中规定给予未中标人补偿的，拒绝延长的投标人有权获得补偿。

第四十七条　依法必须进行勘察设计招标的项目，招标人应当在确定中标人之日起十五日内，向有关行政监督部门提交招标投标情况的书面报告。

书面报告一般应包括以下内容：

（一）招标项目基本情况；

（二）投标人情况；

（三）评标委员会成员名单；

（四）开标情况；

（五）评标标准和方法；

（六）否决投标情况；

（七）评标委员会推荐的经排序的中标候选人名单；

（八）中标结果；

（九）未确定排名第一的中标候选人为中标人的原因；

（十）其他需说明的问题。

第四十八条　在下列情况下，依法必须招标项目的招标人在分析招标失败的原因并采取相应措施后，应当依照本办法重新招标：

（一）资格预审合格的潜在投标人不足三个的；

（二）在投标截止时间前提交投标文件的投标人少于三个的；

（三）所有投标均被否决的；

（四）评标委员会否决不合格投标后，因有效投标不足三个使得投标明显缺乏竞争，评标委员会决定否决全部投标的；

（五）根据第四十六条规定，同意延长投标有效期的投标人少于三个的。

第四十九条　招标人重新招标后，发生本办法第四十八条情形之一的，属于按照国家规定需要政府审批、核准的项目，报经原项目审批、核准部门审批、核准后可以不再进行招标；其他工程建设项目，招标人可自行决定不再进行招标。

第五章　罚　　则

第五十条　招标人有下列限制或者排斥潜在投标人行为之一的，由有关行政监督部门依照招标投标法第五十一条的规定处罚；其中，构成依法必须进行勘察设计招标的项目的招标人规避招标的，依照招标投标法第四十九条的规定处罚：

（一）依法必须公开招标的项目不按照规定在指定媒介发布资格预审公告或者招标公告；

（二）在不同媒介发布的同一招标项目的资格预审公告或者招标公告的内容不一致，影响潜在投标人申请资格预审或者投标。

第五十一条　招标人有下列情形之一的，由有关行政监督部门责令改正，可以处 10 万元以下的罚款：

（一）依法应当公开招标而采用邀请招标；

（二）招标文件、资格预审文件的发售、澄清、修改的时限，或者确定的提交资格预审申请文件、投标文件的时限不符合招标投标法和招标投标法实施条例规定；

（三）接受未通过资格预审的单位或者个人参加投标；

（四）接受应当拒收的投标文件。招标人有前款第一项、第三项、第四项所列行为之一的，对单位直接负责的主管人员和其他直接责任人员依法给予处分。

第五十二条　依法必须进行招标的项目的投标人以他人名义投标，利用伪造、转让、租借、无效的资质证书参加投标，或者请其他单位在自己编制的投标文件上代为签字盖章，弄虚作假，骗取中标的，中标无效。尚未构成犯罪的，处中标项目金额千分之五以上千分之十以下的罚款，对单位直接负责的主管人员和其他直接责任人员处单位罚款数额百分之五以上百分之十以下的罚款；有违法所得的，并处没收违法所得；情节严重的，取消其一年至三年内参加依法必须进行招标的项目的投标资格并予以公告，直至由工商行政管理机关吊销营业执照。

第五十三条　招标人以抽签、摇号等不合理的条件限制或者排斥资格预审合格的潜在投标人参加投标，对潜在投标人实行歧视待遇的，强制要求投标人组成联合体共同投标的，或者限制投标人之间竞争的，责令改正，可以处一万元以上五万元以下的罚款。

依法必须进行招标的项目的招标人不按照规定组建评标委员会，或者确定、更换评标委员会成员违反招标投标法和招标投标法实施条例规定的，由有关行政监督部门责令改正，可以处10万元以下的罚款，对单位直接负责的主管人员和其他直接责任人员依法给予处分；违法确定或者更换的评标委员会成员作出的评审结论无效，依法重新进行评审。

第五十四条　评标委员会成员有下列行为之一的，由有关行政监督部门责令改正；情节严重的，禁止其在一定期限内参加依法必须进行招标的项目的评标；情节特别严重的，取消其担任评标委员会成员的资格：

（一）不按照招标文件规定的评标标准和方法评标；

（二）应当回避而不回避；

（三）擅离职守；

（四）私下接触投标人；

（五）向招标人征询确定中标人的意向或者接受任何单位或者个人明示或者暗示提出的倾向或者排斥特定投标人的要求；

（六）对依法应当否决的投标不提出否决意见；

（七）暗示或者诱导投标人作出澄清、说明或者接受投标人主动提出的澄清、说明；

（八）其他不客观、不公正履行职务的行为。

第五十五条　招标人与中标人不按照招标文件和中标人的投标文件订立合同，责令改正，可以处中标项目金额千分之五以上千分之十以下的罚款。

第五十六条　本办法对违法行为及其处罚措施未做规定的，依据《中华人民共和国招标投标法》、《中华人民共和国招标投标法实施条例》和有关法律、行政法规的规定执行。

第六章　附　　则

第五十七条　使用国际组织或者外国政府贷款、援助资金的项目进行招标，贷款方、资金提供方对工程勘察设计招标投标的条件和程序另有规定的，可以适用其规定，但违背中华人民共和国社会公共利益的除外。

第五十八条　本办法发布之前有关勘察设计招标投标的规定与本办法不一致的，以本办法为准。法律或者行政法规另有规定的，从其规定。

第五十九条　本办法由国家发展和改革委员会会同有关部门负责解释。

第六十条　本办法自2003年8月1日起施行。

工程建设项目货物招标投标办法

1. 2005年1月18日国家发展和改革委员会、建设部、铁道部、交通部、信息产业部、水利部、中国民用航空总局令第27号公布

2. 根据2013年3月11日国家发展和改革委员会、工业和信息化部、财政部、住房和城乡建设部、交通运输部、铁道部、水利部、国家广播电影电视总局、中国民用航空局令第23号《关于废止和修改部分招标投标规章和规范性文件的决定》修订

第一章　总　　则

第一条　为规范工程建设项目的货物招标投标活动，

保护国家利益、社会公共利益和招标投标活动当事人的合法权益，保证工程质量，提高投资效益，根据《中华人民共和国招标投标法》、《中华人民共和国招标投标法实施条例》和国务院有关部门的职责分工，制定本办法。

第二条 本办法适用于在中华人民共和国境内工程建设项目货物招标投标活动。

第三条 工程建设项目符合《工程建设项目招标范围和规模标准规定》（原国家计委令第3号）规定的范围和标准的，必须通过招标选择货物供应单位。

任何单位和个人不得将依法必须进行招标的项目化整为零或者以其他任何方式规避招标。

第四条 工程建设项目货物招标投标活动应当遵循公开、公平、公正和诚实信用的原则。货物招标投标活动不受地区或者部门的限制。

第五条 工程建设项目货物招标投标活动，依法由招标人负责。

工程建设项目招标人对项目实行总承包招标时，未包括在总承包范围内的货物属于依法必须进行招标的项目范围且达到国家规定规模标准的，应当由工程建设项目招标人依法组织招标。

工程建设项目实行总承包招标时，以暂估价形式包括在总承包范围内的货物属于依法必须进行招标的项目范围且达到国家规定规模标准的，应当依法组织招标。

第六条 各级发展改革、工业和信息化、住房城乡建设、交通运输、铁道、水利、民航等部门依照国务院和地方各级人民政府关于工程建设项目行政监督的职责分工，对工程建设项目中所包括的货物招标投标活动实施监督，依法查处货物招标投标活动中的违法行为。

第二章 招　　标

第七条 工程建设项目招标人是依法提出招标项目、进行招标的法人或者其他组织。本办法第五条总承包中标人单独或者共同招标时，也为招标人。

第八条 依法必须招标的工程建设项目，应当具备下列条件才能进行货物招标：

（一）招标人已经依法成立；

（二）按照国家有关规定应当履行项目审批、核准或者备案手续的，已经审批、核准或者备案；

（三）有相应资金或者资金来源已经落实；

（四）能够提出货物的使用与技术要求。

第九条 依法必须进行招标的工程建设项目，按国家有关规定需要履行审批、核准手续的，招标人应当在报送的可行性研究报告、资金申请报告或者项目申请报告中将货物招标范围、招标方式（公开招标或邀请招标）、招标组织形式（自行招标或委托招标）等有关招标内容报项目审批、核准部门审批、核准。项目审批、核准部门应当将审批、核准的招标内容通报有关行政监督部门。

第十条 货物招标分为公开招标和邀请招标。

第十一条 依法应当公开招标的项目，有下列情形之一的，可以邀请招标：

（一）技术复杂、有特殊要求或者受自然环境限制，只有少量潜在投标人可供选择；

（二）采用公开招标方式的费用占项目合同金额的比例过大；

（三）涉及国家安全、国家秘密或者抢险救灾，适宜招标但不宜公开招标。

有前款第二项所列情形，属于按照国家有关规定需要履行项目审批、核准手续的依法必须进行招标的项目，由项目审批、核准部门认定；其他项目由招标人申请有关行政监督部门作出认定。

第十二条 采用公开招标方式的，招标人应当发布资格预审公告或者招标公告。依法必须进行货物招标的资格预审公告或者招标公告，应当在国家指定的报刊或者信息网络上发布。

采用邀请招标方式的，招标人应当向三家以上具备货物供应的能力、资信良好的特定的法人或者其他组织发出投标邀请书。

第十三条 招标公告或者投标邀请书应当载明下列内容：

（一）招标人的名称和地址；

（二）招标货物的名称、数量、技术规格、资金来源；

（三）交货的地点和时间；

（四）获取招标文件或者资格预审文件的地点和时间；

（五）对招标文件或者资格预审文件收取的费用；

（六）提交资格预审申请书或者投标文件的地点和截止日期；

（七）对投标人的资格要求。

第十四条　招标人应当按照资格预审公告、招标公告或者投标邀请书规定的时间、地点发售招标文件或者资格预审文件。自招标文件或者资格预审文件发售之日起至停止发售之日止，最短不得少于五日。

招标人可以通过信息网络或者其他媒介发布招标文件，通过信息网络或者其他媒介发布的招标文件与书面招标文件具有同等法律效力，出现不一致时以书面招标文件为准，但国家另有规定的除外。

对招标文件或者资格预审文件的收费应当限于补偿印刷、邮寄的成本支出，不得以营利为目的。

除不可抗力原因外，招标文件或者资格预审文件发出后，不予退还；招标人在发布招标公告、发出投标邀请书后或者发出招标文件或资格预审文件后不得终止招标。招标人终止招标的，应当及时发布公告，或者以书面形式通知被邀请的或者已经获取资格预审文件、招标文件的潜在投标人。已经发售资格预审文件、招标文件或者已经收取投标保证金的，招标人应当及时退还所收取的资格预审文件、招标文件的费用，以及所收取的投标保证金及银行同期存款利息。

第十五条　招标人可以根据招标货物的特点和需要，对潜在投标人或者投标人进行资格审查；国家对潜在投标人或者投标人的资格条件有规定的，依照其规定。

第十六条　资格审查分为资格预审和资格后审。

资格预审，是指招标人出售招标文件或者发出投标邀请书前对潜在投标人进行的资格审查。资格预审一般适用于潜在投标人较多或者大型、技术复杂货物的招标。

资格后审，是指在开标后对投标人进行的资格审查。资格后审一般在评标过程中的初步评审开始时进行。

第十七条　采取资格预审的，招标人应当发布资格预审公告。资格预审公告适用本办法第十二条、第十三条有关招标公告的规定。

第十八条　资格预审文件一般包括下列内容：

（一）资格预审公告；

（二）申请人须知；

（三）资格要求；

（四）其他业绩要求；

（五）资格审查标准和方法；

（六）资格预审结果的通知方式。

第十九条　采取资格预审的，招标人应当在资格预审文件中详细规定资格审查的标准和方法；采取资格后审的，招标人应当在招标文件中详细规定资格审查的标准和方法。

招标人在进行资格审查时，不得改变或补充载明的资格审查标准和方法或者以没有载明的资格审查标准和方法对潜在投标人或者投标人进行资格审查。

第二十条　经资格预审后，招标人应当向资格预审合格的潜在投标人发出资格预审合格通知书，告知获取招标文件的时间、地点和方法，并同时向资格预审不合格的潜在投标人告知资格预审结果。依法必须招标的项目通过资格预审的申请人不足三个的，招标人在分析招标失败的原因并采取相应措施后，应当重新招标。

对资格后审不合格的投标人，评标委员会应当否决其投标。

第二十一条　招标文件一般包括下列内容：

（一）招标公告或者投标邀请书；

（二）投标人须知；

（三）投标文件格式；

（四）技术规格、参数及其他要求；

（五）评标标准和方法；

（六）合同主要条款。

招标人应当在招标文件中规定实质性要求和条件，说明不满足其中任何一项实质性要求和条件的投标将被拒绝，并用醒目的方式标明；没有标明的要求和条件在评标时不得作为实质性要求和条件。对于非实质性要求和条件，应规定允许偏差的最大范围、最高项数，以及对这些偏差进行调整的方法。

国家对招标货物的技术、标准、质量等有规定的，招标人应当按照其规定在招标文件中提出相应要求。

第二十二条　招标货物需要划分标包的，招标人应合理划分标包，确定各标包的交货期，并在招标文件中如实载明。

招标人不得以不合理的标包限制或者排斥潜在投标人或者投标人。依法必须进行招标的项目的招标人不得利用标包划分规避招标。

第二十三条　招标人允许中标人对非主体货物进行分包的，应当在招标文件中载明。主要设备、材料或者供货合同的主要部分不得要求或者允许分包。

除招标文件要求不得改变标准货物的供应商外，中标人经招标人同意改变标准货物的供应商的，不应视为转包和违法分包。

第二十四条　招标人可以要求投标人在提交符合招标文件规定要求的投标文件外，提交备选投标方案，但应当在招标文件中作出说明。不符合中标条件的投标人的备选投标方案不予考虑。

第二十五条　招标文件规定的各项技术规格应当符合国家技术法规的规定。

招标文件中规定的各项技术规格均不得要求或标明某一特定的专利技术、商标、名称、设计、原产地或供应者等，不得含有倾向或者排斥潜在投标人的其他内容。如果必须引用某一供应者的技术规格才能准确或清楚地说明拟招标货物的技术规格时，则应当在参照后面加上“或相当于”的字样。

第二十六条　招标文件应当明确规定评标时包含价格在内的所有评标因素，以及据此进行评估的方法。

在评标过程中，不得改变招标文件中规定的评标标准、方法和中标条件。

第二十七条　招标人可以在招标文件中要求投标人以自己的名义提交投标保证金。投标保证金除现金外，可以是银行出具的银行保函、保兑支票、银行汇票或现金支票，也可以是招标人认可的其他合法担保形式。依法必须进行招标的项目的境内投标单位，以现金或者支票形式提交的投标保证金应当从其基本账户转出。

投标保证金不得超过项目估算价的百分之二，但最高不得超过八十万元人民币。投标保证金有效期应当与投标有效期一致。

投标人应当按照招标文件要求的方式和金额，在提交投标文件截止时间前将投标保证金提交给招标人或其委托的招标代理机构。

第二十八条　招标文件应当规定一个适当的投标有效期，以保证招标人有足够的时间完成评标和与中标人签订合同。投标有效期从招标文件规定的提交投标文件截止之日起计算。

在原投标有效期结束前，出现特殊情况的，招标人可以书面形式要求所有投标人延长投标有效期。投标人同意延长的，不得要求或被允许修改其投标文件的实质性内容，但应当相应延长其投标保证金的有效期；投标人拒绝延长的，其投标失效，但投标人有权收回其投标保证金及银行同期存款利息。

依法必须进行招标的项目同意延长投标有效期的投标人少于三个的，招标人在分析招标失败的原因并采取相应措施后，应当重新招标。

第二十九条　对于潜在投标人在阅读招标文件中提出的疑问，招标人应当以书面形式、投标预备会方式或者通过电子网络解答，但需同时将解答以书面方式通知所有购买招标文件的潜在投标人。该解答的内容为招标文件的组成部分。

除招标文件明确要求外，出席投标预备会不是强制性的，由潜在投标人自行决定，并自行承担由此可能产生的风险。

第三十条　招标人应当确定投标人编制投标文件所需的合理时间。依法必须进行招标的货物，自招标文件开始发出之日起至投标人提交投标文件截止之日止，最短不得少于二十日。

第三十一条　对无法精确拟定其技术规格的货物，招标人可以采用两阶段招标程序。

在第一阶段，招标人可以首先要求潜在投标人提交技术建议，详细阐明货物的技术规格、质量和其它特性。招标人可以与投标人就其建议的内容进行协商和讨论,达成一个统一的技术规格后编制招标文件。

在第二阶段,招标人应当向第一阶段提交了技术建议的投标人提供包含统一技术规格的正式招标文件,投标人根据正式招标文件的要求提交包括价格在内的最后投标文件。

招标人要求投标人提交投标保证金的,应当在第二阶段提出。

第三章 投 标

第三十二条 投标人是响应招标、参加投标竞争的法人或者其他组织。

法定代表人为同一个人的两个及两个以上法人,母公司、全资子公司及其控股公司,都不得在同一货物招标中同时投标。

违反前两款规定的,相关投标均无效。

一个制造商对同一品牌同一型号的货物,仅能委托一个代理商参加投标。

第三十三条 投标人应当按照招标文件的要求编制投标文件。投标文件应当对招标文件提出的实质性要求和条件作出响应。

投标文件一般包括下列内容:

(一)投标函;

(二)投标一览表;

(三)技术性能参数的详细描述;

(四)商务和技术偏差表;

(五)投标保证金;

(六)有关资格证明文件;

(七)招标文件要求的其他内容。

投标人根据招标文件载明的货物实际情况,拟在中标后将供货合同中的非主要部分进行分包的,应当在投标文件中载明。

第三十四条 投标人应当在招标文件要求提交投标文件的截止时间前,将投标文件密封送达招标文件中规定的地点。招标人收到投标文件后,应当向投标人出具标明签收人和签收时间的凭证,在开标前任何单位和个人不得开启投标文件。

在招标文件要求提交投标文件的截止时间后送达的投标文件,招标人应当拒收。

依法必须进行招标的项目,提交投标文件的投标人少于三个的,招标人在分析招标失败的原因并采取相应措施后,应当重新招标。重新招标后投标人仍少于三个,按国家有关规定需要履行审批、核准手续的依法必须进行招标的项目,报项目审批、核准部门审批、核准后可以不再进行招标。

第三十五条 投标人在招标文件要求提交投标文件的截止时间前,可以补充、修改、替代或者撤回已提交的投标文件,并书面通知招标人。补充、修改的内容为投标文件的组成部分。

第三十六条 在提交投标文件截止时间后,投标人不得撤销其投标文件,否则招标人可以不退还其投标保证金。

第三十七条 招标人应妥善保管好已接收的投标文件、修改或撤回通知、备选投标方案等投标资料,并严格保密。

第三十八条 两个以上法人或者其他组织可以组成一个联合体,以一个投标人的身份共同投标。

联合体各方签订共同投标协议后,不得再以自己名义单独投标,也不得组成或参加其他联合体在同一项目中投标;否则相关投标均无效。

联合体中标的,应当指定牵头人或代表,授权其代表所有联合体成员与招标人签订合同,负责整个合同实施阶段的协调工作。但是,需要向招标人提交由所有联合体成员法定代表人签署的授权委托书。

第三十九条 招标人接受联合体投标并进行资格预审的,联合体应当在提交资格预审申请文件前组成。资格预审后联合体增减、更换成员的,其投标无效。

招标人不得强制资格预审合格的投标人组成联合体。

第四章 开标、评标和定标

第四十条 开标应当在招标文件确定的提交投标文件截止时间的同一时间公开进行;开标地点应当为招标文件中确定的地点。

投标人或其授权代表有权出席开标会,也可以自主决定不参加开标会。

投标人对开标有异议的,应当在开标现场提出,招标人应当当场作出答复,并制作记录。

第四十一条　投标文件有下列情形之一的,招标人应当拒收:

(一)逾期送达;

(二)未按招标文件要求密封。

有下列情形之一的,评标委员会应当否决其投标:

(一)投标文件未经投标单位盖章和单位负责人签字;

(二)投标联合体没有提交共同投标协议;

(三)投标人不符合国家或者招标文件规定的资格条件;

(四)同一投标人提交两个以上不同的投标文件或者投标报价,但招标文件要求提交备选投标的除外;

(五)投标标价低于成本或者高于招标文件设定的最高投标限价;

(六)投标文件没有对招标文件的实质性要求和条件作出响应;

(七)投标人有串通投标、弄虚作假、行贿等违法行为。

依法必须招标的项目评标委员会否决所有投标的,或者评标委员会否决一部分投标后其他有效投标不足三个使得投标明显缺乏竞争,决定否决全部投标的,招标人在分析招标失败的原因并采取相应措施后,应当重新招标。

第四十二条　评标委员会可以书面方式要求投标人对投标文件中含义不明确、对同类问题表述不一致或者有明显文字和计算错误的内容作必要的澄清、说明或补正。评标委员会不得向投标人提出带有暗示性或诱导性的问题,或向其明确投标文件中的遗漏和错误。

第四十三条　投标文件不响应招标文件的实质性要求和条件的,评标委员会不得允许投标人通过修正或撤销其不符合要求的差异或保留,使之成为具有响应性的投标。

第四十四条　技术简单或技术规格、性能、制作工艺要求统一的货物,一般采用经评审的最低投标价法进行评标。技术复杂或技术规格、性能、制作工艺要求难以统一的货物,一般采用综合评估法进行评标。

第四十五条　符合招标文件要求且评标价最低或综合评分最高而被推荐为中标候选人的投标人,其所提交的备选投标方案方可予以考虑。

第四十六条　评标委员会完成评标后,应向招标人提出书面评标报告。评标报告由评标委员会全体成员签字。

第四十七条　评标委员会在书面评标报告中推荐的中标候选人应当限定在一至三人,并标明排列顺序。招标人应当接受评标委员会推荐的中标候选人,不得在评标委员会推荐的中标候选人之外确定中标人。

依法必须进行招标的项目,招标人应当自收到评标报告之日起三日内公示中标候选人,公示期不得少于三日。

第四十八条　国有资金占控股或者主导地位的依法必须进行招标的项目,招标人应当确定排名第一的中标候选人为中标人。排名第一的中标候选人放弃中标、因不可抗力提出不能履行合同、不按照招标文件要求提交履约保证金,或者被查实存在影响中标结果的违法行为等情形,不符合中标条件的,招标人可以按照评标委员会提出的中标候选人名单排序依次确定其他中标候选人为中标人。依次确定其他中标候选人与招标人预期差距较大,或者对招标人明显不利的,招标人可以重新招标。

招标人可以授权评标委员会直接确定中标人。

国务院对中标人的确定另有规定的,从其规定。

第四十九条　招标人不得向中标人提出压低报价、增加配件或者售后服务量以及其他超出招标文件规定的违背中标人意愿的要求,以此作为发出中标通知书和签订合同的条件。

第五十条　中标通知书对招标人和中标人具有法律效力。中标通知书发出后,招标人改变中标结果的,或者中标人放弃中标项目的,应当依法承担法律责任。

中标通知书由招标人发出,也可以委托其招标代理机构发出。

第五十一条　招标人和中标人应当在投标有效期内并在自中标通知书发出之日起三十日内，按照招标文件和中标人的投标文件订立书面合同。招标人和中标人不得再行订立背离合同实质性内容的其他协议。

招标文件要求中标人提交履约保证金或者其他形式履约担保的，中标人应当提交；拒绝提交的，视为放弃中标项目。招标人要求中标人提供履约保证金或其他形式履约担保的，招标人应当同时向中标人提供货物款支付担保。

履约保证金不得超过中标合同金额的10%。

第五十二条　招标人最迟应当在书面合同签订后五日内，向中标人和未中标的投标人一次性退还投标保证金及银行同期存款利息。

第五十三条　必须审批的工程建设项目，货物合同价格应当控制在批准的概算投资范围内；确需超出范围的，应当在中标合同签订前，报原项目审批部门审查同意。项目审批部门应当根据招标的实际情况，及时作出批准或者不予批准的决定；项目审批部门不予批准的，招标人应当自行平衡超出的概算。

第五十四条　依法必须进行货物招标的项目，招标人应当自确定中标人之日起十五日内，向有关行政监督部门提交招标投标情况的书面报告。

前款所称书面报告至少应包括下列内容：

（一）招标货物基本情况；

（二）招标方式和发布招标公告或者资格预审公告的媒介；

（三）招标文件中投标人须知、技术条款、评标标准和方法、合同主要条款等内容；

（四）评标委员会的组成和评标报告；

（五）中标结果。

第五章　罚　　则

第五十五条　招标人有下列限制或者排斥潜在投标行为之一的，由有关行政监督部门依照招标投标法第五十一条的规定处罚；其中，构成依法必须进行招标的项目的招标人规避招标的，依照招标投标法第四十九条的规定处罚：

（一）依法应当公开招标的项目不按照规定在指定媒介发布资格预审公告或者招标公告；

（二）在不同媒介发布的同一招标项目的资格预审公告或者招标公告内容不一致，影响潜在投标人申请资格预审或者投标。

第五十六条　招标人有下列情形之一的，由有关行政监督部门责令改正，可以处10万元以下的罚款：

（一）依法应当公开招标而采用邀请招标；

（二）招标文件、资格预审文件的发售、澄清、修改的时限，或者确定的提交资格预审申请文件、投标文件的时限不符合招标投标法和招标投标法实施条例规定；

（三）接受未通过资格预审的单位或者个人参加投标；

（四）接受应当拒收的投标文件。招标人有前款第一项、第三项、第四项所列行为之一的，对单位直接负责的主管人员和其他直接责任人员依法给予处分。

第五十七条　评标委员会成员有下列行为之一的，由有关行政监督部门责令改正；情节严重的，禁止其在一定期限内参加依法必须进行招标的项目的评标；情节特别严重的，取消其担任评标委员会成员的资格：

（一）应当回避而不回避；

（二）擅离职守；

（三）不按照招标文件规定的评标标准和方法评标；

（四）私下接触投标人；

（五）向招标人征询确定中标人的意向或者接受任何单位或者个人明示或者暗示提出的倾向或者排斥特定投标人的要求；

（六）对依法应当否决的投标不提出否决意见；

（七）暗示或者诱导投标人作出澄清、说明或者接受投标人主动提出的澄清、说明；

（八）其他不客观、不公正履行职务的行为。

第五十八条　依法必须进行招标的项目的招标人有下列情形之一的，由有关行政监督部门责令改正，可以处中标项目金额千分之十以下的罚款；给他人造成损失的，依法承担赔偿责任；对单位直接负责的主管人员和其他直接责任人员依法给予处分：

（一）无正当理由不发出中标通知书；

（二）不按照规定确定中标人；

（三）中标通知书发出后无正当理由改变中标结果；

（四）无正当理由不与中标人订立合同；

（五）在订立合同时向中标人提出附加条件。

中标通知书发出后，中标人放弃中标项目的，无正当理由不与招标人签订合同的，在签订合同时向招标人提出附加条件或者更改合同实质性内容的，或者拒不提交所要求的履约保证金的，取消其中标资格，投标保证金不予退还；给招标人的损失超过投标保证金数额的，中标人应当对超过部分予以赔偿；没有提交投标保证金的，应当对招标人的损失承担赔偿责任。对依法必须进行招标的项目的中标人，由有关行政监督部门责令改正，可以处中标金额千分之十以下罚款。

第五十九条　招标人不履行与中标人订立的合同的，应当返还中标人的履约保证金，并承担相应的赔偿责任；没有提交履约保证金的，应当对中标人的损失承担赔偿责任。

因不可抗力不能履行合同的，不适用前款规定。

第六十条　中标无效的，发出的中标通知书和签订的合同自始没有法律约束力，但不影响合同中独立存在的有关解决争议方法的条款的效力。

第六章　附　　则

第六十一条　不属于工程建设项目，但属于固定资产投资的货物招标投标活动，参照本办法执行。

第六十二条　使用国际组织或者外国政府贷款、援助资金的项目进行招标，贷款方、资金提供方对货物招标投标活动的条件和程序有不同规定的，可以适用其规定，但违背中华人民共和国社会公共利益的除外。

第六十三条　本办法由国家发展和改革委员会会同有关部门负责解释。

第六十四条　本办法自2005年3月1日起施行。

电子招标投标办法

1. 2013年2月4日国家发展和改革委员会、工业和信息化部、监察部、住房和城乡建设部、交通运输部、铁道部、水利部、商务部令第20号公布

2. 自2013年5月1日起施行

第一章　总　　则

第一条　为了规范电子招标投标活动，促进电子招标投标健康发展，根据《中华人民共和国招标投标法》、《中华人民共和国招标投标法实施条例》（以下分别简称招标投标法、招标投标法实施条例），制定本办法。

第二条　在中华人民共和国境内进行电子招标投标活动，适用本办法。

本办法所称电子招标投标活动是指以数据电文形式，依托电子招标投标系统完成的全部或者部分招标投标交易、公共服务和行政监督活动。

数据电文形式与纸质形式的招标投标活动具有同等法律效力。

第三条　电子招标投标系统根据功能的不同，分为交易平台、公共服务平台和行政监督平台。

交易平台是以数据电文形式完成招标投标交易活动的信息平台。公共服务平台是满足交易平台之间信息交换、资源共享需要，并为市场主体、行政监督部门和社会公众提供信息服务的信息平台。行政监督平台是行政监督部门和监察机关在线监督电子招标投标活动的信息平台。

电子招标投标系统的开发、检测、认证、运营应当遵守本办法及所附《电子招标投标系统技术规范》（以下简称技术规范）。

第四条　国务院发展改革部门负责指导协调全国电子招标投标活动，各级地方人民政府发展改革部门负责指导协调本行政区域内电子招标投标活动。各级人民政府发展改革、工业和信息化、住房城乡建设、交通运输、铁道、水利、商务等部门，按照规定的职责分工，对电子招标投标活动实施监督，依法查处电子招标投标活动中的违法行为。

依法设立的招标投标交易场所的监管机构负责督促、指导招标投标交易场所推进电子招标投标工作，配合有关部门对电子招标投标活动实施监督。

省级以上人民政府有关部门对本行政区域内电子招标投标系统的建设、运营，以及相关检测、认证活动实施监督。

监察机关依法对与电子招标投标活动有关的监察对象实施监察。

第二章　电子招标投标交易平台

第五条　电子招标投标交易平台按照标准统一、互联互通、公开透明、安全高效的原则以及市场化、专业化、集约化方向建设和运营。

第六条　依法设立的招标投标交易场所、招标人、招标代理机构以及其他依法设立的法人组织可以按行业、专业类别，建设和运营电子招标投标交易平台。国家鼓励电子招标投标交易平台平等竞争。

第七条　电子招标投标交易平台应当按照本办法和技术规范规定，具备下列主要功能：

（一）在线完成招标投标全部交易过程；

（二）编辑、生成、对接、交换和发布有关招标投标数据信息；

（三）提供行政监督部门和监察机关依法实施监督和受理投诉所需的监督通道；

（四）本办法和技术规范规定的其他功能。

第八条　电子招标投标交易平台应当按照技术规范规定，执行统一的信息分类和编码标准，为各类电子招标投标信息的互联互通和交换共享开放数据接口、公布接口要求。

电子招标投标交易平台接口应当保持技术中立，与各类需要分离开发的工具软件相兼容对接，不得限制或者排斥符合技术规范规定的工具软件与其对接。

第九条　电子招标投标交易平台应当允许社会公众、市场主体免费注册登录和获取依法公开的招标投标信息，为招标投标活动当事人、行政监督部门和监察机关按各自职责和注册权限登录使用交易平台提供必要条件。

第十条　电子招标投标交易平台应当依照《中华人民共和国认证认可条例》等有关规定进行检测、认证，通过检测、认证的电子招标投标交易平台应当在省级以上电子招标投标公共服务平台上公布。

电子招标投标交易平台服务器应当设在中华人民共和国境内。

第十一条　电子招标投标交易平台运营机构应当是依法成立的法人，拥有一定数量的专职信息技术、招标专业人员。

第十二条　电子招标投标交易平台运营机构应当根据国家有关法律法规及技术规范，建立健全电子招标投标交易平台规范运行和安全管理制度，加强监控、检测，及时发现和排除隐患。

第十三条　电子招标投标交易平台运营机构应当采用可靠的身份识别、权限控制、加密、病毒防范等技术，防范非授权操作，保证交易平台的安全、稳定、可靠。

第十四条　电子招标投标交易平台运营机构应当采取有效措施，验证初始录入信息的真实性，并确保数据电文不被篡改、不遗漏和可追溯。

第十五条　电子招标投标交易平台运营机构不得以任何手段限制或者排斥潜在投标人，不得泄露依法应当保密的信息，不得弄虚作假、串通投标或者为弄虚作假、串通投标提供便利。

第三章　电 子 招 标

第十六条　招标人或者其委托的招标代理机构应当在其使用的电子招标投标交易平台注册登记，选择使用除招标人或招标代理机构之外第三方运营的电子招标投标交易平台的，还应当与电子招标投标交易平台运营机构签订使用合同，明确服务内容、服务质量、服务费用等权利和义务，并对服务过程中相关信息的产权归属、保密责任、存档等依法作出约定。

电子招标投标交易平台运营机构不得以技术和数据接口配套为由，要求潜在投标人购买指定的工具软件。

第十七条　招标人或者其委托的招标代理机构应当在资格预审公告、招标公告或者投标邀请书中载明潜在投标人访问电子招标投标交易平台的网络地址和方法。依法必须进行公开招标项目的上述相关公告应当在电子招标投标交易平台和国家指定的招标公告媒介同步发布。

第十八条　招标人或者其委托的招标代理机构应当及时将数据电文形式的资格预审文件、招标文件加载至电子招标投标交易平台，供潜在投标人下载或者查阅。

第十九条　数据电文形式的资格预审公告、招标公告、资格预审文件、招标文件等应当标准化、格式化，并符合有关法律法规以及国家有关部门颁发的标准文本的要求。

第二十条　除本办法和技术规范规定的注册登记外，任何单位和个人不得在招标投标活动中设置注册登记、投标报名等前置条件限制潜在投标人下载资格预审文件或者招标文件。

第二十一条　在投标截止时间前，电子招标投标交易平台运营机构不得向招标人或者其委托的招标代理机构以外的任何单位和个人泄露下载资格预审文件、招标文件的潜在投标人名称、数量以及可能影响公平竞争的其他信息。

第二十二条　招标人对资格预审文件、招标文件进行澄清或者修改的，应当通过电子招标投标交易平台以醒目的方式公告澄清或者修改的内容，并以有效方式通知所有已下载资格预审文件或者招标文件的潜在投标人。

第四章　电 子 投 标

第二十三条　电子招标投标交易平台的运营机构，以及与该机构有控股或者管理关系可能影响招标公正性的任何单位和个人，不得在该交易平台进行的招标项目中投标和代理投标。

第二十四条　投标人应当在资格预审公告、招标公告或者投标邀请书载明的电子招标投标交易平台注册登记，如实递交有关信息，并经电子招标投标交易平台运营机构验证。

第二十五条　投标人应当通过资格预审公告、招标公告或者投标邀请书载明的电子招标投标交易平台递交数据电文形式的资格预审申请文件或者投标文件。

第二十六条　电子招标投标交易平台应当允许投标人离线编制投标文件，并且具备分段或者整体加密、解密功能。

投标人应当按照招标文件和电子招标投标交易平台的要求编制并加密投标文件。

投标人未按规定加密的投标文件，电子招标投标交易平台应当拒收并提示。

第二十七条　投标人应当在投标截止时间前完成投标文件的传输递交，并可以补充、修改或者撤回投标文件。投标截止时间前未完成投标文件传输的，视为撤回投标文件。投标截止时间后送达的投标文件，电子招标投标交易平台应当拒收。

电子招标投标交易平台收到投标人送达的投标文件，应当即时向投标人发出确认回执通知，并妥善保存投标文件。在投标截止时间前，除投标人补充、修改或者撤回投标文件外，任何单位和个人不得解密、提取投标文件。

第二十八条　资格预审申请文件的编制、加密、递交、传输、接收确认等，适用本办法关于投标文件的规定。

第五章　电子开标、评标和中标

第二十九条　电子开标应当按照招标文件确定的时间，在电子招标投标交易平台上公开进行，所有投标人均应当准时在线参加开标。

第三十条　开标时，电子招标投标交易平台自动提取所有投标文件，提示招标人和投标人按招标文件规定方式按时在线解密。解密全部完成后，应当向所有投标人公布投标人名称、投标价格和招标文件规定的其他内容。

第三十一条　因投标人原因造成投标文件未解密的，视为撤销其投标文件；因投标人之外的原因造成投标文件未解密的，视为撤回其投标文件，投标人有权要求责任方赔偿因此遭受的直接损失。部分投标文件未解密的，其他投标文件的开标可以继续进行。

招标人可以在招标文件中明确投标文件解密失败的补救方案，投标文件应按照招标文件的要求作出响应。

第三十二条　电子招标投标交易平台应当生成开标记录并向社会公众公布，但依法应当保密的除外。

第三十三条　电子评标应当在有效监控和保密的环境

下在线进行。

根据国家规定应当进入依法设立的招标投标交易场所的招标项目，评标委员会成员应当在依法设立的招标投标交易场所登录招标项目所使用的电子招标投标交易平台进行评标。

评标中需要投标人对投标文件澄清或者说明的，招标人和投标人应当通过电子招标投标交易平台交换数据电文。

第三十四条　评标委员会完成评标后，应当通过电子招标投标交易平台向招标人提交数据电文形式的评标报告。

第三十五条　依法必须进行招标的项目中标候选人和中标结果应当在电子招标投标交易平台进行公示和公布。

第三十六条　招标人确定中标人后，应当通过电子招标投标交易平台以数据电文形式向中标人发出中标通知书，并向未中标人发出中标结果通知书。

招标人应当通过电子招标投标交易平台，以数据电文形式与中标人签订合同。

第三十七条　鼓励招标人、中标人等相关主体及时通过电子招标投标交易平台递交和公布中标合同履行情况的信息。

第三十八条　资格预审申请文件的解密、开启、评审、发出结果通知书等，适用本办法关于投标文件的规定。

第三十九条　投标人或者其他利害关系人依法对资格预审文件、招标文件、开标和评标结果提出异议，以及招标人答复，均应当通过电子招标投标交易平台进行。

第四十条　招标投标活动中的下列数据电文应当按照《中华人民共和国电子签名法》和招标文件的要求进行电子签名并进行电子存档：

（一）资格预审公告、招标公告或者投标邀请书；

（二）资格预审文件、招标文件及其澄清、补充和修改；

（三）资格预审申请文件、投标文件及其澄清和说明；

（四）资格审查报告、评标报告；

（五）资格预审结果通知书和中标通知书；

（六）合同；

（七）国家规定的其他文件。

第六章　信息共享与公共服务

第四十一条　电子招标投标交易平台应当依法及时公布下列主要信息：

（一）招标人名称、地址、联系人及联系方式；

（二）招标项目名称、内容范围、规模、资金来源和主要技术要求；

（三）招标代理机构名称、资格、项目负责人及联系方式；

（四）投标人名称、资质和许可范围、项目负责人；

（五）中标人名称、中标金额、签约时间、合同期限；

（六）国家规定的公告、公示和技术规范规定公布和交换的其他信息。

鼓励招标投标活动当事人通过电子招标投标交易平台公布项目完成质量、期限、结算金额等合同履行情况。

第四十二条　各级人民政府有关部门应当按照《中华人民共和国政府信息公开条例》等规定，在本部门网站及时公布并允许下载下列信息：

（一）有关法律法规规章及规范性文件；

（二）取得相关工程、服务资质证书或货物生产、经营许可证的单位名称、营业范围及年检情况；

（三）取得有关职称、职业资格的从业人员的姓名、电子证书编号；

（四）对有关违法行为作出的行政处理决定和招标投标活动的投诉处理情况；

（五）依法公开的工商、税务、海关、金融等相关信息。

第四十三条　设区的市级以上人民政府发展改革部门会同有关部门，按照政府主导、共建共享、公益服务的原则，推动建立本地区统一的电子招标投标公共服务平台，为电子招标投标交易平台、招标投标活动当事人、社会公众和行政监督部门、监察机关提供信息服务。

第四十四条 电子招标投标公共服务平台应当按照本办法和技术规范规定,具备下列主要功能:

(一)链接各级人民政府及其部门网站,收集、整合和发布有关法律法规规章及规范性文件、行政许可、行政处理决定、市场监管和服务的相关信息;

(二)连接电子招标投标交易平台、国家规定的公告媒介,交换、整合和发布本办法第四十一条规定的信息;

(三)连接依法设立的评标专家库,实现专家资源共享;

(四)支持不同电子认证服务机构数字证书的兼容互认;

(五)提供行政监督部门和监察机关依法实施监督、监察所需的监督通道;

(六)整合分析相关数据信息,动态反映招标投标市场运行状况、相关市场主体业绩和信用情况。

属于依法必须公开的信息,公共服务平台应当无偿提供。

公共服务平台应同时遵守本办法第八条至第十五条规定。

第四十五条 电子招标投标交易平台应当按照本办法和技术规范规定,在任一电子招标投标公共服务平台注册登记,并向电子招标投标公共服务平台及时提供本办法第四十一条规定的信息,以及双方协商确定的其他信息。

电子招标投标公共服务平台应当按照本办法和技术规范规定,开放数据接口、公布接口要求,与电子招标投标交易平台及时交换招标投标活动所必需的信息,以及双方协商确定的其他信息。

电子招标投标公共服务平台应当按照本办法和技术规范规定,开放数据接口、公布接口要求,与上一层级电子招标投标公共服务平台连接并注册登记,及时交换本办法第四十四条规定的信息,以及双方协商确定的其他信息。

电子招标投标公共服务平台应当允许社会公众、市场主体免费注册登录和获取依法公开的招标投标信息,为招标人、投标人、行政监督部门和监察机关按各自职责和注册权限登录使用公共服务平台提供必要条件。

第七章 监督管理

第四十六条 电子招标投标活动及相关主体应当自觉接受行政监督部门、监察机关依法实施的监督、监察。

第四十七条 行政监督部门、监察机关结合电子政务建设,提升电子招标投标监督能力,依法设置并公布有关法律法规规章、行政监督的依据、职责权限、监督环节、程序和时限、信息交换要求和联系方式等相关内容。

第四十八条 电子招标投标交易平台和公共服务平台应当按照本办法和技术规范规定,向行政监督平台开放数据接口、公布接口要求,按有关规定及时对接交换和公布有关招标投标信息。

行政监督平台应当开放数据接口,公布数据接口要求,不得限制和排斥已通过检测认证的电子招标投标交易平台和公共服务平台与其对接交换信息,并参照执行本办法第八条至第十五条的有关规定。

第四十九条 电子招标投标交易平台应当依法设置电子招标投标工作人员的职责权限,如实记录招标投标过程、数据信息来源,以及每一操作环节的时间、网络地址和工作人员,并具备电子归档功能。

电子招标投标公共服务平台应当记录和公布相关交换数据信息的来源、时间并进行电子归档备份。

任何单位和个人不得伪造、篡改或者损毁电子招标投标活动信息。

第五十条 行政监督部门、监察机关及其工作人员,除依法履行职责外,不得干预电子招标投标活动,并遵守有关信息保密的规定。

第五十一条 投标人或者其他利害关系人认为电子招标投标活动不符合有关规定的,通过相关行政监督平台进行投诉。

第五十二条 行政监督部门和监察机关在依法监督检查招标投标活动或者处理投诉时,通过其平台发出的行政监督或者行政监察指令,招标投标活动当事人和电子招标投标交易平台、公共服务平台的运营机构应当执行，并如实提供相关信息，协助调查处理。

第八章 法律责任

第五十三条 电子招标投标系统有下列情形的，责令改正；拒不改正的，不得交付使用，已经运营的应当停止运营。

（一）不具备本办法及技术规范规定的主要功能；

（二）不向行政监督部门和监察机关提供监督通道；

（三）不执行统一的信息分类和编码标准；

（四）不开放数据接口、不公布接口要求；

（五）不按照规定注册登记、对接、交换、公布信息；

（六）不满足规定的技术和安全保障要求；

（七）未按照规定通过检测和认证。

第五十四条 招标人或者电子招标投标系统运营机构存在以下情形的，视为限制或者排斥潜在投标人，依照招标投标法第五十一条规定处罚。

（一）利用技术手段对享有相同权限的市场主体提供有差别的信息；

（二）拒绝或者限制社会公众、市场主体免费注册并获取依法必须公开的招标投标信息；

（三）违规设置注册登记、投标报名等前置条件；

（四）故意与各类需要分离开发并符合技术规范规定的工具软件不兼容对接；

（五）故意对递交或者解密投标文件设置障碍。

第五十五条 电子招标投标交易平台运营机构有下列情形的，责令改正，并按照有关规定处罚。

（一）违反规定要求投标人注册登记、收取费用；

（二）要求投标人购买指定的工具软件；

（三）其他侵犯招标投标活动当事人合法权益的情形。

第五十六条 电子招标投标系统运营机构向他人透露已获取招标文件的潜在投标人的名称、数量、投标文件内容或者对投标文件的评审和比较以及其他可能影响公平竞争的招标投标信息，参照招标投标法第五十二条关于招标人泄密的规定予以处罚。

第五十七条 招标投标活动当事人和电子招标投标系统运营机构协助招标人、投标人串通投标的，依照招标投标法第五十三条和招标投标法实施条例第六十七条规定处罚。

第五十八条 招标投标活动当事人和电子招标投标系统运营机构伪造、篡改、损毁招标投标信息，或者以其他方式弄虚作假的，依照招标投标法第五十四条和招标投标法实施条例第六十八条规定处罚。

第五十九条 电子招标投标系统运营机构未按照本办法和技术规范规定履行初始录入信息验证义务，造成招标投标活动当事人损失的，应当承担相应的赔偿责任。

第六十条 有关行政监督部门及其工作人员不履行职责，或者利用职务便利非法干涉电子招标投标活动的，依照有关法律法规处理。

第九章 附则

第六十一条 招标投标协会应当按照有关规定，加强电子招标投标活动的自律管理和服务。

第六十二条 电子招标投标某些环节需要同时使用纸质文件的，应当在招标文件中明确约定；当纸质文件与数据电文不一致时，除招标文件特别约定外，以数据电文为准。

第六十三条 本办法未尽事宜，按照有关法律、法规、规章执行。

第六十四条 本办法由国家发展和改革委员会会同有关部门负责解释。

第六十五条 技术规范作为本办法的附件，与本办法具有同等效力。

第六十六条 本办法自2013年5月1日起施行。

附件：《电子招标投标系统技术规范——第1部分》（略）

招标公告和公示信息发布管理办法

1. 2017年11月23日国家发展和改革委员会令第10号公布

2. 自2018年1月1日起施行

第一条 为规范招标公告和公示信息发布活动，保证各类市场主体和社会公众平等、便捷、准确地获取招标信息,根据《中华人民共和国招标投标法》《中华人民共和国招标投标法实施条例》等有关法律法规规定,制定本办法。

第二条 本办法所称招标公告和公示信息,是指招标项目的资格预审公告、招标公告、中标候选人公示、中标结果公示等信息。

第三条 依法必须招标项目的招标公告和公示信息,除依法需要保密或者涉及商业秘密的内容外,应当按照公益服务、公开透明、高效便捷、集中共享的原则,依法向社会公开。

第四条 国家发展改革委根据招标投标法律法规规定,对依法必须招标项目招标公告和公示信息发布媒介的信息发布活动进行监督管理。

省级发展改革部门对本行政区域内招标公告和公示信息发布活动依法进行监督管理。省级人民政府另有规定的,从其规定。

第五条 依法必须招标项目的资格预审公告和招标公告,应当载明以下内容:

(一)招标项目名称、内容、范围、规模、资金来源;

(二)投标资格能力要求,以及是否接受联合体投标;

(三)获取资格预审文件或招标文件的时间、方式;

(四)递交资格预审文件或投标文件的截止时间、方式;

(五)招标人及其招标代理机构的名称、地址、联系人及联系方式;

(六)采用电子招标投标方式的,潜在投标人访问电子招标投标交易平台的网址和方法;

(七)其他依法应当载明的内容。

第六条 依法必须招标项目的中标候选人公示应当载明以下内容:

(一)中标候选人排序、名称、投标报价、质量、工期(交货期),以及评标情况;

(二)中标候选人按照招标文件要求承诺的项目负责人姓名及其相关证书名称和编号;

(三)中标候选人响应招标文件要求的资格能力条件;

(四)提出异议的渠道和方式;

(五)招标文件规定公示的其他内容。

依法必须招标项目的中标结果公示应当载明中标人名称。

第七条 依法必须招标项目的招标公告和公示信息应当根据招标投标法律法规,以及国家发展改革委会同有关部门制定的标准文件编制,实现标准化、格式化。

第八条 依法必须招标项目的招标公告和公示信息应当在"中国招标投标公共服务平台"或者项目所在地省级电子招标投标公共服务平台(以下统一简称"发布媒介")发布。

第九条 省级电子招标投标公共服务平台应当与"中国招标投标公共服务平台"对接,按规定同步交互招标公告和公示信息。对依法必须招标项目的招标公告和公示信息,发布媒介应当与相应的公共资源交易平台实现信息共享。

"中国招标投标公共服务平台"应当汇总公开全国招标公告和公示信息,以及本办法第八条规定的发布媒介名称、网址、办公场所、联系方式等基本信息,及时维护更新,与全国公共资源交易平台共享,并归集至全国信用信息共享平台,按规定通过"信用中国"网站向社会公开。

第十条 拟发布的招标公告和公示信息文本应当由招标人或其招标代理机构盖章,并由主要负责人或其授权的项目负责人签名。采用数据电文形式的,应当按规定进行电子签名。

招标人或其招标代理机构发布招标公告和公示信息,应当遵守招标投标法律法规关于时限的规定。

第十一条 依法必须招标项目的招标公告和公示信息鼓励通过电子招标投标交易平台录入后交互至发布媒介核验发布,也可以直接通过发布媒介录入并核验发布。

按照电子招标投标有关数据规范要求交互招标公告和公示信息文本的,发布媒介应当自收到起12小时内发布。采用电子邮件、电子介质、传真、纸质文本等其他形式提交或者直接录入招标公告和公示信息文本的，发布媒介应当自核验确认起1个工作日内发布。核验确认最长不得超过3个工作日。

招标人或其招标代理机构应当对其提供的招标公告和公示信息的真实性、准确性、合法性负责。发布媒介和电子招标投标交易平台应当对所发布的招标公告和公示信息的及时性、完整性负责。

发布媒介应当按照规定采取有效措施，确保发布招标公告和公示信息的数据电文不被篡改、不遗漏和至少10年内可追溯。

第十二条　发布媒介应当免费提供依法必须招标项目的招标公告和公示信息发布服务，并允许社会公众和市场主体免费、及时查阅前述招标公告和公示的完整信息。

第十三条　发布媒介应当通过专门栏目发布招标公告和公示信息，并免费提供信息归类和检索服务，对新发布的招标公告和公示信息作醒目标识，方便市场主体和社会公众查阅。

发布媒介应当设置专门栏目，方便市场主体和社会公众就其招标公告和公示信息发布工作反映情况、提出意见，并及时反馈。

第十四条　发布媒介应当实时统计本媒介招标公告和公示信息发布情况，及时向社会公布，并定期报送相应的省级以上发展改革部门或省级以上人民政府规定的其他部门。

第十五条　依法必须招标项目的招标公告和公示信息除在发布媒介发布外，招标人或其招标代理机构也可以同步在其他媒介公开，并确保内容一致。

其他媒介可以依法全文转载依法必须招标项目的招标公告和公示信息，但不得改变其内容，同时必须注明信息来源。

第十六条　依法必须招标项目的招标公告和公示信息有下列情形之一的，潜在投标人或者投标人可以要求招标人或其招标代理机构予以澄清、改正、补充或调整：

（一）资格预审公告、招标公告载明的事项不符合本办法第五条规定，中标候选人公示载明的事项不符合本办法第六条规定；

（二）在两家以上媒介发布的同一招标项目的招标公告和公示信息内容不一致；

（三）招标公告和公示信息内容不符合法律法规规定。

招标人或其招标代理机构应当认真核查，及时处理，并将处理结果告知提出意见的潜在投标人或者投标人。

第十七条　任何单位和个人认为招标人或其招标代理机构在招标公告和公示信息发布活动中存在违法违规行为的，可以依法向有关行政监督部门投诉、举报；认为发布媒介在招标公告和公示信息发布活动中存在违法违规行为的，根据有关规定可以向相应的省级以上发展改革部门或其他有关部门投诉、举报。

第十八条　招标人或其招标代理机构有下列行为之一的，由有关行政监督部门责令改正，并视情形依照《中华人民共和国招标投标法》第四十九条、第五十一条及有关规定处罚：

（一）依法必须公开招标的项目不按照规定在发布媒介发布招标公告和公示信息；

（二）在不同媒介发布的同一招标项目的资格预审公告或者招标公告的内容不一致，影响潜在投标人申请资格预审或者投标；

（三）资格预审公告或者招标公告中有关获取资格预审文件或者招标文件的时限不符合招标投标法律法规规定；

（四）资格预审公告或者招标公告中以不合理的条件限制或者排斥潜在投标人。

第十九条　发布媒介在发布依法必须招标项目的招标公告和公示信息活动中有下列情形之一的，由相应的省级以上发展改革部门或其他有关部门根据有关法律法规规定，责令改正；情节严重的，可以处1万元以下罚款：

（一）违法收取费用；

（二）无正当理由拒绝发布或者拒不按规定交互信息；

（三）无正当理由延误发布时间；

（四）因故意或重大过失导致发布的招标公告

和公示信息发生遗漏、错误；

（五）违反本办法的其他行为。

其他媒介违规发布或转载依法必须招标项目的招标公告和公示信息的，由相应的省级以上发展改革部门或其他有关部门根据有关法律法规规定，责令改正；情节严重的，可以处1万元以下罚款。

第二十条　对依法必须招标项目的招标公告和公示信息进行澄清、修改，或者暂停、终止招标活动，采取公告形式向社会公布的，参照本办法执行。

第二十一条　使用国际组织或者外国政府贷款、援助资金的招标项目，贷款方、资金提供方对招标公告和公示信息的发布另有规定的，适用其规定。

第二十二条　本办法所称以上、以下包含本级或本数。

第二十三条　本办法由国家发展改革委负责解释。

第二十四条　本办法自2018年1月1日起施行。《招标公告发布暂行办法》（国家发展计划委第4号令）和《国家计委关于指定发布依法必须招标项目招标公告的媒介的通知》（计政策〔2000〕868号）同时废止。

国家发展和改革委员会办公厅关于我委办理工程建设项目审批（核准）时核准招标内容的意见

1. 2005年4月27日

2. 发改办法规〔2005〕824号

3. 根据2022年7月26日国家发展和改革委员会令第51号《关于修改、废止部分规章、行政规范性文件和一般政策性文件的决定》修正

《招标投标法》颁布实施后，国务院办公厅于2000年5月3日印发了《关于国务院有关部门实施招标投标活动行政监督的职责分工的意见》（国办发〔2000〕34号），规定项目审批部门在审批依法必须进行招标的项目可行性研究报告时，核准项目的招标方式以及国家出资项目的招标范围。根据这一总体要求，我委于2001年6月18日发布了《工程建设项目可行性研究报告增加招标内容和核准招标事项暂行规定》（以下简称原国家发改委9号令），进一步明确招标内容核准的范围、程序以及部门职能分工。几年来，各司局对此比较重视，执行的效果总体是好的。

随着《行政许可法》和《国务院关于投资体制改革的决定》的颁布实施，招标内容的核准需要作相应的调整，主要体现在：一是原国家发改委9号令中只原则性地规定依法必须进行招标的项目属于需要核准招标内容的范围，目前需要进一步分为政府投资项目和企业投资项目，对政府投资项目继续实行审批制，对企业投资项目改为核准制或备案制，这样，对招标内容的核准就需要根据管理方式的改变相应调整；二是需要根据《招标投标法》和《行政许可法》的规定，进一步明确需要核准招标内容的企业投资项目范围；三是原国家发改委9号令中没有对我委内部司局核准招标内容时的职责分工、方式和程序等问题作出具体规定，目前很有必要予以细化。为了适应新形势的要求，提高投资监管和调控水平，现就加强和改进我委审批（核准）工程建设项目的招标内容核准工作，提出如下意见。

一、职责分工原则

按照职责分工，谁审批（核准）建设项目可行性研究报告、项目申请报告或资金申请报告，谁负责对项目招标内容进行核准。

（一）投资司负责全委招标内容核准工作的组织协调，以及投资司审批、核准项目招标内容的核准。

（二）其他有关司局负责本司局审批、核准项目招标内容的核准及督促落实。

（三）法规司负责有关招标内容核准政策、规章的制定。

（四）有关司局在办理国家鼓励项目进口设备免税和技改项目采购国产设备抵扣税确认书时，应对已核准项目的招标内容的执行情况进行认真审核。

二、核准招标内容的项目范围

（一）我委审批或者我委初审后报国务院审批的中央政府投资项目。

（二）向我委申请500万元人民币以上（含本数，下同）中央政府投资补助、转贷或者贷款贴息的地方政府投资项目或者企业投资项目。

(三)我委核准或者我委初核后报国务院核准的国家重点项目,具体包括:

1. 能源项目:(1)在主要河流上建设的水电项目和总装机容量25万千瓦以上水电项目;(2)抽水蓄能电站;(3)火电站;(4)核电站;(5)330千伏以上电压等级的电网项目;(6)国家规划矿区内的煤炭开发项目;(7)年产100万吨以上的新油田开发项目;(8)年产20亿立方米以上新气田项目;(9)进口液化天然气接收、储运设施;(10)跨省(区、市)干线输油管网项目;(11)跨省(区、市)或年输气能力5亿立方米以上的输气管网项目。

2. 交通运输项目:(1)跨省(区、市)或100公里以上铁路项目;(2)国道主干线、西部开发公路干线、国家高速公路网、跨省(区、市)的公路项目;(3)跨境、跨海湾、跨大江大河(通航段)的桥梁、隧道项目;(4)煤炭、矿石和油气专用泊位的新建港区及年吞吐能力200万吨以上港口项目;(5)集装箱专用码头项目;(6)新建机场项目;(7)总投资10亿元以上的扩建机场项目;(8)扩建军民合用机场项目;(9)内河航运千吨级以上通航建筑物项目。

3. 邮电通信项目:(1)国内干线传输网、国际电信传输电路、国际关口站、专用电信网的国际通信设施及其他涉及信息安全的电信基础设施项目;(2)国际关口站及其他涉及信息安全的邮政基础设施项目。

4. 水利项目:(1)大中型水库及国际河流和跨省(区、市)河流上的水库项目;(2)需要中央政府协调的国际河流、涉及跨省(区、市)水资源配置调整的项目。

5. 城市设施项目:(1)城市快速轨道交通;(2)跨省(区、市)日调水50万吨以上城市供水项目;(3)跨越大江大河、重要海湾的城市桥梁、隧道项目。

6. 公用事业项目:(1)大学城、医学城及其他园区性建设项目;(2)国家重点风景名胜区、国家自然保护区、国家重点文物保护单位区域内总投资5000万元以上旅游开发和资源保护设施,世界自然、文化遗产保护区内总投资3000万元以上项目;(3)f1赛车场;(4)大型主题公园。

7. 经国家批准的重大技术装备自主化依托工程项目。

三、核准招标内容的方式

(一)本意见第二条第(一)项所列项目,应当在可行性研究报告中包含招标内容,我委在审批可行性研究报告时核准相关招标内容。

(二)本意见第二条第(二)项所列项目中地方政府投资项目,地方政府审批部门在审批项目时核准相关招标内容;向我委提交资金申请报告时,应附核准的招标内容,我委在审批资金申请报告时复核招标内容。

(三)本意见第二条第(二)项所列项目中企业投资项目,向我委提交资金申请报告时,应附招标内容,我委在审批资金申请报告时核准招标内容。

(四)本意见第二条第(三)项所列项目,向我委提交项目申请报告时,应附招标内容,我委在核准或者初核项目申请报告时核准招标内容。

(五)向我委申请中央政府投资补助、转贷或者贷款贴息的地方政府投资项目或者企业投资项目,资金申请额不足500万人民币的,在资金申请报告中不须附招标内容,我委也不核准招标内容;但项目符合《工程建设项目招标范围和规模标准》(原国家发改委令第3号)规定范围和标准的,应当依法进行招标。

(六)使用国际金融组织或者外国政府贷款、援助资金的建设项目,贷款方、资金提供方对建设项目报送招标内容另有规定的,从其规定,但违背中华人民共和国社会公共利益的除外。

四、招标内容应包括的事项

招标内容应包括:

(一)建设项目的勘察、设计、施工、监理以及重要设备、材料等采购活动的具体招标范围(全部或者部分招标)。

(二)建设项目的勘察、设计、施工、监理以及重要设备、材料等采购活动拟采用的招标组织形式(委托招标或者自行招标);拟自行招标的,还应按照《工程建设项目自行招标试行办法》(原国家发改委令第5号)规定报告书面材料。

(三)建设项目的勘察、设计、施工、监理以及重要设备、材料等采购活动拟采用的招标方式(公开招标或者邀请招标);国家重点项目拟采用邀请招标的,应对采用邀请招标的理由作出说明。

五、核准招标内容的程序

(一)各有关司局审批、核准项目可行性研究报告、项目申请报告或资金申请报告时,按规定会签其他有关司局的,有关司局会签时应一并对相关招标内容提出会签意见。

(二)招标内容核准后,对招标内容的核准意见应包含在对可行性研究报告、项目申请报告或资金申请报告的批复中,具体内容按照本意见第四条的规定确定。

(三)有关司局核准招标内容后,应将包括招标内容核准意见的可行性研究报告、项目申请报告或者资金申请报告批复文件抄送投资司(一式五份)。

(四)项目建设单位在招标活动中对招标内容提出变更的,应向原核准招标内容的司局重新办理有关招标内容核准手续。

六、本意见自2005年7月1日起施行。

《标准施工招标资格预审文件》和《标准施工招标文件》暂行规定

1. *2007年11月1日国家发展和改革委员会、财政部、建设部、铁道部、交通部、信息产业部、水利部、民用航空总局、广播电影电视总局令第56号公布*
2. *根据2013年3月11日国家发展和改革委员会、工业和信息化部、财政部、住房和城乡建设部、交通运输部、铁道部、水利部、国家广播电影电视总局、中国民用航空局令第23号《关于废止和修改部分招标投标规章和规范性文件的决定》修订*

第一条　为了规范施工招标资格预审文件、招标文件编制活动,提高资格预审文件、招标文件编制质量,促进招标投标活动的公开、公平和公正,国家发展和改革委员会、财政部、建设部、铁道部、交通部、信息产业部、水利部、民用航空总局、广播电影电视总局联合编制了《标准施工招标资格预审文件》和《标准施工招标文件》(以下如无特别说明,统一简称为《标准文件》)。

第二条　本《标准文件》适用于依法必须招标的工程建设项目。

第三条　国务院有关行业主管部门可根据《标准施工招标文件》并结合本行业施工招标特点和管理需要,编制行业标准施工招标文件。行业标准施工招标文件重点对"专用合同条款"、"工程量清单"、"图纸"、"技术标准和要求"作出具体规定。

第四条　招标人应根据《标准文件》和行业标准施工招标文件(如有),结合招标项目具体特点和实际需要,按照公开、公平、公正和诚实信用原则编写施工招标资格预审文件或施工招标文件,并按规定执行政府采购政策。

第五条　行业标准施工招标文件和招标人编制的施工招标资格预审文件、施工招标文件,应不加修改地引用《标准施工招标资格预审文件》中的"申请人须知"(申请人须知前附表除外)、"资格审查办法"(资格审查办法前附表除外),以及《标准施工招标文件》中的"投标人须知"(投标人须知前附表和其他附表除外)、"评标办法"(评标办法前附表除外)、"通用合同条款"。

《标准文件》中的其他内容,供招标人参考。

第六条　行业标准施工招标文件中的"专用合同条款"可对《标准施工招标文件》中的"通用合同条款"进行补充、细化,除"通用合同条款"明确"专用合同条款"可作出不同约定外,补充和细化的内容不得与"通用合同条款"强制性规定相抵触,否则抵触内容无效。

第七条　"申请人须知前附表"和"投标人须知前附表"用于进一步明确"申请人须知"和"投标人须知"正文中的未尽事宜,招标人应结合招标项目具体特点和实际需要编制和填写,但不得与"申请人须知"和"投标人须知"正文内容相抵触,否则抵触内容无效。

第八条　"资格审查办法前附表"和"评标办法前附表"用于明确资格审查和评标的方法、因素、标准和程序。招标人应根据招标项目具体特点和实际需要，详细列明全部审查或评审因素、标准，没有列明的因素和标准不得作为资格审查或评标的依据。

第九条 招标人编制招标文件中的“专用合同条款”可根据招标项目的具体特点和实际需要，对《标准施工招标文件》中的“通用合同条款”进行补充、细化和修改，但不得违反法律、行政法规的强制性规定和平等、自愿、公平和诚实信用原则。

第十条 招标人编制的资格预审文件和招标文件不得违反公开、公平、公正、平等、自愿和诚实信用原则。

第十一条 国务院有关部门和地方人民政府有关部门应加强对招标人使用《标准文件》的指导和监督检查，及时总结经验和发现问题。

第十二条 需要就如何适用《标准文件》中不加修改地引用的内容作出解释的，按照国务院和地方人民政府部门职责分工，分别由有关部门负责。

第十三条 因出现新情况，需要对《标准文件》中不加修改地引用的内容作出解释或调整的，由国家发展和改革委员会会同国务院有关部门作出解释或调整。该解释和调整与《标准文件》具有同等效力。

第十四条 《标准文件》作为本规定的附件，与本规定同时发布施行。

附件：一、《中华人民共和国标准施工招标资格预审文件》（2007 年版）（略）

二、《中华人民共和国标准施工招标文件》（2007 年版）（略）

住房城乡建设部办公厅关于取消工程建设项目招标代理机构资格认定加强事中事后监管的通知

1. 2017 年 12 月 28 日

2. 建办市〔2017〕77 号

各省、自治区住房城乡建设厅，直辖市建委，新疆生产建设兵团建设局：

为贯彻落实《全国人民代表大会常务委员会关于修改〈中华人民共和国招标投标法〉、〈中华人民共和国计量法〉的决定》，深入推进工程建设领域“放管服”改革，加强工程建设项目招标代理机构（以下简称招标代理机构）事中事后监管，规范工程招标代理行为，维护建筑市场秩序，现将有关事项通知如下：

一、停止招标代理机构资格申请受理和审批。自 2017 年 12 月 28 日起，各级住房城乡建设部门不再受理招标代理机构资格认定申请，停止招标代理机构资格审批。

二、建立信息报送和公开制度。招标代理机构可按照自愿原则向工商注册所在地省级建筑市场监管一体化工作平台报送基本信息。信息内容包括：营业执照相关信息、注册执业人员、具有工程建设类职称的专职人员、近 3 年代表性业绩、联系方式。上述信息统一在我部全国建筑市场监管公共服务平台（以下简称公共服务平台）对外公开，供招标人根据工程项目实际情况选择参考。

招标代理机构对报送信息的真实性和准确性负责，并及时核实其在公共服务平台的信息内容。信息内容发生变化的，应当及时更新。任何单位和个人如发现招标代理机构报送虚假信息，可向招标代理机构工商注册所在地省级住房城乡建设主管部门举报。工商注册所在地省级住房城乡建设主管部门应当及时组织核实，对涉及非本省市工程业绩的，可商请工程所在地省级住房城乡建设主管部门协助核查，工程所在地省级住房城乡建设主管部门应当给予配合。对存在报送虚假信息行为的招标代理机构，工商注册所在地省级住房城乡建设主管部门应当将其弄虚作假行为信息推送至公共服务平台对外公布。

三、规范工程招标代理行为。招标代理机构应当与招标人签订工程招标代理书面委托合同，并在合同约定的范围内依法开展工程招标代理活动。招标代理机构及其从业人员应当严格按照招标投标法、招标投标法实施条例等相关法律法规开展工程招标代理活动，并对工程招标代理业务承担相应责任。

四、强化工程招投标活动监管。各级住房城乡建设主管部门要加大房屋建筑和市政基础设施招标投标活动监管力度，推进电子招投标，加强招标代理机构行为监管，严格依法查处招标代理机构违法违规行为，及时归集相关处罚信息并向社会公开，切实维护建筑市场秩序。

五、加强信用体系建设。加快推进省级建筑市场监管一体化工作平台建设，规范招标代理机构信用信息采集、报送机制，加大信息公开力度，强化信用信息应用，推进部门之间信用信息共享共用。加快建立失信联合惩戒机制，强化信用对招标代理机构的约束作用，构建“一处失信、处处受制”的市场环境。

六、加大投诉举报查处力度。各级住房城乡建设主管部门要建立健全公平、高效的投诉举报处理机制，严格按照《工程建设项目招标投标活动投诉处理办法》，及时受理并依法处理房屋建筑和市政基础设施领域的招投标投诉举报，保护招标投标活动当事人的合法权益，维护招标投标活动的正常市场秩序。

七、推进行业自律。充分发挥行业协会对促进工程建设项目招标代理行业规范发展的重要作用。支持行业协会研究制定从业机构和从业人员行为规范，发布行业自律公约，加强对招标代理机构和从业人员行为的约束和管理。鼓励行业协会开展招标代理机构资信评价和从业人员培训工作，提升招标代理服务能力。

各级住房城乡建设主管部门要高度重视招标代理机构资格认定取消后的事中事后监管工作，完善工作机制，创新监管手段，加强工程建设项目招标投标活动监管，依法严肃查处违法违规行为，促进招投标活动有序开展。

4. 监督处理

中华人民共和国公证法

1. 2005年8月28日第十届全国人民代表大会常务委员会第十七次会议通过

2. 根据2015年4月24日第十二届全国人民代表大会常务委员会第十四次会议《关于修改〈中华人民共和国义务教育法〉等五部法律的决定》第一次修正

3. 根据2017年9月1日第十二届全国人民代表大会常务委员会第二十九次会议《关于修改〈中华人民共和国法官法〉等八部法律的决定》第二次修正

目　　录

第一章　总　　则

第一条　【立法目的】为规范公证活动，保障公证机构和公证员依法履行职责，预防纠纷，保障自然人、法人或者其他组织的合法权益，制定本法。

第二条　【定义】公证是公证机构根据自然人、法人或者其他组织的申请，依照法定程序对民事法律行为、有法律意义的事实和文书的真实性、合法性予以证明的活动。

第三条　【客观公正原则】公证机构办理公证，应当遵守法律，坚持客观、公正的原则。

第四条　【公证协会】全国设立中国公证协会，省、自治区、直辖市设立地方公证协会。中国公证协会和地方公证协会是社会团体法人。中国公证协会章程由会员代表大会制定，报国务院司法行政部门备案。

公证协会是公证业的自律性组织，依据章程开展活动，对公证机构、公证员的执业活动进行监督。

第五条　【对公证的监督指导】司法行政部门依照本法规定对公证机构、公证员和公证协会进行监督、指导。

第二章　公 证 机 构

第六条　【性质】公证机构是依法设立，不以营利为目的，依法独立行使公证职能、承担民事责任的证明机构。

第七条　【设立】公证机构按照统筹规划、合理布局的原则，可以在县、不设区的市、设区的市、直辖市或者市辖区设立；在设区的市、直辖市可以设立一个或者若干个公证机构。公证机构不按行政区划层层设立。

第八条　【设立条件】设立公证机构，应当具备下列条件：

（一）有自己的名称；

（二）有固定的场所；

（三）有二名以上公证员；

（四）有开展公证业务所必需的资金。

第九条　【批准程序】设立公证机构，由所在地的司法行政部门报省、自治区、直辖市人民政府司法行政部门按照规定程序批准后，颁发公证机构执业证书。

第十条　【负责人的产生】公证机构的负责人应当在有三年以上执业经历的公证员中推选产生，由所在地的司法行政部门核准，报省、自治区、直辖市人民政府司法行政部门备案。

第十一条　【可公证事项】根据自然人、法人或者其他组织的申请，公证机构办理下列公证事项：

（一）合同；

（二）继承；

（三）委托、声明、赠与、遗嘱；

（四）财产分割；

（五）招标投标、拍卖；

（六）婚姻状况、亲属关系、收养关系；

（七）出生、生存、死亡、身份、经历、学历、学位、职务、职称、有无违法犯罪记录；

（八）公司章程；

（九）保全证据；

（十）文书上的签名、印鉴、日期，文书的副本、影印本与原本相符；

（十一）自然人、法人或者其他组织自愿申请办理的其他公证事项。

法律、行政法规规定应当公证的事项，有关自然人、法人或者其他组织应当向公证机构申请办理公证。

第十二条　【公证事务】根据自然人、法人或者其他组织的申请，公证机构可以办理下列事务：

（一）法律、行政法规规定由公证机构登记的事务；

（二）提存；

（三）保管遗嘱、遗产或者其他与公证事项有关的财产、物品、文书；

（四）代写与公证事项有关的法律事务文书；

（五）提供公证法律咨询。

第十三条　【禁止性规定】公证机构不得有下列行为：

（一）为不真实、不合法的事项出具公证书；

（二）毁损、篡改公证文书或者公证档案；

（三）以诋毁其他公证机构、公证员或者支付回扣、佣金等不正当手段争揽公证业务；

（四）泄露在执业活动中知悉的国家秘密、商业秘密或者个人隐私；

（五）违反规定的收费标准收取公证费；

（六）法律、法规、国务院司法行政部门规定禁止的其他行为。

第十四条　【公证机构的管理】公证机构应当建立业务、财务、资产等管理制度，对公证员的执业行为进行监督，建立执业过错责任追究制度。

第十五条　【执业责任保险】公证机构应当参加公证执业责任保险。

第三章　公　证　员

第十六条　【公证员】公证员是符合本法规定的条件，在公证机构从事公证业务的执业人员。

第十七条　【公证员的数量】公证员的数量根据公证业务需要确定。省、自治区、直辖市人民政府司法行政部门应当根据公证机构的设置情况和公证业务的需要核定公证员配备方案，报国务院司法行政部门备案。

第十八条　【公证员的任职资格】担任公证员，应当具备下列条件：

（一）具有中华人民共和国国籍；

（二）年龄二十五周岁以上六十五周岁以下；

（三）公道正派，遵纪守法，品行良好；

（四）通过国家统一法律职业资格考试取得法律职业资格；

（五）在公证机构实习二年以上或者具有三年以上其他法律职业经历并在公证机构实习一年以上，经考核合格。

第十九条　【可担任公证员的人员】从事法学教学、研究工作，具有高级职称的人员，或者具有本科以上学历，从事审判、检察、法制工作、法律服务满十年的公务员、律师，已经离开原工作岗位，经考核合格的，可以担任公证员。

第二十条　【禁止担任公证员的情形】有下列情形之一的，不得担任公证员：

（一）无民事行为能力或者限制民事行为能力的；

（二）因故意犯罪或者职务过失犯罪受过刑事处罚的；

（三）被开除公职的；

（四）被吊销公证员、律师执业证书的。

第二十一条　【公证员的任命】担任公证员，应当由符合公证员条件的人员提出申请，经公证机构推荐，由所在地的司法行政部门报省、自治区、直辖市人民政府司法行政部门审核同意后，报请国务院司法行政部门任命，并由省、自治区、直辖市人民政府司法行政部门颁发公证员执业证书。

第二十二条　【公证员的权利和义务】公证员应当遵纪守法，恪守职业道德，依法履行公证职责，保守执业秘密。

公证员有权获得劳动报酬，享受保险和福利待遇；有权提出辞职、申诉或者控告；非因法定事由和非经法定程序,不被免职或者处罚。

第二十三条　【公证员的禁止行为】公证员不得有下列行为:

(一)同时在二个以上公证机构执业;

(二)从事有报酬的其他职业;

(三)为本人及近亲属办理公证或者办理与本人及近亲属有利害关系的公证;

(四)私自出具公证书;

(五)为不真实、不合法的事项出具公证书;

(六)侵占、挪用公证费或者侵占、盗窃公证专用物品;

(七)毁损、篡改公证文书或者公证档案;

(八)泄露在执业活动中知悉的国家秘密、商业秘密或者个人隐私;

(九)法律、法规、国务院司法行政部门规定禁止的其他行为。

第二十四条　【免职】公证员有下列情形之一的,由所在地的司法行政部门报省、自治区、直辖市人民政府司法行政部门提请国务院司法行政部门予以免职:

(一)丧失中华人民共和国国籍的;

(二)年满六十五周岁或者因健康原因不能继续履行职务的;

(三)自愿辞去公证员职务的;

(四)被吊销公证员执业证书的。

第四章　公 证 程 序

第二十五条　【公证的管辖】自然人、法人或者其他组织申请办理公证,可以向住所地、经常居住地、行为地或者事实发生地的公证机构提出。

申请办理涉及不动产的公证,应当向不动产所在地的公证机构提出;申请办理涉及不动产的委托、声明、赠与、遗嘱的公证,可以适用前款规定。

第二十六条　【委托公证】自然人、法人或者其他组织可以委托他人办理公证,但遗嘱、生存、收养关系等应当由本人办理公证的除外。

第二十七条　【申请公证提交的材料】申请办理公证的当事人应当向公证机构如实说明申请公证事项的有关情况,提供真实、合法、充分的证明材料;提供的证明材料不充分的,公证机构可以要求补充。

公证机构受理公证申请后,应当告知当事人申请公证事项的法律意义和可能产生的法律后果,并将告知内容记录存档。

第二十八条　【公证时审查事项】公证机构办理公证,应当根据不同公证事项的办证规则,分别审查下列事项:

(一)当事人的身份、申请办理该项公证的资格以及相应的权利;

(二)提供的文书内容是否完备,含义是否清晰,签名、印鉴是否齐全;

(三)提供的证明材料是否真实、合法、充分;

(四)申请公证的事项是否真实、合法。

第二十九条　【协助核实义务】公证机构对申请公证的事项以及当事人提供的证明材料,按照有关办证规则需要核实或者对其有疑义的,应当进行核实,或者委托异地公证机构代为核实,有关单位或者个人应当依法予以协助。

第三十条　【出具公证书的期限】公证机构经审查,认为申请提供的证明材料真实、合法、充分,申请公证的事项真实、合法的,应当自受理公证申请之日起十五个工作日内向当事人出具公证书。但是,因不可抗力、补充证明材料或者需要核实有关情况的,所需时间不计算在期限内。

第三十一条　【不予公证的情形】有下列情形之一的,公证机构不予办理公证:

(一)无民事行为能力人或者限制民事行为能力人没有监护人代理申请办理公证的;

(二)当事人与申请公证的事项没有利害关系的;

(三)申请公证的事项属专业技术鉴定、评估事项的;

(四)当事人之间对申请公证的事项有争议的;

(五)当事人虚构、隐瞒事实,或者提供虚假证明材料的;

(六)当事人提供的证明材料不充分或者拒绝补充证明材料的;

(七)申请公证的事项不真实、不合法的;

(八)申请公证的事项违背社会公德的;

（九）当事人拒绝按照规定支付公证费的。

第三十二条 【公证书的格式】公证书应当按照国务院司法行政部门规定的格式制作，由公证员签名或者加盖签名章并加盖公证机构印章。公证书自出具之日起生效。

公证书应当使用全国通用的文字；在民族自治地方，根据当事人的要求，可以制作当地通用的民族文字文本。

第三十三条 【在外国使用公证书的认证程序】公证书需要在国外使用，使用国要求先认证的，应当经中华人民共和国外交部或者外交部授权的机构和有关国家驻中华人民共和国使（领）馆认证。

第三十四条 【公证费】当事人应当按照规定支付公证费。

对符合法律援助条件的当事人，公证机构应当按照规定减免公证费。

第三十五条 【公证书的立卷归档】公证机构应当将公证文书分类立卷，归档保存。法律、行政法规规定应当公证的事项等重要的公证档案在公证机构保存期满，应当按照规定移交地方档案馆保管。

第五章 公证效力

第三十六条 【经公证文书的证据效力】经公证的民事法律行为、有法律意义的事实和文书，应当作为认定事实的根据，但有相反证据足以推翻该项公证的除外。

第三十七条 【经公证债权文书的效力】对经公证的以给付为内容并载明债务人愿意接受强制执行承诺的债权文书，债务人不履行或者履行不适当的，债权人可以依法向有管辖权的人民法院申请执行。

前款规定的债权文书确有错误的，人民法院裁定不予执行，并将裁定书送达双方当事人和公证机构。

第三十八条 【未经公证的后果】法律、行政法规规定未经公证的事项不具有法律效力的，依照其规定。

第三十九条 【公证书的复查】当事人、公证事项的利害关系人认为公证书有错误的，可以向出具该公证书的公证机构提出复查。公证书的内容违法或者与事实不符的，公证机构应当撤销该公证书并予以公告，该公证书自始无效；公证书有其他错误的，公证机构应当予以更正。

第四十条 【对公证书内容有争议的解决】当事人、公证事项的利害关系人对公证书的内容有争议的，可以就该争议向人民法院提起民事诉讼。

第六章 法律责任

第四十一条 【公证机构及公证员的违法责任】公证机构及其公证员有下列行为之一的，由省、自治区、直辖市或者设区的市人民政府司法行政部门给予警告；情节严重的，对公证机构处一万元以上五万元以下罚款，对公证员处一千元以上五千元以下罚款，并可以给予三个月以上六个月以下停止执业的处罚；有违法所得的，没收违法所得：

（一）以诋毁其他公证机构、公证员或者支付回扣、佣金等不正当手段争揽公证业务的；

（二）违反规定的收费标准收取公证费的；

（三）同时在二个以上公证机构执业的；

（四）从事有报酬的其他职业的；

（五）为本人及近亲属办理公证或者办理与本人及近亲属有利害关系的公证的；

（六）依照法律、行政法规的规定，应当给予处罚的其他行为。

第四十二条 【公证机构及公证员的严重违法责任】公证机构及其公证员有下列行为之一的，由省、自治区、直辖市或者设区的市人民政府司法行政部门对公证机构给予警告，并处二万元以上十万元以下罚款，并可以给予一个月以上三个月以下停业整顿的处罚；对公证员给予警告，并处二千元以上一万元以下罚款，并可以给予三个月以上十二个月以下停止执业的处罚；有违法所得的，没收违法所得；情节严重的，由省、自治区、直辖市人民政府司法行政部门吊销公证员执业证书；构成犯罪的，依法追究刑事责任：

（一）私自出具公证书的；

（二）为不真实、不合法的事项出具公证书的；

（三）侵占、挪用公证费或者侵占、盗窃公证专用物品的；

（四）毁损、篡改公证文书或者公证档案的；

（五）泄露在执业活动中知悉的国家秘密、商业秘密或者个人隐私的；

（六）依照法律、行政法规的规定，应当给予处罚的其他行为。

因故意犯罪或者职务过失犯罪受刑事处罚的，应当吊销公证员执业证书。

被吊销公证员执业证书的，不得担任辩护人、诉讼代理人，但系刑事诉讼、民事诉讼、行政诉讼当事人的监护人、近亲属的除外。

第四十三条　【公证机构和公证员的赔偿责任】公证机构及其公证员因过错给当事人、公证事项的利害关系人造成损失的，由公证机构承担相应的赔偿责任；公证机构赔偿后，可以向有故意或者重大过失的公证员追偿。

当事人、公证事项的利害关系人与公证机构因赔偿发生争议的，可以向人民法院提起民事诉讼。

第四十四条　【当事人的违法责任】当事人以及其他个人或者组织有下列行为之一，给他人造成损失的，依法承担民事责任；违反治安管理的，依法给予治安管理处罚；构成犯罪的，依法追究刑事责任：

（一）提供虚假证明材料，骗取公证书的；

（二）利用虚假公证书从事欺诈活动的；

（三）伪造、变造或者买卖伪造、变造的公证书、公证机构印章的。

第七章　附　　则

第四十五条　【驻外使（领）馆的公证办理】中华人民共和国驻外使（领）馆可以依照本法的规定或者中华人民共和国缔结或者参加的国际条约的规定，办理公证。

第四十六条　【公证收费标准的制定】公证费的收费标准由省、自治区、直辖市人民政府价格主管部门会同同级司法行政部门制定。

第四十七条　【施行日期】本法自 2006 年 3 月 1 日起施行。

监察部等关于监察机关和有关行政监督部门在查处工程建设招标投标违法违纪案件工作中加强协作配合的通知

1. 2008 年 10 月 9 日监察部、国家发展和改革委员会、工业和信息化部、财政部、住房和城乡建设部、交通运输部、铁道部、水利部、商务部、国务院法制办公室发布

2. 监发〔2008〕8 号

各省、自治区、直辖市监察厅（局、委）、发展改革委、信息产业厅（局、委、办）、通信管理局、财政厅（局）、建设厅（委）、交通厅（局）、水利（水务）厅（局）、商务厅（局），各铁路局，新疆生产建设兵团监察局、发展改革委、信息产业局、财务局、建设局、交通局、水利局，商务局，计划单列市财政局：

为及时有效地查处工程建设招标投标活动中的违法违纪案件，促进招标投标法律法规的贯彻实施，进一步遏制工程建设领域腐败现象，惩处工程建设招标投标活动中的违法违纪行为，现就监察机关和有关行政监督部门在查处工程建设招标投标违法违纪案件工作中加强协作配合的有关问题通知如下：

一、各级监察机关与发展改革、工业信息、财政、建设、交通运输、水利、商务、铁道等有关行政监督部门（以下简称有关行政监督部门）依照《中华人民共和国行政监察法》、《中华人民共和国招标投标法》和《国务院办公厅印发国务院有关部门实施招标投标活动行政监督的职责分工意见的通知》（国办发〔2000〕34 号）等有关规定，充分发挥各自的职能作用，在查处工程建设招标投标违法违纪案件工作中加强协作配合，并可以根据需要召开联席会议研究有关问题，建立相应的沟通、协调机制。

二、有关行政监督部门在查处工程建设招标投标违法违纪案件中，发现监察对象违法违纪线索的，应当将线索及时移送同级监察机关。监察机关对移送的线索，应当依法依纪进行初步审查。对决定不予立案的，应当说明原因，并书面告知有关行政监督部门；

对立案查处的，应当及时将调查处理结果书面告知有关行政监督部门。

三、监察机关在办理监察事项过程中，发现有关单位或者人员有涉嫌违反招标投标法律法规的行为，属于有关行政监督部门管辖范围的，应当将有关情况及材料及时移送相关的同级行政监督部门处理。有关行政监督部门应当及时将处理情况书面告知监察机关。

四、对于工程建设招标投标违法违纪案件，监察机关和有关行政监督部门根据职责分工和具体情况，可以共同立案查处，也可以分别立案查处。在查处工程建设招标投标违法违纪案件工作中，监察机关与有关行政监督部门或者有关行政监督部门之间需要协助配合的，相关单位应当予以协助配合。

五、监察机关和有关行政监督部门共同立案查处的工程建设招标投标违法违纪案件，由相关单位的有关人员共同组成联合调查组，按照法定职权开展调查。案件调查终结后，由参加调查的相关单位共同研究写出调查报告。需要给予处分的，由参与调查的监察机关负责落实；需要给予行政处罚的，由参与调查的有关行政监督部门负责落实。

六、移送的违法违纪案件材料应当包括以下内容：

（一）本单位或者主管单位同意移送的意见；

（二）案件的来源及立案材料；

（三）案件调查报告；

（四）有关证据材料；

（五）其他需要移送的材料。

七、监察机关和有关行政监督部门查处工程建设招标投标违法违纪案件，发现涉嫌犯罪的，应当及时移送司法机关依法处理。

八、地方各级监察机关和有关行政监督部门要按照本通知的要求，及时建立查处工程建设招标投标违法违纪案件工作的协作配合机制。在执行过程中有哪些问题和建议，请及时向国务院监察机关和各自的上级主管部门报告。

招标投标违法行为记录公告暂行办法

1. 2008年6月18日国家发展和改革委员会、工业和信息化部、监察部、财政部、住房和城乡建设部、交通运输部、铁道部、水利部、商务部、国务院法制办公室印发

2. 发改法规〔2008〕1531号

3. 自2009年1月1日起施行

第一章 总 则

第一条 为贯彻《国务院办公厅关于进一步规范招投标活动的若干意见》（国办发〔2004〕56号），促进招标投标信用体系建设，健全招标投标失信惩戒机制，规范招标投标当事人行为，根据《招标投标法》等相关法律规定，制定本办法。

第二条 对招标投标活动当事人的招标投标违法行为记录进行公告，适用本办法。

本办法所称招标投标活动当事人是指招标人、投标人、招标代理机构以及评标委员会成员。

本办法所称招标投标违法行为记录，是指有关行政主管部门在依法履行职责过程中，对招标投标当事人违法行为所作行政处理决定的记录。

第三条 国务院有关行政主管部门按照规定的职责分工，建立各自的招标投标违法行为记录公告平台，并负责公告平台的日常维护。

国家发展改革委会同国务院其他有关行政主管部门制定公告平台管理方面的综合性政策和相关规定。

省级人民政府有关行政主管部门按照规定的职责分工，建立招标投标违法行为记录公告平台，并负责公告平台的日常维护。

第四条 招标投标违法行为记录的公告应坚持准确、及时、客观的原则。

第五条 招标投标违法行为记录公告不得公开涉及国家秘密、商业秘密、个人隐私的记录。但是，经权利人同意公开或者行政机关认为不公开可能对公共利益造成重大影响的涉及商业秘密、个人隐私的违法行为记录，可以公开。

第二章 违法行为记录的公告

第六条 国务院有关行政主管部门和省级人民政府有关行政主管部门（以下简称“公告部门”）应自招标投标违法行为行政处理决定作出之日起20个工作日内对外进行记录公告。

省级人民政府有关行政主管部门公告的招标投标违法行为行政处理决定应同时抄报相应国务院行政主管部门。

第七条 对招标投标违法行为所作出的以下行政处理决定应给予公告：

（一）警告；

（二）罚款；

（三）没收违法所得；

（四）暂停或者取消招标代理资格；

（五）取消在一定时期内参加依法必须进行招标的项目的投标资格；

（六）取消担任评标委员会成员的资格；

（七）暂停项目执行或追回已拨付资金；

（八）暂停安排国家建设资金；

（九）暂停建设项目的审查批准；

（十）行政主管部门依法作出的其他行政处理决定。

第八条 违法行为记录公告的基本内容为：被处理招标投标当事人名称（或姓名）、违法行为、处理依据、处理决定、处理时间和处理机关等。

公告部门可将招标投标违法行为行政处理决定书直接进行公告。

第九条 违法行为记录公告期限为六个月。公告期满后，转入后台保存。

依法限制招标投标当事人资质（资格）等方面的行政处理决定，所认定的限制期限长于六个月的，公告期限从其决定。

第十条 公告部门负责建立公告平台信息系统，对记录信息数据进行追加、修改、更新，并保证公告的违法行为记录与行政处理决定的相关内容一致。

公告平台信息系统应具备历史公告记录查询功能。

第十一条 公告部门应对公告记录所依据的招标投标违法行为行政处理决定书等材料妥善保管、留档备查。

第十二条 被公告的招标投标当事人认为公告记录与行政处理决定的相关内容不符的，可向公告部门提出书面更正申请，并提供相关证据。

公告部门接到书面申请后，应在5个工作日内进行核对。公告的记录与行政处理决定的相关内容不一致的，应当给予更正并告知申请人；公告的记录与行政处理决定的相关内容一致的，应当告知申请人。

公告部门在作出答复前不停止对违法行为记录的公告。

第十三条 行政处理决定在被行政复议或行政诉讼期间，公告部门依法不停止对违法行为记录的公告，但行政处理决定被依法停止执行的除外。

第十四条 原行政处理决定被依法变更或撤销的，公告部门应当及时对公告记录予以变更或撤销，并在公告平台上予以声明。

第三章 监督管理

第十五条 有关行政主管部门应依法加强对招标投标违法行为记录被公告当事人的监督管理。

第十六条 招标投标违法行为记录公告应逐步实现互联互通、互认共用，条件成熟时建立统一的招标投标违法行为记录公告平台。

第十七条 公告的招标投标违法行为记录应当作为招标代理机构资格认定，依法必须招标项目资质审查、招标代理机构选择、中标人推荐和确定、评标委员会成员确定和评标专家考核等活动的重要参考。

第十八条 有关行政主管部门及其工作人员在违法行为记录的提供、收集和公告等工作中有玩忽职守、弄虚作假或者徇私舞弊等行为的，由其所在单位或者上级主管机关予以通报批评，并依纪依法追究直接责任人和有关领导的责任；构成犯罪的，移送司法机关依法追究刑事责任。

第四章 附 则

第十九条 各省、自治区、直辖市发展改革部门可会同有关部门根据本办法制定具体实施办法。

第二十条 本办法由国家发展改革委会同国务院有关

部门负责解释。

第二十一条 本办法自2009年1月1日起施行。

国家发展和改革委员会等关于进一步贯彻落实招标投标违法行为记录公告制度的通知

1. 2010年3月29日国家发展和改革委员会、工业和信息化部、监察部、财政部、住房和城乡建设部、交通运输部、铁道部、水利部、商务部、国务院法制办公室发布

2. 发改法规〔2010〕628号

各省、自治区、直辖市发展改革委、工业和信息化主管部门、通信管理局、监察厅、财政厅、住房城乡建设厅（建委、建设交通委）、交通厅、水利厅、商务主管部门、法制办、各铁路局、民航各地区管理局：

严格落实招标投标违法行为记录公告制度是工程建设领域突出问题专项治理工作的一项重要任务。《招标投标违法行为记录公告暂行办法》（发改法规〔2008〕1531号，以下简称《暂行办法》）自2009年1月1日颁布实施以来，各地认真贯彻落实，推进招标投标市场诚信建设取得积极成效。但是，总体进展尚不平衡，一些地方至今尚未建立公告平台，一些地方虽建立了公告平台却没有按照规定及时进行公告，影响了违法行为记录公告制度实施效果。为进一步贯彻落实中共中央办公厅、国务院办公厅《关于开展工程建设领域突出问题专项治理工作的意见》（中办发〔2009〕27号）、中央治理工程建设领域突出问题工作领导小组《工程建设领域突出问题专项治理工作实施方案》（中治工发〔2009〕2号）和《规范工程建设项目决策行为和招标投标活动指导意见》（中治工发〔2009〕3号）部署和要求，切实发挥招标投标违法行为记录公告制度的失信惩戒作用，促进招标投标市场信用体系建设，现将有关事项通知如下：

一、抓紧建立违法行为记录公告平台。2010年5月底前，各省级有关行政主管部门要按照《暂行办法》要求，在本部门网站上建立招标投标违法行为记录公告平台，并做好公告平台维护和管理工作；已经建立的，进一步规范和完善公告平台，逐步实现互联互通、互认共用；条件成熟的建立统一的违法行为记录公告平台。要加强对市、县级招标投标违法行为记录公告平台建设的指导和督促，争取今年年底前，建立起国务院有关部门，以及省、市、县四级公告平台。结合开展工程建设领域突出问题专项治理工作，将招标投标违法行为记录公告平台制度落实与工程建设领域项目信息公开和诚信体系建设相结合，促进信息共享。

二、依法公告违法行为记录。各省级有关行政主管部门要以落实中央工程建设领域突出问题专项治理工作部署为契机，加大监督检查工作力度，按照规定的职责分工，严肃查处招标投标违法违规行为。对于依法应当公告的违法行为，应及时在公告平台上公告。严格按照《暂行办法》规定的程序和要求发布公告，确保公告准确和客观。各省级有关行政主管部门公告的招标投标违法行为行政处理决定，须按要求及时抄报相应国务院行政主管部门。国务院有关行政主管部门将选取一批典型案件进行公告，并加强对本系统违法行为记录公告工作的指导，建立系统公告记录信息通报制度。

三、加大招标投标失信惩戒力度。各地可以结合本地实际，进一步健全失信惩戒制度，将公告的招标投标违法行为记录作为招标代理机构资格认定、依法必须招标项目投标人资格审查、招标代理机构选择、中标人推荐和确定、评标委员会成员确定和评标专家考核等活动的重要依据。

各地要按照中央工程建设领域突出问题专项治理工作统一部署，采取有效措施，全面落实招标投标违法行为记录公告制度。2010年上半年，国家发展改革委、监察部将会同国务院有关部门对各地贯彻落实情况进行监督检查，重点检查公告平台建立和运行情况。对没有建立公告平台，或者不按照规定及时公告违法行为记录的地方，要进行通报。

工程建设项目招标投标活动投诉处理办法

1. 2004年7月6日国家发展和改革委员会、建设部、铁道部、交通部、信息产业部、水利部、民用航空总局令第11号公布

2. 根据2013年3月11日国家发展和改革委员会、工业和信息化部、财政部、住房和城乡建设部、交通运输部、铁道部、水利部、国家广播电影电视总局、中国民用航空局令第23号《关于废止和修改部分招标投标规章和规范性文件的决定》修订

第一条　为保护国家利益、社会公共利益和招标投标当事人的合法权益，建立公平、高效的工程建设项目招标投标活动投诉处理机制，根据《中华人民共和国招标投标法》、《中华人民共和国招标投标法实施条例》，制定本办法。

第二条　本办法适用于工程建设项目招标投标活动的投诉及其处理活动。

前款所称招标投标活动，包括招标、投标、开标、评标、中标以及签订合同等各阶段。

第三条　投标人或者其他利害关系人认为招标投标活动不符合法律、法规和规章规定的，有权依法向有关行政监督部门投诉。

前款所称其他利害关系人是指投标人以外的，与招标项目或者招标活动有直接和间接利益关系的法人、其他组织和自然人。

第四条　各级发展改革、工业和信息化、住房城乡建设、水利、交通运输、铁道、商务、民航等招标投标活动行政监督部门，依照《国务院办公厅印发国务院有关部门实施招标投标活动行政监督的职责分工的意见的通知》（国办发〔2000〕34号）和地方各级人民政府规定的职责分工，受理投诉并依法做出处理决定。

对国家重大建设项目（含工业项目）招标投标活动的投诉，由国家发展改革委受理并依法做出处理决定。对国家重大建设项目招标投标活动的投诉，有关行业行政监督部门已经收到的，应当通报国家发展改革委，国家发展改革委不再受理。

第五条　行政监督部门处理投诉时，应当坚持公平、公正、高效原则，维持国家利益、社会公共利益和招标投标当事人的合法权益。

第六条　行政监督部门应当确定本部门内部负责受理投诉的机构及其电话、传真、电子信箱和通讯地址，并向社会公布。

第七条　投诉人投诉时，应当提交投诉书。投诉书应当包括下列内容：

（一）投诉人的名称、地址及有效联系方式；

（二）被投诉人的名称、地址及有效联系方式；

（三）投诉事项的基本事实；

（四）相关请求及主张；

（五）有效线索和相关证明材料。

对招标投标法实施条例规定应先提出异议的事项进行投诉的，应当附提出异议的证明文件。已向有关行政监督部门投诉的，应当一并说明。

投诉人是法人的，投诉书必须由其法定代表人或者授权代表签字并盖章；其他组织或者自然人投诉的，投诉书必须由其主要负责人或者投诉人本人签字，并附有效身份证明复印件。

投诉书有关材料是外文的，投诉人应当同时提供其中文译本。

第八条　投诉人不得以投诉为名排挤竞争对手，不得进行虚假、恶意投诉，阻碍招标投标活动的正常进行。

第九条　投诉人认为招标投标活动不符合法律行政法规规定的，可以在知道或者应当知道之日起十日内提出书面投诉。依照有关行政法规提出异议的，异议答复期间不计算在内。

第十条　投诉人可以自己直接投诉，也可以委托代理人办理投诉事务。代理人办理投诉事务时，应将授权委托书连同投诉书一并提交给行政监督部门。授权委托书应当明确有关委托代理权限和事项。

第十一条　行政监督部门收到投诉书后，应当在三个工作日内进行审查，视情况分别做出以下处理决定：

（一）不符合投诉处理条件的，决定不予受理，并将不予受理的理由书面告知投诉人；

（二）对符合投诉处理条件，但不属于本部门受理的投诉，书面告知投诉人向其他行政监督部门提出投诉。

对于符合投诉处理条件并决定受理的，收到投诉书之日即为正式受理。

第十二条 有下列情形之一的投诉，不予受理：

（一）投诉人不是所投诉招标投标活动的参与者，或者与投诉项目无任何利害关系；

（二）投诉事项不具体，且未提供有效线索，难以查证的；

（三）投诉书未署具投诉人真实姓名、签字和有效联系方式的；以法人名义投诉的，投诉书未经法定代表人签字并加盖公章的；

（四）超过投诉时效的；

（五）已经作出处理决定，并且投诉人没有提出新的证据；

（六）投诉事项应先提出异议没有提出异议、已进入行政复议或行政诉讼程序的。

第十三条 行政监督部门负责投诉处理的工作人员，有下列情形之一的，应当主动回避：

（一）近亲属是被投诉人、投诉人，或者是被投诉人、投诉人的主要负责人；

（二）在近三年内本人曾经在被投诉人单位担任高级管理职务；

（三）与被投诉人、投诉人有其他利害关系，可能影响对投诉事项公正处理的。

第十四条 行政监督部门受理投诉后，应当调取、查阅有关文件，调查、核实有关情况。

对情况复杂、涉及面广的重大投诉事项，有权受理投诉的行政监督部门可以会同其他有关的行政监督部门进行联合调查，共同研究后由受理部门做出处理决定。

第十五条 行政监督部门调查取证时，应当由两名以上行政执法人员进行，并做笔录，交被调查人签字确认。

第十六条 在投诉处理过程中，行政监督部门应当听取被投诉人的陈述和申辩，必要时可通知投诉人和被投诉人进行质证。

第十七条 行政监督部门负责处理投诉的人员应当严格遵守保密规定，对于在投诉处理过程中所接触到的国家秘密、商业秘密应当予以保密，也不得将投诉事项透露给与投诉无关的其他单位和个人。

第十八条 行政监督部门处理投诉，有权查阅、复制有关文件、资料，调查有关情况，相关单位和人员应当予以配合。必要时，行政监督部门可以责令暂停招标投标活动。

对行政监督部门依法进行的调查，投诉人、被投诉人以及评标委员会成员等与投诉事项有关的当事人应当予以配合，如实提供有关资料及情况，不得拒绝、隐匿或者伪报。

第十九条 投诉处理决定做出前，投诉人要求撤回投诉的，应当以书面形式提出并说明理由，由行政监督部门视以下情况，决定是否准予撤回：

（一）已经查实有明显违法行为的，应当不准撤回，并继续调查直至做出处理决定；

（二）撤回投诉不损害国家利益、社会公共利益或者其他当事人合法权益的，应当准予撤回，投诉处理过程终止。投诉人不得以同一事实和理由再提出投诉。

第二十条 行政监督部门应当根据调查和取证情况，对投诉事项进行审查，按照下列规定做出处理决定：

（一）投诉缺乏事实根据或者法律依据的，或者投诉人捏造事实、伪造材料或者以非法手段取得证明材料进行投诉的，驳回投诉；

（二）投诉情况属实，招标投标活动确实存在违法行为的，依据《中华人民共和国招标投标法》、《中华人民共和国招标投标法实施条例》及其他有关法规、规章做出处罚。

第二十一条 负责受理投诉的行政监督部门应当自受理投诉之日起三十个工作日内，对投诉事项做出处理决定，并以书面形式通知投诉人、被投诉人和其他与投诉处理结果有关的当事人。需要检验、检测、鉴定、专家评审的，所需时间不计算在内。

第二十二条 投诉处理决定应当包括下列主要内容：

（一）投诉人和被投诉人的名称、住址；

（二）投诉人的投诉事项及主张；

（三）被投诉人的答辩及请求；

（四）调查认定的基本事实；

（五）行政监督部门的处理意见及依据。

第二十三条　行政监督部门应当建立投诉处理档案，并做好保存和管理工作，接受有关方面的监督检查。

第二十四条　行政监督部门在处理投诉过程中，发现被投诉人单位直接负责的主管人员和其他直接责任人员有违法、违规或者违纪行为的，应当建议其行政主管机关、纪检监察部门给予处分；情节严重构成犯罪的，移送司法机关处理。

对招标代理机构有违法行为，且情节严重的，依法暂停直至取消招标代理资格。

第二十五条　当事人对行政监督部门的投诉处理决定不服或者行政监督部门逾期未做处理的，可以依法申请行政复议或者向人民法院提起行政诉讼。

第二十六条　投诉人故意捏造事实、伪造证明材料或者以非法手段取得证明材料进行投诉，给他人造成损失的，依法承担赔偿责任。

第二十七条　行政监督部门工作人员在处理投诉过程中徇私舞弊、滥用职权或者玩忽职守，对投诉人打击报复的，依法给予行政处分；构成犯罪的，依法追究刑事责任。

第二十八条　行政监督部门在处理投诉过程中，不得向投诉人和被投诉人收取任何费用。

第二十九条　对于性质恶劣、情节严重的投诉事项，行政监督部门可以将投诉处理结果在有关媒体上公布，接受舆论和公众监督。

第三十条　本办法由国家发展改革委会同国务院有关部门解释。

第三十一条　本办法自2004年8月1日起施行。

最高人民法院等关于在招标投标活动中对失信被执行人实施联合惩戒的通知

1. 2016年8月30日最高人民法院、国家发展和改革委员会、工业和信息化部、住房和城乡建设部、交通运输部、水利部、商务部、国家铁路局、中国民用航空局发布

2. 法〔2016〕285号

为贯彻党的十八届三中、四中、五中全会精神，落实《中央政法委关于切实解决人民法院执行难问题的通知》（政法〔2005〕52号）、《国务院关于促进市场公平竞争维护市场正常秩序的若干意见》（国发〔2014〕20号）、《国务院关于印发社会信用体系建设规划纲要（2014—2020年）的通知》（国发〔2014〕21号）、《关于对失信被执行人实施联合惩戒的合作备忘录》（发改财金〔2016〕141号）要求，加快推进社会信用体系建设，健全跨部门失信联合惩戒机制，促进招标投标市场健康有序发展，现就在招标投标活动中对失信被执行人实施联合惩戒的有关事项通知如下。

一、充分认识在招标投标活动中实施联合惩戒的重要性

诚实信用是招标投标活动的基本原则之一。在招标投标活动中对失信被执行人开展联合惩戒，有利于规范招标投标活动中当事人的行为，促进招标投标市场健康有序发展；有利于建立健全“一处失信，处处受限”的信用联合惩戒机制，推进社会信用体系建设；有利于维护司法权威，提升司法公信力，在全社会形成尊重司法，诚实守信的良好氛围。各有关单位要进一步提高认识，在招标投标活动中对失信被执行人实施联合惩戒，有效应用失信被执行人信息，推动招标投标活动规范、高效、透明。

二、联合惩戒对象

联合惩戒对象为被人民法院列为失信被执行人的下列人员：投标人、招标代理机构、评标专家以及其他招标从业人员。

三、失信被执行人信息查询内容及方式

（一）查询内容

失信被执行人（法人或者其他组织）的名称、统一社会信用代码（或组织机构代码）、法定代表人或者负责人姓名；失信被执行人（自然人）的姓名、性别、年龄、身份证号码；生效法律文书确定的义务和被执行人的履行情况；失信被执行人失信行为的具体情形；执行依据的制作单位和文号、执行案号、立案时间、执行法院；人民法院认为应当记载和公布的不涉及国家秘密、商业秘密、个人隐私的其他事项。

（二）推送及查询方式

最高人民法院将失信被执行人信息推送到全国

信用信息共享平台和“信用中国”网站，并负责及时更新。

招标人、招标代理机构、有关单位应当通过“信用中国”网站（www. creditchina. gov. cn）或各级信用信息共享平台查询相关主体是否为失信被执行人，并采取必要方式做好失信被执行人信息查询记录和证据留存。投标人可通过“信用中国”网站查询相关主体是否为失信被执行人。

国家公共资源交易平台、中国招标投标公共服务平台、各省级信用信息共享平台通过全国信用信息共享平台共享失信被执行人信息，各省级公共资源交易平台通过国家公共资源交易平台共享失信被执行人信息，逐步实现失信被执行人信息推送、接收、查询、应用的自动化。

四、联合惩戒措施

各相关部门应依据《中华人民共和国民事诉讼法》《中华人民共和国招标投标法》《中华人民共和国招标投标法实施条例》《最高人民法院关于公布失信被执行人名单信息的若干规定》等相关法律法规，依法对失信被执行人在招标投标活动中采取限制措施。

（一）限制失信被执行人的投标活动

依法必须进行招标的工程建设项目，招标人应当在资格预审公告、招标公告、投标邀请书及资格预审文件、招标文件中明确规定对失信被执行人的处理方法和评标标准，在评标阶段，招标人或者招标代理机构、评标专家委员会应当查询投标人是否为失信被执行人，对属于失信被执行人的投标活动依法予以限制。

两个以上的自然人、法人或者其他组织组成一个联合体，以一个投标人的身份共同参加投标活动的，应当对所有联合体成员进行失信被执行人信息查询。联合体中有一个或一个以上成员属于失信被执行人的，联合体视为失信被执行人。

（二）限制失信被执行人的招标代理活动

招标人委托招标代理机构开展招标事宜的，应当查询其失信被执行人信息，鼓励优先选择无失信记录的招标代理机构。

（三）限制失信被执行人的评标活动

依法建立的评标专家库管理单位在对评标专家聘用审核及日常管理时，应当查询有关失信被执行人信息，不得聘用失信被执行人为评标专家。对评标专家在聘用期间成为失信被执行人的，应及时清退。

（四）限制失信被执行人招标从业活动

招标人、招标代理机构在聘用招标从业人员前，应当明确规定对失信被执行人的处理办法，查询相关人员的失信被执行人信息，对属于失信被执行人的招标从业人员应按照规定进行处理。

以上限制自失信被执行人从最高人民法院失信被执行人信息库中删除之时起终止。

五、工作要求

（一）有关单位要根据本《通知》，共同推动在招标投标活动中对失信被执行人开展联合惩戒工作，指导、督促各地、各部门落实联合惩戒工作要求，确保联合惩戒工作规范有序进行。

（二）有关单位应在规范招标投标活动中，建立相关单位和个人违法失信行为信用记录，通过全国信用信息共享平台、国家公共资源交易平台和中国招标投标公共服务平台实现信用信息交换共享和动态更新，并按照有关规定及时在“信用中国”网站予以公开。

（三）有关单位应当妥善保管失信被执行人信息，不得用于招标投标以外的事项，不得泄露企业经营秘密和相关个人隐私。

国家发展和改革委员会等关于建立清理和规范招标投标有关规定长效机制的意见

1. 2015年4月15日国家发展和改革委员会、工业和信息化部、住房和城乡建设部、交通运输部、水利部、商务部、国务院法制办公室发布

2. 发改法规〔2015〕787号

按照党的十八大和十八届三中、四中全会精神，以及《国务院办公厅转发发展改革委法制办监察部关于做好招标投标法实施条例贯彻实施工作意见的通知》(国办发〔2012〕21号)要求,为促进招标投标市场健康有序发展,维护公平竞争的市场秩序,经国务院同意,现就建立清理和规范招标投标有关规定长效机制提出以下意见。

一、充分认识做好相关工作的重要性和紧迫性

《中华人民共和国招标投标法》、《中华人民共和国招标投标法实施条例》颁布实施后,按照党中央、国务院的部署,各地区、各有关部门根据“谁制定、谁清理”的原则,对全国范围内招标投标有关规章和规范性文件进行了全面清理,修改或废止了一大批不符合上位法、不适应经济社会发展需要、妨碍公平竞争的规定,促进了全国招标投标制度体系的统一。但是,清理范围不全面、内容不彻底、违反上位法的规定边清理边出台等情况仍较为突出,文件内容彼此矛盾和违法设置行政审批、备案、收费以及违规干预市场主体自主权等问题尚未根本解决,导致市场主体合法权利受限、负担加重,严重影响市场在资源配置中起决定性作用的发挥,而且容易滋生腐败,社会各方面反映强烈,亟需建立清理和规范招标投标有关规定的长效机制,切实理顺政府与市场的关系,维护招标投标法律制度统一,营造公平竞争的市场环境,推动形成统一开放、竞争有序的现代市场体系。

二、建立招标投标规定定期清理和目录管理机制

(一)建立定期清理机制。按照国办发〔2012〕21号文件要求,省级人民政府发展改革部门要商同级政府法制工作机构以及其他有关部门,根据实际情况建立招标投标规定定期清理工作机制,每3年至少组织进行一次全面清理,坚决纠正违法通过规章和规范性文件设置审批事项和收费项目、以备案名义变相实施审批、干预交易主体自主权的行为,清理各个文件中与法律法规相冲突的内容。清理过程和结果应当向社会公开,接受社会监督。对于有关地方和部门以“红头文件”设置行政许可,限制市场竞争,以及违法实施行业保护和地区封锁,并拒不纠正的,有关机关应当依法处理。

(二)实行目录管理。省级人民政府发展改革部门要会同同级政府法制工作机构,对本地区(包括省、市、县三级)经清理后保留的招标投标规章和规范性文件进行汇编,拟订目录,在省级人民政府发展改革部门和政府法制工作机构门户网站公示,公示时间不得少于20个工作日,以便政府部门、市场主体、社会公众在公示期间提出异议或补充完善建议。根据各方面意见建议补充调整完善并与有关部门确认后形成的正式目录,应报省级人民政府批准,通过省级人民政府网站或省级人民政府发展改革部门和政府法制工作机构门户网站向社会公布,并动态更新。未列入目录的规章和规范性文件,一律不得作为行政监管依据。

三、推进招标投标规定信息公开

(三)加强信息公开。各级招标投标行政监督部门应当制定本部门现行有效招标投标规章和规范性文件目录,连同文件全文在本部门门户网站、本级电子招标投标行政监督平台和公共服务平台、统一规范的公共资源交易平台上向社会公开。国家电子招标投标公共服务平台通过各级公共服务平台互联共享,发布全国招标投标法律法规规章及规范性文件信息。

(四)畅通意见反馈渠道。各级招标投标行政监督部门应当在有关门户网站、电子招标投标行政监督平台以及有关电子公共服务平台上建立招标投标有关规定投诉举报栏目,便于市场主体以及社会公众在线提出咨询和有关意见建议。对属于本部门的规定,相关行政监督部门应当认真研究,对存在问题的内容尽快予以修改或废止;对不属于本部门的规定,要及时转有关部门处理。办理情况应当及时向提出意见建议的市场主体反馈。

四、完善招标投标规定审查和后评估机制

(五)规范公众征求意见程序。各级招标投标行政监督部门新制定或修改招标投标规章和规范性文件,必须通过本级公共服务平台、行政监督平台和本部门门户网站统一向社会公开征求意见,征求意见时间不得少于20个工作日,并做好意见整理和反馈。对于社会公众意见比较集中的,应当组织专题论证。在报送本级政府法制工作机构审查时应对征求公众意见情况进行说明。

（六）加大备案审查力度。县级以上地方人民政府招标投标行政监督部门应当将本部门发布的招标投标有关规范性文件报本级政府法制工作机构登记、编号、备案。相关政府法制工作机构应当对备案文件进行实质审查，做到有件必备、有错必究，重点审查违反上位法，擅自设置审批事项、增加审批环节，以注册、登记、备案为名变相审批，干预当事人自主权，搞地方或行业保护，增加企业负担等内容，切实维护招标投标制度统一。

（七）建立后评估制度。各级招标投标行政监督部门对于实施超过3年的招标投标规定应组织后评估，鼓励委托有关行业协会、咨询机构、科研院校等社会组织进行第三方评估，并及时根据评估情况修改完善有关招标投标规定。

建立清理和规范招标投标有关规定的长效机制，是健全招标投标法律制度体系、规范和发展招标投标市场的重要保障。各地方、各有关部门要高度重视，尽快按照本意见要求建立招标投标规定清理和规范长效机制并组织实施。国家发展改革委将会同有关部门加强指导协调，定期进行监督检查。

5. 法律责任

中华人民共和国刑法（节录）

1. 1979年7月1日第五届全国人民代表大会第二次会议通过
2. 1997年3月14日第八届全国人民代表大会第五次会议修订
3. 根据1998年12月29日第九届全国人民代表大会常务委员会第六次会议通过的《关于惩治骗购外汇、逃汇和非法买卖外汇犯罪的决定》、1999年12月25日第九届全国人民代表大会常务委员会第十三次会议通过的《中华人民共和国刑法修正案》、2001年8月31日第九届全国人民代表大会常务委员会第二十三次会议通过的《中华人民共和国刑法修正案（二）》、2001年12月29日第九届全国人民代表大会常务委员会第二十五次会议通过的《中华人民共和国刑法修正案（三）》、2002年12月28日第九届全国人民代表大会常务委员会第三十一次会议通过的《中华人民共和国刑法修正案（四）》、2005年2月28日第十届全国人民代表大会常务委员会第十四次会议通过的《中华人民共和国刑法修正案（五）》、2006年6月29日第十届全国人民代表大会常务委员会第二十二次会议通过的《中华人民共和国刑法修正案（六）》、2009年2月28日第十一届全国人民代表大会常务委员会第七次会议通过的《中华人民共和国刑法修正案（七）》、2009年8月27日第十一届全国人民代表大会常务委员会第十次会议通过的《关于修改部分法律的决定》、2011年2月25日第十一届全国人民代表大会常务委员会第十九次会议通过的《中华人民共和国刑法修正案（八）》、2015年8月29日第十二届全国人民代表大会常务委员会第十六次会议通过的《中华人民共和国刑法修正案（九）》、2017年11月4日第十二届全国人民代表大会常务委员会第三十次会议通过的《中华人民共和国刑法修正案（十）》、2020年12月26日第十三届全国人民代表大会常务委员会第二十四次会议通过的《中华人民共和国刑法修正案（十一）》和2023年12月29日第十四届全国人民代表大会常务委员会第七次会议通过的《中华人民共和国刑法修正案（十二）》修正

第二百二十三条　【串通投标罪】投标人相互串通投标报价，损害招标人或者其他投标人利益，情节严重的，处三年以下有期徒刑或者拘役，并处或者单处罚金。

投标人与招标人串通投标，损害国家、集体、公民的合法利益的，依照前款的规定处罚。

第二百二十四条　【合同诈骗罪】有下列情形之一，以非法占有为目的，在签订、履行合同过程中，骗取对方当事人财物，数额较大的，处三年以下有期徒刑或者拘役，并处或者单处罚金；数额巨大或者有其他严重情节的，处三年以上十年以下有期徒刑，并处罚金；数额特别巨大或者有其他特别严重情节的，处十年以上有期徒刑或者无期徒刑，并处罚金或者没收财产：

（一）以虚构的单位或者冒用他人名义签订合同的；

（二）以伪造、变造、作废的票据或者其他虚假的产权证明作担保的；

（三）没有实际履行能力，以先履行小额合同或者部分履行合同的方法，诱骗对方当事人继续签订和履行合同的；

（四）收受对方当事人给付的货物、货款、预付款或者担保财产后逃匿的；

（五）以其他方法骗取对方当事人财物的。

最高人民检察院、公安部关于公安机关管辖的刑事案件立案追诉标准的规定（二）（节录）

1. 2022年4月6日
2. 公通字〔2022〕12号
3. 自2022年5月15日起施行

第六十八条　〔串通投标案（刑法第二百二十三条）〕投标人相互串通投标报价，或者投标人与招标人串通投标，涉嫌下列情形之一的，应予立案追诉：

（一）损害招标人、投标人或者国家、集体、公民的合法利益，造成直接经济损失数额在五十万元以上的；

（二）违法所得数额在二十万元以上的；

（三）中标项目金额在四百万元以上的；

（四）采取威胁、欺骗或者贿赂等非法手段的；

（五）虽未达到上述数额标准，但二年内因串通投标受过二次以上行政处罚，又串通投标的；

（六）其他情节严重的情形。

第六十九条　〔合同诈骗案（刑法第二百二十四条）〕以非法占有为目的，在签订、履行合同过程中，骗取对方当事人财物，数额在二万元以上的，应予立案追诉。

中华人民共和国行政处罚法

1. 1996年3月17日第八届全国人民代表大会第四次会议通过
2. 根据2009年8月27日第十一届全国人民代表大会常务委员会第十次会议《关于修改部分法律的决定》第一次修正
3. 根据2017年9月1日第十二届全国人民代表大会常务委员会第二十九次会议《关于修改〈中华人民共和国法官法〉等八部法律的决定》第二次修正
4. 2021年1月22日第十三届全国人民代表大会常务委员会第二十五次会议修订

目　　录

第一章　总　　则

第一条　【立法目的】为了规范行政处罚的设定和实施，保障和监督行政机关有效实施行政管理，维护公共利益和社会秩序，保护公民、法人或者其他组织的合法权益，根据宪法，制定本法。

第二条　【行政处罚定义】行政处罚是指行政机关依法对违反行政管理秩序的公民、法人或者其他组织，以减损权益或者增加义务的方式予以惩戒的行为。

第三条　【适用范围】行政处罚的设定和实施，适用本法。

第四条　【处罚法定】公民、法人或者其他组织违反行政管理秩序的行为，应当给予行政处罚的，依照本法由法律、法规、规章规定，并由行政机关依照本法规定的程序实施。

第五条　【公正、公开原则和过罚相当原则】行政处罚遵循公正、公开的原则。

设定和实施行政处罚必须以事实为依据，与违法行为的事实、性质、情节以及社会危害程度相当。

对违法行为给予行政处罚的规定必须公布；未经公布的，不得作为行政处罚的依据。

第六条　【处罚与教育相结合原则】实施行政处罚，纠正违法行为，应当坚持处罚与教育相结合，教育公民、法人或者其他组织自觉守法。

第七条　【权利保障原则】公民、法人或者其他组织对行政机关所给予的行政处罚，享有陈述权、申辩权；对行政处罚不服的，有权依法申请行政复议或者提起行政诉讼。

公民、法人或者其他组织因行政机关违法给予行政处罚受到损害的，有权依法提出赔偿要求。

第八条　【民事责任与禁止以罚代刑】公民、法人或者其他组织因违法行为受到行政处罚，其违法行为对他人造成损害的，应当依法承担民事责任。

违法行为构成犯罪，应当依法追究刑事责任的，不得以行政处罚代替刑事处罚。

第二章　行政处罚的种类和设定

第九条　【行政处罚的种类】行政处罚的种类：

（一）警告、通报批评；

（二）罚款、没收违法所得、没收非法财物；

（三）暂扣许可证件、降低资质等级、吊销许可证件；

（四）限制开展生产经营活动、责令停产停业、责令关闭、限制从业；

（五）行政拘留；

（六）法律、行政法规规定的其他行政处罚。

第十条 【法律的行政处罚设定权】法律可以设定各种行政处罚。

限制人身自由的行政处罚，只能由法律设定。

第十一条 【行政法规的行政处罚设定权】行政法规可以设定除限制人身自由以外的行政处罚。

法律对违法行为已经作出行政处罚规定，行政法规需要作出具体规定的，必须在法律规定的给予行政处罚的行为、种类和幅度的范围内规定。

法律对违法行为未作出行政处罚规定，行政法规为实施法律，可以补充设定行政处罚。拟补充设定行政处罚的，应当通过听证会、论证会等形式广泛听取意见，并向制定机关作出书面说明。行政法规报送备案时，应当说明补充设定行政处罚的情况。

第十二条 【地方性法规的行政处罚设定权】地方性法规可以设定除限制人身自由、吊销营业执照以外的行政处罚。

法律、行政法规对违法行为已经作出行政处罚规定，地方性法规需要作出具体规定的，必须在法律、行政法规规定的给予行政处罚的行为、种类和幅度的范围内规定。

法律、行政法规对违法行为未作出行政处罚规定，地方性法规为实施法律、行政法规，可以补充设定行政处罚。拟补充设定行政处罚的，应当通过听证会、论证会等形式广泛听取意见，并向制定机关作出书面说明。地方性法规报送备案时，应当说明补充设定行政处罚的情况。

第十三条 【国务院部门规章的行政处罚设定权】国务院部门规章可以在法律、行政法规规定的给予行政处罚的行为、种类和幅度的范围内作出具体规定。

尚未制定法律、行政法规的，国务院部门规章对违反行政管理秩序的行为，可以设定警告、通报批评或者一定数额罚款的行政处罚。罚款的限额由国务院规定。

第十四条 【地方政府规章的行政处罚设定权】地方政府规章可以在法律、法规规定的给予行政处罚的行为、种类和幅度的范围内作出具体规定。

尚未制定法律、法规的，地方政府规章对违反行政管理秩序的行为，可以设定警告、通报批评或者一定数额罚款的行政处罚。罚款的限额由省、自治区、直辖市人民代表大会常务委员会规定。

第十五条 【行政处罚的评估】国务院部门和省、自治区、直辖市人民政府及其有关部门应当定期组织评估行政处罚的实施情况和必要性，对不适当的行政处罚事项及种类、罚款数额等，应当提出修改或者废止的建议。

第十六条 【其他规范性文件不得设定行政处罚】除法律、法规、规章外，其他规范性文件不得设定行政处罚。

第三章 行政处罚的实施机关

第十七条 【行政处罚的实施主体】行政处罚由具有行政处罚权的行政机关在法定职权范围内实施。

第十八条 【相对集中行政处罚权】国家在城市管理、市场监管、生态环境、文化市场、交通运输、应急管理、农业等领域推行建立综合行政执法制度，相对集中行政处罚权。

国务院或者省、自治区、直辖市人民政府可以决定一个行政机关行使有关行政机关的行政处罚权。

限制人身自由的行政处罚权只能由公安机关和法律规定的其他机关行使。

第十九条 【行政处罚的授权】法律、法规授权的具有管理公共事务职能的组织可以在法定授权范围内实施行政处罚。

第二十条 【行政处罚的委托】行政机关依照法律、法规、规章的规定，可以在其法定权限内书面委托符合本法第二十一条规定条件的组织实施行政处罚。行政机关不得委托其他组织或者个人实施行政处罚。

委托书应当载明委托的具体事项、权限、期限等内容。委托行政机关和受委托组织应当将委托书向社会公布。

委托行政机关对受委托组织实施行政处罚的行为应当负责监督，并对该行为的后果承担法律责任。

受委托组织在委托范围内，以委托行政机关名义实施行政处罚；不得再委托其他组织或者个人实施行政处罚。

第二十一条 【受委托组织的条件】受委托组织必须符合以下条件：

（一）依法成立并具有管理公共事务职能；

（二）有熟悉有关法律、法规、规章和业务并取得行政执法资格的工作人员；

（三）需要进行技术检查或者技术鉴定的，应当有条件组织进行相应的技术检查或者技术鉴定。

第四章　行政处罚的管辖和适用

第二十二条　【行政处罚的地域管辖】行政处罚由违法行为发生地的行政机关管辖。法律、行政法规、部门规章另有规定的，从其规定。

第二十三条　【行政处罚的级别管辖和职能管辖】行政处罚由县级以上地方人民政府具有行政处罚权的行政机关管辖。法律、行政法规另有规定的，从其规定。

第二十四条　【下放行政处罚权的条件与情形】省、自治区、直辖市根据当地实际情况，可以决定将基层管理迫切需要的县级人民政府部门的行政处罚权交由能够有效承接的乡镇人民政府、街道办事处行使，并定期组织评估。决定应当公布。

承接行政处罚权的乡镇人民政府、街道办事处应当加强执法能力建设，按照规定范围、依照法定程序实施行政处罚。

有关地方人民政府及其部门应当加强组织协调、业务指导、执法监督，建立健全行政处罚协调配合机制，完善评议、考核制度。

第二十五条　【行政处罚的管辖归属】两个以上行政机关都有管辖权的，由最先立案的行政机关管辖。

对管辖发生争议的，应当协商解决，协商不成的，报请共同的上一级行政机关指定管辖；也可以直接由共同的上一级行政机关指定管辖。

第二十六条　【行政处罚的协助实施请求权】行政机关因实施行政处罚的需要，可以向有关机关提出协助请求。协助事项属于被请求机关职权范围内的，应当依法予以协助。

第二十七条　【行政处罚案件的移送管辖】违法行为涉嫌犯罪的，行政机关应当及时将案件移送司法机关，依法追究刑事责任。对依法不需要追究刑事责任或者免予刑事处罚，但应当给予行政处罚的，司法机关应当及时将案件移送有关行政机关。

行政处罚实施机关与司法机关之间应当加强协调配合，建立健全案件移送制度，加强证据材料移交、接收衔接，完善案件处理信息通报机制。

第二十八条　【责令改正与没收违法所得】行政机关实施行政处罚时，应当责令当事人改正或者限期改正违法行为。

当事人有违法所得，除依法应当退赔的外，应当予以没收。违法所得是指实施违法行为所取得的款项。法律、行政法规、部门规章对违法所得的计算另有规定的，从其规定。

第二十九条　【一事不再罚】对当事人的同一个违法行为，不得给予两次以上罚款的行政处罚。同一个违法行为违反多个法律规范应当给予罚款处罚的，按照罚款数额高的规定处罚。

第三十条　【未成年人的行政处罚】不满十四周岁的未成年人有违法行为的，不予行政处罚，责令监护人加以管教；已满十四周岁不满十八周岁的未成年人有违法行为的，应当从轻或者减轻行政处罚。

第三十一条　【精神状况异常及智力低下的人的行政处罚】精神病人、智力残疾人在不能辨认或者不能控制自己行为时有违法行为的，不予行政处罚，但应当责令其监护人严加看管和治疗。间歇性精神病人在精神正常时有违法行为的，应当给予行政处罚。尚未完全丧失辨认或者控制自己行为能力的精神病人、智力残疾人有违法行为的，可以从轻或者减轻行政处罚。

第三十二条　【从轻或者减轻行政处罚】当事人有下列情形之一，应当从轻或者减轻行政处罚：

（一）主动消除或者减轻违法行为危害后果的；

（二）受他人胁迫或者诱骗实施违法行为的；

（三）主动供述行政机关尚未掌握的违法行为的；

（四）配合行政机关查处违法行为有立功表现的；

（五）法律、法规、规章规定其他应当从轻或者减轻行政处罚的。

第三十三条　【免予处罚】违法行为轻微并及时改正，没有造成危害后果的，不予行政处罚。初次违法且危害后果轻微并及时改正的,可以不予行政处罚。

当事人有证据足以证明没有主观过错的,不予行政处罚。法律、行政法规另有规定的,从其规定。

对当事人的违法行为依法不予行政处罚的,行政机关应当对当事人进行教育。

第三十四条 【裁量基准的制定】行政机关可以依法制定行政处罚裁量基准,规范行使行政处罚裁量权。行政处罚裁量基准应当向社会公布。

第三十五条 【刑罚的折抵】违法行为构成犯罪,人民法院判处拘役或者有期徒刑时,行政机关已经给予当事人行政拘留的,应当依法折抵相应刑期。

违法行为构成犯罪,人民法院判处罚金时,行政机关已经给予当事人罚款的,应当折抵相应罚金;行政机关尚未给予当事人罚款的,不再给予罚款。

第三十六条 【行政处罚追责时效】违法行为在二年内未被发现的,不再给予行政处罚;涉及公民生命健康安全、金融安全且有危害后果的,上述期限延长至五年。法律另有规定的除外。

前款规定的期限,从违法行为发生之日起计算;违法行为有连续或者继续状态的,从行为终了之日起计算。

第三十七条 【从旧兼从轻原则】实施行政处罚,适用违法行为发生时的法律、法规、规章的规定。但是,作出行政处罚决定时,法律、法规、规章已被修改或者废止,且新的规定处罚较轻或者不认为是违法的,适用新的规定。

第三十八条 【无效的行政处罚】行政处罚没有依据或者实施主体不具有行政主体资格的,行政处罚无效。

违反法定程序构成重大且明显违法的,行政处罚无效。

第五章 行政处罚的决定

第一节 一般规定

第三十九条 【行政处罚公示制度】行政处罚的实施机关、立案依据、实施程序和救济渠道等信息应当公示。

第四十条 【行政处罚的前提条件】公民、法人或者其他组织违反行政管理秩序的行为,依法应当给予行政处罚的,行政机关必须查明事实;违法事实不清、证据不足的,不得给予行政处罚。

第四十一条 【电子监控设备的配置程序、内容审核、权利告知】行政机关依照法律、行政法规规定利用电子技术监控设备收集、固定违法事实的,应当经过法制和技术审核,确保电子技术监控设备符合标准、设置合理、标志明显,设置地点应当向社会公布。

电子技术监控设备记录违法事实应当真实、清晰、完整、准确。行政机关应当审核记录内容是否符合要求;未经审核或者经审核不符合要求的,不得作为行政处罚的证据。

行政机关应当及时告知当事人违法事实,并采取信息化手段或者其他措施,为当事人查询、陈述和申辩提供便利。不得限制或者变相限制当事人享有的陈述权、申辩权。

第四十二条 【对行政执法人员的执法要求】行政处罚应当由具有行政执法资格的执法人员实施。执法人员不得少于两人,法律另有规定的除外。

执法人员应当文明执法,尊重和保护当事人合法权益。

第四十三条 【行政执法人员回避制度】执法人员与案件有直接利害关系或者有其他关系可能影响公正执法的,应当回避。

当事人认为执法人员与案件有直接利害关系或者有其他关系可能影响公正执法的,有权申请回避。

当事人提出回避申请的,行政机关应当依法审查,由行政机关负责人决定。决定作出之前,不停止调查。

第四十四条 【行政机关的告知义务】行政机关在作出行政处罚决定之前,应当告知当事人拟作出的行政处罚内容及事实、理由、依据,并告知当事人依法享有的陈述、申辩、要求听证等权利。

第四十五条 【当事人的陈述权和申辩权】当事人有权进行陈述和申辩。行政机关必须充分听取当事人的意见,对当事人提出的事实、理由和证据,应当进行复核;当事人提出的事实、理由或者证据成立的,行政机关应当采纳。

行政机关不得因当事人陈述、申辩而给予更重的处罚。

第四十六条　【证据的种类及适用规则】证据包括：

（一）书证；

（二）物证；

（三）视听资料；

（四）电子数据；

（五）证人证言；

（六）当事人的陈述；

（七）鉴定意见；

（八）勘验笔录、现场笔录。

证据必须经查证属实，方可作为认定案件事实的根据。

以非法手段取得的证据，不得作为认定案件事实的根据。

第四十七条　【行政执法全过程记录制度】行政机关应当依法以文字、音像等形式，对行政处罚的启动、调查取证、审核、决定、送达、执行等进行全过程记录，归档保存。

第四十八条　【行政处罚决定信息公开】具有一定社会影响的行政处罚决定应当依法公开。

公开的行政处罚决定被依法变更、撤销、确认违法或者确认无效的，行政机关应当在三日内撤回行政处罚决定信息并公开说明理由。

第四十九条　【重大突发事件从快处理、从重处罚】发生重大传染病疫情等突发事件，为了控制、减轻和消除突发事件引起的社会危害，行政机关对违反突发事件应对措施的行为，依法快速、从重处罚。

第五十条　【保护国家秘密、商业秘密或者个人隐私义务】行政机关及其工作人员对实施行政处罚过程中知悉的国家秘密、商业秘密或者个人隐私，应当依法予以保密。

第二节　简 易 程 序

第五十一条　【行政机关当场处罚】违法事实确凿并有法定依据，对公民处以二百元以下、对法人或者其他组织处以三千元以下罚款或者警告的行政处罚的，可以当场作出行政处罚决定。法律另有规定的，从其规定。

第五十二条　【行政机关当场处罚需履行法定手续】执法人员当场作出行政处罚决定的，应当向当事人出示执法证件，填写预定格式、编有号码的行政处罚决定书，并当场交付当事人。当事人拒绝签收的，应当在行政处罚决定书上注明。

前款规定的行政处罚决定书应当载明当事人的违法行为，行政处罚的种类和依据、罚款数额、时间、地点，申请行政复议、提起行政诉讼的途径和期限以及行政机关名称，并由执法人员签名或者盖章。

执法人员当场作出的行政处罚决定，应当报所属行政机关备案。

第五十三条　【行政机关当场处罚履行方式】对当场作出的行政处罚决定，当事人应当依照本法第六十七条至第六十九条的规定履行。

第三节　普 通 程 序

第五十四条　【处罚前调查取证程序】除本法第五十一条规定的可以当场作出的行政处罚外，行政机关发现公民、法人或者其他组织有依法应当给予行政处罚的行为的，必须全面、客观、公正地调查，收集有关证据；必要时，依照法律、法规的规定，可以进行检查。

符合立案标准的，行政机关应当及时立案。

第五十五条　【执法人员调查中应出示证件及调查对象配合义务】执法人员在调查或者进行检查时，应当主动向当事人或者有关人员出示执法证件。当事人或者有关人员有权要求执法人员出示执法证件。执法人员不出示执法证件的，当事人或者有关人员有权拒绝接受调查或者检查。

当事人或者有关人员应当如实回答询问，并协助调查或者检查，不得拒绝或者阻挠。询问或者检查应当制作笔录。

第五十六条　【取证方法和程序】行政机关在收集证据时，可以采取抽样取证的方法；在证据可能灭失或者以后难以取得的情况下，经行政机关负责人批准，可以先行登记保存，并应当在七日内及时作出处理决定，在此期间，当事人或者有关人员不得销毁或者转移证据。

第五十七条　【处罚决定】调查终结，行政机关负责人应当对调查结果进行审查，根据不同情况，分别作出

如下决定:

(一)确有应受行政处罚的违法行为的,根据情节轻重及具体情况,作出行政处罚决定;

(二)违法行为轻微,依法可以不予行政处罚的,不予行政处罚;

(三)违法事实不能成立的,不予行政处罚;

(四)违法行为涉嫌犯罪的,移送司法机关。

对情节复杂或者重大违法行为给予行政处罚,行政机关负责人应当集体讨论决定。

第五十八条 【特定事项法制审核制度】有下列情形之一,在行政机关负责人作出行政处罚的决定之前,应当由从事行政处罚决定法制审核的人员进行法制审核;未经法制审核或者审核未通过的,不得作出决定:

(一)涉及重大公共利益的;

(二)直接关系当事人或者第三人重大权益,经过听证程序的;

(三)案件情况疑难复杂、涉及多个法律关系的;

(四)法律、法规规定应当进行法制审核的其他情形。

行政机关中初次从事行政处罚决定法制审核的人员,应当通过国家统一法律职业资格考试取得法律职业资格。

第五十九条 【行政处罚决定书的制作和内容】行政机关依照本法第五十七条的规定给予行政处罚,应当制作行政处罚决定书。行政处罚决定书应当载明下列事项:

(一)当事人的姓名或者名称、地址;

(二)违反法律、法规、规章的事实和证据;

(三)行政处罚的种类和依据;

(四)行政处罚的履行方式和期限;

(五)申请行政复议、提起行政诉讼的途径和期限;

(六)作出行政处罚决定的行政机关名称和作出决定的日期。

行政处罚决定书必须盖有作出行政处罚决定的行政机关的印章。

第六十条 【行政处罚期限】行政机关应当自行政处罚案件立案之日起九十日内作出行政处罚决定。法律、法规、规章另有规定的,从其规定。

第六十一条 【行政处罚决定书的送达】行政处罚决定书应当在宣告后当场交付当事人;当事人不在场的,行政机关应当在七日内依照《中华人民共和国民事诉讼法》的有关规定,将行政处罚决定书送达当事人。

当事人同意并签订确认书的,行政机关可以采用传真、电子邮件等方式,将行政处罚决定书等送达当事人。

第六十二条 【不得做出行政处罚决定的情形】行政机关及其执法人员在作出行政处罚决定之前,未依照本法第四十四条、第四十五条的规定向当事人告知拟作出的行政处罚内容及事实、理由、依据,或者拒绝听取当事人的陈述、申辩,不得作出行政处罚决定;当事人明确放弃陈述或者申辩权利的除外。

第四节 听证程序

第六十三条 【行政处罚听证程序的适用范围】行政机关拟作出下列行政处罚决定,应当告知当事人有要求听证的权利,当事人要求听证的,行政机关应当组织听证:

(一)较大数额罚款;

(二)没收较大数额违法所得、没收较大价值非法财物;

(三)降低资质等级、吊销许可证件;

(四)责令停产停业、责令关闭、限制从业;

(五)其他较重的行政处罚;

(六)法律、法规、规章规定的其他情形。

当事人不承担行政机关组织听证的费用。

第六十四条 【行政处罚的听证程序】听证应当依照以下程序组织:

(一)当事人要求听证的,应当在行政机关告知后五日内提出;

(二)行政机关应当在举行听证的七日前,通知当事人及有关人员听证的时间、地点;

(三)除涉及国家秘密、商业秘密或者个人隐私依法予以保密外,听证公开举行;

（四）听证由行政机关指定的非本案调查人员主持；当事人认为主持人与本案有直接利害关系的，有权申请回避；

（五）当事人可以亲自参加听证，也可以委托一至二人代理；

（六）当事人及其代理人无正当理由拒不出席听证或者未经许可中途退出听证的，视为放弃听证权利，行政机关终止听证；

（七）举行听证时，调查人员提出当事人违法的事实、证据和行政处罚建议，当事人进行申辩和质证；

（八）听证应当制作笔录。笔录应当交当事人或者其代理人核对无误后签字或者盖章。当事人或者其代理人拒绝签字或者盖章的，由听证主持人在笔录中注明。

第六十五条　【听证笔录及处罚决定】听证结束后，行政机关应当根据听证笔录，依照本法第五十七条的规定，作出决定。

第六章　行政处罚的执行

第六十六条　【履行期限】行政处罚决定依法作出后，当事人应当在行政处罚决定书载明的期限内，予以履行。

当事人确有经济困难，需要延期或者分期缴纳罚款的，经当事人申请和行政机关批准，可以暂缓或者分期缴纳。

第六十七条　【罚缴分离原则】作出罚款决定的行政机关应当与收缴罚款的机构分离。

除依照本法第六十八条、第六十九条的规定当场收缴的罚款外，作出行政处罚决定的行政机关及其执法人员不得自行收缴罚款。

当事人应当自收到行政处罚决定书之日起十五日内，到指定的银行或者通过电子支付系统缴纳罚款。银行应当收受罚款，并将罚款直接上缴国库。

第六十八条　【当场收缴罚款情形】依照本法第五十一条的规定当场作出行政处罚决定，有下列情形之一，执法人员可以当场收缴罚款：

（一）依法给予一百元以下罚款的；

（二）不当场收缴事后难以执行的。

第六十九条　【边远地区当场收缴罚款】在边远、水上、交通不便地区，行政机关及其执法人员依照本法第五十一条、第五十七条的规定作出罚款决定后，当事人到指定的银行或者通过电子支付系统缴纳罚款确有困难，经当事人提出，行政机关及其执法人员可以当场收缴罚款。

第七十条　【罚款收据】行政机关及其执法人员当场收缴罚款的，必须向当事人出具国务院财政部门或者省、自治区、直辖市人民政府财政部门统一制发的专用票据；不出具财政部门统一制发的专用票据的，当事人有权拒绝缴纳罚款。

第七十一条　【当场收缴罚款的上缴程序】执法人员当场收缴的罚款，应当自收缴罚款之日起二日内，交至行政机关；在水上当场收缴的罚款，应当自抵岸之日起二日内交至行政机关；行政机关应当在二日内将罚款缴付指定的银行。

第七十二条　【执行措施】当事人逾期不履行行政处罚决定的，作出行政处罚决定的行政机关可以采取下列措施：

（一）到期不缴纳罚款的，每日按罚款数额的百分之三加处罚款，加处罚款的数额不得超出罚款的数额；

（二）根据法律规定，将查封、扣押的财物拍卖、依法处理或者将冻结的存款、汇款划拨抵缴罚款；

（三）根据法律规定，采取其他行政强制执行方式；

（四）依照《中华人民共和国行政强制法》的规定申请人民法院强制执行。

行政机关批准延期、分期缴纳罚款的，申请人民法院强制执行的期限，自暂缓或者分期缴纳罚款期限结束之日起计算。

第七十三条　【复议、诉讼期间行政处罚不停止执行】当事人对行政处罚决定不服，申请行政复议或者提起行政诉讼的，行政处罚不停止执行，法律另有规定的除外。

当事人对限制人身自由的行政处罚决定不服，申请行政复议或者提起行政诉讼的，可以向作出决定的机关提出暂缓执行申请。符合法律规定情形的，应当暂缓执行。

当事人申请行政复议或者提起行政诉讼的，加处罚款的数额在行政复议或者行政诉讼期间不予计算。

第七十四条 【罚没非法财物的处理】除依法应当予以销毁的物品外，依法没收的非法财物必须按照国家规定公开拍卖或者按照国家有关规定处理。

罚款、没收的违法所得或者没收非法财物拍卖的款项，必须全部上缴国库，任何行政机关或者个人不得以任何形式截留、私分或者变相私分。

罚款、没收的违法所得或者没收非法财物拍卖的款项，不得同作出行政处罚决定的行政机关及其工作人员的考核、考评直接或者变相挂钩。除依法应当退还、退赔的外，财政部门不得以任何形式向作出行政处罚决定的行政机关返还罚款、没收的违法所得或者没收非法财物拍卖的款项。

第七十五条 【行政处罚监督制度】行政机关应当建立健全对行政处罚的监督制度。县级以上人民政府应当定期组织开展行政执法评议、考核，加强对行政处罚的监督检查，规范和保障行政处罚的实施。

行政机关实施行政处罚应当接受社会监督。公民、法人或者其他组织对行政机关实施行政处罚的行为，有权申诉或者检举；行政机关应当认真审查，发现有错误的，应当主动改正。

第七章 法律责任

第七十六条 【违法行政处罚实施人员的法律责任】行政机关实施行政处罚，有下列情形之一，由上级行政机关或者有关机关责令改正，对直接负责的主管人员和其他直接责任人员依法给予处分：

（一）没有法定的行政处罚依据的；

（二）擅自改变行政处罚种类、幅度的；

（三）违反法定的行政处罚程序的；

（四）违反本法第二十条关于委托处罚的规定的；

（五）执法人员未取得执法证件的。

行政机关对符合立案标准的案件不及时立案的，依照前款规定予以处理。

第七十七条 【违法使用单据的法律责任】行政机关对当事人进行处罚不使用罚款、没收财物单据或者使用非法定部门制发的罚款、没收财物单据的，当事人有权拒绝，并有权予以检举，由上级行政机关或者有关机关对使用的非法单据予以收缴销毁，对直接负责的主管人员和其他直接责任人员依法给予处分。

第七十八条 【违反罚缴分离的法律责任】行政机关违反本法第六十七条的规定自行收缴罚款的，财政部门违反本法第七十四条的规定向行政机关返还罚款、没收的违法所得或者拍卖款项的，由上级行政机关或者有关机关责令改正，对直接负责的主管人员和其他直接责任人员依法给予处分。

第七十九条 【截留私分罚没款的法律责任】行政机关截留、私分或者变相私分罚款、没收的违法所得或者财物的，由财政部门或者有关机关予以追缴，对直接负责的主管人员和其他直接责任人员依法给予处分；情节严重构成犯罪的，依法追究刑事责任。

执法人员利用职务上的便利，索取或者收受他人财物、将收缴罚款据为己有，构成犯罪的，依法追究刑事责任；情节轻微不构成犯罪的，依法给予处分。

第八十条 【使用、损毁查封、扣押财物的法律责任】行政机关使用或者损毁查封、扣押的财物，对当事人造成损失的，应当依法予以赔偿，对直接负责的主管人员和其他直接责任人员依法给予处分。

第八十一条 【违法行政检查和违法行政强制执行的法律责任】行政机关违法实施检查措施或者执行措施，给公民人身或者财产造成损害、给法人或者其他组织造成损失的，应当依法予以赔偿，对直接负责的主管人员和其他直接责任人员依法给予处分；情节严重构成犯罪的，依法追究刑事责任。

第八十二条 【以罚代刑的法律责任】行政机关对应当依法移交司法机关追究刑事责任的案件不移交，以行政处罚代替刑事处罚，由上级行政机关或者有关机关责令改正，对直接负责的主管人员和其他直接责任人员依法给予处分；情节严重构成犯罪的，依法追究刑事责任。

第八十三条 【执法人员不作为致损应担责】行政机

关对应当予以制止和处罚的违法行为不予制止、处罚,致使公民、法人或者其他组织的合法权益、公共利益和社会秩序遭受损害的,对直接负责的主管人员和其他直接责任人员依法给予处分;情节严重构成犯罪的,依法追究刑事责任。

第八章　附　　则

第八十四条　【法的对象效力范围】外国人、无国籍人、外国组织在中华人民共和国领域内有违法行为,应当给予行政处罚的,适用本法,法律另有规定的除外。

第八十五条　【期限】本法中“二日”“三日”“五日”“七日”的规定是指工作日,不含法定节假日。

第八十六条　【施行日期】本法自 2021 年 7 月 15 日起施行。

6. 领域规范

（1）房屋市政工程

①一般规定

住房和城乡建设部关于进一步加强房屋建筑和市政工程项目招标投标监督管理工作的指导意见

1. 2012 年 4 月 18 日
2. 建市〔2012〕61 号

各省、自治区住房和城乡建设厅，直辖市建委（建设交通委），新疆生产建设兵团建设局：

为全面贯彻《招标投标法实施条例》，深入落实工程建设领域突出问题专项治理有关要求，进一步规范房屋建筑和市政工程项目（以下简称房屋市政工程项目）招标投标活动，严厉打击招标投标过程中存在的规避招标、串通投标、以他人名义投标、弄虚作假等违法违规行为，维护建筑市场秩序，保障工程质量和安全，现就加强房屋市政工程项目招标投标监管有关重点工作提出如下意见。

一、依法履行招标投标监管职责，做好招标投标监管工作

招标投标活动是房屋市政工程项目建设的重要环节，加强招标投标监管是住房城乡建设主管部门履行建筑市场监管职责，规范建筑市场秩序，确保工程质量安全的重要手段。各地住房城乡建设主管部门要认真贯彻落实《招标投标法实施条例》，在全面清理现有规定的同时，抓紧完善配套法规和相关制度。按照法律法规等规定，依法履行房屋市政工程项目招标投标监管职责，合理配置监管资源，重点加强政府和国有投资房屋市政工程项目招标投标监管，探索优化非国有投资房屋市政工程项目的监管方式。加强招标投标过程监督和标后监管，形成"两场联动"监管机制，依法查处违法违规行为。加强有形市场（招标投标交易场所）建设，推进招标投标监管工作的规范化、标准化和信息化。加强与纪检监察部门的联动，加强管理、完善制度、堵塞漏洞。探索引入社会监督机制，建立招标投标特邀监督员、社会公众旁听等制度，提高招标投标工作的透明度。

二、加快推行电子招标投标，提高监管效率

电子招标投标是一种新型工程交易方式，有利于降低招标投标成本，方便各方当事人，提高评标效率，减少人为因素干扰，遏制弄虚作假行为，增加招标投标活动透明度，保证招标投标活动的公开、公平和公正，预防和减少腐败现象的发生。各省级住房城乡建设主管部门要充分认识推行电子招标投标的重要意义，统一规划，稳步推进，避免重复建设。可依托有形市场，按照科学、安全、高效、透明的原则，健全完善房屋市政工程项目电子招标投标系统。通过推行电子招标投标，实现招标投标交易、服务、监管和监察的全过程电子化。电子招标投标应当包括招标投标活动各类文件无纸化、工作流程网络化、计算机辅助评标、异地远程评标、招标投标档案电子化管理、电子监察等。各地住房城乡建设主管部门在积极探索完善电子招标投标系统的同时，应当逐步实现与行业注册人员、企业和房屋市政工程项目等数据库对接，不断提高监管效率。

各地住房城乡建设主管部门应当在电子招标投标系统功能建设、维护等方面给予政策、资金、人员和设施等支持，确保电子招标投标系统建设稳步推进。

三、建立完善综合评标专家库，探索开展标后评估制度

住房城乡建设部在 2012 年底前建立全国房屋市政工程项目综合评标专家库，研究制定评标专家特别是资深和稀缺专业评标专家标准及管理使用办法。各省级住房城乡建设主管部门应当按照我部的统一部署和要求，在 2013 年 6 月底前将本地区的房屋市政工程项目评标专家库与全国房屋市政工程项目综合评标专家库对接，逐步实现评标专家资源共享和评标专家异地远程评标，为招标人跨地区乃至在全国范围内选择评标专家提供服务。

各地住房城乡建设主管部门要研究出台评标专家管理和使用办法，健全完善对评标专家的入库审查、考核培训、动态监管和抽取监督等管理制度，加强对评标专家的管理，严格履行对评标专家的监管职责。研究建立住房城乡建设系统标后评估制度，推选一批“品德正、业务精、经验足、信誉好”的资深评标专家，对评标委员会评审情况和评标报告进行抽查和后评估，查找分析专家评标过程中存在的突出问题，提出评价建议，不断提高评标质量。对于不能胜任评标工作或者有不良行为记录的评标专家，应当暂停或者取消其评标专家资格；对于有违法违规行为、不能公正履行职责的评标专家，应当依法从严查处、清出。

四、利用好现有资源，充分发挥有形市场作用

招标投标监管是建筑市场监管的源头，有形市场作为房屋市政工程项目交易服务平台，对于加强建筑市场交易活动管理和施工现场质量安全行为管理，促进“两场联动”具有重要意义。各地住房城乡建设主管部门要从实际出发，充分利用有形市场现有场地、人员、设备、信息及专业管理经验等资源，进一步完善有形市场服务功能，加强有形市场设施建设，为房屋市政工程项目招标投标活动和建筑市场监管、工程项目建设实施和质量安全监督、诚信体系建设等提供数据信息支持，为建设工程招标投标活动提供优良服务。各地住房城乡建设主管部门要按照《关于开展工程建设领域突出问题专项治理工作的意见》（中办发〔2009〕27 号）提出的“统一进场、集中交易、行业监管、行政监察”要求，加强对有形市场的管理，创新考核机制，强化对有形市场建设的监督、指导，严格规范有形市场的收费，坚决取消不合理的收费项目，及时研究、解决实际工作中遇到的困难和问题，继续做好与纪检监察及其他有关部门的协调配合工作。

五、加强工程建设项目招标代理机构资格管理，规范招标投标市场秩序

依据《招标投标法》及相关规定，从事工程建设项目招标代理业务的机构，应当依法取得国务院住房城乡建设主管部门或者省级人民政府住房城乡建设主管部门认定的工程建设项目招标代理机构资格，并在其资格许可的范围内从事相应的工程建设项目招标代理业务。各地住房城乡建设主管部门要依法严格执行工程建设项目招标代理机构资格市场准入和清出制度，加强对工程建设项目招标代理机构及其从业人员的动态监管，严肃查处工程建设项目招标代理机构挂靠出让资格、泄密、弄虚作假、串通投标等违法行为。对于有违法违规行为的工程建设项目招标代理机构和从业人员，要按照《关于印发〈建筑市场诚信行为信息管理办法〉的通知》（建市〔2007〕9 号）和《关于印发〈全国建筑市场注册执业人员不良行为记录认定标准〉（试行）的通知》（建办市〔2011〕38 号）要求，及时记入全国建筑市场主体不良行为记录，通过全国建筑市场诚信信息平台向全社会公布，营造“诚信激励、失信惩戒”的市场氛围。

各地住房城乡建设主管部门要加强工程建设项目招标代理合同管理。工程建设项目招标代理机构与招标人签订的书面委托代理合同应当明确招标代理项目负责人，项目负责人应当是具有工程建设类注册执业资格的本单位在职人员。工程建设项目招标代理机构从业人员应当具备相应能力，办理工程建设项目招标代理业务应当实行实名制，并对所代理业务承担相应责任。工程建设项目招标代理合同应当报当地住房城乡建设主管部门备案。

六、加强招标公告管理，加大招标投标过程公开公示力度

公开透明是从源头预防和遏制腐败的治本之策，是实现招标投标“公开、公平、公正”的重要途径。各地住房城乡建设主管部门应当加强招标公告管理，房屋市政工程项目招标人应当通过有形市场发布资格预审公告或者招标公告。有形市场应当建立与法定招标公告发布媒介的有效链接。资格预审公告或招标公告内容应当真实合法，不得设定与招标项目的具体特点和实际需要不相适应的不合理条件限制和排斥潜在投标人。

各地住房城乡建设主管部门要进一步健全中标候选人公示制度，依法必须进行招标的项目，招标人应当在有形市场公示中标候选人。公示应当包括以下内容：评标委员会推荐的中标候选人名单及其排序;采用资格预审方式的,资格预审的结果;唱标记录;投标文件被判定为废标的投标人名称、废标原因及其依据;评标委员会对投标报价给予修正的原因、依据和修正结果;评标委员会成员对各投标人投标文件的评分;中标价和中标价中包括的暂估价、暂列金额等。

各地住房城乡建设主管部门要认真执行《招标投标法》、《招标投标法实施条例》等法律法规和本指导意见,不断总结完善招标投标监管成熟经验做法,狠抓制度配套落实,切实履行好房屋市政工程招标投标监管职责,不断规范招标投标行为,促进建筑市场健康发展。

住房和城乡建设部关于进一步加强房屋建筑和市政基础设施工程招标投标监管的指导意见

1. 2019 年 12 月 19 日
2. 建市规〔2019〕11 号

各省、自治区住房和城乡建设厅,直辖市住房和城乡建设(管)委,新疆生产建设兵团住房和城乡建设局:

工程招标投标制度在维护国家利益和社会公共利益、规范建筑市场行为、提高投资效益、促进廉政建设等方面发挥了重要作用。但是,当前工程招标投标活动中招标人主体责任缺失,串通投标、弄虚作假违法违规问题依然突出。为深入贯彻落实《国务院办公厅关于促进建筑业持续健康发展的意见》(国办发〔2017〕19 号)、《国务院办公厅转发住房城乡建设部关于完善质量保障体系提升建筑工程品质指导意见的通知》(国办函〔2019〕92 号),积极推进房屋建筑和市政基础设施工程招标投标制度改革,加强相关工程招标投标活动监管,严厉打击招标投标环节违法违规问题,维护建筑市场秩序,现提出如下意见。

一、夯实招标人的权责

(一)落实招标人首要责任。工程招标投标活动依法应由招标人负责,招标人自主决定发起招标,自主选择工程建设项目招标代理机构、资格审查方式、招标人代表和评标方法。夯实招标投标活动中各方主体责任,党员干部严禁利用职权或者职务上的影响干预招标投标活动。

(二)政府投资工程鼓励集中建设管理方式。实施相对集中专业化管理,采用组建集中建设机构或竞争选择企业实行代建的模式,严格控制工程项目投资,科学确定并严格执行合理的工程建设周期,保障工程质量安全,竣工验收后移交使用单位,提高政府投资工程的专业化管理水平。

二、优化招标投标方法

(三)缩小招标范围。社会投资的房屋建筑工程,建设单位自主决定发包方式,社会投资的市政基础设施工程依法决定发包方式。政府投资工程鼓励采用全过程工程咨询、工程总承包方式,减少招标投标层级,依据合同约定或经招标人同意,由总承包单位自主决定专业分包,招标人不得指定分包或肢解工程。

(四)探索推进评定分离方法。招标人应科学制定评标定标方法,组建评标委员会,通过资格审查强化对投标人的信用状况和履约能力审查,围绕高质量发展要求优先考虑创新、绿色等评审因素。评标委员会对投标文件的技术、质量、安全、工期的控制能力等因素提供技术咨询建议,向招标人推荐合格的中标候选人。由招标人按照科学、民主决策原则,建立健全内部控制程序和决策约束机制,根据报价情况和技术咨询建议,择优确定中标人,实现招标投标过程的规范透明,结果的合法公正,依法依规接受监督。

(五)全面推行电子招标投标。全面推行招标投标交易全过程电子化和异地远程评标,实现招标投标活动信息公开。积极创新电子化行政监督,招标投标交易平台应当与本地建筑市场监管平台实现数据对接,加快推动交易、监管数据互联共享,加大全国建筑市场监管公共服务平台工程项目数据信息的归集和共享力度。

(六)推动市场形成价格机制。实施工程造价供给侧结构性改革，鼓励地方建立工程造价数据库和发布市场化的造价指标指数，促进通过市场竞争形成合同价。对标国际，建立工程计量计价体系，完善工程材料、机械、人工等各类价格市场化信息发布机制。改进最高投标限价编制方式，强化招标人工程造价管控责任，推行全过程工程造价咨询。严格合同履约管理和工程变更，强化工程进度款支付和工程结算管理，招标人不得将未完成审计作为延期工程结算、拖欠工程款的理由。

三、加强招标投标过程监管

（七）加强招标投标活动监管。各级住房和城乡建设主管部门应按照“双随机、一公开”的要求，加大招标投标事中事后查处力度，严厉打击串通投标、弄虚作假等违法违规行为，维护建筑市场秩序。对围标串标等情节严重的，应纳入失信联合惩戒范围，直至清出市场。

（八）加强评标专家监管。各级住房和城乡建设主管部门要结合实际健全完善评标专家动态监管和抽取监督的管理制度，严格履行对评标专家的监管职责。建立评标专家考核和退出机制，对存在违法违规行为的评标专家，应取消其评标专家资格，依法依规严肃查处。

（九）强化招标代理机构市场行为监管。实行招标代理机构信息自愿报送和年度业绩公示制度，完善全过程工程咨询机构从事招标投标活动的监管。加强招标代理机构从业人员考核、评价，严格依法查处从业人员违法违规行为，信用评价信息向社会公开，实行招标代理机构“黑名单”制度，构建守信激励、失信惩戒机制。

（十）强化合同履约监管。加强建筑市场和施工现场“两场”联动，将履约行为纳入信用评价，中标人应严格按照投标承诺的技术力量和技术方案履约，对中标人拒不履行合同约定义务的，作为不良行为记入信用记录。

四、优化招标投标市场环境

（十一）加快推行工程担保制度。推行银行保函制度，在有条件的地区推行工程担保公司保函和工程保证保险。招标人要求中标人提供履约担保的，招标人应当同时向中标人提供工程款支付担保。对采用最低价中标的探索实行高保额履约担保。

（十二）加大信息公开力度。公开招标的项目信息，包括资格预审公告、招标公告、评审委员会评审信息、资格审查不合格名单、评标结果、中标候选人、定标方法、受理投诉的联系方式等内容，应在招标公告发布的公共服务平台、交易平台向社会公开，接受社会公众的监督。

（十三）完善建筑市场信用评价机制。积极开展建筑市场信用评价，健全招标人、投标人、招标代理机构及从业人员等市场主体信用档案，完善信用信息的分级管理制度，对存在严重失信行为的市场主体予以惩戒，推动建筑市场信用评价结果在招标投标活动中规范应用，严禁假借信用评价实行地方保护。

（十四）畅通投诉渠道，规范投诉行为。招标投标监管部门要建立健全公平、高效的投诉处理机制，及时受理并依法处理招标投标投诉，加大查处力度。要规范投诉行为，投诉书应包括投诉人和被投诉人的名称地址及有效联系方式、投诉的基本事实、相关请求及主张、有效线索和相关证明材料、已提出异议的证明文件。属于恶意投诉的，应追究其相应责任。

五、强化保障措施

（十五）强化组织领导。各地住房和城乡建设主管部门要高度重视建筑市场交易活动，创新工程招标投标监管机制，完善相关配套政策，加强对建筑市场交易活动的引导和支持，加强与发展改革、财政、审计等有关部门的沟通协调，切实解决招标投标活动中的实际问题。

（十六）推动示范引领。各地住房和城乡建设主管部门要积极推动工程建设项目招标投标改革，选择部分地区开展试点，及时总结试点做法，形成可复制、可推广的经验。试点中的问题和建议及时告住房和城乡建设部。

（十七）做好宣传引导。各地住房和城乡建设主管部门要通过多种形式及时宣传报道招标投标改革工作措施和取得的成效，加强舆论引导，争取社会公众和市场主体的支持，及时回应舆论关切，为顺利推进招标投标改革工作营造良好的舆论环境。

国土资源部、监察部关于严格实行经营性土地使用权招标拍卖挂牌出让的通知

1. 2002 年 8 月 26 日

2. 国土资发〔2002〕265 号

各省、自治区、直辖市国土资源厅（国土环境资源厅、国土资源和房屋管理局、房屋土地资源管理局、规划和国土资源局）、监察厅，计划单列市国土资源行政主管部门、监察局，解放军土地管理局，新疆生产建设兵团国土资源局：

《国务院关于加强国有土地资产管理的通知》（国发〔2001〕15 号）下发以来，全国国有土地使用权招标拍卖挂牌出让工作取得了明显成效。但是，各地工作进展不平衡，本应用市场机制配置土地的，一些领导仍然行政干预土地供应方式，没有实行经营性土地使用权招标拍卖挂牌出让，致使国有土地使用权招标拍卖挂牌出让制度不落实。为全面贯彻落实中央纪委第七次全会和国务院第四次廉政工作会议精神，严格实行商业、旅游、娱乐和商品住宅等各类经营性土地（以下简称经营性土地）使用权以招标、拍卖或者挂牌的方式出让，加强廉政建设，现就有关问题通知如下：

一、通过招标拍卖挂牌方式出让国有土地使用权是从源头防治土地供应环节产生腐败的有效措施

由于土地资产数额巨大，并且具有价值增值性和供给稀缺性等特点，土地供应环节成为腐败分子非法牟取暴利的重点领域。分析土地批租领域发生的腐败现象，实质就是在土地资源配置上，特别是在经营性土地的配置上，个别腐败分子违背市场规律，利用行政职权，搞权钱交易和“暗箱操作”，攫取巨额的地价差额。国有土地使用权招标拍卖挂牌出让制度充分体现了公开、公平、公正的市场经济原则，抑制权力进入市场，减少了人为因素对土地配置的干预和影响，从制度和源头上保证了土地批租领域的廉政建设。

党中央、国务院对此高度重视。今年，中央纪委部署从源头防治腐败任务时明确提出，要实行经营性土地使用权出让招标拍卖制度；国务院第四次廉政工作会议明确要求：今年，各地区、各部门都要实行经营性土地出让招标拍卖制度。为此，各级人民政府土地行政主管部门一定要统一思想，充分认识招标拍卖挂牌出让国有土地使用权的重要意义。对经营性土地使用权全部实行招标、拍卖或者挂牌出让，并将其作为国土资源管理的重要制度和行政纪律，切实抓好落实。

二、规范领导干部从政行为，严禁干预土地资源配置

要适应社会主义市场经济发展的要求，进一步转变政府职能，必须充分发挥市场配置土地资源的基础作用，经营性土地使用权出让必须通过市场机制来运作。各级领导干部不得干预经营性土地使用权的招标拍卖挂牌出让。严禁用行政手段，以打招呼、批条子等各种形式指定供地对象、供地位置、供地面积、供地用途、供地方式和供地价格等。经营性土地使用权出让必须进入市场，全部实行招标、拍卖或者挂牌出让。如果领导干部继续搞个人审批，无论有没有权钱交易的行为，都属于违反纪律。

三、强化政府土地的集中统一管理，保证土地使用权招标拍卖挂牌出让制度的落实

坚持土地的集中统一管理，严格控制土地供应总量，实行土地集中统一供应是保证土地使用权招标拍卖挂牌出让制度落实，避免多头供地、恶性竞争的基本前提。各类工业园、科技园、开发区用地和各单位使用的原划拨土地改变为商业、旅游、娱乐、商品住宅项目用地的，必须由当地人民政府土地行政主管部门统一管理、统一供应。出让的每幅地块位置、面积、用途、年限和其他条件，由市、县人民政府土地行政主管部门会同城市规划、建设、房产管理部门拟定方案，报经有批准权的人民政府批准后，由市、县人民政府土地行政主管部门集中统一组织实施。

四、加大土地供应的信息披露力度，创造市场竞争的环境

土地供应信息在更广泛的领域公开，不仅是政

府提供服务的重要职责，也是创造有效需求，形成市场竞争环境的重要保证。市、县人民政府土地行政主管部门要根据当地社会经济发展计划、土地利用总体规划、土地利用年度计划、城市规划和土地市场状况制定土地使用权出让计划，报同级人民政府批准后实施。土地使用权出让计划及土地供应信息要在有关媒体向社会广泛公布，防止“暗箱操作”。

五、严格依法规范土地使用权招标拍卖挂牌出让，确保土地交易的公开、公平、公正

国有土地使用权招标拍卖挂牌出让必须严格按照《招标拍卖挂牌出让国有土地使用权规定》（国土资源部令第11号）的规范要求执行。市、县人民政府土地行政主管部门要定期及时向社会公开发布国有土地使用权出让计划。经营性土地使用权必须以招标、拍卖或者挂牌方式出让，其他土地的供应计划公布后，同一宗地有两个以上意向用地者的，也应当采取招标、拍卖或者挂牌方式出让。招标拍卖挂牌底价必须根据土地估价结果和政府产业政策集体决策，并严格保密。要统一土地使用权招标拍卖挂牌出让文件，严格规范土地使用权招标拍卖挂牌出让程序。各地要积极采取有效措施，全面落实《招标拍卖挂牌出让国有土地使用权规定》，确保土地使用权招标拍卖挂牌出让的规范、有序进行，促进土地市场的健康发展。

六、加强监督检查，防治土地批租领域的腐败

各级土地行政主管部门和监察机关要加强对经营性土地使用权招标拍卖挂牌出让的监督检查。对经营性土地使用权规避招标拍卖挂牌，仍采取协议出让和划拨的；对单位和个人擅自先行立项、先行选址定点、先行确定地价的；对在土地使用权招标拍卖挂牌出让中弄虚作假、徇私舞弊的；对领导干部干预和插手土地使用权招标拍卖挂牌出让等违纪违法行为，都要严厉追究主管部门及有关人员的责任。应当给予党纪处分的，移送党的纪律检查机关处理；涉嫌犯罪的，移送司法机关处理。

今年年底前，国土资源部和监察部要对各地的经营性土地使用权招标拍卖挂牌出让工作进行联合检查。重点检查土地使用权招标拍卖挂牌出让制度的落实和协议出让土地使用权的情况。

②使用权招标

招标拍卖挂牌出让
国有建设用地使用权规定

1. 2002年5月9日国土资源部令第11号公布
2. 2007年9月28日国土资源部令第39号修订
3. 自2007年11月1日起施行

第一条　为规范国有建设用地使用权出让行为，优化土地资源配置，建立公开、公平、公正的土地使用制度，根据《中华人民共和国物权法》、《中华人民共和国土地管理法》、《中华人民共和国城市房地产管理法》和《中华人民共和国土地管理法实施条例》，制定本规定。

第二条　在中华人民共和国境内以招标、拍卖或者挂牌出让方式在土地的地表、地上或者地下设立国有建设用地使用权的，适用本规定。

本规定所称招标出让国有建设用地使用权，是指市、县人民政府国土资源行政主管部门（以下简称出让人）发布招标公告，邀请特定或者不特定的自然人、法人和其他组织参加国有建设用地使用权投标，根据投标结果确定国有建设用地使用权人的行为。

本规定所称拍卖出让国有建设用地使用权，是指出让人发布拍卖公告，由竞买人在指定时间、地点进行公开竞价，根据出价结果确定国有建设用地使用权人的行为。

本规定所称挂牌出让国有建设用地使用权，是指出让人发布挂牌公告，按公告规定的期限将拟出让宗地的交易条件在指定的土地交易场所挂牌公布，接受竞买人的报价申请并更新挂牌价格，根据挂牌期限截止时的出价结果或者现场竞价结果确定国有建设用地使用权人的行为。

第三条　招标、拍卖或者挂牌出让国有建设用地使用权,应当遵循公开、公平、公正和诚信的原则。

第四条 工业、商业、旅游、娱乐和商品住宅等经营性用地以及同一宗地有两个以上意向用地者的,应当以招标、拍卖或者挂牌方式出让。

前款规定的工业用地包括仓储用地,但不包括采矿用地。

第五条 国有建设用地使用权招标、拍卖或者挂牌出让活动,应当有计划地进行。

市、县人民政府国土资源行政主管部门根据经济社会发展计划、产业政策、土地利用总体规划、土地利用年度计划、城市规划和土地市场状况,编制国有建设用地使用权出让年度计划,报经同级人民政府批准后,及时向社会公开发布。

第六条 市、县人民政府国土资源行政主管部门应当按照出让年度计划,会同城市规划等有关部门共同拟订拟招标拍卖挂牌出让地块的出让方案,报经市、县人民政府批准后,由市、县人民政府国土资源行政主管部门组织实施。

前款规定的出让方案应当包括出让地块的空间范围、用途、年限、出让方式、时间和其他条件等。

第七条 出让人应当根据招标拍卖挂牌出让地块的情况,编制招标拍卖挂牌出让文件。

招标拍卖挂牌出让文件应当包括出让公告、投标或者竞买须知、土地使用条件、标书或者竞买申请书、报价单、中标通知书或者成交确认书、国有建设用地使用权出让合同文本。

第八条 出让人应当至少在投标、拍卖或者挂牌开始日前20日,在土地有形市场或者指定的场所、媒介发布招标、拍卖或者挂牌公告,公布招标拍卖挂牌出让宗地的基本情况和招标拍卖挂牌的时间、地点。

第九条 招标拍卖挂牌公告应当包括下列内容:

(一)出让人的名称和地址;

(二)出让宗地的面积、界址、空间范围、现状、使用年期、用途、规划指标要求;

(三)投标人、竞买人的资格要求以及申请取得投标、竞买资格的办法;

(四)索取招标拍卖挂牌出让文件的时间、地点和方式;

(五)招标拍卖挂牌时间、地点、投标挂牌期限、投标和竞价方式等;

(六)确定中标人、竞得人的标准和方法;

(七)投标、竞买保证金;

(八)其他需要公告的事项。

第十条 市、县人民政府国土资源行政主管部门应当根据土地估价结果和政府产业政策综合确定标底或者底价。

标底或者底价不得低于国家规定的最低价标准。

确定招标标底,拍卖和挂牌的起叫价、起始价、底价,投标、竞买保证金,应当实行集体决策。

招标标底和拍卖挂牌的底价,在招标开标前和拍卖挂牌出让活动结束之前应当保密。

第十一条 中华人民共和国境内外的自然人、法人和其他组织,除法律、法规另有规定外,均可申请参加国有建设用地使用权招标拍卖挂牌出让活动。

出让人在招标拍卖挂牌出让公告中不得设定影响公平、公正竞争的限制条件。挂牌出让的,出让公告中规定的申请截止时间,应当为挂牌出让结束日前2天。对符合招标拍卖挂牌公告规定条件的申请人,出让人应当通知其参加招标拍卖挂牌活动。

第十二条 市、县人民政府国土资源行政主管部门应当为投标人、竞买人查询拟出让土地的有关情况提供便利。

第十三条 投标、开标依照下列程序进行:

(一)投标人在投标截止时间前将标书投入标箱。招标公告允许邮寄标书的,投标人可以邮寄,但出让人在投标截止时间前收到的方为有效。

标书投入标箱后,不可撤回。投标人应当对标书和有关书面承诺承担责任。

(二)出让人按照招标公告规定的时间、地点开标,邀请所有投标人参加。由投标人或者其推选的代表检查标箱的密封情况,当众开启标箱,点算标书。投标人少于三人的,出让人应当终止招标活动。投标人不少于三人的,应当逐一宣布投标人名称、投标价格和投标文件的主要内容。

(三)评标小组进行评标。评标小组由出让人代表、有关专家组成，成员人数为五人以上的单数。

评标小组可以要求投标人对投标文件作出必要的澄清或者说明，但是澄清或者说明不得超出投标文件的范围或者改变投标文件的实质性内容。

评标小组应当按照招标文件确定的评标标准和方法，对投标文件进行评审。

（四）招标人根据评标结果，确定中标人。

按照价高者得的原则确定中标人的，可以不成立评标小组，由招标主持人根据开标结果，确定中标人。

第十四条 对能够最大限度地满足招标文件中规定的各项综合评价标准，或者能够满足招标文件的实质性要求且价格最高的投标人，应当确定为中标人。

第十五条 拍卖会依照下列程序进行：

（一）主持人点算竞买人；

（二）主持人介绍拍卖宗地的面积、界址、空间范围、现状、用途、使用年期、规划指标要求、开工和竣工时间以及其他有关事项；

（三）主持人宣布起叫价和增价规则及增价幅度。没有底价的，应当明确提示；

（四）主持人报出起叫价；

（五）竞买人举牌应价或者报价；

（六）主持人确认该应价或者报价后继续竞价；

（七）主持人连续三次宣布同一应价或者报价而没有再应价或者报价的，主持人落槌表示拍卖成交；

（八）主持人宣布最高应价或者报价者为竞得人。

第十六条 竞买人的最高应价或者报价未达到底价时，主持人应当终止拍卖。

拍卖主持人在拍卖中可以根据竞买人竞价情况调整拍卖增价幅度。

第十七条 挂牌依照以下程序进行：

（一）在挂牌公告规定的挂牌起始日，出让人将挂牌宗地的面积、界址、空间范围、现状、用途、使用年期、规划指标要求、开工时间和竣工时间、起始价、增价规则及增价幅度等，在挂牌公告规定的土地交易场所挂牌公布；

（二）符合条件的竞买人填写报价单报价；

（三）挂牌主持人确认该报价后，更新显示挂牌价格；

（四）挂牌主持人在挂牌公告规定的挂牌截止时间确定竞得人。

第十八条 挂牌时间不得少于10日。挂牌期间可根据竞买人竞价情况调整增价幅度。

第十九条 挂牌截止应当由挂牌主持人主持确定。挂牌期限届满，挂牌主持人现场宣布最高报价及其报价者，并询问竞买人是否愿意继续竞价。有竞买人表示愿意继续竞价的，挂牌出让转入现场竞价，通过现场竞价确定竞得人。挂牌主持人连续三次报出最高挂牌价格，没有竞买人表示愿意继续竞价的，按照下列规定确定是否成交：

（一）在挂牌期限内只有一个竞买人报价，且报价不低于底价，并符合其他条件的，挂牌成交；

（二）在挂牌期限内有两个或者两个以上的竞买人报价的，出价最高者为竞得人；报价相同的，先提交报价单者为竞得人，但报价低于底价者除外；

（三）在挂牌期限内无应价者或者竞买人的报价均低于底价或者均不符合其他条件的，挂牌不成交。

第二十条 以招标、拍卖或者挂牌方式确定中标人、竞得人后，中标人、竞得人支付的投标、竞买保证金，转作受让地块的定金。出让人应当向中标人发出中标通知书或者与竞得人签订成交确认书。

中标通知书或者成交确认书应当包括出让人和中标人或者竞得人的名称，出让标的，成交时间、地点、价款以及签订国有建设用地使用权出让合同的时间、地点等内容。

中标通知书或者成交确认书对出让人和中标人或者竞得人具有法律效力。出让人改变竞得结果，或者中标人、竞得人放弃中标宗地、竞得宗地的，应当依法承担责任。

第二十一条 中标人、竞得人应当按照中标通知书或者成交确认书约定的时间，与出让人签订国有建设用地使用权出让合同。中标人、竞得人支付的投标、竞买保证金抵作土地出让价款；其他投标人、竞买人支付的投标、竞买保证金，出让人必须在招标拍卖挂牌活动结束后5个工作日内予以退还，不计利息。

第二十二条 招标拍卖挂牌活动结束后，出让人应在10个工作日内将招标拍卖挂牌出让结果在土地有形市场或者指定的场所、媒介公布。

出让人公布出让结果，不得向受让人收取费用。

第二十三条 受让人依照国有建设用地使用权出让合同的约定付清全部土地出让价款后，方可申请办理土地登记，领取国有建设用地使用权证书。

未按出让合同约定缴清全部土地出让价款的，不得发放国有建设用地使用权证书，也不得按出让价款缴纳比例分割发放国有建设用地使用权证书。

第二十四条 应当以招标拍卖挂牌方式出让国有建设用地使用权而擅自采用协议方式出让的，对直接负责的主管人员和其他直接责任人员依法给予处分；构成犯罪的，依法追究刑事责任。

第二十五条 中标人、竞得人有下列行为之一的，中标、竞得结果无效；造成损失的，应当依法承担赔偿责任：

（一）提供虚假文件隐瞒事实的；

（二）采取行贿、恶意串通等非法手段中标或者竞得的。

第二十六条 国土资源行政主管部门的工作人员在招标拍卖挂牌出让活动中玩忽职守、滥用职权、徇私舞弊的，依法给予处分；构成犯罪的，依法追究刑事责任。

第二十七条 以招标拍卖挂牌方式租赁国有建设用地使用权的，参照本规定执行。

第二十八条 本规定自2007年11月1日起施行。

招标拍卖挂牌出让国有土地使用权规范（试行）

1. 2006年5月31日国土资源部发布

2. 国土资发〔2006〕114号

3. 自2006年8月1日起施行

目　次

前　言

为完善国有土地使用权出让制度，规范国有土地使用权招标拍卖挂牌出让行为，统一程序和标准，优化土地资源配置，推进土地市场建设，根据《中华人民共和国土地管理法》、《中华人民共和国城市房地产管理法》、《中华人民共和国城镇国有土地使用权出让和转让暂行条例》、《招标拍卖挂牌出让国有土地使用权规定》等规定，制定本规范。

本规范的附录B为招标拍卖挂牌出让公告应当使用的文本格式，附录A、附录C、附录D、附录E、附录 F 、附录 G 、附录 H 、附录 I 、附录 J 为招标拍卖挂牌出让活动中所需其他文本的示范格式。

本规范由国土资源部提出并归口。

本规范起草单位:国土资源部土地利用管理司,国土资源部土地整理中心,辽宁省国土资源厅,江苏省国土资源厅,福建省国土资源厅,山东省国土资源厅,广东省国土资源厅,深圳市国土资源和房产管理局。

本规范主要起草人员:廖永林、冷宏志、岳晓武、雷爱先、高永、谢量雄、宋玉波、黄启才、潘光明、涂高坤、王联珠、牟傲风、叶卫东、钟松忆、林立森、申亮、陈梅英、周旭、沈飞、张防。

本规范参加起草人员(以姓氏笔画为序):于世专、马尚、王薇、车长志、邓岳方、叶元蓬、叶东、任钊洪、关文荣、刘显棋、刘祥元、刘瑞平、朱育德、闫洪溪、严政、吴永高、吴迪、吴海洋、张万中、张英奇、李延荣、李晓娟、李晓斌、束克欣、杨玉芳、杨江正、肖建军、陈永真、陈国庆、林君衡、罗演广、祝军、胡立兵、胡红兵、赵春华、郝吉虎、高志云、徐建设、秦水龙、钱友根、梁红、黄文波、韩建国、韩洪伟、靳薇、潘洪篙、魏成、魏莉华。

本规范由国土资源部负责解释。

1　适用范围

在中华人民共和国境内以招标、拍卖或者挂牌方式出让国有土地使用权,适用本规范;以招标、拍卖或者挂牌方式租赁国有土地使用权、出让国有土地他项权利,参照本规范执行。以招标、拍卖或者挂牌方式转让国有土地使用权,以及依法以招标、拍卖或者挂牌方式流转农民集体建设用地使用权,可参照本规范执行。

2　引用的标准和文件

下列标准和文件所包含的条文,通过在本规范中引用而构成本规范的条文。本规范颁布时,所示版本均为有效。使用本规范的各方应使用下列各标准和文件的最新版本。

GB/T 18508— 2001《城镇土地估价规程》

国土资发〔2000〕303 号《国有土地使用权出让合同示范文本》

国土资发〔2001〕255 号《全国土地分类》

国土资发〔2004〕232 号《工业建设项目用地控制指标》

3　依据

(1)《中华人民共和国土地管理法》

(2)《中华人民共和国城市房地产管理法》

(3)《中华人民共和国城市规划法》

(4)《中华人民共和国行政许可法》

(5)《中华人民共和国合同法》

(6)《中华人民共和国城镇国有土地使用权出让和转让暂行条例》

(7)《建立健全教育、制度、监督并重的惩治和预防腐败体系实施纲要》(中发〔2005〕3 号)

(8)《国务院关于加强国有土地资产管理的通知》(国发〔2001〕15 号)

(9)《国务院关于深化改革严格土地管理的决定》(国发〔2004〕28 号)

(10)《中共中央纪委监察部关于领导干部利用职权违反规定干预和插手建设工程招投标、经营性土地使用权出让、房地产开发与经营等市场经济活动,为个人和亲友谋取私利的处理规定》(中纪发〔2004〕3 号)

(11)《招标拍卖挂牌出让国有土地使用权规定》(国土资源部令第 11 号)

4　总则

4.1　招标拍卖挂牌出让国有土地使用权内涵

本规范所称招标出让国有土地使用权,是指市、县国土资源管理部门发布招标公告或者发出投标邀请书,邀请特定或者不特定的法人、自然人和其他组织参加国有土地使用权投标,根据投标结果确定土地使用者的行为。

本规范所称拍卖出让国有土地使用权,是指市、县国土资源管理部门发布拍卖公告,由竞买人在指定时间、地点进行公开竞价,根据出价结果确定土地使用者的行为。

本规范所称挂牌出让国有土地使用权,是指市、县国土资源管理部门发布挂牌公告,按公告规定的期限将拟出让宗地的交易条件在指定的土地交易场所挂牌公布,接受竞买人的报价申请并更新挂牌价格,根据挂牌期限截止时的出价结果或现场竞价结果确定土地使用者的行为。

4.2 招标拍卖挂牌出让国有土地使用权原则

(1)公开、公平、公正;

(2)诚实信用。

4.3 招标拍卖挂牌出让国有土地使用权范围

(1)供应商业、旅游、娱乐和商品住宅等各类经营性用地以及有竞争要求的工业用地;

(2)其他土地供地计划公布后同一宗地有两个或者两个以上意向用地者的;

(3)划拨土地使用权改变用途,《国有土地划拨决定书》或法律、法规、行政规定等明确应当收回土地使用权,实行招标拍卖挂牌出让的;

(4)划拨土地使用权转让,《国有土地划拨决定书》或法律、法规、行政规定等明确应当收回土地使用权,实行招标拍卖挂牌出让的;

(5)出让土地使用权改变用途,《国有土地使用权出让合同》约定或法律、法规、行政规定等明确应当收回土地使用权,实行招标拍卖挂牌出让的;

(6)法律、法规、行政规定明确应当招标拍卖挂牌出让的其他情形。

4.4 招标拍卖挂牌出让国有土地使用权组织实施

4.4.1 实施主体

国有土地使用权招标拍卖挂牌出让由市、县国土资源管理部门组织实施。

4.4.2 组织方式

市、县国土资源管理部门实施招标拍卖挂牌出让国有土地使用权活动,可以根据实际情况选择以下方式:

(1)市、县国土资源管理部门自行办理;

(2)市、县国土资源管理部门指定或授权下属事业单位具体承办;

(3)市、县国土资源管理部门委托具有相应资质的交易代理中介机构承办。

4.4.3 协调决策机构

国有土地使用权出让实行集体决策。市、县国土资源管理部门根据实际情况,可以成立国有土地使用权出让协调决策机构,负责协调解决出让中的相关问题,集体确定有关事项。

4.4.4 土地招标拍卖挂牌主持人

国有土地使用权招标拍卖挂牌出让活动,应当由符合国土资源部确定的土地招标拍卖挂牌主持人条件并取得资格的人员主持进行。

4.4.5 招标拍卖挂牌出让程序

(1)公布出让计划,确定供地方式;

(2)编制、确定出让方案;

(3)地价评估,确定出让底价;

(4)编制出让文件;

(5)发布出让公告;

(6)申请和资格审查;

(7)招标拍卖挂牌活动实施;

(8)签订出让合同,公布出让结果;

(9)核发《建设用地批准书》,交付土地;

(10)办理土地登记;

(11)资料归档。

4.5 地方补充规定

地方可对本规范做出补充规定或实施细则,并报上一级国土资源管理部门备案。

5 公布出让计划,确定供地方式

5.1 市、县国土资源管理部门应当将经批准的国有土地使用权出让计划向社会公布。有条件的地方可以根据供地进度安排,分阶段将国有土地使用权出让计划细化落实到地段、地块,并将相关信息及时向社会公布。国有土地使用权出让计划以及细化的地段、地块信息应当同时在中国土地市场网(www.landchina.com)上公布。

5.2 市、县国土资源管理部门公布国有土地使用权出让计划、细化的地段、地块信息,应当同时明确用地者申请用地的途径和方式,公开接受用地申请。

5.3 需要使用土地的单位和个人(以下简称意向用地者)应当根据公布的国有土地使用权出让计划、细化的地段、地块信息以及自身用地需求,向市、县国土资源管理部门提出用地申请。

5.4 用地预申请

为充分了解市场需求情况,科学合理安排供地规模和进度,有条件的地方,可以建立用地预申请制度。单位和个人对列入招标拍卖挂牌出让计划内的具体地块有使用意向的，可以提出用地预申请，并承诺愿意支付的土地价格。市、县国土资源管理部门认为其承诺的土地价格和条件可以接受的，应当根据土地出让计划和土地市场情况，适时组织实施招标拍卖挂牌出让活动，并通知提出该宗地用地预申请的单位或个人参加。提出用地预申请的单位、个人，应当参加该宗地竞投或竞买，且报价不得低于其承诺的土地价格。

5.5　根据意向用地者申请情况，符合4.3规定条件的土地使用权出让，应当采取招标拍卖挂牌方式。对不能确定是否符合4.3规定条件的具体宗地，可由国有土地使用权出让协调决策机构集体认定。

对具有综合目标或特定社会、公益建设条件、开发建设要求较高、仅有少数单位和个人可能有受让意向的土地使用权出让，可以采取招标方式，按照综合条件最佳者得的原则确定受让人；其他的土地使用权出让，应当采取招标、拍卖或挂牌方式，按照价高者得的原则确定受让人。

采用招标方式出让国有土地使用权的，应当采取公开招标方式。对土地使用者有严格的限制和特别要求的，可以采用邀请招标方式。

6　编制、确定出让方案

6.1　编制招标拍卖挂牌出让方案

市、县国土资源管理部门应当会同城市规划管理等有关部门，依据国有土地使用权出让计划、城市规划等，编制国有土地使用权招标拍卖挂牌出让方案。

国有土地使用权招标拍卖挂牌出让方案应当包括：拟出让地块的具体位置、四至、用途、面积、年限、土地使用条件、供地时间、供地方式、建设时间等。属于综合用地的，应明确各类具体用途、所占面积及其各自的出让年期。对于各用途不动产之间可以分割，最终使用者为不同单位、个人的，应当按照综合用地所包含的具体土地用途分别确定出让年期；对于多种用途很难分割、最终使用者唯一的，也可以统一按照综合用地最高出让年限50年确定出让年期。

6.2　招标拍卖挂牌出让方案报批

国有土地使用权招标拍卖挂牌出让方案应按规定报市、县人民政府批准。

7　地价评估，确定出让底价

7.1　地价评估

市、县国土资源管理部门应当根据拟出让地块的条件和土地市场情况，依据《城镇土地估价规程》，组织对拟出让地块的正常土地市场价格进行评估。

地价评估由市、县国土资源管理部门或其所属事业单位组织进行，根据需要也可以委托具有土地估价资质的土地或不动产评估机构进行。

7.2　确定底价

有底价出让的，市、县国土资源管理部门或国有土地使用权出让协调决策机构应当根据土地估价结果、产业政策和土地市场情况等，集体决策，综合确定出让底价和投标、竞买保证金。招标出让的，应当同时确定标底；拍卖和挂牌出让的，应当同时确定起叫价、起始价等。

标底、底价确定后，在出让活动结束之前应当保密，任何单位和个人不得泄露。

8　编制出让文件

市、县国土资源管理部门应当根据经批准的招标拍卖挂牌出让方案，组织编制国有土地使用权招标拍卖挂牌出让文件。

8.1　招标出让文件应当包括：

(1)招标出让公告或投标邀请书

(2)招标出让须知

(3)标书

(4)投标申请书

(5)宗地界址图

(6)宗地规划指标要求

(7)中标通知书

(8)国有土地使用权出让合同

(9)其他相关文件

8.2　拍卖出让文件应当包括：

(1)拍卖出让公告

(2)拍卖出让须知

(3)竞买申请书

(4)宗地界址图

(5)宗地规划指标要求

(6)成交确认书

(7)国有土地使用权出让合同

(8)其他相关文件

8.3　挂牌出让文件应当包括：

(1)挂牌出让公告

(2)挂牌出让须知

(3)竞买申请书

(4)挂牌竞买报价单

(5)宗地界址图

(6)宗地规划指标要求

(7)成交确认书

(8)国有土地使用权出让合同

(9)其他相关文件

9　发布出让公告

9.1　发布公告

国有土地使用权招标拍卖挂牌出让公告应当由市、县国土资源管理部门发布。出让公告应当通过中国土地市场网和当地土地有形市场发布，也可同时通过报刊、电视台等媒体公开发布。

出让公告应当至少在招标拍卖挂牌活动开始前20日发布，以首次发布的时间为起始日。

经批准的出让方案已明确招标、拍卖、挂牌具体方式的，应当发布具体的“国有土地使用权招标出让公告”、“国有土地使用权拍卖出让公告”或“国有土地使用权挂牌出让公告”；经批准的出让方案未明确招标、拍卖、挂牌具体方式的，可以发布“国有土地使用权公开出让公告”，发布公开出让公告的，应当明确根据申请截止时的申请情况确定具体的招标、拍卖或挂牌方式。

出让公告可以是单宗地的公告，也可以是多宗地的联合公告。

9.2　公告内容

9.2.1　招标出让公告应当包括以下内容：

(1)出让人的名称、地址、联系电话等，授权或指定下属事业单位以及委托代理机构进行招标的，还应注明其机构的名称、地址和联系电话等；

(2)招标地块的位置、面积、用途、开发程度、规划指标要求、土地使用年限和建设时间等；

(3)投标人的资格要求及申请取得投标资格的办法；

(4)获取招标文件的时间、地点及方式；

(5)招标活动实施时间、地点，投标期限、地点和方式等；

(6)确定中标人的标准和方法；

(7)支付投标保证金的数额、方式和期限；

(8)其他需要公告的事项。

9.2.2　拍卖出让公告应当包括以下内容：

(1)出让人的名称、地址、联系电话等，授权或指定下属事业单位以及委托代理机构进行拍卖的，还应注明其名称、地址和联系电话等；

(2)拍卖地块的位置、面积、用途、开发程度、规划指标要求、土地使用年限和建设时间等；

(3)竞买人的资格要求及申请取得竞买资格的办法；

(4)获取拍卖文件的时间、地点及方式；

(5)拍卖会的地点、时间和竞价方式；

(6)支付竞买保证金的数额、方式和期限；

(7)其他需要公告的事项。

9.2.3　挂牌出让公告应当包括以下内容：

(1)出让人的名称、地址、联系电话等，授权或指定下属事业单位以及委托代理机构进行挂牌的，还应注明其机构名称、地址和联系电话等；

(2)挂牌地块的位置、面积、用途、开发程度、规划指标要求、土地使用年限和建设时间等；

(3)竞买人的资格要求及申请取得竞买资格的办法；

(4)获取挂牌文件的时间、地点及方式；

(5)挂牌地点和起止时间；

(6)支付竞买保证金的数额、方式和期限；

(7)其他需要公告的事项。

9.3　公告调整

公告期间，出让公告内容发生变化的，市、县国土资源管理部门应当按原公告发布渠道及时发布补充公告。涉及土地使用条件变更等影响土地价格的重大变动，补充公告发布时间距招标拍卖挂牌活动开始时间少于20日的，招标拍卖挂牌活动相应顺延。

发布补充公告的，市、县国土资源管理部门应当书面通知已报名的申请人。

10　申请和资格审查

10.1　申请人

国有土地使用权招标拍卖挂牌出让的申请人，可以是中华人民共和国境内外的法人、自然人和其他组织，但法律法规对申请人另有限制的除外。

申请人可以单独申请，也可以联合申请。

10.2　申请

申请人应在公告规定期限内交纳出让公告规定的投标、竞买保证金，并根据申请人类型，持相应文件向出让人提出竞买、竞投申请：

(1)法人申请的，应提交下列文件：

①申请书；

②法人单位有效证明文件；

③法定代表人的有效身份证明文件；

④申请人委托他人办理的，应提交授权委托书及委托代理人的有效身份证明文件；

⑤保证金交纳凭证；

⑥招标拍卖挂牌文件规定需要提交的其他文件。

(2)自然人申请的，应提交下列文件：

①申请书；

②申请人有效身份证明文件；

③申请人委托他人办理的，应提交授权委托书及委托代理人的身份证明文件；

④保证金交纳凭证；

⑤招标拍卖挂牌文件规定需要提交的其他文件。

(3)其他组织申请的，应提交下列文件：

①申请书；

②表明该组织合法存在的文件或有效证明；

③表明该组织负责人身份的有效证明文件；

④申请人委托他人办理的，应提交授权委托书及委托代理人的身份证明文件；

⑤保证金交纳凭证；

⑥招标拍卖挂牌文件规定需要提交的其他文件。

(4)境外申请人申请的，应提交下列文件：

①申请书；

②境外法人、自然人、其他组织的有效身份证明文件；

③申请人委托他人办理的，应提交授权委托书及委托代理的有效身份证明文件；

④保证金交纳凭证；

⑤招标拍卖挂牌文件规定需要提交的其他文件。

上述文件中，申请书必须用中文书写，其他文件可以使用其他语言，但必须附中文译本，所有文件的解释以中文译本为准。

(5)联合申请的，应提交下列文件：

①联合申请各方共同签署的申请书；

②联合申请各方的有效身份证明文件；

③联合竞买、竞投协议，协议要规定联合各方的权利、义务，包括联合各方的出资比例，并明确签订《国有土地使用权出让合同》时的受让人；

④申请人委托他人办理的，应提交授权委托书及委托代理人的有效身份证明文件；

⑤保证金交纳凭证；

⑥招标拍卖挂牌文件规定需要提交的其他文件。

(6)申请人竞得土地后，拟成立新公司进行开发建设的，应在申请书中明确新公司的出资构成、成立时间等内容。出让人可以根据招标拍卖挂牌出让结果，先与竞得人签订《国有土地使用权出让合同》，在竞得人按约定办理完新公司注册登记手续后，再与新公司签订《国有土地使用权出让合同变更协议》；也可按约定直接与新公司签订《国有土地使用权出让合同》。

10.3　受理申请及资格审查

出让人应当对出让公告规定的时间内收到的申请进行审查。经审查，有下列情形之一的，为无效申请：

(1)申请人不具备竞买资格的；

(2)未按规定交纳保证金的；

(3)申请文件不齐全或不符合规定的；

(4)委托他人代理但委托文件不齐全或不符合规定的；

(5)法律法规规定的其他情形。

经审查，符合规定条件的，应当确认申请人的投标或竞买资格，并通知其参加招标拍卖挂牌活动。采用招标或拍卖方式的，取得投标或竞买资格者不得少于3个。

10.4　出让人应当对申请人的情况进行保密。

10.5 申请人对招标拍卖挂牌文件有疑问的，可以书面或者口头方式向出让人咨询，出让人应当为申请人咨询以及查询出让地块有关情况提供便利。根据需要，出让人可以组织申请人对拟出让地块进行现场踏勘。

11 招标拍卖挂牌活动实施——招标

11.1 投标

市、县国土资源管理部门应当按照出让公告规定的时间、地点组织招标投标活动。投标活动应当由土地招标拍卖挂牌主持人主持进行。

投标开始前，招标主持人应当现场组织开启标箱，检查标箱情况后加封。

投标人应当在规定的时间将标书及其他文件送达指定的投标地点，经招标人登记后，将标书投入标箱。

招标公告允许邮寄投标文件的，投标人可以邮寄，但以招标人在投标截止时间前收到的方为有效。招标人登记后，负责在投标截止时间前将标书投入标箱。

投标人投标后，不可撤回投标文件，并对投标文件和有关书面承诺承担责任。投标人可以对已提交的投标文件进行补充说明，但应在招标文件要求提交投标文件的截止时间前书面通知招标人并将补充文件送达至投标地点。

11.2 开标

招标人按照招标出让公告规定的时间、地点开标，邀请所有投标人参加。开标应当由土地招标拍卖挂牌主持人主持进行。招标主持人邀请投标人或其推选的代表检查标箱的密封情况，当众开启标箱。

标箱开启后，招标主持人应当组织逐一检查标箱内的投标文件，经确认无误后，由工作人员当众拆封，宣读投标人名称、投标价格和投标文件的其他主要内容。

开标过程应当记录。

11.3 评标

按照价高者得的原则确定中标人的，可以不成立评标小组。按照综合条件最佳者得的原则确定中标人的，招标人应当成立评标小组进行评标。

11.3.1 评标小组由出让人、有关专家组成，成员人数为5人以上的单数。有条件的地方，可建立土地评标专家库，每次评标前随机从专家库中抽取评标小组专家成员。

11.3.2 招标人应当采取必要的措施，保证评标在严格保密的情况下进行。

11.3.3 评标小组可以要求投标人对投标文件中含义不明确的内容做出必要的澄清或者说明，但澄清或者说明不得超出投标文件的范围或者改变投标文件的实质性内容。

11.3.4 评标小组对投标文件进行有效性审查。有下列情形之一的，为无效投标文件：

(1)投标文件未密封的；

(2)投标文件未加盖投标人印鉴，也未经法定代表人签署的；

(3)投标文件不齐备、内容不全或不符合规定的；

(4)投标人对同一个标的有两个或两个以上报价的；

(5)委托投标但委托文件不齐全或不符合规定的；

(6)评标小组认为投标文件无效的其他情形。

11.3.5 评标要求

评标小组应当按照招标文件确定的评标标准和方法，对投标文件进行综合评分，根据综合评分结果确定中标候选人。

评标小组应当根据评标结果，按照综合评分高低确定中标候选人排序，但低于底价或标底者除外。同时有两个或两个以上申请人的综合评分相同的，按报价高低排名，报价也相同的，可以由综合评分相同的申请人通过现场竞价确定排名顺序。投标人的投标价均低于底价或投标条件均不能够满足标底要求的，投标活动终止。

11.4 定标

招标人应当根据评标小组推荐的中标候选人确定中标人。招标人也可以授权评标小组直接确定中标人。

按照价高者得的原则确定中标人的，由招标主持人根据开标结果，直接宣布报价最高且不低于底价者为中标人。有两个或两个以上申请人的报价相同且同为最高报价的，可以由相同报价的申请人在限定时间内再行报价，或者采取现场竞价方式确定中标人。

11.5 发出《中标通知书》

确定中标人后，招标人应当向中标人发出《中标通知书》,并同时将中标结果通知其他投标人。

《中标通知书》应包括招标人与中标人的名称,出让标的,成交时间、地点、价款,以及双方签订《国有土地使用权出让合同》的时间、地点等内容。

《中标通知书》对招标人和中标人具有法律效力,招标人改变中标结果,或者中标人不按约定签订《国有土地使用权出让合同》、放弃中标宗地的,应当承担法律责任。

12 招标拍卖挂牌活动实施——拍卖

12.1 市、县国土资源管理部门应当按照出让公告规定的时间、地点组织拍卖活动。拍卖活动应当由土地招标拍卖挂牌主持人主持进行。

12.2 拍卖会按下列程序进行:

(1)拍卖主持人宣布拍卖会开始;

(2)拍卖主持人宣布竞买人到场情况;

设有底价的,出让人应当现场将密封的拍卖底价交给拍卖主持人,拍卖主持人现场开启密封件。

(3)拍卖主持人介绍拍卖地块的位置、面积、用途、使用年限、规划指标要求、建设时间等;

(4)拍卖主持人宣布竞价规则;

拍卖主持人宣布拍卖宗地的起叫价、增价规则和增价幅度,并明确提示是否设有底价。在拍卖过程中,拍卖主持人可根据现场情况调整增价幅度。

(5)拍卖主持人报出起叫价,宣布竞价开始;

(6)竞买人举牌应价或者报价;

(7)拍卖主持人确认该竞买人应价或者报价后继续竞价;

(8)拍卖主持人连续三次宣布同一应价或报价而没有人再应价或出价,且该价格不低于底价的,拍卖主持人落槌表示拍卖成交,拍卖主持人宣布最高应价者为竞得人。成交结果对拍卖人、竞得人和出让人均具有法律效力。最高应价或报价低于底价的,拍卖主持人宣布拍卖终止。

12.3 签订《成交确认书》

确定竞得人后,拍卖人与竞得人当场签订《成交确认书》。拍卖人或竞得人不按规定签订《成交确认书》的,应当承担法律责任。竞得人拒绝签订《成交确认书》也不能对抗拍卖成交结果的法律效力。

《成交确认书》应包括拍卖人与竞得人的名称,出让标的,成交时间、地点、价款,以及双方签订《国有土地使用权出让合同》的时间、地点等内容。

《成交确认书》对拍卖人和竞得人具有法律效力,拍卖人改变拍卖结果的,或者竞得人不按约定签订《国有土地使用权出让合同》、放弃竞得宗地的,应当承担法律责任。

拍卖过程应当制作拍卖笔录。

13 招标拍卖挂牌活动实施——挂牌

市、县国土资源管理部门应当按照出让公告规定的时间、地点组织挂牌活动。挂牌活动应当由土地招标拍卖挂牌主持人主持进行。

13.1 公布挂牌信息

在挂牌公告规定的挂牌起始日,挂牌人将挂牌宗地的位置、面积、用途、使用年期、规划指标要求、起始价、增价规则及增价幅度等,在挂牌公告规定的土地交易地点挂牌公布。挂牌时间不得少于10个工作日。

13.2 竞买人报价

符合条件的竞买人应当填写报价单报价。有条件的地方,可以采用计算机系统报价。

竞买人报价有下列情形之一的,为无效报价:

(1)报价单未在挂牌期限内收到的;

(2)不按规定填写报价单的;

(3)报价单填写人与竞买申请文件不符的;

(4)报价不符合报价规则的;

(5)报价不符合挂牌文件规定的其他情形。

13.3 确认报价

挂牌主持人确认该报价后,更新显示挂牌价格,继续接受新的报价。有两个或两个以上竞买人报价相同的,先提交报价单者该挂牌价格的出价人。

13.4 挂牌截止

挂牌截止应当由挂牌主持人主持确定。设有底价的,出让应当在挂牌截止前将密封的挂牌底价交给挂牌主持人,挂牌主人现场打开密封件。在公告规定的挂牌截止时间,竞买人应当席挂牌现场,挂牌主持人宣布最高报价及其报价者,并询问竞买是否愿意继续竞价。

13.4.1 挂牌主持人连续三次报出最高挂牌价格,没有竞买人表示愿意继续竞价的,挂牌主持人宣布

挂牌活动结束,并按下列规确定挂牌结果:

(1)最高挂牌价格不低于底价的,挂牌主持人宣布挂牌出让成交,最高挂牌价格的出价人为竞得人;

(2)最高挂牌价格低于底价的,挂牌主持人宣布挂牌出让不成交。

13.4.2　有竞买人表示愿意继续竞价的,即属于挂牌截止时有两个或两个以上竞买人要求报价的情形,挂牌主持人应当宣布挂牌出让转入现场竞价,并宣布现场竞价的时间和地点,通过现场竞价确定竞得人。

13.5　现场竞价

现场竞价应当由土地招标拍卖挂牌主持人主持进行,取得该宗地挂牌竞买资格的竞买人均可参加现场竞价。现场竞价按下列程序举行:

(1)挂牌主持人应当宣布现场竞价的起始价、竞价规则和增价幅度,并宣布现场竞价开始。现场竞价的起始价为挂牌活动截止时的最高报价增加一个加价幅度后的价格。

(2)参加现场竞价的竞买人按照竞价规则应价或报价。

(3)挂牌主持人确认该竞买人应价或者报价后继续竞价。

(4)挂牌主持人连续三次宣布同一应价或报价而没有人再应价或出价,且该价格不低于底价的,挂牌主持人落槌表示现场竞价成交,宣布最高应价或报价者为竞得人。成交结果对竞得人和出让人均具有法律效力。最高应价或报价低于底价的,挂牌主持人宣布现场竞价终止。

在现场竞价中无人参加竞买或无人应价或出价的,以挂牌截止时出价最高者为竞得人,但低于挂牌出让底价者除外。

13.6　签订《成交确认书》

确定竞得人后,挂牌人与竞得人当场签订《成交确认书》。挂牌人或竞得人不按规定签订《成交确认书》的,应当承担法律责任。竞得人拒绝签订《成交确认书》也不能对抗挂牌成交结果的法律效力。

《成交确认书》应包括挂牌人与竞得人的名称,出让标的,成交时间、地点、价款,以及双方签订《国有土地使用权出让合同》的时间、地点等内容。

《成交确认书》对挂牌人和竞得人具有法律效力,挂牌人改变挂牌结果的,或者竞得人不按规定签订《国有土地使用权出让合同》、放弃竞得宗地的,应当承担法律责任。

挂牌过程应当制作挂牌笔录。

14　签订出让合同,公布出让结果

14.1　签订《国有土地使用权出让合同》

招标拍卖挂牌出让活动结束后,中标人、竞得人应按照《中标通知书》或《成交确认书》的约定,与出让人签订《国有土地使用权出让合同》。

14.2　中标人、竞得人支付的投标、竞买保证金,在中标或竞得后转作受让地块的定金。其他投标人、竞买人交纳的投标、竞买保证金,出让人应在招标拍卖挂牌活动结束后5个工作日内予以退还,不计利息。

14.3　公布出让结果

招标拍卖挂牌活动结束后10个工作日内,出让人应当将招标拍卖挂牌出让结果通过中国土地市场网以及土地有形市场等指定场所向社会公布。

公布出让结果应当包括土地位置、面积、用途、开发程度、土地级别、容积率、出让年限、供地方式、受让人、成交价格和成交时间等内容。

出让人公布出让结果,不得向受让人收取费用。

15　核发《建设用地批准书》,交付土地

市、县国土资源管理部门向受让人核发《建设用地批准书》,并按照《国有土地使用权出让合同》、《建设用地批准书》确定的时间和条件将出让土地交付给受让人。

16　办理土地登记

受让人按照《国有土地使用权出让合同》约定付清全部国有土地使用权出让金,依法申请办理土地登记,领取《国有土地使用证》,取得国有土地使用权。

17　资料归档

出让手续全部办结后,市、县国土资源管理部门应当对宗地出让过程中的用地申请、审批、招标拍卖挂牌活动、签订合同等各环节相关资料、文件进行整理,并按规定归档。应归档的宗地出让资料包括:

(1)申请人的申请材料;

(2)宗地条件及相关资料;

(3)宗地评估资料；
(4)宗地出让底价及集体决策记录；
(5)宗地招标拍卖挂牌出让方案；
(6)宗地出让方案批复文件；
(7)招标拍卖挂牌出让文件；
(8)招标拍卖挂牌活动实施过程的记录资料；
(9)《中标通知书》或《成交确认书》；
(10)《国有土地使用权出让合同》及出让结果公布资料；
(11)其他应归档的材料。

附录 A　国有土地使用权出让预申请书示范文本

国有土地使用权出让预申请书

________国土资源局：

我方现申请受让位于________(位置)编号为________的地〔地段中________平方米的土地使用权，具体四至为：________〕。该地块已列入你局公布的招标拍卖挂牌出让计划。我方愿意以________元/平方米，总计人民币________万元(大写)(￥________)为最低出价，若获你局同意，我方愿意签订说明此意的承诺书，交纳相应的保证金，并按要求参加你局组织的此宗地招标拍卖挂牌出让活动。

申 请 人：____________(加盖公章)
法定代表人(或授权委托代理人)签名：____________
联 系 人：________________
地　　址：________________
邮政编码：______________
电　　话：________________
申请日期：________年____月____日

附录 B　国有土地使用权出让公告文本格式

1. 国有土地使用权招标出让公告格式

______________国土资源局国有土地使用权招标出让公告

______________告字〔　　〕号

经______________人民政府批准，______________国土资源局决定以招标方式出让______________(幅)地块的国有土地使用权。现将有关事项公告如下：

一、招标出让地块的基本情况和规划指标要求

编号	土地位置	土地面积(m^2)	土地用途	规划指标要求			出让年限(年)	投资强度要求	投标保证金	…
				容积率	建筑密度	…				

〔其他需要说明的宗地情况〕

二、中华人民共和国境内外的法人、自然人和其他组织均可申请参加，申请人应当〔可以〕单独申请〔，也可以联合申请〕。〔申请人应具备的其他条件〕

三、本次国有土地使用权招标出让按照价高者得原则确定中标人〔本次国有土地使用权招标出让按照能够最大限度地满足招标文件中规定的各项综合评价标准者得的原则确定中标人〕。

四、本次招标出让的详细资料和具体要求，见招标出让文件。申请人可于________年____月____日至________年____月____日，到________（地点）获取招标出让文件。

五、申请人可于________年____月____日至________年____月____日，到________（地点）向我局提交书面申请。交纳投标保证金的截止时间为________年____月____日____时。

经审查，申请人按规定交纳投标保证金，具备申请条件的，我局将在________年____月____日____时前确认其投标资格。

六、本次国有土地使用权招标出让活动定于________年____月____日____时至________年____月____日____时在________（地点）投标，________年____月____日____时在________（地点）开标。

七、其他需要公告的事项

（一）本次招标不允许〔允许〕邮寄投标文件〔，但必须在投标截止时间前收到方为有效，具体时间以我局收到投标文件的时间为准〕。

……

八、联系方式与银行账户

联系地址：________________

联系电话：________________

联 系 人：________________

开户单位：________________

开 户 行：________________

账　　号：________________

____________国土资源局

________年____月____日

2. 投标邀请书格式

____________国土资源局国有土地使用权投标邀请书

________________（被邀请单位名称）：

经________人民政府批准，________国土资源局决定采取邀请招标方式出让____________（幅）地块的国有土地使用权，现邀请你单位参加投标。具体事项如下：

一、招标出让地块的基本情况和规划指标要求

编号	土地位置	土地面积（m^2）	土地用途	规划指标要求			出让年限（年）	投资强度要求	投标保证金	…
				容积率	建筑密度	…				

〔其他需要说明的宗地情况〕

二、投标人应具备以下条件

……

三、本次国有土地使用权招标出让按照能够最大限度地满足招标文件中规定的各项综合评价标准者得的原则确定中标人。

四、本次招标出让的详细资料和具体要求，见招标出让文件你单位若愿意参加此次投标活动，可于________年____月____日至________年____月____日到________（地点）获取招标文件。

五、你单位可于________年____月____日至________年____月____日到________（地点）向我局提交书面申请。交纳投标保证金的截止时间为________年____月____日____时。

经审查，你单位按规定交纳投标保证金，具备申请条件的，我局将在________年____月____日____时前确认投标资格。

六、本次国有土地使用权招标出让活动定于________年____月____日____时至________年____月____日____时在____________（地点）投标，________年____月____日____时在____________（地点）开标。

七、其他需要注意的事项

（一）本次招标不允许〔允许〕邮寄投标文件〔，但必须在投标截止时间前收到方为有效，具体时间以我局收到投标文件的时间为准〕。

……

八、联系方式与银行账户

联系地址：________________

联系电话：________________

联 系 人：________________

开户单位：________________

开 户 行：________________

账　　号：________________

____________国土资源局

________年____月____日

3. 国有土地使用权拍卖出让公告格式

____________国土资源局国有土地使用权拍卖出让公告

____________告字〔　　〕号

经____________人民政府批准，____________国土资源局决定以拍卖方式出让________（幅）地块的国有土地使用权。现将有关事项公告如下：

一、拍卖出让地块的基本情况和规划指标要求

编号	土地位置	土地面积（m^2）	土地用途	规划指标要求			出让年限（年）	投资强度要求	投标保证金	…
				容积率	建筑密度	…				

〔其他需要说明的宗地情况〕

二、中华人民共和国境内外的法人、自然人和其他组织均可申请参加，申请人应当〔可以〕单独申请〔，也可以联合申请〕。〔申请人应具备的其他条件〕

三、本次国有土地使用权拍卖出让采用增价拍卖方式，按照价高者得原则确定竞得人。

四、本次拍卖出让的详细资料和具体要求，见拍卖出让文件。

申请人可于________年____月____日至________年____月____日，到__________（地点）获取拍卖出让文件。

五、申请人可于________年____月____日至________年____月____日，到__________（地点）向我局提交书面申请。交纳竞买保证金的截止时间为________年____月____日____时。

经审查，申请人按规定交纳竞买保证金，具备申请条件的，我局将在________年____月____日____时前确认其竞买资格。

六、本次国有土地使用权拍卖会定于________年____月____日____时在____________（地点）举办。

七、其他需要公告的事项

……

八、联系方式与银行账户

联系地址：________________

联系电话：________________

联 系 人：________________

开户单位：________________

开 户 行：________________

账　　号：________________

____________国土资源局

________年____月____日

4. 国有土地使用权挂牌出让公告格式

____________国土资源局国有土地使用权挂牌出让公告

____________告字〔　　〕号

经________人民政府批准，__________国土资源局决定以挂牌方式出让________（幅）地块的国有土地使用权。现将有关事项公告如下：

一、挂牌出让地块的基本情况和规划指标要求

编号	土地位置	土地面积（m^2）	土地用途	规划指标要求			出让年限（年）	投资强度要求	投标保证金	…
				容积率	建筑密度	…				

〔其他需要说明的宗地情况〕

二、中华人民共和国境内外的法人、自然人和其他组织均可申请参加，申请人应当〔可以〕单独申请〔，也可以联合申请〕。〔申请人应具备的其他条件〕

三、本次国有土地使用权挂牌出让按照价高者得原则确定竞得人。

四、本次挂牌出让的详细资料和具体要求，见挂牌出让文件。申请人可于________年____月____日至________年____月____日，到________（地点）获取挂牌出让文件。

五、申请人可于________年____月____日至________年____月____日，到________（地点）向我局提交书面申请。交纳竞买保证金的截止时间为________年____月____日____时。

经审查，申请人按规定交纳竞买保证金，具备申请条件的，我局将在________年____月____日____时前确认其竞买资格。

六、本次国有土地使用权挂牌地点为________；各地块挂牌时间分别：

1. ________号地块：________年____月____日____时至________年____月____日____时；
2. ________号地块：________年____月____日____时至________年____月____日____时。

七、其他需要公告的事项

（一）挂牌时间截止时，有竞买人表示愿意继续竞价，转入现竞价，通过现场竞价确定竞得人。

……

八、联系方式与银行账户

联系地址：________________

联系电话：________________

联 系 人：________________

开户单位：________________

开 户 行：________________

账　　号：________________

____________国土资源局

________年____月____日

5. 国有土地使用权公开出让公告格式

________国土资源局国有土地使用权公开出让公告

________告字〔　　〕号

经________人民政府批准，________国土资源局决定公开出让________（幅）地块的国有土地使用权。现将有关事项公告如下：

一、挂牌出让地块的基本情况和规划指标要求

编号	土地位置	土地面积（m^2）	土地用途	规划指标要求			出让年限（年）	投资强度要求	投标保证金	…
				容积率	建筑密度	…				

〔其他需要说明的宗地情况〕

二、中华人民共和国境内外的法人、自然人和其他组织均可申请参加，申请人应当〔可以〕单独申请〔，也可以联合申请〕。〔申请人应具备的其他条件〕

三、我局将根据申请截止时的申请情况，在________年____月____日____时确定上述宗地公开出让的具体方式（招标、拍卖或挂牌），并告知所有申请人。

本次国有土地使用权公开出让按照价高者得原则确定受让人。

四、本次公开出让的详细资料和具体要求，见公开出让文件。申请人可于________年____月____日至________年____月____日，到________（地点）获取出让文件。

五、申请人可于________年____月____日至________年____月____日，到________（地点）向我局提交书面申请。交纳投标、竞买保证金的截止时间为________年____月____日____时。

经审查，申请人按规定交纳投标、竞买保证金，具备申请条件的，我局将在________年____月____日____时前确认其投标、竞买资格。

六、公开出让的时间为________年____月____日____时，地点为________。

七、其他需要公告的事项

……

八、联系方式与银行账户

联系地址：________________

联系电话：________________

联 系 人：________________

开户单位：________________

开 户 行：________________

账　　号：________________

________国土资源局

________年____月____日

附录 C 国有土地使用权出让须知示范文本

1. 国有土地使用权招标出让须知示范文本

国有土地使用权招标出让须知

根据《中华人民共和国土地管理法》、《中华人民共和国城市房地产管理法》、《中华人民共和国城镇国有土地使用权出让和转让暂行条例》、《招标拍卖挂牌出让国有土地使用权规定》以及《招标拍卖挂牌出让国有土地使用权规范》等有关规定，经__________人民政府批准，__________国土资源局决定以招标方式公开出让________（幅）地块的国有土地使用权。

一、此次国有土地使用权招标出让的出让人为________国土资源局，具体组织实施由我局〔自行办理〕〔指定/授权下属事业单位________土地交易中心承办〕〔委托________公司承办〕。

二、此次国有土地使用权招标出让遵循公开、公平、公正和诚实信用原则。

三、出让地块的基本情况及规划指标要求：

（一）地块位置：________________；

（二）地块范围：________________；

（三）出让面积：________________；

（四）土地用途：________________；

（五）规划容积率：________________；

（六）规划建筑密度：________________；

（七）绿地率：________________；

（八）土地开发程度：________________；

（九）土地使用权出让年期：________年；

（十）投资强度要求等土地使用标准：__________；

（十一）动工及竣工时间：____________；

……

四、投标资格及要求

中华人民共和国境内外的法人、自然人和其他组织均可申请参加，〔申请人应具备的其他条件〕。申请人应当〔可以〕单独申请〔，也可以联合申请〕。

交纳投标保证金的截止时间为________年____月____日____时。上述宗地的投标保证金分别为：

1. ________号地块为人民币________万元（大写）（￥________）；

2. ________号地块为人民币________万元（大写）（￥________）；

……

五、申请和资格审查

（一）招标文件取得

申请人可于________年____月____日至________年____月____日，到________（地点）获取本次招标出让文件，具体包括：

（1）招标出让公告；

（2）招标出让须知；

（3）标书；

（4）投标申请书；

（5）宗地界址图；

（6）宗地规划指标要求；

（7）中标通知书；

（8）国有土地使用权出让合同；

（9）其他相关文件。

（二）提交申请

申请人可于________年____月____日至________年____月____日，到________（地点）向我局提交书面申请。申请文件包括：

1. 法人申请的，应提交下列文件：

（1）申请书；

（2）法人单位有效证明文件；

（3）法定代表人的有效身份证明文件；

（4）申请人委托他人办理的，应提交授权委托书及委托代理人的有效身份证明文件；

（5）投标保证金交纳凭证；

（6）招标文件规定需要提交的其他文件。

2. 自然人申请的，应提交下列文件：

（1）申请书；

（2）申请人有效身份证明文件；

（3）申请人委托他人办理的，应提交授议委托书及委托代理人的身份证明文件；

（4）投标保证金交纳凭证；

（5）招标文件规定需要提交的其他文件。

3. 其他组织申请的，应提交下列文件：

（1）申请书；

（2）表明该组织合法存在的文件或有效证明；

（3）表明该组织负责人身份的有效证明文件；

（4）申请人委托他人办理的，应提交授权委托书及委托代理人的身份证明文件；

（5）投标保证金交纳凭证；

（6）招标文件规定需要提交的其他文件。

4. 境外申请人申请的，应提交下列文件：

（1）申请书；

（2）境外法人、自然人、其他组织的有效身份证明文件；

（3）申请人委托他人办理的，应提交授权委托书及委托代理的有效身份证明文件；

（4）投标保证金交纳凭证；

（5）招标文件规定需要提交的其他文件。

上述文件中，申请书必须用中文书写，其他文件可以使用其他语言，但必须附中文译本，所有文件的解释以中文译本为准。

5. 联合申请的，应提交下列文件：

（1）联合申请各方共同签署的申请书；

（2）联合申请各方的有效身份证明文件；

（3）联合竞投协议，协议要规定联合各方的权利、义务，并明确签订《国有土地使用权出让合同》时的受让人；

（4）申请人委托他人办理的，应提交授权委托书及委托代理人的有效身份证明文件；

（5）投标保证金交纳凭证；

（6）招标文件规定需要提交的其他文件。

（三）资格审查

我局负责对招标出让公告规定的时间内收到的申请进行审查。按规定交纳投标保证金、通过资格审查的，方能取得有效投标资格。

经审查，有下列情形之一的，为无效申请：

（1）申请人不具备投标资格的；

（2）未按规定交纳投标保证金的；

（3）申请文件不齐全或不符合规定的；

（4）委托他人代理，委托文件不齐全或不符合规定的；

（5）法律法规规定的其他情形。

（四）确认投标人资格

经审查，申请人按规定交纳投标保证金、具备申请条件的，我局将在________年____月____日____时前发给《投标资格确认书》，并通知其参加招标活动。通过资格审查的申请人少于3人的，我局将依照有关规定，终止招标活动。

（五）答疑及现场踏勘

申请人对招标出让文件有疑问的，可以书面或者口头方式向我局咨询。我局于________年____月____日组织申请人对拟出让地块进行现场踏勘。

六、招标程序

（一）投标

本次国有土地使用权投标活动将于________年____月____日____时至____时在________（地点）举行。标箱从当日____时整起开始设立于________。

投标具体程序如下：

1. 投标开始前，招标主持人现场组织开启标箱，检查标箱情况后加封；

2. 招标主持人宣布投标开始；

3. 投标人在规定的时间将标书及其他文件送达指定的投标地点，经招标人登记后，将标书投入标箱。

投标人投标后，不可撤回投标文件，并对投标文件和有关书面承诺承担责任。投标人可以对已提交的投标文件进行补充说明，但应在招标文件要求提交投标文件的截止时间前书面通知招标人并将补充文件送达。

（二）开标

本次招标于________年____月____日____时在________（地点）开标，所有投标人参加。

开标具体程序如下：

1. 招标主持人宣布开标活动开始；

2. 招标主持人介绍参加会议的单位或个人；

3. 招标主持人宣布监标人员、记录人员名单；

4. 招标主持人邀请投标人或者其推选的代表检查标箱的密封情况，当众开启标箱；

5. 招标主持人点算标书；

6. 招标主持人组织逐一检查标箱内的投标文件，对不符合规定的标书宣布为无效标书；

7. 对确认无误的招标文件，由工作人员当众拆封；

8. 宣读投标人名称、投标价格和投标文件的其他主要内容。

（三）评标

〔本次招标按照价高者得的原则确定中标人，不成立评标小组，根据开标结果，有效投标价格最高的投标人为中标候选人。有两个或两个以上申请人的报价相同且同为最高报价的，可以由相同报价的申请人在限定时间内再行报价，或者采取现场竞价方式确定中标人。〕本次招标按照综合条件最佳者得的原则确定中标人，具体由评标小组按照招标文件确定的评标标准和方法，对投标文件进行评审，综合评分，并根据综合评分结果确定中标候选人。

评标小组由出让人、有关专家组成，成员人数为5人以上的单位。

评标小组可以要求评标人对投标文件中含义不明确的内容做出必要的澄清或者说明，但澄清或者说明不得超出投标文件的范围或者改变投标文件的实质性内容。

评标小组应当根据评标结果，按照综合评分高低确定中标候选人排序，但低于底价或标底者除外。同时有两个或两个以上申请人的综合评分相同的，按报价高低排名，报价也相同的，可以由综合评分相同的申请人通过现场竞价确定排名顺序。投标人的投标价均低于底价或投标条件均不能够满足标底要求的，投标活动终止。

（四）定标

我局根据评标小组推荐的中标候选人确定中标人。〔我局授权评标小组直接确定中标人。〕

（五）发出《中标通知书》

确定中标人后，我局向中标人发出《中标通知书》。

（六）签订《国有土地使用权出让合同》

我局与中标人依据《中标通知书》约定签订《国有土地使用权出让合同》。

（七）出让结果公布

我局将在此次国有土地使用权招标活动结束后10个工作日内，在________（土地有形市场或者指定场所、媒介）公布此次国有土地使用权招标出让结果。

七、注意事项

（一）申请人须全面阅读有关招标文件，如有疑问可以在投标日以前用书面或口头方式向我局咨询。申请人可到现场踏勘招标出让地块。申请人一经投标，即视为投标人对招标文件及地块现状无异议并全面接受，并对有关承诺承担法律责任。

（二）申请人竞得土地后，拟成立新公司进行开发建设的，应在申请书中明确新公司的出资构成、成立时间等内容。我局可以根据中标结果与中标人签订《国有土地使用权出让合同》，在中标人按约定办理完新公司注册登记手续后，再与新公司签订《国有土地使用权出让合同变更协议》。〔我局同意直接与新公司签订《国有土地使用权出让合同》。〕

（三）本次招标不接受电话、口头投标，不允许〔允许〕投标人邮寄投标文件〔但以招标人在投标截止时间前收到的方为有效，具体时间以我局收到投标文件的时间为准，由我局代为投入标箱〕。

（四）投标人向招标人递交的投标文件必须密封，封面必须注明拟竞投的地块编号及投标单位的名称，并由法定代表人签名和加盖公章，投标人为个人的，应注明“个人投标”字样，并由投标人签名。

（五）投标人投标后，不可撤回投标文件，但可以对已提交的投标文件进行补充说明。进行补充说明的，投标人应在招标文件要求提交投标文件的截止时间前书面通知我局并将补充文件送达。

（六）评标活动在严格保密的情况下进行。

（七）投标文件有下列情形之一的，为无效投标文件：

1. 投标文件未密封的；

2. 投标文件未加盖投标人印鉴，也未经法定代表人签署的；

3. 投标文件不齐备、内容不全或不符合规定的；

4. 投标人对同一个标的有两个或两个以上报价的；

5. 委托投标但委托文件不齐全或不符合规定的；

6. 评标小组认为投标文件无效的其他情形。

（八）对认定的无效申请和无效投标文件，我局将及时通知有关申请人和投标人。

（九）投标人的投标价均低于底价或投标条件均不能够满足标底要求的，招标活动终止。

（十）《中标通知书》对招标人和中标人具有法律效力。中标人交纳的投标保证金，在中标后转作出让地块的定金。招标人改变中标结果，或者中标人放弃中标宗地的，应当承担法律责任。

（十一）未中标人交纳的投标保证金，我局将在招标活动结束后 5 个工作日内予以退还，不计利息。

（十二）有下列情形之一的，招标人应当在开标前终止招标，并通知投标人：

1. 投标人串通损害国家利益、社会利益或他人合法权益的；

2. 招标工作人员、评标小组成员私下接触投标人，足以影响招标公正性的；

3. 取得投标资格的申请人不足 3 人的；

4. 应当依法终止招标活动的其他情形。

（十三）中标人有下列行为之一的，视为违约，招标人可取消其中标人资格，投标保证金不予退还：

1. 中标人逾期或拒绝签收《中标通知书》的；

2. 中标人逾期或拒绝签订《国有土地使出让合同》的。

（十四）在招标过程中，发生中标人被取消中标资格情形的，招标人可重新确定中标人或另行组织招标。

（十五）中标价即为该幅地块的总地价款，包括____。

（十六）中标人与出让人签订《国有土地使用权出让合同》后，应当按出让合同约定支付中标价款。中标人付清全部中标价款后，依法申请办理土地登记，领取《国有土地使用证》。

（十七）招标未成交的，应当按规定由我局重新组织出让。

（十八）参加投标、开标活动的人员，应遵守现场纪律，服从管理人员的管理。

（十九）其他事项

……

（二十）我局对本《须知》有解释权。未尽事宜依照《招标拍卖挂牌出让国有土地使用权规范》办理。

________国土资源局

________年____月____日

2. 国有土地使用权拍卖出让须知示范文本

国有土地使用权拍卖出让须知

根据《中华人民共和国土地管理法》、《中华人民共和国城市房地产管理法》、《中华人民共和国城镇国有土地使用权出让和转让暂行条例》、《招标拍卖挂牌出让国有土地使用权规定》以及《招标拍卖挂牌出让国有土地使用权规范》等有关规定，经________人民政府批准，________国土资源局决定以拍卖方式出让________（幅）地块的国有土地使用权。

一、本次国有土地使用权拍卖出让的出让人为________国土资源局，具体组织实施由我局〔自行办理〕〔指定或授权下属事业单位________土地交易中心承办〕〔委托________公司承办〕。

二、本次国有土地使用权拍卖出让遵循公开、公平、公正和诚实信用原则。

三、出让地块的基本情况及规划指标要求：

（一）地块位置：________________；

（二）地块范围：________________；

（三）出让面积：________________；

（四）土地用途：________________；

（五）规划容积率：________________；

（六）规划建筑密度：________________；

（七）绿地率：________________；

（八）土地开发程度：________________；

（九）土地使用权出让年期________年；

（十）投资强度要求等土地使用标准：__________；

（十一）动工及竣工时间：________；

……

四、中华人民共和国境内外的法人、自然人和其他组织均可申请参加，〔申请人应具备的其他条件〕申请人应当〔可以〕单独申请〔，也可以联合申请〕。

交纳竞买保证金的截止时间为________年____月____日____时。上述宗地的竞买保证金分别为：

1. ________号地块为人民币________万元（大写）（￥________）；

2. ________号地块为人民币________万元（大

写)(￥________);

……

五、申请和资格审查

(一)拍卖文件取得

申请人可于________年____月____日到________年____月____日,到________(地点)获取本次拍卖出让文件,具体包括:

(1)拍卖出让公告;

(2)拍卖出让须知;

(3)竞买申请书;

(4)宗地界址图;

(5)宗地规划指标要求;

(6)成交确认书;

(7)国有土地用权出让合同;

(8)其他相关文件。

(二)提交申请

申请人可于________年____月____日到________年____月____日,到________(地点)向我局提交书面申请。申请文件包括:

1. 法人申请的,应提交下列文件:

(1)申请书;

(2)法人单位有效证明文件;

(3)法定代表人的有效身份证明文件;

(4)申请人委托他人办理的,应提交授权委托书及委托代理的有效身份证明文件;

(5)竞买保证金交纳凭证;

(6)拍卖文件规定需要提交的其他文件。

2. 自然人申请的,应提交下列文件:

(1)申请书;

(2)申请人有效身份证明文件;

(3)申请人委托他人办理的,应提交授权委托书及委托代理的身份证明文件;

(4)竞买保证金交纳凭证;

(5)拍卖文件规定需要提交的其他文件。

3. 其他组织申请的,应提交下列文件:

(1)申请书;

(2)表明该组织合法存在的文件或有效证明;

(3)表明该组织负责人身份的有效证明文件;

(4)申请人委托他人办理的,应提交授权委托书及委托代理人的身份证明文件;

(5)竞买保证金交纳凭证;

(6)拍卖文件规定需要提交的其他文件。

4. 境外申请人申请的,应提交下列文件:

(1)申请书;

(2)境外法人、自然人、其他组织的有效身份证明文件;

(3)申请人委托他人办理的,应提交授权委托书及委托代理人的有效身份证明文件;

(4)竞买保证金交纳凭证;

(5)拍卖文件规定需要提交的其他文件。上述文件中,申请书必须用中文书写,其他文件可以使用其他语言,但必须附中文译本,所有文件的解释以中文译本为准。

5. 联合申请的,应提交下列文件:

(1)联合申请各方共同签署的申请书;

(2)联合申请各方的有效身份证明文件;

(3)联合竞投协议,协议要规定联合各方的权利、义务,并明确签订《国有土地使用权出让合同》时的受让人;

(4)申请人委托他人办理的,应提交授权委托书及委托代理人的有效身份证明文件;

(5)竞买保证金交纳凭证;

(6)拍卖文件规定需要提交的其他文件。

(三)资格审查

我局负责对拍卖出让公告规定的时间内收到的申请进行审查。按规定交纳竞买保证金、通过资格审查的,方能取得竞买资格。

经审查,有下列情形之一的,为无效申请:

(1)申请人不具备竞买资格的;

(2)未按规定交纳竞买保证金的;

(3)申请文件不齐全或不符合规定的;

(4)委托他人代理,委托文件不齐全或不符合规定的;

(5)法律法规规定的其他情形。

(四)确认竞买人资格

经审查,申请人按规定交纳竞买保证金、具备申请条件的,我局将在________年____月____日____时前发给《竞买资格确认书》，并通知其领取竞买标志牌以及参加拍卖会。通过资格审查的申请人少于 3 人的，我局将依照有关规定终止拍卖。

（五）答疑及现场踏勘

申请人对拍卖出让文件有疑问的，可以在拍卖会开始前以书面或者口头方式向我局咨询。我局于________年____月____日________组织申请人对拟出让地块进行现场踏勘。

六、各宗地的拍卖起叫价、增价幅度

1. ________号地块：起叫价为人民币________万元（大写）（￥________），增价幅度为人民币________万元（大写）（￥________）；

2. ________号地块：起叫价为人民币________万元（大写）（￥________），增价幅度为人民币________万元（大写）（￥________）；

……

七、拍卖程序

（一）拍卖会程序

1. 主持人宣布拍卖会开始；

2. 拍卖主持人、记录员就位；

3. 拍卖主持人宣布竞买人到场情况；设有底价的，出让人应当现场将密封的拍卖底价交给拍卖主持人，拍卖主持人现场开启密封件；

4. 拍卖主持人介绍拍卖地块的位置、面积、用途、使用年限、规划指标要求、建设时间等；

5. 拍卖主持人宣布拍卖宗地的起叫价、增价规则和增价幅度，并明确提示是否设有底价。在拍卖过程中，拍卖主持人可根据现场情况调整增价幅度；

6. 拍卖主持人报出起叫价，宣布竞价开始；

7. 竞买人举牌应价或者报价；

8. 拍卖主持人确认该竞买人应价或者报价后继续竞价；

9. 拍卖主持人连续三次宣布同一应价或报价而没有人再应价或出价，且该价格不低于底价的，拍卖主持人落槌表示拍卖成交，并宣布最高应价者为竞得人。成交结果对拍卖人、竞得人和出让人均具有法律效力。最高应价或报价低于底价的，拍卖主持人宣布拍卖终止。

（二）确定竞得人后拍卖人与竞得人当场签订《成交确认书》。拍卖人或竞得人不按规定签订《成交确认书》的，应当承担法律责任。竞得人拒绝签订《成交确认书》也不能对抗拍卖成交结果的法律效力。

（三）出让人与竞得人依据《成交确认书》约定签订《国有土地使用权出让合同》。

（四）出让结果公布

我局将在此次国有土地使用权拍卖会结束后 10 个工作日内在____________（土地有形市场或者指定场所、媒介）公布本次国有土地使用权拍卖出让结果。

八、竞价规则

（一）本次拍卖采用增价拍卖方式，按价高者得的原则确定竞得人。

（二）竞买人以举牌方式应价，也可以报价，但报价的加价幅度不得小于拍卖主持人宣布或调整的增价幅度。

（三）本次拍卖设有底价，最后应价未达到底价时拍卖主持人终止拍卖活动〔本次拍卖为无底价拍卖〕。

九、注意事项

（一）申请人须全面阅读有关拍卖文件，如有疑问可以在拍卖会开始日以前用书面或口头方式向我局咨询。申请人可到现场勘拍卖出让地块。申请一经受理确认后，即视为竞买人对拍卖件及地块现状无异议并全部接受，并对有关承诺承担法律责任。

（二）申请人竞得土地后拟成立新公司进行开发建设的，应在申请书中明确新公司的出资构成、成立时间等内容。我局可以根据拍卖结果与竞得人签订《国有土地使用权出让合同》，在竞得人按约定办理完新公司注册登记手续后，再与新公司签订《国有土地使用权出让合同变更协议》。〔我局同意直接与新公司签订《国有土地使用权出让合同》。〕

（三）竞买人一经应价或报价，不可撤回。

（四）确定竞得人后，竞得人在拍卖现场与拍卖人签订《成交确认书》。委托他人代签的，应提交法定代表人亲笔签名并盖章的授权委托书。《成交确认书》对拍卖人和竞得人具有法律效力，拍卖人改变拍卖结果的，或者竞得人放弃竞得宗地的，应当承担法律责任。

（五）竞得人交纳的竞买保证金，在拍卖成交后转作受让地块的定金,未竞得人交纳的竞买保证金,我局在拍卖活动结束后 5 个工作日内予以退还,不计利息。

（六）有下列情形之一的,拍卖人应当在拍卖会前终止拍卖活动,并通知竞买人:

1. 竞买人串通损害国家利益、社会利益或他人合法权益的;

2. 拍卖工作人员私下接触竞买人,足以影响拍卖公正性的;

3. 得竞买资格的申请人不足 3 人的;

4. 应当依法终止拍卖活动的其他情形。

（七）竞得人有下列行为之一的,视为违约,拍卖人可取消其竞得人资格,竞买保证金不予退还:

1. 竞得人逾期或拒绝签订《成交确认书》的;

2. 竞得人逾期或拒绝签订《国有土地使用权出让合同》的。

（八）拍卖成交价即为该幅地块的总地价款,包括________。

（九）竞得人与出让人签订《国有土地使用权出让合同》后,应当按出让合同约定支付拍卖成交价款。竞得人付清全部拍卖成交价款后,依法申请办理土地登记,领取《国有土地使用证》。

（十）拍卖不成交的,应当按规定由我局重新组织出让。

（十一）参加拍卖活动的人员,应遵守纪律,服从管理人员的管理。

（十二）其他事项

……

（十三）我局对本《须知》有解释权。未尽事宜依照《招标拍卖挂牌出让国有土地使用权规范》办理。

________国土资源局

________年____月____日

3. 国有土地使用权挂牌出让须知示范文本

国有土地使用权挂牌出让须知

根据《中华人民共和国土地管理法》、《中华人民共和国城市房地产管理法》、《中华人民共和国城镇国有土地使用权出让和转让暂行条例》、《招标拍卖挂牌出让国有土地使用权规定》以及《招标拍卖挂牌出让国有土地使用权规范》等有关规定,经________人民政府批准,________国土资源局决定以挂牌方式出让________(幅)地块的国有土地使用权。

一、本次国有土地使用权挂牌出让的出让人为________国土资源局,具体组织实施由我局〔自行办理〕〔指定/授权下属事业单位________土地交易中心承办〕〔委托公司承办〕。

二、本次国有土地使用权挂牌出让遵循公开、公平、公正和诚实信用原则。

三、出让地块的基本情况及规划指标要求等:

（一）地块位置:________________;

（二）地块范围:________________;

（三）出让面积:________________;

（四）土地用途:________________;

（五）规划容积率:________________;

（六）规划建筑密度:________________;

（七）绿地率:________________;

（八）土地开发程度:________________;

（九）土地使用权出让年期________年;

（十）投资强度要求等土地使用标准:________;

（十一）动工及竣工时间:________;

……

四、竞买资格及要求

中华人民共和国境内外的法人、自然人和其他组织均可申请参加,〔申请人还应具备的其他条件〕申请人应当〔可以〕单独申请〔,也可以联合申请〕。

交纳竞买保证金的截止时间为________年____月____日____时。上述宗地的竞买保证金分别为:

1. ________号地块为人民币________万元(大写)(￥________);

2. ________号地块为人民币________万元(大写)(￥________);

……

五、申请和资格审查

（一）挂牌文件取得

申请人可于________年____月____日至________

年____月____日，到________（地点）获取本次挂牌出让文件，具体包括：

（1）挂牌出让公告；

（2）挂牌出让须知；

（3）竞买申请书；

（4）挂牌出让报价单；

（5）宗地界址图；

（6）宗地规划指标要求；

（7）成交确认书；

（8）国有土地使用权出让合同；

（9）其他相关文件。

（二）提交申请

申请人可于________年____月____日至________年____月____日，到________（地点）向我局提交书面申请。申请文件包括：

1. 法人申请的，应提交下列文件：

（1）申请书；

（2）法人单位有效证明文件；

（3）法定代表人的有效身份证明文件；

（4）申请人委托他人办理的，应提交授权委托书及委托代理人的有效身份证明文件；

（5）竞买保证金交纳凭证；

（6）挂牌文件规定需要提交的其他文件。

2. 自然人申请的，应提交下列文件：

（1）申请书；

（2）申请人有效身份证明文件；

（3）申请人委托他人办理的，应提交授权委托书及委托代理人的身份证明文件；

（4）竞买保证金交纳凭证；

（5）挂牌文件规定需要提交的其他文件。

3. 其他组织申请的，应提交下列文件：

（1）申请书；

（2）表明该组织合法存在的文件或有效证明；

（3）表明该组织负责人身份的有效证明文件；

（4）申请人委托他人办理的，应提交授权委托书及委托代理人的身份证明文件；

（5）竞买保证金交纳凭证；

（6）挂牌文件规定需要提交的其他文件。

4. 境外申请人申请的，应提交下列文件：

（1）申请书；

（2）境外法人、自然人、其他组织的有效身份证明文件；

（3）申请人委托他人办理的，应提交授权委托书及委托代理的有效身份证明文件；

（4）竞买保证金交纳凭证；

（5）挂牌文件规定需要提交的其他文件。上述文件中，申请书必须用中文书写，其他文件可以使用其他语言，但必须附中文译本，所有文件的解释以中文译本为准。

5. 联合申请的，应提交下列文件：

（1）联合申请各方共同签署的申请书；

（2）联合申请各方的有效身份证明文件；

（3）联合竞投协议，协议要规定联合各方的权利、义务，并明确签订《国有土地使用权出让合同》时的受让人；

（4）申请人委托他人办理的，应提交授权委托书及委托代理人的有效身份证明文件；

（5）竞买保证金交纳凭证；

（6）挂牌文件规定需要提交的其他文件。

（三）资格审查

我局负责对挂牌出让公告规定的时间内收到的申请进行审查。按规定交纳竞买保证金、通过资格审查的，方能取得竞买资格。

经审查，有下列情形之一的，为无效申请：

（1）申请人不具备竞买资格的；

（2）未按规定交纳竞买保证金的；

（3）申请文件不齐全或不符合规定的；

（4）委托他人代理，委托文件不齐全或不符合规定的；

（5）法律法规规定的其他情形。

（四）确认竞买人资格

经审查，申请人按规定交纳竞买保证金、具备申请条件的，我局将在________年____月____日____时前发给《竞买资格确认书》确认其竞买资格，并通知其参加挂牌活动。

（五）答疑及现场踏勘

申请人对挂牌出让文件有疑问的，可在挂牌活动开始前以书面或者口头方式向我局咨询。我局于________年____月____日组织申请人对拟出让地块进行现场踏勘。

六、本次挂牌出让活动有关时间

挂牌时间为10个工作日，不包括法定节假日。具体如下：

1. 挂牌起始时间：________年____月____日____时；

2. 挂牌截止时间：各挂牌地块由挂牌主持人分别在下列时间主持确定挂牌截止：

（1）________号地块：________年____月____日____时；

（2）________号地块：________年____月____日____时；

……

3. 接受挂牌报价时间：挂牌期间上午____时至____时和下午____时至____时。

七、各宗地的挂牌起始价、增价幅度

1. ________号地块：起始价为人民币________万元（大写）（￥________），增价幅度为人民币________万元（大写）（￥________）；

2. ________号地块：起始价为人民币________万元（大写）（￥________），增价幅度为人民币________万元（大写）（￥________）；

……

八、挂牌程序

（一）公布挂牌信息

1. 挂牌人将有关宗地的位置、面积、用途、使用年期、规划要求、起始价、增价规则及增价幅度等挂牌公布；

2. 挂牌主持人介绍各地块的情况。

（二）挂牌竞价

1. 挂牌主持人介绍挂牌起始价、增价幅度等竞价规则，宣布挂牌竞价开始；

2. 竞买人填写《挂牌竞买报价单》进行报价；

3. 挂牌主持人收到《挂牌竞买报价单》后，对报价单予以审核，对符合规定的报价予以确认；

4. 挂牌主持人确认该报价后，更新显示挂牌价格，继续接受新的报价。

（三）挂牌截止

挂牌截止应当由挂牌主持人主持确定。设有底价的，出让人应当在挂牌截止前将密封的挂牌底价交给挂牌主持人，挂牌主持人现场打开密封件。在公告规定的挂牌截止时间，竞买人应当出席挂牌现场，挂牌主持人宣布最高报价及其报价者，并询问竞买人是否愿意继续竞价。

1. 各地块由挂牌主持人分别在下列时间主持确定挂牌截止：

（1）________号地块：________年____月____日____时；

（2）________号地块：________年____月____日____时；

……

2. 挂牌主持人宣布最高报价及其报价者，并询问竞买人是否愿意继续竞价。

3. 有竞买人表示愿意继续竞价的，即属于挂牌截止时有两个或两个以上竞买人要求报价的情形，挂牌主持人应当宣布挂牌出让转入现场竞价，并宣布现场竞价的时间和地点，通过现场竞价确定竞得人。

4. 挂牌主持人连续三次报出最高挂牌价格，没有竞买人表示愿意继续竞价的，挂牌主持人宣布挂牌活动结束，并按下列规定确定挂牌结果：

（1）最高挂牌价格不低于底价的，挂牌主持人宣布挂牌成交，最高挂牌价格的出价人为竞得人；

（2）最高挂牌价格低于底价的，挂牌主持人宣布挂牌不成交。

（四）现场竞价

现场竞价由土地招标拍卖挂牌主持人主持进行，取得该宗地挂牌竞买资格的竞买人均可参加现场竞价。现场竞价按下列程序举行：

（1）挂牌主持人应当宣布现场竞价的起始价、竞价规则和增价幅度，并宣布现场竞价开始。现场竞价的起始价为挂牌活动截止时的最高报价增加一个加价幅度后的价格。

（2）参加现场竞价的竞买人按照竞价规则应价或报价。

(3)挂牌主持人确认该竞买人应价或者报价后继续竞价。

(4)挂牌主持人连续三次宣布同一应价或报价而没有人再应价或报价,且该价格不低于底价的,挂牌主持人宣布最高应价或报价者为竞得人。最高应价或报价低于底价的,挂牌主持人宣布现场竞价终止。

在现场竞价中无人参加竞买或无人加价的,以挂牌截止时出价最高者为竞得人,但低于挂牌出让底价者除外。

(五)签订《成交确认书》

确定竞得人后,挂牌人与竞得人当场签订《成交确认书》。竞得人拒绝签订《成交确认书》也不能对抗挂牌成交结果的法律效力。

(六)签订《国有土地使用权出让合同》出让人与竞得人依据《成交确认书》约定签订《国有土地使用权出让合同》。

(七)出让结果公布

我局将在本次国有土地使用权挂牌出让活动结束后10个工作日内,在__________(土地有形市场或者指定的场所、媒介)公布本次国有土地使用权挂牌出让结果。

九、报价规则

(一)本次挂牌以价高者得为原则确定竞得人。

(二)本次挂牌以增价方式进行报价,每次加价幅度不得小于挂牌主持人宣布的增价幅度。

(三)竞买人以填写《挂牌竞买报价单》方式报价,《挂牌竞买报价单》一经报出,不得撤回。

(四)在报价期间,竞买人可多次报价。

(五)竞买人报价有下列情形之一的,为无效报价:

(1)报价单未在挂牌期限内收到的;

(2)不按规定填写报价单的;

(3)报价单填写人与竞买申请文件不符的;

(4)报价不符合报价规则的;

(5)报价不符合挂牌文件规定的其他情形。

(六)有两个或两个以上竞买人报价相同的,确认先提交报价或者为该挂牌价格的出价人。

十、注意事项

(一)申请人须全面阅读有关挂牌文件,如有疑问可以在挂牌活动开始日以前用书面或口头方式向我局咨询。申请人可到现场勘挂牌出让地块。申请一经受理确认后,即视为竞买人对挂牌文件及地块现状无异议并全部接受,并对有关承诺承担法律责任。

(二)申请人竞得土地后,拟成立新公司进行开发建设的,应在申请书中明确新公司的出资构成、成立时间等内容。我局可以根据挂牌出让结果与竞得人签订《国有土地使用权出让合同》,在竞得人按约定办理完新公司注册登记手续后,再与新公司签订《国有土地使用权出让合同变更协议》。〔我局同意直接与新公司签订《国有土地使用权出让合同》。〕

(三)本次挂牌地块均设有挂牌底价,在挂牌活动结束前须严格保密〔本次挂牌为无底价挂牌〕。

(四)竞买报价单一经提交,不可撤回。

(五)确定竞得人后,竞得人在挂牌现场与挂牌人签订《成交确认书》。委托他人代签的,应提交法定代表人亲笔签名并盖章的授权委托书。《成交确认书》对挂牌人和竞得人具有法律效力,挂牌人改变挂牌结果的,或者竞得人放弃竞得宗地的,应当承担法律责任。

(六)竞得人交纳的竞买保证金,挂牌成交后转作受让地块的定金。未竞得人交纳的竞买保证金,我局在挂牌活动结束后5个工作日内予以退还,不计利息。

(七)有下列情形之一的,挂牌人应当在挂牌开始前终止挂牌活动,并通知竞买人:

1. 竞买人串通损害国家利益、社会利益或他人合法权益的;

2. 挂牌工作人员私下接触竞买人,足以影响挂牌公正性的;

3. 应当依法终止挂牌活动的其他情形。

(八)竞得人有下列行为之一的,视为违约,挂牌人可取消其竞得人资格,竞买保证金不予退还:

1. 竞得人逾期或拒绝签订《成交确认书》的;

2. 竞得人逾期或拒绝签订《国有土地使用权出让合同》的。

(九)挂牌成交价即为该幅地块的总地价款,包括__________。

(十)竞得人与出让人签订《国有土地使用权出让合同》后,应当按出让合同约定支付挂牌成交价款。

竞得人付清全部挂牌成交价款后,依法申请办理土地登记,领取《国有土地使用证》。

(十一)挂牌不成交的,应当按规定由我局重新组织出让。

(十二)参加挂牌活动的人员,应遵守现场的纪律,服从管理人员的管理。

(十三)其他事项。

……

(十四)我局对本《须知》有解释权。未尽事宜依照《招标拍卖挂牌出让国有土地使用权规范》办理。

________国土资源局

________年____月____日

附录 D　投标〔竞买〕申请书示范文本

投标〔竞买〕申请书

________国土资源局:

经认真阅读编号为________地块的招标〔拍卖〕〔挂牌〕出让文件,我方完全接受并愿意遵守你局国有土地使用权招标〔拍卖〕〔挂牌〕出让文件中的规定和要求,对所有文件均无异议。

我方现正式申请参加你局于________年____月____日在________(地点)举行的________地块国有土地使用权招标〔拍卖〕〔挂牌〕活动。

我方愿意按招标〔拍卖〕〔挂牌〕出让文件规定,交纳投标〔竞买〕保证金人民币____________万元(大写)(￥________)。

若能中标〔竞得〕该地块,我方保证按照国有土地使用权招标〔拍卖〕〔挂牌〕出让文件的规定和要求履行全部义务。

若我方在国有土地使用权招标〔拍卖〕〔挂牌〕出让活动中,出现不能按期付款或有其他违约行为,我方愿意承担全部法律责任,并赔偿由此产生的损失。

特此申请和承诺。

附件:

1. ________________;

2. ________________;

……

申 请 人:________(加盖公章)

法定代表人(或授权委托代理人)签名:________

联 系 人:______________________

地　　址:______________________

邮政编码:______________________

电　　话:______________________

申请日期:________年____月____日

附录 E　投标〔竞买〕资格确认书示范文本

投标〔竞买〕资格确认书

________(投标〔竞买〕人名称):

你方提交的对________号地块的投标〔竞买〕申请书及相关文件资料收悉。经审查,你方已按规定交纳了投标〔竞买〕保证金,所提交文件资料符合我方本次招标〔拍卖〕〔挂牌〕出让文件的规定和要求,现确认你方具备参加本次国有土地使用权投标〔拍卖竞买〕〔挂牌竞买〕资格。请持此《投标〔竞买〕资格确认书》参加我局于________年____月____日____时在________(地点)举行的国有土地使用权招标〔拍卖〕〔挂牌〕活动。

________国土资源局

________年____月____日

附录 F　国有土地使用权招标出让投标书示范文本

国有土地使用权招标出让投标书

________国土资源局:

经认真阅读________号地块招标出让文件和现场踏勘,我方完全接受招标出让文件中的规定和要求,愿意以人民币________万元(大写)(￥________)的价格竞投该地块国有土地使用权。按照招标文件规定,我方随本标书一同提交以下文件:

(1)________________;

(2)________________;

……

我方承诺,所提交的标书及相关文件真实准确。

我方已按招标出让文件的规定，交纳了人民币________万元(大写)(￥________)的投标保证金。我方承诺，在接到你局发出的《中标通知书》后，将按约定及时签订《国有土地使用权出让合同》。如果我方未在规定期限内签订《国有土地使用权出让合同》，或不能按《国有土地使用权出让合同》约定交付全部中标价款，或违反招标文件的规定，或不履行本投标书承诺等，均可被视为违约，你局可不退还我方交纳的投标保证金。

在《中标通知书》发出后、《国有土地使用权出让合同》签订及履行以前，本标书为你局与我方之间具有法律约束力的文件。

其他需要说明的事项：________________

投 标 人：________(加盖公章)

法定代表人(或授权委托代理人)签名：________

联 系 人：________________

地　　址：________________

邮政编码：________________

电　　话：________________

投标日期：________年____月____日

附录 G　国有土地使用权挂牌出让竞买报价单示范文本

国有土地使用权挂牌出让竞买报价单

竞买人编号：________

地块编号		由竞买人填写
竞买报价	人民币________万元(大写) ￥________	
竞　买　人	名称：(加盖公章)	
法定代表人(或授权委托代理人)	(签名)	
收到报价时间	______年____月____日____时____分	由挂牌主持人填写
挂牌主持人	(签名)	
确认时间	______年____月____日____时____分	

附录 H　授权委托书示范文本

授权委托书

委　托　人		受　托　人	
姓　　名		姓　　名	
性　　别		性　　别	
出生日期		出生日期	
工作单位		工作单位	
职　　务		职　　务	

续表

<table>
<tr><td rowspan="2">证件号码</td><td>身份证( )护照( )</td><td rowspan="2">证件号码</td><td>身份证( )护照( )</td></tr>
<tr><td></td><td></td></tr>
<tr><td colspan="4">本人授权________(受托人)代表本人参加________年____月____日在________(地点)举办的编号为________地块的国有土地使用权招标〔拍卖〕〔挂牌〕出让活动,代表本人签订《国有土地使用权出让合同》等具有法律意义的文件、凭证等。
受托人在该地块招标〔拍卖〕〔挂牌〕出让活动中所做出的承诺、签署的合同或文件,本人均予以承认,并承担由此产生的法律后果。
委托人(签名):________
________年____月____日</td></tr>
<tr><td>备注</td><td colspan="3">兹证明本委托书确系本单位法定代表人________亲自签署。
(单位公章)
________年____月____日</td></tr>
</table>

附录 I　中标通知书示范文本

中标通知书

________(中标人名称):

现确定你方为编号________地块的国有土地使用权招标出让中标人,有关事项通知如下:

该地块中标单价为每平方米人民币________元(大写)(¥________),总价为人民币________万元(大写)(¥________)。其中,出让金单价为每平方米人民币________元(大写)(¥________),总价为人民币________万元(大写)(¥________)。

本《中标通知书》一经签发,即视为成交。你方交纳的投标保证金,自动转作受让地块的定金。你方应当于________年____月____日之前,持本《中标通知书》到________(地点)与________国土资源局签订《国有土地使用权出让合同》。不按期签订《国有土地使用权出让合同》的,视为你方放弃中标资格,你方应承担相应法律责任。

本《中标通知书》一式____份,招标人执____份,中标人执____份。

特此通知。

招标人:(加盖公章)

________年____月____日

附录 J　成交确认书示范文本

成交确认书

在________年____月____日________(地点)举办的国有土地使用权拍卖〔挂牌〕出让活动中,________(竞得人)竞得编号________地块的国有土地使用权。现将有关事项确认如下:

该地块成交单价为每平方米人民币________元(大写)(¥________),总价为人民币________万元(大写)(¥________)。其中,出让金单价为每平方米人民币________元(大写)(¥________),总价为人民币________万元(大写)(¥________)。

竞得人交纳的竞买保证金,自动转作受让地块的定金。________(竞得人)应当于________年____月____日之前,持本《成交确认书》到________(地点)与________国土资源局签订《国有土地使用权出让合同》。不按期签订《国有土地使用权出让合同》的,视为竞得人放弃竞得资格,竞得人应承担相应法律责任。

本《成交确认书》一式____份,拍卖〔挂牌〕人执____份,竞得人执____份。

特此确认。

拍卖〔挂牌〕人:________

竞得人:________

________年____月____日

③设计招标

建筑工程设计招标投标管理办法

1. 2017年1月24日住房和城乡建设部令第33号公布
2. 自2017年5月1日起施行

第一条 为规范建筑工程设计市场，提高建筑工程设计水平，促进公平竞争，繁荣建筑创作，根据《中华人民共和国建筑法》、《中华人民共和国招标投标法》、《建设工程勘察设计管理条例》和《中华人民共和国招标投标法实施条例》等法律法规，制定本办法。

第二条 依法必须进行招标的各类房屋建筑工程，其设计招标投标活动，适用本办法。

第三条 国务院住房城乡建设主管部门依法对全国建筑工程设计招标投标活动实施监督。

县级以上地方人民政府住房城乡建设主管部门依法对本行政区域内建筑工程设计招标投标活动实施监督，依法查处招标投标活动中的违法违规行为。

第四条 建筑工程设计招标范围和规模标准按照国家有关规定执行，有下列情形之一的，可以不进行招标：

（一）采用不可替代的专利或者专有技术的；

（二）对建筑艺术造型有特殊要求，并经有关主管部门批准的；

（三）建设单位依法能够自行设计的；

（四）建筑工程项目的改建、扩建或者技术改造，需要由原设计单位设计，否则将影响功能配套要求的；

（五）国家规定的其他特殊情形。

第五条 建筑工程设计招标应当依法进行公开招标或者邀请招标。

第六条 建筑工程设计招标可以采用设计方案招标或者设计团队招标，招标人可以根据项目特点和实际需要选择。

设计方案招标，是指主要通过对投标人提交的设计方案进行评审确定中标人。

设计团队招标，是指主要通过对投标人拟派设计团队的综合能力进行评审确定中标人。

第七条 公开招标的，招标人应当发布招标公告。邀请招标的，招标人应当向3个以上潜在投标人发出投标邀请书。

招标公告或者投标邀请书应当载明招标人名称和地址、招标项目的基本要求、投标人的资质要求以及获取招标文件的办法等事项。

第八条 招标人一般应当将建筑工程的方案设计、初步设计和施工图设计一并招标。确需另行选择设计单位承担初步设计、施工图设计的，应当在招标公告或者投标邀请书中明确。

第九条 鼓励建筑工程实行设计总包。实行设计总包的，按照合同约定或者经招标人同意，设计单位可以不通过招标方式将建筑工程非主体部分的设计进行分包。

第十条 招标文件应当满足设计方案招标或者设计团队招标的不同需求，主要包括以下内容：

（一）项目基本情况；

（二）城乡规划和城市设计对项目的基本要求；

（三）项目工程经济技术要求；

（四）项目有关基础资料；

（五）招标内容；

（六）招标文件答疑、现场踏勘安排；

（七）投标文件编制要求；

（八）评标标准和方法；

（九）投标文件送达地点和截止时间；

（十）开标时间和地点；

（十一）拟签订合同的主要条款；

（十二）设计费或者计费方法；

（十三）未中标方案补偿办法。

第十一条 招标人应当在资格预审公告、招标公告或者投标邀请书中载明是否接受联合体投标。采用联合体形式投标的，联合体各方应当签订共同投标协议，明确约定各方承担的工作和责任，就中标项目向招标人承担连带责任。

第十二条 招标人可以对已发出的招标文件进行必要的澄清或者修改。澄清或者修改的内容可能影响投标文件编制的，招标人应当在投标截止时间至少15日前，以书面形式通知所有获取招标文件的潜在投标人，不足15日的，招标人应当顺延提交投标文件的截止时间。

潜在投标人或者其他利害关系人对招标文件有异议的，应当在投标截止时间10日前提出。招标人应当自收到异议之日起3日内作出答复；作出答复前，应当暂停招标投标活动。

第十三条　招标人应当确定投标人编制投标文件所需要的合理时间，自招标文件开始发出之日起至投标人提交投标文件截止之日止，时限最短不少于20日。

第十四条　投标人应当具有与招标项目相适应的工程设计资质。境外设计单位参加国内建筑工程设计投标的，按照国家有关规定执行。

第十五条　投标人应当按照招标文件的要求编制投标文件。投标文件应当对招标文件提出的实质性要求和条件作出响应。

第十六条　评标由评标委员会负责。

评标委员会由招标人代表和有关专家组成。评标委员会人数为5人以上单数，其中技术和经济方面的专家不得少于成员总数的2/3。建筑工程设计方案评标时，建筑专业专家不得少于技术和经济方面专家总数的2/3。

评标专家一般从专家库随机抽取，对于技术复杂、专业性强或者国家有特殊要求的项目，招标人也可以直接邀请相应专业的中国科学院院士、中国工程院院士、全国工程勘察设计大师以及境外具有相应资历的专家参加评标。

投标人或者与投标人有利害关系的人员不得参加评标委员会。

第十七条　有下列情形之一的，评标委员会应当否决其投标：

（一）投标文件未按招标文件要求经投标人盖章和单位负责人签字；

（二）投标联合体没有提交共同投标协议；

（三）投标人不符合国家或者招标文件规定的资格条件；

（四）同一投标人提交两个以上不同的投标文件或者投标报价，但招标文件要求提交备选投标的除外；

（五）投标文件没有对招标文件的实质性要求和条件作出响应；

（六）投标人有串通投标、弄虚作假、行贿等违法行为；

（七）法律法规规定的其他应当否决投标的情形。

第十八条　评标委员会应当按照招标文件确定的评标标准和方法，对投标文件进行评审。

采用设计方案招标的，评标委员会应当在符合城乡规划、城市设计以及安全、绿色、节能、环保要求的前提下，重点对功能、技术、经济和美观等进行评审。

采用设计团队招标的，评标委员会应当对投标人拟从事项目设计的人员构成、人员业绩、人员从业经历、项目解读、设计构思、投标人信用情况和业绩等进行评审。

第十九条　评标委员会应当在评标完成后，向招标人提出书面评标报告，推荐不超过3个中标候选人，并标明顺序。

第二十条　招标人应当公示中标候选人。采用设计团队招标的，招标人应当公示中标候选人投标文件中所列主要人员、业绩等内容。

第二十一条　招标人根据评标委员会的书面评标报告和推荐的中标候选人确定中标人。招标人也可以授权评标委员会直接确定中标人。

采用设计方案招标的，招标人认为评标委员会推荐的候选方案不能最大限度满足招标文件规定的要求的，应当依法重新招标。

第二十二条　招标人应当在确定中标人后及时向中标人发出中标通知书，并同时将中标结果通知所有未中标人。

第二十三条　招标人应当自确定中标人之日起15日内，向县级以上地方人民政府住房城乡建设主管部门提交招标投标情况的书面报告。

第二十四条　县级以上地方人民政府住房城乡建设主

管部门应当自收到招标投标情况的书面报告之日起5个工作日内，公开专家评审意见等信息，涉及国家秘密、商业秘密的除外。

第二十五条 招标人和中标人应当自中标通知书发出之日起30日内，按照招标文件和中标人的投标文件订立书面合同。

第二十六条 招标人、中标人使用未中标方案的，应当征得提交方案的投标人同意并付给使用费。

第二十七条 国务院住房城乡建设主管部门，省、自治区、直辖市人民政府住房城乡建设主管部门应当加强建筑工程设计评标专家和专家库的管理。

建筑专业专家库应当按建筑工程类别细化分类。

第二十八条 住房城乡建设主管部门应当加快推进电子招标投标，完善招标投标信息平台建设，促进建筑工程设计招标投标信息化监管。

第二十九条 招标人以不合理的条件限制或者排斥潜在投标人的，对潜在投标人实行歧视待遇的，强制要求投标人组成联合体共同投标的，或者限制投标人之间竞争的，由县级以上地方人民政府住房城乡建设主管部门责令改正，可以处1万元以上5万元以下的罚款。

第三十条 招标人澄清、修改招标文件的时限，或者确定的提交投标文件的时限不符合本办法规定的，由县级以上地方人民政府住房城乡建设主管部门责令改正，可以处10万元以下的罚款。

第三十一条 招标人不按照规定组建评标委员会，或者评标委员会成员的确定违反本办法规定的，由县级以上地方人民政府住房城乡建设主管部门责令改正，可以处10万元以下的罚款，相应评审结论无效，依法重新进行评审。

第三十二条 招标人有下列情形之一的，由县级以上地方人民政府住房城乡建设主管部门责令改正，可以处中标项目金额10‰以下的罚款；给他人造成损失的，依法承担赔偿责任；对单位直接负责的主管人员和其他直接责任人员依法给予处分：

（一）无正当理由未按本办法规定发出中标通知书；

（二）不按照规定确定中标人；

（三）中标通知书发出后无正当理由改变中标结果；

（四）无正当理由未按本办法规定与中标人订立合同；

（五）在订立合同时向中标人提出附加条件。

第三十三条 投标人以他人名义投标或者以其他方式弄虚作假，骗取中标的，中标无效，给招标人造成损失的，依法承担赔偿责任；构成犯罪的，依法追究刑事责任。

投标人有前款所列行为尚未构成犯罪的，由县级以上地方人民政府住房城乡建设主管部门处中标项目金额5‰以上10‰以下的罚款，对单位直接负责的主管人员和其他直接责任人员处单位罚款数额5%以上10%以下的罚款；有违法所得的，并处没收违法所得；情节严重的，取消其1年至3年内参加依法必须进行招标的建筑工程设计招标的投标资格，并予以公告，直至由工商行政管理机关吊销营业执照。

第三十四条 评标委员会成员收受投标人的财物或者其他好处的，评标委员会成员或者参加评标的有关工作人员向他人透露对投标文件的评审和比较、中标候选人的推荐以及与评标有关的其他情况的，由县级以上地方人民政府住房城乡建设主管部门给予警告，没收收受的财物，可以并处3000元以上5万元以下的罚款。

评标委员会成员有前款所列行为的，由有关主管部门通报批评并取消担任评标委员会成员的资格，不得再参加任何依法必须进行招标的建筑工程设计招标投标的评标；构成犯罪的，依法追究刑事责任。

第三十五条 评标委员会成员违反本办法规定，对应当否决的投标不提出否决意见的，由县级以上地方人民政府住房城乡建设主管部门责令改正；情节严重的，禁止其在一定期限内参加依法必须进行招标的建筑工程设计招标投标的评标；情节特别严重的，由有关主管部门取消其担任评标委员会成员的资格。

第三十六条　住房城乡建设主管部门或者有关职能部门的工作人员徇私舞弊、滥用职权或者玩忽职守，构成犯罪的，依法追究刑事责任；不构成犯罪的，依法给予行政处分。

第三十七条　市政公用工程及园林工程设计招标投标参照本办法执行。

第三十八条　本办法自2017年5月1日起施行。2000年10月18日建设部颁布的《建筑工程设计招标投标管理办法》（建设部令第82号）同时废止。

建筑工程方案设计招标投标管理办法

1. 2008年3月21日住房和城乡建设部发布

2. 根据2019年3月18日《住房城乡建设部关于修改有关文件的通知》（建法规〔2019〕3号）修正

第一章　总　　则

第一条　为规范建筑工程方案设计招标投标活动，提高建筑工程方案设计质量，体现公平有序竞争，根据《中华人民共和国建筑法》、《中华人民共和国招标投标法》及相关法律、法规和规章，制定本办法。

第二条　在中华人民共和国境内从事建筑工程方案设计招标投标及其管理活动的，适用本办法。

学术性的项目方案设计竞赛或不对某工程项目下一步设计工作的承接具有直接因果关系的“创意征集”等活动，不适用本办法。

第三条　本办法所称建筑工程方案设计招标投标，是指在建筑工程方案设计阶段，按照有关招标投标法律、法规和规章等规定进行的方案设计招标投标活动。

第四条　按照国家规定需要政府审批的建筑工程项目，有下列情形之一的，经有关部门批准，可以不进行招标：

（一）涉及国家安全、国家秘密的；

（二）涉及抢险救灾的；

（三）主要工艺、技术采用特定专利、专有技术，或者建筑艺术造型有特殊要求的；

（四）技术复杂或专业性强，能够满足条件的设计机构少于三家，不能形成有效竞争的；

（五）项目的改、扩建或者技术改造，由其他设计机构设计影响项目功能配套性的；

（六）法律、法规规定可以不进行设计招标的其他情形。

第五条　国务院建设主管部门负责全国建筑工程方案设计招标投标活动统一监督管理。县级以上人民政府建设主管部门依法对本行政区域内建筑工程方案设计招标投标活动实施监督管理。

建筑工程方案设计招标投标管理流程图详见附件一。

第六条　建筑工程方案设计应按照科学发展观，全面贯彻适用、经济，在可能条件下注意美观的原则。建筑工程设计方案要与当地经济发展水平相适应，积极鼓励采用节能、节地、节水、节材、环保技术的建筑工程设计方案。

第七条　建筑工程方案设计招标投标活动应遵循公开、公平、公正、择优和诚实信用的原则。

第八条　建筑工程方案设计应严格执行《建设工程质量管理条例》、《建设工程勘察设计管理条例》和国家强制性标准条文；满足现行的建筑工程建设标准、设计规范（规程）和本办法规定的相应设计文件编制深度要求。

第二章　招　　标

第九条　建筑工程方案设计招标方式分为公开招标和邀请招标。

全部使用国有资金投资或者国有资金投资占控股或者主导地位的建筑工程项目，以及国务院发展和改革部门确定的国家重点项目和省、自治区、直辖市人民政府确定的地方重点项目，除符合本办法第四条及第十条规定条件并依法获得批准外，应当公开招标。

第十条　依法必须进行公开招标的建筑工程项目，在下列情形下可以进行邀请招标：

（一）项目的技术性、专业性强，或者环境资源条件特殊，符合条件的潜在投标人数量有限的；

（二）如采用公开招标，所需费用占建筑工程项目总投资额比例过大的；

（三）受自然因素限制，如采用公开招标，影响建筑工程项目实施时机的；

（四）法律、法规规定不宜公开招标的。

招标人采用邀请招标的方式，应保证有三个以上具备承担招标项目设计能力，并具有相应资质的机构参加投标。

第十一条 根据设计条件及设计深度，建筑工程方案设计招标类型分为建筑工程概念性方案设计招标和建筑工程实施性方案设计招标两种类型。

招标人应在招标公告或者投标邀请函中明示采用何种招标类型。

第十二条 建筑工程方案设计招标时应当具备下列条件：

（一）按照国家有关规定需要履行项目审批手续的，已履行审批手续，取得批准；

（二）设计所需要资金已经落实；

（三）设计基础资料已经收集完成；

（四）符合相关法律、法规规定的其他条件。

建筑工程概念性方案设计招标和建筑工程实施性方案设计招标的招标条件详见本办法附件二。

第十三条 公开招标的项目，招标人应当在指定的媒介发布招标公告。大型公共建筑工程的招标公告应当按照有关规定在指定的全国性媒介发布。

第十四条 招标人填写的招标公告或投标邀请函应当内容真实、准确和完整。

招标公告或投标邀请函的主要内容应当包括：工程概况、招标方式、招标类型、招标内容及范围、投标人承担设计任务范围、对投标人资质、经验及业绩的要求、投标人报名要求、招标文件工本费收费标准、投标报名时间、提交资格预审申请文件的截止时间、投标截止时间等。

建筑工程方案设计招标公告和投标邀请函样本详见本办法附件三。

第十五条 招标人应当按招标公告或者投标邀请函规定的时间、地点发出招标文件或者资格预审文件。自招标文件或者资格预审文件发出之日起至停止发出之日止，不得少于5个工作日。

第十六条 大型公共建筑工程项目或投标人报名数量较多的建筑工程项目招标可以实行资格预审。采用资格预审的，招标人应在招标公告中明示，并发出资格预审文件。招标人不得通过资格预审排斥潜在投标人。

对于投标人数量过多，招标人实行资格预审的情形，招标人应在招标公告中明确进行资格预审所需达到的投标人报名数量。招标人未在招标公告中明确或实际投标人报名数量未达到招标公告中规定的数量时，招标人不得进行资格预审。

资格预审必须由专业人员评审。资格预审不采用打分的方式评审，只有“通过”和“未通过”之分。如果通过资格预审投标人的数量不足三家，招标人应修订并公布新的资格预审条件，重新进行资格预审，直至三家或三家以上投标人通过资格预审为止。特殊情况下，招标人不能重新制定新的资格预审条件的，必须依据国家相关法律、法规规定执行。

建筑工程方案设计招标资格预审文件样本详见本办法附件四。

第十七条 招标人应当根据建筑工程特点和需要编制招标文件。招标文件包括以下方面内容：

（一）投标须知；

（二）投标技术文件要求；

（三）投标商务文件要求；

（四）评标、定标标准及方法说明；

（五）设计合同授予及投标补偿费用说明。

招标人应在招标文件中明确执行国家规定的设计收费标准或提供投标人设计收费的统一计算基价。

对政府或国有资金投资的大型公共建筑工程项目，招标人应当在招标文件中明确参与投标的设计方案必须包括有关使用功能、建筑节能、工程造价、运营成本等方面的专题报告。

设计招标文件中的投标须知样本、招标技术文件编写内容及深度要求、投标商务文件内容等分别详见本办法附件五、附件六和附件七。

第十八条 各级建设主管部门对招标投标活动实施监督。

第十九条 概念性方案设计招标或者实施性方案设计招标的中标人应按招标文件要求承担方案及后续阶

段的设计和服务工作。但中标人为中华人民共和国境外企业的，若承担后续阶段的设计和服务工作应按照《关于外国企业在中华人民共和国境内从事建设工程设计活动的管理暂行规定》（建市〔2004〕78号）执行。

如果招标人只要求中标人承担方案阶段设计，而不再委托中标人承接或参加后续阶段工程设计业务的，应在招标公告或投标邀请函中明示，并说明支付中标人的设计费用。采用建筑工程实施性方案设计招标的，招标人应按照国家规定方案阶段设计付费标准支付中标人。采用建筑工程概念性方案设计招标的，招标人应按照国家规定方案阶段设计付费标准的80%支付中标人。

第三章　投　　标

第二十条　参加建筑工程项目方案设计的投标人应具备下列主体资格：

（一）在中华人民共和国境内注册的企业，应当具有建设主管部门颁发的建筑工程设计资质证书或建筑专业事务所资质证书，并按规定的等级和范围参加建筑工程项目方案设计投标活动。

（二）注册在中华人民共和国境外的企业，应当是其所在国或者所在地区的建筑设计行业协会或组织推荐的会员。其行业协会或组织的推荐名单应由建设单位确认。

（三）各种形式的投标联合体各方应符合上述要求。招标人不得强制投标人组成联合体共同投标，不得限制投标人组成联合体参与投标。

招标人可以根据工程项目实际情况，在招标公告或投标邀请函中明确投标人其他资格条件。

第二十一条　采用国际招标的，不应人为设置条件排斥境内投标人。

第二十二条　投标人应按照招标文件确定的内容和深度提交投标文件。

第二十三条　招标人要求投标人提交备选方案的，应当在招标文件中明确相应的评审和比选办法。

凡招标文件中未明确规定允许提交备选方案的，投标人不得提交备选方案。如投标人擅自提交备选方案的，招标人应当拒绝该投标人提交的所有方案。

第二十四条　建筑工程概念性方案设计投标文件编制一般不少于二十日，其中大型公共建筑工程概念性方案设计投标文件编制一般不少于四十日；建筑工程实施性方案设计投标文件编制一般不少于四十五日。招标文件中规定的编制时间不符合上述要求的，建设主管部门对招标文件不予备案。

第四章　开标、评标、定标

第二十五条　开标应在招标文件规定提交投标文件截止时间的同一时间公开进行；除不可抗力外，招标人不得以任何理由拖延开标，或者拒绝开标。

建筑工程方案设计招标开标程序详见本办法附件八。

第二十六条　投标文件出现下列情形之一的，其投标文件作为无效标处理，招标人不予受理：

（一）逾期送达的或者未送达指定地点的；

（二）投标文件未按招标文件要求予以密封的；

（三）违反有关规定的其他情形。

第二十七条　招标人或招标代理机构根据招标建筑工程项目特点和需要组建评标委员会，其组成应当符合有关法律、法规和本办法的规定：

（一）评标委员会的组成应包括招标人以及与建筑工程项目方案设计有关的建筑、规划、结构、经济、设备等专业专家。大型公共建筑工程项目应增加环境保护、节能、消防专家。评委应以建筑专业专家为主，其中技术、经济专家人数应占评委总数的三分之二以上；

（二）评标委员会人数为5人以上单数组成，其中大型公共建筑工程项目评标委员会人数不应少于9人；

（三）大型公共建筑工程或具有一定社会影响的建筑工程，以及技术特别复杂、专业性要求特别高的建筑工程，采取随机抽取确定的专家难以胜任的，经主管部门批准，招标人可以从设计类资深专家库中直接确定，必要时可以邀请外地或境外资深专家参加评标。

第二十八条　评标委员会必须严格按照招标文件确定的评标标准和评标办法进行评审。评委应遵循公平、公正、客观、科学、独立、实事求是的评标原则。

评审标准主要包括以下方面：

（一）对方案设计符合有关技术规范及标准规定的要求进行分析、评价；

（二）对方案设计水平、设计质量高低、对招标目标的响应度进行综合评审；

（三）对方案社会效益、经济效益及环境效益的高低进行分析、评价；

（四）对方案结构设计的安全性、合理性进行分析、评价；

（五）对方案投资估算的合理性进行分析、评价；

（六）对方案规划及经济技术指标的准确度进行比较、分析；

（七）对保证设计质量、配合工程实施，提供优质服务的措施进行分析、评价；

（八）对招标文件规定废标或被否决的投标文件进行评判。

评标方法主要包括记名投票法、排序法和百分制综合评估法等，招标人可根据项目实际情况确定评标方法。评标方法及实施步骤详见本办法附件九。

第二十九条 设计招标投标评审活动应当符合以下规定：

（一）招标人应确保评标专家有足够时间审阅投标文件，评审时间安排应与工程的复杂程度、设计深度、提交有效标的投标人数量和投标人提交设计方案的数量相适应。

（二）评审应由评标委员会负责人主持，负责人应从评标委员会中确定一名资深技术专家担任，并从技术评委中推荐一名评标会议纪要人。

（三）评标应严格按照招标文件中规定的评标标准和办法进行，除了有关法律、法规以及国家标准中规定的强制性条文外，不得引用招标文件规定以外的标准和办法进行评审。

（四）在评标过程中，当评标委员会对投标文件有疑问，需要向投标人质疑时，投标人可以到场解释或澄清投标文件有关内容。

（五）在评标过程中，一旦发现投标人有对招标人、评标委员会成员或其他有关人员施加不正当影响的行为，评标委员会有权拒绝该投标人的投标。

（六）投标人不得以任何形式干扰评标活动，否则评标委员会有权拒绝该投标人的投标。

（七）对于国有资金投资或国家融资的有重大社会影响的标志性建筑，招标人可以邀请人大代表、政协委员和社会公众代表列席，接受社会监督。但列席人员不发表评审意见，也不得以任何方式干涉评标委员会独立开展评标工作。

第三十条 大型公共建筑工程项目如有下列情况之一的，招标人可以在评标过程中对其中有关规划、安全、技术、经济、结构、环保、节能等方面进行专项技术论证：

（一）对于重要地区主要景观道路沿线，设计方案是否适合周边地区环境条件兴建的；

（二）设计方案中出现的安全、技术、经济、结构、材料、环保、节能等有重大不确定因素的；

（三）有特殊要求，需要进行设计方案技术论证的。

一般建筑工程项目，必要时，招标人也可进行涉及安全、技术、经济、结构、材料、环保、节能中的一个或多个方面的专项技术论证，以确保建筑方案的安全性和合理性。

第三十一条 投标文件有下列情形之一的，经评标委员会评审后按废标处理或被否决：

（一）投标文件中的投标函无投标人公章（有效签署）、投标人的法定代表人有效签章及未有相应资格的注册建筑师有效签章的；或者投标人的法定代表人授权委托人没有经有效签章的合法、有效授权委托书原件的；

（二）以联合体形式投标，未向招标人提交共同签署的联合体协议书的；

（三）投标联合体通过资格预审后在组成上发生变化的；

（四）投标文件中标明的投标人与资格预审的申请人在名称和组织结构上存在实质性差别的；

（五）未按招标文件规定的格式填写，内容不全，未响应招标文件的实质性要求和条件的，经评标委员会评审未通过的；

（六）违反编制投标文件的相关规定，可能对评标工作产生实质性影响的；

（七）与其他投标人串通投标，或者与招标人串通投标的；

（八）以他人名义投标，或者以其他方式弄虚作假的；

（九）未按招标文件的要求提交投标保证金的；

（十）投标文件中承诺的投标有效期短于招标文件规定的；

（十一）在投标过程中有商业贿赂行为的；

（十二）其他违反招标文件规定实质性条款要求的。

评标委员会对投标文件确认为废标的，应当由三分之二以上评委签字确认。

第三十二条　有下列情形之一的，招标人应当依法重新招标：

（一）所有投标均做废标处理或被否决的；

（二）评标委员会界定为不合格标或废标后，因有效投标人不足3个使得投标明显缺乏竞争，评标委员会决定否决全部投标的；

（三）同意延长投标有效期的投标人少于3个的。

符合前款第一种情形的，评标委员会应在评标纪要上详细说明所有投标均做废标处理或被否决的理由。

招标人依法重新招标的，应对有串标、欺诈、行贿、压价或弄虚作假等违法或严重违规行为的投标人取消其重新投标的资格。

第三十三条　评标委员会按如下规定向招标人推荐合格的中标候选人：

（一）采取公开和邀请招标方式的，推荐1至3名；

（二）招标人也可以委托评标委员会直接确定中标人；

（三）经评标委员会评审，认为各投标文件未最大程度响应招标文件要求，重新招标时间又不允许的，经评标委员会同意，评委可以以记名投票方式，按自然多数票产生3名或3名以上投标人进行方案优化设计。评标委员会重新对优化设计方案评审后，推荐合格的中标候选人。

第三十四条　各级建设主管部门应在评标结束后15天内在指定媒介上公开排名顺序，并对推荐中标方案、评标专家名单及各位专家评审意见进行公示，公示期为5个工作日。

第三十五条　推荐中标方案在公示期间没有异议、异议不成立、没有投诉或投诉处理后没有发现问题的，招标人应当根据招标文件中规定的定标方法从评标委员会推荐的中标候选方案中确定中标人。定标方法主要包括：

（一）招标人委托评标委员会直接确定中标人。

（二）招标人确定评标委员会推荐的排名第一的中标候选人为中标人。排名第一的中标候选人放弃中标、因不可抗力提出不能履行合同、招标文件规定应当提交履约保证金而在规定的期限内未提交的，或者存在违法行为被有关部门依法查处，且其违法行为影响中标结果的，招标人可以确定排名第二的中标候选人为中标人。如排名第二的中标候选人也发生上述问题，依次可确定排名第三的中标候选人为中标人。

（三）招标人根据评标委员会的书面评标报告，组织审查评标委员会推荐的中标候选方案后，确定中标人。

第三十六条　依法必须进行设计招标的项目，招标人应当在确定中标人之日起15日内，向有关建设主管部门提交招标投标情况的书面报告。

建筑工程方案设计招标投标情况书面报告的主要内容详见本办法附件十。

第五章　其　　他

第三十七条　招标人和中标人应当自中标通知书发出之日起30日内，依据《中华人民共和国合同法》及有关工程设计合同管理规定的要求，按照不违背招标文件和中标人的投标文件内容签订设计委托合同，并履行合同约定的各项内容。合同中确定的建设标准、建设内容应当控制在经审批的可行性报告规定范围内。

国家制定的设计收费标准上下浮动 20% 是签订建筑工程设计合同的依据。招标人不得以压低设计费、增加工作量、缩短设计周期等作为发出中标通知书的条件，也不得与中标人再订立背离合同实质性内容的其他协议。如招标人违反上述规定，其签订的合同效力按《中华人民共和国合同法》有关规定执行，同时建设主管部门对设计合同不予备案，并依法予以处理。

招标人应在签订设计合同起 7 个工作日内，将设计合同报项目所在地建设或规划主管部门备案。

第三十八条　对于达到设计招标文件要求但未中标的设计方案，招标人应给予不同程度的补偿。

（一）采用公开招标，招标人应在招标文件中明确其补偿标准。若投标人数量过多，招标人可在招标文件中明确对一定数量的投标人进行补偿。

（二）采用邀请招标，招标人应给予每个未中标的投标人经济补偿，并在投标邀请函中明确补偿标准。

招标人可根据情况设置不同档次的补偿标准，以便对评标委员会评选出的优秀设计方案给予适当鼓励。

第三十九条　境内外设计企业在中华人民共和国境内参加建筑工程设计招标的设计收费，应按照同等国民待遇原则，严格执行中华人民共和国的设计收费标准。

工程设计中采用投标人自有专利或者专有技术的，其专利和专有技术收费由招标人和投标人协商确定。

第四十条　招标人应保护投标人的知识产权。投标人拥有设计方案的著作权（版权）。未经投标人书面同意，招标人不得将交付的设计方案向第三方转让或用于本招标范围以外的其他建设项目。

招标人与中标人签署设计合同后，招标人在该建设项目中拥有中标方案的使用权。中标人应保护招标人一旦使用其设计方案不能受到来自第三方的侵权诉讼或索赔，否则中标人应承担由此而产生的一切责任。

招标人或者中标人使用其他未中标人投标文件中的技术成果或技术方案的，应当事先征得该投标人的书面同意，并按规定支付使用费。未经相关投标人书面许可，招标人或者中标人不得擅自使用其他投标人投标文件中的技术成果或技术方案。

联合体投标人合作完成的设计方案，其知识产权由联合体成员共同所有。

第四十一条　设计单位应对其提供的方案设计的安全性、可行性、经济性、合理性、真实性及合同履行承担相应的法律责任。

由于设计原因造成工程项目总投资超出预算的，建设单位有权依法对设计单位追究责任。但设计单位根据建设单位要求，仅承担方案设计，不承担后续阶段工程设计业务的情形除外。

第四十二条　各级建设主管部门应加强对建设单位、招标代理机构、设计单位及取得执业资格注册人员的诚信管理。在设计招标投标活动中对招标代理机构、设计单位及取得执业资格注册人员的各种失信行为和违法违规行为记录在案，并建立招标代理机构、设计单位及取得执业资格注册人员的诚信档案。

第四十三条　各级政府部门不得干预正常的招标投标活动和无故否决依法按规定程序评出的中标方案。

各级政府相关部门应加强监督国家和地方建设方针、政策、标准、规范的落实情况，查处不正当竞争行为。

在建筑工程方案设计招标投标活动中，对违反《中华人民共和国招标投标法》、《工程建设项目勘察设计招标投标办法》和本办法规定的，建设主管部门应当依法予以处理。

第六章　附　　则

第四十四条　本办法所称大型公共建筑工程一般指建筑面积 2 万平方米以上的办公建筑、商业建筑、旅游建筑、科教文卫建筑、通信建筑以及交通运输用房等。

第四十五条　使用国际组织或者外国政府贷款、援助资金的建筑工程进行设计招标时，贷款方、资金提供方对招标投标的条件和程序另有规定的，可以适用其规定，但违背中华人民共和国社会公共利益的除外。

第四十六条 各省、自治区、直辖市建设主管部门可依据本办法制定实施细则。

第四十七条 本办法自2008年5月1日起施行。

附件:(略)

④施工招标

建设部关于加强房屋建筑和市政基础设施工程项目施工招标投标行政监督工作的若干意见

1. 2005年10月10日

2. 建市〔2005〕208号

各省、自治区建设厅,直辖市建委,江苏省、山东省建管局,新疆生产建设兵团建设局,解放军总后营房部工程管理局,计划单列市建委:

近年来,各地建设行政主管部门以建立统一、开放、竞争、有序的建筑市场为目标,不断深化招标投标体制改革,完善招标投标法律法规,依法履行行政监督职能,健全建设工程交易中心的服务功能,使招标投标工作和建设工程交易中心建设取得了新的进展。为进一步规范房屋建筑和市政基础设施工程项目(以下简称工程项目)的施工招标投标活动,维护市场秩序,保证工程质量,根据《国务院办公厅关于进一步规范招投标活动的若干意见》(国办发〔2004〕56号)精神,现就加强招标投标行政监督的有关工作提出如下意见。

一、明确招标人自行办理招标事宜的条件和监督程序

依法必须进行招标的工程项目,招标人自行办理施工招标事宜的,应当在发布招标公告或者发出投标邀请书的5日前,向建设行政主管部门备案,以证明其具备以下编制招标文件和组织评标的能力:具有项目法人资格或者法人资格;有从事同类工程招标的经验;有与招标项目规模和复杂程度相适应的工程技术、概预算、财务和工程管理等方面的专业技术力量,即招标人应当具有3名以上本单位的中级以上职称的工程技术经济人员,并熟悉和掌握招标投标有关法规,并且至少包括1名在本单位注册的造价工程师。

建设行政主管部门在收到招标人自行办理招标事宜的备案材料后,应当对照标准及时进行核查,发现招标人不具备自行办理招标事宜的条件或者在备案材料中弄虚作假的,应当依法责令其改正,并且要求其委托具有相应资格的工程建设项目招标代理机构(以下简称招标代理机构)代理招标。

二、完善资格审查制度

资格审查分为资格预审和资格后审,一般使用合格制的资格审查方式。

在工程项目的施工招标中,除技术特别复杂或者具有特殊专业技术要求的以外,提倡实行资格后审。实行资格预审的,提倡招标人邀请所有资格预审合格的潜在投标人(以下简称合格申请人)参加投标。

依法必须公开招标的工程项目的施工招标实行资格预审,并且采用经评审的最低投标价法评标的,招标人必须邀请所有合格申请人参加投标,不得对投标人的数量进行限制。

依法必须公开招标的工程项目的施工招标实行资格预审,并且采用综合评估法评标的,当合格申请人数量过多时,一般采用随机抽签的方法,特殊情况也可以采用评分排名的方法选择规定数量的合格申请人参加投标。其中,工程投资额1000万元以上的工程项目,邀请的合格申请人应当不少于9个;工程投资额1000万元以下的工程项目,邀请的合格申请人应当不少于7个。

实行资格后审的,招标文件应当设置专门的章节,明确合格投标人的条件、资格后审的评审标准和评审方法。

实行资格预审的,资格预审文件应当明确合格申请人的条件、资格预审的评审标准和评审方法、合格申请人过多时将采用的选择方法和拟邀请参加投标的合格申请人数量等内容。资格预审文件一经发出,不得擅自更改。确需更改的,应当将更改的内容通知所有已经获取资格预审文件的潜在投标人。

对潜在投标人或者投标人的资格审查必须充分体现公开、公平、公正的原则，不得提出高于招标工程实际情况所需要的资质等级要求。资格审查中还应当注重对拟选派的项目经理(建造师)的劳动合同关系、参加社会保险、正在施工和正在承接的工程项目等方面情况的审查。要严格执行项目经理管理规定的要求，一个项目经理(建造师)只宜担任一个施工项目的管理工作，当其负责管理的施工项目临近竣工，并已经向发包人提出竣工验收申请后，方可参加其他工程项目的投标。

三、深化对评标专家和评标活动的管理

各地要不断深化对已经建立的评标专家名册的管理，建立对评标专家的培训教育、定期考核和准入、清出制度。要强化对评标专家的职业道德教育和纪律约束，有组织、有计划地组织培训学习和交流研讨，提高评标专家的综合素质。对不能胜任评标工作或者有不良行为记录的评标专家，应当暂停或者取消其评标专家资格。

工程项目的评标专家应当从建设部或者省、自治区、直辖市建设行政主管部门组建的专家名册内抽取，抽取工作应当在建设工程交易中心内进行，并采取必要的保密措施，参与抽取的所有人员应当在抽取清单上签字。评标委员会中招标人的代表应当具备评标专家的相应条件。

评标工作应当在建设工程交易中心进行，有条件的地方应当建立评标监控系统。评标时间在1天以上的，应当采取必要的隔离措施，隔断评委与外界，尤其是与投标人的联系。提倡采用电子招标、电子投标和计算机辅助评标等现代化的手段，提高招标投标的效率和评标结果的准确性、公正性。

四、积极推行工程量清单计价方式招标

各地要进一步在国有资金投资的工程项目中推行《建设工程工程量清单计价规范》(以下简称《计价规范》)。工程量清单作为招标文件的重要组成部分，应当本着严格、准确的原则，依据《计价规范》的规定进行编制。

提倡在工程项目的施工招标中设立对投标报价的最高限价，以预防和遏制串通投标和哄抬标价的行为。招标人设定最高限价的，应当在投标截止日3天前公布。

五、探索实行科学、公正、合理的评标方法

各地要深化对经评审的最低投标价法、综合评估法等评标方法的研究，制定更加明确的标准，尤其要突出《计价规范》所要求的技术与经济密切结合的特点。

对于具有通用技术和性能标准的一般工程，当采用经评审的不低于成本的最低投标价法时，提倡对技术部分采用合格制评审的方法。对可能低于成本的投标，评标委员会不仅要审查投标报价是否存在漏项或者缺项，是否符合招标文件规定的要求，还应当从技术和经济相结合的角度，对工程内容是否完整，施工方法是否正确，施工组织和技术措施是否合理、可行，单价和费用的组成、工料机消耗及费用、利润的确定是否合理，主要材料的规格、型号、价格是否合理，有无具有说服力的证明材料等方面进行重点评审。在充分发挥招标投标机制实现社会资源合理分配的同时，要防止恶意的、不理性的“低价抢标”行为，维护正当的竞争秩序。

在推行经评审的最低投标价法的同时，除了要完善与评标程序、评标标准有关的规定外，还应当积极推行工程担保制度的实施，按市场规律建立风险防范机制。国有资金投资的工程项目实行担保的，应当由金融机构或者具有风险防范能力的专业担保机构实施担保。对于以价格低为理由，在合同履行中偷工减料、减少必要的安全施工措施和设施、拖延工期、拖欠农民工工资、降低工程质量标准等行为，要予以公开曝光，依法处理，并记入信用档案。

对于技术复杂的工程项目，可以采用综合评估的方法，但不能任意提高技术部分的评分比重，一般技术部分的分值权重不得高于40%，商务部分的分值权重不得少于60%。

所有的评标标准和方法必须在招标文件中详细载明，招标文件未载明评标的具体标准和方法的，或者评标委员会使用与招标文件规定不一致的评标标准和方法的，评标结果无效，应当依法重新评标或者重新招标。招标文件应当将投标文件存在重大偏差和应当废除投标的情形集中在一起进行表述，并要求表达清晰、含义明确。严禁针对某一投标人的特点，采取“量体裁衣”等手法确定评标的标准和方法，对这类行为应当视为对投标人实行歧视待遇，要按照法律、法规、规章的相关规定予以处理。

六、建立中标候选人的公示制度，加强对确定中标人的管理

各地应当建立中标候选人的公示制度。采用公开招标的，在中标通知书发出前，要将预中标人的情况在该工程项目招标公告发布的同一信息网络和建设工程交易中心予以公示，公示的时间最短应当不少于2个工作日。

确定中标人必须以评标委员会出具的评标报告为依据，严格按照法定的程序，在规定的时间内完成，并向中标人发出中标通知书。对于拖延确定中标人、随意更换中标人、向中标人提出额外要求甚至无正当理由拒不与中标人签署合同的招标人，要依法予以处理。

七、建立和完善各管理机构之间的联动机制，监督合同的全面履行

各地建设行政主管部门应当进一步建立和完善建筑市场与招标投标、资质和资格、工程造价、质量和安全监督等管理机构之间的相互联动机制，相互配合，加强对合同履行的监督管理，及时发现和严厉查处中标后随意更换项目经理（建造师）、转包、违法分包、任意进行合同变更、不合理地增加合同价款、拖延支付工程款、拖延竣工结算等违法、违规和违约行为，促进合同的全面履行，营造诚信经营、忠实履约的市场环境。同时，要建立工程信息和信用档案管理系统，及时、全面地掌握工程项目的进展情况和合同履约情况，对于发现的不良行为和违法行为，要及时予以查处，并计入相应责任单位和责任人的信用档案，向社会公布。

八、加强对招标代理机构的管理，维护招标代理市场秩序

招标代理机构必须遵循《民法通则》和《合同法》的规定，订立工程招标代理合同，严格履行民事代理责任。招标代理服务费原则上向招标人收取。

各地建设行政主管部门要在严格招标代理机构资格市场准入的基础上，加强对招标代理机构承接业务后的行为管理，重点是代理合同的签订、代理项目专职人员的落实、在代理过程中签字、盖章手续的履行等。应当尽快建立和实施对招标代理机构及其专职人员的清出制度，严厉打击挂靠，出让代理资格，通过采用虚假招标、串通投标等违法方式操纵招标结果，违反规定将代理服务费转嫁给投标人或者中标人，以及以赢利为目的的高价出售资格预审文件和招标文件等行为。对上述行为，经查证核实的，除依法对招标代理机构进行处理外，还应当将负有直接和相关责任的专职人员清出招标代理机构。

各地工程招标投标行政监督机构和建设工程招标投标行业社团组织应当建立对招标代理机构专职人员的继续教育制度，通过不断的培训教育，提高其业务水平、综合素质和工程招标代理的服务质量。

各地建设行政主管部门要积极推动工程招标投标行业社团组织的建设，充分发挥行业社团组织的特点和优势，建立和完善工程招标投标行业自律机制，包括行业技术规范、行业行为准则以及行业创建活动等，规范和约束工程招标代理机构的行为，维护工程招标投标活动的秩序。

九、继续推进建设工程交易中心的建设与管理，充分发挥建设工程交易中心的作用

建设工程交易中心是经省级以上建设行政主管部门批准设立，为工程项目的交易活动提供服务的特殊场所，应当为非盈利性质的事业单位。各地建设行政主管部门要全面贯彻落实《国务院办公厅转发建设部、国家计委、监察部关于健全和规范有形建筑市场若干意见的通知》（国办发〔2002〕21号）要求，加强对建设工程交易中心的管理，继续做好与纪检监察及其他有关部门的协调工作，强化对建设工程交易中心的监督、指导和考核，及时研究、解决实际工作中遇到的困难和问题，完善服务设施，规范服务行为，提高服务质量。

建设工程交易中心要在充分发挥现有服务功能的基础上，积极拓展服务范围、服务内容和服务领域，为工程项目的交易活动提供全面、规范和高效的服务。当前要重点做好以下两个方面的工作：一是为全国建筑市场与工程项目招标投标的信用体系建设提供信息网络平台，为建筑市场参与各方提供真实、准确、便捷的信用状况服务，为营造诚实守信、失信必惩的建筑市场环境，提高整个行业的信用水平，推进建设领域诚信建设创造条件。各地可以以项目经理（建造师）的联网管理作为试点，取得经验后逐步向其他方面拓展。二是建立档案管理制度，加强对工程项目交易档案的管理，及时收集和整理建设工程交易活动中产生的各类文字、音像、图片资料和原始记录，并妥善保存档案资料。

十、切实加强工程项目施工招标投标活动的监督管理

各地建设行政主管部门要切实加强对工程项目施工招标投标活动的监督管理工作，依法履行好行政监督职能。

对于招标投标活动中的各个重要环节，应当通过完善方式、明确重点来实施有效的监督。在监督的对象上，要以国有资金投资的工程项目为重点，对非国有资金投资的工程项目的施工招标投标活动，可以转变方式，突出重点；在监督的主体上，要以招标人、招标代理机构和评标委员会为重点；在监督的方法上，除了全过程监督外，要进一步创新方法，将有针对性的过程监督和随机监督有机地结合起来，提高行政监督的效率和权威。同时，要注意发挥建设工程交易中心的作用，相互配合，形成合力，共同推进招标投标工作水平的提高。

要按照国家七部委颁发的《工程建设项目招标投标活动投诉处理办法》的要求，进一步加强招标投标活动中的投诉处理工作，建立和完善公正、高效的投诉处理机制，及时受理和妥善处理投诉，查处投诉处理中发现的违法行为。

招标投标监督管理机构是受建设行政主管部门委托，依法对工程项目的招标投标活动实施监督的职能机构，各地要积极、认真地解决好工程招标投标监督管理机构的编制、人员和经费等问题，为工程项目招标投标的监督提供保障，同时要加强工程招标投标监督管理机构的廉政建设和所属工作人员的教育和培训，提高依法监督和依法行政的水平。

房屋建筑和市政基础设施工程施工招标投标管理办法

1. 2001年6月1日建设部令第89号公布

2. 根据2018年9月28日住房和城乡建设部令第43号《关于修改〈房屋建筑和市政基础设施工程施工招标投标管理办法〉的决定》第一次修正

3. 根据2019年3月13日住房和城乡建设部令第47号《关于修改部分部门规章的决定》第二次修正

第一章　总　　则

第一条　为了规范房屋建筑和市政基础设施工程施工招标投标活动，维护招标投标当事人的合法权益，依据《中华人民共和国建筑法》、《中华人民共和国招标投标法》等法律、行政法规，制定本办法。

第二条　依法必须进行招标的房屋建筑和市政基础设施工程（以下简称工程），其施工招标投标活动，适用本办法。

本办法所称房屋建筑工程，是指各类房屋建筑及其附属设施和与其配套的线路、管道、设备安装工程及室内外装修工程。

本办法所称市政基础设施工程，是指城市道路、公共交通、供水、排水、燃气、热力、园林、环卫、污水处理、垃圾处理、防洪、地下公共设施及附属设施的土建、管道、设备安装工程。

第三条　国务院建设行政主管部门负责全国工程施工招标投标活动的监督管理。

县级以上地方人民政府建设行政主管部门负责本行政区域内工程施工招标投标活动的监督管理。具体的监督管理工作，可以委托工程招标投标监督管理机构负责实施。

第四条　任何单位和个人不得违反法律、行政法规规定，限制或者排斥本地区、本系统以外的法人或者其他组织参加投标，不得以任何方式非法干涉施工招标投标活动。

第五条　施工招标投标活动及其当事人应当依法接受监督。

建设行政主管部门依法对施工招标投标活动实

施监督,查处施工招标投标活动中的违法行为。

第二章 招 标

第六条 工程施工招标由招标人依法组织实施。招标人不得以不合理条件限制或者排斥潜在投标人,不得对潜在投标人实行歧视待遇,不得对潜在投标人提出与招标工程实际要求不符的过高的资质等级要求和其他要求。

第七条 工程施工招标应当具备下列条件:

(一)按照国家有关规定需要履行项目审批手续的,已经履行审批手续;

(二)工程资金或者资金来源已经落实;

(三)有满足施工招标需要的设计文件及其他技术资料;

(四)法律、法规、规章规定的其他条件。

第八条 工程施工招标分为公开招标和邀请招标。

依法必须进行施工招标的工程,全部使用国有资金投资或者国有资金投资占控股或者主导地位的,应当公开招标,但经国家计委或者省、自治区、直辖市人民政府依法批准可以进行邀请招标的重点建设项目除外;其他工程可以实行邀请招标。

第九条 工程有下列情形之一的,经县级以上地方人民政府建设行政主管部门批准,可以不进行施工招标:

(一)停建或者缓建后恢复建设的单位工程,且承包人未发生变更的;

(二)施工企业自建自用的工程,且该施工企业资质等级符合工程要求的;

(三)在建工程追加的附属小型工程或者主体加层工程,且承包人未发生变更的;

(四)法律、法规、规章规定的其他情形。

第十条 依法必须进行施工招标的工程,招标人自行办理施工招标事宜的,应当具有编制招标文件和组织评标的能力:

(一)有专门的施工招标组织机构;

(二)有与工程规模、复杂程度相适应并具有同类工程施工招标经验、熟悉有关工程施工招标法律法规的工程技术、概预算及工程管理的专业人员。

不具备上述条件的,招标人应当委托工程招标代理机构代理施工招标。

第十一条 招标人自行办理施工招标事宜的,应当在发布招标公告或者发出投标邀请书的5日前,向工程所在地县级以上地方人民政府建设行政主管部门备案,并报送下列材料:

(一)按照国家有关规定办理审批手续的各项批准文件;

(二)本办法第十一条所列条件的证明材料,包括专业技术人员的名单、职称证书或者执业资格证书及其工作经历的证明材料;

(三)法律、法规、规章规定的其他材料。

招标人不具备自行办理施工招标事宜条件的,建设行政主管部门应当自收到备案材料之日起5日内责令招标人停止自行办理施工招标事宜。

第十二条 全部使用国有资金投资或者国有资金投资占控股或者主导地位,依法必须进行施工招标的工程项目,应当进入有形建筑市场进行招标投标活动。

政府有关管理机关可以在有形建筑市场集中办理有关手续,并依法实施监督。

第十三条 依法必须进行施工公开招标的工程项目,应当在国家或者地方指定的报刊、信息网络或者其他媒介上发布招标公告,并同时在中国工程建设和建筑业信息网上发布招标公告。

招标公告应当载明招标人的名称和地址,招标工程的性质、规模、地点以及获取招标文件的办法等事项。

第十四条 招标人采用邀请招标方式的,应当向3个以上符合资质条件的施工企业发出投标邀请书。

投标邀请书应当载明本办法第十四条第二款规定的事项。

第十五条 招标人可以根据招标工程的需要,对投标申请人进行资格预审,也可以委托工程招标代理机构对投标申请人进行资格预审。实行资格预审的招标工程,招标人应当在招标公告或者投标邀请书中载明资格预审的条件和获取资格预审文件的办法。

资格预审文件一般应当包括资格预审申请书格式、申请人须知,以及需要投标申请人提供的企业资质、业绩、技术装备、财务状况和拟派出的项目经理与主要技术人员的简历、业绩等证明材料。

第十六条 经资格预审后，招标人应当向资格预审合格的投标申请人发出资格预审合格通知书，告知获取招标文件的时间、地点和方法，并同时向资格预审不合格的投标申请人告知资格预审结果。

在资格预审合格的投标申请人过多时，可以由招标人从中选择不少于7家资格预审合格的投标申请人。

第十七条 招标人应当根据招标工程的特点和需要，自行或者委托工程招标代理机构编制招标文件。招标文件应当包括下列内容：

（一）投标须知，包括工程概况，招标范围，资格审查条件，工程资金来源或者落实情况，标段划分，工期要求，质量标准，现场踏勘和答疑安排，投标文件编制、提交、修改、撤回的要求，投标报价要求，投标有效期，开标的时间和地点，评标的方法和标准等；

（二）招标工程的技术要求和设计文件；

（三）采用工程量清单招标的，应当提供工程量清单；

（四）投标函的格式及附录；

（五）拟签订合同的主要条款；

（六）要求投标人提交的其他材料。

第十八条 依法必须进行施工招标的工程，招标人应当在招标文件发出的同时，将招标文件报工程所在地的县级以上地方人民政府建设行政主管部门备案，但实施电子招标投标的项目除外。建设行政主管部门发现招标文件有违反法律、法规内容的，应当责令招标人改正。

第十九条 招标人对已发出的招标文件进行必要的澄清或者修改的，应当在招标文件要求提交投标文件截止时间至少15日前，以书面形式通知所有招标文件收受人，并同时报工程所在地的县级以上地方人民政府建设行政主管部门备案，但实施电子招标投标的项目除外。该澄清或者修改的内容为招标文件的组成部分。

第二十条 招标人设有标底的，应当依据国家规定的工程量计量规则及招标文件规定的计价方法和要求编制标底，并在开标前保密。一个招标工程只能编制一个标底。

第二十一条 招标人对于发出的招标文件可以酌收工本费。其中的设计文件，招标人可以酌收押金。对于开标后将设计文件退还的，招标人应当退还押金。

第三章 投　　标

第二十二条 施工招标的投标人是响应施工招标、参与投标竞争的施工企业。

投标人应当具备相应的施工企业资质，并在工程业绩、技术能力、项目经理资格条件、财务状况等方面满足招标文件提出的要求。

第二十三条 投标人对招标文件有疑问需要澄清的，应当以书面形式向招标人提出。

第二十四条 投标人应当按照招标文件的要求编制投标文件，对招标文件提出的实质性要求和条件作出响应。

招标文件允许投标人提供备选标的，投标人可以按照招标文件的要求提交替代方案，并作出相应报价作备选标。

第二十五条 投标文件应当包括下列内容：

（一）投标函；

（二）施工组织设计或者施工方案；

（三）投标报价；

（四）招标文件要求提供的其他材料。

第二十六条 招标人可以在招标文件中要求投标人提交投标担保。投标担保可以采用投标保函或者投标保证金的方式。投标保证金可以使用支票、银行汇票等，一般不得超过投标总价的2%，最高不得超过50万元。

投标人应当按照招标文件要求的方式和金额，将投标保函或者投标保证金随投标文件提交招标人。

第二十七条 投标人应当在招标文件要求提交投标文件的截止时间前，将投标文件密封送达投标地点。招标人收到投标文件后，应当向投标人出具标明签收人和签收时间的凭证，并妥善保存投标文件。在开标前，任何单位和个人均不得开启投标文件。在招标文件要求提交投标文件的截止时间后送达的投标文件，为无效的投标文件，招标人应当拒收。

提交投标文件的投标人少于3个的，招标人应当依法重新招标。

第二十八条　投标人在招标文件要求提交投标文件的截止时间前，可以补充、修改或者撤回已提交的投标文件。补充、修改的内容为投标文件的组成部分，并应当按照本办法第二十八条第一款的规定送达、签收和保管。在招标文件要求提交投标文件的截止时间后送达的补充或者修改的内容无效。

第二十九条　两个以上施工企业可以组成一个联合体，签订共同投标协议，以一个投标人的身份共同投标。联合体各方均应当具备承担招标工程的相应资质条件。相同专业的施工企业组成的联合体，按照资质等级低的施工企业的业务许可范围承揽工程。

招标人不得强制投标人组成联合体共同投标，不得限制投标人之间的竞争。

第三十条　投标人不得相互串通投标，不得排挤其他投标人的公平竞争，损害招标人或者其他投标人的合法权益。

投标人不得与招标人串通投标，损害国家利益、社会公共利益或者他人的合法权益。

禁止投标人以向招标人或者评标委员会成员行贿的手段谋取中标。

第三十一条　投标人不得以低于其企业成本的报价竞标，不得以他人名义投标或者以其他方式弄虚作假，骗取中标。

第四章　开标、评标和中标

第三十二条　开标应当在招标文件确定的提交投标文件截止时间的同一时间公开进行；开标地点应当为招标文件中预先确定的地点。

第三十三条　开标由招标人主持，邀请所有投标人参加。开标应当按照下列规定进行：

由投标人或者其推选的代表检查投标文件的密封情况，也可以由招标人委托的公证机构进行检查并公证。经确认无误后，由有关工作人员当众拆封，宣读投标人名称、投标价格和投标文件的其他主要内容。

招标人在招标文件要求提交投标文件的截止时间前收到的所有投标文件，开标时都应当当众予以拆封、宣读。

开标过程应当记录，并存档备查。

第三十四条　在开标时，投标文件出现下列情形之一的，应当作为无效投标文件，不得进入评标：

（一）投标文件未按照招标文件的要求予以密封的；

（二）投标文件中的投标函未加盖投标人的企业及企业法定代表人印章的，或者企业法定代表人委托代理人没有合法、有效的委托书（原件）及委托代理人印章的；

（三）投标文件的关键内容字迹模糊、无法辨认的；

（四）投标人未按照招标文件的要求提供投标保函或者投标保证金的；

（五）组成联合体投标的，投标文件未附联合体各方共同投标协议的。

第三十五条　评标由招标人依法组建的评标委员会负责。

依法必须进行施工招标的工程，其评标委员会由招标人的代表和有关技术、经济等方面的专家组成，成员人数为5人以上单数，其中招标人、招标代理机构以外的技术、经济等方面专家不得少于成员总数的三分之二。评标委员会的专家成员，应当由招标人从建设行政主管部门及其他有关政府部门确定的专家名册或者工程招标代理机构的专家库内相关专业的专家名单中确定。确定专家成员一般应当采取随机抽取的方式。

与投标人有利害关系的人不得进入相关工程的评标委员会。评标委员会成员的名单在中标结果确定前应当保密。

第三十六条　建设行政主管部门的专家名册应当拥有一定数量规模并符合法定资格条件的专家。省、自治区、直辖市人民政府建设行政主管部门可以将专家数量少的地区的专家名册予以合并或者实行专家名册计算机联网。

建设行政主管部门应当对进入专家名册的专家组织有关法律和业务培训，对其评标能力、廉洁公正等进行综合评估，及时取消不称职或者违法违规人员的评标专家资格。被取消评标专家资格的人员，不得再参加任何评标活动。

第三十七条 评标委员会应当按照招标文件确定的评标标准和方法，对投标文件进行评审和比较，并对评标结果签字确认；设有标底的，应当参考标底。

第三十八条 评标委员会可以用书面形式要求投标人对投标文件中含义不明确的内容作必要的澄清或者说明。投标人应当采用书面形式进行澄清或者说明，其澄清或者说明不得超出投标文件的范围或者改变投标文件的实质性内容。

第三十九条 评标委员会经评审，认为所有投标文件都不符合招标文件要求的，可以否决所有投标。

依法必须进行施工招标工程的所有投标被否决的，招标人应当依法重新招标。

第四十条 评标可以采用综合评估法、经评审的最低投标价法或者法律法规允许的其他评标方法。

采用综合评估法的，应当对投标文件提出的工程质量、施工工期、投标价格、施工组织设计或者施工方案、投标人及项目经理业绩等，能否最大限度地满足招标文件中规定的各项要求和评价标准进行评审和比较。以评分方式进行评估的，对于各种评比奖项不得额外计分。

采用经评审的最低投标价法的，应当在投标文件能够满足招标文件实质性要求的投标人中，评审出投标价格最低的投标人，但投标价格低于其企业成本的除外。

第四十一条 评标委员会完成评标后，应当向招标人提出书面评标报告，阐明评标委员会对各投标文件的评审和比较意见，并按照招标文件中规定的评标方法，推荐不超过3名有排序的合格的中标候选人。招标人根据评标委员会提出的书面评标报告和推荐的中标候选人确定中标人。

使用国有资金投资或者国家融资的工程项目，招标人应当按照中标候选人的排序确定中标人。当确定中标的中标候选人放弃中标或者因不可抗力提出不能履行合同的，招标人可以依序确定其他中标候选人为中标人。

招标人也可以授权评标委员会直接确定中标人。

第四十二条 有下列情形之一的，评标委员会可以要求投标人作出书面说明并提供相关材料：

（一）设有标底的，投标报价低于标底合理幅度的；

（二）不设标底的，投标报价明显低于其他投标报价，有可能低于其企业成本的。

经评标委员会论证，认定该投标人的报价低于其企业成本的，不能推荐为中标候选人或者中标人。

第四十三条 招标人应当在投标有效期截止时限30日前确定中标人。投标有效期应当在招标文件中载明。

第四十四条 依法必须进行施工招标的工程，招标人应当自确定中标人之日起15日内，向工程所在地的县级以上地方人民政府建设行政主管部门提交施工招标投标情况的书面报告。书面报告应当包括下列内容：

（一）施工招标投标的基本情况，包括施工招标范围、施工招标方式、资格审查、开评标过程和确定中标人的方式及理由等。

（二）相关的文件资料，包括招标公告或者投标邀请书、投标报名表、资格预审文件、招标文件、评标委员会的评标报告（设有标底的，应当附标底）、中标人的投标文件。委托工程招标代理的，还应当附工程施工招标代理委托合同。

前款第二项中已按照本办法的规定办理了备案的文件资料，不再重复提交。

第四十五条 建设行政主管部门自收到书面报告之日起5日内未通知招标人在招标投标活动中有违法行为的，招标人可以向中标人发出中标通知书，并将中标结果通知所有未中标的投标人。

第四十六条 招标人和中标人应当自中标通知书发出之日起30日内，按照招标文件和中标人的投标文件订立书面合同；招标人和中标人不得再行订立背离合同实质性内容的其他协议。

中标人不与招标人订立合同的，投标保证金不予退还并取消其中标资格，给招标人造成的损失超过投标保证金数额的，应当对超过部分予以赔偿；没有提交投标保证金的，应当对招标人的损失承担赔偿责任。

招标人无正当理由不与中标人签订合同，给中标人造成损失的，招标人应当给予赔偿。

第四十七条　招标文件要求中标人提交履约担保的，中标人应当提交。招标人应当同时向中标人提供工程款支付担保。

第五章　罚　　则

第四十八条　有违反《招标投标法》行为的，县级以上地方人民政府建设行政主管部门应当按照《招标投标法》的规定予以处罚。

第四十九条　招标投标活动中有《招标投标法》规定中标无效情形的，由县级以上地方人民政府建设行政主管部门宣布中标无效，责令重新组织招标，并依法追究有关责任人责任。

第五十条　应当招标未招标的，应当公开招标未公开招标的，县级以上地方人民政府建设行政主管部门应当责令改正，拒不改正的，不得颁发施工许可证。

第五十一条　招标人不具备自行办理施工招标事宜条件而自行招标的，县级以上地方人民政府建设行政主管部门应当责令改正，处1万元以下的罚款。

第五十二条　评标委员会的组成不符合法律、法规规定的，县级以上地方人民政府建设行政主管部门应当责令招标人重新组织评标委员会。

第五十三条　招标人未向建设行政主管部门提交施工招标投标情况书面报告的，县级以上地方人民政府建设行政主管部门应当责令改正。

第六章　附　　则

第五十四条　工程施工专业分包、劳务分包采用招标方式的，参照本办法执行。

第五十五条　招标文件或者投标文件使用两种以上语言文字的，必须有一种是中文；如对不同文本的解释发生异议的，以中文文本为准。用文字表示的金额与数字表示的金额不一致的，以文字表示的金额为准。

第五十六条　涉及国家安全、国家秘密、抢险救灾或者属于利用扶贫资金实行以工代赈、需要使用农民工等特殊情况，不适宜进行施工招标的工程，按照国家有关规定可以不进行施工招标。

第五十七条　使用国际组织或者外国政府贷款、援助资金的工程进行施工招标，贷款方、资金提供方对招标投标的具体条件和程序有不同规定的，可以适用其规定，但违背中华人民共和国的社会公共利益的除外。

第五十八条　本办法由国务院建设行政主管部门负责解释。

第五十九条　本办法自发布之日起施行。1992年12月30日建设部颁布的《工程建设施工招标投标管理办法》（建设部令第23号）同时废止。

建筑工程施工许可管理办法

1. 2014年6月25日住房和城乡建设部令第18号发布
2. 根据2018年9月28日住房和城乡建设部令第42号《关于修改〈建筑工程施工许可管理办法〉的决定》第一次修正
3. 根据2021年3月30日住房和城乡建设部令第52号《关于修改〈建筑工程施工许可管理办法〉等三部规章的决定》第二次修正

第一条　为了加强对建筑活动的监督管理，维护建筑市场秩序，保证建筑工程的质量和安全，根据《中华人民共和国建筑法》，制定本办法。

第二条　在中华人民共和国境内从事各类房屋建筑及其附属设施的建造、装修装饰和与其配套的线路、管道、设备的安装，以及城镇市政基础设施工程的施工，建设单位在开工前应当依照本办法的规定，向工程所在地的县级以上地方人民政府住房城乡建设主管部门（以下简称发证机关）申请领取施工许可证。

工程投资额在30万元以下或者建筑面积在300平方米以下的建筑工程，可以不申请办理施工许可证。省、自治区、直辖市人民政府住房城乡建设主管部门可以根据当地的实际情况，对限额进行调整，并报国务院住房城乡建设主管部门备案。

按照国务院规定的权限和程序批准开工报告的建筑工程，不再领取施工许可证。

第三条　本办法规定应当申请领取施工许可证的建筑

工程未取得施工许可证的，一律不得开工。

任何单位和个人不得将应当申请领取施工许可证的工程项目分解为若干限额以下的工程项目，规避申请领取施工许可证。

第四条　建设单位申请领取施工许可证，应当具备下列条件，并提交相应的证明文件：

（一）依法应当办理用地批准手续的，已经办理该建筑工程用地批准手续。

（二）依法应当办理建设工程规划许可证的，已经取得建设工程规划许可证。

（三）施工场地已经基本具备施工条件，需要征收房屋的，其进度符合施工要求。

（四）已经确定施工企业。按照规定应当招标的工程没有招标，应当公开招标的工程没有公开招标，或者肢解发包工程，以及将工程发包给不具备相应资质条件的企业的，所确定的施工企业无效。

（五）有满足施工需要的资金安排、施工图纸及技术资料，建设单位应当提供建设资金已经落实承诺书，施工图设计文件已按规定审查合格。

（六）有保证工程质量和安全的具体措施。施工企业编制的施工组织设计中有根据建筑工程特点制定的相应质量、安全技术措施。建立工程质量安全责任制并落实到人。专业性较强的工程项目编制了专项质量、安全施工组织设计，并按照规定办理了工程质量、安全监督手续。

县级以上地方人民政府住房城乡建设主管部门不得违反法律法规规定，增设办理施工许可证的其他条件。

第五条　申请办理施工许可证，应当按照下列程序进行：

（一）建设单位向发证机关领取《建筑工程施工许可证申请表》。

（二）建设单位持加盖单位及法定代表人印鉴的《建筑工程施工许可证申请表》，并附本办法第四条规定的证明文件，向发证机关提出申请。

（三）发证机关在收到建设单位报送的《建筑工程施工许可证申请表》和所附证明文件后，对于符合条件的，应当自收到申请之日起七日内颁发施工许可证；对于证明文件不齐全或者失效的，应当当场或者五日内一次告知建设单位需要补正的全部内容，审批时间可以自证明文件补正齐全后作相应顺延；对于不符合条件的，应当自收到申请之日起七日内书面通知建设单位，并说明理由。

建筑工程在施工过程中，建设单位或者施工单位发生变更的，应当重新申请领取施工许可证。

第六条　建设单位申请领取施工许可证的工程名称、地点、规模，应当符合依法签订的施工承包合同。

施工许可证应当放置在施工现场备查，并按规定在施工现场公开。

第七条　施工许可证不得伪造和涂改。

第八条　建设单位应当自领取施工许可证之日起三个月内开工。因故不能按期开工的，应当在期满前向发证机关申请延期，并说明理由；延期以两次为限，每次不超过三个月。既不开工又不申请延期或者超过延期次数、时限的，施工许可证自行废止。

第九条　在建的建筑工程因故中止施工的，建设单位应当自中止施工之日起一个月内向发证机关报告，报告内容包括中止施工的时间、原因、在施部位、维修管理措施等，并按照规定做好建筑工程的维护管理工作。

建筑工程恢复施工时，应当向发证机关报告；中止施工满一年的工程恢复施工前，建设单位应当报发证机关核验施工许可证。

第十条　发证机关应当将办理施工许可证的依据、条件、程序、期限以及需要提交的全部材料和申请表示范文本等，在办公场所和有关网站予以公示。

发证机关作出的施工许可决定，应当予以公开，公众有权查阅。

第十一条　发证机关应当建立颁发施工许可证后的监督检查制度，对取得施工许可证后条件发生变化、延期开工、中止施工等行为进行监督检查，发现违法违规行为及时处理。

第十二条　对于未取得施工许可证或者为规避办理施工许可证将工程项目分解后擅自施工的，由有管辖权的发证机关责令停止施工，限期改正，对建设单位处工程合同价款1%以上2%以下罚款；对施工单位处3万元以下罚款。

第十三条 建设单位采用欺骗、贿赂等不正当手段取得施工许可证的，由原发证机关撤销施工许可证，责令停止施工，并处1万元以上3万元以下罚款；构成犯罪的，依法追究刑事责任。

第十四条 建设单位隐瞒有关情况或者提供虚假材料申请施工许可证的，发证机关不予受理或者不予许可，并处1万元以上3万元以下罚款；构成犯罪的，依法追究刑事责任。

建设单位伪造或者涂改施工许可证的，由发证机关责令停止施工，并处1万元以上3万元以下罚款；构成犯罪的，依法追究刑事责任。

第十五条 依照本办法规定，给予单位罚款处罚的，对单位直接负责的主管人员和其他直接责任人员处单位罚款数额5%以上10%以下罚款。

单位及相关责任人受到处罚的，作为不良行为记录予以通报。

第十六条 发证机关及其工作人员，违反本办法，有下列情形之一的，由其上级行政机关或者监察机关责令改正；情节严重的，对直接负责的主管人员和其他直接责任人员，依法给予行政处分：

（一）对不符合条件的申请人准予施工许可的；

（二）对符合条件的申请人不予施工许可或者未在法定期限内作出准予许可决定的；

（三）对符合条件的申请不予受理的；

（四）利用职务上的便利，收受他人财物或者谋取其他利益的；

（五）不依法履行监督职责或者监督不力，造成严重后果的。

第十七条 建筑工程施工许可证由国务院住房城乡建设主管部门制定格式，由各省、自治区、直辖市人民政府住房城乡建设主管部门统一印制。

施工许可证分为正本和副本，正本和副本具有同等法律效力。复印的施工许可证无效。

第十八条 本办法关于施工许可管理的规定适用于其他专业建筑工程。有关法律、行政法规有明确规定的，从其规定。

《建筑法》第八十三条第三款规定的建筑活动，不适用本办法。

军事房屋建筑工程施工许可的管理，按国务院、中央军事委员会制定的办法执行。

第十九条 省、自治区、直辖市人民政府住房城乡建设主管部门可以根据本办法制定实施细则。

第二十条 本办法自2014年10月25日起施行。1999年10月15日建设部令第71号发布、2001年7月4日建设部令第91号修正的《建筑工程施工许可管理办法》同时废止。

建设工程质量保证金管理办法

1. 2017年6月20日住房和城乡建设部、财政部发布
2. 建质〔2017〕138号
3. 自2017年7月1日起施行

第一条 为规范建设工程质量保证金管理，落实工程在缺陷责任期内的维修责任，根据《中华人民共和国建筑法》《建设工程质量管理条例》《国务院办公厅关于清理规范工程建设领域保证金的通知》和《基本建设财务管理规则》等相关规定，制定本办法。

第二条 本办法所称建设工程质量保证金（以下简称保证金）是指发包人与承包人在建设工程承包合同中约定，从应付的工程款中预留，用以保证承包人在缺陷责任期内对建设工程出现的缺陷进行维修的资金。

缺陷是指建设工程质量不符合工程建设强制性标准、设计文件，以及承包合同的约定。

缺陷责任期一般为1年，最长不超过2年，由发、承包双方在合同中约定。

第三条 发包人应当在招标文件中明确保证金预留、返还等内容，并与承包人在合同条款中对涉及保证金的下列事项进行约定：

（一）保证金预留、返还方式；

（二）保证金预留比例、期限；

（三）保证金是否计付利息，如计付利息，利息的计算方式；

（四）缺陷责任期的期限及计算方式；

（五）保证金预留、返还及工程维修质量、费用等争议的处理程序；

（六）缺陷责任期内出现缺陷的索赔方式；

（七）逾期返还保证金的违约金支付办法及违约责任。

第四条 缺陷责任期内，实行国库集中支付的政府投资项目，保证金的管理应按国库集中支付的有关规定执行。其他政府投资项目，保证金可以预留在财政部门或发包方。缺陷责任期内，如发包方被撤销，保证金随交付使用资产一并移交使用单位管理，由使用单位代行发包人职责。

社会投资项目采用预留保证金方式的，发、承包双方可以约定将保证金交由第三方金融机构托管。

第五条 推行银行保函制度，承包人可以银行保函替代预留保证金。

第六条 在工程项目竣工前，已经缴纳履约保证金的，发包人不得同时预留工程质量保证金。

采用工程质量保证担保、工程质量保险等其他保证方式的，发包人不得再预留保证金。

第七条 发包人应按照合同约定方式预留保证金，保证金总预留比例不得高于工程价款结算总额的3%。合同约定由承包人以银行保函替代预留保证金的，保函金额不得高于工程价款结算总额的3%。

第八条 缺陷责任期从工程通过竣工验收之日起计。由于承包人原因导致工程无法按规定期限进行竣工验收的，缺陷责任期从实际通过竣工验收之日起计。由于发包人原因导致工程无法按规定期限进行竣工验收的，在承包人提交竣工验收报告90天后，工程自动进入缺陷责任期。

第九条 缺陷责任期内，由承包人原因造成的缺陷，承包人应负责维修，并承担鉴定及维修费用。如承包人不维修也不承担费用，发包人可按合同约定从保证金或银行保函中扣除，费用超出保证金额的，发包人可按合同约定向承包人进行索赔。承包人维修并承担相应费用后，不免除对工程的损失赔偿责任。

由他人原因造成的缺陷，发包人负责组织维修，承包人不承担费用，且发包人不得从保证金中扣除费用。

第十条 缺陷责任期内，承包人认真履行合同约定的责任，到期后，承包人向发包人申请返还保证金。

第十一条 发包人在接到承包人返还保证金申请后，应于14天内会同承包人按照合同约定的内容进行核实。如无异议，发包人应当按照约定将保证金返还给承包人。对返还期限没有约定或者约定不明确的，发包人应当在核实后14天内将保证金返还承包人，逾期未返还的，依法承担违约责任。发包人在接到承包人返还保证金申请后14天内不予答复，经催告后14天内仍不予答复，视同认可承包人的返还保证金申请。

第十二条 发包人和承包人对保证金预留、返还以及工程维修质量、费用有争议的，按承包合同约定的争议和纠纷解决程序处理。

第十三条 建设工程实行工程总承包的，总承包单位与分包单位有关保证金的权利与义务的约定，参照本办法关于发包人与承包人相应权利与义务的约定执行。

第十四条 本办法由住房城乡建设部、财政部负责解释。

第十五条 本办法自2017年7月1日起施行，原《建设工程质量保证金管理办法》（建质〔2016〕295号）同时废止。

（2）机电产品国际招标

机电产品出口招标办法

1. *2001年12月20日对外贸易经济合作部令2001年第19号公布*
2. *自2002年1月1日起施行*

第一章　总　　则

第一条 为了维护国家利益和对外贸易的正常秩序，建立平等竞争机制，保障出口企业的合法权益，根据《中华人民共和国对外贸易法》和《中华人民共和国货物进出口管理条例》，特制定本办法。

第二条 对外贸易经济合作部（以下简称外经贸部）

负责制定、调整和公布实行出口招标的机电产品目录，并负责对相关机电产品出口招标工作进行管理、指导和监督。

第三条 机电产品出口招标应当遵循“公平、公开、公正”的原则。

第四条 本办法适用于以各种贸易方式出口的属于招标的机电产品，但法律、行政法规另有规定的遵从其规定。出口企业依据本办法，通过自主投标可无偿取得和使用相应机电产品出口数量。

第二章 组织机构、职责

第五条 机电产品出口招标工作在相关机电产品出口招标委员会（以下简称招标委员会）领导下进行。招标委员会由外经贸部有关司局、中国机电产品进出口商会（以下简称机电商会）和中国外商投资企业协会（以下简称外资协会）的相关人员组成，招标委员会主任由外经贸部主管司局负责人担任。

招标委员会下设招标办公室，负责出口招标的日常工作。招标办公室设在机电商会有关分会，设主任一人，副主任、成员若干人，招标办公室主任由机电商会有关分会秘书处负责人担任。

第六条 招标委员会的职责：

（一）审定招标工作方案；

（二）审定、发布招标工作的各项规定、通告、公告；

（三）根据招标商品的出口情况和国际市场需求，确定出口招标的市场范围和招标总量；

（四）负责开标、评标工作，审定招标办公室对投标材料的初审意见，确定中标单位及中标数量，公布中标结果；

（五）审批中标数量的转受让事宜；

（六）领导招标办公室工作，研究解决出口招标工作中的其他问题。

第七条 招标办公室的职责：

（一）调查研究招标商品市场情况，拟定招标工作方案、会议纪要、公告等文件，报招标委员会审定后实施；

（二）印制、发放招标商品的各类文件、材料；

（三）负责开标、评标的准备工作，对投标企业资格进行初审；

（四）根据海关统计数据确定投标企业出口业绩，计算投标企业中标数量，并报招标委员会审定；

（五）监督、检查中标企业对中标数量的使用和对招标规定的执行；

（六）办理中标数量的转受让事宜；

（七）招标委员会交办的其他有关招标事务。

第三章 投　　标

第八条 每次招标前二十个工作日，招标委员会在《国际商报》等媒体上公告招标的有关事项。

第九条 参加投标的企业必须具备的资格：

（一）在工商行政管理机关登记注册；

（二）具有外贸出口经营资格；

（三）机电商会会员或外资协会会员。

第十条 各投标企业应根据本企业的实际出口能力和产品规格进行投标，投标价格不得低于同行业协议价。

第十一条 参加投标的企业须按照招标公告的规定填报投标材料。

第十二条 每家企业限投标书一份，投标材料须密封，并在招标公告规定的截标日前送达招标办公室。

投标材料包括：

（一）投标申请书；

（二）投标保证书；

（三）机电商会会员或外资协会会员证明（复印件）；

（四）出口经营权批准文件，或“对外贸易企业审定证书”，或外商投资企业批准证书（复印件）；

（五）工商行政管理部门核发的法人营业执照（复印件）；

（六）国家质量监督检验检疫部门出具的出口产品质量许可证（复印件）；

（七）招标委员会规定的其他材料。

第十三条 招标办公室收到投标材料后应立即登记封存。

第四章 开标、评标

第十四条 招标委员会在规定的时间内开标，招标办公室对标书进行初评。

第十五条 为了促进企业规模经营，招标委员会可设定企业最低出口业绩，对达不到最低出口业绩的企业不予授标。

第十六条 招标办公室根据以下招标公式计算出企业的中标数量。

（一）确定中标企业在招标商品总量中所占比重“A”：

$$A=\frac{\text{该企业上年度出口该项商品总值}}{\text{该项商品上年度全国出口总值}}$$

（二）确定全国单位招标商品平均出口价格“B”和中标企业单位招标商品平均出口价格“C”：

$$B=\frac{\text{该项商品上年度全国出口总值}}{\text{该项商品上年度全国出口总量}}$$

$$C=\frac{\text{该中标企业上年度出口该项商品总值}}{\text{该中标企业上年度出口该项商品总量}}$$

（三）确定该中标企业中标数量“Q”：

$$Q=\text{招标总量}\times A\times\frac{C}{B}$$

招标委员会可以根据商品的不同情况，在对具体招标商品进行招标时，对上述公式加以调整。

第十七条 开标后，招标办公室在7个工作日内完成初评工作，上报招标委员会。招标委员会收到招标办公室初评后，在10个工作日内根据企业的有效投标材料，审核、评定中标企业及其中标数量。

第十八条 招标委员会在《国际商报》等媒体上公布中标企业名单，同时由招标办公室向中标企业下发《中标登记手册》。

第五章 转受让及出口许可证发放

第十九条 中标数量可以进行转受让，但必须通过招标办公室办理有关转受让手续，同时受让企业应具有投标资格。招标办公室向受让企业发放《受让通知书》，并抄送当地发证机关。

第二十条 企业取得《中标登记手册》后，到外经贸部授权的当地发证机关领取出口许可证。发证机关发放出口许可证的依据是：

（一）外经贸部以文件形式下发给各发证机关的中标结果或招标办公室发放的《受让通知书》；

（二）招标委员会发放的《中标登记手册》；

（三）中标企业的有效出口合同。

第二十一条 中标企业须在招标当年9月30日前向招标办公室申报登记使用不完的中标数量，并于当年11月15日前交回。企业申报登记或交回的中标数量可用于转受让。

中标企业被没收和被扣减的中标数量可用于当年转受让。

第六章 招标管理

第二十二条 招标办公室要跟踪检查出口企业中标或受让指标使用情况，了解招标商品出口中的问题和企业的意见要求，并及时向招标委员会报告。

第二十三条 当出口招标总量不够用时，招标办公室须向招标委员会提出报告，由招标委员会根据实际情况，决定是否增加招标总量和招标次数。

第二十四条 中标企业自收到《中标登记手册》一个月内，按中标金额的一定比例交纳中标保证金，比例视招标商品的具体情况而定，但不超过万分之三。中标保证金按中标结果发布当日国家外汇管理部门公布的外汇卖出价折算成人民币支付。

第二十五条 中标保证金由招标办公室代财政部收取并存于专项帐户，招标办公室可申请部分资金用于招标管理工作，并每年向招标委员会报告中标保证金收支情况。

第七章 罚 则

第二十六条 对违反本办法的企业，招标委员会可给予相应的处罚：

（一）有下列行为之一者，视情节轻重，给予通报批评、警告、没收中标数量、取消投标资格等处罚；构成犯罪的，依法追究刑事责任：

（1）虚报投标材料；

（2）擅自转让或变卖中标数量；

（3）实际出口价格低于同行协议价或变相降价者；

（4）经有关部门查实侵犯知识产权者；

（5）不按期交纳中标保证金者。

（二）获得中标数量的企业不按规定交回使用不完的中标数量，则根据该企业未交数量占中标数量的比例相应扣减其下一年度中标数量。

（三）招标委员会将对中标企业的处罚结果通

知当地发证机关，由其采取相应的措施。

第八章　附　　则

第二十七条　本办法由外经贸部负责解释。

第二十八条　本办法自2002年1月1日起施行，原《机电产品出口招标办法》同时废止。

进一步规范机电产品国际招标投标活动有关规定

1. 2007年10月10日商务部发布
2. 商产发〔2007〕395号
3. 自发布之日起30日后施行

第一章　招标文件

第一条　招标文件应当明确规定投标人必须进行小签的相应内容，其中投标文件的报价部分、重要商务和技术条款（参数）（加注“＊”的条款或参数，下同）响应等相应内容必须逐页小签。

第二条　招标文件应当明确规定允许的投标货币和报价方式，并注明该条款是否为重要商务条款。招标文件应当明确规定不接受选择性报价或者具有附加条件的报价。

第三条　招标文件应当明确规定对投标人的业绩、财务、资信和技术参数等要求，不得使用模糊的、无明确界定的术语或指标作为重要商务或技术条款（参数）或以此作为价格调整的依据。

招标文件内容应当符合国家有关法律法规、强制性认证标准、国家关于安全、卫生、环保、质量、能耗、社会责任等有关规定以及公认的科学理论。违反上述规定的，招标文件相应部分无效。

第四条　招标文件如允许联合体投标，应当明确规定对联合体牵头方和组成方的资格条件及其他相应要求。

招标文件如允许投标人提供备选方案，应当明确规定投标人在投标文件中只能提供一个备选方案并注明主选方案，且备选方案的投标价格不得高于主选方案。凡提供两个以上备选方案或未注明主选方案的，该投标将被视为实质性偏离而被拒绝。

第五条　《机电产品国际招标投标实施办法》（商务部令〔2004〕第13号，以下简称13号令）第二十一条规定的一般参数偏离加价最高不得超过1%，是指每个一般参数的累计偏离加价最高不得超过该设备投标价格的1%。交货期、付款条件的偏离加价原则招标文件可以另行规定。

第六条　招标文件不得设立歧视性条款或不合理的要求排斥潜在的投标人，其中重要商务和技术条款（参数）原则上应当同时满足三个以上潜在投标人能够参与竞争的条件。

第七条　对于利用国际金融组织和外国政府贷款项目（以下称国外贷款项目），招标人、招标机构和招标文件审核专家就招标文件全部内容达成一致意见后，招标机构应当按照13号令第二十五条规定将招标文件通过招标网报送商务部备案，招标网将生成“招标文件备案复函”。

第八条　投标人认为招标文件存在歧视性条款或不合理要求的，应当在规定时间内一次性全部提出，并将书面质疑及有关证明材料一并递交主管部门。

第九条　国外贷款项目的招标文件如需要修改的，包括条款或指标要求放宽、文字或单位错误纠正、设备数量变更、采购范围缩小等，招标机构可在网上提交“招标文件修改备案申请”，招标网将生成“招标文件修改备案复函”；除上述情况外，其他对招标文件内容的修改应当在得到招标文件审核专家的复审意见或贷款机构的书面意见后，招标机构方可在网上提交“招标文件修改备案申请”，并详细注明专家复审意见或贷款机构的意见，招标网将生成“招标文件修改备案复函”。

第二章　招标投标程序

第十条　对于国外贷款项目，当投标截止时间到达时，投标人少于三个的可直接进入两家开标或直接采购程序；招标机构应当于开标当日在招标网上递交“两家开标备案申请”（投标人为两个）或“直接采购备案申请”（投标人为一个），招标网将生成备案复函。

第十一条　对于利用国内资金机电产品国际招标项目，当投标截止时间到达时，投标人少于三个的应当立即停止开标或评标。招标机构应当发布开标时间变更公告,第一次投标截止日与变更公告注明的第二次投标截止日间隔不得少于七日。如需对招标文件进行修改,应按照13号令第二十六条执行。第二次投标截止时间到达时,投标人仍少于三个的,报经主管部门审核同意后,参照本规定第十条执行。

第三章 评标程序

第十二条 评标委员会评标前,招标人和招标机构等任何人不得进行查询投标文件、整理投标信息等活动,不得要求或组织投标人介绍投标方案。

第十三条 如招标文件允许以多种货币投标,评标委员会应当以开标当日中国人民银行公布的投标货币对评标货币的卖出价的中间价进行转换以计算评标价格。

第十四条 投标人的投标文件不响应招标文件规定的重要商务和技术条款(参数),或重要技术条款(参数)未提供技术支持资料的,评标委员会不得要求其进行澄清或后补。

技术支持资料以制造商公开发布的印刷资料或检测机构出具的检测报告为准,凡不符合上述要求的,应当视为无效技术支持资料。属于国家首台(套)采购或国内首次建设项目所需的特殊机电产品,招标文件可以对技术支持资料作另行规定。

第十五条 评标委员会对有备选方案的投标人进行评审时,应当以主选方案为准进行评标。凡未按要求注明主选方案的,应予以废标。如考虑备选方案的,备选方案必须实质性响应招标文件要求且评标价格不高于主选方案的评标价格。

第十六条 评标委员会在评标过程中有下列行为之一,影响评标结果公正性的,当次评标结果无效:

(一)擅自增加、放宽或取消重要商务和技术条款(参数)的;

(二)要求并接受投标人对投标文件实质性内容进行补充、更改、替换或其他形式的改变的;

(三)对采用综合评价法评标的项目,在综合分数计算汇总后重新打分的;

(四)故意隐瞒或擅自修改可能影响评标结果公正性的信息的。

第十七条 招标人和招标机构应当妥善保管投标文件、评标意见表、综合打分原始记录表等所有与评标相关的资料,并对评标情况和资料严格保密。

第四章 评审专家管理

第十八条 招标机构应当按照13号令有关规定推荐评审专家入库,被推荐的专家原则上年龄不宜超过七十岁,专业领域不得超过三个二级分类。推荐表应当经过专家本人签字确认。对确有特殊专长、年龄超过七十岁且身体健康的专家,应报主管部门备案后入库。

凡参加重大装备自主化依托工程等国家重大项目评审工作的专家,需经国务院有关主管部门审核后入库。

第十九条 专家信息发生变更的(包括联系方式、专业领域、工作单位等),推荐单位或专家本人应当及时更新招标网上的相应信息。招标机构在专家抽取过程中发现专家信息错误或变更的,应当及时通知主管部门和招标网。

第二十条 招标文件审核专家应当严格按照13号令第二十四条规定开展工作。对于未能如实填写专家审核招标文件意见表的,主管部门将在招标网上予以公布;上述行为超过两次的,主管部门将依法取消其评审专家资格。

第二十一条 抽取评标所需的评审专家的时间不得早于开标时间48小时,如抽取外省专家的,不得早于开标时间72小时,遇节假日向前顺延;同一项目评标中,来自同一法人单位的评审专家不得超过评标委员会总数的1/3。

招标机构和招标人在专家抽取工作中如出现违规操作或对外泄露被抽取的评审专家相关信息的,主管部门将在招标网上予以公布;招标机构出现上述行为超过两次的,将依法暂停或取消其国际招标代理资格。

第二十二条 随机抽取的评审专家不得参加与自己有利害关系的项目评标。如与招标人、投标人、制造商或评审项目有利害关系的,专家应当主动申请回避。本款所称的利害关系包括但不限于以下情况:

(一)评审专家在某投标人单位或制造商单位任职、兼职或者持有股份的;

（二）评审专家任职单位与招标人单位为同一法人代表的；

（三）评审专家的近亲属在某投标人单位或制造商单位担任领导职务的；

（四）有其他经济利害关系的。

评审专家理应知晓本人与招标人、投标人、制造商或评审项目存在利害关系但不主动回避的，主管部门将依法取消其评审专家资格，且当次评标结果无效。

评审专家曾因在招标、评标以及其他与招标投标有关活动中从事违法违规行为而受过行政处罚或刑事处罚且在处罚有效期内的，应主动申请回避。对于不主动回避的，主管部门将依法取消其评审专家资格，且当次评标结果无效。

第二十三条　评审专家未按规定时间到场参与评标，或不能保证合理评标时间，或在评标过程中不认真负责的，将在招标网上予以公布；上述行为超过两次的，主管部门将依法取消其评审专家资格。

第二十四条　评审专家未按照13号令及招标文件有关要求进行评标、泄露评标秘密、违反公平公正原则的，主管部门将在招标网上进行公布，取消其评审专家资格，并向国家其他招投标行政监督主管部门和政府采购主管部门进行通报。

第五章　评标结果公示

第二十五条　评标结果公示应当一次性公示各投标人在商务、技术方面存在的实质性偏离内容，并与评标报告相关内容一致。如有质疑，未在评标报告中体现的不满足招标文件要求的其它方面的偏离不能作为答复质疑的依据。

第二十六条　对一般商务和技术条款（参数）偏离进行价格调整的，在评标结果公示时，招标人和招标机构应当明确公示价格调整的依据、计算方法、投标文件偏离内容及相应的调整金额。

第二十七条　采用综合评价法评标的，评标结果公示应包含各投标人的废标理由或在商务、技术、价格、服务及其他等大类评价项目的得分。

第二十八条　评标结果公示开始日不得选择在国家法定长假的前二日。

第六章　评标结果质疑处理

第二十九条　自评标结果公示结束后第四日起，招标人和招标机构应当在七日内组织评标委员会或受评标委员会的委托，向质疑人提供质疑答复意见，该意见应当包括对投标人质疑问题的逐项说明及相关证明文件，但不得涉及其他投标人的投标秘密。如有特殊理由，经主管部门同意后可以延期答复，但延期时间不得超过七日。

第三十条　除13号令第四十七条所列各款外，有下列情况之一的质疑，视为无效质疑，主管部门将不予受理：

（一）涉及招标评标过程具体细节、其他投标人的商业秘密或其他投标人的投标文件具体内容但未能说明内容真实性和来源合法性的质疑；

（二）未能按照主管部门要求在规定期限内补充质疑问题说明材料的质疑；

（三）针对招标文件内容提出的质疑。

第三十一条　质疑人的质疑内容和相应证明材料与事实不符的，将被视为不良质疑行为，主管部门将在招标网上予以公布。

第三十二条　在主管部门作出质疑处理决定之前，投标人申请撤回质疑的，应当以书面形式提交给主管部门。已经查实质疑内容成立的，质疑人撤回质疑的行为不影响质疑处理结果。

第三十三条　在质疑处理过程中，如发现招标文件重要商务或技术条款（参数）出现内容错误、前后矛盾或与国家相关法律法规不一致的情况，影响评标结果公正性的，当次招标视为无效，主管部门将在招标网上予以公布。

第三十四条　经主管部门审核，要求重新评标的招标项目，重新评标专家不得包含前一次参与评标和审核招标文件的专家。

第三十五条　招标网设立信息发布栏，包括下列内容：

（一）受到质疑的项目、招标人和招标机构名称；

（二）招标机构质疑情况统计，包括本年度内项目质疑数量、质疑率及质疑处理结果等；

（三）投标人质疑情况统计，包括本年度内项目质疑数量、质疑率及有效质疑、无效质疑、不良质疑等；

（四）招标文件重要商务或技术条款（参数）出

现内容错误、前后矛盾或与国家相关法律法规不一致的情况；

（五）质疑处理结果。如该结果为招标无效或变更中标人，则公布评标委员会成员名单；

（六）经核实，投标文件有关材料与事实不符的投标人或制造商名称。

第三十六条 投标人无效质疑六个月内累计超过两次、一年内累计超过三次的，主管部门将在招标网上予以公布。

招标人和招标机构可以在招标文件中将主管部门公布的质疑信息作为对投标人的资格要求。

第三十七条 因招标机构的过失，质疑项目的处理结果为招标无效或变更中标人，六个月累计两次或一年内累计三次的，主管部门将依法对该招标机构进行通报批评，并暂停其六个月到一年的招标资格；情节严重的，将取消其招标资格。

第七章 招标机构管理

第三十八条 招标机构不得以串通其他招标机构投标等不正当方式承接招标代理业务。违反规定的，主管部门将依法暂停其招标资格六个月以上；情节严重的，将取消其招标资格。

第三十九条 招标机构从事国际招标项目的人员必须为与本公司签订劳动合同的正式员工。违反规定的，主管部门将依法暂停其招标资格六个月以上；情节严重的，将取消其招标资格。

第八章 附 则

第四十条 本规定由商务部负责解释。

第四十一条 本规定自发布之日起30日后施行。

机电产品国际招标综合评价法实施规范（试行）

1. 2008年8月15日商务部发布

2. 商产发〔2008〕311号

3. 自发布之日起30日后施行

第一章 总 则

第一条 为进一步规范机电产品国际招标投标活动，提高评标工作的科学性，鼓励采购先进技术和设备，根据《中华人民共和国招标投标法》和《机电产品国际招标投标实施办法》（商务部令〔2004〕第13号，以下称“13号令”），制定本规范。

第二条 本规范所称综合评价法，是指根据机电产品国际招标项目（以下称“招标项目”）的具体需求，设定商务、技术、价格、服务及其他评价内容的标准和权重，并由评标委员会对投标人的投标文件进行综合评价以确定中标人的一种评标方法。

第三条 使用国际组织或者外国政府贷款、援助资金的招标项目采用综合评价法的，应当将综合评价法相关材料报商务部备案；使用国内资金及其他资金的招标项目采用综合评价法的，应当将综合评价法相关材料经相应的主管部门转报商务部备案。

第二章 适用范围及原则

第四条 综合评价法适用于技术含量高、工艺或技术方案复杂的大型或成套设备招标项目。

第五条 采用综合评价法应当遵循公开公平、科学合理、量化择优的原则。

第三章 内容与要求

第六条 综合评价法方案应当由评价内容、评价标准、评价程序及定标原则等组成，并作为招标文件不可分割的一部分对所有投标人公开。

第七条 综合评价法的评价内容应当包括投标文件的商务、技术、价格、服务及其他方面。

商务、技术、服务及其他评价内容可以包括但不限于以下方面：

（一）商务评价内容可以包括：资质、业绩、财务、交货期、付款条件及方式、质保期、其他商务合同条款等。

（二）技术评价内容可以包括：方案设计、工艺配置、功能要求、性能指标、项目管理、专业能力、项目实施计划、质量保证体系及交货、安装、调试和验收方案等。

（三）服务及其他评价内容可以包括：服务流程、故障维修、零配件供应、技术支持、培训方案等。

第八条 综合评价法应当对每一项评价内容赋予相应的权重，其中价格权重不得低于30%，技术权重不得高于60%。

第九条　综合评价法应当集中列明招标文件中所有的重要条款(参数)(加注星号“ * ”的条款或参数,下同),并明确规定投标人对招标文件中的重要条款(参数)的任何一条偏离将被视为实质性偏离,并导致废标。

第十条　对于已进行资格预审的招标项目,综合评价法不得再将资格预审的相关标准和要求作为评价内容;对于未进行资格预审的招标项目,综合评价法应当明确规定资质、业绩和财务的相关指标获得最高评价分值的具体标准。

第十一条　综合评价法对投标文件的商务和技术内容的评价可以采用以下方法:

(一)对只需要判定是否符合招标文件要求或是否具有某项功能的指标,可以规定符合要求或具有功能即获得相应分值,反之则不得分。

(二)对可以明确量化的指标,可以规定各区间的对应分值,并根据投标人的投标响应情况进行对照打分。

(三)对可以在投标人之间具体比较的指标,可以规定不同名次的对应分值,并根据投标人的投标响应情况进行优劣排序后依次打分。

(四)对需要根据投标人的投标响应情况进行计算打分的指标,应当规定相应的计算公式和方法。

(五)对总体设计、总体方案等无法量化比较的评价内容,可以采取两步评价方法:第一步,评标委员会成员独立确定投标人该项评价内容的优劣等级,根据优劣等级对应的分值算术平均后确定该投标人该项评价内容的平均等级;第二步,评标委员会成员根据投标人的平均等级,在对应的分值区间内打分。

评价方法应充分考虑每个评价指标所有可能的投标响应,且每一种可能的投标响应应当对应一个明确的分值,不得对应多个分值或分值区间,采用本条第(五)项所列方法的除外。

第十二条　综合评价法的价格评价应当符合低价优先、经济节约的原则,并明确规定评标价格最低的有效投标人将获得价格评价的最高分值,价格评价的最大可能分值和最小可能分值应当分别为价格满分和0分。

第十三条　综合评价法应当明确规定评标委员会成员对评价过程及结果产生较大分歧时的处理原则与方法,包括:

(一)评标委员会成员对同一投标人的商务、技术、服务及其他评价内容的分项评分结果出现差距时,应遵循以下调整原则:

评标委员会成员的分项评分偏离超过评标委员会全体成员的评分均值±20%,该成员的该项分值将被剔除,以其他未超出偏离范围的评标委员会成员的评分均值(称为“评分修正值”)替代;评标委员会成员的分项评分偏离均超过评标委员会全体成员的评分均值±20%,则以评标委员会全体成员的评分均值作为该投标人的分项得分。

(二)评标委员会成员对综合排名及推荐中标结果存在分歧时的处理原则与方法。

第十四条　综合评价法应当明确规定投标人出现下列情形之一的,将不得被确定为推荐中标人:

(一)该投标人的评标价格超过全体有效投标人的评标价格平均值一定比例以上的;

(二)该投标人的技术得分低于全体有效投标人的技术得分平均值一定比例以上的。

本条第(一)、(二)项中所列的比例由招标文件具体规定,且第(一)项中所列的比例不得高于40%,第(二)项中所列的比例不得高于30%。

第四章　评价程序与规则

第十五条　评标委员会应当首先对投标文件进行初步评审(见附表1),判定并拒绝无效的和存在实质性偏离的投标文件。通过初步评审的投标文件进入综合评价阶段。

第十六条　评标委员会成员应当根据综合评价法的规定对投标人的投标文件独立打分,并分别计算各投标人的商务、技术、服务及其他评价内容的分项得分,凡招标文件未规定的标准不得作为加分或者减分的依据。

第十七条　价格评价应当遵循以下步骤依次进行:(1)算术修正;(2)计算投标声明(折扣/升降价)后

的价格;(3)价格调整;(4)价格评分。

第十八条 评标委员会应当对每位成员的评分进行汇总;每位成员在提交其独立出具的评价记录表(见附表2-1,2-2,2-3)后不得重新打分。

第十九条 评标委员会应当按照本规范第十三条第(一)项的规定,对每位成员的评分结果进行调整和修正。

第二十条 投标人的综合得分等于其商务、技术、价格、服务及其它评价内容的分项得分之和。

第二十一条 评标委员会应当根据综合得分对各投标人进行排名。综合得分相同的,价格得分高者排名优先;价格得分相同的,技术得分高者排名优先,并依照商务、服务及其他评价内容的分项得分优先次序类推。

第二十二条 评标委员会应当推荐综合排名第一的投标人为推荐中标人。如综合排名第一的投标人出现本规范第十四条列明情形之一的,评标委员会应推荐综合排名第二的投标人为推荐中标人。如所有投标人均不符合推荐条件的,则当次招标无效。

第二十三条 评标报告应当按照13号令等有关规定制定,并详细载明综合评价得分的计算过程,包括但不限于以下表格:评标委员会成员评价记录表、商务最终评分汇总表(见附表3-1)、技术最终评分汇总表(见附表3-2)、服务及其他评价内容最终评分汇总表(见附表3-3)、价格最终评分记录表(见附表4)、投标人最终评分汇总及排名表(见附表5)和评审意见表(见附表6)。

第二十四条 投标文件、评标委员会评分记录表、汇总表等所有与评标相关的资料应当严格保密,并由招标人和招标机构及时存档。

第五章 附 则

第二十五条 本规范所称相应的主管部门,是指各省、自治区、直辖市、计划单列市、经济特区、新疆建设兵团、各部门机电产品进出口管理机构;所称有效投标人,是指通过初步评审,且商务和技术均实质性满足招标文件要求的投标人;所称均值,是指算术平均值。

第二十六条 重大装备自主化依托工程设备招标项目采用综合评价法的,参照本规范执行。

第二十七条 本规范由商务部负责解释。

第二十八条 本规范自发布之日起30日后施行。

附表:(略)

机电产品国际招标投标实施办法(试行)

1. 2014年2月21日商务部令2014年第1号公布

2. 自2014年4月1日起施行

第一章 总 则

第一条 为了规范机电产品国际招标投标活动,保护国家利益、社会公共利益和招标投标活动当事人的合法权益,提高经济效益,保证项目质量,根据《中华人民共和国招标投标法》(以下简称招标投标法)、《中华人民共和国招标投标法实施条例》(以下简称招标投标法实施条例)等法律、行政法规以及国务院对有关部门实施招标投标活动行政监督的职责分工,制定本办法。

第二条 在中华人民共和国境内进行机电产品国际招标投标活动,适用本办法。

本办法所称机电产品国际招标投标活动,是指中华人民共和国境内的招标人根据采购机电产品的条件和要求,在全球范围内以招标方式邀请潜在投标人参加投标,并按照规定程序从投标人中确定中标人的一种采购行为。

本办法所称机电产品,是指机械设备、电气设备、交通运输工具、电子产品、电器产品、仪器仪表、金属制品等及其零部件、元器件。机电产品的具体范围见附件1。

第三条 机电产品国际招标投标活动应当遵循公开、公平、公正、诚实信用和择优原则。机电产品国际招标投标活动不受地区或者部门的限制。

第四条 商务部负责管理和协调全国机电产品的国际招标投标工作,制定相关规定;根据国家有关规定,负责调整、公布机电产品国际招标范围;负责监督管理全国机电产品国际招标代理机构(以下简称招标机构);负责利用国际组织和外国政府贷款、援助资金(以下简称国外贷款、援助资金)项目机电产品国际招标投标活动的行政监督；负责组建和管理机电产品国际招标评标专家库；负责建设和管理机电产品国际招标投标电子公共服务和行政监督平台。

各省、自治区、直辖市、计划单列市、新疆生产建设兵团、沿海开放城市及经济特区商务主管部门、国务院有关部门机电产品进出口管理机构负责本地区、本部门的机电产品国际招标投标活动的行政监督和协调；负责本地区、本部门所属招标机构的监督和管理；负责本地区、本部门机电产品国际招标评标专家的日常管理。

各级机电产品进出口管理机构（以下简称主管部门）及其工作人员应当依法履行职责，不得以任何方式非法干涉招标投标活动。主管部门的工作人员对监督检查过程中知悉的国家秘密、商业秘密，应当依法予以保密。

第五条　商务部委托专门网站为机电产品国际招标投标活动提供公共服务和行政监督的平台（以下简称招标网）。机电产品国际招标投标应当在招标网上完成招标项目建档、招标过程文件存档和备案、资格预审公告发布、招标公告发布、评审专家抽取、评标结果公示、异议投诉、中标结果公告等招标投标活动的相关程序，但涉及国家秘密的招标项目除外。

招标网承办单位应当在商务部委托的范围内提供网络服务，应当遵守法律、行政法规以及本办法的规定，不得损害国家利益、社会公共利益和招投标活动当事人的合法权益，不得泄露应当保密的信息，不得拒绝或者拖延办理委托范围内事项，不得利用委托范围内事项向有关当事人收取费用。

第二章　招标范围

第六条　通过招标方式采购原产地为中国关境外的机电产品，属于下列情形的必须进行国际招标：

（一）关系社会公共利益、公众安全的基础设施、公用事业等项目中进行国际采购的机电产品；

（二）全部或者部分使用国有资金投资项目中进行国际采购的机电产品；

（三）全部或者部分使用国家融资项目中进行国际采购的机电产品；

（四）使用国外贷款、援助资金项目中进行国际采购的机电产品；

（五）政府采购项目中进行国际采购的机电产品；

（六）其他依照法律、行政法规的规定需要国际招标采购的机电产品。

已经明确采购产品的原产地在中国关境内的，可以不进行国际招标。必须通过国际招标方式采购的，任何单位和个人不得将前款项目化整为零或者以国内招标等其他任何方式规避国际招标。

商务部制定、调整并公布本条第一项所列项目包含主要产品的国际招标范围。

第七条　有下列情形之一的，可以不进行国际招标：

（一）国（境）外赠送或无偿援助的机电产品；

（二）采购供生产企业及科研机构研究开发用的样品样机；

（三）单项合同估算价在国务院规定的必须进行招标的标准以下的；

（四）采购旧机电产品；

（五）采购供生产配套、维修用零件、部件；

（六）采购供生产企业生产需要的专用模具；

（七）根据法律、行政法规的规定，其他不适宜进行国际招标采购的机电产品。

招标人不得为适用前款规定弄虚作假规避招标。

第八条　鼓励采购人采用国际招标方式采购不属于依法必须进行国际招标项目范围内的机电产品。

第三章　招　　标

第九条　招标人应当在所招标项目确立、资金到位或资金来源落实并具备招标所需的技术资料和其他条件后开展国际招标活动。

按照国家有关规定需要履行项目审批、核准手续的依法必须进行招标的项目，其招标范围、招标方式、招标组织形式应当先获得项目审批、核准部门的审批、核准。

第十条　国有资金占控股或者主导地位的依法必须进行机电产品国际招标的项目，应当公开招标；但有下列情形之一的，可以邀请招标：

（一）技术复杂、有特殊要求或者受自然环境限制，只有少量潜在投标人可供选择；

（二）采用公开招标方式的费用占项目合同金额的比例过大。

有前款第二项所列情形，属于本办法第九条第二款规定的项目，招标人应当在招标前向相应的主管部门提交项目审批、核准部门审批、核准邀请招标方式的文件；其他项目采用邀请招标方式应当由招标人申请相应的主管部门作出认定。

第十一条　招标人采用委托招标的，有权自行选择招标机构为其办理招标事宜。任何单位和个人不得以任何方式为招标人指定招标机构。

招标人自行办理招标事宜的，应当具有与招标项目规模和复杂程度相适应的技术、经济等方面专业人员，具备编制国际招标文件（中、英文）和组织评标的能力。依法必须进行招标的项目，招标人自行办理招标事宜的，应当向相应主管部门备案。

第十二条　招标机构应当具备从事招标代理业务的营业场所和相应资金；具备能够编制招标文件（中、英文）和组织评标的相应专业力量；拥有一定数量的取得招标职业资格的专业人员。

招标机构从事机电产品国际招标代理业务，应当在招标网免费注册，注册时应当在招标网在线填写机电产品国际招标机构登记表。

招标机构应当在招标人委托的范围内开展招标代理业务，任何单位和个人不得非法干涉。招标机构从事机电产品国际招标业务的人员应当为与本机构依法存在劳动合同关系的员工。招标机构可以依法跨区域开展业务，任何地区和部门不得以登记备案等方式加以限制。

招标机构代理招标业务，应当遵守招标投标法、招标投标法实施条例和本办法关于招标人的规定；在招标活动中，不得弄虚作假，损害国家利益、社会公共利益和招标人、投标人的合法权益。

招标人应当与被委托的招标机构签订书面委托合同，载明委托事项和代理权限，合同约定的收费标准应当符合国家有关规定。

招标机构不得接受招标人违法的委托内容和要求；不得在所代理的招标项目中投标或者代理投标，也不得为所代理的招标项目的投标人提供咨询。

招标机构管理办法由商务部另行制定。

第十三条　发布资格预审公告、招标公告或发出投标邀请书前，招标人或招标机构应当在招标网上进行项目建档，建档内容包括项目名称、招标人名称及性质、招标方式、招标组织形式、招标机构名称、资金来源及性质、委托招标金额、项目审批或核准部门、主管部门等。

第十四条　招标人采用公开招标方式的，应当发布招标公告。

招标人采用邀请招标方式的，应当向 3 个以上具备承担招标项目能力、资信良好的特定法人或者其他组织发出投标邀请书。

第十五条　资格预审公告、招标公告或者投标邀请书应当载明下列内容：

（一）招标项目名称、资金到位或资金来源落实情况；

（二）招标人或招标机构名称、地址和联系方式；

（三）招标产品名称、数量、简要技术规格；

（四）获取资格预审文件或者招标文件的地点、时间、方式和费用；

（五）提交资格预审申请文件或者投标文件的地点和截止时间；

（六）开标地点和时间；

（七）对资格预审申请人或者投标人的资格要求。

第十六条　招标人不得以招标投标法实施条例第三十二条规定的情形限制、排斥潜在投标人或者投标人。

第十七条　公开招标的项目，招标人可以对潜在投标人进行资格预审。资格预审按照招标投标法实施条例的有关规定执行。国有资金占控股或者主导地位的依法必须进行招标的项目，资格审查委员会及其成员应当遵守本办法有关评标委员会及其成员的规定。

第十八条　编制依法必须进行机电产品国际招标的项目的资格预审文件和招标文件，应当使用机电产品国际招标标准文本。

第十九条　招标人根据所采购机电产品的特点和需要编制招标文件。招标文件主要包括下列内容：

（一）招标公告或投标邀请书；

（二）投标人须知及投标资料表；

（三）招标产品的名称、数量、技术要求及其他要求；

（四）评标方法和标准；

（五）合同条款；

（六）合同格式；

（七）投标文件格式及其他材料要求：

1. 投标书；
2. 开标一览表；
3. 投标分项报价表；
4. 产品说明一览表；
5. 技术规格响应/偏离表；
6. 商务条款响应/偏离表；
7. 投标保证金银行保函；
8. 单位负责人授权书；
9. 资格证明文件；
10. 履约保证金银行保函；
11. 预付款银行保函；
12. 信用证样本；
13. 要求投标人提供的其他材料。

第二十条　招标文件中应当明确评标方法和标准。机电产品国际招标的评标一般采用最低评标价法。技术含量高、工艺或技术方案复杂的大型或成套设备招标项目可采用综合评价法进行评标。所有评标方法和标准应当作为招标文件不可分割的一部分并对潜在投标人公开。招标文件中没有规定的评标方法和标准不得作为评标依据。

最低评标价法，是指在投标满足招标文件商务、技术等实质性要求的前提下，按照招标文件中规定的价格评价因素和方法进行评价，确定各投标人的评标价格，并按投标人评标价格由低到高的顺序确定中标候选人的评标方法。

综合评价法，是指在投标满足招标文件实质性要求的前提下，按照招标文件中规定的各项评价因素和方法对投标进行综合评价后，按投标人综合评价的结果由优到劣的顺序确定中标候选人的评标方法。

综合评价法应当由评价内容、评价标准、评价程序及推荐中标候选人原则等组成。综合评价法应当根据招标项目的具体需求，设定商务、技术、价格、服务及其他评价内容的标准，并对每一项评价内容赋予相应的权重。

机电产品国际招标投标综合评价法实施规范由商务部另行制定。

第二十一条　招标文件的技术、商务等条款应当清晰、明确、无歧义，不得设立歧视性条款或不合理的要求排斥潜在投标人。招标文件编制内容原则上应当满足3个以上潜在投标人能够参与竞争。招标文件的编制应当符合下列规定：

（一）对招标文件中的重要条款（参数）应当加注星号（“＊”），并注明如不满足任一带星号（“＊”）的条款（参数）将被视为不满足招标文件实质性要求，并导致投标被否决。

构成投标被否决的评标依据除重要条款（参数）不满足外，还可以包括超过一般条款（参数）中允许偏离的最大范围、最多项数。

采用最低评标价法评标的，评标依据中应当包括：一般商务和技术条款（参数）在允许偏离范围和条款数内进行评标价格调整的计算方法，每个一般技术条款（参数）的偏离加价一般为该设备投标价格的0.5%，最高不得超过该设备投标价格的1%，投标文件中没有单独列出该设备分项报价的，评标价格调整时按投标总价计算；交货期、付款条件等商务条款的偏离加价计算方法在招标文件中可以另行规定。

采用综合评价法的，应当集中列明招标文件中所有加注星号（“＊”）的重要条款（参数）。

（二）招标文件应当明确规定在实质性响应招标文件要求的前提下投标文件分项报价允许缺漏项的最大范围或比重，并注明如缺漏项超过允许的最大范围或比重，该投标将被视为实质性不满足招标文件要求，并将导致投标被否决。

（三）招标文件应当明确规定投标文件中投标

人应当小签的相应内容，其中投标文件的报价部分、重要商务和技术条款（参数）响应等相应内容应当逐页小签。

（四）招标文件应当明确规定允许的投标货币和报价方式，并注明该条款是否为重要商务条款。招标文件应当明确规定不接受选择性报价或者附加条件的报价。

（五）招标人设有最高投标限价的，应当在招标文件中明确最高投标限价或者最高投标限价的计算方法。招标人不得规定最低投标限价。

（六）招标文件应当明确规定评标依据以及对投标人的业绩、财务、资信等商务条款和技术参数要求，不得使用模糊的、无明确界定的术语或指标作为重要商务或技术条款（参数）或以此作为价格调整的依据。招标文件对投标人资质提出要求的，应当列明所要求资质的名称及其认定机构和提交证明文件的形式，并要求相应资质在规定的期限内真实有效。

（七）招标人可以在招标文件中将有关行政监督部门公布的信用信息作为对投标人的资格要求的依据。

（八）招标文件内容应当符合国家有关安全、卫生、环保、质量、能耗、标准、社会责任等法律法规的规定。

（九）招标文件允许联合体投标的，应当明确规定对联合体牵头人和联合体各成员的资格条件及其他相应要求。

（十）招标文件允许投标人提供备选方案的，应当明确规定投标人在投标文件中只能提供一个备选方案并注明主选方案，且备选方案的投标价格不得高于主选方案。

（十一）招标文件应当明确计算评标总价时关境内、外产品的计算方法，并应当明确指定到货地点。除国外贷款、援助资金项目外，评标总价应当包含货物到达招标人指定到货地点之前的所有成本及费用。其中：

关境外产品为：CIF 价 + 进口环节税 + 国内运输、保险费等（采用 CIP、DDP 等其他报价方式的，参照此方法计算评标总价）；其中投标截止时间前已经进口的产品为：销售价（含进口环节税、销售环节增值税）+ 国内运输、保险费等。关境内制造的产品为：出厂价（含增值税）+ 消费税（如适用）+ 国内运输、保险费等。有价格调整的，计算评标总价时，应当包含偏离加价。

（十二）招标文件应当明确投标文件的大写金额和小写金额不一致的，以大写金额为准；投标总价金额与按分项报价汇总金额不一致的，以分项报价金额计算结果为准；分项报价金额小数点有明显错位的，应以投标总价为准，并修改分项报价；应当明确招标文件、投标文件和评标报告使用语言的种类；使用两种以上语言的，应当明确当出现表述内容不一致时以何种语言文本为准。

第二十二条 招标文件应当载明投标有效期，以保证招标人有足够的时间完成组织评标、定标以及签订合同。投标有效期从招标文件规定的提交投标文件的截止之日起算。

第二十三条 招标人在招标文件中要求投标人提交投标保证金的，投标保证金不得超过招标项目估算价的 2%。投标保证金有效期应当与投标有效期一致。

依法必须进行招标的项目的境内投标单位，以现金或者支票形式提交的投标保证金应当从其基本账户转出。

投标保证金可以是银行出具的银行保函或不可撤销信用证、转账支票、银行即期汇票，也可以是招标文件要求的其他合法担保形式。

联合体投标的，应当以联合体共同投标协议中约定的投标保证金缴纳方式予以提交，可以是联合体中的一方或者共同提交投标保证金，以一方名义提交投标保证金的，对联合体各方均具有约束力。

招标人不得挪用投标保证金。

第二十四条 招标人或招标机构应当在资格预审文件或招标文件开始发售之日前将资格预审文件或招标文件发售稿上传招标网存档。

第二十五条 依法必须进行招标的项目的资格预审公告和招标公告应当在符合法律规定的媒体和招标网

上发布。

第二十六条　招标人应当确定投标人编制投标文件所需的合理时间。依法必须进行招标的项目，自招标文件开始发售之日起至投标截止之日止，不得少于20日。

招标文件的发售期不得少于5个工作日。

招标人发售的纸质招标文件和电子介质的招标文件具有同等法律效力，除另有约定的，出现不一致时以纸质招标文件为准。

第二十七条　招标公告规定未领购招标文件不得参加投标的，招标文件发售期截止后，购买招标文件的潜在投标人少于3个的，招标人可以依照本办法重新招标。重新招标后潜在投标人或投标人仍少于3个的，可以依照本办法第四十六条第二款有关规定执行。

第二十八条　开标前，招标人、招标机构和有关工作人员不得向他人透露已获取招标文件的潜在投标人的名称、数量以及可能影响公平竞争的有关招标投标的其他信息。

第二十九条　招标人可以对已发出的资格预审文件或者招标文件进行必要的澄清或者修改。澄清或者修改的内容可能影响资格预审申请文件或者投标文件编制的，招标人或招标机构应当在提交资格预审文件截止时间至少3日前，或者投标截止时间至少15日前，以书面形式通知所有获取资格预审文件或者招标文件的潜在投标人，并上传招标网存档；不足3日或者15日的，招标人或招标机构应当顺延提交资格预审申请文件或者投标文件的截止时间。该澄清或者修改内容为资格预审文件或者招标文件的组成部分。澄清或者修改的内容涉及到与资格预审公告或者招标公告内容不一致的，应当在原资格预审公告或者招标公告发布的媒体和招标网上发布变更公告。

因异议或投诉处理而导致对资格预审文件或者招标文件澄清或者修改的，应当按照前款规定执行。

第三十条　招标人顺延投标截止时间的，至少应当在招标文件要求提交投标文件的截止时间3日前，将变更时间书面通知所有获取招标文件的潜在投标人，并在招标网上发布变更公告。

第三十一条　除不可抗力原因外，招标文件或者资格预审文件发出后，不予退还；招标人在发布招标公告、发出投标邀请书后或者发出招标文件或资格预审文件后不得终止招标。

招标人终止招标的，应当及时发布公告，或者以书面形式通知被邀请的或者已经获取资格预审文件、招标文件的潜在投标人。已经发售资格预审文件、招标文件或者已经收取投标保证金的，招标人应当及时退还所收取的资格预审文件、招标文件的费用，以及所收取的投标保证金及银行同期存款利息。

第四章　投　　标

第三十二条　投标人是响应招标、参加投标竞争的法人或其他组织。

与招标人存在利害关系可能影响招标公正性的法人或其他组织不得参加投标；接受委托参与项目前期咨询和招标文件编制的法人或其他组织不得参加受托项目的投标，也不得为该项目的投标人编制投标文件或者提供咨询。

单位负责人为同一人或者存在控股、管理关系的不同单位，不得参加同一招标项目包投标，共同组成联合体投标的除外。

违反前三款规定的，相关投标均无效。

第三十三条　投标人应当根据招标文件要求编制投标文件，并根据自己的商务能力、技术水平对招标文件提出的要求和条件在投标文件中作出真实的响应。投标文件的所有内容在投标有效期内应当有效。

第三十四条　投标人对加注星号（“＊”）的重要技术条款（参数）应当在投标文件中提供技术支持资料。

技术支持资料以制造商公开发布的印刷资料、检测机构出具的检测报告或招标文件中允许的其他形式为准，凡不符合上述要求的，应当视为无效技术支持资料。

第三十五条　投标人应当提供在开标日前3个月内由其开立基本账户的银行开具的银行资信证明的原件或复印件。

第三十六条　潜在投标人或者其他利害关系人对资格预审文件有异议的，应当在提交资格预审申请文件截止时间2日前向招标人或招标机构提出，并将异议内容上传招标网；对招标文件有异议的，应当在投标截止时间10日前向招标人或招标机构提出，并将异议内容上传招标网。招标人或招标机构应当自收到异议之日起3日内作出答复，并将答复内容上传招标网；作出答复前，应当暂停招标投标活动。

第三十七条 招标人编制的资格预审文件、招标文件的内容违反法律、行政法规的强制性规定，违反公开、公平、公正和诚实信用原则，影响资格预审结果或者潜在投标人投标的，依法必须进行招标的项目的招标人应当在修改资格预审文件或者招标文件后重新招标。

第三十八条 投标人在招标文件要求的投标截止时间前，应当在招标网免费注册，注册时应当在招标网在线填写招投标注册登记表，并将由投标人加盖公章的招投标注册登记表及工商营业执照（复印件）提交至招标网；境外投标人提交所在地登记证明材料（复印件），投标人无印章的，提交由单位负责人签字的招投标注册登记表。投标截止时间前，投标人未在招标网完成注册的不得参加投标，有特殊原因的除外。

第三十九条 投标人在招标文件要求的投标截止时间前，应当将投标文件送达招标文件规定的投标地点。投标人可以在规定的投标截止时间前书面通知招标人，对已提交的投标文件进行补充、修改或撤回。补充、修改的内容应当作为投标文件的组成部分。投标人不得在投标截止时间后对投标文件进行补充、修改。

第四十条 投标人应当按照招标文件要求对投标文件进行包装和密封。投标人在投标截止时间前提交价格变更等相关内容的投标声明的，应与开标一览表一并或者单独密封，并加施明显标记，以便在开标时一并唱出。

第四十一条 未通过资格预审的申请人提交的投标文件，以及逾期送达或者不按照招标文件要求密封的投标文件，招标人应当拒收。

招标人或招标机构应当如实记载投标文件的送达时间和密封情况，并存档备查。

第四十二条 招标文件允许联合体投标的，两个以上法人或者其他组织可以组成一个联合体，以一个投标人的身份共同投标。

联合体各方均应当具备承担招标项目的相应能力；国家有关规定或者招标文件对投标人资格条件有规定的，联合体各方均应当具备规定的相应资格条件。由同一专业的单位组成的联合体，按照资质等级较低的单位确定资质等级。

联合体各方应当签订共同投标协议，明确约定各方拟承担的工作和责任，并将共同投标协议连同投标文件一并提交招标人。联合体中标的，联合体各方应当共同与招标人签订合同，就中标项目向招标人承担连带责任。

联合体各方在同一招标项目包中以自己名义单独投标或者参加其他联合体投标的，相关投标均无效。

第四十三条 投标人应当按照招标文件的要求，在提交投标文件截止时间前将投标保证金提交给招标人或招标机构。

投标人在投标截止时间前撤回已提交的投标文件，招标人或招标机构已收取投标保证金的，应当自收到投标人书面撤回通知之日起5日内退还。

投标截止后投标人撤销投标文件的，招标人可以不退还投标保证金。招标人主动要求延长投标有效期但投标人拒绝的，招标人应当退还投标保证金。

第四十四条 投标人发生合并、分立、破产等重大变化的，应当及时书面告知招标人。投标人不再具备资格预审文件、招标文件规定的资格条件或者其投标影响招标公正性的，其投标无效。

第四十五条 禁止招标投标法实施条例第三十九条、第四十条、第四十一条、第四十二条所规定的投标人相互串通投标、招标人与投标人串通投标、投标人以他人名义投标或者以其他方式弄虚作假的行为。

第五章 开标和评标

第四十六条 开标应当在招标文件确定的提交投标文件截止时间的同一时间公开进行；开标地点应当为招标文件中预先确定的地点。开标由招标人或招标机构主持，邀请所有投标人参加。

投标人少于 3 个的,不得开标,招标人应当依照本办法重新招标;开标后认定投标人少于 3 个的应当停止评标,招标人应当依照本办法重新招标。重新招标后投标人仍少于 3 个的,可以进入两家或一家开标评标;按国家有关规定需要履行审批、核准手续的依法必须进行招标的项目,报项目审批、核准部门审批、核准后可以不再进行招标。

认定投标人数量时,两家以上投标人的投标产品为同一家制造商或集成商生产的,按一家投标人认定。对两家以上集成商或代理商使用相同制造商产品作为其项目包的一部分,且相同产品的价格总和均超过该项目包各自投标总价 60% 的,按一家投标人认定。

对于国外贷款、援助资金项目,资金提供方规定当投标截止时间到达时,投标人少于 3 个可直接进入开标程序的,可以适用其规定。

第四十七条 开标时,由投标人或者其推选的代表检查投标文件的密封情况,也可以由招标人委托的公证机构检查并公证;经确认无误后,由工作人员当众拆封,宣读投标人名称、投标价格和投标文件的其他主要内容。

招标人在招标文件要求提交投标文件的截止时间前收到的所有投标文件,开标时都应当当众予以拆封、宣读。

投标人的开标一览表、投标声明(价格变更或其他声明)都应当在开标时一并唱出,否则在评标时不予认可。投标总价中不应当包含招标文件要求以外的产品或服务的价格。

第四十八条 投标人对开标有异议的,应当在开标现场提出,招标人或招标机构应当当场作出答复,并制作记录。

第四十九条 招标人或招标机构应当在开标时制作开标记录,并在开标后 3 个工作日内上传招标网存档。

第五十条 评标由招标人依照本办法组建的评标委员会负责。依法必须进行招标的项目,其评标委员会由招标人的代表和从事相关领域工作满 8 年并具有高级职称或者具有同等专业水平的技术、经济等相关领域专家组成,成员人数为 5 人以上单数,其中技术、经济等方面专家人数不得少于成员总数的 2/3。

第五十一条 依法必须进行招标的项目,机电产品国际招标评标所需专家原则上由招标人或招标机构在招标网上从国家、地方两级专家库内相关专业类别中采用随机抽取的方式产生。任何单位和个人不得以明示、暗示等任何方式指定或者变相指定参加评标委员会的专家成员。但技术复杂、专业性强或者国家有特殊要求,采取随机抽取方式确定的专家难以保证其胜任评标工作的特殊招标项目,报相应主管部门后,可以由招标人直接确定评标专家。

抽取评标所需的评标专家的时间不得早于开标时间 3 个工作日;同一项目包评标中,来自同一法人单位的评标专家不得超过评标委员会总人数的 1/3。

随机抽取专家人数为实际所需专家人数。一次招标金额在 1000 万美元以上的国际招标项目包,所需专家的 1/2 以上应当从国家级专家库中抽取。

抽取工作应当使用招标网评标专家随机抽取自动通知系统。除专家不能参加和应当回避的情形外,不得废弃随机抽取的专家。

机电产品国际招标评标专家及专家库管理办法由商务部另行制定。

第五十二条 与投标人或其制造商有利害关系的人不得进入相关项目的评标委员会,评标专家不得参加与自己有利害关系的项目评标,且应当主动回避;已经进入的应当更换。主管部门的工作人员不得担任本机构负责监督项目的评标委员会成员。

依法必须进行招标的项目的招标人非因招标投标法、招标投标法实施条例和本办法规定的事由,不得更换依法确定的评标委员会成员。更换评标委员会的专家成员应当依照本办法第五十一条规定进行。

第五十三条 评标委员会成员名单在中标结果确定前应当保密,如有泄密,除追究当事人责任外,还应当报相应主管部门后及时更换。

评标前,任何人不得向评标专家透露其即将参与的评标项目招标人、投标人的有关情况及其他应当保密的信息。

招标人和招标机构应当采取必要的措施保证评

标在严格保密的情况下进行。任何单位和个人不得非法干预、影响评标的过程和结果。

泄密影响中标结果的，中标无效。

第五十四条　招标人应当向评标委员会提供评标所必需的信息，但不得向评标委员会成员明示或者暗示其倾向或者排斥特定投标人。

招标人应当根据项目规模和技术复杂程度等因素合理确定评标时间。超过1/3的评标委员会成员认为评标时间不够的，招标人应当适当延长。

评标过程中，评标委员会成员有回避事由、擅离职守或者因健康等原因不能继续评标的，应当于评标当日报相应主管部门后按照所缺专家的人数重新随机抽取，及时更换。被更换的评标委员会成员作出的评审结论无效，由更换后的评标委员会成员重新进行评审。

第五十五条　评标委员会应当在开标当日开始进行评标。有特殊原因当天不能评标的，应当将投标文件封存，并在开标后48小时内开始进行评标。评标委员会成员应当依照招标投标法、招标投标法实施条例和本办法的规定，按照招标文件规定的评标方法和标准，独立、客观、公正地对投标文件提出评审意见。招标文件没有规定的评标方法和标准不得作为评标的依据。

评标委员会成员不得私下接触投标人，不得收受投标人给予的财物或者其他好处，不得向招标人征询确定中标人的意向，不得接受任何单位或者个人明示或者暗示提出的倾向或者排斥特定投标人的要求，不得有其他不客观、不公正履行职务的行为。

第五十六条　采用最低评标价法评标的，在商务、技术条款均实质性满足招标文件要求时，评标价格最低者为排名第一的中标候选人；采用综合评价法评标的，在商务、技术条款均实质性满足招标文件要求时，综合评价最优者为排名第一的中标候选人。

第五十七条　在商务评议过程中，有下列情形之一者，应予否决投标：

（一）投标人或其制造商与招标人有利害关系可能影响招标公正性的；

（二）投标人参与项目前期咨询或招标文件编制的；

（三）不同投标人单位负责人为同一人或者存在控股、管理关系的；

（四）投标文件未按招标文件的要求签署的；

（五）投标联合体没有提交共同投标协议的；

（六）投标人的投标书、资格证明材料未提供，或不符合国家规定或者招标文件要求的；

（七）同一投标人提交两个以上不同的投标方案或者投标报价的，但招标文件要求提交备选方案的除外；

（八）投标人未按招标文件要求提交投标保证金或保证金金额不足、保函有效期不足、投标保证金形式或出具投标保函的银行不符合招标文件要求的；

（九）投标文件不满足招标文件加注星号（“*”）的重要商务条款要求的；

（十）投标报价高于招标文件设定的最高投标限价的；

（十一）投标有效期不足的；

（十二）投标人有串通投标、弄虚作假、行贿等违法行为的；

（十三）存在招标文件中规定的否决投标的其他商务条款的。

前款所列材料在开标后不得澄清、后补；招标文件要求提供原件的，应当提供原件，否则将否决其投标。

第五十八条　对经资格预审合格、且商务评议合格的投标人不能再因其资格不合格否决其投标，但在招标周期内该投标人的资格发生了实质性变化不再满足原有资格要求的除外。

第五十九条　技术评议过程中，有下列情形之一者，应予否决投标：

（一）投标文件不满足招标文件技术规格中加注星号（“*”）的重要条款（参数）要求，或加注星号（“*”）的重要条款（参数）无符合招标文件要求的技术资料支持的；

（二）投标文件技术规格中一般参数超出允许

偏离的最大范围或最多项数的；

（三）投标文件技术规格中的响应与事实不符或虚假投标的；

（四）投标人复制招标文件的技术规格相关部分内容作为其投标文件中一部分的；

（五）存在招标文件中规定的否决投标的其他技术条款的。

第六十条 采用最低评标价法评标的，价格评议按下列原则进行：

（一）按招标文件中的评标依据进行评标。计算评标价格时，对需要进行价格调整的部分，要依据招标文件和投标文件的内容加以调整并说明。投标总价中包含的招标文件要求以外的产品或服务，在评标时不予核减；

（二）除国外贷款、援助资金项目外，计算评标总价时，以货物到达招标人指定到货地点为依据；

（三）招标文件允许以多种货币投标的，在进行价格评标时，应当以开标当日中国银行总行首次发布的外币对人民币的现汇卖出价进行投标货币对评标货币的转换以计算评标价格。

第六十一条 采用综合评价法评标时，按下列原则进行：

（一）评标办法应当充分考虑每个评价指标所有可能的投标响应，且每一种可能的投标响应应当对应一个明确的评价值，不得对应多个评价值或评价值区间，采用两步评价方法的除外。

对于总体设计、总体方案等难以量化比较的评价内容，可以采取两步评价方法：第一步，评标委员会成员独立确定投标人该项评价内容的优劣等级，根据优劣等级对应的评价值算术平均后确定该投标人该项评价内容的平均等级；第二步，评标委员会成员根据投标人的平均等级，在对应的分值区间内给出评价值。

（二）价格评价应当符合低价优先、经济节约的原则，并明确规定评议价格最低的有效投标人将获得价格评价的最高评价值，价格评价的最大可能评价值和最小可能评价值应当分别为价格最高评价值和零评价值。

（三）评标委员会应当根据综合评价值对各投标人进行排名。综合评价值相同的，依照价格、技术、商务、服务及其他评价内容的优先次序，根据分项评价值进行排名。

第六十二条 招标文件允许备选方案的，评标委员会对有备选方案的投标人进行评审时，应当以主选方案为准进行评标。备选方案应当实质性响应招标文件要求。凡提供两个以上备选方案或者未按要求注明主选方案的，该投标应当被否决。凡备选方案的投标价格高于主选方案的，该备选方案将不予采纳。

第六十三条 投标人应当根据招标文件要求和产品技术要求列出供货产品清单和分项报价。投标人投标报价缺漏项超出招标文件允许的范围或比重的，为实质性偏离招标文件要求，评标委员会应当否决其投标。缺漏项在招标文件允许的范围或比重内的，评标时应当要求投标人确认缺漏项是否包含在投标价中，确认包含的，将其他有效投标中该项的最高价计入其评标总价，并依据此评标总价对其一般商务和技术条款（参数）偏离进行价格调整；确认不包含的，评标委员会应当否决其投标；签订合同时以投标价为准。

第六十四条 投标文件中有含义不明确的内容、明显文字或者计算错误，评标委员会认为需要投标人作出必要澄清、说明的，应当书面通知该投标人。投标人的澄清、说明应当采用书面形式在评标委员会规定的时间内提交，并不得超出投标文件的范围或者改变投标文件的实质性内容。

投标人的投标文件不响应招标文件加注星号（“＊”）的重要商务和技术条款（参数），或加注星号（“＊”）的重要技术条款（参数）未提供符合招标文件要求的技术支持资料的，评标委员会不得要求其进行澄清或后补。

评标委员会不得暗示或者诱导投标人作出澄清、说明，不得接受投标人主动提出的澄清、说明。

第六十五条 评标委员会经评审，认为所有投标都不符合招标文件要求的，可以否决所有投标。

依法必须进行招标的项目的所有投标被否决的，招标人应当依照本办法重新招标。

第六十六条 评标完成后，评标委员会应当向招标人提交书面评标报告和中标候选人名单。中标候选人应当不超过3个，并标明排序。

评标委员会的每位成员应当分别填写评标委员会成员评标意见表（见附件2），评标意见表是评标报告必不可少的一部分。评标报告应当由评标委员会全体成员签字。对评标结果有不同意见的评标委员会成员应当以书面形式说明其不同意见和理由，评标报告应当注明该不同意见。评标委员会成员拒绝在评标报告上签字又不说明其不同意见和理由的，视为同意评标结果。

专家受聘承担的具体项目评审工作结束后，招标人或者招标机构应当在招标网对专家的能力、水平、履行职责等方面进行评价，评价结果分为优秀、称职和不称职。

第六章 评标结果公示和中标

第六十七条 依法必须进行招标的项目，招标人或招标机构应当依据评标报告填写《评标结果公示表》，并自收到评标委员会提交的书面评标报告之日起3日内在招标网上进行评标结果公示。评标结果应当一次性公示，公示期不得少于3日。

采用最低评标价法评标的，《评标结果公示表》中的内容包括"中标候选人排名"、"投标人及制造商名称"、"评标价格"和"评议情况"等。每个投标人的评议情况应当按商务、技术和价格评议三个方面在《评标结果公示表》中分别填写，填写的内容应当明确说明招标文件的要求和投标人的响应内容。对一般商务和技术条款（参数）偏离进行价格调整的，在评标结果公示时，招标人或招标机构应当明确公示价格调整的依据、计算方法、投标文件偏离内容及相应的调整金额。

采用综合评价法评标的，《评标结果公示表》中的内容包括"中标候选人排名"、"投标人及制造商名称"、"综合评价值"、"商务、技术、价格、服务及其他等大类评价项目的评价值"和"评议情况"等。每个投标人的评议情况应当明确说明招标文件的要求和投标人的响应内容。

使用国外贷款、援助资金的项目，招标人或招标机构应当自收到评标委员会提交的书面评标报告之日起3日内向资金提供方报送评标报告，并自获其出具不反对意见之日起3日内在招标网上进行评标结果公示。资金提供方对评标报告有反对意见的，招标人或招标机构应当及时将资金提供方的意见报相应的主管部门，并依照本办法重新招标或者重新评标。

第六十八条 评标结果进行公示后，各方当事人可以通过招标网查看评标结果公示的内容。招标人或招标机构应当应投标人的要求解释公示内容。

第六十九条 投标人或者其他利害关系人对依法必须进行招标的项目的评标结果有异议的，应当于公示期内向招标人或招标机构提出，并将异议内容上传招标网。招标人或招标机构应当在收到异议之日起3日内作出答复，并将答复内容上传招标网；作出答复前，应当暂停招标投标活动。

异议答复应当对异议问题逐项说明，但不得涉及其他投标人的投标秘密。未在评标报告中体现的不满足招标文件要求的其他方面的偏离不能作为答复异议的依据。

经原评标委员会按照招标文件规定的方法和标准审查确认，变更原评标结果的，变更后的评标结果应当依照本办法进行公示。

第七十条 招标人根据评标委员会提出的书面评标报告和推荐的中标候选人确定中标人。招标人也可以授权评标委员会直接确定中标人。国有资金占控股或者主导地位的依法必须进行招标的项目，以及使用国外贷款、援助资金的项目，招标人应当确定排名第一的中标候选人为中标人。排名第一的中标候选人放弃中标、因不可抗力不能履行合同、不按招标文件要求提交履约保证金，或者被查实存在影响中标结果的违法行为等情形，不符合中标条件的，招标人可以按照评标委员会提出的中标候选人名单排序依次确定其他中标候选人为中标人，也可以重新招标。

第七十一条 评标结果公示无异议的，公示期结束后该评标结果自动生效并进行中标结果公告；评标结果公示有异议，但是异议答复后10日内无投诉的，异议答复10日后按照异议处理结果进行公告；评标结果公示有投诉的,相应主管部门做出投诉处理决定后,按照投诉处理决定进行公告。

第七十二条 依法必须进行招标的项目,中标人确定后,招标人应当在中标结果公告后20日内向中标人发出中标通知书,并在中标结果公告后15日内将评标情况的报告(见附件3)提交至相应的主管部门。中标通知书也可以由招标人委托其招标机构发出。

使用国外贷款、援助资金的项目,异议或投诉的结果与报送资金提供方的评标报告不一致的,招标人或招标机构应当按照异议或投诉的结果修改评标报告,并将修改后的评标报告报送资金提供方,获其不反对意见后向中标人发出中标通知书。

第七十三条 中标结果公告后15日内,招标人或招标机构应当在招标网完成该项目包招标投标情况及其相关数据的存档。存档的内容应当与招标投标实际情况一致。

第七十四条 中标候选人的经营、财务状况发生较大变化或者存在违法行为,招标人认为可能影响其履约能力的,应当在发出中标通知书前由原评标委员会按照招标文件规定的方法和标准审查确认。

第七十五条 中标通知书对招标人和中标人具有法律效力。中标通知书发出后,招标人改变中标结果的,或者中标人放弃中标项目的,应当依法承担法律责任。

第七十六条 招标人和中标人应当自中标通知书发出之日起30日内,依照招标投标法、招标投标法实施条例和本办法的规定签订书面合同,合同的标的、价款、质量、履行期限等主要条款应当与招标文件和中标人的投标文件的内容一致。招标人或中标人不得拒绝或拖延与另一方签订合同。招标人和中标人不得再行订立背离合同实质性内容的其他协议。

招标人最迟应当在书面合同签订后5日内向中标人和未中标的投标人退还投标保证金及银行同期存款利息。

第七十七条 招标文件要求中标人提交履约保证金的,中标人应当按照招标文件的要求提交。履约保证金不得超过中标合同金额的10%。

第七十八条 中标产品来自关境外的,由招标人按照国家有关规定办理进口手续。

第七十九条 中标人应当按照合同约定履行义务,完成中标项目。中标人不得向他人转让中标项目,也不得将中标项目肢解后分别向他人转让。

第八十条 依法必须进行招标的项目,在国际招标过程中,因招标人的采购计划发生重大变更等原因,经项目主管部门批准,报相应的主管部门后,招标人可以重新组织招标。

第八十一条 招标人或招标机构应当按照有关规定妥善保存招标委托协议、资格预审公告、招标公告、资格预审文件、招标文件、资格预审申请文件、投标文件、异议及答复等相关资料,以及与评标相关的评标报告、专家评标意见、综合评价法评价原始记录表等资料,并对评标情况和资料严格保密。

第七章 投诉与处理

第八十二条 投标人或者其他利害关系人认为招标投标活动不符合法律、行政法规及本办法规定的,可以自知道或者应当知道之日起10日内向相应主管部门投诉。就本办法第三十六条规定事项进行投诉的,潜在投标人或者其他利害关系人应当在自领购资格预审文件或招标文件10日内向相应的主管部门提出;就本办法第四十八条规定事项进行投诉的,投标人或者其他利害关系人应当在自开标10日内向相应的主管部门提出;就本办法第六十九条规定事项进行投诉的,投标人或者其他利害关系人应当在自评标结果公示结束10日内向相应的主管部门提出。

就本办法第三十六条、第四十八条、第六十九条规定事项投诉的,应当先向招标人提出异议,异议答复期间不计算在前款规定的期限内。就异议事项投诉的,招标人或招标机构应当在该项目被网上投诉后3日内,将异议相关材料提交相应的主管部门。

第八十三条 投诉人应当于投诉期内在招标网上填写《投诉书》(见附件4)(就异议事项进行投诉的,应当提供异议和异议答复情况及相关证明材料),并将由投诉人单位负责人或单位负责人授权的人签字并盖章的《投诉书》、单位负责人证明文件及相关材料在投诉期内送达相应的主管部门。境外投诉人所在企业无印章的，以单位负责人或单位负责人授权的人签字为准。

投诉应当有明确的请求和必要的证明材料。投诉有关材料是外文的，投诉人应当同时提供其中文译本，并以中文译本为准。

投诉人应保证其提出投诉内容及相应证明材料的真实性及来源的合法性，并承担相应的法律责任。

第八十四条 主管部门应当自收到书面投诉书之日起3个工作日内决定是否受理投诉，并将是否受理的决定在招标网上告知投诉人。主管部门应当自受理投诉之日起30个工作日内作出书面处理决定（见附件5），并将书面处理决定在招标网上告知投诉人；需要检验、检测、鉴定、专家评审的，以及监察机关依法对与招标投标活动有关的监察对象实施调查并可能影响投诉处理决定的，所需时间不计算在内。使用国外贷款、援助资金的项目，需征求资金提供方意见的，所需时间不计算在内。

主管部门在处理投诉时，有权查阅、复制有关文件、资料，调查有关情况，相关单位和人员应当予以配合。必要时，主管部门可以责令暂停招标投标活动。

主管部门在处理投诉期间，招标人或招标机构应当就投诉的事项协助调查。

第八十五条 有下列情形之一的投诉，不予受理：

（一）就本办法第三十六条、第四十八条、第六十九条规定事项投诉，其投诉内容在提起投诉前未按照本办法的规定提出异议的；

（二）投诉人不是投标人或者其他利害关系人的；

（三）《投诉书》未按本办法有关规定签字或盖章，或者未提供单位负责人证明文件的；

（四）没有明确请求的，或者未按本办法提供相应证明材料的；

（五）涉及招标评标过程具体细节、其他投标人的商业秘密或其他投标人的投标文件具体内容但未能说明内容真实性和来源合法性的；

（六）未在规定期限内在招标网上提出的；

（七）未在规定期限内将投诉书及相关证明材料送达相应主管部门的。

第八十六条 在评标结果投诉处理过程中，发现招标文件重要商务或技术条款（参数）出现内容错误、前后矛盾或与国家相关法律法规不一致的情形，影响评标结果公正性的，当次招标无效，主管部门将在招标网上予以公布。

第八十七条 招标人对投诉的内容无法提供充分解释和说明的，主管部门可以自行组织或者责成招标人、招标机构组织专家就投诉的内容进行评审。

就本办法第三十六条规定事项投诉的，招标人或招标机构应当从专家库中随机抽取3人以上单数评审专家。评审专家不得作为同一项目包的评标专家。

就本办法第六十九条规定事项投诉的，招标人或招标机构应当从国家级专家库中随机抽取评审专家，国家级专家不足时，可由地方级专家库中补充，但国家级专家不得少于2/3。评审专家不得包含参与该项目包评标的专家，并且专家人数不得少于评标专家人数。

第八十八条 投诉人拒绝配合主管部门依法进行调查的，被投诉人不提交相关证据、依据和其他有关材料的，主管部门按照现有可获得的材料对相关投诉依法作出处理。

第八十九条 投诉处理决定作出前，经主管部门同意，投诉人可以撤回投诉。投诉人申请撤回投诉的，应当以书面形式提交给主管部门，并同时在网上提出撤回投诉申请。已经查实投诉内容成立的，投诉人撤回投诉的行为不影响投诉处理决定。投诉人撤回投诉的，不得以同一的事实和理由再次进行投诉。

第九十条 主管部门经审查，对投诉事项可作出下列处理决定：

（一）投诉内容未经查实前，投诉人撤回投诉的，终止投诉处理；

（二）投诉缺乏事实根据或者法律依据的，以及投诉人捏造事实、伪造材料或者以非法手段取得证明材料进行投诉的，驳回投诉；

（三）投诉情况属实，招标投标活动确实存在不符合法律、行政法规和本办法规定的，依法作出招标无效、投标无效、中标无效、修改资格预审文件或者招标文件等决定。

第九十一条 商务部在招标网设立信息发布栏,包括下列内容:

(一)投诉汇总统计,包括年度内受到投诉的项目、招标人、招标机构名称和投诉处理结果等;

(二)招标机构代理项目投诉情况统计,包括年度内项目投诉数量、投诉率及投诉处理结果等;

(三)投标人及其他利害关系人投诉情况统计,包括年度内项目投诉数量、投诉率及不予受理投诉、驳回投诉、不良投诉(本办法第九十六条第四项的投诉行为)等;

(四)违法统计,包括年度内在招标投标活动过程中违反相关法律、行政法规和本办法的当事人、项目名称、违法情况和处罚结果。

第九十二条 主管部门应当建立投诉处理档案,并妥善保存。

第八章 法律责任

第九十三条 招标人对依法必须进行招标的项目不招标或化整为零以及以其他任何方式规避国际招标的,由相应主管部门责令限期改正,可以处项目合同金额0.5%以上1%以下的罚款;对全部或者部分使用国有资金的项目,可以通告项目主管机构暂停项目执行或者暂停资金拨付;对单位直接负责的主管人员和其他直接责任人员依法给予处分。

第九十四条 招标人有下列行为之一的,依照招标投标法、招标投标法实施条例的有关规定处罚:

(一)依法应当公开招标而采用邀请招标的;

(二)以不合理的条件限制、排斥潜在投标人的,对潜在投标人实行歧视待遇的,强制要求投标人组成联合体共同投标的,或者限制投标人之间竞争的;

(三)招标文件、资格预审文件的发售、澄清、修改的时限,或者确定的提交资格预审申请文件、投标文件的时限不符合规定的;

(四)不按照规定组建评标委员会,或者确定、更换评标委员会成员违反规定的;

(五)接受未通过资格预审的单位或者个人参加投标,或者接受应当拒收的投标文件的;

(六)违反规定,在确定中标人前与投标人就投标价格、投标方案等实质性内容进行谈判的;

(七)不按照规定确定中标人的;

(八)不按照规定对异议作出答复,继续进行招标投标活动的;

(九)无正当理由不发出中标通知书,或者中标通知书发出后无正当理由改变中标结果的;

(十)无正当理由不与中标人订立合同,或者在订立合同时向中标人提出附加条件的;

(十一)不按照招标文件和中标人的投标文件与中标人订立合同,或者与中标人订立背离合同实质性内容的协议的;

(十二)向他人透露已获取招标文件的潜在投标人的名称、数量或者可能影响公平竞争的有关招标投标的其他情况的,或者泄露标底的。

第九十五条 招标人有下列行为之一的,给予警告,并处3万元以下罚款;该行为影响到评标结果的公正性的,当次招标无效:

(一)与投标人相互串通、虚假招标投标的;

(二)以不正当手段干扰招标投标活动的;

(三)不履行与中标人订立的合同的;

(四)除本办法第九十四条第十二项所列行为外,其他泄露应当保密的与招标投标活动有关的情况、材料或信息的;

(五)对主管部门的投诉处理决定拒不执行的;

(六)其他违反招标投标法、招标投标法实施条例和本办法的行为。

第九十六条 投标人有下列行为之一的,依照招标投标法、招标投标法实施条例的有关规定处罚:

(一)与其他投标人或者与招标人相互串通投标的;

(二)以向招标人或者评标委员会成员行贿的手段谋取中标的;

(三)以他人名义投标或者以其他方式弄虚作假,骗取中标的;

(四)捏造事实、伪造材料或者以非法手段取得证明材料进行投诉的。

有前款所列行为的投标人不得参与该项目的重新招标。

第九十七条 投标人有下列行为之一的，当次投标无效，并给予警告，并处3万元以下罚款：

（一）虚假招标投标的；

（二）以不正当手段干扰招标、评标工作的；

（三）投标文件及澄清资料与事实不符，弄虚作假的；

（四）在投诉处理过程中，提供虚假证明材料的；

（五）中标通知书发出之前与招标人签订合同的；

（六）中标的投标人不按照其投标文件和招标文件与招标人签订合同的或提供的产品不符合投标文件的；

（七）其他违反招标投标法、招标投标法实施条例和本办法的行为。

有前款所列行为的投标人不得参与该项目的重新招标。

第九十八条 中标人有下列行为之一的，依照招标投标法、招标投标法实施条例的有关规定处罚：

（一）无正当理由不与招标人订立合同的，或者在签订合同时向招标人提出附加条件的；

（二）不按照招标文件要求提交履约保证金的；

（三）不履行与招标人订立的合同的。

有前款所列行为的投标人不得参与该项目的重新招标。

第九十九条 招标机构有下列行为之一的，依照招标投标法、招标投标法实施条例的有关规定处罚：

（一）与招标人、投标人串通损害国家利益、社会公共利益或者他人合法权益的；

（二）在所代理的招标项目中投标、代理投标或者向该项目投标人提供咨询的；

（三）参加受托编制标底项目的投标或者为该项目的投标人编制投标文件、提供咨询的；

（四）泄露应当保密的与招标投标活动有关的情况和资料的。

第一百条 招标机构有下列行为之一的，给予警告，并处3万元以下罚款；该行为影响到整个招标公正性的，当次招标无效：

（一）与招标人、投标人相互串通、搞虚假招标投标的；

（二）在进行机电产品国际招标机构登记时填写虚假信息或提供虚假证明材料的；

（三）无故废弃随机抽取的评审专家的；

（四）不按照规定及时向主管部门报送材料或者向主管部门提供虚假材料的；

（五）未在规定的时间内将招标投标情况及其相关数据上传招标网，或者在招标网上发布、公示或存档的内容与招标公告、招标文件、投标文件、评标报告等相应书面内容存在实质性不符的；

（六）不按照本办法规定对异议作出答复的，或者在投诉处理的过程中未按照主管部门要求予以配合的；

（七）因招标机构的过失，投诉处理结果为招标无效或中标无效，6个月内累计2次，或一年内累计3次的；

（八）不按照本办法规定发出中标通知书或者擅自变更中标结果的；

（九）其他违反招标投标法、招标投标法实施条例和本办法的行为。

第一百零一条 评标委员会成员有下列行为之一的，依照招标投标法、招标投标法实施条例的有关规定处罚：

（一）应当回避而不回避的；

（二）擅离职守的；

（三）不按照招标文件规定的评标方法和标准评标的；

（四）私下接触投标人的；

（五）向招标人征询确定中标人的意向或者接受任何单位或者个人明示或者暗示提出的倾向或者排斥特定投标人的要求的；

（六）暗示或者诱导投标人作出澄清、说明或者接受投标人主动提出的澄清、说明的；

（七）对依法应当否决的投标不提出否决意见的；

（八）向他人透露对投标文件的评审和比较、中标候选人的推荐以及与评标有关的其他情况的。

第一百零二条　评标委员会成员有下列行为之一的，将被从专家库名单中除名，同时在招标网上予以公告：

（一）弄虚作假，谋取私利的；

（二）在评标时拒绝出具明确书面意见的；

（三）除本办法第一百零一条第八项所列行为外，其他泄露应当保密的与招标投标活动有关的情况和资料的；

（四）与投标人、招标人、招标机构串通的；

（五）专家1年内2次被评价为不称职的；

（六）专家无正当理由拒绝参加评标的；

（七）其他不客观公正地履行职责的行为，或违反招标投标法、招标投标法实施条例和本办法的行为。

前款所列行为影响中标结果的，中标无效。

第一百零三条　除评标委员会成员之外的其他评审专家有本办法第一百零一条和第一百零二条所列行为之一的，将被从专家库名单中除名，同时在招标网上予以公告。

第一百零四条　招标网承办单位有下列行为之一的，商务部予以警告并责令改正；情节严重的或拒不改正的，商务部可以中止或终止其委托服务协议；给招标投标活动当事人造成损失的，应当承担赔偿责任；构成犯罪的，依法追究刑事责任：

（一）超出商务部委托范围从事与委托事项相关活动的；

（二）利用承办商务部委托范围内事项向有关当事人收取费用的；

（三）无正当理由拒绝或者延误潜在投标人于投标截止时间前在招标网免费注册的；

（四）泄露应当保密的与招标投标活动有关情况和资料的；

（五）在委托范围内，利用有关当事人的信息非法获取利益的；

（六）擅自修改招标人、投标人或招标机构上传资料的；

（七）与招标人、投标人、招标机构相互串通、搞虚假招标投标的；

（八）其他违反招标投标法、招标投标法实施条例及本办法的。

第一百零五条　主管部门在处理投诉过程中，发现被投诉人单位直接负责的主管人员和其他直接责任人员有违法、违规或者违纪行为的，应当建议其行政主管机关、纪检监察部门给予处分；情节严重构成犯罪的，移送司法机关处理。

第一百零六条　主管部门不依法履行职责，对违反招标投标法、招标投标法实施条例和本办法规定的行为不依法查处，或者不按照规定处理投诉、不依法公告对招标投标当事人违法行为的行政处理决定的，对直接负责的主管人员和其他直接责任人员依法给予处分。

主管部门工作人员在招标投标活动监督过程中徇私舞弊、滥用职权、玩忽职守，构成犯罪的，依法追究刑事责任。

第一百零七条　出让或者出租资格、资质证书供他人投标的，依照法律、行政法规的规定给予行政处罚；构成犯罪的，依法追究刑事责任。

第一百零八条　依法必须进行招标的项目的招标投标活动违反招标投标法、招标投标法实施条例和本办法的规定，对中标结果造成实质性影响，且不能采取补救措施予以纠正的，招标、投标、中标无效，应当依照本办法重新招标或者重新评标。

重新评标应当由招标人依照本办法组建新的评标委员会负责。前一次参与评标的专家不得参与重新招标或者重新评标。依法必须进行招标的项目，重新评标的结果应当依照本办法进行公示。

除法律、行政法规和本办法规定外，招标人不得擅自决定重新招标或重新评标。

第一百零九条　本章规定的行政处罚，由相应的主管部门决定。招标投标法、招标投标法实施条例已对实施行政处罚的机关作出规定的除外。

第九章　附　　则

第一百一十条　不属于工程建设项目，但属于固定资产投资项目的机电产品国际招标投标活动，按照本办法执行。

第一百一十一条　与机电产品有关的设计、方案、技术等国际招标投标，可参照本办法执行。

第一百一十二条 使用国外贷款、援助资金进行机电产品国际招标的，应当按照本办法的有关规定执行。贷款方、资金提供方对招标投标的具体条件和程序有不同规定的，可以适用其规定，但违背中华人民共和国的国家安全或社会公共利益的除外。

第一百一十三条 机电产品国际招标投标活动采用电子招标投标方式的，应当按照本办法和国家有关电子招标投标的规定执行。

第一百一十四条 本办法所称“单位负责人”，是指单位法定代表人或者法律、行政法规规定代表单位行使职权的主要负责人。

第一百一十五条 本办法所称“日”为日历日，期限的最后一日是国家法定节假日的，顺延到节假日后的次日为期限的最后一日。

第一百一十六条 本办法中 CIF、CIP、DDP 等贸易术语，应当根据国际商会(ICC)现行最新版本的《国际贸易术语解释通则》的规定解释。

第一百一十七条 本办法由商务部负责解释。

第一百一十八条 本办法自 2014 年 4 月 1 日起施行。《机电产品国际招标投标实施办法》(商务部 2004 年第 13 号令)同时废止。

附件 1：

机电产品范围

商品类别	海关商品编号
一、金属制品	7307—7326、7412—7419、75072、7508、7609—7616、7806、7907、8007、 810192—810199、810292—810299、 81039、81043、81049、81059、 8106009、81079、81089、81099、 8110009、8111009、811219、811299、 82—83 章
二、机械及设备	84 章
三、电器及电子产品	85 章
四、运输工具	86—89 章(8710 除外)
五、仪器仪表	90 章
六、其他	
(含磨削工具用磨具、玻壳、钟表及其零件、电子乐器、运动枪支、飞机及车辆用坐具、医用家具、办公室用金属家具、各种灯具及照明装置、儿童带轮玩具、带动力装置的玩具及模型、健身器械及游艺设备、打火机等)	680421、6804221、6804301、6805、7011、91 章、9207、93031—93033、9304、93052、93059、93061—93063、94011—94013、9402、94031、94032、9405、9501、95031、95038、95041、95043、95049、95069、9508、9613

附件 2：(招标机构名称)评标委员会成员评标意见表(略)

附件 3：评标情况的报告(略)

附件 4：投诉书(略)

附件 5：投诉处理决定书(略)

机电产品国际招标投标“双随机一公开”监管工作细则

1. 2017年8月17日商务部办公厅发布
2. 商办贸函〔2017〕345号

第一条 为进一步规范机电产品国际招标投标监督检查行为，全面推行“双随机、一公开”，根据《中华人民共和国招标投标法》《中华人民共和国招标投标法实施条例》，以及《机电产品国际招标投标实施办法（试行）》（商务部令2014年第1号）、《机电产品国际招标代理机构监督管理办法（试行）》（商务部令2016年第5号）等有关规定，制定本细则。

第二条 商务部负责组织和指导对全国机电产品国际招标投标活动和全国机电产品国际招标代理机构（以下简称招标机构）的监督检查工作。各省、自治区、直辖市、计划单列市、新疆生产建设兵团、沿海开放城市及经济特区商务主管部门、国务院有关部门机电产品进出口管理机构负责本地区、本部门所属机电产品国际招标投标活动和招标机构的监督检查工作。各级机电产品进出口管理机构（以下简称主管部门）对机电产品国际招标投标活动和招标机构实施监督检查时，适用本细则。

第三条 本细则所称“双随机、一公开”工作，是指主管部门依法实施机电产品国际招标投标监督检查时，采取随机抽取检查对象、随机选派执法检查人员，及时公开抽查情况和查处结果的活动。

第四条 机电产品国际招标投标监督检查按照本细则开展，坚持监管规范高效、公平公正、公开透明的原则。

第五条 商务部在中国国际招标网（以下简称招标网，网址：www. chinabidding. com）建立执法检查人员名录库和检查对象名录库。执法检查人员应为主管部门正式在编的工作人员，以机电产品国际招标投标业务主管工作人员为主。执法检查人员名录库由各主管部门负责各自执法检查人员信息录入和维护。检查对象为机电产品国际招标项目和招标机构，招标项目名录库、招标机构名录库由商务部负责信息录入和维护。招标项目名录库、招标机构名录库和执法检查人员名录库根据变动情况动态调整。

第六条 商务部根据法律法规规章修订情况和工作实际，制定并动态调整机电产品国际招标投标随机抽查事项清单（见附件），及时在招标网向社会公布。主管部门按照随机抽查事项清单，对机电产品国际招标投标活动和招标机构合法合规情况依法实施检查。

第七条 主管部门实施检查前，从招标网上的招标机构名录库中随机抽取被检查机构，从招标项目名录库中随机抽取被检查项目，从执法检查人员名录库中随机选派执法检查人员，抽取过程在招标网全程记录。主管部门可以设定招标时间、招标环节、招标行业、被投诉数量、错误操作数量等类别条件定向抽取被检查项目或被检查机构。

第八条 主管部门可以根据本地区、本行业招标机构和招标项目实际情况，合理确定随机抽查的比例和频次。对所属招标机构的随机抽查，年度检查率应当不低于所属招标机构数量的10%。每年随机抽查的所属招标项目数量，应当不少于5个或者上一年度所属招标项目数量的1%（两者以高者为准）；上一年度所属招标项目数量低于5个的，应当至少随机抽查1个项目。近三年内检查过的招标项目，在抽取时可以排除。对投诉举报多、错误操作记录多或有严重违法记录等情况的招标机构，可增加抽查频次。商务部可以组织实施对全国范围内招标机构及项目进行“双随机”抽查。

第九条 主管部门开展“双随机”抽查工作，执法检查人员的抽取数量根据检查工作需要确定，同一检查组执法检查人员不得少于二人。出现随机抽取的执法检查人员因实际困难不能参加检查工作或需要回避等情形，应从执法检查人员名录库中及时随机抽取，补齐执法检查人员。

第十条 主管部门实施检查时，可以依法查阅、复制有关文件、资料，调查有关情况，被检查机构应当予以配合。

第十一条 执法检查人员应当填写检查记录表，如实记录检查情况，根据检查情况形成检查结果记录。随机抽取的检查对象名单和检查结果记录，由执法检查人员签字后存档并在招标网公布。任何单位和个人对公布的检查对象名单和检查结果记录信息有异议的，可以在招标网或通过其他书面形式向实施检查的主管部门或商务部提出，并提供相关证明材料。经核实，异议情况属实的，由主管部门更正相关信息后重新公布。

第十二条 主管部门应当依法履行监管职责，对检查发现的违法行为，要依法处理，依法公告处罚结果。对不属于主管部门职权范围的事项，依法依纪移送其他部门处理。

第十三条 主管部门实施检查不得妨碍被检查机构正常的经营活动，不得收受被检查机构给予的财物或者其他好处。

第十四条 各主管部门应当及时就当年开展“双随机、一公开”监管工作情况进行总结，并于当年12月5日前将总结报告通过招标网报商务部，同时于次年1月15日前将加盖单位公章的书面材料报商务部。

第十五条 商务部建立全国机电产品国际招标投标信用档案，“双随机”抽查结果纳入信用档案。

第十六条 本细则自发布之日起施行。

附件：机电产品国际招标投标随机抽查事项清单

附件：

机电产品国际招标投标随机抽查事项清单

序号	事项名称	抽查内容		抽查依据
1	招标代理机构检查	1. 从事招标代理业务的营业场所和相应资金情况。 2. 招标代理专业人员情况。 3. 招标代理机构注册及注册信息变更情况。 4. 招标代理行为。		1. 招标投标法第二章。 2. 条例第二章。 3. 1号令第三章。 4. 5号令。
2	招标投标活动检查	招标	1. 招标方式。 2. 招标组织形式。 3. 招标委托合同。 4. 资格预审公告、招标公告或投标邀请书。 5. 资格预审文件、招标文件。	1. 招标投标法第二章。 2. 条例第二章。 3. 1号令第三章。
		投标	1. 投标人资格。 2. 资格预审文件或招标文件异议提出及答复情况。 3. 投标文件包装、密封和送达情况。 4. 联合体组成情况。 5. 投标保证金提交情况。 6. 有无串通投标、以他人名义投标或者以其他方式弄虚作假的行为。	1. 招标投标法第三章。 2. 条例第三章。 3. 1号令第四章。
		开标和评标	1. 开标情况。 2. 开标异议提出及答复情况。 3. 评标委员会组建情况。 4. 评标专家选取情况。 5. 评标情况。	1. 招标投标法第四章。 2. 条例第四章。 3. 1号令第五章。

续表

序号	事项名称	抽查内容		抽查依据
2	招标投标活动检查	评标结果公示和中标	1. 评标结果公示。 2. 评标结果异议提出及答复情况。 3. 确定中标人。 4. 中标结果公告。 5. 中标通知书。 6. 合同签订和履行情况。 7. 招标、投标、评标情况依法上报及存档情况。	1. 招标投标法第四章。 2. 条例第四章。 3. 1号令第六章。

注:《中华人民共和国招标投标法》简称招标投标法,《中华人民共和国招标投标法实施条例》简称条例,《机电产品国际招标投标实施办法(试行)》(商务部令2014年第1号)简称1号令,《机电产品国际招标代理机构监督管理办法(试行)》(商务部令2016年第5号)简称5号令

机电产品国际招标代理机构监督管理办法(试行)

1. 2016年11月16日商务部令2016年第5号公布
2. 自2017年1月1日起施行

第一章 总 则

第一条 为加强机电产品国际招标代理机构(以下简称招标机构)监督管理,依据《中华人民共和国招标投标法》(以下简称招标投标法)、《中华人民共和国招标投标法实施条例》(以下简称招标投标法实施条例)等法律、行政法规以及国务院对有关部门实施招标投标活动行政监督的职责分工,制定本办法。

第二条 本办法适用于对在中华人民共和国境内从事机电产品国际招标代理业务的招标机构的监督管理。

第三条 招标机构是依法设立、从事机电产品国际招标代理业务并提供相关服务的社会中介组织。

招标机构应当具备从事招标代理业务的营业场所和相应资金;具备能够编制招标文件(中、英文)和组织评标的相应专业力量;拥有一定数量的招标专业人员。

第四条 商务部负责全国招标机构的监督管理工作;负责组织和指导对全国招标机构的监督检查工作;负责建立全国招标机构信用档案,发布招标机构信用信息;负责指导机电产品国际招标投标有关行业协会开展工作。

各省、自治区、直辖市、计划单列市、新疆生产建设兵团、沿海开放城市及经济特区商务主管部门、国务院有关部门机电产品进出口管理机构负责本地区、本部门所属招标机构的监督管理工作;负责在本地区、本行业从事机电产品国际招标代理行为的监督检查工作。

各级机电产品进出口管理机构(以下简称主管部门)及其工作人员应当依法履行职责。

第二章 招标机构注册办法

第五条 招标机构从事机电产品国际招标代理业务,应当在中国国际招标网(网址:www.chinabidding.com,以下简称招标网)免费注册,注册前应当在招标网作出诚信承诺;注册时应当在招标网如实填写《机电产品国际招标代理机构注册登记表》(以下简称《注册登记表》,附件1)和《机电产品国际招标专职从业人员名单》(以下简称《人员名单》,附件2)。

第六条 招标机构对《注册登记表》所填写的登记信息的真实性、合法性负责。因招标机构填写信息错误、遗漏、虚假,以及提供虚假证明材料引起的法律责任由其自行承担。

第七条 注册信息发生变更的,招标机构应当在相关信息变更后30日内在招标网修改相关信息。

因合并、分立而续存的招标机构,其注册信息发生变化的,应当依照前款规定办理注册信息变更;因合并、分立而解散的招标机构,应当及时在招标网办理注销;因合并、分立而新设立的招标机构,应当依照本办法在招标网重新注册。

第八条 不再从事机电产品国际招标代理业务的招标

机构,应当及时在招标网注销。

招标机构已在工商部门办理注销手续或被吊销营业执照的,自营业执照注销或被吊销之日起,其招标网注册自动失效。

第三章 招标机构代理行为规范

第九条 招标机构应当遵守招标投标法、招标投标法实施条例、机电产品国际招标投标实施办法和本办法的规定;在招标代理活动中,应当依法经营、公平竞争、诚实守信,不得弄虚作假,不得损害国家利益、社会公共利益或者他人合法权益。

第十条 招标机构应当与招标人签订书面委托合同,载明委托事项和代理权限。招标机构应当在招标人委托的范围内开展招标代理业务,不得接受招标人违法的委托内容和要求;不得在所代理的招标项目中投标或者代理投标,也不得为所代理的招标项目的投标人提供咨询。

第十一条 招标机构从事机电产品国际招标代理业务的人员应当为与本机构依法存在劳动合同关系的员工,应当熟练掌握机电产品国际招标相关法律规定和政策。招标机构代理机电产品国际招标项目的负责人应当由招标专业人员担任。

第十二条 招标机构应当受招标人委托依法组织招标投标活动,协助招标人及时对异议作出答复。在招标项目所属主管部门处理投诉期间,招标机构应当按照招标项目所属主管部门要求积极予以配合。

招标机构应当按照规定及时向招标项目所属主管部门报送招标投标相关材料,并在规定的时间内将招标投标情况及其相关数据上传招标网,在招标网上发布、公示或存档的内容应当与相应书面材料一致。

招标机构应当按照有关规定妥善保存招标投标相关资料,并对评标情况和资料严格保密。

第十三条 招标机构应当积极开展招标投标相关法律规定、政策和业务培训,加强行业自律和内部管理。

第四章 信用监督管理

第十四条 商务部在招标网设立招标机构信息发布栏,公布以下信息:

(一)机构信息:招标机构名称、注册地址、企业性质、联系方式、法定代表人姓名、从事机电产品国际招标代理业务时间、人员、场所等;

(二)人员信息:机电产品国际招标专职从业人员姓名、学历、专业、职称、英语水平、劳动合同关系、从事机电产品国际招标代理业务时间、学术成果、机电产品国际招标代理主要业绩等;

(三)其他信息:招标机构职业教育培训、学术交流成果、参加社会公益活动、纳税额等;

(四)业绩记录:招标机构代理项目当年机电产品国际招标中标金额、历史年度机电产品国际招标中标金额、特定行业机电产品国际招标中标金额等;

(五)异议和投诉记录:招标机构当年及历史年度代理项目异议数量、异议率、异议结果,以及投诉数量、投诉率和投诉处理结果等;

(六)检查结果记录:本办法第十九条规定的监督检查记录;

(七)错误操作记录:招标机构在机电产品国际招标代理过程中的错误操作行为,及直接责任人员和项目名称等(招标机构主动纠正,并且未对招标项目产生实质性影响的错误操作不记录在内);

(八)违法记录:当年及历史年度在从事机电产品国际招标代理业务过程中违法的招标机构名称、法定代表人姓名、直接责任人员姓名、项目名称、违法情况和行政处理决定等。

前款第一项至第三项由招标机构填报,由招标机构所属主管部门核实;第四项、第五项由商务部公布;第六项、第七项由招标机构或招标项目所属主管部门填写;第八项由作出行政处理决定的主管部门填写。

商务部建立全国招标机构信用档案,纳入第一款所列信息。

第十五条 任何单位和个人发现招标机构信息存在不实的,可以在招标网或通过其他书面形式向该招标机构所属主管部门提出,并提供相关证明材料。经核实,招标机构信息确实存在不实的,由招标机构所属主管部门责令限期改正。

第十六条 推动建立机电产品国际招标代理行业诚信自律体系,倡导招标机构签署行业诚信自律公约,承诺依法经营、诚实守信,共同维护公平竞争的招投标市场秩序。

第五章 行政监督管理

第十七条 招标机构在招标网完成注册登记后,应当向招标机构所属主管部门提交下列材料存档:

(一)由招标机构法定代表人签字并加盖单位公章的《注册登记表》原件;

(二)企业法人营业执照(复印件)、公司章程(复印件)并加盖单位公章;

(三)《人员名单》及相关证明材料(复印件)并加盖单位公章:身份证、劳动合同、学历(或学位)证书、职称证书、英语水平证明、注册前三个月的社会保险缴费凭证等;

(四)营业场所和资金证明材料(复印件)并加盖单位公章:房产证明(自有产权的提供房屋产权证书,非自有产权的提供房屋租赁合同和出租方房屋产权证书)、上一年度由会计师事务所出具的审计报告等(设立不满一年的企业可在下一年度补充提交)。

招标机构名称、法定代表人、营业场所发生变更的,应当在相关信息变更后30日内将变更后的由法定代表人签字并加盖单位公章的《注册登记表》及相关证明材料报送招标机构所属主管部门。机电产品国际招标专职从业人员发生变更的,应当在每年1月份将变更后的由法定代表人签字并加盖单位公章的《人员名单》及相关补充证明材料报送招标机构所属主管部门。

招标机构所属主管部门应当妥善保存招标机构的相关注册材料。

第十八条 主管部门应当加强招标机构在本地区、本行业从事机电产品国际招标代理行为的事中事后监督检查。主管部门开展监督检查工作,可以采取书面抽查、网络监测、实地检查等方式。各主管部门上年度监督检查情况,应当通过招标网于次年1月15日前报商务部。

第十九条 商务部建立随机抽取检查对象、随机选派检查人员的"双随机"抽查机制,在招标网建立招标机构名录库、招标项目库和招标检查人员名录库,根据法律法规规章修订情况和工作实际动态调整随机抽查事项清单,并及时在招标网向社会公布。

实地检查应当采用"双随机"抽查方式。实施实地检查的主管部门从招标机构名录库中随机抽取检查机构,从招标项目库中随机抽取检查项目,从招标检查人员名录库中随机选派检查人员,按照随机抽查事项清单依法实施检查。

主管部门可根据本地区、本行业招标机构和招标项目实际情况,合理确定随机抽查的比例和频次。对所属招标机构的实地检查,年度检查率应当不低于所属招标机构数量的10%。每年实地检查的所属招标项目数量,应当不少于5个或者上一年度所属招标项目数量的1%(两者以高者为准);上一年度所属招标项目数量低于5个的,应当至少实地检查1个项目。对投诉举报多、错误操作记录多或有严重违法记录等情况的招标机构,可增加抽查频次。

主管部门开展实地检查工作,检查人员不得少于二人。检查时,主管部门可以依法查阅、复制有关文件、资料,调查有关情况,被检查机构应当予以配合。检查人员应当填写实地检查记录表,如实记录检查情况。主管部门根据检查情况形成检查结果记录,由检查人员签字后存档并在招标网公布。

商务部可以组织对全国范围内招标机构及项目进行"双随机"抽查。

第二十条 主管部门应当对招标机构是否存在下列行为依法进行监督:

(一)与招标人、投标人串通损害国家利益、社会公共利益或者他人合法权益的;

(二)在所代理的招标项目中投标、代理投标或者向该项目投标人提供咨询的;

(三)参加受托编制标底项目的投标或者为该项目的投标人编制投标文件、提供咨询的;

(四)泄露应当保密的与招标投标活动有关的情况和资料的;

(五)与招标人、投标人相互串通、搞虚假招标投标的;

(六)在进行招标机构注册登记时填写虚假信息或提供虚假证明材料的;

（七）无故废弃随机抽取的评审专家的；

（八）不按照规定及时向主管部门报送材料或者向主管部门提供虚假材料的；

（九）未在规定的时间内将招标投标情况及其相关数据上传招标网，或者在招标网上发布、公示或存档的内容与招标公告、招标文件、投标文件、评标报告等相应书面内容存在实质性不符的；

（十）不按照规定对异议作出答复，或者在投诉处理的过程中未按照主管部门要求予以配合的；

（十一）因招标机构的过失，投诉处理结果为招标无效或中标无效的；

（十二）不按照规定发出中标通知书或者擅自变更中标结果的；

（十三）未按照本办法规定及时主动办理注册信息变更的；

（十四）招标网注册失效的招标机构，或者被暂停机电产品国际招标代理业务的招标机构，继续开展新的机电产品国际招标代理业务的；

（十五）从事机电产品国际招标代理业务未在招标网注册的；

（十六）其他违反招标投标法、招标投标法实施条例、机电产品国际招标投标实施办法和本办法的行为。

第二十一条 主管部门可以责成招标机构自查，可以依法利用其他政府部门作出的检查、核查结果或者专业机构作出的专业结论。

第二十二条 主管部门应当依法履行监管职责，对检查发现的违法行为，要依法处理。

主管部门实施检查不得妨碍被检查机构正常的经营活动，不得收受被检查机构给予的财物或者其他好处。

第二十三条 主管部门应当对本地区、本部门所属招标机构进行培训和指导，组织开展机电产品国际招标法律规定、政策和业务的交流和培训。

第六章 法律责任

第二十四条 招标机构有本办法第二十条第一项至第十二项所列的行为或者其他违反招标投标法、招标投标法实施条例、机电产品国际招标投标实施办法的行为的，依照招标投标法、招标投标法实施条例、机电产品国际招标投标实施办法的有关规定处罚。

第二十五条 招标机构有本办法第二十条第十三项至第十五项所列的行为或者其他违反本办法的行为的，责令改正，可以给予警告，并处3万元以下罚款。

第二十六条 招标机构有本办法第二十条第一项至第四项行为之一，情节严重的，商务部或招标机构所属主管部门可暂停其机电产品国际招标代理业务，并在招标网上公布。

在暂停机电产品国际招标代理业务期间，招标机构不得开展新的机电产品国际招标代理业务；同一单位法定代表人和直接责任人员不得作为法定代表人在招标网另行注册招标机构。

第二十七条 本章规定的行政处罚，由相应的招标机构所属主管部门或招标项目所属主管部门决定。招标投标法、招标投标法实施条例已对实施行政处罚的机关作出规定的除外。

第二十八条 主管部门应当依法履行职责，依法查处违反招标投标法、招标投标法实施条例、机电产品国际招标投标实施办法和本办法规定的行为，依法公告对招标机构当事人违法行为的行政处理决定。

第七章 附 则

第二十九条 机电产品国际招标投标有关行业协会按照依法制定的章程开展活动，加强行业自律和服务。

第三十条 本办法所称“日”为日历日，期限的最后一日是国家法定节假日的，顺延到节假日后的次日为期限的最后一日。

第三十一条 本办法由商务部负责解释。

第三十二条 本办法自2017年1月1日起施行。《机电产品国际招标机构资格管理办法》（商务部令2012年第3号）同时废止。

附件：1. 机电产品国际招标代理机构注册登记表（略）

2. 机电产品国际招标专职从业人员名单（略）

(3)交通运输工程

①公路工程

公路工程建设项目招标投标管理办法

1. 2015年12月8日交通运输部令2015年第24号公布
2. 自2016年2月1日起施行

第一章 总 则

第一条 为规范公路工程建设项目招标投标活动，完善公路工程建设市场管理体系，根据《中华人民共和国公路法》《中华人民共和国招标投标法》《中华人民共和国招标投标法实施条例》等法律、行政法规，制定本办法。

第二条 在中华人民共和国境内从事公路工程建设项目勘察设计、施工、施工监理等的招标投标活动，适用本办法。

第三条 交通运输部负责全国公路工程建设项目招标投标活动的监督管理工作。

省级人民政府交通运输主管部门负责本行政区域内公路工程建设项目招标投标活动的监督管理工作。

第四条 各级交通运输主管部门应当按照国家有关规定，推进公路工程建设项目招标投标活动进入统一的公共资源交易平台进行。

第五条 各级交通运输主管部门应当按照国家有关规定，推进公路工程建设项目电子招标投标工作。招标投标活动信息应当公开，接受社会公众监督。

第六条 公路工程建设项目的招标人或者其指定机构应当对资格审查、开标、评标等过程录音录像并存档备查。

第二章 招 标

第七条 公路工程建设项目招标人是提出招标项目、进行招标的项目法人或者其他组织。

第八条 对于按照国家有关规定需要履行项目审批、核准手续的依法必须进行招标的公路工程建设项目，招标人应当按照项目审批、核准部门确定的招标范围、招标方式、招标组织形式开展招标。

公路工程建设项目履行项目审批或者核准手续后，方可开展勘察设计招标；初步设计文件批准后，方可开展施工监理、设计施工总承包招标；施工图设计文件批准后，方可开展施工招标。

施工招标采用资格预审方式的，在初步设计文件批准后，可以进行资格预审。

第九条 有下列情形之一的公路工程建设项目，可以不进行招标：

（一）涉及国家安全、国家秘密、抢险救灾或者属于利用扶贫资金实行以工代赈、需要使用农民工等特殊情况；

（二）需要采用不可替代的专利或者专有技术；

（三）采购人自身具有工程施工或者提供服务的资格和能力，且符合法定要求；

（四）已通过招标方式选定的特许经营项目投资人依法能够自行施工或者提供服务；

（五）需要向原中标人采购工程或者服务，否则将影响施工或者功能配套要求；

（六）国家规定的其他特殊情形。

招标人不得为适用前款规定弄虚作假，规避招标。

第十条 公路工程建设项目采用公开招标方式的，原则上采用资格后审办法对投标人进行资格审查。

第十一条 公路工程建设项目采用资格预审方式公开招标的，应当按照下列程序进行：

（一）编制资格预审文件；

（二）发布资格预审公告，发售资格预审文件，公开资格预审文件关键内容；

（三）接收资格预审申请文件；

（四）组建资格审查委员会对资格预审申请人进行资格审查，资格审查委员会编写资格审查报告；

（五）根据资格审查结果，向通过资格预审的申请人发出投标邀请书；向未通过资格预审的申请人发出资格预审结果通知书，告知未通过的依据和原因；

（六）编制招标文件；

（七）发售招标文件，公开招标文件的关键内容；

（八）需要时，组织潜在投标人踏勘项目现场，召开投标预备会；

（九）接收投标文件，公开开标；

（十）组建评标委员会评标，评标委员会编写评标报告、推荐中标候选人；

（十一）公示中标候选人相关信息；

（十二）确定中标人；

（十三）编制招标投标情况的书面报告；

（十四）向中标人发出中标通知书，同时将中标结果通知所有未中标的投标人；

（十五）与中标人订立合同。

采用资格后审方式公开招标的，在完成招标文件编制并发布招标公告后，按照前款程序第（七）项至第（十五）项进行。

采用邀请招标的，在完成招标文件编制并发出投标邀请书后，按照前款程序第（七）项至第（十五）项进行。

第十二条 国有资金占控股或者主导地位的依法必须进行招标的公路工程建设项目，采用资格预审的，招标人应当按照有关规定组建资格审查委员会审查资格预审申请文件。资格审查委员会的专家抽取以及资格审查工作要求，应当适用本办法关于评标委员会的规定。

第十三条 资格预审审查办法原则上采用合格制。

资格预审审查办法采用合格制的，符合资格预审文件规定审查标准的申请人均应当通过资格预审。

第十四条 资格预审审查工作结束后，资格审查委员会应当编制资格审查报告。资格审查报告应当载明下列内容：

（一）招标项目基本情况；

（二）资格审查委员会成员名单；

（三）监督人员名单；

（四）资格预审申请文件递交情况；

（五）通过资格审查的申请人名单；

（六）未通过资格审查的申请人名单以及未通过审查的理由；

（七）评分情况；

（八）澄清、说明事项纪要；

（九）需要说明的其他事项；

（十）资格审查附表。

除前款规定的第（一）、（三）、（四）项内容外，资格审查委员会所有成员应当在资格审查报告上逐页签字。

第十五条 资格预审申请人对资格预审审查结果有异议的，应当自收到资格预审结果通知书后 3 日内提出。招标人应当自收到异议之日起 3 日内作出答复；作出答复前，应当暂停招标投标活动。

招标人未收到异议或者收到异议并已作出答复的，应当及时向通过资格预审的申请人发出投标邀请书。未通过资格预审的申请人不具有投标资格。

第十六条 对依法必须进行招标的公路工程建设项目，招标人应当根据交通运输部制定的标准文本，结合招标项目具体特点和实际需要，编制资格预审文件和招标文件。

资格预审文件和招标文件应当载明详细的评审程序、标准和方法，招标人不得另行制定评审细则。

第十七条 招标人应当按照省级人民政府交通运输主管部门的规定，将资格预审文件及其澄清、修改，招标文件及其澄清、修改报相应的交通运输主管部门备案。

第十八条 招标人应当自资格预审文件或者招标文件开始发售之日起，将其关键内容上传至具有招标监督职责的交通运输主管部门政府网站或者其指定的其他网站上进行公开，公开内容包括项目概况、对申请人或者投标人的资格条件要求、资格审查办法、评标办法、招标人联系方式等，公开时间至提交资格预审申请文件截止时间 2 日前或者投标截止时间 10 日前结束。

招标人发出的资格预审文件或者招标文件的澄清或者修改涉及到前款规定的公开内容的，招标人应当在向交通运输主管部门备案的同时，将澄清或者修改的内容上传至前款规定的网站。

第十九条 潜在投标人或者其他利害关系人可以按照

国家有关规定对资格预审文件或者招标文件提出异议。招标人应当对异议作出书面答复。未在规定时间内作出书面答复的,应当顺延提交资格预审申请文件截止时间或者投标截止时间。

招标人书面答复内容涉及影响资格预审申请文件或者投标文件编制的,应当按照有关澄清或者修改的规定,调整提交资格预审申请文件截止时间或者投标截止时间,并以书面形式通知所有获取资格预审文件或者招标文件的潜在投标人。

第二十条 招标人应当合理划分标段、确定工期,提出质量、安全目标要求,并在招标文件中载明。标段的划分应当有利于项目组织和施工管理、各专业的衔接与配合,不得利用划分标段规避招标、限制或者排斥潜在投标人。

招标人可以实行设计施工总承包招标、施工总承包招标或者分专业招标。

第二十一条 招标人结合招标项目的具体特点和实际需要,设定潜在投标人或者投标人的资质、业绩、主要人员、财务能力、履约信誉等资格条件,不得以不合理的条件限制、排斥潜在投标人或者投标人。

除《中华人民共和国招标投标法实施条例》第三十二条规定的情形外,招标人有下列行为之一的,属于以不合理的条件限制、排斥潜在投标人或者投标人:

(一)设定的资质、业绩、主要人员、财务能力、履约信誉等资格、技术、商务条件与招标项目的具体特点和实际需要不相适应或者与合同履行无关;

(二)强制要求潜在投标人或者投标人的法定代表人、企业负责人、技术负责人等特定人员亲自购买资格预审文件、招标文件或者参与开标活动;

(三)通过设置备案、登记、注册、设立分支机构等无法律、行政法规依据的不合理条件,限制潜在投标人或者投标人进入项目所在地进行投标。

第二十二条 招标人应当根据国家有关规定,结合招标项目的具体特点和实际需要,合理确定对投标人主要人员以及其他管理和技术人员的数量和资格要求。投标人拟投入的主要人员应当在投标文件中进行填报,其他管理和技术人员的具体人选由招标人和中标人在合同谈判阶段确定。对于特别复杂的特大桥梁和特长隧道项目主体工程和其他有特殊要求的工程,招标人可以要求投标人在投标文件中填报其他管理和技术人员。

本办法所称主要人员是指设计负责人、总监理工程师、项目经理和项目总工程师等项目管理和技术负责人。

第二十三条 招标人可以自行决定是否编制标底或者设置最高投标限价。招标人不得规定最低投标限价。

接受委托编制标底或者最高投标限价的中介机构不得参加该项目的投标,也不得为该项目的投标人编制投标文件或者提供咨询。

第二十四条 招标人应当严格遵守有关法律、行政法规关于各类保证金收取的规定,在招标文件中载明保证金收取的形式、金额以及返还时间。

招标人不得以任何名义增设或者变相增设保证金或者随意更改招标文件载明的保证金收取形式、金额以及返还时间。招标人不得在资格预审期间收取任何形式的保证金。

第二十五条 招标人在招标文件中要求投标人提交投标保证金的,投标保证金不得超过招标标段估算价的2%。投标保证金有效期应当与投标有效期一致。

依法必须进行招标的公路工程建设项目的投标人,以现金或者支票形式提交投标保证金的,应当从其基本账户转出。投标人提交的投标保证金不符合招标文件要求的,应当否决其投标。

招标人不得挪用投标保证金。

第二十六条 招标人应当按照国家有关法律法规规定,在招标文件中明确允许分包的或者不得分包的工程和服务,分包人应当满足的资格条件以及对分包实施的管理要求。

招标人不得在招标文件中设置对分包的歧视性条款。

招标人有下列行为之一的,属于前款所称的歧视性条款:

(一)以分包的工作量规模作为否决投标的

条件；

（二）对投标人符合法律法规以及招标文件规定的分包计划设定扣分条款；

（三）按照分包的工作量规模对投标人进行区别评分；

（四）以其他不合理条件限制投标人进行分包的行为。

第二十七条 招标人应当在招标文件中合理划分双方风险，不得设置将应由招标人承担的风险转嫁给勘察设计、施工、监理等投标人的不合理条款。招标文件应当设置合理的价格调整条款，明确约定合同价款支付期限、利息计付标准和日期，确保双方主体地位平等。

第二十八条 招标人应当根据招标项目的具体特点以及本办法的相关规定，在招标文件中合理设定评标标准和方法。评标标准和方法中不得含有倾向或者排斥潜在投标人的内容，不得妨碍或者限制投标人之间的竞争。禁止采用抽签、摇号等博彩性方式直接确定中标候选人。

第二十九条 以暂估价形式包括在招标项目范围内的工程、货物、服务，属于依法必须进行招标的项目范围且达到国家规定规模标准的，应当依法进行招标。招标项目的合同条款中应当约定负责实施暂估价项目招标的主体以及相应的招标程序。

第三章 投 标

第三十条 投标人是响应招标、参加投标竞争的法人或者其他组织。

投标人应当具备招标文件规定的资格条件，具有承担所投标项目的相应能力。

第三十一条 投标人在投标文件中填报的资质、业绩、主要人员资历和目前在岗情况、信用等级等信息，应当与其在交通运输主管部门公路建设市场信用信息管理系统上填报并发布的相关信息一致。

第三十二条 投标人应当按照招标文件要求装订、密封投标文件，并按照招标文件规定的时间、地点和方式将投标文件送达招标人。

公路工程勘察设计和施工监理招标的投标文件应当以双信封形式密封，第一信封内为商务文件和技术文件，第二信封内为报价文件。

对公路工程施工招标，招标人采用资格预审方式进行招标且评标方法为技术评分最低标价法的，或者采用资格后审方式进行招标的，投标文件应当以双信封形式密封，第一信封内为商务文件和技术文件，第二信封内为报价文件。

第三十三条 投标文件按照要求送达后，在招标文件规定的投标截止时间前，投标人修改或者撤回投标文件的，应当以书面函件形式通知招标人。

修改投标文件的函件是投标文件的组成部分，其编制形式、密封方式、送达时间等，适用对投标文件的规定。

投标人在投标截止时间前撤回投标文件且招标人已收取投标保证金的，招标人应当自收到投标人书面撤回通知之日起5日内退还其投标保证金。

投标截止后投标人撤销投标文件的，招标人可以不退还投标保证金。

第三十四条 投标人根据招标文件有关分包的规定，拟在中标后将中标项目的部分工作进行分包的，应当在投标文件中载明。

投标人在投标文件中未列入分包计划的工程或者服务，中标后不得分包，法律法规或者招标文件另有规定的除外。

第四章 开标、评标和中标

第三十五条 开标应当在招标文件确定的提交投标文件截止时间的同一时间公开进行；开标地点应当为招标文件中预先确定的地点。

投标人少于3个的，不得开标，投标文件应当当场退还给投标人；招标人应当重新招标。

第三十六条 开标由招标人主持，邀请所有投标人参加。开标过程应当记录，并存档备查。投标人对开标有异议的，应当在开标现场提出，招标人应当当场作出答复，并制作记录。未参加开标的投标人，视为对开标过程无异议。

第三十七条 投标文件按照招标文件规定采用双信封形式密封的，开标分两个步骤公开进行：

第一步骤对第一信封内的商务文件和技术文件进行开标，对第二信封不予拆封并由招标人予以封存；

第二步骤宣布通过商务文件和技术文件评审的投标人名单，对其第二信封内的报价文件进行开标，宣读投标报价。未通过商务文件和技术文件评审的，对其第二信封不予拆封，并当场退还给投标人；投标人未参加第二信封开标的，招标人应当在评标结束后及时将第二信封原封退还投标人。

第三十八条 招标人应当按照国家有关规定组建评标委员会负责评标工作。

国家审批或者核准的高速公路、一级公路、独立桥梁和独立隧道项目，评标委员会专家应当由招标人从国家重点公路工程建设项目评标专家库相关专业中随机抽取；其他公路工程建设项目的评标委员会专家可以从省级公路工程建设项目评标专家库相关专业中随机抽取，也可以从国家重点公路工程建设项目评标专家库相关专业中随机抽取。

对于技术复杂、专业性强或者国家有特殊要求，采取随机抽取方式确定的评标专家难以保证胜任评标工作的特殊招标项目，可以由招标人直接确定。

第三十九条 交通运输部负责国家重点公路工程建设项目评标专家库的管理工作。

省级人民政府交通运输主管部门负责本行政区域公路工程建设项目评标专家库的管理工作。

第四十条 评标委员会应当民主推荐一名主任委员，负责组织评标委员会成员开展评标工作。评标委员会主任委员与评标委员会的其他成员享有同等权利与义务。

第四十一条 招标人应当向评标委员会提供评标所必需的信息，但不得明示或者暗示其倾向或者排斥特定投标人。

评标所必需的信息主要包括招标文件、招标文件的澄清或者修改、开标记录、投标文件、资格预审文件。招标人可以协助评标委员会开展下列工作并提供相关信息：

（一）根据招标文件，编制评标使用的相应表格；

（二）对投标报价进行算术性校核；

（三）以评标标准和方法为依据，列出投标文件相对于招标文件的所有偏差，并进行归类汇总；

（四）查询公路建设市场信用信息管理系统，对投标人的资质、业绩、主要人员资历和目前在岗情况、信用等级进行核实。

招标人不得对投标文件作出任何评价，不得故意遗漏或者片面摘录，不得在评标委员会对所有偏差定性之前透露存有偏差的投标人名称。

评标委员会应当根据招标文件规定，全面、独立评审所有投标文件，并对招标人提供的上述相关信息进行核查，发现错误或者遗漏的，应当进行修正。

第四十二条 评标委员会应当按照招标文件确定的评标标准和方法进行评标。招标文件没有规定的评标标准和方法不得作为评标的依据。

第四十三条 公路工程勘察设计和施工监理招标，应当采用综合评估法进行评标，对投标人的商务文件、技术文件和报价文件进行评分，按照综合得分由高到低排序，推荐中标候选人。评标价的评分权重不宜超过10%，评标价得分应当根据评标价与评标基准价的偏离程度进行计算。

第四十四条 公路工程施工招标，评标采用综合评估法或者经评审的最低投标价法。综合评估法包括合理低价法、技术评分最低标价法和综合评分法。

合理低价法，是指对通过初步评审的投标人，不再对其施工组织设计、项目管理机构、技术能力等因素进行评分，仅依据评标基准价对评标价进行评分，按照得分由高到低排序，推荐中标候选人的评标方法。

技术评分最低标价法，是指对通过初步评审的投标人的施工组织设计、项目管理机构、技术能力等因素进行评分，按照得分由高到低排序，对排名在招标文件规定数量以内的投标人的报价文件进行评审，按照评标价由低到高的顺序推荐中标候选人的评标方法。招标人在招标文件中规定的参与报价文件评审的投标人数量不得少于3个。

综合评分法，是指对通过初步评审的投标人的评标价、施工组织设计、项目管理机构、技术能力等因素进行评分，按照综合得分由高到低排序，推荐中标候选人的评标方法。其中评标价的评分权重不得低于50%。

经评审的最低投标价法，是指对通过初步评审的投标人，按照评标价由低到高排序，推荐中标候选人的评标方法。

公路工程施工招标评标，一般采用合理低价法或者技术评分最低标价法。技术特别复杂的特大桥梁和特长隧道项目主体工程，可以采用综合评分法。工程规模较小、技术含量较低的工程，可以采用经评审的最低投标价法。

第四十五条　实行设计施工总承包招标的，招标人应当根据工程地质条件、技术特点和施工难度确定评标办法。

设计施工总承包招标的评标采用综合评分法的，评分因素包括评标价、项目管理机构、技术能力、设计文件的优化建议、设计施工总承包管理方案、施工组织设计等因素，评标价的评分权重不得低于50%。

第四十六条　评标委员会成员应当客观、公正、审慎地履行职责，遵守职业道德。评标委员会成员应当依据评标办法规定的评审顺序和内容逐项完成评标工作，对本人提出的评审意见以及评分的公正性、客观性、准确性负责。

除评标价和履约信誉评分项外，评标委员会成员对投标人商务和技术各项因素的评分一般不得低于招标文件规定该因素满分值的60%；评分低于满分值60%的，评标委员会成员应当在评标报告中作出说明。

招标人应当对评标委员会成员在评标活动中的职责履行情况予以记录，并在招标投标情况的书面报告中载明。

第四十七条　招标人应当根据项目规模、技术复杂程度、投标文件数量和评标方法等因素合理确定评标时间。超过三分之一的评标委员会成员认为评标时间不够的，招标人应当适当延长。

评标过程中，评标委员会成员有回避事由、擅离职守或者因健康等原因不能继续评标的，应当及时更换。被更换的评标委员会成员作出的评审结论无效，由更换后的评标委员会成员重新进行评审。

根据前款规定被更换的评标委员会成员如为评标专家库专家，招标人应当从原评标专家库中按照原方式抽取更换后的评标委员会成员，或者在符合法律规定的前提下相应减少评标委员会中招标人代表数量。

第四十八条　评标委员会应当查询交通运输主管部门的公路建设市场信用信息管理系统，对投标人的资质、业绩、主要人员资历和目前在岗情况、信用等级等信息进行核实。若投标文件载明的信息与公路建设市场信用信息管理系统发布的信息不符，使得投标人的资格条件不符合招标文件规定的，评标委员会应当否决其投标。

第四十九条　评标委员会发现投标人的投标报价明显低于其他投标人报价或者在设有标底时明显低于标底的，应当要求该投标人对相应投标报价作出书面说明，并提供相关证明材料。

投标人不能证明可以按照其报价以及招标文件规定的质量标准和履行期限完成招标项目的，评标委员会应当认定该投标人以低于成本价竞标，并否决其投标。

第五十条　评标委员会应当根据《中华人民共和国招标投标法实施条例》第三十九条、第四十条、第四十一条的有关规定，对在评标过程中发现的投标人与投标人之间、投标人与招标人之间存在的串通投标的情形进行评审和认定。

第五十一条　评标委员会对投标文件进行评审后，因有效投标不足3个使得投标明显缺乏竞争的，可以否决全部投标。未否决全部投标的，评标委员会应当在评标报告中阐明理由并推荐中标候选人。

投标文件按照招标文件规定采用双信封形式密封的，通过第一信封商务文件和技术文件评审的投标人在3个以上的，招标人应当按照本办法第三十七条规定的程序进行第二信封报价文件开标；在对报价文件进行评审后，有效投标不足3个的，评标委员会应当按照本条第一款规定执行。

通过第一信封商务文件和技术文件评审的投标人少于3个的，评标委员会可以否决全部投标；未否决全部投标的，评标委员会应当在评标报告中阐明理由,招标人应当按照本办法第三十七条规定的程序进行第二信封报价文件开标,但评标委员会在进行报价文件评审时仍有权否决全部投标;评标委员会未在报价文件评审时否决全部投标的,应当在评标报告中阐明理由并推荐中标候选人。

第五十二条　评标完成后,评标委员会应当向招标人提交书面评标报告。评标报告中推荐的中标候选人应当不超过3个,并标明排序。

评标报告应当载明下列内容:

(一)招标项目基本情况;

(二)评标委员会成员名单;

(三)监督人员名单;

(四)开标记录;

(五)符合要求的投标人名单;

(六)否决的投标人名单以及否决理由;

(七)串通投标情形的评审情况说明;

(八)评分情况;

(九)经评审的投标人排序;

(十)中标候选人名单;

(十一)澄清、说明事项纪要;

(十二)需要说明的其他事项;

(十三)评标附表。

对评标监督人员或者招标人代表干预正常评标活动,以及对招标投标活动的其他不正当言行,评标委员会应当在评标报告第(十二)项内容中如实记录。

除第二款规定的第(一)、(三)、(四)项内容外,评标委员会所有成员应当在评标报告上逐页签字。对评标结果有不同意见的评标委员会成员应当以书面形式说明其不同意见和理由,评标报告应当注明该不同意见。评标委员会成员拒绝在评标报告上签字又不书面说明其不同意见和理由的,视为同意评标结果。

第五十三条　依法必须进行招标的公路工程建设项目,招标人应当自收到评标报告之日起3日内,在对该项目具有招标监督职责的交通运输主管部门政府网站或者其指定的其他网站上公示中标候选人,公示期不得少于3日,公示内容包括:

(一)中标候选人排序、名称、投标报价;

(二)中标候选人在投标文件中承诺的主要人员姓名、个人业绩、相关证书编号;

(三)中标候选人在投标文件中填报的项目业绩;

(四)被否决投标的投标人名称、否决依据和原因;

(五)招标文件规定公示的其他内容。

投标人或者其他利害关系人对依法必须进行招标的公路工程建设项目的评标结果有异议的,应当在中标候选人公示期间提出。招标人应当自收到异议之日起3日内作出答复;作出答复前,应当暂停招标投标活动。

第五十四条　除招标人授权评标委员会直接确定中标人外,招标人应当根据评标委员会提出的书面评标报告和推荐的中标候选人确定中标人。国有资金占控股或者主导地位的依法必须进行招标的公路工程建设项目,招标人应当确定排名第一的中标候选人为中标人。排名第一的中标候选人放弃中标、因不可抗力不能履行合同、不按照招标文件要求提交履约保证金,或者被查实存在影响中标结果的违法行为等情形,不符合中标条件的,招标人可以按照评标委员会提出的中标候选人名单排序依次确定其他中标候选人为中标人,也可以重新招标。

第五十五条　依法必须进行招标的公路工程建设项目,招标人应当自确定中标人之日起15日内,将招标投标情况的书面报告报对该项目具有招标监督职责的交通运输主管部门备案。

前款所称书面报告至少应当包括下列内容:

(一)招标项目基本情况;

(二)招标过程简述;

(三)评标情况说明;

(四)中标候选人公示情况;

(五)中标结果;

(六)附件,包括评标报告、评标委员会成员履职情况说明等。

有资格预审情况说明、异议及投诉处理情况和资格审查报告的,也应当包括在书面报告中。

第五十六条 招标人应当及时向中标人发出中标通知书，同时将中标结果通知所有未中标的投标人。

第五十七条 招标人和中标人应当自中标通知书发出之日起 30 日内，按照招标文件和中标人的投标文件订立书面合同，合同的标的、价格、质量、安全、履行期限、主要人员等主要条款应当与上述文件的内容一致。招标人和中标人不得再行订立背离合同实质性内容的其他协议。

招标人最迟应当在中标通知书发出后 5 日内向中标候选人以外的其他投标人退还投标保证金，与中标人签订书面合同后 5 日内向中标人和其他中标候选人退还投标保证金。以现金或者支票形式提交的投标保证金，招标人应当同时退还投标保证金的银行同期活期存款利息，且退还至投标人的基本账户。

第五十八条 招标文件要求中标人提交履约保证金的，中标人应当按照招标文件的要求提交。履约保证金不得超过中标合同金额的 10%。招标人不得指定或者变相指定履约保证金的支付形式，由中标人自主选择银行保函或者现金、支票等支付形式。

第五十九条 招标人应当加强对合同履行的管理，建立对中标人主要人员的到位率考核制度。

省级人民政府交通运输主管部门应当定期组织开展合同履约评价工作的监督检查，将检查情况向社会公示，同时将检查结果记入中标人单位以及主要人员个人的信用档案。

第六十条 依法必须进行招标的公路工程建设项目，有下列情形之一的，招标人在分析招标失败的原因并采取相应措施后，应当依照本办法重新招标：

（一）通过资格预审的申请人少于 3 个的；

（二）投标人少于 3 个的；

（三）所有投标均被否决的；

（四）中标候选人均未与招标人订立书面合同的。

重新招标的，资格预审文件、招标文件和招标投标情况的书面报告应当按照本办法的规定重新报交通运输主管部门备案。

重新招标后投标人仍少于 3 个的，属于按照国家有关规定需要履行项目审批、核准手续的依法必须进行招标的公路工程建设项目，报经项目审批、核准部门批准后可以不再进行招标；其他项目可由招标人自行决定不再进行招标。

依照本条规定不再进行招标的，招标人可以邀请已提交资格预审申请文件的申请人或者已提交投标文件的投标人进行谈判，确定项目承担单位，并将谈判报告报对该项目具有招标监督职责的交通运输主管部门备案。

第五章 监督管理

第六十一条 各级交通运输主管部门应当按照《中华人民共和国招标投标法》《中华人民共和国招标投标法实施条例》等法律法规、规章以及招标投标活动行政监督职责分工，加强对公路工程建设项目招标投标活动的监督管理。

第六十二条 各级交通运输主管部门应当建立健全公路工程建设项目招标投标信用体系，加强信用评价工作的监督管理，维护公平公正的市场竞争秩序。

招标人应当将交通运输主管部门的信用评价结果应用于公路工程建设项目招标。鼓励和支持招标人优先选择信用等级高的从业企业。

招标人对信用等级高的资格预审申请人、投标人或者中标人，可以给予增加参与投标的标段数量，减免投标保证金，减少履约保证金、质量保证金等优惠措施。优惠措施以及信用评价结果的认定条件应当在资格预审文件和招标文件中载明。

资格预审申请人或者投标人的信用评价结果可以作为资格审查或者评标中履约信誉项的评分因素，各信用评价等级的对应得分应当符合省级人民政府交通运输主管部门有关规定，并在资格预审文件或者招标文件中载明。

第六十三条 投标人或者其他利害关系人认为招标投标活动不符合法律、行政法规规定的，可以自知道或者应当知道之日起 10 日内向交通运输主管部门投诉。

就本办法第十五条、第十九条、第三十六条、第五十三条规定事项投诉的，应当先向招标人提出异议，异议答复期间不计算在前款规定的期限内。

第六十四条　投诉人投诉时，应当提交投诉书。投诉书应当包括下列内容：

（一）投诉人的名称、地址及有效联系方式；

（二）被投诉人的名称、地址及有效联系方式；

（三）投诉事项的基本事实；

（四）异议的提出及招标人答复情况；

（五）相关请求及主张；

（六）有效线索和相关证明材料。

对本办法规定应先提出异议的事项进行投诉的，应当提交已提出异议的证明文件。未按规定提出异议或者未提交已提出异议的证明文件的投诉，交通运输主管部门可以不予受理。

第六十五条　投诉人就同一事项向两个以上交通运输主管部门投诉的，由具体承担该项目招标投标活动监督管理职责的交通运输主管部门负责处理。

交通运输主管部门应当自收到投诉之日起3个工作日内决定是否受理投诉，并自受理投诉之日起30个工作日内作出书面处理决定；需要检验、检测、鉴定、专家评审的，所需时间不计算在内。

投诉人缺乏事实根据或者法律依据进行投诉的，或者有证据表明投诉人捏造事实、伪造材料的，或者投诉人以非法手段取得证明材料进行投诉的，交通运输主管部门应当予以驳回，并对恶意投诉按照有关规定追究投诉人责任。

第六十六条　交通运输主管部门处理投诉，有权查阅、复制有关文件、资料，调查有关情况，相关单位和人员应当予以配合。必要时，交通运输主管部门可以责令暂停招标投标活动。

交通运输主管部门的工作人员对监督检查过程中知悉的国家秘密、商业秘密，应当依法予以保密。

第六十七条　交通运输主管部门对投诉事项作出的处理决定，应当在对该项目具有招标监督职责的交通运输主管部门政府网站上进行公告，包括投诉的事由、调查结果、处理决定、处罚依据以及处罚意见等内容。

第六章　法律责任

第六十八条　招标人有下列情形之一的，由交通运输主管部门责令改正，可以处三万元以下的罚款：

（一）不满足本办法第八条规定的条件而进行招标的；

（二）不按照本办法规定将资格预审文件、招标文件和招标投标情况的书面报告备案的；

（三）邀请招标不依法发出投标邀请书的；

（四）不按照项目审批、核准部门确定的招标范围、招标方式、招标组织形式进行招标的；

（五）不按照本办法规定编制资格预审文件或者招标文件的；

（六）由于招标人原因导致资格审查报告存在重大偏差且影响资格预审结果的；

（七）挪用投标保证金，增设或者变相增设保证金的；

（八）投标人数量不符合法定要求不重新招标的；

（九）向评标委员会提供的评标信息不符合本办法规定的；

（十）不按照本办法规定公示中标候选人的；

（十一）招标文件中规定的履约保证金的金额、支付形式不符合本办法规定的。

第六十九条　投标人在投标过程中存在弄虚作假、与招标人或者其他投标人串通投标、以行贿谋取中标、无正当理由放弃中标以及进行恶意投诉等投标不良行为的，除依照有关法律、法规进行处罚外，省级交通运输主管部门还可以扣减其年度信用评价分数或者降低年度信用评价等级。

第七十条　评标委员会成员未对招标人根据本办法第四十一条第二款（一）至（四）项规定提供的相关信息进行认真核查，导致评标出现疏漏或者错误的，由交通运输主管部门责令改正。

第七十一条　交通运输主管部门应当依法公告对公路工程建设项目招标投标活动中招标人、招标代理机构、投标人以及评标委员会成员等的违法违规或者恶意投诉等行为的行政处理决定，并将其作为招标投标不良行为信息记入相应当事人的信用档案。

第七章　附　　则

第七十二条　使用国际组织或者外国政府贷款、援助资金的项目进行招标，贷款方、资金提供方对招标投标的具体条件和程序有不同规定的，可以适用其规定，但违背中华人民共和国的社会公共利益的除外。

第七十三条　采用电子招标投标的，应当按照本办法和国家有关电子招标投标的规定执行。

第七十四条　本办法自2016年2月1日起施行。《公路工程施工招标投标管理办法》（交通部令2006年第7号）、《公路工程施工监理招标投标管理办法》（交通部令2006年第5号）、《公路工程勘察设计招标投标管理办法》（交通部令2001年第6号）和《关于修改〈公路工程勘察设计招标投标管理办法〉的决定》（交通运输部令2013年第3号）、《关于贯彻国务院办公厅关于进一步规范招投标活动的若干意见的通知》（交公路发〔2004〕688号）、《关于公路建设项目货物招标严禁指定材料产地的通知》（厅公路字〔2007〕224号）、《公路工程施工招标资格预审办法》（交公路发〔2006〕57号）、《关于加强公路工程评标专家管理工作的通知》（交公路发〔2003〕464号）、《关于进一步加强公路工程施工招标评标管理工作的通知》（交公路发〔2008〕261号）、《关于进一步加强公路工程施工招标资格审查工作的通知》（交公路发〔2009〕123号）、《关于改革使用国际金融组织或者外国政府贷款公路建设项目施工招标管理制度的通知》（厅公路字〔2008〕40号）、《公路工程勘察设计招标评标办法》（交公路发〔2001〕582号）、《关于认真贯彻执行公路工程勘察设计招标投标管理办法的通知》（交公路发〔2002〕303号）同时废止。

公路工程建设项目评标工作细则

1. 2022年9月30日交通运输部发布

2. 交公路规〔2022〕8号

3. 自2022年10月1日起施行

第一章　总　　则

第一条　为规范公路工程建设项目评标工作，维护招标投标活动当事人的合法权益，依据《中华人民共和国招标投标法》《中华人民共和国招标投标法实施条例》、交通运输部《公路工程建设项目招标投标管理办法》及国家有关法律法规，制定本细则。

第二条　依法必须进行招标的公路工程建设项目，其评标活动适用本细则；国有资金占控股或者主导地位的依法必须进行招标的公路工程建设项目，采用资格预审的，其资格审查活动适用本细则；其他项目的评标及资格审查活动可参照本细则执行。

第三条　公路工程建设项目评标工作是指招标人依法组建的评标委员会根据国家有关法律、法规和招标文件，对投标文件进行评审，推荐中标候选人或者由招标人授权直接确定中标人的工作过程。

采用资格预审的公路工程建设项目，招标人应当按照有关规定组建资格审查委员会审查资格预审申请文件。资格审查委员会的专家抽取以及资格审查工作要求，应当适用本细则关于评标委员会以及评标工作的规定。

第四条　评标工作应当遵循公平、公正、科学、择优的原则。任何单位和个人不得非法干预或者影响评标过程和结果。

第五条　招标人应当采取必要措施，保证评标工作在严格保密的情况下进行，所有参与评标活动的人员均不得泄露评标的有关信息。

第六条　公路工程建设项目的招标人或者其指定机构应当对评标过程录音录像并存档备查。

第二章　职 责 分 工

第七条　招标人负责组织评标工作并履行下列职责：

（一）按照国家有关规定组建评标委员会；办理评标专家的抽取、通知等事宜；为参与评标工作的招标人代表提供授权函；

（二）向评标委员会提供评标所必需的工作环境、资料和信息以及必要的服务；

（三）向评标委员会成员发放合理的评标劳务报酬；

（四）在招标投标情况书面报告中载明评标委员会成员在评标活动中的履职情况；

（五）保障评标工作的安全性和保密性。

公路工程建设项目实行委托招标的，招标代理机构应当在招标人委托的范围内组织评标工作，且遵守本细则关于招标人的规定。

第八条 评标委员会负责评标工作并履行下列职责：

（一）审查、评价投标文件是否符合招标文件的实质性要求；

（二）要求投标人对投标文件有关事项作出澄清或者说明（如需要）；

（三）对投标文件进行比较和评价；

（四）撰写评标报告，推荐中标候选人，或者根据招标人授权直接确定中标人；

（五）在评标报告中记录评标监督人员、招标人代表或者其他工作人员有无干预正常评标活动或者其他不正当言行；

（六）向交通运输主管部门报告评标过程中发现的其他违法违规行为。

第九条 交通运输主管部门负责监督评标工作并履行下列职责：

（一）按照规定的招标监督职责分工，对评标委员会成员的确定方式、评标专家的抽取和评标活动进行监督；

（二）对评标程序、评标委员会使用的评标标准和方法进行监督；

（三）对招标人代表、评标专家和其他参加评标活动工作人员的不当言论或者违法违规行为及时制止和纠正；

（四）对招标人、招标代理机构、投标人以及评标委员会成员等当事人在评标活动中的违法违规行为进行行政处理并依法公告，同时将上述违法违规行为记入相应当事人的信用档案。

第三章 评标工作的组织与准备

第十条 评标由招标人依法组建的评标委员会负责。

评标委员会由评标专家和招标人代表共同组成，人数为五人以上单数。其中，评标专家人数不得少于成员总数的三分之二。评标专家由招标人按照交通运输部有关规定从评标专家库相关专业中随机抽取。

对于技术复杂、专业性强或者国家有特殊要求，采取随机抽取方式确定的评标专家难以保证胜任评标工作的特殊招标项目，招标人可以直接确定相应专业领域的评标专家。

投标文件采用双信封形式密封的，招标人不得组建两个评标委员会分别负责第一信封（商务文件和技术文件）和第二信封（报价文件）的评标工作。

第十一条 在评标委员会开始评标工作之前，招标人应当准备评标所必需的信息，主要包括招标文件、招标文件的澄清或者修改、开标记录、投标文件、资格预审文件。

第十二条 招标人协助评标委员会评标的，应当选派熟悉招标工作、政治素质高的人员，具体数量由招标人视工作量确定。评标委员会成员和招标人选派的协助评标人员应当实行回避制度。

属于下列情况之一的人员，不得进入评标委员会或者协助评标：

（一）负责招标项目监督管理的交通运输主管部门的工作人员；

（二）与投标人法定代表人或者授权参与投标的代理人有近亲属关系的人员；

（三）投标人的工作人员或者退休人员；

（四）与投标人有其他利害关系，可能影响评标活动公正性的人员；

（五）在与招标投标有关的活动中有过违法违规行为、曾受过行政处罚或者刑事处罚的人员。

招标人及其子公司、招标人下属单位、招标人的上级主管部门或者控股公司、招标代理机构的工作人员或者退休人员不得以专家身份参与本单位招标或者招标代理项目的评标。

第十三条 招标人协助评标的，应当在评标委员会开始评标工作的同时或者之前进行评标的协助工作。协助评标工作应当以招标文件规定的评标标准和方法为依据，主要内容包括：

（一）编制评标使用的相应表格；

（二）对投标报价进行算术性校核；

（三）列出投标文件相对于招标文件的所有偏差，并进行归类汇总；

（四）查询公路建设市场信用信息管理系统，对投标人的资质、业绩、主要人员资历和目前在岗情况、信用等级进行核实；

（五）通过相关网站对各类注册资格证书、安全生产考核合格证等证件进行查询核实；

（六）在评标过程中，对评标委员会各成员的评分表进行复核，统计汇总；对评标过程资料进行整理。

第十四条 招标人协助评标工作应当客观、准确，如实反映投标文件对招标文件规定的响应情况；不得故意遗漏或者片面摘录，不得对投标文件作出任何评价，不得在评标委员会对所有偏差定性之前透露存有偏差的投标人名称；不得明示或者暗示其倾向或者排斥特定投标人。

第四章 评标工作的实施

第十五条 评标工作现场应当处于通讯屏蔽状态，或者将评标委员会成员及现场工作人员的手机、电脑、录音录像等电子设备统一集中保管。

第十六条 评标工作应当按照以下程序进行：

（一）招标人代表出示加盖招标人单位公章的授权函及身份证，向评标委员会其他成员表明身份；

（二）招标人代表核对评标委员会其他成员的身份证；

（三）招标人代表宣布评标纪律；

（四）招标人代表公布已开标的投标人名单，并询问评标委员会成员有否回避的情形；评标委员会成员存在应当回避情形的，应当主动提出回避；

（五）招标人代表与评标委员会其他成员共同推选主任委员；

（六）评标委员会主任委员主持会议，要求招标人介绍项目概况、招标文件中与评标相关的关键内容及协助评标工作（如有）相关情况；

（七）评标委员会评标，完成并签署评标报告，将评标报告提交给招标人代表；

（八）招标人代表对评标报告进行形式检查，有本细则第三十三条规定情形的，提请评标委员会进行修改完善；

（九）评标报告经形式检查无误后，评标委员会主任委员宣布评标工作结束。

第十七条 投标文件采用双信封形式密封的，招标人应当合理安排第二信封（报价文件）公开开标的时间和地点，保证与第一信封（商务文件和技术文件）的评审工作有序衔接，避免泄露评标工作信息。

第十八条 评标过程中，评标委员会成员有回避事由、擅离职守或者因健康等原因不能继续评标的，应当及时更换。被更换的评标委员会成员作出的评审结论无效，由更换后的评标委员会成员重新进行评审。更换评标委员会成员的情况应当在评标报告中予以记录。

被更换的评标委员会成员如为评标专家库专家，招标人应当从原评标专家库中按照原方式抽取更换后的评标委员会成员，或者在符合法律规定的前提下相应减少评标委员会中招标人代表数量。

无法及时更换评标委员会成员导致评标委员会构成不满足法定要求的，评标委员会应当停止评标活动，已作出的评审结论无效。招标人封存所有投标文件和开标、评标资料，依法重新组建评标委员会进行评标。招标人应当将重新组建评标委员会的情况在招标投标情况书面报告中予以说明。

第十九条 评标委员会应当民主推荐一名主任委员，负责组织评标委员会成员开展评标工作。评标委员会主任委员与评标委员会的其他成员享有同等权利与义务。评标委员会应当保证各成员对所有投标文件的全面、客观、独立评审，确保评标工作质量。

第二十条 评标委员会应当首先听取招标人关于招标项目概况的介绍和协助评标工作内容（如有）的说明，并认真阅读招标文件，获取评标所需的重要信息和数据，主要包括以下内容：

（一）招标项目建设规模、技术标准和工程特点；

（二）招标文件规定的评标标准和方法；

（三）其它与评标有关的内容。

第二十一条 招标人协助评标的，评标委员会应当根据招标文件规定，对投标文件相对于招标文件的所有偏差依法逐类进行定性，对招标人提供的评标工作用表和评标内容进行认真核对，对与招标文件不一致、存在错误或者遗漏的内容要进行修正。

评标委员会应当对全部投标文件进行认真审查，招标人提供的协助评标工作内容及信息仅作为评标的参考。评标委员会不得以招标人在协助评标过程中未发现投标文件存有偏差或者招标人协助评标工作存在疏忽为由规避评标责任。

第二十二条　评标委员会应当按照招标文件规定的评标标准和方法，对投标文件进行评审和比较。招标文件没有规定的评标标准和方法不得作为评标的依据。

对于招标文件规定的评标标准和方法，评标委员会认为其违反法律、行政法规的强制性规定，违反公开、公平、公正和诚实信用原则，影响潜在投标人投标的，评标委员会应当停止评标工作并向招标人书面说明情况，招标人应当修改招标文件后重新招标。

评标委员会发现招标文件规定的评标标准和方法存在明显文字错误，且修改后不会影响评标结果的，评标委员会可以对其进行修改，并在评标报告说明修改的内容和修改原因。除此之外，评标委员会不得以任何理由修改评标标准和方法。

第二十三条　对于投标文件存在的偏差，评标委员会应当根据招标文件规定的评标标准和方法进行评审，依法判定其属于重大偏差还是细微偏差。凡属于招标文件评标标准和方法中规定的重大偏差，或者招标文件评标标准和方法中未做强制性规定，但出现了法律、行政法规规定的否决投标情形的，评标委员会应当否决投标人的投标文件。

由于评标标准和方法前后内容不一致或者部分条款存在易引起歧义、模糊的文字，导致难以界定投标文件偏差的性质，评标委员会应当按照有利于投标人的原则进行处理。

第二十四条　评标委员会应当根据《中华人民共和国招标投标法实施条例》第三十九条、第四十条、第四十一条的有关规定，对在评标过程中发现的投标人与投标人之间、投标人与招标人之间存在的串通投标的情形进行评审和认定；存在串通投标情形的，评标委员会应当否决其投标。

投标人以他人名义投标、以行贿手段谋取中标，或者投标弄虚作假的，评标委员会应当否决其投标。

第二十五条　评标过程中，投标文件中存在下列情形之一且评标委员会认为需要投标人作出必要澄清、说明的，应当书面通知该投标人进行澄清或者说明：

（一）投标文件中有含义不明确的内容或者明显文字错误；

（二）投标报价有算术性错误；

（三）投标报价可能低于成本价；

（四）招标文件规定的细微偏差。

评标委员会应当给予投标人合理的澄清、说明时间。

投标人的澄清、说明应当采用书面形式，按照招标文件规定的格式签署盖章，且不得超出投标文件的范围或者改变投标文件的实质性内容。投标人的澄清或者说明内容将视为投标文件的组成部分。投标标的、投标函文字报价、质量标准、履行期限均视为投标文件的实质性内容，评标委员会不得要求投标人进行澄清。

评标委员会不得暗示或者诱导投标人作出澄清、说明，不得接受投标人主动提出的澄清、说明。

第二十六条　投标报价有算术性错误的，评标委员会应当按照招标文件规定的原则对投标报价进行修正。对算术性修正结果，评标委员会应当按照本细则第二十五条规定的程序要求投标人进行书面澄清。投标人对修正结果进行书面确认的，修正结果对投标人具有约束力，其投标文件可继续参加评审。

投标人对算术性修正结果存有不同意见或者未做书面确认的，评标委员会应当重新复核修正结果。如果确认修正结果无误且投标人拒不按照要求对修正结果进行确认的，应当否决该投标人的投标；如果发现修正结果存在差错，应当及时作出调整并重新进行书面澄清。

第二十七条　评标委员会发现投标人的投标报价明显低于其他投标人报价或者在设有标底时明显低于标底的，应当按照本细则第二十五条规定的程序要求该投标人对相应投标报价作出书面说明，并提供相关证明材料。

如果投标人不能提供相关证明材料，或者提交的相关材料无法证明投标人可以按照其报价以及招标文件规定的质量标准和履行期限完成招标项目的，评标委员会应当认定该投标人以低于成本价竞标，并否决其投标。

第二十八条　除评标价和履约信誉评分项外，评标委员会成员对投标人商务和技术各项因素的评分一般不得低于招标文件规定该因素满分值的60%；评分低于满分值60%的，评标委员会成员应当在评标报告中作出说明。投标文件各项评分因素得分应以评标委员会各成员的打分平均值确定，评标委员会成员总数为七人以上时，该平均值以去掉一个最高分和一个最低分后计算。

第二十九条　在评标过程中，如有效投标不足3个，评标委员会应当对有效投标是否仍具有竞争性进行评审。评标委员会一致认为有效投标仍具有竞争性的，应当继续推荐中标候选人，并在评标报告中予以说明。评标委员会对有效投标是否仍具有竞争性无法达成一致意见的，应当否决全部投标。

第三十条　评标委员会成员对需要共同认定的事项存在争议的，应当按照少数服从多数的原则作出结论。持不同意见的评标委员会成员应当在评标报告上以书面形式说明其不同意见和理由并签字确认。评标委员会成员拒绝在评标报告上签字又不书面说明其不同意见和理由的，视为同意评标结果。

第三十一条　评审完成后，评标委员会主任委员应当组织编写书面评标报告。评标报告中推荐的中标候选人应当不超过3个，并标明排序。

第三十二条　评标报告应当载明下列内容：

（一）招标项目基本情况；

（二）评标委员会成员名单；

（三）监督人员名单；

（四）开标记录；

（五）符合要求的投标人名单；

（六）否决的投标人名单以及否决理由；

（七）串通投标情形的评审情况说明；

（八）评分情况；

（九）经评审的投标人排序；

（十）中标候选人名单；

（十一）澄清、说明事项纪要；

（十二）需要说明的其他事项；

（十三）评标附表。

对评标监督人员、招标人代表或者其他工作人员干预正常评标活动，以及对招标投标活动的其他不正当言行，评标委员会应当在评标报告第（十二）项内容中如实记录。

除第一款规定的第（一）、（三）、（四）项内容外，评标委员会所有成员应当在评标报告上逐页签字。

第三十三条　招标人代表收到评标委员会完成的评标报告后，应当对评标报告内容进行形式检查，发现问题应当及时告知评标委员会进行必要的修改完善。形式检查仅限于以下内容：

（一）评标报告正文以及所附文件、表格是否完整、清晰；

（二）报告正文和附表等内容是否有涂改，涂改处是否有做出涂改的评标委员会成员签名；

（三）投标报价修正和评分计算是否有算术性错误；

（四）评标委员会成员对客观评审因素评分是否一致；

（五）投标文件各项评分因素得分是否符合本细则第二十八条相关要求；

（六）评标委员会成员签字是否齐全。

形式检查并不免除评标委员会对评标工作应负的责任。

第三十四条　评标报告经形式检查无误后，评标委员会主任委员宣布评标工作结束。

第三十五条　评标结束后，如招标人发现提供给评标委员会的信息、数据有误或者不完整，或者由于评标委员会的原因导致评标结果出现重大偏差，招标人应当及时邀请原评标委员会成员按照招标文件规定的评标标准和方法对评标报告内容进行审查确认，并形成书面审查确认报告。

投标人或者其他利害关系人对招标项目的评标结果提出异议或者投诉的，评标委员会成员有义务针对异议或者投诉的事项进行审查确认，并形成书面审查确认报告。

审查确认过程应当接受交通运输主管部门的监督。审查确认改变评标结果的，招标人应当公示评标委员会重新推荐的中标候选人，并将审查确认报告作为招标投标情况书面报告的组成部分，报具有招标监督职责的交通运输主管部门备案。

第五章　纪　　律

第三十六条　评标委员会成员应当客观、公正、审慎地履行职责，遵守职业道德；应当依据评标办法规定的评审顺序和内容逐项完成评标工作，对本人提出的评审意见以及评分的公正性、客观性、准确性负责。

评标委员会成员不得对主观评审因素协商评分。

招标人不得向评标委员会作倾向性、误导性的解释或者说明。

第三十七条　评标委员会成员有依法获取劳务报酬的权利，但不得向招标人索取或者报销与评标工作无关的其他费用。

第三十八条　评标委员会向招标人提交书面评标报告后自动解散。评标工作中使用的文件、表格以及其他资料应当同时归还招标人。评标委员会成员不得记录、复制或者从评标现场带离任何评标资料。

第三十九条　评标委员会成员和其他参加评标活动的工作人员不得与任何投标人或者与投标人有利害关系的人进行私下接触，不得收受投标人和其他与投标有利害关系的人的财物或者其它好处。

在评标期间，评标委员会成员和其他参加评标活动的工作人员不得发表有倾向性或者诱导、影响其他评审成员的言论，不得对不同投标人采取不同的审查标准。

第四十条　评标委员会成员和其他参加评标活动的工作人员，不得向他人透露对投标文件的评审、中标候选人的推荐情况以及与评标有关的其它情况，且对在评标过程中获悉的国家秘密、商业秘密负有保密责任。

第四十一条　省级以上人民政府交通运输主管部门应当对评标专家实行动态监管，建立评标专家准入、诫勉、清退制度，健全对评标专家的评价机制，对评标专家的工作态度、业务水平、职业道德等进行全面考核。

第六章　附　　则

第四十二条　本细则由交通运输部负责解释。

第四十三条　使用国际组织或者外国政府贷款、援助资金的项目，贷款方、资金提供方对评标工作和程序有不同规定的，可以适用其规定，但违背中华人民共和国的社会公共利益的除外。

第四十四条　在公共资源交易平台开展评标工作的，评标职责分工、评标工作的准备与实施等均应当遵守本细则规定。

采用电子评标的，应当按照本细则和国家有关电子评标的规定执行。

第四十五条　本细则自2022年10月1日起施行，有效期5年。《交通运输部关于发布〈公路工程建设项目评标工作细则〉的通知》（交公路发〔2017〕142号）同时废止。

公路养护工程市场准入暂行规定

1．2003年3月21日交通部发布

2．交公路发〔2003〕89号

3．自2003年6月1日起施行

第一章　总　　则

第一条　为培育和规范公路养护工程市场，提高公路养护工程投资效益，根据《中华人民共和国公路法》及有关法律、法规的规定，制定本规定。

第二条　本规定适用于中华人民共和国境内国道、省道和县道的养护工程，其他公路的养护工程可参照执行。

改建工程从业单位的管理参照交通部《公路建设市场管理办法》的规定执行。监控、通讯、收费设施维修的从业资质另行制定。

第三条　公路养护工程市场管理应当遵循公开、公平、公正、有序竞争的原则。

第四条　凡进入公路养护工程市场的公路养护从业单位应当取得本规定所确定的公路养护工程从业资质，并应遵守本规定。

第二章 职责与权限

第五条 公路养护工程市场实行统一领导、分级负责。

交通部主管全国公路养护工程市场准入的监督管理工作。

省级交通主管部门负责本行行政区域内公路养护工程市场准入的管理工作。

省级公路管理机构负责本行政区域内公路养护工程市场准入的具体管理工作。

第六条 交通部的主要职责

(一)监督执行国家有关公路养护的政策和法规。

(二)制定公路养护工程市场准入管理的有关规章。

(三)监督行业规章和技术规范的执行。

(四)培育和规范全国公路养护工程市场。

(五)依法查处违反本规定的行为。

第七条 省级交通主管部门的主要职责

(一)监督执行国家有关公路养护政策、法规、规章和技术规范。

(二)制定本行政区域内公路养护工程市场准入管理的有关规定。

(三)负责本行政区域内公路养护工程从业单位资质审定和资质证书的颁发。

(四)维护本行政区域内公路养护工程市场秩序。

(五)依法查处本行政区域内违反本规定的行为。

第八条 省级公路管理机构的主要职责

(一)监督执行公路养护工程市场准入管理的有关规定。

(二)负责组织本行政区域内公路养护工程从业单位从业资质的评定和复审等具体管理工作。

(三)负责对进入本行政区域内从事公路养护工程作业的外埠从业单位资质的确认。

(四)发布本行政区域内公路养护工程市场信息。

(五)承办省级交通主管部门委托的其他事情。

第三章 资质条件

第九条 公路养护工程市场准入实行资质评定、复审和确认制度。

资质评定是对公路养护工程从业单位的资历、能力和信誉的认定;复审是对已具备资质且已进入公路养护工程市场的从业单位的能力、业绩和信誉进行认定;确认是对外省、自治区、直辖市已具备资质的养护从业单位进入本省、自治区、直辖市承揽公路养护工程时对其能力、业绩和信誉进行认定。

第十条 申报公路养护工程资质的从业单位必须提出书面申请,按要求填写申报表,并提供下列资料:

(一)从业单位企业法人营业执照或者事业单位法人证书。

(二)主要负责人身份确认文件。

(三)所有工程技术、经济管理人员的职称(资格)证书复印件和养护技术工人上岗等级证书复印件。

(四)从事公路养护工程的资历、能力的评价和证明。

(五)从业单位连续三年财务状况的有效证明。

(六)拥有公路养护工程设备的有关证明。

第十一条 公路养护工程从业单位的资质分为三个类别,共五个级别。

一类:可以承担大型、特大型桥梁和长、特长隧道以及特殊复杂结构的桥隧构造物的中修和大修工程。

二类公路养护工程资质分为甲级、乙级。

甲级:可以承担一级公路和高速公路的路基、路面、中小桥、涵洞、中短隧道、绿化及沿线设施(不含监控、通讯、收费管理系统)等的中修、大修养护工程。

乙级:可以承担二级及其以下等级公路的路基、路面、中小桥、涵洞、中短隧道、绿化及洞线设施(不含监控、通讯、收费管理系统)等的中修、大修养护工程。

三类公路养护工程资质分为甲级、乙级。

甲级:可以承担高速公路和一级或者二级公路的小修保养。

乙级：可以承担二级及其以下等级公路的小修保养作业。

第十二条　各个类、级别的公路养护工程从业单位只允许进行本类、级别规定范围内的公路养护工程，不能跨级别从事其它级别的公路养护工程作业。公路养护工程从业单位可申请一个或一个以上类、级别的从业资质。

第十三条　申请一类公路养护工程从业资质的从业单位应同时具备下列条件：

（一）具有从事大、特大型桥梁、特殊复杂结构桥梁或长、特长隧道中修或者大修养护工程5年以上作业经历；

（二）近五年独立承担过10座以上的大、特大型桥梁和2座长、特长隧道的中修和大修工程，工程质量合格。没有长、特长隧道的省份，可取消隧道养护从业资质相关条件；

（三）工程技术、经济管理专业技术职称的人员不少于15人，其中公路、桥梁专业中级职称以上的人员不少于10人；

（四）从事公路桥梁或隧道大中修养护工程施工的工人必须具有相应养护维修操作等级证书，其中高级工不少于10人，中级工不少于20人；

（五）注册资本金或者固定资产200万元以上；

（六）具有与公路大、特大型桥梁、特殊复杂结构桥梁或者长、特长隧道中修以上养护工程施工相适应的专业机具设备。

第十四条　申请二类养护工程从业资质的从业单位应同时具备下列条件：

（一）甲级

1. 具有一定和高速公路的路基、路面、中小桥、中短隧道、涵洞、绿化、渡口及沿线设施（不含监控、通讯、收费系统）等的中修、大修养护工程5年以上作业经历。

2. 近五年独立承担过以下工程项目，且工程质量合格：

不少于30公里的一级公路和高速公路的路基、路面大中修工程；

不少于5座桥梁的大中修工程；

不少于20公里的一级公路和高速公路绿化工程。

3. 工程技术、经济管理人员不少于15人，其中公路、桥梁专业中级以上职称的人员不少于10人。

4. 从事一级和高速公路大中修工程施工的工人必须具有相应工种的养护维修操作等级证书，其中高级工不少于15人，中级工不少于30人。

5. 注册资本金或者固定资产200万元以上。

6. 具有与一级和高速公路中修、大修工程施工相适应的专业机具设备。

（二）乙级

1. 具有二级及其以下等级公路的路基、路面、中小桥、中短隧道、涵洞、绿化、渡口及沿线设施（不含监控、通讯、收费系统）等的中修、大修养护工程5年以上作业经历。

2. 近五年独立承担过以下工程项目，且工程质量合格：

不少于50公里的二级及以下公路的路基、路面大中修工程；

不少于5座桥梁的大中修工程；

不少于20公里的二级公路绿化工程。

3. 工程技术、经济管理人员不少于12人，其中具有公路、桥梁专业技术职称的人员不少于8人。

4. 从事二级及以下等级公路大中修工程施工的工人必须具有相应工种的养护维修操作等级证书，其中高级工不少于10人，中级工不少于20人。

5. 注册资本金或者固定资产100万元以上。

6. 具有与二级及其以下等级公路中修、大修工程施工相适应的专业机具设备。

第十五条　申请三类养护工程从业资质的从业单位应同时具备下列条件：

（一）甲级

1. 从事高速公路或一级公路小修保养作业5年以上，或者二级公路小修保养作业8年以上。

2. 工程技术、经济管理人员不少于10人，其中具有公路、桥梁专业技术职称的人员不少于3人。

3. 从事小修保养作业的工人必须具有相应工种的养护维修操作等级证书，其中中、高级工不少于

20 人。

4. 注册资本金或者固定资产 100 万元以上。

5. 具有与高速公路及一级公路小修保养工程作业相适应的清扫、绿化及其它专业机具设备。

（二）乙级

1. 从事二级及其以下等级公路小修保养作业 5 年以上。

2. 工程技术、经济管理人员不少于 6 人。

3. 从事小修保养作业的工人必须具有相应工种的养护维修操作等级证书，其中中、高级工人不少于 10 人。

4. 注册资本金或者固定资产 50 万元以上。

5. 具有与从事二级及其以下等级公路小修保养作业相适应的机具设备。

第四章　资质评定与管理

第十六条　公路养护工程从业资质应由申报单位向省级公路管理机构提出申请，经省级公路管理机构根据本行政区域公路养护工程施工单位资质管理规定初审后，报省级交通主管部门审定并颁发《公路养护工程从业资质证书》。

第十七条　跨省、自治区、直辖市进行公路养护工程施工的公路养护工程从业单位应向养护工程所在地的省级公路管理机构出示从业资质证书，省级公路管理机构予以确认后备案。

第十八条　省级公路管理机构对公路养护工程从业资质实行三年复审制，复审结果报省级交通主管部门核准。

第十九条　取得从业资质的公路养护工程从业单位，发生下列行为之一的，省级交通主管部门可暂停或者取消其从业资质。

（一）发生质量责任事故的；

（二）隐瞒真实情况、弄虚作假取得从业资质的；

（三）发生安全责任事故的；

（四）无故拖延工期的；

（五）其它违规、违纪行为。

暂停从业资质的整改期一般为六个月。

暂停从业资质的从业单位在整改期内不得承揽相应类别的公路养护工程项目。

被取消从业资质的养护工程从业单位，一年内不得重新申报相应从业资质。

第二十条　公路养护工程从业单位应严格遵守国家有关公路养护的法规和规章，自觉接受县级以上人民政府交通主管部门和县级以上公路管理机构的行业管理。

第二十一条　县级以上人民政府交通主管部门和县级以上公路管理机构的工作人员应当遵守本规定，维护公路养护工程市场的正常秩序，对出现失职、渎职、索贿、受贿行为，损害有关单位合法权益和国家利益的，视其情节由上级交通主管部门会同有关部门依法给予行政处分，构成犯罪的依法追究刑事责任。

第五章　附　　则

第二十二条　各省、自治区、直辖市交通主管部门可根据本规定，结合本地区的具体情况，制定实施细则，并报交通部备案。

第二十三条　公路养护工程从业资质证书式样由交通部统一制发。

第二十四条　本规定由交通部负责解释。

第二十五条　本规定自 2003 年 6 月 1 日起施行。

公路养护工程施工
招标投标管理暂行规定

1. 2003 年 3 月 21 日交通部发布

2. 交公路发〔2003〕89 号

3. 自 2003 年 6 月 1 日起施行

第一章　总　　则

第一条　为加强公路养护工程施工招标投标的管理，规范公路养护工程施工招标投标活动，保护招标人和投标人的合法权益，确保养护工程质量，提高投资效益，根据《中华人民共和国公路法》、《中华人民共和国招标投标法》等有关法律法规，制定本规定。

第二条　公路养护工程施工招标投标应坚持公开、公平、公正、诚实守信的原则。

第三条 国道、省道公路的养护工程作业采用招投标方式的，应按本规定实行招标投标，其他公路可参照执行。

凡列入国家和地方公路基本建设计划的公路养护工程项目，应按《公路工程施工招标投标管理办法》的规定执行。

第四条 凡具有相应公路养护工程从业资质的公路养护工程施工单位，均可参加投标。

第五条 交通部负责监督和指导全国公路养护工程招标投标活动。

县级以上人民政府交通主管部门负责监督和指导本行政区域内公路养护工程招标投标活动。

第六条 公路养护工程的施工招标投标活动受国家法律的保护和约束，任何单位和个人不得以任何方式干预养护工程施工招标投标活动。

第二章 招　　标

第七条 招标人可自行组织招标或委托具有相应资格的代理机构组织招标。自行组织招标的招标人或招标代理机构应具备下列条件：

（一）具有法人资格；

（二）有组织编制招标文件和标底的能力；

（三）有对投标人进行资格审查和组织评标定标的能力。

第八条 实施招标的养护工程项目，应具备以下条件：

（一）项目已列入年度养护维修计划；

（二）资金来源已落实；

（三）有关养护方案或设计文件已经完成并经批复；

（四）招标文件已编制完毕；

（五）其他相关准备工作已完成。

第九条 公路养护工程招标标的应满足下列条件之一：

（一）公路小修保养最小标的为连续 20 公里或小于 20 公里的整条路段，最短养护合同期限为一年；

（二）投资不低于 100 万元的公路养护工程项目。

第十条 招标方式

公路养护工程招标可采用公开招标、邀请招标两种形式。

（一）公开招标。招标人通过报刊、广播、电视、信息网络等媒介公开发布招标公告，邀请不特定的法人或者其他组织投标。

（二）邀请招标。招标人以投标邀请书的方式邀请特定的法人或者其它组织投标，邀请的投标人不得少于 3 个。

因突发事件、紧急抢险或战备需要的特殊公路养护工程项目可采取指定养护单位的方式进行养护。

第十一条 公开招标按下列程序进行：

（一）组织编制招标文件；

（二）发布招标公告；

（三）发售资格预审文件；

（四）资格预审，并向资格审查合格者发售招标文件；

（五）组织投标人勘察现场，针对投标人的询问，解释招标文件中的疑点；

（六）组织编制标底和制定评标办法；

（七）组织开标并进行标书清算、算术性复核与澄清；

（八）评标并确定推荐中标人；

（九）确定中标人，并履行有关批准程序；

（十）发出中标通知书；

（十一）与中标人签订养护工程项目合同。

第十二条 邀请招标按下列程序进行：

（一）发出投标邀请书；

（二）发售招标文件；

（三）组织投标人勘察现场，针对投标人的询问，解释招标文件中的疑点；

（四）组织编制标底和制定评标办法；

（五）组织开标并进行标书澄清；

（六）评标及推荐中标人；

（七）确定中标人，并履行有关批准程序；

（八）发出中标通知书；

（九）与中标人签订养护工程项目承包合同。

第十三条 开标后至发出中标通知书为评标阶段，编制标底和评标阶段的有关活动，均应按规定做好保密工作。

第三章　资格审查

第十四条　招标人发售的资格预审文件的主要内容应包括：

（一）资格预审通告（邀请书），包括招标人名称地址，招标项目性质、数量，获取资格预审文件办法、时间和地点等；

（二）资格预审申请人须知，包括资格预审申请的提交地点、截止日期、资质要求、主要证明文件、工程资金来源、工期、是否可联合投标，特别要求等；

（三）资格预审申请表，包括企业名称、组织机构、财务状况、人员、设备、业绩，投入本工程的主要管理人员、技术人员及设备；

（四）养护工程概况。

第十五条　投标人递交的资格预审文件的主要内容应包括：

（一）投标人有效的证明；

（二）投标人的养护工程从业资质证书；

（三）各类专业技术和管理人员的构成；

（四）试验设备和养护机具设备；

（五）投标人资产情况及负债；

（六）养护工程质量与同类项目业绩等。

第十六条　资格评审由招标人组织有关专业人员进行评审，重点评审投标人的财务状况、技术力量、设备、业绩、信誉和拟投入本工程的设备、人员，形成资格预审报告。

第四章　招标文件及标底

第十七条　公路小修保养、中修和大修工程的投标邀请书的主要内容包括：养护工程项目名称，递交投标文件、开标的时间和地点等。

第十八条　公路小修保养及中修、大修工程招标文件的主要内容：

（一）投标须知：包括养护工程项目概况、资金来源、工期要求、报价编制、招标程序和有关规定，评标定标原则等。

（二）合同及合同条款：包括合同文件格式、通用合同条款、特殊合同条款等。

承发包合同中明确的各项条款应全面、正确地阐述合同双方相互的权利义务关系。

合同条款主要内容：承发包形式、付款和结算办法、工期要求、质量要求、现场交通组织的要求、解决变更的方式、主要材料供应方式及价格、验收以及违约责任等。

（三）技术文件：包括应采用的技术标准和操作规程的名称、养护技术要求、养护工程项目特殊要求、原路技术状况、计量与支付规则、质量标准与验收等。

（四）投标书格式及附表：投标书应包括投标人投标标段或工程、投标价、工期、投标文件有效期等；附表主要有投标人组织机构及人员表、参加工程任职主要人员简历表、投入工程的主要机械设备表等。

（五）工程量清单。

（六）评标办法：包括对公路小修保养、中修和大修工程项目的评标、定标原则等。

第十九条　招标人如需对招标文件进行补充说明、勘误、澄清等局部修正时，最迟应在投标截止日期前7天，以书面形式通知所有投标人。

补充说明、勘误、澄清、局部修正等，与招标文件具有同等的法律效力。

第二十条　标底是审核投标报价、评标、定标的重要依据，应力求正确、合理。

每一个招标项目只允许有一个标底。标底在开标前严格保密。

第二十一条　标底由招标人负责编制，也可由受委托的招标代理机构负责编制。

编制标底应以招标文件、图纸、有关养护工程资料及省级交通主管部门颁发的养护工程定额为依据。

第二十二条　受招标人委托的标底编制单位及招标代理机构不得同时承接投标人的标书编制业务，不得泄漏应当保密的与招标活动有关的情况与资料。

第五章　投　　标

第二十三条　投标人必须严格按照招标文件的要求，编制投标文件，投标文件及任何说明函件应经单位盖章及单位负责人或授权委托人签字，并按规定的时间和要求送达招标人。

第二十四条 投标文件递交招标人时,必须按招标文件规定的密封方式密封,否则可作废标处理。

第二十五条 投标文件包括下列内容:

(一)投标书及其附表;

(二)授权书;

(三)有报价的工程量清单及总价汇总表;

(四)公路养护工程作业方案:包括进度安排,平面布置,主要养护作业方法,交通疏导方案,技术和安全措施,质量保证体系等。

公路养护工程项目可按招标人的要求提交投标保证金(或开户银行出具的投标保函)。

第二十六条 投标人在投标文件要求提交投标书的截止时间前,可以补充、修改或者撤回已提交的投标书,并书面通知招标人或招标代理机构。补充、修改的内容为投标书的组成部分,应按规定的时间和要求送达招标人。

第二十七条 投标人不得串通作弊,不得哄抬标价,低价抢标,不得采取非法手段竞标。

第六章 开标、评标与定标

第二十八条 完成资格审查工作到开标的时间,一般不应少于二十天。

第二十九条 开标仪式由招标人或委托代理招标机构组织并主持。

投标人应出席开标仪式。规模较大的养护工程项目,可邀请交通主管部门、省级公路管理机构、项目监理工程师、纪检监察等部门代表参加。

第三十条 开标时,由招标人及有关各方检查各份标书的完整性。

招标人宣布评标、定标办法,并宣读各份投标书主要内容。

需要公证的,由公证人员对宣读的标价及相关内容现场复核,并致公证词。

第三十一条 属于下列情况之一者,应作为废标处理:

(一)投标书未密封;

(二)投标书未加盖本单位公章及未经单位负责人或授权委托人签字;

(三)投标书未按招标文件规定的格式、内容和要求编制;

(四)投标书字迹潦草、模糊、无法辨认;

(五)投标人在一份投标书中,对同一个项目报有两个或多个报价;

(六)投标人递交两份或多份内容不同的投标书,未书面声明哪一个有效;

(七)要求提交投标保证金(或由开户银行出具投标保函)未提交的;

(八)投标人未经招标人同意,不参加开标仪式。

第三十二条 评标工作由招标人或委托招标代理机构主持。

评标工作组由招标人代表和有关技术、经济等方面的专家组成。

评标工作组一般由5人以上的单数组成,其中技术、经济等方面的专家不少于成员总数的三分之二。

第三十三条 评标、定标原则:报价合理、养护工程作业方案可行、技术先进、能确保养护工程质量、具有良好的业绩和信誉。

最低报价不能作为中标唯一条件。

第三十四条 评标过程中,评标小组可分别请投标人就投标书的有关问题进行澄清,投标人应给予书面答复。澄清内容作为投标书的组成部分,但不得改变投标书的实质内容和报价。

第三十五条 评标工作组成员不得索贿受贿,不得泄漏应当保密的与招标投标活动有关的情况与资料。在评标、定标工作期间,评标工作组成员不得私下接触投标人。

第三十六条 评标可采用评分、经济技术比较,提出评标报告,推荐中标候选人。

定标可采用评分、投票或者其他约定方式进行。自开标到定标时间一般不超过七天。

第三十七条 招标人根据评标小组提出的评标结论和中标候选人确定中标人。

第七章 合同签订

第三十八条 中标人接到中标通知书及承包合同拟定稿(副本)后,应在30天内和招标人签订承包合同(以中标人签收回执日期起计)。

签订合同的依据是中标通知书,招标文件、投标书及有效的补充文件和信函。

合同价应等于中标价。

第三十九条　任何一方不得以提出第三十九条所列文件内容以外的条件未获满足为理由而拒绝签订合同。

第四十条　承包合同的承发包人应当按合同约定履行双方的权利和义务。

省级交通主管部门和公路管理机构要加强监督,维护合同双方的合法权益,确保养护质量,保障公路畅通。

第八章　罚　　则

第四十一条　对公路养护工程招标投标活动中下列违纪违法者需进行处罚:

(一)招标人在标底编制及评标阶段泄漏标底或附加不合理条件,索取或收受回扣、佣金等好处的,招标视为无效,并赔偿投标人直接经济损失,由省级交通主管部门视情节予以通报批评或给予警告处分。

(二)招标代理机构或标底编制单位违反本规定第二十二条的,招标视为无效,并按《中华人民共和国招标投标法》第五十条的有关规定给予处罚。

(三)投标人违反本规定第二十八条的,投标视为无效,并无权索还投标保证金,由省级交通主管部门予以通报批评,视情节可取消或暂停其从业资质,并按《中华人民共和国招投标法》第五十四条的规定给予处罚。

(四)评标工作组成员违反本规定第三十六条的,一经发现应立即停止其评标资格,招标视为无效,并追究当事人的责任。

(五)违反本规定第四十条的,对中标人拒签合同的,报从业资质主管部门取消其养护从业资质,并无权请求返还投标保证金。招标人拒签合同,应双倍返还投标人的投标费用和投标保证金。

第四十二条　对公路养护工程招标投标活动中出现失职、渎职、索贿、行贿行为,损害有关单位合法权益和国家利益的,由交通主管部门会同有关部门给予行政处分,构成犯罪的由司法部门依法追究其刑事责任。

第四十三条　当事人对处罚决定不服的,自接到处罚决定之日起六十日内可向交通主管部门申请复议,或直接向人民法院起诉。

第九章　附　　则

第四十四条　省级交通主管部门可根据本规定,结合本地区的具体情况,制定实施细则。

第四十五条　本规定确定的招标投标程序为完备程序,各地在遵循《中华人民共和国招标投标法》的原则下,可根据养护工程投资额,技术要求等因素,作适当简化。

第四十六条　本规定由交通部负责解释。

第四十七条　本规定自2003年6月1日起施行。

公路建设项目评标专家库管理办法

1. 2011年12月29日交通运输部发布

2. 交公路发〔2011〕797号

第一条　为加强对公路建设项目评标专家和评标专家库的管理,保证评标活动的公平、公正,根据《中华人民共和国招标投标法》、《评标委员会和评标方法暂行规定》以及《公路建设市场管理办法》等规定,制定本办法。

第二条　本办法适用于公路建设项目评标专家库的更新、维护、使用、管理等活动。

第三条　公路建设项目评标专家库管理实行统一管理、分级负责。

第四条　国务院交通运输主管部门负责全国公路建设项目评标专家库的监督管理工作,主要职责是:

(一)贯彻执行国家有关法律、法规,制定全国公路建设项目评标专家库管理的规章制度;

(二)更新、维护并管理国家公路建设项目评标专家库及专家库管理系统;

(三)指导和监督省级公路建设项目评标专家库管理工作;

(四)依法受理投诉,查处相关违法行为;

(五)法律、法规、规章规定的其他职责。

第五条　省级交通运输主管部门负责本行政区域内公

路建设项目评标专家库的监督管理工作，主要职责是：

（一）贯彻执行国家有关法律、法规、规章，结合实际情况，制定本行政区域内公路建设项目评标专家库管理制度，并报国务院交通运输主管部门备案；

（二）更新、维护并管理省级公路建设项目评标专家库及专家库管理系统；

（三）监督管理国家公路建设项目评标专家库的专家抽取活动；

（四）依法受理投诉，查处本行政区域内相关违法行为；

（五）法律、法规、规章规定的其他职责。

第六条 国家公路建设项目评标专家库专业分类标准如下：

类别	设计类（A04）	监理类（A05）	施工类（A08）	货物类（B）
专业	路线（A040301）	路基路面（A050301）	路基路面（A080301）	机械设备（B01）
	路基路面（A040302）	桥梁（A050302）	桥梁（A080302）	建筑材料（B07）
	桥梁（A040303）	隧道（A050303）	隧道（A080303）	商务合同（B10）
	隧道（A040304）	公路机电工程（A050304）	公路机电工程（A080304）	
	交通工程（A040305）	公路安全设施（A050305）	公路安全设施（A080305）	
	概预算（A040306）	商务合同（A050306）	商务合同（A080306）	
	勘察（A040307）		房建（A080307）	
	商务合同（A040308）		环保（含绿化等）（A080308）	

省级交通运输主管部门可根据实际需要，对省级公路建设项目评标专家库的专业分类进行补充和细化。

第七条 国家公路建设项目评标专家采用个人申请、单位推荐、国务院交通运输主管部门审查的方式确定，其程序为：

（一）申请人填写“公路建设项目评标专家库评标专家申报表”（见附件），报申请人所在工作单位。

（二）申请人所在工作单位同意推荐后报有关单位初审。

（三）推荐单位所在地省级交通运输主管部门对申报材料进行初审；推荐单位为部属事业单位或中央管理企业及其所属单位的，由部属事业单位或中央管理企业负责初审。

（四）省级交通运输主管部门和部属事业单位或中央管理企业通过“全国公路建设市场信用信息管理系统”将初审合格的人员报国务院交通运输主管部门。

（五）国务院交通运输主管部门组织对申报材料进行审查，符合条件的，经培训考核合格后，纳入国家公路建设项目评标专家库。

省级公路建设项目评标专家库申报程序由省级交通运输主管部门确定。

第八条 推荐的公路建设项目评标专家应具备下列基本条件：

（一）具有良好的政治素质和职业道德，能够依法履行职责，维护招投标双方的合法权益；

（二）熟悉有关公路建设招标投标的法律、法规和规章；

（三）从事公路行业相关专业领域工作且满8年，具有高级职称或同等专业水平；

（四）年龄不超过65周岁，身体健康状况能够胜任评标工作；

（五）未曾受到刑事处罚或行政处罚；

（六）省级交通运输主管部门报送的申报国家公路建设项目评标专家库人员一般应为省级公路建设项目评标专家库专家。

第九条 评标专家的主要权利：

（一）接受招标人聘请，担任招标项目评标委员会成员；

（二）依法独立评标，不受任何单位和个人的非法干预和影响；

（三）向交通运输主管部门举报评标活动存在的违法、违规或不公正行为；

（四）依法获取劳动报酬；

（五）法律、法规、规章规定的其他权利。

第十条 评标专家的主要义务：

（一）准时参加评标活动；

（二）遵守职业道德，依法履行职责；

（三）接受交通运输主管部门的监督管理，协助配合有关投诉处理；

（四）国家公路建设项目评标专家库评标专家，及时登录"全国公路建设市场信用信息管理系统"维护个人信息；

（五）法律、法规、规章规定的其他义务。

第十一条 评标专家所在单位应当对评标专家参加评标活动和继续教育的培训给予支持。

第十二条 国家公路建设项目评标专家库评标专家，因故无法参加某一时段评标时，可事先登录"全国公路建设市场信用信息管理系统"进行自主屏蔽，1年之内自主屏蔽次数不得超过5次，总时间不得超过30天。

第十三条 国家审批（核准）公路建设项目的勘察、设计、施工、监理以及与工程建设有关的重要设备、材料采购等依法必须招标的，应当从国家公路建设项目评标专家库中确定资格审查委员会和评标委员会专家；其他公路招标项目，从省级公路建设项目评标专家库或国家公路建设项目评标专家库中确定资格审查委员会和评标委员会专家。

第十四条 评标专家的确定，应当采取随机抽取方式。对于技术复杂、专业性强，采取随机抽取方式确定的评标专家难以胜任评标工作的特殊招标项目，可以由招标人采取人工选择方式直接确定，并按照项目管理权限报交通运输主管部门备案。

第十五条 招标人应按照资格审查或评标项目招标类型和所含专业确定评标专家类别和专业，商务合同专业和招标所含主要专业均需抽取至少1名专家，不得抽取项目招标类型和所含专业以外的专家。施工招标可根据工程特点和评标需要，从设计类概预算专业抽取1名专家，房建或环保（含绿化等）工程单独开展设计或监理招标的，所含专业专家从施工类相应专业中抽取。

第十六条 有下列情形之一的，不得担任资格审查委员会和评标委员会成员：

（一）投标人的工作人员或退休人员；

（二）投标人主要负责人和具体负责人的近亲属；

（三）负责招标项目监督管理的交通运输主管部门的工作人员；

（四）其他与投标人有利害关系、可能影响评标活动公正性的人员。

招标人应按前款规定设定回避条件，禁止以其他各种理由排斥或限制评标专家参加评标。评标专家有前款规定情形之一的，应当主动提出回避；未提出回避的，招标人或者有关交通运输主管部门发现后，应当立即停止其参加评标。

第十七条 国家公路建设项目评标专家库抽取使用程序如下：

（一）招标人向省级交通运输主管部门提出书面申请，明确抽取方式、类别、专业、数量和回避条件；

（二）在省级交通运输主管部门监督下，招标人通过"全国公路建设市场信用信息管理系统"抽取评标专家；

（三）省级交通运输主管部门登录"全国公路建设市场信用信息管理系统"确认评标结束；

（四）招标人和评标专家登录"全国公路建设市场信用信息管理系统"进行相互评价。

省级公路建设项目评标专家库抽取使用程序由省级交通运输主管部门确定。

第十八条 评标专家确定后，发生不能到场或需要回避等特殊情况的，应当从原评标专家库中按原抽取方式补选确定，也可在符合规定的前提下相应减少招标人代表数量。

第十九条　评标专家有下列情形之一的，注销其评标专家资格：

（一）本人申请不再担任；

（二）健康等原因不能胜任；

（三）工作调动不再适宜继续担任；

（四）年龄超过70周岁（不含院士、勘察设计大师）。

第二十条　评标专家有下列情形之一的，暂停其评标专家资格半年：

（一）连续5次被抽中均未参加；

（二）1年之内被抽中3次以上，参加次数少于被抽中次数2/3；

（三）承诺参加但没有参加；

（四）有关行政监督部门依法对投诉进行调查时，不予配合；

（五）国家公路建设项目评标专家库专家，在评标结束一周内未对招标人进行评价，或未及时维护个人信息。

第二十一条　评标专家有下列情形之一的，取消其评标专家资格：

（一）以虚假材料骗取评标专家资格；

（二）未按要求参加培训或考核不合格；

（三）评标出现重大疏漏或错误；

（四）被暂停评标专家资格的处罚期满后，再次出现本办法第二十条规定情形之一；

（五）受到刑事处罚或行政处罚；

（六）违反招标投标法律、法规和规章。

被取消评标专家资格的，5年内不得再次申请入选公路建设项目评标专家库，有违法违规行为的，终身不得入选公路建设项目评标专家库。

第二十二条　公路建设项目评标专家库实行动态管理。评标专家有违反招标投标法律、法规、规章和本办法规定行为，以及存在其他不适宜继续担任专家情形的，交通运输主管部门应当及时作出处理，暂停、取消或注销其评标专家资格。根据需要，可适时补充评标专家。

第二十三条　本办法由交通运输部负责解释。

第二十四条　本办法自发布之日起施行，2001年6月11日实施的《公路建设项目评标专家库管理办法》（交公路发〔2001〕300号）同时废止。

附件：公路建设项目评标专家库评标专家申报表（略）

公路工程设计施工总承包管理办法

1．2015年6月26日交通运输部令2015年第10号公布
2．自2015年8月1日起施行

第一章　总　　则

第一条　为促进公路工程设计与施工相融合，提高公路工程设计施工质量，推进现代工程管理，依据有关法律、行政法规，制定本办法。

第二条　公路新建、改建、扩建工程和独立桥梁、隧道（以下简称公路工程）的设计施工总承包，适用本办法。

本办法所称设计施工总承包（以下简称总承包），是指将公路工程的施工图勘察设计、工程施工等工程内容由总承包单位统一实施的承发包方式。

第三条　国家鼓励具备条件的公路工程实行总承包。

总承包可以实行项目整体总承包，也可以分路段实行总承包，或者对交通机电、房建及绿化工程等实行专业总承包。

项目法人可以根据项目实际情况，确定采用总承包的范围。

第四条　各级交通运输主管部门依据职责负责对公路工程总承包的监督管理。

交通运输主管部门应当对总承包合同相关当事方执行法律、法规、规章和强制性标准等情况进行督查，对初步设计、施工图设计、设计变更等进行管理。按照有关规定对总承包单位进行信用评价。

第二章　总承包单位选择及合同要求

第五条　总承包单位由项目法人依法通过招标方式确定。

项目法人负责组织公路工程总承包招标。

公路工程总承包招标应当在初步设计文件获得批准并落实建设资金后进行。

第六条　总承包单位应当具备以下要求：

(一)同时具备与招标工程相适应的勘察设计和施工资质，或者由具备相应资质的勘察设计和施工单位组成联合体；

(二)具有与招标工程相适应的财务能力，满足招标文件中提出的关于勘察设计、施工能力、业绩等方面的条件要求；

(三)以联合体投标的，应当根据项目的特点和复杂程度，合理确定牵头单位，并在联合体协议中明确联合体成员单位的责任和权利；

(四)总承包单位(包括总承包联合体成员单位，下同)不得是总承包项目的初步设计单位、代建单位、监理单位或以上单位的附属单位。

第七条　总承包招标文件的编制应当使用交通运输部统一制定的标准招标文件。

在总承包招标文件中，应当对招标内容、投标人的资格条件、报价组成、合同工期、分包的相关要求、勘察设计与施工技术要求、质量等级、缺陷责任期工程修复要求、保险要求、费用支付办法等作出明确规定。

第八条　总承包招标应当向投标人提供初步设计文件和相应的勘察资料，以及项目有关批复文件和前期咨询意见。

第九条　总承包投标文件应当结合工程地质条件和技术特点，按照招标文件要求编制。投标文件应当包括以下内容：

(一)初步设计的优化建议；

(二)项目实施与设计施工进度计划；

(三)拟分包专项工程；

(四)报价清单及说明；

(五)按招标人要求提供的施工图设计技术方案；

(六)以联合体投标的，还应当提交联合体协议；

(七)以项目法人和总承包单位的联合名义依法投保相关的工程保险的承诺。

第十条　招标人应当合理确定投标文件的编制时间，自招标文件开始发售之日起至投标人提交投标文件截止时间止，不得少于60天。

招标人应当根据项目实际情况，提出投标人在投标文件中提供施工图设计技术方案的具体要求。招标人在招标文件中明确中标人有权使用未中标人的技术方案的，一般应当同时明确给予相应的费用补偿。

第十一条　招标人应当根据工程地质条件、技术特点和施工难度确定评标方法。

评标专家抽取应当符合有关法律法规的规定。评标委员会应当包含勘察设计、施工等专家，总人数应当不少于9人。

第十二条　项目法人应当与中标单位签订总承包合同。

第十三条　项目法人和总承包单位应当在招标文件或者合同中约定总承包风险的合理分担。风险分担可以参照以下因素约定：

项目法人承担的风险一般包括：

(一)项目法人提出的工期调整、重大或者较大设计变更、建设标准或者工程规模的调整；

(二)因国家税收等政策调整引起的税费变化；

(三)钢材、水泥、沥青、燃油等主要工程材料价格与招标时基价相比，波动幅度超过合同约定幅度的部分；

(四)施工图勘察设计时发现的在初步设计阶段难以预见的滑坡、泥石流、突泥、涌水、溶洞、采空区、有毒气体等重大地质变化，其损失与处治费用可以约定由项目法人承担，或者约定项目法人和总承包单位的分担比例。工程实施中出现重大地质变化的，其损失与处治费用除保险公司赔付外，可以约定由总承包单位承担，或者约定项目法人与总承包单位的分担比例。因总承包单位施工组织、措施不当造成的上述问题，其损失与处治费用由总承包单位承担；

(五)其他不可抗力所造成的工程费用的增加。

除项目法人承担的风险外，其他风险可以约定由总承包单位承担。

第十四条　总承包费用或者投标报价应当包括相应工程的施工图勘察设计费、建筑安装工程费、设备购置费、缺陷责任期维修费、保险费等。总承包采用总价合同，除应当由项目法人承担的风险费用外，总承包合同总价一般不予调整。

项目法人应当在初步设计批准概算范围内确定最高投标限价。

第三章 总承包管理

第十五条 项目法人应当依据合同加强总承包管理，督促总承包单位履行合同义务，加强工程勘察设计管理和地质勘察验收，严格对工程质量、安全、进度、投资和环保等环节进行把关。

项目法人对总承包单位在合同履行中存在过失或偏差行为，可能造成重大损失或者严重影响合同目标实现的，应当对总承包单位法人代表进行约谈，必要时可以依据合同约定，终止总承包合同。

第十六条 采用总承包的项目，初步设计应当加大设计深度，加强地质勘察，明确重大技术方案，严格核定工程量和概算。

初步设计单位负责总承包项目初步设计阶段的勘察设计，按照项目法人要求对施工图设计或者设计变更进行咨询核查。

第十七条 总承包单位应当按照合同规定和工程施工需要，分阶段提交详勘资料和施工图设计文件，并按照审查意见进行修改完善。施工图设计应当符合经审批的初步设计文件要求，满足工程质量、耐久和安全的强制性标准和相关规定，经项目法人同意后，按照相关规定报交通运输主管部门审批。施工图设计经批准后方可组织实施。

第十八条 总承包单位依据总承包合同，对施工图设计及工程质量、安全、进度负总责。负责施工图勘察设计、工程施工和缺陷责任期工程修复工作，配合项目法人完成征地拆迁、地方协调、项目审计及交竣工验收等工作。

第十九条 项目法人根据建设项目的规模、技术复杂程度等要素，依据有关规定程序选择社会化的监理开展工程监理工作。监理单位应当依据有关规定和合同，对总承包施工图勘察设计、工程质量、施工安全、进度、环保、计量支付和缺陷责任期工程修复等进行监理，对总承包单位编制的勘察设计计划、采购与施工的组织实施计划、施工图设计文件、专项技术方案、项目实施进度计划、质量安全保障措施、计量支付、工程变更等进行审核。

第二十条 总承包工程应当按照批准的施工图设计组织施工。总承包单位应当根据工程特点和合同约定，细化设计施工组织计划，拟定设计施工进度安排、工程质量和施工安全目标、环境保护措施、投资完成计划。

第二十一条 总承包单位应当加强设计与施工的协调，建立工程管理与协调制度，根据工程实际及时完善、优化设计，改进施工方案，合理调配设计和施工力量，完善质量保证体系。

第二十二条 工程永久使用的大宗材料、关键设备和主要构件可由项目法人依法招标采购，也可由总承包单位按规定采购。招标人在招标文件中应当明确采购责任。由总承包单位采购的，应当采取集中采购的方式，采购方案应当经项目法人同意，并接受项目法人的监督。

第二十三条 总承包单位应当加强对分包工程的管理。选择的分包单位应当具备相应资格条件，并经项目法人同意，分包合同应当送项目法人。

第二十四条 总承包工程应当按照招标文件明确的计量支付办法与程序进行计量支付。

当采用工程量清单方式进行管理时，总承包单位应当依据交通运输主管部门批准的施工图设计文件，按照各分项工程合计总价与合同总价一致的原则，调整工程量清单，经项目法人审定后作为支付依据；工程实施中，按照清单及合同条款约定进行计量支付；项目完成后，总承包单位应当根据调整后最终的工程量清单编制竣工文件和工程决算。

第二十五条 总承包工程实施过程中需要设计变更的，较大变更或者重大变更应当依据有关规定报交通运输主管部门审批。一般变更应当在实施前告知监理单位和项目法人，项目法人认为变更不合理的有权予以否定。任何设计变更不得降低初步设计批复的质量安全标准，不得降低工程质量、耐久性和安全度。

设计变更引起的工程费用变化，按照风险划分原则处理。其中,属于总承包单位风险范围的设计变更(含完善设计),超出原报价部分由总承包单位自付,低于原报价部分,按第二十四条规定支付。属于项目法人风险范围的设计变更,工程量清单与合同总价均调整,按规定报批后执行。

项目法人应当根据设计变更管理规定,制定鼓励总承包单位优化设计、节省造价的管理制度。

第二十六条 总承包单位应当按照有关规定和合同要求,负责缺陷责任期的工程修复等工作,确保公路技术状况符合规定要求。

第二十七条 总承包单位完成合同约定的全部工程,符合质量安全标准,在缺陷责任期内履行规定义务后,项目法人应当按照合同完成全部支付。

第二十八条 总承包单位应当按照交、竣工验收的有关规定,编制和提交竣工图纸和相关文件资料。

第四章 附　则

第二十九条 本办法自 2015 年 8 月 1 日起施行。

公路建设市场管理办法

1. 2004 年 12 月 21 日交通部令 2004 年第 14 号公布

2. 根据 2011 年 11 月 30 日交通运输部令 2011 年第 11 号《关于修改〈公路建设市场管理办法〉的决定》第一次修正

3. 根据 2015 年 6 月 26 日交通运输部令 2015 年第 11 号《关于修改〈公路建设市场管理办法〉的决定》第二次修正

第一章 总　则

第一条 为加强公路建设市场管理,规范公路建设市场秩序,保证公路工程质量,促进公路建设市场健康发展,根据《中华人民共和国公路法》、《中华人民共和国招标投标法》、《建设工程质量管理条例》,制定本办法。

第二条 本办法适用于各级交通运输主管部门对公路建设市场的监督管理活动。

第三条 公路建设市场遵循公平、公正、公开、诚信的原则。

第四条 国家建立和完善统一、开放、竞争、有序的公路建设市场,禁止任何形式的地区封锁。

第五条 本办法中下列用语的含义是指:

公路建设市场主体是指公路建设的从业单位和从业人员。

从业单位是指从事公路建设的项目法人,项目建设管理单位,咨询、勘察、设计、施工、监理、试验检测单位,提供相关服务的社会中介机构以及设备和材料的供应单位。

从业人员是指从事公路建设活动的人员。

第二章 管理职责

第六条 公路建设市场管理实行统一管理、分级负责。

第七条 国务院交通运输主管部门负责全国公路建设市场的监督管理工作,主要职责是:

(一)贯彻执行国家有关法律、法规,制定全国公路建设市场管理的规章制度;

(二)组织制定和监督执行公路建设的技术标准、规范和规程;

(三)依法实施公路建设市场准入管理、市场动态管理,并依法对全国公路建设市场进行监督检查;

(四)建立公路建设行业评标专家库,加强评标专家管理;

(五)发布全国公路建设市场信息;

(六)指导和监督省级地方人民政府交通运输主管部门的公路建设市场管理工作;

(七)依法受理举报和投诉,依法查处公路建设市场违法行为;

(八)法律、行政法规规定的其他职责。

第八条 省级人民政府交通运输主管部门负责本行政区域内公路建设市场的监督管理工作,主要职责是:

(一)贯彻执行国家有关法律、法规、规章和公路建设技术标准、规范和规程,结合本行政区域内的实际情况,制定具体的管理制度;

(二)依法实施公路建设市场准入管理,对本行政区域内公路建设市场实施动态管理和监督检查;

(三)建立本地区公路建设招标评标专家库,加强评标专家管理;

(四)发布本行政区域公路建设市场信息,并按规定向国务院交通运输主管部门报送本行政区域公路建设市场的信息;

（五）指导和监督下级交通运输主管部门的公路建设市场管理工作；

（六）依法受理举报和投诉，依法查处本行政区域内公路建设市场违法行为；

（七）法律、法规、规章规定的其他职责。

第九条 省级以下地方人民政府交通运输主管部门负责本行政区域内公路建设市场的监督管理工作，主要职责是：

（一）贯彻执行国家有关法律、法规、规章和公路建设技术标准、规范和规程；

（二）配合省级地方人民政府交通运输主管部门进行公路建设市场准入管理和动态管理；

（三）对本行政区域内公路建设市场进行监督检查；

（四）依法受理举报和投诉，依法查处本行政区域内公路建设市场违法行为；

（五）法律、法规、规章规定的其他职责。

第三章 市场准入管理

第十条 凡符合法律、法规规定的市场准入条件的从业单位和从业人员均可进入公路建设市场，任何单位和个人不得对公路建设市场实行地方保护，不得对符合市场准入条件的从业单位和从业人员实行歧视待遇。

第十一条 公路建设项目依法实行项目法人负责制。项目法人可自行管理公路建设项目，也可委托具备法人资格的项目建设管理单位进行项目管理。

项目法人或者其委托的项目建设管理单位的组织机构、主要负责人的技术和管理能力应当满足拟建项目的管理需要，符合国务院交通运输主管部门有关规定的要求。

第十二条 收费公路建设项目法人和项目建设管理单位进入公路建设市场实行备案制度。

收费公路建设项目可行性研究报告批准或依法核准后，项目投资主体应当成立或者明确项目法人。项目法人应当按照项目管理的隶属关系将其或者其委托的项目建设管理单位的有关情况报交通运输主管部门备案。

对不符合规定要求的项目法人或者项目建设管理单位，交通运输主管部门应当提出整改要求。

第十三条 公路工程勘察、设计、施工、监理、试验检测等从业单位应当按照法律、法规的规定，取得有关管理部门颁发的相应资质后，方可进入公路建设市场。

第十四条 法律、法规对公路建设从业人员的执业资格作出规定的，从业人员应当依法取得相应的执业资格后，方可进入公路建设市场。

第四章 市场主体行为管理

第十五条 公路建设从业单位和从业人员在公路建设市场中必须严格遵守国家有关法律、法规和规章，严格执行公路建设行业的强制性标准、各类技术规范及规程的要求。

第十六条 公路建设项目法人必须严格执行国家规定的基本建设程序，不得违反或者擅自简化基本建设程序。

第十七条 公路建设项目法人负责组织有关专家或者委托有相应工程咨询或者设计资质的单位，对施工图设计文件进行审查。施工图设计文件审查的主要内容包括：

（一）是否采纳工程可行性研究报告、初步设计批复意见；

（二）是否符合公路工程强制性标准、有关技术规范和规程要求；

（三）施工图设计文件是否齐全，是否达到规定的技术深度要求；

（四）工程结构设计是否符合安全和稳定性要求。

第十八条 公路建设项目法人应当按照项目管理隶属关系将施工图设计文件报交通运输主管部门审批。施工图设计文件未经审批的，不得使用。

第十九条 申请施工图设计文件审批应当向相关的交通运输主管部门提交以下材料：

（一）施工图设计的全套文件；

（二）专家或者委托的审查单位对施工图设计文件的审查意见；

（三）项目法人认为需要提交的其他说明材料。

第二十条 交通运输主管部门应当自收到完整齐备的申请材料之日起20日内审查完毕。经审查合格的，批准使用,并将许可决定及时通知申请人。审查不合格的,不予批准使用,应当书面通知申请人并说明理由。

第二十一条 公路建设项目法人应当按照公开、公平、公正的原则,依法组织公路建设项目的招标投标工作。不得规避招标,不得对潜在投标人和投标人实行歧视政策,不得实行地方保护和暗箱操作。

第二十二条 公路工程的勘察、设计、施工、监理单位和设备、材料供应单位应当依法投标,不得弄虚作假,不得串通投标,不得以行贿等不合法手段谋取中标。

第二十三条 公路建设项目法人与中标人应当根据招标文件和投标文件签订合同,不得附加不合理、不公正条款,不得签订虚假合同。

国家投资的公路建设项目,项目法人与施工、监理单位应当按照国务院交通运输主管部门的规定,签订廉政合同。

第二十四条 公路建设项目依法实行施工许可制度。国家和国务院交通运输主管部门确定的重点公路建设项目的施工许可由省级人民政府交通运输主管部门实施,其他公路建设项目的施工许可按照项目管理权限由县级以上地方人民政府交通运输主管部门实施。

第二十五条 项目施工应当具备以下条件:

(一)项目已列入公路建设年度计划;

(二)施工图设计文件已经完成并经审批同意;

(三)建设资金已经落实,并经交通运输主管部门审计;

(四)征地手续已办理,拆迁基本完成;

(五)施工、监理单位已依法确定;

(六)已办理质量监督手续,已落实保证质量和安全的措施。

第二十六条 项目法人在申请施工许可时应当向相关的交通运输主管部门提交以下材料:

(一)施工图设计文件批复;

(二)交通运输主管部门对建设资金落实情况的审计意见;

(三)国土资源部门关于征地的批复或者控制性用地的批复;

(四)建设项目各合同段的施工单位和监理单位名单、合同价情况;

(五)应当报备的资格预审报告、招标文件和评标报告;

(六)已办理的质量监督手续材料;

(七)保证工程质量和安全措施的材料。

第二十七条 交通运输主管部门应当自收到完整齐备的申请材料之日起20日内作出行政许可决定。予以许可的,应当将许可决定及时通知申请人;不予许可的,应当书面通知申请人并说明理由。

第二十八条 公路建设从业单位应当按照合同约定全面履行义务:

(一)项目法人应当按照合同约定履行相应的职责,为项目实施创造良好的条件;

(二)勘察、设计单位应当按照合同约定,按期提供勘察设计资料和设计文件。工程实施过程中,应当按照合同约定派驻设计代表,提供设计后续服务;

(三)施工单位应当按照合同约定组织施工,管理和技术人员及施工设备应当及时到位,以满足工程需要。要均衡组织生产,加强现场管理,确保工程质量和进度,做到文明施工和安全生产;

(四)监理单位应当按照合同约定配备人员和设备,建立相应的现场监理机构,健全监理管理制度,保持监理人员稳定,确保对工程的有效监理;

(五)设备和材料供应单位应当按照合同约定,确保供货质量和时间,做好售后服务工作;

(六)试验检测单位应当按照试验规程和合同约定进行取样、试验和检测,提供真实、完整的试验检测资料。

第二十九条 公路工程实行政府监督、法人管理、社会监理、企业自检的质量保证体系。交通运输主管部门及其所属的质量监督机构对工程质量负监督责任,项目法人对工程质量负管理责任,勘察设计单位对勘察设计质量负责,施工单位对施工质量负责,监理单位对工程质量负现场管理责任,试验检测单位对试验检测结果负责,其他从业单位和从业人员按照有关规定对其产品或者服务质量负相应责任。

第三十条　各级交通运输主管部门及其所属的质量监督机构对工程建设项目进行监督检查时，公路建设从业单位和从业人员应当积极配合，不得拒绝和阻挠。

第三十一条　公路建设从业单位和从业人员应当严格执行国家有关安全生产的法律、法规、国家标准及行业标准，建立健全安全生产的各项规章制度，明确安全责任，落实安全措施，履行安全管理的职责。

第三十二条　发生工程质量、安全事故后，从业单位应当按照有关规定及时报有关主管部门，不得拖延和隐瞒。

第三十三条　公路建设项目法人应当合理确定建设工期，严格按照合同工期组织项目建设。项目法人不得随意要求更改合同工期。如遇特殊情况，确需缩短合同工期的，经合同双方协商一致，可以缩短合同工期，但应当采取措施，确保工程质量，并按照合同规定给予经济补偿。

第三十四条　公路建设项目法人应当按照国家有关规定管理和使用公路建设资金，做到专款专用，专户储存；按照工程进度，及时支付工程款；按照规定的期限及时退还保证金、办理工程结算。不得拖欠工程款和征地拆迁款，不得挤占挪用建设资金。

施工单位应当加强工程款管理，做到专款专用，不得拖欠分包人的工程款和农民工工资；项目法人对工程款使用情况进行监督检查时，施工单位应当积极配合，不得阻挠和拒绝。

第三十五条　公路建设从业单位和从业人员应当严格执行国家和地方有关环境保护和土地管理的规定，采取有效措施保护环境和节约用地。

第三十六条　公路建设项目法人、监理单位和施工单位对勘察设计中存在的问题应当及时提出设计变更的意见，并依法履行审批手续。设计变更应当符合国家制定的技术标准和设计规范要求。

任何单位和个人不得借设计变更虚报工程量或者提高单价。

重大工程变更设计应当按有关规定报原初步设计审批部门批准。

第三十七条　勘察、设计单位经项目法人批准，可以将工程设计中跨专业或者有特殊要求的勘察、设计工作委托给有相应资质条件的单位，但不得转包或者二次分包。

监理工作不得分包或者转包。

第三十八条　施工单位可以将非关键性工程或者适合专业化队伍施工的工程分包给具有相应资格条件的单位，并对分包工程负连带责任。允许分包的工程范围应当在招标文件中规定。分包工程不得再次分包，严禁转包。

任何单位和个人不得违反规定指定分包、指定采购或者分割工程。

项目法人应当加强对施工单位工程分包的管理，所有分包合同须经监理审查，并报项目法人备案。

第三十九条　施工单位可以直接招用农民工或者将劳务作业发包给具有劳务分包资质的劳务分包人。施工单位招用农民工的，应当依法签订劳动合同，并将劳动合同报项目监理工程师和项目法人备案。

施工单位和劳务分包人应当按照合同按时支付劳务工资，落实各项劳动保护措施，确保农民工安全。

劳务分包人应当接受施工单位的管理，按照技术规范要求进行劳务作业。劳务分包人不得将其分包的劳务作业再次分包。

第四十条　项目法人和监理单位应当加强对施工单位使用农民工的管理，对不签订劳动合同、非法使用农民工的，或者拖延和克扣农民工工资的，要予以纠正。拒不纠正的，项目法人要及时将有关情况报交通运输主管部门调查处理。

第四十一条　项目法人应当按照交通部《公路工程竣（交）工验收办法》的规定及时组织项目的交工验收，并报请交通运输主管部门进行竣工验收。

第五章　动态管理

第四十二条　各级交通运输主管部门应当加强对公路建设从业单位和从业人员的市场行为的动态管理。应当建立举报投诉制度，查处违法行为，对有关责任单位和责任人依法进行处理。

第四十三条 国务院交通运输主管部门和省级地方人民政府交通运输主管部门应当建立公路建设市场的信用管理体系，对进入公路建设市场的从业单位和主要从业人员在招投标活动、签订合同和履行合同中的信用情况进行记录并向社会公布。

第四十四条 公路工程勘察、设计、施工、监理等从业单位应当按照项目管理的隶属关系，向交通运输主管部门提供本单位的基本情况、承接任务情况和其他动态信息，并对所提供信息的真实性、准确性和完整性负责。项目法人应当将其他从业单位在建设项目中的履约情况，按照项目管理的隶属关系报交通运输主管部门，由交通运输主管部门核实后记入从业单位信用记录中。

第四十五条 从业单位和主要从业人员的信用记录应当作为公路建设项目招标资格审查和评标工作的重要依据。

第六章 法律责任

第四十六条 对公路建设从业单位和从业人员违反本办法规定进行的处罚，国家有关法律、法规和交通运输部规章已有规定的，适用其规定；没有规定的，由交通运输主管部门根据各自的职责按照本办法规定进行处罚。

第四十七条 项目法人违反本办法规定，实行地方保护的或者对公路建设从业单位和从业人员实行歧视待遇的，由交通运输主管部门责令改正。

第四十八条 从业单位违反本办法规定，在申请公路建设从业许可时，隐瞒有关情况或者提供虚假材料的，行政机关不予受理或者不予行政许可，并给予警告；行政许可申请人在1年内不得再次申请该行政许可。

被许可人以欺骗、贿赂等不正当手段取得从业许可的，行政机关应当依照法律、法规给予行政处罚；申请人在3年内不得再次申请该行政许可；构成犯罪的，依法追究刑事责任。

第四十九条 投标人相互串通投标或者与招标人串通投标的，投标人以向招标人或者评标委员会成员行贿的手段谋取中标的，中标无效，处中标项目金额5‰以上10‰以下的罚款，对单位直接负责的主管人员和其他直接责任人员处单位罚款数额5%以上10%以下的罚款；有违法所得的，并处没收违法所得；情节严重的，取消其1年至2年内参加依法必须进行招标的项目的投标资格并予以公告；构成犯罪的，依法追究刑事责任。给他人造成损失的，依法承担赔偿责任。

第五十条 投标人以他人名义投标或者以其他方式弄虚作假，骗取中标的，中标无效，给招标人造成损失的，依法承担赔偿责任；构成犯罪的，依法追究刑事责任。

依法必须进行招标的项目的投标人有前款所列行为尚未构成犯罪的，处中标项目金额5‰以上10‰以下的罚款，对单位直接负责的主管人员和其他直接责任人员处单位罚款数额5%以上10%以下的罚款；有违法所得的，并处没收违法所得；情节严重的，取消其1年至3年内参加依法必须进行招标的项目的投标资格并予以公告。

第五十一条 项目法人违反本办法规定，拖欠工程款和征地拆迁款的，由交通运输主管部门责令改正，并由有关部门依法对有关责任人员给予行政处分。

第五十二条 除因不可抗力不能履行合同的，中标人不按照与招标人订立的合同履行施工质量、施工工期等义务，造成重大或者特大质量和安全事故，或者造成工期延误的，取消其2年至5年内参加依法必须进行招标的项目的投标资格并予以公告。

第五十三条 施工单位有以下违法违规行为的，由交通运输主管部门责令改正，并由有关部门依法对有关责任人员给予行政处分：

（一）违反本办法规定，拖欠分包人工程款和农民工工资的；

（二）违反本办法规定，造成生态环境破坏和乱占土地的；

（三）违反本办法规定，在变更设计中弄虚作假的；

（四）违反本办法规定，不按规定签订劳动合同的。

第五十四条 违反本办法规定，承包单位将承包的工程转包或者违法分包的，责令改正，没收违法所得，对勘察、设计单位处合同约定的勘察费、设计费25%以上50%以下的罚款;对施工单位处工程合同价款5‰以上10‰以下的罚款;可以责令停业整顿,降低资质等级;情节严重的,吊销资质证书。

工程监理单位转让工程监理业务的,责令改正,没收违法所得,处合同约定的监理酬金25%以上50%以下的罚款;可以责令停业整顿,降低资质等级;情节严重的,吊销资质证书。

第五十五条 公路建设从业单位违反本办法规定,在向交通运输主管部门填报有关市场信息时弄虚作假的,由交通运输主管部门责令改正。

第五十六条 各级交通运输主管部门和其所属的质量监督机构的工作人员违反本办法规定,在建设市场管理中徇私舞弊、滥用职权或者玩忽职守的,按照国家有关规定处理。构成犯罪的,由司法部门依法追究刑事责任。

第七章 附 则

第五十七条 本办法由交通运输部负责解释。

第五十八条 本办法自2005年3月1日起施行。交通部1996年7月11日公布的《公路建设市场管理办法》同时废止。

经营性公路建设项目投资人招标投标管理规定

1. 2007年10月16日交通部令2007年第8号公布

2. 根据2015年6月24日交通运输部令2015年第13号《关于修改〈经营性公路建设项目投资人招标投标管理规定〉的决定》修正

第一章 总 则

第一条 为规范经营性公路建设项目投资人招标投标活动,根据《中华人民共和国公路法》、《中华人民共和国招标投标法》和《收费公路管理条例》,制定本规定。

第二条 在中华人民共和国境内的经营性公路建设项目投资人招标投标活动,适用本规定。

本规定所称经营性公路是指符合《收费公路管理条例》的规定,由国内外经济组织投资建设,经批准依法收取车辆通行费的公路(含桥梁和隧道)。

第三条 经营性公路建设项目投资人招标投标活动应当遵循公开、公平、公正、诚信、择优的原则。

任何单位和个人不得非法干涉招标投标活动。

第四条 国务院交通主管部门负责全国经营性公路建设项目投资人招标投标活动的监督管理工作。主要职责是:

(一)根据有关法律、行政法规,制定相关规章和制度,规范和指导全国经营性公路建设项目投资人招标投标活动;

(二)监督全国经营性公路建设项目投资人招标投标活动,依法受理举报和投诉,查处招标投标活动中的违法行为;

(三)对全国经营性公路建设项目投资人进行动态管理,定期公布投资人信用情况。

第五条 省级人民政府交通主管部门负责本行政区域内经营性公路建设项目投资人招标投标活动的监督管理工作。主要职责是:

(一)贯彻执行有关法律、行政法规、规章,结合本行政区域内的实际情况,制定具体管理制度;

(二)确定下级人民政府交通主管部门对经营性公路建设项目投资人招标投标活动的监督管理职责;

(三)发布本行政区域内经营性公路建设项目投资人招标信息;

(四)负责组织对列入国家高速公路网规划和省级人民政府确定的重点经营性公路建设项目的投资人招标工作;

(五)指导和监督本行政区域内的经营性公路建设项目投资人招标投标活动,依法受理举报和投诉,查处招标投标活动中的违法行为。

第六条 省级以下人民政府交通主管部门的主要职责是:

(一)贯彻执行有关法律、行政法规、规章和相关制度;

(二)负责组织本行政区域内除第五条第(四)项规定以外的经营性公路建设项目投资人招标

工作；

（三）按照省级人民政府交通主管部门的规定，对本行政区域内的经营性公路建设项目投资人招标投标活动进行监督管理。

第二章 招　　标

第七条 需要进行投资人招标的经营性公路建设项目应当符合下列条件：

（一）符合国家和省、自治区、直辖市公路发展规划；

（二）符合《收费公路管理条例》第十八条规定的技术等级和规模；

（三）已经编制项目可行性研究报告。

第八条 招标人是依照本规定提出经营性公路建设项目、组织投资人招标工作的交通主管部门。

招标人可以自行组织招标或委托具有相应资格的招标代理机构代理有关招标事宜。

第九条 经营性公路建设项目投资人招标应当采用公开招标方式。

第十条 经营性公路建设项目投资人招标实行资格审查制度。资格审查方式采取资格预审或资格后审。

资格预审，是指招标人在投标前对潜在投标人进行资格审查。

资格后审，是指招标人在开标后对投标人进行资格审查。

实行资格预审的，一般不再进行资格后审，但招标文件另有规定的除外。

第十一条 资格审查的基本内容应当包括投标人的财务状况、注册资本、净资产、投融资能力、初步融资方案、从业经验和商业信誉等情况。

第十二条 经营性公路建设项目招标工作应当按照以下程序进行：

（一）发布招标公告；

（二）潜在投标人提出投资意向；

（三）招标人向提出投资意向的潜在投标人推介投资项目；

（四）潜在投标人提出投资申请；

（五）招标人向提出投资申请的潜在投标人详细介绍项目情况，可以组织潜在投标人踏勘项目现场并解答有关问题；

（六）实行资格预审的，由招标人向提出投资申请的潜在投标人发售资格预审文件；实行资格后审的，由招标人向提出投资申请的投标人发售招标文件；

（七）实行资格预审的，潜在投标人编制资格预审申请文件，并递交招标人；招标人应当对递交资格预审申请文件的潜在投标人进行资格审查，并向资格预审合格的潜在投标人发售招标文件；

（八）投标人编制投标文件，并提交招标人；

（九）招标人组织开标，组建评标委员会；

（十）实行资格后审的，评标委员会应当在开标后首先对投标人进行资格审查；

（十一）评标委员会进行评标，推荐中标候选人；

（十二）招标人确定中标人，并发出中标通知书；

（十三）招标人与中标人签订投资协议。

第十三条 招标人应通过国家指定的全国性报刊、信息网络等媒介发布招标公告。

采用国际招标的，应通过相关国际媒介发布招标公告。

第十四条 招标人应当参照国务院交通主管部门制定的经营性公路建设项目投资人招标资格预审文件范本编制资格预审文件，并结合项目特点和需要确定资格审查标准。

招标人应当组建资格预审委员会对递交资格预审申请文件的潜在投标人进行资格审查。资格预审委员会由招标人代表和公路、财务、金融等方面的专家组成，成员人数为七人以上单数。

第十五条 招标人应当参照国务院交通主管部门制定的经营性公路建设项目投资人招标文件范本，并结合项目特点和需要编制招标文件。

招标人编制招标文件时，应当充分考虑项目投资回收能力和预期收益的不确定性，合理分配项目的各类风险，并对特许权内容、最长收费期限、相关政策等予以说明。招标人编制的可行性研究报告应当作为招标文件的组成部分。

第十六条 招标人应当合理确定资格预审申请文件和投标文件的编制时间。

编制资格预审申请文件时间，自资格预审文件开始发售之日起至潜在投标人提交资格预审申请文件截止之日止，不得少于三十个工作日。

编制投标文件的时间，自招标文件开始发售之日起至投标人提交投标文件截止之日止，不得少于四十五个工作日。

第十七条 列入国家高速公路网规划和需经国务院投资主管部门核准的经营性公路建设项目投资人招标投标活动，应当按照招标工作程序，及时将招标文件、资格预审结果、评标报告报国务院交通主管部门备案。国务院交通主管部门应当在收到备案文件七个工作日内，对不符合法律、法规规定的内容提出处理意见，及时行使监督职责。

其他经营性公路建设项目投资人招标投标活动的备案工作按照省级人民政府交通主管部门的有关规定执行。

第三章 投　　标

第十八条 投标人是响应招标、参加投标竞争的国内外经济组织。

采用资格预审方式招标的，潜在投标人通过资格预审后，方可参加投标。

第十九条 投标人应当具备以下基本条件：

(一)总资产六亿元人民币以上，净资产二亿五千万元人民币以上；

(二)最近连续三年每年均为盈利，且年度财务报告应当经具有法定资格的中介机构审计；

(三)具有不低于项目估算的投融资能力，其中净资产不低于项目估算投资的百分之三十五；

(四)商业信誉良好，无重大违法行为。

招标人可以根据招标项目的实际情况，提高对投标人的条件要求。

第二十条 两个以上的国内外经济组织可以组成一个联合体，以一个投标人的身份共同投标。联合体各方均应符合招标人对投标人的资格审查标准。

以联合体形式参加投标的，应提交联合体各方签订的共同投标协议。共同投标协议应当明确约定联合体各方的出资比例、相互关系、拟承担的工作和责任。联合体中标的，联合体各方应当共同与招标人签订项目投资协议，并向招标人承担连带责任。

联合体的控股方为联合体主办人。

第二十一条 投标人应当按照招标文件的要求编制投标文件，投标文件应当对招标文件提出的实质性要求和条件作出响应。

第二十二条 招标文件明确要求提交投标担保的，投标人应按照招标文件要求的额度、期限和形式提交投标担保。投标人未按照招标文件的要求提交投标担保的，其提交的投标文件为废标。

投标担保的额度一般为项目投资的千分之三，但最高不得超过五百万元人民币。

第二十三条 投标人参加投标，不得弄虚作假，不得与其他投标人串通投标，不得采取商业贿赂以及其他不正当手段谋取中标，不得妨碍其他投标人投标。

第四章 开标与评标

第二十四条 开标应当在招标文件确定的提交投标文件截止时间的同一时间公开进行。

开标由招标人主持，邀请所有投标人代表参加。招标人对开标过程应当记录，并存档备查。

第二十五条 评标由招标人依法组建的评标委员会负责。评标委员会由招标人代表和公路、财务、金融等方面的专家组成，成员人数为七人以上单数。招标人代表的人数不得超过评标委员会总人数的三分之一。

与投标人有利害关系以及其他可能影响公正评标的人员不得进入相关项目的评标委员会，已经进入的应当更换。

评标委员会成员的名单在中标结果确定前应当保密。

第二十六条 评标委员会可以直接或者通过招标人以书面方式要求投标人对投标文件中含义不明确、对同类问题表述不一致或者有明显文字错误的内容作出必要的澄清或者说明，但是澄清或者说明不得超出或者改变投标文件的范围或者改变投标文件的实质性内容。

第二十七条 经营性公路建设项目投资人招标的评标办法应当采用综合评估法或者最短收费期限法。

采用综合评估法的，应当在招标文件中载明对收费期限、融资能力、资金筹措方案、融资经验、项目建设方案、项目运营、移交方案等评价内容的评分权重，根据综合得分由高到低推荐中标候选人。

采用最短收费期限法的，应当在投标人实质性响应招标文件的前提下，推荐经评审的收费期限最短的投标人为中标候选人，但收费期限不得违反国家有关法规的规定。

第二十八条 评标委员会完成评标后，应当向招标人提出书面评标报告，推荐一至三名中标候选人，并标明排名顺序。

评标报告需要由评标委员会全体成员签字。

第五章 中标与协议的签订

第二十九条 招标人应当确定排名第一的中标候选人为中标人。招标人也可以授权评标委员会直接确定中标人。

排名第一的中标候选人有下列情形之一的，招标人可以确定排名第二的中标候选人为中标人：

（一）自动放弃中标；

（二）因不可抗力提出不能履行合同；

（三）不能按照招标文件要求提交履约保证金；

（四）存在违法行为被有关部门依法查处，且其违法行为影响中标结果的。

如果排名第二的中标候选人存在上述情形之一，招标人可以确定排名第三的中标候选人为中标人。

三个中标候选人都存在本条第二款所列情形的，招标人应当依法重新招标。

招标人不得在评标委员会推荐的中标候选人之外确定中标人。

第三十条 提交投标文件的投标人少于三个或者因其他原因导致招标失败的，招标人应当依法重新招标。重新招标前，应当根据前次的招标情况，对招标文件进行适当调整。

第三十一条 招标人确定中标人后，应当在十五个工作日内向中标人发出中标通知书，同时通知所有未中标的投标人。

第三十二条 招标文件要求中标人提供履约担保的，中标人应当提供。担保的金额一般为项目资本金出资额的百分之十。

履约保证金应当在中标人履行项目投资协议后三十日内予以退还。其他形式的履约担保，应当在中标人履行项目投资协议后三十日内予以撤销。

第三十三条 招标人和中标人应当自中标通知书发出之日起三十个工作日内按照招标文件和中标人的投标文件订立书面投资协议。投资协议应包括以下内容：

（一）招标人与中标人的权利义务；

（二）履约担保的有关要求；

（三）违约责任；

（四）免责事由；

（五）争议的解决方式；

（六）双方认为应当规定的其他事项。

招标人应当在与中标人签订投资协议后五个工作日内向所有投标人退回投标担保。

第三十四条 中标人应在签订项目投资协议后九十日内到工商行政管理部门办理项目法人的工商登记手续，完成项目法人组建。

第三十五条 招标人与项目法人应当在完成项目核准手续后签订项目特许权协议。特许权协议应当参照国务院交通主管部门制定的特许权协议示范文本并结合项目的特点和需要制定。特许权协议应当包括以下内容：

（一）特许权的内容及期限；

（二）双方的权利及义务；

（三）项目建设要求；

（四）项目运营管理要求；

（五）有关担保要求；

（六）特许权益转让要求；

（七）违约责任；

（八）协议的终止；

（九）争议的解决；

（十）双方认为应规定的其他事项。

第六章 附　则

第三十六条 对招投标活动中的违法行为，应当按照国家有关法律、法规的规定予以处罚。

第三十七条 招标人违反本办法规定，以不合理的条件限制或者排斥潜在投标人，对潜在投标人实行歧视待遇的，由上级交通主管部门责令改正。

第三十八条 本规定自2008年1月1日起施行。

道路旅客运输班线经营权招标投标办法

1. 2008年7月22日交通运输部令2008年第8号公布
2. 自2009年1月1日起施行

第一章 总 则

第一条 为规范道路旅客运输班线经营权招标投标活动，公平配置道路旅客运输班线资源，引导道路旅客运输经营者提高运输安全水平和服务质量，保护社会公共利益和招标投标当事人的合法权益，依据《中华人民共和国招标投标法》、《中华人民共和国道路运输条例》及相关规定，制定本办法。

第二条 本办法适用于以招标投标的方式进行道路旅客运输班线（含定线旅游客运班线）经营权许可的活动。

本办法所称道路旅客运输班线经营权招标投标（以下简称客运班线招标投标），是指道路运输管理机构在不实行班线经营权有偿使用或者竞价的前提下，通过公开招标，对参加投标的道路旅客运输经营者（以下简称客运经营者）的质量信誉情况、企业规模、运力结构和经营该客运班线的安全保障措施、服务质量承诺、运营方案等因素进行综合评价，择优确定客运班线经营者的许可方式。

第三条 客运班线招标投标应当遵循公开、公平、公正和诚信的原则。

第四条 国家鼓励通过招标投标的方式配置客运班线经营权。

第五条 交通运输部主管全国客运班线招标投标工作。

县级以上人民政府交通运输主管部门负责组织领导本行政区域的客运班线招标投标工作。

县级以上道路运输管理机构负责具体实施客运班线招标投标工作。

第二章 招 标

第六条 县级以上道路运输管理机构根据《中华人民共和国道路运输条例》规定的许可权限，对下列客运班线经营权可以采取招标投标的方式进行许可，并作为招标人组织开展招标工作：

（一）在确定被许可人之前，同一条客运班线有3个以上申请人申请的；

（二）根据道路运输发展规划和市场需求，道路运输管理机构决定开通的干线公路客运班线，或者在原干线公路客运线路上投放新的运力；

（三）根据双边或者多边政府协定开通的国际道路客运班线；

（四）已有的客运班线经营期限到期，原经营者不具备延续经营资格条件，需要重新许可的。

第七条 招标人可以将两条以上客运班线经营权作为一个招标项目进行招标投标。

第八条 客运班线招标投标应当采用公开招标方式，招标公告和招标结果应当向社会公布。

第九条 相关省级道路运输管理机构协商确定实施省际客运班线招标投标的，可以采取联合招标、各自分别招标等方式进行。一省不实行招标投标的，不影响另外一省实行招标投标。按照本办法的规定进行招标投标确定的经营者，相关道路运输管理机构应当予以认可，并按规定办理相关手续。

采取联合招标的，班线起讫地省级道路运输管理机构为共同招标人，由双方协商办理招标事宜。

第十条 通过招标投标方式许可的客运班线经营权的经营期限为4年到8年，新开发的客运班线经营权的经营期限为6年到8年，具体期限由招标人确定。

第十一条 对确定以招标投标方式进行行政许可的客运班线，在招标投标工作没有开始之前，申请人提出申请的，许可机关应当告知申请人该客运班线将以招标投标方式进行许可，并在6个月内完成招标投标工作。

第十二条 招标人可以自行选择具备法定条件的招标代理机构，委托其办理招标事宜。各地道路运输行业协会组织可以接受招标人的委托，具体承担与招标投标有关的事务性工作。

招标人具备相应能力的,可以自行办理招标事宜。任何单位和个人不得强制其委托招标代理机构办理招标事宜。

第十三条 对确定以招标投标方式实行行政许可的客运班线,招标人应当在其指定的报纸、网络等媒介上发布招标公告。招标公告应当包括以下内容:

(一)招标人名称、地址和联系方式;

(二)招标项目内容、要求和经营期限;

(三)中标人数量;

(四)投标人的资格条件;

(五)报名的方式、地点和截止时间等要求;

(六)报名时所需提交的材料和要求;

(七)其他需要公告的事项。

招标公告要求报名时所需提交的材料应当包括本办法第二十四条规定的内容。

第十四条 招标人应当根据有关规定和招标项目的特点、需要编制招标文件,招标文件应当包括下列内容:

(一)投标人须知;

(二)招标项目内容、要求和经营期限;

(三)中标人数量;

(四)投标文件的内容和编制要求;

(五)投标人参加投标所需提交的材料及要求。所需提交材料应当包括《道路旅客运输及客运站管理规定》要求的可行性报告、进站方案、运输服务质量承诺书;

(六)需提交投标文件的正副本数量以及提交要求、方式、地点和截止时间;

(七)缴纳履约保证金的要求及处置方法;

(八)开标的时间、地点;

(九)评分标准;

(十)中标合同文本;

(十一)其他应当说明的事项。

第十五条 招标人不得违背《道路旅客运输及客运站管理规定》的规定,提高、增设或者降低、减少条件限制投标人,也不得对投标人实行地域限制。

招标人不得限制投标人之间的竞争,不得强制投标人组成联合体共同投标。

第十六条 客运班线招标投标评分标准总分为200分,包括标前分80分和评标分120分。标前分的评分标准见附件。评标分中应当包括安全保障措施、车辆站场设施、运营方案、经营方式、服务承诺、服务质量保障措施等内容,具体评分项目和分值设置由省级道路运输管理机构根据下列要求设定:

(一)有利于引导客运经营者加强管理、规范经营;

(二)有利于引导客运经营者提高运输安全水平、服务水平和承担社会责任;

(三)有利于引导客运经营者节能减排;

(四)有利于引导客运经营者提高车辆技术装备水平;

(五)有利于促进规模化、集约化、公司化经营。

第十七条 招标人应当确定不少于10日的时间作为投标人的报名时间,该期间自招标公告发布之日起至报名截止日止。

第十八条 招标人应当根据投标人报名时提交的材料对投标人的资格条件进行审查。对其中已具备招标项目所要求的许可条件的,发售招标文件。

第十九条 招标人应当确定不少于30日的时间作为投标人编制投标文件所需要的时间,该期间自招标文件发售截止之日起至投标人提交投标文件截止之日止。

第二十条 在招标文件要求的提交投标文件截止时间后送达的投标文件,招标人应当拒收。

第二十一条 客运班线招标投标所发生的费用,应纳入各级运管机构正常的工作经费计划。

第三章 投 标

第二十二条 投标人是响应招标,参加投标竞争的已具备或者拟申请招标项目所要求的道路客运经营范围的公民、法人或者其他组织。

第二十三条 两个以上法人或者其他组织可以组成一个联合体,以一个投标人的身份投标。联合体各方均应当符合第二十二条规定的条件,并不得再独立或者以筹建其他联合体的形式参加同一招标项目的投标。

联合体各方应当签订共同投标协议,约定各方拟承担的工作和责任，明确在中标后是否联合成立新的经营实体，并将共同投标协议连同投标文件一并提交招标人。

第二十四条 投标人应当在招标公告规定的期限内向招标人报名，并按照招标公告的要求提交以下材料：

（一）资格预审材料：包括《道路旅客运输及客运站管理规定》要求的除可行性报告、进站方案、运输服务质量承诺书之外的其他申请客运班线许可的材料。不具备招标项目所要求的道路客运经营范围的，应当同时提出申请，相关申请材料一并提交。

（二）标前分评定材料：包括最近两年企业客运质量信誉考核情况、自有营运客车数量、高级客车数量以及相关证明材料。

招标人已经准确掌握投标人上述有关情况的，可以不再要求投标人报送相应材料。

第二十五条 通过资格预审的投标人购买招标文件后，应当按照招标文件的要求编制投标文件。投标文件及相关材料由投标人的法定代表人签字并加盖单位印章，进行密封，并在招标文件要求提交投标文件的截止时间前，将投标文件送达指定地点。招标人收到投标文件后，应当签收保存。任何人和单位不得在开标之前开启。

投标文件正本、副本的内容应当保持一致。

联合体参加投标的投标文件及相关材料由各方法定代表人共同签字并加盖各方印章。

正在筹建成立经营实体的申请人的投标文件及相关材料由筹建负责人签字，不需加盖单位印章。

第二十六条 投标人在编制投标文件过程中，如果对招标文件的内容存有疑问，可以在领取投标文件之日起10日内以书面形式要求招标人进行解释。招标人在研究所有投标人提出的问题后，在提交投标文件截止时间至少15日前，以书面形式进行必要澄清或者修改，并发至所有投标人。澄清或者修改的内容作为招标文件的补充部分，与招标文件具有同等效力。

第二十七条 在提交投标文件截止时间前，投标人可以对已提交的投标文件进行修改、补充，也可以撤回投标文件，并书面通知招标人。

修改、补充的内容为投标文件的组成部分。修改、补充的内容应当在提交投标文件截止时间前按照第二十五条的规定提交给招标人。

第二十八条 投标人不得相互串通或者与招标人串通投标，不得排挤其他投标人的公平竞争。不得以他人名义投标或者以其他方式弄虚作假，骗取中标。

第二十九条 到提交投标文件截止时间止，投标人为3个以上的，按本办法规定进行开标和评标；投标人不足3个的，招标人可以重新组织招标或者按照有关规定进行许可。

第四章 开标、评标和中标

第三十条 省级道路运输管理机构应当建立客运班线招标投标评审专家库，公布并定期调整评审专家。评审专家应当具备下列条件之一：

（一）各级交通运输主管部门、道路运输管理机构从事客货运输、财务、安全、技术管理工作5年以上并具备大专以上学历的工作人员；

（二）道路运输企业、高等院校、科研机构和道路运输中介组织中从事道路运输领域的管理、财务、安全、技术或者研究工作8年以上，并具有相应专业高级职称或者具有同等专业水平的人员。

第三十一条 招标人应当在开标前委派1名招标人代表并从评审专家库中随机抽取一定数量的评审专家组成评标委员会进行评标，评标委员会的成员人数应当为5人以上单数。评委名单在中标结果确定前应当保密。评委与投标人有利害关系的，不得进入本次评标委员会，已经进入的应当更换。

第三十二条 两个以上省级道路运输管理机构联合招标的，评标委员会由相关省级道路运输管理机构分别从各自的评审专家库中抽取的评审专家组成，每省的评审专家数量由相关方共同商定，每省应当各派1名招标人代表，但招标人代表总数不得超过评委总数的三分之一。

第三十三条 招标人应当在开标前对已取得招标文件的投标人提供的标前分评定材料进行核实，并完成标前分的评定工作。

第三十四条 开标应当在招标文件确定的提交投标文件截止时间的同一时间公开进行。开标地点应当为招标文件中预先确定的地点。

第三十五条 开标由招标人主持,邀请所有投标人的法定代表人(筹建负责人)或者其委托代理人参加。

第三十六条 开标时,由投标人或者其推选的代表检查所有投标文件的密封情况,也可以由招标人委托的公证机构检查并公证;经确认无误后,由工作人员当场拆封全部投标文件,并宣读投标人名称和投标文件的主要内容。

招标投标开标过程应当记录,并存档备查。

第三十七条 开标后,招标人应当组织评标委员会进行评标。评标必须在严格保密的条件下进行,禁止任何单位和个人非法干预、影响评标的过程和结果。评标过程应当遵守下列要求:

(一)评标场所必须具有保密条件;

(二)只允许评委、招标人指定的工作人员参加;

(三)所有参加评标的人员不得携带通讯工具;

(四)评标场所内不设电话机和上网的计算机。

第三十八条 在开标和评标过程中,有下列情况之一的,应当认定为废标:

(一)投标文件不符合招标文件规定的实质性要求,或者因缺乏相关内容而无法进行评标的;

(二)投标文件未按招标文件规定的要求正确署名与盖章的;

(三)投标文件附有招标人无法接受的条件的;

(四)投标文件的内容及有关材料不是真实有效的;

(五)投标文件正、副本的内容不符,影响评标的。

在排除废标后,投标人为3个以上的,继续进行招标投标工作;投标人不足3个的,招标人可以重新组织招标投标或者按有关规定进行许可。

第三十九条 评标委员会应当按以下程序进行评标:

(一)审查投标文件及相关材料,并对不明确的内容进行质询;

(二)招标人或者招标代理机构根据评委质询意见,要求投标人对投标文件中不明确的内容进行必要澄清和说明,但澄清和说明不得超出投标文件的范围或者改变投标文件的实质性内容;

(三)认定是否存在废标;

(四)评委按照招标文件确定的评分标准和方法,客观公正的评定投标人的评标分,并对所提出的评审意见承担个人责任。如果招标项目由两条以上客运班线组成,则分别确定每条客运班线的评标分后,取所有客运班线评标分的算术平均值为投标人在该招标项目的评标分;

(五)评委对招标人评定的标前分进行复核确认;

(六)在评委评定的评标分中,去掉一个最高分和一个最低分后,取算术平均值作为投标人在该招标项目的最终评标分。最终评标分加上标前分,作为投标人的评标总分;

(七)按照评标总分由高到低的原则推荐中标候选人和替补中标候选人。替补中标候选人为多个的,应当明确替补顺序。评标总分分数相同且影响评标结果的确定时,由评委现场投票表决确定中标候选人、替补中标候选人;

(八)出具书面评标报告,并经全体评委签字后,提交招标人。

第四十条 招标人、招标代理机构的工作人员和评委不得私下接触投标人,不得收受投标人的财物或者其他好处,在开标前不得向他人透露投标人提交的资格预审材料的有关内容,在任何时候不得透露对投标文件的评审和比较意见、中标候选人的推荐情况以及评标的其他情况,严禁发生任何可能影响公正评标的行为。

招标人或者监察部门发现评标委员会在评标过程中有不公正的行为时,可以向评标委员会提出质疑,评标委员会应当进行解释。经调查确有不公正行为的,由招标人另行组织评标委员会重新评标和确定中标人。

第四十一条 招标人应当根据评标委员会提交的书面评标报告和推荐意见确定中标人和替补中标人。

确定中标人后,招标人应当在7日内向中标人发出中标通知书,并将中标结果书面通知替补中标人和其他投标人。

第四十二条 招标人和中标人应当在中标通知书发出之日起30日内,签订中标合同并按照有关规定办理许可手续。

第四十三条 中标合同不得对招标文件及中标人的承诺进行实质性改变,并应当作为中标人取得的道路客运班线经营行政许可决定书的附件。

中标合同的违约责任条款内容不得与《中华人民共和国道路运输条例》中已明确的相应处罚规定相违背。

第四十四条 招标文件要求中标人缴纳履约保证金或者提交其开户银行出具的履约保函的,中标人应当于签订中标合同的同时予以缴纳或者提交。由于中标人原因逾期不签订中标合同或者不按要求缴纳履约保证金、提交履约保函的,视为自动放弃中标资格,其中标资格由替补中标人取得(替补中标人为多个的,按替补顺序依次替补,后同),并按上述规定办理有关手续。

招标人向中标人收取的履约保证金不得超过中标人所投入车辆购置价格的3%,且中标人交纳履约保证金(不含履约保函)达到30万元之后,如果再次中标取得其他客运班线经营权,不再向该招标人交纳履约保证金。

第四十五条 两个以上法人或者其他组织组成的联合体中标但不成立新的经营实体的,联合体各方应当共同与招标人签订中标合同,就中标项目向招标人承担连带责任。招标人应当根据中标合同分别为联合体各方办理道路客运班线经营行政许可手续,并分别颁发相关许可证件。

第四十六条 中标人在投标时申请招标项目所要求的道路客运经营范围的,道路运输管理机构应当按照有关规定予以办理客运经营许可的有关手续。

第四十七条 中标人不得转让中标的客运班线经营权,可以将中标客运班线经营权授予其分公司经营,但不得委托其子公司经营。

第四十八条 中标人注册地不在中标客运班线起点或者终点的,应当在起点县级以上城市注册分公司进行经营,注册地运管机构应当按照有关规定予以办理有关注册手续。

第四十九条 中标人应当在中标合同约定的时限内按中标方案投入运营。

第五章 监督和考核

第五十条 招标投标活动全过程应当自觉接受投标人、监察部门、交通运输主管部门、上级道路运输管理机构和社会的监督。交通运输主管部门和上级道路运输管理机构发现正在进行的招标投标活动严重违反相关法律、行政法规和本办法规定的,应当责令招标人中止招标活动。

第五十一条 招标人、评标委员会评委、招标工作人员、招标代理机构、投标人有违法违纪行为的,应当按《中华人民共和国招标投标法》的规定进行处理。

第五十二条 投标人有下列行为之一,投标无效;已经中标的,中标无效,中标资格由替补中标人取得。给招标人或者其他投标人造成损失的,依法承担赔偿责任。

(一)在投标过程中弄虚作假的;

(二)与投标人或者评标委员会评委相互串通,事先商定投标方案或者合谋使特定人中标的;

(三)向招标人或者评标委员会成员行贿或者提供其他不正当利益的。

第五十三条 已经提交投标文件的投标人在提交投标文件截止时间后无正当理由放弃投标的,在评定当年客运质量信誉等级时,每发生一次从总分中扣除30分。如果投标人在异地投标的,招标人应当将此情况通报投标人所在地道路运输管理机构。

第五十四条 招标人和中标人应当根据双方签订的中标合同履行各自的权利和义务。

招标人应当对中标人履行承诺情况进行定期或者不定期的检查,发现中标人不遵守服务质量承诺、不规范经营或者存在重大安全隐患的,应当要求中标人进行整改。整改不合格的,招标人依据中标合同的约定可以从履约保证金中扣除相应数额的违约金,直至收回该客运班线或者该客运车辆的经营权。

第五十五条 道路运输管理机构对中标人缴纳的履约保证金应当专户存放,不得挪用。

道路运输管理机构依据中标合同从履约保证金中扣除的相应数额的违约金,应当按照财务管理的相关规定进行管理。

道路运输管理机构按照合同约定从中标人履约保证金中扣除违约金后，中标人应当在招标人规定的时间内补交。逾期不交的，道路运输管理机构可以依据中标合同进行处理。

合同履行完毕后，道路运输管理机构应当及时将剩余的履约保证金本息归还中标人。

第五十六条　道路运输管理机构应当按照国家有关法律、行政法规和规章对中标人在经营期内的违法行为处以相应行政处罚。

第六章　附　　则

第五十七条　本办法自2009年1月1日起施行。

附件：道路旅客运输班线经营权招标投标标前分评分标准（略）

交通运输部关于做好公路养护工程招标投标工作进一步推动优化营商环境政策落实的通知

1. 2020年4月29日

2. 交公路规〔2020〕4号

各省、自治区、直辖市、新疆生产建设兵团交通运输厅（局、委）：

为全面贯彻落实党中央、国务院关于优化营商环境的决策部署，推动各项政策措施在公路养护工程招投标活动中落地，营造公平竞争公路养护市场环境，现就有关事项通知如下：

一、高度重视优化营商环境

优化营商环境是当前我国全面深化改革、建设开放型经济新体制、促进经济高质量发展的重要举措。公路行业是我国最早全面开放市场、最先实行招标投标制度的行业之一，2003年，原交通部颁布实施《公路养护工程施工招标投标管理暂行规定》，对加强公路养护工程施工招标投标管理，规范公路养护工程施工招投标活动发挥了积极作用。但随着我国经济社会发展，公路养护工程招标投标活动的外部环境和内在要素发生重大变化，市场竞争不充分不平衡的矛盾日益凸显，与市场化、法治化、国际化的营商环境要求存在一定差距。各级交通运输主管部门要高度重视优化营商环境工作，查找公路养护工程招标投标活动中存在的各类不合理限制和市场壁垒，深入分析原因，通过健全制度、完善机制、强化监督等措施，扎实推进公路养护市场化水平，规范公路养护工程招标投标行为，优化养护工程项目管理，推动公路养护高质量发展。

二、进一步规范公路养护工程招标投标活动

（一）促进公路养护市场公平竞争。地方各级交通运输主管部门要督促招标人严格按照《中华人民共和国招标投标法》、《中华人民共和国政府采购法》等相关法律法规的要求，有序开展公路养护工程招标投标活动，严禁尚不具备法定招标条件的项目开展招标投标。各级交通运输主管部门要按照《优化营商环境条例》、《工程项目招投标领域营商环境专项整治工作方案》（发改办法规〔2019〕862号）和《财政部关于促进政府采购公平竞争优化营商环境的通知》（财库〔2019〕38号）要求，依法纠正非法限制、排斥潜在投标人等现象，确保各类市场主体平等参与招标投标活动。

（二）简化招标投标流程和证明材料。公路养护工程招标原则上不在招标前对投标人进行资格审查，可以采用资格后审。要合理缩短招标投标周期，便利投标人投标，对于施工技术方案简单、工期较短且季节性较强的公路养护工程项目，可进一步缩短投标截止期限。要进一步简化投标文件的格式和形式要求，不得因装订、纸张、非关键内容的文字错误等否决投标人投标。对营业执照、资质证书等可通过国家企业信用信息公示系统等政府网站进行查询的事项，不得另行要求投标人提供相关证明材料。

（三）全面实施招标投标信息公开。地方各级交通运输主管部门要督促招标人根据公路养护工程项目的具体性质和预算安排，通过发布招标公告的法定媒介和招标监督管理机构网站，按照年度或分阶段或逐个项目提前公布招标计划，并根据项目进展情况进行动态更新，供潜在投标人知悉和进行投标准备。逐个项目发布的招标计划，要包括拟招标项目概况、标段划分、预计招标时间、项目预计投资等内容，并于招标公告发布至少10日前公布。要增加招投标活动透明度，全面公开招标文件的关键内容（投标人资格条件全文和评标办法全文）、中标候选人关键信息、否决投标信息、投诉处理决定、招投标当事人不良行为等信息。对于投标符合招标文件要求但未中标的投标人，要书面告知未中标原因。

（四）合理划分标段。根据公路养护工程项目特点，可采取按整条路线或片、区域捆绑的方式划分标段，也可按年度周期、路段里程和工程类别划分标段。养护工程项目可以实行设计施工总承包招标。鼓励开展公路技术状况评定、设计咨询、养护施工及质量控制一体化招标，增强市场竞争力度，提高养护资金使用效率。

（五）合理分担合同风险。地方各级交通运输主管部门要督促招标人在招标文件中合理划分合同双方风险，不得设置将应由招标人承担的风险转嫁给投标人的不合理条款。要明确约定合同双方的违约责任，对于因招标人原因导致变更、中止或者终止合同的，招标人应当依照合同约定对投标人受到的损失予以赔偿或补偿。

（六）规范保证金收取和退还。地方各级交通运输主管部门要督促招标人严格依法规范各类保证金的收取，对需要收取的保证金，要在招标文件中严格载明收取的形式和金额、返还时间、不予退还的情形以及逾期退还的违约责任；允许投标人自主选择以支票、银行汇票、银行本票、银行保函等非现金形式交纳或提交保证金。

（七）畅通异议和投诉处理渠道。地方各级交通运输主管部门要督促招标人在招标公告、招标文件中公布受理异议的联系人和联系方式，及时答复和处理潜在投标人或者其他利害关系人提出的异议。各级交通运输主管部门要依法及时对投标人提出的投诉进行处理，并公告投诉处理结果。

（八）加速推进电子招标投标。地方各级交通运输主管部门要积极会同发展改革等有关部门，加快建设并运行包括交易平台、公共服务平台和行政监督平台在内的电子招投标系统，积极推行全过程电子招标投标，逐步实现在线发布招标公告、提供招标文件、提供招标答疑、提交投标保证金、提交投标文件、抽取评标专家、电子开标、电子评标、网上异议投诉、公示中标候选人、公告中标结果、发出中标通知书、提交履约保证金、签订合同等全部功能。要加强电子招标投标网络安全保障，注意防控相关风险。

三、进一步加强公路养护工程履约管理

（一）全面披露合同履约信息。地方各级交通运输主管部门要督促招标人在合同签订后10日内，在发布招标公告的法定媒介或招标监督管理机构的网站，公开合同的关键性内容（包括项目名称、合同双方名称、合同价款、签约时间、合同期限），并定期通过招标监督管理机构网站，及时公开包括项目重大变动、合同重大变更、主要人员变更、合同中止和解除、重大违约行为处理结果、交竣工验收、价款结算等在内的履约信息。涉及国家秘密、商业秘密的内容除外。

（二）提高项目开工效率。地方各级交通运输主管部门要根据实际情况，商公安交管等部门简化开工前置条件，对于关系安全确需保留的工作手续，要合理压缩时限，确保合同签订后项目能够及时开工。

（三）加强工程款支付监管。公路养护工程项目合同应当约定合同款（包括月进度款、交工结算款、合同最终结清款等）支付的方式、时间和条件，明确逾期支付合同款的违约责任。地方各级交通运输主管部门要加强对工程款支付的履约监管，督促招标人按照合同约定及时支付合同款。对使用财政性资金的公路养护工程项目，满足合同约定的工程质量、档案管理等支付条件的，招标人必须在收到发票后30日内（其他资金来源的项目参照执行）将资金支付到投标人账户，不得以机构变动、人员更替、政策调整等为由延迟付款，不得将合同中未规定的义务作为向投标人付款的条件。

四、进一步加强招标投标活动监管

（一）加强事中事后监管。各级交通运输主管部门要切实转变监管方式，强化建设单位主体责任，简化或取消事前审核或审批环节，加强事中事后

监管。

（二）建立健全信用管理体系。各级交通运输主管部门要积极推进公路养护从业单位及从业人员履约信用评价体系建设，逐步完善信用评价标准，严格信用评价机制，建立电子化信用档案。强化失信联合惩戒，对信用等级高的企业给予减免保证金等优惠措施。

五、工作要求

（一）各省级交通运输主管部门要高度重视公路养护工程招标投标营商环境优化工作，加强组织领导，落实责任机构和人员，明确工作措施和工作时限，周密安排部署，强化监督检查，确保各项要求落实到位。

（二）各省级交通运输主管部门要根据本《通知》要求，结合实际，研究具体落实措施，及时跟进解读，准确传递政策导向，合理引导预期。

（三）各省级交通运输主管部门要在2020年7月底前，向社会公布落实具体措施，完善公路养护工程招标投标营商环境投诉举报和回应制度，接受社会监督，及时纠正发现的问题。各地公路养护工程招标投标营商环境评价情况将纳入“十三五”全国公路养护管理评价工作。

②水运工程

水运工程建设项目招标投标管理办法

1. 2012年12月20日交通运输部令2012年第11号公布

2. 根据2021年8月11日交通运输部令2021年第14号《关于修改〈水运工程建设项目招标投标管理办法〉的决定》修正

第一章 总 则

第一条 为了规范水运工程建设项目招标投标活动，保护招标投标活动当事人的合法权益，保证水运工程建设项目的质量，根据《中华人民共和国招标投标法》《中华人民共和国招标投标法实施条例》等法律法规，制定本办法。

第二条 在中华人民共和国境内依法必须进行的水运工程建设项目招标投标活动适用本办法。

水运工程建设项目是指水运工程以及与水运工程建设有关的货物、服务。

前款所称水运工程包括港口工程、航道整治、航道疏浚、航运枢纽、过船建筑物、修造船水工建筑物等及其附属建筑物和设施的新建、改建、扩建及其相关的装修、拆除、修缮等工程；货物是指构成水运工程不可分割的组成部分，且为实现工程基本功能所必需的设备、材料等；服务是指为完成水运工程所需的勘察、设计、监理等服务。

第三条 水运工程建设项目招标投标活动，应遵循公开、公平、公正和诚实信用的原则。

第四条 水运工程建设项目招标投标活动不受地区或者部门的限制。

任何单位和个人不得以任何方式非法干涉招标投标活动，不得将依法必须进行招标的项目化整为零或者以其他任何方式规避招标。

第五条 水运工程建设项目招标投标工作实行统一领导、分级管理。

交通运输部主管全国水运工程建设项目招标投标活动，并具体负责经国家发展和改革委员会等部门审批、核准和经交通运输部审批的水运工程建设项目招标投标活动的监督管理工作。

省级交通运输主管部门主管本行政区域内的水运工程建设项目招标投标活动，并具体负责省级人民政府有关部门审批、核准的水运工程建设项目招标投标活动的监督管理工作。

省级以下交通运输主管部门按照各自职责对水运工程建设项目招标投标活动实施监督管理。

第六条 水运工程建设项目应当按照国家有关规定，进入项目所在地设区的市级以上人民政府设立的公共资源交易场所或者授权的其他招标投标交易场所开展招标投标活动。

鼓励利用依法建立的招标投标网络服务平台及现代信息技术进行水运工程建设项目电子招标投标。

第二章 招 标

第七条 水运工程建设项目招标的具体范围及规模标准执行国务院的有关规定。

鼓励水运工程建设项目的招标代理机构、专项科学试验研究项目、监测等承担单位的选取采用招标或者竞争性谈判等其他竞争性方式确定。

第八条　水运工程建设项目招标人是指提出招标项目并进行招标的水运工程建设项目法人。

第九条　按照国家有关规定需要履行项目立项审批、核准手续的水运工程建设项目，在取得批准后方可开展勘察、设计招标。

水运工程建设项目通过初步设计审批后，方可开展监理、施工、设备、材料等招标。

第十条　水运工程建设项目招标分为公开招标和邀请招标。

按照国家有关规定需要履行项目立项审批、核准手续的水运工程建设项目，招标人应当按照项目审批、核准时确定的招标范围、招标方式、招标组织形式开展招标；没有确定招标范围、招标方式、招标组织形式的，依据国家有关规定确定。

不需要履行项目立项审批、核准手续的水运工程建设项目，其招标范围、招标方式、招标组织形式，依据国家有关规定确定。

第十一条　招标人应当合理划分标段、确定工期，并在招标文件中载明。不得利用划分标段规避招标、虚假招标、限制或者排斥潜在投标人。

第十二条　国有资金占控股或者主导地位的水运工程建设项目，应当公开招标。但有下列情形之一的，可以进行邀请招标：

（一）技术复杂、有特殊要求或者受自然环境限制，只有少量潜在投标人可供选择；

（二）采用公开招标方式的费用占项目合同金额的比例过大。

本条所规定的水运工程建设项目，需要按照国家有关规定履行项目审批、核准手续的，由项目审批、核准部门对该项目是否具有前款第（二）项所列情形予以认定；其他项目由招标人向对项目负有监管职责的交通运输主管部门申请作出认定。

第十三条　有下列情形之一的水运工程建设项目，可以不进行招标：

（一）涉及国家安全、国家秘密、抢险救灾或者属于利用扶贫资金实行以工代赈、需要使用农民工等特殊情况，不适宜进行招标的；

（二）需要采用不可替代的专利或者专有技术的；

（三）采购人自身具有工程建设、货物生产或者服务提供的资格和能力，且符合法定要求的；

（四）已通过招标方式选定的特许经营项目投资人依法能够自行建设、生产或者提供的；

（五）需要向原中标人采购工程、货物或者服务，否则将影响施工或者功能配套要求的；

（六）国家规定的其他特殊情形。

招标人为适用前款规定弄虚作假的，属于招标投标法第四条规定的规避招标。

第十四条　水运工程建设项目设计招标可采用设计方案招标或设计组织招标。

第十五条　招标人可以依法对工程以及与工程建设有关的货物、服务全部或者部分实行总承包招标。

以暂估价形式包括在总承包范围内的工程、货物、服务，属于依法必须进行招标的项目范围且达到国家规定规模标准的，应当依法进行招标，其招标实施主体应当在总承包合同中约定，并统一由总承包发包的招标人按照第十八条的规定履行招标及备案手续。

前款所称暂估价，是指总承包招标时不能确定价格而由招标人在招标文件中暂时估定的工程、货物、服务的金额。

第十六条　招标人自行办理招标事宜的，应当具备下列条件：

（一）招标人应当是该水运工程建设项目的项目法人；

（二）具有与招标项目规模和复杂程度相适应的水运工程建设项目技术、经济等方面的专业人员；

（三）具有能够承担编制招标文件和组织评标的组织机构或者专职业务人员；

（四）熟悉和掌握招标投标的程序及相关法规。

招标人自行办理招标事宜的，应当向具有监督管理职责的交通运输主管部门备案。

招标人不具备本条前款规定条件的，应当委托招标代理机构办理水运工程建设项目招标事宜。任何单位和个人不得为招标人指定招标代理机构。

第十七条 招标人采用招标或其他竞争性方式选择招标代理机构的，应当从业绩、信誉、从业人员素质、服务方案等方面进行考查。招标人与招标代理机构应当签订书面委托合同。合同约定的收费标准应当符合国家有关规定。

招标代理机构在其资格许可和招标人委托的范围内开展招标代理业务，不受任何单位、个人的非法干预或者限制。

第十八条 水运工程建设项目采用资格预审方式公开招标的，招标人应当按下列程序开展招标投标活动：

（一）编制资格预审文件和招标文件，报交通运输主管部门备案；

（二）发布资格预审公告并发售资格预审文件；

（三）对提出投标申请的潜在投标人进行资格预审，资格审查结果报交通运输主管部门备案；

国有资金占控股或者主导地位的依法必须进行招标的水运工程建设项目，招标人应当组建资格审查委员会审查资格预审申请文件；

（四）向通过资格预审的潜在投标人发出投标邀请书；向未通过资格预审的潜在投标人发出资格预审结果通知书；

（五）发售招标文件；

（六）需要时组织潜在投标人踏勘现场，并进行答疑；

（七）接收投标人的投标文件，公开开标；

（八）组建评标委员会评标，推荐中标候选人；

（九）公示中标候选人，确定中标人；

（十）编制招标投标情况书面报告报交通运输主管部门备案；

（十一）发出中标通知书；

（十二）与中标人签订合同。

第十九条 水运工程建设项目采用资格后审方式公开招标的，应当参照第十八条规定的程序进行，并应当在开标后由评标委员会按照招标文件规定的标准和方法对投标人的资格进行审查。

第二十条 水运工程建设项目实行邀请招标的，招标文件应当报有监督管理权限的交通运输主管部门备案。

第二十一条 招标人编制的资格预审文件、招标文件的内容违反法律、行政法规的强制性规定，违反公开、公平、公正和诚实信用原则，影响资格预审结果或者潜在投标人投标的，依法必须进行招标的项目的招标人应当在修改资格预审文件或者招标文件后重新招标。

依法必须进行招标的水运工程建设项目的资格预审文件和招标文件的编制，应当使用国务院发展改革部门会同有关行政监督部门制定的标准文本以及交通运输部发布的行业标准文本。

招标人在制定资格审查条件、评标标准和方法时，应利用水运工程建设市场信用信息成果以及招标投标违法行为记录公告平台发布的信息，对潜在投标人或投标人进行综合评价。

第二十二条 资格预审公告和招标公告除按照规定在指定的媒体发布外，招标人可以同时在交通运输行业主流媒体或者建设等相关单位的门户网站发布。

资格预审公告和招标公告的发布应当充分公开，任何单位和个人不得非法干涉、限制发布地点、发布范围或发布方式。

在网络上发布的资格预审公告和招标公告，至少应当持续到资格预审文件和招标文件发售截止时间为止。

第二十三条 招标人应当按资格预审公告、招标公告或者投标邀请书规定的时间、地点发售资格预审文件或者招标文件。资格预审文件或者招标文件的发售期不得少于 5 日。资格预审文件或者招标文件售出后，不予退还。

第二十四条 自资格预审文件停止发售之日起至提交资格预审申请文件截止之日止，不得少于 5 日。

对资格预审文件的澄清或修改可能影响资格预审申请文件编制的，应当在提交资格预审申请文件截止时间至少 3 日前以书面形式通知所有获取资格预审文件的潜在投标人。不足 3 日的，招标人应当顺延提交资格预审申请文件的截止时间。

依法必须招标的项目在资格预审文件停止发售

之日止,获取资格预审文件的潜在投标人少于3个的,应当重新招标。

第二十五条 潜在投标人或者其他利害关系人对资格预审文件有异议的,应当在提交资格预审申请文件截止时间2日前提出。招标人应当自收到异议之日起3日内作出答复;作出答复前,应当暂停招标投标活动。对异议作出的答复如果实质性影响资格预审申请文件的编制,则相应顺延提交资格预审申请文件的截止时间。

第二十六条 资格预审审查方法分为合格制和有限数量制。一般情况下应当采用合格制,凡符合资格预审文件规定资格条件的资格预审申请人,均通过资格预审。潜在投标人过多的,可采用有限数量制,但该数额不得少于7个;符合资格条件的申请人不足该数额的,均视为通过资格预审。

通过资格预审的申请人少于3个的,应当重新招标。

资格预审应当按照资格预审文件载明的标准和方法进行。资格预审文件未载明的标准和方法,不得作为资格审查的依据。

第二十七条 自招标文件开始发售之日起至潜在投标人提交投标文件截止之日止,最短不得少于20日。

对招标文件的澄清或修改可能影响投标文件编制的,应当在提交投标文件截止时间至少15日前,以书面形式通知所有获取招标文件的潜在投标人;不足15日的,招标人应当顺延提交投标文件的截止时间。

获取招标文件的潜在投标人少于3个的,应当重新招标。

第二十八条 潜在投标人或者其他利害关系人对招标文件有异议的,应当在提交投标文件截止时间10日前提出;招标人应当自收到异议之日起3日内作出答复;作出答复前,应当暂停招标投标活动。对异议作出的答复如果实质性影响投标文件的编制,则相应顺延提交投标文件截止时间。

第二十九条 招标人应当在招标文件中载明投标有效期。投标有效期从提交投标文件的截止之日起算。

第三十条 招标人在招标文件中要求投标人提交投标保证金的,投标保证金不得超过招标项目估算价的2%,投标保证金有效期应当与投标有效期一致。

投标保证金的额度和支付形式应当在招标文件中确定。境内投标单位如果采用现金或者支票形式提交投标保证金的,应当从投标人的基本账户转出。

投标保证金不得挪用。

第三十一条 招标人可以自行决定是否编制标底。一个招标项目只能有一个标底。开标前标底必须保密。

接受委托编制标底的中介机构不得参加受托编制标底项目的投标,也不得为该项目的投标人编制投标文件或者提供咨询等相关的服务。

招标人设有最高投标限价的,应当在招标文件中明确最高投标限价或者最高投标限价的计算方法。招标人不得规定最低投标限价。

第三十二条 招标人组织踏勘项目现场的,应通知所有潜在投标人参与,不得组织单个或者部分潜在投标人踏勘项目现场。潜在投标人因自身原因不参与踏勘现场的,不得提出异议。

第三十三条 招标人在发布资格预审公告、招标公告、发出投标邀请书或者售出资格预审文件、招标文件后,无正当理由不得随意终止招标。招标人因特殊原因需要终止招标的,应当及时发布公告,或者以书面形式通知被邀请的或者已经获取资格预审文件、招标文件的潜在投标人。已经发售资格预审文件、招标文件或者已经收取投标保证金的,招标人应当及时退还所收取的购买资格预审文件、招标文件的费用,以及所收取的投标保证金及银行同期存款利息。利息的计算方法应当在招标文件中载明。

第三十四条 招标人不得以不合理的条件限制、排斥潜在投标人或者投标人。招标人有下列行为之一的,属于以不合理条件限制、排斥潜在投标人或者投标人:

(一)就同一招标项目向潜在投标人或者投标人提供有差别的项目信息;

(二)设定的资格、技术、商务条件与招标项目的具体特点和实际需要不相适应或者与合同履行无关；

（三）依法必须进行招标的项目以特定行政区域或者特定行业的业绩、奖项作为加分条件或者中标条件；

（四）对潜在投标人或者投标人采取不同的资格审查或者评标标准；

（五）限定或者指定特定的专利、商标、品牌、原产地或者供应商；

（六）依法必须进行招标的项目非法限定潜在投标人或者投标人的所有制形式或者组织形式；

（七）以其他不合理条件限制、排斥潜在投标人或者投标人。

第三章　投　　标

第三十五条　与招标人存在利害关系可能影响招标公正性的法人、其他组织或者个人，不得参加投标。

单位负责人为同一人或者存在控股、管理关系的不同单位，不得参加同一标段投标或者未划分标段的同一招标项目投标。

施工投标人与本标段的设计人、监理人、代建人或招标代理机构不得为同一个法定代表人、存在相互控股或参股或法定代表人相互任职、工作。

违反上述规定的，相关投标均无效。

第三十六条　投标人可以按照招标文件的要求由两个以上法人或者其他组织组成一个联合体，以一个投标人的身份共同投标。国家有关规定或者招标文件对投标人资格条件有规定的，联合体各方均应当具备规定的相应资格条件，资格条件考核以联合体协议书中约定的分工为依据。由同一专业的单位组成的联合体，按照资质等级较低的单位确定资质等级。

联合体成员间应签订共同投标协议，明确牵头人以及各方的责任、权利和义务，并将协议连同资格预审申请文件、投标文件一并提交招标人。联合体各方签署联合体协议后，不得再以自己名义单独或者参加其他联合体在同一招标项目中投标。联合体中标的，联合体各方应当共同与招标人签订合同，就中标项目向招标人承担连带责任。

招标人不得强制投标人组成联合体共同投标。

第三十七条　投标人发生合并、分立、破产等重大变化的，应当及时书面告知招标人。投标人不再具备资格预审文件、招标文件规定的资格条件或者投标影响公正性的，其投标无效。

招标人接受联合体投标并进行资格预审的，联合体应当在提交资格预审申请文件前组成。资格预审后联合体增减、更换成员的，其投标无效。

第三十八条　资格预审申请文件或投标文件按要求送达后，在资格预审文件、招标文件规定的截止时间前，招标人应允许潜在投标人或投标人对已提交的资格预审申请文件、投标文件进行撤回或补充、修改。潜在投标人或投标人如需撤回或者补充、修改资格预审申请文件、投标文件，应当以正式函件向招标人提出并做出说明。

修改资格预审申请文件、投标文件的函件是资格预审申请文件、投标文件的组成部分，其形式要求、密封方式、送达时间，适用本办法有关投标文件的规定。

第三十九条　招标人接收资格预审申请文件和投标文件，应当如实记载送达时间和密封情况，签收保存，不得开启。

资格预审申请文件、投标文件有下列情形之一的，招标人应当拒收：

（一）逾期送达的；

（二）未送达指定地点的；

（三）未按资格预审文件、招标文件要求密封的。

招标人拒收资格预审申请文件、投标文件的，应当如实记载送达时间和拒收情况，并将该记录签字存档。

第四十条　投标人在投标截止时间之前撤回已提交投标文件的，招标人应当自收到投标人书面撤回通知之日起5日内退还已收取的投标保证金。

投标截止后投标人撤销投标文件的，招标人可以不退还投标保证金。

出现特殊情况需要延长投标有效期的，招标人以书面形式通知所有投标人延长投标有效期。投标人同意延长的，应当延长其投标保证金的有效期，但不得要求或被允许修改其投标文件；投标人拒绝延长的，其投标失效，投标人有权撤销其投标文件，并收回投标保证金。

第四十一条 禁止投标人相互串通投标、招标人与投标人串通投标、以他人名义投标以及以其他方式弄虚作假的行为，认定标准执行《中华人民共和国招标投标法实施条例》有关规定。

第四章 开标、评标和定标

第四十二条 招标人应当按照招标文件中规定的时间、地点开标。

投标人少于3个的，不得开标，招标人应当重新招标。

第四十三条 开标由招标人或招标代理组织并主持。

开标应按照招标文件确定的程序进行，开标过程应当场记录，招标人、招标代理机构、投标人、参加开标的公证和监督机构等单位的代表应签字，并存档备查。开标记录应包括投标人名称、投标保证金、投标报价、工期、密封情况以及招标文件确定的其他内容。

投标人对开标有异议的，应当在开标现场提出，招标人或招标代理应当场作出答复，并制作记录。

第四十四条 招标人开标时，邀请所有投标人的法定代表人或其委托代理人准时参加。投标人未参加开标的，视为承认开标记录，事后对开标结果提出的任何异议无效。

第四十五条 评标由招标人依法组建的评标委员会负责。

依法必须进行招标的水运工程建设项目，其评标委员会成员由招标人的代表及有关技术、经济等方面的专家组成，人数为五人以上单数，其中技术、经济等方面的专家不得少于成员总数的三分之二。招标人的代表应具有相关专业知识和工程管理经验。

与投标人有利害关系的人员不得进入评标委员会。任何单位和个人不得以明示、暗示等任何方式指定或者变相指定参加评标委员会的专家成员。行政监督部门的工作人员不得担任本部门负责监督项目的评标委员会成员。

交通运输部具体负责监督管理的水运工程建设项目，其评标专家从交通运输部水运工程和交通支持系统综合评标专家库中随机抽取确定，其他水运工程建设项目的评标专家从省级交通运输主管部门建立的评标专家库或其他依法组建的综合评标专家库中随机抽取确定。

评标委员会成员名单在中标结果确定前应当保密。评标结束后，招标人应当按照交通运输主管部门的要求及时对评标专家的能力、履行职责等进行评价。

第四十六条 招标人设有标底的，应在开标时公布。标底只能作为评标的参考，不得以投标报价是否接近标底作为中标条件，也不得以投标报价超过标底上下浮动范围作为否决投标的条件。

第四十七条 招标人应当向评标委员会提供评标所必需的信息和数据，并根据项目规模和技术复杂程度等确定合理的评标时间；必要时可向评标委员会说明招标文件有关内容，但不得明示或者暗示其倾向或者排斥特定投标人。

在评标过程中，评标委员会成员因存在回避事由、健康等原因不能继续评标，或者擅离职守的，应当及时更换。被更换的评标委员会成员已作出的评审结论无效，由更换后的评标专家重新进行评审。已形成评标报告的，应当作相应修改。

第四十八条 有下列情形之一的，评标委员会应当否决其投标：

（一）投标文件未按招标文件要求盖章并由法定代表人或其书面授权的代理人签字的；

（二）投标联合体没有提交共同投标协议的；

（三）未按照招标文件要求提交投标保证金的；

（四）投标函未按照招标文件规定的格式填写，内容不全或者关键字迹模糊无法辨认的；

（五）投标人不符合国家或者招标文件规定的资格条件的；

（六）投标人名称或者组织结构与资格预审时不一致且未提供有效证明的；

（七）投标人提交两份或者多份内容不同的投标文件，或者在同一份投标文件中对同一招标项目有两个或者多个报价，且未声明哪一个为最终报价的，但按招标文件要求提交备选投标的除外；

（八）串通投标、以行贿手段谋取中标、以他人名义或者其他弄虚作假方式投标的；

（九）报价明显低于成本或者高于招标文件中设定的最高限价的；

（十）无正当理由不按照评标委员会的要求对投标文件进行澄清或说明的；

（十一）没有对招标文件提出的实质性要求和条件做出响应的；

（十二）招标文件明确规定废标的其他情形。

第四十九条 投标文件在实质上响应招标文件要求，但存在含义不明确的内容、明显文字或者计算错误，评标委员会不得随意否决投标，评标委员会认为需要投标人做出必要澄清、说明的，应当书面通知该投标人。投标人的澄清、说明应当采用书面形式，并不得超出投标文件的范围或者改变投标文件的实质性内容。

评标委员会不得暗示或者诱导投标人做出澄清、说明，不得接受投标人主动提出的澄清、说明。

第五十条 评标委员会经评审，认为所有投标都不符合招标文件要求的，或者否决不合格投标后，因有效投标不足3个使得投标明显缺乏竞争的，可以否决全部投标。

所有投标被否决的，招标人应当依法重新招标。

第五十一条 评标委员会应当遵循公平、公正、科学、择优的原则，按照招标文件规定的标准和方法，对投标文件进行评审和比较。

招标文件没有规定的评标标准和方法，不得作为评标的依据。

第五十二条 根据本办法第二十四条、第二十六条、第二十七条、第四十二条、第五十条规定重新进行了资格预审或招标，再次出现了需要重新资格预审或者重新招标的情形之一的，经书面报告交通运输主管部门后，招标人可不再招标，并可通过与已提交资格预审申请文件或投标文件的潜在投标人进行谈判确定中标人，将谈判情况书面报告交通运输主管部门备案。

第五十三条 中标人的投标应当符合下列条件之一：

（一）能够最大限度地满足招标文件规定的各项综合评价标准；

（二）能够满足招标文件的实质性要求，并且经评审的投标价格最低，但是投标价格低于成本的除外。

第五十四条 评标委员会完成评标后，应当向招标人提交书面评标报告并推荐中标候选人。中标候选人应当不超过三个，并标明排序。

评标报告由评标委员会全体成员签字。对评标结论持有异议的评标委员会成员可以书面方式阐述其不同意见和理由，评标报告应当注明该不同意见。评标委员会成员拒绝在评标报告上签字又不书面说明其不同意见和理由的，视为同意评标结论，评标委员会应当对此做出书面说明并记录。

第五十五条 评标报告应包括以下内容：

（一）评标委员会成员名单；

（二）对投标文件的符合性评审情况；

（三）否决投标情况；

（四）评标标准、评标方法或者评标因素一览表；

（五）经评审的投标价格或者评分比较一览表；

（六）经评审的投标人排序；

（七）推荐的中标候选人名单与签订合同前需要处理的事宜；

（八）澄清、说明、补正事项纪要。

第五十六条 依法必须进行招标的项目，招标人应当自收到书面评标报告之日起3日内按照国家有关规定公示中标候选人，公示期不得少于3日。

投标人或者其他利害关系人对评标结果有异议的，应当在中标候选人公示期间提出。招标人应当自收到异议之日起3日内作出答复；作出答复前，应当暂停招标投标活动。

第五十七条 公示期间没有异议、异议不成立、没有投诉或者投诉处理后没有发现问题的，招标人应当从评标委员会推荐的中标候选人中确定中标人。异议成立或者投诉发现问题的，应当及时更正。

国有资金占控股或者主导地位的水运工程建设项目，招标人应当确定排名第一的中标候选人为中标人。排名第一的中标候选人放弃中标、因不可抗力不能履行合同、不按照招标文件要求提交履约保证金，或者被查实存在影响中标结果的违法行为等情形，不符合中标条件的，招标人可以按照评标委员会提出的中标候选人名单排序依次确定其他中标候选人为中标人，也可以重新招标。

第五十八条 中标人确定后，招标人应当及时向中标人发出中标通知书，并同时将中标结果通知所有未中标的投标人。

第五十九条 招标人和中标人应当自中标通知书发出之日起30日内，按照招标文件和中标人的投标文件订立书面合同，合同的标的、价款、质量、履行期限等主要条款应当与招标文件和中标人的投标文件的内容一致。招标人和中标人不得再行订立背离合同实质性内容的其他协议。

招标文件要求中标人提交履约保证金的，中标人应当按照招标文件的要求提交。履约保证金不得超过中标金额的10%。

招标人最迟应当在书面合同签订后5日内向中标人和未中标的投标人退还投标保证金及银行同期存款利息。

第六十条 中标候选人的经营、财务状况发生较大变化或者存在违法行为，招标人认为可能影响其履约能力的，应当在发出中标通知书前由原评标委员会按照招标文件规定的标准和方法审查确认。

第六十一条 招标人应当自确定中标人之日起15日内，向具体负责本项目招标活动监督管理的交通运输主管部门提交招标投标情况的书面报告。

招标投标情况书面报告主要内容包括：招标项目基本情况、投标人开标签到表、开标记录、监督人员名单、评标标准和方法、评标委员会评分表和汇总表、评标委员会推荐的中标候选人名单、中标人、经评标委员会签字的评标报告、评标结果公示、投诉处理情况等。

第六十二条 中标人应当按照合同约定履行义务，完成中标项目。中标人不得向他人转让中标项目，也不得将中标项目肢解后分别向他人转让。

中标人按照合同约定或者经招标人同意，可以将中标项目的部分非主体、非关键性工作分包给他人完成。接受分包的人应当具备相应的资格条件，并不得再次分包。

中标人应当就分包项目向招标人负责，接受分包的人就分包项目承担连带责任。

第五章　投诉与处理

第六十三条 投标人或者其他利害关系人认为招标投标活动不符合法律、行政法规规定的，可以自知道或者应当知道之日起10日内向交通运输主管部门投诉。投诉应当有明确的请求和必要的证明材料。

就本办法第二十五条、第二十八条、第四十三条、第五十六条规定事项投诉的，应当先向招标人提出异议，异议答复期间不计算在前款规定的期限内。

第六十四条 投诉人就同一招标事项向两个以上交通运输主管部门投诉的，由具体承担该项目招标活动监督管理职责的交通运输主管部门负责处理。

交通运输主管部门应当自收到投诉之日起3个工作日内决定是否受理投诉，并自受理投诉之日起30个工作日内作出书面处理决定；需要检验、检测、鉴定、专家评审的，所需时间不计算在内。

投诉人捏造事实、伪造材料或者以非法手段取得证明材料进行投诉的，交通运输主管部门应当予以驳回。

第六十五条 交通运输主管部门处理投诉，有权查阅、复制有关文件、资料，调查有关情况，相关单位和人员应当予以配合。必要时，交通运输主管部门责令暂停该项目的招标投标活动。

交通运输主管部门的工作人员对监督检查过程中知悉的国家秘密、商业秘密，应当依法予以保密。

第六章　法律责任

第六十六条 违反本办法第九条规定，水运工程建设项目未履行相关审批、核准手续开展招标活动的，由交通运输主管部门责令改正，可处三万元以下罚款。

第六十七条 违反本办法第十六条规定，招标人不具备自行招标条件而自行招标的，由交通运输主管部门责令改正。

第六十八条 违反本办法第二十一条规定，资格预审文件和招标文件的编制，未使用国务院发展改革部门会同有关行政监督部门制定的标准文本或者交通运输部发布的行业标准文本的，由交通运输主管部门责令改正。

第六十九条　交通运输主管部门应当按照《中华人民共和国招标投标法》、《中华人民共和国招标投标法实施条例》等规定，对水运工程建设项目招标投标活动中的违法行为进行处理。

第七十条　交通运输主管部门应当建立健全水运工程建设项目招标投标信用制度，并应当对招标人、招标代理机构、投标人、评标委员会成员等当事人的违法行为及处理情况予以公告。

第七章　附　则

第七十一条　使用国际金融组织或者外国政府贷款、援助资金的项目进行招标，贷款方、资金提供方对招标投标的具体条件和程序有特殊要求的，可以适用其要求，但有损我国社会公共利益的除外。

第七十二条　水运工程建设项目机电产品国际招标投标活动，依照国家相关规定办理。

第七十三条　交通支持系统建设项目招标投标活动参照本办法执行。

第七十四条　本办法自2013年2月1日起施行，《水运工程施工招标投标管理办法》（交通部令2000年第4号）、《水运工程施工监理招标投标管理办法》（交通部令2002年第3号）、《水运工程勘察设计招标投标管理办法》（交通部令2003年第4号）、《水运工程机电设备招标投标管理办法》（交通部令2004年第9号）同时废止。

交通运输部关于进一步规范水运工程招标投标活动的若干意见

1. 2012年2月7日

2. 交水发〔2012〕48号

各省（区、市）交通运输厅（委），天津市、上海市交通运输和港口管理局：

为全面落实《中华人民共和国招标投标法实施条例》（国务院令第613号，以下简称《实施条例》），深入贯彻中央工程建设领域突出问题专项治理工作有关要求，进一步加强水运工程建设项目招标投标管理，规范招标投标活动，现提出如下意见：

一、充分认识规范水运工程招标投标活动的重要意义

水运建设行业是最早全面开放、最先实行招标投标制度的行业之一。随着水运工程招标投标实践活动的全面推行和招标投标制度的不断完善，招标投标已经成为水运工程建设活动的重要内容，对保证工程质量和控制工程投资发挥了重要作用，水运工程招标投标活动总体情况良好。但是，由于社会主义市场经济体制还处于不断完善的过程中，水运基本建设投资规模大、建设任务重，水运建设市场信用体系还不健全等原因，水运工程招标投标活动仍然存在一些不容忽视的问题，如未批先招、规避招标、虚假招标、围标串标、不合理低价中标等违法违规现象依然没有得到有效遏制。整顿和规范水运建设市场秩序，创造公开、公平、公正的市场环境，进一步规范招标投标活动，促进水运建设事业健康发展是非常必要的。

二、认真清理招标投标规章和规范性文件，确保招标投标制度协调统一

各级交通运输主管部门要加快清理有关水运工程招标投标管理的各类规范性文件，推动修订与《实施条例》等法律法规相抵触的地方性法规和规章，并及时向社会公布。

三、严格执行招标投标制度

建设单位必须按照国家有关法律法规规定，开展水运工程建设项目勘察、设计、施工、监理以及与工程建设有关的设备、材料等的招标活动，除有关法律法规规定不进行招标和经主管部门批准同意采用邀请招标方式外，一律采用公开招标方式。在招标过程中，要切实贯彻有关规定，坚持“合理标段、合理标价、合理周期”的原则，依照规定程序科学有效地进行，必须按照交通运输部关于水运工程招标备案管理的要求，严格履行招标备案手续。对不履行备案手续的，交通运输主管部门应责令限期改正，拒不改正的，可依据国家有关规定作出相应的行政处罚决定。

四、严格落实招标公告公示制度

为保证潜在投标人及时、便捷地获取水运工程招标信息,依法必须招标的水运工程建设项目资格预审公告和招标公告,应当在依法指定的报刊、信息网络或者其他媒介发布。在招标人自愿的前提下,为扩大招标公告影响力,创造公开、公平、公正的市场环境,可以同时在交通运输行业主流媒体或交通运输主管部门、建设单位等门户网站发布。建设单位不得通过违规发布招标信息等方式搞虚假招标。评标结果应在依法发布招标公告的报刊、信息网络或其他媒体上及时公示,公示期不少于三日,主要内容包括招标项目名称、评标结果、举报受理方式等。

五、严格规范招标文件编制

建设单位应当认真落实国家和行业有关招标文件的编写要求,按照公平、公正、科学、合理的原则,认真组织编写水运工程勘察、设计、施工、监理以及与工程建设有关的设备、材料等标段的资格预审文件和招标文件,切实提高文件的编制质量。其中,水运工程施工招标资格预审文件和招标文件的编制应当符合《标准施工招标资格预审文件》、《标准施工招标文件》和《水运工程标准施工招标文件》的有关规定和要求。

严禁在资格预审文件和招标文件中以不合理条件或歧视性条款排斥潜在投标人,或设置特别条款倾向潜在投标人。资格预审文件或者招标文件经备案后如需对关键条款或重要内容进行变更,应重新办理备案手续;招标人可以对出售之后的资格预审文件或者招标文件进行必要的澄清或者修改,澄清或者修改的内容可能影响资格预审申请文件或者投标文件编制的,应当在提交资格预审申请文件截止时间至少3日前或者提交投标文件截止时间至少15日前,以书面形式通知所有获取资格预审文件或者招标文件的潜在投标人,并经所有潜在投标人签字确认,潜在投标人不以书面签字确认的,招标人有权拒绝该潜在投标人的资格预审申请文件或者投标文件。不足3日或者15日的,招标人应当顺延提交资格预审申请文件或者投标文件的截止时间。该澄清或者修改的内容为资格预审文件或者招标文件的组成部分,需在评标报告中作出说明。招标文件中设定的废标条款要依法、严谨,没有列明的因素和标准不得作为资格审查或评标的依据。

六、完善资格审查制度

资格审查分为资格预审和资格后审。建设单位应坚持公平、公正、公开的原则,按照预先设置的资格审查条件认真做好资格审查工作,禁止通过资格审查排斥潜在投标人。采用资格预审的,资格审查方法可采用合格制和有限数量制。一般情况下应当采用合格制,凡符合资格预审文件规定的资格条件的资格预审申请人,都可通过资格预审。潜在投标人过多的,可采用有限数量制,招标人应当在资格预审文件中载明允许通过资格预审的申请人数额,但该数额不得少于7个,符合资格条件的申请人不足该数额的,不再进行量化,所有符合资格条件的申请人均视为通过资格预审。

七、进一步完善评标办法

建设单位应根据相关规定科学、合理设定评标办法。评标办法可采用综合评估法和经评审的最低评标价法,一般采用综合评估法。在采用综合评估法作为评标办法时,应在充分考虑工程建设技术和质量需要的基础上,合理设定标价所占评分比例,水运工程施工招标标价所占比例一般不高于50~60%(其中政府投资项目一般不高于50%),水运工程勘察设计的标价所占评分比例一般不高于25%、水运工程监理招标的标价所占评分比例一般不高于15%。对技术含量低、规模较小的工程可采用经评审的最低评标价法,但要适当通过提高履约保证金的形式,防止恶性竞争、以低于成本的报价竞标等。

八、严格监管招标代理行为

招标代理机构应按照资质允许的范围从事水运工程招标代理活动,禁止无资质或者超越资质范围承担招标代理业务。鼓励建设单位通过适当的竞争方式择优选择招标代理机构。招标代理机构应当依法经营,平等竞争,对严重违法违规的招标代理机构,要严格限制其进入水运建设市场。

九、严格规范投标行为

投标人要严格遵守国家有关规定，依法合规地进行投标活动，严禁围标串标、恶意低价中标、挂靠借用资质等违法违规行为。各级交通运输主管部门应采取切实可行的办法加大查处和打击力度，对围标串标、弄虚作假骗取中标、向招标人或者评标委员会成员行贿等手段谋取中标以及随意放弃中标的投标人，要按照有关信用信息管理办法的规定对其不良行为进行认定。对无正当理由放弃中标的投标人，招标人不予退还投标保证金。

十、加强评标专家管理

建设单位应从依法设立的水运工程评标专家库中抽取专家，在交通运输部进行备案的招标项目应当在交通运输部水运工程评标专家库中抽取；在省级交通运输主管部门备案的招标项目应当在省级水运工程评标专家库中抽取，也可在交通运输部水运工程评标专家库中抽取。使用交通运输部水运工程评标专家库时，应提前 4 天提出书面申请，明确抽取专家的人数、专业及投标人等，提前 2 天在纪检监察部门的监督下随机抽取专家，禁止建设单位违规挑选评标专家，不得利用各种借口拒绝评标专家参加评标，在评标结束后应及时对评标专家进行网上评价。

各级交通运输主管部门应强化对评标专家的动态监管，建立评标专家准入、诫勉、清退制度，健全对评标专家的评价机制，对评标专家的工作态度、业务水平、职业道德等方面进行考核。加大对评标专家的培训力度，加强对评标专家违法、违规行为的惩罚力度。

十一、加强招标投标监管

各级交通运输主管部门要高度重视，加强对招标投标活动的监督管理。监督建设单位严格按照有关部门批复或核准的招标方式、招标组织形式、招标范围开展招标活动，禁止建设单位将公开招标擅自改为邀请招标；对不按相关规定招标和应招而不招的项目要严格查处；加大对各级招标投标监管人员的业务培训力度，提高其思想政治素质和依法行政意识。

十二、大力推进信用体系建设

各级交通运输主管部门要重视水运建设市场信用体系建设，把信用体系建设作为规范招标投标行为、规范市场秩序的重要抓手和关键突破口，切实按照我部水运工程建设市场信用信息管理的有关规定，坚持"激励诚信、惩戒失信"的原则，不断加快水运建设市场信用体系建设步伐，积极研究探索水运工程建设信用评价的方式方法，充分发挥各级水运建设市场信用信息管理系统的功能，及时公布不良信用信息，加大对市场违法违规行为的处罚力度。水运工程招标投标活动的市场责任主体，应当按规定及时完成信用信息的录入及更新等工作。

十三、应用现代信息技术，提高招标投标工作效率

各级交通运输主管部门要重视现代电子信息技术在招标投标工作中的应用，要与建设水运工程建设市场信用信息系统相结合，不断提高招标投标工作效率，节约招标投标工作成本。有条件的地区，应积极探索推进电子招标投标和网络远程评标。

各级交通运输主管部门要认真执行《实施条例》等法律法规和本意见，不断完善招标投标规章制度，狠抓制度落实，切实加强对水运工程招标投标活动的监管，不断规范招标投标行为，促进水运建设事业科学发展。

交通运输部水运工程和交通支持系统工程综合评标专家库管理办法

1. 2012 年 10 月 26 日交通运输部发布

2. 交水发〔2012〕554 号

第一条 为加强对水运工程和交通支持系统工程综合评标专家库的管理，规范专家评标行为，维护招标投标活动当事人的合法权益，根据《中华人民共和国招标投标法》、《中华人民共和国招标投标法实施条例》，制定本办法。

第二条 交通运输部负责水运工程和交通支持系统工程综合评标专家（以下简称评标专家）的资格认定、培训、入库、管理等活动。

第三条　经国家发展改革委等部门审批、核准和经交通运输部审批的水运工程和交通支持系统工程招标活动的评标专家，原则上从交通运输部水运工程和交通支持系统工程综合评标专家库（以下简称综合评标专家库）中随机抽取确定，其他水运工程招标活动的评标专家也可从综合评标专家库中随机抽取确定。

第四条　入选综合评标专家库的专家，必须具备以下基本条件：

（一）熟悉国家有关工程招标投标方面的法律法规，工作业绩突出，工程实践经验丰富，具有独立判断和分析问题的能力；

（二）具有良好的职业道德和保密意识，能够认真、公正、诚实、廉洁地履行职责，自觉接受监督管理，无不良信用记录等；

（三）从事水运工程或交通支持系统工程建设、勘察设计、施工、监理、质量监督、科研等领域工作满15年，并具有高级技术职称；

（四）每申报一个专业（《水运工程和交通支持系统工程综合评标专家库专业分类表》见附件1）应承担过3个以上（含3个）大中型水运工程或交通支持系统工程建设项目相应的业务工作（《水运工程和交通支持系统工程大中型业绩认定标准表》见附件2），且应担任以下职务之一：

1. 设计专业负责人以上；
2. 施工项目经理部总工、副经理以上；
3. 监理项目总监代表、副总监以上；
4. 建设管理项目部门负责人以上；
5. 质量监督项目负责人以上；
6. 前期工作、科研等项目负责人以上。

（五）年龄在65周岁以下，身体健康，能够承担评标工作。两院院士、勘察设计大师（含水运行业）、交通运输部专家委员会委员可不受年龄限制。

凡具备前款规定条件的专业人员，均可申请进入综合评标专家库，经交通运输部审查通过后取得评标专家资格。

第五条　评标专家由本人申请和单位推荐方式产生。申请程序如下：

（一）申请人填写《水运工程和交通支持系统工程综合评标专家库入库申请表》（见附件3）并附相关证明材料后报所在单位，申报材料要求如下：

1. 两院院士、勘察设计大师（含水运行业）、交通运输部专家委员会委员不需附证明材料；

2. 原入库专家只需提供原专家资格证书复印件，专家所在单位、职务、学历等个人信息如有变动的，需要提供相应证明材料；

3. 具有甲级以上设计资质、一级以上施工资质及甲级监理资质企业的总工程师、副总工程师、总经济师、副总经济师只需提供任职文件；

4. 获得国家职业资质证书（指咨询工程师、勘察设计工程师、建造师、监理工程师等）与正高级职称人员只需提供身份证、职业资格证书（或职称证书）和毕业证书复印件；

5. 其他人员应提供身份证、毕业证书、职称证书复印件，并提供所承担项目的规模证书（如设计批复文件、合同文件、交竣工验收证书等复印件）和在项目中的任职证明（如设计文件扉页、图签、聘任文件等复印件）。

（二）所在单位与上级单位审核同意后，填写《水运工程和交通支持系统工程综合评标专家库入库申请汇总表》（见附件4），按以下渠道上报：

1. 海事、救捞、船级社、长航系统所属单位，分别报部海事局、部救助打捞局，中国船级社，长江航务管理局；

2. 中央企业所属单位，分别报主管集团公司；

3. 其他单位按属地管理原则，报当地省级交通运输主管部门。

（三）省级交通运输主管部门或部海事局、救助打捞局、中国船级社、长江航务管理局、中央企业集团公司审核同意后，填写《水运工程和交通支持系统工程综合评标专家库入库审核汇总表》（见附件5），连同申报材料一起报交通运输部；

（四）除海事、救捞、船级社、长航系统外，部其他直属单位直接报交通运输部；

（五）交通运输部将根据申报材料组织评审，确定申请人是否具备评标专家资格，并对符合评标专家资格的人员进行统一培训，培训合格后颁发资格证书，并向社会公布。

第六条　抽取评标专家应实行回避制度。有下列情形之一的，不得进入评标委员会或资格审查委员会：

（一）投标人主要负责人的近亲属；

（二）项目主管部门或者行政监督部门的人员；

（三）与投标人有经济利益关系，可能影响公正评审的；

（四）暂停评标专家资格的；

（五）曾因在招标、评标以及其他与招标投标有关活动中从事违法行为而受过行政处罚或刑事处罚的。

第七条　由招标人或公共资源交易市场人员通过远程异地的方式从部综合评标专家库中抽取评标专家，并按以下程序进行：

（一）根据评标工作安排，提前4天向交通运输部提出书面申请（《水运工程和交通支持系统工程评标专家抽取申请表》见附件6）；

（二）符合抽取条件的，综合评标专家库管理系统（以下简称系统）提前2天自动随机产生口令密码，发送到招标人提供的邮箱；

（三）招标人或公共资源交易市场人员在行政主管部门或纪检监察部门的监督下，输入口令密码登陆系统后进行随机抽取；

（四）招标人或公共资源交易市场人员根据系统随机抽取的评标专家及联系方式，及时与评标专家联系确认，系统将同时通过短信自动将有关信息通知评标专家；

（五）将评标专家抽取结果打印并签字归档。

第八条　招标人或公共资源交易市场人员在抽取评标专家时，不得利用各种借口拒绝评标专家参加评标，禁止违规挑选评标专家。评标专家抽取过程及专家名单应当保密。

第九条　招标人或公共资源交易市场人员应在评标工作结束后，重新登陆系统对评标专家的评标活动进行评价（《水运工程和交通支持系统工程评标专家综合评价表》见附件7）。未完成上一次评标专家评定的，不得再次抽取评标专家。

第十条　评标专家所在单位应积极支持评标专家的工作，优先安排其参加评标活动。

第十一条　评标专家享受以下权利：

（一）进入资格审查委员会或评标委员会，参加资格审查或评标活动；

（二）对资格申请文件或投标文件进行独立评审，不受任何单位和个人的非法干预和影响；

（三）按照资格审查委员会或评标委员会的统一安排，要求资格申请人或投标人对资格申请文件或投标文件作出必要的澄清、说明；

（四）如招标人、招标代理机构、资格审查委员会或评标委员会其他成员有违法、违规或不公正行为，有权向交通运输部报告。

第十二条　评标专家承担以下义务：

（一）严格执行国家有关招标投标的法律、法规、规章和招标文件的有关规定，并接受交通运输部等有关部门的监督管理；

（二）客观、公正地对资格申请文件或投标文件进行评审，遵守职业道德，不徇私舞弊，对所提出的评审意见承担责任；

（三）遵守保密规定，不泄露资格审查、投标文件的评审、评标委员会成员组成等有关情况；

（四）参加交通运输部组织的培训。

第十三条　招标人应负担评标专家在评标工作期间的食宿、交通等费用，并按有关规定支付评标专家报酬。

第十四条　评标专家有下列情况之一的，交通运输部核实后将暂停其评标专家资格六个月：

（一）一年之内连续三次被抽取但拒绝参加评标活动的；

（二）无正当理由，承诺参加但不参加评标活动的。

评标专家在一定时期内因客观原因不能参加评标活动的，应向交通运输部提出书面申请，并附有关证明材料。

第十五条　评标专家有下列情况之一的，交通运输部核实后将取消其评标专家资格：

（一）无正当理由，中途退出评标活动的；

（二）评标期间私下接触投标人的；

（三）收受投标人的财物或其他好处的；

（四）违反保密规定，泄露资格审查或评标情况的；

（五）接受任何单位或者个人明示或者暗示提出的倾向或者排斥特定资格审查申请人或投标人要求的；

（六）暗示或者诱导投标人对投标文件中含义不明确的内容、明显文字或者计算错误等作出澄清、说明，影响评审公正性的；

（七）不参加培训的；

（八）由于健康等原因，不能胜任评标工作的；

（九）曾因在招标、评标以及其他与招标有关活动中从事违法行为而受过行政处罚或刑事处罚的。

第十六条 交通运输部定期对评标专家进行培训。

第十七条 综合评标专家库实行动态管理。根据工作需要，交通运输部可对专业分类和业绩认定标准进行调整，并补充符合资格要求的评标专家进入综合评标专家库。交通运输部每年将对评标专家的评标工作进行评价。

第十八条 本办法由交通运输部负责解释。

第十九条 本办法自发布之日起施行。原交通部《水运工程评标专家和评标专家库管理办法》（交水发〔2006〕333号）同时废止。

附件：（略）

③铁路工程

铁路建设工程招标投标实施办法

1. 2002年8月14日铁道部令2002年第8号公布

2. 自2002年10月1日起施行

第一章 总 则

第一条 铁路建设工程是关系社会公共利益、公众安全的基础设施建设，必须依法进行招标投标。为规范铁路建设工程招标投标活动，保护国家利益、社会公共利益和招标投标当事人的合法权益，保证项目质量和公众安全，提高投资效益，依据《中华人民共和国招标投标法》和国家有关法律、法规，制定本实施办法。

第二条 本办法适用于新建、改建国家铁路、国家与地方或企业合资铁路、地方铁路的固定资产投资项目的施工、监理及与建设工程有关的重要设备和主要材料采购等的招标投标活动。

专用铁路和铁路专用线的建设项目可参照执行。

第三条 铁路建设项目达到以下规模和标准之一的必须进行招标：

（一）工程总投资200万元（含）以上或施工单项合同估算价在100万元人民币以上的；

（二）监理单项合同估算价在10万元人民币以上的；

（三）重要设备、主要材料采购单项合同估算价在50万元人民币以上的。

不足以上规模和标准的铁路建设项目参照本办法进行招标。

第四条 铁路建设工程招标投标活动应遵循公开、公平、公正、诚实信用的原则。

第五条 任何单位和个人不得将必须招标的铁路建设项目化整为零或者以其他任何方式规避招标。

第六条 必须招标的铁路建设项目，其招标投标活动不受地区或部门的限制。任何单位和个人不得违法限制或排斥本地区、本系统以外的具备相应资质的法人或其他组织参加投标，不得以任何方式非法干涉招标投标活动。

第七条 铁路建设工程招标投标活动受国家法律保护，招标投标活动及其当事人应当接受依法实施的监督。

第八条 国务院铁路主管部门及受其委托的部门归口管理全国铁路建设工程招标投标工作，主要职责是：

（一）贯彻国家有关招标投标的法律、法规，制定铁路建设工程招标投标管理的规章制度并监督实施；

（二）对铁路建设项目工程招标投标活动实施监督；

（三）审查招标人资质。

第九条 受国务院铁路主管部门委托的铁道部工程招标投标管理办公室和铁路局工程招标投标管理办公室（以下统称工程招投标管理办公室）按委托规定权限负责监督、检查铁路建设项目招标投标活动。

工程招投标管理办公室的主要职责是：

（一）宣传、贯彻有关建设工程招标投标法律、法规和规章制度；

（二）审查招标人、招标代理机构和标底编制单位资格；

（三）监督、检查招标投标当事人的招标投标行为是否符合法律、法规规定的权限和程序；

（四）对新建、改建国家铁路、国家与地方或企业合资铁路的招标计划、标底、评标办法、招标结果进行审查、核准；

（五）协调与省、市地方招标投标管理部门的工作关系；

（六）组建并管理招标评标委员会评委专家库。

第十条 铁路建设工程施工、监理及与建设工程有关的重要设备和主要材料采购等招标投标活动，除特殊情况经工程招投标管理办公室批准外，一律在铁路有形建设市场的交易中心进行。

第二章 招　　标

第十一条 铁路建设项目招标应具备下列条件：

（一）大中型建设项目可行性研究报告经国家批准，其他建设项目按规定已履行相应审批手续；

（二）有批准的设计文件（两阶段设计有初步设计文件，一阶段设计有施工图）；

（三）建设资金已落实；

（四）建设项目管理机构已建立。

第十二条 铁路建设工程的招标人是依照本办法规定提出招标项目、负责组织招标活动的法人或其他组织。

第十三条 招标人的责任与权利

（一）责任：

1. 发布招标公告及编制招标文件，负责组织招标；

2. 审查投标人资格；

3. 组织现场踏勘，解答和澄清招标文件中的问题；

4. 编制标底，组建评标委员会，编写评标报告；

5. 按招标文件和中标人的投标文件与中标人签订合同；

6. 对招标文件、合同条款与建设项目目标实现的差异承担责任；

7. 接受依法实施的监督，遵守招标投标有关法规，按规定保守秘密；

8. 负责招标档案的建立和保存。

（二）权利：

1. 参加设计文件鉴定；

2. 按招标投标法律、法规，根据招标项目特点，经过资格审查选定投标人；

3. 具备自行招标条件的招标人有权自行办理招标，有权拒绝任何单位和个人强制其委托招标代理机构办理招标事宜。不具备自行招标条件的招标人，有权自行选择招标代理机构，委托办理招标事宜，拒绝任何单位和个人指定的招标代理机构；

4. 有权拒绝不符合招标文件要求的投标；

5. 按评标委员会的书面评标报告和推荐的中标候选人确定中标人。

第十四条 招标人可自行招标或委托招标。经项目审批部门核准招标人符合自行招标条件的，可以自行组织招标。不符合自行招标条件的，由招标人委托具有相应资质的招标代理机构办理招标事宜。

第十五条 招标人自行组织招标时必须具备下列条件：

（一）具有项目法人资格（或法人资格）；

（二）有与建设项目规模相适应的，熟悉和掌握招标投标法律、法规、规章的专业齐全的技术、经济管理人员；

（三）具有编制招标文件、审查投标人资格和组织开标、评标、定标的能力；

（四）设有财务机构和具有会计从业资格的人员，能按有关法规进行财务管理和独立的会计核算；

（五）资质等级与建设项目的投资规模相适应，有从事同类铁路建设项目招标的经验。

第十六条　招标人自行招标应在上报可行性研究报告时向项目审批部门报送下列书面材料，经核准后方能自行招标：

（一）项目法人营业执照、法人证书或项目法人组建的文件；

（二）与招标项目相适应的专业技术力量情况，包括工程技术、概（预）算、财务和工程管理人员的高、中、初级职称的人数；

（三）内设的招标机构或专职招标人员的基本情况；

（四）拟使用的评委专家库；

（五）以往编制的同类建设项目招标文件和评标报告，以及招标业绩的证明材料；

（六）其他材料。

在报送可行性研究报告前，需通过招标方式或其他方式确定勘察、设计单位开展前期工作的，应在上述书面材料中说明。

第十七条　任何单位和个人不得限制招标人自行办理招标事宜，不得强制其委托招标代理机构办理招标事宜。不得为招标人指定招标代理机构。也不得拒绝办理工程建设的有关手续。

第十八条　委托招标应遵守下列规定：

（一）招标人与招标代理机构应签订委托代理合同，招标代理机构在招标人委托的范围内办理招标事宜，并遵守本办法关于招标人的规定；

（二）招标代理机构应维护招标人的合法权益，对招标文件、评标办法、评标报告等的科学性、准确性负责，不得向外泄漏有关情况，影响公正、公平竞争；

（三）招标代理机构不得接受已代理的同一招标项目的投标咨询业务，不得转让招标代理；

（四）招标代理机构与行政机关和其他国家机关及投标人不得有隶属关系或其他利益关系。

第十九条　招标分为公开招标和邀请招标。必须招标的铁路建设工程项目均应公开招标。公开招标项目的招标人必须以招标公告的方式邀请不特定的法人或其他组织投标。

不适宜公开招标的项目，经项目审批部门批准，可以采用邀请招标。招标人以投标邀请书的形式邀请三个以上具备承担招标项目的能力、资信良好的特定投标人投标。投标邀请书的内容可比照招标公告。

第二十条　招标公告应在《中国日报》、《中国经济导报》、《中国建设报》、《中国采购与招标网》等至少一家媒介上发布，其中，必须招标的国际招标项目的招标公告应在《中国日报》发布。同时应将招标公告抄送指定网络。公告发布手续由铁路有形建设市场的交易中心归口对指定媒介办理，同时在交易中心网站发布。

招标公告的内容包括：

（一）招标人的名称和地址；

（二）招标项目的名称、资金来源、内容、规模、实施的地点和工期；

（三）获取资格审查文件和招标文件的办法、地点和时间；

（四）对投标人资质条件的要求；

（五）招标的日程安排；

（六）对资格预审文件和招标文件收取的费用。

第二十一条　铁路建设工程招标程序如下：

（一）编制、报批招标计划；

（二）发布招标公告；

（三）申请投标；

（四）审查投标资格；

（五）发售招标文件；

（六）召开标前会；

（七）递送投标文件；

（八）确定评标方案、标底；

（九）开标、评标、定标；

（十）核准招标结果，发中标通知书；

（十一）上报招标投标情况的书面报告；

（十二）承发包合同签订与登记。

第二十二条　招标人应提出招标计划报工程招投标管理办公室审批，招标计划应包括以下内容：

（一）工程项目概况，招标依据，招标方式、范围和内容；

（二）标段划分依据及数量，每个标段的主要工程量及估价；

（三）投标人选择标段的方式；

（四）招标时间安排和地点；

（五）评委会组成方案，从专家库中选择专家的专业分类、人数；

（六）建议定标方式。

第二十三条　招标文件的编制应符合下列要求：

（一）招标文件包括以下主要内容：

1. 投标邀请书；

2. 投标人须知；

3. 合同条件；

4. 技术规范；

5. 图纸；

6. 工程量清单；

7. 投标书格式及投标保证；

8. 辅助资料表及各类文件格式；

9. 履约保证金；

10. 合同协议书；

11. 评标的标准和方法；

12. 国家对招标项目的技术、标准有规定的，应按照其规定在招标文件中提出相应要求；

13. 招标文件应对技术标和商务标的划分、内容要求、密封、标志、递交投标文件和开标等作出具体规定。

（二）招标文件应载明：严禁中标人转包工程，中标人不得将招标项目的主体、关键工程进行分包；重要的设备和主要材料的招标范围，其他设备和材料的采购供应方式；开标时的唱标内容。

（三）招标文件不得规定任何不合理的标准、要求和程序，不得要求或者标明特定的生产供应者，不得含有倾向或排斥潜在投标人的内容，不得强制投标人组成联合体或限制投标人之间的竞争。

第二十四条　招标文件发出后，招标人不得擅自变更和增加附加条件，确需进行必要的澄清或修改，应在招标文件要求提交投标文件截止时间至少 15 日前，以书面形式通知所有招标文件的收受人。澄清或修改内容以及对投标人所提问题的书面答复均为招标文件的组成部分。

第二十五条　标段划分应符合下列要求：

（一）标段不宜过小；

（二）根据工程项目的特点，考虑工程的整体性、专业性；

（三）有利于组织工程建设和管理，工程衔接和相关工程的配合，场地平面布置，大型临时设施、过渡工程和辅助工程的合理配置，分段施工、分期投产、分期受益。

第二十六条　招标人应按招标公告和招标文件载明的条件对潜在投标人进行资格审查。资格审查分为资格预审和资格后审。资格预审是指在投标前对潜在投标人进行的资格审查，资格后审是指在开标后对投标人的资格审查。采取资格预审的，招标人应当在资格预审文件中载明资格预审的条件；采取资格后审的，招标人应当在招标文件中载明对投标人的资格要求。

第二十七条　资格审查一般应审查潜在投标人是否符合下列条件：

（一）具有独立签订合同的资格；

（二）具有与招标项目相适应的资质证书、生产许可证或特许证等；

（三）具有有效履行合同的能力；

（四）以往承担类似项目的业绩情况；

（五）没有处于被责令停业，暂停投标期限，财产被接管、冻结，破产状态等；

（六）近两年内没有与骗取合同有关的犯罪或严重违法行为；

（七）近一年无重大质量、安全事故及既有线施工造成的铁路行车重大、大事故；

（八）投标联合体还应符合本办法第三十五条规定的资格条件。

国家对投标人资格条件有规定的，依照其规定。

第二十八条　招标人应将资格审查结果通知潜在投标人，并在铁路有形建设市场的交易中心公布资格审查合格的潜在投标人。只有资格审查合格的潜在投标人才能购买招标文件。

第二十九条　招标人可按下列原则和方式确定潜在投标人投标标段：

（一）若潜在投标人自报投标标段，资格审查通过后即为潜在投标人投标标段；

（二）考虑资格审查通过的潜在投标人的专业特长确定投标标段；

（三）结合资格审查通过的潜在投标人的企业规模，做到投标机会基本公平。

第三十条 招标人应组织召开有购买招标文件的潜在投标人参加的标前会。标前会的内容包括：

（一）招标人介绍招标文件和工程概况，设计单位介绍设计情况。

（二）现场踏勘。可根据项目的具体情况，由招标人统一组织或明确由潜在投标人自行进行。

（三）潜在投标人提出问题，招标人答疑。

提出问题应以书面方式，答复问题以书面形式通知所有招标文件收受人。

第三十一条 招标人不得与投标人串通，不得向他人透露已获取招标文件的潜在投标人的名称、数量以及可能影响公平竞争的有关招标投标的其他情况。

第三十二条 招标中各项工作的期限应满足下列要求：

（一）向交易中心报送招标公告资料至发售招标资格审查文件一般不少于12日；

（二）招标人发售资格审查文件至潜在投标人报送资格审查申请文件一般不少于7日；

（三）潜在投标人向招标人提出的问题一般应在提交投标文件截止时间16日前，过时不予受理；

（四）自招标文件开始发售之时起至提交投标文件截止之时止不得少于20日；

（五）评委专家的产生时间：开标前1—3日；

（六）评标时间：从开标至推荐中标候选人一般在15日之内完成；

（七）招标人应于确定中标人后5日内，向工程招投标管理办公室上报招标结果，工程招投标管理办公室核准时间不超过5个工作日；

（八）中标通知书发出时间应不超过招标文件载明的投标文件的有效期；

（九）自中标通知书发出之日起，30日内签订书面合同。

第三十三条 出现下列情况，招标人必须按本办法的规定重新招标：

（一）一个招标标段递交投标文件的投标人少于三个；

（二）一个招标标段所有投标人递交的投标文件，符合本办法第三十七条的有效投标文件少于三个；

（三）所有投标被评标委员会否决；

（四）投标人放弃中标，其余又无有效的中标候选人；

（五）由于行为人的违法行为中标无效，其余又无有效的中标候选人；

（六）经主管部门批准，其他原因需要重新招标的。

第三章 投 标

第三十四条 必须招标的铁路建设工程项目的投标人应具备下列条件：

（一）经工商行政管理部门注册登记核准的营业执照；

（二）与招标工程相应的铁路行业资质条件，承担招标项目的相应能力；

（三）重要设备、主要材料的产品生产许可证或特许证；

（四）开户银行的资信证明；

（五）社会中介机构对年度财务报表出具的年审报告。

第三十五条 由两个以上的法人或者其他组织组成联合体共同投标的应符合下列要求：

（一）联合体投标人的资格条件：

1. 联合体各方均应符合本办法第三十四条的条件；

2. 国家有关规定或者招标文件对投标人资格条件有规定的，联合体各方均应具备规定的相应条件；

3. 由同一专业的各方组成的联合体，按照资质等级较低的一方考核。

（二）联合体各方应当签订共同投标协议，约定各方拟承担的工作和责任，明确联合体代表及授权。联合体代表在协议授权的范围内代表联合体各方处理有关问题。

（三）联合体中标的，联合体各方应当共同与招标人签订合同，就中标项目向招标人承担连带责任。

第三十六条 投标人的权利与义务：

（一）权利：

1. 有权决定参加或不参加投标；

2. 在提交投标文件截止时间前有权补充、修改以至撤回投标文件；

3. 有权要求招标人书面澄清招标文件中词义表达不清、遗漏的内容或对比较复杂的事项进行说明；

4. 当自己的权益受到损害或认为招投标活动不符合有关法律、法规规定时，有权向招标人提出异议或依法向有关行政部门投诉。

（二）义务：

1. 接受依法实施的监督，遵守招标投标法律、法规和招标文件的规定，遵循诚实信用原则，公平竞争；对投标文件的真实性负责；

2. 按评标委员会的要求对投标文件中含义不明确的内容作必要的澄清或者说明，但不得超出投标文件范围或者改变投标文件实质内容；

3. 按规定提供投标保证金、履约保证金或其他经济担保；

4. 中标通知书发出后在规定期限内，按招标文件和中标的投标文件与招标人签订合同。

第三十七条 投标文件的编制应符合下列要求：

（一）投标人应当严格按招标文件的要求编制投标文件，投标文件应对招标文件提出的实质性要求作出响应，即对招标项目的价格和其他商务条件、项目的计划和组织实施安排、技术规范、合同主要条款等作出响应。

投标人拟投标项目的预定项目经理（总监理工程师）必须参与投标文件的编制。

（二）投标文件一般应包括以下内容：

1. 投标书；

2. 法定代表人证书或授权书；

3. 各种投标保证；

4. 投标价格及有关分析资料；

5. 投标项目的实施或重要设备和主要材料供应方案及说明；

6. 投标项目达到的目标及措施；

7. 投标保证金和其他担保；

8. 项目管理或监理机构主要负责人和专业人员资格的简历、业绩；

9. 完成项目的主要设备和检测仪器；

10. 招标文件要求的其他内容。

（三）技术标文件和商务标文件应分别编写。

（四）投标人拟在中标后将中标项目的部分非主体、非关键工程进行分包的，应在投标文件中说明，并将分包人的资质证明文件载入投标文件。

（五）投标人组成联合体投标的，应在投标文件中说明，并将各方联合投标的协议载入投标文件。

（六）除有变化和招标文件规定外，投标文件中不再重复资格审查申请文件已报送的资料。

（七）投标人在规定提交投标文件的截止时间前，以书面方式对已提交投标文件的补充、修改内容，为投标文件的组成内容。

第三十八条 投标人应当在招标文件要求提交投标文件的截止时间前，将投标文件密封送达招标地点。招标人在收到投标文件后，应当向投标人出具标明签收人和签收时间的凭证，对投标文件要妥善保存并不得开启。

第四章 评标委员会和评标办法

第三十九条 评标委员会由招标人依法组建，负责人由招标人确定。

评标委员会成员人数，铁路大中型建设项目为7人以上、其他建设项目为5人以上，均应为单数。其中招标人代表不得多于总人数的三分之一，技术、经济方面的专家名额不得少于总人数的三分之二。技术、经济专家于开标前1—3天在工程招投标管理办公室的监督下，由招标人从评委专家库相应专业中随机抽取。每次可抽取与评委专家名额相同的备选评委专家。

技术特别复杂、专业性要求特别高或者国家有特殊要求的招标项目，采取随机抽取方式确定的专家难以胜任的，可以由招标人直接确定。

评标委员会可根据需要安排工作人员负责评标

的具体事务性工作。

第四十条　抽取的评委专家与招标人、投标人有利害关系或因故不能出席的，应从备选评委专家中依次递补。

评委专家确定后由招标人通知评委专家本人，其名单在中标结果确定前应严格保密。

第四十一条　评标委员会职责

（一）按评标办法评审投标文件；

（二）编写评标报告，向招标人推荐中标候选人（按顺序列出第1、2、3名），或根据招标人的授权直接确定中标人；

（三）负责评标工作，接受依法实施的监督。

第四十二条　评标办法应遵循下列原则：

（一）评标办法应根据选定的评标方法（即最低评标价法、综合评分法、合理最低投标价法三种之一）制定。

（二）评标办法应详细、具体，便于操作，避免随意性。内容、标准应与招标文件一致，条件尽可能量化。技术标文件和商务标文件应分开评审，技术标文件作为暗标先评审，技术标文件未通过的，商务标文件不再参加评审。

（三）评标方法若采用综合评分法，报价评分比例不宜超过百分之四十，报价较标底的增减幅度应拉开分差。

（四）国家对特定的招标项目的评标有特别规定的，从其规定。

（五）评标办法经工程招投标管理办公室审核确定后应即时密封，待开标会上当场启封公布。评标办法公布后，其内容不得作任何修改。

第四十三条　招标项目需要编制标底的，由招标人自行编制或委托经主管部门批准具有编制标底能力的中介机构代理编制。

第四十四条　编制标底应遵循以下依据和原则：

（一）依据：

1. 招标文件的商务条款及其他规定；

2. 批复的设计文件及概算；

3. 工程施工组织设计，重要设备和主要材料供应计划；

4. 国务院铁路及建设主管部门颁发的概算定额、费用标准和有关规定。

（二）原则：

1. 标底价格应根据市场情况，力求科学、合理，有利于竞争和保证项目质量；

2. 标底的计价内容、依据应与批准的设计文件和招标文件一致；

3. 按招标文件工程量清单的工程项目划分、统一计量单位和工程量计算规则确定工程数量和编制标底；

4. 不由投标人承包的项目及费用不计入标底；

5. 标底价格由成本、利润、税金等组成。按概算章、节编制，应低于招标概算，即批准的设计概算中招标项目的概算金额；

6. 一个标段只能编制一个标底。

第四十五条　标底经工程招投标管理办公室审核确定后应即时密封，待开标会上当场启封公布。

第五章　开　　标

第四十六条　开标应按招标文件规定的时间，在交易中心举行。

第四十七条　开标由招标人主持。邀请所有投标人、监督部门代表等参加。必要时招标人可委托公证部门的公证人员对整个开标过程依法进行公证。

第四十八条　开标会按以下程序进行：

（一）宣布参加开标会的投标人及法定代表人或委托代理人名单。

（二）介绍招标项目的有关情况。

（三）公布评标、定标办法。宣布开标顺序和唱标主要内容。

（四）请投标人代表确认投标文件的密封完整性。当众检验、启封投标文件和补充、修改函件。

（五）宣读投标文件的主要内容：

1. 必须按当场启封的投标文件正本宣读；

2. 在提交投标文件截止时间前收到的所有投标文件和对投标文件的补充、修改函件都应当当众予以宣读。

（六）当众启封、公布标底。

（七）当场作出开标记录，并由招标人、投标人法定代表人或委托代理人在记录上签字，确认开标结果。

第六章 评 标

第四十九条 招标人应根据评标工作量和难易程度安排足够的评标时间，并采取必要的措施，保证评标在严格保密的情况下进行。避免任何单位和个人非法干预、影响评标过程和结果。

评标委员会应组织全体评标委员学习有关规定和保密要求，宣布评标纪律，熟悉招标文件和评标办法。

第五十条 评标只对有效投标文件进行评审，有下列情形之一的属于无效投标文件：

（一）逾期送达；

（二）未按规定密封；

（三）投标人的法定代表人或委托代理人未参加开标会；

（四）未按招标文件规定提交投标保证金；

（五）未同时加盖投标人和法定代表人或委托代理人的印鉴或签字（含投标联合体各方）；

（六）实质性内容不全或数据模糊、辨认不清或者拒不按照要求对投标文件进行澄清、说明或补正的；

（七）投标人未对招标文件作出实质性的响应或与招标文件有重大的偏离；

（八）投标人有《中华人民共和国反不正当竞争法》所列的不正当竞争行为；

（九）投标人在同一个投标段，提交一个以上的标价或自行投标又参加联合体投标或同时参加一个以上联合体投标；

（十）在技术标文件中显示或暗示投标人的。

第五十一条 评标应按照招标文件和评标办法规定的标准和方法进行。不得采用招标文件和评标办法未列明的标准和方法；不得改变招标文件和评标办法规定的标准和方法；也不得在招标文件和评标办法规定的评审内容之外增加和延伸评审内容。

第五十二条 评标过程中评标委员会可以要求投标人对投标文件中含义不明确的内容以书面方式作必要的澄清或说明，但澄清或者说明不得超出投标文件的范围，不得改变投标文件的实质内容。评标委员会不得向投标人提出超出招标文件范围的问题，不得与投标人就投标价格和投标方案进行实质性谈判。

第五十三条 评标委员应在阅读投标文件的基础上，对同一标段各投标文件同一评审分项进行横向比较，客观、公正、独立的提出评审意见。不得采取事先议论某标段可能中标的总体意向后再评审，不得有迎合任何人评标意图的倾向，不得以分项评审人的评审意见代替其余评标委员的意见。

经评标委员会评审，认为所有的投标都不符合招标文件的要求，可以否决所有投标，对低于成本价格的投标应予否决。

第五十四条 经评审具备下列条件之一，应推荐为第一中标候选人：

（一）若采用最低评标价法，评标价最低的投标人；

（二）若采用综合评分法，平均分最高的投标人；

（三）若采用合理最低投标价法，能够满足招标文件各项要求，投标价格最低（但低于成本的除外）的投标人。

若有不同意见，以多数评标委员的意见为准。

第五十五条 评标委员会全体委员应对评标结果经签字确认，并向招标人提出书面评标报告和推荐中标候选人。评标委员对中标候选人有不同意见在评标报告中说明。

第七章 中 标

第五十六条 中标人的投标应当符合下列条件之一：

（一）能最大限度的满足招标文件中规定的各项综合评标标准；综合评分最高；

（二）能够满足招标文件的实质性要求，并且经评审的投标价格最低；但是投标价格低于成本的除外。

第五十七条 招标人应根据评标委员会的书面评标报告和推荐的中标候选人确定排名第一的中标候选人为中标人。排名领先的中标候选人放弃中标、因不可抗力提出不能履行合同，或者招标文件规定应当提交履约保证金而在规定的期限内未能提交的，可以确定顺延排名的中标候选人为中标人。

招标人可以授权评标委员会直接确定中标人。

第五十八条　招标人在确定中标人5日内，将招标结果书面报工程招投标管理办公室。书面报告的内容包括：中标人，中标标段的招标概算、标底、中标价、降造幅度、评分，评标报告等。

招标人的书面评标报告经工程招投标管理办公室核准后，招标人应向中标人发出中标通知书，并同时将中标结果通知所有未中标的投标人。

第五十九条　经国家计委核准自行招标的铁路建设项目，招标人在最终确定中标人之日起15日内向国家计委提交招标投标情况的书面报告，同时抄送国务院铁路主管部门。书面报告至少应包括下列内容：

（一）招标方式和发布招标公告的媒介；

（二）招标文件中投标人须知、技术标准、评标标准和方法、合同主要条款等内容；

（三）评标委员会的组成和评标报告；

（四）中标结果。

第六十条　招标文件规定提交履约保证金的，中标人应在收到中标通知书后、签订合同前按规定提交履约保证金。若中标人未按期或拒绝提交履约保证金，可视为放弃中标项目，中标人依法承担法律责任。招标人可以从其余仍然有效的中标候选排序最前的投标人选取中标人，签订合同。

第六十一条　中标人在提交履约保证金的同时，应按中标的承诺，将中标项目的项目经理的资质证书原件交由招标人保存。该项目经理在合同履行期间不得在其他建设工程项目任职。

第六十二条　招标人与中标人应当自中标通知书发出之日起30日内，按照招标文件和中标人的投标文件订立书面合同，并在签订合同后5个工作日内向中标人和未中标的投标人退还投标保证金。

招标人和中标人不得再订立背离合同实质性内容的其他协议。招标人不得对中标人的中标工程指定分包或将任务切割。

双方当事人应按招、投标文件的承诺和合同约定履行义务。中标人在投标文件中承诺的人员、装备，一般不允许更换；因特殊原因需要更换时，必须经招标人同意，且技术能力不得低于资格审查和投标时的水平。

第八章　罚　　则

第六十三条　招标投标有关当事人在招标投标活动中，发生违法行为的，依据《中华人民共和国招标投标法》规定承担相应法律责任。

国务院铁路主管部门依据《中华人民共和国招标投标法》和本办法对违法行为进行行政处罚。受国务院铁路主管部门委托的部门，认为需要进行行政处罚时，报国务院铁路主管部门批准后实施。

第六十四条　必须进行招标的项目而不招标的，将必须进行招标的项目化整为零或者以其他任何方式规避招标的，限期改正，可以处项目合同金额千分之五以上千分之十以下的罚款；对全部或者部分使用国有资金的项目，可以暂停项目执行或者暂停资金拨付；对单位直接负责的主管人员和其他直接责任人依法给予处分。

第六十五条　招标代理机构泄露应当保密的与招标投标活动有关的情况和资料的，或者与招标人、投标人串通损害国家利益、社会公共利益或者他人合法权益的，处五万元以上二十五万元以下的罚款，对单位直接负责的主管人员和其他直接责任人员处单位罚款数额百分之五以上百分之十以下的罚款；有违法所得的，并处没收违法所得；情节严重的，暂停直至取消招标代理机构资格；构成犯罪的，依法追究刑事责任。给他人造成损失的，依法承担赔偿责任。

前款所列行为影响中标结果的，中标无效。

第六十六条　招标人以不合理的条件限制或者排斥潜在投标人的，对潜在投标人实行歧视待遇的，强制要求投标人组织联合体共同投标的，或者限制投标人之间竞争的，责令改正，可以处一万元以上五万元以下的罚款。

第六十七条　招标人向他人透露已获取招标文件的潜在投标人的名称、数量或者可能影响公平竞争的有关招标投标的其他情况的，或者泄露标底的，给予警告，可以并处一万元以上十万元以下的罚款；对单位直接负责的主管人员和其他直接责任人依法给予处分；构成犯罪的，依法追究刑事责任。

前款所列行为影响中标结果的，中标无效。

第六十八条 投标人相互串通投标或者与招标人串通投标的，投标人以向招标人或者评标委员会成员行贿的手段谋取中标的，中标无效，处中标项目金额千分之五以上千分之十以下的罚款，对单位直接负责的主管人员和其他直接责任人员处单位罚款数额百分之五以上百分之十以下的罚款；有违法所得的并处没收违法所得；情节严重的，取消其一年至二年参加招标项目的投标资格并予以公告，直至由主管部门建议工商行政管理机关吊销营业执照；构成犯罪的，依法追究刑事责任。给他人造成损失的，依法承担赔偿责任。

第六十九条 投标人以他人名义投标或者以其他方式弄虚作假、骗取中标的，中标无效；处中标项目金额千分之五以上千分之十以下的罚款，对单位直接负责的主管人员和其他直接责任人员处单位罚款数额百分之五以上百分之十以下的罚款；有违法所得的，并处没收违法所得；情节严重的，取消其一年至三年内参加招标项目的投标资格并予以公告，直至由主管部门建议工商行政管理机关吊销营业执照；给招标人造成损失的，依法承担赔偿责任；构成犯罪的，依法追究刑事责任。

第七十条 招标人与投标人就投标价格、投标方案等实质性内容进行谈判的，给予警告，对单位直接负责的主管人员和其他直接责任人员依法给予处分。影响中标结果的，中标无效。

第七十一条 评标委员会成员收受投标人的财物或者其他好处的，评标委员会成员或者参加评标的有关工作人员向他人透露对投标文件的评审和比较、中标候选人的推荐以及与评标有关的其他情况的，给予警告，没收收受的财物，可以并处三千元以上五万元以下的罚款，对有所列违法行为的评标委员会成员，取消担任评标委员会成员的资格，不得参加任何招标项目的评标；构成犯罪的，依法追究刑事责任。

第七十二条 招标人在评标委员会依法推荐的中标候选人以外确定中标人的，在所有投标被评标委员会否决后自行确定中标人的，中标无效，责令改正。可以处中标项目金额千分之五以上千分之十以下的罚款；对单位直接负责的主管人员和其他直接责任人员依法给予处分。

第七十三条 中标人将中标项目转让给他人的，将中标项目肢解后分别转让给他人的，将中标项目的部分主体、关键性工程分包给他人的，或者分包人再次分包的，转让、分包无效，处转让、分包项目金额千分之五以上千分之十以下的罚款；有违法所得的，并处没收违法所得；可以责令停业整顿；情况严重的，由主管部门建议工商行政管理机关吊销营业执照。

第七十四条 招标人与中标人不按照招标文件和中标人的投标文件订立合同，或者招标人、中标人订立背离合同实质性内容的协议的，责令改正；可以处中标项目金额千分之五以上千分之十以下的罚款。

第七十五条 中标人不履行与招标人订立的合同的，履约保证金不予退还，给招标人造成的损失超过履约保证金数额的，应当对超过部分予以赔偿；没有提交履约保证金的，应当对招标人的损失承担赔偿责任。

中标人不按照与招标人订立的合同履行义务，情节严重的，取消其二年至五年内参加招标项目的投标资格并予以公告，直至由工商行政管理机关吊销营业执照。

前两项规定不包括因不可抗力不能履行合同的。

第七十六条 由于招标人自身原因违约，使得中标人无法签订合同的，招标人应对中标人的损失承担赔偿责任。

第七十七条 限制或者排斥本地区、本系统以外的法人或者其他组织参加投标的，为招标人指定招标代理机构的，强制招标人委托招标代理机构办理招标事宜的，或者以其他方式干涉招标投标活动的，责令改正；对单位直接负责的主管人员和其他直接责任人员依法给予警告、记过、记大过的处分，情节较重的，依法给予降级、撤职、开除的处分。

第七十八条 对招标投标活动依法负有行政监督职责的国家机关工作人员徇私舞弊、滥用职权或者玩忽职守，构成犯罪的，依法追究刑事责任；不构成犯罪的，依法给予行政处分。

第九章 附 则

第七十九条 必须招标的铁路建设项目使用国际组织或者外国政府贷款、援助资金进行招标，贷款方、资金提供方对招标投标的具体条件和程序有不同规定的，可以适用其规定，但违背中华人民共和国的社会公共利益的除外。

第八十条 本实施办法中所涉及的资格预审文件、资格预审办法、招标文件（含工程量清单）、评标办法的示范文本和招标档案的目录，应按照各类招标实施细则的规定编制。

第八十一条 本实施办法生效后，必须招标的铁路建设项目招标投标活动一律以本办法为准。

第八十二条 铁路建设工程勘察、设计招标投标实施办法另行制定。

第八十三条 本办法自2002年10月1日起施行。

第八十四条 本办法由国务院铁路主管部门负责解释。

铁路建设工程质量安全事故与招投标挂钩办法

1. 2009年9月22日铁道部建设管理司、铁道部安全监察司发布

2. 建建〔2009〕273号

第一条 为加强铁路建设项目工程质量安全管理，提高铁路建设管理水平，根据国务院《建设工程质量管理条例》、《建设工程安全生产管理条例》、《铁路运输安全保护条例》及铁道部有关规定，制定本办法。

第二条 铁路建设工程质量事故，按照铁道部《铁路建设工程质量事故调查处理规定》分为特别重大事故、重大事故、较大事故、一般事故和工程质量问题。

第三条 铁路建设工程安全事故，按照国务院《生产安全事故报告和调查处理条例》分为生产安全特别重大事故、重大事故、较大事故及一般事故。

第四条 铁路交通事故，按照国务院《铁路交通事故应急救援和调查处理条例》分为铁路交通特别重大事故、重大事故、较大事故和一般事故。

第五条 对造成铁路建设工程质量事故、安全事故以及铁路交通事故的责任单位，除按国家和铁道部有关规定处理外，对施工（工程局及以下企业）、监理企业参加铁路大中型建设项目的投标做出限制，对设计单位在施工图考核中给予降低等级或停止投标的处理。

因全国性或区域性不可抗拒自然灾害造成的事故除外。

第六条 发生铁路建设工程质量事故的，在事故责任认定之日起，对事故责任单位进行如下处罚：

（一）特别重大事故，根据情节，取消施工企业6个月及以上投标资格；取消监理企业4个月及以上投标资格。

（二）重大事故，根据情节，取消施工企业4个月及以上投标资格；取消监理企业2个月及以上投标资格。

（三）较大事故，根据情节，取消施工企业2个月及以上投标资格；取消监理企业1个月及以上投标资格。

（四）一般事故，根据情节，取消施工企业1个月及以上投标资格；取消监理企业20天及以上投标资格。

（五）工程质量问题，根据情节，给予相应处罚。

对于偷工减料、内业资料弄虚作假等情节严重、影响恶劣的质量事故或工程质量问题加重处理。

第七条 发生生产安全特别重大事故、重大事故的，自事故发生之日起，进行如下处罚：

（一）特别重大事故，根据情节，取消施工企业6个月及以上投标资格；取消监理企业4个月及以上投标资格。

（二）重大事故，根据情节，取消施工企业4个月及以上投标资格；取消监理企业2个月及以上投标资格。

被吊销或暂扣安全生产许可证的施工企业一律不准参加铁路建设项目投标。

第八条 发生生产安全较大事故的，进行如下处罚。

（一）造成人员死亡的，自事故发生之日起：

1. 死亡7～9人的，取消施工企业10次投标资格;取消监理企业6次投标资格。

2. 死亡5~6人的,取消施工企业7次投标资格;取消监理企业4次投标资格。

3. 死亡3~4人的,取消施工企业4次投标资格;取消监理企业2次投标资格。

(二)未造成人员死亡的,自事故责任认定之日起,停止投标次数比照本条第一款第3项进行处罚。

第九条 发生生产安全一般事故的,进行如下处罚。

(一)造成人员死亡的,自事故发生之日起:

1. 死亡2人的,取消施工企业2次投标资格;取消监理企业1次投标资格。

2. 死亡1人的,取消施工企业1次投标资格。

(二)未造成人员死亡的,自事故责任认定之日起,比照本条第一款第2项进行处罚。

第十条 由于工程建设引起铁路交通事故的,自事故责任认定之日起,对事故责任单位进行如下处罚:

(一)特别重大事故,负有全部或主要责任的,取消施工企业6个月及以上投标资格;取消监理企业4个月及以上投标资格。负有重要责任的,取消施工企业4个月及以上投标资格;取消监理企业2个月及以上投标资格。

(二)重大事故,负有全部或主要责任的,取消施工企业4个月及以上投标资格;取消监理企业2个月及以上投标资格。负有重要责任的,取消施工企业2个月及以上投标资格;取消监理企业1个月及以上投标资格。

(三)较大事故,负有全部或主要责任的,取消施工企业2个月及以上投标资格;取消监理企业1个月及以上投标资格。负有重要责任的,取消施工企业1个月及以上投标资格;取消监理企业20天及以上投标资格。

(四)一般事故:

1. A、B类事故,取消施工企业1~2次投标资格,取消监理企业1次投标资格。

2. C类事故,一个季度内发生二次,自第二起事故责任认定之日起,取消施工企业1次投标资格。

3. D类事故,一个季度内发生三次,自第三起事故责任认定之日起,取消施工企业1次投标资格。

第十一条 五年内(自第一起事故发生之日起)连续发生二起特别重大事故的、一年内(自第一起事故发生之日起)连续发生二起重大事故的、六个月内(自第一起事故发生之日起)连续发生二起较大事故的或三个月内(自第一起事故发生之日起)连续发生一般事故(不含C、D类)的,第二起事故及以后事故的停止投标时间或次数加倍。

第十二条 事故发生后不按规定上报的,或影响项目总工期的,按照事故等级对应停止投标时间或次数的1.5倍处罚;对隐瞒不报的,发现后按事故等级加倍处理。

第十三条 事故情节严重、社会影响恶劣的,招投标监管部门在进行招投标处罚时可加重处理。

第十四条 在停止投标期间再次发生事故的,停止投标时间和次数按本办法累计后顺延。

第十五条 向铁道部递交年度《铁路建设项目安全质量承诺书》的,发生事故后应按其承诺进行处罚,承诺书中没有相应处罚内容的按照本办法相应条款办理。

第十六条 本办法自印发之日起实行。《铁路建设工程安全质量事故与招投标挂钩办法》(建建〔2007〕64号)同时废止。

铁路工程建设项目招标投标活动监督办法

1. 2012年5月22日铁道部发布
2. 铁建设〔2012〕105号
3. 自2012年6月1日起施行

第一章 总 则

第一条 为维护铁路工程建设招标投标秩序,加强招标投标工作监督,依据《行政监察法》、《招标投标法实施条例》、《关于印发国务院有关部门实施招标投标活动行政监督的职责分工意见的通知》等有关法律法规及相关规定,制定本办法。

第二条 本办法适用于铁路工程建设项目招标投标活动的监督。

第三条 铁道部对铁道行业建设工程招标投标活动实

施监督，监督工作分标前、标中和标后三个阶段。

第四条 铁路工程建设项目招标投标监督应依法进行，监督人员应严格履行监督职责，铁路工程建设招标投标活动及其当事人应当接受监督部门依法实施的监督。

第二章 监督内容

第五条 铁道部建设司归口监督铁路工程建设招标投标活动，对铁路工程建设招标投标活动进行监督抽查，受理并组织调查涉及违反招标投标法律、法规、规定和程序的投诉举报。

第六条 监察部驻铁道部监察局（简称驻部监察局）依法对铁路工程建设项目招标投标监督工作和监察对象实施监察，对铁路工程建设招标投标监督工作进行抽查，受理并组织调查涉及人员违纪行为的投诉举报。

第七条 铁道部计划司负责监督铁路建设项目勘察设计招标投标活动，受理并组织调查涉及相关内容的投诉举报。

第八条 铁道部建设司和驻部监察局对铁路工程建设招标投标活动进行抽查，每年对组织招标的铁路局和部管铁路公司抽查比例不低于30%。

第九条 铁路建设工程招标计划审批、招标人招标投标情况的书面报告备案等招标管理工作以及投标人投标活动等，均属于招标投标监督工作内容。

第三章 标前监督

第十条 标前监督是指对铁路建设项目入场前招标投标活动进行的监督，重点监督是否执行可研报告批复中的招标方式，是否具备招标条件，资格预审公告、招标公告、交易场所、评标办法选用、评标委员会组成方案、招标文件等是否符合法律法规和铁道部相关规定。

第十一条 铁道部计划司、建设司等部门按照职责负责在建设项目入场前，抽查铁路建设项目招标条件执行国家、铁道部相关规定情况，审查铁路大中型建设项目勘察设计、施工、监理、甲供物资设备招标计划。

第十二条 铁道部建设司、驻部监察局、计划司等部门按照职责分工受理并组织调查入场前招标投标活动投诉举报，查处招标投标活动中存在的问题。

第四章 标中监督

第十三条 标中监督是指铁路建设项目入场至定标期间对招标投标活动进行的监督，重点监督招标人按批准事项办理入场手续、资格预审公告和招标公告的发布、开标过程；监督招标投标活动现场等。

第十四条 铁道部建设司、驻部监察局、计划司等部门对铁路建设项目入场后至定标期间招标投标活动实施监督抽查，主要包括：

1. 抽查建设项目资格预审公告、招标公告等是否执行招标计划批复；

2. 抽查资格预审文件和招标文件发售情况；

3. 抽查资格预审结果备案情况；

4. 抽查招标项目资格审查委员会和评标委员会组成方案合规性，对专家抽取过程进行抽查；

5. 抽查开标时间、开标地点、开标程序、异议答复等情况；

6. 通过监控系统对评标过程进行抽查；

7. 抽查中标候选人公示、招标人对异议的答复、中标通知书发出等情况；

8. 对招标人、投标人、评委专家等有关人员在交易场所中违反交易规则的行为责令改正，对发现的违法违规行为进行处理。

第十五条 铁道部建设司、驻部监察局、计划司等部门按照职责分工受理并组织调查入场至定标期间招标投标活动投诉举报，查处招标投标活动中存在的问题。

第五章 标后监督

第十六条 标后监督是指对铁路建设项目招标人确定中标人后的招标投标活动进行的监督。

第十七条 铁道部建设司负责监督检查铁道部批复招标计划的施工、监理等招标项目招标投标情况书面报告备案情况。

第十八条 铁道部建设司等相关部门负责抽查部管项目和铁路局管理大中型建设项目施工、监理合同签订的时间、合同条款的合规性以及合同备案办理情况，并查处违法分包、转包行为。合同条款存在违规情形的，应责令招标投标双方予以改正并监督其按规定重新办理备案手续。

第十九条 铁道部建设司、驻部监察局、计划司等相关部门按照职责分工受理并组织调查定标后招标投标活动投诉举报,查处招标投标活动中存在的问题。

第六章 项目实施

第二十条 部管项目在铁道部招标投标管理办公室指导下由铁道部工程管理中心负责对招标投标活动实施驻场监督,对监督过程中发现的违规行为及时纠正并提出处理建议,受委托组织或协助铁道部建设司、驻部监察局进行投诉举报调查。

1. 对部管项目入场后至开标前招标投标活动实施驻场监督,主要包括检查建设项目资格预审公告、招标公告、资格预审文件和招标文件等合规性;检查资格预审文件和招标文件发售情况;检查资格预审结果备案情况;检查招标项目资格审查委员会和评标委员会组成方案合规性,对专家抽取过程进行现场监督等。

2. 对部管项目开标至定标期间招标投标活动实施驻场监督,主要包括检查开标时间、开标地点、开标程序、开标现场、异议答复等情况;通过监控系统对评标过程进行驻场监督;检查中标候选人公示、招标人对异议的答复、中标通知书发出等情况。

3. 对招标人、评委专家等有关人员在交易场所中违反交易规则的行为予以纠正,对拒不改正的以及依法应当予以处罚的行为,应及时向铁道部建设司、驻部监察局等相关部门报告,并提出处罚建议。

第二十一条 局管项目在铁道部招标投标管理办公室指导下由铁路局负责对招标投标全过程实施监督工作,对招标投标违规行为及时纠正并提出处理建议,受委托组织或协助铁道部建设司、驻部监察局、计划司进行投诉举报调查。

1. 在局管项目入场前,检查招标条件和国家、铁道部相关规定执行等情况。

2. 对局管项目入场后至定标前招标投标活动实施驻场监督,主要工作包括:检查建设项目资格预审公告、招标公告、资格预审文件和招标文件等合规性;检查资格预审文件和招标文件发售情况;检查资格预审结果备案情况;检查招标项目资格审查委员会和评标委员会组成方案合规性,对专家抽取过程进行现场监督;驻场监督检查开标时间、开标地点、开标程序、开标现场、异议答复等情况;对评标过程进行现场监督;检查中标候选人公示、招标人对异议的答复、中标通知书发出等情况。

3. 对招标人、评委专家等有关人员在交易场所中违反交易规则的行为予以纠正,对拒不改正的以及依法应当予以处罚的行为,应及时向铁道部建设司、驻部监察局、计划司等相关部门报告,并提出处罚建议。

铁路局应细化明确建设管理和纪检监察等相关部门的监督职责及内容。

第七章 附　　则

第二十二条 监督工作应按照事事有标准、事事有程序、事事有责任人的要求,制定实施细则,细化监督办法,明确责任追究事项,明确监督记录格式及记录保管要求,明确监督岗位及责任,落实监督人员,切实保证监督工作有效进行。

第二十三条 监督工作人员应当严格遵守有关保密规定,对监督检查过程中知悉的国家机密、商业秘密、招标投标信息和投诉信息等,依法予以保密。

第二十四条 监督工作人员不依法履行职责,存在失职渎职行为的,由纪检监察部门组织调查处理。

第二十五条 本办法由铁道部建设管理司组织解释。

第二十六条 本办法自 2012 年 6 月 1 日起施行。铁道部前发《铁路有形建设市场交易规则》(铁建设〔2008〕56 号)、《铁路有形建设市场管理办法》(铁建设〔2010〕39 号)同时废止。

铁路建设工程评标专家库及评标专家管理办法

1. 2017 年 4 月 20 日国家铁路局发布
2. 国铁工程监〔2017〕27 号
3. 自 2017 年 6 月 1 日起施行

第一章 总　　则

第一条 为规范铁路建设工程评标专家库管理,加强对评标专家的监督管理，保证评标活动公平公正，根据《中华人民共和国招标投标法》《中华人民共和国招标投标法实施条例》《评标专家和评标专家库管理暂行办法》《评标专家专业分类标准》等，制定本办法。

第二条　本办法适用于铁路建设工程评标专家库的组建、使用、管理，以及对评标专家参与铁路工程建设项目评标活动的监督管理。

第三条　国家铁路局负责组建、管理铁路建设工程评标专家库。国家铁路局工程质量监督中心受国家铁路局委托具体负责铁路建设工程评标专家库日常管理工作。

地区铁路监督管理局（含北京铁路督察室，下同）负责监督铁路建设工程评标专家参与辖区内铁路工程建设项目评标的活动，与地方政府有关部门协调涉及评标专家管理和使用的有关事项。

第四条　铁路建设工程评标专家库按招标项目类别，分为施工监理货物服务评标专家库和勘察设计评标专家库两个子库。铁路建设工程评标专家的专业分类执行国家统一的分类标准。

第二章　专家入库

第五条　评标专家应具备以下基本条件：

1. 拥护中国共产党的路线、方针、政策，遵纪守法，具有良好的职业道德，能够依法、认真、公正、诚实、廉洁履行职责，维护招标投标双方的合法权益；

2. 熟悉有关招标投标的法律、法规、规章和铁路建设工程招标投标规定；

3. 从事铁路建设工程专业领域工作满8年并具有高级职称或同等专业水平；

4. 熟悉主评专业的专业技术要求和发展状况，了解兼评专业的专业技术要求和发展状况；

5. 在国家联合惩戒机制范围内没有失信记录；

6. 新入库专家年龄不超过65周岁，在库专家年龄不超过68周岁，身体健康，能够承担异地评标工作；

7. 能熟练使用计算机常用办公软件，适应电子评标需要；

8. 法律法规规定的其他条件。

前款第3项中“同等专业水平”是指本科毕业满12年、硕士毕业满6年、博士毕业满3年。

第六条　铁路建设工程评标专家采用单位推荐和个人申请方式，按下列程序进行：

1. 国家铁路局根据评标专家库中专业人员数量及实际需求，发布更新、增补评标专家通知。

2. 参与铁路工程建设活动的建设、勘察、设计、施工、监理、咨询、科研、院校等单位均可向国家铁路局推荐本单位符合评标专家条件的人选，推荐时应事先征得本人同意。符合评标专家条件的个人可以自行申请，但应经所在单位人事部门审核同意。

3. 所在单位人事部门对评标专家人选的有关证明材料进行初审并出具初审意见。单位推荐书或个人申请书应附本办法第五条规定条件的证明材料及本人签字的评标承诺书（见附件1）。

4. 国家铁路局组织对申报材料进行审核，并组织对审核合格专家人选进行业务培训。

5. 经培训考核合格的专家人选，纳入国家铁路局铁路建设工程评标专家库进行统一管理。

第七条　评标专家人选应根据所学专业和从业经历申报评标专业。每位评标专家人选只能申报施工监理货物服务评标专家子库或勘察设计评标专家子库中的一个专业作为主评专业，同时可以选择另一个熟悉的专业作为兼评专业。

施工监理货物服务评标专家子库和勘察设计评标专家子库中专业名称相同的专家，必要时可以互为备选专业专家。

第八条　根据招标项目评标需要，施工监理货物服务评标专家子库和勘察设计评标专家子库各设全国库、区域库、应急库三个级别。

按照地区铁路监督管理局的监管辖区，设沈阳、北京、上海、广州、成都、武汉、西安、兰州八个区域库；根据交易中心（或交易平台，以下简称交易中心）和铁路建设工程实际，可设立应急库。所有入库专家均为全国库的评标专家（年龄65周岁以上的专家原则上不再入全国库），并同时纳入工作单位所在地（或常驻地）相对应的区域库。能在3小时内自工作单位所在地或常驻地抵达交易中心评标场所的评标专家,可自主申请加入与该交易中心相对应的应急库。

评标专家工作单位所在地或常驻地发生较大变动的,应主动申请退出原地点对应的区域库或应急库,并重新申请加入新地点对应的区域库或应急库。

第三章　专家使用

第九条　依法必须进行招标的铁路工程建设项目,除招标投标法第三十七条第三款规定的特殊招标项目外,其评标委员会中的铁路工程专业评标专家(含资格预审委员会中的铁路工程专业评审专家,下同)应当从铁路建设工程评标专家库及其他依法组建的评标专家库中以随机抽取方式确定。

政府投资的铁路工程建设项目评标专家,必须从铁路建设工程评标专家库和其他政府有关部门组建的评标专家库中抽取。

除招标人代表外,招标人的其他人员不得另以评标专家身份参加资格审查或评标。

第十条　铁路工程建设项目施工、监理、勘察设计招标项目的评标专家一般应从全国库中抽取,物资(货物)、其他服务类招标项目的评标专家可从交易中心对应的区域库或全国库中抽取。因故需要临时补抽且从全国库或区域库中抽取专家难以满足评标时间要求的,可从应急库中抽取评标专家。

第十一条　招标人(或招标代理机构,下同)通过交易中心抽取铁路工程某一具体专业的评标专家时,应依次从主评专业、兼评专业、备选专业为该专业的评标专家中抽取。

第十二条　专家抽取完成后,一般不得更换。确需更换的,应依法补抽,并将有关情况纳入招标投标情况书面报告。

评标专家信息在中标结果确定前应当保密。

第十三条　招标人使用全国库抽取铁路建设工程评标专家的,应在开标前的48小时内抽取;使用区域库抽取的,应在开标前24小时内抽取;开标前4小时内或开标后需要临时补抽评标专家的,方可使用应急库。

第四章　专家权利和义务

第十四条　评标专家享有下列权利:

1. 接受聘请担任评标委员会成员;

2. 依法对投标文件进行独立评审,提出公正评审意见,不受任何单位或者个人的干预;

3. 接受参加评标活动的劳务报酬;

4. 对本人违规行为的处理有权提出异议;

5. 法律法规规定的其他权利。

第十五条　评标专家负有下列义务:

1. 具有法定回避情形的,应主动提出回避;

2. 遵守有关法律、法规和规章规定,遵守评标工作纪律,客观公正进行评审;

3. 及时更新个人信息、参加业务培训,接受评价和考核;

4. 协助、配合有关行政监督部门的监督、检查及投诉调查;

5. 法律法规规章规定的其他义务。

第十六条　有下列情形之一的,不得担任招标项目的评标专家:

1. 投标人或投标人主要负责人的近亲属;

2. 项目主管部门或者行政监督部门的人员;

3. 与投标人有经济利益关系,可能影响对投标公正评审的;

4. 曾因在招标、评标以及其他与招标投标有关活动中从事违法行为而受过行政处罚或刑事处罚的;

5. 法律法规规定的其他应当回避的情形。

评标专家有前款规定情形之一的,应当主动提出回避;未提出回避的,招标人或行政监督部门发现后,应立即停止其参加评审;已完成评审的,该专家的评审结论无效。

第十七条　评标专家应当遵守下列评标工作纪律:

1. 按时参加评标,不迟到、不早退,不无故缺席;

2. 评标时应携带有效身份证明,接受核验和监督;

3. 不委托他人代替评标;

4. 遵守交易中心评标区相关规定。

第十八条　评标专家的评审费,以及因参加评标所发生的交通、食宿等费用由招标人承担,相关费用标准可参考国家和省级人民政府财政部门有关规定。

第五章 专家考评

第十九条 国家铁路局对评标专家实行动态管理,通过"铁路建设工程评标专家库管理系统"建立包括记录评标专家基本信息、教育培训、评标记录、年度考核等内容的专家个人档案。

评标专家的单位、住址、联系电话等个人基本信息发生变更,或因故无法参加某一时段内评标的,应当及时登录"铁路建设工程评标专家库管理系统"进行信息申报。

第二十条 招标人在招标活动结束后应对评标专家进行评价(评价内容见附件2),有关评价意见纳入招标投标情况书面报告。

第二十一条 国家铁路局建立铁路建设工程评标专家年度考核制度,对评标专家实施记分管理,考核内容和记分分值详见《铁路建设工程评标专家动态考核分值表》(附件3)。

记分周期为12个月,对在记分周期内记分累计满6分的,暂停6个月参与依法必须进行招标的铁路工程建设项目的评标资格;记分满10分的,暂停12个月参与依法必须进行招标的铁路工程建设项目的评标资格。一个记分周期期满后,记分清零,不计入下一周期。

相关各方反映评标专家履职情况的信息经地区铁路监督管理局核实后予以记录,并纳入"铁路建设工程评标专家库管理系统"。

第二十二条 评标专家有下列违法违规行为之一的责令改正,记3分;情节严重的,记6分;情节特别严重的,取消担任评标委员会成员资格,从专家库中除名,不再接受其评标专家入库申请:

1. 应当回避而不回避;
2. 擅离职守;
3. 不按照招标文件规定的评标标准和方法评标;
4. 私下接触投标人;
5. 向招标人征询确定中标人的意向或者接受任何单位或者个人明示或者暗示提出的倾向或者排斥特定投标人的要求;
6. 对依法应当否决的投标不提出否决意见;
7. 暗示或者诱导投标人作出澄清、说明或者接受投标人主动提出的澄清、说明;
8. 其他不客观、不公正履行职责的行为。

对收受投标人财物或者其他好处的,向他人透露对投标文件的评审和比较意见、中标候选人的推荐情况以及与评标有关的其他情况的评标专家,直接从评标专家库中除名,不再接受其评标专家入库申请,并按《评标专家和评标专家库管理暂行办法》第十五条处理。

第二十三条 评标专家有下列情形之一的,停止担任评标委员会成员资格,并从铁路建设工程评标专家库中除名:

1. 以虚假材料骗取入库的;
2. 连续两个记分周期内考核满10分的;
3. "信用中国"网站公布的失信被执行人;
4. 其他违反法律、法规规定不再适宜担任评标专家的。

第二十四条 评标专家有下列情形之一的,停止担任评标委员会成员资格,并从铁路建设工程评标专家库中移出:

1. 年龄满68周岁;
2. 健康状况等原因不能胜任评标工作的;
3. 因工作调动等原因不适宜继续参加评标的;
4. 经本人申请不再担任评标专家的;
5. 连续5年未从事铁路工程建设或管理工作的。

第二十五条 招标人、交易中心以及相关当事人发现在专家抽取、专家评标等活动中存在违法违规和违反评标工作纪律行为的,应当及时向地区铁路监督管理局书面反映。地区铁路监督管理局收到相关反映的,应按规定依法处理。

第二十六条 评标专家对因自身违法违规受到处理持有异议的,可向作出处理的部门提出书面申诉。确属处理不当的,应当及时更正。

第二十七条 地区铁路监督管理局应及时协调交易中心使用的综合评标专家库同"铁路建设工程评标专家库管理系统"进行数据交换,动态更新铁路工程专业评标专家基本信息、抽取及参评记录、违法行为记录、惩戒等信息。

第六章 附 则

第二十八条 评标专家所在单位对评标专家参加铁路工程建设项目评标及相关教育培训活动应给予支持。

第二十九条 省级人民政府组织实施的地方政府审批（核准）铁路工程建设项目的评标专家监督工作，可参照本办法执行。

第三十条 本办法由国家铁路局工程监督管理司负责解释。

第三十一条 本办法自2017年6月1日起实施，《铁道部关于印发〈铁路建设工程评标专家库及评标专家管理办法〉的通知》（铁建设〔2012〕152号）同时废止。

附件：1. 评标承诺书（略）

2. 评标专家评价意见（略）

3. 铁路建设工程评标专家动态考核分值表（略）

铁路建设工程招标投标监管暂行办法

1. 2016年2月25日国家铁路局发布

2. 国铁工程监〔2016〕8号

3. 自2016年3月15日起施行

第一章 总 则

第一条 为加强和规范铁路建设工程招标投标监督管理工作，依据《中华人民共和国招标投标法》、《中华人民共和国招标投标法实施条例》、《铁路安全管理条例》等有关法律法规和规章，制定本办法。

第二条 本办法适用于国家铁路局、地区铁路监督管理局（含北京铁路督察室，下同）依法实施的铁路建设工程招标投标监督管理工作。

第三条 铁路建设工程招标投标监督管理应依法、公平、公正进行，并接受社会监督。

第二章 监督管理

第四条 国家铁路局负责铁路建设工程招标投标行业监督管理，指导、协调地区铁路监督管理局铁路建设工程招标投标监督管理工作，管理铁路建设工程评标专家库，对地方政府有关部门铁路建设工程招标投标监管工作予以行业指导。

第五条 地区铁路监督管理局负责辖区内铁路建设工程招标投标行业监督管理工作，监督国务院投资主管部门审批（核准、备案）的铁路建设项目招标投标，通报或报告辖区内铁路建设工程招标投标违法违规行为和相关监管信息，分析铁路建设工程招标投标相关情况；联系地方政府有关部门并提供行业指导。

第六条 涉及跨越地区铁路监督管理局监管辖区的铁路建设项目的招标投标监督，原则上由项目法人注册地所在的地区铁路监督管理局承担；情况特殊的，由国家铁路局指定。

第三章 监管方式

第七条 铁路建设工程招标投标监管方式主要包括监督检查、投诉处理、办理备案、行政处罚、记录公告等方式。

第八条 监督检查包括专项检查、抽查，并以抽查方式为主。地区铁路监督管理局应制定监督检查计划，合理确定抽查比例和频次，随机确定检查人员和检查对象，依法开展监督检查工作。

第九条 地区铁路监督管理局开展监督检查可以联合有关行政监管部门共同进行，必要时可聘请有关专家、邀请建设项目上级管理部门参加。

第十条 地区铁路监督管理局应为依法必须进行招标的铁路建设项目招标人办理自行招标备案手续、提交招标投标情况书面报告提供便利条件，并告知所需提交的有关材料清单及相关事项。

第十一条 铁路建设工程招标投标投诉受理及调查，执行《工程建设项目招标投标活动投诉处理办法》（发改委等七部委令第11号）和国家铁路局有关规定。地区铁路监督管理局应当向社会公布受理铁路建设工程招标投标投诉的联系方式，并按规定受理、调查、处理投诉。

第十二条 地区铁路监督管理局依法开展监督检查及调查，监督人员应主动出示证件，并有权要求招标人、投标人、投诉人、被投诉人和评标委员会成员等有关当事人予以配合，如实提供相关资料及情况。

第十三条　地区铁路监督管理局应按规定对招标投标违法行为予以处罚，并按《招标投标违法行为记录公告暂行办法》（发改法规〔2008〕1531 号）及国家铁路局有关规定进行记录公告。

第十四条　监督人员应严格履行监管职责，不得非法干涉招标投标活动，对监督工作中知悉的招标投标信息和投诉信息等应依法予以保密。

第四章　监管内容

第十五条　重点监督以下内容是否符合相关法律法规规章的规定：

1. 招标范围、招标方式、招标组织形式。

2. 资格预审文件、招标文件及公告。

3. 资格预审文件和招标文件发售。

4. 评标委员会（资格预审委员会）组成、专家抽取过程。

5. 开标时间、开标地点、开标程序、异议处理等。

6. 中标候选人公示、中标人确定及发放中标通知书、签订合同。

第十六条　首次办理自行招标备案接收的材料主要如下：

1. 项目法人营业执照、法人证书或者项目法人组建文件；设立项目管理机构具体负责建设管理的，还应一并报送项目管理机构组建文件及其职责权限的证明文件。

2. 具有与招标项目规模和复杂程度相适应的工程技术、概预算、财务和工程管理等方面专业技术人员的证明材料（职称证书、执业证书复印件和个人履历等）。

3. 取得招标职业资格的专职招标业务人员的证明材料（3 名以上招标师职业资格证件和个人招投标工作业绩）。

4. 项目可研批复文件。

5. 初步设计及概算批复文件。

6. 各招标批次初步安排（时间、地点）。

后续备案只需接受前述所涉事项变化的有关材料。

第十七条　招标投标情况书面报告应包括以下主要内容：

1. 招标范围。

2. 招标方式和发布招标公告的媒介。

3. 招标文件中投标人须知、技术条款、评标标准和方法、合同主要条款等内容。

4. 评标委员会的组成和评标报告。

5. 中标结果。

第五章　附　　则

第十八条　省级地方人民政府按《国务院办公厅关于创新投资管理方式建立协同监管机制的若干意见》（国办发〔2015〕12 号）组织实施的地方政府审批（核准）铁路建设项目招标投标监管工作，可参照本办法执行。

第十九条　本办法由国家铁路局工程监督管理司负责解释。

第二十条　本办法自 2016 年 3 月 15 日起施行，《铁路建设工程招标投标监管暂行办法》（国铁工程监〔2014〕6 号）同时废止。

铁路工程建设项目招标投标管理办法

1. 2018 年 8 月 31 日交通运输部令 2018 年第 13 号公布
2. 自 2019 年 1 月 1 日起施行

第一章　总　　则

第一条　为了规范铁路工程建设项目招标投标活动，保护国家利益、社会公共利益和招标投标活动当事人的合法权益，根据《中华人民共和国招标投标法》《中华人民共和国招标投标法实施条例》等法律、行政法规，制定本办法。

第二条　在中华人民共和国境内从事铁路工程建设项目的招标投标活动适用本办法。前款所称铁路工程建设项目是指铁路工程以及与铁路工程建设有关的货物、服务。

第三条　依法必须进行招标的铁路工程建设项目的招标投标，应当依照《公共资源交易平台管理暂行办法》等国家规定纳入公共资源交易平台。

依法必须进行招标的铁路工程建设项目的具体范围和规模标准，依照《中华人民共和国招标投标法》《中华人民共和国招标投标法实施条例》《必须招标的工程项目规定》等确定。

第四条 国家铁路局负责全国铁路工程建设项目招标投标活动的监督管理工作。

地区铁路监督管理局负责辖区内铁路工程建设项目招标投标活动的监督管理工作。

国家铁路局、地区铁路监督管理局以下统称铁路工程建设项目招标投标行政监管部门。

第五条 铁路工程建设项目的招标人和交易场所应当按照国家有关规定推行电子招标投标。

国家铁路局建立铁路工程建设行政监督平台，对铁路工程建设项目招标投标活动实行信息化监督管理。

第二章 招　　标

第六条 铁路工程建设项目的招标人是指提出招标项目、进行招标的法人或者其他组织。

招标人组织开展的铁路工程建设项目招标活动，应当具备《中华人民共和国招标投标法》《中华人民共和国招标投标法实施条例》《工程建设项目勘察设计招标投标办法》《工程建设项目施工招标投标办法》《工程建设项目货物招标投标办法》等规定的有关条件。

第七条 招标人委托招标代理机构进行招标的，应当与被委托的招标代理机构签订书面委托合同。招标人授权项目管理机构进行招标或者由项目代建人承担招标工作的，招标人或者代建项目的委托人应当出具包括委托授权招标范围、招标工作权限等内容的委托授权书。多个招标人就相同或者类似的招标项目进行联合招标的，可以委托招标代理机构或者其中一个招标人牵头组织招标工作。

第八条 依法必须进行招标的铁路工程建设项目，招标人应当根据国务院发展改革部门会同有关行政监督部门制定的《标准施工招标资格预审文件》《标准施工招标文件》《标准设备采购招标文件》《标准材料采购招标文件》《标准勘察招标文件》《标准设计招标文件》《标准监理招标文件》等标准文本以及铁路行业补充文本，结合招标项目具体特点和实际需要，编制资格预审文件和招标文件。

第九条 采用公开招标方式的铁路工程建设项目，招标人应当依法发布资格预审公告或者招标公告。

依法必须进行招标的铁路工程建设项目的资格预审公告或者招标公告应当至少载明下列内容：

（一）招标项目名称、内容、范围、规模、资金来源；

（二）投标资格能力要求，以及是否接受联合体投标；

（三）获取资格预审文件或者招标文件的时间、方式；

（四）递交资格预审文件或者投标文件的截止时间、方式；

（五）招标人及其招标代理机构的名称、地址、联系人及联系方式；

（六）采用电子招标投标方式的，潜在投标人访问电子招标投标交易平台的网址和方法；

（七）对具有行贿犯罪记录、失信被执行人等失信情形潜在投标人的依法限制要求；

（八）其他依法应当载明的内容。

第十条 采用邀请招标方式的铁路工程建设项目，招标人应当向3家以上具备相应资质能力、资信良好的特定的法人或者其他组织发出投标邀请书。

第十一条 依法必须进行招标的铁路工程建设项目，招标人应当在发布资格预审公告或者招标公告前7个工作日内向铁路工程建设项目招标投标行政监管部门备案。鼓励采用电子方式进行备案。

第十二条 资格预审应当按照资格预审文件载明的标准和方法进行。

第十三条 国有资金占控股或者主导地位的依法必须进行招标的铁路工程建设项目资格预审结束后，资格审查委员会应当编制资格审查报告。资格审查报告应当载明下列内容，如果有评分情况，在资格审查报告中一并列明：

（一）招标项目基本情况；

（二）资格审查委员会成员名单；

（三）资格预审申请文件递交情况；

（四）通过资格审查的申请人名单；

（五）未通过资格审查的申请人名单，以及未通过审查的具体理由、依据（应当指明不符合资格预审文件的具体条款序号）；

（六）澄清、说明事项；

（七）需要说明的其他事项。

资格审查委员会所有成员应当在资格审查报告上签字。对审查结果有不同意见的资格审查委员会成员应当以书面形式说明其不同意见和理由，资格审查报告应当注明该不同意见。资格审查委员会成员拒绝在资格审查报告上签字又不书面说明其不同意见和理由的，视为同意资格审查结果。

第十四条 招标人应当及时向资格预审合格的潜在投标人发出资格预审合格通知书或者投标邀请书，告知获取招标文件的时间、地点和方法；同时向资格预审不合格的潜在投标人发出资格预审结果通知书，注明未通过资格预审的具体理由。

通过资格预审的申请人少于 3 个的，应当重新招标。

第十五条 资格预审申请人对资格预审结果有异议的，可以自收到或者应当收到资格预审结果通知书后 3 日内提出。招标人应当自收到异议之日起 3 日内作出答复，异议答复应当列明事实和依据；作出答复前，应当暂停招标投标活动。

第十六条 招标人应当依照国家有关法律法规规定，在招标文件中载明招标项目是否允许分包，以及允许分包或者不得分包的范围。

第十七条 招标人应当在招标文件或者资格预审文件中集中载明评标办法、评审标准和否决情形。否决情形应当以醒目方式标注。资格审查委员会或者评标委员会不得以未集中载明的评审标准和否决情形限制、排斥潜在投标人或者否决投标。

第十八条 招标人不得以不合理的条件限制或者排斥潜在投标人，不得对潜在投标人实行歧视待遇。

除《中华人民共和国招标投标法实施条例》第三十二条规定的情形外，招标人有下列行为之一的，视为以不合理的条件限制或者排斥潜在投标人：

（一）对符合国家关于铁路建设市场开放规定的设计、施工、监理企业，不接受其参加有关招标项目的投标；

（二）设定的企业资质、个人执业资格条件违反国家有关规定，或者与招标项目实际内容无关；

（三）招标文件或者资格预审文件中设定的投标人资格要求高于招标公告载明的投标人资格要求；

（四）对企业或者项目负责人的业绩指标要求，超出招标项目对应的工程实际需要。

第十九条 招标人以暂估价形式包括在总承包范围内的工程、货物、服务属于依法必须进行招标的项目范围且达到国家规定规模标准的，应当依法进行招标。暂估价部分招标的实施主体应当在总承包项目的合同条款中约定。

第二十条 招标人在发布招标公告、发出投标邀请书、售出招标文件或者资格预审文件后，除不可抗力、国家政策变化等原因外，不得擅自终止招标。

招标人终止招标的，应当及时发布公告，或者以书面形式通知被邀请的或者已经获取资格预审文件、招标文件的潜在投标人。已经发售资格预审文件、招标文件或者已经收取投标保证金的，招标人应当及时退还所收取的资格预审文件、招标文件的费用，以及所收取的投标保证金及银行同期存款利息。

第三章　投　　标

第二十一条 铁路工程建设项目的投标人是指响应招标、参加投标竞争的法人或者其他组织。

投标人应当具备承担招标项目的能力，并具备招标文件规定和国家规定的资格条件。

第二十二条 投标人应当按照招标文件的要求编制投标文件。投标文件应当对招标文件提出的实质性要求和条件予以响应。

第二十三条 投标人可以银行保函方式提交投标保证金。招标人不得拒绝投标人以银行保函形式提交的投标保证金，评标委员会也不得以此理由否决其投标。

第二十四条 根据招标文件载明的项目实际情况和工程分包的有关规定，投标人应当在投标文件中载明中标后拟分包的工程内容等事项。

第二十五条 投标人在投标文件中填报的资质、业绩、主要人员资历和目前在岗情况、信用等信息，应当与其在铁路工程建设行政监督平台上填报、发布的一致。

第二十六条 投标人不得有下列行为：

（一）串通投标；

（二）向招标人、招标代理机构或者评标委员会成员行贿；

（三）采取挂靠、转让、租借等方式从其他法人、组织获取资格或者资质证书进行投标，或者以其他方式弄虚作假进行投标；

（四）排挤其他投标人公平竞争的行为。

第四章 开标、评标和中标

第二十七条 招标人应当按照招标文件规定的时间、地点开标，并邀请所有投标人参加。

递交投标文件的投标人少于3个的标段或者包件，招标人不得开标，应当将相应标段或者包件的投标文件当场退还给投标人，并依法重新组织招标。

重新招标后投标人仍少于3个，属于按照国家规定需要政府审批、核准的铁路工程建设项目的，报经原审批、核准部门审批、核准后可以不再进行招标；其他铁路工程建设项目，招标人可以自行决定不再进行招标。

依照本条规定不再进行招标的，招标人可以邀请已提交资格预审申请文件的申请人或者已提交投标文件的投标人进行谈判，确定项目承担单位，并将谈判报告报对该项目具有招标监督职责的铁路工程建设项目招标投标行政监管部门备案。

第二十八条 招标人应当记录关于开标过程的下列内容并存档备查：

（一）开标时间和地点；

（二）投标文件密封检查情况；

（三）投标人名称、投标价格和招标文件规定的其他主要内容；

（四）投标人提出的异议及当场答复情况。

第二十九条 评标由招标人依法组建的评标委员会负责。评标委员会成员的确定和更换应当遵守《中华人民共和国招标投标法》《中华人民共和国招标投标法实施条例》《评标委员会和评标方法暂行规定》等规定。

依法必须进行招标的铁路工程建设项目的评标委员会中，除招标人代表外，招标人及与该工程建设项目有监督管理关系的人员不得以技术、经济专家身份等名义参加评审。

第三十条 招标人应当向评标委员会提供评标所必需的信息和材料，但不得明示或者暗示其倾向或者排斥特定投标人。提供评标所必需的信息和材料主要包括招标文件、招标文件的澄清或者修改、开标记录、投标文件、资格预审相关文件、投标人信用信息等。

第三十一条 评标委员会设负责人的，评标委员会负责人应当由评标委员会成员推举产生或者由招标人确定。评标委员会负责人负责组织并与评标委员会成员一起开展评标工作，其与评标委员会的其他成员享有同等权利与义务。

第三十二条 评标委员会认为投标人的报价明显低于其他投标报价，有可能影响工程质量或者不能诚信履约的，可以要求其澄清、说明是否低于成本价投标，必要时应当要求其一并提交相关证明材料。投标人不能证明其报价合理性的，评标委员会应当认定其以低于成本价竞标，并否决其投标。

第三十三条 评标委员会经评审，否决投标的，应当在评标报告中列明否决投标人的原因及依据；认为所有投标都不符合招标文件要求，或者符合招标文件要求的投标人不足3家使得投标明显缺乏竞争性的，可以否决所有投标。评标委员会作出否决投标或者否决所有投标意见的，应当有三分之二及以上评标委员会成员同意。

第三十四条 评标委员会成员应当客观、公正地履行职务，恪守职业道德，对所提出的评审意见承担个人责任。

评标委员会成员不得私下接触投标人，不得收受投标人的财物或者其他好处，不得向招标人征询确定中标人的意向，不得接受任何单位或者个人明示或者暗示提出的倾向或者排斥特定投标人的要求。

评标委员会成员和参与评标的有关工作人员不得透露对投标文件的评审和比较、中标候选人的推荐情况以及与评标有关的其他情况。

第三十五条 评标完成后，评标委员会应当向招标人提交书面评标报告和中标候选人名单。中标候选人应当不超过3个，并标明排序。

评标报告应当如实记载下列内容：

（一）基本情况和数据表；

（二）评标委员会成员名单，评标委员会设有负责人的一并注明；

（三）开标记录；

（四）符合要求的投标人名单；

（五）否决投标的情况说明，包括具体理由及招标文件中的相应否决条款；

（六）评标标准、评标方法或者评标因素一览表；

（七）经评审的价格或者评分比较一览表；

（八）经评审的投标人排序；

（九）推荐的中标候选人名单与签订合同前要处理的事宜；

（十）澄清、说明、补正事项纪要。

评标报告应当由评标委员会全体成员签字；设立评标委员会负责人的，评标委员会负责人应当在评标报告上逐页签字。对评标结果有不同意见的评标委员会成员应当以书面形式说明其不同意见和理由，评标报告应当注明该不同意见。评标委员会成员拒绝在评标报告上签字又不书面说明其不同意见和理由的，视为同意评标结果。评标委员会提交的评标报告内容不符合前款要求的，应当补充完善。

第三十六条 依法必须进行招标的铁路工程建设项目的招标人，应当对评标委员会成员履职情况如实记录并按规定对铁路建设工程评标专家予以评价。

第三十七条 招标人根据评标委员会提出的书面评标报告和推荐的中标候选人确定中标人。招标人也可以授权评标委员会直接确定中标人。依法必须进行招标的铁路工程建设项目，招标人应当自收到评标报告之日起3日内在规定的媒介上公示中标候选人，公示期不得少于3日。

对中标候选人的公示信息应当包括：招标项目名称，标段或者包件编号，中标候选人排序、名称、投标报价、工期或者交货期承诺，评分或者经评审的投标报价情况，项目负责人姓名及其相关证书名称和编号，中标候选人在投标文件中填报的企业和项目负责人的工程业绩，异议受理部门及联系方式等。

第三十八条 依法必须进行招标的铁路工程建设项目的投标人或者其他利害关系人对评标结果有异议的，应当在中标候选人公示期间提出。招标人应当自收到异议之日起3日内作出答复，异议答复应当列明事实、依据；作出答复前，应当暂停招标投标活动。

招标人经核查发现异议成立并对中标结果产生实质性影响的，应当组织原评标委员会按照招标文件规定的标准和方法审查确认。若异议事项涉嫌弄虚作假等违法行为或者原评标委员会无法根据招标文件和投标文件审查确认的，以及招标人发现评标结果有明显错误的，招标人应当向铁路工程建设项目招标投标行政监管部门反映或者投诉。

第三十九条 中标候选人的经营、财务状况发生较大变化或者存在违法行为，招标人认为可能影响其履约能力的，应当在发出中标通知书前由原评标委员会按照招标文件规定的标准和方法审查确认。

非因本办法第三十八条第二款及本条第一款规定的事由，招标人不得擅自组织原评标委员会或者另行组建评标委员会审查确认。

第四十条 中标人确定后，招标人应当向中标人发出中标通知书，并同时将中标结果通知所有未中标的投标人。依法必须进行招标项目的中标结果还应当按规定在有关媒介公示中标人名称。

所有投标均被否决的，招标人应当书面通知所有投标人，并说明具体原因。

第四十一条 依法必须进行招标的铁路工程建设项目，招标人应当自确定中标人之日起15日内，向铁路工程建设项目招标投标行政监管部门提交招标投标情况书面报告。鼓励采用电子方式报告。

招标投标情况书面报告应当包括下列主要内容：

（一）招标范围；

（二）招标方式和发布招标公告的媒介；

（三）招标文件中投标人须知、技术条款、评标标准和方法、合同主要条款等内容；

（四）评标委员会的组成、成员遵守评标纪律和履职情况，对评标专家的评价意见；

（五）评标报告；

（六）中标结果；

（七）其他需提交的问题说明和资料。

第四十二条 招标人和中标人应当在投标有效期内并自中标通知书发出之日起30日内，按照招标文件和中标人的投标文件订立书面合同。招标人和中标人不得再行订立背离合同实质性内容的其他协议。

第四十三条 招标文件要求中标人提交履约保证金的，中标人应当提交。履约保证金可以银行保函、支票、现金等方式提交。

中标人提交履约保证金的，在工程项目竣工前，招标人不得再同时预留工程质量保证金。

第四十四条 中标人应当按照合同约定履行义务，完成中标项目。

招标人应当加强对合同履行的管理，建立对中标人合同履约的考核制度。依法必须进行招标的铁路工程建设项目，招标人、中标人应当按规定向铁路工程建设项目招标投标行政监管部门提交合同履约信息。

第四十五条 铁路工程建设项目的施工中标人对已包含在中标工程内的货物再次通过招标方式采购的，招标人应当依据承包合同约定对再次招标活动进行监督，对施工中标人再次招标选定的货物进场质量验收情况进行检查。

第五章 监督管理

第四十六条 铁路工程建设项目招标投标行政监管部门应当依法加强对铁路工程建设项目招标投标活动的监督管理。

国家铁路局组建、管理铁路建设工程评标专家库，指导、协调地区铁路监督管理局开展铁路工程建设项目招标投标监督管理工作。

地区铁路监督管理局应当按规定通报或者报告辖区内的铁路工程建设项目招标投标违法违规行为和相关监督管理信息，分析铁路工程建设项目招标投标相关情况。

第四十七条 铁路工程建设项目招标投标监督管理方式主要包括监督抽查、投诉处理、办理备案、接收书面报告、行政处罚、记录公告等方式。

第四十八条 投标人或者其他利害关系人（以下简称投诉人）认为铁路工程建设项目招标投标活动不符合法律、行政法规规定的，可以自知道或者应当知道之日起10日内向铁路工程建设项目招标投标行政监管部门投诉。

第四十九条 投诉人投诉时，应当提交投诉书。投诉书应当包括下列内容：

（一）投诉人的名称、地址及有效联系方式；

（二）被投诉人的名称、地址及有效联系方式；

（三）投诉事项的基本事实；

（四）相关请求及主张；

（五）有效线索和相关证明材料。

对按规定应当先向招标人提出异议的事项进行投诉的，还应当提交已提出异议的证明文件。如果已向有关行政监督部门投诉的，应当一并说明。

投诉人是法人的，投诉书必须由其法定代表人或者授权代表签字并盖章；其他组织或者自然人投诉的，投诉书必须由其主要负责人或者投诉人本人签字，并附有效身份证明复印件。

投诉书有关材料是外文的，投诉人应当同时提供其中文译本。

第五十条 有下列情形之一的投诉，铁路工程建设项目招标投标行政监管部门不予受理：

（一）投诉人不是所投诉招标投标活动的参与者，或者与投诉项目无任何利害关系；

（二）投诉事项不具体，且未提供有效线索，难以查证的；

（三）投诉书未署具投诉人真实姓名、签字和有效联系方式的；以法人名义投诉的，投诉书未经法定代表人或者授权代表签字并加盖公章的；

（四）超过投诉时效的；

（五）已经作出处理决定，并且投诉人没有提出新的证据的；

（六）投诉事项应当先提出异议没有提出异议的，或者已进入行政复议或者行政诉讼程序的。

第五十一条　铁路工程建设项目招标投标行政监管部门受理投诉后，应当调取、查阅有关文件，调查、核实有关情况，根据调查和取证情况，对投诉事项进行审查，按照下列规定做出处理决定：

（一）投诉缺乏事实根据或者法律依据的，驳回投诉；

（二）投诉情况属实，招标投标活动确实存在违法行为的，依照《中华人民共和国招标投标法》及其他有关法规、规章进行处理。

第五十二条　铁路工程建设项目招标投标行政监管部门积极推进铁路建设工程招标投标信用体系建设，建立健全守信激励和失信惩戒机制，维护公平公正的市场竞争秩序。

鼓励和支持招标人优先选择信用良好的从业企业。招标人可以对信用良好的投标人或者中标人，减免投标保证金，减少履约保证金或者质量保证金。招标人采用相关信用优惠措施的，应当在招标文件中载明。

第五十三条　铁路工程建设项目招标投标行政监管部门对招标人、招标代理机构、投标人以及评标委员会成员等的违法违规行为依法作出行政处理决定的，应当按规定予以公告，并记入相应当事人的不良行为记录。

对于列入不良行为记录、行贿犯罪档案、失信被执行人名录的市场主体，依法按规定在招标投标活动中对其予以限制。

第五十四条　铁路工程建设项目招标投标行政监管部门履行监督管理职责过程中，有权查阅、复制招标投标活动的有关文件、资料和数据；在投诉调查处理中，发现有违反法律、法规、规章规定的，应当要求相关当事人整改，必要时可以责令暂停招标投标活动。招标投标活动交易服务机构及市场主体应当如实提供相关情况和材料。

第五十五条　铁路工程建设项目招标投标行政监管部门的工作人员对监督过程中知悉的国家秘密、商业秘密，应当依法予以保密。

第六章　法律责任

第五十六条　招标人有下列情形之一的，由铁路工程建设项目招标投标行政监管部门责令改正，给予警告；情节严重的，可以并处3万元以下的罚款：

（一）不按本办法规定编制资格预审文件或者招标文件的；

（二）拒绝以银行保函方式提交的投标保证金或者履约保证金的，或者违规在招标文件中增设保证金的；

（三）向评标委员会提供的评标所需信息不符合本办法规定的；

（四）不按本办法规定公示中标候选人的；

（五）不按本办法规定进行招标备案或者提交招标投标情况书面报告的；

（六）否决所有投标未按本办法规定告知的；

（七）擅自终止招标活动的，或者终止招标未按规定告知有关潜在投标人的；

（八）非因本办法第三十八条第二款和第三十九条第一款规定的事由，擅自组织原评标委员会或者另行组建评标委员会审查确认的。

第五十七条　投标人或者其他利害关系人捏造事实、伪造材料或者以非法手段取得证明材料进行投诉，尚未构成犯罪的，由铁路工程建设项目招标投标行政监管部门责令改正，给予警告；情节严重的，可以并处3万元以下的罚款。

第五十八条　评标委员会成员、资格审查委员会成员有下列情形之一的，由铁路工程建设项目招标投标行政监管部门责令改正，给予警告；情节严重的，禁止其在6个月至1年内参加依法必须进行招标的铁路工程建设项目的评审；情节特别严重的，取消担任评标委员会、资格审查委员会成员资格，并从专家库中除名，不再接受其评标专家入库申请：

（一）应当回避而不回避；

（二）擅离职守；

（三）不按照招标文件规定的评标标准和方法评标；

（四）私下接触投标人；

（五）向招标人征询确定中标人的意向，或者接受任何单位或者个人明示或者暗示提出的倾向或者排斥特定投标人的要求；

（六）对依法应当否决的投标不提出否决意见；

（七）暗示或者诱导投标人作出澄清、说明或者接受投标人主动提出的澄清、说明；

（八）评审活动中其他不客观、不公正的行为。

第七章　附　　则

第五十九条　采用电子方式进行招标投标的，应当符合本办法和国家有关电子招标投标的规定。

第六十条　本办法自2019年1月1日起施行。

中央治理工程建设领域突出问题工作领导小组办公室、铁道部关于铁路工程项目进入地方公共资源交易市场招投标工作的指导意见

1. 2012年5月12日

2. 中治工办发〔2012〕3号

为贯彻落实第十七届中央纪委第七次全会和国务院第五次廉政工作会议精神，按照2012年工程建设领域突出问题专项治理工作有关要求，现就做好铁路工程项目进入地方公共资源交易市场招投标有关事宜，提出如下意见。

一、充分认识铁路工程项目进入地方公共资源交易市场招投标的重要意义和应把握的基本原则

党的十七大对加快形成统一开放竞争有序的现代市场体系作出重要部署。十七届四中全会指出，要按照加快形成统一开放竞争有序市场体系要求推进相关改革。第十七届中央纪委第七次全会和国务院第五次廉政工作会议强调，深入推进工程建设领域突出问题专项治理，建设统一规范的公共资源交易市场，推动政府投资和使用国有资金的工程项目、土地使用权和矿业权进场交易。铁路工程项目进入地方公共资源交易市场招投标，是铁路工程招投标管理体制的重大改革，是铁路系统反腐倡廉建设的重要举措，是2012年工程建设领域突出问题专项治理工作的重要任务。铁路系统和有关地方要充分认识这项改革的重要意义，按照完善社会主义市场经济体制的要求，以《中华人民共和国招标投标法实施条例》出台为契机，以地方公共资源交易市场建设为基础，改革铁路工程招投标管理体制机制，推动铁路工程项目按照属地或授权原则，进入地方公共资源交易市场招投标，保障铁路建设市场主体平等、充分竞争，防范领导干部违规插手干预招投标、明招暗定、权钱交易等突出问题，促进铁路建设市场持续健康发展。

（一）*市场调节、行政监管。*坚持完善社会主义市场经济体制的根本方向，通过市场机制提高铁路建设资源配置的效率和质量。发挥行业主管部门、监管部门职能作用，加强和改进铁路工程招投标的管理和监督。

（二）*积极稳妥、确保质量。*在抓紧推进铁路工程进入地方公共资源交易市场的同时，从铁路工程项目交易的实际出发，审慎选择设施完备、管理规范的公共资源交易市场，细化工作方案，完善政策规定，扎实稳妥地做好相关工作。

（三）*管办分离、分工协作。*按照决策权、操作权、监督权既相互制约、又相互协调的要求，铁路工程项目进入地方公共资源交易市场招投标，铁路部门集中精力履行好项目审批、行业监管等职责，保证铁路工程招投标依法有序开展。

二、扎实有序做好铁路工程项目进入地方公共资源交易市场招投标工作

2011年底，铁道部管理的大中型建设项目已一次性全部进入北京市建设工程发包承包交易中心招标。2012年，18个铁路局（公司）管理的项目要按照属地或授权原则，进入地方公共资源交易市场招投标。

（一）*5月底前，8个铁路局（公司）管理的工程项目一次性进入地方公共资源交易市场招投标。*北京、济南、南昌、昆明铁路局和广铁集团公司管理的铁路项目（含大中型、更新改造及小型建设项目）按照属地原则，分别进入北京市建设工程发包承包交易中心、济南公共资源交易中心、江西省南昌公共资

源交易中心、云南省公共资源交易中心和广州建设工程交易中心招投标。铁道部同意上海铁路局按照授权原则，将其管理的铁路项目进入南京市公共资源交易中心，太原、西安铁路局将其管理的铁路项目进入北京市建设工程发包承包交易中心。同时取消上述7个铁路局和广铁集团公司原有的铁路二级建设交易市场。

（二）6月底前，10个铁路局（公司）管理的工程项目分别进入地方公共资源交易市场招投标。鉴于一些地方公共资源交易市场目前不具备隔夜评标条件，哈尔滨、沈阳、呼和浩特、郑州、武汉、南宁、成都、兰州、乌鲁木齐等9个铁路局管理的大中型铁路项目，进入北京市建设工程发包承包交易中心招投标；更新改造和小型项目按照属地原则，分别进入哈尔滨市建设工程交易中心、沈阳市公共资源交易中心、内蒙古自治区建设工程招投标服务中心、郑州市建设工程交易中心、湖北省综合招投标中心、广西自治区公共资源招投标服务中心、四川省人民政府政务服务中心招投标中心、甘肃省机电设备交易中心和新疆自治区建设工程交易中心招投标。铁道部同意青藏铁路公司按照授权原则，将其管理的大中型建设项目进入北京建设工程发包承包交易中心招投标，更新改造和小型项目进入甘肃省机电设备交易中心招投标。同时取消上述9个铁路局和青藏铁路公司原有的铁路二级建设交易市场。有关地方公共资源交易市场达到隔夜评标等条件后，上述铁路局工程项目可返回属地公共资源交易市场招投标。

（三）按照市场规则，签订铁路工程进入地方公共资源交易市场招投标服务协议。铁路部门和地方公共资源交易市场要本着平等自愿原则，协商签订《铁路工程进入地方公共资源交易市场招投标服务协议书》（见附件），约定铁路工程项目进入地方公共资源交易市场招投标的业务流程和操作环节、工作内容和具体要求、各自的责任和义务等，并报铁道部和地方公共资源交易市场管理机构、监管部门备案。在积极推动政府采购法实施条例出台的基础上，探索利用地方公共资源交易市场平台开展政府采购招投标活动，逐步将铁路机车、车辆等设备采购纳入地方公共资源交易市场。

三、切实加强铁路工程进入地方公共资源交易市场后的管理和监督

充分发挥铁路行业主管部门、地方公共资源交易市场及相关管理机构的职能作用，加强铁路工程招投标全过程的监管，保证铁路工程招投标活动按照法律法规和铁道部、地方公共资源交易市场有关规定，依法有序开展。

（一）强化铁路部门对铁路工程招投标的行业监管。铁路部门要制定铁路工程招投标行业监管的内部分工制度，明确铁路工程招投标各环节的监管内容、方式和责任主体。招标前，重点监管招标方式核准、招标人自主招标的专业人员配备、标段划分、资格预审公告、招标公告、交易场所、评标办法选用、评委会组成方案、招标文件等是否符合法律法规。招标过程中，重点监管招标人按批准事项办理入场手续、资格预审公告和招标公告的发布、开标过程，协助地方公共资源交易市场办理铁路专家入场手续、监控招投标活动现场等。招标结束后，重点抓好投诉举报受理、违规违纪问题核查。

（二）提高有关地方公共资源交易市场服务水平。地方各有关公共资源交易市场要进一步完善开标区、封闭评标区等硬件设施和视频监控、电子评标等软件设施，健全各项管理制度，根据铁路工程招投标工作需求，对现有交易平台进行优化调整，提供公开、公平、公正的交易平台和优质服务。协助铁路部门核验招标方是否采用经核准的招标方式、市场主体及进场交易项目资料是否完整；配合招标方按照有关规定抽取评标专家、为开标评标提供场所和服务；现场监控招投标交易活动，整理、保存交易过程的相关资料备查；及时发现和制止场内交易活动中的违法违规行为，及时报告铁路部门并协助调查；通过地方公共资源交易市场平台，向社会发布招投标信息、过程和结果。各有关地方要按照《国家计委、财政部关于整顿和规范招投标收费的通知》（计价格〔2002〕520号）“保本微利”的要求，在保证交易中心基本运转费用的基础上，参照铁道部原交易服务费标准收费，每个招标批次上限封顶为

10 万元。

（三）加强铁路工程评标专家库建设和管理。铁路部门要按照国家评标专家专业分类标准，对铁路专业评标专家库进行扩容调整，建立健全评标专家动态管理、考核和退出等机制。将铁路专业评标专家库纳入国家综合评标专家库，并与接收铁路工程进场地方的省级专家库实现平台对接、兼容共享。扩大评标专家抽取的覆盖面，铁路专业工程评标专家要从全国抽取，通用工程属地、跨行业抽取，铁路局更新改造及小型项目从本地区和邻近区域铁路专业评标专家库中抽取。

（四）探索推行铁路工程电子招投标。研究制定铁路工程电子招投标规则，争取今年第三季度前完成铁路工程电子评标模块及软件系统的研发和试运行。四季度，在北京、南京、南昌三个公共资源交易市场进行电子招投标试点，探索三个区域互相连通的铁路工程远程异地评标。

（五）深化铁路工程信息公开和诚信体系建设。进一步健全铁路行业信用等级评价、信用信息采集发布、失信惩戒等制度规范，实现与其他相关行业间的信用信息互认共享、成果运用。严格诚信标准，认真记录铁路建设从业企业的不良行为信息，及时在铁路部门信息公开专栏和地方公共资源交易市场平台上公开，探索将信用信息与企业资质资格认定、招投标市场准入等挂钩，营造铁路工程建设讲诚实、守信用的市场秩序。

四、明确有关工作要求

（一）加强组织领导，形成工作合力。各地各有关部门和铁路部门要增强政治意识和大局意识，把思想统一到中央工程治理领导小组的决策部署上来，加强领导、密切配合，落实责任、协调行动。地方相关主管部门要与相应的铁路局建立沟通协作机制，共同研究制定具体方案，定期研究分析进场交易情况，协调解决工作中遇到的问题，确保铁路工程项目平稳进入地方公共资源交易市场招投标。

（二）采取有力措施，狠抓任务落实。铁路部门和地方公共资源交易市场要按照有关法律法规和进场协议，履行好各自的职责和义务，细化各环节的责任单位、责任人员、工作内容和操作性规定。有关地方公共资源交易市场监管部门和监察机关要加强监督检查，对不认真履行职责、违规为招标人指定招标代理机构、违规收取交易费用、干预操纵铁路工程招投标的，要严肃查处，并追究有关人员的责任。

（三）及时总结经验，巩固改革成果。2012 年底，铁路部门和有关地方公共资源交易市场要提交阶段性报告，总结铁路工程进入地方公共资源交易市场招投标工作，查找存在的问题，提出改进建议。有关地方工程治理领导小组办公室要加强组织协调和政策研究，及时总结铁路工程进场交易、地方公共资源交易市场提供服务的做法、成效和经验，加强宣传引导，发挥导向和示范作用。重要政策问题及时报告中央工程治理领导小组办公室和国家有关业务主管部门。

附件：铁路工程进入地方公共资源交易市场招投标服务协议书（参照样本）（略）

④民航工程

住房和城乡建设部、民航局关于进一步明确民航建设工程招投标管理和质量监督工作职责分工的通知

1. 2011 年 3 月 4 日

2. 民航发〔2011〕34 号

各省、自治区住房和城乡建设厅、直辖市城乡建委（建设交通委），民航各地区管理局，民航专业工程质量监督总站：

根据国务院办公厅《国务院办公厅印发国务院有关部门实施招标投标活动行政监督的职责分工意见的通知》（国办发〔2000〕34 号文）和《建设工程质量管理条例》（国务院令第 279 号），建设部与民航局于 2001 年和 2003 年分别发布了《关于民航建设工程招投标管理和质量监督工作职责分工的通知》（民航机发〔2001〕229 号文）和《关于民航建设工程招投标管理和质量监督工作职责分工的补充通知》

（总局厅发〔2003〕41号文），对民航建设工程招投标管理和质量监督工作的职责进行了划分，为规范民航建设工程管理起到了积极作用。随着行业技术进步和工程建设规模的扩展，原有对民航建设工程范围的描述已不能完全涵盖现有工程类型。为此，经民航局与住房和城乡建设部协商，现将两部门的职责分工进一步明确如下：

一、民航建设工程中民航专业工程的招投标管理和质量监督工作由民航局负责。民航专业工程包括：

（一）机场场道工程，包括：

1. 飞行区土石方（不含填海工程）、地基处理、基础、道面工程；

2. 飞行区排水、桥梁、涵隧、消防管网、管沟（廊）工程；

3. 飞行区服务车道、巡场路、围界（含监控系统）工程。

（二）民航空管工程，包括：

1. 区域管制中心、终端（进近）管制中心和塔台建设工程；

2. 通信（包括地空通信和地地通信）工程、导航（包括地基导航和星基导航）工程、监视（包括雷达和自动相关监视系统）工程；

3. 航空气象（包括观测系统、卫星云图接收系统等）工程；

4. 航行情报工程。

（三）机场目视助航工程，包括：

1. 机场助航灯光及其监控系统工程；

2. 飞行区标记牌和标志工程；

3. 助航灯光变电站和飞行区供电工程；

4. 泊位引导系统及目视助航辅助设施工程。

（四）航站楼、货运站的工艺流程及民航专业弱电系统工程。其中，民航专业弱电系统包括：信息集成系统、航班信息显示系统、离港控制系统、泊位引导系统、安检信息管理系统、标识引导系统、行李处理系统、安全检查系统、值机引导系统、登机门显示系统、旅客问讯系统、网络交换系统、公共广播系统、安全防范系统、主时钟系统、内部通讯系统、呼叫中心（含电话自动问讯系统），以及飞行区内各类专业弱电系统。

（五）航空供油工程，包括：

1. 航空加油站、机坪输油管线系统工程；

2. 机场油库、中转油库工程（不含土建工程）；

3. 场外输油管线工程、卸油站工程（不含码头水工工程和铁路专用线工程）；

4. 飞行区内地面设备加油站工程。

二、民航建设工程中，航站楼、机务维修设施、货运系统、油库、航空食品厂等工程的土建和水、暖、电气（不含民航专业弱电系统）等设备安装工程属于非民航专业工程，其招投标管理和质量监督工作由县级以上人民政府住房城乡建设行政管理部门负责。

三、2001年发布的《关于民航建设工程招投标管理和质量监督工作职责分工的通知》（民航机发〔2001〕229号文）和2003年发布的《关于民航建设工程招投标管理和质量监督工作职责分工的补充通知》（总局厅发〔2003〕41号文）同时废止。

民航专业工程及货物招标投标评标专家和专家库管理办法

1. 2013年11月25日中国民用航空局机场司发布

2. MD –CA –2013 –2 –R2

第一章 总 则

第一条 为加强民航专业工程及货物招标评标专家和专家库（以下分别简称评标专家、专家库）的管理，提高民航专业工程项目评标的科学性、公正性，进一步规范评标活动，依据《中华人民共和国招标投标法》、《中华人民共和国招标投标法实施条例》、国家发展和改革委员会《评标专家和评标专家库管理暂行办法》、民航局机场司《民航专业工程及货物招标投标管理办法》，制定本办法。

第二条 本办法适用于评标专家的资格认定、入库及专家库的建立、使用、更新、维护等管理活动。

第三条 评标专家的管理实行“统一聘用、集中管理、随机选取、管用分离”的原则。

第四条 民航局机场司负责：

（一）制定评标专家及专家库管理的规章制度；

（二）指导评标专家的资格认定、入库及专家库的组建；

（三）指导评标专家及专家库的管理；

（四）依法受理与评标专家有关的投诉，查处相关违法行为；

（五）法律、法规、规章规定的其他职责。

第五条 民航地区管理局负责：

（一）对辖区内评标专家的申报材料进行初审；

（二）依法受理辖区内招标投标活动中与评标专家有关的投诉，查处相关违法行为；

（三）就评标专家及专家库管理提出意见和建议；

（四）法律、法规、规章规定的其他职责。

第六条 民航专业工程质量监督总站（以下简称质监总站）负责：

（一）评标专家的资格认定及证书颁发，参与对评标专家的监督管理；

（二）专家库的建立、使用、更新、维护等工作；

（三）建立入选评标专家档案，记载评标专家评标的具体情况；

（四）根据项目需求随机抽取评标专家；

（五）专家库管理系统的运行、维护工作；

（六）建立入选评标专家培训与考核制度，组织有关招标投标法律、法规、规章的培训及考核；

（七）其他有关评标专家及专家库管理事宜。

第二章 评标专家的资格认定

第七条 评标专家应当具备以下条件：

（一）从事相关工作满八年，并具有高级职称；特种车辆专业，从事相关专业满十年，具有中级职称；

（二）熟悉国家和民航有关招标投标的法律、法规和规章要求；

（三）能够认真、公正、诚实、廉洁地履行职责；

（四）身体健康，能够承担项目评标工作，年龄不超过70周岁；

（五）无违纪违法等行为。

第八条 评标专家入库的申请及审批程序为：

（一）申请人填写“民航专业工程及货物评标专家申请表”（见附件1），并提供如下纸质和电子版个人材料：

1. 本人有效身份证件、学历、职称以及其他有关资格证书的复印件，所有复印件均应加盖单位人事部门公章；

2. 个人研究或工作成就简况，包括学术论文、科研成果和发明创造等；

3. 电子版个人资料应将有关证照的扫描件粘贴在申请表背面。

（二）经申请人所在单位（或退休前原单位）审核同意后，将纸质及电子版资料报所在地民航地区管理局初审；

（三）民航地区管理局将初审合格的申请材料（包括“申报民航专业工程评标专家信息汇总表”，见附件3）提交质监总站；

（四）质监总站于每年四月、九月对通过初审的材料进行资格认定，并视情组织开展评标专家的培训和考核工作；

（五）质监总站将考核合格的专家名单报民航局机场司备案后，录入评标专家库，并颁发《民航专业工程及货物评标专家证书》。

第九条 评标专家每届聘期5年，届满后续聘程序如下：

（一）填写“民航专业工程及货物评标专家信息复核登记表”（见附件2），经申请人所在单位审核后，随同电子版资料一并报质监总站；

（二）质监总站每年四月、九月对续聘专家进行资格认定，并视情组织开展评标专家的培训和考核工作；

（三）质监总站将考核合格的专家名单报民航局机场司备案后，确认评标专家资格，并对《民航专业工程及货物评标专家证书》进行签注。

第十条 因故不再担任评标专家的，由质监总站办理有关手续，并收回《民航专业工程及货物评标专家证书》。

第三章 评标专家的权利和义务

第十一条 评标专家在评标活动中享有以下权利：

（一）根据随机抽取结果，担任民航专业工程招标项目的评标委员会成员；

（二）依法对投标文件进行独立评审，提出评审意见；

（三）接受参加评标活动的合法劳务报酬；

（四）向民航管理部门举报评标活动中存在的违法、违规或不公正行为；

（五）法律、法规和规章规定的其他权利。

第十二条　评标专家在评标活动中承担以下义务：

（一）遵守评标工作纪律，不得私下接触投标人，不得收受投标人、中间人、利益相关人的财物或者其他好处，不得透露对投标文件的评审、中标候选人的推荐情况以及与评标有关的其他情况；

（二）准时出席评标活动，依法客观公正地进行评标；

（三）积极协助和配合有关行政监督部门的监督检查和投诉调查；

（四）存在应回避的情形时，应当主动提出回避；

（五）定期或及时更新个人变更信息；

（六）因故不能参加评标活动时，应于评标前24小时告知招标人；

（七）法律、法规、规章规定的其他义务。

第四章　评标专家的使用与管理

第十三条　依法必须招标的民航专业工程项目，由招标人或者其委托的招标代理机构，填写“民航专业工程项目及货物评标专家抽取申请表”（见附件4），提出专家使用申请。

第十四条　有下列情形之一者，不得担任评标委员会成员：

（一）投标人或者投标人主要负责人的近亲属；

（二）项目主管部门（即项目的批复部门）或者行政监督部门的人员；

（三）与投标人有经济利益关系，可能影响公正评审的；

（四）曾因在招标、评标以及其他与招标投标有关活动中从事违法行为而受过行政处罚或刑事处罚的；

（五）退休或者离职前为投标人员工，并且退休或者离职不满三年的。

第十五条　评标专家名单通常应在开标前44小时内尽晚确定，特别情况下可延长至48小时内确定。

第十六条　对于技术复杂、专业性强、要求特别高或者国家有特殊要求的招标项目，采取随机抽取方式确定的评标专家难以胜任时，招标人可直接确定。

第十七条　评标专家有下列情形之一的，由质监总站注销其评标专家资格：

（一）本人申请不再担任；

（二）由于健康等原因不能胜任；

（三）因工作调动不再适宜继续担任；

（四）年龄超过70周岁；

（五）无故不参加有关培训无法对其进行考核的。

第十八条　评标专家有下列情形之一的，由质监总站予以记录，暂停其评标专家资格半年：

（一）连续6次被抽中但均未参加；

（二）承诺参加但没有参加（提前告知招标人者除外）。

第十九条　评标专家有下列情形之一的，经民航局机场司同意，由质监总站取消其评标专家资格：

（一）评标专家申请材料弄虚作假；

（二）连续两次被暂停评标专家资格的；

（三）拒绝协助、配合民航管理部门监督、检查的；

（四）受到刑事处罚或与招标投标活动有关的行政处罚的；

（五）其他违反招标投标法律、法规和规章的。

第二十条　评标专家有下列情形之一的，由有关民航管理部门责令改正；情节严重的，一年内不得参加评标活动；情节特别严重的，取消其评标专家资格：

（一）应当回避而不回避；

（二）擅离职守；

（三）不按照招标文件规定的评标标准和方法评标，评标过程中出现影响到评标结果的重大疏漏或错误；

（四）在评标期间接触投标人；

（五）向招标人征询确定中标人的意向或者接受任何单位或者个人明示或者暗示提出的倾向或者排斥特定投标人的要求；

（六）对依法应当否决的投标不提出否决意见；

（七）暗示或者诱导投标人作出澄清、说明或者接受投标人主动提出的澄清、说明；

（八）其他不客观、不公正履行职务的行为。

第二十一条 被取消评标专家资格者，五年内不得再次申请入选民航专业工程评标专家库。

第五章 附 则

第二十二条 民航局直属行政事业单位开展民航专业工程中货物和服务的采购活动，应按照《政府采购评审专家管理办法》（财库〔2003〕119 号）、《财政部关于中央单位政府采购专家库管理使用有关问题的通知》（财办库〔2004〕80 号）及政府采购招投标管理相关规定执行。

第二十三条 本办法由民航局机场司负责解释。

第二十四条 本办法自发布之日起实施，2007 年发布实施的《民航专业工程专家库管理办法》（MD－CA－2007－1－R1）废止。

附件：1. 民航专业工程及货物评标专家申请表（略）

2. 民航专业工程及货物评标专家信息复核登记表（略）

3. 申报民航专业工程及货物评标专家信息汇总表（略）

4. 民航专业工程项目及货物评标专家抽取申请表（略）

民航专业工程建设项目招标投标管理办法

1. 2024 年 2 月 26 日

2. 民航规〔2024〕22 号

3. 自 2024 年 5 月 1 日起实施

第一章 总 则

第一条 为规范民航专业工程建设项目招标投标活动，加强监督管理，根据《中华人民共和国招标投标法》《中华人民共和国招标投标法实施条例》等法律、法规以及有关规章和规范性文件，制定本办法。

第二条 本办法适用于依法必须招标民航专业工程建设项目（以下简称“必须招标项目”）的招标投标管理，机电产品的国际招标投标除外。

本办法所称工程建设项目，是指工程以及与工程建设有关的货物、服务。工程是指建设工程，建设工程是指土木工程、建筑工程、线路管道和设备安装工程及装修工程，包括建筑物和构筑物的新建、改建、扩建及其相关的装修、拆除、修缮等；与工程建设有关的货物，是指构成工程不可分割的组成部分，且为实现工程基本功能所必需的设备、材料等；与工程建设有关的服务，是指为完成工程所需的勘察、设计、监理等服务。

民航专业工程按照民航局会同住房城乡建设部制定并公布的内容执行。飞行区内与民航专业工程功能上难以拆分，或属于民航专业工程辅助设施的小型房屋建筑划分为民航专业工程，如围界工程通道口、灯光变电站、消防泵房等；功能相对独立和主要为办公服务的房屋建筑划分为非民航专业工程，如特种车库、消防执勤点等。

第三条 必须招标项目的范围和规模标准，按照国家发展改革委有关规定执行。

任何单位和个人不得将必须招标项目化整为零或者以其他任何方式规避招标。

第四条 民航局机场司负责：

（一）贯彻执行国家有关招标投标管理的法律、法规、规章和规范性文件，制定民航专业工程建设项目招标投标管理的有关规定；

（二）全国必须招标项目招标投标活动的监督管理；

（三）对委托民航专业工程质量监督总站（以下简称“质监总站”）的承办事项进行指导，并监督办理情况；

（四）其他与招标投标活动管理有关的事宜。

第五条 民航地区管理局负责：

（一）贯彻执行国家及民航有关招标投标管理的法律、法规、规章和规范性文件；

（二）辖区必须招标项目招标投标活动的监督管理；

（三）与辖区内具备交易条件的省级或者市级地方公共资源交易中心（以下简称“交易中心”）签订全国必须招标项目的入场交易服务协议；

（四）受理辖区内有关招标投标活动的投诉，依法查处招标投标活动中的违法违规行为。

第六条 质监总站负责：

（一）贯彻执行国家有关招标投标管理的法律、法规、规章和规范性文件；

（二）承担民航专业工程评标专家及专家库的管理和评标专家的抽取管理工作；

（三）配合民航管理部门开展对招标投标活动各当事人的信用体系建设；

（四）受委托的其它招标投标管理的有关工作。

第七条 必须招标项目的招标投标活动应当遵循公平、公正、公开、诚实信用原则，项目当事人及相关工作人员应当严格遵守保密原则，禁止以任何方式非法干涉民航专业工程建设项目招标投标活动。

第八条 必须招标项目的招标投标活动，应当通过“民航专业工程建设项目招标投标管理系统”（以下简称“民航监督平台”）和交易中心实施。

具备电子化交易条件的，可通过民航专业工程建设项目招投标电子交易平台（以下简称“电子交易平台”）在线上开展资格审查、开标、评标等交易活动，并接受监管部门的在线监管。

数据电文形式与纸质形式的招标投标活动具有同等法律效力。

第二章 招　　标

第九条 招标人是提出招标项目、进行招标的项目法人（或者受项目法人委托的法人）或者其他组织。

第十条 按照国家有关规定需要履行项目审批、核准手续的必须招标项目，其招标范围、招标方式、招标组织形式应当报送项目审批、核准部门审批、核准。

招标人应当按照项目审批、核准部门确定的招标范围、招标方式、招标组织形式开展招标。

第十一条 必须招标项目应当具备下列条件才能进行招标：

（一）招标人已经依法成立；

（二）取得项目审批、核准部门审批、核准的文件；

（三）工程建设项目初步设计按照有关规定要求已获批准（勘察、设计招标除外）；

（四）有相应资金或者资金来源已经落实；

（五）能够提出招标技术要求，施工项目有招标所需的设计图纸及技术资料。

依法必须招标的专业工程总承包项目，应当符合《运输机场专业工程总承包管理办法（试行）》中关于招标条件的有关规定。

第十二条 招标人可以自行招标或委托招标。招标人自行办理招标事宜的，应当符合国家发展改革委《工程建设项目自行招标试行办法》要求，按程序办理。

招标人不具备自行办理招标条件的，应当委托符合要求的招标代理机构办理招标事宜。确定委托前，应当查询相关招标代理机构失信被执行人信息，鼓励优先选择无失信记录的招标代理机构。招标代理机构应当遵守本办法关于招标人的规定。

第十三条 必须招标的施工项目，招标人应当在项目招标公告首次发布（或投标邀请书首次发出）至少30日前，将招标计划在民航监督平台公布，内容主要包括招标人、项目名称、招标内容、投资估算、招标公告预计发布时间等，以鼓励更多潜在投标人参与投标，提高招标项目的参与度与竞争度。

第十四条 招标人自行组织招标的必须招标项目，在发布资格预审公告、招标公告或发出投标邀请书前5个工作日，招标人应当通过民航监督平台将招标方案报民航地区管理局备案。

招标方案备案材料应当包括：

（一）项目批准（或核准）文件；

（二）按规定获得的初步设计批准文件，初步设计批准文件由民航管理部门以外的部门或单位批准的，需附民航行业审查意见（勘察、设计招标除外）；

（三）招标人具有自行编制招标文件和组织评标能力的说明；

（四）其他有必要说明的事项。

第十五条 公开招标的项目，应当依法发布招标公告、编制招标文件。

招标人采用资格预审办法对潜在投标人进行资格审查的，应当发布资格预审公告、编制资格预审文件。

招标公告、投标邀请书、招标文件及资格预审文件的编写应当符合相关规定，其中招标文件中的评标委员会组成方案、评标办法、否决投标条件应当予以明确。

必须招标项目的资格预审公告和招标公告，应当在民航监督平台及国务院发展改革部门依法指定的媒介发布。在不同媒介发布的同一招标项目的资格预审公告或者招标公告的内容应当一致。指定媒介发布依法必须进行招标的项目的境内资格预审公告、招标公告，不得收取费用。

资格预审文件或者招标文件的发售期不得少于5日，发售期最后一天应当回避节假日。

第十六条 招标人应当强化主体责任，对必须招标范围负责。招标人通过民航监督平台招标的范围应当严格限定为必须招标项目，不得随意扩大或者更改。

民航地区管理局应当在招标计划、招标公告等环节加强事中监管，一经发现非民航专业工程建设项目或者非必须招标项目通过民航监督平台发布招标公告，可以要求招标人变更或撤销。民航专业工程质量监督机构在招标计划、招标公告等环节发现存在此类问题的，应当及时向民航地区管理局报告。

第十七条 必须招标项目的施工招标资格预审文件和施工招标文件应当按照《民航专业工程标准施工招标资格预审文件》和《民航专业工程标准施工招标文件》的要求编制。设备、材料、勘察、设计、监理招标文件应当按照《标准设备采购招标文件》《标准材料采购招标文件》《标准勘察招标文件》《标准设计招标文件》《标准监理招标文件》的要求编制。必须招标项目的专业工程总承包招标文件应当按照《运输机场专业工程总承包管理办法（试行）》的要求编制。

第十八条 必须招标项目的招标人或者其委托的招标代理机构应当通过民航监督平台上传并同时发布资格预审文件、招标文件。

实施全流程电子交易的必须招标项目，招标人或者其委托的招标代理机构应当将数据电文形式的资格预审文件、招标文件加载至民航监督平台，供潜在投标人下载或者查阅。

所有必须招标项目的资格预审文件、招标文件，将在民航监督平台留存。

第十九条 必须招标项目应当在满足交易条件的交易中心进行资格审查、开标、评标。

前款所述交易条件是指，交易中心应当管理制度健全、管理规范、收费合理，具备电子交易平台使用条件及资格审查、开标、评标过程现场监视、录音录像并存档备查等条件，能够保证资格审查、开标、评标过程保密、封闭、有序地进行，并同意接受民航管理部门的监督管理。

招标人可以根据项目实际，从满足交易条件的交易中心中自主选定一家入场交易。

第二十条 招标人应当在资格预审公告、招标公告或者投标邀请书中载明是否接受联合体投标。

第二十一条 招标人应当在资格预审公告、招标公告、投标邀请书及资格预审文件、招标文件中明确规定对失信被执行人的处理方法和评标标准，对其投标活动依法予以限制。

招标人接受联合体投标的，联合体中有一个或一个以上成员属于失信被执行人的，联合体视为失信被执行人。

第二十二条 招标人应当在招标文件中载明投标有效期。投标有效期从提交投标文件的截止之日起算。

第二十三条 招标人在招标文件中要求投标人提交投标保证金的，投标保证金不得超过招标项目估算价的2%，最高不得超过80万元（勘察、设计最高不得超过10万元）。投标保证金有效期应当与投标有效期一致。

境内投标单位以现金或者支票形式提交的投标保证金应当从

其基本账户转出。招标人或者招标代理机构不得挪用投标保证金。投标保证金鼓励采用电子保函形式收取。

第二十四条　招标人设有最高投标限价的，应当在招标文件

中明确最高投标限价或者最高投标限价的计算方法。招标人不得规定最低投标限价。

第二十五条　招标人可以对已发出的资格预审文件或者招标文件进行必要的澄清或者修改。澄清或者修改的内容可能影响资格预审申请文件或者投标文件编制的，招标人应当在提交资格预审申请文件截止时间至少3日前，或者投标截止时间至少15日前，通过民航监督平台通知所有获取资格预审文件或者招标文件的潜在投标人；不足3日或者15日的，招标人应当顺延提交资格预审申请文件或者投标文件的截止时间。

实施全流程电子交易的民航专业工程建设项目，招标人或者其委托的招标代理机构应当以数据电文形式将必要的澄清或修改加载至民航监督平台，供所有已下载资格预审文件或者招标文件的潜在投标人下载或者查阅。

发布或加载的澄清或修改为招标文件的组成部分，并将在民航监督平台留存。

第二十六条　招标失败的，招标人应当在分析原因并采取相应措施后，依法重新招标。

重新招标后投标人仍少于3个的，属于必须审批、核准的工程建设项目，报经原审批、核准部门审批、核准后可以不再进行招标。

第二十七条　招标人终止招标的，应当及时发布公告，或者以书面形式通知被邀请的或者已经获取资格预审文件、招标文件的潜在投标人。已经发售资格预审文件、招标文件或者已经收取投标保证金的，招标人应当及时退还所收取的资格预审文件、招标文件的费用，以及所收取的投标保证金及银行同期存款利息。

第二十八条　招标人应当在资格预审公告中载明资格预审后投标人的数量，一般不得少于7个投标人，且应当采用专家评审的办法，由专家综合评分排序，按得分高低顺序确定投标人。资格预审合格的潜在投标人不足3个的，招标人应当重新进行招标。

第三章　投　　标

第二十九条　投标人是响应招标、参加投标竞争的法人或者其他组织。与招标人存在利害关系且可能影响招标公正性的法人、其他组织或者个人，不得参加投标。单位负责人为同一人或者存在控股、管理关系的不同单位，

不得参加同一标段投标或者未划分标段的同一招标项目投标。违反前两款规定的，相关投标均无效。工程建设项目货物招标投标活动中，一个制造商对同一品牌同一型号的货物，仅能委托一个代理商参加投标。

第三十条　投标人应当具备承担招标项目的相应能力；国家有关规定对投标人资格条件或者招标文件对投标人资格条件有规定的，投标人应当具备规定的资格条件。其中，勘察设计企业、建筑业企业、工程监理企业应当按照住房城乡建设部有关规定取得相应资质证书。

具备相应资格条件的投标人承担招标项目的范围，应当按照住房城乡建设部有关规定执行。

第三十一条　招标人接受联合体投标并进行资格预审的，联合体应当在提交资格预审申请文件前组成。资格预审后联合体增减、更换成员的，其投标无效。

联合体各方在同一招标项目中以自己名义单独投标或者参加其他联合体投标的，相关投标均无效。

投标人组织投标联合体的，应当签订共同投标协议，并划分联合体各成员的专业职责，联合体各成员应当具备相应的专业工程资质。联合体中同一专业分工由两个及以上单位共同承担的，按照就低不就高的原则确定联合体的该专业资质；不同专业分工由不同单位分别承担的，按照各自的专业资质确定联合体的该专业资质。

第三十二条　必须招标项目的投标人应当通过民航监督平台上传资格预审申请文件、投标文件。

实施全流程电子交易的必须招标项目，投标人应当在投标截止时间前通过民航监督平台递交数据电文形式的资格预审申请文件、投标文件。在投标截止时间前，除投标人补充、修改或者撤回投标文件外，任何单位和个人不得解密、提取投标文件。民航

监督平台收到投标人送达的投标文件，应当即时向投标人发出确认回执通知。

所有必须招标项目的资格预审申请文件、投标文件，将在民航监督平台留存。必须招标项目，自招标文件开始发出之日起至投标人提交投标文件截止之日止，最短不得少于20日。

第三十三条　投标人撤回已提交的投标文件，应当在投标截止时间前通过民航监督平台在线通知招标人。

招标人已收取投标保证金的，应当自收到投标人撤回通知之日起5日内退还。投标截止后投标人撤销投标文件的，招标人可以不退还投标保证金。

第四章　开标、评标和定标

第三十四条　开标应当程序规范，符合相关规定要求。

第三十五条　民航地区管理局可以委托招标投标活动主体以外的单位（以下简称驻场服务单位）提供驻场服务，负责有关进入交易中心开标评标活动的协调、对接、日常管理和其他服务保障，或者直接由交易中心提供服务保障。

第三十六条　招标人应当按照招标文件规定的时间、地点开标。

投标人少于3个的，不得开标，招标人应当重新招标。

投标人对开标有异议的，应当在开标现场提出，招标人应当当场做出答复，并制作记录。

电子开标应当按照招标文件确定的时间，在电子交易平台上公开进行，所有投标人均应当准时在线参加开标。电子交易平台应当生成开标记录并向社会公众公布，但依法应当保密的除外。

第三十七条　评标应当由招标人依法组建的评标委员会负责。评标委员会人数应当为5人及以上单数，其中从专家库中抽取的专家人数不得少于评标委员会人员总数的三分之二。

评标委员会的专家成员应当从专家库内相关专业的专家名单中以随机抽取的方式确定。任何单位和个人不得以明示、暗示等任何方式指定或者变相指定参加评标委员会的专家成员。

当招标项目需要民航以外专业的专家参与评标时，经民航地区管理局批准，可采取在其他专业省部级或国家级评标专家库抽取的方式选择部分专家共同组成评标委员会。

第三十八条　对于技术复杂、专业性强或者国家有特殊要求的招标项目，采取随机抽取方式确定的专家难以保证胜任时，可以经民航地区管理局特别批准后由招标人直接选择确定。

第三十九条　评标委员会成员与投标人有利害关系的，应当主动回避。

有下列情形之一者，不得担任评标委员会成员：

（一）投标人或者投标人主要负责人的近亲属；

（二）项目主管部门（即项目的批复部门）或者行政监督部门的人员；

（三）与投标人有经济利益关系，可能影响公正评审的；

（四）曾因在招标、评标以及其他与招标投标有关活动中从事违法行为而受过行政处罚或刑事处罚的；

（五）退休或者离职前为投标人职工，并且退休或者离职不满三年的；

（六）属于失信被执行人的。

除招标人代表外，招标人的其他人员不得另以评标专家身份参加资格审查或评标。

第四十条　招标人应当依据相关规定，合理确定评标专家组成及抽取方案，通过民航监督平台的评标专家抽取模块抽取专家。

第四十一条　专家抽取模块随机自动盲抽评标专家后，自动通知专家报到时间、地点和请假方式等信息。交易中心所在省（市）的评标专家不得早于评标开始时间前22小时通知，外地专家通知时间原则上不得早于评标开始时间前44小时。

抽取过程中如果出现部分专业抽空、专家回避等特殊情形，由招标人或者招标代理向质监总站提出申请，再次补充抽取评标专家。

质监总站在专家抽取和通知过程中应当操作规范，所有评标项目及专家信息均须保密。

第四十二条　在评标开始前10分钟，民航监督平台将评标专家信息发送至对应的交易中心。有关服务单位或者工作人员应当对评标专家信息严格保密。

第四十三条 评标委员会成员报到后，评标专家凭身份证、招标人代表凭介绍信（或授权委托书）和身份证进入封闭评标区域，评标活动结束前不得与评标无关的人员进行接触。

第四十四条 评标委员会成员应当遵守交易中心的有关规定。

第四十五条 评标委员会成员应当按照招标文件规定的评标标准和方法，客观、公正地对投标文件提出评审意见。招标文件没有规定的评标标准和方法不得作为评标的依据。

实施电子评标的民航专业工程建设项目，评标委员会成员应当在其入场的交易中心登录电子交易平台进行评标。

第四十六条 评标委员会成员应当客观、公正地履行职责，遵守职业道德，对所提出的评审意见承担个人责任，并接受监督。

评标委员会成员不得私下接触投标人，不得收受投标人给予的财物或者其他好处，不得向招标人征询确定中标人的意向，不得接受任何单位或者个人明示或者暗示提出的倾向或者排斥特定投标人的要求。

第四十七条 任何单位和个人不得非法干预、影响评标的过程和结果。

评标委员会成员和与评标有关的工作人员不得透露对投标文件的评审和比较、中标候选人的推荐情况以及与评标有关的其他情况。

第四十八条 资格预审应当采取专家评审的方式，其专家抽取过程及评审要求按本办法评标规定执行。

第四十九条 招标人采用资格后审办法对投标人进行资格审查的，应当在开标后由评标委员会按照招标文件规定的标准和方法对投标人的资格进行审查。

第五十条 投标人的投标报价超出最高投标限价，或者由评标委员会认定该投标人以明显低于成本报价竞标的，其投标文件按否决投标处理。

有效投标不足三个的，应当对投标是否明显缺乏竞争和是否需要否决全部投标进行充分论证，如满足《评标委员会和评标方法暂行规定》相关要求，可以否决全部投标，并在评标报告中记载论证过程和结果。

第五十一条 评标委员会成员评审计分工作实行实名制。每位评委的评分应当予以记录。

采用综合评估法时，应当将所有评委评分在去掉一个最高分和一个最低分之后的算术平均值作为评委算术平均分。对于评委的打分超出评委算术平均分±30%时（技术部分总评分和商务部分评分应当分别计算），该评委应当就打分情况向评标委员会提供书面说明，并将该书面说明附在评标报告中。

第五十二条 投标文件中有含义不明确的内容、明显文字或者计算错误，评标委员会认为需要投标人作出必要澄清、说明的，应当书面通知该投标人。投标人的澄清、说明应当采用书面形式，并不得超出投标文件的范围或者改变投标文件的实质性内容。

实施电子评标的必须招标项目，评标委员会的通知和投标人的澄清、说明均应当以数据电文形式通过电子交易平台在线交换。

评标委员会不得暗示或者诱导投标人作出澄清、说明，不得接受投标人主动提出的澄清、说明。

第五十三条 评标委员会完成评标后，应当向招标人提交书面评标报告。评标报告应当如实记载以下内容：

（一）基本情况和数据表；

（二）评标委员会成员名单；

（三）开标记录；

（四）符合要求的投标一览表；

（五）否决投标情况说明（如有）；

（六）评标标准、评标方法或者评标因素一览表；

（七）经评审的价格或者评分比较一览表；

（八）经评审的投标人排序；

（九）推荐的中标候选人名单与签订合同前要处理的事宜；

（十）澄清、说明、补正事项纪要（如有）；

（十一）打分超出评委算术平均分±30%的评委就打分情况提供的书面说明（如有）。

实施电子评标的必须招标项目，评标委员会完成评标后，应当通过电子交易平台向招标人提交数据电文形式的评标报告。

第五十四条 评标报告由评标委员会全体成员签字。对评标结论持有异议的评标委员会成员可以书面方式或通过电子交易平台在线提交其不同意见和理由。评标委员会成员拒绝在评标报告上签字且不陈述其不同意见和理由的，视为同意评标结论。评标委员会应当对此做出说明并记录在案。

评标结论以评标委员会全体成员三分之二以上人数签署同意意见，方为有效。

评标结果汇总完成后，除下列情形外，任何人不得修改评标结果：

（一）分值汇总计算错误的；

（二）分项评分超出评分标准范围的；

（三）评标委员会成员对客观评审因素评分不一致的。

评标报告签署前，经复核发现存在以上情形之一的，评标委员会应当当场修改评标结果，并在评标报告中记载。

评标委员会对资格预审评审结果的复核适用前款之规定。

第五十五条 招标人应当在中标候选人公示前认真审查评标委员会提交的评标报告，确认存在问题的，依照法定程序予以纠正；无法纠正的，向民航地区管理局报告。

招标人对资格预审评审报告的复核适用前款之规定。

第五十六条 必须招标项目的招标人应当自收到评标报告之日起3日内在民航监督平台上对中标候选人进行公示。公示期不得少于3日，公示期最后一天应当回避节假日。

中标候选人公示应当载明以下内容：

（一）中标候选人排序、名称、投标报价、质量、工期（交货期），以及评标情况；

（二）中标候选人按照招标文件要求承诺的项目负责人姓名及其相关证书名称和编号；

（三）中标候选人响应招标文件要求的资格能力条件；

（四）提出异议的渠道和方式；

（五）招标文件规定公示的其他内容。

投标人或者其他利害关系人对依法必须进行招标民航专业工程建设项目的评标结果有异议的，应当在中标候选人公示期间提出。招标人应当自收到异议之日起3日内作出答复；作出答复前，应当暂停招标投标活动。

第五十七条 招标人根据评标委员会提出的评标报告和推荐的中标候选人确定中标人。招标人也可以授权评标委员会直接确定中标人。

中标候选人公示结束，中标人确定后，必须招标项目的招标人应当向中标人发出中标通知书，并将中标结果通知所有未中标的投标人。同时，在民航监督平台上公告中标结果，载明中标人名称。

所有投标均被否决的，招标人应当通过民航监督平台在线通知所有投标人，并说明具体原因。

第五十八条 依法必须招标项目的招标人应当自确定中标人之日起15个工作日内，通过民航监督平台向民航地区管理局提交招标工作报告，至少应当包括下列内容：

（一）招标项目基本情况；

（二）招标过程简述；

（三）评标情况说明；

（四）中标候选人公示情况；

（五）中标结果；

（六）相关附件。

有资格预审情况说明、异议及投诉处理情况、资格审查报告和评标专家评价意见的，也应当包括在工作报告中。

第五十九条 招标人和中标人应当自中标通知书发出之日起30日内依法签订书面合同，合同的标的、价款、质量、履行期限等主要条款应当与招标文件和中标人的投标文件的内容一致。招标人和中标人不得再行订立背离合同实质性内容的其他协议。

实施全流程电子交易的民航专业工程建设项目，应当通过民航监督平台，以数据电文形式与中标人签订合同。

招标人或招标代理机构最迟应当在书面合同签

订后5日内向中标人和未中标的投标人退还投标保证金及银行同期存款利息。

第六十条 必须招标项目(实施全流程电子交易的项目除外)的招标人应当自订立书面合同之日起20日内,通过民航监督平台进行合同登记。

所有必须招标项目的合同,将在民航监督平台留存。

第五章 监督管理

第六十一条 民航地区管理局应当依据有关法律、法规、规章和规范性文件,加强对必须招标项目招标投标活动的监督管理,并对违法违规行为做出处理。

项目法人或其授权的项目建设实施单位应当加强招标投标活动的管理,可以对评标过程进行现场监督。

非民航专业工程建设项目或者非必须招标项目通过民航监督平台进行招标的,民航地区管理局可以将与之相关的投诉转由具有对应法定职责的管理部门进行处理。

第六十二条 民航专业工程建设项目招标投标活动的投诉处理按照《工程建设项目招标投标活动投诉处理办法》相关规定执行。

投标人或者其他利害关系人认为民航专业工程建设项目招标投标活动不符合法律、行政法规规定的,可以自知道或者应当知道之日起10日内向项目所在地民航地区管理局投诉。对招标投标法实施条例规定应先提出异议的事项进行投诉的,应当附提出异议的证明文件。

民航地区管理局应当自收到投诉之日起5个工作日内决定是否受理投诉,并自受理投诉之日起30个工作日内作出书面处理决定,需要检验、检测、鉴定、专家评审的,所需时间不计算在内。

民航地区管理局处理投诉,有权查阅、复制有关文件、资料,调查有关情况,相关单位和人员应当予以配合。必要时,民航地区管理局可以责令暂停招标投标活动。

投诉人捏造事实、伪造材料或者以非法手段取得证明材料进行投诉的,民航地区管理局应当予以驳回。

第六十三条 投诉处理决定做出前,投诉人要求撤回投诉的,应当以书面形式提出并说明理由,由民航地区管理局视以下情况,决定是否准予撤回:

(一)已经查实有明显违法行为的,应当不准撤回,并继续调查直至做出处理决定;

(二)撤回投诉不损害国家利益、社会公共利益或者其他当事人合法权益的,应当准予撤回,投诉处理过程终止。投诉人不得以同一事实和理由再提出投诉。

第六十四条 当事人对民航地区管理局的投诉处理决定不服或者民航地区管理局逾期未做处理的,可以依法向民航局申请行政复议或者向人民法院提起行政诉讼。

第六十五条 民航地区管理局、质监总站应当按照《中华人民共和国行政处罚法》《民用航空行政处罚实施办法》等法律、法规、规章要求,将招标投标违法行为行政处罚决定的相关信息,通过民航监督平台依法进行公告。

第六十六条 质监总站应当依据《民航专业工程建设项目评标专家和专家库管理办法》,对民航专业工程建设项目评标专家和专家库进行管理。

第六十七条 招标代理机构及其从业人员应当依法依规、诚信自律经营。

严禁采取行贿、提供回扣或者输送不正当利益等非法手段承揽业务;对于招标人、投标人、评标专家等提出的违法要求应当坚决抵制、及时劝阻,不得背离职业道德无原则附和;不得泄露应当保密的与招标投标活动有关的情况和资料;不得以营利为目的收取高额的招标文件等资料费用;招标代理活动结束后,及时向招标人提交全套招标档案资料,不得篡改、损毁、伪造或擅自销毁;不得与招标人、投标人、评标专家、交易平台运行服务机构等串通损害国家利益、社会公共利益和招标投标活动当事人合法权益。

第六十八条 必须招标项目的招标公告、资格预审文件、资格预审评审报告、招标文件、评标报告、中标通知书、合同等文件,招标人应当按照国家有关要求妥善保存,以备核查。

第六十九条　招标人、招标代理机构、投标人、有关单位应当通过"信用中国"网站(www. creditchina. gov. cn)或各级信用信息共享平台查询相关主体是否为失信被执行人,并采取必要措施做好失信被执行人信息查询记录和证据留存。

第七十条　中标通知书发出后、工程竣工验收完成前,民航监督平台将对施工现场关键人员进行锁定。

项目通过竣工验收,中标人在民航监督平台上传竣工验收报告(附竣工验收表),民航地区管理局或者其委托的民航质监机构5个工作日内在民航监督平台予以确认,方可解除对关键人员的锁定。

关键人员原则上不得更换。确需变更的,由中标人通过民航监督平台提出变更申请,附证明材料,经招标人同意后,由管理局或者其委托的质量监督机构在5个工作日内予以变更。变更后的人员执业资格和技术职称等条件不得降低,且其个人业绩条件应当符合招标文件有关要求。

关键人员的范围及变更申请证明材料、被更换人员再次投标的证明材料均应符合《关于加强民航专业工程建设质量管理工作的二十条措施》(民航规〔2023〕33号)相关规定。

关键人员发生变更的工程项目,自中标之日起至竣工验收完成之日止,仅履职时间占总时间比例不低于60%的关键人员拥有相应的个人业绩。

第七十一条　满足下列条件之一的,同一注册建造师或者总监理工程师可以分别担任两个及以上建设工程施工项目负责人:

(一)同一工程相邻分段发包或分期施工;

(二)同一地点、同一类型的工程;

同一地点指同一场区,而非同一城市或者地区。工程类型是指机场场道工程、民航空管工程、航站楼货运站的工艺流程及民航专业弱电系统工程、机场目视助航工程、航空供油工程。

(三)工程整体未竣工,但中标单位合同约定的工程已完工且竣工验收合格;

(四)因非承包方原因致使工程项目停工超过120天(含)。

中标人通过民航监督平台提出兼任申请,经招标人同意后,由管理局或者其委托的质量监督机构在5个工作日内审核同意。

投标人使用同一注册建造师担任施工项目负责人,或者使用同一总监理工程师担任监理项目负责人,参加两个及以上工程项目投标时,若先期已中标一个工程项目,投标人应当及时更换符合招标要求的关键人员继续投标,没有及时更换的,或者更换人员不符合招标要求的,可以视为投标人放弃投标,符合本条(一)、(二)款情形的除外。

第七十二条　必须招标项目,投标人2018年之后的民航专业工程企业业绩和个人业绩的认定,以民航监督平台业绩库中该投标人已完成项目为准。

实施全流程电子交易的项目,评标、评审委员会在评标、评审时,应当根据投标人、资格预审申请人在民航监督平台"企业业绩信息库"中的业绩信息对其申报的业绩进行核实。如发现存在业绩少报、漏报、错报、信息不清等问题,可以要求投标人、资格预审申请人进行澄清说明,并在评标、评审报告中做出相应说明。

第六章　附　　则

第七十三条　民航监督平台、电子交易平台与公共服务平台应当按照《电子招标投标办法》有关规定,实现互联互通、信息交换和数据共享。

必须招标项目招标投标活动中依法公开发布的相关信息,可以在民航监督平台、电子交易平台或公共服务平台同时发布,也可以仅在民航监督平台或者电子交易平台发布。

第七十四条　必须招标项目招标投标活动除应当符合本办法外,还应当符合工程建设项目招标投标相关法律、法规、规章和其他规范性文件的要求。

第七十五条　政府采购法律、行政法规对民航专业工程建设项目及与其有关的货物和服务采购另有规定的,从其规定。

第七十六条　使用国际组织或者外国政府贷款、援助资金的项目进行招标,贷款方、资金提供方对招标投标的具体条件和程序有不同规定的,可以适用其规定,但违背中华人民共和国的社会公共利益的除外。

第七十七条　本办法由民航局负责解释。

第七十八条　2019年9月23日发布的《民航专业工程建设项目招标投标管理办法》(AP－158－CA－2018－01－R3)自本办法施行之日起废止。

附录:招标投标法规制度体系(略)

(4)水利工程

水利工程建设项目招标投标管理规定

1. 2001年10月29日水利部令第14号公布
2. 自2002年1月1日起施行

第一章　总　　则

第一条　为加强水利工程建设项目招标投标工作的管理,规范招标投标活动,根据《中华人民共和国招标投标法》和国家有关规定,结合水利工程建设的特点,制定本规定。

第二条　本规定适用于水利工程建设项目的勘察设计、施工、监理以及与水利工程建设有关的重要设备、材料采购等的招标投标活动。

第三条　符合下列具体范围并达到规模标准之一的水利工程建设项目必须进行招标。

(一)具体范围

1. 关系社会公共利益、公共安全的防洪、排涝、灌溉、水力发电、引(供)水、滩涂治理、水土保持、水资源保护等水利工程建设项目;

2. 使用国有资金投资或者国家融资的水利工程建设项目;

3. 使用国际组织或者外国政府贷款、援助资金的水利工程建设项目。

(二)规模标准

1. 施工单项合同估算价在200万元人民币以上的;

2. 重要设备、材料等货物的采购,单项合同估算价在100万元人民币以上的;

3. 勘察设计、监理等服务的采购,单项合同估算价在50万元人民币以上的;

4. 项目总投资额在3000万元人民币以上,但分标单项合同估算价低于本项第1、2、3目规定的标准的项目原则上都必须招标。

第四条　招标投标活动应当遵循公开、公平、公正和诚实信用的原则。建设项目的招标工作由招标人负责,任何单位和个人不得以任何方式非法干涉招标投标活动。

第二章　行政监督与管理

第五条　水利部是全国水利工程建设项目招标投标活动的行政监督与管理部门,其主要职责是:

(一)负责组织、指导、监督全国水利行业贯彻执行国家有关招标投标的法律、法规、规章和政策;

(二)依据国家有关招标投标法律、法规和政策,制定水利工程建设项目招标投标的管理规定和办法;

(三)受理有关水利工程建设项目招标投标活动的投诉,依法查处招标投标活动中的违法违规行为;

(四)对水利工程建设项目招标代理活动进行监督;

(五)对水利工程建设项目评标专家资格进行监督与管理;

(六)负责国家重点水利项目和水利部所属流域管理机构(以下简称流域管理机构)主要负责人兼任项目法人代表的中央项目的招标投标活动的行政监督。

第六条　流域管理机构受水利部委托,对除第五条第六项规定以外的中央项目的招标投标活动进行行政监督。

第七条　省、自治区、直辖市人民政府水行政主管部门是本行政区域内地方水利工程建设项目招标投标活动的行政监督与管理部门,其主要职责是:

(一)贯彻执行有关招标投标的法律、法规、规章和政策;

(二)依照有关法律、法规和规章,制定地方水利工程建设项目招标投标的管理办法;

(三)受理管理权限范围内的水利工程建设项目招标投标活动的投诉,依法查处招标投标活动中的违法违规行为;

（四）对本行政区域内地方水利工程建设项目招标代理活动进行监督；

（五）组建并管理省级水利工程建设项目评标专家库；

（六）负责本行政区域内除第五条第六项规定以外的地方项目的招标投标活动的行政监督。

第八条 水行政主管部门依法对水利工程建设项目的招标投标活动进行行政监督，内容包括：

（一）接受招标人招标前提交备案的招标报告；

（二）可派员监督开标、评标、定标等活动。对发现的招标投标活动的违法违规行为，应当立即责令改正，必要时可做出包括暂停开标或评标以及宣布开标、评标结果无效的决定，对违法的中标结果予以否决；

（三）接受招标人提交备案的招标投标情况书面总结报告。

第三章 招　　标

第九条 招标分为公开招标和邀请招标。

第十条 依法必须招标的项目中，国家重点水利项目、地方重点水利项目及全部使用国有资金投资或者国有资金投资占控股或者主导地位的项目应当公开招标，但有下列情况之一的，按第十一条的规定经批准后可采用邀请招标：

（一）属于第三条第二项第4目规定的项目；

（二）项目技术复杂，有特殊要求或涉及专利权保护，受自然资源或环境限制，新技术或技术规格事先难以确定的项目；

（三）应急度汛项目；

（四）其它特殊项目。

第十一条 符合第十条规定，采用邀请招标的，招标前招标人必须履行下列批准手续：

（一）国家重点水利项目经水利部初审后，报国家发展计划委员会批准；其他中央项目报水利部或其委托的流域管理机构批准；

（二）地方重点水利项目经省、自治区、直辖市人民政府水行政主管部门会同同级发展计划行政主管部门审核后，报本级人民政府批准；其它地方项目报省、自治区、直辖市人民政府水行政主管部门批准。

第十二条 下列项目可不进行招标，但须经项目主管部门批准：

（一）涉及国家安全、国家秘密的项目；

（二）应急防汛、抗旱、抢险、救灾等项目；

（三）项目中经批准使用农民投工、投劳施工的部分（不包括该部分中勘察设计、监理和重要设备、材料采购）；

（四）不具备招标条件的公益性水利工程建设项目的项目建议书和可行性研究报告；

（五）采用特定专利技术或特有技术的；

（六）其它特殊项目。

第十三条 当招标人具备以下条件时，按有关规定和管理权限经核准可自行办理招标事宜：

（一）具有项目法人资格（或法人资格）；

（二）具有与招标项目规模和复杂程度相适应的工程技术、概预算、财务和工程管理等方面专业技术力量；

（三）具有编制招标文件和组织评标的能力；

（四）具有从事同类工程建设项目招标的经验；

（五）设有专门的招标机构或者拥有3名以上专职招标业务人员；

（六）熟悉和掌握招标投标法律、法规、规章。

第十四条 当招标人不具备第十三条的条件时，应当委托符合相应条件的招标代理机构办理招标事宜。

第十五条 招标人申请自行办理招标事宜时，应当报送以下书面材料：

（一）项目法人营业执照、法人证书或者项目法人组建文件；

（二）与招标项目相适应的专业技术力量情况；

（三）内设的招标机构或者专职招标业务人员的基本情况；

（四）拟使用的评标专家库情况；

（五）以往编制的同类工程建设项目招标文件和评标报告，以及招标业绩的证明材料；

（六）其它材料。

第十六条 水利工程建设项目招标应当具备以下条件：

（一）勘察设计招标应当具备的条件

1. 勘察设计项目已经确定；

2. 勘察设计所需资金已落实；

3. 必需的勘察设计基础资料已收集完成。

（二）监理招标应当具备的条件

1. 初步设计已经批准；

2. 监理所需资金已落实；

3. 项目已列入年度计划。

（三）施工招标应当具备的条件

1. 初步设计已经批准；

2. 建设资金来源已落实，年度投资计划已经安排；

3. 监理单位已确定；

4. 具有能满足招标要求的设计文件，已与设计单位签订适应施工进度要求的图纸交付合同或协议；

5. 有关建设项目永久征地、临时征地和移民搬迁的实施、安置工作已经落实或已有明确安排。

（四）重要设备、材料招标应当具备的条件

1. 初步设计已经批准；

2. 重要设备、材料技术经济指标已基本确定；

3. 设备、材料所需资金已落实。

第十七条 招标工作一般按下列程序进行：

（一）招标前，按项目管理权限向水行政主管部门提交招标报告备案。报告具体内容应当包括：招标已具备的条件、招标方式、分标方案、招标计划安排、投标人资质（资格）条件、评标方法、评标委员会组建方案以及开标、评标的工作具体安排等；

（二）编制招标文件；

（三）发布招标信息（招标公告或投标邀请书）；

（四）发售资格预审文件；

（五）按规定日期接受潜在投标人编制的资格预审文件；

（六）组织对潜在投标人资格预审文件进行审核；

（七）向资格预审合格的潜在投标人发售招标文件；

（八）组织购买招标文件的潜在投标人现场踏勘；

（九）接受投标人对招标文件有关问题要求澄清的函件，对问题进行澄清，并书面通知所有潜在投标人；

（十）组织成立评标委员会，并在中标结果确定前保密；

（十一）在规定时间和地点，接受符合招标文件要求的投标文件；

（十二）组织开标评标会；

（十三）在评标委员会推荐的中标候选人中，确定中标人；

（十四）向水行政主管部门提交招标投标情况的书面总结报告；

（十五）发中标通知书，并将中标结果通知所有投标人；

（十六）进行合同谈判，并与中标人订立书面合同。

第十八条 采用公开招标方式的项目，招标人应当在国家发展计划委员会指定的媒介发布招标公告，其中大型水利工程建设项目以及国家重点项目、中央项目、地方重点项目同时还应当在《中国水利报》发布招标公告，公告正式媒介发布至发售资格预审文件（或招标文件）的时间间隔一般不少于 10 日。招标人应当对招标公告的真实性负责。招标公告不得限制潜在投标人的数量。

采用邀请招标方式的，招标人应当向 3 个以上有投标资格的法人或其它组织发出投标邀请书。

投标人少于 3 个的，招标人应当依照本规定重新招标。

第十九条 招标人应当根据国家有关规定，结合项目特点和需要编制招标文件。

第二十条 招标人应当对投标人进行资格审查，并提出资格审查报告，经参审人员签字后存档备查。

第二十一条 在一个项目中，招标人应当以相同条件对所有潜在投标人的资格进行审查，不得以任何理由限制或者排斥部分潜在投标人。

第二十二条 招标人对已发出的招标文件进行必要澄清或者修改的，应当在招标文件要求提交投标文件截止日期至少 15 日前，以书面形式通知所有投标人。该澄清或者修改的内容为招标文件的组成部分。

第二十三条 依法必须进行招标的项目，自招标文件开始发出之日起至投标人提交投标文件截止之日止，最短不应当少于20日。

第二十四条 招标文件应当按其制作成本确定售价，一般可按1000元至3000元人民币标准控制。

第二十五条 招标文件中应当明确投标保证金金额，一般可按以下标准控制：

（一）合同估算价10000万元人民币以上，投标保证金金额不超过合同估算价的千分之五；

（二）合同估算价3000万元至10000万元人民币之间，投标保证金金额不超过合同估算价的千分之六；

（三）合同估算价3000万元人民币以下，投标保证金金额不超过合同估算价的千分之七，但最低不得少于1万元人民币。

第四章 投 标

第二十六条 投标人必须具备水利工程建设项目所需的资质（资格）。

第二十七条 投标人应当按照招标文件的要求编写投标文件，并在招标文件规定的投标截止时间之前密封送达招标人。在投标截止时间之前，投标人可以撤回已递交的投标文件或进行更正和补充，但应当符合招标文件的要求。

第二十八条 投标人必须按招标文件规定投标，也可附加提出“替代方案”，且应当在其封面上注明“替代方案”字样，供招标人选用，但不作为评标的主要依据。

第二十九条 两个或两个以上单位联合投标的，应当按资质等级较低的单位确定联合体资质（资格）等级。招标人不得强制投标人组成联合体共同投标。

第三十条 投标人在递交投标文件的同时，应当递交投标保证金。

招标人与中标人签订合同后5个工作日内，应当退还投标保证金。

第三十一条 投标人应当对递交的资质（资格）预审文件及投标文件中有关资料的真实性负责。

第五章 评标标准与方法

第三十二条 评标标准和方法应当在招标文件中载明，在评标时不得另行制定或修改、补充任何评标标准和方法。

第三十三条 招标人在一个项目中，对所有投标人评标标准和方法必须相同。

第三十四条 评标标准分为技术标准和商务标准，一般包含以下内容：

（一）勘察设计评标标准

1. 投标人的业绩和资信；
2. 勘察总工程师、设计总工程师的经历；
3. 人力资源配备；
4. 技术方案和技术创新；
5. 质量标准及质量管理措施；
6. 技术支持与保障；
7. 投标价格和评标价格；
8. 财务状况；
9. 组织实施方案及进度安排。

（二）监理评标标准

1. 投标人的业绩和资信；
2. 项目总监理工程师经历及主要监理人员情况；
3. 监理规划（大纲）；
4. 投标价格和评标价格；
5. 财务状况。

（三）施工评标标准

1. 施工方案（或施工组织设计）与工期；
2. 投标价格和评标价格；
3. 施工项目经理及技术负责人的经历；
4. 组织机构及主要管理人员；
5. 主要施工设备；
6. 质量标准、质量和安全管理措施；
7. 投标人的业绩、类似工程经历和资信；
8. 财务状况。

（四）设备、材料评标标准

1. 投标价格和评标价格；
2. 质量标准及质量管理措施；
3. 组织供应计划；

4. 售后服务；

5. 投标人的业绩和资信；

6. 财务状况。

第三十五条　评标方法可采用综合评分法、综合最低评标价法、合理最低投标价法、综合评议法及两阶段评标法。

第三十六条　施工招标设有标底的，评标标底可采用：

（一）招标人组织编制的标底A；

（二）以全部或部分投标人报价的平均值作为标底B；

（三）以标底A和标底B的加权平均值作为标底；

（四）以标底A值作为确定有效标的标准，以进入有效标内投标人的报价平均值作为标底。

施工招标未设标底的，按不低于成本价的有效标进行评审。

第六章　开标、评标和中标

第三十七条　开标由招标人主持，邀请所有投标人参加。

第三十八条　开标应当按招标文件中确定的时间和地点进行。开标人员至少由主持人、监标人、开标人、唱标人、记录人组成，上述人员对开标负责。

第三十九条　开标一般按以下程序进行：

（一）主持人在招标文件确定的时间停止接收投标文件，开始开标；

（二）宣布开标人员名单；

（三）确认投标人法定代表人或授权代表人是否在场；

（四）宣布投标文件开启顺序；

（五）依开标顺序，先检查投标文件密封是否完好，再启封投标文件；

（六）宣布投标要素，并作记录，同时由投标人代表签字确认；

（七）对上述工作进行纪录，存档备查。

第四十条　评标工作由评标委员会负责。评标委员会由招标人的代表和有关技术、经济、合同管理等方面的专家组成，成员人数为七人以上单数，其中专家（不含招标人代表人数）不得少于成员总数的三分之二。

第四十一条　公益性水利工程建设项目中，中央项目的评标专家应当从水利部或流域管理机构组建的评标专家库中抽取；地方项目的评标专家应当从省、自治区、直辖市人民政府水行政主管部门组建的评标专家库中抽取，也可从水利部或流域管理机构组建的评标专家库中抽取。

第四十二条　评标专家的选择应当采取随机的方式抽取。根据工程特殊专业技术需要，经水行政主管部门批准，招标人可以指定部分评标专家，但不得超过专家人数的三分之一。

第四十三条　评标委员会成员不得与投标人有利害关系。所指利害关系包括：是投标人或其代理人的近亲属；在5年内与投标人曾有工作关系；或有其他社会关系或经济利益关系。

评标委员会成员名单在招标结果确定前应当保密。

第四十四条　评标工作一般按以下程序进行：

（一）招标人宣布评标委员会成员名单并确定主任委员；

（二）招标人宣布有关评标纪律；

（三）在主任委员主持下，根据需要，讨论通过成立有关专业组和工作组；

（四）听取招标人介绍招标文件；

（五）组织评标人员学习评标标准和方法；

（六）经评标委员会讨论，并经二分之一以上委员同意，提出需投标人澄清的问题，以书面形式送达投标人；

（七）对需要文字澄清的问题，投标人应当以书面形式送达评标委员会；

（八）评标委员会按招标文件确定的评标标准和方法，对投标文件进行评审，确定中标候选人推荐顺序；

（九）在评标委员会三分之二以上委员同意并签字的情况下，通过评标委员会工作报告，并报招标人。评标委员会工作报告附件包括有关评标的往来澄清函、有关评标资料及推荐意见等。

第四十五条　招标人对有下列情况之一的投标文件，

可以拒绝或按无效标处理：

（一）投标文件密封不符合招标文件要求的；

（二）逾期送达的；

（三）投标人法定代表人或授权代表人未参加开标会议的；

（四）未按招标文件规定加盖单位公章和法定代表人（或其授权人）的签字（或印鉴）的；

（五）招标文件规定不得标明投标人名称，但投标文件上标明投标人名称或有任何可能透露投标人名称的标记的；

（六）未按招标文件要求编写或字迹模糊导致无法确认关键技术方案、关键工期、关键工程质量保证措施、投标价格的；

（七）未按规定交纳投标保证金的；

（八）超出招标文件规定，违反国家有关规定的；

（九）投标人提供虚假资料的。

第四十六条 评标委员会经过评审，认为所有投标文件都不符合招标文件要求时，可以否决所有投标，招标人应当重新组织招标。对已参加本次投标的单位，重新参加投标不应当再收取招标文件费。

第四十七条 评标委员会应当进行秘密评审，不得泄露评审过程、中标候选人的推荐情况以及与评标有关的其他情况。

第四十八条 在评标过程中，评标委员会可以要求投标人对投标文件中含义不明确的内容采取书面方式作出必要的澄清或说明，但不得超出投标文件的范围或改变投标文件的实质性内容。

第四十九条 评标委员会经过评审，从合格的投标人中排序推荐中标候选人。

第五十条 中标人的投标应当符合下列条件之一：

（一）能够最大限度地满足招标文件中规定的各项综合评价标准；

（二）能够满足招标文件的实质性要求，并且经评审的投标价格合理最低；但投标价格低于成本的除外。

第五十一条 招标人可授权评标委员会直接确定中标人，也可根据评标委员会提出的书面评标报告和推荐的中标候选人顺序确定中标人。当招标人确定的中标人与评标委员会推荐的中标候选人顺序不一致时，应当有充足的理由，并按项目管理权限报水行政主管部门备案。

第五十二条 自中标通知书发出之日起30日内，招标人和中标人应当按照招标文件和中标人的投标文件订立书面合同，中标人提交履约保函。招标人和中标人不得另行订立背离招标文件实质性内容的其他协议。

第五十三条 招标人在确定中标人后，应当在15日之内按项目管理权限向水行政主管部门提交招标投标情况的书面报告。

第五十四条 当确定的中标人拒绝签订合同时，招标人可与确定的候补中标人签订合同，并按项目管理权限向水行政主管部门备案。

第五十五条 由于招标人自身原因致使招标工作失败（包括未能如期签订合同），招标人应当按投标保证金双倍的金额赔偿投标人，同时退还投标保证金。

第七章 附 则

第五十六条 在招标投标活动中出现的违法违规行为，按照《中华人民共和国招标投标法》和国务院的有关规定进行处罚。

第五十七条 各省、自治区、直辖市可以根据本规定，结合本地区实际制订相应的实施办法。

第五十八条 本规定由水利部负责解释。

第五十九条 本规定自2002年1月1日起施行，《水利工程建设项目施工招标投标管理规定》（水建〔1994〕130号1995年4月21日颁发，水政资〔1998〕51号1998年2月9日修正）同时废止。

水利部关于在营商环境创新试点城市暂时调整实施《水利工程建设项目招标投标管理规定》有关条款的通知

1. 2022年1月13日

2. 水建设〔2022〕15号

部机关各司局，部直属各单位，各省、自治区、直辖市

水利(水务)厅(局),各计划单列市水利(水务)局,新疆生产建设兵团水利局,各有关单位:

根据《国务院关于开展营商环境创新试点工作的意见》(国发〔2021〕24号),水利部决定,自即日起在营商环境创新试点城市暂时调整实施《水利工程建设项目招标投标管理规定》(水利部令第14号)有关规定。现就有关事项通知如下:

一、暂时调整实施《水利工程建设项目招标投标管理规定》(水利部令第14号)第十六条第(三)项关于水利工程施工招标条件中"监理单位已确定"的规定,取消水利工程施工招标条件中"监理单位已确定"的条件。

二、暂时调整实施《水利工程建设项目招标投标管理规定》(水利部令第14号)第十八条第一款关于在正式媒介发布招标公告至发售资格预审文件(或招标文件)的时间间隔一般不少于10日的规定,在发布水利工程招标信息(招标公告或投标邀请书)时可同步发售资格预审文件(或招标文件)。

三、首批营商环境创新试点城市为北京、上海、重庆、杭州、广州、深圳6个城市,试点城市范围扩大事宜执行国务院有关工作安排。

四、有关地方人民政府水行政主管部门要根据上述调整,及时对本部门制定的规范性文件作相应调整,建立与试点要求相适应的管理制度。

五、试点中的重要情况,有关地方人民政府水行政主管部门要及时向水利部报告。水利部将按照国务院统一部署,结合试点情况,对具备条件的创新试点举措在全国范围推开。

水利部关于暂时调整实施《水利工程建设项目招标投标管理规定》有关条款的通知

1. 2022年9月6日

2. 水建设〔2022〕346号

部机关各司局,部直属各单位,各省、自治区、直辖市水利(水务)厅(局),各计划单列市水利(水务)局,新疆生产建设兵团水利局,各有关单位:

为贯彻落实国务院深化"放管服"改革,持续优化营商环境工作部署,在总结前期营商环境创新试点经验的基础上,自即日起在全国暂时调整实施《水利工程建设项目招标投标管理规定》(水利部令第14号)有关条款。现就有关事项通知如下:

一、暂时调整实施《水利工程建设项目招标投标管理规定》(水利部令第14号)第十六条第(三)项水利工程建设项目施工招标条件中"监理单位已确定"的规定,取消水利工程建设项目施工招标条件中"监理单位已确定"的条件。

二、暂时调整实施《水利工程建设项目招标投标管理规定》(水利部令第14号)第十八条第一款关于在正式媒介发布招标公告至发售资格预审文件(或招标文件)的时间间隔一般不少于10日的规定,在发布水利工程招标信息(招标公告或投标邀请书)时可同步发售资格预审文件(或招标文件)。

三、各省级水行政主管部门要根据上述调整,及时对本部门制定的规范性文件作相应调整。

四、上述规定调整实施过程中的重要情况,有关省级水行政主管部门要及时向水利部报告。

水利工程建设项目监理招标投标管理办法

1. 2002年12月25日水利部发布

2. 水建管〔2002〕587号

第一章　总　　则

第一条　为了规范水利工程建设项目监理招标投标活动,根据《水利工程建设项目招标投标管理规定》(水利部第14号令,以下简称《规定》)和国家有关规定,结合水利工程建设监理的特点,制定本办法。

第二条　本办法适用于水利工程建设项目(以下简称"项目")监理的招标投标活动。

第三条　项目符合《规定》第三条规定的范围与标准必须进行监理招标。

国家和水利部对项目技术复杂或者有特殊要求的水利工程建设项目监理另有规定的,从其规定。

第四条　项目监理招标一般不宜分标。如若分标，各监理标的监理合同估算价应当在 50 万元人民币以上。

项目监理分标的，应当利于管理和竞争，利于保证监理工作的连续性和相对独立性，避免相互交叉和干扰，造成监理责任不清。

第五条　水行政主管部门依法对项目监理招标投标活动进行行政监督。内容包括：

（一）监督检查招标人是否按照招标前提交备案的项目招标报告进行监理招标；

（二）可派员监督项目开标、评标、定标等活动，查处监理招标投标活动中违法违规行为；

（三）接受招标人依法备案的项目监理招标投标情况报告。

第六条　项目监理招标投标活动应当遵循公开、公平、公正和诚实信用的原则。项目监理招标工作由招标人负责，任何单位和个人不得以任何方式非法干涉项目监理招标投标活动。

第二章　招　　标

第七条　项目监理招标分为公开招标和邀请招标。

第八条　项目监理招标的招标人是该项目的项目法人。

第九条　招标人自行办理项目监理招标事宜时，应当按有关规定履行核准手续。

第十条　招标人委托招标代理机构办理招标事宜时，受委托的招标代理机构应符合水利工程建设项目招标代理有关规定的要求。

第十一条　项目监理招标应当具备下列条件：

（一）项目可行性研究报告或者初步设计已经批复；

（二）监理所需资金已经落实；

（三）项目已列入年度计划。

第十二条　项目监理招标宜在相应的工程勘察、设计、施工、设备和材料招标活动开始前完成。

第十三条　项目监理招标一般按照《规定》第十七条规定的程序进行。

第十四条　招标公告或者投标邀请书应当至少载明下列内容：

（一）招标人的名称和地址；

（二）监理项目的内容、规模、资金来源；

（三）监理项目的实施地点和服务期；

（四）获取招标文件或者资格预审文件的地点和时间；

（五）对招标文件或者资格预审文件收取的费用；

（六）对投标人的资质等级的要求。

第十五条　招标人应当对投标人进行资格审查。资格审查分为资格预审和资格后审。进行资格预审的，一般不再进行资格后审，但招标文件另有规定的除外。

第十六条　资格预审，是指在投标前对潜在投标人进行的资格审查。资格预审一般按照下列原则进行：

（一）招标人组建的资格预审工作组负责资格预审。

（二）资格预审工作组按照资格预审文件中规定的资格评审条件，对所有潜在投标人提交的资格预审文件进行评审。

（三）资格预审完成后，资格预审工作组应提交由资格预审工作组成员签字的资格预审报告，并由招标人存档备查。

（四）经资格预审后，招标人应当向资格预审合格的潜在投标人发出资格预审合格通知书，告知获取招标文件的时间、地点和方法，并同时向资格预审不合格的潜在投标人告知资格预审结果。

第十七条　资格后审，是指在开标后，招标人对投标人进行资格审查，提出资格审查报告，经参审人员签字由招标人存档备查，同时交评标委员会参考。

第十八条　资格审查应主要审查潜在投标人或者投标人是否符合下列条件：

（一）具有独立合同签署及履行的权利；

（二）具有履行合同的能力，包括专业、技术资格和能力，资金、设备和其他物质设施能力，管理能力，类似工程经验、信誉状况等；

（三）没有处于被责令停业，投标资格被取消，财产被接管、冻结等；

（四）在最近三年内没有骗取中标和严重违约

及重大质量问题。

资格审查时，招标人不得以不合理的条件限制、排斥潜在投标人或者投标人，不得对潜在投标人或者投标人实行歧视待遇。任何单位和个人不得以行政手段或者其他不合理方式限制投标人的数量。

第十九条　招标文件应当包括下列内容：

（一）投标邀请书；

（二）投标人须知。投标人须知应当包括：招标项目概况，监理范围、内容和监理服务期，招标人提供的现场工作及生活条件（包括交通、通讯、住宿等）和试验检测条件，对投标人和现场监理人员的要求，投标人应当提供的有关资格和资信证明文件，投标文件的编制要求，提交投标文件的方式、地点和截止时间，开标日程安排，投标有效期等；

（三）书面合同书格式。大、中型项目的监理合同书、应当使用《水利工程建设监理合同示范文本》（GF—2000—0211），小型项目可参照使用；

（四）投标报价书、投标保证金和授权委托书、协议书和履约保函的格式；

（五）必要的设计文件、图纸和有关资料；

（六）投标报价要求及其计算方式；

（七）评标标准与方法；

（八）投标文件格式；

（九）其它辅助资料。

第二十条　依法必须进行招标的项目，自招标文件开始发出之日起至投标人提交投标文件截止之日止，最短不得少于20日。

第二十一条　招标文件一经发出，招标内容一般不得修改。招标文件的修改和澄清，应当于提交投标文件截止日期15日前书面通知所有潜在投标人。该修改和澄清的内容为招标文件的组成部分。

第二十二条　投标人少于3个的，招标人应当依法重新招标。

第二十三条　资格预审文件售价最高不得超过500元人民币。

第二十四条　招标文件售价应当按照《规定》第二十四条规定的标准控制。

第二十五条　投标保证金的金额一般按照招标文件售价的10倍控制。履约保证金的金额按照监理合同价的2%～5%控制，但最低不少于1万元人民币。

第三章　投　　标

第二十六条　投标人必须具有水利部颁发的水利工程建设监理资质证书，并具备下列条件：

（一）具有招标文件要求的资质等级和类似项目的监理经验与业绩；

（二）与招标项目要求相适应的人力、物力和财力；

（三）其他条件。

第二十七条　招标代理机构代理项目监理招标时，该代理机构不得参加或代理该项目监理的投标。

第二十八条　投标人应当按照招标文件的要求编制投标文件。投标文件一般包括下列内容：

（一）投标报价书；

（二）投标保证金；

（三）委托投标时，法定代表人签署的授权委托书；

（四）投标人营业执照、资质证书以及其它有效证明文件的复印件；

（五）监理大纲；

（六）项目总监理工程师及主要监理人员简历、业绩、学历证书、职称证书以及监理工程师资格证书和岗位证书等证明文件；

（七）拟用于本工程的设施设备、仪器；

（八）近3～5年完成的类似工程、有关方面对投标人的评价意见、以及获奖证明；

（九）投标人近3年财务状况；

（十）投标报价的计算和说明；

（十一）招标文件要求的其他内容。

第二十九条　监理大纲的主要内容应当包括：工程概况、监理范围、监理目标、监理措施、对工程的理解、项目监理机构组织机构、监理人员等。

第三十条　投标人应当在招标文件要求提交投标文件的截止时间前，将投标文件密封送达招标人。投标人的投标文件正本和副本应当分别包装，包装封套上加贴封条，加盖“正本”或“副本”标记。

第三十一条　投标人在招标文件要求提交投标文件截

止时间之前，可以书面方式对投标文件进行修改、补充或者撤回，但应当符合招标文件的要求。

第三十二条 两个以上监理单位可以组成一个联合体，以一个投标人的身份投标。

联合体各方签订共同投标协议后，不得再以自己名义单独投标，也不得组成新的联合体或参加其他联合体在同一项目中投标。

招标人不得强制投标人组成联合体共同投标。

第三十三条 联合体参加资格预审并获通过的，其组成的任何变化都必须在提交投标文件截止之日前征得招标人的同意。如果变化后的联合体削弱了竞争，含有事先未经过资格预审或者资格预审不合格的法人，或者使联合体的资质降到资格预审文件中规定的最低标准下，招标人有权拒绝。

第三十四条 联合体各方必须指定牵头人，授权其代表所有联合体成员负责投标和合同实施阶段的主办、协调工作，并应当向招标人提交由所有联合体成员法定代表人签署的授权书。

第三十五条 联合体投标的，应当以联合体各方或者联合体中牵头人的名义提交投标保证金。

第三十六条 投标人应当对递交的资格预审文件、投标文件中有关资料的真实性负责。

第四章 评标标准与方法

第三十七条 项目监理评标标准和方法应当体现根据监理服务质量选择中标人的原则。评标标准和方法应当在招标文件中载明，在评标时不得另行制定或者修改、补充任何评标标准和方法。

项目监理招标不宜设置标底。

第三十八条 评标标准包括投标人的业绩和资信、项目总监理工程师的素质和能力、资源配置、监理大纲以及投标报价等五个方面。其重要程度宜分别赋予20%、25%、25%、20%、10%的权重，也可根据项目具体情况确定。

第三十九条 业绩和资信可以从以下几个方面设置评价指标：

(一)有关资质证书、营业执照等情况；

(二)人力、物力与财力资源；

(三)近3~5年完成或者正在实施的项目情况及监理效果；

(四)投标人以往的履约情况；

(五)近5年受到的表彰或者不良业绩记录情况；

(六)有关方面对投标人的评价意见等。

第四十条 项目总监理工程师的素质和能力可以从以下几个方面设置评价指标：

(一)项目总监理工程师的简历、监理资格；

(二)项目总监理工程师主持或者参与监理的类似工程项目及监理业绩；

(三)有关方面对项目总监理工程师的评价意见；

(四)项目总监理工程师月驻现场工作时间；

(五)项目总监理工程师的陈述情况等。

第四十一条 资源配置可以从以下几个方面设置评价指标：

(一)项目副总监理工程师、部门负责人的简历及监理资格；

(二)项目相关专业人员和管理人员的数量、来源、职称、监理资格、年龄结构、人员进场计划；

(三)主要监理人员的月驻现场工作时间；

(四)主要监理人员从事类似工程的相关经验；

(五)拟为工程项目配置的检测及办公设备；

(六)随时可调用的后备资源等。

第四十二条 监理大纲可以从以下几个方面设置评价指标：

(一)监理范围与目标；

(二)对影响项目工期、质量和投资的关键问题的理解程度；

(三)项目监理组织机构与管理的实效性；

(四)质量、进度、投资控制和合同、信息管理的方法与措施的针对性；

(五)拟定的监理质量体系文件等；

(六)工程安全监督措施的有效性。

第四十三条 投标报价可以从以下几个方面设置评价指标：

(一)监理服务范围、时限；

(二)监理费用结构、总价及所包含的项目；

（三）人员进场计划；

（四）监理费用报价取费原则是否合理。

第四十四条　评标方法主要为综合评分法、两阶段评标法和综合评议法，可根据工程规模和技术难易程度选择采用。大、中型项目或者技术复杂的项目宜采用综合评分法或者两阶段评标法，项目规模小或者技术简单的项目可采用综合评议法。

（一）综合评分法。根据评标标准设置详细的评价指标和评分标准，经评标委员会集体评审后，评标委员会分别对所有投标文件的各项评价指标进行评分，去掉最高分和最低分后，其余评委评分的算术和即为投标人的总得分。评标委员会根据投标人总得分的高低排序选择中标候选人1～3名。若候选人出现分值相同情况，则对分值相同的投标人改为投票法，以少数服从多数的方式，也可根据总监理工程师、监理大纲的得分高低决定次序选择中标候选人。

（二）两阶段评标法。对投标文件的评审分为两阶段进行。首先进行技术评审，然后进行商务评审。有关评审方法可采用综合评分法或综合评议法。评标委员会在技术评审结束之前，不得接触投标文件中商务部分的内容。

评标委员会根据确定的评审标准选出技术评审排序的前几名投标人，而后对其进行商务评审。根据规定的技术和商务权重，对这些投标人进行综合评价和比较，确定中标候选人1～3名。

（三）综合评议法。根据评标标准设置详细的评价指标，评标委员会成员对各个投标人进行定性比较分析，综合评议，采用投票表决的形式，以少数服从多数的方式，排序推荐中标候选人1～3名。

第五章　开标、评标和中标

第四十五条　开标时间、地点应当为招标文件中确定的时间、地点。开标工作人员至少有主持人、监标人、开标人、唱标人、记录人组成。招标人收到投标文件时，应当检查其密封性，进行登记并提供回执。已收投标文件应妥善保管，开标前不得开启。在招标文件要求提交投标文件的截止时间后送达的投标文件，应当拒收。

第四十六条　开标由招标人主持，邀请所有投标人参加。

投标人的法定代表人或者授权代表人应当出席开标会议。评标委员会成员不得出席开标会议。

第四十七条　开标人员应当在开标前检查出席开标会议的投标人法定代表人的证明文件或者授权代表人有关身份证明。法定代表人或者授权代表人应当在指定的登记表上签名报到。

第四十八条　开标一般按照《规定》第三十九条规定的程序进行。

第四十九条　属于下列情况之一的投标文件，招标人可以拒绝或者按无效标处理：

（一）投标人的法定代表人或者授权代表人未参加开标会议；

（二）投标文件未按照要求密封或者逾期送达；

（三）投标文件未加盖投标人公章或者未经法定代表人（或者授权代表人）签字（或者印鉴）；

（四）投标人未按照招标文件要求提交投标保证金；

（五）投标文件字迹模糊导致无法确认涉及关键技术方案、关键工期、关键工程质量保证措施、投标价格；

（六）投标文件未按照规定的格式、内容和要求编制；

（七）投标人在一份投标文件中，对同一招标项目报有两个或者多个报价且没有确定的报价说明；

（八）投标人对同一招标项目递交两份或者多份内容不同的投标文件，未书面声明哪一个有效；

（九）投标文件中含有虚假资料；

（十）投标人名称与组织机构与资格预审文件不一致；

（十一）不符合招标文件中规定的其他实质性要求。

第五十条　评标由评标委员会负责。评标委员会的组成按照《规定》第四十条的规定进行。

第五十一条　评标专家的选择按照《规定》第四十一条、第四十二条的规定进行。

第五十二条　评标委员会成员实行回避制度，有下列

情形之一的,应当主动提出回避并不得担任评标委员会成员:

(一)投标人或者投标人、代理人主要负责人的近亲属;

(二)项目主管部门或者行政监督部门的人员;

(三)在5年内与投标人或其代理人曾有工作关系;

(四)5年内与投标人或其代理人有经济利益关系,可能影响对投标的公正评审的人员;

(五)曾因在招标、评标以及其他与招标投标有关活动中从事违法行为而受到行政处罚或者刑事处罚的人员。

第五十三条 招标人应当采取必要的措施,保证评标过程在严格保密的情况下进行。

第五十四条 评标工作一般按照以下程序进行:

(一)招标人宣布评标委员会成员名单并确定主任委员;

(二)招标人宣布有关评标纪律;

(三)在主任委员的主持下,根据需要,讨论通过成立有关专业组和工作组;

(四)听取招标人介绍招标文件;

(五)组织评标人员学习评标标准与方法;

(六)评标委员会对投标文件进行符合性和响应性评定;

(七)评标委员会对投标文件中的算术错误进行更正;

(八)评标委员会根据招标文件规定的评标标准与方法对有效投标文件进行评审;

(九)评标委员会听取项目总监理工程师陈述;

(十)经评标委员会讨论,并经二分之一以上成员同意,提出需投标人澄清的问题,并以书面形式送达投标人;

(十一)投标人对需书面澄清的问题,经法定代表人或者授权代表人签字后,作为投标文件的组成部分,在规定的时间内送达评标委员会;

(十二)评标委员会依据招标文件确定的评标标准与方法,对投标文件进行横向比较,确定中标候选人推荐顺序;

(十三)在评标委员会三分之二以上成员同意并在全体成员签字的情况下,通过评标报告。评标委员会成员必须在评标报告上签字。若有不同意见,应明确记载并由其本人签字,方可作为评标报告附件。

第五十五条 评标报告应当包括以下内容:

(一)招标项目基本情况;

(二)对投标人的业绩和资信的评价;

(三)对项目总监理工程师的素质和能力的评价;

(四)对资源配置的评价;

(五)对监理大纲的评价;

(六)对投标报价的评价;

(七)评标标准和方法;

(八)评审结果及推荐顺序;

(九)废标情况说明;

(十)问题澄清、说明、补正事项纪要;

(十一)其它说明;

(十二)附件。

第五十六条 评标委员会要求投标人对投标文件中含义不明确的内容作出必要的澄清或者说明,但澄清或说明不得改变投标文件提出的主要监理人员、监理大纲和投标报价等实质性内容。

第五十七条 评标委员会经评审,认为所有投标文件都不符合招标文件要求,可以否决所有投标,招标人应当重新招标,并报水行政主管部门备案。

第五十八条 评标委员会成员应当客观、公正地履行职责,遵守职业道德,对所提出的评审意见承担个人责任。

第五十九条 遵循根据监理服务质量选择中标人的原则,中标人应当是能够最大限度地满足招标文件中规定的各项综合评价标准的投标人。

第六十条 招标人可授权评标委员会直接确定中标人,也可根据评标委员会提出的书面评标报告和推荐的中标候选人顺序确定中标人。当招标人确定的中标人与评标委员会推荐的中标候选人顺序不一致时,应当有充足的理由,并按项目管理权限报水行政主管部门备案。

第六十一条　在确定中标人前,招标人不得与投标人就投标方案、投标价格等实质性内容进行谈判。自评标委员会提出书面评标报告之日起,招标人一般应在15日内确定中标人,最迟应在投标有效期结束日30个工作日前确定。

第六十二条　中标人确定后,招标人应当在招标文件规定的有效期内以书面形式向中标人发出中标通知书,并将中标结果通知所有未中标的投标人。招标人不得向中标人提出压低报价、增加工作量、延长服务期或其他违背中标人意愿的要求,以此作为发出中标通知书和签订合同的条件。

第六十三条　中标通知书对招标人和中标人具有法律效力。中标通知书发出后,招标人改变中标结果的,或者中标人放弃中标项目的,应当依法承担法律责任。

第六十四条　中标人收到中标通知书后,应当在签订合同前向招标人提交履约保证金。

第六十五条　招标人和中标人应当自中标通知书发出之日起在30日内,按照招标文件和中标人的投标文件订立书面合同。招标人和中标人不得再行订立背离合同实质性内容的其他协议。

第六十六条　当确定的中标人拒绝签订合同时,招标人可与确定的候补中标人签订合同。

第六十七条　中标人不得向他人转让中标项目,也不得将中标项目肢解后向他人转让。

第六十八条　招标人与中标人签订合同后5个工作日内,应当向中标人和未中标的投标人退还投标保证金。

第六十九条　在确定中标人后15日之内,招标人应当按项目管理权限向水行政主管部门提交招标投标情况的书面总结报告。书面总结报告至少应包括下列内容:

(一)开标前招标准备情况;

(二)开标记录;

(三)评标委员会的组成和评标报告;

(四)中标结果确定;

(五)附件:招标文件。

第七十条　由于招标人自身原因致使招标失败(包括未能如期签订合同),招标人应当按照投标保证金双倍的金额赔偿投标人,同时退还投标保证金。

第六章　附　　则

第七十一条　在招标投标活动中出现的违法违规行为,按照《中华人民共和国招标投标法》和国务院的有关规定进行处罚。

第七十二条　使用国际组织或者外国政府贷款、援助资金的项目监理招标,贷款方、资金提供方对招标投标的具体条件和程序有不同规定的,可以从其规定,但违背中华人民共和国的社会公众利益的除外。

第七十三条　本办法由水利部负责解释。

第七十四条　本办法自发布之日起施行。

水利工程建设项目招标投标审计办法

1.　2007年12月4日水利部发布

2.　水审计〔2007〕560号

3.　自2008年4月1日起施行

第一章　总　　则

第一条　为了加强对水利工程建设项目招标投标的审计监督,规范水利招标投标行为,提高投资效益,根据《中华人民共和国审计法》、《中华人民共和国招标投标法》、《中华人民共和国政府采购法》等法律、法规,结合水利工作实际,制定本办法。

第二条　各级水利审计部门(以下简称"审计部门")在本单位负责人领导下,依法对本单位及其所属单位水利工程建设项目的招标投标进行审计监督。

上级水利审计部门对下级单位的招标投标审计工作进行指导和监督。

第三条　本办法适用于《水利工程建设项目招标投标管理规定》所规定的水利工程建设项目的勘察设计、施工、监理以及与水利工程建设项目有关的重要设备、材料采购等的招标投标的审计监督。

第四条　审计部门根据工作需要,对水利工程建设项目的招标投标进行事前、事中、事后的审计监督,对重点水利建设项目的招标投标进行全过程跟踪审计，对有关招标投标的重要事项进行专项审计或审计调查。

第二章　审 计 职 责

第五条　在招标投标审计中，审计部门具有以下职责：

（一）对招标人、招标代理机构及有关人员执行招标投标有关法律、法规和行业制度的情况进行审计监督；

（二）对招标项目评标委员会成员执行招标投标有关法律、法规和行业制度的情况进行审计监督；

（三）对属于审计监督对象的投标人及有关人员遵守招标投标有关法律、法规和行业制度的情况进行审计监督；

（四）对与招标投标项目有关的投资管理和资金运行情况进行审计监督；

（五）协同行政监督部门、行政监察部门查处招标投标中的违法违纪行为。

第三章　审 计 权 限

第六条　在招标投标审计中，审计部门具有以下权限：

（一）有权参加招标人或其代理机构组织的开标、评标、定标等活动，招标人或其代理机构应当通知同级审计部门参加；

（二）有权要求招标人或其代理机构提供与招标投标活动有关的文件、资料，招标人或其代理机构应当按照审计部门的要求提供相关文件、资料；

（三）对招标人或其代理机构正在进行的违反国家法律、法规规定的招标投标行为，有权予以纠正或制止；

（四）有权向招标人、投标人、招标代理机构等调查了解与招标投标有关的情况；

（五）监督检查招标投标结果执行情况。

第四章　审 计 内 容

第七条　审计部门对水利工程建设项目招标投标中的下列事项进行审计监督：

（一）招标项目前期工作是否符合水利工程建设项目管理规定，是否履行规定的审批程序；

（二）招标项目资金计划是否落实，资金来源是否符合规定；

（三）招标文件确定的水利工程建设项目的标准、建设内容和投资是否符合批准的设计文件；

（四）与招标投标有关的取费是否符合规定；

（五）招标人与中标人是否签订书面合同，所签合同是否真实、合法；

（六）与水利工程建设项目招标投标有关的其他经济事项。

第八条　审计部门会同行政监督部门、行政监察部门对招标投标中的下列事项进行审计监督：

（一）招标项目的招标方式、招标范围是否符合规定；

（二）招标人是否符合规定的招标条件，招标代理机构是否具有相应资质，招标代理合同是否真实、合法；

（三）招标项目的招标、投标、开标、评标和中标程序是否合法；

（四）招标项目评标委员会、评标专家的产生及人员组成、评标标准和评标方法是否符合规定；

（五）对招投标过程中泄露保密资料、泄露标底、串通招标、串通投标、规避招标、歧视排斥投标等违法行为进行审计监督；

（六）对勘察、设计、施工单位转包、违法分包和监理单位违法转让监理业务，以及无证或借用资质承接工程业务等违法违规行为进行审计监督。

第九条　审计部门和审计人员对招标投标工作中涉及保密的事项负有保密责任。

第五章　审 计 程 序

第十条　招标人编制的年度招标工作计划，以及重大水利工程建设项目的招投标文件，应当报送同级审计部门备案。

第十一条　审计部门根据年度审计工作计划、招标人年度招标计划和招标项目具体情况，确定招标投标项目审计计划，经单位主管审计工作负责人批准后实施审计。

第十二条　审计部门根据审计项目计划确定的审计事项组成审计组，并应在实施审计三日前，向被审计单位送达审计通知书。

被审计单位以及与招标投标活动有关的单位、

部门,应当配合审计部门的工作,并提供必要的工作条件。

第十三条 审计人员通过审查招标投标文件、合同、会计资料,以及向有关单位和个人进行调查等方式实施审计,并取得证明材料。

第十四条 审计组对招标投标事项实施审计后,应当向派出的审计部门提出审计报告。审计报告应当征求被审计单位的意见。被审计单位应当自接到审计报告之日起十日内,将其书面意见送交审计组或者审计部门。

第十五条 审计部门审定审计报告,对审计事项作出评价,出具审计意见书;对违反国家规定的招标投标行为,需要依法给予处理、处罚的,在职权范围内作出审计决定或者向有关主管部门提出处理、处罚意见。

被审计单位应当执行审计决定并将结果反馈审计部门;有关主管部门对审计部门提出的处理、处罚意见应及时进行研究,并将结果反馈审计部门。

第六章 罚 则

第十六条 被审计单位违反本办法,拒绝或者拖延提供与审计事项有关的资料,或者拒绝、阻碍审计的,审计部门责令改正;拒不改正的,可以通报批评,对负有直接责任的主管人员和其他直接责任人员提出给予行政处分的建议,被审计单位或者其主管单位、监察部门应当及时作出处理,并将结果抄送审计部门。

第十七条 被审计单位拒不执行审计决定的,对负有直接责任的主管人员和其他直接责任人员提出给予行政处分的建议,被审计单位或者其主管单位、监察部门应当及时作出处理,并将结果抄送审计部门。

第十八条 招标人、招标代理机构及其有关人员违反国家招标投标的法律、法规的,依照《中华人民共和国招标投标法》予以处理。

第十九条 审计人员滥用职权、徇私舞弊、玩忽职守,涉嫌犯罪的,依法移送司法机关处理;不构成犯罪的,给予行政处分。

第七章 附 则

第二十条 各省、自治区、直辖市水行政主管部门、流域机构、新疆生产建设兵团,可以根据本办法制定实施细则并报部备案。

第二十一条 本办法由水利部负责解释。

第二十二条 本办法自2008年4月1日起执行。

加强水利工程建设招标投标、建设实施和质量安全管理工作指导意见

1. 2009年12月21日水利部发布

2. 水建管〔2009〕618号

为贯彻落实中共中央办公厅、国务院办公厅《关于开展工程建设领域突出问题专项治理工作的意见》,扎实推进水利工程建设领域突出问题专项治理工作,根据中央治理工程建设领域突出问题工领导小组印发的相关指导意见和水利部印发的《水利工程建设领域突出问题专项治理工作方案》(水建管〔2009〕500号),现就加强水利工程建设招标投标、建设实施和质量安全管理等工作,提出如下意见:

一、工作目标

以着力解决规避招标、虚假招标、围标串标、评标不公等突出问题为重点,进一步规范水利工程建设招标投标活动,推进招标投标工作的公开、公平、公正;以着力解决项目法人组建不规范、管理力量薄弱,转包和违法分包,监理不到位,质量与安全责任制不落实、措施不到位等突出问题为重点,进一步规范水利工程建设市场秩序,确保水利工程建设质量与安全;以着力解决水利工程建设信息公开不规范不透明、市场准入和退出机制不健全以及水利工程建设领域信用缺失等突出问题为重点,建立互联互通的水利工程建设市场信用体系,营造诚信为荣、失信为耻的水利建设市场氛围。

二、查找和整改突出问题

按照水利工程建设招标投标、建设实施和质量安全管理工作有关法规和文件(具体名录见附件),认真查找以下几方面的突出问题并加以整改。

(一)招标投标方面

达到国家规定范围和规模标准的建设工程勘察

设计、施工、监理、重要设备和主要材料采购是否严格执行了招标投标制；非公开招标项目是否按照规定履行批准程序；是否存在化整为零、规避招标问题；是否存在虚假招标问题；招标程序是否符合规定；是否存在通过设定歧视性资质要求、评标标准或者不依法发布招标信息等方式，限制或者排斥其他潜在投标人的问题；招标公告是否按规定在指定媒介发布；投标人是否存在挂靠有资质或高资质单位并以其名义投标，或者从其他单位租借资质证书等行为；是否存在围标串标问题；是否存在低于成本价中标问题；评标委员会的组建是否合法，是否严格执行回避制度；评标标准和方法是否在招标文件中公开载明，在评标过程中是否存在随意改变评标标准和方法的情况；是否存在以获得本系统、本地区奖项作为评标加分条件或者中标条件的情况；是否存在阻挠、干预外地投标人进入本地市场，或者对阻挠、干预外地投标人进入本地市场的行为纵容、包庇、限制公平竞争等情形；是否存在领导干部利用职权违反规定干预和插手建设工程招标投标活动的情形；是否存在招投标监管不力问题等。

（二）建设实施方面

项目法人组建是否符合规定；项目法人机构设置、制度建设、人员配备是否满足要求；是否未经审批擅自开工；是否将工程发包给不具有相应资质等级的勘察、设计、监理、施工、质量检测等单位；是否按照监理规范和合同的要求，结合工程实际编制监理规划和监理实施细则；是否按规定采取旁站、巡视、跟踪检测和平行检测等方式实施监理，监理人员是否具备相应资格；现场监理人员能否满足工程需要，是否符合投标文件要求；是否严格按照合同进行进度、质量、安全和资金管理；是否存在转包和违法分包问题；是否存在擅自改变项目建设规模和内容问题；验收程序是否符合国家规定；验收条件是否严格执行，水库枢纽工程截流、蓄水阶段验收前是否进行移民安置和库底清理验收，大型水库工程蓄水验收前是否进行蓄水安全鉴定，工程竣工验收前是否按规定进行环境保护、水土保持、移民安置、工程档案等专项验收，是否进行竣工财务决算审计；大型水利工程竣工验收前是否进行竣工验收技术鉴定；是否存在未经验收或者验收不合格，交付使用或者进行后续工程施工等问题。

（三）质量安全管理方面

是否按规定办理质量与安全监督手续；工程建设是否建立健全质量与安全管理体系；是否落实质量与安全责任制，项目法人、设计、监理、施工等有关单位是否明确质量负责人；施工图设计是否满足强制性标准的要求；施工单位是否存在不按设计要求和技术标准施工的问题；是否严格按照技术标准和合同要求进行质量检验和评定；施工中是否存在弄虚作假、偷工减料的问题；是否使用不合格的建筑材料、建筑构配件和设备；是否按规定对建筑材料、建筑构配件、设备和商品混凝土进行检验；是否存在工程质量低劣问题；是否及时对检查出的质量与安全问题和隐患进行整改；工程发生质量与安全事故是否按规定及时向有关部门报告；是否对工程质量与安全事故按照“三不放过”和“四不放过”原则进行处理；水利工程安全生产责任制体系、安全生产规章制度、安全生产组织机构是否建立健全；是否按规定设立安全生产管理机构或者配备安全生产安全管理人员；特种作业人员是否持证上岗；是否具备施工企业安全生产许可证；是否按规定进行施工安全教育和培训；是否按规定制订应急救援预案等。

（四）建设信息公开及信用体系建设方面

根据《中华人民共和国政府信息公开条例》及相关规定，是否存在应向社会公开建设项目信息而未公开的情况；是否建立招标投标违法行为公告制度等。

三、主要工作措施

（一）规范水利工程建设招标投标活动

1. 健全法规制度和技术标准体系。编制出台《水利水电工程标准施工招标文件》和《水利水电工程标准施工招标资格预审文件》，并做好宣贯实施工作；《招标投标法实施条例》颁布实施后，结合水利实际修订《水利工程建设项目招标投标管理规定》等；各级水行政主管部门要进一步加强监管，确保招投标制度的统一性和严肃性，对于地方设置的与《中华人民共和国招标投标法》和《中华人民共和国行政许可法》相抵触的规定，以及带有地方保护倾向的不恰当的做法，要立即予以纠正或撤销。

2. 规范招标投标行为。严格执行《工程建设项目招标范围和规模标准规定》、《水利工程建设项目招标投标行政监督暂行规定》等有关规定，依法强化对招标投标过程的监管，严格履行招标投标程序，严格核准招标范围、招标方式和招标组织形式，严格审批非公开招标项目，采用邀请招标必须按照规定履行批准程序。施工单项合同估算价在200万元以上的大型灌区续建配套与节水改造骨干工程渠道及其建筑物、大型灌排泵站更新改造项目、农村饮水安全集中供水工程、水土保持工程以及合同估算价在100万元以上的重要材料、设备采购项目，必须进行招标。各级水行政主管部门应进一步明确招标投标职责，对招标投标活动进行全过程监督。

3. 进一步规范评标行为。严格执行《招标公告发布暂行办法》、《评标委员会和评标方法暂行规定》、《评标专家和评标专家库管理暂行办法》等规定，制订科学合理的评标标准和方法，不得含有倾向或者排斥潜在投标人的内容，建立科学的评标体系和防范低于成本价中标行为的机制，有效控制围标串标、恶意低价中标行为；建立评标专家培训、考核、评价制度，规范评标专家行为，健全评标专家退出机制。进一步规范招标投标、评标和评标专家的行为，尽快建立符合水利工程建设市场需求的招标投标管理体系。

4. 严查招标投标违规行为。严格执行《工程建设项目招标投标活动投诉处理办法》、《水利工程建设项目招标投标行政监督暂行规定》和《水利工程建设项目招标投标行政监察暂行规定》等文件，建立健全科学、高效的监督机制和监控体系，完善招标投标行政监督管理和备案管理；严格执行畅通举报投诉渠道，对实名举报实行反馈和回复制度；加大对围标串标、恶意低价中标、挂靠借用资质等违法违规行为打击力度，落实招标投标违法行为记录公告制度，严查领导干部利用职权违反规定干预和插手工程招投标活动的行为。

（二）加强水利工程建设实施管理

1. 规范项目法人组建。项目主管部门要严格按照有关规定对项目法人组建条件把关，在工程开工前完成项目法人组建，并认真履行审批和备案程序。地方水行政主管部门应结合小型病险水库（闸）除险加固、水土保持、灌区续建配套与节水改造、农村饮水安全、农村水电等民生水利工程的具体特点，积极探索集中建设管理模式，根据工程特点制定项目法人组建的相关规章制度，明确项目法人组建条件，健全项目法人机构设置，完善管理制度，落实管理责任，建立激励约束机制，加强对项目法人的监督管理。

2. 加强项目法人能力建设。各级水行政主管部门应结合实际、因地制宜，统筹当地建设管理力量，积极开展业务培训工作，培育发展专业化的水利建设管理队伍，切实解决管理力量薄弱的问题；积极稳妥地推进项目代建制和委托制，开展项目代建制和委托制的调研和相关制度制定工作，鼓励发展专业化的项目建设管理机构。

3. 加强水利建设市场资质管理。严格水利工程建设市场主体准入条件，做好水利建设市场设计、监理、施工、质量检测等单位的资质管理和水利工程建设从业人员的资格管理工作，完善市场动态监管和清退机制；参建单位必须在其资质等级许可范围内从事相应的经营活动，不得超越资质权限和任意扩大经营范围；要加快建立企业、个人和工程项目基础数据库，整合资质管理系统，提高行政许可的公开透明和行政许可效率。

4. 严把开工审批关。项目法人应严格按照《国务院办公厅关于加强和规范新开工项目管理的通知》和《关于加强水利工程建设项目开工管理工作的通知》的规定申请开工，经有审批权的水行政主管部门批准后，工程方能开工；要严格审核项目开工条件，对未经批准擅自开工、弄虚作假骗取开工审批的建设项目，有关水行政主管部门应责令其立即停工，限期改正。

5. 加强合同管理。全面执行《中华人民共和国合同法》，推行按照项目属地和行业管理原则建立合同备案制，建立健全合同订立和履约监管机制，督促水利工程参建各方依法严格做好合同签订和履约工作，严查在合同外另行签署违背合同实质内容的协议等违法违规问题；防范水利工程建设转包和违法分包行为，依法加大查处力度；按照水利工程建设管理的相关规定，逐步建立水利工程防止拖欠工程款和农民工工资长效机制。

6. 加强建设监理管理。认真执行《水利工程建设监理规定》等有关规定，修订《水利工程建设项目施工监理规范》，制定《水土保持工程施工监理规范》、《机电及金属结构设备制造监理导则》、《水利工程建设环境保护监理导则》；按要求配备监理人员，严格履行监理职责；规范监理市场秩序；督促监理单位严格加强监理人员知识更新培训，提高监理人员业务素质和实际能力。

7. 加强验收管理。验收工作要严格执行《水利工程建设项目验收管理规定》、《水利水电建设工程验收规程》（SL 223－2008）等有关规定和技术标准，按照规定的权限组织验收，加强对重要阶段验收等验收过程的监督指导，严格验收条件，未经验收或者验收不合格的，不得交付使用或者进行后续工程施工；按照国家有关规定，进行环境保护、水土保持、移民安置、工程档案以及消防等专项验收，并完成竣工财务决算及审计工作，及时组织竣工验收，保证投资效益尽早发挥。

（三）强化水利工程建设质量安全管理

1. 健全水利工程建设质量和安全管理制度。组织修订《水利工程质量管理规定》、《水利工程质量事故处理暂行规定》和《水利工程质量监督管理规定》，制定《水利工程建设安全生产监督管理规定》。各级水行政主管部门应结合实际，制定实施细则，进一步完善水利工程质量与安全管理法规体系。

2. 落实质量责任制。要建立健全项目法人（建设单位）负责、监理单位控制、勘测设计和施工单位保证、政府部门监督相结合的质量管理体制，严格执行水利工程建设标准强制性条文，严把原材料进口关，严把施工过程关，确保工程建设质量。要强化质量责任制，项目法人、设计、监理、施工等有关单位都要确立质量负责人，落实质量终身负责制。要实行质量一票否决，对违反规程规范、盲目施工、形成质量隐患的要立即制止，停工整顿，出现质量事故，要按照质量事故处理“三不放过”原则严肃处理。

3. 强化质量监督和检测。项目法人在工程开工前，应按照规定办理工程质量监督手续；在工程施工过程中，工程参建单位应主动接受质量监督机构对工程质量的监督检查。质量监督机构必须建立健全质量监督工作机制，明确质量监督的工作内容和程序。要加强监督人员的培训，提高监督水平，保证质量监督队伍和人员的稳定。水利工程质量监督机构的经费支出全额编入部门预算，纳入财政支付范畴。工程竣工验收时，质量监督机构应对工程质量等级进行核定。对点多面广的小型民生水利工程，应积极研究科学的质量监督模式，切实发挥监督作用。要按照《水利工程质量检测管理规定》，积极推行工程关键部位和重点环节的强制性检测，提高质量管理的科学性。质量检测单位应完善检测手段，提高检测人员的技术水平，对其检测数据和检测报告的真实性和准确性负责。

4. 明确安全生产责任。要建立并落实水利工程建设安全生产责任制，项目法人是安全生产的责任主体，其主要负责人是安全生产的第一责任人。项目法人应加强施工现场安全管理，完善各项施工安全技术措施。要结合实际制定安全事故应急预案，完善预案执行的保障措施，提高安全事故应急管理和处置能力。要落实在建工程防汛安全责任制、度汛方案和各项度汛措施，确保施工度汛安全。

5. 强化安全生产监督检查、隐患排查治理和安全宣传教育培训。组织开展在建水利工程安全生产检查，将易发生安全生产事故的施工环节作为专项整治的重点，加强水利工程安全生产隐患排查治理，做到整改措施、整改资金、整改期限、整改责任人和应急预案“五落实”；开展对施工企业主要负责人、项目负责人和专职安全生产管理人员三类人员的安全培训和考核工作；要特别加强新职工和农民工的安全培训工作，增强安全防范意识和避险技能，不得让未经安全教育培训的人员上岗作业，杜绝违章指挥、违章操作和违反劳动纪律的行为。

(四)推进水利工程建设项目信息公开和信用体系建设

1. 公开项目建设信息,拓宽信息公开渠道。认真贯彻《中华人民共和国政府信息公开条例》,明确信息收集、报送、审核、发布、检查等的技术标准和程序要求,及时发布水利工程建设项目招标信息,公开项目招标过程、施工管理、合同履约、质量检查、安全检查和竣工验收等相关建设信息。建立建设项目信息公开考评体系和公共监督机制,完善水利工程建设项目信息平台建设,充分利用政府门户网站和各种媒体进行整合发布,逐步实现水利行业信息共建共享。

2. 加快信用体系建设。认真执行水利部《水利建设市场主体信用信息管理暂行办法》和《水利建设市场主体不良行为记录公告暂行办法》,建立并开通全国统一的水利建设市场主体信用信息平台,及时发布水利建设市场各方主体信用信息,对不良行为记录进行公告,方便社会各界查询;研究出台建立水利建设市场信用体系的指导性意见,建立企业和个人工程建设领域信用体系,逐步建立失信惩戒和守信激励制度。

四、工作进度安排

(一)深入排查问题(2009年11月至2010年2月)

要按照《水利工程建设领域突出问题排查工作方案》确定的排查范围和重点,认真做好水利工程建设领域突出问题排查工作。水利工程建设项目法人要组织自查自纠,认真查找水利工程建设招标投标、建设实施和质量安全管理工作中存在的突出问题;各级水行政主管部门要对照有关法律法规和政策规定,深刻分析原因,查找存在的漏洞和薄弱环节,提出整改措施和办法,作出处理;各级水行政主管部门要选择重点项目、重点环节组织重点督查和抽查,各级业务主管部门要根据业务管辖范围做好指导工作。

(二)认真进行整改(2010年3月至2011年6月)

各级水行政主管部门要针对自查、抽查中发现的问题,制定和完善整改措施,落实整改责任,及时纠正;落实监管责任,健全有效联动、密切监控的监督机制,进一步加强水利工程建设招标投标、建设实施和质量安全管理工作。加大行政执法力度,查处因监管不力、行政不作为和乱作为造成重大损失的行为;认真清理水利工程建设招标投标、建设实施和质量安全管理工作的法规制度和规范性文件,不适用的要及时废止,不健全的要尽快修订完善。

(三)巩固治理成果(2011年7月至2011年11月)

要及时把专项治理工作中的有效措施和经验转化为法规制度,进一步提出需要完善的法规制度和加强日常监管的工作措施,建立健全加强水利工程建设招标投标、建设实施和质量安全管理工作的长效机制。专项治理工作结束后,各级水行政主管部门要将水利工程建设招标投标、建设实施和质量安全管理方面的工作情况纳入专项治理总结报告,逐级上报上级专项治理工作领导小组办公室。

附件:水利工程建设招标投标、建设实施和质量安全管理工作有关法规和文件名录

附件:

水利工程建设招标投标、建设实施和质量安全管理工作有关法规和文件名录

1. 中华人民共和国行政许可法(中华人民共和国主席令第7号)

2. 中华人民共和国合同法(中华人民共和国主席令第15号)

3. 中华人民共和国招标投标法(中华人民共和国主席令第21号)

4. 中华人民共和国政府采购法(中华人民共和国主席令第68号)

5. 中华人民共和国安全生产法(中华人民共和国主席令第70号)

6. 建设工程质量管理条例(国务院令第279号)

7. 建设工程勘察设计管理条例(国务院令第293号)

8. 国务院关于特大安全事故行政责任追究的规定（国务院令第302号）

9. 建设工程安全生产管理条例（国务院令第393号）

10. 安全生产许可证条例（国务院令第397号）

11. 中华人民共和国政府信息公开条例（国务院令第492号）

12. 生产安全事故报告和调查处理条例（国务院令第493号）

13. 汶川地震灾后恢复重建条例（国务院令第526号）

14. 特种设备安全监察条例（国务院令第549号）

15. 国务院批转国家计委、财政部、水利部、建设部关于加强公益性水利工程建设管理若干意见的通知（国发〔2000〕20号）

16. 国务院关于进一步加强安全生产工作的决定（国发〔2004〕2号）

17. 国务院办公厅印发国务院有关部门实施招标投标活动行政监督的职责分工意见的通知（国办发〔2000〕34号）

18. 国务院办公厅关于进一步规范招投标活动的若干意见（国办发〔2004〕56号）

19. 国务院办公厅关于加强和规范新开工项目管理的通知（国办发〔2007〕64号）

20. 工程建设项目招标范围和规模标准规定（国家计委令第3号）

21. 招标公告发布暂行办法（国家计委令第4号）

22. 工程建设项目自行招标试行办法（国家计委令第5号）

23. 工程建设项目可行性研究报告增加招标内容和核准招标事项暂行规定（国家计委令第9号）

24. 评标委员会和评标方法暂行规定（国家计委等7部门令第12号）

25. 国家重大建设项目招标投标监督暂行办法（国家计委令第18号）

26. 工程建设项目货物招标投标办法（国家计委令第27号）

27. 评标专家和评标专家库管理暂行办法（国家计委令第29号）

28. 工程建设项目施工招标投标办法（国家计委令第30号）

29. 工程建设项目勘察设计招标投标办法（国家发展改革委、建设部等8部门令第2号）

30. 工程建设项目招标投标活动投诉处理办法（国家发展改革委等7部门令第11号）

31. 中央投资项目招标代理机构资格认定管理办法（国家发展改革委令第36号）

32.《标准施工招标资格预审文件》和《标准施工招标文件》试行规定（国家发展改革委等9部门令第56号）

33. 工程建设项目招标代理机构资格认定办法（建设部令第79号）

34. 建筑业企业资质管理规定（建设部令第159号）

35. 建设工程勘察设计资质管理规定（建设部令第160号）

36. 建设工程勘察质量管理办法（建设部令第163号）

37. 安全生产违法行为行政处罚办法（国家安全生产监督管理总局令第15号）

38. 关于禁止串通招标投标行为的暂行规定（国家工商行政管理局令第82号）

39. 水利工程质量管理规定（水利部令第7号）

40. 水利工程质量事故处理暂行规定（水利部令第9号）

41. 水利工程建设项目招标投标管理规定（水利部令第14号）

42. 水利工程建设安全生产管理规定（水利部令第26号）

43. 水利工程建设监理规定（水利部令第28号）

44. 水利工程建设项目验收管理规定（水利部令第30号）

45. 水利工程质量检测管理规定（水利部令第36号）

46. 国家计委关于指定发布依法必须招标项目招标公告的媒介的通知（计政策〔2000〕868号）

47. 国家计委关于印发《招标代理服务收费管理暂行办法》的通知(计价格〔2002〕1980 号)

48. 国家发展改革委办公厅关于招标代理服务收费有关问题的通知(发改办价格〔2003〕857 号)

49. 国家发展改革委、国务院法制办关于公布国务院有关部门招标投标规章和规范性文件清理目录的通知(发改法规〔2004〕1103 号)

50. 农村饮水安全项目建设管理办法(发改投资〔2005〕1302 号)

51. 大型灌区续建配套与节水改造项目建设管理办法(发改投资〔2005〕1506 号)

52. 招标投标违法行为记录公告暂行办法(发改法规〔2008〕1531 号)

53. 关于印发贯彻落实扩大内需促进经济增长决策部署进一步加强工程建设招标投标监管工作意见的通知(发改法规〔2009〕1361 号)

54. 水利工程质量监督管理规定(水建〔1997〕339 号)

55. 关于贯彻落实《国务院批转国家计委、财政部、水利部、建设部关于加强公益性水利工程建设管理若干意见的通知》的实施意见(水建管〔2001〕74 号)

56. 水利部关于进一步加强水土保持重点工程建设管理的意见(水保〔2002〕515 号)

57. 水利工程建设项目重要设备材料采购招标投标管理办法(水建管〔2002〕585 号)

58. 水利工程建设项目监理招标投标管理办法(水建管〔2002〕587 号)

59. 水利水电工程施工企业主要负责人、项目负责人和专职安全生产管理人员安全生产考核管理暂行规定(水建管〔2004〕168 号)

60. 水土保持重点工程公示制管理暂行规定(水保〔2004〕642 号)

61. 水土保持重点工程农民投劳管理暂行规定(水保〔2004〕665 号)

62. 关于印发《水土保持重点建设工程管理办法》的通知(办水保〔2005〕67 号)

63. 水利工程建设项目施工分包管理暂行规定(水建管〔2005〕304 号)

64. 国家农业综合开发水土保持项目管理实施细则(水保〔2005〕359 号)

65. 水利工程建设项目招标投标行政监督暂行规定(水建管〔2006〕38 号)

66. 关于加强水利工程建设项目开工管理工作的通知(水建管〔2006〕144 号)

67. 水利工程建设重大质量与安全事故应急预案(水建管〔2006〕202 号)

68. 水利工程建设项目招标投标行政监察暂行规定(水监〔2006〕256 号)

69. 水利部关于加强农村水电建设管理的意见(水电〔2006〕338 号)

70. 水利工程建设项目招标投标审计办法(水审计〔2007〕560 号)

71. 关于印发《水利工程施工监理合同示范文本》的通知(水建管〔2007〕134 号)

72. 关于进一步加强农业综合开发水土保持项目管理工作的通知(水保〔2007〕186 号)

73. 关于转发《水土保持工程建设管理办法》的通知(办水保〔2007〕210 号)

74. 水利水电建设工程验收规程(SL 223－2008)

75. 关于进一步加强水利工程建设管理的指导意见(水建管〔2009〕115 号)

76. 关于进一步加强黄土高原地区淤地坝建设管理工作的意见(水保〔2009〕475 号)

水利部关于印发水利水电工程标准施工招标资格预审文件和水利水电工程标准施工招标文件的通知

1. 2009 年 12 月 29 日
2. 水建管〔2009〕629 号

部直属各单位,各省、自治区、直辖市水利(水务)厅(局),各计划单列市水利(水务)局,新疆生产建设兵团水利局,各有关单位:

为加强水利水电工程施工招标管理,规范资格预审文件和招标文件编制工作,在国家发展和改革委员会等九部委联合编制的《标准施工招标资格预审文件》和《标准施工招标文件》(以下简称《标准文件》)基础上,结合水利水电工程特点和行业管理需要,我部组织编制了《水利水电工程标准施工招标资格预审文件》(2009 年版)和《水利水电工程标准施工招标文件》(2009 年版)(以下简称《水利水电工程标准文件》),现予发布,并就有关事项通知如下:

一、凡列入国家或地方投资计划的大中型水利水电工程使用《水利水电工程标准文件》,小型水利水电工程可参照使用。

二、《水利水电工程标准文件》发布后,2000 年 2 月颁发的《水利水电工程施工合同和招标文件示范文本》(GF—2000—0208)同时废止,之前根据《水利水电工程施工合同和招标文件示范文本》(GF—2000—0208)完成招标工作的项目仍按原合同条款执行。

三、《水利水电工程标准文件》是《标准文件》在水利水电工程应用上的补充和细化,上述文件应结合使用,二者相同条款号若内容不一致时,采用《水利水电工程标准文件》。

四、《水利水电工程标准施工招标资格预审文件》中的“申请人须知”(申请人须知前附表及附件格式除外)、“资格审查办法”(资格审查办法前附表及附件格式除外),以及《水利水电工程标准施工招标文件》中的“投标人须知”(投标人须知前附表及附件格式除外)、“评标办法”(评标办法前附表及附件格式除外)、“通用合同条款”,应不加修改地引用。

《水利水电工程标准文件》中的其他内容,供招标人参考。

五、“申请人须知前附表”和“投标人须知前附表”用于进一步明确“申请人须知”和“投标人须知”正文中的未尽事宜,招标人应结合招标项目具体特点和实际需要编制和填写,但不得与“申请人须知”和“投标人须知”正文内容相抵触,否则抵触内容无效。

六、“资格审查办法前附表”和“评标办法前附表”用于进一步补充、明确资格审查和评标的因素、标准。招标人应根据招标项目具体特点和实际需要,详细列明正文之外的审查或评审因素、标准,没有列明的因素和标准不得作为资格审查或评标的依据。

七、“专用合同条款”可根据招标项目的具体特点和实际需要,按其条款编号和内容对“通用合同条款”进行补充、细化,但除“通用合同条款”明确“专用合同条款”可作出不同约定外,补充和细化的内容不得与通用合同条款规定相抵触,不得违反法律、法规和行业规章的有关规定和平等、自愿、公平和诚实信用原则。

八、“技术标准和要求(合同技术条款)”是参考性的文本,招标人可根据工程项目的具体需要进行修改,但应注意与“通用合同条款”、“专用合同条款”以及“工程量清单”的衔接。

九、《水利水电工程标准文件》中须不加修改引用的内容,若确因工程的特殊条件需要改动时,应按项目的隶属关系报项目主管部门批准。

十、《水利水电工程标准文件》由水利部负责解释。

十一、《水利水电工程标准文件》自 2010 年 2 月 1 日起施行。

附件:1.《水利水电工程标准施工招标资格预审文件》(略)

2.《水利水电工程标准施工招标文件》(略)

水利部关于推进水利工程建设项目招标投标进入公共资源交易市场的指导意见

1. 2012 年 5 月 2 日

2. 水建管〔2012〕182 号

为深入贯彻落实《中共中央　国务院关于加快水利改革发展的决定》精神,根据《中华人民共和国招标投标法》、《中华人民共和国招标投标法实施条例》等法律法规和有关规定,按照中央工程建设领域突出问题专项治理工作部署,结合水利实际,现就推进水利工程建设项目招标投标活动进入统一规范的公共资源交易市场（以下简称公共交易市场）提出如下意见。

一、充分认识水利工程建设项目招标投标进入公共交易市场的重要意义

水利工程建设项目招标投标进入公共交易市场，是贯彻落实《中华人民共和国招标投标法》、《中华人民共和国招标投标法实施条例》，深入推进工程建设领域突出问题专项治理、建立健全水利建设市场、保障大规模水利建设顺利实施的重要举措，有利于发挥市场配置公共资源的基础性作用，有利于规范水利工程建设项目招标投标活动，有利于从源头上预防腐败。各级水行政主管部门要增强政治意识、大局意识和责任意识，充分认识水利工程建设项目招标投标进入公共交易市场的重要意义，认真贯彻落实中央决策部署，切实抓好水利工程建设项目招标投标进入公共交易市场的各项工作。

二、总体要求和进场原则

（一）总体要求。深入贯彻落实《中华人民共和国招标投标法实施条例》，按照中央关于治理工程建设领域突出问题工作的统一部署，积极、稳妥、有序地推进水利工程建设项目招标投标进入公共交易市场，进一步加强组织领导和行业监管，切实保障水利建设市场交易更加公开透明、规范有序。

（二）进场原则。水利工程建设项目招标投标按照属地管理和权限管理原则进入公共交易市场进行交易。中央水利工程建设项目招标投标应进入工程所在地设区的市级以上地方人民政府组建的公共交易市场。地方水利工程建设项目招标投标由省级水行政主管部门根据当地实际情况确定进场要求。

三、工作目标

政府投资和使用国有资金、依法必须招标的水利工程建设项目招标投标，自2012年7月1日起逐步进入公共交易市场，其中大中型或总投资3000万元以上的水利工程建设项目招标投标应于2013年1月1日起全部进入公共交易市场，其他水利工程建设项目招标投标应于2013年7月1日起全部进入公共交易市场。具备条件的地方，鼓励水利工程建设项目招标投标及早进入公共交易市场。水利工程建设项目招标投标已经进入公共交易市场的地方，当地水行政主管部门应继续规范和完善交易活动。尚未建立公共交易市场的地方，水行政主管部门应积极做好水利工程建设项目招标投标进入公共交易市场的各项前期准备工作，待公共交易市场建立后，立即按照上述要求进场交易。

四、加强对招标投标活动的监督管理

（一）认真履行行政监督职责。各级水行政主管部门要按照《中华人民共和国招标投标法实施条例》等有关规定，加强水利工程建设项目招标投标进入公共交易市场的监管工作，切实履行好对水利工程建设项目招标投标的行政监督职能，按照职责分工对水利工程建设项目招标投标的审批核准备案情况、评标委员会成员确定方式、交易过程、履约实施等环节进行行业监管，依法查处违法违规行为，形成行业监督管理与市场综合管理分工明确、密切协作、运行有序的工作机制。

（二）落实项目法人的招标人主体责任。根据《中华人民共和国招标投标法》的要求，在水利工程建设项目招标投标进入公共交易市场后，项目法人作为招标人，应当依法履行招标人主体责任，自主选择代理机构、发布招标公告、组建评标委员会、定标等。各级水行政主管部门要在水利工程建设项目招标投标进入公共交易市场时，依法保障招标人主体责任的落实到位。任何单位不得指定招标代理机构或违法指定招标公告发布媒介；不得直接参与或非法干涉专家评标；不得违反规定乱收费；不得以任何形式或技术手段干涉招标投标活动。

（三）强化评标专家管理。省级以上水行政主管部门应按照《评标专家分类标准（试行）》（发改法规〔2010〕1538号）的要求，建立健全水利行业评标专家库，进行专业分类，实现资源共享。依法必须进行招标的水利工程建设项目，其评标委员会的专家成员应当从水利行业评标专家库内相关专业的专家名单中以随机抽取方式确定。省级以上水行政主管部门负责水利行业评标专家库的资格审查、日常动态管理和维护；加强对水利工程评标专家的管理和

监督，严格评标专家资格认定，建立健全对评标专家的培训、考核、评价和档案管理制度，根据实际需要和考核情况及时对评标专家进行补充和调整，实行动态管理。

（四）深入推进诚信体系建设。设区的市级以上人民政府水行政主管部门负责对进入公共交易市场进行水利工程建设项目招标投标活动的各方主体诚信行为进行检查，记录并公开信用信息，健全奖惩机制。

五、切实加强组织领导

各级水行政主管部门要加强组织领导，主动与公共交易市场管理机构沟通协调，建立健全工作机制，积极推进水利工程建设项目招标投标进入公共交易市场，确保招标投标活动规范有序。要定期对水利工程建设项目招标投标进入交易市场的交易情况进行检查评估，分析研究存在的问题，提出解决的意见和建议。

各地进入公共交易市场的情况、有关问题和建议，请及时报送水利部。

水利部关于加强中小型水利工程建设管理防范廉政风险的指导意见

1. 2015年2月16日

2. 水建管〔2015〕92号

部机关各司局，部直属各单位，各省、自治区、直辖市水利（水务）厅（局），各计划单列市水利（水务）局，新疆生产建设兵团水利局：

为进一步加强中小型水利工程（总投资3000万元以下的水利工程建设项目）建设管理，有效防范廉政风险，保障水利建设工程安全、资金安全、干部安全和生产安全，按照水利部《关于加强水利基层单位党风廉政建设的指导意见》要求，结合水利建设实际，提出如下意见。

一、深刻认识加强中小型水利工程建设管理、防范廉政风险的重要意义

近年来，随着大规模水利建设全面推进，中小型水利工程投资强度大幅度增加，已占全部水利投资70%以上，工程项目多、建设任务重、实施基层化、监管难度大，廉政风险不断加大。尤其与大型水利工程的建设管理相比，中小型水利工程建设监管力量不足，围标串标、转包和违法分包现象时有发生，少数地方甚至发生腐败窝案，严重扰乱了水利建设市场秩序，破坏了水利行业形象，影响到广大人民群众的切身利益。因此，加强中小型水利工程建设管理、防范廉政风险是保障大规模水利建设顺利实施的迫切要求，是保障工程建设“四个安全”的基本前提，是推进惩治和预防腐败体系建设的重要举措。必将有利于规范水利建设市场监管各项工作，加快构建统一开放、竞争有序的水利建设市场体系；有利于保障水利工程建设的质量和安全，充分发挥投资效益；有利于进一步深化水利工程建设领域突出问题专项治理工作，从源头上遏制中小型水利工程建设中各种违法违规和腐败行为。各级水行政主管部门要充分认识加强中小型水利工程建设管理、防范廉政风险工作的重要意义，切实增强使命感、责任感和紧迫感，采取有力措施，把中小型水利工程建成优质工程、廉洁工程。

二、采取有力措施加强中小型水利工程建设管理、防范廉政风险

各级水行政主管部门要以防范风险为重点、加强制度建设为基础、深化改革为动力、规范管理为手段、强化监督制约为保证，把加强中小型水利工程建设管理、防范廉政风险的各项措施落到实处。

（一）加强制度建设。注重从制度建设的源头上防范廉政风险，省级水行政主管部门对于国家投资计划由地方实行规模管理的水利建设项目，必须针对工程项目审批、投资计划管理、招标投标、建设实施、资金监管、工程验收等制定健全的规章制度，完善监督制约机制，堵塞制度漏洞，真正把权力关进制度的笼子，构建不敢腐、不能腐、不想腐的廉政风险防范长效机制。

（二）加大执行力度。坚持依法依规，提高各项规章制度执行力。水利部有关司局和省级水行政主管部门要切实加强对制度执行情况的监督指导，及

时纠正有法不依、有令不行、有禁不止的行为，任何单位、任何个人不得搞特殊、搞变通、搞例外。省级水行政主管部门对本行政区域内水利工程建设管理贯彻执行法律法规、规章制度情况负总责，并督促市、县水行政主管部门贯彻落实。

（三）实行政企分开。水行政主管部门作为水利工程建设监管主体，不得直接履行项目法人职责；水行政主管部门工作人员在项目法人单位任职期间不得同时履行水行政管理职责，一律不得在施工、监理等企业兼职。与地方水行政主管部门有直接隶属关系的施工、监理等企业应尽快改制脱钩，未改制脱钩的原则上不得参与由该水行政主管部门直接管理水利工程的投标。

（四）落实建设资金。对于由地方实行投资规模管理的水利建设项目，项目批准立项时必须明确建设资金来源和具体数额，凡是建设资金来源不确定、配套资金筹措方案不落实的，不得批准立项、不得开工建设，严防形成“半拉子”工程，严防因资金缺口造成工程质量安全隐患。地方配套资金必须与中央补助投资同步安排并足额到位。对违规审批、未批先建、报大建小等行为，必须严肃查处。

（五）规范招标投标。凡是已建立公共资源交易市场的地方，依法招标的中小型水利工程建设项目必须全部进场交易，大力推行电子招标投标，加强标后动态监管，保证招标投标阳光透明、公平公正。严禁对外地、外行业市场主体设置歧视性条款，严禁以各种形式排斥或限制潜在投标人投标。对出借借用资质投标、围标串标、转包和违法分包行为，必须严肃查处。

（六）完善建管模式。对建设管理能力薄弱、工程技术人员不足的地方，要推行水利工程项目法人招标、代建制、设计施工总承包等模式，充分发挥市场机制作用，积极引入社会力量参与本地的中小型水利工程建设。招标限额以下的小型水利工程，在统一规划和建设标准、强化行业指导和监管、实行群众监督的前提下，推行项目申报、竞争立项、以奖代补、先建后补、村民自建等模式，由具备条件的乡镇、受益村组集体、农民用水合作组织、新型农业经营主体等组织实施。

（七）加强资金管理。项目法人必须把财经法规作为防范廉政风险的“高压线”，确保各项支出有制度、有标准、有程序，确保水利建设资金实行专项管理、专账核算、专款专用。严禁大额现金支付工程款、白条抵库、虚假票据凭证入账，严禁以虚增工程量和申报虚假项目等方式套取资金，严禁以私设“账外账”、“小金库”、隐瞒收入等方式截留、挤占、挪用水利资金。各级水行政主管部门要主动与同级审计部门沟通协调，采取全面跟踪、联网审计等方式，共同建立水利资金动态监控和审计免疫机制，实现对资金资产全过程、全覆盖、全方位的监管。

（八）严格失信惩戒。各级水行政主管部门对市场主体的不良行为必须依法严肃查处，行政处罚决定必须在水利建设市场信用信息平台公布，在招标投标、行政审批等工作中必须查询和应用行贿犯罪档案等信用信息，对出借借用资质投标、围标串标、转包或违法分包、行贿受贿以及对重特大质量安全事故负有直接责任等严重失信的市场主体必须列入黑名单，采取市场禁入或限制等惩戒措施，使失信者在水利建设市场“一处失信，处处受制”。

（九）加强群众监督。小型农田水利、水土保持等小型水利工程建设，全面推行公示制，严格实行开工、完工、违规违纪“三公示”制度，及时公开工程进展情况。引导受益群众全过程参与和监督工程方案制定、建设实施和运行管理。

（十）强化监督检查。水利部有关司局和省级水行政主管部门必须强化水利建设项目监督检查、水利工程建设领域突出问题专项治理和水利建设管理稽察工作。对检查、稽察中发现的问题，地方水行政主管部门对落实整改负主要责任，必须限期整改到位；对问题严重的，要严肃追究责任，加大惩戒力度；对涉嫌违纪的问题线索，要及时移送纪检监察部门严肃查处。纪检监察机关也要注意从检查、稽察中发现违纪违法问题并及时予以查处，涉嫌犯罪的要移送司法机关处理。

三、加强组织实施

（一）落实工作责任。地方各级水行政主管部门要把加强中小型水利工程建设管理、防范廉政风险作为当前亟待加强的一项重要工作，建立主要领导负总责、分管领导具体抓、相关部门协同推进的工作机制，加强组织领导，建立问责机制，明确责任分工，层层抓好落实。

（二）制定实施意见。地方各级水行政主管部门要按照当地党委政府关于党风廉政建设和反腐败工作的统一部署，结合水利建设实际，提出贯彻本指导意见的实施意见，推进加强中小型水利工程建设管理、防范廉政风险工作制度化、规范化。实施意见要以问题为导向，具有针对性和可操作性。各省级水行政主管部门的实施意见，于2015年5月底前印发并抄送水利部。

（三）突出工作重点。各级水行政主管部门要重点从深化改革、健全制度、完善机制、规范流程和强化监管等方面加强中小型水利工程建设管理、防范廉政风险。要做好水利建设领域惩防体系建设，注重源头治理，努力做到关口前移、防范在先。针对当地中小型水利工程建设的自身特点，对问题多发、易发的项目类别和实施环节加大廉政风险防范力度。

（四）注重查办案件。要以"零容忍"态度严肃查处中小型水利工程建设管理中发生的违纪违法案件，严肃惩治腐败行为，注重从建设项目监督检查中发现案件线索，从工程质量和安全事故背后挖掘和查处违纪违法问题。大力开展警示教育，充分发挥查办案件的震慑作用。

(5)通信工程

通信工程建设项目招标投标管理办法

1. 2014年5月4日工业和信息化部令第27号公布
2. 自2014年7月1日起施行

第一章　总　　则

第一条　为了规范通信工程建设项目招标投标活动，根据《中华人民共和国招标投标法》（以下简称《招标投标法》）和《中华人民共和国招标投标法实施条例》（以下简称《实施条例》），制定本办法。

第二条　在中华人民共和国境内进行通信工程建设项目招标投标活动，适用本办法。

前款所称通信工程建设项目，是指通信工程以及与通信工程建设有关的货物、服务。其中，通信工程包括通信设施或者通信网络的新建、改建、扩建、拆除等施工；与通信工程建设有关的货物，是指构成通信工程不可分割的组成部分，且为实现通信工程基本功能所必需的设备、材料等；与通信工程建设有关的服务，是指为完成通信工程所需的勘察、设计、监理等服务。

依法必须进行招标的通信工程建设项目的具体范围和规模标准，依据国家有关规定确定。

第三条　工业和信息化部和各省、自治区、直辖市通信管理局（以下统称为"通信行政监督部门"）依法对通信工程建设项目招标投标活动实施监督。

第四条　工业和信息化部鼓励按照《电子招标投标办法》进行通信工程建设项目电子招标投标。

第五条　工业和信息化部建立"通信工程建设项目招标投标管理信息平台"（以下简称"管理平台"），实行通信工程建设项目招标投标活动信息化管理。

第二章　招标和投标

第六条　国有资金占控股或者主导地位的依法必须进行招标的通信工程建设项目，应当公开招标；但有下列情形之一的，可以邀请招标：

（一）技术复杂、有特殊要求或者受自然环境限制，只有少量潜在投标人可供选择；

（二）采用公开招标方式的费用占项目合同金额的比例过大。

有前款第一项所列情形，招标人邀请招标的，应当向其知道或者应当知道的全部潜在投标人发出投标邀请书。

采用公开招标方式的费用占项目合同金额的比例超过1.5%，且采用邀请招标方式的费用明显低于公开招标方式的费用的，方可被认定为有本条第一款第二项所列情形。

第七条　除《招标投标法》第六十六条和《实施条例》

第九条规定的可以不进行招标的情形外，潜在投标人少于3个的，可以不进行招标。

招标人为适用前款规定弄虚作假的，属于《招标投标法》第四条规定的规避招标。

第八条　依法必须进行招标的通信工程建设项目的招标人自行办理招标事宜的，应当自发布招标公告或者发出投标邀请书之日起2日内通过"管理平台"向通信行政监督部门提交《通信工程建设项目自行招标备案表》（见附录一）。

第九条　招标代理机构代理招标业务，适用《招标投标法》、《实施条例》和本办法关于招标人的规定。

第十条　公开招标的项目，招标人采用资格预审办法对潜在投标人进行资格审查的，应当发布资格预审公告、编制资格预审文件。招标人发布资格预审公告后，可不再发布招标公告。

依法必须进行招标的通信工程建设项目的资格预审公告和招标公告，除在国家发展和改革委员会依法指定的媒介发布外，还应当在"管理平台"发布。在不同媒介发布的同一招标项目的资格预审公告或者招标公告的内容应当一致。

第十一条　资格预审公告、招标公告或者投标邀请书应当载明下列内容：

（一）招标人的名称和地址；

（二）招标项目的性质、内容、规模、技术要求和资金来源；

（三）招标项目的实施或者交货时间和地点要求；

（四）获取招标文件或者资格预审文件的时间、地点和方法；

（五）对招标文件或者资格预审文件收取的费用；

（六）提交资格预审申请文件或者投标文件的地点和截止时间。

招标人对投标人的资格要求，应当在资格预审公告、招标公告或者投标邀请书中载明。

第十二条　资格预审文件一般包括下列内容：

（一）资格预审公告；

（二）申请人须知；

（三）资格要求；

（四）业绩要求；

（五）资格审查标准和方法；

（六）资格预审结果的通知方式；

（七）资格预审申请文件格式。

资格预审应当按照资格预审文件载明的标准和方法进行，资格预审文件没有规定的标准和方法不得作为资格预审的依据。

第十三条　招标人应当根据招标项目的特点和需要编制招标文件。招标文件一般包括下列内容：

（一）招标公告或者投标邀请书；

（二）投标人须知；

（三）投标文件格式；

（四）项目的技术要求；

（五）投标报价要求；

（六）评标标准、方法和条件；

（七）网络与信息安全有关要求；

（八）合同主要条款。

招标文件应当载明所有评标标准、方法和条件，并能够指导评标工作，在评标过程中不得作任何改变。

第十四条　招标人应当在招标文件中以显著的方式标明实质性要求、条件以及不满足实质性要求和条件的投标将被否决的提示；对于非实质性要求和条件，应当规定允许偏差的最大范围、最高项数和调整偏差的方法。

第十五条　编制依法必须进行招标的通信工程建设项目资格预审文件和招标文件，应当使用国家发展和改革委员会会同有关行政监督部门制定的标准文本及工业和信息化部制定的范本。

第十六条　勘察设计招标项目的评标标准一般包括下列内容：

（一）投标人的资质、业绩、财务状况和履约表现；

（二）项目负责人的资格和业绩；

（三）勘察设计团队人员；

（四）技术方案和技术创新；

（五）质量标准及质量管理措施；

（六）技术支持与保障；

（七）投标价格；

（八）组织实施方案及进度安排。

第十七条 监理招标项目的评标标准一般包括下列内容：

（一）投标人的资质、业绩、财务状况和履约表现；

（二）项目总监理工程师的资格和业绩；

（三）主要监理人员及安全监理人员；

（四）监理大纲；

（五）质量和安全管理措施；

（六）投标价格。

第十八条 施工招标项目的评标标准一般包括下列内容：

（一）投标人的资质、业绩、财务状况和履约表现；

（二）项目负责人的资格和业绩；

（三）专职安全生产管理人员；

（四）主要施工设备及施工安全防护设施；

（五）质量和安全管理措施；

（六）投标价格；

（七）施工组织设计及安全生产应急预案。

第十九条 与通信工程建设有关的货物招标项目的评标标准一般包括下列内容：

（一）投标人的资质、业绩、财务状况和履约表现；

（二）投标价格；

（三）技术标准及质量标准；

（四）组织供货计划；

（五）售后服务。

第二十条 评标方法包括综合评估法、经评审的最低投标价法或者法律、行政法规允许的其他评标方法。

鼓励通信工程建设项目使用综合评估法进行评标。

第二十一条 通信工程建设项目需要划分标段的，招标人应当在招标文件中载明允许投标人中标的最多标段数。

第二十二条 通信工程建设项目已确定投资计划并落实资金来源的，招标人可以将多个同类通信工程建设项目集中进行招标。

招标人进行集中招标的，应当遵守《招标投标法》、《实施条例》和本办法有关依法必须进行招标的项目的规定。

第二十三条 招标人进行集中招标的，应当在招标文件中载明工程或者有关货物、服务的类型、预估招标规模、中标人数量及每个中标人对应的中标份额等；对与工程或者有关服务进行集中招标的，还应当载明每个中标人对应的实施地域。

第二十四条 招标人可以对多个同类通信工程建设项目的潜在投标人进行集中资格预审。招标人进行集中资格预审的，应当发布资格预审公告，明确集中资格预审的适用范围和有效期限，并且应当预估项目规模，合理设定资格、技术和商务条件，不得限制、排斥潜在投标人。

招标人进行集中资格预审，应当遵守国家有关勘察、设计、施工、监理等资质管理的规定。

集中资格预审后，通信工程建设项目的招标人应当继续完成招标程序，不得直接发包工程；直接发包工程的，属于《招标投标法》第四条规定的规避招标。

第二十五条 招标人根据招标项目的具体情况，可以在发售招标文件截止之日后，组织潜在投标人踏勘项目现场和召开投标预备会。

招标人组织潜在投标人踏勘项目现场或者召开投标预备会的，应当向全部潜在投标人发出邀请。

第二十六条 投标人应当在招标文件要求提交投标文件的截止时间前，将投标文件送达投标地点。通信工程建设项目划分标段的，投标人应当在投标文件上标明相应的标段。

未通过资格预审的申请人提交的投标文件，以及逾期送达或者不按照招标文件要求密封的投标文件，招标人应当拒收。

招标人收到投标文件后，不得开启，并应当如实记载投标文件的送达时间和密封情况，存档备查。

第三章　开标、评标和中标

第二十七条 通信工程建设项目投标人少于 3 个的，

不得开标，招标人在分析招标失败的原因并采取相应措施后，应当依法重新招标。划分标段的通信工程建设项目某一标段的投标人少于3个的，该标段不得开标，招标人在分析招标失败的原因并采取相应措施后，应当依法对该标段重新招标。

投标人认为存在低于成本价投标情形的，可以在开标现场提出异议，并在评标完成前向招标人提交书面材料。招标人应当及时将书面材料转交评标委员会。

第二十八条 招标人应当根据《招标投标法》和《实施条例》的规定开标，记录开标过程并存档备查。招标人应当记录下列内容：

（一）开标时间和地点；

（二）投标人名称、投标价格等唱标内容；

（三）开标过程是否经过公证；

（四）投标人提出的异议。

开标记录应当由投标人代表、唱标人、记录人和监督人签字。

因不可抗力或者其他特殊原因需要变更开标地点的，招标人应提前通知所有潜在投标人，确保其有足够的时间能够到达开标地点。

第二十九条 评标由招标人依法组建的评标委员会负责。

通信工程建设项目评标委员会的专家成员应当具备下列条件：

（一）从事通信相关领域工作满8年并具有高级职称或者同等专业水平。掌握通信新技术的特殊人才经工作单位推荐，可以视为具备本项规定的条件；

（二）熟悉国家和通信行业有关招标投标以及通信建设管理的法律、行政法规和规章，并具有与招标项目有关的实践经验；

（三）能够认真、公正、诚实、廉洁地履行职责；

（四）未因违法、违纪被取消评标资格或者未因在招标、评标以及其他与招标投标有关活动中从事违法行为而受过行政处罚或者刑事处罚；

（五）身体健康，能够承担评标工作。

工业和信息化部统一组建和管理通信工程建设项目评标专家库，各省、自治区、直辖市通信管理局负责本行政区域内评标专家的监督管理工作。

第三十条 依法必须进行招标的通信工程建设项目，评标委员会的专家应当从通信工程建设项目评标专家库内相关专业的专家名单中采取随机抽取方式确定；个别技术复杂、专业性强或者国家有特殊要求，采取随机抽取方式确定的专家难以保证胜任评标工作的招标项目，可以由招标人从通信工程建设项目评标专家库内相关专业的专家名单中直接确定。

依法必须进行招标的通信工程建设项目的招标人应当通过“管理平台”抽取评标委员会的专家成员，通信行政监督部门可以对抽取过程进行远程监督或者现场监督。

第三十一条 依法必须进行招标的通信工程建设项目技术复杂、评审工作量大，其评标委员会需要分组评审的，每组成员人数应为5人以上，且每组每个成员应对所有投标文件进行评审。评标委员会的分组方案应当经全体成员同意。

评标委员会设负责人的，其负责人由评标委员会成员推举产生或者由招标人确定。评标委员会其他成员与负责人享有同等的表决权。

第三十二条 评标委员会成员应当客观、公正地对投标文件提出评审意见，并对所提出的评审意见负责。

招标文件没有规定的评标标准和方法不得作为评标依据。

第三十三条 评标过程中，评标委员会收到低于成本价投标的书面质疑材料、发现投标人的综合报价明显低于其他投标报价或者设有标底时明显低于标底，认为投标报价可能低于成本的，应当书面要求该投标人作出书面说明并提供相关证明材料。招标人要求以某一单项报价核定是否低于成本的，应当在招标文件中载明。

投标人不能合理说明或者不能提供相关证明材料的，评标委员会应当否决其投标。

第三十四条 投标人以他人名义投标或者投标人经资格审查不合格的，评标委员会应当否决其投标。

部分投标人在开标后撤销投标文件或者部分投标人被否决投标后，有效投标不足3个且明显缺乏竞争的，评标委员会应当否决全部投标。有效投标不足3个，评标委员会未否决全部投标的，应当在评标报告中说明理由。

依法必须进行招标的通信工程建设项目，评标委员会否决全部投标的，招标人应当重新招标。

第三十五条 评标完成后，评标委员会应当根据《招标投标法》和《实施条例》的有关规定向招标人提交评标报告和中标候选人名单。

招标人进行集中招标的，评标委员会应当推荐不少于招标文件载明的中标人数量的中标候选人，并标明排序。

评标委员会分组的，应当形成统一、完整的评标报告。

第三十六条 评标报告应当包括下列内容：

（一）基本情况；

（二）开标记录和投标一览表；

（三）评标方法、评标标准或者评标因素一览表；

（四）评标专家评分原始记录表和否决投标的情况说明；

（五）经评审的价格或者评分比较一览表和投标人排序；

（六）推荐的中标候选人名单及其排序；

（七）签订合同前要处理的事宜；

（八）澄清、说明、补正事项纪要；

（九）评标委员会成员名单及本人签字、拒绝在评标报告上签字的评标委员会成员名单及其陈述的不同意见和理由。

第三十七条 依法必须进行招标的通信工程建设项目的招标人应当自收到评标报告之日起3日内通过“管理平台”公示中标候选人，公示期不得少于3日。

第三十八条 招标人应当根据《招标投标法》和《实施条例》的有关规定确定中标人。

招标人进行集中招标的，应当依次确定排名靠前的中标候选人为中标人，且中标人数量及每个中标人对应的中标份额等应当与招标文件载明的内容一致。招标人与中标人订立的合同中应当明确中标价格、预估合同份额等主要条款。

中标人不能履行合同的，招标人可以按照评标委员会提出的中标候选人名单排序依次确定其他中标候选人为中标人，也可以对中标人的中标份额进行调整，但应当在招标文件中载明调整规则。

第三十九条 在确定中标人之前，招标人不得与投标人就投标价格、投标方案等实质性内容进行谈判。

招标人不得向中标人提出压低报价、增加工作量、增加配件、增加售后服务量、缩短工期或其他违背中标人的投标文件实质性内容的要求。

第四十条 依法必须进行招标的通信工程建设项目的招标人应当自确定中标人之日起15日内，通过“管理平台”向通信行政监督部门提交《通信工程建设项目招标投标情况报告表》（见附录二）。

第四十一条 招标人应建立完整的招标档案，并按国家有关规定保存。招标档案应当包括下列内容：

（一）招标文件；

（二）中标人的投标文件；

（三）评标报告；

（四）中标通知书；

（五）招标人与中标人签订的书面合同；

（六）向通信行政监督部门提交的《通信工程建设项目自行招标备案表》、《通信工程建设项目招标投标情况报告表》；

（七）其他需要存档的内容。

第四十二条 招标人进行集中招标的，应当在所有项目实施完成之日起30日内通过“管理平台”向通信行政监督部门报告项目实施情况。

第四十三条 通信行政监督部门对通信工程建设项目招标投标活动实施监督检查，可以查阅、复制招标投标活动中有关文件、资料，调查有关情况，相关单位和人员应当配合。必要时，通信行政监督部门可以责令暂停招标投标活动。

通信行政监督部门的工作人员对监督检查过程中知悉的国家秘密、商业秘密，应当依法予以保密。

第四章 法律责任

第四十四条 招标人在发布招标公告、发出投标邀请书或者售出招标文件或资格预审文件后无正当理由终止招标的，由通信行政监督部门处以警告，可以并处1万元以上3万元以下的罚款。

第四十五条 依法必须进行招标的通信工程建设项目的招标人或者招标代理机构有下列情形之一的，由通信行政监督部门责令改正，可以处3万元以下的罚款：

（一）招标人自行招标，未按规定向通信行政监督部门备案；

（二）未通过"管理平台"确定评标委员会的专家；

（三）招标人未通过"管理平台"公示中标候选人；

（四）确定中标人后，未按规定向通信行政监督部门提交招标投标情况报告。

第四十六条 招标人有下列情形之一的，由通信行政监督部门责令改正，可以处3万元以下的罚款，对单位直接负责的主管人员和其他直接责任人员依法给予处分；对中标结果造成实质性影响，且不能采取补救措施予以纠正的，招标人应当重新招标或者评标：

（一）编制的资格预审文件、招标文件中未载明所有资格审查或者评标的标准和方法；

（二）招标文件中含有要求投标人多轮次报价、投标人保证报价不高于历史价格等违法条款；

（三）不按规定组建资格审查委员会；

（四）投标人数量不符合法定要求时未重新招标而直接发包；

（五）开标过程、开标记录不符合《招标投标法》、《实施条例》和本办法的规定；

（六）违反《实施条例》第三十二条的规定限制、排斥投标人；

（七）以任何方式要求评标委员会成员以其指定的投标人作为中标候选人、以招标文件未规定的评标标准和方法作为评标依据，或者以其他方式非法干涉评标活动，影响评标结果。

第四十七条 招标人进行集中招标或者集中资格预审，违反本办法第二十三条、第二十四条、第三十五条或者第三十八条规定的，由通信行政监督部门责令改正，可以处3万元以下的罚款。

第五章 附 则

第四十八条 通信行政监督部门建立通信工程建设项目招标投标情况通报制度，定期通报通信工程建设项目招标投标总体情况、公开招标及招标备案情况、重大违法违约事件等信息。

第四十九条 本办法自2014年7月1日起施行。原中华人民共和国信息产业部2000年9月22日公布的《通信建设项目招标投标管理暂行规定》（中华人民共和国信息产业部令第2号）同时废止。

附录：（略）

通信工程建设项目评标专家及评标专家库管理办法

1. 2014年7月14日工业和信息化部发布

2. 工信部通〔2014〕302号

第一条 为了加强对通信工程建设项目评标专家及评标专家库的管理，提高评标质量，保证评标活动的公平、公正，根据《通信工程建设项目招标投标管理办法》（工业和信息化部令第27号），制定本办法。

第二条 本办法适用于通信工程建设项目评标专家（以下简称"评标专家"）的管理及通信工程建设项目评标专家库（以下简称"评标专家库"）的组建、使用、管理活动。

第三条 工业和信息化部负责评标专家及评标专家库的监督管理，其主要职责是：

（一）贯彻执行国家有关法律、法规，制定评标专家及评标专家库管理的规章制度；

（二）统一组建、维护、管理评标专家库；

（三）审核评标专家的入库申请；

（四）建立评标专家的个人档案，维护、管理评标专家信息；

（五）监督依法必须进行招标的通信工程建设项目的评标专家抽取过程，依法受理投诉，查处相关违法行为；

（六）法律、法规、规章规定的其他职责。

第四条 各省、自治区、直辖市通信管理局负责本行政区域内评标专家的监督管理,其主要职责是:

(一)贯彻执行国家有关法律、法规、规章;

(二)初审本行政区域内评标专家的入库申请;

(三)维护、管理本行政区域内的评标专家信息;

(四)监督本行政区域内依法必须进行招标的通信工程建设项目的评标专家抽取过程,依法受理投诉,查处本行政区域内相关违法行为;

(五)法律、法规、规章规定的其他职责。

第五条 工业和信息化部和各省、自治区、直辖市通信管理局统称为通信行政监督部门。

第六条 评标专家专业包括一级专业和二级专业(具体专业分类标准见附件1)。

第七条 评标专家应当具备下列条件:

(一)从事通信相关领域工作满8年并具有高级职称或者同等专业水平,掌握通信新技术的特殊人才经工作单位推荐,可以视为具备本项规定的条件;

(二)熟悉国家和通信行业有关招标投标以及通信建设管理的法律、法规和规章,并具有与招标项目有关的实践经验;

(三)能够认真、公正、诚实、廉洁地履行职责;

(四)未曾因违法、违纪被取消评标资格,未曾在招标、评标以及其他与招投标有关活动中从事违法、违纪行为而受到行政处罚或者刑事处罚;

(五)身体健康,能够承担评标工作。

前款第一项中"同等专业水平"是指本科毕业满12年、硕士毕业满6年、博士毕业满3年、副教授(副研究员)及以上职称;"掌握通信新技术的特殊人才经工作单位推荐"是指从事通信新技术相关工作满3年、具有硕士及以上学历、工作单位认可并推荐。

第八条 评标专家申请进入评标专家库的程序为:

(一)申请人通过"通信工程建设项目招标投标管理信息平台"(网址为 http://txzb. miit. gov. cn,以下简称"管理平台")填写《通信工程建设项目评标专家库入库申请表》(见附件2)、选择申请专业(每个申请人最多可申请两个一级专业),并提供身份证原件扫描件、职称证书或学历证书原件扫描件、通信工程建设项目评标专家培训合格证书原件扫描件等材料,掌握通信新技术的特殊人才还需提供工作单位人事部门出具的证明文件扫描件。

(二)申请人工作单位或招标代理机构审核同意后,通过"管理平台"报通信行政监督部门初审或审核。

(三)申请人工作单位所在地通信管理局对申报材料进行初审,申请人工作单位为部直属事业单位或中央管理企业集团公司的,直接由工业和信息化部审核。

(四)工业和信息化部组织对申报材料进行审核,符合条件的申请人进入评标专家库。

(五)工业和信息化部定期向社会公布评标专家的名单及其专家编号。

第九条 从事通信工程建设项目招标代理业务的机构应当通过"管理平台"在评标专家库中选择并聘用足够数量的评标专家,组成本机构的评标专家子库。

招标代理机构选聘评标专家应当征得评标专家同意。

第十条 依法必须进行招标的通信工程建设项目,招标人或招标代理机构应当依据《通信工程建设项目招标投标管理办法》第三十条的规定随机抽取或直接确定评标专家。

招标人或招标代理机构随机抽取评标专家的,其具体程序为:

(一)招标人自行招标的,应当从评标专家库中抽取评标专家;招标人委托招标代理机构招标的,可以选择从招标代理机构的评标专家子库中抽取评标专家。

(二)招标人或招标代理机构设置专家地域、专业、数量等抽取条件。设置抽取条件后,可供抽取的专家总数不得少于拟抽取专家数量的5倍。

(三)"管理平台"随机抽取专家,招标人或招标代理机构逐一联系、确认评标专家是否出席,系统存档备查。

(四)评标专家需要回避或因其他原因不能出

席的，招标人或招标代理机构应当继续随机抽取评标专家，直至确认出席的专家人数达到要求。

招标人或招标代理机构直接确定评标专家的，应当从评标专家库相关专业的专家名单中直接确定。

第十一条 有下列情形之一的，不得担任资格审查委员会和评标委员会成员：

（一）投标人主要负责人的近亲属；

（二）项目主管部门或通信行政监督部门的人员；

（三）与投标人有经济利益关系，可能影响公正评审。

评标专家有前款规定情形之一的，应当主动提出回避；未提出回避的，招标人和通信行政监督部门发现后，应当立即停止其参加资格审查或评标。

第十二条 招标人或招标代理机构确认评标专家出席资格审查或评标活动后，发生评标专家临时不能到场或需要回避等特殊情形的，应当按照原抽取方式补抽确定。

第十三条 评标专家享有下列权利：

（一）接受招标人或其委托的招标代理机构聘请，担任资格审查委员会或评标委员会的成员，参加资格审查或评标活动；

（二）依法对资格申请文件或投标文件进行独立评审，提出评审意见，不受任何单位或个人的干预和影响；

（三）向通信行政监督部门举报资格审查或评标活动存在的违法、违规或不公正行为；

（四）依法获取劳动报酬；

（五）对招标人或招标代理机构作出的履职评议进行申辩；

（六）法律、法规、规章规定的其他权利。

第十四条 评标专家承担下列义务：

（一）严格遵守国家和通信行业有关招标投标的法律、法规和规章，接受通信行政监督部门的监督管理，协助配合有关检查及投诉处理；

（二）准时参加资格审查或评标活动，并客观、公正地进行评审，遵守职业道德，不徇私舞弊，对所提出的评审意见承担责任；

（三）遵守评标工作纪律和保密规定，不得泄露与资格审查或评标有关信息，不得私下接触投标人及其利害关系人，不得收受他人的财物或其他好处；

（四）具有法定回避情形的，应主动提出回避；

（五）参加评标专家培训和继续教育；

（六）及时登录“管理平台”维护个人信息；

（七）法律、行政法规规定的其他义务。

第十五条 招标人或招标代理机构应当负担评标专家在资格审查或评标工作期间的食宿、交通等费用，并按有关规定支付评标专家报酬。

第十六条 评标专家工作单位应当对评标专家参加资格审查或评标活动、培训和继续教育给予支持。

第十七条 招标人或招标代理机构在抽取评标专家时，不得利用各种借口拒绝评标专家参加资格审查或评标，禁止违规挑选评标专家。评标专家抽取过程及专家名单应当保密。

第十八条 招标人或招标代理机构应当在资格审查或评标工作结束后，重新登录“管理平台”对评标专家的综合表现进行履职评议。

履职评议是指招标人或招标代理机构对评标专家的能力、态度、成效等进行评分，并填写相关评语。评标专家对履职评议无申辩的，该履职评议记入评标专家档案；评标专家对履职评议有申辩的，由通信行政监督部门作出判定。

第十九条 工业和信息化部委托有关机构对进入评标专家库的评标专家进行继续教育培训。

第二十条 评标专家的联系电话、职称等个人信息变更的，由评标专家自行登录“管理平台”进行信息更新。

评标专家的工作单位、专业等变更的，由评标专家工作单位或招标代理机构通过“管理平台”提交申请，评标专家工作单位所在地通信管理局审核通过后，对专家信息进行更新。

第二十一条 评标专家有下列情形之一的，通信行政监督部门核实后将暂停其参加资格审查和评标活动的资格6个月：

（一）连续三次被抽取但拒绝参加评标活动；

（二）无正当理由，承诺参加但未参加评标活动；

（三）评标出现重大疏漏或者错误；

（四）通信行政监督部门依法对投诉进行调查时，不予配合。

第二十二条 评标专家有下列情形之一的，工业和信息化部核实后将取消其参加资格审查或评标活动的资格：

（一）以虚假材料骗取进入评标专家库；

（二）无正当理由，中途退出评标活动；

（三）评标期间私下接触投标人；

（四）收受投标人的财物或其他好处；

（五）违反保密规定，泄露资格审查或评标情况；

（六）接受任何单位或者个人明示或暗示提出的倾向或排斥特定资格审查申请人或投标人要求；

（七）暗示或者诱导投标人对投标文件作出澄清、说明，影响评审公正性；

（八）自进入评标专家库之日起 3 年内未参加评标专家继续教育；

（九）被暂停资格审查和评标资格期满后，再次出现本办法第二十一条规定情形之一；

（十）曾因在招标、评标以及其他与招标有关活动中从事违法行为而受到行政处罚或刑事处罚。

第二十三条 评标专家有下列情形，本人申请不再担任评标专家的，注销其相关信息：

（一）因身体健康原因不能胜任评标工作的；

（二）工作调动不再适宜继续参与评标活动的；

（三）其他原因。

第二十四条 评标专家档案包括下列内容：

（一）评标专家个人情况，包括个人申请或推荐登记表以及有关证明材料，入选专家库的审查确认过程以及结果；

（二）评标专家评标情况及其履职评议；

（三）评标专家奖惩信息；

（四）参加继续教育情况。

第二十五条 通信行政监督部门可依据《招标投标违法行为记录公告暂行办法》，对评标专家的违法违纪行为予以公示。

第二十六条 通信行政监督部门及相关工作人员应当遵守有关信息保密的规定，并加强“管理平台”的安全防护，防止相关信息泄露。

第二十七条 本办法由工业和信息化部负责解释。

第二十八条 本办法自发布之日起施行，原信息产业部《通信建设项目招标投标管理实施细则》（信部规〔2001〕632 号）同时废止。

附件 1：通信工程建设项目评标专家专业分类标准

附件 2：《通信工程建设项目评标专家库入库申请表》（略）

附件 1：

通信工程建设项目评标专家专业分类标准

一级专业	二级专业	备　注
线路	光电缆	
	水底光电缆	
	用户接入	
管道		

续表

一级专业	二级专业	备　注
传输设备	光电传输设备	WDM、OTN、SDH、PDH、PTN 等
	光电接入设备	xPON、xDSL、MSAP、光收发器、协议转换器等
	同步设备	
	配线设备	ODF/DDF/MDF/光电交接箱/分线盒等
交换	固网交换	固网语音网、信令网、智能网等设备
	移动网电路域交换	移动核心语音网、信令网及智能网等设备
	移动网分组域交换	GPRS、3G 分组域、IMS 域中的核心网设备
数据	数据网	互联网络设备(骨干路由器等)、IP 承载网设备(骨干路由器等)、ATM 网设备(ATM 交换机等)
	业务平台	移动增值业务平台、固网增值业务平台
	IT 支撑系统	MSS 管理支撑系统、BSS 业务支撑系统、OSS 运维支撑系统
计算机网络	服务器及计算机终端	
	存储设备	磁盘阵列、磁带库等系统设备
	路由器及交换机	广域网互连设备、防火墙设备、局域网交换机设备、局域网负载分担设备等
	网络安全设备及产品	
	网络接入设备及配套	
	计算机软件	数据库系统软件及相关平台工具软件、各类中间件平台系统软件
微波		微波专业设备及天馈线
卫星		卫星专业设备及天馈线
电源		
移动	无线主设备	移动通信网的基站控制器、基站设备等
	室内分布系统	室内分布系统所用的功率放大器和合路器、功分器、滤波器、耦合器等无源器件
	无线局域网设备	无线局域网的接入点 AP、接入控制器 AC、宽带接入服务器、交换机等
	天馈系统	移动通信天线、馈线和相关器件等
	应急通信系统	应急通信系统设备
	铁塔	移动通信基站铁塔
概预算		
财务		
局房配套	楼宇智能化	
	消防	
	空调	
	走线架、槽道	

续表

一级专业	二级专业	备　注
工程服务	线路施工	
	设备施工	
	有线设计	
	无线设计	
	电信监理	
	铁塔监理	
	系统集成	

工业和信息化部直属单位固定资产投资项目招标投标管理办法

1. 2019年1月2日工业和信息化部发布
2. 工信部规〔2019〕5号

第一章　总　　则

第一条　为了加强固定资产投资项目管理,规范招标投标活动,发挥投资效益,根据《中华人民共和国招标投标法》、《中华人民共和国招标投标法实施条例》和国家有关规定,制定本办法。

第二条　本办法适用于各省、自治区、直辖市通信管理局、工业和信息化部直属事业单位和部属高校(以下统称直属单位)全部或部分使用中央财政资金,由工业和信息化部审批的固定资产投资项目招标投标活动。

第三条　依法必须招标的固定资产投资项目的具体范围和规模标准,依据国家现行有关规定确定。

任何单位和个人不得将依法必须招标的固定资产投资项目化整为零或者以其他任何方式规避招标。

第四条　工业和信息化部对直属单位依法必须招标的固定资产投资项目招标投标活动进行审批、备案、管理。

第五条　工业和信息化部在直属单位固定资产投资项目中逐步推广电子招标投标,直属单位按照填报说明(另行发布)及时在线填报招标投标信息(填报网址:http://39.106.22.141/)。涉密项目除外。

第二章　招标和投标

第六条　依法必须招标的固定资产投资项目,应进行公开招标。有下列情形之一的,应在上报招标方案阶段提出,经由工业和信息化部审批后,可以邀请招标:

(一)技术复杂、有特殊要求或者受自然环境限制,只有少数潜在投标人可供选择;

(二)采用公开招标方式的费用占项目合同金额的比例过大。

第七条　有下列情形之一的,应在上报招标方案阶段提出,经由工业和信息化部审批,可以不进行招标:

(一)涉及国家安全、国家秘密;

(二)涉及防汛、抢险、救灾;

(三)属于利用扶贫资金实行以工代赈、需要使用农民工等特殊情况;

(四)需要采用不可替代的专利或者专有技术;

(五)采购人依法能够自行建设、生产或者提供;

(六)已通过招标方式选定的特许经营项目投资人依法能够自行建设、生产或者提供;

(七)需要向原中标人采购工程、货物或者服务,否则将影响施工或者功能配套要求;

(八)国家规定的其他特殊情形。

第八条　直属单位固定资产投资项目鼓励采用委托招标。委托的招标代理机构应具备承揽相应项目的经验和能力,信誉良好。

招标代理机构应依法在招标人委托的范围内开

展招标代理业务，任何单位和个人不得非法干涉。

第九条 具备以下条件的直属单位，可以自行招标：

（一）具有与招标项目规模和复杂程度相适应的技术、经济和管理等方面专业技术力量；

（二）有编制招标文件、组织招标的能力和条件；

（三）熟悉和掌握招标投标法律及相关规定。

第十条 直属单位在上报项目可行性研究报告时，应包括项目招标方案。

在招标工作实施前，应制定详细的招标实施方案，并向工业和信息化部上报招标实施方案备案表。

实施过程中，确因情况变化需要调整招标方案的，应向工业和信息化部上报招标方案调整申请，经批准后方可实施。

第十一条 招标人应根据项目特点和需要编制招标文件，并对招标文件的质量负责。委托招标代理机构招标的，应向招标代理机构提供编制招标文件所需的项目情况及技术要求等材料。招标文件不得要求或者标明特定的生产供应者或者含有倾向性、歧视性内容。

第十二条 依法必须招标的固定资产投资项目的资格预审公告和招标公告，依照《招标公告和公示信息发布管理办法》规定，应当载明以下内容：

（一）招标项目名称、内容、范围、规模、资金来源；

（二）投标资格能力要求，以及是否接受联合体投标；

（三）获取资格预审文件或招标文件的时间、方式；

（四）递交资格预审文件或投标文件的截止时间、方式；

（五）招标人及其招标代理机构的名称、地址、联系人及联系方式；

（六）采用电子招标投标方式的，潜在投标人访问电子招标投标交易平台的网址和方法；

（七）其他依法应当载明的内容。

第十三条 招标人应当确定投标人编制投标文件所需要的合理时间；依法必须招标的项目，招标文件发出之日起至截止提交投标文件的时限，依照《中华人民共和国招标投标法》有关规定执行。

第三章 开标、评标和中标

第十四条 开标应当在招标文件确定的提交投标文件截止时间的同一时间公开进行；开标地点应当为招标文件中预先确定的地点。

开标由招标人主持，邀请所有投标人参加。

第十五条 投标人少于3个的，不得开标，招标人在分析招标失败原因并采取相应措施后，应当依法重新招标。

重新招标后投标人仍少于3个的依法必须招标的固定资产投资项目，经工业和信息化部审批后，可终止该事项招标。

第十六条 招标人终止招标的，应当及时发布公告，或者以书面形式通知被邀请的或者已经获取资格预审文件、招标文件的潜在投标人。

第十七条 招标人应严格按规定组成评标委员会。成员人数为5人及以上单数，其中技术、经济等方面专家不得少于总数的2/3。

技术、经济等方面专家应根据相关管理规定从有关行政监督部门统一建立的专家库中抽取。

第十八条 评标委员会根据招标文件中的评标标准和方法进行评标，并完成评标报告，提出中标人选或标明排序的中标候选人。

评标报告应包括以下内容：

（一）基本情况和数据表；

（二）评标委员会成员名单；

（三）开标记录；

（四）符合要求的投标一览表；

（五）废标情况说明；

（六）评标标准、评标方法或者评标因素一览表；

（七）经评审的价格或者评分比较一览表；

（八）经评审的投标人排序；

（九）推荐的中标候选人名单与签订合同前要处理的事宜；

（十）澄清、说明、补正事项纪要。

第十九条 依法必须招标的固定资产投资项目，招标人应当自收到评标报告之日起3日内公示中标候选人,公示期不得少于3日。

第二十条 依法必须招标的固定资产投资项目,依照《招标公告和公示信息发布管理办法》规定,中标候选人公示应当载明以下内容:

(一)中标候选人排序、名称、投标报价、质量、工期(交货期),以及评标情况;

(二)中标候选人按照招标文件要求承诺的项目负责人姓名及其相关证书名称和编号;

(三)中标候选人响应招标文件要求的资格能力条件;

(四)提出异议的渠道和方式;

(五)招标文件规定公示的其他内容。

依法必须招标的固定资产投资项目的中标结果公示应当载明中标人名称。

第二十一条 招标人依照《中华人民共和国招标投标法》、《中华人民共和国招标投标法实施条例》有关规定确定中标人。

第二十二条 招标人应及时向中标人发出《中标通知书》,并同时将中标结果通知所有未中标的投标人。

中标通知书应载明以下内容:

(一)中标人名称;

(二)中标项目名称及招标编号;

(三)中标内容;

(四)中标金额;

(五)中标后签约期限;

(六)招标人或招标代理机构名称及签发时间;

(七)其他需在中标通知书中注明的内容。

第二十三条 直属单位应当在《中标通知书》签发之日起30日内,按照招标文件和中标人的投标文件订立书面合同,不得再行订立背离合同实质性内容的其他协议。

第二十四条 依法必须招标的固定资产投资项目,直属单位在《中标通知书》发出之日起20日内,应向工业和信息化部上报招标情况报告。

第二十五条 直属单位应当按照合同约定履行相关权利义务,做好合同管理工作。有关合同履行情况应按有关规定及时上报。

第二十六条 直属单位应将招标投标相关文件和资料进行认真归档,并根据各类型项目的文档管理期限进行妥善保管。

第二十七条 招标投标活动中出现的异议,招标人应认真调查,并及时向异议方作出回复。

第二十八条 对违反本办法有关规定且情节较轻的,工业和信息化部予以通报;情节严重的,暂停受理该单位申报固定资产投资项目。

第二十九条 投标人存在串通投标、以他人名义投标、弄虚作假骗取中标及中标后不严格履行合同、非法转包和违规分包等行为的,工业和信息化部予以通报。

第四章 附 则

第三十条 本办法由工业和信息化部负责解释。

第三十一条 本办法自发布之日起施行。原《工业和信息化部直属单位固定资产投资项目招标投标管理办法(试行)》(工信部规〔2012〕165号)同时废止。

国家发展和改革委员会办公厅、工业和信息化部办公厅关于工业和通信业领域政府核准企业投资项目有关事项的通知

1. 2014年2月14日

2. 发改办产业〔2014〕322号

各省、自治区、直辖市及计划单列市、新疆生产建设兵团发展改革委、工业和信息化主管部门,有关中央企业:

为进一步转变职能,改进规范企业投资项目的核准行为,优化流程、提高效率,根据《国务院关于发布政府核准的投资项目目录(2013年本)的通知》(国发〔2013〕47号,以下简称《目录》)和《企业投资项目核准暂行办法》(修订中)的精神,现就《目录》中涉及国务院和国家发展改革委核准的信息产业、原材料、机械制造类及高新技术中的民用飞机(含直升机)制造等工业、通信业类项目管理有关事项

通知如下：

一、由国家发展改革委核准的工业、通信业项目，核准前须征求工业和信息化部意见，工业和信息化部就项目是否符合行业规划及准入等方面提出书面意见。由国务院核准的项目，由国家发展改革委征求工业和信息化部意见后报国务院核准。

二、地方企业投资建设上述范围内的项目，省级发展改革委向国家发展改革委报送项目核准申请报告时，抄送工业和信息化部。计划单列企业集团和中央管理企业投资建设上述范围内的项目时，直接上报国家发展改革委，同时抄送工业和信息化部。国务院有关部门所属单位投资建设上述范围的项目，所属部门向国家发展改革委报送项目申请报告时，同时抄送工业和信息化部。

三、项目申请报告送国家发展改革委1式5份，送工业和信息化部1式3份。

四、国家发展改革委正式受理项目申请报告后，在启动咨询评估的同时征求工业和信息化部意见，工业和信息化部在收到征求意见函后7个工作日内，向国家发展改革委提出书面意见。

五、国家发展改革委对上述范围的项目核准文件，同时抄送工业和信息化部。

六、其他内容按照《企业投资项目核准暂行办法》执行。

（6）医疗采购

卫生部等关于进一步规范医疗机构药品集中招标采购的若干规定

1. *2004年9月23日卫生部、国家发展和改革委员会、国家工商行政管理总局、国家食品药品监督管理局、国家中医药管理局、国务院纠正行业不正之风办公室发布*
2. *卫规财发〔2004〕320号*

为进一步完善药品集中招标采购政策，规范药品集中招标采购行为，对医疗机构药品集中招标采购工作作出如下规定：

一、**规范药品集中招标采购活动**。县及县以上人民政府、国有企业（含国有控股企业）等所属的非营利性医疗机构，必须全部参加医疗机构药品集中招标采购活动。医疗机构药品集中招标采购以省或市（地）为组织单位，县（市）或单一医疗机构不得单独组织招标采购活动。省或市（地）组织的集中招标采购活动应充分考虑各级各类医疗机构的用药特点。鼓励市（地）进一步联合组织集中招标采购活动或者参加省统一组织的集中招标采购活动。每一个集中招标采购组织单位每年实施集中招标采购活动不得超过两次，以减轻医疗机构和企业负担。

二、**扩大药品集中招标采购范围**。将医疗机构药品采购支出中80%以上的品种（中药饮片除外）纳入集中招标采购。具备网上交易和监管条件的地区，应将医疗机构广泛应用、采购量大、价格高的药品全部纳入招标采购目录，实行公开招标和集中议价采购，对其它药品实行网上竞价采购。不具备网上交易和监管条件的地区，仍按药品类别将采购量大、价格高的药品纳入集中招标采购目录，防止中标药品被其它同类品种替代。按药品类别编制集中招标采购目录的地区，对价格低廉、采购数量少、临床不易滥用的药品是否纳入集中招标采购目录，由省级卫生行政部门会同有关部门规定。

三、**医疗机构与中标企业签订药品购销合同时，必须明确采购数量，并严格执行**。在合同采购期内，实际采购数量与合同采购数量之间允许确定合理的浮动幅度。一个品种有几家企业中标的，必须在合同中明确向每家中标企业采购药品的数量。

四、**合理确定中标药品零售价格，切实做到让利于民**。中标药品的零售价格，实行以中标价为基础顺加规定流通差价率的作价方法，由医疗机构按省级价格主管部门规定的作价办法自行核定执行，并报价格主管部门备案。

五、**简化药品集中招标采购程序，减轻投标企业负担**。严格执行卫生部制订的《医疗机构药品集中招标采购和集中议价文件范本（试行）》对投标文件的规定。不得要求投标企业提交上述规定以外的证明文件，如荣誉证书、商标注册证、税务登记证、年检机构代码证、生产工艺证明、近期省级三批药检报告等。

对投标企业在上一期招标中已经提交、尚在有效期内的资质证明文件和资料，不得要求重复提交；对政府有关部门的药品基础数据库和药品价格信息库等发布的企业资质、产品认证数据和价格信息，各地在药品招标时可以直接采用，不得再向企业索取。原则上不要求投标企业提交样品。

在不违背有关法律法规以及公开、公平、公正和诚实信用原则的基础上，各地要按照统一、规范、简化、高效的要求，积极探索切实减轻企业负担的有效措施。

药品生产企业可以直接参加投标，以减少药品流通中间环节，降低药品投标价格。药品批发企业投标，必须持有药品生产企业的合法授权。

六、规范药品集中招标采购代理机构行为。药品招标代理机构必须在招标人授权范围内办理集中招标采购事宜，不得越权进行资格预审；不得要求投标企业重复提供资质证明文件；不得对资质证明文件进行重复认证；不得利用潜在投标企业的资质信息和其他招标、投标、评标信息牟取不正当利益；不得收取价格主管部门规定的标书费、代理服务费以外的任何费用；不得与行政机关、医疗机构和药品生产经营企业存在隶属关系、产权关系和其他经济利益关系，以确保招标代理机构的中立和公正。

遴选药品招标代理机构要引进竞争机制，由医疗机构通过公开竞争的方式自主选择招标代理机构。禁止行政机关为医疗机构指定招标代理机构，禁止招标代理机构以不正当方式获取集中招标采购项目的代理权。招标代理机构应确保招标过程中涉及数据的准确性、安全性，并承担相应责任。

七、严格按照《合同法》规定，履行中标药品购销合同。市（地）级以上人民政府、国有企业（含国有控股企业）等所属的非营利性医疗机构，药品回款时间从货到之日起最长不得超过60天，其他医疗机构的回款时间严格按双方签订的合同执行。对于纳入集中招标采购目录的药品，医疗机构必须按药品购销合同明确的品种、价格和供货渠道采购药品，不得再同中标企业进行价格谈判以扩大折扣让利幅度，不得擅自采购非中标企业的药品。中标企业要保证药品的及时配送，不得转让或者分包药品购销合同，不得以任何方式对中标药品进行回扣促销。

八、以剂型为单位进行招标、投标、评标，防止投标企业以奇异规格规避药品集中招标采购。同时要避免投标企业不合理减少投标药品的规格而影响临床用药。

九、积极发展医药电子商务、物流配送等现代流通方式。鼓励有条件的地区充分利用现代信息网络技术，进行网上招标、投标、竞价和交易，实现药品采购全过程的信息公开，便于政府和社会监督。

十、加大对药品集中招标采购的监督管理力度。实行纠风与价格、社保、卫生、工商、药监、中医药等部门各司其职、齐抓共管的联合监督工作机制。各地应根据当地实际情况设立监督机构，公布投诉电话，及时受理、依法查处违法违规行为。各相关部门要根据各自职责，切实建立不良记录登记公布制度。各地纠风部门负责协调、督促各相关部门开展经常性的监督检查工作，通过定期开展抽查和互查，发现问题，并及时予以纠正和处理。监督检查结果要及时上报，并向社会通报有关情况。

十一、进一步强化政府对药品集中招标采购的组织领导。各级政府和有关部门要从立党为公、执政为民的高度，充分认识规范药品集中招标采购工作对于纠正药品购销中的不正之风、减轻群众不合理医药费用负担的重要意义和作用。要统一思想，提高认识，加强对药品集中招标采购工作的组织、领导。有关部门要建立联席会议制度，及时协调、确定药品集中招标采购的具体实施政策，研究、处理出现的重大问题，对药品集中招标采购工作及时进行督导，确保药品集中招标采购工作的规范进行。

十二、本规定自下发之日起实行。《医疗机构药品集中招标采购工作规范（试行）》及《医疗机构药品集中招标采购和集中议价文件范本（试行）》与本规定有抵触的，以本规定为准。各地区要按照本规定的要求，尽快制订具体实施办法，切实抓好药品集中招标采购工作。

卫生部关于进一步加强医疗器械集中采购管理的通知

1. *2007年6月21日*
2. *卫规财发〔2007〕208号*

各省、自治区、直辖市卫生厅局，新疆生产建设兵团卫生局：

为完善医疗器械采购制度，规范采购行为，现就进一步加强医疗器械集中采购管理有关工作通知如下：

一、进一步提高对医疗器械集中采购工作的认识

医疗器械集中采购是规范采购行为，降低采购价格，保障医疗器械质量的有效手段，也是改进和加强医疗机构管理工作，促进医疗机构进一步降低医疗成本，减轻患者医疗费用负担，改善医疗服务质量，提高医疗服务水平的重要措施。实行医疗器械集中采购，杜绝暗箱操作，纠正医疗器械购销中的不正之风，关系到人民群众的切身利益，也关系到卫生行业的形象和声誉。

各地要统一思想，高度重视医疗器械集中采购工作，将其作为加强党风廉政建设和防治医药购销领域商业贿赂的一项长效机制抓紧抓好。各级卫生行政部门要在当地政府的领导下，与各有关部门相互配合，健全组织机构，明确各方责任，认真组织实施，全面推进医疗器械集中采购工作。

二、规范推进医疗器械集中采购

各地卫生行政部门要在认真总结药品和高值医用耗材集中采购工作经验基础上，针对当前医疗器械采购工作中存在的突出问题，研究制定和完善有关制度、实施办法，从制度上、机制上进一步规范医疗器械采购行为，确保医疗器械集中采购工作顺利实施，取得实效。

（一）集中采购的组织原则

医疗器械集中采购按属地化管理原则，以政府为主导，分中央、省和地市三级，以省级为主组织实施。各级政府、行业和国有企业举办的所有非营利性医疗机构，均应参加医疗器械集中采购。任何医疗机构不得规避集中采购。

（二）集中采购的品目与范围

本通知所指医疗器械包括医疗设备和医用耗材。

卫生部负责的政府项目医疗器械集中采购，由卫生部负责组织。《大型医用设备配置与使用管理办法》（卫规财发〔2004〕474号）管理品目中的甲类大型医用设备配置工作由卫生部审批，其集中采购由卫生部统一负责组织。心脏起搏器、心脏介入类等高值医用耗材临床应用的医疗机构少，各地采购价格差异大，价格虚高问题较为突出，由卫生部统一负责组织。

大型医用设备管理品目中的乙类大型医用设备，以及除心脏起搏器、心脏介入类等以外的高值医用耗材，应纳入省级集中采购范围，由省级负责组织集中采购。

其他医疗设备和耗材，由省级卫生行政部门根据实际情况，具体研究制定本地区省级和地市级集中采购目录。

未列入集中采购目录但单批次采购金额较大的，也应实行集中采购，具体采购限额标准由省级卫生行政部门确定。

各地要按照《大型医用设备配置与使用管理办法》的规定，加强大型医用设备配置规划管理，大型医用设备必须先取得配置许可证，方可列入集中采购计划。要严格控制医疗机构利用贷款、融资、集资等形式，负债购置大型医用设备。

（三）集中采购的方式

医疗器械集中采购必须遵循公开、公平、公正和诚实信用的基本准则，采购方式以公开招标为主。高值医用耗材可采取邀请招标、竞争性谈判等方式进行，要积极借鉴以政府为主导的药品网上集中采购办法和经验，规范和完善集中采购工作。鼓励资质合格、产品优良的企业直接参与竞标。具体采购方式应经集中采购主管部门批准。

（四）严格程序和措施

各地要按照有关法律法规，结合当地实际情况，制定和完善医疗器械集中采购程序和实施办法，确保程序公正、环节透明。严格实行招标采购信息提

前公告、评标办法公布和招标结果公示。招标结果确认后，要及时组织医疗机构签订合同，并监督履行。

（五）加强评标专家管理

各地要按照财政部、监察部《政府采购评审专家管理办法》（财库〔2003〕119号），规范评标专家的管理与使用。各级卫生行政部门要积极协调有关部门，广泛吸纳相关领域专家，建立和充实医疗器械集中采购专家库。本地区专家来源不足的，要从全国有关学会、协会补充专家，确保专家数量满足有关法律法规的要求。要建立专家库维护管理与专家抽取使用相互分离的管理制度，评标专家应以随机方式抽取确定。实行专家回避与监督评价制度，与采购项目存在利害关系的专家一律不得参与评审工作；对不能公正、廉洁履行职责的专家应坚决取消其评标资格并从专家库中清除。

（六）医疗器械应用评价与选型

各地要积极开展医疗器械应用评价，建立、完善供应商和产品信息库，切实做好资格预审工作，优选出技术成熟、应用广泛的产品。卫生部将组织开展医疗器械评估选型工作，适时发布评估选型结果，并组织集中展示，以指导各地集中采购工作。

（七）控制采购成本

各地应充分利用现有的集中采购平台开展医疗器械集中采购工作，努力降低采购成本。各级卫生行政部门应组织医疗机构做好医疗器械采购年度计划编制工作，集中采购批次不宜过多。

三、着力加强医疗器械集中采购的监督管理

各地卫生行政部门要主动协调纪检监察、财政、药监、工商、审计等部门，建立起齐抓共管、各司其职的联合监管工作机制，对医疗器械集中采购实行全过程监督管理。要对社会公布投诉电话，主动接受社会公众、舆论监督，及时受理集中采购过程中发生的质疑、投诉，并及时查处违法违纪行为，向社会公布处理结果。

四、疾病预防控制中心、卫生执法监督等政府举办的卫生机构的设备采购工作也应按照本通知要求实行集中采购

各地要根据上述要求抓紧研究制定实施细则，加快推进本地区医疗器械集中采购工作，并将本地区开展医疗器械集中采购工作情况以及下一步工作计划和实施方案于今年7月底前报送我部。

卫生部等关于进一步规范医疗机构药品集中采购工作的意见

1. 2009年1月17日卫生部、国务院纠正行业不正之风办公室、国家发展和改革委员会、国家工商行政管理总局、国家食品药品监督管理局、国家中医药管理局发布

2. 卫规财发〔2009〕7号

近几年来，各地结合实际，积极推行医疗机构药品集中采购工作，进行了有益探索，取得了明显成效，但也存在各地发展不平衡、采购政策不统一、采购办法不完善、中介服务成本高等突出问题。为进一步规范医疗机构药品集中采购工作，使其在保证药品质量、控制虚高药价、整顿购销秩序、治理商业贿赂、纠正不正之风、减轻人民群众医药费用负担等方面发挥重要作用，根据中央纪委第十七届三次全会精神和国务院对纠风工作的要求，现提出以下意见：

一、全面实行政府主导、以省（自治区、直辖市）为单位的网上药品集中采购工作

药品是维护人民健康的特殊商品，与群众利益密切相关。各级政府对药品集中采购工作要切实加强领导，积极发挥主导作用。各省（区、市）人民政府负责组织建立药品集中采购工作领导机构、工作机构和非营利性的药品集中采购平台，确保采购平台功能完善、设施齐全，并对药品集中采购工作机构的人员编制、经费补助等给予积极支持。有条件的地区可建立财政全额补助的集中采购机构，具体负责药品集中采购的实施工作，形成政府组织推动、医疗机构和药品生产流通企业通过采购平台直接免费交易的购销方式。

医疗机构药品集中采购工作，要以省（区、市）为单位组织开展。县及县以上人民政府、国有企业（含国有控股企业）等所属的非营利性医疗机构，必须全部参加药品集中采购。鼓励其他医疗机构参加药品集中采购活动。药品集中采购要充分考虑各级各类医疗机构的临床用药需求特点。集中采购周期原则上一年一次。

全面推行网上集中采购，提高医疗机构药品采购透明度。医疗机构按申报集中采购药品的品种、规格、数量，通过药品采购平台采购所需的药品。

二、规范集中采购药品目录和采购方式

各省（区、市）要制定药品集中采购目录。列入国家基本药物目录的药品，按照国家基本药物制度规定执行。国家实行特殊管理的第二类精神药品、医疗用毒性药品和放射性药品等少数品种以及中药材和中药饮片等可不纳入药品集中采购目录，麻醉药品和第一类精神药品不纳入药品集中采购目录。除上述药品外，医疗机构使用的其他药品原则上必须全部纳入集中采购目录。

对纳入集中采购目录的药品，实行公开招标、网上竞价、集中议价和直接挂网（包括直接执行政府定价）采购。对经过多次集中采购、价格已基本稳定的药品，可采取直接挂网采购的办法，具体品种由省级集中采购管理部门确定。

三、建立科学的药品采购评价办法

集中采购药品要建立科学的评价办法，坚持“质量优先、价格合理”的原则，合理划分药品类别，加大质量分权重，并考虑临床疗效、质量标准、科技水平等因素，对药品的质量、价格、服务和信誉等进行综合评价。省级卫生行政部门要汇总提出本地区有关医疗机构集中采购药品的品种、规格和数量，保证医疗机构的临床用药，满足人民群众多样化的用药需求。进一步做好专家库建设和专业分类管理工作。

四、减少药品流通环节

药品集中采购由批发企业投标改为药品生产企业直接投标。由生产企业或委托具有现代物流能力的药品经营企业向医疗机构直接配送，原则上只允许委托一次。如被委托企业无法向医疗机构直接配送时，经省级药品集中采购管理部门批准，可委托其他企业配送。

五、认真履行药品购销合同

医疗机构要与中标（入围）药品生产企业或其委托的批发企业签订药品购销合同，明确品种、规格、数量、价格、回款时间、履约方式、违约责任等内容。合同采购数量要以医疗机构上年度的实际药品使用数量为基础，适当增减调整后确定。

药品企业和医疗机构必须严格按照《合同法》等规定，履行药品购销合同规定的责任和义务，合同周期一般不低于1年。医疗机构必须按照药品购销合同确定的品种、数量、价格和供货渠道采购使用药品，不得擅自采购非中标（入围）药品；必须严格按照合同约定的时间及时回款，回款时间从货到之日起最长不超过60天。药品企业未按合同生产供应药品或医疗机构未按合同规定采购药品以及逾期不能回款的，都应支付一定比例的违约金（具体比例由省级药品集中采购机构确定）。情节严重的要公示警告并依法追究责任。积极探索采用银行承兑汇票等多种方式规范医疗机构货款结算。

六、规范医疗机构合理用药

医疗机构要加强处方开具和药品使用的规范化管理，提高处方质量，规范医务人员用药行为，纠正为追求经济利益而滥用药物的问题。强化监督检查，推行医疗机构药品用量动态监测、超常预警、处方点评等制度，坚决查处大处方等损害群众利益的行为，保障患者用药安全。

对于部分常用药、廉价药，医疗机构可按照政府规定的最高零售价格销售，具体品种由省级集中采购管理部门确定。

七、落实部门责任，严格监督管理

各地区有关部门要密切协作，加大监管力度。卫生行政部门牵头组织药品集中采购工作，并负责对医疗机构执行中标（入围）结果和履行合同情况进行监督检查；物价管理部门负责对收费行为、中标（入围）药品零售价格的核定及执行情况进行监督检查；工商行政管理部门负责对药品集中采购及招投标过程中的商业贿赂等不正当竞争行为进行监督检查；药监部门负责药品企业的资质认定，并对中标（入围）药品的质量和配送情况进行监督检查；纠风部门负责对药品集中采购的全过程进行监督，受理有关药品集中采购的检举和投诉，并对违纪违法行为进行调查处理。各部门要加强协调配合，及时研究解决药品集中采购工作中出现的重大问题。

各地区有关部门要通过采购平台，对医疗机构采购药品的品种、数量、价格、加价率、回款、使用和药品企业参与投标、供应药品等情况进行动态监管，使药品采购全过程公开透明。要定期检查，发现问题及时解决。要及时受理并认真调查处理有关投诉。对在药品集中采购中违反有关政策和规定的机构和有关人员，一经发现，要严肃追究责任。

本意见自印发之日起施行。以前所发药品集中采购文件与本意见不一致的，按本意见规定执行。

药品集中采购监督管理办法

1. 2010年6月2日国务院纠正行业不正之风办公室、卫生部、国家发展和改革委员会、监察部、财政部、国家工商行政管理总局、国家食品药品监督管理局发布

2. 国纠办发〔2010〕6号

第一章　总　　则

第一条　为加强对以政府为主导，以省、自治区、直辖市为单位的网上药品集中采购工作的监督管理，规范药品集中采购行为，依据有关法律法规，制定本办法。

第二条　药品集中采购监督管理工作遵循实事求是、依法办事、惩防结合、预防为主的原则，坚持加强监督与规范管理相结合。

第三条　药品集中采购监督管理工作实行分级负责、以省级为主，相关职能部门按照法定权限各负其责、密切配合的领导体制和工作机制。

第四条　药品集中采购监督管理机构应当公开监督管理制度，明确办事程序，自觉接受社会监督。

第二章　监督管理机构及职责

第五条　纠正医药购销和医疗服务中不正之风部际联席会议负责全国药品集中采购监督管理的组织协调，依法监督药品集中采购工作联席会议成员单位正确履行职责，督促下级人民政府及相关部门认真落实上级关于药品集中采购的决策部署，检查药品集中采购政策和规章制度的贯彻落实情况，调查处理药品集中采购中的违法违规问题。各省、自治区、直辖市可根据本地区实际，确定药品集中采购监督管理机构的组织形式和基本职责。

第六条　监察机关和纠风办负责对药品集中采购工作参与部门履行职责的情况进行监察，对药品集中采购工作中的行政机关公务员以及由国家行政机关任命或选聘的其他人员的行为进行监督，对违反行政纪律的行为进行查处。

第七条　卫生行政部门负责监督管理医疗机构执行入围结果、采购用药及履行合同等行为。

第八条　价格管理部门负责监督管理药品集中采购过程中的价格、收费行为。

第九条　财政部门负责组织实施相应的财政监督。

第十条　工商行政管理部门负责查处药品集中采购中的商业贿赂、非法促销、虚假宣传等不正当竞争行为。

第十一条　食品药品监督管理部门负责审查参与药品集中采购的药品生产经营企业资质，依法对集中采购的药品质量进行监督管理。

第三章　监督管理的对象、内容和方式

第十二条　药品集中采购监督管理的对象是：

（一）组织药品集中采购的政府部门和公务员；

（二）实施药品集中采购的单位及其工作人员和选聘人员；

（三）参与药品集中采购的医疗机构、药品生产经营企业及其工作人员。

第十三条　药品集中采购监督管理的主要内容是：

（一）相关部门依法履行职责、执行上级部署、相互协作配合的情况；

（二）执行医疗机构药品集中采购有关规定的情况；

（三）坚持公开、公平、公正和“质量优先、价格合理”原则的情况；

（四）相关单位和个人遵纪守法和廉洁从政从业的情况；

（五）医疗机构参与药品集中采购并按照合同约定使用入围药品的情况；

（六）药品生产经营企业依法参与竞标和履行采购配送合同的情况。

第十四条 药品集中采购监督管理的主要方式是：

（一）组织网上监管、专项检查和重点督查；

（二）受理投诉、申诉和举报；

（三）纠正、查处违法违规行为和问题，通报典型案件；

（四）推动有关部门建立健全监督管理有关规章制度。

药品集中采购监督管理机构在履行监督管理职责时，可以依法查阅、复制相关文件、资料、账目、电子信息数据等，要求有关单位或人员就相关问题作出解释说明，商请有关职能部门或者专业机构给予协助。

第四章 违法违规问题的处理

第十五条 负责组织药品集中采购的政府部门、公务员及工作人员，有下列行为之一的，由监察机关和纠风办会同有关部门依法给予处理：

（一）拒不执行上级机关依法作出的决策部署的；

（二）违反以政府为主导，以省、自治区、直辖市为单位规定组织开展药品集中采购的；

（三）违反决策程序和规定，决定药品集中采购重大事项的；

（四）违法违规进行行政委托，或者设置歧视性规定、条款的；

（五）违反回避规定，或者操纵、干预药品集中采购的；

（六）泄露药品集中采购工作秘密，或者误导、欺骗领导和公众的；

（七）违规设定收费项目、收费标准或者摊派的；

（八）索取或收受钱物，谋取单位或个人不正当利益的；

（九）其他违法违规行为。

第十六条 负责实施药品集中采购的政府部门、单位及其工作人员和选聘人员，有下列行为之一的，由监察机关和纠风办督促有关部门依法给予处理：

（一）违反药品集中采购方式、程序、时限要求和信息发布等有关规定实施药品集中采购的；

（二）在文件材料审核、药品评审遴选等方面疏于监管或设置歧视性条件的；

（三）违反规定建设、管理和使用专家库的；

（四）违反有关信息维护和安全保障规定，或者谎报、瞒报、擅自更改药品采购数据信息的；

（五）对医疗机构和药品生产经营企业的违约情况调查处理不及时的；

（六）接受可能有碍公正的参观、考察、学术研讨交流等，索取或收受钱物，谋取单位或个人不正当利益的；

（七）其他违法违规行为。

第十七条 参与药品集中采购的医疗机构及其工作人员有下列行为之一的，由卫生行政、工商行政管理等部门依法给予处理：

（一）规避药品集中采购，擅自采购非入围药品，或者不按规定程序组织选购药品的；

（二）提供虚假药品采购信息的；

（三）不按规定签订采购合同，或者不按时回款的；

（四）不执行集中采购药品价格，二次议价、变相压价，或者与企业再签订背离合同实质性内容的补充性条款和协议的；

（五）在药品采购、销售、使用和回款等过程中收受回扣或者谋取不正当利益的；

（六）其他违法违规行为。

第十八条 参与药品集中采购的药品生产经营企业及其工作人员有下列行为之一的，由价格管理、工商行政管理、食品药品监督管理等部门依法给予处理：

（一）提供虚假证明文件或者以其他方式弄虚作假的；

（二）采取串通报价、操纵价格等手段妨碍公平竞争，或者以非法促销、商业贿赂、虚假宣传等手段进行不正当竞争的；

（三）公布药品采购品种后，非因不可抗力撤标或拒绝与医疗机构签订采购合同的；

（四）不通过药品集中采购平台交易的；

（五）在采购周期内，擅自涨价或者变相涨价的；

（六）擅自配送非入围药品，不按合同约定配送药品，或者违反有关规定配送的；

（七）其他违法违规行为。

第十九条 政府部门、单位和医疗机构违反本办法的，应当责令其纠正错误并通报批评，情节严重的依纪依法对有关领导和责任人进行责任追究。

行政机关公务员、由国家行政机关任命或选聘的相关人员、医务人员违反本办法的，依照有关规定给予批评教育、组织处理、党纪政纪处分，涉嫌犯罪的，移送司法机关处理。

药品生产经营企业及其工作人员违反本办法的，依照有关规定给予行政处罚，涉嫌犯罪的，移送司法机关处理。

第五章 附 则

第二十条 各省、自治区、直辖市药品集中采购监督管理机构可以依据本办法，结合本地区实际，制定实施细则。

第二十一条 本办法由国务院纠正行业不正之风办公室会同有关部门负责解释。

第二十二条 本办法自发布之日起施行。《医疗机构药品集中招标采购监督管理暂行办法》（国纠办发〔2001〕17 号）同时废止。

医疗机构药品集中采购工作规范

1. 2010 年 7 月 7 日卫生部、国务院纠正行业不正之风办公室、国家发展和改革委员会、监察部、财政部、国家工商行政管理总局、国家食品药品监督管理局发布

2. 卫规财发〔2010〕64 号

第一章 总 则

第一条 为进一步规范药品集中采购工作，明确药品集中采购当事人的行为规范，依据有关法律法规，制定本规范。

第二条 本规范适用于参加医疗机构药品集中采购活动的药品集中采购机构、医疗机构和药品生产经营企业。

第三条 县级及县级以上人民政府、国有企业（含国有控股企业）等举办的非营利性医疗机构必须参加医疗机构药品集中采购工作。鼓励其他医疗机构参加药品集中采购活动。

第四条 实行以政府主导、以省（区、市）为单位的医疗机构网上药品集中采购工作。医疗机构和药品生产经营企业购销药品必须通过各省（区、市）政府建立的非营利性药品集中采购平台开展采购，实行统一组织、统一平台和统一监管。执行国家基本药物政策药品的采购规范性文件另行制定。

第五条 医疗机构药品集中采购必须坚持质量优先、价格合理的原则，做好药品的评价工作。

第六条 坚持公开、公平、公正的原则，确保不同地区、不同所有制的药品生产经营企业平等参与，公平竞争，禁止任何形式的地方保护。

第七条 药品集中采购机构、医疗机构和药品生产经营企业等各方当事人，在医疗机构药品集中采购活动中享有平等权利并承担相应义务。

第八条 依照本规范必须进行集中采购的药品，有下列情形之一的，不实行集中采购：

（一）因战争、自然灾害等，需进行紧急采购的；

（二）发生重大疫情、重大事故等，需进行紧急采购的；

（三）卫生部和省级人民政府认定的其他情形。

第二章 药品集中采购机构

第九条 各省（区、市）人民政府负责成立由相关部门组成的药品集中采购工作领导机构、管理机构和工作机构，建立非营利性药品集中采购平台。

第十条 药品集中采购工作领导机构由省（区、市）人民政府分管领导牵头，卫生、纠风、发展改革（物价）、财政、监察、工商行政管理、食品药品监督管理等部门组成。药品集中采购工作领导机构负责制定本省（区、市）医疗机构药品集中采购工作的实施意见和监督管理办法，并监督执行，研究药品集中采购工作的重大问题，协调并督促各部门按照各自职责做好集中采购相关工作。

第十一条 卫生行政部门牵头组织药品集中采购工作，汇总并提出本地区有关医疗机构集中采购药品的品种、规格和数量，负责对医疗机构执行集中采购结果和履行采购合同情况进行监督检查。

第十二条 纠风、监察部门负责对药品集中采购工作的监督，受理有关药品集中采购的检举和投诉，对违纪违规行为及时进行调查处理。具体办法另行制定。

第十三条 价格管理部门负责对企业递交的价格文件、按集中采购价格和规定加价政策确定的集中采购药品零售价格进行审核，并对价格执行情况进行监督检查。

第十四条 工商行政管理部门负责对参加药品集中采购的药品生产经营企业提供的营业执照信息进行核对，对药品集中采购过程中的不正当竞争行为进行调查处理。

第十五条 食品药品监督管理部门负责对参加药品集中采购的药品生产经营企业及其申报药品的资质及有关证明文件进行审核，对入围药品的质量进行监督检查，提供药品质量和药品生产经营企业不良记录等信息，加大对明显低于成本投标药品质量的监督检查力度。

第十六条 财政部门负责安排药品集中采购工作所需必要的工作经费。

第十七条 药品集中采购工作管理机构设在卫生行政部门，要明确承办日常事务的处室。纠风、物价、药监等相关部门可确定专人参加管理机构工作，具体组成由各省（区、市）确定。其主要职责是制定规则、组织管理、监督检查。

（一）按照药品集中采购工作领导机构的要求，编制采购目录，确定采购方式；

（二）组织、协调、推动全省（区、市）的药品集中采购工作；

（三）依据实施意见制定实施细则、工作制度、工作程序和工作纪律等，并组织实施；

（四）组建并管理全省（区、市）药品集中采购专家库；

（五）指导、管理并监督集中采购工作机构按照规定程序，公开、公平、公正地开展药品集中采购工作；

（六）指导并监督各市（地）集中采购管理部门开展集中采购相关工作，加强对各市（地）执行情况的督促检查，将各项指标完成情况作为对市（地）目标考核的重要内容；

（七）审核药品集中采购工作机构报送的采购文件及集中采购结果等；

（八）组织对医疗机构和药品生产经营企业的履约情况进行监督检查；

（九）负责调查、处理相关投诉和举报；

（十）在集中采购工作结束后 15 个工作日内，将集中采购结果上传至卫生部全国药品集中采购信息交流平台；

（十一）向药品集中采购工作领导机构负责并报告工作；

（十二）承办药品集中采购工作领导机构交办的其他事项。

第十八条 药品集中采购工作机构原则上设在卫生行政部门，也可根据本地实际依托政府采购工作机构，接受药品集中采购工作管理机构的领导，负责全省（区、市）药品集中采购工作的具体实施。其主要职责是具体操作、提供服务、维护平台。

（一）依据实施细则，编制药品集中采购工作文件（须使用国家药品编码），报药品集中采购工作管理机构审核并公布；

（二）受理企业及药品相关资质证明文件、工商资质证明材料和价格文件等，并提请有关部门进行审核；

（三）具体协助组织实施药品评价、品种遴选等工作；

（四）提请药品集中采购工作管理机构审定并公告集中采购结果；

（五）组织医疗机构与药品生产经营企业按集中采购结果签订药品购销合同，并协助药品集中采购工作管理机构监督合同的执行；

（六）负责本省（区、市）医疗机构药品集中采购平台的技术管理、网络安全、数据和设备的维护，提供相关的服务和技术支持；

（七）为医疗机构和药品生产经营企业提供咨询服务；

（八）定期统计分析本省（区、市）医疗机构和药品生产经营企业网上药品采购、配送、回款情况，做好网上监控；

（九）及时维护和管理药品生产经营企业及集中采购药品的基础信息；

（十）根据食品药品监督管理部门提供的药品质量、药品不良反应、企业不良记录等信息，按规定及时作出相应处理；

（十一）及时报送药品集中采购工作管理机构要求的信息和统计资料，组织相关的业务技术培训；

（十二）协助调查和处理相关申投诉和举报；

（十三）向本省（区、市）药品集中采购工作管理机构负责并报告工作；

（十四）承办药品集中采购工作管理机构交办的其他事项。

第十九条　药品集中采购平台是政府建立的非营利性药品集中采购、监督管理平台。政府拥有平台的所有权和使用权。采购平台要做到安全可靠、功能完善、数据齐全、监管严密。采购平台设置在药品集中采购工作机构内，不得单独设置。

第二十条　药品集中采购平台应当具备以下功能：

（一）进行药品集中采购各个环节、各类信息的公示；

（二）开展网上药品评价；

（三）提供药品采购载体和网络技术支持；

（四）向采购双方提供与集中采购相关的信息查询和服务；

（五）准确汇总动态采购数据和统计分析数据；

（六）实现网上采购动态监管；

（七）药品集中采购工作管理机构的其他要求。

第二十一条　市（地）、县级人民政府负责本级药品集中采购的监督管理工作。

（一）建立健全药品集中采购工作的管理体制，确定专门人员、落实工作经费；

（二）负责组织本辖区内医疗机构与药品生产经营企业按照互惠互利的原则签订购销合同；

（三）加强对本辖区内医疗机构药品集中采购的指导、督促、现场检查和处理；

（四）负责收集上报本地区医疗机构集中采购药品的相关信息；

（五）承办上级药品集中采购工作领导机构和管理机构交办的其他事项。

第三章　制度建设

第二十二条　药品集中采购工作领导机构组成部门要按照职责分工，认真履行职能，及时沟通联系，主动协调配合，不得相互推诿，共同推动药品集中采购工作。

第二十三条　药品集中采购工作管理机构和工作机构要加强自身建设，为医疗机构和药品生产经营企业提供服务。

第二十四条　健全和完善各项规章制度。建立健全药品集中采购工作领导机构工作制度、联席会议制度和药品集中采购工作管理机构、工作机构的监督管理制度和关键岗位定期轮换制度。

第二十五条　建立药品集中采购各环节特别是关键环节的工作流程、监督制度和多重复核制度，使每个环节和程序都处于监督之下。

第二十六条　加强药品集中采购网络管理，建立药品集中采购平台监督管理的各项规章制度，落实责任制，确保网络数据的安全。

第二十七条　加强对药品集中采购工作人员的廉洁自律教育和日常管理。严肃工作纪律，严禁以权谋私。参加药品集中采购工作的所有工作人员，不得以任何理由和方式收取生产经营企业的财物或牟取其他不正当利益；不得进行任何形式的违规操作；不得参加任何医药企业、社会团体以任何名义组织的有关药品采购管理的活动和成立的相关组织；不得从事代理药品销售。

第二十八条　药品集中采购工作管理机构要设立举报电话、开通电子邮箱等并向社会公布，保证医疗机构、药品生产经营企业以及社会公众对工作人员履行职责的情况进行监督。

第四章　医疗机构

第二十九条　医疗机构应当按照卫生行政部门规定建立药物与治疗学委员会（组）。医院药物与治疗学委员会（组）要根据有关规定，在省级集中采购入围药品目录范围内组织遴选本院使用的药品目录。

第三十条　医疗机构必须通过政府建立的非营利性药品集中采购平台采购药品。

第三十一条　医疗机构应当在规定时间内，根据本单位的药品使用目录，编制采购计划，签订采购合同，明确采购品种和数量。

第三十二条　医疗机构原则上不得购买药品集中采购入围药品目录外的药品。有特殊需要的，须经省级药品集中采购工作管理机构审批同意。

第三十三条　医疗机构应当执行价格主管部门公布的集中采购药品零售价格。

第三十四条　医疗机构应当按照不低于上年度药品实际使用量的80%，向省级药品集中采购工作管理部门申报当年采购数量。

第三十五条　医疗机构应当严格按照《合同法》的规定签订药品购销合同，明确品种、规格、数量、价格、回款时间、履约方式、违约责任等内容，合同周期一般至少一年。合同采购数量应当与医疗机构上报的计划采购数量相符。如合同采购数量不能满足临床用药需要，可以签订追加合同。有条件的省（区、市）可同时签订电子合同备查，接受社会和有关部门监督。

第三十六条　医疗机构按照合同购销药品，不得进行“二次议价”。严格对药品采购发票进行审核，防止标外采购、违价采购或从非规定渠道采购药品。

第三十七条　医疗机构应当严格按照合同约定的时间回款，回款时间从货到之日起最长不超过60天。无正当理由未按合同规定时间回款的，应当支付一定比例的违约金，具体由省级药品集中采购工作管理机构确定。

第三十八条　医疗机构在药品集中采购活动中，不得有下列行为：

（一）不参加药品集中采购活动，或以其他任何方式规避集中采购活动；

（二）提供虚假的药品采购历史资料；

（三）不按照规定要求同药品生产经营企业签订药品购销合同；

（四）不按购销合同采购药品，擅自采购非入围药品替代入围药品，不按时结算货款或者其他不履行合同义务的行为；

（五）药品购销合同签订后，再同企业订立背离合同实质性内容的其他协议，牟取其他不正当利益；

（六）不执行价格主管部门制定的集中采购药品零售价格；

（七）不按照规定向卫生行政部门报送集中采购履约情况报表；

（八）其他违反法律法规的行为。

第五章　药品生产经营企业

第三十九条　药品集中采购实行药品生产企业直接投标。药品生产企业设立的仅销售本公司产品的商业公司、境外产品国内总代理可视同生产企业。集团公司所属全资及控股子公司的产品参加投标的，应当允许以集团公司名义进行，并提供相应证明材料。

药品生产企业必须委托本企业的工作人员，持法人委托书在内的生产企业证明文件等材料办理相关集中采购手续。对委托其他企业人员（或个人）办理集中采购相关手续的，由此而产生的一切法律责任由生产企业承担。

第四十条　参加药品集中采购活动的药品生产经营企业应当具备以下基本条件：

（一）药品生产经营企业必须依法取得相应的资质证书，参加集中采购的产品必须具备相应的资质证书；

（二）信誉良好；

（三）具有履行合同必须具备的药品供应保障能力；

（四）参加集中采购活动近两年内，在生产或经营活动中无严重违法违规记录；

（五）法律法规规定的其他条件。

各省（区、市）不得以不合理的条件加大企业负担，对生产经营企业实行差别待遇或者歧视。

第四十一条　参加药品集中采购活动的生产企业应当按照集中采购文件的要求，按时提供真实、有效、合法的委托书、药品和企业资质证明文件及保证供应承诺函，在药品集中采购平台上如实申报相关信息。

第四十二条　负责配送的药品生产经营企业应当具备

在药品集中采购平台上进行销售的条件,按规定和要求进行订单确认、备货、配送,保证上网医疗机构的用药需要。

第四十三条　药品生产经营企业必须提供合法生产的药品,并按照药品购销合同规定的通用名、剂型、规格、包装、品牌、价格和效期等及时供货,不得提供集中采购入围药品目录外的药品。药品生产经营企业未按合同生产、供应药品的,应当支付一定比例的违约金,具体由省级药品集中采购工作管理机构确定。

第四十四条　集中采购药品的配送费用包含在集中采购价格之内。

第四十五条　入围药品可以由生产企业直接配送,也可以委托药品经营企业配送。生产企业委托配送的,应当充分考虑配送企业的实际配送能力和配送业绩以及医疗机构对其服务质量、服务信誉的认同程度等。

第四十六条　原则上每种药品只允许委托配送一次,但在一个地区可以委托多家进行配送。如果被委托企业不能直接完成配送任务,可再委托另一家药品经营企业配送,并报省级药品集中采购工作管理机构备案,但不得提高药品的采购价格。

第四十七条　药品生产经营企业在药品集中采购活动中,不得有下列行为:

(一)进行虚假宣传、商业贿赂等不正当竞争行为;

(二)以低于成本的价格恶意投标,扰乱市场秩序;

(三)相互串通报价,妨碍公平竞争;

(四)向集中采购机构、医疗机构或者个人行贿,牟取不正当利益;

(五)提供虚假证明文件,或者以其他方式弄虚作假;

(六)在规定期限内不签订药品购销合同或者不履行合同义务;

(七)其他违反法律法规及有关规定的行为。

第六章　药品集中采购目录和采购方式

第四十八条　各省(区、市)集中采购管理机构负责编制本行政区域内医疗机构药品集中采购目录。

纳入目录的药品均使用通用名,并应当包括该通用名下的相关剂型、规格。

第四十九条　国家实行特殊管理的麻醉药品和第一类精神药品不纳入药品集中采购目录。第二类精神药品、医疗放射药品、医疗毒性药品、原料药、中药材和中药饮片等药品可不纳入药品集中采购目录。

医疗机构使用上述药品以外的其他药品必须全部纳入集中采购目录。

第五十条　对纳入集中采购目录的药品,实行公开招标、邀请招标和直接采购等方式进行采购。各省(区、市)可结合实际情况,确定药品集中采购方式。

公开招标,是指以招标公告的方式,邀请不特定的药品生产企业投标的采购方式。

邀请招标,是指以投标邀请书的方式,邀请特定的药品生产企业投标的采购方式。

直接采购,是指医疗机构按照价格部门规定的价格或历史成交价格直接向符合资质的药品生产企业购买药品的采购方式。

第五十一条　对通过公开招标采购能够成交的药品,原则上不得进行邀请招标采购。对采购量较小、潜在投标人较少或者无投标的,可以进行邀请招标采购。部分廉价常用药,经多次集中采购价格已基本稳定,可以进行直接采购。直接采购具体品种和办法由省级药品集中采购工作管理机构确定。

第七章　药品集中采购程序

第五十二条　药品集中采购主要按以下程序实施:

(一)制定药品集中采购实施细则和集中采购文件等,并公开征求意见;

(二)发布药品集中采购公告和集中采购文件;

(三)接受企业咨询,企业准备并提交相关资质证明文件,企业同时提供国家食品药品监督管理局为所申报药品赋予的编码;

(四)相关部门对企业递交的材料进行审核;

(五)公示审核结果,接受企业咨询和申诉,并及时回复;

(六)组织药品评价和遴选,确定入围企业及其产品;

(七)将集中采购结果报药品集中采购工作管

理机构审核；

（八）对药品集中采购结果进行公示；

（九）受理企业申诉并及时处理；

（十）价格主管部门按照集中采购价格审核入围药品零售价格；

（十一）公布入围品种、药品采购价格及零售价格；

（十二）医疗机构确认纳入本单位药品购销合同的品种及采购数量；

（十三）医疗机构与药品生产企业或受委托的药品经营企业签订药品购销合同并开展采购活动。

第五十三条 药品集中采购文件主要包括集中采购药品目录（范围）、药品评价办法、企业应当提交的资质证明文件、药品配送方法、网上药品采购与使用原则、药品质量要求、采购工作监督等内容。

第五十四条 药品集中采购公告应当通过网络或报刊等媒介发布。公告应当载明药品集中采购工作机构、地址、采购范围以及获取集中采购文件的办法等。

第五十五条 省级药品集中采购工作机构应当合理确定药品生产企业准备资质证明文件和网上申报所需要的时间。自公告发布之日起至提交资质证明文件的截止之日止，原则上不得少于15个工作日。

第五十六条 药品生产企业应当按照公告要求，在截止时间前将申报文件送达指定地点。在截止时间前，可以补充、修改或者撤回已提交的申报文件。补充修改的内容为申报文件的组成部分。

第五十七条 药品生产企业必须如实在药品集中采购平台上申报企业和药品的资质证明材料，并提交纸质资质证明材料。网上申报信息与递交的纸质资质证明材料必须一致，不一致的以递交的纸质材料为准。相关部门审核通过的材料，提交药品集中采购工作机构，作为实施集中采购的依据。

第五十八条 资质审核完成后，在药品集中采购平台上公示，并接受企业咨询和书面申诉，公示期一般不少于3个工作日。

第五十九条 对企业的书面申诉，药品集中采购工作机构应当做好登记、回执、分类汇总，提请相关部门按照有关规定处理，并将有关情况报送管理机构。对合理的申诉要及时予以采信。对于实施细则中不能解决的问题，应当提交药品集中采购工作管理机构或组织专家进行研究，处理及研究结果应当及时回复。

第六十条 药品集中采购的周期原则上不少于一年。对在采购期内新上市的产品，可建立增补或备案采购流程，具体由各省（区、市）药品集中采购管理部门确定。

第六十一条 价格主管部门应当在药品集中采购价格上报后的20个工作日内，审核集中采购品种的零售价格并向社会公布。

医疗机构自价格主管部门公布药品零售价格之日起，30个工作日内执行新的采购价格和零售价格。

第八章 药品集中采购评价方法

第六十二条 药品评价可参考价格主管部门按质论价的原则进行。按照上述原则评价药品时，不同类别药品之间价格可有合理的差别。

第六十三条 建立科学的药品集中采购评价方法。

（一）坚持“质量优先、价格合理”的原则，科学开展药品评价；

（二）加大质量分权重，并考虑临床疗效、质量和科技水平等因素；

（三）鼓励药品研发创新，药品价格要有利于促进企业提高创新力，研究开发新产品和新技术；

（四）以循证原则综合评价药品的质量、价格、服务和信誉等，择优选择入围药品；

（五）坚持为满足各级各类医疗机构临床用药需要服务，充分考虑各级各类医疗机构的用药差异，满足人民群众多样化的用药需求。

第六十四条 在确定入围率时，应当全面分析投标品种数量，并考虑本地社会经济发展差异，以及本省（区、市）地域范围等因素。评审时，应当充分考虑临床常用剂型规格和合理用药的需要。

第六十五条 集中采购时应当充分考虑药品的临床疗效、药品的质量和科技水平，对申报药品实行综合评价。

（一）综合评价要素应当包括药品质量、药品价格、服务和信誉等。将每个评价要素量化为若干个评价指标并形成指标体系，根据各项指标的重要程度进行百分制定量加权。

（二）评价要素量化后形成的指标体系，应当全面反映医疗机构对药品集中采购的要求，对社会和企业公开。

综合评价的指标体系按照以上要求由各省（区、市）药品集中采购工作管理机构确定。

第六十六条 综合评价时，确定评分权重应当遵循以下原则：

（一）质量要素实际权重一般不应当低于总分的50%；

（二）价格要素实际权重不应当低于总分的30%；

（三）服务和信誉要素实际权重应当不超过总分权重的20%。

在以上评价中，主观分权重不超过总分的25%。

第六十七条 根据药品集中采购的方式，按照国家差比价规则确定药品集中采购价格。各省（区、市）要制定并公布确定药品集中采购价格的标准、方法和程序，整个过程应当公开、透明，接受各方监督。

第九章 专家库建设和管理

第六十八条 建立药品集中采购专家库，并按照专业实行分类管理。

专家库应当包括药学和不同级别医疗机构的医学专家等。医学专家包括临床医学各学科及亚专业的专家，药学专家包括西药学、中药学和药品管理专家。

进入专家库的专家应当具备以下基本条件：

（一）熟悉国家有关法律、法规、政策；

（二）有良好的政治素质和职业道德，遵纪守法；

（三）具有大学本科或同等以上学历；

（四）具有副高级专业技术职称或同等专业水平，并从事相关领域工作3年以上；

（五）熟悉本专业领域国内外技术水平和发展动向。

第六十九条 专家库专家承担药品集中采购评标、议价和对企业申诉的讨论等工作。专家应当客观公正地履行职责，遵守职业道德，对所提出的评审意见负责，并承担相应的责任。

评审意见应当以药品疗效和安全性为依据，并记录在案，严禁以专家个人意愿确定入围品种。专家不得私下接触企业，不得收受企业的财物或者其他好处。

第七十条 根据药品的类别，由药品集中采购工作管理机构从专家库中按照专家类别随机抽取产生，并组成专家委员会。药学和医学专家原则上按照32的比例确定，同时考虑不同级别医疗机构的专家参与。

从抽取专家到开始工作的时间一般不得超过24小时。在抽取专家的同时，应当抽取足够数量的备选专家，在专家因故缺席时及时予以替补。

专家名单一经抽取确定，必须严格保密。如有泄密，除追究当事人责任外，应当报告监督机构并重新在专家库中抽取专家。

第七十一条 实行公开招标采购的专家委员会人数应当为13人以上单数，实行邀请招标和直接采购的专家委员会人数应当为7人以上单数。

第七十二条 专家委员会的专家不得参加与本人有利害关系的项目评标。如与药品生产经营企业有利害关系的专家应当主动申请回避。有下列情形之一的应当回避：

（一）专家在药品生产经营企业任职、兼职或者持有股份的；

（二）专家任职单位与药品生产经营企业为同一法人代表的；

（三）专家近亲属在药品生产经营企业担任领导职务的；

（四）有其他利害关系，可能影响公正参与药品集中采购工作的。

专家知晓本人与药品生产经营企业存在利害关系但不主动回避的，药品集中采购工作管理机构应当取消其专家资格，通报专家所在单位，且当次评审结果无效。

第七十三条　药品集中采购监督部门应当采取必要措施，保证评标过程在严格保密的情况下进行。任何单位和个人不得非法干预、影响评标的过程和结果。

第十章　监督管理与申诉

第七十四条　药品集中采购工作管理机构要通过药品集中采购平台提供的网上监管系统，对采购双方的购销行为实行实时监控，对医疗机构采购药品的品种、数量、价格、加价率、回款、使用和药品生产经营企业参与投标、配送等情况进行动态监管。定期或不定期现场检查分析医疗机构实际药品采购、使用和回款情况，并与网上采购情况进行对比分析，使药品采购全过程公开透明、真实有效。

第七十五条　各级卫生行政部门对医疗机构药品集中采购的执行情况实行定期考核，纳入目标管理及医疗机构等级评审和复查工作中，并向社会公布，接受社会监督。

第七十六条　建立药品生产经营企业不良记录公示制度。对在药品购销活动中存在的不正当竞争、商业贿赂行为，以及提供虚假、过期资质证明材料、不按合同提供药品的行为进行不良记录公示，规范企业行为。

第七十七条　建立健全信息安全保障措施、管理制度和突发事件应急预案，确保网上药品集中采购数据安全和完整。严格遵守保密制度，杜绝涉密文件、资料、数据在平台上运行。设定专人负责，严格权限管理。严格密码、口令管理。建立严格的数据备份制度，数据保存期限不得少于3年。

第七十八条　建立健全企业申诉机制，通过多种渠道听取企业意见，及时解决企业合理诉求，不断改进和完善药品集中采购办法。制定企业申诉、受理管理办法和程序。

建立专人接待和接受企业书面申诉、多部门专人定期负责处理企业申诉机制。按照申诉内容，如有必要的，由药品集中采购管理机构分层分类随机抽取专家进行讨论。企业当面陈述理由，专家现场讨论投票，可邀请人大代表、政协委员和消费者代表全程参与和监督。

第十一章　不良记录管理

第七十九条　实行药品生产经营企业不良记录动态管理制度。药品生产经营企业有下列行为之一的，列入不良记录并网上公示，取消该企业所有产品的入围资格，药品集中采购管理机构自取消之日起两年内不得接受其任何产品集中采购申请，全省（区、市）医疗机构两年内不得以任何形式采购其产品，原签订的购销合同终止。

（一）经执法执纪机关认定，在药品购销活动中存在商业贿赂行为的；

（二）提供虚假、无效文件的；

（三）以其他方式弄虚作假，骗取入围的。

第八十条　药品生产经营企业有下列行为之一的，列入不良记录并网上公示，取消该企业所有产品的入围资格，药品集中采购管理机构自取消之日起两年内不得接受其任何产品集中采购申请，全省（区、市）医疗机构两年内不得以任何形式采购其产品，原签订的购销合同终止。

（一）以低于成本的价格恶意投标，扰乱市场秩序的；

（二）对入围产品擅自涨价或变相涨价的；

（三）不配送或不按时配送入围药品，造成医疗机构临床用药短缺的；

（四）经医疗机构验收确认，配送的药品规格、包装与入围规格、包装不一致并不同意更换的；

（五）以其他非入围药品取代入围药品进行配送的；

（六）药品集中采购工作管理机构规定的其他情形。

第八十一条　医疗机构有下列行为之一的，除追究当事人的责任外，视其情节追究主管领导的责任。涉嫌犯罪的，移交司法机关依法处理。

（一）不参加药品集中采购活动，以其他任何方式规避集中采购活动的；

（二）提供虚假的药品采购历史资料的；

（三）不按照规定同药品企业签订药品购销合同的；

（四）不按购销合同采购药品，擅自采购非入围药品替代入围药品，不按时结算货款或者其他不履行合同义务的行为的；

（五）药品购销合同签订后，再同企业订立背离合同实质性内容的其他协议，牟取其他不正当利益的；

（六）不执行价格主管部门审核的集中采购药品临时零售价的；

（七）收受药品生产经营企业钱物或其他利益的；

（八）其他违反法律法规的行为。

第十二章 附 则

第八十二条 军队、武警部队医疗机构药品集中采购办法，由中国人民解放军卫生主管部门制定。

第八十三条 本规范由卫生部会同相关部门负责解释。

第八十四条 本规范自发布之日起施行。《医疗机构药品集中招标采购工作规范（试行）》（卫规财发〔2001〕308 号）同时废止。以前所发药品集中采购文件与本规范不一致的，按照本规范规定执行。

国家食品药品监督管理总局采购与招标管理办法

1. 2014 年 6 月 23 日国家食品药品监督管理总局办公厅发布

2. 食药监办财〔2014〕120 号

第一章 总 则

第一条 为规范总局采购与招标行为，加强监督管理，提高资金使用效益，促进廉政建设，依据《中华人民共和国政府采购法》和《中华人民共和国招标投标法》等法律法规，制定本办法。

第二条 本办法适用于总局机关及直属单位使用财政性资金从事包括信息化建设项目在内的各类工程、货物和服务的采购与招标活动。

第三条 采购与招标活动遵循公开、公平、公正和诚实、守信、高效的原则。

第二章 职 责 分 工

第四条 采购与招标具体工作由提出建设和采购任务的项目司局或直属单位（下称项目单位）负责。项目单位可根据项目内容、项目特点等实际情况，组成采购或招标工作小组。项目单位根据实际工作需要，可委托总局信息中心组织信息化建设项目采购和招标工作。规划财务司按照政府采购有关要求，承担总局机关固定资产及办公用品的采购工作。项目单位纪检监察部门对采购与招标活动实施全程监督。

第五条 采购与招标一般应当委托采购或招标代理机构进行。代理机构由项目单位根据实际情况采用直接委托、比较选择等方式确定，并签订委托代理协议。任何单位和个人不得为项目指定采购或招标代理机构。

纳入国家集中采购目录的采购项目，应当按规定委托集中采购机构代理采购。采取网上询价、协议供货以及定点采购等方式的，按有关规定办理。

第六条 代理机构需具备以下条件：

（一）具有与采购或招标项目相应的代理资质和相关业绩；

（二）具有一定数量的专业技术人员；

（三）在过去 3 年内，没有因违法行为而受过行政处罚的不良记录；

（四）具备采购或招标项目所需要的其他条件。

第七条 项目单位主要职责：研究确定代理机构，组织相关司局（直属单位）提出采购需求或编制招标文件技术部分，审核确认招标文件，通知代理机构发布采购或招标公告，参加采购评审或开标、评标工作，审核确认评审结果（评标报告），通知代理机构公告（公示）评审结果，向有关行政监督部门提交招标投标情况的书面报告，审定采购合同并组织签订，协调解决合同执行中的有关问题等。

第八条 代理机构主要职责：协助项目单位制定招标方案、分包建议和实施进度，编制招标文件商务部分，整合招标文件技术部分和商务部分并组织专家进行论证，将招标文件报项目单位审核，发布采购或招标公告，印制和发售招标文件，组织开标、评标、编制评标报告并将评标报告送项目单位审核，公告（公示）评审结果，发出中标通知，协助合同签订和执行等。

第九条　纪检监察部门主要职责：监督代理机构选择，监督审查招标文件，监督评标委员抽取，监督开标、评标全过程，监督合同签订等程序的合法合规。

第三章　采购与招标管理

第十条　采购与招标方式分为公开招标、邀请招标、竞争性谈判、单一来源采购、询价或国家采购监督管理部门认定的其他采购方式，以公开招标为主。

达到有关法律法规规定的限额以上的各类工程建设项目、货物和服务的采购，必须按照法律法规进行招标。

项目单位不得将应当公开招标的项目化整为零或者以其他任何方式规避公开招标。

第十一条　采购与招标活动应当严格按照相关法律法规及有关规定明确的程序进行。工程建设项目的采购与招标适用《中华人民共和国招标投标法》，其他项目的采购与招标适用《中华人民共和国政府采购法》。

第十二条　因特殊情况需采用公开招标以外的方式，适用于《中华人民共和国招标投标法》的，其招标范围、招标方式、招标组织形式应当报项目审批部门审批或在项目批复中明确；适用于《中华人民共和国政府采购法》的，经总局规划财务司报财政部批准后实施。

第十三条　依照《中华人民共和国政府采购法》有关规定采购进口产品的，项目单位应当按有关规定组织专家论证，经总局规划财务司报财政部批准后实施。

第十四条　采购与招标工作完成后，项目单位应当将有关文件、材料等存档备案。

第四章　附　　则

第十五条　采购与招标过程中，有关单位和个人应当严格遵守《中华人民共和国政府采购法》和《中华人民共和国招标投标法》有关规定，存在违法违纪行为的，根据有关法律条款予以追究。

第十六条　项目单位可以依据本办法，结合采购和招标项目实际制定实施细则。

第十七条　本办法由国家食品药品监督管理总局规划财务司负责解释。

第十八条　本办法自发布之日起执行。《国家食品药品监督管理局招标采购项目管理办法（试行）》（国食药监办〔2006〕547 号）同时废止。

国务院办公厅关于完善公立医院药品集中采购工作的指导意见

1. *2015 年 2 月 9 日*
2. *国办发〔2015〕7 号*

各省、自治区、直辖市人民政府，国务院各部委、各直属机构：

完善公立医院药品集中采购工作是深化医药卫生体制改革的重要内容和关键环节，对于加快公立医院改革，规范药品流通秩序，建立健全以基本药物制度为基础的药品供应保障体系具有重要意义。经国务院同意，现就完善公立医院药品集中采购工作提出以下指导意见。

一、总体思路

全面贯彻落实党的十八大和十八届二中、三中、四中全会精神，按照市场在资源配置中起决定性作用和更好发挥政府作用的总要求，借鉴国际药品采购通行做法，充分吸收基本药物采购经验，坚持以省（区、市）为单位的网上药品集中采购方向，实行一个平台、上下联动、公开透明、分类采购，采取招生产企业、招采合一、量价挂钩、双信封制、全程监控等措施，加强药品采购全过程综合监管，切实保障药品质量和供应。鼓励地方结合实际探索创新，进一步提高医院在药品采购中的参与度。

药品集中采购要有利于破除以药补医机制，加快公立医院特别是县级公立医院改革；有利于降低药品虚高价格，减轻人民群众用药负担；有利于预防和遏制药品购销领域腐败行为，抵制商业贿赂；有利于推动药品生产流通企业整合重组、公平竞争，促进医药产业健康发展。

二、实行药品分类采购

（一）对临床用量大、采购金额高、多家企业生产的基本药物和非专利药品，发挥省级集中批量采购优势，由省级药品采购机构采取双信封制公开招标采购，医院作为采购主体，按中标价格采购药品。

落实带量采购。医院按照不低于上年度药品实际使用量的80%制定采购计划和预算，并具体到品种、剂型和规格，每种药品采购的剂型原则上不超过3种，每种剂型对应的规格原则上不超过2种，兼顾成人和儿童用药需要。省级药品采购机构应根据医院用药需求汇总情况，编制公开招标采购的药品清单，合理确定每个竞价分组的药品采购数量，并向社会公布。

进一步完善双信封评价办法。投标的药品生产企业须同时编制经济技术标书和商务标书。经济技术标书主要对企业的药品生产质量管理规范（GMP）资质认证、药品质量抽验抽查情况、生产规模、配送能力、销售额、市场信誉、电子监管能力等指标进行评审，并将通过《药品生产质量管理规范（2010年修订）》认证情况，在欧盟、美国、日本等发达国家（地区）上市销售情况，标准化的剂型、规格、包装等作为重要指标。通过经济技术标书评审的企业方可进入商务标书评审。在商务标书评审中，同一个竞价分组按报价由低到高选择中标企业和候选中标企业。对竞标价格明显偏低、可能存在质量和供应风险的药品，必须进行综合评估，避免恶性竞争。优先采购达到国际水平的仿制药。

在公立医院改革试点城市，允许以市为单位在省级药品集中采购平台上自行采购。试点城市成交价格不得高于省级中标价格。试点城市成交价格明显低于省级中标价格的，省级中标价格应按试点城市成交价格进行调整，具体办法由各省（区、市）制定。

（二）对部分专利药品、独家生产药品，建立公开透明、多方参与的价格谈判机制。谈判结果在国家药品供应保障综合管理信息平台上公布，医院按谈判结果采购药品。

（三）对妇儿专科非专利药品、急（抢）救药品、基础输液、临床用量小的药品（上述药品的具体范围由各省区市确定）和常用低价药品，实行集中挂网，由医院直接采购。

（四）对临床必需、用量小、市场供应短缺的药品，由国家招标定点生产、议价采购。

（五）对麻醉药品、精神药品、防治传染病和寄生虫病的免费用药、国家免疫规划疫苗、计划生育药品及中药饮片，按国家现行规定采购，确保公开透明。

医院使用的所有药品（不含中药饮片）均应通过省级药品集中采购平台采购。省级药品采购机构应汇总医院上报的采购计划和预算，依据国家基本药物目录、医疗保险药品报销目录、基本药物临床应用指南和处方集等，按照上述原则合理编制本行政区域医院药品采购目录，分类列明招标采购药品、谈判采购药品、医院直接采购药品、定点生产药品等。鼓励省际跨区域、专科医院等联合采购。采购周期原则上一年一次。对采购周期内新批准上市的药品，各地可根据疾病防治需要，经过药物经济学和循证医学评价，另行组织以省（区、市）为单位的集中采购。

三、改进药款结算方式

（一）加强药品购销合同管理。医院签订药品采购合同时应当明确采购品种、剂型、规格、价格、数量、配送批量和时限、结算方式和结算时间等内容。合同约定的采购数量应是采购计划申报的一个采购周期的全部采购量。

（二）规范药品货款支付。医院应将药品收支纳入预算管理，严格按照合同约定的时间支付货款，从交货验收合格到付款不得超过30天。依托和发挥省级药品集中采购平台集中支付结算的优势，鼓励医院与药品生产企业直接结算药品货款、药品生产企业与配送企业结算配送费用。

四、加强药品配送管理

（一）药品生产企业是保障药品质量和供应的第一责任人。药品可由中标生产企业直接配送或委托有配送能力的药品经营企业配送到指定医院。药品生产企业委托的药品经营企业应在省级药品集中采购平台上备案，备案情况向社会公开。省级药品采购机构应及时公布每家医院的配送企业名单，接受社会监督。

（二）对偏远、交通不便地区的药品配送，各级卫生计生部门要加强组织协调，按照远近结合、城乡联动的原则，提高采购、配送集中度，统筹做好医院与基层医疗卫生机构的药品供应配送管理工作。鼓励各地结合实际探索县乡村一体化配送。发挥邮政等物流行业服务网络优势，支持其在符合规定的条件下参与药品配送。

（三）对因配送不及时影响临床用药或拒绝提供偏远地区配送服务的企业，省级药品采购机构应及时纠正，并督促其限期整改。对逾期不改的企业取消其中标资格，医院因此被迫使用其他企业药品替代的，超支费用由原中标企业承担，具体办法由各省（区、市）制定。

五、规范采购平台建设

（一）省级药品采购机构负责省级药品集中采购平台的使用、管理和维护，省（区、市）人民政府要给予必要的人力、财力、物力支持，保证其工作正常运行。

（二）建立药品采购数据共享机制，统一省级药品集中采购平台规范化建设标准，推动药品采购编码标准化，实现国家药品供应保障综合管理信息平台、省级药品集中采购平台、医院、医保经办机构、价格主管部门等信息数据互联互通、资源共享。

（三）省级药品集中采购平台要面向各级医院和药品生产经营企业提供服务，提高药品招标采购、配送管理、评价、统计分析、动态监管等能力，及时收集分析医院药品采购价格、数量、回款时间及药品生产经营企业配送到位率、不良记录等情况，定期向社会公布。鼓励有条件的地方开展电子交易，采取通过药品集中采购平台签订电子合同、在线支付等多种方式，节约交易成本，提高交易透明度。

六、强化综合监督管理

（一）加强医务人员合理用药培训和考核，发挥药师的用药指导作用，规范医生处方行为，切实减少不合理用药。建立处方点评和医师约谈制度，重点跟踪监控辅助用药、医院超常使用的药品。建立健全以基本药物为重点的临床用药综合评价体系，推进药品剂型、规格、包装标准化。

（二）以省（区、市）为单位，选择若干医院和基层医疗卫生机构作为短缺药品监测点，及时收集分析药品供求信息，强化短缺药品监测和预警。

（三）将药品集中采购情况作为医院及其负责人的重要考核内容，纳入目标管理及医院评审评价工作。对违规网下采购、拖延货款的医院，视情节轻重给予通报批评、限期整改、责令支付违约金、降低等级等处理。涉及商业贿赂等腐败行为的，依法严肃查处。

（四）加强对药品价格执行情况的监督检查，强化药品成本调查和市场购销价格监测，规范价格行为，保护患者合法权益。依法严肃查处价格违法和垄断行为，以及伪造或虚开发票、挂靠经营、“走票”等违法行为。强化重点药品质量追踪和全程质量监管，严厉打击制售假冒伪劣药品行为。

（五）严格执行诚信记录和市场清退制度。各省（区、市）要建立健全检查督导制度，建立药品生产经营企业诚信记录并及时向社会公布。对列入不良记录名单的企业，医院两年内不得购入其药品。加强对医院、药品生产经营企业履行《医疗卫生机构医药产品廉洁购销合同》情况的监督。

（六）全面推进信息公开，确保药品采购各环节在阳光下运行。建立有奖举报制度，自觉接受人大、政协和社会各界监督。坚持全国统一市场，维护公平竞争环境，反对各种形式的地方保护。

七、切实加强组织领导

（一）落实各方责任。各省（区、市）人民政府要加强组织领导和督导评估，及时研究解决药品集中采购工作中的重大问题。卫生计生、发展改革、人力资源社会保障、财政、商务、工业和信息化、工商、食品药品监管、保险监管等有关部门要各司其职，密切配合，形成工作合力。医保经办机构、商业保险机构要按规定与医疗机构及时、足额结算医疗费用。

（二）精心组织实施。各省（区、市）要按照本意见精神，抓紧研究制定本地公立医院药品集中采购实施方案，2015 年全面启动新一轮药品采购。省级药品采购机构要切实做好本地药品集中采购的组织管理和具体实施。地方可结合实际,按照本意见总体思路中明确的“四个有利于”原则,探索跨区域联合采购的多种形式。军队医院药品集中采购办法由军队卫生主管部门研究制定。

(三)加强廉政风险防范。加强对省级药品采购机构的监管,健全省级药品采购机构内部制约和外部监督机制,坚持用制度管权管事管人,加强廉洁从业教育,不断提高业务能力和廉洁意识。建立权力运行监控机制,实现权力的相互制约与协调,实行重要岗位人员定期轮岗制度。

(四)做好舆论宣传引导。药品集中采购工作涉及多方利益调整,各地区、各有关部门要坚持正确导向,加强政策解读和舆论引导,充分宣传药品集中采购工作的政策方向、意义、措施和成效,妥善回应社会关切,营造良好社会氛围。

(7)其　他

出口商品配额管理办法

1. 2001年12月20日对外贸易经济合作部令2001年第12号公布

2. 自2002年1月1日起施行

第一章　总　　则

第一条　为规范出口商品配额管理,保证出口商品配额管理工作符合效益、公正、公开和透明的原则,维护配额管理商品的正常出口,根据《中华人民共和国对外贸易法》(以下简称《对外贸易法》)和《中华人民共和国货物进出口管理条例》(以下简称《货物进出口条例》)的有关规定,制定本办法。

第二条　对外贸易经济合作部(以下简称外经贸部)负责全国出口商品配额管理工作。各省、自治区、直辖市及计划单列市外经贸委(厅、局)(以下简称地方外经贸主管部门)根据外经贸部的授权,负责本地区出口商品配额管理工作。

第三条　根据《货物进出口条例》第三十五条、第三十六条的规定,外经贸部对部分国家限制出口的商品实行出口配额管理。

第四条　下列出口配额管理商品不适用本办法:

(一)实行配额招标或有偿使用管理的出口商品;

(二)根据多、双边协议的规定,实行被动配额管理的出口商品;

(三)本办法附件中所列商品。

第五条　本办法适用于各种贸易方式下配额管理商品的出口。

第六条　出口商品配额有效期截止到当年12月31日。

第二章　出口配额商品目录

第七条　实行配额管理的出口商品目录,由外经贸部制定、调整并公布。

第八条　实行配额管理的出口商品目录,应当至少在实施前21天公布;在紧急情况下,应当不迟于实施之日公布。

第三章　出口配额总量

第九条　出口商品配额总量,由外经贸部确定并公布。

第十条　外经贸部确定出口商品配额总量时,应当考虑以下因素:

(一)保障国家经济安全的需要;

(二)保护国内有限资源的需要;

(三)国家对有关产业的发展规划、目标和政策;

(四)国际、国内市场的需求及产销状况。

第十一条　外经贸部应当于每年10月31日前公布下一年度出口配额总量。

第十二条　外经贸部可以根据实际需要对本年度出口商品配额总量作出调整,但有关调整应当不晚于当年9月30日完成并公布。

第四章　出口配额的申请

第十三条　依法享有进出口经营许可或资格,并且近三年内在经济活动中无违法、违规行为的出口企业可以申请出口商品配额。

第十四条　地方管理企业向地方外经贸主管部门提出

配额申请;地方外经贸主管部门对本地区企业的申请审核、汇总后,按外经贸部的要求,上报外经贸部。中央管理企业直接向外经贸部申请出口商品配额。

第十五条 出口企业应当以正式书面方式提出配额申请,并按要求提交相关文件和资料。

第十六条 外经贸部于每年11月1日至11月15日受理各地方外经贸主管部门和中央管理企业提出的下一年度出口商品配额的申请;其他时间申请的,不予受理。

第五章 出口配额的分配、调整和管理

第十七条 外经贸部将出口商品配额分配给各地方外经贸主管部门和中央管理企业;各地方外经贸主管部门在外经贸部分配给本地区的配额数量内,按本办法及国家关于货物出口经营管理的有关规定,及时将配额分配给本地区提出申请的出口企业。

第十八条 外经贸部应当于每年12月15日前将下一年度的出口配额分配给各地方外经贸主管部门和中央管理企业;各地方外经贸主管部门应当及时将外经贸部下达的配额分配给本地区的申请企业。

当国际市场存在不稳定因素时,外经贸部可将下一年度出口配额分两次分配。第一次分配应当于每年12月15日前将下一年度不少于总量70%的配额下达分配;剩余部分将不晚于当年6月30日下达。

第十九条 外经贸部和各地方外经贸主管部门进行配额分配时,应当充分考虑申请企业或地区最近三年内该项商品的出口业绩、配额使用率、经营能力、生产规模、资源状况等。

第二十条 如发生下列情况时,外经贸部可以对已分配给各地方外经贸主管部门或中央管理企业的配额进行增加或减少的调整:

(一)国际市场发生重大变化;

(二)国内资源状况发生重大变化;

(三)各地区或中央管理企业配额使用进度明显不均衡。

第二十一条 各地方外经贸主管部门应当本着提高配额使用率的原则,定期对本地区出口商品配额执行情况进行核查,对配额使用率达不到规定要求的,应当及时收回已分配的配额并重新分配。

第二十二条 地方企业应当及时将其无法使用的年度配额交还地方外经贸主管部门,地方外经贸主管部门可将其在本地区内重新分配或于当年10月31日前上交外经贸部。

中央管理企业应当于当年10月31日前将无法使用的年度配额直接交还外经贸部。

第二十三条 地方外经贸主管部门或中央管理企业未按本办法第二十二条规定交还配额,并且未能在当年年底前将本企业或本地区配额全部执行完的,外经贸部可以在下一年度扣减其相应的配额。

第二十四条 外经贸部和各地方外经贸主管部门应当将配额分配及调整结果同时通知有关出口许可证发证机构;各地方外经贸主管部门的分配结果及调整方案应当于该决定公布之日起30天内上报外经贸部备案。

第二十五条 出口企业凭外经贸部或地方外经贸主管部门发放的配额证明文件,按照有关出口许可证管理规定,向外经贸部授权的许可证发证机构申领出口配额许可证,凭出口配额许可证向海关办理报关验放手续。

第六章 法律责任

第二十六条 出口经营者以伪报商品名称、少报出口数量等方式超出批准、许可的范围或未经批准出口实行配额管理的出口商品的,依照《货物进出口条例》第六十五条规定处罚,外经贸部并可以取消其已获得的出口商品配额。

第二十七条 伪造、变造或者买卖出口商品配额证明、批准文件或出口配额许可证的,依照《货物进出口条例》第六十六条规定处罚,外经贸部并可以取消其已获得的出口商品配额。

第二十八条 出口经营者以欺骗或者其他不正当手段获取出口商品配额、批准文件或者出口配额许可证的,依照《货物进出口条例》第六十七条规定处罚,外经贸部并可以取消其已获得的出口商品配额。

第二十九条 各地方外经贸主管部门的配额分配违反本办法规定或国家关于实行国营贸易管理或指定经

营管理规定的，依照《行政处罚法》的有关规定处罚，外经贸部可以通知其纠正并给予警告。

第三十条 对外经贸部作出的配额分配决定或处罚决定有异议的，可以依照《行政复议法》提起行政复议，也可以依法向人民法院提起诉讼。

第七章 附 则

第三十一条 外商投资企业的出口商品配额按有关规定办理。

第三十二条 本办法由外经贸部负责解释。

第三十三条 本办法自2002年1月1日起施行。1998年10月6日外经贸部发布的《对外贸易经济合作部关于出口商品配额编报下达和组织实施的暂行办法》、1999年1月2日外经贸部发布的《关于出口商品配额编报、下达和组织实施暂行办法的实施细则》同时废止。

附件：

不适用本办法的出口配额管理商品

一、农产品

大米、玉米、小麦、棉花、食糖

二、工业品

原油、成品油、煤炭、焦炭、稀土

出口商品配额招标办法

1. 2001年12月20日对外贸易经济合作部令2001年第11号发布

2. 根据2018年10月10日商务部令2018年第7号《关于修改部分规章的决定》修订

第一章 总 则

第一条 为了完善出口商品配额管理制度，建立公平竞争机制，保障国家的整体利益和出口企业的合法权益，维护对外贸易的正常秩序，根据《中华人民共和国对外贸易法》和《中华人民共和国货物进出口管理条例》，制定本办法。

第二条 对于实行配额管理的出口商品，可以实行招标。出口企业通过自主投标竞价，有偿取得和使用国家确定的出口商品配额。

第三条 商务部统一管理出口商品配额招标工作，负责确定并公布招标商品种类及招标商品的配额总量。

商务部对申请、使用出口招标配额的活动进行监督检查。

第四条 出口商品配额招标遵循“效益、公正、公开、公平竞争”的原则。

第五条 本办法适用于对全球市场以各种贸易方式出口的招标商品，包括通过一般贸易、进料加工、来料加工、易货贸易、边境贸易、补偿贸易等贸易方式出口以及通过承包工程和劳务输出带出的招标商品。但国务院另有规定者除外。

第六条 确定招标商品的原则是：

（一）属不可再生的大宗资源性商品；

（二）属在国际市场上占主导地位且价格变化对出口量影响较小的商品；

（三）属供大于求，经营相对分散，易于发生低价竞销，招致国外反倾销诉讼的商品；

（四）属我国与设限国家签订的多、双边协议中规定需要实行出口配额管理的商品。

第二章 招标管理机构

第七条 商务部通过出口商品配额招标委员会（以下简称招标委员会）负责对招标工作的领导和监督，招标委员会对商务部负责。招标委员会由商务部有关司局组成。

第八条 招标委员会履行下列职责：

（一）根据不同商品的情况确定具体商品招标次数、每次招标的配额数量、招标方式以及各招标方式占招标总量的比例；

（二）审定具体出口商品配额招标方案，主持开标及评标工作，并审定配额招标的中标结果；

（三）发布配额招标的各类通知、公告、决定等；

（四）受理企业上交配额以及配额转受让备案；

（五）审查中标保证金和中标金的收取及配额

使用情况；

（六）根据投标资格标准核定投标企业名单；

（七）有关出口配额招标投标的其他事务。

招标委员会根据工作需要，可以委托进出口商会或相关行业组织等有关单位（以下简称委托服务单位）承担出口配额招标投标服务相关事务。

商务部主管业务司负责招标委员会的日常工作。

第三章 投标资格

第九条 投标资格

出口商品配额招标采取公开招标、协议招标等方式。对于不同的商品可采取不同的招标方式。

凡具有进出口经营资格、在工商行政管理部门登记注册、办理对外贸易经营者备案登记、相关商品的出口额或出口供货额达到一定规模的各类出口企业（含外商投资企业），符合招标条件，可参加投标。具体办法由商务部另行规定。

第十条 投标资格审查

各省、自治区、直辖市、计划单列市及新疆生产建设兵团商务主管部门（以下简称地方商务主管部门）负责对本地区投标企业资格进行核查并向商务部报送有关材料。

第十一条 投标企业的出口实绩以海关统计数为基准。

第四章 评标规则及程序

第十二条 出口商品配额招标工作由招标委员会主持。

第十三条 电子标书出现下列情况之一者即作为废标处理：

（一）在开标前企业自动向招标委员会申请废标的标书；

（二）超过规定的截标时间送达的标书；

（三）同一企业在规定的时点前成功送达两份（含两份）以上的标书，不论内容相同与否；

（四）其他根据本办法应被确认为废标的情况。

第十四条 公开招标时，投标企业自主决定投标价格。招标委员会可视具体情况事先确定并公布最低投标价格。

企业投标价格过高，明显背离价格规律的，标书作为废标处理。

对于协议招标的最低投标价格，招标委员会可参考具体商品出口的平均利润、出口商品市场情况、往年配额中标价格及其它因素来确定。

第十五条 为了防止中标配额过分集中或分散，招标委员会根据具体商品情况设定最高投标数量和最低投标数量。高于最高投标量或低于最低投标量的标书视为废标。

第十六条 企业须在规定的时点前以电子标书的方式投标，投标时以电子数据为准。对于同一商品的同一种招标方式只能投标一次。企业无法在规定的时点前发出电子标书，视为自动放弃投标资格。

第十七条 中标企业的确定。

公开招标：将所有合格投标企业的投标价格由高到低进行排列，按照排序先后累计投标企业的投标数量，当累计投标数量与招标总量相等时，计入累计投标总量（即招标总量）的企业，即为中标企业。

如果在最低中标价位的企业投标数量之和超过剩余配额数量时，此价位的企业全部中标。

协议招标：投标价格不低于招标委员会规定的最低投标价格水平的企业均为中标企业。

第十八条 中标价格和中标数量的确定

（一）公开招标企业的中标价格为其投标价格。协议招标的中标价格由招标委员会根据不同商品的具体情况另行确定。

（二）中标数量的确定

1. 在公开招标中，中标企业的中标数量为其投标数量。如果在最低中标价位的企业投标数量之和超过剩余配额数量时，在此价位上的企业按其投标数量比例分配剩余配额。企业中标数量低于最低投标数量的，按未中标处理；

2. 协议招标中标数量：

（1）企业中标数量按照下列公式计算：

企业中标数量 = 招标总量 × 该企业投标金额（投标配额价格 × 投标数量）各中标企业投标金额（投标配额价格 × 投标数量）总和

（2）企业的最高中标数量为其投标数量。

第十九条 商务部按照规定发布招标公告。

第二十条 招标委员会应在评标结束后规定的时间内公布初步中标结果。投标企业如有疑问,可于公布初步中标结果日起2个工作日内向招标委员会提出。

第二十一条 招标委员会审定中标结果后,公布中标企业名单。

第五章 中 标 金

第二十二条 中标金的交纳

根据评标规则确定的中标企业须按照规定交纳中标保证金和中标金。招标收入纳入一般公共预算管理并上缴中央国库。

收取中标保证金和中标金的有关事务可委托委托服务单位办理,按规定上缴中央国库。

委托服务单位须在中标保证金收取截止日后五个工作日内向招标委员会报告收取情况。

第二十三条 中标企业须按下列规定交纳中标保证金和中标金,且不得由其他企业代交:

(一)中标企业须在规定时间内以支票、汇票、汇款等形式将中标保证金汇到指定银行帐户。中标保证金的具体比例由招标委员会根据具体商品的情况另行确定。无论中标配额使用情况如何,中标保证金不予退还。

(二)在每次申领出口许可证前,中标企业应按领证配额数量到指定银行帐户交纳相应配额的中标金余额。

第二十四条 在收到企业交纳的中标金后,招标委员会向企业发放用于申领《中华人民共和国出口许可证》(简称为出口许可证)的出口商品配额招标中标证明文件(以下简称中标证明文件)。

第六章 配额上交、转让、受让及收回

第二十五条 中标企业无法使用中标配额或配额使用不完时,应按规定程序将其上交或转让。

第二十六条 出口商品招标配额上交的时间由招标委员会根据不同的商品具体确定。

第二十七条 中标企业对于出口商品招标配额的转让,须按招标委员会规定的比例向指定银行帐户交纳中标金后方可提出申请。转受让企业必须将双方同意进行配额转受让的申请报招标委员会审批。受让企业必须具有投标资格。对不同商品的中标配额转受让的鼓励或限制办法,由招标委员会另行确定。

第二十八条 对于逾期未交纳全部中标金的中标配额,招标委员会可视为无法使用予以收回,且不退还已缴纳的中标保证金。收回配额的具体日期由招标委员会另行规定,收回配额的一定比例作为浪费配额计入浪费率。

第二十九条 对于收回的、上交的配额以及其他剩余配额,招标委员会可以根据其数量大小决定实行再次招标,或采取经商务部批准的其他方式进行处置。

第七章 出口许可证

第三十条 中标配额当年有效。企业获得配额后应在配额有效期内到指定的发证机构申领出口许可证。

配额招标的中标企业名单及其中标数量,由商务部核准并转发各有关许可证发证机构及各地方商务主管部门。

第三十一条 各有关许可证发证机构按照有关规定和中标证明文件核发出口许可证。

第八章 罚 则

第三十二条 对违反本办法扰乱招标工作的个人、团体或企业,商务部视情节轻重予以行政处罚;对触犯刑律的,移交司法部门追究其刑事责任。

第三十三条 任何企业或个人都有权利检举、投诉配额招标过程中发生的违反本办法的作弊行为。对于上述行为,一经查实,商务部有权否决该次招标结果。

第三十四条 对于违反本办法的招标委员会和招标办公室的成员,商务部视情节轻重予以处分,直至移交司法部门追究其刑事责任。

第三十五条 对串标、虚报投标资格条件及以其它手段扰乱配额招标工作的企业,招标委员会将收回其中标配额,并取消其一至三年的该商品配额投标资格。

第三十六条 对已中标而不按规定交纳中标保证金的企业,招标委员会将收回其中标配额,并取消其一至两年有关商品的投标资格。

第三十七条 对于企业未按规定上交、转让,又未在配额有效期截止日前领取的配额,以及虽领取但实际未使用的配额,视为被浪费的配额。对浪费中标配额超过一定比例的企业,按浪费情节的轻重予以取消其一至三年该项出口商品配额投标资格的处罚。具体由招标委员会视不同商品的具体情况确定。

第三十八条 对于有本章以上各条所列情形的违规企业,如果其行为构成故意破坏招标工作且情节严重,招标委员会可取消其单项直至所有招标商品的永久投标资格,并移交司法部门处理。

第三十九条 如因不可抗力事件而未能按规定交纳中标金(包括中标保证金)的,中标企业应在合理的时间内及时提供有关机构出具的证明,经招标委员会核准,可免除其部分或者全部责任。

第四十条 如因国际市场等原因出现某商品中标配额领证率普遍较低的情况,经招标委员会核准,可免除相关中标企业的部分乃至全部责任。

第九章 附 则

第四十一条 商务部、招标委员会、招标办公室及各地方商务主管部门因出口配额招标工作本身而发生的开支,按收支两条线的管理原则,每年由商务部审核汇总编报预算,由财政部从外经贸发展专项资金中核拨,年终清算。

第四十二条 未经商务部或招标委员会批准,任何单位、组织或个人均不得发布与出口商品配额招标有关的规定、公告或通知等。

第四十三条 本办法由商务部负责解释。

第四十四条 本办法自 2002 年 1 月 1 日起实施。原《出口商品配额招标办法》及《出口商品配额招标办法实施细则》(〔1998〕外经贸管发第 974 号)同时废止。

国家技术创新项目招标投标管理办法

1. 2002 年 10 月 29 日国家经济贸易委员会令第 40 号公布
2. 自 2002 年 12 月 1 日起施行

第一条 为规范国家技术创新项目招标投标工作,保证项目实施质量,提高投资效益,依据《中华人民共和国招标投标法》等有关法律法规,制定本办法。

第二条 本办法所称国家技术创新项目招标投标,是指运用招标投标方式为重大国家技术创新项目选择、确定项目承担单位的活动。

第三条 国家技术创新项目招标投标工作应当遵循公开、公平、公正的原则。任何单位和个人不得以任何方式非法干预国家技术创新项目的招标投标工作。

第四条 国家经济贸易委员会(以下简称国家经贸委)负责国家技术创新项目招标投标管理工作,各省、自治区、直辖市、计划单列市及新疆生产建设兵团经贸委(经委)负责本地区的技术创新项目招标投标管理工作。

第五条 国家经贸委根据国家产业技术政策,围绕国民经济发展急需解决的产业共性、关键性和前瞻性的重大技术问题在国家技术创新项目和装备研制项目选项范围内确定招标项目。

第六条 国家技术创新项目的招标工作应当委托国家有关部门认可资格的招标机构进行。

第七条 招标分为公开招标和邀请招标。公开招标,是指以招标公告方式邀请不特定的法人或其他组织投标。邀请招标,是指以投标邀请书的方式邀请特定的法人或其他组织投标。

有下列情形之一的,可以进行邀请招标:

(一)项目内容涉及项目单位知识产权和商业秘密的;

(二)涉及国家安全、秘密,不宜公开招标的;

(三)投标人数有限,不宜公开招标的;

(四)国家规定其他可以进行邀请招标的。

第八条 采取公开招标方式的,招标机构应当根据国家经贸委出具的《招标委托书》,在《中国招标》周刊、中国技术创新信息网等媒体上发布招标公告。

招标公告应当载明下列事项:

(一)招标项目名称;

(二)招标项目的性质和主要实施目标;

(三)对拟投标企业资格要求;

(四)招标机构的名称、地址及联系方式;

(五)获取招标文件的办法;

（六）投标及开标的时间和地点。

从招标公告发出之日起到开标之日止，一般为45个工作日。

第九条　采取邀请招标形式的，应当向3个以上具备承担招标项目能力、资信良好的企业发出投标邀请书。邀请书应载明第八条第二款规定的事项。

第十条　招标机构应当参照《国家技术创新计划项目立项建议书》编制招标文件，并组织有关专家或机构进行审查，招标文件经国家经贸委审定后发出。对专业性强的国家技术创新项目，招标机构应当对有投标意向的企业进行资格预审后发出招标文件。

招标文件应当载明下列事项：

（一）投标邀请；

（二）投标人所应具备的技术条件、资格和业绩；

（三）项目名称；

（四）项目实施的内容和目标；

（五）国家经贸委对项目实施提供的政策支持和资金；

（六）中标方对项目应当承担的义务和责任；

（七）项目进度、时间要求；

（八）投标文件的格式、内容要求；

（九）提交投标文件的方式、地点和截止日期。

第十一条　根据招标项目的实际需要，招标可以分两个阶段进行：第一阶段招标主要是取得投标者对招标项目的技术经济指标、技术方案和标底的建议；第二阶段招标按本办法第二十、第二十一、第二十二条规定确定中标人。

第十二条　国家经贸委与招标机构综合考虑有关因素，共同商定标底。

第十三条　招标机构对招标文件所作的澄清或修改应当在投标截止日期15日以前，以书面形式通知所有招标文件收受人。该澄清或修改的内容为招标文件的组成部分。

第十四条　国家经贸委决定撤销招标委托，终止招标活动的，应当以书面形式向社会公开说明；因招标机构的原因取消招标，导致招标终止的，招标机构应当以书面形式报国家经贸委批准，并向社会公开说明。

第十五条　投标人应当是具有法人资格、在国内注册的企业或其他组织。投标人参加投标应当具备下列条件：

（一）与招标文件要求相适应的技术条件；

（二）招标文件要求的资格和相应业绩；

（三）良好的资信情况；

（四）法律法规规定的其他条件。

第十六条　符合招标公告要求的投标人，均可参加投标。鼓励企业或高等院校、科研院所联合投标。

第十七条　投标人应履行招标文件的各项规定，严格按照招标文件编写投标文件，并在规定期限内向招标机构提交投标文件。

投标人在招标文件要求提交投标文件的截止时间前，可以补充、修改或者撤回已提交的投标文件，并书面通知招标机构。补充、修改的内容为招标文件的组成部分。

第十八条　开标由招标机构主持，邀请所有投标人参加，并公开进行。

第十九条　评标委员会应当由国家经贸委和招标机构的代表及技术、经济、法律等方面的专家组成，人数不少于9人，人选须经国家经贸委审定。技术、经济、法律等方面的外聘专家人数不得少于评标委员会成员总数的三分之一。

与投标人有利害关系的人不得进入相关项目的评标委员会；已经进入的应当更换。

评标委员会成员不得泄露与评标有关的情况，不得与投标人串通，损害国家利益或他人的合法权益。

第二十条　评标委员会应当按照招标文件确定的评标标准和办法确定2至3个拟中标方，形成评标报告提交国家经贸委。

第二十一条　国家经贸委接到评标报告后7个工作日内，审查评标报告和定标结论，确定中标方，并通知招标机构。

第二十二条　招标机构接到国家经贸委确定中标方的通知后3个工作日内，向中标人发出《中标通知书》，同时向落标的投标方发出《落标通知书》。

第二十三条　经招标投标确定的国家技术创新项目承担单位，应当以招标文件和评标报告为依据，由国家经贸委委托项目主持单位与承担单位签订项目目标责任书。经招标确定的国家技术创新项目纳入国家技术创新计划管理，享受相关政策。未按招标文件和评标报告签订项目目标责任书的，国家经贸委依照国家有关法律法规进行处理。

第二十四条　招标项目的实施管理、资金使用、鉴定验收、项目调整等按《国家技术创新计划管理办法》和《新产品新技术鉴定验收管理办法》的有关规定执行。

第二十五条　各省、自治区、直辖市、计划单列市及新疆生产建设兵团经贸委（经委）可依据本办法制定本地区的技术创新项目招标投标管理办法。

第二十六条　本办法由国家经贸委负责解释。

第二十七条　本办法自2002年12月1日起施行。

探矿权采矿权招标拍卖挂牌管理办法（试行）

1. 2003年6月11日国土资源部发布

2. 国土资发〔2003〕197号

3. 自2003年8月1日起施行

第一章　总　　则

第一条　为完善探矿权采矿权有偿取得制度，规范探矿权采矿权招标拍卖挂牌活动，维护国家对矿产资源的所有权，保护探矿权人、采矿权人合法权益，根据《中华人民共和国矿产资源法》、《矿产资源勘查区块登记管理办法》和《矿产资源开采登记管理办法》，制定本办法。

第二条　探矿权采矿权招标拍卖挂牌活动，按照颁发勘查许可证、采矿许可证的法定权限，由县级以上人民政府国土资源行政主管部门（以下简称主管部门）负责组织实施。

第三条　本办法所称探矿权采矿权招标，是指主管部门发布招标公告，邀请特定或者不特定的投标人参加投标，根据投标结果确定探矿权采矿权中标人的活动。

本办法所称探矿权采矿权拍卖，是指主管部门发布拍卖公告，由竞买人在指定的时间、地点进行公开竞价，根据出价结果确定探矿权采矿权竞得人的活动。

本办法所称探矿权采矿权挂牌，是指主管部门发布挂牌公告，在挂牌公告规定的期限和场所接受竞买人的报价申请并更新挂牌价格，根据挂牌期限截止时的出价结果确定探矿权采矿权竞得人的活动。

第四条　探矿权采矿权招标拍卖挂牌活动，应当遵循公开、公平、公正和诚实信用的原则。

第五条　国土资源部负责全国探矿权采矿权招标拍卖挂牌活动的监督管理。

上级主管部门负责监督下级主管部门的探矿权采矿权招标拍卖挂牌活动。

第六条　主管部门工作人员在探矿权采矿权招标拍卖挂牌活动中玩忽职守、滥用职权、徇私舞弊的，依法给予行政处分。

第二章　范　　围

第七条　新设探矿权有下列情形之一的，主管部门应当以招标拍卖挂牌的方式授予：

（一）国家出资勘查并已探明可供进一步勘查的矿产地；

（二）探矿权灭失的矿产地；

（三）国家和省两级矿产资源勘查专项规划划定的勘查区块；

（四）主管部门规定的其他情形。

第八条　新设采矿权有下列情形之一的，主管部门应当以招标拍卖挂牌的方式授予：

（一）国家出资勘查并已探明可供开采的矿产地；

（二）采矿权灭失的矿产地；

（三）探矿权灭失的可供开采的矿产地；

（四）主管部门规定无需勘查即可直接开采的矿产；

（五）国土资源部、省级主管部门规定的其他情形。

第九条　符合本办法第七条、第八条规定的范围，有下列情形之一的，主管部门应当以招标的方式授予探矿权采矿权：

（一）国家出资的勘查项目；

（二）矿产资源储量规模为大型的能源、金属矿产地；

（三）共伴生组分多、综合利用技术水平要求高的矿产地；

（四）对国民经济具有重要价值的矿区；

（五）根据法律法规、国家政策规定可以新设探矿权采矿权的环境敏感地区和未达到国家规定的环境质量标准的地区。

第十条　有下列情形之一的，主管部门不得以招标拍卖挂牌的方式授予：

（一）探矿权人依法申请其勘查区块范围内的采矿权；

（二）符合矿产资源规划或者矿区总体规划的矿山企业的接续矿区、已设采矿权的矿区范围上下部需要统一开采的区域；

（三）为国家重点基础设施建设项目提供建筑用矿产；

（四）探矿权采矿权权属有争议；

（五）法律法规另有规定以及主管部门规定因特殊情形不适于以招标拍卖挂牌方式授予的。

第十一条　违反本办法第七条、第八条、第九条和第十条的规定授予探矿权采矿权的，由上级主管部门责令限期改正；逾期不改正的，对直接负责的主管人员和其他直接责任人员依法给予行政处分。

第三章　实　　施

第一节　一 般 规 定

第十二条　探矿权采矿权招标拍卖挂牌活动，应当有计划地进行。

主管部门应当根据矿产资源规划、矿产资源勘查专项规划、矿区总体规划、国家产业政策以及市场供需情况，按照颁发勘查许可证、采矿许可证的法定权限，编制探矿权采矿权招标拍卖挂牌年度计划，报上级主管部门备案。

第十三条　上级主管部门可以委托下级主管部门组织探矿权采矿权招标拍卖挂牌的具体工作，勘查许可证、采矿许可证由委托机关审核颁发。

受委托的主管部门不得再委托下级主管部门组织探矿权采矿权招标拍卖挂牌的具体工作。

第十四条　主管部门应当根据探矿权采矿权招标拍卖挂牌年度计划和《外商投资产业指导目录》，编制招标拍卖挂牌方案；招标拍卖挂牌方案，县级以上地方主管部门可以根据实际情况报同级人民政府组织审定。

第十五条　主管部门应当根据招标拍卖挂牌方案，编制招标拍卖挂牌文件。

招标拍卖挂牌文件，应当包括招标拍卖挂牌公告、标书、竞买申请书、报价单、矿产地的地质报告、矿产资源开发利用和矿山环境保护要求、成交确认书等。

第十六条　招标标底、拍卖挂牌底价，由主管部门依规定委托有探矿权采矿权评估资质的评估机构或者采取询价、类比等方式进行评估，并根据评估结果和国家产业政策等综合因素集体决定。

在招标拍卖挂牌活动结束之前，招标标底、拍卖挂牌底价须保密，且不得变更。

第十七条　招标拍卖挂牌公告应当包括下列内容：

（一）主管部门的名称和地址；

（二）拟招标拍卖挂牌的勘查区块、开采矿区的简要情况；

（三）申请探矿权采矿权的资质条件以及取得投标人、竞买人资格的要求；

（四）获取招标拍卖挂牌文件的办法；

（五）招标拍卖挂牌的时间、地点；

（六）投标或者竞价方式；

（七）确定中标人或者竞得人的标准和方法；

（八）投标、竞买保证金及其缴纳方式和处置方式；

（九）其他需要公告的事项。

第十八条　主管部门应当依规定对投标人、竞买人进行资格审查。对符合资质条件和资格要求的，应当通知投标人、竞买人参加招标拍卖挂牌活动以及缴纳投标、竞买保证金的时间和地点。

第十九条 投标人、竞买人按照通知要求的时间和地点缴纳投标、竞买保证金后，方可参加探矿权采矿权招标拍卖挂牌活动；逾期未缴纳的，视为放弃。

第二十条 以招标拍卖挂牌方式确定中标人、竞得人后，主管部门应当与中标人、竞得人签订成交确认书。中标人、竞得人逾期不签订的，中标、竞得结果无效，所缴纳的投标、竞买保证金不予退还。

成交确认书应当包括下列内容：

（一）主管部门和中标人、竞得人的名称、地址；

（二）成交时间、地点；

（三）中标、竞得的勘查区块、开采矿区的简要情况；

（四）探矿权采矿权价款；

（五）探矿权采矿权价款的缴纳时间、方式；

（六）矿产资源开发利用和矿山环境保护要求；

（七）办理登记时间；

（八）主管部门和中标人、竞得人约定的其他事项。

成交确认书具有合同效力。

第二十一条 主管部门应当在颁发勘查许可证、采矿许可证前一次性收取探矿权采矿权价款。探矿权采矿权价款数额较大的，经上级主管部门同意可以分期收取。

探矿权采矿权价款的使用和管理按照有关规定执行。

第二十二条 中标人、竞得人缴纳的投标、竞买保证金，可以抵作价款。其他投标人、竞买人缴纳的投标、竞买保证金，主管部门须在招标拍卖挂牌活动结束后5个工作日内予以退还，不计利息。

第二十三条 招标拍卖挂牌活动结束后，主管部门应当在10个工作日内将中标、竞得结果在指定的场所、媒介公布。

第二十四条 中标人、竞得人提供虚假文件隐瞒事实、恶意串通、向主管部门或者评标委员会及其成员行贿或者采取其他非法手段中标或者竞得的，中标、竞得结果无效，所缴纳的投标、竞买保证金不予退还。

第二十五条 主管部门应当按照成交确认书所约定的时间为中标人、竞得人办理登记，颁发勘查许可证、采矿许可证，并依法保护中标人、竞得人的合法权益。

第二十六条 主管部门在签订成交确认书后，改变中标、竞得结果或者未依法办理勘查许可证、采矿许可证的，由上级主管部门责令限期改正，对直接负责的主管人员和其他直接责任人员依法给予行政处分；给中标人、竞得人造成损失的，中标人、竞得人可以依法申请行政赔偿。

第二十七条 主管部门负责建立招标拍卖挂牌的档案，档案包括投标人、评标委员会、中标人、竞买人和竞得人的基本情况、招标拍卖挂牌过程、中标、竞得结果等。

第二节　招　　标

第二十八条 探矿权采矿权招标的，投标人不得少于三人。

投标人少于三人，属采矿权招标的，主管部门应当依照本办法重新组织招标；属探矿权招标的，主管部门可以以挂牌方式授予探矿权。

第二十九条 主管部门应当确定投标人编制投标文件所需的合理时间；但是自招标文件发出之日起至投标人提交投标文件截止之日，最短不得少于30日。

第三十条 投标、开标依照下列程序进行：

（一）投标人按照招标文件的要求编制投标文件，在提交投标文件截止之日前，将投标文件密封后送达指定地点，并附具对投标文件承担责任的书面承诺。

在提交投标文件截止之日前，投标人可以补充、修改但不得撤回投标文件。补充、修改的内容作为投标文件的组成部分。

（二）主管部门签收投标文件后，在开标之前不得开启；对在提交投标文件的截止之日后送达的，不予受理。

（三）开标应当在招标文件确定的时间、地点公开进行。开标由主管部门主持，邀请全部投标人参加。

开标时，由投标人或者其推选的代表检查投标文件的密封情况，当众拆封，宣读投标人名称、投标价格和投标文件的主要内容。

（四）评标由主管部门组建的评标委员会负责。评标委员会应当按照招标文件确定的评标标准和方法，对投标文件进行评审。评审时，可以要求投标人对投标文件作出必要的澄清或者说明，但该澄清或者说明不得超出投标文件的范围或者改变投标文件的实质内容。

评标委员会完成评标后，应当提出书面评标报告和中标候选人，报主管部门确定中标人；主管部门也可委托评标委员会直接确定中标人。

评标委员会经评审，认为所有的投标文件都不符合招标文件要求的，可以否决所有的投标。

第三十一条 评标委员会成员人数为五人以上单数，由主管部门根据拟招标的探矿权采矿权确定，有关技术、经济方面的专家不得少于成员总数的三分之二。

在中标结果公布前，评标委员会成员名单须保密。

第三十二条 评标委员会成员收受投标人的财物或其他好处的，或者向他人透露标底或有关其他情况的，主管部门应当取消其担任评标委员会成员的资格。

第三十三条 确定的中标人应当符合下列条件之一：

（一）能够最大限度地满足招标文件中规定的各项综合评价标准；

（二）能够满足招标文件的实质性要求，并且经评审的投标价格最高，但投标价格低于标底的除外。

第三十四条 中标人确定后，主管部门应当通知中标人在接到通知之日起5日内签订成交确认书，并同时将中标结果通知所有投标人。

第三节 拍 卖

第三十五条 探矿权采矿权拍卖的，竞买人不得少于三人。少于三人的，主管部门应当停止拍卖。

第三十六条 探矿权采矿权拍卖的，主管部门应当于拍卖日20日前发布拍卖公告。

第三十七条 拍卖会依照下列程序进行：

（一）拍卖主持人点算竞买人；

（二）拍卖主持人介绍探矿权采矿权的简要情况；

（三）宣布拍卖规则和注意事项；

（四）主持人报出起叫价；

（五）竞买人应价。

第三十八条 无底价的，拍卖主持人应当在拍卖前予以说明；有底价的，竞买人的最高应价未达到底价的，该应价不发生效力，拍卖主持人应当停止拍卖。

第三十九条 竞买人的最高应价经拍卖主持人落槌表示拍卖成交，拍卖主持人宣布该最高应价的竞买人为竞得人。

主管部门和竞得人应当当场签订成交确认书。

第四节 挂 牌

第四十条 探矿权采矿权挂牌的，主管部门应当于挂牌起始日20日前发布挂牌公告。

第四十一条 探矿权采矿权挂牌的，主管部门应当在挂牌起始日，将起始价、增价规则、增价幅度、挂牌时间等，在挂牌公告指定的场所挂牌公布。

挂牌时间不得少于10个工作日。

第四十二条 竞买人的竞买保证金在挂牌期限截止前缴纳的，方可填写报价单报价。主管部门受理其报价并确认后，更新挂牌价格。

第四十三条 挂牌期间，主管部门可以根据竞买人的竞价情况调整增价幅度。

第四十四条 挂牌期限届满，主管部门按照下列规定确定是否成交：

（一）在挂牌期限内只有一个竞买人报价，且报价高于底价的，挂牌成交；

（二）在挂牌期限内有两个或者两个以上的竞买人报价的，出价最高者为竞得人；报价相同的，先提交报价单者为竞得人，但报价低于底价者除外；

（三）在挂牌期限内无人竞买或者竞买人的报价低于底价的，挂牌不成交。

在挂牌期限截止前30分钟仍有竞买人要求报价的，主管部门应当以当时挂牌价为起始价进行现场竞价，出价最高且高于底价的竞买人为竞得人。

第四十五条 挂牌成交的，主管部门和竞得人应当当场签订成交确认书。

第四章 附 则

第四十六条 本办法自2003年8月1日施行。

本办法发布前制定的有关文件的内容与本办法的规定不一致的，按照本办法规定执行。

农业基本建设项目招标投标管理规定

1. 2004年7月14日农业部发布
2. 农计发〔2004〕10号
3. 自2004年9月1日起施行

第一章 总 则

第一条 为加强农业基本建设项目招标投标管理，确保工程质量，提高投资效益，保护当事人的合法权益，根据《中华人民共和国招标投标法》等规定，制定本规定。

第二条 本规定适用于农业部管理的基本建设项目的勘察、设计、施工、监理招标，仪器、设备、材料招标以及与工程建设相关的其他招标活动。

第三条 招标投标活动必须遵循公开、公平、公正和诚实信用的原则。

第四条 招标投标活动一般应按照以下程序进行：

（一）有明确的招标范围、招标组织形式和招标方式，并在项目立项审批时经农业部批准。

（二）自行招标的应组建招标办事机构，委托招标的应选择由代理资质的招标代理机构。

（三）编写招标文件。

（四）发布招标公告或招标邀请书，进行资格审查，发放或出售招标文件，组织投标人现场踏勘。

（五）接受投标文件。

（六）制订具体评标方法或细则。

（七）成立评标委员会。

（八）组织开标、评标。

（九）确定中标人。

（十）向项目审批部门提交招标投标的书面总结报告。

（十一）发中标通知书，并将中标结果通知所有投标人。

（十二）签订合同。

第二章 行政管理

第五条 农业部发展计划司归口管理农业基本建设项目的招标投标工作，主要职责是：

（一）依据国家有关招标投标法律、法规和政策，研究制定农业基本建设项目招标投标管理规定；

（二）审核、报批项目招标方案；

（三）指导、监督、检查农业基本建设项目招标投标活动的实施；

（四）受理对农业建设项目招标投标活动的投诉并依法做出处理决定；督办农业基本建设项目招标投标活动中的违法违规行为的查处工作；

（五）组建和管理农业基本建设项目评标专家库；

（六）组织重大农业基本建设项目招标活动。

第六条 农业部行业司局负责本行业农业基本建设项目招标投标管理工作，主要职责是：

（一）贯彻执行有关招标投标的法律、法规、规章和政策；

（二）指导、监督、检查本行业基本建设项目招标投标活动的实施；

（三）推荐农业基本建设项目评标专家库专家人选。

第七条 省级人民政府农业行政主管部门管理本辖区内农业基本建设项目招标投标工作，主要职责是：

（一）贯彻执行有关招标投标的法律、法规、规章和政策；

（二）受理本行政区域内对农业基本建设项目招标投标活动的投诉，依法查处违法违规行为；

（三）组建和管理本辖区内农业基本建设项目评标专家库；

（四）指导、监督、检查本辖区内农业基本建设项目招标投标活动的实施，并向农业部发展计划司和行业司局报送农业基本建设项目招标投标情况书面报告；

（五）组织本辖区内重大农业工程建设项目招标活动。

第三章 招 标

第八条 符合下列条件之一的农业基本建设项目必须进行公开招标：

（一）施工单项合同估算价在200万元人民币以上的；

（二）仪器、设备、材料采购单项合同估算价在100万元人民币以上的；

（三）勘察、设计、监理等服务的采购，单项合同估算价在50万元人民币以上的；

（四）单项合同估算低于第（一）、（二）、（三）项规定的标准，但项目总投资额在3000万元人民币以上的。

第九条　第八条规定必须公开招标的项目，有下列情形之一的，经批准可以采用邀请招标：

（一）项目技术性、专业性较强，环境资源条件特殊，符合条件的潜在投标人有限的；

（二）受自然、地域等因素限制，实行公开招标影响项目实施时机的；

（三）公开招标所需费用占项目总投资比例过大的；

（四）法律法规规定的其他特殊项目。

第十条　符合第八条规定必须公开招标的项目，有下列情况之一的，经批准可以不进行招标：

（一）涉及国家安全或者国家秘密不适宜招标的；

（二）勘察、设计采用特定专利或者专有技术的，或者其建筑艺术造型有特殊要求不宜进行招标的；

（三）潜在投标人为三家以下，无法进行招标的；

（四）抢险救灾及法律法规规定的其他特殊项目。

第十一条　任何单位和个人不得将依法必须招标的项目化整为零或者以其他任何方式规避招标。

第十二条　必须进行招标的农业基本建设项目应在报批的可行性研究报告（项目建议书）中提出招标方案。符合第十条规定不进行招标的项目应在报批可行性研究报告时提出申请并说明理由。

招标方案包括以下主要内容：

（一）招标范围。说明拟招标的内容及估算金额。

（二）招标组织形式。说明拟采用自行招标或委托招标形式，自行招标的应说明理由。

（三）招标方式。说明拟采用公开招标或邀请招标方式，邀请招标的应说明理由。

第十三条　农业基本建设项目的招标人是提出招标项目、进行招标的农业系统法人或其他组织。

招标人应按审批部门批准的招标方案组织招标工作。确需变更的，应报原审批部门批准。

第十四条　农业基本建设项目招标应当具备以下条件：

（一）勘察、设计招标条件

1. 可行性研究报告（项目建议书）已批准；

2. 具备必要的勘察设计基础资料。

（二）监理招标条件

初步设计已经批准。

（三）施工招标条件

1. 初步设计已经批准；

2. 施工图设计已经完成；

3. 建设资金已落实；

4. 建设用地已落实，拆迁等工作已有明确安排。

（四）仪器、设备、材料招标条件

1. 初步设计已经批准；

2. 施工图设计已经完成；

3. 技术经济指标已基本确定；

4. 所需资金已经落实。

第十五条　自行招标的招标人应具备编制招标文件和组织评标的能力。招标人自行招标应具备的条件：

（一）具有与招标项目规模和复杂程度相应的工程技术、概预算、财务和工程管理等方面专业技术力量；

（二）有从事同类工程建设项目招标的经验；

（三）设有专门的招标机构或者拥有三名以上专职招标业务人员；

（四）熟悉和掌握招标投标法及有关法规规章。

第十六条　委托招标是指委托有资质的招标代理机构办理招标事宜。招标人不具备第十五条规定条件的，应当委托招标。

承担农业基本建设项目招标的代理机构必须是国务院建设行政主管部门认定的招标代理机构，其资质等级应与所承担招标项目相适应。

招标代理机构收费标准按国家规定执行。

第十七条　采用公开招标的项目，招标人应当在国家发展和改革委员会指定的媒介或建设行政主管部门认定的有形建筑市场发布招标公告。招标公告不得限制潜在投标人的数量。

采用邀请招标的项目，招标人应当向三个以上单位发出投标邀请书。

第十八条　招标公告或投标邀请书应当载明招标人名称和地址、招标项目的基本要求、投标人的资格要求以及获取招标文件的方法等事项。招标人应当对招标公告或投标邀请书的真实性负责。

第十九条　招标人可以对潜在投标人进行资格审查，并提出资格审查报告，经参审人员签字后存档备查，并将审查结果告知潜在投标人。

在一个项目中，招标人应当以相同条件对所有潜在投标人的资格进行审查，不得以任何理由限制或者排斥部分潜在投标人。

第二十条　招标人或招标代理机构应当按照国家有关规定和项目的批复编制招标文件。

（一）勘察、设计招标文件主要内容包括：

1. 工程基本情况。包括工程名称、性质、地址、占地面积、建筑面积等；

2. 投标人须知。主要应包括接受投标报名、投标人资格审查、发售招标文件、组织招标答疑、踏勘工程现场、接受投标、开标等招标程序的规定和日程安排，投标人资格的要求，投标文件的签署和密封要求，投标保证金（保函）、履约保证金（保函）等方面的规定；

3. 已获批准的可行性研究报告（项目建议书）；

4. 工程经济技术要求；

5. 有关部门确定的规划控制条件和用地红线图；

6. 可供参考的工程地质、水文地质、工程测量等建设场地勘察成果报告；

7. 供水、供电、供气、供热、环保、市政道路等方面的基础资料；

8. 招标答疑、踏勘现场的时间和地点；

9. 投标文件内容和编制要求；

10. 评标标准和方法；

11. 投标文件送达的截止时间；

12. 拟签订合同的主要条款；

13. 未中标方案的补偿办法。

（二）监理招标文件主要内容包括：

1. 工程基本情况。包括工程建设项目名称、性质、地点、规模、用地、资金等；

2. 投标人须知。主要包括接受投标报名、投标人资格审查、发售招标文件、组织招标答疑、踏勘工程现场、接受投标、开标等招标程序的规定和日程安排，投标人资格的要求，投标文件的签署和密封要求，投标保证金（保函）、履约保证金（保函）等；

3. 施工图纸；

4. 投标文件内容和编制要求；

5. 评标标准和方法；

6. 拟签订合同的主要条款及合同格式；

7. 工程监理技术规范或技术要求。

（三）施工招标文件主要内容包括：

1. 工程基本情况。包括工程建设项目名称、性质、地点、规模、用地、资金等方面的情况；

2. 投标人须知。主要包括接受投标报名、投标人资格审查、发售招标文件、组织招标答疑、踏勘工程现场、接受投标、开标等招标程序的规定和日程安排，投标人资格的要求，投标文件的签署和密封要求，投标保证金（保函）、履约保证金（保函）等方面的规定；

3. 招标内容和施工图纸；

4. 投标文件内容和编制要求；

5. 工程造价计算方法和工程结算办法；

6. 评标标准和方法；

7. 拟签订合同的主要条款及合同格式。

（四）仪器、设备、材料招标文件应与主管部门批复的设备清单和概算一致，包括的主要内容有：

1. 项目基本情况。包括工程建设项目名称、性质、资金来源等方面的情况；

2. 投标人须知。主要包括接受投标报名、投标人资格审查、发售招标文件、组织招标答疑、澄清或修改招标文件、接受投标、开标等招标程序的规定和日程安排，投标人资格、投标文件的签署和密封、投标有效期，投标保证金（保函）、履约保证金（保函）等方面的规定；

3. 招标内容及货物需求表；

4. 投标文件内容和编制要求。应包括投标文件组成和格式、投标报价及使用货币，投标使用语言及计量单位、投标人资格证明文件、商务或技术响应性文件等方面内容和规定；

5. 拟签署合同的主要条款和合同格式；

6. 投标文件格式，包括投标书、开标报价表、投标货物说明表、技术响应表、投标人资格证明、授权书、履约保函等投标文件的格式；

7. 评标标准和方法；

8. 招标人对拟采购仪器（设备、材料）的技术要求；

9. 仪器（设备、材料）招标文件一般应按照商务部分、技术部分分别编制。

第二十一条 农业部直属单位重点项目的招标文件，须经农业部发展计划司委托有关工程咨询单位进行技术审核后方可发出。

第二十二条 招标人对已发出的招标文件进行必要澄清或者修改的，应当在招标文件要求提交投标文件截止时间至少15日前，以书面形式通知所有招标文件收受人。该澄清或者修改的内容为招标文件的组成部分。

第二十三条 依法必须进行招标的项目，自招标文件发售之日至停止发售之日，最短不得少于5个工作日。自招标文件停止发出之日至投标人提交投标文件截止日，最短不应少于20个工作日。

第二十四条 招标文件应按其制作成本确定售价，一般应控制在2000元以内。

第二十五条 招标文件应当明确投标保证金金额，一般不超过合同估算价的千分之五，但最低不得少于1万元人民币。

第四章 投标和开标

第二十六条 投标人是响应招标、参加投标竞争的法人或者其他组织。农业基本建设项目的投标人应当具备相应资质或能力。

第二十七条 投标人应当按照招标文件的要求编制投标文件，并在招标文件规定的投标截止时间之前密封送达招标人。在投标截止时间之前，投标人可以撤回已递交的投标文件或进行修改和补充，但应当符合招标文件的要求。

第二十八条 两个或两个以上单位联合投标的，应当按资质等级较低的单位确定联合体资质（资格）等级。招标人不得强制投标人组成联合体共同投标。

第二十九条 投标人应当对递交的投标文件中资料的真实性负责。投标人在递交投标文件的同时，应当缴纳投标保证金。招标人收到投标文件后，应当签收保存，不得开启。

第三十条 开标应当在招标文件确定的提交投标文件截止时间的同一时间公开进行；开标地点应当为招标文件中预先确定的地点。

在投标截止时间前提交投标文件的投标人少于三个的，不予开标。

第三十一条 开标由招标人主持，邀请所有投标人参加。开标人员至少由主持人、监标人、开标人、唱标人、记录人组成，上述人员对开标负责。

第三十二条 开标一般按以下程序进行：

（一）主持人在招标文件确定的时间停止接收投标文件，开始开标；

（二）宣布开标人员名单；

（三）确认投标人法定代表人或授权代表人是否在场；

（四）宣布投标文件开启顺序；

（五）依开标顺序，先检查投标文件密封是否完好，再启封投标文件；

（六）宣布投标要素，并作记录，同时由投标人代表签字确认；

（七）对上述工作进行记录，存档备查。

第五章 评标和中标

第三十三条 评标由招标人依法组建的评标委员会负责。

评标委员会应由招标人代表和有关技术、经济方面的专家组成；成员人数为五人以上单数，其中技术、经济等方面的专家不得少于成员总数的三分之二。

第三十四条 评标委员会专家应从评标专家库中随机抽取。技术特别复杂、专业性要求特别高或者国家有特殊要求的招标项目，采取随机抽取方式确定的专家难以胜任的，经农业部发展计划司同意可以直接确定。

评标委员会成员名单在中标结果确定前应当保密。

第三十五条 仪器、设备、材料招标中，参与制定招标文件的专家一般不再推选为同一项目的评标委员会成员。

第三十六条 评标委员会设主任委员1名，副主任委员1－2名。主任委员应由具有丰富评标经验的经济或技术专家担任，副主任委员可由专家或招标人代表担任。评标委员会在主任委员领导下开展评标工作。

第三十七条 评标工作按以下程序进行：

（一）招标人宣布评标委员会成员名单并确定主任委员；

（二）招标人宣布评标纪律；

（三）在主任委员主持下，根据需要成立有关专业组和工作组；

（四）招标人介绍招标文件；

（五）评标人员熟悉评标标准和方法；

（六）评标委员会对投标文件进行形式审查；

（七）经评标委员会初步评审，提出需投标人澄清的问题，经二分之一以上委员同意后，通知投标人；

（八）需要书面澄清的问题，投标人应当在规定的时间内，以书面形式送达评标委员会；

（九）评标委员会按招标文件确定的评标标准和方法，对投标文件进行详细评审，确定中标候选人推荐顺序；

（十）经评标委员会三分之二以上委员同意并签字，通过评标委员会工作报告，并附往来澄清函、评标资料及推荐意见等，报招标人。

第三十八条 设计、施工、监理评标之前应由评标委员会以外的工作人员将投标文件中的投标人名称、标识等进行隐蔽。

第三十九条 评标委员会对各投标文件进行形式审查，确认投标文件是否有效。对有下列情况之一的投标文件，可以拒绝或按无效标处理：

（一）投标文件密封不符合招标文件要求；

（二）逾期送达；

（三）未按招标文件要求加盖单位公章和法定代表人（或其授权人）的签字（或印鉴）；

（四）招标文件要求不得标明投标人名称，但投标文件上标明投标人名称或有任何可能透露投标人名称信息的；

（五）未按招标文件要求编写或字迹模糊导致无法确认关键技术方案、关键工期、关键工程质量保证措施、投标价格；

（六）未按规定交纳投标保证金；

（七）招标文件载明的招标项目完成期限超过招标文件规定的期限；

（八）明显不符合技术规格、技术标准要求；

（九）投标文件载明的货物包装方式、检验标准和方法不符合招标文件要求；

（十）不符合招标文件规定的其它实质性要求或违反国家有关规定；

（十一）投标人提供虚假资料。

第四十条 评标委员会应按照招标文件中载明的评标标准和方法进行评标。在同一个项目中，对所有投标人采用的评标标准和方法必须相同。

第四十一条 评标委员会应从技术、商务方面对投标文件进行评审，包括以下主要内容：

（一）勘察、设计评标

1. 投标人的业绩和资信；
2. 人力资源配备；
3. 项目主要承担人员的经历；
4. 技术方案和技术创新；
5. 质量标准及质量管理措施；
6. 技术支持与保障；
7. 投标价格；
8. 财务状况；
9. 组织实施方案及进度安排。

（二）监理评标

1. 投标人的业绩和资信；

2. 项目总监理工程师及主要监理人员经历；

3. 监理规划（大纲）；

4. 投标价格；

5. 财务状况。

（三）施工评标

1. 施工方案（或施工组织设计）与工期；

2. 投标价格；

3. 施工项目经理及技术负责人的经历；

4. 组织机构及主要管理人员；

5. 主要施工设备；

6. 质量标准、质量和安全管理措施；

7. 投标人的业绩和资信；

8. 财务状况。

（四）仪器、设备、材料评标

1. 投标价格；

2. 质量标准及质量管理措施；

3. 组织供应计划；

4. 售后服务；

5. 投标人的业绩和资信；

6. 财务状况。

第四十二条 评标方法可采用综合评估法或经评审的最低投标价法。

第四十三条 中标人的投标应当符合下列条件之一：

（一）能够最大限度地满足招标文件中规定的各项综合评价标准；

（二）能够满足招标文件的实质性要求，并且经评审的投标价格最低；但是投标价格低于成本的除外。

第四十四条 评标委员会经评审，认为所有投标都不符合招标文件要求的，可以否决所有投标。

所有投标被否决的，招标人应当重新组织招标。

第四十五条 评标委员会应向招标人推荐中标候选人，并明确排序。招标人也可以授权评标委员会直接确定中标人。

第四十六条 招标人在确定中标人时，必须选择评标委员会排名第一的中标候选人作为中标人。排名第一的中标候选人放弃中标，因不可抗力提出不能履行合同，或者未在招标文件规定期限内提交履约保证金的，招标人可以按次序选择后续中标候选人作为中标人。

第四十七条 依法必须进行招标的项目，招标人应当自确定中标人之日起7个工作日内向省级农业行政主管部门（地方和直属直供垦区承担的项目）、农业部有关行业司局（农业部直属单位承担的行业项目）或农业部发展计划司（农业部直属单位承担的基础设施建设项目）提交招标投标情况的书面报告。书面报告一般应包括以下内容：

（一）招标项目基本情况；

（二）投标人情况；

（三）评标委员会成员名单；

（四）开标情况；

（五）评标标准和方法；

（六）废标情况；

（七）评标委员会推荐的经排序的中标候选人名单；

（八）中标结果；

（九）未确定排名第一的中标候选人为中标人的原因；

（十）其它需说明的问题。

第四十八条 农业行政主管部门接到报告7个工作日无不同意见，招标人应向中标人发出中标通知书，并同时将中标结果通知所有未中标的投标人。

中标通知书发出后，招标人改变中标结果的，或者中标人放弃中标项目的，应当依法承担法律责任。

第四十九条 招标文件要求中标人提交履约保证金或其他形式履约担保的，中标人应当按规定提交；拒绝提交的，视为放弃中标项目。

第五十条 招标人和中标人应当自中标通知书发出之日起三十日内，按照招标文件和中标人的投标文件订立书面合同。招标人和中标人不得再行订立背离合同实质性内容的其它协议。

第五十一条 招标人与中标人签订合同后五个工作日内，应当向中标人和未中标人一次性退还投标保证金。勘察设计招标文件中规定给予未中标人经济补偿的,也应在此期限内一并给付。

第五十二条 定标工作应当在投标有效期结束日三十个工作日前完成。不能如期完成的,招标人应当通知所有投标人延长投标有效期。同意延长投标有效期的投标人应当相应延长其投标担保的有效期,但不得修改投标文件的实质性内容。拒绝延长投标有效期的投标人有权收回投标保证金。招标文件中规定给予未中标人补偿的,拒绝延长的投标人有权获得补偿。

第五十三条 有下列情形之一的,招标人应当依照本办法重新招标:

(一)在投标截止时间前提交投标文件的投标人少于三个的;

(二)资格审查合格的投标人不足三个的;

(三)所有投标均被作废标处理或被否决的;

(四)评标委员会否决不合格投标或者界定为废标后,有效投标不足三个的;

(五)根据第五十二条规定,同意延长投标有效期的投标人少于三个的;

(六)评标委员会推荐的所有中标候选人均放弃中标的。

第五十四条 因发生本规定第五十三条第(一)、(二)项情形之一重新招标后,仍出现同样情形,经审批同意,可以不再进行招标。

第六章 附 则

第五十五条 各级农业行政主管部门按照规定的权限受理对农业基本建设项目招标投标活动的投诉,并按照国家发展和改革委员会等部门发布的《工程建设项目招标投标活动投诉处理办法》,处理或会同有关部门处理农业建设项目招投标过程中的违法活动。

对于农业基本建设项目招标投标活动中出现的违法违规行为,依照《中华人民共和国招标投标法》和国务院的有关规定进行处罚。

第五十六条 本规定所称勘察、设计招标,是指招标人通过招标方式选择承担该建设工程的勘察任务或工程设计任务的勘察、设计单位的行为。

本规定所称监理招标,是指招标人通过招标方式选择承担建设工程施工监理任务的建设监理单位的行为。

本规定所称施工招标,是指招标人通过招标方式选择承担建设工程的土建、田间设施、设备安装、管线敷设等施工任务的施工单位的行为。

本规定所称仪器、设备、材料招标,是指招标人通过招标方式选择承担建设工程所需的仪器、设备、建筑材料等的供应单位的行为。

第五十七条 农业部直属单位自筹资金建设项目参照本规定执行。

第五十八条 本规定自2004年9月1日起施行。

免费教科书政府采购工作暂行办法

1. 2005年1月28日教育部、财政部发布

2. 教财〔2005〕6号

中央对西部农村义务教育阶段贫困家庭学生实行免费提供教科书的制度,是切实减轻农民经济负担,保证农村贫困学生接受义务教育,保障农村义务教育持续健康发展的重大战略举措。对免费教科书实施政府采购,是确保免费提供教科书工作顺利进行的重要措施。为加强免费教科书采购工作的管理,根据《国务院体制改革意见的通知》精神和《中华人民共和国政府采购法》,特制定本办法。

一、中央财政免费提供的教科书实行政府采购。这项规定在2004年秋季学期试行,从2005年开始正式实施。

二、各地教育、财政部门要在当地党委、政府的领导下,从实践"三个代表"重要思想,以人为本、执政为民的高度,统一思想,高度重视,通力合作,周密组织,作为一项政治任务来完成好免费教科书的采购工作。

地方县级以上教育、财政等部门应成立由分管领导参加的免费提供教科书工作领导小组。省级教育、财政部门联合成立免费教科书采购办公室(设在省级教育部门),要抽调精干人员办理免费教科书的采购工作,按时完成采购任务,确保"课前到书,免费用书"。

三、免费教科书由省(自治区、直辖市)教育、财政部门按照本地政府采购管理办法规定的程序、方法统一进行采购，其具体采购事宜应当委托经省级以上财政部门登记备案的政府采购业务代理机构办理。

各地市、县级教育、财政部门必须按要求配合上级部门做好免费教科书采购的有关工作，包括确定、统计上报享受免费教科书资助的学生数，汇总上报教材选用的情况。县级教育、财政部门负责组织验收、发放免费教科书。

四、免费教科书政府采购的对象（即供应商）是符合教材出版发行资质的出版发行机构和出版发行联营机构或若干出版发行单位组成的联合体。教科书是特殊商品，为保证教材使用的连续性，确定的免费教科书供应商有效期应在 1 年以上。免费教科书政府采购最终确定的供应商必须通过适当途径和方法，按照合同约定将教科书运送到有关学校。

教育部、财政部组织省级教育、财政部门每年对免费教科书供应商提供的图书质量、销售价格、服务水平进行综合评比，公布获得优秀等次的供应商名单。

五、免费教科书政府采购应充分引入和培育竞争机制，严格遵循公开、公平、公正的原则，实行公开招标；对暂不具备公开招标备件的省份，可采用邀请招标、竞争性谈判、单一来源采购、询价的方式。免费教科书政府采购打破省界区域限制，面向全国进行。

六、为保证免费教科书采购工作的顺利实施，对中西部农村地区，省级教育行政部门要加大对教科书选用工作的指导，选用的教科书尽量集中，避免因选用教科书过于分散，影响到省级教育、财政部门统一组织的政府采购。免费教科书政府采购既要适应中小学教材多样化的要求，又要在本省份范围内相对统一农村中小学教学用书，优先选用质量好、价格低的教科书。省级教育、财政部门可通过公开招标的方式对免费教科书的供应商进行资格预审，对评审合格的供应商通过竞争性谈判的方式确定几家信誉好、实力强、价格低的供应商，然后再要求各学校从中选用教科书。

七、中央财政对农村义务教育阶段贫困家庭学生免费提供国家课程必设科目的教科书。对小学生免费提供品德与生活（品德与社会）、语文、数学、外语、科学、艺术（或选择音乐、美术）、综合实践活动（信息技术等）科目的教科书；对初中生免费提供思想品德、语文、数学、外语、科学（或选择生物、物理、化学）、历史与社会（或选择历史、地理）、艺术（或选择音乐、美术）、体育与健康、综合实践活动（信息技术等）科目的教科书。

免费提供的教科书均应从教育部和省级教育行政部门颁布的《中小学教学用书目录》中选用。免费教科书的扉页上须以适当方式标明“本书由国家免费提供”字样。

地方如要编写地方课程的教材，应限页数，限价格，同时地方财政也必须对这些学生免费提供。学校不得再以其他名目向受资助的贫困学生收取涉及教科书的任何费用。

八、免费教科书政府采购的指导标准是，每生每学期小学生 35 元、初中生 70 元，特教学生 35 元。各地应制订分年级分学科的采购价格指导标准。免费教科书政府采购原则上不得突破指导价标准，超出指导价标准的经费必须由省级财政承担。

对经论证无法按指导价标准采购的省份，可由省级教育、财政部门提出书面申请，由教育部、财政部委托教育部教育政府采购中心代为采购，并由教育部指导该省份选用教科书。

九、政府采购的免费教科书印刷质量必须符合《中华人民共和国质量法》和《图书质量管理规定》的有关规定，必须具有出版单位的质量保证书。

十、财政部、教育部将提前向有关省份下达下一个学期免费教科书中央专项资金预算控制数。中央财政下达的免费教科书专项资金要统一纳入省级财政国库管理，实行分账核算集中支付，确保专款专用，不得下拨到下级财政。省级财政部门要根据省级教育行政部门逐级汇总上报的免费教科书验收等情况，审核无误后，根据合同约定，将免费教科书经费直接支付给供应商。免费教科书政府采购节约下来的资金仍用于资助农村义务教育阶段贫困家庭学生。

十一、免费教科书政府采购价包括出版、发行、包装、保险、运输等费用，严禁向学生收取与免费教科书有关的任何费用。禁止任何部门和单位在采购免费教科书时搭售教辅用书及其他资料。

十二、各地应加强对免费教科书政府采购工作的管理，建立有效的监督检查工作机制，坚决防止发生腐败等违法违纪问题。省级教育、财政纪检监察部门负责对免费教科书采购活动进行监督。教材选用结果、政府采购和免费教科书供应商的服务等情况必须以有效的方式向社会公告。教育部、财政部将对各地免费教科书政府采购工作的实施情况进行严格检查，对玩忽职守，违反采购程序，徇私舞弊的，依法依纪严肃处理。对工作不力、出现严重问题的省份，中央将取消其免费教科书政府采购的资格，并予以通报批评。

每年年底，省级教育、财政部门应将当年免费教科书政府采购情况联合上报教育部、财政部。

十三、本办法由教育部、财政部负责解释。以往有关规定与本办法不一致的，以本办法为准。各地应根据本办法，制定本地区免费教科书政府采购工作的具体实施办法。

农村中小学现代远程教育工程设备及教学资源招标采购管理办法

1. 2005年5月17日教育部办公厅、国家发展和改革委员会办公厅、财政部办公厅发布

2. 教基厅〔2005〕9号

根据国务院批准的《农村中小学现代远程教育工程总体实施方案》精神，结合农村中小学现代远程教育工程建设要求，特制定农村中小学现代远程教育工程设备及教学资源（以下简称设备及资源）招标采购管理办法。

一、总　　则

第一条　农村中小学现代远程教育工程设备及资源采购依照《中华人民共和国政府采购法》、《中华人民共和国招标投标法》及有关规定执行，主要采用招投标方式。

第二条　教育部国家发展改革委、财政部负责组织设备及资源供应商的资格预审。各项目省（自治区、直辖市）负责设备及资源的采购执行。

第三条　教育部、国家发展改革委、财政部负责对各项目省（自治区、直辖市）的招标工作进行指导、检查和监督。

二、管理与职责

第四条　各项目省（自治区、直辖市）成立设备及资源采购工作领导小组。领导小组职责：

1. 审批采购计划（包括邀请招标和竞争性谈判）及实施方案，包括采购内容、分配方案、经费预算等；

2. 确定招标代理机构；

3. 审批设备及资源邀请招标采购招标文件或竞争性谈判方案；

4. 审批设备及资源邀请招标采购评标结果或谈判结果，确定中标人；

5. 讨论重大事项并做出决定。

第五条　设备及资源采购的招标人为省（自治区、直辖市）教育厅（教委）。招标人应委托合格的招标代理机构具体实施设备及资源采购。

第六条　招标人在设备及资源采购工作领导小组领导下，负责本省（自治区、直辖市）设备及资源采购的组织与实施工作。招标人具体职责：

1. 在“中国政府采购网”（WWW. CCGP. GOV. CN）公布的获准登记备案的政府采购业务代理机构名单中选取设备及资源招标采购代理机构，并报设备及资源采购工作领导小组批准；

2. 作为招标人与所确定的招标代理机构签订委托招标代理协议；

3. 对招标代理机构下达采购任务，并提出相关要求；

4. 协助招标代理机构组织有关技术专家编制采购品目，编写邀请招标文件（包括技术和商务两部分）；

5. 审核邀请招标文件或竞争性谈判方案并报送设备及资源采购工作领导小组审批；

6. 通过随机抽取的方式，选取评审专家，并组建评标委员会；

7. 协助招标代理机构开展评标工作，监督评标活动按有关规定及招标文件执行；

8. 审核招标代理机构提交的评标报告或竞争性谈判结果并报送设备及资源采购工作领导小组审批；

9. 协助招标代理机构授标，签订合同。

第七条　招标代理机构职责：

1. 根据招标人要求及工程所需设备及资源的类型、用途及项目目标等，组织有关技术专家编制采购品目，编写邀请招标文件（包括技术和商务两部分），或竞争性谈判方案；

2. 向招标人报送招标文件或竞争性谈判方案；

3. 向被确定邀请的供应商发售邀请招标文件或竞争性谈判邀请；

4. 组织开标；

5. 组织评标；

6. 向招标人报送评标报告；

7. 公告招标结果；

8. 授标；

9. 按规定向政府采购主管部门报审（备案）有关采购文件等。

三、招标与投标

第八条　为保证工程实施的统一性和设备及资源的稳定可靠性，设备及资源采购采用招投标方式。教育部、国家发展改革委、财政部负责组织对有投标意向的产品供应商的资格（包括具体产品的规格性能指标等）公开进行资格预审，并公布各产品供应商资格预审合格名单。各项目省（自治区、直辖市）集中组织设备及资源采购，采购主要采用邀请招标方式进行。

第九条　各项目省（自治区、直辖市）进行邀请招标时，获得邀请的供应商只能是资格预审合格者及其通过预审合格的产品。

1. 设备：邀请的合格供应商的数量不得少于六家。在公布的合格供应商名单中，凡少于（等于）六家供应商的，各项目省（自治区、直辖市）必须全部邀请；对名单中大于六家的，可随机邀请六家以上供应商。

2. 教学资源：采购相同或类似内容教学资源的，应至少邀请三家供应商参加。

资格预审合格供应商名单之外的厂家及其产品一律无资格参加各项目省（自治区、直辖市）的邀请招标（或竞争性谈判）采购。

第十条　各项目省（自治区、直辖市）如有捆包采购，各资格预审合格供应商可以联合体投标方式（投标时须出标联合体声明）参加，或委托其中一家供应商参加。如与计算机教室（NC、无盘站和 PC 计算机教室）捆包，必须以计算机教室合格供应商为投标人参加投标。

第十一条　一次性采购 40 万元以上的设备或服务，必须采用邀请招标的方式进行；40 万元以下设备或服务可采用竞争性谈判方式采购。

四、评　　标

第十二条　由招标人组建评标委员会，招标评标委员会由招标人代表和有关技术、经济等方面的专家组成，成员数为 7 人以上单数，其中技术、经济等方面的专家不少于三分之二。评标专家应符合下列条件：

1. 从事相关专业领域工作满 8 年并具有高级职称或者同等专业水平；

2. 熟悉有关招标投标的法律法规，并具有与招标项目相关的实践经验；

3. 能够认真、公正、诚实、廉洁地履行职责；

4. 与投标人无利害关系。

第十三条　评标专家的选取。评标专家由招标人和招标代理机构在有关部门的监督下从正规评标专家库中随机抽取。抽取结果应当场记录备案，以备后审。评标专家的抽取时间应在开标前一天进行，参加抽取的人员应对抽取的所有内容负有保密责任，在中标结果公布前不得对外透露参加评标人员。抽取专家人选时，应依次多抽取两名以上的替补评标专家。

第十四条　评标过程应在保密的情况下进行，参与评标人员不得对外透露评标情况，在公布评标结果之前不得透露推荐的中标人。

第十五条　评标委员会完成评标后，向招标人提出书面评标报告和推荐中标候选人。评标报告包括以下内容：

1. 基本情况和数据表；

2. 评标委员会成员名单；

3. 开标记录；

4. 符合要求的开标一览表；

5. 评标标准、评标方法和评标因素一览表；

6. 评估价一览表或综合评分一览表；

7. 合格的投标人排序表；

8. 推荐的中标候选人名单及有关技术谈判事宜；

9. 澄清、说明等事项。

第十六条　评标结果在有关媒体上公告。

第十七条　中标人一旦确定，由招标代理机构向中标人发出中标通知书，同时将中标结果通知所有未中标的投标人。中标通知书对招标人（或招标代理机构）和中标人具有同等法律效力。招标人（或招标代理机构）与中标人在中标通知书发出30日内，按照招标文件和中标人的投标文件签订书面合同。

五、其　　它

第十八条　纪检监察部门对招标采购全过程实施监督检查。工程建设专项资金的使用，接受审计部门的审计。

第十九条　在邀请招标投标或竞争性谈判过程中，如发现有泄露保密信息、不按规定邀请资格预审合格供应商、不合理排斥投标人、投标人串标和评标委员会成员收受投标人好处等违规行为的，依照有关法规条款予以追究。

民政部工程建设项目招标投标管理办法

2007年12月13日民政部发布

第一条　为规范民政部工程建设项目招标投标活动，确保工程质量和投资效益，促进廉政建设，根据《中华人民共和国招标投标法》、《中华人民共和国政府采购法》及有关法规，制定本办法。

第二条　部财务和机关事务司为工程建设项目招标投标管理部门，负责贯彻执行国家有关招标投标政策，拟订招标投标制度、办法，会同驻民政部监察局（以下简称监察局）监督各项招标投标工作。

第三条　本办法所称工程建设项目包括项目勘察、设计、施工、监理以及与工程建设有关的咨询服务、重要设备、材料的采购。

第四条　部机关、直属事业单位及代管单位组织实施的使用全部或者部分使用国有资金投资或者国家融资的工程建设项目，凡达到下列规模的，必须进行招标：

（一）施工单项合同估算价在200万元人民币以上的；

（二）重要设备、材料等货物的采购，单项合同估算价在100万元人民币以上的；

（三）勘察、设计、监理等服务的采购，单项合同估算价在50万元人民币以上的；

（四）单项合同估算价低于第（一）、（二）、（三）项标准，但项目总投资在1000万元人民币以上的。

第五条　招标应采用以下方式：

（一）必须进行招标的项目中全部使用国有资金或者国有资金占控股或者主导地位的；货物或者服务项目单项或批量采购金额一次性达到120万元以上的，必须采用公开招标方式；但国务院发展改革部门确定的国家重点项目不适宜公开招标的，经国务院发展改革部门批准，可以进行邀请招标；

（二）未达到第（一）项金额标准但列入政府集中采购目录的项目，必须委托集中采购机构代理采购；

（三）法律规定允许采用邀请招标方式的，应当向3个以上具备承担招标项目能力的、资信良好的特定法人或者其他组织发出投标邀请。

第六条　金额达到50万元以上的与工程建设有关的咨询服务项目，可以采用邀请招标方式。

第七条　招标投标活动应当符合下列要求：

（一）严格依照《中华人民共和国招标投标法》和有关主管部门规定的程序、办法、要求组织实施，并遵循公开、公平、公正和诚实信用的原则；

（二）建设单位组织的招标投标活动，必须接受部招标投标管理部门和监察局的监督指导，依法向当地主管部门或者政府采购主管部门申报、办理有关审批手续；

（三）招标投标活动，不受地区或者部门的限制，任何单位和个人不得违法限制或者排斥任何法人或者其他组织参加投标，不得以任何方式非法干涉招标投标活动。

第八条　招标投标活动应当符合下列程序：

（一）成立项目招标工作组。建设单位法人代表、负责人或者其授权委托代表任招标工作组组长，成员由基建专职人员及有关人员组成；

（二）招标工作组委托具有相应资质的招标代理机构组织招标投标工作和招标文件的编制工作；

（三）招标工作组依据有关法规，提出投标准入条件和资格初审办法，审核资格预审文件及招标文件；

（四）需要进行资格预审的，应当组建资格预审评审委员会，资格预审评审委员会由招标人代表和有关技术、经济等方面的专家组成；

（五）资格预审文件应包括投标人资质情况、财务信用状况、近年工作业绩、参与本项目的项目经理的资历及业绩、项目团队及专业配备等情况；

（六）资格预审评审委员会按照资格预审文件，对投标人进行资格预审，并将预审合格的投标人名单报部招标投标管理部门备案；

（七）成立评标委员会。评标委员会由招标人或招标管理机构按有关规定组建，成员由有关技术、经济等方面的专家组成。评标专家应当通过招投标管理机构指定的专家库随机抽取。

全部使用政府投资或者政府投资占控股地位的工程、设备及服务的招标，资格预审评审委员会及评标委员会的所有成员应当从专家库中随机抽取确定。

抽取专家的工作，应当在监察局监督下进行。与投标人有利益关联人员不得进入资格预审评审委员会和评标委员会。

邀请招标可直接由邀标人组织，程序比照公开招标但可适当简化。投标人的资格准入条件及投标候选人需由邀标单位负责人召开会议，集体研究确定；

（八）开标会由委托的招标投标代理机构主持，监察局负责监督开标、评标工作。各投标人的投标书和招标的工程标底，应当经监察局核实密封完整后，才能启封、宣读；

（九）评标委员会依据制定的评分标准，对投标人进行打分排序，推荐前1－3名为中标候选人，并提出书面评标报告。

第九条　项目招标工作组按国家有关规定确定中标人，使用国有资金或国家融资的项目，应当确定排名第一的中标候选人为中标人。

如对评标结果有争议或异议，由有关负责人召集会议，集体研究并报有关部门和上级领导确定。

第十条　中标人产生后，由招标人依据投标报价、招标文件及中标人的承诺，与中标人签订合同，并将合同报部招标投标管理部门备案。招标人和中标人不得再行订立背离合同实质性内容、损害发包方利益的其他协议。

第十一条　对违纪违法行为依照以下原则进行处理

（一）部机关的项目，凡违反本办法情节较轻的，可责令限期改正；情节严重造成不良影响的，部招投标管理部门和监察局可依据有关规定采取相应措施并对有关责任人进行处分；构成犯罪的，依法追究刑事责任。

（二）部直属事业单位及代管单位组织的项目，凡违反本办法情节较轻的，部招标投标管理部门和监察局可责令其限期改正；情节严重造成不良影响的，部招标投标管理部门可按照国家有关规定采取相应措施，并依据有关规定对有关责任人进行处分；构成犯罪的，依法追究刑事责任。

第十二条　未达到本办法第四条及第六条规定的投资金额标准的工程建设项目，发包的程序可以简化，但须遵循公开、公平、公正的原则，符合市场运行机制，进行工程发包和采购活动。

第十三条　部机关、直属事业单位及代管单位组织实施的使用全部或者部分使用国有资金投资或者国家融资的工程建设项目，适用本办法。部直管民间组织及民政部代管单位所属机构实施的工程建设项目参照执行。

重大装备自主化依托工程设备招标采购活动的有关规定

1. 2007年8月14日商务部、国家发展和改革委员会发布
2. 商产发〔2007〕331号
3. 自发布之日起30日后施行

第一条　为进一步规范重大装备自主化依托工程设备招标采购活动，建立公开、公平、公正和诚信择优的招标采购竞争机制和评审原则，保护国家利益、社会公共利益和有关当事人的合法权益，加快推进重大装备自主化，促进产业结构调整和优化升级，根据《招标投标法》和《国务院关于加快振兴装备制造业的若干意见》（国发〔2006〕8号）等有关规定，特制定本规定。

第二条　凡在中华人民共和国境内从事本规定第三条所规定的设备招标采购活动，适用本规定。

第三条　重大装备自主化依托工程设备招标采购范围：

一、大型清洁高效发电装备（包括百万千瓦级核电机组、超临界火电机组、燃气－蒸气联合循环机组、整体煤气化燃气－蒸气联合循环机组、大型循环流化床锅炉、大型水电机组及抽水蓄能水电站机组、大型空冷电站机组及大功率风力发电机等新型能源装备）；

二、750千伏、1000千伏特高压交流和±500千伏及以上直流输变电成套设备；

三、百万吨级大型乙烯成套设备和对二甲苯（PX）、对苯二甲酸（PTA）、聚酯成套设备；

四、大型煤化工成套设备；

五、大型薄板冷热连轧成套设备及涂镀层加工成套设备；

六、大型煤炭井下综合采掘、提升和洗选设备以及大型露天矿设备；

七、大型海洋石油工程装备、30万吨矿石和原油运输船、海上浮动生产储油轮（FPSO）、8000－10000箱以上集装箱船、液化天然气（LNG）运输船等大型高技术、高附加值船舶及大功率柴油机等配套装备；

八、时速200公里及以上高速铁路列车、新型地铁车辆、磁悬浮列车等装备；

九、大气治理、城市及工业污水处理、固体废弃物处理等大型环保装备，以及海水淡化、报废汽车处理等资源综合利用设备；

十、大断面岩石掘进机等大型施工机械；

十一、重大工程自动化控制系统和关键精密测试仪器；

十二、大型、精密、高速数控装备和数控系统及功能部件；

十三、日产200吨以上涤纶短纤维成套设备、高速粘胶长丝连续纺丝机、高效现代化成套棉纺设备、机电一体化剑杆织机和喷气织机等新型纺织机械成套设备；

十四、新型、大马力农业装备；

十五、集成电路关键设备、新型平板显示器件生产设备、电子元器件生产设备、无铅工艺的整机装联设备、数字化医疗影像设备、生物工程和医药生产专用设备。

第四条　重大装备自主化依托工程设备招标采购活动一般应采用招标（包括公开招标、邀请招标）或竞争性谈判等方式进行，招标采购方式的选择应按程序向国家发展改革委申请批准，并向商务部备案；如因特殊情况需采用其他采购方式的，由国家发展改革委商有关部门批准决定。

第五条　凡采用招标方式进行的设备招标投标活动，应按照《机电产品国际招标投标实施办法》（商务部令〔2004〕第13号）规定的程序和重大装备自主化依托工程要求进行，商务部和国家发展改革委负责指导、协调和监督有关招标投标活动。

第六条　凡采用邀请招标的，投标邀请对象应为具有消化吸收能力、研发创新能力和实施产业化等基本条件的装备制造企业。

第七条　凡采用竞争性谈判方式进行的设备采购活动，应按照国家发展改革委批复的程序方案进行，同时将竞争性谈判公告、竞争性谈判文件、竞争性谈判结果、涉及的进口设备清单等有关材料通过“中国国际招标网”报送商务部备案。

竞争性谈判结果经有关主管部门批准后应在“中国国际招标网”上公布。

第八条 招标采购文件主要内容的编制应按照《机电产品国际招标投标实施办法》和重大装备自主化依托工程要求进行;招标采购文件还应从节约资源能源和保护环境等基本国策出发,明确规定关于质量、安全、耗能、环保等方面的标准和要求,上述标准和要求应达到国内领先或国际先进水平。

第九条 招标采购活动中所需要的有关评审专家原则上应由招标机构和业主单位从“中国国际招标网”的国家级专家库中随机抽取产生;考虑到重大装备自主化依托工程需要,必要时可由有关主管部门推荐。

商务部、国家发展改革委负责维护和管理相关领域的国家级专家库。

第十条 招标活动一般采用综合评价法进行评标。综合评价法应包括技术、商务、售后服务和价格等方面的评价标准和方法,并作为招标文件的组成部分。

为顺利推进重大装备自主化进程,涉及重大装备自主化要求的部分具体评价标准和方法可以不作为招标文件的组成部分,但应在开标前予以公布。

第十一条 本规定未明确的内容应按照《机电产品国际招标投标实施办法》有关规定执行。

第十二条 本规定自发布之日起30日后实施。

交通运输部科技项目招标投标管理(暂行)办法

1. 2013年8月5日交通运输部发布

2. 交科技发〔2013〕463号

第一章 总 则

第一条 为优化科技资源配置,提高科研经费的使用效率,促进公平竞争,保障科技项目招标投标活动当事人的合法权益,加强对交通运输部科技项目招标投标活动的监督和管理,依据《中华人民共和国政府采购法》、《政府采购货物和服务招标投标管理办法》和《科技项目招标投标管理暂行办法》,制订本办法。

第二条 对列入交通运输部科技计划,获得部经费支持,以科学技术研究开发活动为主要内容的科技项目,应按本办法招标确定承担单位。

第三条 具备下列条件之一的科技项目,可以不实行招标投标:

(一)涉及国家安全和国家秘密的;

(二)法律法规规定的其他情况。

第四条 招标投标工作应严格遵循公开、公正、公平、择优和信用的原则。

第二章 招 标

第五条 交通运输部是依照本办法提出招标需求的科技项目招标人(以下简称“招标人”),具体招标工作授权部科技主管部门负责。

第六条 科技项目的招标分为公开招标和邀请招标。

达到公开招标限额标准的科技项目一般应采取公开招标。采用公开招标方式的,须在财政部门制定的政府采购信息媒体上发布招标公告。

对满足下列情形之一的科技项目,可邀请招标:

(一)专业性强、有特殊要求或者受自然条件限制,只有少量潜在投标人可供选择的;

(二)采用公开招标方式的费用占项目合同金额比例过大的。

第七条 科技项目招标具体事宜可由招标人自行组织或委托招标代理机构负责。

第八条 委托招标代理机构招标的,招标人应当与招标代理机构签订委托协议,确定委托代理的事项,约定双方的权利和义务。

第九条 招标公告或投标邀请书至少包括下列内容:

(一)招标人的名称和地址;

(二)招标项目的类别和名称;

(三)招标项目的主要目标;

(四)获取招标文件的办法、地点和时间;

(五)对招标文件收取的费用。

第十条 招标人可以根据招标项目本身的特点,在招标公告和投标邀请书中要求潜在投标人填报投标报名单(附件1),提供有关证明文件和业绩情况,并对潜在投标人进行资格审查，公布符合资格的投标人名单。符合资格的投标人向招标人或招标代理机构购买招标文件。

证明文件包括：

（一）既往业绩；

（二）研究人员素质和技术能力；

（三）研究所需的技术设施和设备条件；

（四）如有匹配资金，提供匹配资金的筹措情况及证明；

（五）相关的资质证明。

第十一条 在招标中，投标人不足3家的应予废标。废标后，招标人应当将废标理由通知所有投标人。

第十二条 废标后，招标人应当重新组织招标，直至投标人达到3家及以上；需采取其他方式确定承担单位的，应获得财政部批准。

第十三条 招标人根据招标项目的要求组织编制招标文件（附件2）。除国家有关法律法规规定以外，招标文件不得有针对或排斥某一潜在投标人的内容。

第十四条 招标人制定综合评标标准时，应考虑技术路线的可行性、先进性和承担单位的研究开发条件、人员素质、资信等级、管理能力等因素，并考虑经费使用的合理性。

第十五条 招标人按招标公告或招标邀请书规定的时间、地点发售招标文件。招标文件发售后不予退还。在招标文件售出后，招标人如对招标文件进行修改、补充或澄清，应在招标文件要求提交投标文件截止时间至少15日前再次发布公告或以书面形式告之投标人，并作为招标文件的组成部分；不足15日的，招标人应当顺延提交投标文件的截止时间。对招标文件有重大修改的，应当适当延长投标文件截止日期。

第十六条 潜在投标人对招标文件有疑义的，应当在投标截止时间10日前以书面形式提出。招标人自收到疑义之日起3日内作出答复。

第十七条 招标人必须对获取招标文件的潜在投标人的名称、数量以及可能影响公平竞争的其他情况进行保密。

第十八条 从招标公告发布或招标邀请书发出之日到提交投标文件截止之日，不得少于30日。

第三章 投 标

第十九条 投标人是指按照招标文件的要求参加投标竞争的法人和其它社会组织。投标人参加投标必须按照招标公告要求填报投标报名单（附件1），并具备下列条件：

（一）与招标文件要求相适应的研究人员、设备和经费；

（二）招标文件要求的资格和相应的科研经验与业绩；

（三）资信情况良好；

（四）法律法规规定的其他条件。

第二十条 投标人应向招标人提供投标文件（见附件3）一式2份，投标文件必须加盖依托单位公章及其法定代表人的签字或印章，并对招标文件提出的实质性要求和条件作出响应。

第二十一条 对于有依托工程要求的科技项目，应由研究单位与建设方或施工单位联合投标，联合投标时应明确第一承担单位。联合体投标的应向招标人提交联合协议，载明联合体各方承担的工作和义务。联合体各方应当共同与招标人签订合同，并就合同约定的事项对招标人承担连带责任。

第二十二条 投标人应在招标文件要求提交投标文件的截止时间前将投标文件密封送达指定地点。招标人或招标代理机构应对收到的投标文件签收备案。投标人有权要求招标人或招标代理机构提供签收证明。对在规定提交投标文件截止时间后收到的投标文件，招标人或招标代理机构应不予开启并退还。

第二十三条 投标人可以对已提交的投标文件进行补充和修改，必须在招标文件要求提交投标文件截止时间前以书面形式送达招标人或招标代理机构，作为投标文件的组成部分，否则不予受理。

第二十四条 招标人或招标代理机构必须对投标人的投标文件内容保密，不得泄露给其他投标人。

第四章 开 标

第二十五条 开标由招标人主持，按招标文件规定的时间、地点和方式公开进行，并邀请有关单位代表和投标人参加。

第二十六条 开标时，投标人或其代表检查投标文件的密封情况，确认无误后，由工作人员当众启封并宣读投标人名称、技术方案及其他主要内容。开标过程应记录在案，招标人和投标人代表在开标记录上签字或盖章。

第二十七条　投标文件出现下列情况之一者视为无效：

（一）投标文件未加盖投标人公章或法定代表人未签字或盖章；

（二）投标文件未按规定格式填写，字迹模糊，辨认不清或者内容不全的；

（三）投标文件与招标文件规定的实质性要求不符；

（四）投标人未在规定时间内参加开标会议的。

第二十八条　无效投标文件应当在开标会当场确认并公布。

第五章　评　　标

第二十九条　招标人负责组建评标委员会。评标委员会由招标人和邀请的技术、经济等方面具有高级技术职称的专家组成，总人数为7人以上的单数，专家不得少于成员总人数的三分之二，其中经济专家占专家人数的比例不少于三分之一。投标人或与投标人有利益关系的人员不得进入评标委员会，评标委员会成员名单在中标结果确定前必须保密。

第三十条　评标专家应当熟悉政府采购、招标投标的相关政策法规，有良好的职业道德，遵守招标纪律，从事相关领域工作满8年并具有高级职称或者具有同等专业水平。

第三十一条　招标人应当采取必要的措施，保证评标工作在严格保密的情况下进行，任何单位和个人不得非法干预、影响评标过程和结果。

第三十二条　评标委员会可以要求投标人对投标文件中不明确的地方进行必要的澄清、说明或答辩，但不得超过投标文件的范围，不得改变投标文件的实质性内容，不得阐述与问题无关的内容，未经允许投标人不得向评标委员会提供新的材料。

第三十三条　评标委员会按照招标文件中规定的综合评标标准和方法，采用综合评分法开展评标工作。

第三十四条　评标委员会依据评标结果，提出书面评标报告，向招标人推荐中标候选人名单并注明排序。中标候选人应不超过3个。评标报告包括以下主要内容：

（一）对投标人的技术方案评价，技术、经济风险进行分析；

（二）对投标人承担能力与工作基础评价；

（三）推荐满足综合评标标准的中标候选人；

（四）需进一步协商的问题和其他要求；

（五）对投标人进行综合排名。

第三十五条　招标人应当自收到评标报告之日起3日内公示中标候选人，公示期不得少于3日。

投标人或者其他利害关系人对招标项目的评标结果有异议的，应当在中标候选人公示期间提出。招标人应当自收到异议之日起3日内作出答复；作出答复前，应当暂停招标投标活动。

第六章　定　　标

第三十六条　招标人根据评标委员会的书面评标报告和经公示无问题的中标候选人，进行综合评定后，确定中标人。招标人也可授权评标委员会直接确定中标人。

第三十七条　招标人应在开标之日后10日内完成定标工作，特殊情况可延长至15日。

第三十八条　定标后，招标人应发布中标公告。中标公告至少包含下列内容：

（一）招标人、招标人代理机构的名称、地址和联系方式；

（二）招标项目的类别及名称；

（三）中标人名称。

第三十九条　招标人向中标人发出中标通知书，并据此与中标人签订科技项目合同，同时将中标结果通知所有未中标的投标人。中标通知书（附件4）对招标人和中标人具有同等法律效力。

第四十条　招标人和评标委员会成员应当遵守招标纪律，不得扩散审查、澄清、答辩、评价比较投标人的有关情节、资料等情况，不得泄露投标人的技术秘密。

第七章　附　　则

第四十一条　对于违反本办法的行为，可向有关行政监督部门投诉，一经查实，将根据有关规定进行处理。情节严重并构成犯罪的，将依法追究刑事责任。

第四十二条 地方各类交通运输科技项目的招标投标工作可参照本办法管理。

第四十三条 本办法由部科技主管部门负责解释。

第四十四条 本办法自颁布之日起施行。

附件：(略)

二、政府采购

资料补充栏

1. 一般规定

中华人民共和国政府采购法

1. 2002年6月29日第九届全国人民代表大会常务委员会第二十八次会议通过

2. 根据2014年8月31日第十二届全国人民代表大会常务委员会第十次会议《关于修改〈中华人民共和国保险法〉等五部法律的决定》修正

目　　录

第一章　总　　则

第一条　【立法目的】为了规范政府采购行为，提高政府采购资金的使用效益，维护国家利益和社会公共利益，保护政府采购当事人的合法权益，促进廉政建设，制定本法。

第二条　【适用范围、政府采购及其对象】在中华人民共和国境内进行的政府采购适用本法。

本法所称政府采购，是指各级国家机关、事业单位和团体组织，使用财政性资金采购依法制定的集中采购目录以内的或者采购限额标准以上的货物、工程和服务的行为。

政府集中采购目录和采购限额标准依照本法规定的权限制定。

本法所称采购，是指以合同方式有偿取得货物、工程和服务的行为，包括购买、租赁、委托、雇用等。

本法所称货物，是指各种形态和种类的物品，包括原材料、燃料、设备、产品等。

本法所称工程，是指建设工程，包括建筑物和构筑物的新建、改建、扩建、装修、拆除、修缮等。

本法所称服务，是指除货物和工程以外的其他政府采购对象。

第三条　【政府采购的原则】政府采购应当遵循公开透明原则、公平竞争原则、公正原则和诚实信用原则。

第四条　【招标投标适用的法律】政府采购工程进行招标投标的，适用招标投标法。

第五条　【供应商自由进入采购市场】任何单位和个人不得采用任何方式，阻挠和限制供应商自由进入本地区和本行业的政府采购市场。

第六条　【采购预算】政府采购应当严格按照批准的预算执行。

第七条　【集中采购】政府采购实行集中采购和分散采购相结合。集中采购的范围由省级以上人民政府公布的集中采购目录确定。

属于中央预算的政府采购项目，其集中采购目录由国务院确定并公布；属于地方预算的政府采购项目，其集中采购目录由省、自治区、直辖市人民政府或者其授权的机构确定并公布。

纳入集中采购目录的政府采购项目，应当实行集中采购。

第八条　【采购限额】政府采购限额标准，属于中央预算的政府采购项目，由国务院确定并公布；属于地方预算的政府采购项目，由省、自治区、直辖市人民政府或者其授权的机构确定并公布。

第九条　【指导思想】政府采购应当有助于实现国家的经济和社会发展政策目标，包括保护环境，扶持不发达地区和少数民族地区，促进中小企业发展等。

第十条　【本国采购与例外情形】政府采购应当采购本国货物、工程和服务。但有下列情形之一的除外：

（一）需要采购的货物、工程或者服务在中国境内无法获取或者无法以合理的商业条件获取的；

（二）为在中国境外使用而进行采购的；

（三）其他法律、行政法规另有规定的。

前款所称本国货物、工程和服务的界定，依照国务院有关规定执行。

第十一条 【信息公开】政府采购的信息应当在政府采购监督管理部门指定的媒体上及时向社会公开发布,但涉及商业秘密的除外。

第十二条 【回避制度】在政府采购活动中,采购人员及相关人员与供应商有利害关系的,必须回避。供应商认为采购人员及相关人员与其他供应商有利害关系的,可以申请其回避。

前款所称相关人员,包括招标采购中评标委员会的组成人员,竞争性谈判采购中谈判小组的组成人员,询价采购中询价小组的组成人员等。

第十三条 【主管部门】各级人民政府财政部门是负责政府采购监督管理的部门,依法履行对政府采购活动的监督管理职责。

各级人民政府其他有关部门依法履行与政府采购活动有关的监督管理职责。

第二章 政府采购当事人

第十四条 【采购当事人】政府采购当事人是指在政府采购活动中享有权利和承担义务的各类主体,包括采购人、供应商和采购代理机构等。

第十五条 【采购人】采购人是指依法进行政府采购的国家机关、事业单位、团体组织。

第十六条 【集中采购机构】集中采购机构为采购代理机构。设区的市、自治州以上人民政府根据本级政府采购项目组织集中采购的需要设立集中采购机构。

集中采购机构是非营利事业法人,根据采购人的委托办理采购事宜。

第十七条 【集中采购机构的采购活动要求】集中采购机构进行政府采购活动,应当符合采购价格低于市场平均价格、采购效率更高、采购质量优良和服务良好的要求。

第十八条 【集中采购与自行采购的适用情形】采购人采购纳入集中采购目录的政府采购项目,必须委托集中采购机构代理采购;采购未纳入集中采购目录的政府采购项目,可以自行采购,也可以委托集中采购机构在委托的范围内代理采购。

纳入集中采购目录属于通用的政府采购项目的,应当委托集中采购机构代理采购;属于本部门、本系统有特殊要求的项目,应当实行部门集中采购;属于本单位有特殊要求的项目,经省级以上人民政府批准,可以自行采购。

第十九条 【采购代理机构的选择】采购人可以委托集中采购机构以外的采购代理机构,在委托的范围内办理政府采购事宜。

采购人有权自行选择采购代理机构,任何单位和个人不得以任何方式为采购人指定采购代理机构。

第二十条 【委托采购须签订协议】采购人依法委托采购代理机构办理采购事宜的,应当由采购人与采购代理机构签订委托代理协议,依法确定委托代理的事项,约定双方的权利义务。

第二十一条 【供应商】供应商是指向采购人提供货物、工程或者服务的法人、其他组织或者自然人。

第二十二条 【供应商条件】供应商参加政府采购活动应当具备下列条件:

(一)具有独立承担民事责任的能力;

(二)具有良好的商业信誉和健全的财务会计制度;

(三)具有履行合同所必需的设备和专业技术能力;

(四)有依法缴纳税收和社会保障资金的良好记录;

(五)参加政府采购活动前三年内,在经营活动中没有重大违法记录;

(六)法律、行政法规规定的其他条件。

采购人可以根据采购项目的特殊要求,规定供应商的特定条件,但不得以不合理的条件对供应商实行差别待遇或者歧视待遇。

第二十三条 【供应商的选择】采购人可以要求参加政府采购的供应商提供有关资质证明文件和业绩情况,并根据本法规定的供应商条件和采购项目对供应商的特定要求,对供应商的资格进行审查。

第二十四条 【联合体】两个以上的自然人、法人或者其他组织可以组成一个联合体,以一个供应商的身份共同参加政府采购。

以联合体形式进行政府采购的，参加联合体的供应商均应当具备本法第二十二条规定的条件，并应当向采购人提交联合协议，载明联合体各方承担的工作和义务。联合体各方应当共同与采购人签订采购合同，就采购合同约定的事项对采购人承担连带责任。

第二十五条 【禁止不正当竞争】政府采购当事人不得相互串通损害国家利益、社会公共利益和其他当事人的合法权益；不得以任何手段排斥其他供应商参与竞争。

供应商不得以向采购人、采购代理机构、评标委员会的组成人员、竞争性谈判小组的组成人员、询价小组的组成人员行贿或者采取其他不正当手段谋取中标或者成交。

采购代理机构不得以向采购人行贿或者采取其他不正当手段谋取非法利益。

第三章 政府采购方式

第二十六条 【采购方式】政府采购采用以下方式：

（一）公开招标；

（二）邀请招标；

（三）竞争性谈判；

（四）单一来源采购；

（五）询价；

（六）国务院政府采购监督管理部门认定的其他采购方式。

公开招标应作为政府采购的主要采购方式。

第二十七条 【公开招标】采购人采购货物或者服务应当采用公开招标方式的，其具体数额标准，属于中央预算的政府采购项目，由国务院规定；属于地方预算的政府采购项目，由省、自治区、直辖市人民政府规定；因特殊情况需要采用公开招标以外的采购方式的，应当在采购活动开始前获得设区的市、自治州以上人民政府采购监督管理部门的批准。

第二十八条 【禁止规避公开招标】采购人不得将应当以公开招标方式采购的货物或者服务化整为零或者以其他任何方式规避公开招标采购。

第二十九条 【邀请招标】符合下列情形之一的货物或者服务，可以依照本法采用邀请招标方式采购：

（一）具有特殊性，只能从有限范围的供应商处采购的；

（二）采用公开招标方式的费用占政府采购项目总价值的比例过大的。

第三十条 【竞争性谈判】符合下列情形之一的货物或者服务，可以依照本法采用竞争性谈判方式采购：

（一）招标后没有供应商投标或者没有合格标的或者重新招标未能成立的；

（二）技术复杂或者性质特殊，不能确定详细规格或者具体要求的；

（三）采用招标所需时间不能满足用户紧急需要的；

（四）不能事先计算出价格总额的。

第三十一条 【单一来源采购】符合下列情形之一的货物或者服务，可以依照本法采用单一来源方式采购：

（一）只能从唯一供应商处采购的；

（二）发生了不可预见的紧急情况不能从其他供应商处采购的；

（三）必须保证原有采购项目一致性或者服务配套的要求，需要继续从原供应商处添购，且添购资金总额不超过原合同采购金额百分之十的。

第三十二条 【询价】采购的货物规格、标准统一、现货货源充足且价格变化幅度小的政府采购项目，可以依照本法采用询价方式采购。

第四章 政府采购程序

第三十三条 【预算部门职责】负有编制部门预算职责的部门在编制下一财政年度部门预算时，应当将该财政年度政府采购的项目及资金预算列出，报本级财政部门汇总。部门预算的审批，按预算管理权限和程序进行。

第三十四条 【邀请招标的供应商选择】货物或者服务项目采取邀请招标方式采购的，采购人应当从符合相应资格条件的供应商中，通过随机方式选择三家以上的供应商，并向其发出投标邀请书。

第三十五条 【投标期间】货物和服务项目实行招标方式采购的，自招标文件开始发出之日起至投标人提交投标文件截止之日止，不得少于二十日。

第三十六条 【**废标**】在招标采购中，出现下列情形之一的，应予废标：

（一）符合专业条件的供应商或者对招标文件作实质响应的供应商不足三家的；

（二）出现影响采购公正的违法、违规行为的；

（三）投标人的报价均超过了采购预算，采购人不能支付的；

（四）因重大变故，采购任务取消的。

废标后，采购人应当将废标理由通知所有投标人。

第三十七条 【**废标后续程序**】废标后，除采购任务取消情形外，应当重新组织招标；需要采取其他方式采购的，应当在采购活动开始前获得设区的市、自治州以上人民政府采购监督管理部门或者政府有关部门批准。

第三十八条 【**竞争性谈判的程序**】采用竞争性谈判方式采购的，应当遵循下列程序：

（一）成立谈判小组。谈判小组由采购人的代表和有关专家共三人以上的单数组成，其中专家的人数不得少于成员总数的三分之二。

（二）制定谈判文件。谈判文件应当明确谈判程序、谈判内容、合同草案的条款以及评定成交的标准等事项。

（三）确定邀请参加谈判的供应商名单。谈判小组从符合相应资格条件的供应商名单中确定不少于三家的供应商参加谈判，并向其提供谈判文件。

（四）谈判。谈判小组所有成员集中与单一供应商分别进行谈判。在谈判中，谈判的任何一方不得透露与谈判有关的其他供应商的技术资料、价格和其他信息。谈判文件有实质性变动的，谈判小组应当以书面形式通知所有参加谈判的供应商。

（五）确定成交供应商。谈判结束后，谈判小组应当要求所有参加谈判的供应商在规定时间内进行最后报价，采购人从谈判小组提出的成交候选人中根据符合采购需求、质量和服务相等且报价最低的原则确定成交供应商，并将结果通知所有参加谈判的未成交的供应商。

第三十九条 【**单一来源采购的当事人义务**】采取单一来源方式采购的，采购人与供应商应当遵循本法规定的原则，在保证采购项目质量和双方商定合理价格的基础上进行采购。

第四十条 【**询价采购的程序**】采取询价方式采购的，应当遵循下列程序：

（一）成立询价小组。询价小组由采购人的代表和有关专家共三人以上的单数组成，其中专家的人数不得少于成员总数的三分之二。询价小组应当对采购项目的价格构成和评定成交的标准等事项作出规定。

（二）确定被询价的供应商名单。询价小组根据采购需求，从符合相应资格条件的供应商名单中确定不少于三家的供应商，并向其发出询价通知书让其报价。

（三）询价。询价小组要求被询价的供应商一次报出不得更改的价格。

（四）确定成交供应商。采购人根据符合采购需求、质量和服务相等且报价最低的原则确定成交供应商，并将结果通知所有被询价的未成交的供应商。

第四十一条 【**验收**】采购人或者其委托的采购代理机构应当组织对供应商履约的验收。大型或者复杂的政府采购项目，应当邀请国家认可的质量检测机构参加验收工作。验收方成员应当在验收书上签字，并承担相应的法律责任。

第四十二条 【**采购文件**】采购人、采购代理机构对政府采购项目每项采购活动的采购文件应当妥善保存，不得伪造、变造、隐匿或者销毁。采购文件的保存期限为从采购结束之日起至少保存十五年。

采购文件包括采购活动记录、采购预算、招标文件、投标文件、评标标准、评估报告、定标文件、合同文本、验收证明、质疑答复、投诉处理决定及其他有关文件、资料。

采购活动记录至少应当包括下列内容：

（一）采购项目类别、名称；

（二）采购项目预算、资金构成和合同价格；

（三）采购方式，采用公开招标以外的采购方式的，应当载明原因；

(四)邀请和选择供应商的条件及原因;

(五)评标标准及确定中标人的原因;

(六)废标的原因;

(七)采用招标以外采购方式的相应记载。

第五章 政府采购合同

第四十三条 【适用法律】政府采购合同适用合同法。采购人和供应商之间的权利和义务,应当按照平等、自愿的原则以合同方式约定。

采购人可以委托采购代理机构代表其与供应商签订政府采购合同。由采购代理机构以采购人名义签订合同的,应当提交采购人的授权委托书,作为合同附件。

第四十四条 【合同形式】政府采购合同应当采用书面形式。

第四十五条 【监管部门规定合同必备条款】国务院政府采购监督管理部门应当会同国务院有关部门,规定政府采购合同必须具备的条款。

第四十六条 【中标与合同签订】采购人与中标、成交供应商应当在中标、成交通知书发出之日起三十日内,按照采购文件确定的事项签订政府采购合同。

中标、成交通知书对采购人和中标、成交供应商均具有法律效力。中标、成交通知书发出后,采购人改变中标、成交结果的,或者中标、成交供应商放弃中标、成交项目的,应当依法承担法律责任。

第四十七条 【采购合同的备案】政府采购项目的采购合同自签订之日起七个工作日内,采购人应当将合同副本报同级政府采购监督管理部门和有关部门备案。

第四十八条 【合同分包】经采购人同意,中标、成交供应商可以依法采取分包方式履行合同。

政府采购合同分包履行的,中标、成交供应商就采购项目和分包项目向采购人负责,分包供应商就分包项目承担责任。

第四十九条 【补充合同】政府采购合同履行中,采购人需追加与合同标的相同的货物、工程或者服务的,在不改变合同其他条款的前提下,可以与供应商协商签订补充合同,但所有补充合同的采购金额不得超过原合同采购金额的百分之十。

第五十条 【合同的变更、中止与终止】政府采购合同的双方当事人不得擅自变更、中止或者终止合同。

政府采购合同继续履行将损害国家利益和社会公共利益的,双方当事人应当变更、中止或者终止合同。有过错的一方应当承担赔偿责任,双方都有过错的,各自承担相应的责任。

第六章 质疑与投诉

第五十一条 【质疑与答复】供应商对政府采购活动事项有疑问的,可以向采购人提出询问,采购人应当及时作出答复,但答复的内容不得涉及商业秘密。

第五十二条 【供应商的质疑权】供应商认为采购文件、采购过程和中标、成交结果使自己的权益受到损害的,可以在知道或者应知其权益受到损害之日起七个工作日内,以书面形式向采购人提出质疑。

第五十三条 【采购人答复义务】采购人应当在收到供应商的书面质疑后七个工作日内作出答复,并以书面形式通知质疑供应商和其他有关供应商,但答复的内容不得涉及商业秘密。

第五十四条 【采购代理机构答复义务】采购人委托采购代理机构采购的,供应商可以向采购代理机构提出询问或者质疑,采购代理机构应当依照本法第五十一条、第五十三条的规定就采购人委托授权范围内的事项作出答复。

第五十五条 【供应商投诉权】质疑供应商对采购人、采购代理机构的答复不满意或者采购人、采购代理机构未在规定的时间内作出答复的,可以在答复期满后十五个工作日内向同级政府采购监督管理部门投诉。

第五十六条 【对投诉的处理】政府采购监督管理部门应当在收到投诉后三十个工作日内,对投诉事项作出处理决定,并以书面形式通知投诉人和与投诉事项有关的当事人。

第五十七条 【处理投诉时的采购暂停】政府采购监督管理部门在处理投诉事项期间,可以视具体情况书面通知采购人暂停采购活动,但暂停时间最长不得超过三十日。

第五十八条 【对投诉处理的行政、司法救济】投诉人对政府采购监督管理部门的投诉处理决定不服或者政府采购监督管理部门逾期未作处理的,可以依法申请行政复议或者向人民法院提起行政诉讼。

第七章　监督检查

第五十九条　【采购监查】政府采购监督管理部门应当加强对政府采购活动及集中采购机构的监督检查。

监督检查的主要内容是:

(一)有关政府采购的法律、行政法规和规章的执行情况;

(二)采购范围、采购方式和采购程序的执行情况;

(三)政府采购人员的职业素质和专业技能。

第六十条　【采购监查部门禁止采购】政府采购监督管理部门不得设置集中采购机构,不得参与政府采购项目的采购活动。

采购代理机构与行政机关不得存在隶属关系或者其他利益关系。

第六十一条　【集中采购机构的内部监管】集中采购机构应当建立健全内部监督管理制度。采购活动的决策和执行程序应当明确,并相互监督、相互制约。经办采购的人员与负责采购合同审核、验收人员的职责权限应当明确,并相互分离。

第六十二条　【对采购人员的要求】集中采购机构的采购人员应当具有相关职业素质和专业技能,符合政府采购监督管理部门规定的专业岗位任职要求。

集中采购机构对其工作人员应当加强教育和培训;对采购人员的专业水平、工作实绩和职业道德状况定期进行考核。采购人员经考核不合格的,不得继续任职。

第六十三条　【采购标准与采购结果公开】政府采购项目的采购标准应当公开。

采用本法规定的采购方式的,采购人在采购活动完成后,应当将采购结果予以公布。

第六十四条　【采购人遵循法定方式与程序采购】采购人必须按照本法规定的采购方式和采购程序进行采购。

任何单位和个人不得违反本法规定,要求采购人或者采购工作人员向其指定的供应商进行采购。

第六十五条　【采购监管部门的检查权】政府采购监督管理部门应当对政府采购项目的采购活动进行检查,政府采购当事人应当如实反映情况,提供有关材料。

第六十六条　【采购监管部门的考核义务】政府采购监督管理部门应当对集中采购机构的采购价格、节约资金效果、服务质量、信誉状况、有无违法行为等事项进行考核,并定期如实公布考核结果。

第六十七条　【其他部门的监督】依照法律、行政法规的规定对政府采购负有行政监督职责的政府有关部门,应当按照其职责分工,加强对政府采购活动的监督。

第六十八条　【审计监督】审计机关应当对政府采购进行审计监督。政府采购监督管理部门、政府采购各当事人有关政府采购活动,应当接受审计机关的审计监督。

第六十九条　【监察机关的监察】监察机关应当加强对参与政府采购活动的国家机关、国家公务员和国家行政机关任命的其他人员实施监察。

第七十条　【对违法采购的控告权】任何单位和个人对政府采购活动中的违法行为,有权控告和检举,有关部门、机关应当依照各自职责及时处理。

第八章　法律责任

第七十一条　【应予行政处分的采购方行为】采购人、采购代理机构有下列情形之一的,责令限期改正,给予警告,可以并处罚款,对直接负责的主管人员和其他直接责任人员,由其行政主管部门或者有关机关给予处分,并予通报:

(一)应当采用公开招标方式而擅自采用其他方式采购的;

(二)擅自提高采购标准的;

(三)以不合理的条件对供应商实行差别待遇或者歧视待遇的;

(四)在招标采购过程中与投标人进行协商谈判的;

(五)中标、成交通知书发出后不与中标、成交供应商签订采购合同的;

(六)拒绝有关部门依法实施监督检查的。

第七十二条 【有可能构成犯罪的采购方行为】采购人、采购代理机构及其工作人员有下列情形之一，构成犯罪的，依法追究刑事责任；尚不构成犯罪的，处以罚款，有违法所得的，并处没收违法所得，属于国家机关工作人员的，依法给予行政处分：

（一）与供应商或者采购代理机构恶意串通的；

（二）在采购过程中接受贿赂或者获取其他不正当利益的；

（三）在有关部门依法实施的监督检查中提供虚假情况的；

（四）开标前泄露标底的。

第七十三条 【发生违法采购之后对采购本身的处理】有前两条违法行为之一影响中标、成交结果或者可能影响中标、成交结果的，按下列情况分别处理：

（一）未确定中标、成交供应商的，终止采购活动；

（二）中标、成交供应商已经确定但采购合同尚未履行的，撤销合同，从合格的中标、成交候选人中另行确定中标、成交供应商；

（三）采购合同已经履行的，给采购人、供应商造成损失的，由责任人承担赔偿责任。

第七十四条 【未按规定实行集中采购的处理】采购人对应当实行集中采购的政府采购项目，不委托集中采购机构实行集中采购的，由政府采购监督管理部门责令改正；拒不改正的，停止按预算向其支付资金，由其上级行政主管部门或者有关机关依法给予其直接负责的主管人员和其他直接责任人员处分。

第七十五条 【违反采购公开原则的处理】采购人未依法公布政府采购项目的采购标准和采购结果的，责令改正，对直接负责的主管人员依法给予处分。

第七十六条 【采购方擅自处理采购文件的责任】采购人、采购代理机构违反本法规定隐匿、销毁应当保存的采购文件或者伪造、变造采购文件的，由政府采购监督管理部门处以二万元以上十万元以下的罚款，对其直接负责的主管人员和其他直接责任人员依法给予处分；构成犯罪的，依法追究刑事责任。

第七十七条 【供应商的违法行为】供应商有下列情形之一的，处以采购金额千分之五以上千分之十以下的罚款，列入不良行为记录名单，在一至三年内禁止参加政府采购活动，有违法所得的，并处没收违法所得，情节严重的，由工商行政管理机关吊销营业执照；构成犯罪的，依法追究刑事责任：

（一）提供虚假材料谋取中标、成交的；

（二）采取不正当手段诋毁、排挤其他供应商的；

（三）与采购人、其他供应商或者采购代理机构恶意串通的；

（四）向采购人、采购代理机构行贿或者提供其他不正当利益的；

（五）在招标采购过程中与采购人进行协商谈判的；

（六）拒绝有关部门监督检查或者提供虚假情况的。

供应商有前款第（一）至（五）项情形之一的，中标、成交无效。

第七十八条 【采购代理机构违法采购的处理】采购代理机构在代理政府采购业务中有违法行为的，按照有关法律规定处以罚款，可以在一至三年内禁止其代理政府采购业务，构成犯罪的，依法追究刑事责任。

第七十九条 【违法采购的民事责任】政府采购当事人有本法第七十一条、第七十二条、第七十七条违法行为之一，给他人造成损失的，并应依照有关民事法律规定承担民事责任。

第八十条 【采购监管违法的处理】政府采购监督管理部门的工作人员在实施监督检查中违反本法规定滥用职权，玩忽职守，徇私舞弊的，依法给予行政处分；构成犯罪的，依法追究刑事责任。

第八十一条 【怠于处理投诉的责任】政府采购监督管理部门对供应商的投诉逾期未作处理的，给予直接负责的主管人员和其他直接责任人员行政处分。

第八十二条 【采购考核中的违法行为的处理】政府采购监督管理部门对集中采购机构业绩的考核，有虚假陈述，隐瞒真实情况的，或者不作定期考核和公布考核结果的，应当及时纠正，由其上级机关或者监察机关对其负责人进行通报，并对直接负责的人员依法给予行政处分。

集中采购机构在政府采购监督管理部门考核中，虚报业绩，隐瞒真实情况的，处以二万元以上二十万元以下的罚款，并予以通报；情节严重的，取消其代理采购的资格。

第八十三条 **【非采购当事人违法行为的处理】**任何单位或者个人阻挠和限制供应商进入本地区或者本行业政府采购市场的，责令限期改正；拒不改正的，由该单位、个人的上级行政主管部门或者有关机关给予单位责任人或者个人处分。

第九章 附 则

第八十四条 **【适用除外】**使用国际组织和外国政府贷款进行的政府采购，贷款方、资金提供方与中方达成的协议对采购的具体条件另有规定的，可以适用其规定，但不得损害国家利益和社会公共利益。

第八十五条 **【特殊采购例外】**对因严重自然灾害和其他不可抗力事件所实施的紧急采购和涉及国家安全和秘密的采购，不适用本法。

第八十六条 **【军事采购】**军事采购法规由中央军事委员会另行制定。

第八十七条 **【实施办法】**本法实施的具体步骤和办法由国务院规定。

第八十八条 **【施行日期】**本法自 2003 年 1 月 1 日起施行。

中华人民共和国政府采购法实施条例

1. 2015 年 1 月 30 日国务院令第 658 号公布
2. 自 2015 年 3 月 1 日起施行

第一章 总 则

第一条 根据《中华人民共和国政府采购法》（以下简称政府采购法），制定本条例。

第二条 政府采购法第二条所称财政性资金是指纳入预算管理的资金。

以财政性资金作为还款来源的借贷资金，视同财政性资金。

国家机关、事业单位和团体组织的采购项目既使用财政性资金又使用非财政性资金的，使用财政性资金采购的部分，适用政府采购法及本条例；财政性资金与非财政性资金无法分割采购的，统一适用政府采购法及本条例。

政府采购法第二条所称服务，包括政府自身需要的服务和政府向社会公众提供的公共服务。

第三条 集中采购目录包括集中采购机构采购项目和部门集中采购项目。

技术、服务等标准统一，采购人普遍使用的项目，列为集中采购机构采购项目；采购人本部门、本系统基于业务需要有特殊要求，可以统一采购的项目，列为部门集中采购项目。

第四条 政府采购法所称集中采购，是指采购人将列入集中采购目录的项目委托集中采购机构代理采购或者进行部门集中采购的行为；所称分散采购，是指采购人将采购限额标准以上的未列入集中采购目录的项目自行采购或者委托采购代理机构代理采购的行为。

第五条 省、自治区、直辖市人民政府或者其授权的机构根据实际情况，可以确定分别适用于本行政区域省级、设区的市级、县级的集中采购目录和采购限额标准。

第六条 国务院财政部门应当根据国家的经济和社会发展政策，会同国务院有关部门制定政府采购政策，通过制定采购需求标准、预留采购份额、价格评审优惠、优先采购等措施，实现节约能源、保护环境、扶持不发达地区和少数民族地区、促进中小企业发展等目标。

第七条 政府采购工程以及与工程建设有关的货物、服务，采用招标方式采购的，适用《中华人民共和国招标投标法》及其实施条例；采用其他方式采购的，适用政府采购法及本条例。

前款所称工程，是指建设工程，包括建筑物和构筑物的新建、改建、扩建及其相关的装修、拆除、修缮等；所称与工程建设有关的货物，是指构成工程不可分割的组成部分，且为实现工程基本功能所必需的设备、材料等；所称与工程建设有关的服务，是指为完成工程所需的勘察、设计、监理等服务。

政府采购工程以及与工程建设有关的货物、服务，应当执行政府采购政策。

第八条 政府采购项目信息应当在省级以上人民政府财政部门指定的媒体上发布。采购项目预算金额达到国务院财政部门规定标准的，政府采购项目信息应当在国务院财政部门指定的媒体上发布。

第九条 在政府采购活动中，采购人员及相关人员与供应商有下列利害关系之一的，应当回避：

（一）参加采购活动前3年内与供应商存在劳动关系；

（二）参加采购活动前3年内担任供应商的董事、监事；

（三）参加采购活动前3年内是供应商的控股股东或者实际控制人；

（四）与供应商的法定代表人或者负责人有夫妻、直系血亲、三代以内旁系血亲或者近姻亲关系；

（五）与供应商有其他可能影响政府采购活动公平、公正进行的关系。

供应商认为采购人员及相关人员与其他供应商有利害关系的，可以向采购人或者采购代理机构书面提出回避申请，并说明理由。采购人或者采购代理机构应当及时询问被申请回避人员，有利害关系的被申请回避人员应当回避。

第十条 国家实行统一的政府采购电子交易平台建设标准，推动利用信息网络进行电子化政府采购活动。

第二章 政府采购当事人

第十一条 采购人在政府采购活动中应当维护国家利益和社会公共利益，公正廉洁，诚实守信，执行政府采购政策，建立政府采购内部管理制度，厉行节约，科学合理确定采购需求。

采购人不得向供应商索要或者接受其给予的赠品、回扣或者与采购无关的其他商品、服务。

第十二条 政府采购法所称采购代理机构，是指集中采购机构和集中采购机构以外的采购代理机构。

集中采购机构是设区的市级以上人民政府依法设立的非营利事业法人，是代理集中采购项目的执行机构。集中采购机构应当根据采购人委托制定集中采购项目的实施方案，明确采购规程，组织政府采购活动，不得将集中采购项目转委托。集中采购机构以外的采购代理机构，是从事采购代理业务的社会中介机构。

第十三条 采购代理机构应当建立完善的政府采购内部监督管理制度，具备开展政府采购业务所需的评审条件和设施。

采购代理机构应当提高确定采购需求，编制招标文件、谈判文件、询价通知书，拟订合同文本和优化采购程序的专业化服务水平，根据采购人委托在规定的时间内及时组织采购人与中标或者成交供应商签订政府采购合同，及时协助采购人对采购项目进行验收。

第十四条 采购代理机构不得以不正当手段获取政府采购代理业务，不得与采购人、供应商恶意串通操纵政府采购活动。

采购代理机构工作人员不得接受采购人或者供应商组织的宴请、旅游、娱乐，不得收受礼品、现金、有价证券等，不得向采购人或者供应商报销应当由个人承担的费用。

第十五条 采购人、采购代理机构应当根据政府采购政策、采购预算、采购需求编制采购文件。

采购需求应当符合法律法规以及政府采购政策规定的技术、服务、安全等要求。政府向社会公众提供的公共服务项目，应当就确定采购需求征求社会公众的意见。除因技术复杂或者性质特殊，不能确定详细规格或者具体要求外，采购需求应当完整、明确。必要时，应当就确定采购需求征求相关供应商、专家的意见。

第十六条 政府采购法第二十条规定的委托代理协议，应当明确代理采购的范围、权限和期限等具体事项。

采购人和采购代理机构应当按照委托代理协议履行各自义务，采购代理机构不得超越代理权限。

第十七条 参加政府采购活动的供应商应当具备政府采购法第二十二条第一款规定的条件，提供下列材料：

（一）法人或者其他组织的营业执照等证明文

件，自然人的身份证明；

（二）财务状况报告，依法缴纳税收和社会保障资金的相关材料；

（三）具备履行合同所必需的设备和专业技术能力的证明材料；

（四）参加政府采购活动前3年内在经营活动中没有重大违法记录的书面声明；

（五）具备法律、行政法规规定的其他条件的证明材料。

采购项目有特殊要求的，供应商还应当提供其符合特殊要求的证明材料或者情况说明。

第十八条 单位负责人为同一人或者存在直接控股、管理关系的不同供应商，不得参加同一合同项下的政府采购活动。

除单一来源采购项目外，为采购项目提供整体设计、规范编制或者项目管理、监理、检测等服务的供应商，不得再参加该采购项目的其他采购活动。

第十九条 政府采购法第二十二条第一款第五项所称重大违法记录，是指供应商因违法经营受到刑事处罚或者责令停产停业、吊销许可证或者执照、较大数额罚款等行政处罚。

供应商在参加政府采购活动前3年内因违法经营被禁止在一定期限内参加政府采购活动，期限届满的，可以参加政府采购活动。

第二十条 采购人或者采购代理机构有下列情形之一的，属于以不合理的条件对供应商实行差别待遇或者歧视待遇：

（一）就同一采购项目向供应商提供有差别的项目信息；

（二）设定的资格、技术、商务条件与采购项目的具体特点和实际需要不相适应或者与合同履行无关；

（三）采购需求中的技术、服务等要求指向特定供应商、特定产品；

（四）以特定行政区域或者特定行业的业绩、奖项作为加分条件或者中标、成交条件；

（五）对供应商采取不同的资格审查或者评审标准；

（六）限定或者指定特定的专利、商标、品牌或者供应商；

（七）非法限定供应商的所有制形式、组织形式或者所在地；

（八）以其他不合理条件限制或者排斥潜在供应商。

第二十一条 采购人或者采购代理机构对供应商进行资格预审的，资格预审公告应当在省级以上人民政府财政部门指定的媒体上发布。已进行资格预审的，评审阶段可以不再对供应商资格进行审查。资格预审合格的供应商在评审阶段资格发生变化的，应当通知采购人和采购代理机构。

资格预审公告应当包括采购人和采购项目名称、采购需求、对供应商的资格要求以及供应商提交资格预审申请文件的时间和地点。提交资格预审申请文件的时间自公告发布之日起不得少于5个工作日。

第二十二条 联合体中有同类资质的供应商按照联合体分工承担相同工作的，应当按照资质等级较低的供应商确定资质等级。

以联合体形式参加政府采购活动的，联合体各方不得再单独参加或者与其他供应商另外组成联合体参加同一合同项下的政府采购活动。

第三章 政府采购方式

第二十三条 采购人采购公开招标数额标准以上的货物或者服务，符合政府采购法第二十九条、第三十条、第三十一条、第三十二条规定情形或者有需要执行政府采购政策等特殊情况的，经设区的市级以上人民政府财政部门批准，可以依法采用公开招标以外的采购方式。

第二十四条 列入集中采购目录的项目，适合实行批量集中采购的，应当实行批量集中采购，但紧急的小额零星货物项目和有特殊要求的服务、工程项目除外。

第二十五条 政府采购工程依法不进行招标的，应当依照政府采购法和本条例规定的竞争性谈判或者单一来源采购方式采购。

第二十六条 政府采购法第三十条第三项规定的情

形，应当是采购人不可预见的或者非因采购人拖延导致的；第四项规定的情形，是指因采购艺术品或者因专利、专有技术或者因服务的时间、数量事先不能确定等导致不能事先计算出价格总额。

第二十七条 政府采购法第三十一条第一项规定的情形，是指因货物或者服务使用不可替代的专利、专有技术，或者公共服务项目具有特殊要求，导致只能从某一特定供应商处采购。

第二十八条 在一个财政年度内，采购人将一个预算项目下的同一品目或者类别的货物、服务采用公开招标以外的方式多次采购，累计资金数额超过公开招标数额标准的，属于以化整为零方式规避公开招标，但项目预算调整或者经批准采用公开招标以外方式采购除外。

第四章 政府采购程序

第二十九条 采购人应当根据集中采购目录、采购限额标准和已批复的部门预算编制政府采购实施计划，报本级人民政府财政部门备案。

第三十条 采购人或者采购代理机构应当在招标文件、谈判文件、询价通知书中公开采购项目预算金额。

第三十一条 招标文件的提供期限自招标文件开始发出之日起不得少于5个工作日。

采购人或者采购代理机构可以对已发出的招标文件进行必要的澄清或者修改。澄清或者修改的内容可能影响投标文件编制的，采购人或者采购代理机构应当在投标截止时间至少15日前，以书面形式通知所有获取招标文件的潜在投标人；不足15日的，采购人或者采购代理机构应当顺延提交投标文件的截止时间。

第三十二条 采购人或者采购代理机构应当按照国务院财政部门制定的招标文件标准文本编制招标文件。

招标文件应当包括采购项目的商务条件、采购需求、投标人的资格条件、投标报价要求、评标方法、评标标准以及拟签订的合同文本等。

第三十三条 招标文件要求投标人提交投标保证金的，投标保证金不得超过采购项目预算金额的2%。投标保证金应当以支票、汇票、本票或者金融机构、担保机构出具的保函等非现金形式提交。投标人未按照招标文件要求提交投标保证金的，投标无效。

采购人或者采购代理机构应当自中标通知书发出之日起5个工作日内退还未中标供应商的投标保证金，自政府采购合同签订之日起5个工作日内退还中标供应商的投标保证金。

竞争性谈判或者询价采购中要求参加谈判或者询价的供应商提交保证金的，参照前两款的规定执行。

第三十四条 政府采购招标评标方法分为最低评标价法和综合评分法。

最低评标价法，是指投标文件满足招标文件全部实质性要求且投标报价最低的供应商为中标候选人的评标方法。综合评分法，是指投标文件满足招标文件全部实质性要求且按照评审因素的量化指标评审得分最高的供应商为中标候选人的评标方法。

技术、服务等标准统一的货物和服务项目，应当采用最低评标价法。

采用综合评分法的，评审标准中的分值设置应当与评审因素的量化指标相对应。

招标文件中没有规定的评标标准不得作为评审的依据。

第三十五条 谈判文件不能完整、明确列明采购需求，需要由供应商提供最终设计方案或者解决方案的，在谈判结束后，谈判小组应当按照少数服从多数的原则投票推荐3家以上供应商的设计方案或者解决方案，并要求其在规定时间内提交最后报价。

第三十六条 询价通知书应当根据采购需求确定政府采购合同条款。在询价过程中，询价小组不得改变询价通知书所确定的政府采购合同条款。

第三十七条 政府采购法第三十八条第五项、第四十条第四项所称质量和服务相等，是指供应商提供的产品质量和服务均能满足采购文件规定的实质性要求。

第三十八条 达到公开招标数额标准，符合政府采购法第三十一条第一项规定情形，只能从唯一供应商处采购的，采购人应当将采购项目信息和唯一供应商名称在省级以上人民政府财政部门指定的媒体上公示，公示期不得少于5个工作日。

第三十九条 除国务院财政部门规定的情形外，采购人或者采购代理机构应当从政府采购评审专家库中随机抽取评审专家。

第四十条 政府采购评审专家应当遵守评审工作纪律，不得泄露评审文件、评审情况和评审中获悉的商业秘密。

评标委员会、竞争性谈判小组或者询价小组在评审过程中发现供应商有行贿、提供虚假材料或者串通等违法行为的，应当及时向财政部门报告。

政府采购评审专家在评审过程中受到非法干预的，应当及时向财政、监察等部门举报。

第四十一条 评标委员会、竞争性谈判小组或者询价小组成员应当按照客观、公正、审慎的原则，根据采购文件规定的评审程序、评审方法和评审标准进行独立评审。采购文件内容违反国家有关强制性规定的，评标委员会、竞争性谈判小组或者询价小组应当停止评审并向采购人或者采购代理机构说明情况。

评标委员会、竞争性谈判小组或者询价小组成员应当在评审报告上签字，对自己的评审意见承担法律责任。对评审报告有异议的，应当在评审报告上签署不同意见，并说明理由，否则视为同意评审报告。

第四十二条 采购人、采购代理机构不得向评标委员会、竞争性谈判小组或者询价小组的评审专家作倾向性、误导性的解释或者说明。

第四十三条 采购代理机构应当自评审结束之日起2个工作日内将评审报告送交采购人。采购人应当自收到评审报告之日起5个工作日内在评审报告推荐的中标或者成交候选人中按顺序确定中标或者成交供应商。

采购人或者采购代理机构应当自中标、成交供应商确定之日起2个工作日内，发出中标、成交通知书，并在省级以上人民政府财政部门指定的媒体上公告中标、成交结果，招标文件、竞争性谈判文件、询价通知书随中标、成交结果同时公告。

中标、成交结果公告内容应当包括采购人和采购代理机构的名称、地址、联系方式，项目名称和项目编号，中标或者成交供应商名称、地址和中标或者成交金额，主要中标或者成交标的的名称、规格型号、数量、单价、服务要求以及评审专家名单。

第四十四条 除国务院财政部门规定的情形外，采购人、采购代理机构不得以任何理由组织重新评审。采购人、采购代理机构按照国务院财政部门的规定组织重新评审的，应当书面报告本级人民政府财政部门。

采购人或者采购代理机构不得通过对样品进行检测、对供应商进行考察等方式改变评审结果。

第四十五条 采购人或者采购代理机构应当按照政府采购合同规定的技术、服务、安全标准组织对供应商履约情况进行验收，并出具验收书。验收书应当包括每一项技术、服务、安全标准的履约情况。

政府向社会公众提供的公共服务项目，验收时应当邀请服务对象参与并出具意见，验收结果应当向社会公告。

第四十六条 政府采购法第四十二条规定的采购文件，可以用电子档案方式保存。

第五章 政府采购合同

第四十七条 国务院财政部门应当会同国务院有关部门制定政府采购合同标准文本。

第四十八条 采购文件要求中标或者成交供应商提交履约保证金的，供应商应当以支票、汇票、本票或者金融机构、担保机构出具的保函等非现金形式提交。履约保证金的数额不得超过政府采购合同金额的10%。

第四十九条 中标或者成交供应商拒绝与采购人签订合同的，采购人可以按照评审报告推荐的中标或者成交候选人名单排序，确定下一候选人为中标或者成交供应商，也可以重新开展政府采购活动。

第五十条 采购人应当自政府采购合同签订之日起2个工作日内，将政府采购合同在省级以上人民政府财政部门指定的媒体上公告，但政府采购合同中涉及国家秘密、商业秘密的内容除外。

第五十一条 采购人应当按照政府采购合同规定，及时向中标或者成交供应商支付采购资金。

政府采购项目资金支付程序，按照国家有关财政资金支付管理的规定执行。

第六章 质疑与投诉

第五十二条 采购人或者采购代理机构应当在3个工作日内对供应商依法提出的询问作出答复。

供应商提出的询问或者质疑超出采购人对采购代理机构委托授权范围的，采购代理机构应当告知供应商向采购人提出。

政府采购评审专家应当配合采购人或者采购代理机构答复供应商的询问和质疑。

第五十三条 政府采购法第五十二条规定的供应商应知其权益受到损害之日，是指：

（一）对可以质疑的采购文件提出质疑的，为收到采购文件之日或者采购文件公告期限届满之日；

（二）对采购过程提出质疑的，为各采购程序环节结束之日；

（三）对中标或者成交结果提出质疑的，为中标或者成交结果公告期限届满之日。

第五十四条 询问或者质疑事项可能影响中标、成交结果的，采购人应当暂停签订合同，已经签订合同的，应当中止履行合同。

第五十五条 供应商质疑、投诉应当有明确的请求和必要的证明材料。供应商投诉的事项不得超出已质疑事项的范围。

第五十六条 财政部门处理投诉事项采用书面审查的方式，必要时可以进行调查取证或者组织质证。

对财政部门依法进行的调查取证，投诉人和与投诉事项有关的当事人应当如实反映情况，并提供相关材料。

第五十七条 投诉人捏造事实、提供虚假材料或者以非法手段取得证明材料进行投诉的，财政部门应当予以驳回。

财政部门受理投诉后，投诉人书面申请撤回投诉的，财政部门应当终止投诉处理程序。

第五十八条 财政部门处理投诉事项，需要检验、检测、鉴定、专家评审以及需要投诉人补正材料的，所需时间不计算在投诉处理期限内。

财政部门对投诉事项作出的处理决定，应当在省级以上人民政府财政部门指定的媒体上公告。

第七章 监督检查

第五十九条 政府采购法第六十三条所称政府采购项目的采购标准，是指项目采购所依据的经费预算标准、资产配置标准和技术、服务标准等。

第六十条 除政府采购法第六十六条规定的考核事项外，财政部门对集中采购机构的考核事项还包括：

（一）政府采购政策的执行情况；

（二）采购文件编制水平；

（三）采购方式和采购程序的执行情况；

（四）询问、质疑答复情况；

（五）内部监督管理制度建设及执行情况；

（六）省级以上人民政府财政部门规定的其他事项。

财政部门应当制定考核计划，定期对集中采购机构进行考核，考核结果有重要情况的，应当向本级人民政府报告。

第六十一条 采购人发现采购代理机构有违法行为的，应当要求其改正。采购代理机构拒不改正的，采购人应当向本级人民政府财政部门报告，财政部门应当依法处理。

采购代理机构发现采购人的采购需求存在以不合理条件对供应商实行差别待遇、歧视待遇或者其他不符合法律、法规和政府采购政策规定内容，或者发现采购人有其他违法行为的，应当建议其改正。采购人拒不改正的，采购代理机构应当向采购人的本级人民政府财政部门报告，财政部门应当依法处理。

第六十二条 省级以上人民政府财政部门应当对政府采购评审专家库实行动态管理，具体管理办法由国务院财政部门制定。

采购人或者采购代理机构应当对评审专家在政府采购活动中的职责履行情况予以记录，并及时向财政部门报告。

第六十三条 各级人民政府财政部门和其他有关部门应当加强对参加政府采购活动的供应商、采购代理机构、评审专家的监督管理，对其不良行为予以记录，并纳入统一的信用信息平台。

第六十四条　各级人民政府财政部门对政府采购活动进行监督检查，有权查阅、复制有关文件、资料，相关单位和人员应当予以配合。

第六十五条　审计机关、监察机关以及其他有关部门依法对政府采购活动实施监督，发现采购当事人有违法行为的，应当及时通报财政部门。

第八章　法律责任

第六十六条　政府采购法第七十一条规定的罚款，数额为10万元以下。

政府采购法第七十二条规定的罚款，数额为5万元以上25万元以下。

第六十七条　采购人有下列情形之一的，由财政部门责令限期改正，给予警告，对直接负责的主管人员和其他直接责任人员依法给予处分，并予以通报：

（一）未按照规定编制政府采购实施计划或者未按照规定将政府采购实施计划报本级人民政府财政部门备案；

（二）将应当进行公开招标的项目化整为零或者以其他任何方式规避公开招标；

（三）未按照规定在评标委员会、竞争性谈判小组或者询价小组推荐的中标或者成交候选人中确定中标或者成交供应商；

（四）未按照采购文件确定的事项签订政府采购合同；

（五）政府采购合同履行中追加与合同标的相同的货物、工程或者服务的采购金额超过原合同采购金额10%；

（六）擅自变更、中止或者终止政府采购合同；

（七）未按照规定公告政府采购合同；

（八）未按照规定时间将政府采购合同副本报本级人民政府财政部门和有关部门备案。

第六十八条　采购人、采购代理机构有下列情形之一的，依照政府采购法第七十一条、第七十八条的规定追究法律责任：

（一）未依照政府采购法和本条例规定的方式实施采购；

（二）未依法在指定的媒体上发布政府采购项目信息；

（三）未按照规定执行政府采购政策；

（四）违反本条例第十五条的规定导致无法组织对供应商履约情况进行验收或者国家财产遭受损失；

（五）未依法从政府采购评审专家库中抽取评审专家；

（六）非法干预采购评审活动；

（七）采用综合评分法时评审标准中的分值设置未与评审因素的量化指标相对应；

（八）对供应商的询问、质疑逾期未作处理；

（九）通过对样品进行检测、对供应商进行考察等方式改变评审结果；

（十）未按照规定组织对供应商履约情况进行验收。

第六十九条　集中采购机构有下列情形之一的，由财政部门责令限期改正，给予警告，有违法所得的，并处没收违法所得，对直接负责的主管人员和其他直接责任人员依法给予处分，并予以通报：

（一）内部监督管理制度不健全，对依法应当分设、分离的岗位、人员未分设、分离；

（二）将集中采购项目委托其他采购代理机构采购；

（三）从事营利活动。

第七十条　采购人员与供应商有利害关系而不依法回避的，由财政部门给予警告，并处2000元以上2万元以下的罚款。

第七十一条　有政府采购法第七十一条、第七十二条规定的违法行为之一，影响或者可能影响中标、成交结果的，依照下列规定处理：

（一）未确定中标或者成交供应商的，终止本次政府采购活动，重新开展政府采购活动。

（二）已确定中标或者成交供应商但尚未签订政府采购合同的，中标或者成交结果无效，从合格的中标或者成交候选人中另行确定中标或者成交供应商；没有合格的中标或者成交候选人的，重新开展政府采购活动。

（三）政府采购合同已签订但尚未履行的，撤销合同，从合格的中标或者成交候选人中另行确定中标或者成交供应商；没有合格的中标或者成交候选人的，重新开展政府采购活动。

（四）政府采购合同已经履行，给采购人、供应商造成损失的，由责任人承担赔偿责任。

政府采购当事人有其他违反政府采购法或者本条例规定的行为，经改正后仍然影响或者可能影响中标、成交结果或者依法被认定为中标、成交无效的，依照前款规定处理。

第七十二条 供应商有下列情形之一的，依照政府采购法第七十七条第一款的规定追究法律责任：

（一）向评标委员会、竞争性谈判小组或者询价小组成员行贿或者提供其他不正当利益；

（二）中标或者成交后无正当理由拒不与采购人签订政府采购合同；

（三）未按照采购文件确定的事项签订政府采购合同；

（四）将政府采购合同转包；

（五）提供假冒伪劣产品；

（六）擅自变更、中止或者终止政府采购合同。

供应商有前款第一项规定情形的，中标、成交无效。评审阶段资格发生变化，供应商未依照本条例第二十一条的规定通知采购人和采购代理机构的，处以采购金额5‰的罚款，列入不良行为记录名单，中标、成交无效。

第七十三条 供应商捏造事实、提供虚假材料或者以非法手段取得证明材料进行投诉的，由财政部门列入不良行为记录名单，禁止其1至3年内参加政府采购活动。

第七十四条 有下列情形之一的，属于恶意串通，对供应商依照政府采购法第七十七条第一款的规定追究法律责任，对采购人、采购代理机构及其工作人员依照政府采购法第七十二条的规定追究法律责任：

（一）供应商直接或者间接从采购人或者采购代理机构处获得其他供应商的相关情况并修改其投标文件或者响应文件；

（二）供应商按照采购人或者采购代理机构的授意撤换、修改投标文件或者响应文件；

（三）供应商之间协商报价、技术方案等投标文件或者响应文件的实质性内容；

（四）属于同一集团、协会、商会等组织成员的供应商按照该组织要求协同参加政府采购活动；

（五）供应商之间事先约定由某一特定供应商中标、成交；

（六）供应商之间商定部分供应商放弃参加政府采购活动或者放弃中标、成交；

（七）供应商与采购人或者采购代理机构之间、供应商相互之间，为谋求特定供应商中标、成交或者排斥其他供应商的其他串通行为。

第七十五条 政府采购评审专家未按照采购文件规定的评审程序、评审方法和评审标准进行独立评审或者泄露评审文件、评审情况的，由财政部门给予警告，并处2000元以上2万元以下的罚款；影响中标、成交结果的，处2万元以上5万元以下的罚款，禁止其参加政府采购评审活动。

政府采购评审专家与供应商存在利害关系未回避的，处2万元以上5万元以下的罚款，禁止其参加政府采购评审活动。

政府采购评审专家收受采购人、采购代理机构、供应商贿赂或者获取其他不正当利益，构成犯罪的，依法追究刑事责任；尚不构成犯罪的，处2万元以上5万元以下的罚款，禁止其参加政府采购评审活动。

政府采购评审专家有上述违法行为的，其评审意见无效，不得获取评审费；有违法所得的，没收违法所得；给他人造成损失的，依法承担民事责任。

第七十六条 政府采购当事人违反政府采购法和本条例规定，给他人造成损失的，依法承担民事责任。

第七十七条 财政部门在履行政府采购监督管理职责中违反政府采购法和本条例规定，滥用职权、玩忽职守、徇私舞弊的，对直接负责的主管人员和其他直接责任人员依法给予处分；直接负责的主管人员和其他直接责任人员构成犯罪的，依法追究刑事责任。

第九章 附 则

第七十八条 财政管理实行省直接管理的县级人民政府可以根据需要并报经省级人民政府批准，行使政府采购法和本条例规定的设区的市级人民政府批准变更采购方式的职权。

第七十九条　本条例自2015年3月1日起施行。

财政部办公厅关于《中华人民共和国政府采购法实施条例》第十八条第二款法律适用的函

1. 2015年9月7日

2. 财办库〔2015〕295号

深圳市财政委员会：

你单位《关于咨询〈政府采购法实施条例〉第十八条第二款法律适用问题的函》（深财购函〔2015〕2282号）收悉。经研究，现函复如下：

为促进政府采购公平竞争，加强采购项目的实施监管，《中华人民共和国政府采购法实施条例》第十八条规定，“除单一来源采购项目外，为采购项目提供整体设计、规范编制或者项目管理、监理、检测等服务的供应商，不得再参加该采购项目的其他采购活动。”其中，“其他采购活动”指为采购项目提供整体设计、规范编制和项目管理、监理、检测等服务之外的采购活动。因此，同一供应商可以同时承担项目的整体设计、规范编制和项目管理、监理、检测等服务。

特此函复。

财政部关于《中华人民共和国政府采购法实施条例》第十九条第一款“较大数额罚款”具体适用问题的意见

1. 2022年1月5日

2. 财库〔2022〕3号

各省、自治区、直辖市、计划单列市财政厅（局），新疆生产建设兵团财政局：

《中华人民共和国政府采购法实施条例》施行以来，部分地方财政部门、市场主体反映《中华人民共和国政府采购法实施条例》第十九条第一款“较大数额罚款”在执行过程中标准不一、差异较大。为贯彻落实国务院关于进一步优化营商环境的要求，维护政府采购市场秩序，规范行政执法行为，经研究并会商有关部门，现提出以下意见：

《中华人民共和国政府采购法实施条例》第十九条第一款规定的“较大数额罚款”认定为200万元以上的罚款，法律、行政法规以及国务院有关部门明确规定相关领域“较大数额罚款”标准高于200万元的，从其规定。

本意见自2022年2月8日起施行，此前颁布的有关规定与本意见不一致的，按照本意见执行。

国务院办公厅关于进一步加强政府采购管理工作的意见

1. 2009年4月10日

2. 国办发〔2009〕35号

各省、自治区、直辖市人民政府，国务院各部委、各直属机构：

近年来，各地区、各部门认真贯彻落实《中华人民共和国政府采购法》（以下简称《政府采购法》），不断加强制度建设、规范采购行为，政府采购在提高资金使用效益，维护国家和社会公益，以及防范腐败、支持节能环保和促进自主创新等方面取得了显著成效。但是，个别单位规避政府采购，操作执行环节不规范，运行机制不完善，监督处罚不到位，部分政府采购效率低价格高等问题仍然比较突出，一些违反法纪、贪污腐败的现象时有发生，造成财政资金损失浪费。为切实解决这些问题，全面深化政府采购制度改革，经国务院同意，现就进一步加强政府采购管理工作提出以下意见：

一、坚持应采尽采，进一步强化和实现依法采购

财政部门要依据政府采购需要和集中采购机构能力，研究完善政府集中采购目录和产品分类。各地区、各部门要加大推进政府采购工作的力度，扩大政府采购管理实施范围，对列入政府采购的项目应全部依法实施政府采购。尤其是要加强对部门和单位使用纳入财政管理的其他资金或使用以财政性资金作为还款来源的借(贷)款进行采购的管理;要加强工程项目的政府采购管理,政府采购工程项目除招标投标外均按《政府采购法》规定执行。

各部门、各单位要认真执行政府采购法律制度规定的工作程序和操作标准,合理确定采购需求,及时签订合同、履约验收和支付资金,不得以任何方式干预和影响采购活动。属政府集中采购目录项目要委托集中采购机构实施;达到公开招标限额标准的采购项目,未经财政部门批准不得采取其他采购方式,并严格按规定向社会公开发布采购信息,实现采购活动的公开透明。

二、坚持管采分离,进一步完善监管和运行机制

加强政府采购监督管理与操作执行相分离的体制建设,进一步完善财政部门监督管理和集中采购机构独立操作运行的机制。

财政部门要严格采购文件编制、信息公告、采购评审、采购合同格式和产品验收等环节的具体标准和程序要求;要建立统一的专家库、供应商产品信息库,逐步实现动态管理和加强违规行为的处罚;要会同国家保密部门制定保密项目采购的具体标准、范围和工作要求,防止借采购项目保密而逃避或简化政府采购的行为。

集中采购机构要严格按照《政府采购法》规定组织采购活动,规范集中采购操作行为,增强集中采购目录执行的严肃性、科学性和有效性。在组织实施中不得违反国家规定收取采购代理费用和其他费用,也不得将采购单位委托的集中采购项目再委托给社会代理机构组织实施采购。要建立健全内部监督管理制度,实现采购活动不同环节之间权责明确、岗位分离。要重视和加强专业化建设,优化集中采购实施方式和内部操作程序,实现采购价格低于市场平均价格、采购效率更高、采购质量优良和服务良好。

在集中采购业务代理活动中要适当引入竞争机制,打破现有集中采购机构完全按行政隶属关系接受委托业务的格局,允许采购单位在所在区域内择优选择集中采购机构,实现集中采购活动的良性竞争。

三、坚持预算约束,进一步提高政府采购效率和质量

各部门、各单位要按照《政府采购法》的规定和财政部门预算管理的要求,将政府采购项目全部编入部门预算,做好政府采购预算和采购计划编报的相互衔接工作,确保采购计划严格按政府采购预算的项目和数额执行。

要采取有效措施,加强监管部门、采购单位和采购代理机构间的相互衔接,通过改进管理水平和操作执行质量,不断提高采购效率。财政部门要改进管理方式,提高审批效率,整合优化采购环节,制定标准化工作程序,建立各种采购方式下的政府采购价格监测机制和采购结果社会公开披露制度,实现对采购活动及采购结果的有效监控。集中采购机构要提高业务技能和专业化操作水平,通过优化采购组织形式,科学制定价格参数和评价标准,完善评审程序,缩短采购操作时间,建立政府采购价格与市场价格的联动机制,实现采购价格和采购质量最优。

四、坚持政策功能,进一步服务好经济和社会发展大局

政府采购应当有助于实现国家的经济和社会发展政策目标。强化政府采购的政策功能作用,是建立科学政府采购制度的客观要求。各地区、各部门要从政府采购政策功能上支持国家宏观调控,贯彻好扩大内需、调整结构等经济政策,认真落实节能环保、自主创新、进口产品审核等政府采购政策;进一步扩大政府采购政策功能范围,积极研究支持促进中小企业发展等政府采购政策。加大强制采购节能产品和优先购买环保产品的力度,凡采购产品涉及节能环保和自主创新产品的,必须执行财政部会同有关部门发布的节能环保和自主创新产品政府采购清单(目录)。要严格审核进口产品的采购,凡国内产品能够满足需求的都要采购国内产品。财政部门要加强政策实施的监督,跟踪政策实施情况,建立采购效果评价体系,保证政策规定落到实处。

五、坚持依法处罚,进一步严肃法律制度约束

各级财政、监察、审计、预防腐败部门要加强对政府采购的监督管理,严格执法检查,对违法违规行为要依法追究责任并以适当方式向社会公布,对情节严重的要依法予以处罚。

要通过动态监控体系及时发现、纠正和处理采购单位逃避政府采购和其他违反政府采购制度规定的行为，追究相关单位及人员的责任。要完善评审专家责任处罚办法，对评审专家违反政府采购制度规定、评审程序和评审标准，以及在评审工作中敷衍塞责或故意影响评标结果等行为，要严肃处理。要加快供应商诚信体系建设，对供应商围标、串标和欺诈等行为依法予以处罚并向社会公布。要加快建立对采购单位、评审专家、供应商、集中采购机构和社会代理机构的考核评价制度和不良行为公告制度，引入公开评议和社会监督机制。严格对集中采购机构的考核，考核结果要向同级人民政府报告。加强对集中采购机构整改情况的跟踪监管，对集中采购机构的违法违规行为，要严格按照法律规定予以处理。

六、坚持体系建设，进一步推进电子化政府采购

加强政府采购信息化建设，是深化政府采购制度改革的重要内容，也是实现政府采购科学化、精细化管理的手段。各地区要积极推进政府采购信息化建设，利用现代电子信息技术，实现政府采购管理和操作执行各个环节的协调联动。财政部门要切实加强对政府采购信息化建设工作的统一领导和组织，科学制订电子化政府采购体系发展建设规划，以管理功能完善、交易公开透明、操作规范统一、网络安全可靠为目标，建设全国统一的电子化政府采购管理交易平台，逐步实现政府采购业务交易信息共享和全流程电子化操作。要抓好信息系统推广运行的组织工作，制定由点到面、协调推进的实施计划。

七、坚持考核培训，进一步加强政府采购队伍建设

各地区、各部门要继续加强政府采购从业人员的职业教育、法制教育和技能培训，增强政府采购从业人员依法行政和依法采购的观念，建立系统的教育培训制度。财政部要会同有关部门研究建立政府采购从业人员执业资格制度，对采购单位、集中采购机构、社会代理机构和评审专家等从业人员实行持证上岗和执业考核，推动政府采购从业人员职业化的进程。集中采购机构要建立内部岗位标准和考核办法，形成优胜劣汰的良性机制，不断提高集中采购机构专业化操作水平。

各地区、各部门要全面把握新时期、新形势下完善政府采购制度的新要求，进一步提高对深化政府采购制度改革重要性的认识，切实加大推进政府采购管理工作的力度，加强对政府采购工作的组织领导，着力协调和解决政府采购管理中存在的突出问题，推进政府采购工作健康发展。

中华人民共和国预算法

1. 1994年3月22日第八届全国人民代表大会第二次会议通过
2. 根据2014年8月31日第十二届全国人民代表大会常务委员会第十次会议《关于修改〈中华人民共和国预算法〉的决定》第一次修正
3. 根据2018年12月29日第十三届全国人民代表大会常务委员会第七次会议《关于修改〈中华人民共和国产品质量法〉等五部法律的决定》第二次修正

目　　录

第一章　总　　则

第一条　【立法目的】为了规范政府收支行为，强化预算约束，加强对预算的管理和监督，建立健全全面规范、公开透明的预算制度，保障经济社会的健康发展，根据宪法，制定本法。

第二条　【适用范围】预算、决算的编制、审查、批准、监督，以及预算的执行和调整，依照本法规定执行。

第三条 【预算管理体制、预算组成】国家实行一级政府一级预算,设立中央,省、自治区、直辖市,设区的市、自治州,县、自治县、不设区的市、市辖区,乡、民族乡、镇五级预算。

全国预算由中央预算和地方预算组成。地方预算由各省、自治区、直辖市总预算组成。

地方各级总预算由本级预算和汇总的下一级总预算组成;下一级只有本级预算的,下一级总预算即指下一级的本级预算。没有下一级预算的,总预算即指本级预算。

第四条 【预算收入和预算支出】预算由预算收入和预算支出组成。

政府的全部收入和支出都应当纳入预算。

第五条 【预算内容】预算包括一般公共预算、政府性基金预算、国有资本经营预算、社会保险基金预算。

一般公共预算、政府性基金预算、国有资本经营预算、社会保险基金预算应当保持完整、独立。政府性基金预算、国有资本经营预算、社会保险基金预算应当与一般公共预算相衔接。

第六条 【中央一般公共预算】一般公共预算是对以税收为主体的财政收入,安排用于保障和改善民生、推动经济社会发展、维护国家安全、维持国家机构正常运转等方面的收支预算。

中央一般公共预算包括中央各部门(含直属单位,下同)的预算和中央对地方的税收返还、转移支付预算。

中央一般公共预算收入包括中央本级收入和地方向中央的上解收入。中央一般公共预算支出包括中央本级支出、中央对地方的税收返还和转移支付。

第七条 【地方各级一般公共预算】地方各级一般公共预算包括本级各部门(含直属单位,下同)的预算和税收返还、转移支付预算。

地方各级一般公共预算收入包括地方本级收入、上级政府对本级政府的税收返还和转移支付、下级政府的上解收入。地方各级一般公共预算支出包括地方本级支出、对上级政府的上解支出、对下级政府的税收返还和转移支付。

第八条 【部门预算组成】各部门预算由本部门及其所属各单位预算组成。

第九条 【政府性基金预算】政府性基金预算是对依照法律、行政法规的规定在一定期限内向特定对象征收、收取或者以其他方式筹集的资金,专项用于特定公共事业发展的收支预算。

政府性基金预算应当根据基金项目收入情况和实际支出需要,按基金项目编制,做到以收定支。

第十条 【国有资本经营预算】国有资本经营预算是对国有资本收益作出支出安排的收支预算。

国有资本经营预算应当按照收支平衡的原则编制,不列赤字,并安排资金调入一般公共预算。

第十一条 【社会保险基金预算】社会保险基金预算是对社会保险缴款、一般公共预算安排和其他方式筹集的资金,专项用于社会保险的收支预算。

社会保险基金预算应当按照统筹层次和社会保险项目分别编制,做到收支平衡。

第十二条 【预算原则】各级预算应当遵循统筹兼顾、勤俭节约、量力而行、讲求绩效和收支平衡的原则。

各级政府应当建立跨年度预算平衡机制。

第十三条 【预算调整】经人民代表大会批准的预算,非经法定程序,不得调整。各级政府、各部门、各单位的支出必须以经批准的预算为依据,未列入预算的不得支出。

第十四条 【预算公开】经本级人民代表大会或者本级人民代表大会常务委员会批准的预算、预算调整、决算、预算执行情况的报告及报表,应当在批准后二十日内由本级政府财政部门向社会公开,并对本级政府财政转移支付安排、执行的情况以及举借债务的情况等重要事项作出说明。

经本级政府财政部门批复的部门预算、决算及报表,应当在批复后二十日内由各部门向社会公开,并对部门预算、决算中机关运行经费的安排、使用情况等重要事项作出说明。

各级政府、各部门、各单位应当将政府采购的情况及时向社会公开。

本条前三款规定的公开事项,涉及国家秘密的除外。

第十五条 【分税制】国家实行中央和地方分税制。

第十六条 【财政转移支付制度】国家实行财政转移支付制度。财政转移支付应当规范、公平、公开，以推进地区间基本公共服务均等化为主要目标。

财政转移支付包括中央对地方的转移支付和地方上级政府对下级政府的转移支付，以为均衡地区间基本财力、由下级政府统筹安排使用的一般性转移支付为主体。

按照法律、行政法规和国务院的规定可以设立专项转移支付，用于办理特定事项。建立健全专项转移支付定期评估和退出机制。市场竞争机制能够有效调节的事项不得设立专项转移支付。

上级政府在安排专项转移支付时，不得要求下级政府承担配套资金。但是，按照国务院的规定应当由上下级政府共同承担的事项除外。

第十七条 【预算机制】各级预算的编制、执行应当建立健全相互制约、相互协调的机制。

第十八条 【预算年度】预算年度自公历一月一日起，至十二月三十一日止。

第十九条 【预算单位】预算收入和预算支出以人民币元为计算单位。

第二章 预算管理职权

第二十条 【全国人大及其常委会预算权】全国人民代表大会审查中央和地方预算草案及中央和地方预算执行情况的报告；批准中央预算和中央预算执行情况的报告；改变或者撤销全国人民代表大会常务委员会关于预算、决算的不适当的决议。

全国人民代表大会常务委员会监督中央和地方预算的执行；审查和批准中央预算的调整方案；审查和批准中央决算；撤销国务院制定的同宪法、法律相抵触的关于预算、决算的行政法规、决定和命令；撤销省、自治区、直辖市人民代表大会及其常务委员会制定的同宪法、法律和行政法规相抵触的关于预算、决算的地方性法规和决议。

第二十一条 【地方各级人大及其常委会预算权】县级以上地方各级人民代表大会审查本级总预算草案及本级总预算执行情况的报告；批准本级预算和本级预算执行情况的报告；改变或者撤销本级人民代表大会常务委员会关于预算、决算的不适当的决议；撤销本级政府关于预算、决算的不适当的决定和命令。

县级以上地方各级人民代表大会常务委员会监督本级总预算的执行；审查和批准本级预算的调整方案；审查和批准本级决算；撤销本级政府和下一级人民代表大会及其常务委员会关于预算、决算的不适当的决定、命令和决议。

乡、民族乡、镇的人民代表大会审查和批准本级预算和本级预算执行情况的报告；监督本级预算的执行；审查和批准本级预算的调整方案；审查和批准本级决算；撤销本级政府关于预算、决算的不适当的决定和命令。

第二十二条 【各级专门委员会预算权】全国人民代表大会财政经济委员会对中央预算草案初步方案及上一年预算执行情况、中央预算调整初步方案和中央决算草案进行初步审查，提出初步审查意见。

省、自治区、直辖市人民代表大会有关专门委员会对本级预算草案初步方案及上一年预算执行情况、本级预算调整初步方案和本级决算草案进行初步审查，提出初步审查意见。

设区的市、自治州人民代表大会有关专门委员会对本级预算草案初步方案及上一年预算执行情况、本级预算调整初步方案和本级决算草案进行初步审查，提出初步审查意见，未设立专门委员会的，由本级人民代表大会常务委员会有关工作机构研究提出意见。

县、自治县、不设区的市、市辖区人民代表大会常务委员会对本级预算草案初步方案及上一年预算执行情况进行初步审查，提出初步审查意见。县、自治县、不设区的市、市辖区人民代表大会常务委员会有关工作机构对本级预算调整初步方案和本级决算草案研究提出意见。

设区的市、自治州以上各级人民代表大会有关专门委员会进行初步审查、常务委员会有关工作机构研究提出意见时，应当邀请本级人民代表大会代表参加。

对依照本条第一款至第四款规定提出的意见，本级政府财政部门应当将处理情况及时反馈。

依照本条第一款至第四款规定提出的意见以及

本级政府财政部门反馈的处理情况报告，应当印发本级人民代表大会代表。

全国人民代表大会常务委员会和省、自治区、直辖市、设区的市、自治州人民代表大会常务委员会有关工作机构，依照本级人民代表大会常务委员会的决定，协助本级人民代表大会财政经济委员会或者有关专门委员会承担审查预算草案、预算调整方案、决算草案和监督预算执行等方面的具体工作。

第二十三条 **【国务院预算权】**国务院编制中央预算、决算草案；向全国人民代表大会作关于中央和地方预算草案的报告；将省、自治区、直辖市政府报送备案的预算汇总后报全国人民代表大会常务委员会备案；组织中央和地方预算的执行；决定中央预算预备费的动用；编制中央预算调整方案；监督中央各部门和地方政府的预算执行；改变或者撤销中央各部门和地方政府关于预算、决算的不适当的决定、命令；向全国人民代表大会、全国人民代表大会常务委员会报告中央和地方预算的执行情况。

第二十四条 **【地方各级政府预算权】**县级以上地方各级政府编制本级预算、决算草案；向本级人民代表大会作关于本级总预算草案的报告；将下一级政府报送备案的预算汇总后报本级人民代表大会常务委员会备案；组织本级总预算的执行；决定本级预算预备费的动用；编制本级预算的调整方案；监督本级各部门和下级政府的预算执行；改变或者撤销本级各部门和下级政府关于预算、决算的不适当的决定、命令；向本级人民代表大会、本级人民代表大会常务委员会报告本级总预算的执行情况。

乡、民族乡、镇政府编制本级预算、决算草案；向本级人民代表大会作关于本级预算草案的报告；组织本级预算的执行；决定本级预算预备费的动用；编制本级预算的调整方案；向本级人民代表大会报告本级预算的执行情况。

经省、自治区、直辖市政府批准，乡、民族乡、镇本级预算草案、预算调整方案、决算草案，可以由上一级政府代编，并依照本法第二十一条的规定报乡、民族乡、镇的人民代表大会审查和批准。

第二十五条 **【各级政府财政部门预算权责】**国务院财政部门具体编制中央预算、决算草案；具体组织中央和地方预算的执行；提出中央预算预备费动用方案；具体编制中央预算的调整方案；定期向国务院报告中央和地方预算的执行情况。

地方各级政府财政部门具体编制本级预算、决算草案；具体组织本级总预算的执行；提出本级预算预备费动用方案；具体编制本级预算的调整方案；定期向本级政府和上一级政府财政部门报告本级总预算的执行情况。

第二十六条 **【各部门预算权责】**各部门编制本部门预算、决算草案；组织和监督本部门预算的执行；定期向本级政府财政部门报告预算的执行情况。

各单位编制本单位预算、决算草案；按照国家规定上缴预算收入，安排预算支出，并接受国家有关部门的监督。

第三章 预算收支范围

第二十七条 **【一般公共预算组成】**一般公共预算收入包括各项税收收入、行政事业性收费收入、国有资源（资产）有偿使用收入、转移性收入和其他收入。

一般公共预算支出按照其功能分类，包括一般公共服务支出，外交、公共安全、国防支出，农业、环境保护支出，教育、科技、文化、卫生、体育支出，社会保障及就业支出和其他支出。

一般公共预算支出按照其经济性质分类，包括工资福利支出、商品和服务支出、资本性支出和其他支出。

第二十八条 **【其他预算收支范围】**政府性基金预算、国有资本经营预算和社会保险基金预算的收支范围，按照法律、行政法规和国务院的规定执行。

第二十九条 **【中央预算与地方预算划分】**中央预算与地方预算有关收入和支出项目的划分、地方向中央上解收入、中央对地方税收返还或者转移支付的具体办法，由国务院规定，报全国人民代表大会常务委员会备案。

第三十条 **【上下级政府预算关系】**上级政府不得在预算之外调用下级政府预算的资金。下级政府不得挤占或者截留属于上级政府预算的资金。

第四章　预 算 编 制

第三十一条　【国务院下达预算草案指示；预算草案编制时间】国务院应当及时下达关于编制下一年预算草案的通知。编制预算草案的具体事项由国务院财政部门部署。

各级政府、各部门、各单位应当按照国务院规定的时间编制预算草案。

第三十二条　【预算编制依据】各级预算应当根据年度经济社会发展目标、国家宏观调控总体要求和跨年度预算平衡的需要，参考上一年预算执行情况、有关支出绩效评价结果和本年度收支预测，按照规定程序征求各方面意见后，进行编制。

各级政府依据法定权限作出决定或者制定行政措施，凡涉及增加或者减少财政收入或者支出的，应当在预算批准前提出并在预算草案中作出相应安排。

各部门、各单位应当按照国务院财政部门制定的政府收支分类科目、预算支出标准和要求，以及绩效目标管理等预算编制规定，根据其依法履行职能和事业发展的需要以及存量资产情况，编制本部门、本单位预算草案。

前款所称政府收支分类科目，收入分为类、款、项、目；支出按其功能分类分为类、款、项，按其经济性质分类分为类、款。

第三十三条　【地方预算草案报审】省、自治区、直辖市政府应当按照国务院规定的时间，将本级总预算草案报国务院审核汇总。

第三十四条　【中央预算赤字】中央一般公共预算中必需的部分资金，可以通过举借国内和国外债务等方式筹措，举借债务应当控制适当的规模，保持合理的结构。

对中央一般公共预算中举借的债务实行余额管理，余额的规模不得超过全国人民代表大会批准的限额。

国务院财政部门具体负责对中央政府债务的统一管理。

第三十五条　【地方预算赤字】地方各级预算按照量入为出、收支平衡的原则编制，除本法另有规定外，不列赤字。

经国务院批准的省、自治区、直辖市的预算中必需的建设投资的部分资金，可以在国务院确定的限额内，通过发行地方政府债券举借债务的方式筹措。举借债务的规模，由国务院报全国人民代表大会或者全国人民代表大会常务委员会批准。省、自治区、直辖市依照国务院下达的限额举借的债务，列入本级预算调整方案，报本级人民代表大会常务委员会批准。举借的债务应当有偿还计划和稳定的偿还资金来源，只能用于公益性资本支出，不得用于经常性支出。

除前款规定外，地方政府及其所属部门不得以任何方式举借债务。

除法律另有规定外，地方政府及其所属部门不得为任何单位和个人的债务以任何方式提供担保。

国务院建立地方政府债务风险评估和预警机制、应急处置机制以及责任追究制度。国务院财政部门对地方政府债务实施监督。

第三十六条　【预算编制要求】各级预算收入的编制，应当与经济社会发展水平相适应，与财政政策相衔接。

各级政府、各部门、各单位应当依照本法规定，将所有政府收入全部列入预算，不得隐瞒、少列。

第三十七条　【预算编制原则】各级预算支出应当依照本法规定，按其功能和经济性质分类编制。

各级预算支出的编制，应当贯彻勤俭节约的原则，严格控制各部门、各单位的机关运行经费和楼堂馆所等基本建设支出。

各级一般公共预算支出的编制，应当统筹兼顾，在保证基本公共服务合理需要的前提下，优先安排国家确定的重点支出。

第三十八条　【转移支付的编制】一般性转移支付应当按照国务院规定的基本标准和计算方法编制。专项转移支付应当分地区、分项目编制。

县级以上各级政府应当将对下级政府的转移支付预计数提前下达下级政府。

地方各级政府应当将上级政府提前下达的转移支付预计数编入本级预算。

第三十九条 【安排必要的援助资金】中央预算和有关地方预算中应当安排必要的资金，用于扶助革命老区、民族地区、边疆地区、贫困地区发展经济社会建设事业。

第四十条 【预备费】各级一般公共预算应当按照本级一般公共预算支出额的百分之一至百分之三设置预备费，用于当年预算执行中的自然灾害等突发事件处理增加的支出及其他难以预见的开支。

第四十一条 【预算周转金】各级一般公共预算按照国务院的规定可以设置预算周转金，用于本级政府调剂预算年度内季节性收支差额。

各级一般公共预算按照国务院的规定可以设置预算稳定调节基金，用于弥补以后年度预算资金的不足。

第四十二条 【预算余额】各级政府上一年预算的结转资金，应当在下一年用于结转项目的支出；连续两年未用完的结转资金，应当作为结余资金管理。

各部门、各单位上一年预算的结转、结余资金按照国务院财政部门的规定办理。

第五章 预算审查和批准

第四十三条 【预算的审查与批准】中央预算由全国人民代表大会审查和批准。

地方各级预算由本级人民代表大会审查和批准。

第四十四条 【预算草案接受人大财经委初步审查】国务院财政部门应当在每年全国人民代表大会会议举行的四十五日前，将中央预算草案的初步方案提交全国人民代表大会财政经济委员会进行初步审查。

省、自治区、直辖市政府财政部门应当在本级人民代表大会会议举行的三十日前，将本级预算草案的初步方案提交本级人民代表大会有关专门委员会进行初步审查。

设区的市、自治州政府财政部门应当在本级人民代表大会会议举行的三十日前，将本级预算草案的初步方案提交本级人民代表大会有关专门委员会进行初步审查，或者送交本级人民代表大会常务委员会有关工作机构征求意见。

县、自治县、不设区的市、市辖区政府应当在本级人民代表大会会议举行的三十日前，将本级预算草案的初步方案提交本级人民代表大会常务委员会进行初步审查。

第四十五条 【人大审查预算草案前听取各界意见】县、自治县、不设区的市、市辖区、乡、民族乡、镇的人民代表大会举行会议审查预算草案前，应当采用多种形式，组织本级人民代表大会代表，听取选民和社会各界的意见。

第四十六条 【预算草案的细化】报送各级人民代表大会审查和批准的预算草案应当细化。本级一般公共预算支出，按其功能分类应当编列到项；按其经济性质分类，基本支出应当编列到款。本级政府性基金预算、国有资本经营预算、社会保险基金预算支出，按其功能分类应当编列到项。

第四十七条 【报告预算】国务院在全国人民代表大会举行会议时，向大会作关于中央和地方预算草案以及中央和地方预算执行情况的报告。

地方各级政府在本级人民代表大会举行会议时，向大会作关于总预算草案和总预算执行情况的报告。

第四十八条 【重点审查内容】全国人民代表大会和地方各级人民代表大会对预算草案及其报告、预算执行情况的报告重点审查下列内容：

（一）上一年预算执行情况是否符合本级人民代表大会预算决议的要求；

（二）预算安排是否符合本法的规定；

（三）预算安排是否贯彻国民经济和社会发展的方针政策，收支政策是否切实可行；

（四）重点支出和重大投资项目的预算安排是否适当；

（五）预算的编制是否完整，是否符合本法第四十六条的规定；

（六）对下级政府的转移性支出预算是否规范、适当；

（七）预算安排举借的债务是否合法、合理，是否有偿还计划和稳定的偿还资金来源；

（八）与预算有关重要事项的说明是否清晰。

第四十九条　【审查结果报告】全国人民代表大会财政经济委员会向全国人民代表大会主席团提出关于中央和地方预算草案及中央和地方预算执行情况的审查结果报告。

省、自治区、直辖市、设区的市、自治州人民代表大会有关专门委员会，县、自治县、不设区的市、市辖区人民代表大会常务委员会，向本级人民代表大会主席团提出关于总预算草案及上一年总预算执行情况的审查结果报告。

审查结果报告应当包括下列内容：

（一）对上一年预算执行和落实本级人民代表大会预算决议的情况作出评价；

（二）对本年度预算草案是否符合本法的规定，是否可行作出评价；

（三）对本级人民代表大会批准预算草案和预算报告提出建议；

（四）对执行年度预算、改进预算管理、提高预算绩效、加强预算监督等提出意见和建议。

第五十条　【地方预算的批准与备案】乡、民族乡、镇政府应当及时将经本级人民代表大会批准的本级预算报上一级政府备案。县级以上地方各级政府应当及时将经本级人民代表大会批准的本级预算及下一级政府报送备案的预算汇总，报上一级政府备案。

县级以上地方各级政府将下一级政府依照前款规定报送备案的预算汇总后，报本级人民代表大会常务委员会备案。国务院将省、自治区、直辖市政府依照前款规定报送备案的预算汇总后，报全国人民代表大会常务委员会备案。

第五十一条　【预算的撤销】国务院和县级以上地方各级政府对下一级政府依照本法第五十条规定报送备案的预算，认为有同法律、行政法规相抵触或者有其他不适当之处，需要撤销批准预算的决议的，应当提请本级人民代表大会常务委员会审议决定。

第五十二条　【财政部门批复预算】各级预算经本级人民代表大会批准后，本级政府财政部门应当在二十日内向本级各部门批复预算。各部门应当在接到本级政府财政部门批复的本部门预算后十五日内向所属各单位批复预算。

中央对地方的一般性转移支付应当在全国人民代表大会批准预算后三十日内正式下达。中央对地方的专项转移支付应当在全国人民代表大会批准预算后九十日内正式下达。

省、自治区、直辖市政府接到中央一般性转移支付和专项转移支付后，应当在三十日内正式下达到本行政区域县级以上各级政府。

县级以上地方各级预算安排对下级政府的一般性转移支付和专项转移支付，应当分别在本级人民代表大会批准预算后的三十日和六十日内正式下达。

对自然灾害等突发事件处理的转移支付，应当及时下达预算；对据实结算等特殊项目的转移支付，可以分期下达预算，或者先预付后结算。

县级以上各级政府财政部门应当将批复本级各部门的预算和批复下级政府的转移支付预算，抄送本级人民代表大会财政经济委员会、有关专门委员会和常务委员会有关工作机构。

第六章　预算执行

第五十三条　【财政部门负责预算执行】各级预算由本级政府组织执行，具体工作由本级政府财政部门负责。

各部门、各单位是本部门、本单位的预算执行主体，负责本部门、本单位的预算执行，并对执行结果负责。

第五十四条　【预算草案批准前后的预算支出】预算年度开始后，各级预算草案在本级人民代表大会批准前，可以安排下列支出：

（一）上一年度结转的支出；

（二）参照上一年同期的预算支出数额安排必须支付的本年度部门基本支出、项目支出，以及对下级政府的转移性支出；

（三）法律规定必须履行支付义务的支出，以及用于自然灾害等突发事件处理的支出。

根据前款规定安排支出的情况，应当在预算草案的报告中作出说明。

预算经本级人民代表大会批准后，按照批准的预算执行。

第五十五条　【预算收入征收部门责任】预算收入征收部门和单位，必须依照法律、行政法规的规定，及时、足额征收应征的预算收入。不得违反法律、行政法规规定，多征、提前征收或者减征、免征、缓征应征的预算收入，不得截留、占用或者挪用预算收入。

各级政府不得向预算收入征收部门和单位下达收入指标。

第五十六条　【预算收入上缴部门责任】政府的全部收入应当上缴国家金库（以下简称国库），任何部门、单位和个人不得截留、占用、挪用或者拖欠。

对于法律有明确规定或者经国务院批准的特定专用资金，可以依照国务院的规定设立财政专户。

第五十七条　【政府财政部门责任】各级政府财政部门必须依照法律、行政法规和国务院财政部门的规定，及时、足额地拨付预算支出资金，加强对预算支出的管理和监督。

各级政府、各部门、各单位的支出必须按照预算执行，不得虚假列支。

各级政府、各部门、各单位应当对预算支出情况开展绩效评价。

第五十八条　【各级预算收付实现制】各级预算的收入和支出实行收付实现制。

特定事项按照国务院的规定实行权责发生制的有关情况，应当向本级人民代表大会常务委员会报告。

第五十九条　【预算必须设立国库】县级以上各级预算必须设立国库；具备条件的乡、民族乡、镇也应当设立国库。

中央国库业务由中国人民银行经理，地方国库业务依照国务院的有关规定办理。

各级国库应当按照国家有关规定，及时准确地办理预算收入的收纳、划分、留解、退付和预算支出的拨付。

各级国库库款的支配权属于本级政府财政部门。除法律、行政法规另有规定外，未经本级政府财政部门同意，任何部门、单位和个人都无权冻结、动用国库库款或者以其他方式支配已入国库的库款。

各级政府应当加强对本级国库的管理和监督，按照国务院的规定完善国库现金管理，合理调节国库资金余额。

第六十条　【资金退库办法】已经缴入国库的资金，依照法律、行政法规的规定或者国务院的决定需要退付的，各级政府财政部门或者其授权的机构应当及时办理退付。按照规定应当由财政支出安排的事项，不得用退库处理。

第六十一条　【国库集中收付制度】国家实行国库集中收缴和集中支付制度，对政府全部收入和支出实行国库集中收付管理。

第六十二条　【政府与预算收入征收部门关系】各级政府应当加强对预算执行的领导，支持政府财政、税务、海关等预算收入的征收部门依法组织预算收入，支持政府财政部门严格管理预算支出。

财政、税务、海关等部门在预算执行中，应当加强对预算执行的分析；发现问题时应当及时建议本级政府采取措施予以解决。

第六十三条　【预算收支管理】各部门、各单位应当加强对预算收入和支出的管理，不得截留或者动用应当上缴的预算收入，不得擅自改变预算支出的用途。

第六十四条　【预算预备费动用方案的决定】各级预算预备费的动用方案，由本级政府财政部门提出，报本级政府决定。

第六十五条　【预算周转金管理】各级预算周转金由本级政府财政部门管理，不得挪作他用。

第六十六条　【预算超收、结余、短收处理办法】各级一般公共预算年度执行中有超收收入的，只能用于冲减赤字或者补充预算稳定调节基金。

各级一般公共预算的结余资金，应当补充预算稳定调节基金。

省、自治区、直辖市一般公共预算年度执行中出现短收，通过调入预算稳定调节基金、减少支出等方式仍不能实现收支平衡的，省、自治区、直辖市政府报本级人民代表大会或者其常务委员会批准，可以增列赤字，报国务院财政部门备案，并应当在下一年度预算中予以弥补。

第七章　预算调整

第六十七条　【进行预算调整的情况】经全国人民代

表大会批准的中央预算和经地方各级人民代表大会批准的地方各级预算，在执行中出现下列情况之一的，应当进行预算调整：

（一）需要增加或者减少预算总支出的；

（二）需要调入预算稳定调节基金的；

（三）需要调减预算安排的重点支出数额的；

（四）需要增加举借债务数额的。

第六十八条　【预算调整方案】在预算执行中，各级政府一般不制定新的增加财政收入或者支出的政策和措施，也不制定减少财政收入的政策和措施；必须作出并需要进行预算调整的，应当在预算调整方案中作出安排。

第六十九条　【预算调整程序】在预算执行中，各级政府对于必须进行的预算调整，应当编制预算调整方案。预算调整方案应当说明预算调整的理由、项目和数额。

在预算执行中，由于发生自然灾害等突发事件，必须及时增加预算支出的，应当先动支预备费；预备费不足支出的，各级政府可以先安排支出，属于预算调整的，列入预算调整方案。

国务院财政部门应当在全国人民代表大会常务委员会举行会议审查和批准预算调整方案的三十日前，将预算调整初步方案送交全国人民代表大会财政经济委员会进行初步审查。

省、自治区、直辖市政府财政部门应当在本级人民代表大会常务委员会举行会议审查和批准预算调整方案的三十日前，将预算调整初步方案送交本级人民代表大会有关专门委员会进行初步审查。

设区的市、自治州政府财政部门应当在本级人民代表大会常务委员会举行会议审查和批准预算调整方案的三十日前，将预算调整初步方案送交本级人民代表大会有关专门委员会进行初步审查，或者送交本级人民代表大会常务委员会有关工作机构征求意见。

县、自治县、不设区的市、市辖区政府财政部门应当在本级人民代表大会常务委员会举行会议审查和批准预算调整方案的三十日前，将预算调整初步方案送交本级人民代表大会常务委员会有关工作机构征求意见。

中央预算的调整方案应当提请全国人民代表大会常务委员会审查和批准。县级以上地方各级预算的调整方案应当提请本级人民代表大会常务委员会审查和批准；乡、民族乡、镇预算的调整方案应当提请本级人民代表大会审查和批准。未经批准，不得调整预算。

第七十条　【未经批准调整预算的撤销】经批准的预算调整方案，各级政府应当严格执行。未经本法第六十九条规定的程序，各级政府不得作出预算调整的决定。

对违反前款规定作出的决定，本级人民代表大会、本级人民代表大会常务委员会或者上级政府应当责令其改变或者撤销。

第七十一条　【不属于预算调整的情况】在预算执行中，地方各级政府因上级政府增加不需要本级政府提供配套资金的专项转移支付而引起的预算支出变化，不属于预算调整。

接受增加专项转移支付的县级以上地方各级政府应当向本级人民代表大会常务委员会报告有关情况；接受增加专项转移支付的乡、民族乡、镇政府应当向本级人民代表大会报告有关情况。

第七十二条　【预算科目】各部门、各单位的预算支出应当按照预算科目执行。严格控制不同预算科目、预算级次或者项目间的预算资金的调剂，确需调剂使用的，按照国务院财政部门的规定办理。

第七十三条　【预算调整方案备案】地方各级预算的调整方案经批准后，由本级政府报上一级政府备案。

第八章　决　　算

第七十四条　【决算编制单位及时间】决算草案由各级政府、各部门、各单位，在每一预算年度终了后按照国务院规定的时间编制。

编制决算草案的具体事项，由国务院财政部门部署。

第七十五条　【编制决算的要求】编制决算草案，必须符合法律、行政法规，做到收支真实、数额准确、内容完整、报送及时。

决算草案应当与预算相对应，按预算数、调整预算数、决算数分别列出。一般公共预算支出应当按其功能分类编列到项，按其经济性质分类编列到款。

第七十六条 【各部门决算草案】各部门对所属各单位的决算草案，应当审核并汇总编制本部门的决算草案，在规定的期限内报本级政府财政部门审核。

各级政府财政部门对本级各部门决算草案审核后发现有不符合法律、行政法规规定的，有权予以纠正。

第七十七条 【政府决算及批准】国务院财政部门编制中央决算草案，经国务院审计部门审计后，报国务院审定，由国务院提请全国人民代表大会常务委员会审查和批准。

县级以上地方各级政府财政部门编制本级决算草案，经本级政府审计部门审计后，报本级政府审定，由本级政府提请本级人民代表大会常务委员会审查和批准。

乡、民族乡、镇政府编制本级决算草案，提请本级人民代表大会审查和批准。

第七十八条 【决算草案接受人大财经委初步审查】国务院财政部门应当在全国人民代表大会常务委员会举行会议审查和批准中央决算草案的三十日前，将上一年度中央决算草案提交全国人民代表大会财政经济委员会进行初步审查。

省、自治区、直辖市政府财政部门应当在本级人民代表大会常务委员会举行会议审查和批准本级决算草案的三十日前，将上一年度本级决算草案提交本级人民代表大会有关专门委员会进行初步审查。

设区的市、自治州政府财政部门应当在本级人民代表大会常务委员会举行会议审查和批准本级决算草案的三十日前，将上一年度本级决算草案提交本级人民代表大会有关专门委员会进行初步审查，或者送交本级人民代表大会常务委员会有关工作机构征求意见。

县、自治县、不设区的市、市辖区政府财政部门应当在本级人民代表大会常务委员会举行会议审查和批准本级决算草案的三十日前，将上一年度本级决算草案送交本级人民代表大会常务委员会有关工作机构征求意见。

全国人民代表大会财政经济委员会和省、自治区、直辖市、设区的市、自治州人民代表大会有关专门委员会，向本级人民代表大会常务委员会提出关于本级决算草案的审查结果报告。

第七十九条 【决算草案的重点审查内容】县级以上各级人民代表大会常务委员会和乡、民族乡、镇人民代表大会对本级决算草案，重点审查下列内容：

（一）预算收入情况；

（二）支出政策实施情况和重点支出、重大投资项目资金的使用及绩效情况；

（三）结转资金的使用情况；

（四）资金结余情况；

（五）本级预算调整及执行情况；

（六）财政转移支付安排执行情况；

（七）经批准举借债务的规模、结构、使用、偿还等情况；

（八）本级预算周转金规模和使用情况；

（九）本级预备费使用情况；

（十）超收收入安排情况，预算稳定调节基金的规模和使用情况；

（十一）本级人民代表大会批准的预算决议落实情况；

（十二）其他与决算有关的重要情况。

县级以上各级人民代表大会常务委员会应当结合本级政府提出的上一年度预算执行和其他财政收支的审计工作报告，对本级决算草案进行审查。

第八十条 【各级财政部门批复决算】各级决算经批准后，财政部门应当在二十日内向本级各部门批复决算。各部门应当在接到本级政府财政部门批复的本部门决算后十五日内向所属单位批复决算。

第八十一条 【决算备案】地方各级政府应当将经批准的决算及下一级政府上报备案的决算汇总，报上一级政府备案。

县级以上各级政府应当将下一级政府报送备案的决算汇总后，报本级人民代表大会常务委员会备案。

第八十二条 【决算的撤销】国务院和县级以上地方各级政府对下一级政府依照本法第八十一条规定报

送备案的决算，认为有同法律、行政法规相抵触或者有其他不适当之处，需要撤销批准该项决算的决议的，应当提请本级人民代表大会常务委员会审议决定；经审议决定撤销的，该下级人民代表大会常务委员会应当责成本级政府依照本法规定重新编制决算草案，提请本级人民代表大会常务委员会审查和批准。

第九章　监　　督

第八十三条　【监督机关】全国人民代表大会及其常务委员会对中央和地方预算、决算进行监督。

县级以上地方各级人民代表大会及其常务委员会对本级和下级预算、决算进行监督。

乡、民族乡、镇人民代表大会对本级预算、决算进行监督。

第八十四条　【监督机关调查权】各级人民代表大会和县级以上各级人民代表大会常务委员会有权就预算、决算中的重大事项或者特定问题组织调查，有关的政府、部门、单位和个人应当如实反映情况和提供必要的材料。

第八十五条　【调查机关质询权】各级人民代表大会和县级以上各级人民代表大会常务委员会举行会议时，人民代表大会代表或者常务委员会组成人员，依照法律规定程序就预算、决算中的有关问题提出询问或者质询，受询问或者受质询的有关的政府或者财政部门必须及时给予答复。

第八十六条　【各级政府报告义务】国务院和县级以上地方各级政府应当在每年六月至九月期间向本级人民代表大会常务委员会报告预算执行情况。

第八十七条　【上级政府监督下级政府】各级政府监督下级政府的预算执行；下级政府应当定期向上一级政府报告预算执行情况。

第八十八条　【财政部门的监督权】各级政府财政部门负责监督本级各部门及其所属各单位预算管理有关工作，并向本级政府和上一级政府财政部门报告预算执行情况。

第八十九条　【审计监督】县级以上政府审计部门依法对预算执行、决算实行审计监督。

对预算执行和其他财政收支的审计工作报告应当向社会公开。

第九十条　【部门监督】政府各部门负责监督检查所属各单位的预算执行，及时向本级政府财政部门反映本部门预算执行情况，依法纠正违反预算的行为。

第九十一条　【社会监督】公民、法人或者其他组织发现有违反本法的行为，可以依法向有关国家机关进行检举、控告。

接受检举、控告的国家机关应当依法进行处理，并为检举人、控告人保密。任何单位或者个人不得压制和打击报复检举人、控告人。

第十章　法律责任

第九十二条　【违法行为的处分之一】各级政府及有关部门有下列行为之一的，责令改正，对负有直接责任的主管人员和其他直接责任人员追究行政责任：

（一）未依照本法规定，编制、报送预算草案、预算调整方案、决算草案和部门预算、决算以及批复预算、决算的；

（二）违反本法规定，进行预算调整的；

（三）未依照本法规定对有关预算事项进行公开和说明的；

（四）违反规定设立政府性基金项目和其他财政收入项目的；

（五）违反法律、法规规定使用预算预备费、预算周转金、预算稳定调节基金、超收收入的；

（六）违反本法规定开设财政专户的。

第九十三条　【违法行为的处分之二】各级政府及有关部门、单位有下列行为之一的，责令改正，对负有直接责任的主管人员和其他直接责任人员依法给予降级、撤职、开除的处分：

（一）未将所有政府收入和支出列入预算或者虚列收入和支出的；

（二）违反法律、行政法规的规定，多征、提前征收或者减征、免征、缓征应征预算收入的；

（三）截留、占用、挪用或者拖欠应当上缴国库的预算收入的；

（四）违反本法规定，改变预算支出用途的；

（五）擅自改变上级政府专项转移支付资金用途的；

（六）违反本法规定拨付预算支出资金，办理预算收入收纳、划分、留解、退付，或者违反本法规定冻结、动用国库库款或者以其他方式支配已入国库库款的。

第九十四条 【违法行为的处分之三】各级政府、各部门、各单位违反本法规定举借债务或者为他人债务提供担保，或者挪用重点支出资金，或者在预算之外及超预算标准建设楼堂馆所的，责令改正，对负有直接责任的主管人员和其他直接责任人员给予撤职、开除的处分。

第九十五条 【违法行为的处分之四】各级政府有关部门、单位及其工作人员有下列行为之一的，责令改正，追回骗取、使用的资金，有违法所得的没收违法所得，对单位给予警告或者通报批评；对负有直接责任的主管人员和其他直接责任人员依法给予处分：

（一）违反法律、法规的规定，改变预算收入上缴方式的；

（二）以虚报、冒领等手段骗取预算资金的；

（三）违反规定扩大开支范围、提高开支标准的；

（四）其他违反财政管理规定的行为。

第九十六条 【违法行为的处分适用其他法律】本法第九十二条、第九十三条、第九十四条、第九十五条所列违法行为，其他法律对其处理、处罚另有规定的，依照其规定。

违反本法规定，构成犯罪的，依法追究刑事责任。

第十一章 附　　则

第九十七条 【政府综合财务报告】各级政府财政部门应当按年度编制以权责发生制为基础的政府综合财务报告，报告政府整体财务状况、运行情况和财政中长期可持续性，报本级人民代表大会常务委员会备案。

第九十八条 【实施条例】国务院根据本法制定实施条例。

第九十九条 【民族自治地方的预算管理】民族自治地方的预算管理，依照民族区域自治法的有关规定执行；民族区域自治法没有规定的，依照本法和国务院的有关规定执行。

第一百条 【地方性法规】省、自治区、直辖市人民代表大会或者其常务委员会根据本法，可以制定有关预算审查监督的决定或者地方性法规。

第一百零一条 【施行日期】本法自1995年1月1日起施行。1991年10月21日国务院发布的《国家预算管理条例》同时废止。

中华人民共和国预算法实施条例

1. 1995年11月22日国务院令第186号发布

2. 2020年8月3日国务院令第729号修订

3. 自2020年10月1日起施行

第一章 总　　则

第一条 根据《中华人民共和国预算法》（以下简称预算法），制定本条例。

第二条 县级以上地方政府的派出机关根据本级政府授权进行预算管理活动，不作为一级预算，其收支纳入本级预算。

第三条 社会保险基金预算应当在精算平衡的基础上实现可持续运行，一般公共预算可以根据需要和财力适当安排资金补充社会保险基金预算。

第四条 预算法第六条第二款所称各部门，是指与本级政府财政部门直接发生预算缴拨款关系的国家机关、军队、政党组织、事业单位、社会团体和其他单位。

第五条 各部门预算应当反映一般公共预算、政府性基金预算、国有资本经营预算安排给本部门及其所属各单位的所有预算资金。

各部门预算收入包括本级财政安排给本部门及其所属各单位的预算拨款收入和其他收入。各部门预算支出为与部门预算收入相对应的支出，包括基本支出和项目支出。

本条第二款所称基本支出，是指各部门、各单位为保障其机构正常运转、完成日常工作任务所发生的支出，包括人员经费和公用经费；所称项目支出，是指各部门、各单位为完成其特定的工作任务和事业发展目标所发生的支出。

各部门及其所属各单位的本级预算拨款收入和其相对应的支出,应当在部门预算中单独反映。

部门预算编制、执行的具体办法,由本级政府财政部门依法作出规定。

第六条 一般性转移支付向社会公开应当细化到地区。专项转移支付向社会公开应当细化到地区和项目。

政府债务、机关运行经费、政府采购、财政专户资金等情况,按照有关规定向社会公开。

部门预算、决算应当公开基本支出和项目支出。部门预算、决算支出按其功能分类应当公开到项;按其经济性质分类,基本支出应当公开到款。

各部门所属单位的预算、决算及报表,应当在部门批复后20日内由单位向社会公开。单位预算、决算应当公开基本支出和项目支出。单位预算、决算支出按其功能分类应当公开到项;按其经济性质分类,基本支出应当公开到款。

第七条 预算法第十五条所称中央和地方分税制,是指在划分中央与地方事权的基础上,确定中央与地方财政支出范围,并按税种划分中央与地方预算收入的财政管理体制。

分税制财政管理体制的具体内容和实施办法,按照国务院的有关规定执行。

第八条 县级以上地方各级政府应当根据中央和地方分税制的原则和上级政府的有关规定,确定本级政府对下级政府的财政管理体制。

第九条 预算法第十六条第二款所称一般性转移支付,包括:

(一)均衡性转移支付;

(二)对革命老区、民族地区、边疆地区、贫困地区的财力补助;

(三)其他一般性转移支付。

第十条 预算法第十六条第三款所称专项转移支付,是指上级政府为了实现特定的经济和社会发展目标给予下级政府,并由下级政府按照上级政府规定的用途安排使用的预算资金。

县级以上各级政府财政部门应当会同有关部门建立健全专项转移支付定期评估和退出机制。对评估后的专项转移支付,按照下列情形分别予以处理:

(一)符合法律、行政法规和国务院规定,有必要继续执行的,可以继续执行;

(二)设立的有关要求变更,或者实际绩效与目标差距较大、管理不够完善的,应当予以调整;

(三)设立依据失效或者废止的,应当予以取消。

第十一条 预算收入和预算支出以人民币元为计算单位。预算收支以人民币以外的货币收纳和支付的,应当折合成人民币计算。

第二章 预算收支范围

第十二条 预算法第二十七条第一款所称行政事业性收费收入,是指国家机关、事业单位等依照法律法规规定,按照国务院规定的程序批准,在实施社会公共管理以及在向公民、法人和其他组织提供特定公共服务过程中,按照规定标准向特定对象收取费用形成的收入。

预算法第二十七条第一款所称国有资源(资产)有偿使用收入,是指矿藏、水流、海域、无居民海岛以及法律规定属于国家所有的森林、草原等国有资源有偿使用收入,按照规定纳入一般公共预算管理的国有资产收入等。

预算法第二十七条第一款所称转移性收入,是指上级税收返还和转移支付、下级上解收入、调入资金以及按照财政部规定列入转移性收入的无隶属关系政府的无偿援助。

第十三条 转移性支出包括上解上级支出、对下级的税收返还和转移支付、调出资金以及按照财政部规定列入转移性支出的给予无隶属关系政府的无偿援助。

第十四条 政府性基金预算收入包括政府性基金各项目收入和转移性收入。

政府性基金预算支出包括与政府性基金预算收入相对应的各项目支出和转移性支出。

第十五条 国有资本经营预算收入包括依照法律、行政法规和国务院规定应当纳入国有资本经营预算的国有独资企业和国有独资公司按照规定上缴国家的利润收入、从国有资本控股和参股公司获得的股息红利收入、国有产权转让收入、清算收入和其他收入。

国有资本经营预算支出包括资本性支出、费用性支出、向一般公共预算调出资金等转移性支出和其他支出。

第十六条　社会保险基金预算收入包括各项社会保险费收入、利息收入、投资收益、一般公共预算补助收入、集体补助收入、转移收入、上级补助收入、下级上解收入和其他收入。

社会保险基金预算支出包括各项社会保险待遇支出、转移支出、补助下级支出、上解上级支出和其他支出。

第十七条　地方各级预算上下级之间有关收入和支出项目的划分以及上解、返还或者转移支付的具体办法,由上级地方政府规定,报本级人民代表大会常务委员会备案。

第十八条　地方各级社会保险基金预算上下级之间有关收入和支出项目的划分以及上解、补助的具体办法,按照统筹层次由上级地方政府规定,报本级人民代表大会常务委员会备案。

第三章　预 算 编 制

第十九条　预算法第三十一条所称预算草案,是指各级政府、各部门、各单位编制的未经法定程序审查和批准的预算。

第二十条　预算法第三十二条第一款所称绩效评价,是指根据设定的绩效目标,依据规范的程序,对预算资金的投入、使用过程、产出与效果进行系统和客观的评价。

绩效评价结果应当按照规定作为改进管理和编制以后年度预算的依据。

第二十一条　预算法第三十二条第三款所称预算支出标准,是指对预算事项合理分类并分别规定的支出预算编制标准,包括基本支出标准和项目支出标准。

地方各级政府财政部门应当根据财政部制定的预算支出标准,结合本地区经济社会发展水平、财力状况等,制定本地区或者本级的预算支出标准。

第二十二条　财政部于每年 6 月 15 日前部署编制下一年度预算草案的具体事项,规定报表格式、编报方法、报送期限等。

第二十三条　中央各部门应当按照国务院的要求和财政部的部署,结合本部门的具体情况,组织编制本部门及其所属各单位的预算草案。

中央各部门负责本部门所属各单位预算草案的审核,并汇总编制本部门的预算草案,按照规定报财政部审核。

第二十四条　财政部审核中央各部门的预算草案,具体编制中央预算草案;汇总地方预算草案或者地方预算,汇编中央和地方预算草案。

第二十五条　省、自治区、直辖市政府按照国务院的要求和财政部的部署,结合本地区的具体情况,提出本行政区域编制预算草案的要求。

县级以上地方各级政府财政部门应当于每年 6 月 30 日前部署本行政区域编制下一年度预算草案的具体事项,规定有关报表格式、编报方法、报送期限等。

第二十六条　县级以上地方各级政府各部门应当根据本级政府的要求和本级政府财政部门的部署,结合本部门的具体情况,组织编制本部门及其所属各单位的预算草案,按照规定报本级政府财政部门审核。

第二十七条　县级以上地方各级政府财政部门审核本级各部门的预算草案,具体编制本级预算草案,汇编本级总预算草案,经本级政府审定后,按照规定期限报上一级政府财政部门。

省、自治区、直辖市政府财政部门汇总的本级总预算草案或者本级总预算,应当于下一年度 1 月 10 日前报财政部。

第二十八条　县级以上各级政府财政部门审核本级各部门的预算草案时,发现不符合编制预算要求的,应当予以纠正;汇编本级总预算草案时,发现下级预算草案不符合上级政府或者本级政府编制预算要求的,应当及时向本级政府报告,由本级政府予以纠正。

第二十九条　各级政府财政部门编制收入预算草案时,应当征求税务、海关等预算收入征收部门和单位的意见。

预算收入征收部门和单位应当按照财政部门的

要求提供下一年度预算收入征收预测情况。

第三十条 财政部门会同社会保险行政部门部署编制下一年度社会保险基金预算草案的具体事项。

社会保险经办机构具体编制下一年度社会保险基金预算草案,报本级社会保险行政部门审核汇总。社会保险基金收入预算草案由社会保险经办机构会同社会保险费征收机构具体编制。财政部门负责审核并汇总编制社会保险基金预算草案。

第三十一条 各级政府财政部门应当依照预算法和本条例规定,制定本级预算草案编制规程。

第三十二条 各部门、各单位在编制预算草案时,应当根据资产配置标准,结合存量资产情况编制相关支出预算。

第三十三条 中央一般公共预算收入编制内容包括本级一般公共预算收入、从国有资本经营预算调入资金、地方上解收入、从预算稳定调节基金调入资金、其他调入资金。

中央一般公共预算支出编制内容包括本级一般公共预算支出、对地方的税收返还和转移支付、补充预算稳定调节基金。

中央政府债务余额的限额应当在本级预算中单独列示。

第三十四条 地方各级一般公共预算收入编制内容包括本级一般公共预算收入、从国有资本经营预算调入资金、上级税收返还和转移支付、下级上解收入、从预算稳定调节基金调入资金、其他调入资金。

地方各级一般公共预算支出编制内容包括本级一般公共预算支出、上解上级支出、对下级的税收返还和转移支付、补充预算稳定调节基金。

第三十五条 中央政府性基金预算收入编制内容包括本级政府性基金各项目收入、上一年度结余、地方上解收入。

中央政府性基金预算支出编制内容包括本级政府性基金各项目支出、对地方的转移支付、调出资金。

第三十六条 地方政府性基金预算收入编制内容包括本级政府性基金各项目收入、上一年度结余、下级上解收入、上级转移支付。

地方政府性基金预算支出编制内容包括本级政府性基金各项目支出、上解上级支出、对下级的转移支付、调出资金。

第三十七条 中央国有资本经营预算收入编制内容包括本级收入、上一年度结余、地方上解收入。

中央国有资本经营预算支出编制内容包括本级支出、向一般公共预算调出资金、对地方特定事项的转移支付。

第三十八条 地方国有资本经营预算收入编制内容包括本级收入、上一年度结余、上级对特定事项的转移支付、下级上解收入。

地方国有资本经营预算支出编制内容包括本级支出、向一般公共预算调出资金、对下级特定事项的转移支付、上解上级支出。

第三十九条 中央和地方社会保险基金预算收入、支出编制内容包括本条例第十六条规定的各项收入和支出。

第四十条 各部门、各单位预算收入编制内容包括本级预算拨款收入、预算拨款结转和其他收入。

各部门、各单位预算支出编制内容包括基本支出和项目支出。

各部门、各单位的预算支出,按其功能分类应当编列到项,按其经济性质分类应当编列到款。

第四十一条 各级政府应当加强项目支出管理。各级政府财政部门应当建立和完善项目支出预算评审制度。各部门、各单位应当按照本级政府财政部门的规定开展预算评审。

项目支出实行项目库管理,并建立健全项目入库评审机制和项目滚动管理机制。

第四十二条 预算法第三十四条第二款所称余额管理,是指国务院在全国人民代表大会批准的中央一般公共预算债务的余额限额内,决定发债规模、品种、期限和时点的管理方式;所称余额,是指中央一般公共预算中举借债务未偿还的本金。

第四十三条 地方政府债务余额实行限额管理。各省、自治区、直辖市的政府债务限额,由财政部在全国人民代表大会或者其常务委员会批准的总限额内,根据各地区债务风险、财力状况等因素,并考虑国家宏观调控政策等需要，提出方案报国务院批准。

各省、自治区、直辖市的政府债务余额不得突破国务院批准的限额。

第四十四条 预算法第三十五条第二款所称举借债务的规模，是指各地方政府债务余额限额的总和，包括一般债务限额和专项债务限额。一般债务是指列入一般公共预算用于公益性事业发展的一般债券、地方政府负有偿还责任的外国政府和国际经济组织贷款转贷债务；专项债务是指列入政府性基金预算用于有收益的公益性事业发展的专项债券。

第四十五条 省、自治区、直辖市政府财政部门依照国务院下达的本地区地方政府债务限额，提出本级和转贷给下级政府的债务限额安排方案，报本级政府批准后，将增加举借的债务列入本级预算调整方案，报本级人民代表大会常务委员会批准。

接受转贷并向下级政府转贷的政府应当将转贷债务纳入本级预算管理。使用转贷并负有直接偿还责任的政府，应当将转贷债务列入本级预算调整方案，报本级人民代表大会常务委员会批准。

地方各级政府财政部门负责统一管理本地区政府债务。

第四十六条 国务院可以将举借的外国政府和国际经济组织贷款转贷给省、自治区、直辖市政府。

国务院向省、自治区、直辖市政府转贷的外国政府和国际经济组织贷款，省、自治区、直辖市政府负有直接偿还责任的，应当纳入本级预算管理。省、自治区、直辖市政府未能按时履行还款义务的，国务院可以相应抵扣对该地区的税收返还等资金。

省、自治区、直辖市政府可以将国务院转贷的外国政府和国际经济组织贷款再转贷给下级政府。

第四十七条 财政部和省、自治区、直辖市政府财政部门应当建立健全地方政府债务风险评估指标体系，组织评估地方政府债务风险状况，对债务高风险地区提出预警，并监督化解债务风险。

第四十八条 县级以上各级政府应当按照本年度转移支付预计执行数的一定比例将下一年度转移支付预计数提前下达至下一级政府，具体下达事宜由本级政府财政部门办理。

除据实结算等特殊项目的转移支付外，提前下达的一般性转移支付预计数的比例一般不低于90%；提前下达的专项转移支付预计数的比例一般不低于70%。其中，按照项目法管理分配的专项转移支付，应当一并明确下一年度组织实施的项目。

第四十九条 经本级政府批准，各级政府财政部门可以设置预算周转金，额度不得超过本级一般公共预算支出总额的1%。年度终了时，各级政府财政部门可以将预算周转金收回并用于补充预算稳定调节基金。

第五十条 预算法第四十二条第一款所称结转资金，是指预算安排项目的支出年度终了时尚未执行完毕，或者因故未执行但下一年度需要按原用途继续使用的资金；连续两年未用完的结转资金，是指预算安排项目的支出在下一年度终了时仍未用完的资金。

预算法第四十二条第一款所称结余资金，是指年度预算执行终了时，预算收入实际完成数扣除预算支出实际完成数和结转资金后剩余的资金。

第四章 预算执行

第五十一条 预算执行中，政府财政部门的主要职责：

（一）研究和落实财政税收政策措施，支持经济社会健康发展；

（二）制定组织预算收入、管理预算支出以及相关财务、会计、内部控制、监督等制度和办法；

（三）督促各预算收入征收部门和单位依法履行职责，征缴预算收入；

（四）根据年度支出预算和用款计划，合理调度、拨付预算资金，监督各部门、各单位预算资金使用管理情况；

（五）统一管理政府债务的举借、支出与偿还，监督债务资金使用情况；

（六）指导和监督各部门、各单位建立健全财务制度和会计核算体系，规范账户管理，健全内部控制机制，按照规定使用预算资金；

（七）汇总、编报分期的预算执行数据，分析预算执行情况，按照本级人民代表大会常务委员会、本级政府和上一级政府财政部门的要求定期报告预算执行情况，并提出相关政策建议；

（八）组织和指导预算资金绩效监控、绩效评价；

（九）协调预算收入征收部门和单位、国库以及其他有关部门的业务工作。

第五十二条　预算法第五十六条第二款所称财政专户，是指财政部门为履行财政管理职能，根据法律规定或者经国务院批准开设的用于管理核算特定专用资金的银行结算账户；所称特定专用资金，包括法律规定可以设立财政专户的资金，外国政府和国际经济组织的贷款、赠款，按照规定存储的人民币以外的货币，财政部会同有关部门报国务院批准的其他特定专用资金。

开设、变更财政专户应当经财政部核准，撤销财政专户应当报财政部备案，中国人民银行应当加强对银行业金融机构开户的核准、管理和监督工作。

财政专户资金由本级政府财政部门管理。除法律另有规定外，未经本级政府财政部门同意，任何部门、单位和个人都无权冻结、动用财政专户资金。

财政专户资金应当由本级政府财政部门纳入统一的会计核算，并在预算执行情况、决算和政府综合财务报告中单独反映。

第五十三条　预算执行中，各部门、各单位的主要职责：

（一）制定本部门、本单位预算执行制度，建立健全内部控制机制；

（二）依法组织收入，严格支出管理，实施绩效监控，开展绩效评价，提高资金使用效益；

（三）对单位的各项经济业务进行会计核算；

（四）汇总本部门、本单位的预算执行情况，定期向本级政府财政部门报送预算执行情况报告和绩效评价报告。

第五十四条　财政部门会同社会保险行政部门、社会保险费征收机构制定社会保险基金预算的收入、支出以及财务管理的具体办法。

社会保险基金预算由社会保险费征收机构和社会保险经办机构具体执行，并按照规定向本级政府财政部门和社会保险行政部门报告执行情况。

第五十五条　各级政府财政部门和税务、海关等预算收入征收部门和单位必须依法组织预算收入，按照财政管理体制、征收管理制度和国库集中收缴制度的规定征收预算收入，除依法缴入财政专户的社会保险基金等预算收入外，应当及时将预算收入缴入国库。

第五十六条　除依法缴入财政专户的社会保险基金等预算收入外，一切有预算收入上缴义务的部门和单位，必须将应当上缴的预算收入，按照规定的预算级次、政府收支分类科目、缴库方式和期限缴入国库，任何部门、单位和个人不得截留、占用、挪用或者拖欠。

第五十七条　各级政府财政部门应当加强对预算资金拨付的管理，并遵循下列原则：

（一）按照预算拨付，即按照批准的年度预算和用款计划拨付资金。除预算法第五十四条规定的在预算草案批准前可以安排支出的情形外，不得办理无预算、无用款计划、超预算或者超计划的资金拨付，不得擅自改变支出用途；

（二）按照规定的预算级次和程序拨付，即根据用款单位的申请，按照用款单位的预算级次、审定的用款计划和财政部门规定的预算资金拨付程序拨付资金；

（三）按照进度拨付，即根据用款单位的实际用款进度拨付资金。

第五十八条　财政部应当根据全国人民代表大会批准的中央政府债务余额限额，合理安排发行国债的品种、结构、期限和时点。

省、自治区、直辖市政府财政部门应当根据国务院批准的本地区政府债务限额，合理安排发行本地区政府债券的结构、期限和时点。

第五十九条　转移支付预算下达和资金拨付应当由财政部门办理，其他部门和单位不得对下级政府部门和单位下达转移支付预算或者拨付转移支付资金。

第六十条　各级政府、各部门、各单位应当加强对预算支出的管理，严格执行预算，遵守财政制度，强化预算约束，不得擅自扩大支出范围、提高开支标准；严格按照预算规定的支出用途使用资金，合理安排支出进度。

第六十一条 财政部负责制定与预算执行有关的财务规则、会计准则和会计制度。各部门、各单位应当按照本级政府财政部门的要求建立健全财务制度，加强会计核算。

第六十二条 国库是办理预算收入的收纳、划分、留解、退付和库款支拨的专门机构。国库分为中央国库和地方国库。

中央国库业务由中国人民银行经理。未设中国人民银行分支机构的地区，由中国人民银行商财政部后，委托有关银行业金融机构办理。

地方国库业务由中国人民银行分支机构经理。未设中国人民银行分支机构的地区，由上级中国人民银行分支机构商有关地方政府财政部门后，委托有关银行业金融机构办理。

具备条件的乡、民族乡、镇，应当设立国库。具体条件和标准由省、自治区、直辖市政府财政部门确定。

第六十三条 中央国库业务应当接受财政部的指导和监督，对中央财政负责。

地方国库业务应当接受本级政府财政部门的指导和监督，对地方财政负责。

省、自治区、直辖市制定的地方国库业务规程应当报财政部和中国人民银行备案。

第六十四条 各级国库应当及时向本级政府财政部门编报预算收入入库、解库、库款拨付以及库款余额情况的日报、旬报、月报和年报。

第六十五条 各级国库应当依照有关法律、行政法规、国务院以及财政部、中国人民银行的有关规定，加强对国库业务的管理，及时准确地办理预算收入的收纳、划分、留解、退付和预算支出的拨付。

各级国库和有关银行业金融机构必须遵守国家有关预算收入缴库的规定，不得延解、占压应当缴入国库的预算收入和国库库款。

第六十六条 各级国库必须凭本级政府财政部门签发的拨款凭证或者支付清算指令于当日办理资金拨付，并及时将款项转入收款单位的账户或者清算资金。

各级国库和有关银行业金融机构不得占压财政部门拨付的预算资金。

第六十七条 各级政府财政部门、预算收入征收部门和单位、国库应当建立健全相互之间的预算收入对账制度，在预算执行中按月、按年核对预算收入的收纳以及库款拨付情况，保证预算收入的征收入库、库款拨付和库存金额准确无误。

第六十八条 中央预算收入、中央和地方预算共享收入退库的办法，由财政部制定。地方预算收入退库的办法，由省、自治区、直辖市政府财政部门制定。

各级预算收入退库的审批权属于本级政府财政部门。中央预算收入、中央和地方预算共享收入的退库，由财政部或者财政部授权的机构批准。地方预算收入的退库，由地方政府财政部门或者其授权的机构批准。具体退库程序按照财政部的有关规定办理。

办理预算收入退库，应当直接退给申请单位或者申请个人，按照国家规定用途使用。任何部门、单位和个人不得截留、挪用退库款项。

第六十九条 各级政府应当加强对本级国库的管理和监督，各级政府财政部门负责协调本级预算收入征收部门和单位与国库的业务工作。

第七十条 国务院各部门制定的规章、文件，凡涉及减免应缴预算收入、设立和改变收入项目和标准、罚没财物处理、经费开支标准和范围、国有资产处置和收益分配以及会计核算等事项的，应当符合国家统一的规定；凡涉及增加或者减少财政收入或者支出的，应当征求财政部意见。

第七十一条 地方政府依据法定权限制定的规章和规定的行政措施，不得涉及减免中央预算收入、中央和地方预算共享收入，不得影响中央预算收入、中央和地方预算共享收入的征收；违反规定的，有关预算收入征收部门和单位有权拒绝执行，并应当向上级预算收入征收部门和单位以及财政部报告。

第七十二条 各级政府应当加强对预算执行工作的领导，定期听取财政部门有关预算执行情况的汇报，研究解决预算执行中出现的问题。

第七十三条 各级政府财政部门有权监督本级各部门

及其所属各单位的预算管理有关工作，对各部门的预算执行情况和绩效进行评价、考核。

各级政府财政部门有权对与本级各预算收入相关的征收部门和单位征收本级预算收入的情况进行监督，对违反法律、行政法规规定多征、提前征收、减征、免征、缓征或者退还预算收入的，责令改正。

第七十四条　各级政府财政部门应当每月向本级政府报告预算执行情况，具体报告内容、方式和期限由本级政府规定。

第七十五条　地方各级政府财政部门应当定期向上一级政府财政部门报送本行政区域预算执行情况，包括预算执行旬报、月报、季报，政府债务余额统计报告，国库库款报告以及相关文字说明材料。具体报送内容、方式和期限由上一级政府财政部门规定。

第七十六条　各级税务、海关等预算收入征收部门和单位应当按照财政部门规定的期限和要求，向财政部门和上级主管部门报送有关预算收入征收情况，并附文字说明材料。

各级税务、海关等预算收入征收部门和单位应当与相关财政部门建立收入征管信息共享机制。

第七十七条　各部门应当按照本级政府财政部门规定的期限和要求，向本级政府财政部门报送本部门及其所属各单位的预算收支情况等报表和文字说明材料。

第七十八条　预算法第六十六条第一款所称超收收入，是指年度本级一般公共预算收入的实际完成数超过经本级人民代表大会或者其常务委员会批准的预算收入数的部分。

预算法第六十六条第三款所称短收，是指年度本级一般公共预算收入的实际完成数小于经本级人民代表大会或者其常务委员会批准的预算收入数的情形。

前两款所称实际完成数和预算收入数，不包括转移性收入和政府债务收入。

省、自治区、直辖市政府依照预算法第六十六条第三款规定增列的赤字，可以通过在国务院下达的本地区政府债务限额内发行地方政府一般债券予以平衡。

设区的市、自治州以下各级一般公共预算年度执行中出现短收的，应当通过调入预算稳定调节基金或者其他预算资金、减少支出等方式实现收支平衡；采取上述措施仍不能实现收支平衡的，可以通过申请上级政府临时救助平衡当年预算，并在下一年度预算中安排资金归还。

各级一般公共预算年度执行中厉行节约、节约开支，造成本级预算支出实际执行数小于预算总支出的，不属于预算调整的情形。

各级政府性基金预算年度执行中有超收收入的，应当在下一年度安排使用并优先用于偿还相应的专项债务；出现短收的，应当通过减少支出实现收支平衡。国务院另有规定的除外。

各级国有资本经营预算年度执行中有超收收入的，应当在下一年度安排使用；出现短收的，应当通过减少支出实现收支平衡。国务院另有规定的除外。

第七十九条　年度预算确定后，部门、单位改变隶属关系引起预算级次或者预算关系变化的，应当在改变财务关系的同时，相应办理预算、资产划转。

第五章　决　　算

第八十条　预算法第七十四条所称决算草案，是指各级政府、各部门、各单位编制的未经法定程序审查和批准的预算收支和结余的年度执行结果。

第八十一条　财政部应当在每年第四季度部署编制决算草案的原则、要求、方法和报送期限，制发中央各部门决算、地方决算以及其他有关决算的报表格式。

省、自治区、直辖市政府按照国务院的要求和财政部的部署，结合本地区的具体情况，提出本行政区域编制决算草案的要求。

县级以上地方政府财政部门根据财政部的部署和省、自治区、直辖市政府的要求，部署编制本级政府各部门和下级政府决算草案的原则、要求、方法和报送期限，制发本级政府各部门决算、下级政府决算以及其他有关决算的报表格式。

第八十二条　地方政府财政部门根据上级政府财政部门的部署，制定本行政区域决算草案和本级各部门决算草案的具体编制办法。

各部门根据本级政府财政部门的部署，制定所属各单位决算草案的具体编制办法。

第八十三条　各级政府财政部门、各部门、各单位在每一预算年度终了时，应当清理核实全年预算收入、支出数据和往来款项，做好决算数据对账工作。

决算各项数据应当以经核实的各级政府、各部门、各单位会计数据为准，不得以估计数据替代，不得弄虚作假。

各部门、各单位决算应当列示结转、结余资金。

第八十四条　各单位应当按照主管部门的布置，认真编制本单位决算草案，在规定期限内上报。

各部门在审核汇总所属各单位决算草案基础上，连同本部门自身的决算收入和支出数据，汇编成本部门决算草案并附详细说明，经部门负责人签章后，在规定期限内报本级政府财政部门审核。

第八十五条　各级预算收入征收部门和单位应当按照财政部门的要求，及时编制收入年报以及有关资料并报送财政部门。

第八十六条　各级政府财政部门应当根据本级预算、预算会计核算数据等相关资料编制本级决算草案。

第八十七条　年度预算执行终了，对于上下级财政之间按照规定需要清算的事项，应当在决算时办理结算。

县级以上各级政府财政部门编制的决算草案应当及时报送本级政府审计部门审计。

第八十八条　县级以上地方各级政府应当自本级决算经批准之日起30日内，将本级决算以及下一级政府上报备案的决算汇总，报上一级政府备案；将下一级政府报送备案的决算汇总，报本级人民代表大会常务委员会备案。

乡、民族乡、镇政府应当自本级决算经批准之日起30日内，将本级决算报上一级政府备案。

第六章　监　　督

第八十九条　县级以上各级政府应当接受本级和上级人民代表大会及其常务委员会对预算执行情况和决算的监督，乡、民族乡、镇政府应当接受本级人民代表大会和上级人民代表大会及其常务委员会对预算执行情况和决算的监督；按照本级人民代表大会或者其常务委员会的要求，报告预算执行情况；认真研究处理本级人民代表大会代表或者其常务委员会组成人员有关改进预算管理的建议、批评和意见，并及时答复。

第九十条　各级政府应当加强对下级政府预算执行情况的监督，对下级政府在预算执行中违反预算法、本条例和国家方针政策的行为，依法予以制止和纠正；对本级预算执行中出现的问题，及时采取处理措施。

下级政府应当接受上级政府对预算执行情况的监督；根据上级政府的要求，及时提供资料，如实反映情况，不得隐瞒、虚报；严格执行上级政府作出的有关决定，并将执行结果及时上报。

第九十一条　各部门及其所属各单位应当接受本级政府财政部门对预算管理有关工作的监督。

财政部派出机构根据职责和财政部的授权，依法开展工作。

第九十二条　各级政府审计部门应当依法对本级预算执行情况和决算草案，本级各部门、各单位和下级政府的预算执行情况和决算，进行审计监督。

第七章　法律责任

第九十三条　预算法第九十三条第六项所称违反本法规定冻结、动用国库库款或者以其他方式支配已入国库库款，是指：

（一）未经有关政府财政部门同意，冻结、动用国库库款；

（二）预算收入征收部门和单位违反规定将所收税款和其他预算收入存入国库之外的其他账户；

（三）未经有关政府财政部门或者财政部门授权的机构同意，办理资金拨付和退付；

（四）将国库库款挪作他用；

（五）延解、占压国库库款；

（六）占压政府财政部门拨付的预算资金。

第九十四条　各级政府、有关部门和单位有下列行为之一的，责令改正；对负有直接责任的主管人员和其他直接责任人员，依法给予处分：

（一）突破一般债务限额或者专项债务限额举借债务；

（二）违反本条例规定下达转移支付预算或者

拨付转移支付资金；

（三）擅自开设、变更账户。

第八章　附　　则

第九十五条　预算法第九十七条所称政府综合财务报告，是指以权责发生制为基础编制的反映各级政府整体财务状况、运行情况和财政中长期可持续性的报告。政府综合财务报告包括政府资产负债表、收入费用表等财务报表和报表附注，以及以此为基础进行的综合分析等。

第九十六条　政府投资年度计划应当和本级预算相衔接。政府投资决策、项目实施和监督管理按照政府投资有关行政法规执行。

第九十七条　本条例自 2020 年 10 月 1 日起施行。

政务信息系统政府采购管理暂行办法

1. 2017 年 12 月 26 日财政部发布

2. 财库〔2017〕210 号

3. 自 2018 年 1 月 1 日起施行

第一条　为了推进政务信息系统政府采购工作规范高效开展，根据国家电子政务总体部署和《国务院办公厅关于印发政务信息系统整合共享实施方案的通知》（国办发〔2017〕39 号）有关要求，制定本办法。

第二条　本办法所称政务信息系统是指由政府投资建设、政府和社会企业联合建设、政府向社会购买服务或需要政府运行维护的，用于支撑政务部门履行管理和服务职能的各类信息系统，包括执行政务信息处理的计算机、软件和外围设备等货物和服务。

前款所称政务部门是指中共中央、全国人大、国务院、全国政协、最高法院、最高检察院及中央和国家机关各部门，各级地方党委、人大、政府、政协、法院、检察院及其直属各部门（单位）。

第三条　政务信息系统政府采购工作由各相关政务部门（以下简称采购人）负责统一规划和具体实施，各级财政部门依法履行政府采购监管职责。

第四条　采购人应当按照可行性研究报告、初步设计报告、预算审批时核准的内容和实际工作需要确定政务信息系统采购需求（以下简称采购需求）并组织采购。

采购需求应当科学合理、明确细化，包括项目名称、采购人、预算金额、经费渠道、运行维护要求、数据共享要求、安全审查和保密要求、等级保护要求、分级保护要求、需落实的政府采购政策和履约验收方案等内容。

第五条　采购需求应当符合法律法规，满足国家、行业相关标准的要求，鼓励使用市场自主制定的团体标准。

专业性强、技术要求较高的政务信息系统，可以邀请行业专家或者第三方专业机构参与需求制定工作。采购人和实际使用者或受益者分离的项目，在制定需求时，应当征求实际使用者或受益者的意见。

第六条　采购需求应当落实政务信息系统整合共享要求，符合政务信息共享标准体系，确保相关系统能够按照规定接入国家共享数据交换平台。采购需求要与现有系统功能协调一致，避免重复建设。

采购需求应当体现公共数据开放有关要求，推动原始性、可机器读取、可供社会化再利用的数据集向社会开放。

第七条　采购需求应当落实国家支持云计算的政策要求，推动政务服务平台集约化建设管理。不含国家秘密、面向社会主体提供服务的政务信息系统，原则上应当采用云计算模式进行建设，

采购需求应当包括相关设备、系统和服务支持互联网协议第六版（IPv6）的技术要求。

第八条　采购需求应当落实国家密码管理有关法律法规、政策和标准规范的要求，同步规划、同步建设、同步运行密码保障系统并定期进行评估。

第九条　政务信息系统采用招标方式采购的，应当采用综合评分法；采用非招标方式采购的，应当采用竞争性磋商或单一来源采购方式。

除单一来源采购方式外，政务信息系统采购货物的，价格分值占总分值比重应当为 30%；采购服务的，价格分值占总分值比重应当为 10%。无法确

定项目属于货物或服务的，由采购人按照有利于采购项目实施的原则确定项目属性。

第十条　采购人应当指派熟悉情况的工作人员作为采购人代表参加评标委员会或者竞争性磋商小组，参与政务信息系统采购活动的评审。

第十一条　政务信息系统采购评审中，评标委员会或者竞争性磋商小组认为供应商报价明显低于其他合格供应商的报价，有可能影响产品质量或者不能诚信履约的，应当要求其在评审现场合理时间内提供书面说明，必要时提供相关证明材料；供应商不能证明其报价合理性的，评标委员会或竞争性磋商小组应当将其作为无效投标或者无效响应处理。

第十二条　采购人应当按照国家有关规定组织政务信息系统项目验收，根据项目特点制定完整的项目验收方案。验收方案应当包括项目所有功能的实现情况、密码应用和安全审查情况、信息系统共享情况、维保服务等采购文件和采购合同规定的内容，必要时可以邀请行业专家、第三方机构或相关主管部门参与验收。

第十三条　采购人可以聘请第三方专业机构制定针对政务信息系统的质量保障方案，对相关供应商的进度计划、阶段成果和服务质量进行监督，形成项目整改报告和绩效评估报告，必要时邀请行业专家或相关主管部门评审论证。质量保障相关情况应当作为项目验收的依据。

第十四条　具有多个服务期的政务信息系统，可以根据每期工作目标进行分期验收。为社会公众服务的政务信息系统，应当将公众意见或者使用反馈情况作为验收的重要参考依据。采购人和实际使用者或受益者分离的政务信息系统，履约验收时应当征求实际使用者或受益者的意见。

第十五条　政务信息系统的项目验收结果应当作为选择本项目后续运行维护供应商的重要参考。

第十六条　在年度预算能够保障的前提下，采购人可以与政务信息系统运行维护供应商签订不超过三年履行期限的政府采购合同。

第十七条　本办法从2018年1月1日起施行。

政府采购货物和服务招标投标管理办法

1. 2017年7月11日财政部令第87号公布
2. 自2017年10月1日起施行

第一章　总　　则

第一条　为了规范政府采购当事人的采购行为，加强对政府采购货物和服务招标投标活动的监督管理，维护国家利益、社会公共利益和政府采购招标投标活动当事人的合法权益，依据《中华人民共和国政府采购法》（以下简称政府采购法）、《中华人民共和国政府采购法实施条例》（以下简称政府采购法实施条例）和其他有关法律法规规定，制定本办法。

第二条　本办法适用于在中华人民共和国境内开展政府采购货物和服务（以下简称货物服务）招标投标活动。

第三条　货物服务招标分为公开招标和邀请招标。

公开招标，是指采购人依法以招标公告的方式邀请非特定的供应商参加投标的采购方式。

邀请招标，是指采购人依法从符合相应资格条件的供应商中随机抽取3家以上供应商，并以投标邀请书的方式邀请其参加投标的采购方式。

第四条　属于地方预算的政府采购项目，省、自治区、直辖市人民政府根据实际情况，可以确定分别适用于本行政区域省级、设区的市级、县级公开招标数额标准。

第五条　采购人应当在货物服务招标投标活动中落实节约能源、保护环境、扶持不发达地区和少数民族地区、促进中小企业发展等政府采购政策。

第六条　采购人应当按照行政事业单位内部控制规范要求，建立健全本单位政府采购内部控制制度，在编制政府采购预算和实施计划、确定采购需求、组织采购活动、履约验收、答复询问质疑、配合投诉处理及监督检查等重点环节加强内部控制管理。

采购人不得向供应商索要或者接受其给予的赠品、回扣或者与采购无关的其他商品、服务。

第七条　采购人应当按照财政部制定的《政府采购品

目分类目录》确定采购项目属性。按照《政府采购品目分类目录》无法确定的，按照有利于采购项目实施的原则确定。

第八条　采购人委托采购代理机构代理招标的，采购代理机构应当在采购人委托的范围内依法开展采购活动。

采购代理机构及其分支机构不得在所代理的采购项目中投标或者代理投标，不得为所代理的采购项目的投标人参加本项目提供投标咨询。

第二章　招　　标

第九条　未纳入集中采购目录的政府采购项目，采购人可以自行招标，也可以委托采购代理机构在委托的范围内代理招标。

采购人自行组织开展招标活动的，应当符合下列条件：

（一）有编制招标文件、组织招标的能力和条件；

（二）有与采购项目专业性相适应的专业人员。

第十条　采购人应当对采购标的的市场技术或者服务水平、供应、价格等情况进行市场调查，根据调查情况、资产配置标准等科学、合理地确定采购需求，进行价格测算。

第十一条　采购需求应当完整、明确，包括以下内容：

（一）采购标的需实现的功能或者目标，以及为落实政府采购政策需满足的要求；

（二）采购标的需执行的国家相关标准、行业标准、地方标准或者其他标准、规范；

（三）采购标的需满足的质量、安全、技术规格、物理特性等要求；

（四）采购标的的数量、采购项目交付或者实施的时间和地点；

（五）采购标的需满足的服务标准、期限、效率等要求；

（六）采购标的的验收标准；

（七）采购标的的其他技术、服务等要求。

第十二条　采购人根据价格测算情况，可以在采购预算额度内合理设定最高限价，但不得设定最低限价。

第十三条　公开招标公告应当包括以下主要内容：

（一）采购人及其委托的采购代理机构的名称、地址和联系方法；

（二）采购项目的名称、预算金额，设定最高限价的，还应当公开最高限价；

（三）采购人的采购需求；

（四）投标人的资格要求；

（五）获取招标文件的时间期限、地点、方式及招标文件售价；

（六）公告期限；

（七）投标截止时间、开标时间及地点；

（八）采购项目联系人姓名和电话。

第十四条　采用邀请招标方式的，采购人或者采购代理机构应当通过以下方式产生符合资格条件的供应商名单，并从中随机抽取3家以上供应商向其发出投标邀请书：

（一）发布资格预审公告征集；

（二）从省级以上人民政府财政部门（以下简称财政部门）建立的供应商库中选取；

（三）采购人书面推荐。

采用前款第一项方式产生符合资格条件供应商名单的，采购人或者采购代理机构应当按照资格预审文件载明的标准和方法，对潜在投标人进行资格预审。

采用第一款第二项或者第三项方式产生符合资格条件供应商名单的，备选的符合资格条件供应商总数不得少于拟随机抽取供应商总数的两倍。

随机抽取是指通过抽签等能够保证所有符合资格条件供应商机会均等的方式选定供应商。随机抽取供应商时，应当有不少于两名采购人工作人员在场监督，并形成书面记录，随采购文件一并存档。

投标邀请书应当同时向所有受邀请的供应商发出。

第十五条　资格预审公告应当包括以下主要内容：

（一）本办法第十三条第一至四项、第六项和第八项内容；

（二）获取资格预审文件的时间期限、地点、方式；

（三）提交资格预审申请文件的截止时间、地点及资格预审日期。

第十六条 招标公告、资格预审公告的公告期限为5个工作日。公告内容应当以省级以上财政部门指定媒体发布的公告为准。公告期限自省级以上财政部门指定媒体最先发布公告之日起算。

第十七条 采购人、采购代理机构不得将投标人的注册资本、资产总额、营业收入、从业人员、利润、纳税额等规模条件作为资格要求或者评审因素，也不得通过将除进口货物以外的生产厂家授权、承诺、证明、背书等作为资格要求，对投标人实行差别待遇或者歧视待遇。

第十八条 采购人或者采购代理机构应当按照招标公告、资格预审公告或者投标邀请书规定的时间、地点提供招标文件或者资格预审文件，提供期限自招标公告、资格预审公告发布之日起计算不得少于5个工作日。提供期限届满后，获取招标文件或者资格预审文件的潜在投标人不足3家的，可以顺延提供期限，并予公告。

公开招标进行资格预审的，招标公告和资格预审公告可以合并发布，招标文件应当向所有通过资格预审的供应商提供。

第十九条 采购人或者采购代理机构应当根据采购项目的实施要求，在招标公告、资格预审公告或者投标邀请书中载明是否接受联合体投标。如未载明，不得拒绝联合体投标。

第二十条 采购人或者采购代理机构应当根据采购项目的特点和采购需求编制招标文件。招标文件应当包括以下主要内容：

（一）投标邀请；

（二）投标人须知（包括投标文件的密封、签署、盖章要求等）；

（三）投标人应当提交的资格、资信证明文件；

（四）为落实政府采购政策，采购标的需满足的要求，以及投标人须提供的证明材料；

（五）投标文件编制要求、投标报价要求和投标保证金交纳、退还方式以及不予退还投标保证金的情形；

（六）采购项目预算金额，设定最高限价的，还应当公开最高限价；

（七）采购项目的技术规格、数量、服务标准、验收等要求，包括附件、图纸等；

（八）拟签订的合同文本；

（九）货物、服务提供的时间、地点、方式；

（十）采购资金的支付方式、时间、条件；

（十一）评标方法、评标标准和投标无效情形；

（十二）投标有效期；

（十三）投标截止时间、开标时间及地点；

（十四）采购代理机构代理费用的收取标准和方式；

（十五）投标人信用信息查询渠道及截止时点、信用信息查询记录和证据留存的具体方式、信用信息的使用规则等；

（十六）省级以上财政部门规定的其他事项。

对于不允许偏离的实质性要求和条件，采购人或者采购代理机构应当在招标文件中规定，并以醒目的方式标明。

第二十一条 采购人或者采购代理机构应当根据采购项目的特点和采购需求编制资格预审文件。资格预审文件应当包括以下主要内容：

（一）资格预审邀请；

（二）申请人须知；

（三）申请人的资格要求；

（四）资格审核标准和方法；

（五）申请人应当提供的资格预审申请文件的内容和格式；

（六）提交资格预审申请文件的方式、截止时间、地点及资格审核日期；

（七）申请人信用信息查询渠道及截止时点、信用信息查询记录和证据留存的具体方式、信用信息的使用规则等内容；

（八）省级以上财政部门规定的其他事项。

资格预审文件应当免费提供。

第二十二条 采购人、采购代理机构一般不得要求投标人提供样品，仅凭书面方式不能准确描述采购需求或者需要对样品进行主观判断以确认是否满足采购需求等特殊情况除外。

要求投标人提供样品的，应当在招标文件中明确规定样品制作的标准和要求、是否需要随样品提交相关检测报告、样品的评审方法以及评审标准。需要随样品提交检测报告的，还应当规定检测机构的要求、检测内容等。

采购活动结束后，对于未中标人提供的样品，应当及时退还或者经未中标人同意后自行处理；对于中标人提供的样品，应当按照招标文件的规定进行保管、封存，并作为履约验收的参考。

第二十三条　投标有效期从提交投标文件的截止之日起算。投标文件中承诺的投标有效期应当不少于招标文件中载明的投标有效期。投标有效期内投标人撤销投标文件的，采购人或者采购代理机构可以不退还投标保证金。

第二十四条　招标文件售价应当按照弥补制作、邮寄成本的原则确定，不得以营利为目的，不得以招标采购金额作为确定招标文件售价的依据。

第二十五条　招标文件、资格预审文件的内容不得违反法律、行政法规、强制性标准、政府采购政策，或者违反公开透明、公平竞争、公正和诚实信用原则。

有前款规定情形，影响潜在投标人投标或者资格预审结果的，采购人或者采购代理机构应当修改招标文件或者资格预审文件后重新招标。

第二十六条　采购人或者采购代理机构可以在招标文件提供期限截止后，组织已获取招标文件的潜在投标人现场考察或者召开开标前答疑会。

组织现场考察或者召开答疑会的，应当在招标文件中载明，或者在招标文件提供期限截止后以书面形式通知所有获取招标文件的潜在投标人。

第二十七条　采购人或者采购代理机构可以对已发出的招标文件、资格预审文件、投标邀请书进行必要的澄清或者修改，但不得改变采购标的和资格条件。澄清或者修改应当在原公告发布媒体上发布澄清公告。澄清或者修改的内容为招标文件、资格预审文件、投标邀请书的组成部分。

澄清或者修改的内容可能影响投标文件编制的，采购人或者采购代理机构应当在投标截止时间至少15日前，以书面形式通知所有获取招标文件的潜在投标人；不足15日的，采购人或者采购代理机构应当顺延提交投标文件的截止时间。

澄清或者修改的内容可能影响资格预审申请文件编制的，采购人或者采购代理机构应当在提交资格预审申请文件截止时间至少3日前，以书面形式通知所有获取资格预审文件的潜在投标人；不足3日的，采购人或者采购代理机构应当顺延提交资格预审申请文件的截止时间。

第二十八条　投标截止时间前，采购人、采购代理机构和有关人员不得向他人透露已获取招标文件的潜在投标人的名称、数量以及可能影响公平竞争的有关招标投标的其他情况。

第二十九条　采购人、采购代理机构在发布招标公告、资格预审公告或者发出投标邀请书后，除因重大变故采购任务取消情况外，不得擅自终止招标活动。

终止招标的，采购人或者采购代理机构应当及时在原公告发布媒体上发布终止公告，以书面形式通知已经获取招标文件、资格预审文件或者被邀请的潜在投标人，并将项目实施情况和采购任务取消原因报告本级财政部门。已经收取招标文件费用或者投标保证金的，采购人或者采购代理机构应当在终止采购活动后5个工作日内，退还所收取的招标文件费用和所收取的投标保证金及其在银行产生的孳息。

第三章　投　　标

第三十条　投标人，是指响应招标、参加投标竞争的法人、其他组织或者自然人。

第三十一条　采用最低评标价法的采购项目，提供相同品牌产品的不同投标人参加同一合同项下投标的，以其中通过资格审查、符合性审查且报价最低的参加评标；报价相同的，由采购人或者采购人委托评标委员会按照招标文件规定的方式确定一个参加评标的投标人，招标文件未规定的采取随机抽取方式确定，其他投标无效。

使用综合评分法的采购项目，提供相同品牌产品且通过资格审查、符合性审查的不同投标人参加同一合同项下投标的，按一家投标人计算，评审后得分最高的同品牌投标人获得中标人推荐资格；评审得分相同的，由采购人或者采购人委托评标委员会按照招标文件规定的方式确定一个投标人获得中标人推荐资格，招标文件未规定的采取随机抽取方式确定，其他同品牌投标人不作为中标候选人。

非单一产品采购项目，采购人应当根据采购项目技术构成、产品价格比重等合理确定核心产品，并在招标文件中载明。多家投标人提供的核心产品品牌相同的，按前两款规定处理。

第三十二条　投标人应当按照招标文件的要求编制投标文件。投标文件应当对招标文件提出的要求和条件作出明确响应。

第三十三条　投标人应当在招标文件要求提交投标文件的截止时间前，将投标文件密封送达投标地点。采购人或者采购代理机构收到投标文件后，应当如实记载投标文件的送达时间和密封情况，签收保存，并向投标人出具签收回执。任何单位和个人不得在开标前开启投标文件。

逾期送达或者未按照招标文件要求密封的投标文件，采购人、采购代理机构应当拒收。

第三十四条　投标人在投标截止时间前，可以对所递交的投标文件进行补充、修改或者撤回，并书面通知采购人或者采购代理机构。补充、修改的内容应当按照招标文件要求签署、盖章、密封后，作为投标文件的组成部分。

第三十五条　投标人根据招标文件的规定和采购项目的实际情况，拟在中标后将中标项目的非主体、非关键性工作分包的，应当在投标文件中载明分包承担主体，分包承担主体应当具备相应资质条件且不得再次分包。

第三十六条　投标人应当遵循公平竞争的原则，不得恶意串通，不得妨碍其他投标人的竞争行为，不得损害采购人或者其他投标人的合法权益。

在评标过程中发现投标人有上述情形的，评标委员会应当认定其投标无效，并书面报告本级财政部门。

第三十七条　有下列情形之一的，视为投标人串通投标，其投标无效：

（一）不同投标人的投标文件由同一单位或者个人编制；

（二）不同投标人委托同一单位或者个人办理投标事宜；

（三）不同投标人的投标文件载明的项目管理成员或者联系人员为同一人；

（四）不同投标人的投标文件异常一致或者投标报价呈规律性差异；

（五）不同投标人的投标文件相互混装；

（六）不同投标人的投标保证金从同一单位或者个人的账户转出。

第三十八条　投标人在投标截止时间前撤回已提交的投标文件的，采购人或者采购代理机构应当自收到投标人书面撤回通知之日起5个工作日内，退还已收取的投标保证金，但因投标人自身原因导致无法及时退还的除外。

采购人或者采购代理机构应当自中标通知书发出之日起5个工作日内退还未中标人的投标保证金，自采购合同签订之日起5个工作日内退还中标人的投标保证金或者转为中标人的履约保证金。

采购人或者采购代理机构逾期退还投标保证金的，除应当退还投标保证金本金外，还应当按中国人民银行同期贷款基准利率上浮20%后的利率支付超期资金占用费，但因投标人自身原因导致无法及时退还的除外。

第四章　开标、评标

第三十九条　开标应当在招标文件确定的提交投标文件截止时间的同一时间进行。开标地点应当为招标文件中预先确定的地点。

采购人或者采购代理机构应当对开标、评标现场活动进行全程录音录像。录音录像应当清晰可辨，音像资料作为采购文件一并存档。

第四十条　开标由采购人或者采购代理机构主持，邀请投标人参加。评标委员会成员不得参加开标活动。

第四十一条　开标时，应当由投标人或者其推选的代表检查投标文件的密封情况；经确认无误后，由采购人或者采购代理机构工作人员当众拆封，宣布投标人名称、投标价格和招标文件规定的需要宣布的其他内容。

投标人不足 3 家的，不得开标。

第四十二条　开标过程应当由采购人或者采购代理机构负责记录，由参加开标的各投标人代表和相关工作人员签字确认后随采购文件一并存档。

投标人代表对开标过程和开标记录有疑义，以及认为采购人、采购代理机构相关工作人员有需要回避的情形的，应当场提出询问或者回避申请。采购人、采购代理机构对投标人代表提出的询问或者回避申请应当及时处理。

投标人未参加开标的，视同认可开标结果。

第四十三条　公开招标数额标准以上的采购项目，投标截止后投标人不足 3 家或者通过资格审查或符合性审查的投标人不足 3 家的，除采购任务取消情形外，按照以下方式处理：

（一）招标文件存在不合理条款或者招标程序不符合规定的，采购人、采购代理机构改正后依法重新招标；

（二）招标文件没有不合理条款、招标程序符合规定，需要采用其他采购方式采购的，采购人应当依法报财政部门批准。

第四十四条　公开招标采购项目开标结束后，采购人或者采购代理机构应当依法对投标人的资格进行审查。

合格投标人不足 3 家的，不得评标。

第四十五条　采购人或者采购代理机构负责组织评标工作，并履行下列职责：

（一）核对评审专家身份和采购人代表授权函，对评审专家在政府采购活动中的职责履行情况予以记录，并及时将有关违法违规行为向财政部门报告；

（二）宣布评标纪律；

（三）公布投标人名单，告知评审专家应当回避的情形；

（四）组织评标委员会推选评标组长，采购人代表不得担任组长；

（五）在评标期间采取必要的通讯管理措施，保证评标活动不受外界干扰；

（六）根据评标委员会的要求介绍政府采购相关政策法规、招标文件；

（七）维护评标秩序，监督评标委员会依照招标文件规定的评标程序、方法和标准进行独立评审，及时制止和纠正采购人代表、评审专家的倾向性言论或者违法违规行为；

（八）核对评标结果，有本办法第六十四条规定情形的，要求评标委员会复核或者书面说明理由，评标委员会拒绝的，应予记录并向本级财政部门报告；

（九）评审工作完成后，按照规定向评审专家支付劳务报酬和异地评审差旅费，不得向评审专家以外的其他人员支付评审劳务报酬；

（十）处理与评标有关的其他事项。

采购人可以在评标前说明项目背景和采购需求，说明内容不得含有歧视性、倾向性意见，不得超出招标文件所述范围。说明应当提交书面材料，并随采购文件一并存档。

第四十六条　评标委员会负责具体评标事务，并独立履行下列职责：

（一）审查、评价投标文件是否符合招标文件的商务、技术等实质性要求；

（二）要求投标人对投标文件有关事项作出澄清或者说明；

（三）对投标文件进行比较和评价；

（四）确定中标候选人名单，以及根据采购人委托直接确定中标人；

（五）向采购人、采购代理机构或者有关部门报告评标中发现的违法行为。

第四十七条　评标委员会由采购人代表和评审专家组成，成员人数应当为 5 人以上单数，其中评审专家不得少于成员总数的三分之二。

采购项目符合下列情形之一的，评标委员会成员人数应当为 7 人以上单数：

（一）采购预算金额在 1000 万元以上；

（二）技术复杂；

（三）社会影响较大。

评审专家对本单位的采购项目只能作为采购人代表参与评标，本办法第四十八条第二款规定情形除外。采购代理机构工作人员不得参加由本机构代理的政府采购项目的评标。

评标委员会成员名单在评标结果公告前应当保密。

第四十八条 采购人或者采购代理机构应当从省级以上财政部门设立的政府采购评审专家库中，通过随机方式抽取评审专家。

对技术复杂、专业性强的采购项目，通过随机方式难以确定合适评审专家的，经主管预算单位同意，采购人可以自行选定相应专业领域的评审专家。

第四十九条 评标中因评标委员会成员缺席、回避或者健康等特殊原因导致评标委员会组成不符合本办法规定的，采购人或者采购代理机构应当依法补足后继续评标。被更换的评标委员会成员所作出的评标意见无效。

无法及时补足评标委员会成员的，采购人或者采购代理机构应当停止评标活动，封存所有投标文件和开标、评标资料，依法重新组建评标委员会进行评标。原评标委员会所作出的评标意见无效。

采购人或者采购代理机构应当将变更、重新组建评标委员会的情况予以记录，并随采购文件一并存档。

第五十条 评标委员会应当对符合资格的投标人的投标文件进行符合性审查，以确定其是否满足招标文件的实质性要求。

第五十一条 对于投标文件中含义不明确、同类问题表述不一致或者有明显文字和计算错误的内容，评标委员会应当以书面形式要求投标人作出必要的澄清、说明或者补正。

投标人的澄清、说明或者补正应当采用书面形式，并加盖公章，或者由法定代表人或其授权的代表签字。投标人的澄清、说明或者补正不得超出投标文件的范围或者改变投标文件的实质性内容。

第五十二条 评标委员会应当按照招标文件中规定的评标方法和标准，对符合性审查合格的投标文件进行商务和技术评估，综合比较与评价。

第五十三条 评标方法分为最低评标价法和综合评分法。

第五十四条 最低评标价法，是指投标文件满足招标文件全部实质性要求，且投标报价最低的投标人为中标候选人的评标方法。

技术、服务等标准统一的货物服务项目，应当采用最低评标价法。

采用最低评标价法评标时，除了算术修正和落实政府采购政策需进行的价格扣除外，不能对投标人的投标价格进行任何调整。

第五十五条 综合评分法，是指投标文件满足招标文件全部实质性要求，且按照评审因素的量化指标评审得分最高的投标人为中标候选人的评标方法。

评审因素的设定应当与投标人所提供货物服务的质量相关，包括投标报价、技术或者服务水平、履约能力、售后服务等。资格条件不得作为评审因素。评审因素应当在招标文件中规定。

评审因素应当细化和量化，且与相应的商务条件和采购需求对应。商务条件和采购需求指标有区间规定的，评审因素应当量化到相应区间，并设置各区间对应的不同分值。

评标时，评标委员会各成员应当独立对每个投标人的投标文件进行评价，并汇总每个投标人的得分。

货物项目的价格分值占总分值的比重不得低于30%；服务项目的价格分值占总分值的比重不得低于10%。执行国家统一定价标准和采用固定价格采购的项目，其价格不列为评审因素。

价格分应当采用低价优先法计算，即满足招标文件要求且投标价格最低的投标报价为评标基准价，其价格分为满分。其他投标人的价格分统一按照下列公式计算：

投标报价得分 =（评标基准价/投标报价）× 100

评标总得分 = F1 × A1 + F2 × A2 + … + Fn × An

F1、F2…Fn 分别为各项评审因素的得分；

A1、A2、…An 分别为各项评审因素所占的权重（A1 + A2 + … + An = 1）。

评标过程中，不得去掉报价中的最高报价和最低报价。

因落实政府采购政策进行价格调整的，以调整后的价格计算评标基准价和投标报价。

第五十六条 采用最低评标价法的，评标结果按投标报价由低到高顺序排列。投标报价相同的并列。投标文件满足招标文件全部实质性要求且投标报价最低的投标人为排名第一的中标候选人。

第五十七条 采用综合评分法的，评标结果按评审后得分由高到低顺序排列。得分相同的，按投标报价由低到高顺序排列。得分且投标报价相同的并列。投标文件满足招标文件全部实质性要求，且按照评审因素的量化指标评审得分最高的投标人为排名第一的中标候选人。

第五十八条 评标委员会根据全体评标成员签字的原始评标记录和评标结果编写评标报告。评标报告应当包括以下内容：

（一）招标公告刊登的媒体名称、开标日期和地点；

（二）投标人名单和评标委员会成员名单；

（三）评标方法和标准；

（四）开标记录和评标情况及说明，包括无效投标人名单及原因；

（五）评标结果，确定的中标候选人名单或者经采购人委托直接确定的中标人；

（六）其他需要说明的情况，包括评标过程中投标人根据评标委员会要求进行的澄清、说明或者补正，评标委员会成员的更换等。

第五十九条 投标文件报价出现前后不一致的，除招标文件另有规定外，按照下列规定修正：

（一）投标文件中开标一览表（报价表）内容与投标文件中相应内容不一致的，以开标一览表（报价表）为准；

（二）大写金额和小写金额不一致的，以大写金额为准；

（三）单价金额小数点或者百分比有明显错位的，以开标一览表的总价为准，并修改单价；

（四）总价金额与按单价汇总金额不一致的，以单价金额计算结果为准。

同时出现两种以上不一致的，按照前款规定的顺序修正。修正后的报价按照本办法第五十一条第二款的规定经投标人确认后产生约束力，投标人不确认的，其投标无效。

第六十条 评标委员会认为投标人的报价明显低于其他通过符合性审查投标人的报价，有可能影响产品质量或者不能诚信履约的，应当要求其在评标现场合理的时间内提供书面说明，必要时提交相关证明材料；投标人不能证明其报价合理性的，评标委员会应当将其作为无效投标处理。

第六十一条 评标委员会成员对需要共同认定的事项存在争议的，应当按照少数服从多数的原则作出结论。持不同意见的评标委员会成员应当在评标报告上签署不同意见及理由，否则视为同意评标报告。

第六十二条 评标委员会及其成员不得有下列行为：

（一）确定参与评标至评标结束前私自接触投标人；

（二）接受投标人提出的与投标文件不一致的澄清或者说明，本办法第五十一条规定的情形除外；

（三）违反评标纪律发表倾向性意见或者征询采购人的倾向性意见；

（四）对需要专业判断的主观评审因素协商评分；

（五）在评标过程中擅离职守，影响评标程序正常进行的；

（六）记录、复制或者带走任何评标资料；

（七）其他不遵守评标纪律的行为。

评标委员会成员有前款第一至五项行为之一的，其评审意见无效，并不得获取评审劳务报酬和报销异地评审差旅费。

第六十三条 投标人存在下列情况之一的，投标无效：

（一）未按照招标文件的规定提交投标保证金的；

（二）投标文件未按招标文件要求签署、盖章的；

（三）不具备招标文件中规定的资格要求的；

（四）报价超过招标文件中规定的预算金额或者最高限价的；

（五）投标文件含有采购人不能接受的附加条件的；

（六）法律、法规和招标文件规定的其他无效情形。

第六十四条 评标结果汇总完成后，除下列情形外，任何人不得修改评标结果：

（一）分值汇总计算错误的；

（二）分项评分超出评分标准范围的；

（三）评标委员会成员对客观评审因素评分不一致的；

（四）经评标委员会认定评分畸高、畸低的。

评标报告签署前，经复核发现存在以上情形之一的，评标委员会应当当场修改评标结果，并在评标报告中记载；评标报告签署后，采购人或者采购代理机构发现存在以上情形之一的，应当组织原评标委员会进行重新评审，重新评审改变评标结果的，书面报告本级财政部门。

投标人对本条第一款情形提出质疑的，采购人或者采购代理机构可以组织原评标委员会进行重新评审，重新评审改变评标结果的，应当书面报告本级财政部门。

第六十五条 评标委员会发现招标文件存在歧义、重大缺陷导致评标工作无法进行，或者招标文件内容违反国家有关强制性规定的，应当停止评标工作，与采购人或者采购代理机构沟通并作书面记录。采购人或者采购代理机构确认后，应当修改招标文件，重新组织采购活动。

第六十六条 采购人、采购代理机构应当采取必要措施，保证评标在严格保密的情况下进行。除采购人代表、评标现场组织人员外，采购人的其他工作人员以及与评标工作无关的人员不得进入评标现场。

有关人员对评标情况以及在评标过程中获悉的国家秘密、商业秘密负有保密责任。

第六十七条 评标委员会或者其成员存在下列情形导致评标结果无效的，采购人、采购代理机构可以重新组建评标委员会进行评标，并书面报告本级财政部门，但采购合同已经履行的除外：

（一）评标委员会组成不符合本办法规定的；

（二）有本办法第六十二条第一至五项情形的；

（三）评标委员会及其成员独立评标受到非法干预的；

（四）有政府采购法实施条例第七十五条规定的违法行为的。

有违法违规行为的原评标委员会成员不得参加重新组建的评标委员会。

第五章 中标和合同

第六十八条 采购代理机构应当在评标结束后 2 个工作日内将评标报告送采购人。

采购人应当自收到评标报告之日起 5 个工作日内，在评标报告确定的中标候选人名单中按顺序确定中标人。中标候选人并列的，由采购人或者采购人委托评标委员会按照招标文件规定的方式确定中标人；招标文件未规定的，采取随机抽取的方式确定。

采购人自行组织招标的，应当在评标结束后 5 个工作日内确定中标人。

采购人在收到评标报告 5 个工作日内未按评标报告推荐的中标候选人顺序确定中标人，又不能说明合法理由的，视同按评标报告推荐的顺序确定排名第一的中标候选人为中标人。

第六十九条 采购人或者采购代理机构应当自中标人确定之日起 2 个工作日内，在省级以上财政部门指定的媒体上公告中标结果，招标文件应当随中标结果同时公告。

中标结果公告内容应当包括采购人及其委托的采购代理机构的名称、地址、联系方式，项目名称和项目编号，中标人名称、地址和中标金额，主要中标标的的名称、规格型号、数量、单价、服务要求，中标公告期限以及评审专家名单。

中标公告期限为 1 个工作日。

邀请招标采购人采用书面推荐方式产生符合资格条件的潜在投标人的，还应当将所有被推荐供应商名单和推荐理由随中标结果同时公告。

在公告中标结果的同时，采购人或者采购代理机构应当向中标人发出中标通知书；对未通过资格审查的投标人，应当告知其未通过的原因；采用综合评分法评审的，还应当告知未中标人本人的评审得分与排序。

第七十条 中标通知书发出后，采购人不得违法改变中标结果，中标人无正当理由不得放弃中标。

第七十一条 采购人应当自中标通知书发出之日起30日内，按照招标文件和中标人投标文件的规定，与中标人签订书面合同。所签订的合同不得对招标文件确定的事项和中标人投标文件作实质性修改。

采购人不得向中标人提出任何不合理的要求作为签订合同的条件。

第七十二条 政府采购合同应当包括采购人与中标人的名称和住所、标的、数量、质量、价款或者报酬、履行期限及地点和方式、验收要求、违约责任、解决争议的方法等内容。

第七十三条 采购人与中标人应当根据合同的约定依法履行合同义务。

政府采购合同的履行、违约责任和解决争议的方法等适用《中华人民共和国合同法》。

第七十四条 采购人应当及时对采购项目进行验收。采购人可以邀请参加本项目的其他投标人或者第三方机构参与验收。参与验收的投标人或者第三方机构的意见作为验收书的参考资料一并存档。

第七十五条 采购人应当加强对中标人的履约管理，并按照采购合同约定，及时向中标人支付采购资金。对于中标人违反采购合同约定的行为，采购人应当及时处理，依法追究其违约责任。

第七十六条 采购人、采购代理机构应当建立真实完整的招标采购档案，妥善保存每项采购活动的采购文件。

第六章 法律责任

第七十七条 采购人有下列情形之一的，由财政部门责令限期改正；情节严重的，给予警告，对直接负责的主管人员和其他直接责任人员由其行政主管部门或者有关机关依法给予处分，并予以通报；涉嫌犯罪的，移送司法机关处理：

（一）未按照本办法的规定编制采购需求的；

（二）违反本办法第六条第二款规定的；

（三）未在规定时间内确定中标人的；

（四）向中标人提出不合理要求作为签订合同条件的。

第七十八条 采购人、采购代理机构有下列情形之一的，由财政部门责令限期改正，情节严重的，给予警告，对直接负责的主管人员和其他直接责任人员，由其行政主管部门或者有关机关给予处分，并予通报；采购代理机构有违法所得的，没收违法所得，并可以处以不超过违法所得3倍、最高不超过3万元的罚款，没有违法所得的，可以处以1万元以下的罚款：

（一）违反本办法第八条第二款规定的；

（二）设定最低限价的；

（三）未按照规定进行资格预审或者资格审查的；

（四）违反本办法规定确定招标文件售价的；

（五）未按规定对开标、评标活动进行全程录音录像的；

（六）擅自终止招标活动的；

（七）未按照规定进行开标和组织评标的；

（八）未按照规定退还投标保证金的；

（九）违反本办法规定进行重新评审或者重新组建评标委员会进行评标的；

（十）开标前泄露已获取招标文件的潜在投标人的名称、数量或者其他可能影响公平竞争的有关招标投标情况的；

（十一）未妥善保存采购文件的；

（十二）其他违反本办法规定的情形。

第七十九条 有本办法第七十七条、第七十八条规定的违法行为之一，经改正后仍然影响或者可能影响中标结果的，依照政府采购法实施条例第七十一条规定处理。

第八十条 政府采购当事人违反本办法规定，给他人造成损失的，依法承担民事责任。

第八十一条 评标委员会成员有本办法第六十二条所列行为之一的，由财政部门责令限期改正；情节严重的，给予警告，并对其不良行为予以记录。

第八十二条 财政部门应当依法履行政府采购监督管

理职责。财政部门及其工作人员在履行监督管理职责中存在懒政怠政、滥用职权、玩忽职守、徇私舞弊等违法违纪行为的，依照政府采购法、《中华人民共和国公务员法》、《中华人民共和国行政监察法》、政府采购法实施条例等国家有关规定追究相应责任；涉嫌犯罪的，移送司法机关处理。

第七章 附 则

第八十三条 政府采购货物服务电子招标投标、政府采购货物中的进口机电产品招标投标有关特殊事宜，由财政部另行规定。

第八十四条 本办法所称主管预算单位是指负有编制部门预算职责，向本级财政部门申报预算的国家机关、事业单位和团体组织。

第八十五条 本办法规定按日计算期间的，开始当天不计入，从次日开始计算。期限的最后一日是国家法定节假日的，顺延到节假日后的次日为期限的最后一日。

第八十六条 本办法所称的“以上”、“以下”、“内”、“以内”，包括本数；所称的“不足”，不包括本数。

第八十七条 各省、自治区、直辖市财政部门可以根据本办法制定具体实施办法。

第八十八条 本办法自2017年10月1日起施行。财政部2004年8月11日发布的《政府采购货物和服务招标投标管理办法》（财政部令第18号）同时废止。

政府采购质疑和投诉办法

1. 2017年12月26日财政部令第94号公布

2. 自2018年3月1日起施行

第一章 总 则

第一条 为了规范政府采购质疑和投诉行为，保护参加政府采购活动当事人的合法权益，根据《中华人民共和国政府采购法》《中华人民共和国政府采购法实施条例》和其他有关法律法规规定，制定本办法。

第二条 本办法适用于政府采购质疑的提出和答复、投诉的提起和处理。

第三条 政府采购供应商（以下简称供应商）提出质疑和投诉应当坚持依法依规、诚实信用原则。

第四条 政府采购质疑答复和投诉处理应当坚持依法依规、权责对等、公平公正、简便高效原则。

第五条 采购人负责供应商质疑答复。采购人委托采购代理机构采购的，采购代理机构在委托授权范围内作出答复。

县级以上各级人民政府财政部门（以下简称财政部门）负责依法处理供应商投诉。

第六条 供应商投诉按照采购人所属预算级次，由本级财政部门处理。

跨区域联合采购项目的投诉，采购人所属预算级次相同的，由采购文件事先约定的财政部门负责处理，事先未约定的，由最先收到投诉的财政部门负责处理；采购人所属预算级次不同的，由预算级次最高的财政部门负责处理。

第七条 采购人、采购代理机构应当在采购文件中载明接收质疑函的方式、联系部门、联系电话和通讯地址等信息。

县级以上财政部门应当在省级以上财政部门指定的政府采购信息发布媒体公布受理投诉的方式、联系部门、联系电话和通讯地址等信息。

第八条 供应商可以委托代理人进行质疑和投诉。其授权委托书应当载明代理人的姓名或者名称、代理事项、具体权限、期限和相关事项。供应商为自然人的，应当由本人签字；供应商为法人或者其他组织的，应当由法定代表人、主要负责人签字或者盖章，并加盖公章。

代理人提出质疑和投诉，应当提交供应商签署的授权委托书。

第九条 以联合体形式参加政府采购活动的，其投诉应当由组成联合体的所有供应商共同提出。

第二章 质疑提出与答复

第十条 供应商认为采购文件、采购过程、中标或者成交结果使自己的权益受到损害的，可以在知道或者应知其权益受到损害之日起7个工作日内，以书面形式向采购人、采购代理机构提出质疑。

采购文件可以要求供应商在法定质疑期内一次性提出针对同一采购程序环节的质疑。

第十一条 提出质疑的供应商(以下简称质疑供应商)应当是参与所质疑项目采购活动的供应商。

潜在供应商已依法获取其可质疑的采购文件的,可以对该文件提出质疑。对采购文件提出质疑的,应当在获取采购文件或者采购文件公告期限届满之日起7个工作日内提出。

第十二条 供应商提出质疑应当提交质疑函和必要的证明材料。质疑函应当包括下列内容:

(一)供应商的姓名或者名称、地址、邮编、联系人及联系电话;

(二)质疑项目的名称、编号;

(三)具体、明确的质疑事项和与质疑事项相关的请求;

(四)事实依据;

(五)必要的法律依据;

(六)提出质疑的日期。

供应商为自然人的,应当由本人签字;供应商为法人或者其他组织的,应当由法定代表人、主要负责人,或者其授权代表签字或者盖章,并加盖公章。

第十三条 采购人、采购代理机构不得拒收质疑供应商在法定质疑期内发出的质疑函,应当在收到质疑函后7个工作日内作出答复,并以书面形式通知质疑供应商和其他有关供应商。

第十四条 供应商对评审过程、中标或者成交结果提出质疑的,采购人、采购代理机构可以组织原评标委员会、竞争性谈判小组、询价小组或者竞争性磋商小组协助答复质疑。

第十五条 质疑答复应当包括下列内容:

(一)质疑供应商的姓名或者名称;

(二)收到质疑函的日期、质疑项目名称及编号;

(三)质疑事项、质疑答复的具体内容、事实依据和法律依据;

(四)告知质疑供应商依法投诉的权利;

(五)质疑答复人名称;

(六)答复质疑的日期。

质疑答复的内容不得涉及商业秘密。

第十六条 采购人、采购代理机构认为供应商质疑不成立,或者成立但未对中标、成交结果构成影响的,继续开展采购活动;认为供应商质疑成立且影响或者可能影响中标、成交结果的,按照下列情况处理:

(一)对采购文件提出的质疑,依法通过澄清或者修改可以继续开展采购活动的,澄清或者修改采购文件后继续开展采购活动;否则应当修改采购文件后重新开展采购活动。

(二)对采购过程、中标或者成交结果提出的质疑,合格供应商符合法定数量时,可以从合格的中标或者成交候选人中另行确定中标、成交供应商的,应当依法另行确定中标、成交供应商;否则应当重新开展采购活动。

质疑答复导致中标、成交结果改变的,采购人或者采购代理机构应当将有关情况书面报告本级财政部门。

第三章 投诉提起

第十七条 质疑供应商对采购人、采购代理机构的答复不满意,或者采购人、采购代理机构未在规定时间内作出答复的,可以在答复期满后15个工作日内向本办法第六条规定的财政部门提起投诉。

第十八条 投诉人投诉时,应当提交投诉书和必要的证明材料,并按照被投诉采购人、采购代理机构(以下简称被投诉人)和与投诉事项有关的供应商数量提供投诉书的副本。投诉书应当包括下列内容:

(一)投诉人和被投诉人的姓名或者名称、通讯地址、邮编、联系人及联系电话;

(二)质疑和质疑答复情况说明及相关证明材料;

(三)具体、明确的投诉事项和与投诉事项相关的投诉请求;

(四)事实依据;

(五)法律依据;

(六)提起投诉的日期。

投诉人为自然人的,应当由本人签字;投诉人为法人或者其他组织的,应当由法定代表人、主要负责人,或者其授权代表签字或者盖章,并加盖公章。

第十九条 投诉人应当根据本办法第七条第二款规定的信息内容，并按照其规定的方式提起投诉。

投诉人提起投诉应当符合下列条件：

（一）提起投诉前已依法进行质疑；

（二）投诉书内容符合本办法的规定；

（三）在投诉有效期限内提起投诉；

（四）同一投诉事项未经财政部门投诉处理；

（五）财政部规定的其他条件。

第二十条 供应商投诉的事项不得超出已质疑事项的范围，但基于质疑答复内容提出的投诉事项除外。

第四章 投诉处理

第二十一条 财政部门收到投诉书后，应当在 5 个工作日内进行审查，审查后按照下列情况处理：

（一）投诉书内容不符合本办法第十八条规定的，应当在收到投诉书 5 个工作日内一次性书面通知投诉人补正。补正通知应当载明需要补正的事项和合理的补正期限。未按照补正期限进行补正或者补正后仍不符合规定的，不予受理。

（二）投诉不符合本办法第十九条规定条件的，应当在 3 个工作日内书面告知投诉人不予受理，并说明理由。

（三）投诉不属于本部门管辖的，应当在 3 个工作日内书面告知投诉人向有管辖权的部门提起投诉。

（四）投诉符合本办法第十八条、第十九条规定的，自收到投诉书之日起即为受理，并在收到投诉后 8 个工作日内向被投诉人和其他与投诉事项有关的当事人发出投诉答复通知书及投诉书副本。

第二十二条 被投诉人和其他与投诉事项有关的当事人应当在收到投诉答复通知书及投诉书副本之日起 5 个工作日内，以书面形式向财政部门作出说明，并提交相关证据、依据和其他有关材料。

第二十三条 财政部门处理投诉事项原则上采用书面审查的方式。财政部门认为有必要时，可以进行调查取证或者组织质证。

财政部门可以根据法律、法规规定或者职责权限，委托相关单位或者第三方开展调查取证、检验、检测、鉴定。

质证应当通知相关当事人到场，并制作质证笔录。质证笔录应当由当事人签字确认。

第二十四条 财政部门依法进行调查取证时，投诉人、被投诉人以及与投诉事项有关的单位及人员应当如实反映情况，并提供财政部门所需要的相关材料。

第二十五条 应当由投诉人承担举证责任的投诉事项，投诉人未提供相关证据、依据和其他有关材料的，视为该投诉事项不成立；被投诉人未按照投诉答复通知书要求提交相关证据、依据和其他有关材料的，视同其放弃说明权利，依法承担不利后果。

第二十六条 财政部门应当自收到投诉之日起 30 个工作日内，对投诉事项作出处理决定。

第二十七条 财政部门处理投诉事项，需要检验、检测、鉴定、专家评审以及需要投诉人补正材料的，所需时间不计算在投诉处理期限内。

前款所称所需时间，是指财政部门向相关单位、第三方、投诉人发出相关文书、补正通知之日至收到相关反馈文书或材料之日。

财政部门向相关单位、第三方开展检验、检测、鉴定、专家评审的，应当将所需时间告知投诉人。

第二十八条 财政部门在处理投诉事项期间，可以视具体情况书面通知采购人和采购代理机构暂停采购活动，暂停采购活动时间最长不得超过 30 日。

采购人和采购代理机构收到暂停采购活动通知后应当立即中止采购活动，在法定的暂停期限结束前或者财政部门发出恢复采购活动通知前，不得进行该项采购活动。

第二十九条 投诉处理过程中，有下列情形之一的，财政部门应当驳回投诉：

（一）受理后发现投诉不符合法定受理条件；

（二）投诉事项缺乏事实依据，投诉事项不成立；

（三）投诉人捏造事实或者提供虚假材料；

（四）投诉人以非法手段取得证明材料。证据来源的合法性存在明显疑问，投诉人无法证明其取得方式合法的，视为以非法手段取得证明材料。

第三十条 财政部门受理投诉后，投诉人书面申请撤回投诉的，财政部门应当终止投诉处理程序，并书面告知相关当事人。

第三十一条　投诉人对采购文件提起的投诉事项，财政部门经查证属实的，应当认定投诉事项成立。经认定成立的投诉事项不影响采购结果的，继续开展采购活动；影响或者可能影响采购结果的，财政部门按照下列情况处理：

（一）未确定中标或者成交供应商的，责令重新开展采购活动。

（二）已确定中标或者成交供应商但尚未签订政府采购合同的，认定中标或者成交结果无效，责令重新开展采购活动。

（三）政府采购合同已经签订但尚未履行的，撤销合同，责令重新开展采购活动。

（四）政府采购合同已经履行，给他人造成损失的，相关当事人可依法提起诉讼，由责任人承担赔偿责任。

第三十二条　投诉人对采购过程或者采购结果提起的投诉事项，财政部门经查证属实的，应当认定投诉事项成立。经认定成立的投诉事项不影响采购结果的，继续开展采购活动；影响或者可能影响采购结果的，财政部门按照下列情况处理：

（一）未确定中标或者成交供应商的，责令重新开展采购活动。

（二）已确定中标或者成交供应商但尚未签订政府采购合同的，认定中标或者成交结果无效。合格供应商符合法定数量时，可以从合格的中标或者成交候选人中另行确定中标或者成交供应商的，应当要求采购人依法另行确定中标、成交供应商；否则责令重新开展采购活动。

（三）政府采购合同已经签订但尚未履行的，撤销合同。合格供应商符合法定数量时，可以从合格的中标或者成交候选人中另行确定中标或者成交供应商的，应当要求采购人依法另行确定中标、成交供应商；否则责令重新开展采购活动。

（四）政府采购合同已经履行，给他人造成损失的，相关当事人可依法提起诉讼，由责任人承担赔偿责任。

投诉人对废标行为提起的投诉事项成立的，财政部门应当认定废标行为无效。

第三十三条　财政部门作出处理决定，应当制作投诉处理决定书，并加盖公章。投诉处理决定书应当包括下列内容：

（一）投诉人和被投诉人的姓名或者名称、通讯地址等；

（二）处理决定查明的事实和相关依据，具体处理决定和法律依据；

（三）告知相关当事人申请行政复议的权利、行政复议机关和行政复议申请期限，以及提起行政诉讼的权利和起诉期限；

（四）作出处理决定的日期。

第三十四条　财政部门应当将投诉处理决定书送达投诉人和与投诉事项有关的当事人，并及时将投诉处理结果在省级以上财政部门指定的政府采购信息发布媒体上公告。

投诉处理决定书的送达，参照《中华人民共和国民事诉讼法》关于送达的规定执行。

第三十五条　财政部门应当建立投诉处理档案管理制度，并配合有关部门依法进行的监督检查。

第五章　法律责任

第三十六条　采购人、采购代理机构有下列情形之一的，由财政部门责令限期改正；情节严重的，给予警告，对直接负责的主管人员和其他直接责任人员，由其行政主管部门或者有关机关给予处分，并予通报：

（一）拒收质疑供应商在法定质疑期内发出的质疑函；

（二）对质疑不予答复或者答复与事实明显不符，并不能作出合理说明；

（三）拒绝配合财政部门处理投诉事宜。

第三十七条　投诉人在全国范围12个月内三次以上投诉查无实据的，由财政部门列入不良行为记录名单。

投诉人有下列行为之一的，属于虚假、恶意投诉，由财政部门列入不良行为记录名单，禁止其1至3年内参加政府采购活动：

（一）捏造事实；

（二）提供虚假材料；

（三）以非法手段取得证明材料。证据来源的合法性存在明显疑问，投诉人无法证明其取得方式合法的，视为以非法手段取得证明材料。

第三十八条 财政部门及其工作人员在履行投诉处理职责中违反本办法规定及存在其他滥用职权、玩忽职守、徇私舞弊等违法违纪行为的，依照《中华人民共和国政府采购法》《中华人民共和国公务员法》《中华人民共和国行政监察法》《中华人民共和国政府采购法实施条例》等国家有关规定追究相应责任；涉嫌犯罪的，依法移送司法机关处理。

第六章 附 则

第三十九条 质疑函和投诉书应当使用中文。质疑函和投诉书的范本，由财政部制定。

第四十条 相关当事人提供外文书证或者外国语视听资料的，应当附有中文译本，由翻译机构盖章或者翻译人员签名。

相关当事人向财政部门提供的在中华人民共和国领域外形成的证据，应当说明来源，经所在国公证机关证明，并经中华人民共和国驻该国使领馆认证，或者履行中华人民共和国与证据所在国订立的有关条约中规定的证明手续。

相关当事人提供的在香港特别行政区、澳门特别行政区和台湾地区内形成的证据，应当履行相关的证明手续。

第四十一条 财政部门处理投诉不得向投诉人和被投诉人收取任何费用。但因处理投诉发生的第三方检验、检测、鉴定等费用，由提出申请的供应商先行垫付。投诉处理决定明确双方责任后，按照“谁过错谁负担”的原则由承担责任的一方负担；双方都有责任的，由双方合理分担。

第四十二条 本办法规定的期间开始之日，不计算在期间内。期间届满的最后一日是节假日的，以节假日后的第一日为期间届满的日期。期间不包括在途时间，质疑和投诉文书在期满前交邮的，不算过期。

本办法规定的“以上”“以下”均含本数。

第四十三条 对在质疑答复和投诉处理过程中知悉的国家秘密、商业秘密、个人隐私和依法不予公开的信息，财政部门、采购人、采购代理机构等相关知情人应当保密。

第四十四条 省级财政部门可以根据本办法制定具体实施办法。

第四十五条 本办法自2018年3月1日起施行。财政部2004年8月11日发布的《政府采购供应商投诉处理办法》（财政部令第20号）同时废止。

国务院国资委、国家发展改革委关于规范中央企业采购管理工作的指导意见

1. 2024年7月18日

2. 国资发改革规〔2024〕53号

为贯彻落实党中央、国务院部署要求，进一步规范中央企业采购管理工作，激发市场竞争活力，有效防范违法违规行为，全面提升中央企业采购与供应链管理水平，提出以下意见。

一、总体要求

以习近平新时代中国特色社会主义思想为指导，深入贯彻党的二十大精神，全力打造依法合规、公开透明、集约高效的供应链，切实提升产业链供应链韧性和安全水平，建立健全中央企业采购管理体系，增强采购价值创造能力，全面推动中央企业采购管理规范化、精益化、协同化、智慧化发展。

（一）坚持依法合规。严格遵循国家招投标相关法律法规及行业政策要求，同时进一步明确招标以外的采购方式和管控要点，切实规范中央企业采购行为。

（二）坚持公开公正。平等对待中央企业内部和外部各市场参与主体，破除行业垄断和保护主义，完善企业内控监督机制，防止国有资产流失。

（三）坚持竞争择优。广泛搜寻供应资源，充分激活市场竞争，以性能价格比最佳、全生命周期综合成本最优为目标，优选供应商、承包商或服务商。

（四）坚持协同高效。整合内外部资源，推动供应链上下游协作，助力资源共享、优势互补、集约高效、合作共赢，提升产业链供应链韧性和安全水平。

二、合理选择采购方式

对于《中华人民共和国招标投标法》《中华人民共和国招标投标法实施条例》《工程建设项目施工招标投标办法》等明确规定必须采取招标方式采购的项目,中央企业应当严格执行。对于不属于工程建设项目的采购活动,未达到《必须招标的工程项目规定》(国家发展改革委令 2018 年第 16 号)所规定的招标规模标准的工程建设采购项目,以及国家招标投标相关法律法规明确可以不进行招标的项目,中央企业除自愿采取招标方式外,应当选择下列四种方式之一进行。

(一)询比采购。

询比采购是指由 3 个及以上符合资格条件的供应商一次报出不得更改的价格,经评审确定成交供应商的采购方式。

适用条件为同时满足以下三种情形:一是采购人能够清晰、准确、完整地提出采购需求;二是采购标的物的技术和质量标准化程度较高;三是市场资源较丰富、竞争充分,潜在供应商不少于 3 家。

(二)竞价采购。

竞价采购是指由 3 个及以上符合资格条件的供应商在规定时间内多轮次公开竞争报价,按照最终报价确定成交供应商的采购方式。

适用条件为同时满足以下四种情形:一是采购人能够清晰、准确、完整地提出采购需求;二是采购标的物的技术和质量标准化程度较高;三是采购标的物以价格竞争为主;四是市场资源较丰富、竞争充分,潜在供应商不少于 3 家。

(三)谈判采购。

谈判采购是指同时与 2 个及以上符合资格条件的供应商分别进行一轮或多轮谈判,经评审确定成交供应商的竞争采购方式。

适用条件为满足以下情形之一:一是采购标的物技术复杂或性质特殊,采购方不能准确提出采购需求,需与供应商谈判后研究确定;二是采购需求明确,但有多种实施方案可供选择,采购人需通过与供应商谈判确定实施方案;三是市场供应资源缺乏,符合资格条件供应商只有 2 家;四是采购由供需双方以联合研发、共担风险模式形成的原创性商品或服务。

(四)直接采购。

直接采购是指与特定的供应商进行一轮或多轮商议,根据商议情况确定成交供应商的非竞争采购方式。

适用条件为满足以下情形之一:一是涉及国家秘密、国家安全或企业重大商业秘密,不适宜竞争性采购;二是因抢险救灾、事故抢修等不可预见的特殊情况需要紧急采购;三是需采用不可替代的专利或者专有技术;四是需向原供应商采购,否则将影响施工或者功能配套要求;五是有效供应商有且仅有 1 家;六是为保障重点战略物资稳定供应,需签订长期协议定向采购;七是国家有关部门文件明确的其他情形。

此外,对于围绕核心主业需集团内相关企业提供必要配套产品或服务的情形,如确需采用直接采购方式,应当由集团总部采取有效措施,加强集中管理,采购人分级履行决策程序后报上级企业备案。

三、强化采购寻源和供应商管理

充分利用全国企业采购交易寻源询价系统等数智化手段,广泛开展寻源比价,有效识别供应商弄虚作假、串通报价、履约能力不足等风险,开展全生命周期评价,建立合格供应商名录并做好动态管理和评价工作。对供应商实施量化考核,综合供应商考核结果及资质信用、管理水平、创新能力等,分级管理供应商,深化与优质供应商长期稳定合作。强化中央企业间供应商信息和考核结果的公开、共享和规范应用,探索相关行业内部建立高风险供应商名单,条件成熟后逐步推广高风险供应商名单信息共享,同时不得将未纳入高风险供应商名单作为参与采购的基本资格条件,不得将有解决纠纷诉求的合规供应商纳入高风险供应商名单管理,不得排斥或限制潜在供应商。

四、完善采购执行和评审机制

(一)健全采购执行机制。中央企业应当按照程序并依照国家有关标准制定采购计划、编制采购文件、发出采购公告或邀请书、发送采购文件、组织采购评审、确定成交供应商、签订合同。小额零星采购可适当简化采购流程。应当根据情况专门制定抢险救灾、应对突发性公共事件等应急采购项目的采购流程。

（二）完善评审专家机制。采购评审应当保密、公平、公正，任何单位和个人不得非法干预、影响评审的过程和结果。除依法应当进行招标的项目外，视技术标准、金额大小、采购方式等综合判断采购事项重要程度，考量组成专家评审小组的必要性，并将组建专家评审小组的标准纳入采购制度范围。专家评审小组应当选取专业要求、工作经历等匹配的专家，鼓励包含采购企业外人员。探索在同行业中央企业间共建评审专家库，采用行业共享、联合共建等方式扩大评审专家队伍。强化评审专家入库审查、业务培训和廉洁教育，提升专家履职能力。

五、推动采购活动公开透明

除直接采购及其他采购方式中涉密等特殊项目外，企业应当根据行业属性，结合企业实际确定公开采购限额基准线。限额以上的采购项目原则上应当采用公开方式，在本企业电子采购交易平台或省级及以上媒介公告公示采购信息。结果确定后，应当在发布采购公告的媒介上公示采购结果。采用直接采购方式并公开的，应当在采购前公示项目情况（涉密等特殊项目除外）。

六、提升采购数智化水平

（一）深化电子采购系统应用。支持中央企业电子采购与大数据、人工智能、区块链等新技术融合发展，依托电子采购交易网络搭建交易平台，实现业务公开、过程受控、全程在线、永久可追溯。在确保规则标准统一、设施联通的前提下，企业可自行建设电子采购交易系统，相关系统应当与国家电子招标投标公共服务系统、中央企业采购交易在线监管系统互联互通，纳入统一的公共资源交易平台体系。暂未自建交易平台的企业，可自主选择提供合理收费和优质服务的其他中央企业、地方或第三方电子交易系统。严格规范电子采购平台收费行为，合理确定收费标准，不得重复收费，不得将收费作为前置条件排斥或限制潜在供应商。

（二）大力推广企业电子商城。鼓励中央企业自建电子商城，并将标准工业品、低值易耗品、通用服务项目等通过企业电子商城采购。企业电子商城应当通过竞争性方式依法合规确定铺货供应商，约定商品上下架、价格调整、风险分担、支付结算等交易规则。电子商城应当具备比质比价功能，不断优化业务流程与交易管控，择优选取所需商品。

七、加大集中采购力度

大力推广标准化设计、标准化选型，整合同类型需求，积极推行集中采购，增强企业议价和协调能力、提高整体效益。集团总部汇总各子企业一定时期内所需的工程、货物或服务，按照分类分级集中采购目录清单，统一组织多项目联合打捆采购或框架协议采购，可采用“统谈统签”或“统谈分签”的模式。对于相似度高、采购量大的产品品类，在不违背反垄断市场竞争规则前提下，支持中央企业开展联合采购。

八、发挥采购对科技创新的支撑作用

对于原创技术策源地企业、创新联合体、启航企业等产生的创新产品和服务，工业和信息化部等部门相关名录所列首台（套）装备、首批次材料、首版次软件，以及《中央企业科技创新成果推荐目录》成果，在兼顾企业经济性情况下，可采用谈判或直接采购方式采购，鼓励企业预留采购份额并先试先用。首台（套）装备、首批次材料、首版次软件参与采购活动时，仅需提交相关证明材料，即视同满足市场占有率、使用业绩等要求，中央企业不得设置歧视性评审标准。在卫星导航、芯片、高端数控机床、工业机器人、先进医疗设备等科技创新重点领域，充分发挥中央企业采购使用的主力军作用，带头使用创新产品。

九、鼓励更好履行社会责任

（一）大力扶持中小企业发展。中央企业应当支持中小企业参与采购活动，不得违法限定供应商所在地、所有制形式、组织形式、注册资本、股权结构、经营年限等，或者设定其他不合理的条件排斥、限制中小企业参与采购活动。鼓励中央企业通过预留采购份额、优先安排价款支付等方式给予中小企业积极支持。

（二）坚决落实政策性采购要求。认真落实党中央、国务院关于全面推进乡村振兴和援疆援藏援青的决策部署，预留一定份额采购预算，科学合理确定采购方式，同等条件下优先采购脱贫地区、革命老区、民族地区和边疆地区产品。积极支持定点帮扶和对口支援地区的企业、产品入驻自有电商平台和市场销售渠道。

十、组织实施

（一）加强组织保障。各中央企业要高度重视采购与供应链管理工作，强化集团总部管理职能，进一步提升采购管控能力，结合实际优化完善机构设置，建立健全跨部门的采购管理协同工作机制。加强对计划、采购、生产、物流等业务活动的集中管理，实现资源精准匹配、服务快速响应，推动采购管理向供应链管理转型升级，全面提升采购与供应链管理的战略支撑、价值创造、风险防控功能和资源保障能力。

（二）健全制度体系。各中央企业要按照本指导意见要求，参考相关国家标准、行业标准，抓紧制定或修订采购管理制度和实施细则，明确采购计划、采购实施、合同签订与履行等操作程序和全流程管控要点，建立健全覆盖各类采购方式的采购管理制度体系，切实抓好内部采购制度建设，确保采购有章可循、规范管理。

（三）抓好监督落实。国务院国资委充分应用中央企业采购交易在线监管系统等平台工具，进一步加强对中央企业采购管理工作的监管，将采购管理绩效结果纳入中央企业采购与供应链管理对标评估等工作评价体系，对采购工作中存在的违规违纪违法问题严肃追责问责，切实加强对采购业务的内部控制、内部审计监督。建立健全“互联网＋监督”机制，加强宣传引导和舆论监督，为推动中央企业采购工作规范健康发展营造良好氛围。

财政部关于进一步加强政府采购需求和履约验收管理的指导意见

1. 2016年11月25日

2. 财库〔2016〕205号

党中央有关部门，国务院各部委、各直属机构，全国人大常委会办公厅，全国政协办公厅，高法院、高检院，各民主党派中央，有关人民团体，各省、自治区、直辖市、计划单列市财政厅（局），新疆生产建设兵团财务局：

近年来，各地区、各部门认真贯彻政府采购结果导向改革要求，落实《中华人民共和国政府采购法》及其实施条例有关规定，不断加强政府采购需求和履约验收管理，取得了初步成效。但从总体上看，政府采购需求和履约验收管理还存在认识不到位、责任不清晰、措施不细化等问题。为了进一步提高政府采购需求和履约验收管理的科学化、规范化水平，现就有关工作提出以下意见：

一、高度重视政府采购需求和履约验收管理

依法加强政府采购需求和履约验收管理，是深化政府采购制度改革、提高政府采购效率和质量的重要保证。科学合理确定采购需求是加强政府采购源头管理的重要内容，是执行政府采购预算、发挥采购政策功能、落实公平竞争交易规则的重要抓手，在采购活动整体流程中具有承上启下的重要作用。严格规范开展履约验收是加强政府采购结果管理的重要举措，是保证采购质量、开展绩效评价、形成闭环管理的重要环节，对实现采购与预算、资产及财务等管理工作协调联动具有重要意义。各地区、各部门要充分认识政府采购需求和履约验收管理的重要性和必要性，切实加强政府采购活动的源头和结果管理。

二、科学合理确定采购需求

（一）采购人负责确定采购需求。采购人负责组织确定本单位采购项目的采购需求。采购人委托采购代理机构编制采购需求的，应当在采购活动开始前对采购需求进行书面确认。

（二）采购需求应当合规、完整、明确。采购需求应当符合国家法律法规规定，执行国家相关标准、行业标准、地方标准等标准规范，落实政府采购支持节能环保、促进中小企业发展等政策要求。除因技术复杂或者性质特殊，不能确定详细规格或者具体要求外，采购需求应当完整、明确。必要时，应当就确定采购需求征求相关供应商、专家的意见。采购需求应当包括采购对象需实现的功能或者目标，满足项目需要的所有技术、服务、安全等要求，采购对象的数量、交付或实施的时间和地点，采购对象的验收标准等内容。采购需求描述应当清楚明了、规范表述、含义准确，能够通过客观指标量化的应当量化。

（三）加强需求论证和社会参与。采购人可以根据项目特点，结合预算编制、相关可行性论证和需求调研情况对采购需求进行论证。政府向社会公众提供的公共服务项目，采购人应当就确定采购需求征求社会公众的意见。需求复杂的采购项目可引入第三方专业机构和专家，吸纳社会力量参与采购需求编制及论证。

（四）严格依据采购需求编制采购文件及合同。采购文件及合同应当完整反映采购需求的有关内容。采购文件设定的评审因素应当与采购需求对应，采购需求相关指标有区间规定的，评审因素应当量化到相应区间。采购合同的具体条款应当包括项目的验收要求、与履约验收挂钩的资金支付条件及时间、争议处理规定、采购人及供应商各自权利义务等内容。采购需求、项目验收标准和程序应当作为采购合同的附件。

三、严格规范开展履约验收

（五）采购人应当依法组织履约验收工作。采购人应当根据采购项目的具体情况，自行组织项目验收或者委托采购代理机构验收。采购人委托采购代理机构进行履约验收的，应当对验收结果进行书面确认。

（六）完整细化编制验收方案。采购人或其委托的采购代理机构应当根据项目特点制定验收方案，明确履约验收的时间、方式、程序等内容。技术复杂、社会影响较大的货物类项目，可以根据需要设置出厂检验、到货检验、安装调试检验、配套服务检验等多重验收环节；服务类项目，可根据项目特点对服务期内的服务实施情况进行分期考核，结合考核情况和服务效果进行验收；工程类项目应当按照行业管理部门规定的标准、方法和内容进行验收。

（七）完善验收方式。对于采购人和使用人分离的采购项目，应当邀请实际使用人参与验收。采购人、采购代理机构可以邀请参加本项目的其他供应商或第三方专业机构及专家参与验收，相关验收意见作为验收书的参考资料。政府向社会公众提供的公共服务项目，验收时应当邀请服务对象参与并出具意见，验收结果应当向社会公告。

（八）严格按照采购合同开展履约验收。采购人或者采购代理机构应当成立验收小组，按照采购合同的约定对供应商履约情况进行验收。验收时，应当按照采购合同的约定对每一项技术、服务、安全标准的履约情况进行确认。验收结束后，应当出具验收书，列明各项标准的验收情况及项目总体评价，由验收双方共同签署。验收结果应当与采购合同约定的资金支付及履约保证金返还条件挂钩。履约验收的各项资料应当存档备查。

（九）严格落实履约验收责任。验收合格的项目，采购人应当根据采购合同的约定及时向供应商支付采购资金、退还履约保证金。验收不合格的项目，采购人应当依法及时处理。采购合同的履行、违约责任和解决争议的方式等适用《中华人民共和国合同法》。供应商在履约过程中有政府采购法律法规规定的违法违规情形的，采购人应当及时报告本级财政部门。

四、工作要求

（十）强化采购人对采购需求和履约验收的主体责任。采购人应当切实做好需求编制和履约验收工作，完善内部机制、强化内部监督、细化内部流程，把采购需求和履约验收嵌入本单位内控管理流程，加强相关工作的组织、人员和经费保障。

（十一）加强采购需求和履约验收的业务指导。各级财政部门应当按照结果导向的改革要求，积极研究制定通用产品需求标准和采购文件标准文本，探索建立供应商履约评价制度，推动在政府采购评审中应用履约验收和绩效评价结果。

（十二）细化相关制度规定。各地区、各部门可根据本意见精神，研究制定符合本地区、本部门实际情况的具体办法和工作细则，切实加强政府采购活动中的需求和履约验收管理。

财政部关于加强政府采购活动内部控制管理的指导意见

1. 2016年6月29日
2. 财库〔2016〕99号

党中央有关部门，国务院各部委、各直属机构，全国人大常委会办公厅，全国政协办公厅，高法院，高检院，各民主党派中央，有关人民团体，中央国家机关政府采购中心，中共中央直属机关采购中心，全国人大机关采购中心，各省、自治区、直辖市、计划单列市财政厅（局）、政府采购中心，新疆生产建设兵团财务局、政府采购中心：

加强对政府采购活动的内部控制管理，是贯彻《中共中央关于全面推进依法治国若干重大问题的决定》的重要举措，也是深化政府采购制度改革的内在要求，对落实党风廉政建设主体责任、推进依法采购具有重要意义。近年来，一些采购人、集中采购机构和政府采购监管部门积极探索建立政府采购活动内部控制制度，取得了初步成效，但总体上还存在体系不完整、制度不健全、发展不平衡等问题。为了进一步规范政府采购活动中的权力运行，强化内部流程控制，促进政府采购提质增效，现提出如下意见：

一、总体要求

（一）指导思想。

贯彻党的十八大和十八届三中、四中、五中全会精神，按照“四个全面”战略布局，适应政府职能转变和构建现代财政制度需要，落实政府采购法律法规要求，执行《行政事业单位内部控制规范（试行）》（财会〔2012〕21号）和《财政部关于全面推进行政事业单位内部控制建设的指导意见》（财会〔2015〕24号）相关规定，坚持底线思维和问题导向，创新政府采购管理手段，切实加强政府采购活动中的权力运行监督，有效防范舞弊和预防腐败，提升政府采购活动的组织管理水平和财政资金使用效益，提高政府采购公信力。

（二）基本原则。

1. 全面管控与突出重点并举。将政府采购内部控制管理贯穿于政府采购执行与监管的全流程、各环节，全面控制，重在预防。抓住关键环节、岗位和重大风险事项，从严管理，重点防控。

2. 分工制衡与提升效能并重。发挥内部机构之间，相关业务、环节和岗位之间的相互监督和制约作用，合理安排分工，优化流程衔接，提高采购绩效和行政效能。

3. 权责对等与依法惩处并行。在政府采购执行与监管过程中贯彻权责一致原则，因权定责、权责对应。严格执行法律法规的问责条款，有错必究、失责必惩。

（三）主要目标。

以“分事行权、分岗设权、分级授权”为主线，通过制定制度、健全机制、完善措施、规范流程，逐步形成依法合规、运转高效、风险可控、问责严格的政府采购内部运转和管控制度，做到约束机制健全、权力运行规范、风险控制有力、监督问责到位，实现对政府采购活动内部权力运行的有效制约。

二、主要任务

（一）落实主体责任。

采购人应当做好政府采购业务的内部归口管理和所属单位管理，明确内部工作机制，重点加强对采购需求、政策落实、信息公开、履约验收、结果评价等的管理。

集中采购机构应当做好流程控制，围绕委托代理、编制采购文件和拟订合同文本、执行采购程序、代理采购绩效等政府采购活动的重点内容和环节加强管理。

监管部门应当强化依法行政意识，围绕放管服改革要求，重点完善采购方式审批、采购进口产品审核、投诉处理、监督检查等内部管理制度和工作规程。

（二）明确重点任务。

1. 严防廉政风险。牢固树立廉洁是政府采购生命线的根本理念，把纪律和规矩挺在前面。针对政府采购岗位设置、流程设计、主体责任、与市场主体交往等重点问题,细化廉政规范、明确纪律规矩,形成严密、有效的约束机制。

2. 控制法律风险。切实提升采购人、集中采购机构和监管部门的法治观念,依法依规组织开展政府采购活动,提高监管水平,切实防控政府采购执行与监管中的法律风险。

3. 落实政策功能。准确把握政府采购领域政策功能落实要求,严格执行政策规定,切实发挥政府采购在实现国家经济和社会发展政策目标中的作用。

4. 提升履职效能。落实精简、统一、效能的要求,科学确定事权归属、岗位责任、流程控制和授权关系,推进政府采购流程优化、执行顺畅,提升政府采购整体效率、效果和效益。

三、主要措施

(一)明晰事权,依法履职尽责。采购人、采购代理机构和监管部门应当根据法定职责开展工作,既不能失职不作为,也不得越权乱作为。

1. 实施归口管理。采购人应当明确内部归口管理部门,具体负责本单位、本系统的政府采购执行管理。归口管理部门应当牵头建立本单位政府采购内部控制制度,明确本单位相关部门在政府采购工作中的职责与分工,建立政府采购与预算、财务(资金)、资产、使用等业务机构或岗位之间沟通协调的工作机制,共同做好编制政府采购预算和实施计划、确定采购需求、组织采购活动、履约验收、答复询问质疑、配合投诉处理及监督检查等工作。

2. 明确委托代理权利义务。委托采购代理机构采购的,采购人应当和采购代理机构依法签订政府采购委托代理协议,明确代理采购的范围、权限和期限等具体事项。采购代理机构应当严格按照委托代理协议开展采购活动,不得超越代理权限。

3. 强化内部监督。采购人、集中采购机构和监管部门应当发挥内部审计、纪检监察等机构的监督作用,加强对采购执行和监管工作的常规审计和专项审计。畅通问题反馈和受理渠道,通过检查、考核、设置监督电话或信箱等多种途径查找和发现问题,有效分析、预判、管理、处置风险事项。

(二)合理设岗,强化权责对应。合理设置岗位,明确岗位职责、权限和责任主体,细化各流程、各环节的工作要求和执行标准。

1. 界定岗位职责。采购人、集中采购机构和监管部门应当结合自身特点,对照政府采购法律、法规、规章及制度规定,认真梳理不同业务、环节、岗位需要重点控制的风险事项,划分风险等级,建立制度规则、风险事项等台账,合理确定岗位职责。

2. 不相容岗位分离。采购人、集中采购机构应当建立岗位间的制衡机制,采购需求制定与内部审核、采购文件编制与复核、合同签订与验收等岗位原则上应当分开设置。

3. 相关业务多人参与。采购人、集中采购机构对于评审现场组织、单一来源采购项目议价、合同签订、履约验收等相关业务,原则上应当由 2 人以上共同办理,并明确主要负责人员。

4. 实施定期轮岗。采购人、集中采购机构和监管部门应当按规定建立轮岗交流制度,按照政府采购岗位风险等级设定轮岗周期,风险等级高的岗位原则上应当缩短轮岗年限。不具备轮岗条件的应当定期采取专项审计等控制措施。建立健全政府采购在岗监督、离岗审查和项目责任追溯制度。

(三)分级授权,推动科学决策。明确不同级别的决策权限和责任归属,按照分级授权的决策模式,建立与组织机构、采购业务相适应的内部授权管理体系。

1. 加强所属单位管理。主管预算单位应当明确与所属预算单位在政府采购管理、执行等方面的职责范围和权限划分,细化业务流程和工作要求,加强对所属预算单位的采购执行管理,强化对政府采购政策落实的指导。

2. 完善决策机制。采购人、集中采购机构和监管部门应当建立健全内部政府采购事项集体研究、合法性审查和内部会签相结合的议事决策机制。对于涉及民生、社会影响较大的项目,采购人在制定采购需求时,还应当进行法律、技术咨询或者公开征求意见。监管部门处理政府采购投诉应当建立健全法律咨询机制。决策过程要形成完整记录,任何个人不得单独决策或者擅自改变集体决策。

3. 完善内部审核制度。采购人、集中采购机构确定采购方式、组织采购活动，监管部门办理审批审核事项、开展监督检查、做出处理处罚决定等，应当依据法律制度和有关政策要求细化内部审核的各项要素、审核标准、审核权限和工作要求，实行办理、复核、审定的内部审核机制，对照要求逐层把关。

（四）优化流程，实现重点管控。加强对采购活动的流程控制，突出重点环节，确保政府采购项目规范运行。

1. 增强采购计划性。采购人应当提高编报与执行政府采购预算、实施计划的系统性、准确性、及时性和严肃性，制定政府采购实施计划执行时间表和项目进度表，有序安排采购活动。

2. 加强关键环节控制。采购人、集中采购机构应当按照有关法律法规及业务流程规定，明确政府采购重点环节的控制措施。未编制采购预算和实施计划的不得组织采购，无委托代理协议不得开展采购代理活动，对属于政府采购范围未执行政府采购规定、采购方式或程序不符合规定的及时予以纠正。

3. 明确时限要求。采购人、集中采购机构和监管部门应当提高政府采购效率，对信息公告、合同签订、变更采购方式、采购进口产品、答复询问质疑、投诉处理以及其他有时间要求的事项，要细化各个节点的工作时限，确保在规定时间内完成。

4. 强化利益冲突管理。采购人、集中采购机构和监管部门应当厘清利益冲突的主要对象、具体内容和表现形式，明确与供应商等政府采购市场主体、评审专家交往的基本原则和界限，细化处理原则、处理方式和解决方案。采购人员及相关人员与供应商有利害关系的，应当严格执行回避制度。

5. 健全档案管理。采购人、集中采购机构和监管部门应当加强政府采购记录控制，按照规定妥善保管与政府采购管理、执行相关的各类文件。

四、保障措施

采购人、集中采购机构和监管部门要深刻领会政府采购活动中加强内部控制管理的重要性和必要性，结合廉政风险防控机制建设、防止权力滥用的工作要求，准确把握政府采购工作的内在规律，加快体制机制创新，强化硬的制度约束，切实提高政府采购内部控制管理水平。

（一）加强组织领导。建立政府采购内部控制管理工作的领导、协调机制，做好政府采购内部控制管理各项工作。要严格执行岗位分离、轮岗交流等制度，暂不具备条件的要创造条件逐步落实，确不具备条件的基层单位可适当放宽要求。集中采购机构以外的采购代理机构可以参照本意见建立和完善内部控制管理制度，防控代理执行风险。

（二）加快建章立制。抓紧梳理和评估本部门、本单位政府采购执行和监管中存在的风险，明确标准化工作要求和防控措施，完善内部管理制度，形成较为完备的内部控制体系。

（三）完善技术保障。运用信息技术落实政府采购内部控制管理措施，政府采购管理交易系统及采购人内部业务系统应当重点强化人员身份验证、岗位业务授权、系统操作记录、电子档案管理等系统功能建设。探索大数据分析在政府采购内部控制管理中的应用，将信息数据科学运用于项目管理、风险控制、监督预警等方面。

（四）强化运行监督。建立内部控制管理的激励约束机制，将内部控制制度的建设和执行情况纳入绩效考评体系，将日常评价与重点监督、内部分析和外部评价相结合，定期对内部控制的有效性进行总结，加强评估结果应用，不断改进内部控制管理体系。财政部门要将政府采购内部控制制度的建设和执行情况作为政府采购监督检查和对集中采购机构考核的重要内容，加强监督指导。

国务院法制办公室对政府采购工程项目法律适用及申领施工许可证问题的答复

1. 2015年8月3日

2. 国法秘财函〔2015〕736号

财政部办公厅：

你厅《关于提请对政府采购工程项目的法律适用

及申领施工许可证问题进行立法解释的函》(财办库〔2015〕211 号)收悉。经研究,现函复如下:

按照招标投标法实施条例第二条的规定,建筑物和构筑物的新建、改建、扩建及其相关的装修、拆除、修缮属于依法必须进行招标的项目。据此,与建筑物和构筑物的新建、改建、扩建无关的单独的装修、拆除、修缮不属于依法必须进行招标的项目。政府采购此类项目时,应当按照政府采购法实施条例第二十五条的规定,采用竞争性谈判或者单一来源方式进行采购。依法通过竞争性谈判或者单一来源方式确定供应商的政府采购建设工程项目,符合建筑法规定的申请领取施工许可证条件的,应当颁发施工许可证,不应当以未进入有形市场进行招标为由拒绝颁发施工许可证。

中央国家机关政府采购中心关于在网上竞价活动中进一步贯彻落实批量集中采购和进口产品管理等有关问题的通知

1. 2015 年 7 月 27 日
2. 国机采字〔2015〕16 号

各采购单位:

为进一步贯彻落实《财政部关于印发〈中央预算单位批量集中采购管理暂行办法〉的通知》(财库〔2013〕109 号)、《财政部办公厅关于中央预算单位实施批量集中采购工作的通知》(财办库〔2013〕334 号)、《财政部关于印发〈政府采购进口产品管理办法〉的通知》(财库〔2007〕119 号)及《财政部关于政府采购进口产品管理有关问题的通知》(财办库〔2008〕248 号)规定,现就有关问题通知如下:

一、中央预算单位凡采购纳入批量集中采购范围的台式计算机、打印机、便携式计算机、复印机、复印纸、空调机,用于科研、测绘等工作的专用台式计算机、便携式计算机也纳入批量集中采购范围。其中,台式计算机不包括无盘工作站、图形工作站、工控机;便携式计算机不包括移动图形工作站、加固型笔记本等特殊用途设备;空调机不包括用于机房、基站等特殊场所的空调机;打印机不包括便携式打印机等,应当严格按照《财政部关于印发〈中央预算单位批量集中采购管理暂行办法〉的通知》(财库〔2013〕109 号)、《财政部办公厅关于中央预算单位实施批量集中采购工作的通知》(财办库〔2013〕334 号)文件规定执行。

对纳入批量集中采购范围的产品不得进行网上竞价采购。

对已纳入批量集中采购范围,因时间紧急或零星特殊采购不能通过批量集中采购的品目,中央预算单位可报经主管预算单位同意后通过协议供货方式采购,但各部门协议供货采购数量不得超过同类品目上年购买总数的 10%。

二、中央预算单位凡采购进口产品时,应当严格按照《财政部关于印发〈政府采购进口产品管理办法〉的通知》(财库〔2007〕119 号)及《财政部关于政府采购进口产品管理有关问题的通知》(财办库〔2008〕248 号)文件规定执行。未经批准的进口产品不得网上竞价采购。

特此通知

财政部关于推进和完善服务项目政府采购有关问题的通知

1. 2014 年 4 月 14 日
2. 财库〔2014〕37 号

党中央有关部门,国务院各部委、各直属机构,全国人大常委会办公厅,全国政协办公厅,高法院,高检院,有关人民团体,各省、自治区、直辖市、计划单列市财政厅(局),新疆生产建设兵团财务局:

为贯彻落实党的十八届三中全会《中共中央关于全面深化改革若干重大问题的决定》精神,大力推进政府购买服务工作,根据《政府采购法》、《国务院办公厅关于政府向社会力量购买服务的指导意见》(国办发〔2013〕96 号)等有关规定,现将推进和完善服务项目政府采购有关事项通知如下:

一、分类推进服务项目政府采购工作

根据现行政府采购品目分类，按照服务受益对象将服务项目分为三类：

第一类为保障政府部门自身正常运转需要向社会购买的服务。如公文印刷、物业管理、公车租赁、系统维护等。

第二类为政府部门为履行宏观调控、市场监管等职能需要向社会购买的服务。如法规政策、发展规划、标准制定的前期研究和后期宣传、法律咨询等。

第三类为增加国民福利、受益对象特定，政府向社会公众提供的公共服务。包括：以物为对象的公共服务，如公共设施管理服务、环境服务、专业技术服务等；以人为对象的公共服务，如教育、医疗卫生和社会服务等。

要按照“方式灵活、程序简便、竞争有序、结果评价”的原则，针对服务项目的不同特点，探索与之相适应的采购方式、评审制度与合同类型，建立健全适应服务项目政府采购工作特点的新机制。

二、加强政府采购服务项目采购需求管理

推进制定完整、明确、符合国家法律法规以及政府采购政策规定的服务采购需求标准。第一类中列入政府集中采购目录的服务项目，采购需求标准由集中采购机构提出。其他服务项目的采购需求标准由采购人（购买主体）提出。采购人、集中采购机构制定采购需求标准时，应当广泛征求相关供应商（承接主体）、专家意见。对于第三类服务项目，还应当征求社会公众的意见。各省级财政部门可以根据实际情况，分品目制定发布适用于本行政区域的服务项目采购需求标准。

加强采购需求制定相关的内控管理。采购人、集中采购机构应当明确相关岗位的职责和权限，确保政府采购需求制定与内部审批、采购文件准备与验收等不相容岗位分设。

三、灵活开展服务项目政府采购活动

简化采购方式变更的审核程序。采购人要按照政府采购法律制度规定，根据服务项目的采购需求特点，选择适用采购方式。对于采购需求处于探索阶段或不具备竞争条件的第三类服务项目，符合《政府采购法》第二十七条规定申请适用公开招标以外的采购方式的，财政部门要简化申请材料要求，也可以改变现行一事一批的管理模式，实行一揽子批复。

积极探索新的政府采购合同类型。各地各部门可以根据政府采购服务项目的需求特点，灵活采用购买、委托、租赁、雇用等各种合同方式，探索研究金额不固定、数量不固定、期限不固定、特许经营服务等新型合同类型。各省级财政部门可在此基础上制定发布相应的合同范本。

积极培育政府购买服务供给市场。对于有服务区域范围要求、但本地区供应商无法形成有效竞争的服务项目，采购人可以采取将大额项目拆分采购、新增项目向其他供应商采购等措施，促进建立良性的市场竞争关系。采购需求具有相对固定性、延续性且价格变化幅度小的服务项目，在年度预算能保障的前提下，采购人可以签订不超过三年履行期限的政府采购合同。

四、严格服务项目政府采购履约验收管理

完善服务项目履约验收管理制度。采购人或者集中采购机构应当按照采购合同规定组织履约验收，并出具验收书，验收书应当包括每一项服务要求的履约情况。第二类服务项目，供应商提交的服务成果应当在政府部门内部公开。第三类服务项目，验收时可以邀请第三方评价机构参与并出具意见，验收结果应当向社会公告。以人为对象的公共服务项目，验收时还应按一定比例邀请服务对象参与并出具意见。

鼓励引入政府采购履约担保制度。对于金额较大、履约周期长、社会影响面广或者对供应商有较高信誉要求的服务项目，可以探索运用市场化手段，引入政府采购信用担保，通过履约担保促进供应商保证服务效果，提高服务水平。

五、推进政府采购服务项目绩效评价

建立绩效评价与后续采购相衔接的管理制度。按照全过程预算绩效管理制度要求，加强服务项目政府采购绩效评价，对项目的资金节约、政策效能、透明程度以及专业化水平进行综合、客观评价。对于服务项目验收或者绩效评价结果优秀的供应商，在同类项目的采购中同等条件下可以优先考虑。

各地各部门应当根据上述原则和要求，积极推进和完善服务项目政府采购工作。各地可根据实际，研究制定符合本地条件的服务项目政府采购的具体操作程序和办法，确保服务采购环节的顺畅高效。

财政部关于进一步规范政府采购评审工作有关问题的通知

1. 2012年6月11日
2. 财库〔2012〕69号

党中央有关部门，国务院各部委、各直属机构，全国人大常委会办公厅，全国政协办公厅，高法院，高检院，有关人民团体，各省、自治区、直辖市、计划单列市财政厅（局），新疆生产建设兵团财务局，中央国家机关政府采购中心，中共中央直属机关采购中心，全国人大机关采购中心，国家税务总局集中采购中心，海关总署物资装备采购中心，中国人民银行集中采购中心：

近年来，各地区、各部门认真落实《政府采购法》等法律法规，政府采购评审工作的规范化水平逐步提高，但也还存在着评审程序不够完善、工作职责不够明晰、权利义务不对称等问题，亟需进一步明确和规范。为加强评审工作管理，明确评审工作相关各方的职责，提高评审工作质量，现将有关事项通知如下：

一、依法组织政府采购评审工作

采购人和采购代理机构，评标委员会、竞争性谈判小组和询价小组（以下简称评审委员会）成员要严格遵守政府采购相关法律制度，依法履行各自职责，公正、客观、审慎地组织和参与评审工作。

评审委员会成员要依法独立评审，并对评审意见承担个人责任。评审委员会成员对需要共同认定的事项存在争议的，按照少数服从多数的原则做出结论。持不同意见的评审委员会成员应当在评审报告上签署不同意见并说明理由，否则视为同意。

采购人、采购代理机构要确保评审活动在严格保密的情况下进行。在采购结果确定前，采购人、采购代理机构对评审委员会名单负有保密责任。评审委员会成员、采购人和采购代理机构工作人员、相关监督人员等与评审工作有关的人员，对评审情况以及在评审过程中获悉的国家秘密、商业秘密负有保密责任。

采购人、采购代理机构和评审委员会在评审工作中，要依法相互监督和制约，并自觉接受各级财政部门的监督。对非法干预评审工作等违法违规行为，应当及时向财政部门报告。

二、切实履行政府采购评审职责

采购人、采购代理机构要依法细化评审工作程序，组建评审委员会，并按规定程序组织评审。要核实评审委员会成员身份，告知回避要求，宣布评审工作纪律和程序，介绍政府采购相关政策法规；要根据评审委员会的要求解释采购文件，组织供应商澄清；要对评审数据进行校对、核对，对畸高、畸低的重大差异评分可以提示评审委员会复核或书面说明理由；要对评审专家的专业技术水平、职业道德素质和评审工作等情况进行评价，并向财政部门反馈。省级以上政府集中采购机构和政府采购甲级代理机构，应当对评审工作现场进行全过程录音录像，录音录像资料作为采购项目文件随其他文件一并存档。

评审委员会成员要根据政府采购法律法规和采购文件所载明的评审方法、标准进行评审。要熟悉和理解采购文件，认真阅读所有供应商的投标或响应文件，对所有投标或响应文件逐一进行资格性、符合性检查，按采购文件规定的评审方法和标准，进行比较和评价；对供应商的价格分等客观评分项的评分应当一致，对其他需要借助专业知识评判的主观评分项，应当严格按照评分细则公正评分。

评审委员会如需要供应商对投标或响应文件有关事项作出澄清的，应当给予供应商必要的反馈时间，但澄清事项不得超出投标或响应文件的范围，不得实质性改变投标或响应文件的内容，不得通过澄清等方式对供应商实行差别对待。评审委员会要对评分汇总情况进行复核，特别是对排名第一的、报价最低的、投标或相应文件被认定为无效的情形进行重点复核，并根据评审结果推荐中标或成交候选供应商，或者根据采购人委托协议规定直接确定中标或成交供应商，起草并签署评审报告。评审委员会要在采购项目招标失败时，出具招标文件是否存在不合理条款的论证意见，要协助采购人、采购代理机构、财政部门答复质疑或处理投诉事项。

三、严肃政府采购评审工作纪律

采购人委派代表参加评审委员会的，要向采购代理机构出具授权函。除授权代表外，采购人可以委派纪检监察等相关人员进入评审现场，对评审工作实施监督，但不得超过2人。采购人需要在评审前介绍项目背景和技术需求的，应当事先提交书面介绍材料，介绍内容不得存在歧视性、倾向性意见，不得超出采购文件所述范围，书面介绍材料作为采购项目文件随其他文件一并存档。评审委员会应当推选组长，但采购人代表不得担任组长。

评审委员会成员要严格遵守评审时间，主动出具身份证明，遵守评审工作纪律和评审回避的相关规定。在评审工作开始前，将手机等通讯工具或相关电子设备交由采购人或采购代理机构统一保管，拒不上交的，采购人或采购代理机构可以拒绝其参加评审工作并向财政部门报告。

评审委员会成员和评审工作有关人员不得干预或者影响正常评审工作，不得明示或者暗示其倾向性、引导性意见，不得修改或细化采购文件确定的评审程序、评审方法、评审因素和评审标准，不得接受供应商主动提出的澄清和解释，不得征询采购人代表的倾向性意见，不得协商评分，不得记录、复制或带走任何评审资料。评审结果汇总完成后，采购人、采购代理机构和评审委员会均不得修改评审结果或者要求重新评审，但资格性检查认定错误、分值汇总计算错误、分项评分超出评分标准范围、客观分评分不一致、经评审委员会一致认定评分畸高、畸低的情形除外。出现上述除外情形的，评审委员会应当现场修改评审结果，并在评审报告中明确记载。

采购人、采购代理机构要加强评审现场管理，与评审工作无关的人员不得进入评审现场。各级财政部门对评审活动相关各方违反评审工作纪律及要求的行为，要依法严肃处理。

四、妥善处理评审中的特殊情形

财政部门要建立政府采购评审专家库资源共享机制，采购项目有特殊需要的，采购人或采购代理机构可以在异地财政部门专家库抽取专家，但应事前向本级财政部门备案。中央驻京外单位可以从所在地市级或其上一级财政部门专家库中抽取评审专家，所在地市级或其上一级财政部门应当予以配合。

评审专家库中相应专业类型专家不足的，采购人或采购代理机构应当按照不低于1:3的比例向财政部门提供专家名单，经审核入库后随机抽取使用。出现评审专家临时缺席、回避等情形导致评审现场专家数量不符合法定标准的，采购人或采购代理机构要按照有关程序及时补抽专家，继续组织评审。如无法及时补齐专家，则要立即停止评审工作，封存采购文件和所有投标或响应文件，择期重新组建评审委员会进行评审。采购人或采购代理机构要将补抽专家或重新组建评审委员会的情况进行书面记录，随其他文件一并存档。

评审委员会发现采购文件存在歧义、重大缺陷导致评审工作无法进行，或者采购文件内容违反国家有关规定的，要停止评审工作并向采购人或采购代理机构书面说明情况，采购人或采购代理机构应当修改采购文件后重新组织采购活动；发现供应商提供虚假材料、串通等违法违规行为的，要及时向采购人或采购代理机构报告。

参与政府采购活动的供应商对评审过程或者结果提出质疑的，采购人或采购代理机构可以组织原评审委员会协助处理质疑事项，并依据评审委员会出具的意见进行答复。质疑答复导致中标或成交结果改变的，采购人或采购代理机构应当将相关情况报财政部门备案。

· 合同文本 ·

政府采购货物买卖合同(试行)①

项目名称:____________________

合同编号:____________________

甲　　方:____________________

乙　　方:____________________

签订时间:____________________

使用说明

1. 本合同标准文本适用于购买现成货物的采购项目,不包括需要供应商定制开发、创新研发的货物采购项目。

2. 本合同标准文本为政府采购货物买卖合同编制提供参考,可以结合采购项目具体情况,对文本作必要的调整修订后使用。

3. 本合同标准文本各条款中,如涉及填写多家供应商、制造商,多种采购标的、分包主要内容等信息的,可根据采购项目具体情况添加信息项。

① 2024 年 4 月 25 日财政部办公厅《关于印发〈政府采购货物买卖合同(试行)〉的通知》(财办库〔2024〕84 号)发布。

第一节 政府采购合同协议书

甲方(全称):______________(采购人、受采购人委托签订合同的单位或采购文件约定的合同甲方)

乙方1(全称):______________(供应商)

乙方2(全称):______________(联合体成员供应商或其他合同主体)(如有)

乙方3(全称):______________(联合体成员供应商或其他合同主体)(如有)

依据《中华人民共和国民法典》、《中华人民共和国政府采购法》等有关的法律法规,以及本采购项目的招标/谈判文件等采购文件、乙方的《投标(响应)文件》及《中标(成交)通知书》,甲乙双方同意签订本合同。具体情况及要求如下:

1. 项目信息

(1)采购项目名称:______________

采购项目编号:______________

(2)采购计划编号:______________

(3)项目内容:

采购标的及数量(台/套/个/架/组等):______________

品牌:__________ 规格型号:__________

采购标的的技术要求、商务要求具体见附件。

①涉及信息类产品,请填写该产品关键部件的品牌、型号:

标的名称:______________

关键部件:________ 品牌:________ 型号:________

关键部件:________ 品牌:________ 型号:________

关键部件:________ 品牌:________ 型号:________

(注:关键部件是指财政部会同有关部门发布的政府采购需求标准规定的需要通过国家有关部门指定的测评机构开展的安全可靠测评的软硬件,如CPU芯片、操作系统、数据库等。)

②涉及车辆采购,请填写是否属于新能源汽车:

□是,《政府采购品目分类目录》底级品目名称:____ 数量:____ 金额:____

□否

(4)政府采购组织形式:□政府集中采购 □部门集中采购 □分散采购

(5)政府采购方式:□公开招标 □邀请招标 □竞争性谈判 □竞争性磋商

□询价 □单一来源 □框架协议 □其他:________

(注:在框架协议采购的第二阶段,可选择使用该合同文本)

(6)中标(成交)采购标的的制造商是否为中小企业:□是 □否

本合同是否为专门面向中小企业的采购合同(中小企业预留合同):□是 □否

若本项目不专门面向中小企业采购,是否给予小微企业评审优惠:□是 □否

中标(成交)采购标的的制造商是否为残疾人福利性单位:□是 □否

中标(成交)采购标的的制造商是否为监狱企业:□是 □否

(7)合同是否分包:□是 □否

分包主要内容:______________________________

分包供应商/制造商名称(如供应商和制造商不同,请分别填写):

____

分包供应商/制造商类型(如果供应商和制造商不同,只填写制造商类型):

□大型企业 □中型企业 □小微型企业

□残疾人福利性单位 □监狱企业 □其他

(8)中标(成交)供应商是否为外商投资企业:□是 □否

外商投资企业类型:□全部由外国投资者投资 □部分由外国投资者投资

(9)是否涉及进口产品:

□是,《政府采购品目分类目录》底级品目名称:__________金额:__________

国别:__________品牌:__________规格型号:__________

□否

(10)是否涉及节能产品:

□是,《节能产品政府采购品目清单》的底级品目名称:__________

□强制采购 □优先采购

□否

是否涉及环境标志产品:

□是,《环境标志产品政府采购品目清单》的底级品目名称:__________

□强制采购 □优先采购

□否

是否涉及绿色产品:

□是,绿色产品政府采购相关政策确定的底级品目名称:__________

□强制采购 □优先采购

□否

(11)涉及商品包装和快递包装的,是否参考《商品包装政府采购需求标准(试行)》、《快递包装政府采购需求标准(试行)》明确产品及相关快递服务的具体包装要求:

□是 □否 □不涉及

2. 合同金额

(1)合同金额小写:______________________________

大写:______________________________

分包金额(如有)小写:______________________________

大写:______________________________

(注:固定单价合同应填写单价和最高限价)

(2)合同定价方式(采用组合定价方式的,可以勾选多项):

□固定总价 □固定单价 □固定费率 □成本补偿 □绩效激励 □其他__________

(3)付款方式(按项目实际勾选填写):

□全额付款：（应明确一次性支付合同款项的条件）

□分期付款：（应明确分期支付合同款项的各期比例和支付条件，各期支付条件应与分期履约验收情况挂钩），其中涉及预付款的：（应明确预付款的支付比例和支付条件）

□成本补偿：（应明确按照成本补偿方式的支付方式和支付条件）

□绩效激励：（应明确按照绩效激励方式的支付方式和支付条件）

3. 合同履行

(1)起始日期：________年____月____日，完成日期：________年____月____日。

(2)履约地点：____________________

(3)履约担保：是否收取履约保证金：□是　□否

收取履约保证金形式：____________________

收取履约保证金金额：____________________

履约担保期限：____________________

(4)分期履行要求：____________________

(5)风险处置措施和替代方案：____________________

4. 合同验收

(1)验收组织方式：□自行组织　□委托第三方组织

验收主体：________________

是否邀请本项目的其他供应商参加验收：□是　□否

是否邀请专家参加验收：□是　□否

是否邀请服务对象参加验收：□是　□否

是否邀请第三方检测机构参加验收：□是　□否

是否进行抽查检测：□是，抽查比例：________□否

是否存在破坏性检测：□是，（应明确对被破坏的检测产品的处理方式）

□否

验收组织的其他事项：________________

(2)履约验收时间：（计划于何时验收/供应商提出验收申请之日起　　日内组织验收）

(3)履约验收方式：□一次性验收

□分期/分项验收：（应明确分期/分项验收的工作安排）

(4)履约验收程序：____________________

(5)履约验收的内容：（应当包括每一项技术和商务要求的履约情况，特别是落实政府采购扶持中小企业，支持绿色发展和乡村振兴等政策情况）

(6)履约验收标准：____________________

(7)是否以采购活动中供应商提供的样品作为参考：□是　□否

(8)履约验收其他事项：（产权过户登记等）

5. 组成合同的文件

本协议书与下列文件一起构成合同文件，如下述文件之间有任何抵触、矛盾或歧义，应按以下顺序解释：

(1)政府采购合同协议书及其变更、补充协议

(2)政府采购合同专用条款
(3)政府采购合同通用条款
(4)中标(成交)通知书
(5)投标(响应)文件
(6)采购文件
(7)有关技术文件,图纸
(8)国家法律、行政法规和规章制度规定或合同约定的作为合同组成部分的其他文件

6.合同生效

本合同自___________________________生效。

7.合同份数

本合同一式___份,甲方执___份,乙方执___份,均具有同等法律效力。

合同订立时间:_______年___月___日

合同订立地点:_____________________

附件:具体标的及其技术要求和商务要求、联合协议、分包意向协议等。

甲方(采购人、受采购人委托签订合同的单位或采购文件约定的合同甲方)		乙方(供应商)	
单位名称(公章或合同章)		单位名称(公章或合同章)	
法定代表人或其委托代理人(签章)		法定代表人或其委托代理人(签章)	
		拥有者性别	
住　所		住　所	
联系人		联系人	
联系电话		联系电话	
通信地址		通信地址	
邮政编码		邮政编码	
电子邮箱		电子邮箱	
统一社会信用代码		统一社会信用代码	
		开户名称	
		开户银行	
		银行账号	
注:涉及联合体或其他合同主体的信息应按上表格式加列。			

第二节 政府采购合同通用条款

1.定义

1.1 合同当事人

(1)采购人(以下称甲方)是指使用财政性资金,通过政府采购方式向供应商购买货物及其相关服务的国家机关、事业单位、团体组织。

(2)供应商(以下称乙方)是指参加政府采购活动并且中标(成交),向采购人提供合同约定的货物及其相关服务的法人、非法人组织或者自然人。

(3)其他合同主体是指除采购人和供应商以外,依法参与合同缔结或履行,享有权利、承担义务的合同当事人。

1.2 本合同下列术语应解释为:

(1)"合同"系指合同当事人意思表示达成一致的任何协议,包括签署的政府采购合同协议书及其变更、补充协议,政府采购合同专用条款,政府采购合同通用条款,中标(成交)通知书,投标(响应)文件,采购文件,有关技术文件和图纸,以及国家法律、行政法规和规章制度规定或合同约定的作为合同组成部分的其他文件。

(2)"合同价款"系指根据本合同规定乙方在全面履行合同义务后甲方应支付给乙方的价款。

(3)"货物"系指乙方根据本合同规定须向甲方提供的各种形态和种类的物品,包括原材料、设备、产品(包括软件)及相关的其备品备件、工具、手册及其他技术资料和材料等。

(4)"相关服务"系指根据合同规定,乙方应提供的与货物有关的技术、管理和其他服务,包括但不限于:管理和质量保证、运输、保险、检验、现场准备、安装、集成、调试、培训、维修、废弃处置、技术支持等以及合同中规定乙方应承担的其他义务。

(5)"分包"系指中标(成交)供应商按采购文件、投标(响应)文件的规定,根据分包意向协议,将中标(成交)项目中的部分履约内容,分给具有相应资质条件的供应商履行合同的行为。

(6)"联合体"系指由两个以上的自然人、法人或者非法人组织组成,以一个供应商的身份共同参加政府采购的主体。联合体各方应在签订合同协议书前向甲方提交联合协议,且明确牵头人及各成员单位的工作分工、权利、义务、责任,联合体各方应共同与甲方签订合同,就合同约定的事项对甲方承担连带责任。联合体具体要求见【政府采购合同专用条款】。

(7)其他术语解释,见【政府采购合同专用条款】。

2.合同标的及金额

2.1 合同标的及金额应与中标(成交)结果一致。乙方为履行本合同而发生的所有费用均应包含在合同价款中,甲方不再另行支付其他任何费用。

3.履行合同的时间、地点和方式

3.1 乙方应当在约定的时间、地点,按照约定方式履行合同。

4.甲方的权利和义务

4.1 签署合同后,甲方应确定项目负责人(或项目联系人),负责与本合同有关的事务。甲方有权对乙方的履约行为进行检查,并及时确认乙方提交的事项。甲方应当配合乙方完成相关项目实施工作。

4.2 甲方有权要求乙方按时提交各阶段有关安排计划,并有权定期核对乙方提供货物数量、规格、质量等内容。甲方有权督促乙方工作并要求乙方更换不符合要求的货物。

4.3 甲方有权要求乙方对缺陷部分予以修复,并按合同约定享有货物保修及其他合同约定的权利。

4.4 甲方应当按照合同约定及时对交付的货物进行验收,未在【政府采购合同专用条款】约定的期限内对乙方履约提出任何异议或者向乙方作出任何说明的,视为验收通过。

4.5 甲方应当根据合同约定及时向乙方支付合同价款,不得以内部人员变更、履行内部付款流程等为由,拒绝或迟延支付。

4.6 国家法律法规规定及【政府采购合同专用条款】约定应由甲方承担的其他义务和责任。

5. 乙方的权利和义务

5.1 签署合同后,乙方应确定项目负责人(或项目联系人),负责与本合同有关的事务。

5.2 乙方应按照合同要求履约,充分合理安排,确保提供的货物及相关服务符合合同有关要求。接受项目行业管理部门及政府有关部门的指导,配合甲方的履约检查及验收,并负责项目实施过程中的所有协调工作。

5.3 乙方有权根据合同约定向甲方收取合同价款。

5.4 国家法律法规规定及【政府采购合同专用条款】约定应由乙方承担的其他义务和责任。

6. 合同履行

6.1 甲乙双方应当按照【政府采购合同专用条款】约定顺序履行合同义务;如果没有先后顺序的,应当同时履行。

6.2 甲乙双方按照合同约定顺序履行合同义务时,应当先履行一方未履行的,后履行一方有权拒绝其履行请求。先履行一方履行不符合约定的,后履行一方有权拒绝其相应的履行请求。

7. 货物包装、运输、保险和交付要求

7.1 本合同涉及商品包装、快递包装的,除【政府采购合同专用条款】另有约定外,包装应适应远距离运输、防潮、防震、防锈和防野蛮装卸等要求,确保货物安全无损地运抵【政府采购合同专用条款】约定的指定现场。

7.2 除【政府采购合同专用条款】另有约定外,乙方负责办理将货物运抵本合同规定的交货地点,并装卸、交付至甲方的一切运输事项,相关费用应包含在合同价款中。

7.3 货物保险要求按【政府采购合同专用条款】规定执行。

7.4 除采购活动对商品包装、快递包装达成具体约定外,乙方提供产品及相关快递服务涉及到具体包装要求的,应不低于《商品包装政府采购需求标准(试行)》《快递包装政府采购需求标准(试行)》标准,并作为履约验收的内容,必要时甲方可以要求乙方在履约验收环节出具检测报告。

7.5 乙方在运输到达之前应提前通知甲方,并提示货物运输装卸的注意事项,甲方配合乙方做好货物的接收工作。

7.6 如因包装、运输问题导致货物损毁、丢失或者品质下降,甲方有权要求降价、换货、拒收部分或整批货物,由此产生的费用和损失,均由乙方承担。

8. 质量标准和保证

8.1 质量标准

(1)本合同下提供的货物应符合合同约定的品牌、规格型号、技术性能、配置、质量、数量等要求。质量要求不明确的,按照强制性国家标准履行;没有强制性国家标准的,按照推荐性国家标准履行;没有推荐性国家标准的,按照行业标准履行;没有国家标准、行业标准的,按照通常标准或者符合合同目的的特定标准履行。

(2)采用中华人民共和国法定计量单位。

(3)乙方所提供的货物应符合国家有关安全、环保、卫生的规定。

(4)乙方应向甲方提交所提供货物的技术文件,包括相应的中文技术文件,如:产品目录、图纸、操作手册、使用说明、维护手册或服务指南等。上述文件应包装好随货物一同发运。

8.2 保证

(1)乙方应保证提供的货物完全符合合同规定的质量、规格和性能要求。乙方应保证货物在正确安装、正常使用和保养条件下,在其使用寿命期内具备合同约定的性能。存在质量保证期的,货物最终交付验收合格后在【政府采购合同专用条款】规定或乙方书面承诺(两者以较长的为准)的质量保证期内,本保证保持有效。

(2)在质量保证期内所发现的缺陷,甲方应尽快以书面形式通知乙方。

(3)乙方收到通知后,应在【政府采购合同专用条款】规定的响应时间内以合理的速度免费维修或更换有缺陷的货物或部件。

(4)在质量保证期内,如果货物的质量或规格与合同不符,或证实货物是有缺陷的,包括潜在的缺陷或使用不符合要求的材料等,甲方可以根据本合同第15.1条规定以书面形式追究乙方的违约责任。

(5)乙方在约定的时间内未能弥补缺陷,甲方可采取必要的补救措施,但其风险和费用将由乙方承担,甲方根据合同约定对乙方行使的其他权利不受影响。

9. 权利瑕疵担保

9.1 乙方保证对其出售的货物享有合法的权利。

9.2 乙方保证在交付的货物上不存在抵押权等担保物权。

9.3 如甲方使用上述货物构成对第三人侵权的,则由乙方承担全部责任。

10. 知识产权保护

10.1 乙方对其所销售的货物应当享有知识产权或经权利人合法授权,保证没有侵犯任何第三人的知识产权等权利。因违反前述约定对第三人构成侵权的,应当由乙方向第三人承担法律责任;甲方依法向第三人赔偿后,有权向乙方追偿。甲方有其他损失的,乙方应当赔偿。

11. 保密义务

11.1 甲、乙双方对采购和合同履行过程中所获悉的国家秘密、工作秘密、商业秘密或者其他应当保密的信息,均有保密义务且不受合同有效期所限,直至该信息成为公开信息。泄露、不正当地使用国家秘密、工作秘密、商业秘密或者其他应当保密的信息,应当承担相应责任。其他应当保密的信息由双方在【政府采购合同专用条款】中约定。

12. 合同价款支付

12.1 合同价款支付按照国库集中支付制度及财政管理相关规定执行。

12.2 对于满足合同约定支付条件的,甲方原则上应当自收到发票后10个工作日内将资金支付到合同约定的乙方账户,不得以机构变动、人员更替、政策调整等为由迟延付款,不得将采购文件和合同中未规定的义务作为向乙方付款的条件。具体合同价款支付时间在【政府采购合同专用条款】中约定。

13. 履约保证金

13.1 乙方应当以支票、汇票、本票或者金融机构、担保机构出具的保函等非现金形式提交。

13.2 如果乙方出现【政府采购合同专用条款】约定情形的,履约保证金不予退还;如果乙方未能按合同约定全面履行义务，甲方有权从履约保证金中取得补偿或赔偿，且不影响甲方要求乙方承担合同约定的超过履约保证金的违约责任的权利。

13.3 甲方在项目通过验收后按照【政府采购合同专用条款】规定的时间内将履约保证金退还乙方；逾期退还的，乙方可要求甲方支付违约金，违约金按照【政府采购合同专用条款】规定支付。

14. 售后服务

14.1 除项目不涉及或采购活动中明确约定无须承担外，乙方还应提供下列服务：

(1)货物的现场移动、安装、调试、启动监督及技术支持；

(2)提供货物组装和维修所需的专用工具和辅助材料；

(3)在【政府采购合同专用条款】约定的期限内对所有的货物实施运行监督、维修，但前提条件是该服务并不能免除乙方在质量保证期内所承担的义务；

(4)在制造商所在地或指定现场就货物的安装、启动、运营、维护、废弃处置等对甲方操作人员进行培训；

(5)依照法律、行政法规的规定或者按照【政府采购合同专用条款】约定，货物在有效使用年限届满后应予回收的，乙方负有自行或者委托第三人对货物予以回收的义务；

(6)【政府采购合同专用条款】规定由乙方提供的其他服务。

14.2 乙方提供的售后服务的费用已包含在合同价款中，甲方不再另行支付。

15. 违约责任

15.1 质量瑕疵的违约责任

乙方提供的产品不符合合同约定的质量标准或存在产品质量缺陷，甲方有权要求乙方根据【政府采购合同专用条款】要求及时修理、重作、更换，并承担由此给甲方造成的损失。

15.2 迟延交货的违约责任

(1)乙方应按照本合同规定的时间、地点交货和提供相关服务。在履行合同过程中，如果乙方遇到可能影响按时交货和提供服务的情形时，应及时以书面形式将迟延的事实、可能迟延的期限和理由通知甲方。甲方在收到乙方通知后，应尽快对情况进行评价，并确定是否同意延长交货时间或延期提供服务。

(2)如果乙方没有按照合同规定的时间交货和提供相关服务，甲方有权从货款中扣除误期赔偿费而不影响合同项下的其他补救方法，赔偿费按【政府采购合同专用条款】规定执行。如果涉及公共利益，且赔偿金额无法弥补公共利益损失，甲方可要求继续履行或者采取其他补救措施。

15.3 迟延支付的违约责任

甲方存在迟延支付乙方合同款项的，应当承担【政府采购合同专用条款】规定的逾期付款利息。

15.4 其他违约责任根据项目实际需要按【政府采购合同专用条款】规定执行。

16. 合同变更、中止与终止

16.1 合同的变更

政府采购合同履行中，在不改变合同其他条款的前提下，甲方可以在合同价款10%的范围内追加与合同标的相同的货物，并就此与乙方协商一致后签订补充协议。

16.2 合同的中止

(1)合同履行过程中因供应商就采购文件、采购过程或结果提起投诉的，甲方认为有必要的，可以中止合同的履行。

(2)合同履行过程中,如果乙方出现以下情形之一的:1. 经营状况严重恶化;2. 转移财产、抽逃资金,以逃避债务;3. 丧失商业信誉;4. 有丧失或者可能丧失履约能力的其他情形,乙方有义务及时告知甲方。甲方有权以书面形式通知乙方中止合同并要求乙方在合理期限内消除相关情形或者提供适当担保。乙方提供适当担保的,合同继续履行;乙方在合理期限内未恢复履约能力且未提供适当担保的,视为拒绝继续履约,甲方有权解除合同并要求乙方承担由此给甲方造成的损失。

(3)乙方分立、合并或者变更住所的,应当及时以书面形式告知甲方。乙方没有及时告知甲方,致使合同履行发生困难的,甲方可以中止合同履行并要求乙方承担由此给甲方造成的损失。

(4)甲方不得以行政区划调整、政府换届、机构或者职能调整以及相关责任人更替为由中止合同。

16.3 合同的终止

(1)合同因有效期限届满而终止;

(2)乙方未按合同约定履行,构成根本性违约的,甲方有权终止合同,并追究乙方的违约责任。

16.4 涉及国家利益、社会公共利益的情形

政府采购合同继续履行将损害国家利益和社会公共利益的,双方当事人应当变更、中止或者终止合同。有过错的一方应当承担赔偿责任,双方都有过错的,各自承担相应的责任。

17. 合同分包

17.1 乙方不得将合同转包给其他供应商。涉及合同分包的,乙方应根据采购文件和投标(响应)文件规定进行合同分包。

17.2 乙方执行政府采购政策向中小企业依法分包的,乙方应当按采购文件和投标(响应)文件签订分包意向协议,分包意向协议属于本合同组成部分。

18. 不可抗力

18.1 不可抗力是指合同双方不能预见、不能避免且不能克服的客观情况。

18.2 任何一方对由于不可抗力造成的部分或全部不能履行合同不承担违约责任。但迟延履行后发生不可抗力的,不能免除责任。

18.3 遇有不可抗力的一方,应及时将事件情况以书面形式告知另一方,并在事件发生后及时向另一方提交合同不能履行或部分不能履行或需要延期履行的详细报告,以及证明不可抗力发生及其持续时间的证据。

19. 解决争议的方法

19.1 因本合同及合同有关事项发生的争议,由甲乙双方友好协商解决。协商不成时,可以向有关组织申请调解。合同一方或双方不愿调解或调解不成的,可以通过仲裁或诉讼的方式解决争议。

19.2 选择仲裁的,应在【政府采购合同专用条款】中明确仲裁机构及仲裁地;通过诉讼方式解决的,可以在【政府采购合同专用条款】中进一步约定选择与争议有实际联系的地点的人民法院管辖,但管辖法院的约定不得违反级别管辖和专属管辖的规定。

19.3 如甲乙双方有争议的事项不影响合同其他部分的履行,在争议解决期间,合同其他部分应当继续履行。

20. 政府采购政策

20.1 本合同应当按照规定执行政府采购政策。

20.2 本合同依法执行政府采购政策的方式和内容,属于合同履约验收的范围。甲乙双方未按规定要

求执行政府采购政策造成损失的，有过错的一方应当承担赔偿责任，双方都有过错的，各自承担相应的责任。

20.3 对于为落实中小企业支持政策，通过采购项目整体预留、设置采购包专门预留、要求以联合体形式参加或者合同分包等措施签订的采购合同，应当明确标注本合同为中小企业预留合同。其中，要求以联合体形式参加采购活动或者合同分包的，须将联合协议或者分包意向协议作为采购合同的组成部分。

21. 法律适用

21.1 本合同的订立、生效、解释、履行及与本合同有关的争议解决，均适用法律、行政法规。

21.2 本合同条款与法律、行政法规的强制性规定不一致的，双方当事人应按照法律、行政法规的强制性规定修改本合同的相关条款。

22. 通知

22.1 本合同任何一方向对方发出的通知、信件、数据电文等，应当发送至本合同第一部分《政府采购合同协议书》所约定的通讯地址、联系人、联系电话或电子邮箱。

22.2 一方当事人变更名称、住所、联系人、联系电话或电子邮箱等信息的，应当在变更后3日内及时书面通知对方，对方实际收到变更通知前的送达仍为有效送达。

22.3 本合同一方给另一方的通知均应采用书面形式，传真或快递送到本合同中规定的对方的地址和办理签收手续。

22.4 通知以送达之日或通知书中规定的生效之日起生效，两者中以较迟之日为准。

23. 合同未尽事项

23.1 合同未尽事项见【政府采购合同专用条款】。

23.2 合同附件与合同正文具有同等的法律效力。

第三节 政府采购合同专用条款

第二节 第1.2(6)项	联合体具体要求	
第二节 第1.2(7)项	其他术语解释	
第二节 第4.4款	履约验收中甲方提出异议或作出说明的期限	
第二节 第4.6款	约定甲方承担的其他义务和责任	
第二节 第5.4款	约定乙方承担的其他义务和责任	
第二节 第6.1款	履行合同义务的顺序	
第二节 第7.1款	包装特殊要求	
	指定现场	
第二节 第7.2款	运输特殊要求	

续表

第二节 第7.3款	保险要求	
第二节 第8.2(1)项	质量保证期	
第二节 第8.2(3)项	货物质量缺陷响应时间	
第二节 第11.1款	其他应当保密的信息	
第二节 第12.2款	合同价款支付时间	
第二节 第13.2款	履约保证金不予退还的情形	
第二节 第13.3款	履约保证金退还时间及逾期退还的违约金	
第二节 第14.1(3)项	运行监督、维修期限	
第二节 第14.1(5)项	货物回收的约定	
第二节 第14.1(6)项	乙方提供的其他服务	
第二节 第15.1款	修理、重作、更换相关具体规定	
第二节 第15.2(2)项	迟延交货赔偿费	
第二节 第15.3款	逾期付款利息	
第二节 第15.4款	其他违约责任	
第二节 第19.2款	解决争议的方法	因本合同及合同有关事项发生的争议,按下列第____种方式解决: (1)向__________仲裁委员会申请仲裁,仲裁地点为________________; (2)向__________人民法院起诉。
第二节 第23.1款	其他专用条款	

2. 采购主体

(1)代理机构

政府采购代理机构管理暂行办法

1. 2018 年 1 月 4 日财政部发布
2. 财库〔2018〕2 号
3. 自 2018 年 3 月 1 日起施行

第一章 总 则

第一条 为加强政府采购代理机构监督管理,促进政府采购代理机构规范发展,根据《中华人民共和国政府采购法》《中华人民共和国政府采购法实施条例》等法律法规,制定本办法。

第二条 本办法所称政府采购代理机构(以下简称代理机构)是指集中采购机构以外、受采购人委托从事政府采购代理业务的社会中介机构。

第三条 代理机构的名录登记、从业管理、信用评价及监督检查适用本办法。

第四条 各级人民政府财政部门(以下简称财政部门)依法对代理机构从事政府采购代理业务进行监督管理。

第五条 财政部门应当加强对代理机构的政府采购业务培训,不断提高代理机构专业化水平。鼓励社会力量开展培训,增强代理机构业务能力。

第二章 名 录 登 记

第六条 代理机构实行名录登记管理。省级财政部门依托中国政府采购网省级分网(以下简称省级分网)建立政府采购代理机构名录(以下简称名录)。名录信息全国共享并向社会公开。

第七条 代理机构应当通过工商登记注册地(以下简称注册地)省级分网填报以下信息申请进入名录,并承诺对信息真实性负责:

(一)代理机构名称、统一社会信用代码、办公场所地址、联系电话等机构信息;

(二)法定代表人及专职从业人员有效身份证明等个人信息;

(三)内部监督管理制度;

(四)在自有场所组织评审工作的,应当提供评审场所地址、监控设备设施情况;

(五)省级财政部门要求提供的其他材料。

登记信息发生变更的,代理机构应当在信息变更之日起 10 个工作日内自行更新。

第八条 代理机构登记信息不完整的,财政部门应当及时告知其完善登记资料;代理机构登记信息完整清晰的,财政部门应当及时为其开通相关政府采购管理交易系统信息发布、专家抽取等操作权限。

第九条 代理机构在其注册地省级行政区划以外从业的,应当向从业地财政部门申请开通政府采购管理交易系统相关操作权限,从业地财政部门不得要求其重复提交登记材料,不得强制要求其在从业地设立分支机构。

第十条 代理机构注销时,应当向相关采购人移交档案,并及时向注册地所在省级财政部门办理名录注销手续。

第三章 从 业 管 理

第十一条 代理机构代理政府采购业务应当具备以下条件:

(一)具有独立承担民事责任的能力;

(二)建立完善的政府采购内部监督管理制度;

(三)拥有不少于 5 名熟悉政府采购法律法规、具备编制采购文件和组织采购活动等相应能力的专职从业人员;

(四)具备独立办公场所和代理政府采购业务所必需的办公条件;

(五)在自有场所组织评审工作的,应当具备必要的评审场地和录音录像等监控设备设施并符合省级人民政府规定的标准。

第十二条 采购人应当根据项目特点、代理机构专业领域和综合信用评价结果,从名录中自主择优选择代理机构。

任何单位和个人不得以摇号、抽签、遴选等方式干预采购人自行选择代理机构。

第十三条 代理机构受采购人委托办理采购事宜,应当与采购人签订委托代理协议，明确采购代理范围、权限、期限、档案保存、代理费用收取方式及标准、协议解除及终止、违约责任等具体事项，约定双方权利义务。

第十四条　代理机构应当严格按照委托代理协议的约定依法依规开展政府采购代理业务，相关开标及评审活动应当全程录音录像，录音录像应当清晰可辨，音像资料作为采购文件一并存档。

第十五条　代理费用可以由中标、成交供应商支付，也可由采购人支付。由中标、成交供应商支付的，供应商报价应当包含代理费用。代理费用超过分散采购限额标准的，原则上由中标、成交供应商支付。

代理机构应当在采购文件中明示代理费用收取方式及标准，随中标、成交结果一并公开本项目收费情况，包括具体收费标准及收费金额等。

第十六条　采购人和代理机构在委托代理协议中约定由代理机构负责保存采购文件的，代理机构应当妥善保存采购文件，不得伪造、变造、隐匿或者销毁采购文件。采购文件的保存期限为从采购结束之日起至少十五年。

采购文件可以采用电子档案方式保存。采用电子档案方式保存采购文件的，相关电子档案应当符合《中华人民共和国档案法》《中华人民共和国电子签名法》等法律法规的要求。

第四章　信用评价及监督检查

第十七条　财政部门负责组织开展代理机构综合信用评价工作。采购人、供应商和评审专家根据代理机构的从业情况对代理机构的代理活动进行综合信用评价。综合信用评价结果应当全国共享。

第十八条　采购人、评审专家应当在采购活动或评审活动结束后5个工作日内，在政府采购信用评价系统中记录代理机构的职责履行情况。

供应商可以在采购活动结束后5个工作日内，在政府采购信用评价系统中记录代理机构的职责履行情况。

代理机构可以在政府采购信用评价系统中查询本机构的职责履行情况，并就有关情况作出说明。

第十九条　财政部门应当建立健全定向抽查和不定向抽查相结合的随机抽查机制。对存在违法违规线索的政府采购项目开展定向检查；对日常监管事项，通过随机抽取检查对象、随机选派执法检查人员等方式开展不定向检查。

财政部门可以根据综合信用评价结果合理优化对代理机构的监督检查频次。

第二十条　财政部门应当依法加强对代理机构的监督检查，监督检查包括以下内容：

（一）代理机构名录信息的真实性；

（二）委托代理协议的签订和执行情况；

（三）采购文件编制与发售、评审组织、信息公告发布、评审专家抽取及评价情况；

（四）保证金收取及退还情况，中标或者成交供应商的通知情况；

（五）受托签订政府采购合同、协助采购人组织验收情况；

（六）答复供应商质疑、配合财政部门处理投诉情况；

（七）档案管理情况；

（八）其他政府采购从业情况。

第二十一条　对代理机构的监督检查结果应当在省级以上财政部门指定的政府采购信息发布媒体向社会公开。

第二十二条　受到财政部门禁止代理政府采购业务处罚的代理机构，应当及时停止代理业务，已经签订委托代理协议的项目，按下列情况分别处理：

（一）尚未开始执行的项目，应当及时终止委托代理协议；

（二）已经开始执行的项目，可以终止的应当及时终止，确因客观原因无法终止的应当妥善做好善后工作。

第二十三条　代理机构及其工作人员违反政府采购法律法规的行为，依照政府采购法律法规进行处理；涉嫌犯罪的，依法移送司法机关处理。

代理机构的违法行为给他人造成损失的，依法承担民事责任。

第二十四条　财政部门工作人员在代理机构管理中存在滥用职权、玩忽职守、徇私舞弊等违法违纪行为的,依照《中华人民共和国政府采购法》《中华人民共和国公务员法》《中华人民共和国行政监察法》《中华人民共和国政府采购法实施条例》等国家有关规定追究相关责任;涉嫌犯罪的,依法移送司法机关处理。

第五章　附　　则

第二十五条　政府采购行业协会按照依法制定的章程开展活动,加强代理机构行业自律。

第二十六条　省级财政部门可根据本办法规定制定具体实施办法。

第二十七条　本办法自2018年3月1日施行。

(2)评审专家

政府采购评审专家管理办法

1. 2016年11月18日财政部发布

2. 财库〔2016〕198号

3. 自2017年1月1日起施行

第一章　总　　则

第一条　为加强政府采购评审活动管理,规范政府采购评审专家(以下简称评审专家)评审行为,根据《中华人民共和国政府采购法》(以下简称《政府采购法》)、《中华人民共和国政府采购法实施条例》(以下简称《政府采购法实施条例》)等法律法规及有关规定,制定本办法。

第二条　本办法所称评审专家,是指经省级以上人民政府财政部门选聘,以独立身份参加政府采购评审,纳入评审专家库管理的人员。评审专家选聘、解聘、抽取、使用、监督管理适用本办法。

第三条　评审专家实行统一标准、管用分离、随机抽取的管理原则。

第四条　财政部负责制定全国统一的评审专家专业分类标准和评审专家库建设标准,建设管理国家评审专家库。

省级人民政府财政部门负责建设本地区评审专家库并实行动态管理,与国家评审专家库互联互通、资源共享。

各级人民政府财政部门依法履行对评审专家的监督管理职责。

第二章　评审专家选聘与解聘

第五条　省级以上人民政府财政部门通过公开征集、单位推荐和自我推荐相结合的方式选聘评审专家。

第六条　评审专家应当具备以下条件:

(一)具有良好的职业道德,廉洁自律,遵纪守法,无行贿、受贿、欺诈等不良信用记录;

(二)具有中级专业技术职称或同等专业水平且从事相关领域工作满8年,或者具有高级专业技术职称或同等专业水平;

(三)熟悉政府采购相关政策法规;

(四)承诺以独立身份参加评审工作,依法履行评审专家工作职责并承担相应法律责任的中国公民;

(五)不满70周岁,身体健康,能够承担评审工作;

(六)申请成为评审专家前三年内,无本办法第二十九条规定的不良行为记录。

对评审专家数量较少的专业,前款第(二)项、第(五)项所列条件可以适当放宽。

第七条　符合本办法第六条规定条件,自愿申请成为评审专家的人员(以下简称申请人),应当提供以下申请材料:

(一)个人简历、本人签署的申请书和承诺书;

(二)学历学位证书、专业技术职称证书或者具有同等专业水平的证明材料;

(三)证明本人身份的有效证件;

(四)本人认为需要申请回避的信息;

(五)省级以上人民政府财政部门规定的其他材料。

第八条　申请人应当根据本人专业或专长申报评审专业。

第九条　省级以上人民政府财政部门对申请人提交的申请材料、申报的评审专业和信用信息进行审核,符合条件的选聘为评审专家,纳入评审专家库管理。

第十条　评审专家工作单位、联系方式、专业技术职称、需要回避的信息等发生变化的，应当及时向相关省级以上人民政府财政部门申请变更相关信息。

第十一条 评审专家存在以下情形之一的，省级以上人民政府财政部门应当将其解聘：

（一）不符合本办法第六条规定条件；

（二）本人申请不再担任评审专家；

（三）存在本办法第二十九条规定的不良行为记录；

（四）受到刑事处罚。

第三章 评审专家抽取与使用

第十二条 采购人或者采购代理机构应当从省级以上人民政府财政部门设立的评审专家库中随机抽取评审专家。

评审专家库中相关专家数量不能保证随机抽取需要的，采购人或者采购代理机构可以推荐符合条件的人员，经审核选聘入库后再随机抽取使用。

第十三条 技术复杂、专业性强的采购项目，通过随机方式难以确定合适评审专家的，经主管预算单位同意，采购人可以自行选定相应专业领域的评审专家。

自行选定评审专家的，应当优先选择本单位以外的评审专家。

第十四条 除采用竞争性谈判、竞争性磋商方式采购，以及异地评审的项目外，采购人或者采购代理机构抽取评审专家的开始时间原则上不得早于评审活动开始前2个工作日。

第十五条 采购人或者采购代理机构应当在评审活动开始前宣布评审工作纪律，并将记载评审工作纪律的书面文件作为采购文件一并存档。

第十六条 评审专家与参加采购活动的供应商存在下列利害关系之一的，应当回避：

（一）参加采购活动前三年内，与供应商存在劳动关系，或者担任过供应商的董事、监事，或者是供应商的控股股东或实际控制人；

（二）与供应商的法定代表人或者负责人有夫妻、直系血亲、三代以内旁系血亲或者近姻亲关系；

（三）与供应商有其他可能影响政府采购活动公平、公正进行的关系。

评审专家发现本人与参加采购活动的供应商有利害关系的，应当主动提出回避。采购人或者采购代理机构发现评审专家与参加采购活动的供应商有利害关系的，应当要求其回避。

除本办法第十三条规定的情形外，评审专家对本单位的政府采购项目只能作为采购人代表参与评审活动。

各级财政部门政府采购监督管理工作人员，不得作为评审专家参与政府采购项目的评审活动。

第十七条 出现评审专家缺席、回避等情形导致评审现场专家数量不符合规定的，采购人或者采购代理机构应当及时补抽评审专家，或者经采购人主管预算单位同意自行选定补足评审专家。无法及时补足评审专家的，采购人或者采购代理机构应当立即停止评审工作，妥善保存采购文件，依法重新组建评标委员会、谈判小组、询价小组、磋商小组进行评审。

第十八条 评审专家应当严格遵守评审工作纪律，按照客观、公正、审慎的原则，根据采购文件规定的评审程序、评审方法和评审标准进行独立评审。

评审专家发现采购文件内容违反国家有关强制性规定或者采购文件存在歧义、重大缺陷导致评审工作无法进行时，应当停止评审并向采购人或者采购代理机构书面说明情况。

评审专家应当配合答复供应商的询问、质疑和投诉等事项，不得泄露评审文件、评审情况和在评审过程中获悉的商业秘密。

评审专家发现供应商具有行贿、提供虚假材料或者串通等违法行为的，应当及时向财政部门报告。

评审专家在评审过程中受到非法干预的，应当及时向财政、监察等部门举报。

第十九条 评审专家应当在评审报告上签字，对自己的评审意见承担法律责任。对需要共同认定的事项存在争议的，按照少数服从多数的原则做出结论。对评审报告有异议的，应当在评审报告上签署不同意见并说明理由，否则视为同意评审报告。

第二十条 评审专家名单在评审结果公告前应当保密。评审活动完成后，采购人或者采购代理机构应当随中标、成交结果一并公告评审专家名单，并对自行选定的评审专家做出标注。

各级财政部门、采购人和采购代理机构有关工作人员不得泄露评审专家的个人情况。

第二十一条 采购人或者采购代理机构应当于评审活动结束后5个工作日内，在政府采购信用评价系统中记录评审专家的职责履行情况。

评审专家可以在政府采购信用评价系统中查询本人职责履行情况记录，并就有关情况作出说明。

省级以上人民政府财政部门可根据评审专家履职情况等因素设置阶梯抽取概率。

第二十二条 评审专家应当于评审活动结束后5个工作日内，在政府采购信用评价系统中记录采购人或者采购代理机构的职责履行情况。

第二十三条 集中采购目录内的项目，由集中采购机构支付评审专家劳务报酬；集中采购目录外的项目，由采购人支付评审专家劳务报酬。

第二十四条 省级人民政府财政部门应当根据实际情况，制定本地区评审专家劳务报酬标准。中央预算单位参照本单位所在地或评审活动所在地标准支付评审专家劳务报酬。

第二十五条 评审专家参加异地评审的，其往返的城市间交通费、住宿费等实际发生的费用，可参照采购人执行的差旅费管理办法相应标准向采购人或集中采购机构凭据报销。

第二十六条 评审专家未完成评审工作擅自离开评审现场，或者在评审活动中有违法违规行为的，不得获取劳务报酬和报销异地评审差旅费。评审专家以外的其他人员不得获取评审劳务报酬。

第四章 评审专家监督管理

第二十七条 评审专家未按照采购文件规定的评审程序、评审方法和评审标准进行独立评审或者泄露评审文件、评审情况的，由财政部门给予警告，并处2000元以上2万元以下的罚款；影响中标、成交结果的，处2万元以上5万元以下的罚款，禁止其参加政府采购评审活动。

评审专家与供应商存在利害关系未回避的，处2万元以上5万元以下的罚款，禁止其参加政府采购评审活动。

评审专家收受采购人、采购代理机构、供应商贿赂或者获取其他不正当利益，构成犯罪的，依法追究刑事责任；尚不构成犯罪的，处2万元以上5万元以下的罚款，禁止其参加政府采购评审活动。

评审专家有上述违法行为的，其评审意见无效；有违法所得的，没收违法所得；给他人造成损失的，依法承担民事责任。

第二十八条 采购人、采购代理机构发现评审专家有违法违规行为的，应当及时向采购人本级财政部门报告。

第二十九条 申请人或评审专家有下列情形的，列入不良行为记录：

（一）未按照采购文件规定的评审程序、评审方法和评审标准进行独立评审；

（二）泄露评审文件、评审情况；

（三）与供应商存在利害关系未回避；

（四）收受采购人、采购代理机构、供应商贿赂或者获取其他不正当利益；

（五）提供虚假申请材料；

（六）拒不履行配合答复供应商询问、质疑、投诉等法定义务；

（七）以评审专家身份从事有损政府采购公信力的活动。

第三十条 采购人或者采购代理机构未按照本办法规定抽取和使用评审专家的，依照《政府采购法》及有关法律法规追究法律责任。

第三十一条 财政部门工作人员在评审专家管理工作中存在滥用职权、玩忽职守、徇私舞弊等违法违纪行为的，依照《政府采购法》、《公务员法》、《行政监察法》、《政府采购法实施条例》等国家有关规定追究相应责任；涉嫌犯罪的，移送司法机关处理。

第五章 附 则

第三十二条 参加评审活动的采购人代表、采购人依法自行选定的评审专家管理参照本办法执行。

第三十三条 国家对评审专家抽取、选定另有规定的，从其规定。

第三十四条 各省级人民政府财政部门，可以根据本办法规定，制定具体实施办法。

第三十五条 本办法由财政部负责解释。

第三十六条 本办法自2017年1月1日起施行。财政部、监察部2003年11月17日发布的《政府采购评审专家管理办法》(财库〔2003〕119号)同时废止。

财政部办公厅关于使用政府采购评审专家监管系统有关事宜的通知

1. 2013年11月25日
2. 财办库〔2013〕375号

党中央有关部门办公厅(室),国务院各部委、各直属机构办公厅(室),全国人大常委会办公厅秘书局,全国政协办公厅机关事务管理局,高法院办公厅,高检院办公厅,有关人民团体办公厅(室),新疆生产建设兵团财务局,中共中央直属机关采购中心,中央国家机关政府采购中心,全国人大机关采购中心,国家税务总局集中采购中心、海关总署物资装备采购中心、中国人民银行集中采购中心、公安部警用装备采购中心:

根据《政府采购货物和服务招标投标管理办法》(财政部令第18号)和《政府采购评审专家管理办法》(财库〔2013〕119号)有关规定,结合中央单位政府采购工作实际,财政部开发了新的政府采购评审专家监管系统(以下简称专家库)。现就使用专家库的有关事项通知如下:

一、财政部负责专家库的建设、管理和维护,各中央预算单位、政府集中采购机构及预算单位委托的社会代理机构(以下简称抽取单位)具体负责专家的抽取工作。

二、各中央预算单位的政府采购项目所需评审专家,原则上从专家库中抽取。因工作需要,中央驻京外单位可以从所在地市级或其上一级财政部门专家库中抽取评审专家。采购项目有特殊需要的,经财政部国库司备案后,抽取单位可以在异地财政部门专家库中抽取评审专家。

三、抽取单位应当使用数字安全证书(Ukey)登录中国政府采购网(http://www.ccgp.gov.cn/)专家库,网上抽取评审专家。各单位请从中国政府采购网专家库中下载专家库用户注册表和数字安全证书申请表,并按照相关规定办理申请、变更手续,各单位Ukey数量原则上为2个。

四、抽取单位应在开标、竞争性谈判以及询价开始前两个工作日内抽取评审专家。专家库中相应品目没有抽取单位所需专家,或者专家数量达不到采购单位所需数量时,经财政部国库司核实后,所需专家或者不足部分可以由抽取单位以不低于1:3的比例向财政部国库司推荐并提供相关资料。财政部国库司审核后将合格专家入库供单位抽取。

五、抽取单位抽取专家时应当准确设置专家抽取条件及相关信息,主要包括项目名称、采购方式、公告链接地址、各类专家人数、评审品目、专家所在区域等。采用公开招标和邀请招标方式的必须填写在中国政府采购网已发布的采购公告链接地址。抽取单位应当结合评审项目需要,注意选择抽取专家的所在区域。

六、抽取单位设置完成专家抽取条件后,系统将随机选中符合条件的专家并自动通过语音方式通知被抽中的专家。如抽取专家人数未达到所需数量,抽取单位可在相近品目或上一级品目中补抽专家。在距离评审活动开始前30分钟,专家库将自动解密评审专家抽取结果,抽取单位应及时打印专家抽取名单,认真核对评审专家身份,并将专家抽取名单随采购文件一起存档。

七、各抽取单位应当明确责任,建立评审专家抽取内部管理制度,并做好专家信息保密工作。

八、本通知自印发之日起施行。《关于中央单位政府采购评审专家库管理使用有关问题的通知》(财办库〔2004〕80号)同时废止。

九、系统操作手册和操作教学视频见中国政府采购网"财政部政府采购评审专家监管系统"栏目。对于评审专家抽取和使用过程中遇到的问题,抽取单位应及时向中国政府采购网网站或财政部国库司反映。

联系人:(略)

(3)供应商

财政部办公厅关于多家代理商代理一家制造商的产品参加投标如何计算供应商家数的复函

1. 2003年4月14日
2. 财办库〔2003〕38号

河北省财政厅：

《河北省财政厅关于多家代理商代理一家制造商的产品参加投标如何计算供应商家数的请示》（冀财采〔2003〕9号）已收悉，现答复如下：

根据国际惯例以及《政府采购法》的立法精神，公开竞争是政府采购的基石。政府采购的竞争是指符合采购人采购需求的不同品牌或者不同生产制造商之间的竞争，原则上同一品牌同一型号产品只能有一家投标人，但应当在招标文件中对此作出明确规定。如中央单位2002年实行的计算机、打印机和复印机协议供货制度，在招标文件中明确规定，只允许投标产品的生产制造商总部参加投标，或者由生产制造商总部全权委托一家代理商参加。否则，作无效标处理。

《政府采购法》实施后，为了避免同一品牌同一型号产品出现多个投标人的现象，应当在招标文件中明确规定，同一品牌同一型号产品只能由一家供应商参加。如果有多家代理商参加同一品牌同一型号产品投标的，应当作为一个供应商计算。公开招标以外采购方式以及政府采购服务和工程，也按此方法计算供应商家数。

财政部关于加强政府采购供应商投诉受理审查工作的通知

1. 2007年1月10日
2. 财库〔2007〕1号

党中央有关部门，国务院各部委、各直属机构，全国人大常委会办公厅，全国政协办公厅，高法院，高检院，有关人民团体，各省、自治区、直辖市、计划单列市财政厅（局），新疆生产建设兵团财务局：

为了规范政府采购供应商投诉及财政部门受理投诉行为，保护政府采购当事人合法权益，维护政府采购秩序，提高投诉处理效率，现就政府采购供应商投诉受理审查有关事项通知如下：

一、充分认识加强供应商投诉受理审查工作的重要性

供应商投诉是政府采购法赋予供应商的权利，是发挥供应商监督，促进政府采购活动公开、公正、公平，维护政府采购当事人合法权益的有效措施。各级财政部门要高度重视供应商投诉，不得阻碍供应商投诉，不得无故拒绝供应商投诉，要指导供应商投诉，及时办理受理审查工作，从源头上提高投诉处理工作效率。

二、不予受理的投诉要书面告知

财政部门经审查，有投诉人不是参加投诉项目政府采购活动的当事人、被投诉人为采购人或采购代理机构之外的当事人、所有投诉事项未经过质疑、所有投诉事项超过投诉有效期、以具有法律效力的文书送达之外方式提出的投诉等情形之一的，应当认定为无效投诉，不予受理，并及时书面告知投诉人不予受理的理由。

三、投诉书允许修改但要限定期限

财政部门经审查，有投诉书副本数量不足、投诉事项或投诉请求不清晰、相关依据或证明材料不全、投诉书署名不符合规定等情形之一的，应当及时告知投诉人限期补充或修改后重新投诉，逾期不予受理。财政部门在投诉审查期间，认定投诉事项与采购人行为有关但采购人不是被投诉人的，应当要求投诉人将采购人追加为被投诉人，并限期修改投诉书重新投诉，逾期不予受理。财政部门经审查，供应商投诉事项与质疑事项不一致的，超出质疑事项的投诉事项应当认定为无效投诉事项，并告知投诉人撤回投诉书，对在质疑有效期内的未质疑事项进行质疑，或限期修改投诉书重新投诉，逾期不予受理。

四、涉密事项的投诉要提供依据

投诉事项属于有关法律、法规和规章规定处于保密阶段的事项，财政部门应当要求投诉人提供信息来源或有效证据，否则，应当认定为无效投诉事项。

五、严格执行受理审查程序

财政部门收到供应商投诉后，应当在5个工作日内完成审查工作。在供应商投诉受理审查期间，相关信息或材料、文件的传递，财政部门、投诉人以及相关当事人应当采用书面形式，并办理签收手续。

（4）中央单位政府采购

中央国家机关政府集中采购目录实施方案（2020年版）

2020年3月12日中央国家机关政府采购中心发布

为贯彻落实深化政府采购制度改革方案精神，进一步做好中央国家机关政府集中采购工作，根据政府采购法律法规和《国务院办公厅关于印发中央预算单位政府集中采购目录及标准（2020年版）的通知》（国办发〔2019〕55号）（以下简称目录）要求，制定本实施方案。

一、目录主要变化

（一）为落实"放管服"改革精神，强化采购人主体责任，部门集中采购项目不再列入目录，由各中央部门自行确定，报财政部备案后实施。

（二）集中采购机构采购项目，新增"互联网接入服务"，在"办公家具"品目备注中增加"铝制或铝制为主家具"的表述。

（三）公开招标数额标准中，将原"政府采购工程公开招标数额标准按照国务院有关规定执行"，调整为"政府采购工程以及与工程建设有关的货物、服务公开招标数额标准按照国务院有关规定执行"。

二、执行方式

（一）货物类

1. 台式计算机、便携式计算机、复印机、打印设备、空调机（包括分体变频壁挂机、分体变频柜机、分体定速壁挂机、分体定速柜机）。符合批量集中采购配置标准的，应执行批量集中采购。各单位应按批量集中采购配置标准的要求编报采购计划，报送一级预算单位。一级预算单位每月10日前汇总本系统批量集中采购计划，通过"中央政府采购网"采购人平台报送中央国家机关政府采购中心（以下简称国采中心），国采中心统一组织采购。不符合批量集中采购配置标准或因时间紧急、零星特殊采购不能通过批量集中采购的品目，各单位报经主管预算单位同意后，单项或批量金额在100万元（含）以上的，作为单独项目委托国采中心按照法律法规规定的方式执行，其中，预算金额在200万元（含）以上的，采用公开招标方式。单项或批量金额在100万元以下的，可按照电子卖场采购通知执行。其中，预算金额在50万元以下的，可选择通过电子卖场直购、比价、反拍等方式执行，50万元（含）以上的，必须组织比价或反拍。电子卖场无所需产品的，可选择电子竞价采购方式。各部门电子卖场（含电子竞价）采购数量不得超过同类品目上年购买总数的30%。

2. 服务器、多功能一体机、扫描仪、投影仪、复印纸、打印用通用耗材。预算金额在100万元（含）以上的，作为单独项目委托国采中心按照法律法规规定的方式执行，其中，预算金额在200万元（含）以上的，采用公开招标方式。预算金额在100万元以下的，按照电子卖场采购通知执行。其中，预算金额在50万元以下的，可选择通过电子卖场直购、比价、反拍等方式执行；50万元（含）以上的，必须组织比价或反拍；电子卖场无所需产品的，可选择电子竞价采购方式。

3. 计算机软件、计算机网络设备、视频会议系统及会议室音频系统、空调机（指精密空调、机房空调等商用空调）。预算金额在100万元（含）以上的，作为单独项目委托国采中心按照法律法规规定的方式执行，其中，预算金额在200万元（含）以上的，采用公开招标方式。预算金额在100万元以下的，按照对应品目协议供货通知执行，协议供货无所需产品的，可选择电子竞价采购方式。

4. 乘用车、客车。预算金额在 200 万元（含）以上的，作为单独项目委托国采中心采用公开招标方式执行。预算金额在 200 万元以下的，按照该品目协议供货通知及有关规定执行。新车购置以及原有车辆的报废更新，应按相关主管部门规定执行。

5. 电梯。预算金额在 200 万元（含）以上的，作为单独项目委托国采中心采用公开招标、邀请招标等方式执行。预算金额在 200 万元以下的，按照该品目定点采购通知执行。

6. 办公家具。预算金额在 100 万元（含）以上的，作为单独项目委托国采中心按照法律法规规定的方式执行，其中，预算金额在 200 万元（含）以上的，采用公开招标方式。预算金额在 100 万元以下的，按照该品目定点采购通知执行。

（二）工程类

1. 限额内工程。投资预算金额在 120 万元（含）以上的建设工程项目（适用招标投标法的建设工程项目除外），委托国采中心按照法律法规规定的方式执行。其中，预算金额在定点采购标准范围内的，按照该品目定点采购通知执行。

2. 装修、拆除、修缮工程。投资预算金额在 120 万元（含）以上的，与建筑物、构筑物新建、改建、扩建无关的单独装修、拆除、修缮工程，委托国采中心按照法律法规规定的方式执行。其中，预算金额在定点采购标准范围内的，按照该品目定点采购通知执行。

（三）服务类

1. 印刷服务。预算金额在 100 万元（含）以上的，作为单独项目委托国采中心按照法律法规规定的方式执行，其中，预算金额在 200 万元（含）以上的，采用公开招标方式。预算金额在 100 万元以下的，按照对应品目定点采购通知执行。

2. 车辆维修保养及加油、机动车保险。按照对应品目定点采购通知执行。

3. 物业管理服务。预算金额在 200 万元（含）以上的，作为单独项目委托国采中心采用公开招标方式执行。预算金额在 200 万元以下的，按照该品目政府集中采购有关通知执行。

4. 云计算服务。预算金额在 100 万元（含）以上的，作为单独项目委托国采中心按照法律法规规定的方式执行，其中，预算金额在 200 万元（含）以上的，采用公开招标方式。

5. 互联网接入服务。预算金额在 200 万元（含）以上的，作为单独项目委托国采中心采用公开招标方式执行。预算金额在 200 万元以下的，按照该品目定点采购通知执行。

6. 工程造价咨询服务。预算金额在 100 万元（含）以上的，作为单独项目委托国采中心采用公开招标、邀请招标等方式执行，预算金额在 100 万元以下的，按照该品目定点采购通知执行。

7. 工程监理服务。预算金额在 100 万元（含）以上的，作为单独项目委托国采中心采用公开招标、邀请招标等方式执行，预算金额在 100 万元以下的，按照该品目定点采购通知执行。

三、执行要求

（一）履行采购人主体责任。各采购单位应当切实履行在采购活动中的主体责任，对采购需求和采购结果负责。在确定采购需求前，应当认真开展采购需求调查，根据国家经济和社会发展政策、部门预算及绩效目标、采购管理制度、市场情况编写采购需求；确定采购方式时，应当根据需求特点合理选择，依法依规采用邀请招标、竞争性谈判、竞争性磋商等非公开招标方式，避免因过度公开招标影响采购执行效率；项目完成后，应当严格按照采购合同开展履约验收工作，确保采购结果实现相关的绩效和政策目标。国采中心将继续加强各品目采购需求标准体系建设，为各单位编制采购需求提供参考；不断完善电子卖场、协议供货、定点采购等小额分散采购项目供应商履约管理机制，加强单独委托项目履约服务，协助各单位开展履约验收工作。

（二）落实政策功能。各采购单位应当积极落实节约能源、保护环境、扶持不发达地区和少数民族地区、促进中小企业发展等政府采购政策。国采中心将不断完善采购文件范本，将政府采购相关政策要求嵌入采购需求，并要素化为各采购品目具体的技术、服务指标，优化评价权重设计，为各单位落实政策功能提供参考;加强政府采购政策实施的电子化工具运用,在电子卖场中积极探索特色场馆、加挂标识、搜索排序等技术手段,保障采购政策实施效果。

(三)完善内控管理。各部门主管预算单位应当积极发挥本部门(本系统)政府采购监督管理职责,建立健全本部门(本系统)政府采购内控管理机制,各采购单位应当加强对采购各环节的内部控制和风险管理。国采中心将进一步优化升级电子交易系统,交易信息按照统一格式在网上公示,接受社会监督,同时,将系统发现的采购人规避公开招标和批量集中采购、采购价格畸高等异常情况及时推送至各部门主管预算单位,通过技术手段,帮助各单位加强内控管理。

(四)其他有关事项。相关品目采购执行方式、限额标准等,将根据政策制度变化及时调整,具体执行通知详见中央政府采购网"通知公告"专栏。关于涉密政府采购项目、工程建设项目招投标等采购服务事宜,将另行通知。

各单位在执行过程中遇到的情况、问题以及意见建议,可通过国采中心微信公众号、国采监管服务微信群或联系电话等渠道反馈。

中央国家机关政府采购中心专家劳务费管理办法

1. 2021年3月5日发布

2. 国机采综〔2021〕3号

第一条 为规范政府采购评审专家劳务费管理,根据《中华人民共和国政府采购法》、《中华人民共和国政府采购法实施条例》、《中华人民共和国个人所得税法》、财政部政府采购评审专家管理办法等法律法规及有关规定,结合中央国家机关政府采购中心(以下简称"中心")工作实际情况,制订本办法。

第二条 本办法所称专家劳务费是指在政府采购活动中,支付评审专家政府采购项目评审活动中的劳务报酬。

第三条 中心发放专家劳务费采用银行转账方式,将资金发放到专家本人在银行开设的个人结算账户(银行卡、活期存折),原则上不再采用现金形式发放专家劳务费。

第四条 中心专家劳务费的发放对象为:

(一)中央预算单位政府集中采购目录内项目评审专家;

(二)中心承担的有关政策性项目评审专家;

(三)采购人委托的秘密级或机密级政府采购项目由中心抽取的评审专家;

(四)协助中心处理项目质疑复核的评审专家;

(五)参与中心组织的采购项目专业论证评审专家。

第五条 符合以下情形之一的,中心不予支付专家劳务费:

(一)评审专家参加项目质疑复核,因原评审失误、错误导致质疑成立。

(二)评审专家未完成评审工作擅自离开评审现场,或者在评审活动中有违法违规行为。

第六条 中心不向参加项目评审(复核)的采购人代表支付劳务费。

第七条 专家劳务费支付采用以下标准(税后):

(一)项目评审(复核)时长4小时(含)之内,专家劳务费为600元/人;大于4小时,每超过1小时,专家劳务费增加100元/人。最高限额为每天1000元/人。

(二)专家已到中心,但因投标人不足三家项目废标等原因,未进行项目评审的,专家劳务费为200元/人。

(三)专家评审(复核)时间是指从开始评审(复核)到结束评审(复核)的实际时间,扣除迟到、早退时间。连续两日(含)以上评审的,按照每日连续评审时间计算。

确需超出上述额度支付专家劳务费的,须说明理由,经综合处审核,报中心主要领导批准后,方可办理。

第八条 中心根据《中华人民共和国个人所得税法》劳务报酬所得纳税的相关规定为发放劳务费的评审

专家申报并代缴个人所得税。

第九条 因项目需求，抽取异地专家参加评审的，异地专家往返的城市间交通费、住宿费等实际发生的差旅费参照中央和国家机关差旅费相应标准凭据报销。

第十条 报销专家劳务费时，各有关处需在中心办公平台发起专家劳务费支付申请，支付内容需填写完整，列明收款人姓名、汇款金额、账号、开户银行等信息。原则上在评审（复核）完成后5个工作日内提交。

第十一条 发起专家劳务费支付申请的有关处应认真核实支付信息的真实性、合法性、合规性，综合处应对支付信息进行复核。

第十二条 专家劳务费支付申请按规定流程审批后，由综合处在指定代理银行系统中完成网上转账支付。

第十三条 综合处每月定期打印专家劳务费支付电子回单，作为原始会计凭证进行记账，并存入会计档案。

第十四条 各处开展采购项目咨询、考察、考核、调研及其他活动，需要向有关专家支付专家劳务费时，参照本规定执行。

第十五条 本办法由综合处负责解释。

第十六条 本办法自2021年3月5日起施行。《关于进一步明确专家劳务费发放有关问题的通知》（国机采办〔2008〕15号）、《关于改进专家劳务费发放管理有关事项的通知》（国机采办〔2019〕4号）和《关于调整货物、服务类项目专家劳务费支付有关问题的通知》（国机采办〔2020〕5号）同时废止。

中央国家机关政府采购中心电子竞价采购管理办法

1. 2021年8月18日发布
2. 国机采〔2021〕17号

第一章 总 则

第一条 为规范中央国家机关政府采购电子竞价采购行为，落实政府采购政策，提高采购效率，依据《中华人民共和国政府采购法》、《中华人民共和国政府采购法实施条例》及相关规章制度，制定本办法。

第二条 本办法所称电子竞价，是指采购人公开发布采购信息，供应商在规定时间内在线报价，满足采购需求的最低报价者成交的电子化采购形式。

第三条 电子竞价适用于分散采购限额标准下，纳入电子竞价品目范围内且采购人无法通过框架协议实现采购的项目。电子竞价品目范围由中央国家机关政府采购中心（以下简称国采中心）根据政策法规相关规定和实际需求制定并更新。

第四条 电子竞价的交易行为应当遵循公开公平、诚实守信、程序合规、讲求绩效的原则。

第五条 电子竞价应当落实支持创新、绿色发展、促进中小企业发展、乡村振兴等政府采购政策。

第二章 电子竞价当事人

第六条 电子竞价当事人是指《中华人民共和国政府采购法》规定的采购人、供应商和集采机构（本办法指国采中心）。

第七条 采购人应当在中央政府采购网（http://www.zycg.gov.cn/）注册，登录综合采购系统，在线发起竞价项目。

第八条 供应商应当在中央政府采购网注册，办理数字认证证书（CA证书）后，登录综合采购系统参与竞价。参与竞价的供应商应当符合政府采购及相应行业法律法规规定的资格条件，遵守国采中心制定的电子竞价有关规则。

第九条 国采中心负责电子竞价的规则设计和信息系统的建设运营，根据法律法规发布《中央国家机关政府采购电子竞价运行规则》，对具体违约情形处理并公示。

第十条 采购人、供应商应当妥善保管用户名和密码，凡通过系统账户发布的竞价需求和报价行为，均视同当事人意思的真实表示，当事人均应当承担法律责任。

第三章 电子竞价需求

第十一条 电子竞价标的为电子竞价品目范围内的货物或服务，超出品目范围的竞价项目将无法成交。

一个预算项目下的同一品目或类别的货物或服务，预算金额超过分散采购限额标准的，采购人不得以化整为零方式进行电子竞价采购。

第十二条 电子竞价需求公告应当包括项目基本信息、售后服务要求、采购产品需求清单等。

第十三条 电子竞价需求应当符合法律法规、政府采购政策和国家有关规定，符合国家强制性标准，遵循预算、资产和财务等管理制度，符合项目特点和实际需要。

电子竞价需求表述应当含义准确完整、标准清晰规范、逻辑严谨合理，不得包含歧视性、排他性内容。技术需求中不得包含商务条款。不得将规模及生产厂家授权、承诺、证明、背书等条款设置为采购需求。

第十四条 电子竞价需求原则上须填写三个（含）以上同一档次的参考品牌和型号，满足需求的供应商均可参与竞价。

第十五条 符合下列情形之一的货物，可以按单一品牌方式进行电子竞价采购：

（一）因货物技术唯一性只能选择唯一品牌产品的；

（二）必须保证原有采购项目一致性或者配套兼容要求，需要添购同一品牌产品、指定配件或耗材的。

拟采购单一品牌产品的，采购人需上传单一品牌采购申请函。

第十六条 电子竞价项目应当严格执行《财政部 发展改革委 生态环境部 市场监管总局关于调整优化节能产品、环境标志产品政府采购执行机制的通知》（财库〔2019〕9 号）、《关于印发节能产品政府采购品目清单的通知》（财库〔2019〕19 号）、《关于印发环境标志产品政府采购品目清单的通知》（财库〔2019〕18 号）。

第十七条 根据《政府采购促进中小企业发展管理办法》（财库〔2020〕46 号），供应商提供的货物/服务均由小微企业制造/承接的，按照报价扣除 6% 后的价格进行排序，供应商最终成交价格以实际报价为准。

第十八条 确需采购进口产品的，采购人应当严格按照《财政部关于印发〈政府采购进口产品管理办法〉的通知》（财库〔2007〕119 号）及《财政部关于政府采购进口产品管理有关问题的通知》（财办库〔2008〕248 号）等有关规定执行。

第四章 电子竞价程序

第十九条 采购人发布竞价需求公告。竞价需求公告一经发布，采购人不可调整、变更或撤销。竞价需求公告发布至竞价截止时间不得少于 3 个工作日。

第二十条 参与竞价的供应商应当认真阅读、理解竞价需求公告，响应采购人提出的全部需求并提供相应证明材料，未实质性响应采购需求或报价超预算的供应商将被拒绝。

第二十一条 参与竞价的供应商应当对报价行为承担法律责任，不得通过虚假应答、串通等行为谋取不正当利益。竞价时间截止后不得对报价及相关内容做任何更改或退出。

第二十二条 报价时间截止后，系统按报价由低到高顺序排序，列出成交供应商候选人名单。采购人应当在满足竞价需求的供应商中，选择排名第一的供应商为成交供应商。报价相同时，按报价时间先后顺序排序。

第二十三条 采购人应当在竞价截止时间后 5 个工作日内，提请国采中心审核经其确认的成交供应商并发布成交公告；采购人逾期不确认的，系统自动推荐排名第一的供应商作为成交供应商，经审核后发布成交公告。

第二十四条 出现下列情形之一的，应当终止电子竞价项目并发布终止公告：

（一）采购需求不符合本办法第三章相关规定的；

（二）满足采购需求条件的供应商不足三家的；

（三）报价未超过项目总预算及分项预算的供应商不足三家的；

（四）采购人因重大变故导致采购任务取消的；

采购人因重大变故导致采购任务取消的，应当在竞价截止时间后 5 个工作日内提交书面说明。

第二十五条 成交公告发布后 72 小时内，供应商应当确认订单,在竞价需求公布的时间内主动与采购人联系,商定供货、合同签订等事宜。供应商未在规定时间内确认订单的,应承担相应责任。

第二十六条 成交供应商未按要求确认订单的,成交候选人满足法定数量时,采购人可以按照成交候选人名单排序确定下一候选人为成交供应商。

第二十七条 出现下列情形的,采购人可以就原预算项目重新发起电子竞价:

(一)发生第二十四条(一)、(二)、(三)情形的;

(二)成交供应商未按要求确认订单的;

(三)成交供应商在订单确认后不履约或未按竞价需求履约的。

第二十八条 供应商对电子竞价项目有疑问的,可以向采购人或国采中心提出询问,采购人或国采中心应及时作出答复。

第二十九条 供应商对电子竞价项目需求和成交结果进行质疑和投诉的,按政府采购法律法规规定办理。

第五章 履约管理

第三十条 电子竞价订单经确认后,系统自动生成具有唯一编号的电子验收单,作为政府采购凭证。

第三十一条 电子竞价采购合同由采购人与成交供应商自行拟定签署,合同实质内容应当与电子验收单一致。

第三十二条 电子竞价付款方式为先供货、后付款。采购人负责组织货物验收,验收合格后凭双方签字盖章《电子验收单》、采购合同及发票支付款项。

第三十三条 订单履约过程中出现纠纷的,采购人、供应商应当协商解决,也可在线向国采中心提出协调申请,或通过政府采购法律法规规定的途径解决。

在一个年度内,两个以上不同采购人对同一供应商发出纠纷协调申请的,国采中心将暂时冻结该供应商电子竞价权限,直至纠纷解决。

第六章 违约责任

第三十四条 采购人出现下列情形之一的,国采中心将有关情况报采购人的主管预算单位:

(一)因采购人自身原因终止采购项目的;

(二)逾期不签订合同或不按时向供应商付款的;

(三)其他应当向主管预算单位报送的情形。

第三十五条 供应商出现下列情形之一的,国采中心将暂停其电子竞价交易权限3个月并予以公示:

(一)竞价截止至成交公告发布期间退出竞价项目的;

(二)成交公告发布后未按要求确认订单的;

(三)不配合国采中心处理电子竞价相关争议的;

(四)其他违反电子竞价项目交易规则的情形。

第三十六条 供应商出现下列情形之一的,国采中心将暂停其电子竞价交易权限6个月并予以公示:

(一)成交订单确认后未及时与采购人签订合同的;

(二)没有在承诺的供货期限内及时供货或提供售后服务的;

(三)提供货物或服务与电子验收单不一致的;

(四)产品质量、服务等不满足公告中明确的采购需求的;

(五)其他在履约环节出现的违约违规情形的。

第三十七条 供应商出现下列情形之一的,国采中心将暂停其电子竞价交易权限一至三年并予以公示。情节严重的,国采中心将报请政府采购监督管理部门进一步处理:

(一)提供来源不明、假冒伪劣等不合格产品的;

(二)提供虚假材料或虚假证明的;

(三)与其它供应商串通,谋取成交的;

(四)在处罚暂停期间以任何形式重复注册和参与电子竞价的;

(五)被列入失信被执行人、重大税收违法案件当事人名单、政府采购严重违法失信行为记录名单及其他不符合《中华人民共和国政府采购法》第二十二条规定条件的;

(六)其他违反法律法规的情形。

第三十八条 国采中心应当依法依规履行电子竞价监督管理职责。国采中心及其工作人员在履行监督管理职责中存在滥用职权、玩忽职守、徇私舞弊等违法违纪行为的，依照法律法规及国家有关规定追究相应责任；涉嫌犯罪的，移送司法机关处理。

第七章 附 则

第三十九条 本办法由国采中心负责解释。

第四十条 本办法自2021年8月18日起施行，《中央国家机关政府采购中心电子竞价管理办法》（国机采〔2020〕9号）同时废止。

中央国家机关政府采购中心电子竞价运行规则（第1期）

1. 2021年9月23日发布

2. 国机采〔2021〕22号

根据《中央国家机关政府采购中心电子竞价采购管理办法》（以下简称《管理办法》），现就采购人发布竞价需求和供应商报价时应提交的承诺等规定如下：

一、采购人发布竞价需求须仔细阅读《采购人电子竞价承诺书》，完全理解其表述意义后选择“承诺并发布”，承诺书具体内容详见附件1；

二、供应商报价时须仔细阅读《电子竞价报价承诺函》，完全理解其表述意义后选择“承诺并提交”即报价成功，承诺函具体内容详见附件2；

三、《管理办法》第三十五条第（二）项“成交公告发布后未按要求确认订单的”将启动自动处罚机制，暂停相关供应商电子竞价交易权限3个月。

本期规则自公布之日起生效。

附件1

采购人电子竞价承诺书

我单位在国采中心电子竞价系统实施采购时，承诺知悉并认可以下事项：

一、所填写的电子竞价项目需求完整、明确、合规，无任何歧视性、排他性内容，技术指标栏中不包含商务条款和限制性服务条款；未有将除进口货物以外的生产厂家授权、承诺、证明、背书作为竞价需求等对投标人实行差别待遇或者歧视待遇的情形。

二、所填写的技术指标已覆盖所有参考品牌和型号。

三、仅在视频会议系统、视频监控设备、工程投影仪或机房空调品目根据实际设置现场踏勘需求；其他品目采购未有填写现场勘探的要求，否则无法成交。

四、所采产品如属于《节能产品政府采购品目清单》范围内执行强制节能采购政策的，即表示所需产品应当具备国家认可的认证机构出具的、处于有效期之内的节能产品认证证书。

五、该项目采购中不包括任何进口产品；如须采购进口产品时，应当严格按照有关规定执行。

六、电子竞价项目的采购公告时间不少于3个工作日。

七、充分知晓电子竞价需求公告一旦发布，将无法调整、变更或取消。我单位已慎重核对电子竞价需求内容，确定发布该项目需求公告。

八、充分知晓在竞价截止时间后5个工作日内须提交成交或废标结果并提请国采中心审核后发布公告；逾期不确认的，系统自动确认排名第一的供应商为成交供应商。

附件2

电子竞价报价承诺函

本公司遵循诚实守信原则参与电子竞价项目，对填报的产品信息、价格等承担相应责任，并对下述事项作出承诺：

一、本公司已通过国采中心网站注册并获得安全认证（CA证书），参与本项目报价期间未被列入失信被执行人、重大税收违法案件当事人名单、政府采购严重违法失信行为记录名单及中央政府采购网电子竞价系统黑名单。

二、本公司已认真阅读理解竞价需求公告所有内容，合理报价，并承诺按照成交价格提供所投报的满足技术指标、品牌、型号的产品和采购需求中明确的送货、安装、集成等服务。

三、本次报价已响应采购人提出的所有需求并按照要求提供相应证明材料，承担证明材料不合格所导致的报价响应无效的风险。

四、按照《政府采购促进中小企业发展管理办法》(财库〔2020〕46号)要求，报价时如选择“小微企业生产”必须提供格式内容正确的《中小企业声明函》。否则自愿承担报价响应无效的责任和后果。

五、本次报价过程中及成交后履约过程中如违反《中央国家机关政府采购中心电子竞价采购管理办法》相关规定，本公司自愿承担相应违约责任。

中央国家机关政府采购电子竞价运行规则(第2期)

1. 2022年2月22日发布

2. 国机采〔2022〕4号

根据《中央国家机关政府采购中心电子竞价采购管理办法》第十三条，结合电子竞价业务运行实际，为进一步规范电子竞价需求管理，中央国家机关政府采购中心对电子竞价需求提交及公告发布制定规则如下：

采购人依规填写竞价需求，仔细阅读《采购人电子竞价承诺书》(见附件)后选择“承诺并提交”。采购人提交的竞价需求经国采中心审核通过后，发布电子竞价需求公告。

本期规则自公布之日起生效。

附件：采购人电子竞价承诺书(略)

中央国家机关政府采购电子竞价运行规则(第3期)

1. 2023年3月21日公布

2. 国机采〔2023〕8号

根据《中央国家机关政府采购中心电子竞价采购管理办法》，结合电子竞价运营管理实际，现就电子竞价项目提出质疑方式和供应商售后服务协议相关内容规定如下。

一、供应商认为竞价需求、竞价过程、成交结果使自己的合法权益受到损害的，可以在知道或者应当知道其权益受到损害之日起7个工作日内，按照国采中心质疑函模板拟定质疑函并将质疑函纸质文件送达国采中心。

二、供应商参加电子竞价项目，如需提供当地售后服务资料的，请按照附件中《售后服务合作协议》的格式和内容填写，并在响应报价时上传相关材料，材料不合格的将承担响应无效的风险。

本期规则自公布之日起生效。

中央国家机关政府采购电子竞价运行规则(第4期)

1. 2024年1月4日公布

2. 国机采〔2023〕19号

为进一步规范电子竞价秩序，营造公平竞争和诚实守信氛围，根据《中央国家机关政府采购中心电子竞价采购管理办法》，结合电子竞价运营管理实际，现就电子竞价项目的现场考察需求、中小企业声明函、成交结果公告前供应商退出竞价的处理、相关承诺书内容等事项做如下规定。

一、电子竞价项目，仅在采购音视频会议系统、视频监控设备、工程投影仪、机房空调、中央空调品目时，采购人才可根据实际需要设置现场考察需求。供应商参加现场考察的，可按照本项目公示的现场考察价格优惠率确定的价格参与排名。

二、供应商参加电子竞价项目，如其响应的产品的生产厂商均为小微企业，则可在系统中勾选“小微企业生产”，并上传《中小企业声明函》。声明函格式和内容正确并符合相关规定的，按照本项目公示的小微企业价格优惠率确定的价格参与排名，否则，无法享受价格优惠。

三、供应商违反《中央国家机关政府采购中心电子竞价采购管理办法》第三十五条“(一)竞价截止至成交公告发布期间退出竞价项目的”，严格按照办法规定暂停其电子竞价权限3个月并公示。

四、调整《采购人电子竞价承诺书》和《电子竞价报价承诺函》内容，详见附件。

本期规则自公布之日起生效。

中央国家机关政府采购电子竞价运行规则（第5期）

1．2024年5月17日公布

2．国机采〔2024〕11号

为进一步规范电子竞价业务，根据《中央国家机关政府采购中心电子竞价采购管理办法》和《财政部 工业和信息化部关于印发〈台式计算机政府采购需求标准（2023年版）〉的通知》（财库〔2023〕29号）等7个文件的精神，结合电子竞价运营管理实际，现就电子竞价项目的品目范围更新调整和台式计算机、便携式计算机、一体式计算机、工作站、通用服务器、操作系统、数据库等7个品目政府采购需求标准执行规定如下，请遵照执行。

一、对电子竞价项目的品目范围进行调整更新，更新后的品目范围详见《中央国家机关政府采购中心2024年电子竞价品目表》（附件1），请采购人严格按照更新后的品目范围发布竞价需求。

二、为落实财库〔2023〕29号、30号、31号、32号、33号、34号、35号等7个文件精神，严格执行台式计算机、便携式计算机、一体式计算机、工作站、通用服务器、操作系统、数据库等7个品目政府采购需求标准，对采购人电子竞价承诺书、供应商电子竞价报价承诺函的相关内容进行补充调整（详见附件2、附件3）。

本期规则自2024年5月22日0:00起生效。

中央国家机关政府采购电子卖场管理办法

1．2023年12月27日公布

2．国机采〔2023〕20号

第一章　总　　则

第一条　为了规范中央国家机关政府采购电子卖场（以下简称电子卖场）运行，贯彻深改方案精神，落实政府采购政策，加强小额零散采购日常管理，根据《中华人民共和国政府采购法》和《中华人民共和国政府采购法实施条例》及相关法律法规等，制定本办法。

第二条　本办法所称电子卖场，是指中央国家机关政府采购中心（以下简称国采中心）建设的供采购人、供应商进行限额标准下、多频次货物服务工程零散采购的电子化交易平台。

第三条　电子卖场的交易行为，应当坚持公开透明、公平竞争、诚实信用、讲求绩效原则。

第四条　电子卖场应当落实支持创新、绿色发展、促进中小企业发展、乡村振兴等政府采购政策。

第五条　国采中心根据电子卖场运行实际，适时发布《中央国家机关政府采购电子卖场运行规则》，就产品的上下架、信息维护、交易规则以及违约情形、奖惩措施等作出说明，保障电子卖场规范运行。

第二章　产品管理

第六条　国采中心建设电子卖场参数库。对通用性强、技术规格统一的产品，按规定程序，将技术（服务）参数嵌入电子卖场，纳入参数库管理。对建筑企业、工程监理企业、注册建造师、监理工程师等企业及人员资质，按照规定程序，嵌入电子卖场，纳入参数库管理。

通用性强、技术规格统一的产品，应当从电子卖场设定的参数库中选取参数值、填写产品信息（包括但不限于视频、图象、文本、数值、链接等）。

工程类企业资质按照电子卖场设定的参数库进行填写，包括资质类别、资质名称、资质证书号、发证日期、发证有效期发证机关、证书信息等。

工程类人员资质按照电子卖场设定的参数库进行填写，包括姓名、身份证号、注册类别、注册号（执业印章号）、注册专业等。

第七条　拟为电子卖场提供货物、服务、工程的供应商，应参加国采中心组织的征集活动。参与征集的供应商应按征集文件要求投报产品，并对投报信息的真实性、有效性、合法性负责。

第八条　国采中心根据征集文件的规定，按相应程序确定入围供应商后，为其开通电子卖场相关权限。

货物类入围生产厂商（或其唯一代理商）可通过其在电子卖场审批通过的代理商销售入围产品，其自身也可以代理商身份销售入围产品。

第九条 入围供应商上架的产品，应符合国采中心规定的上架规则，背离政府采购法律法规或相关规则的，将被系统标识为无法交易或作下架处理。

第十条 经征集程序入围的供应商如申请退出电子卖场，须经国采中心审核通过，确保交易各方权益无争议后，相关产品方可做下架处理。

第三章 交易方式和规则

第十一条 电子卖场设定的交易方式，包括但不限于直购、比价、反拍等。

第十二条 直购是指采购人直接选择电子卖场中某款产品，自主确定与提供该产品的供应商成交。直购方式下，采购人可与供应商就产品的价格在线议价，争取更加优惠的价格。经议价成交的，供应商不得降低产品和服务的质量和标准。

第十三条 比价是指采购人明确采购最高限价和一个（含）以上技术参数，由系统自动筛选出符合要求的多个品牌的多个产品，采购人从中择优选择三个及以上不同品牌的产品，发布比价需求公告，所选产品的供应商自愿参与报价。报价时间截止后，以系统记录的供应商最终报价作为评判依据，价格最低的供应商成交。

比价适用于通用性强、技术规格统一且纳入国采中心参数库管理的产品。

第十四条 反拍是指采购人选择某款产品，设定报价截止时间、单价降幅区间，发布反拍需求公告，所选产品供应商自愿参与报价。报价时间截止后，以系统记录的供应商最终报价作为评判依据，价格最低的供应商成交。

报价截止时间内，供应商可在单价降幅区间内，以不高于上一轮的价格向下多轮报价。

第十五条 需求公告发布前，采购人应仔细核对比价、反拍需求内容，公告一经发布，原则上不得修改、取消。

比价或反拍从需求公告发布至报价截止，时间不得少于3个工作日。供应商参与报价，视同其承诺能够以该价格按时提供需求公告指定的原厂正品或不低于需求公告要求标准的服务。

第十六条 比价或反拍报价截止后，已报价供应商不少于3家的，价格最低的成交；已报价供应商不足3家的，该项目终止。最低报价有多家供应商的，最早报出该价格的供应商成交；最终报价时间相同的，由系统随机确定成交供应商。比价、反拍项目成交后，系统自动发布成交公告。

第十七条 成交供应商应当及时确认订单。订单确认后，系统自动生成具有唯一编号的电子验收单，作为政府采购凭证。成交供应商应及时供货，并提供发票和加盖公章的电子验收单。

第十八条 电子卖场采购合同由采购人与成交供应商自行拟定签署，合同实质内容应与电子验收单一致。

第四章 履约管理

第十九条 采购人应根据采购合同规定的技术、服务要求对成交供应商履约情况进行验收。验收合格后，按照合同约定方式向成交供应商付款。

第二十条 订单完成后，采购人、成交供应商可针对采购交易情况进行互评，互评结果由系统记录并向采购人和供应商公开，为采购交易相关方提供参考。

第二十一条 履约过程中出现纠纷的，采购人、供应商应当协商解决，协商未果的可在线向国采中心发起申诉纠纷，或通过政府采购法律法规规定的途径解决。

同一产品同时出现两个以上不同采购人申请协调解决纠纷的，国采中心将暂时冻结该供应商上架产品和交易权限，直至纠纷解决。

第五章 监测预警

第二十二条 国采中心对标准化程度较高、成交量大、价格分布有梯度的产品进行价格监测，根据交易数据定期计算不同配置产品的参考价，作为价格预警的依据。

第二十三条 供应商报价超过参考价上限一定比例的，由系统自动拦截该报价。

采购人下单商品价格超出参考价上限的，系统将在采购人下单时给出相应提示预警。

第二十四条 国采中心发现产品的市场价格降低时，入围供应商必须将产品价格降低至市场平均价以下。不同意降价的，将暂停其相应产品的销售资格。

第六章 违约责任

第二十五条 供应商出现下列情形之一的，国采中心将暂停其当期电子卖场交易权限3个月并予以公示：

（一）未按上架规则上架产品的；

（二）虚报低价、无法按报价成交的；

（三）未在规定时间内确认比价、反拍等竞争性方式已成交订单的；

（四）不能按照响应征集入围时所承诺的服务标准提供服务的；

（五）其他违反电子卖场上下架和交易原则情形的。

第二十六条 供应商出现下列情形之一的，国采中心将暂停其当期电子卖场交易权限6个月并予以公示：

（一）比价、反拍项目成交供应商确认订单后，因自身原因未及时与采购人签订合同的；

（二）比价、反拍项目成交供应商确认订单后，因自身原因取消订单的；

（三）没有在承诺的供货期限内及时供货或提供售后服务的；

（四）提供的产品与电子卖场产品信息、电子验收单及采购合同不一致的；

（五）产品质量、服务等不满足公告中明确的采购需求的；

（六）其他违反入围协议约定和履约承诺情形的。

第二十七条 供应商出现下列情形之一的，国采中心将终止其当期电子卖场交易权限并予以公示，视情节报请政府采购监督管理部门进一步处理：

（一）提供来源不明、假冒伪劣等不合格产品的；

（二）提供虚假材料或虚假证明谋取入围已经核实的；

（三）与其它供应商串通，谋取成交的；

（四）入围有效期内不再具备相应行业有效的生产服务资格条件的；

（五）入围有效期内被列入失信被执行人、重大税收违法案件当事人名单、政府采购严重违法失信行为记录名单及其他不符合《中华人民共和国政府采购法》第二十二条规定条件的；

（六）未按有关规定支付生产服务人员工资，造成人员聚众上访等事件的；

（七）履约过程中因管理或人为原因造成安全等级事故的；

（八）未经采购人允许将所承担项目的非主体、非关键性工作分包给他人的；

（九）将所承担项目的主体、关键性工作分包给他人，或将政府采购合同转包的；

（十）其他违反法律法规的情形。

第二十八条 入围生产厂商（或其入围时的唯一授权代理商）的代理商销售产品出现问题的，入围生产厂商及其入围时的唯一代理商承担连带责任，具体约定通过入围协议明确。

第七章 附 则

第二十九条 本办法由国采中心负责解释。

第三十条 本办法自2024年1月1日起施行。《中央国家机关政府采购电子卖场管理办法》（国机采〔2021〕16号）同时废止。

中央国家机关政府采购电子卖场运行规则（第1期）

1. 2021年8月16日公布

2. 国机采〔2021〕20号

根据《中央国家机关政府采购电子卖场管理办法》（以下简称《管理办法》）、电子卖场入围征集文件和我中心与入围供应商签订的框架协议，结合电子卖场运行实际，现就“办公/设备/电气/其他类”产品下架的具体情形和“暂停电子卖场交易权限3个月并予以公示”的其他有关情形规定如下。

一、“办公/设备/电气/其他类”产品下架的具体情形：

（一）连续180个自然日销量为0的；

（二）质量、配置或提供的售后服务不符合国家有关规定的；

（三）盗用含有其他电商 logo 底纹或水印的图片的；

（四）未正确上架至相应类目下的；

（五）价格明显高于相同或同等配置产品价格；

（六）不符合政府采购原则的（如属于不符合厉行节约要求的“豪华”奢侈品或属于违规上架的进口产品）。

本条第（二）至（六）项规定属于《管理办法》第二十六条第（四）项“其他违反电子卖场上下架和交易原则情形”。

二、在电子卖场运行过程中，出现“国采中心处理采购人与供应商争议时，供应商未主动提供包括但不限于销售记录、成交合同等证明材料的”情形，按《管理办法》第二十六条“暂停电子卖场交易权限 3 个月并予以公示”的处理。

本期规则自公布之日起生效。

中央国家机关政府采购电子卖场运行规则（第 2 期）

1. 2021 年 9 月 22 日公布

2. 国机采〔2021〕21 号

根据《中央国家机关政府采购电子卖场管理办法》第二十六条“（三）未在规定时间内确认比价、反拍等竞争性方式已成交订单的”，中央国家机关政府采购电子卖场将启动自动违约处理机制，参与比价、反拍项目并成交的供应商，不确认订单的将被暂停电子卖场交易权限 3 个月并予以公示。

本期规则自公布之日起生效。

中央国家机关政府采购电子卖场运行规则（第 3 期）

2021 年 10 月 13 日公布

根据电子卖场入围征集文件和我中心与入围供应商签订的《中央国家机关政府采购电子卖场框架协议》，结合电子卖场运行实际，现就经销商、电商报价原则和交易行为规定如下。

一、电商对同型号产品报价不得高于其自营平台自营产品价格（含促销活动期间价格）。

该项属于《中央国家机关政府采购电子卖场管理办法》（以下简称《管理办法》）第二十六条第（一）项“未按上架规则上架产品或服务的”适用情形。

二、经销商、电商对电子卖场审核通过产品维护供货地区、库存和报价信息即视为承诺可向所选供货地区的采购人及时提供完全符合该产品技术参数和服务标准的同型号全新产品。

采购人通过直购方式采购，经销商和电商应在 3 个工作日内确认订单，否则属于《管理办法》第二十六条第（二）项“无法按已报价格成交的”适用情形。成交供应商确认订单后，无正当理由未及时或拒绝与采购人签订合同的，属于《管理办法》第二十七条第（一）项“确认订单后，因自身原因未及时与采购人签订合同的”适用情形。成交供应商与采购人签订合同后未及时履约的，属于《管理办法》第二十七条第（二）项“没有在承诺的供货期限内及时供货或提供售后服务的”适用情形。

三、电子卖场比价和反拍需求公告新增“签约时间”和“到货时间”内容，供应商参与报价即视为其承诺能够满足需求公告所有内容。

本期规则自公布之日起生效。

中央国家机关政府采购电子卖场运行规则（第 4 期）

1. 2021 年 12 月 2 日公布

2. 国机采〔2021〕24 号

根据《中央国家机关政府采购电子卖场管理办法》，中央国家机关政府采购中心将新增针对台式计算机及配件、便携式计算机及配件、服务器及配件、打印机及配件、复印机及配件、民用空调及配件、投影仪及配件、扫描仪及配件和多功能一体机及配件等一级品目及其下属二级、三级品目所有商品的价格监测规则,具体规定如下。

一、电子卖场系统自动阻断截经销商、电商超过该商品所有实时报价中位价50%的报价。

二、采购人下单商品价格超出该商品所有实时报价中位价的,系统将在采购人下单时给出相应提示进行预警。

三、采购人下单商品价格超出该商品所有实时报价中位价10%的,系统将在采购人下单时给出相应提示并阻断交易。

本期规则自公布之日起生效。

中央国家机关政府采购电子卖场运行规则(第5期)

1. 2022年8月5日公布
2. 国机采〔2022〕12号

根据《中央国家机关政府采购电子卖场管理办法》,结合电子卖场运营管理实际,现就经销商、电商违规违约行为和采购预警功能规定如下。

一、经销商、电商因触发《中央国家机关政府采购电子卖场管理办法》违约情形被暂停交易资格,恢复权限后180天内再次因违规违约被第二次暂停电子卖场交易权限的,视为情节较为严重情形,中央国家机关政府采购中心将暂停其电子卖场交易权限6个月并予以公示。

二、采购人下单时所购商品价格超出该商品所有实时报价中位价20%的,系统自动阻断该订单的生成。

本期规则自公布之日起生效。

中央国家机关政府采购中心货物和服务定点采购管理办法

1. 2018年8月1日发布
2. 国机采办〔2018〕13号

第一章 总 则

第一条 为规范中央国家机关货物和服务(不含工程类,下同)定点采购(以下简称定点采购)工作程序,加强定点采购管理,提高采购绩效,降低采购成本,保护定点采购当事人的合法权益,根据《中华人民共和国政府采购法》和有关法律法规,制定本办法。

第二条 中央国家机关各部门、各单位及所属各级行政事业单位(以下简称采购人)在中央国家机关政府采购中心(以下简称国采中心)平台开展货物和服务定点采购活动,适用本办法。

第三条 本办法所称定点采购,是指国采中心通过公开招标等法定采购方式,集中确定多家定点供应商,明确有关货物和服务的质量、价格等要求及采购程序,同定点供应商签订定点采购协议,由定点供应商根据协议在定点有效期内提供有关货物和服务的行为。

第四条 定点采购遵循公开透明、公平竞争、公正和诚实信用原则,在招标、实施和管理中应积极贯彻落实扶持小微企业、监狱企业、残疾人福利性单位、鼓励节能减排、提倡绿色环保、支持自主品牌等政策性功能。

第五条 定点采购适用于采购频次较多、相对分散、数额较小及其他国采中心认为有必要实行定点采购的采购品目,国采中心应根据品目的特点合理确定执行期限,制定具体实施细则。

第二章 定点采购当事人的权利和义务

第六条 定点采购当事人包括采购人、定点供应商和国采中心等。

第七条 采购人的权利和义务:

(一)根据规定的定点采购实施流程,在入围的定点供应商中进行采购,广泛比价、认真洽商,按照物有所值的原则选择供应商;

(二)与供应商订立采购要约或合同;

(三)按照要约或合同的约定进行货物或服务的验收;

(四)按照要约或合同的约定及时支付采购资金;

(五)对供应商的履约情况进行客观评价,并及时向国采中心反馈。

第八条 定点供应商的权利和义务:

（一）通过定点采购项目招标等法定采购方式，经评审委员会评审后入围，与国采中心签订定点采购协议；

（二）认真履行定点采购招标文件的要求和投标文件、采购协议、合同的各项承诺；无正当理由，不得拒绝投标文件、采购协议、合同承诺提供的货物或服务；

（三）遵守《政府采购法》及相关规定，不得向采购人提供虚假信息，不得向采购人提供各种返利、回扣（实物、服务和有价证券），不得以政府采购定点供应商的名义从事损害政府采购形象的活动；

（四）按照定点采购项目采购协议关于质量、价格、优惠率等的承诺与采购人订立采购要约或合同，不得随意改变承诺的质量、价格、优惠率等，遇有特殊情况确需改变的，应当经国采中心核准；

（五）为采购人提供咨询或方案设计服务；

（六）有权拒绝采购人提出的不合理要求，并及时举报违法、违规行为；

（七）按照采购协议接受国采中心的履约管理、考核评估及采购人的监督，积极配合国采中心在履约管理过程中的各项合理要求。

第九条 国采中心的权利和义务：

（一）依法组织定点采购活动，与入围供应商签订采购协议；

（二）建立定点采购信息服务平台，维护相关数据，做好信息统计；

（三）收集、汇总采购人和供应商的评价信息，按照有关规定做好定点采购履约管理工作，适时将有关情况反馈财政监管部门；

（四）适时组织对采购人及供应商的培训。

第三章 定点供应商的确定

第十条 定点供应商应具备下列资格：

（一）具有独立承担民事责任的能力；

（二）具有良好的商业信誉和健全的财务会计制度；

（三）参加政府采购活动前三年内，在经营活动中没有重大违法记录；

（四）有依法缴纳税收和社会保障资金的良好记录；

（五）具有履行定点采购项目相适应的固定的经营场地；

（六）具有履行定点采购项目相适应的设备、专业技术能力、维修能力和物流配送能力或相适应的服务能力；

（七）采购文件规定的其他条件。

第十一条 国采中心根据定点采购项目的特点和要求，依法依规制定实施方案，编制采购文件，发布采购公告，组织评审工作，确定定点供应商。

第十二条 国采中心依据政府采购相关法律法规，结合各采购人对于相应品目的基本需求和市场情况，编制采购文件。

第十三条 国采中心组织评审时，评审委员会根据采购文件规定的评审标准，对供应商及其拟提供的货物和服务进行全面评审，推荐入围定点供应商。

第十四条 评审工作结束后，国采中心在政府采购相关媒体上公布采购结果，公开接受社会各界的监督，在七个工作日内如无质疑或投诉，国采中心与入围供应商签订定点采购协议，如有质疑或投诉，按质疑或投诉处理有关规定执行。

第十五条 定点采购协议应包括以下内容：

（一）采购项目的适用范围；

（二）采购项目的名称、技术要求和服务要求；

（三）采购项目的执行期限；

（四）采购资金结算办法；

（五）供应商对定点采购货物或服务的价格、质量和售后服务的承诺；

（六）供应商对定点采购项目的管理措施；

（七）供应商的服务网点及联系方式；

（八）双方的权利义务及违约责任的界定与处罚；

（九）争议的解决方式；

（十）其他有必要签订的事项。

第四章 定点采购履约管理

第十六条 国采中心在中央政府采购网专栏公布定点采购供应商名单、联系方式及采购协议相关内容。除涉及国家安全和秘密的情况，国采中心将公布所有定点采购具体成交记录。定点供应商除接受国采中心监督外,还应接受社会各界和采购人的监督。

第十七条　定点供应商所提供的货物及相关服务不得低于国家质量技术规范规定的强制性标准。

第十八条　采购人所采购的货物及相关服务不得高于国家规定的配置标准。

第十九条　采购人不得将超过限额标准的采购项目化整为零,规避集中采购;不得向定点供应商提出超出采购协议承诺范围的其他要求。

第二十条　采购人对采购需求和履约验收承担主体责任,应按照采购协议以及与定点供应商达成的要约或合同,对定点供应商提供的货物或服务的质量进行验收和监督。

第二十一条　采购人未按定点采购要求执行的,国采中心可依据定点采购业务工作的有关规定责令改正,拒不改正的,将按政府采购法律和法规的相关规定处理。

第二十二条　定点供应商出现下列情形之一,经国采中心核实,将暂停采购协议执行:

(一)被采购人在系统中抽取或选取之后,无故不参加报价的;

(二)参加报价并成交后无正当理由不与采购人签订合同或不按成交结果履约的;

(三)将所承担的采购项目未经采购人允许部分或全部转包给他人的;

(四)提供的货物或服务的质量、价格、优惠率等明显不满足采购协议要求或双方要约、合同规定标准的;

(五)向采购人提供的货物或服务价格明显高于市场价格的;

(六)其他违约情况。

定点供应商在被暂停采购协议执行后,如积极整改,得到国采中心认可,可以恢复采购协议执行。

第二十三条　定点供应商出现下列情形之一,经国采中心核实,将终止采购协议,情节严重的报财政主管部门处理:

(一)经查证采取挂靠、借用资质等参加定点采购招标并入围的;

(二)经查证在投标过程中提供虚假材料谋取中标的;

(三)通过行贿等非法手段,获取定点采购项目,经有关部门核查属实的;

(四)未按有关规定支付人员工资,造成人员上访等事件的;

(五)履行合同过程中因管理或人为原因造成安全等级事故的;

(六)合同有效期内,有本办法第二十二条所述情况两次及以上的;

(七)合同有效期内,被行业主管部门处罚或取消生产服务资质的;

(八)自愿退出当期定点采购的;

(九)其他违反国家法律法规的情况。

第二十四条　国采中心可根据采购协议规定,视需要组织有关职能部门及专家对定点供应商的履约情况进行考核和评估,包含日常考核和实地考核。对于考核或评估存在问题的供应商,国采中心将书面通知其限期整改,情节严重的,将暂停直至终止其采购协议的执行,存在违反法律法规情形的,报财政主管部门处理。

第二十五条　定点供应商的考核和评估结果,将作为今后定点采购项目招标的重要参考依据。

第二十六条　对定点供应商履行采购协议情况,国采中心有权在中央政府采购网或其他媒体上公布。

第二十七条　定点供应商应积极配合国采中心在履约管理过程中的各项合理要求,否则国采中心将视情节轻重予以暂停直至终止其采购协议的执行。

第五章　法律责任

第二十八条　采购协议项下的付款义务由采购人履行,如发生延迟付款现象,定点供应商应直接向采购人追索,国采中心不承担任何付款责任。

第二十九条　采购人违反采购要约或合同,给定点供应商造成经济损失的,定点供应商有权依据《中华人民共和国合同法》及有关法律法规要求赔偿。

第三十条　定点供应商违反采购协议情节严重的,国采中心将报财政主管部门,在一定时期内禁止其参加所有政府采购活动。

第三十一条 定点供应商存在违反本办法第二十二、二十三条规定,给采购人、国采中心或国家造成损失的,应当予以赔偿,同时依法承担相应法律责任。

第三十二条 定点采购过程中各方当事人均应严格遵守政府采购相关保密规定。

第六章 附 则

第三十三条 本办法自 2018 年 8 月 1 日起执行,原《中央国家机关定点采购工作规程》同时废止。

第三十四条 本办法由中央国家机关政府采购中心负责解释。

中央国家机关政府采购中心批量集中采购履约管理办法(试行)

1. 2016 年 6 月 12 日发布

2. 国机采字〔2016〕7 号

第一章 总 则

第一条 为进一步做好中央国家机关预算单位批量集中采购工作,强化合同和履约管理,提高采购质量和效率,根据《中华人民共和国政府采购法》、《中华人民共和国政府采购法实施条例》、《中华人民共和国经济合同法》、《中央预算单位批量集中采购管理暂行办法》等有关法律制度规定,制定本办法。

第二条 本办法所称批量集中采购是指将一些通用性强、技术规格统一、便于归集的政府采购品目,由采购人按规定的标准配置归集采购计划,经财政部汇总后,交由中央国家机关政府采购中心(以下简称国采中心)统一组织实施的采购模式。

第三条 本办法所称履约管理包括政府采购当事人按照各自职责,组织履约验收,签订采购合同,并按照合同约定按时供货、提供售后服务,以及支付货款等内容。

第四条 政府采购当事人应按照遵规守纪、诚实信用、服务高效的原则完成批量集中采购履约工作。

第二章 采购人职责

第五条 采购人应当在收到中标(成交)供应商提供的采购合同 2 个工作日内与中标(成交)供应商签订采购合同。

属中标(成交)供应商方面原因未在规定期限内签订采购合同的,采购人应当将书面催告文件提交国采中心协调处理,经协调后,供应商仍拒不签约的,采购人可以依法不再与其签订采购合同,并可在预算金额内按有关规定通过协议供货购买。

采购合同签订后,中标(成交)供应商不履行合同义务或履行义务不符合约定的,采购人可以依照法律规定及合同约定追究对方的违约责任,同时将相关情况书面反馈给国采中心,由国采中心公示违约情况。

第六条 采购人负责组织对批量集中采购项目的履约验收工作,并在规定时间内对中标(成交)供应商履约情况做出评价。

第七条 采购人应按照合同约定及时向中标(成交)供应商付款。

第八条 采购人应积极主动配合中标(成交)供应商送货及安装。

第三章 中标(成交)供应商责任

第九条 中标(成交)供应商应当在中标(成交)结果公告之日起 3 个工作日内,与国采中心签订框架协议。

第十条 框架协议签订后,中标(成交)供应商或其授权供应商应当在中标(成交)结果公告之日起 5 个工作日内,主动与采购人联系,向采购人提供采购合同文本,并根据采购文件和投报文件约定的内容签订采购合同,在中标(成交)结果公告生效之日起 20 个工作日内完成送货。

第十一条 中标(成交)供应商应按照合同内容供货,不得擅自更改产品的型号、配置。

第十二条 中标(成交)供应商应按照合同内容提供售后服务,不得对采购文件约定的服务额外收费。

第十三条 中标(成交)供应商应提供中标产品配送状态网上查询服务,并在规定时间向国采中心报送下列情况:

(一)截至中标(成交)结果公告之日起 5 个工作日与采购人联系情况;

(二)截至中标(成交)结果公告之日起 20 个工

作日的送货完成情况。

第十四条　采购合同签订后，采购人不履行合同义务或履行义务不符合约定的，中标（成交）供应商可以依照法律规定及合同约定追究对方的违约责任，同时将相关情况书面反馈给国采中心，由国采中心公示违约情况。

第四章　集采机构职责

第十五条　组织与中标（成交）供应商在中标（成交）公告之日起3个工作日内签订框架协议。

第十六条　督促采购人、中标（成交）供应商在规定时间内签订合同。

第十七条　统一协调处理合同签订、产品送达、产品验收及款项支付等履约过程中出现的问题。

第十八条　负责组织核查、委托专家或第三方检测机构检测工作中发现的以及采购人反映的质量、服务问题，并按采购文件及框架协议的约定追究中标供应商赔偿责任。

第十九条　按照法律法规、本办法及分类项目有关规定，根据采购人评价情况对中标（成交）供应商进行履约管理。

第二十条　负责将违法违规问题提请财政部处理。

第五章　评价机制

第二十一条　采购人应当在中标（成交）供应商履行合同义务结束后15个工作日内，在供应商评价管理系统中，对中标（成交）供应商的合同履约、产品质量、配送安装、服务品质等职责履行情况做出评价，并按“优、良、中、差”评定等级。

第二十二条　对诚信守法、质量可靠、配送及时、服务优质、交易规范，且履约效率、质量优于合同约定的中标（成交）供应商，评价应为“优”。

第二十三条　对按合同约定履约的中标（成交）供应商，评价应为“良”。

第二十四条　出现下列情形之一的，应对中标（成交）供应商评价为“中”：

（一）所提供产品与其介绍有差异，但不影响使用且符合采购文件约定的；

（二）履行合同中，售后服务不够及时的；

（三）未能及时向采购人提供有效政府采购凭证的。

第二十五条　出现下列情形之一的，应对中标（成交）供应商评价为“差”，并提供书面说明：

（一）提供假冒伪劣产品或虚假信息，以次充好的；

（二）产品质量低劣，无法满足采购人正常使用的；

（三）交易、供货过程中有瑕疵的；

（四）未在约定时间内及时供货，不履行合同承诺，或擅自放弃项目成交的；

（五）履行合同中，拒绝提供售后服务或服务水平较差的；

（六）始终未能向采购人提供有效政府采购凭证的；

（七）违反具体项目或其他有关规定的。

第二十六条　中标（成交）供应商评价结果与后续批量集中采购活动挂钩，具体包括平台曝光、扣分等措施。

第二十七条　中标(成交)供应商不得诱导、威胁或更改他人评价。任何单位或个人不得进行不实恶意评价。

第二十八条　评价一经做出一般不予更改，确需做重大更改或对评价有异议的，采购人或中标（成交）供应商应向国采中心提出书面更改申请，并附有关证明材料。国采中心对有争议的评价进行调查、核实和处理。

第二十九条　国采中心将对违约中标（成交）供应商在中央政府采购网参与的其他项目一并展开核查，并依照各品目或项目单项规定执行管理措施。

第六章　附　　则

第三十条　本办法由国采中心负责解释。

第三十一条　本办法自发布之日起施行。

中央国家机关政府采购中心竞争性谈判操作规程（试行）

2015年5月30日中央国家机关政府采购中心发布

第一章　总　　则

第一条　为规范竞争性谈判采购行为，中央国家机关政府采购中心(以下简称采购中心)根据《中华人民共和国政府采购法》、《中华人民共和国政府采购法实施条例》、《政府采购非招标采购方式管理办法》等法律法规规定,制定本规程。

第二条　采购中心受采购人委托采用竞争性谈判采购方式进行采购的,适用本规程。

第三条　本规程所述竞争性谈判是指谈判小组与符合资格条件的供应商就采购货物、工程和服务事宜进行谈判,供应商按照谈判文件的要求提交响应文件和最后报价,采购人从谈判小组提出的成交候选人中确定成交供应商的采购方式。

第二章　确定采购方式

第四条　竞争性谈判采购方式由采购人按照相关法律法规规定的条件确定,应招标采购或不具备法律法规规定的竞争性谈判采购方式条件的,应当按照法律规定采用其他采购方式。

第五条　采购人委托采购中心组织实施竞争性谈判采购项目,应提交相应材料:拟采用竞争性谈判采购方式的项目委托书、采购需求(技术参数、数量、预算、时限和履约地等)及供应商产生方式、所推荐供应商名单(如有)。

第六条　公开招标限额以上拟采用竞争性谈判采购方式的采购项目,采购人应提供财政部门的审批证明。

属于政府采购法第三十条第一项规定情形的,应执行本规程的相关规定。通过招标,实质性响应的供应商只有两家时,应由采购人向财政部门提出转为竞争性谈判采购方式,经书面批准后可按照竞争性谈判方式组织实施。

第七条　招标限额以下拟采用竞争性谈判采购方式的,应至少包含以下情形之一:

(一)技术复杂或性质特殊,不能确定详细规格或者具体要求的;

(二)艺术品采购、专利、专有技术或服务的时间、数量事先不能确定并计算出价格总额的。

第三章　编制谈判文件

第八条　采购需求应当完整、明确,符合法律法规以及政府采购政策规定的技术、服务、安全等要求。因技术复杂或者性质特殊,不能确定详细规格或者具体要求的,应当就确定采购需求征求相关供应商、专家的意见。

第九条　谈判文件可由采购中心业务处代拟,也可事先组建竞争性谈判小组(以下简称谈判小组),由谈判小组拟定。

第十条　谈判文件由采购中心业务处代拟的,向受邀供应商发出前,应经采购人书面确认同意。

第十一条　谈判文件由谈判小组拟定的,应按照本规程第二十三条、第二十四条规定组建谈判小组,由谈判小组提出书面意见,并拟定谈判文件。

第十二条　谈判文件应按照采购中心范本要求编制,内容包括:供应商资格条件、采购邀请、采购方式、预算金额、采购需求、谈判程序、报价构成及要求、响应文件编制要求、响应文件提交截止时间及地点、保证金(如有)缴纳数额和形式、评定成交标准、谈判文件实质性变动处理原则等。

由招标方式转为竞争性谈判方式的,应当根据招标文件中的采购需求编制谈判文件,不得变更实质性内容。

第四章　确定谈判供应商

第十三条　由招标方式转为竞争性谈判方式的,按规定履行审批手续后,可直接邀请实质性响应原招标项目的供应商参加竞争性谈判项目。

第十四条　参加竞争性谈判的供应商的选取应通过以下方式:

(一)通过中央政府采购网等指定媒体发布供应商征集公告,公告时间不少于5个工作日;

(二)从供应商库相应类别中随机抽取;

(三)采购人和谈判专家分别书面推荐。

参加项目的供应商总数不得少于三家。未通过以上方式受邀的供应商不得参加谈判项目。货物类采购项目的供应商家数应当以生产制造商为准进行计算。系统集成等由多种产品组成的项目,应当按照产品数量和金额比例的有关规定,确定供应商家数。

第十五条　采购人、评审专家推荐供应商参加竞争性谈判的,应出具书面推荐意见和提交以下材料(格式见附件1):所推荐供应商的企业介绍、资质水平、联系人及联系方式、与被推荐供应商无利益关系的承诺书。属采购人推荐的,推荐材料应加盖采购人公章。

第十六条 采购人推荐供应商比例不应高于参加谈判供应商总数的一半。采购人和谈判专家应独立推荐,如推荐供应商有重合,且采购人推荐供应商比例高于参加谈判供应商总数一半情形下,重合推荐的供应商可视为系谈判专家推荐,并可忽略计入采购人推荐数量。

第十七条 从供应商库相应类别中随机抽取供应商的,采购人应预先书面提出拟抽取的供应商数量。抽取供应商的基本条件应以谈判文件为准,不得额外设定限制性条件。

非协议供货和定点采购品目,或协议供货和定点采购品目达到限额以上标准的,抽取范围不得仅限于协议供货和定点采购供应商。

第十八条 供应商随机抽取工作由采购人在电子化平台上完成,抽取情况应进行登记。抽取结束后,采购人应向采购中心提交签字确认的抽取结果(格式见附件2)。

供应商原则上只抽取一次。采购人在随机抽取后,应逐一查验随机抽取的供应商是否满足本规程第二十一条规定。因不满足相应条件,需要重新抽取供应商的,应由采购人向采购中心提交列明理由的书面申请。采购中心应就重新抽取理由进行审查,不合理的申请理由将不被采纳,维持原抽取结果;合理的申请理由,经审查同意并签字确认后方可重新抽取。抽取记录、结果、申请及审查情况应作为业务档案存档。

第十九条 采用原定供应商确定方式不能产生参加竞争性谈判所需足够数量供应商,而需改用或新增其他供应商确定方式的,应按本规程第十四条规定的供应商确定方式,由采购人向采购中心提出书面申请,经同意后重新确定。该情形下原已确定供应商仍有效。

第二十条 供应商因故不能参加项目,并由此导致供应商数量不足三家或采购人推荐供应商比例超出本规程第十六条规定的,采购中心应及时告知采购人,并按照本规程第十四条规定确定递补供应商。

第二十一条 受邀请的供应商应当具备政府采购法第二十二条第一款规定的条件及谈判文件中明确的供应商的资格条件。

第二十二条 谈判文件应在确定受邀供应商名单后2个工作日内发出,并告知供应商应至少在谈判开始之日3天前,将参加谈判回执单发回。因故推迟谈判时间的,应及时通知所有受邀供应商,保证其制作响应文件时间不少于3个工作日。

第五章 组建谈判小组

第二十三条 采购中心应根据项目情况组建竞争性谈判小组。

谈判小组由采购人代表和谈判专家共3人(含)以上单数组成;达到公开招标限额的应为5人(含)以上单数组成;其中,300万元(含)以上项目,谈判小组人数不少于7人以上单数。谈判小组中专家人数不少于总人数2/3,采购人代表不得以谈判专家身份参加谈判。

第二十四条 专家应从政府采购评审专家库中随机抽取确定。

由于技术复杂、专业性强等原因,抽取专家无法满足项目需要时,应按财政部《政府采购评审专家管理办法》和《关于使用政府采购评审专家监管系统有关事宜的通知》有关要求,由采购人推荐专家。

第二十五条 采购人应至少在需求论证或正式谈判前1个工作日,以书面形式确定谈判代表及参会纪检人员名单,加盖单位公章,于谈判时提交采购中心。

第六章 谈判流程

第二十六条 召开准备会。谈判前,谈判小组应先召开准备会,由采购中心工作人员介绍谈判流程和有关规定。

第二十七条 确认谈判文件。谈判文件由采购中心代拟的,谈判小组应在正式谈判前书面确认谈判文件。未经确认的谈判文件不得使用。

第二十八条 供应商确认。从供应商库以随机抽取方式确定受邀供应商的,谈判小组应在正式谈判前以书面形式确认受邀供应商名单。

第二十九条 收取响应文件及拆封。递交响应文件截止时间后，谈判小组清点核对数量，检查响应文件密封情况，请供应商书面确认后，现场拆封。

第三十条 初步审查。谈判小组对响应文件的有效性、完整性和响应程度进行审查，记录有关情况，并拟定谈判策略，提出谈判问题。

第三十一条 正式谈判。谈判小组应就同一个问题给予所有供应商平等谈判机会，分别与每个供应商就技术、报价组成和合同条款等进行充分的谈判，确定供应商所提供的产品质量和服务是否能满足采购文件规定的实质性要求。

谈判小组应要求供应商对相关问题作出解答和澄清，对谈判文件出现实质性变动的重新响应，对要求补正的必要材料等事项做出回复，并以谈判纪要（格式见附件3）的形式全面准确记录上述谈判过程。供应商提交的谈判纪要，经谈判代表签字后生效。谈判小组应给予供应商必要的答复时间，但一般不多于2小时。谈判纪要应作为评审报告的附件。

第三十二条 无效处理。经谈判，对于无签字盖章、高于预算限价、不满足*号条款等未实质性响应情形，且不具备补正材料条件的响应文件按无效处理，并应及时告知供应商。

第三十三条 谈判文件修改（如有）。谈判小组在谈判过程中，认为谈判文件不能完整、明确列明采购需求，需要由供应商提供最终设计方案或者解决方案的，经采购人代表确认，可变更采购需求中技术、服务要求以及合同草案条款等内容；也可在谈判结束后，由谈判小组按照少数服从多数的原则投票推荐3家以上供应商的设计方案或者解决方案，并要求其在规定时间内提交最后报价。

谈判文件更改的，谈判小组应提出书面修改意见，签字确认后将修改意见书面通知所有参与谈判供应商，并由供应商签字确认。因谈判文件修改，需要推迟谈判时间的，应当及时通知所有参加谈判的供应商，并按照本规程第二十三、二十四条规定重新抽取谈判专家组成新的谈判小组，另行组织谈判。

第三十四条 二次报价邀请。谈判小组应在商务、技术和服务条件谈判后，邀请能满足采购文件所规定实质性要求的质量和服务的所有供应商进行二次报价，并告知供应商二次报价截止时间及二次报价文件编写有关规范。原则上，二次报价为最终报价。

出现多家供应商报价最低且相同时，应组织报价最低的供应商只对价格重新报价，直至报价最低供应商仅为一家。

第三十五条 二次报价提交。谈判小组应给予供应商提交二次报价（格式见附件4）的必要时间，但一般不超过1小时。未在规定时间提交最终报价文件的供应商，视为自动放弃最终报价权利，谈判小组按照其第一次报价内容进行评审。最终报价文件一经提交不得撤回或修改。

第三十六条 二次报价有效性。二次报价文件由供应商授权代表签字确认后生效，二次报价文件必须密封提交。未密封的，谈判小组应责令供应商重新密封提交。

第三十七条 确定成交候选人。谈判小组应从质量和服务均能满足谈判文件实质性要求的供应商中，按照最后报价由低到高的顺序，提出至少3名成交候选人。

第三十八条 拟定、签署评审报告。谈判小组应根据谈判情况编写评审报告，报告应包括：

（一）邀请供应商参加采购活动的具体方式和相关情况，以及参加采购活动的供应商名单；

（二）评审日期和地点，谈判小组成员名单；

（三）评审情况记录和说明，包括对供应商的资格审查情况、供应商响应文件评审情况、谈判情况、报价情况等；

（四）提出的成交候选人的名单及理由。

第三十九条 谈判过程中，谈判文件的修改、谈判纪要、对供应商提出的澄清修改要求、评审报告等书面文件内容应经谈判小组超过半数同意方可通过。有不同意见的，可另附书面意见说明原因；未单独以书面形式说明原因的，视为同意。竞争性谈判小组成员对自己的评审意见承担法律责任。

第七章 结果确认、公示及其他相关事项

第四十条 采购中心应自评审结束之日起2个工作日内将评审报告送交采购人，采购人应自收到评审报

告之日起5个工作日内在评审报告推荐的成交候选人中按顺序确定成交供应商。

第四十一条　采购中心应自采购人确定成交供应商之日起2个工作日内发出成交通知书，并在指定媒体及信息发布平台公告成交结果，竞争性谈判文件随成交结果同时公告。

成交结果公告应包括以下内容：

（一）采购人及采购中心名称、地址和联系方式以及项目名称和编号；

（二）成交供应商名称、地址和成交金额；

（三）主要成交标的名称、规格型号、基本配置、数量、单价、服务要求等；

（四）谈判小组成员名单；

（五）谈判文件及相应实质性变动文件。

第八章　附　　则

第四十二条　本规程由采购中心负责解释和修订。

第四十三条　采购中心2010年发布的《竞争性谈判采购项目操作流程试行办法》废止。本规程自发布之日起实行。

附件1：竞争性谈判供应商推荐表（略）

附件2：供应商随机抽取情况表（略）

附件3：竞争性谈判纪要（略）

附件4：二次报价表（略）

中央国家机关政府采购中心
开标评标管理办法（试行）

1. 2013年6月14日中央国家机关政府采购中心发布

2. 国机采办〔2013〕11号

第一章　总　　则

第一条　为加强中央国家机关政府采购中心（以下简称采购中心）开标评标活动的管理，规范开标评标行为，推进公开透明，依照《中华人民共和国政府采购法》、《政府采购货物和服务招标投标管理办法》和《财政部关于进一步规范政府采购评审工作有关问题的通知》等有关规定，制定本办法。

第二条　本办法适用于采购中心组织的公开招标、邀请招标等采购项目的开标评标活动，包括采购中心组织实施单个项目招标、协议供货和定点采购项目，不包括适用《招标投标法》的工程类项目。

开标评标活动由项目评审处负责组织实施。

第三条　开标评标活动原则上在采购中心开标评标室进行，各采购处应在发布采购文件前通知项目评审处，由项目评审处统一安排评标场所。需在其它场所进行开标评标活动的，由项目评审处向办公室申请预算，填写《开标评标室使用申请表》（见附件1），经中心领导同意后方可进行。

第四条　凡在采购中心开标评标室进行的开标评标活动，应进行录音录像，实施全程监控，录音录像资料作为采购项目文件随其它文件一并存档。

第五条　在采购项目开标过程中，可通过中央政府采购网进行音视频直播。

第二章　项 目 交 接

第六条　采购文件发布后10日内，采购处项目负责人、经办人应将采购项目的全部材料移交项目评审处，并填写《采购项目交接登记表》（见附件2）。如果采购项目在开标前发生变更，采购处应及时将相关材料再次移交项目评审处。

第七条　项目评审处明确采购项目负责人、办理人（以下简称项目经办人）负责采购项目的开标评标的组织工作。

第八条　采购项目移交时，《采购项目交接登记表》由采购处、项目评审处的处长和项目经办人分别签字确认。

第九条　采购项目交接材料包括：项目委托书、技术需求书、征求意见、各供应商反馈意见、专家论证意见、意见采纳情况、采购公告及审批表、采购文件及审批表、项目变更、需要说明的其他事项等书面材料。

第十条　项目评审处经办人应熟悉项目文件，认为不能进入开评标程序的，及时反馈采购监管处，由采购监管处与采购处沟通处理。

第三章　评审委员会组建

第十一条　项目评审处提前3个工作日填写《中央国家机关政府采购中心评审专家抽取申请表》（见附件3）报采购监管处，采购监管处应于评标开始前1

个工作日按照评审专家抽取的有关规定抽取评审专家。

第十二条 采购人需要派代表参加评审的，应按要求填写《采购人评标代表推荐表》（见附件4），并送采购中心项目评审处核验。

第十三条 项目评审处负责组织评审专家准时参加评审活动。到规定开始评标时间后，出现评审专家临时缺席、回避等情形导致评审现场专家数量不符合法定标准的，项目评审处应及时与采购监管处联系补抽专家；如无法及时补齐专家，则要停止评审工作，封存采购文件和所有投标或响应文件，择期重新组建评审委员会进行评审。项目评审处要将补抽专家或重新组建评审委员会的情况进行书面记录，随其他文件一并存档。

第四章 开　　标

第十四条 项目评审处的项目经办人应在接受投标开始时间半小时前到达开标现场，并完成以下准备工作：

（一）开启监控设备、计算机、投影、音响、打印机等设备，检查设备运行情况。

（二）播放专题宣传片。

（三）摆放相关资料。

第十五条 签到

（一）投标开始后，项目评审处应当组织投标人在《投标人签到表》（见附件5）上签到，检查投标人代表相应身份证明和法定代表人授权委托书，接受投标文件。如需收取投标保证金的采购项目，由办公室财务人员负责在现场组织收取。

（二）采购人派出的纪检监察人员应当填写《监督人员签到表》（见附件6），经项目评审处核实人员身份后进入开标现场。

（三）投标截止后，《投标人签到表》和《投标保证金收取表》（见附件7）交项目经办人。

第十六条 开标

（一）项目经办人按照主持程序宣布开标正式开始。

（二）介绍项目情况、监管部门人员、采购人派出的纪检监察人员、公证人员等。

（三）宣布开标纪律。

（四）推选监标人。项目经办人宣布在投标人中推选不少于2名代表作为监标人，推选出的监标人应在指定位置就座。

第十七条 名单公布。项目经办人宣布唱标人、记录人、监标人名单，其中唱标人、记录人为项目评审处人员。项目经办人、唱标人在指定位置就座。

第十八条 检查文件。监标人检查投标文件的密封情况，并如实报告投标文件的检查结果，其他投标人如有异议须当场举手提出。

第十九条 公布预算（标底）。招标文件未公布采购预算（标底）的，由项目经办人在唱标前现场公布本项目的采购预算（标底）。采购人提供的采购预算（标底）应当加盖采购单位公章，公布前应该密封完好，现场拆封。采购预算（标底）未加盖采购单位公章、未密封的，项目经办人应当拒绝公布，并中止开标唱标。采购预算或标底与采购项目委托函不一致的，以现场公布的为准。

第二十条 组织唱标。唱标人按《投标人签到表》的签到顺序逐个开启投标一览表，依次进行唱标，并当场以投影显示或板书等方式向所有投标人公示，记录人如实填写《唱标记录表》（见附件8），其中投标人报价部分必须唱两次，报价大小写不一致的，以大写为准。协议供货和定点采购项目可不在现场逐一唱标，但应向所有投标人发送电子邮件或采取网上开标等方式公开开标信息。

第二十一条 核实报价。投标人代表核实《唱标记录表》，确认唱标结果无误后，投标人代表按唱标顺序依次签字确认，同时唱标人、记录人、监标人对唱标结果和开标过程的合法性进行签字确认。

第二十二条 开标结束

（一）项目经办人宣布开标结束，播放专题宣传片。

（二）投标人代表退场。

（三）封存投标文件。

第五章 评　　标

第二十三条 项目评审处的项目经办人应在评标前半小时前到达评标现场，并完成以下准备工作：

（一）开启监控设备、计算机、投影、音响、打印机等设备，检查设备运行情况。

（二）播放有关专题宣传片。

（三）摆放相关资料（招标文件、补充文件、评分细则、评标专家誓词、评标打分表格、评标报告、文具等）。

（四）领取专家劳务费。

第二十四条　签到

由项目评审处组织评审专家填写《评审专家签到表》（见附件9），经核实身份后发放评审证件；对未能按时到达评审现场的专家，应要求其写明理由；对于迟到时间2小时以上的评审专家，可拒绝该专家参与项目评审。

第二十五条　介绍项目情况。由项目评审处的采购项目经办人简要介绍项目情况：项目名称、开标情况、预算及分包情况等。采购人需要在评审前介绍项目背景和技术需求的，应当事先提交书面介绍材料，介绍内容不得存在歧视性、倾向性意见，不得超出采购文件所述范围，书面介绍材料作为采购项目文件随其他文件一并存档。

第二十六条　宣布纪律。项目经办人现场宣读《评标现场纪律》（见附件10）和《评审工作应当回避的情形》（见附件11）。

第二十七条　收存手机。项目评审处提醒现场所有人员将手机关闭或调成静音状态交由工作人员统一保管，拒不上交的，项目评审处可拒绝其参加评审工作，报监管处并经中心领导同意后向财政部门报告。

第二十八条　推选组长。专家自我介绍并推选评审组长。评审组长由评审成员在专家范围内（不含采购人代表和经济类专家）民主推选产生。

第二十九条　专家宣誓。评审组长带领评审成员宣读《评审专家誓词》（见附件12）并签字。

第三十条　发放文件。项目评审处项目经办人现场拆封投标文件，交由评审委员会。

第三十一条　专家评审。项目评审处现场宣读《评审工作步骤和要求》（见附件13）。评审专家应以科学、诚实、客观、公正的态度参加政府采购的评审工作，在评审过程中不受任何干扰，严格按照招标文件、评标方法的规定进行评标。评委之间不得互相询问，应根据自己的学识和能力，独立、负责地提出评审意见，并对自己的评审意见承担责任。

第三十二条　文件解释。评审委员会因对采购文件有不同理解或要求解释采购文件的，项目评审处项目经办人应及时报告，并组织解释。项目评审处工作人员不得参与专家讨论。

第三十三条　评审澄清。评审委员会如需要投标人对投标或响应文件有关事项作出澄清的，应当给予投标人必要的反馈时间，但澄清事项不得超出投标或响应文件的范围，不得实质性改变投标或响应文件的内容，不得通过澄清等方式对投标人实行差别对待。

第三十四条　复核结果。项目评审处项目经办人应提醒并要求评审成员对打分情况进行复核，特别是对排名第一的、报价最低的、投标或相应文件被认定为无效的情形，应对其商务、服务、技术及价格等各方面情况进行重点复核；同时将评审成员对每家投标人的打分情况在评标现场进行公示并作纵向比较，对畸高、畸低的重大差异评分可以提示评审委员会复核或书面说明理由。

第三十五条　撰写报告。《评标报告》（见附件14）应当对评审过程进行如实记录，内容包括项目初审、废标情况及原因、投标人分项得分表、投标人得分汇总表、中标候选人排序等；评审委员会要在采购项目招标失败时，出具招标文件是否存在不合理条款的论证意见。《评标报告》由评审组长或评审组长委托的其他评审成员起草，经评审成员确认后签字。

第三十六条　专家评价。项目评审处项目经办人应如实填写《评审专家评审活动记录表》（见附件15），从评审纪律、专业素质、评审公正性、评审态度等方面对专家进行评价，对评审中发现有明显问题的专家，应及时向采购监管处和采购中心领导反映，报请财政部处理。

第三十七条　整理资料。评审结束后，由项目评审处项目经办人整理开标评标资料、招投标文件等，经确认无误后，发放保管的手机，并收回评审证件，发放专家劳务费。

第三十八条 确认结果。评审结束后，项目评审处项目经办人应于1个工作日内将《评审结果确认表》（见附件16）、评标报告正文和得分汇总表复印件发送采购人，并要求采购人在5个工作日内确认采购结果；采购人超过15天不予确认采购结果的，应向采购人发送催促函。

第三十九条 呈报结果。采购人确认采购结果后，项目评审处应于1个工作日填写《评审结果审批表》（见附件17），对项目实施情况、评审结果按规定报批。

第四十条 发布公告。采购监管处发布中标公告或废标公告，公告期限不少于7个工作日。在发布中标公告的同时，项目评审处向中标供应商发布中标通知书，向未中标供应商发布未中标通知书。

第六章 开标评标现场管理

第四十一条 开标现场参加人员包括：采购人评标代表、纪检监察人员和其他采购人代表，财政、监察、审计等监管部门人员，采购中心有关人员，各投标人代表及相关媒体等。因受场地限制，各投标人代表（含授权代表）控制在2人以内。

第四十二条 评标现场参加人员包括：评审专家、采购人评标代表、采购人派出的纪检监察人员，财政、监察、审计等监管部门人员，项目评审处项目经办人，其他人员不得进入。采购人派出的纪检监察人员进入评审现场，人数不得超过2人，须持有采购人所在单位开具的介绍信。

第四十三条 评审委员会如需要投标人对投标或响应文件有关事项作出现场澄清的，或者根据招标文件要求，需要投标人进行现场讲标的，投标人代表应按项目评审处项目经办人的安排进入评审现场。

第四十四条 投标人代表、除采购人评标代表和纪检监察人员以外的其他采购人代表及相关媒体，经预约可在采购中心设置的监控室进行视频监督。

第七章 特殊情况处理

第四十五条 评审委员会成员对需要共同认定的事项存在争议的，按照少数服从多数的原则做出结论。持不同意见的评审委员会成员应当在评审报告上签署不同意见并说明理由，否则视为同意。

第四十六条 评审委员会发现采购文件存在歧义、重大缺陷导致评审工作无法进行，或者采购文件内容违反国家有关规定的，要停止评审工作并书面说明情况，项目评审处负责将评审委员会意见报采购中心领导。

第四十七条 评审结果汇总完成后，采购人和评审委员会均不得修改评审结果或者要求重新评审。如出现资格性检查认定错误、分值汇总计算错误、分项评分超出评分标准范围、客观分评分不一致、经评审委员会一致认定评分畸高、畸低的情形，项目评审处项目经办人应要求评审委员会现场修改评审结果，并在评审报告中明确记载。

第八章 纪　　律

第四十八条 参加开标评标活动的人员必须服从项目评审处安排，禁止使用手机，不得在现场随意走动、不得随便进出会场、不得随便发表议论或大声喧哗。

第四十九条 评审委员会成员和评审工作有关人员不得干预或者影响正常评审工作，不得明示或者暗示其倾向性、引导性意见，不得修改或细化采购文件确定的评审程序、评审方法、评审因素和评审标准，不得接受供应商主动提出的澄清和解释，不得征询采购人代表的倾向性意见，不得协商评分，不得记录、复制或带走任何评审资料。

第五十条 项目评审处要严格遵守评标有关规定，不得擅自离开评审现场；发现违法违规行为和评审现场异常情况，应及时向采购监管处、中心领导报告。

第五十一条 项目评审处应严格依法组织好开标评标活动，加强与采购处（室）、采购人的沟通，做好开标评标各环节的衔接工作，保证开标评标的顺利进行。

第九章 附　　则

第五十二条 采用竞争性谈判、询价、单一来源等其它方式的采购项目参照本办法执行。

第五十三条 本办法由采购中心综合业务处会同项目评审处负责解释。

第五十四条 本办法自发布之日起施行。

附件：（略）

财政部关于完善中央单位政府采购预算管理和中央高校、科研院所科研仪器设备采购管理有关事项的通知

1. 2016年11月10日
2. 财库〔2016〕194号

党中央有关部门，国务院各部委、各直属机构，全国人大常委会办公厅，全国政协办公厅，高法院，高检院，各民主党派中央，有关人民团体，中央国家机关政府采购中心，中共中央直属机关采购中心，全国人大机关采购中心，各省、自治区、直辖市、计划单列市财政厅（局）：

为进一步完善中央单位政府采购预算管理，落实中共中央办公厅、国务院办公厅《关于进一步完善中央财政科研项目资金管理等政策的有关意见》有关中央高校、科研院所科研仪器设备采购管理的要求，现将有关事项通知如下：

一、完善中央单位政府采购预算管理

全面完整编制政府采购预算是加强政府采购管理的重要基础。中央单位应随部门预算编制一并编制政府采购预算。预算执行中部门预算资金调剂（包括追加、追减或调整结构）需要明确政府采购预算的，应按部门预算调剂的有关程序和规定一并办理，由主管预算单位报财政部（部门预算管理司）审核批复。

除部门预算资金调剂情形外，中央单位预算执行中预算支出总金额不变但需要单独调剂政府采购预算的类别（货物、工程、服务）和金额，以及使用非财政拨款资金采购需要明确政府采购预算的，由主管预算单位报财政部（国库司）备案。备案文件中应当载明中央单位名称、预算项目名称及编码、采购项目名称以及政府采购预算的类别、金额和调剂原因等项目基本情况说明。备案由主管预算单位组织在现行的“政府采购计划管理系统”（以下简称采购计划系统）中录入政府采购预算，并上传备案文件的电子扫描件。录入的政府采购预算作为中央单位编报政府采购计划、申请变更政府采购方式和采购进口产品的依据。

中央单位应准确区分不同类型，根据采购项目情况据实进行政府采购预算的报批和备案管理，不得随意调减政府采购预算以规避政府采购和公开招标。

二、完善中央高校、科研院所科研仪器设备采购管理

（一）中央高校、科研院所可自行采购科研仪器设备。

中央高校、科研院所可自行组织或委托采购代理机构采购各类科研仪器设备，采购活动应按照政府采购法律制度规定执行。

（二）对中央高校、科研院所采购进口科研仪器设备实行备案制管理。

中央高校、科研院所采购进口科研仪器设备，应按规定做好专家论证工作，参与论证的专家可自行选定，专家论证意见随采购文件存档备查。中央高校、科研院所通过采购计划系统对采购进口科研仪器设备进行备案，可单次或分次批量在采购计划系统“中央高校、科研院所科研仪器设备进口”模块中编报采购计划。

（三）简化中央高校、科研院所科研仪器设备变更政府采购方式审批流程。

中央高校、科研院所达到公开招标数额标准的科研仪器设备采购项目需要采用公开招标以外采购方式的，申请变更政府采购方式时可不再提供单位内部会商意见，但应将单位内部会商意见随采购文件存档备查。中央高校、科研院所申请变更政府采购方式时可注明“科研仪器设备”，财政部将予以优先审批。申请变更为单一来源采购方式的专业人员论证和审核前公示，以及提交一揽子变更申请等工作，按《中央预算单位变更政府采购方式审批管理办法》（财库〔2015〕36号）的规定执行。

（四）中央高校、科研院所可自行选择科研仪器设备评审专家。

中央高校、科研院所科研仪器设备采购，可在政府采购评审专家库外自行选择评审专家。自行选择的评审专家与供应商有利害关系的，应严格执行回

避有关规定。评审活动完成后，中央高校、科研院所应在评审专家名单中对自行选定的评审专家进行标注，并随同中标、成交结果一并公告。

（五）加强对科研仪器设备采购的内部控制管理。

中央高校、科研院所应按照《财政部关于加强政府采购活动内部管理的指导意见》（财库〔2016〕99号）的规定，进一步完善内部管理规定，加强科研仪器设备采购的内控管理，严格执行政府采购相关规定，主动公开政府采购相关信息，做到科研仪器设备采购的全程公开、透明、可追溯。

本通知自2017年1月1日起开始执行。

各地区可参照本通知精神，结合实际，完善相关管理规定。

中国红十字会总会政府采购管理办法

2021年5月31日

第一章 总 则

第一条 为规范中国红十字会总会政府采购行为，提高财政性资金的使用效益，促进红十字事业发展，根据《中华人民共和国政府采购法》《中华人民共和国政府采购法实施条例》等法律法规和财政部相关规定，制定本办法。

本办法所称财政性资金是指纳入预算管理的资金。

第二条 总会机关各部室、各直属单位（以下简称“各部室、各单位”）在中华人民共和国境内开展的政府采购活动适用本办法。

第三条 本办法所称政府采购，是指使用财政性资金采购国务院确定并公布的中央预算单位政府集中采购目录（以下简称“集中采购目录”）以内或者采购限额标准以上的货物、工程和服务的行为。

第四条 政府采购应当遵循依法依规、公开透明、公平竞争、公正和诚实信用原则。

采购人应当优先采购本国货物、工程和服务。采购货物时应落实国家节能、环保产品政府强制采购和优先采购相关政策，按规定采购节能产品和环境标志产品。

第二章 政府采购管理职责

第五条 总会政府采购工作实行统一管理，分级负责。筹资与财务部是总会政府采购的归口管理部门，履行业务监督管理与指导职责；监事会、总会机关纪委依法依规依纪履行与政府采购活动有关的监督职责。

使用财政性资金开展采购活动的各部室、各单位承担采购人主体责任，负责本部室、本单位政府采购活动的组织和实施工作。采购人委托采购的，承担委托人责任，对采购结果负责。委托采购应当签署委托书。

受托单位为总会直属单位的（以下称“总会受托采购单位”），按采购人委托履行采购职责，对委托人负责。

第六条 筹资与财务部职责：

（一）研究制订总会政府采购相关管理办法，并组织实施和监督检查；

（二）办理政府采购相关审核、审批、备案等事项，按规定汇总报送政府采购预算、采购计划和执行情况等工作；

（三）组织政府采购相关培训；

（四）指导各部室、各单位贯彻执行政府采购法律法规和规章制度；

（五）接受财政部、审计署等相关部门的指导、监督和检查；

（六）政府采购相关法律法规和规章制度规定的其他职责。

机关服务中心负责总会采购计划管理系统日常维护工作，汇总填报各部室、各单位政府采购计划信息，统计总会年度采购执行情况等并按要求上报。

第七条 采购人职责：

（一）负责编制并报送政府采购预算及实施计划，建立政府采购台账；

（二）负责制定科学合理的采购需求和采购方案，按规定报批；

（三）负责组织实施政府采购活动。其中，委托实施采购的，应当签署委托书，履行采购委托责任，按照采购方案监督采购活动实施；

（四）负责采购文件编制、解释、采购质疑处理等工作；

（五）负责采购信息公开；

（六）负责采购合同签订；

（七）负责采购项目履约验收，对采购结果负责；

（八）负责编报政府采购执行情况及统计等信息；

（九）采购活动完成后，形成固定资产或无形资产的，负责到资产管理部门及时办理登记手续；

（十）负责采购文件收集、整理和移交归档；

（十一）其他属于本部室、本单位负责的政府采购工作。

第八条　总会受托采购单位职责：

（一）受采购人委托，按照采购方案组织实施政府采购活动；

（二）协助采购人做好采购文件的编制、解释、采购质疑处理等工作；

（三）协助采购人做好采购信息公开；

（四）受采购人委托依法签订合同；

（五）协助采购人做好项目履约验收工作；

（六）保存政府采购相关档案资料，受托采购项目完结后移交采购人；

（七）其他受托的政府采购工作。

第九条　各部室、各单位应当加强政府采购日常管理，完善政府采购内部控制与管理，确定分管领导具体负责，明确相关岗位的职责权限，确保政府采购需求制定与内部审批、政府采购文件编制与复核、合同签订与验收等不相容岗位相互分离，保障政府采购活动依法依规。

第三章　政府采购预算及计划管理

第十条　各部室、各单位使用财政性资金进行政府采购活动必须编制年度政府采购预算。筹资与财务部、采购人、总会受托采购单位，以及各相关单位财务、资产、业务部门应当加强沟通协调，保障政府采购预算与执行的有效衔接。

第十一条　采购人在编制年度财政资金预算时，应当将该财政年度政府采购项目及资金预算在政府采购预算表中单列。凡纳入集中采购目录范围内的品目和采购限额标准以上项目，都应当按照财政部预算编制文件要求，在部门预算中填报政府采购预算，列明货物、工程和服务的政府采购金额等，按照总会预算审批程序上报。

第十二条　采购人应当严格按照财政部批复的政府采购预算开展政府采购活动，未列入政府采购预算的，不得采购。

第十三条　政府采购年度执行过程中，由于部门预算资金调剂（包括追加、追减或调整结构）导致采购预算变动的，应当按照预算调剂的有关规定和程序一并报批。预算支出总金额不变但需要调剂采购预算类别和金额的，由采购人按照支出审批权限程序报批后，在政府采购计划管理系统中进行变更。

第十四条　采购人在开展采购活动前，应当根据政府采购预算、集中采购目录、采购限额标准等要求，编报政府采购计划。其中符合国家规定的批量集中采购品目，应当在每月 5 日前编报采购计划。涉密采购项目按照财政部相关要求和规定执行。

第四章　政府采购组织形式和采购方式

第十五条　总会政府采购组织形式分为集中采购和分散采购。

第十六条　采购国务院发布的政府集中采购目录中的项目应当采用集中采购的组织形式，委托集中采购机构代理采购，超过规定限额的应当委托中央国家机关政府采购中心代理采购。

第十七条　除集中采购机构采购项目外，采用分散采购组织形式，可委托中央国家机关政府采购中心或其他政府采购代理机构代理采购。

第十八条　总会采购方式包括公开招标、邀请招标、竞争性谈判、单一来源采购、询价、竞争性磋商和财政部认定的其他采购方式。

第十九条　公开招标是指以招标公告方式邀请不特定的法人或者其他组织参加投标的采购方式。

政府采购货物或服务项目，单项采购金额达到 200 万元以上的，必须采用公开招标。政府采购工程以及与工程建设有关的货物、服务公开招标数额标准按照国家有关规定执行。

应当以公开招标方式采购的货物或服务，不得化整为零或者以其他任何方式规避公开招标采购。

第二十条 邀请招标是指以投标邀请书的方式邀请特定的法人或者其他组织投标。符合下列情形之一的货物或者服务，可以采用邀请招标方式采购：

（一）具有特殊性，只能从有限范围的供应商处采购的；

（二）采用公开招标方式的费用占采购项目总价值的比例过大的。

第二十一条 除集中采购机构采购项目外，采购单项或批量金额达到100万元以上的货物和服务的项目、120万元以上的工程项目应按《中华人民共和国政府采购法》《中华人民共和国招投标法》等有关规定执行。

第二十二条 竞争性谈判是指与符合资格条件的供应商分别就采购事宜进行谈判的采购方式。符合下列情形之一的货物或者服务，可以采用竞争性谈判方式采购：

（一）招标后没有供应商投标或者没有合格标的或者重新招标未能成立的；

（二）技术复杂或者性质特殊，不能确定详细规格或者具体要求的；

（三）采用招标所需时间不能满足用户紧急需要的；

（四）不能事先计算出价格总额的。

第二十三条 单一来源采购是指从某一特定供应商处采购货物、工程和服务的采购方式。符合下列情形之一的货物或者服务，可以采用单一来源方式采购：

（一）只能从唯一供应商处采购的；

（二）发生了不可预见的紧急情况，不能从其他供应商处采购的；

（三）为保证原有采购项目一致性或者服务配套的要求，需要继续从原供应商处添购，且添购资金总额不超过原合同采购金额百分之十的。

第二十四条 询价是指采购的货物规格、标准统一，现货货源充足且价格变化幅度小的采购项目，可以采用询价方式采购。

第二十五条 竞争性磋商是指采购人、政府采购代理机构通过组建竞争性磋商小组（以下简称"磋商小组"）与符合条件的供应商就采购货物、工程和服务事宜进行磋商，供应商按照磋商文件的要求提交响应文件和报价，采购人从磋商小组评审后提出的候选供应商名单中确定成交供应商的采购方式。符合下列情形之一的项目，可以采用竞争性磋商方式开展采购：

（一）政府购买服务项目；

（二）技术复杂或者性质特殊，不能确定详细规格或者具体要求的；

（三）因艺术品采购、专利、专有技术或者服务的时间、数量事先不能确定等原因，不能事先计算出价格总额的；

（四）市场竞争不充分的科研项目，以及需要扶持的科技成果转化项目；

（五）按照招标投标法及其实施条例必须进行招标的工程建设项目以外的工程建设项目。

第二十六条 政府采购工程依法不进行招标的，应当依照《中华人民共和国政府采购法》《中华人民共和国政府采购法实施条例》等法律法规规定的竞争性谈判、竞争性磋商或者单一来源方式采购。

第五章 政府采购程序

第二十七条 采购人根据年度预算和采购计划制定采购方案，依据采购金额和支出审批权限，履行报批程序。拟采用公开招标方式采购的需监事会会签。采购金额在1000万元（含）以上的，由分管会领导报请总会党组会研究批准。

采购方案应当明确科学合理的采购需求、预算、采购组织形式和采购方式，特殊采购项目应对技术标准等做出说明。采购需求按照《政府采购需求管理办法》（财库〔2021〕22号）执行。

第二十八条 采购政府集中采购目录内的项目，通过中央政府采购网（www. zycg. gov. cn）按照直购、比价、反拍等方式执行，超过集中采购目录规定限额的，应当委托中央国家机关政府采购中心代理采购。

采购台式计算机、便携式计算机、打印设备、复印机、空调机等属于批量集中采购范围的品目，按照批量集中采购的规定组织实施。因时间紧急或需零星特殊采购，不能通过批量集中采购的品目，经审批后，通过协议供货方式采购，但协议供货采购数量不得超过同类品目上年采购总数的30%，具体采购品目和执行标准以当年发布的相关政策规定为准。

第二十九条 采购人至少在采购活动开始前30日公开采购意向。

第三十条 采用招标方式采购货物和服务的，应当按照《中华人民共和国政府采购法》《中华人民共和国政府采购法实施条例》及财政部有关政府采购货物、服务招标投标规定的程序进行：

编制招标文件。采购人、总会受托采购单位应当按照财政部制定的招标文件标准文本编制招标文件。招标文件应当包括采购项目的预算、采购需求、投标人的资格条件、投标报价要求、评标方法、评标标准以及拟签订的合同文本等；

发布招标信息。采购人、总会受托采购单位应当在财政部指定的媒体发布招标公告、资格预审公告，或者发出投标邀请书；

委托投标、开标、评标。采购人、总会受托采购单位应当监督采购代理机构做好投标、开标、评标。采购人应当派代表参与评标委员会，加强对投标人的资格审核。投标人应当符合投标资格，并应当按照招标文件的要求编制投标文件。投标文件应对招标文件提出的要求和条件作出明确响应；

发布中标公告。根据评标委员会评审结果，确定中标（成交）供应商后，应当在财政部指定的媒体发布中标（成交）公告。

第三十一条 公开招标数额标准以上的货物、服务，投标截止后投标人不足3家或者通过资格审查或符合性审查的投标人不足3家的，除采购任务取消情形外，可按照以下原则处理：

（一）招标文件存在不合理条款或者招标程序不符合规定的，改正后依法重新招标；

（二）招标文件没有不合理条款、招标程序符合规定，但需要采用其他采购方式采购的，可依法经总会审核后报财政部批准。

第三十二条 采用竞争性谈判方式采购的，应当遵循下列程序：

（一）成立谈判小组。谈判小组由采购人代表和有关专家共3人以上单数组成，其中专家人数不得少于成员总数的三分之二；

（二）制定谈判文件。谈判文件应当明确谈判程序、谈判内容、合同草案的条款以及评定成交的标准等事项；

（三）确定邀请参加谈判的供应商名单。谈判小组从符合相应资格条件的供应商名单中确定不少于3家的供应商参加谈判，并向其提供谈判文件；

（四）谈判。谈判小组所有成员集中与单一供应商分别进行谈判，并给予所有参加谈判的供应商平等的谈判机会。在谈判过程中，谈判文件有实质性变动的，需经采购人确认，谈判小组应当以书面形式通知所有参加谈判的供应商；

（五）确定成交供应商。谈判小组应当从质量和服务均能满足采购文件实质性响应要求的供应商中，按照最后报价由低到高的顺序提出3名以上成交候选人，并编写评审报告。

采购人可从评审报告提出的成交候选人中，根据质量和服务均能满足采购文件实质性响应要求且最后报价最低的原则确定成交供应商，也可以书面授权谈判小组直接确定成交供应商。

第三十三条 采取单一来源方式采购的，采购人应当组织具有相关经验的专业人员，与供应商遵循《中华人民共和国政府采购法》《中华人民共和国政府采购法实施条例》等法律法规规定的原则，在保证采购项目质量和双方商定合理价格的基础上进行采购。

单一来源采购人应当编写协商情况记录，并由参与采购的全体人员签字认可。对记录有异议的采购人员，应当签署不同意见并说明理由。采购人员拒绝在记录上签字又不书面说明其不同意见和理由的，视为同意。协商情况记录主要内容包括：

（一）需要进行公示的，公示情况说明；

（二）协商日期和地点，采购人员名单；

（三）供应商提供的采购标的成本、同类项目合同价格以及相关专利、专有技术等情况说明；

（四）合同主要条款及价格商定情况。

第三十四条 采取询价方式采购的，应当遵循下列程序：

（一）成立询价小组。询价小组由采购人代表、有关专家共3人以上单数组成，其中专家人数不得少于成员总数的三分之二。询价小组应当对采购项目的价格构成和评定成交的标准等事项作出规定。

（二）确定被询价的供应商名单。询价小组根据采购需求，从符合相应资格条件的供应商名单中确定不少于3家的供应商，并向其发出询价通知书让其报价。询价通知书应当根据采购需求确定政府采购合同条款。

（三）询价。询价小组要求被询价的供应商一次报出不得更改的价格。在询价过程中，询价小组不得改变询价通知书所确定的政府采购合同条款。

（四）确定成交供应商。采购人根据符合采购需求、质量和服务相等且报价最低的原则确定成交供应商，并将结果通知所有被询价的未成交的供应商。

第三十五条 采用竞争性磋商方式采购的，应当遵循下列程序：

（一）成立磋商小组。磋商小组由采购人代表、评审专家共3人以上单数组成，其中评审专家人数不少于成员总数的三分之二。

（二）制定磋商文件。磋商文件应当包括供应商资格条件、采购邀请、采购方式、采购预算、采购需求、政府采购政策要求、评审程序、评审方法、评审标准、价格构成或者报价要求、响应文件编制要求、保证金交纳数额和形式以及不予退还保证金的情形、磋商过程中可能实质性变动的内容、响应文件提交的截止时间、开启时间和地点以及合同草案条款等。

（三）确定邀请参加磋商的供应商名单。磋商小组从符合相应资格条件的供应商名单中确定不少于3家的供应商参加磋商，并向其提供磋商文件。

（四）磋商。磋商小组所有成员应当集中与单一供应商分别进行磋商，并给予所有参加磋商的供应商平等的磋商机会。磋商文件有实质性变动的，需经采购人确认，磋商小组应当以书面形式通知所有参加磋商的供应商。

（五）确定成交供应商。经磋商确定最终采购需求和提交最后报价的供应商后，由磋商小组采用综合评分法对提交最后报价的供应商的响应文件和最后报价进行综合评分。磋商小组应当根据综合评分情况，按照评审得分由高到低顺序推荐3名以上成交候选供应商。采购人按照评审得分排序由高到低的原则从候选供应商中确定成交供应商。

第三十六条 除财政部规定的情形外，采购人或者采购代理机构应当从政府采购评审专家库中随机抽取相关专业的评审专家。

第三十七条 评标委员会、竞争性谈判小组、询价小组或者竞争性磋商小组成员应当按照客观、公正、审慎的原则，根据采购文件规定的评审程序、评审方法和评审标准进行独立评审。采购文件内容违反国家有关强制性规定的，评标委员会、竞争性谈判小组、询价小组或者竞争性磋商小组应当停止评审并向采购单位或者采购代理机构说明情况。

评标委员会、竞争性谈判小组、询价小组或者竞争性磋商小组成员应当在评审报告上签字，对自己的评审意见承担法律责任。对评审报告有异议的，应当在评审报告上签署不同意见，并说明理由，否则视为同意评审报告。

采购人不得向评标委员会、竞争性谈判小组、询价小组或者竞争性磋商小组的评审专家作倾向性、误导性的解释或者说明。

采购人及相关人员与供应商有利害关系的，必须回避。前款所称相关人员，包括招标采购中评标委员会的组成人员，竞争性谈判采购中谈判小组的组成人员，询价采购中询价小组的组成人员等。

第三十八条 采购人应当自收到评审报告之日起5个工作日内在评审报告推荐的中标或者成交候选人中按照顺序确定中标或者成交供应商。

第三十九条 除财政部规定的情形外，采购人不得以任何理由组织重新评审。采购人按照财政部的规定组织重新评审的，应当书面报告财政部。

采购人不得通过对样品进行检测、对供应商进行考察等方式改变评审结果。

第四十条 采购人应当加强对政府采购业务质疑投诉答复的管理。指定部门或人员负责,按照国家有关规定做好政府采购业务质疑投诉的答复工作。

第四十一条 采购人和中标(成交)人应当自中标(成交)通知书发出30日内签订书面合同,合同的标的、价款、质量、履行期限等主要条款应当与采购文件和中标(成交)人的投标(响应)文件等内容一致。

采购合同应当明确采购商品或服务的名称、数量、规格、型号、质量、性能、价格(酬金)以及履行合同的时间、地点、方式、违约责任和争议解决等内容。

政府采购合同履行中,采购人需追加与合同标的相同的货物、工程或者服务的,在不改变合同其他条款的前提下,可以与供应商协商签订补充合同,但所有补充合同的采购金额不得超过原合同采购金额的百分之十。

第四十二条 采购人、总会受托采购单位应当加强对政府采购项目履约验收的管理,按照采购合同的约定对供应商履约情况进行验收。验收时,应当按照采购合同的约定对每一项技术、服务、安全标准的履约情况进行确认。验收结束后,应当出具验收书,列明各项标准的验收情况及项目总体评价标准。验收结果应当与采购合同约定的资金支付挂钩。履约验收的各项资料应当存档备查。具体验收工作按照总会政府采购履约验收规定执行。

第四十三条 采购人收集审批文件、中标(成交)通知书、采购合同、验收单、接收单等文件后,按支出程序办理资金支付和结算手续。

第四十四条 采购活动完成后,形成固定资产或无形资产的,采购人应当按照规定及时办理资产入账登记手续。

第四十五条 采购人应当加强对政府采购活动的记录管理。妥善保存政府采购文件,不得伪造、变造、隐匿或者销毁。采购文件的保存期限为从采购结束之日起至少15年。总会采购文件经采购业务部门整理完毕后,应当在第二年6月底前向机关档案部门归档;采用办公自动化或其他业务系统的,应当随办随归。归档时间有特殊规定的,从其规定。

采购文件包括采购活动记录、采购预算、招标文件、投标文件、评标标准、评估报告、定标文件、合同文本、验收证明、质疑答复、投诉处理决定、影像资料及其他有关文件、资料。采购文件采用纸质、电子档案方式保存。

采购活动记录应当包括下列内容:

(一)采购项目类别、名称;

(二)采购项目预算、资金构成和合同价格;

(三)采购方式。采用公开招标以外的采购方式,应当载明原因;

(四)邀请和选择供应商的条件及原因;

(五)评标标准及确定中标人的原因;

(六)废标的原因;

(七)采用招标以外采购方式的相应记载。

第六章 政府采购方式变更管理

第四十六条 达到公开招标数额标准的货物和服务采购项目,需要采用公开招标以外采购方式的,应当在采购活动开始前提出变更政府采购方式申请,经总会审核,报财政部批准后实施。

第四十七条 需要申请变更政府采购方式的,应当通过政府采购计划管理系统报送。因采购任务涉及国家秘密需要变更采购方式的,通过纸质文件报送。申请变更政府采购方式应当提交以下材料:

(一)变更采购方式申请公文。公文中应当载明以下内容:单位名称、采购项目名称、项目概况等基本情况说明,拟申请采用的采购方式和理由,联系人及联系电话等。申请变更为单一来源采购方式的,还需提供拟定的唯一供应商名称、地址;

(二)项目预算金额、预算批复文件或者资金来源证明;

(三)单位内部会商意见。采购人应当组织财务、业务等相关部门(或岗位),根据采购需求和相关行业、产业发展状况,对拟申请采用采购方式的理由及必要性进行内部会商。会商意见应当由参与会商人员共同签字认可。

申请变更为单一来源采购方式的,如符合本办法第二十三条第一项情形,在进行单位内部会商前,应当先组织3名以上专业人员对只能从唯一供应商处采购的理由进行论证。专业人员论证意见应当完整、清晰和明确,意见不明确或者含混不清的,属于无效意见,不作为审核依据。专业人员论证意见中应当载明专业人员姓名、工作单位、职称、联系电话和身份证号码。专业人员不能与论证项目有直接利害关系,不能是本单位或者潜在供应商及其关联单位的工作人员。

第四十八条 符合《政府采购非招标采购方式管理办法》第二十七条第一款第一项和第二款情形,申请采用竞争性谈判采购方式的;公开招标过程中提交投标文件或者经评审实质性响应招标文件要求的供应商只有1家时,申请单一来源采购方式的,除按照本办法第四十七条第一项和第二项要求提供有关申请材料外,还应当提供以下材料:

(一)在中国政府采购网发布招标公告的证明材料;

(二)采购人、采购代理机构出具的对招标文件和招标过程没有供应商质疑的说明材料;

(三)评标委员会或3名以上评审专家出具的招标文件没有不合理条款的论证意见。

第四十九条 申请采用单一来源采购方式,符合本办法第二十三条第一项情形的,在提出变更申请前,应当在中国政府采购网上公示,公示期不得少于5个工作日,公示材料为单一来源采购征求意见公示文书和专业人员论证意见。因公开招标过程中提交投标文件或者经评审实质性响应招标文件要求的供应商只有一家时,申请采用单一来源采购方式的,公示材料还应包括评审专家和代理机构分别出具的招标文件无歧视性条款、招标过程未受质疑相关意见材料。公示情况随变更申请一并报送。因采购任务涉及国家秘密需要变更为单一来源采购方式的,可不进行公示。

单一来源采购征求意见公示文书内容应当包括单位名称、采购项目名称和内容;公示的期限;拟采购的唯一供应商名称;总会、财政部政府采购监管部门的联系地址、联系人和联系电话。

任何供应商、单位或者个人对采用单一来源采购方式公示有异议的,可在公示期内将书面意见反馈给采购人,并同时抄送总会和财政部。

采购人收到对采用单一来源采购方式公示的异议后,应当在公示期满5个工作日内,组织补充论证,论证后认为异议成立的,应当依法采取其他采购方式;论证后认为异议不成立的,应当将异议意见、论证意见与公示情况一并报财政部。

第五十条 未达到公开招标数额标准,符合本办法第二十三条第一项规定情形,只能从唯一供应商处采购的政府采购项目,可以依法采用单一来源采购方式。此类项目在采购活动开始前,无需报总会或财政部批准,也无需在指定媒体上公示。

第五十一条 按照财政部变更政府采购方式一揽子申报和批复的要求,采购人应当每年4月30日、7月31日和10月31日前将本单位变更政府采购方式申请材料通过政府采购计划管理系统报送总会审核后报财政部审批。

第七章 政府采购信息公开

第五十二条 采购人应当加强政府采购信息公开工作,按照"谁采购、谁公开"原则,将政府采购信息公开作为本部室、本单位政务信息公开工作的重要内容,列入主动公开基本目录,切实履行政府采购信息公开的责任和义务。总会筹资与财务部应当加强对各部室、各单位政府采购信息公开工作的指导;总会组织宣传部应当完善总会官网信息公开功能,为政府采购信息公开和社会监督创造便利条件;监事会应当加强对政府采购信息公开过程监督,确保政府采购信息公开工作落到实处。

第五十三条 政府采购信息公开内容:

(一)采购意向;

(二)公开招标公告、资格预审公告;

(三)竞争性谈判公告、竞争性磋商公告或询价公告;

(四)采购项目预算金额;

(五)中标、成交结果;

(六)采购文件;

(七)更正事项;

(八)采购合同;

(九)单一来源公示;

(十)终止公告;

（十一）政府购买公共服务项目。

第五十四条　政府采购信息公开渠道。总会的政府采购信息应当在财政部指定的媒体上公开，财政部指定的政府采购信息发布媒体包括中国政府采购网（www. ccgp. gov. cn）等。采购意向信息应当在总会官网或各直属单位官网发布。

第五十五条　采购人在总会官网发布政府采购信息内容的，按照总会网站信息公开的有关规定和要求，履行审批手续后公开。

第五十六条　政府采购意向按照财政部相关要求，按采购项目定期或不定期公开。除以协议供货、定点采购方式实施的小额零星采购和由集中采购机构统一组织的批量集中采购外，按项目实施的集中采购目录以内或者采购限额标准以上的货物、工程、服务采购均应当公开采购意向。因预算单位不可预见的原因急需开展的采购项目，可不公开采购意向。

（一）采购意向公开时间应当尽量提前，满足公开采购意向的时间要求。

（二）按照"谁采购、谁公开"的原则，采购意向由采购人负责公开。

（三）采购意向应当在中国政府采购网等政府采购指定网站及总会、各直属单位官方网站上发布。

（四）采购人需在总会网站上发布采购意向公告的，按照总会网站信息公开的有关规定和要求，履行审批手续后公开。

第八章　监督检查

第五十七条　总会切实加强对政府采购的监督管理，建立综合监督体系，保障政府采购工作依法合规进行。

筹资与财务部是总会政府采购的业务监督管理部门，依法履行政府采购法律法规和规章制度、制度建设、预算编报和执行、信息公开、履约验收和资金支付等情况的监督检查职责。

监事会依法按章程参与招标采购工作的跟踪监督，对各部室、各单位执行政府采购法律法规和规章制度情况，以及方案请示、合同订立、履约验收等工作程序提出监督意见，具体监督工作按照监事会参与招标采购监督检查制度执行。

总会机关纪委负责纪律监督，加强对政府采购活动的廉政警示教育，根据干部管理权限，受理对政府采购活动的举报，并对监督检查中发现的违规违纪问题及时处理。

第五十八条　采购人应当配合总会监督检查工作，开展自查自纠，如实反映情况，并提供有关材料。自查自纠主要内容包括：

（一）政府采购有关法律法规和规章制度的执行情况；

（二）政府采购制度建设及内部控制管理情况；

（三）政府采购备案、审核或审批事项的执行情况；

（四）政府采购预算、计划和执行的编报情况；

（五）集中采购项目的执行情况；

（六）政府采购信息公开情况；

（七）政府采购合同的订立、履约验收和资金支付情况；

（八）对供应商询问和质疑的答复情况；

（九）政府采购其他相关事项。

第五十九条　采购人应当积极配合有关部门对采购活动发现疑点问题进行核实处理，对违规问题及时进行整改。

第六十条　任何单位和个人有权检举和控告政府采购活动的违法行为。有关部门应当依照各自职责及时处理。

第九章　附　　则

第六十一条　使用捐赠资金和其他资金采购的，参照本办法执行。捐赠人对采购另有书面约定的，在符合相关法律法规的基础上按其约定采购，但不得损害国家利益和公共利益。

第六十二条　因严重自然灾害和其他不可抗力事件所实施的紧急采购和涉及国家安全与秘密的采购，按照国家有关规定办理。

第六十三条　对于政府采购范围以外的采购项目，采购人根据实际情况，可以采用直接询价等方式自行组织采购，也可委托采购代理机构采购。

第六十四条　各单位可根据本办法，结合实际情况制订实施细则并报总会筹资与财务部、监事会备案。

第六十五条 本办法由总会筹资与财务部负责解释，未尽事宜按照国家有关政府采购法律法规和规章制度执行。国家相关规定包括标准等进行修订调整的，按照修订调整后的规定执行。

第六十六条 本办法自印发之日起施行，《中国红十字会总会采购管理办法》（中红办字〔2017〕48 号）同时废止。

国家卫生健康委员会
政府采购管理暂行办法

1. 2018 年 6 月 13 日

2. 国卫财务发〔2018〕17 号

第一章 总 则

第一条 为规范国家卫生健康委员会政府采购行为，完善政府采购管理机制，提高财政性资金使用效益，促进卫生健康事业发展，根据《中华人民共和国政府采购法》（以下简称《政府采购法》）《中华人民共和国政府采购法实施条例》（以下简称《实施条例》）及有关规定，结合工作实际，制定本办法。

第二条 本办法所称政府采购，是指委机关各司局、委预算单位（以下简称各单位）使用财政性资金采购依法制定的集中采购目录以内的或者采购限额标准以上的货物、工程和服务的行为。

本办法所称财政性资金，是指纳入预算管理的资金。以财政性资金作为还款来源的借贷资金，视同财政性资金。

集中采购目录和采购限额标准按照国务院办公厅公布的《中央预算单位政府集中采购目录及标准》（以下简称《集采目录》）执行。

第三条 政府采购应当遵循公开透明、公平竞争、公正和诚实信用原则。各单位应当依法依规、科学有序地开展采购活动。

第四条 政府采购应当采购本国货物、工程和服务。但有下列情形之一的除外：

（一）需要采购的货物、工程或者服务在中国境内无法获取或者无法以合理的商业条件获取的；

（二）为在中国境外使用而进行采购的；

（三）其他法律、行政法规另有规定的。

前款所称本国货物、工程和服务的界定，按照国务院和财政部有关规定执行。各单位确需采购进口产品的，按照财政部及国家卫生健康委员会相关规定执行。

第五条 各单位应当按照《实施条例》正确划分工程以及与工程建设有关的货物、服务范围。政府采购工程以及与工程建设有关的货物、服务，采用招标方式采购的，适用《中华人民共和国招标投标法》及其实施条例；采用其他方式采购的，适用《政府采购法》及其实施条例。政府采购工程以及与工程建设有关的货物、服务，应当执行政府采购政策。

第六条 各单位应当认真贯彻落实国家政府采购政策要求，推动实现节约能源、保护环境、扶持不发达地区和少数民族地区、促进中小企业发展等目标。

第七条 政府采购信息应当在中国政府采购网等财政部指定媒体上及时向社会公开发布。涉及国家秘密、商业秘密的除外。

第八条 在政府采购活动中，各单位采购人员及相关人员与供应商有下列利害关系之一的，应当回避：

（一）参加采购活动前 3 年内与供应商存在劳动关系；

（二）参加采购活动前 3 年内担任供应商的董事、监事；

（三）参加采购活动前 3 年内是供应商的控股股东或者实际控制人；

（四）与供应商的法定代表人或者负责人有夫妻、直系血亲、三代以内旁系血亲或者近姻亲关系；

（五）与供应商有其他可能影响政府采购活动公平、公正进行的关系。

前款所称相关人员，包括评标委员会、竞争性谈判小组、询价小组和竞争性磋商小组的组成人员等。

第二章 政府采购管理职责

第九条 国家卫生健康委员会管理、指导和监督各单位政府采购工作。主要职责包括：

（一）研究制订国家卫生健康委员会政府采购相关管理办法，并组织实施和监督检查；

（二）办理政府采购相关审核、审批、备案等事项，汇总报送政府采购预算、采购计划和执行情况等工作；

（三）组织政府采购相关培训；

（四）指导监督各单位贯彻执行政府采购法律法规和规章制度；

（五）接受财政部、审计署等相关部门的指导、监督和检查；

（六）政府采购相关法律法规和规章制度规定的其他职责。

第十条　各单位是政府采购的责任主体，应当明确内部工作机制，实施政府采购归口管理，指定专门部门负责政府采购工作。主要职责包括：

（一）贯彻执行政府采购相关法律法规和规章制度；

（二）成立政府采购工作领导小组和工作小组；

（三）依据国家相关规定，制订本单位政府采购制度，建立健全政府采购内部控制机制；

（四）按照规定编报本单位政府采购预算、计划和执行情况；

（五）组织实施本单位政府采购工作，按照规定选择政府采购方式、公开政府采购信息等；

（六）开展政府采购进口产品、变更政府采购方式等事项的内部审核，严格履行报批手续；

（七）组织签订政府采购合同并加强履约验收管理；

（八）编报本单位政府采购统计信息报表及分析报告；

（九）组织开展本单位政府采购培训；

（十）接受上级有关部门的指导、监督和检查；

（十一）政府采购相关法律法规和规章制度规定的其他职责。

第十一条　各单位应当按照"分事行权、分岗设权、分级授权"原则，建立政府采购业务、资产、财务、内部审计和使用等部门或岗位相互协同、相互制约的工作机制，明确相关岗位的职责权限和工作流程。采购需求制订与内部审核、采购文件编制与复核、合同签订与验收等岗位原则上应当分开设置。

第三章　政府采购预算和计划管理

第十二条　各单位应当做好政府采购预算和计划管理，加强政府采购业务、资产、财务等管理部门或岗位之间的沟通协调，做好政府采购预算与执行的有效衔接。

第十三条　各单位应当强化政府采购预算编制工作，提高政府采购预算编制的科学性、准确性、完整性和可执行性。在编制年度部门预算时，凡纳入《集采目录》范围内的品目和采购限额标准以上项目，都应当按照财政部年度预算编制文件要求，在部门预算中列明货物、工程和服务的政府采购金额，并将政府采购预算同部门预算按照程序逐级上报审批。

第十四条　各单位应当将批复的政府采购预算分解落实到各相关执行部门。各执行部门在开展采购活动前，应当根据政府采购预算、《集采目录》、采购限额标准等要求，通过"政府采购计划管理系统"（以下简称"计划管理系统"）编报政府采购计划。涉密采购项目暂不编报采购计划，但预算涉密而政府采购不涉密的项目应当编报政府采购计划。

第十五条　各单位应当严格按照财政部批复的政府采购预算开展政府采购活动，未列入政府采购预算的，不得采购。年度执行过程中，各单位由于部门预算资金调剂（包括追加、追减或调整结构）需要明确政府采购预算的，应当按照部门预算调剂的有关规定和程序一并办理，经国家卫生健康委员会报送财政部审核批复。除部门预算资金调剂情形外，预算支出总金额不变但需要单独调剂政府采购预算的类别（货物、工程、服务）和金额，以及使用非财政拨款资金采购需要明确政府采购预算的，各单位在"计划管理系统"中录入政府采购预算，并上传备案文件扫描件进行备案管理。备案文件中应当载明单位名称、预算项目名称及编码、采购项目名称以及政府采购预算的类别、金额和调剂原因等项目基本情况。

第四章　政府采购组织形式

第十六条　政府采购组织形式分为集中采购和分散采购。

第十七条　集中采购包括集中采购机构采购和部门集中采购。

集中采购机构采购是指各单位将《集采目录》内的项目委托集中采购机构（中央国家机关政府采购中心）代理采购的行为。集中采购机构采购项目，必须委托集中采购机构采购，不得自行采购或委托社会代理机构采购。集中采购机构采购实施形式主要有批量集中采购、协议供货、定点采购等。对纳入批量集中采购范围的品目，各单位应当在“计划管理系统”中填报批量集中采购计划，确保品目名称、配置标准、采购数量、配送地点和最终用户联系方式等内容准确完整。对已纳入批量集中采购范围，但因时间紧急或零星特殊采购不能通过批量集中采购的品目，各单位应当正式行文报送国家卫生健康委员会，经同意后方可通过协议供货方式采购。

部门集中采购是指国家卫生健康委员会组织的本部门列入《集采目录》内的部门集中采购项目的采购活动。部门集中采购管理办法另行制订。

第十八条 分散采购是指各单位将采购限额标准以上的未列入《集采目录》的项目自行采购或者委托采购代理机构（包括社会代理机构和集中采购机构）代理采购的行为。

各单位有权自行选择采购代理机构，其他任何单位和个人不得以任何方式为采购单位指定采购代理机构。各单位依法委托采购代理机构办理采购事宜的，应当与采购代理机构签订委托代理协议，依法确定委托代理的范围、权限和期限等，明确双方权利和义务。采购代理机构在委托的范围内办理政府采购事宜。

第五章 政府采购方式及适用条件

第十九条 政府采购采用以下方式：

（一）公开招标；

（二）邀请招标；

（三）竞争性谈判；

（四）单一来源采购；

（五）询价；

（六）竞争性磋商；

（七）国务院政府采购监督管理部门认定的其他采购方式。

公开招标应当作为政府采购的主要采购方式。

第二十条 各单位采购金额达到国务院规定的公开招标数额标准以上的货物、工程或者服务项目应当采用公开招标方式。各单位不得将应当以公开招标方式采购的货物或者服务化整为零或者以其他任何方式规避公开招标采购。在一个财政年度内，单位将一个预算项目下的同一品目或者类别的货物、服务采用公开招标以外的方式多次采购，累计资金数额超过公开招标数额标准的，属于以化整为零方式规避公开招标，但项目预算调整或者经批准采用公开招标以外方式采购的除外。

第二十一条 各单位采购公开招标数额标准以上的货物或者服务，符合本办法第二十三条、第二十四条、第二十五条、第二十六条、第二十七条规定情形，或者有需要执行政府采购政策等特殊情况的，经财政部批准，可以依法采用公开招标以外的采购方式。

第二十二条 对于未达到公开招标数额标准的政府采购项目，各单位要建立和完善内部管理制度，结合采购项目具体情况，依法选择适用的采购方式。

第二十三条 符合下列情形之一的货物或者服务，可以采用邀请招标方式采购：

（一）具有特殊性，只能从有限范围的供应商处采购的；

（二）采用公开招标方式的费用占政府采购项目总价值的比例过大的。

第二十四条 符合下列情形之一的采购项目，可以采用竞争性谈判方式采购：

（一）招标后没有供应商投标或者没有合格标的，或者重新招标未能成立的；

（二）技术复杂或者性质特殊，不能确定详细规格或者具体要求的；

（三）各单位不可预见的或者非因各单位拖延导致的，采用招标所需时间不能满足单位紧急需要的；

（四）采购艺术品或者专利、专有技术或者服务的时间、数量事先不能确定等导致不能事先计算出价格总额的。

第二十五条 符合下列情形之一的货物或者服务，可以采用单一来源方式采购：

（一）使用不可替代的专利、专有技术，或者公共服务项目具有特殊要求，导致只能从某一特定供应商处采购的；

（二）发生不可预见的紧急情况不能从其他供应商处采购的；

（三）必须保证原有采购项目一致性或者服务配套的要求，需要继续从原供应商处添购，且添购资金总额不超过原合同采购金额的10%的。

第二十六条 采购的货物规格、标准统一、现货货源充足且价格变化幅度小的政府采购项目，可以采用询价方式采购。

第二十七条 符合下列情形之一的采购项目，可以采用竞争性磋商方式采购：

（一）政府购买服务项目；

（二）技术复杂或者性质特殊，不能确定详细规格或者具体要求的；

（三）艺术品采购、专利、专有技术或者服务的时间、数量事先不能确定等原因不能事先计算出价格总额的；

（四）市场竞争不充分的科研项目，以及需要扶持的科技成果转化项目；

（五）按照招标投标法及其实施条例必须进行招标的工程建设项目以外的工程建设项目。

第二十八条 各单位采购以下货物和服务之一的，可以采用竞争性谈判、单一来源采购方式采购；采购货物的，还可以采用询价采购方式：

（一）依法制定的集中采购目录以内，且未达到公开招标数额标准的货物、服务；

（二）依法制定的集中采购目录以外、采购限额标准以上，且未达到公开招标数额标准的货物、服务；

（三）达到公开招标数额标准、经批准采用非公开招标方式的货物、服务。

第二十九条 政府采购工程依法不进行招标的，应当依照《政府采购法》及其实施条例等规定的竞争性谈判、竞争性磋商或者单一来源方式采购。

第六章 政府采购程序和要求

第三十条 各单位采用招标（包括公开招标和邀请招标）方式采购货物和服务的，应当按照《政府采购法》及其实施条例、财政部有关政府采购货物服务招标投标规定的程序进行：

（一）编制招标文件。各单位或者采购代理机构应当按照财政部制定的招标文件标准文本编制招标文件。招标文件应当包括采购项目的预算、采购需求、投标人的资格条件、投标报价要求、评标方法、评标标准以及拟签订的合同文本等。

（二）发布招标信息。各单位或者采购代理机构应当在财政部指定的媒体上发布招标公告、资格预审公告，或者发出投标邀请书。

（三）接收投标。投标人应当按照招标文件的要求编制投标文件。投标文件应对招标文件提出的要求和条件作出明确响应。

（四）开标、评标。建立评标委员会进行专家评审，确定中标、成交供应商。

政府采购招标评标方法分为最低评标价法和综合评分法。招标文件中没有规定的评标标准不得作为评审的依据。技术、服务等标准统一的货物和服务项目，应当采用最低评标价法。采用综合评分法的，评审标准中的分值设置应当与评审因素的量化指标相对应。

第三十一条 在招标采购中，出现下列情形之一的，应予废标，并将废标理由通知所有投标人：

（一）符合专业条件的供应商或者对招标文件作实质响应的供应商不足3家的；

（二）出现影响采购公正的违法、违规行为的；

（三）投标人的报价均超过了采购预算，单位不能支付的；

（四）因重大变故，采购任务取消的。

第三十二条 公开招标数额标准以上的货物和服务，投标截止后投标人不足3家或者通过资格审查或符合性审查的投标人不足3家的，除采购任务取消情形外，按照以下原则处理：

（一）招标文件存在不合理条款或者招标程序不符合规定的，各单位、代理机构改正后依法重新招标；

（二）招标文件没有不合理条款、招标程序符合规定，但需要采用其他采购方式采购的，各单位可依法经国家卫生健康委员会审核后报财政部批准。

第三十三条 采用竞争性谈判方式采购的，应当遵循下列程序：

（一）成立谈判小组。谈判小组由各单位代表和有关专家共 3 人以上单数组成，其中专家人数不得少于成员总数的三分之二。

（二）制定谈判文件。谈判文件应当明确谈判程序、谈判内容、合同草案的条款以及评定成交的标准等事项。

（三）确定邀请参加谈判的供应商名单。谈判小组从符合相应资格条件的供应商名单中确定不少于 3 家的供应商参加谈判，并向其提供谈判文件。

（四）谈判。谈判小组所有成员集中与单一供应商分别进行谈判，并给予所有参加谈判的供应商平等的谈判机会。在谈判过程中，谈判文件有实质性变动的，需经各单位代表确认，谈判小组应当以书面形式通知所有参加谈判的供应商。

（五）确定成交供应商。谈判小组应当从质量和服务均能满足采购文件实质性响应要求的供应商中，按照最后报价由低到高的顺序提出 3 名以上成交候选人，并编写评审报告。

各单位应当从评审报告提出的成交候选人中，根据质量和服务均能满足采购文件实质性响应要求且最后报价最低的原则确定成交供应商，也可以书面授权谈判小组直接确定成交供应商。

第三十四条 公开招标的货物、服务采购项目，招标过程中提交投标文件或者经评审实质性响应招标文件要求的供应商只有 2 家时，各单位、采购代理机构按照本办法第四十四条经财政部批准后可以与该 2 家供应商进行竞争性谈判采购。符合本条情形的，本办法第三十三条中规定的供应商最低数量可以为 2 家。

第三十五条 采取单一来源方式采购的，各单位应当组织具有相关经验的专业人员，与供应商遵循《政府采购法》及其实施条例等规定的原则，在保证采购项目质量和双方商定合理价格的基础上进行采购。

单一来源采购人员应当编写协商情况记录，并由采购全体人员签字认可。对记录有异议的采购人员，应当签署不同意见并说明理由。采购人员拒绝在记录上签字又不书面说明其不同意见和理由的，视为同意。协商情况记录主要内容包括：

（一）依据本办法第四十七条规定需要进行公示的，公示情况说明；

（二）协商日期和地点，采购人员名单；

（三）供应商提供的采购标的成本、同类项目合同价格以及相关专利、专有技术等情况说明；

（四）合同主要条款及价格商定情况。

第三十六条 采取询价方式采购的，应当遵循下列程序：

（一）成立询价小组。询价小组由各单位代表和有关专家共 3 人以上单数组成，其中专家人数不得少于成员总数的三分之二。询价小组应当对采购项目的价格构成和评定成交的标准等事项作出规定。

（二）确定被询价的供应商名单。询价小组根据采购需求，从符合相应资格条件的供应商名单中确定不少于 3 家的供应商，并向其发出询价通知书让其报价。询价通知书应当根据采购需求确定政府采购合同条款。

（三）询价。询价小组要求被询价的供应商一次报出不得更改的价格。在询价过程中，询价小组不得改变询价通知书所确定的政府采购合同条款。

（四）确定成交供应商。各单位根据符合采购需求、质量和服务相等且报价最低的原则确定成交供应商，并将结果通知所有被询价的未成交的供应商。

第三十七条 采用竞争性磋商方式采购的，应当遵循下列程序：

（一）成立磋商小组。磋商小组由各单位代表和评审专家共 3 人以上单数组成，其中评审专家人数不少于成员总数的三分之二。

（二）制定磋商文件。磋商文件应当包括供应商资格条件、采购邀请、采购方式、采购预算、采购需求、政府采购政策要求、评审程序、评审方法、评审标准、价格构成或者报价要求、响应文件编制要求、保证金交纳数额和形式以及不予退还保证金的情形、磋商过程中可能实质性变动的内容、响应文件提交的截止时间、开启时间及地点以及合同草案条款等。

（三）确定邀请参加磋商的供应商名单。磋商小组从符合相应资格条件的供应商名单中确定不少于3家的供应商参加磋商，并向其提供磋商文件。

（四）磋商。磋商小组所有成员应当集中与单一供应商分别进行磋商，并给予所有参加磋商的供应商平等的磋商机会。磋商文件有实质性变动的，需经各单位代表确认，磋商小组应当以书面形式通知所有参加磋商的供应商。

（五）确定成交供应商。经磋商确定最终采购需求和提交最后报价的供应商后，由磋商小组采用综合评分法对提交最后报价的供应商的响应文件和最后报价进行综合评分。磋商小组应当根据综合评分情况，按照评审得分由高到低顺序推荐3名以上成交候选供应商（符合本办法第二十七条第四项情形的，提交最后报价的供应商可以为2家，可以推荐2家成交候选供应商）。各单位按照评审得分排序由高到低的原则从候选供应商中确定成交供应商。

采用竞争性磋商采购方式采购的政府购买服务项目（含政府和社会资本合作项目），在采购过程中符合要求的供应商只有2家时，磋商可以继续进行。采购过程中符合要求的供应商（社会资本）只有1家的，各单位（项目实施机构）或者采购代理机构应当终止竞争性磋商采购活动，发布项目终止公告并说明原因，重新开展采购活动。

第三十八条　达到公开招标数额标准的货物或者服务采购项目，或者达到招标规模标准的政府采购工程，竞争性谈判小组或者询价小组应当由5人以上单数组成。

第三十九条　除财政部规定的情形外，各单位或者采购代理机构应当从政府采购评审专家库中随机抽取相关专业的评审专家。

第四十条　委预算管理的中央高校、科研院所采购科研仪器设备，可在政府采购评审专家库外自行选择评审专家。自行选择的评审专家与供应商有利害关系的，应当严格执行回避有关规定。评审活动完成后，中央高校、科研院所应当在评审专家名单中对自行选定的评审专家进行标注，并随同中标、成交结果一并公告。

评标委员会、竞争性谈判小组、询价小组或者竞争性磋商小组成员应当按照客观、公正、审慎的原则，根据采购文件规定的评审程序、评审方法和评审标准进行独立评审。采购文件内容违反国家有关强制性规定的，评标委员会、竞争性谈判小组、询价小组或者竞争性磋商小组应当停止评审并向采购单位或者采购代理机构说明情况。

评标委员会、竞争性谈判小组、询价小组或者竞争性磋商小组成员应当在评审报告上签字，对自己的评审意见承担法律责任。对评审报告有异议的，应当在评审报告上签署不同意见，并说明理由，否则视为同意评审报告。

各单位、采购代理机构不得向评标委员会、竞争性谈判小组、询价小组或者竞争性磋商小组的评审专家作倾向性、误导性的解释或者说明。

第四十一条　采购代理机构应当自评审结束之日起2个工作日内将评审报告送交各单位。各单位应当自收到评审报告之日起5个工作日内在评审报告推荐的中标或者成交候选人中按照顺序确定中标或者成交供应商。

各单位或者采购代理机构应当自中标、成交供应商确定之日起2个工作日内，发出中标、成交通知书，并在财政部指定的媒体上公告中标、成交结果，招标文件、竞争性谈判文件、询价通知书随中标、成交结果同时公告。

中标、成交结果公告内容应当包括各单位和采购代理机构的名称、地址、联系方式，项目名称和项目编号，中标或者成交供应商名称、地址和中标或者成交金额，主要中标或者成交标的名称、规格型号、数量、单价、服务要求以及评审专家名单。

第四十二条　除财政部规定的情形外，各单位、采购代理机构不得以任何理由组织重新评审。各单位、采购代理机构按照财政部的规定组织重新评审的，应当书面报告财政部。

各单位或者采购代理机构不得通过对样品进行检测、对供应商进行考察等方式改变评审结果。

第四十三条 各单位应当加强对政府采购业务质疑投诉答复的管理。指定部门或人员负责，按照国家有关规定做好政府采购业务质疑投诉答复工作。

第七章 政府采购方式变更管理

第四十四条 各单位达到公开招标数额标准的货物和服务采购项目，需要采用公开招标以外采购方式的，应当在采购活动开始前提出变更政府采购方式申请，经国家卫生健康委员会审核报财政部批准后实施。

第四十五条 各单位需要申请变更政府采购方式的，应当通过“计划管理系统”报送。因采购任务涉及国家秘密需要变更采购方式的，通过纸质文件报送。申请变更政府采购方式应当提交以下材料：

（一）变更采购方式申请公文。公文中应当载明以下内容：单位名称、采购项目名称、项目概况等项目基本情况说明，拟申请采用的采购方式和理由，联系人及联系电话等。申请变更为单一来源采购方式的，还需提供拟定的唯一供应商名称、地址；

（二）项目预算金额、预算批复文件或者资金来源证明；

（三）单位内部会商意见。采购部门或岗位应当组织财务、业务等相关部门（或岗位），根据采购需求和相关行业、产业发展状况，对拟申请采用采购方式的理由及必要性进行内部会商。会商意见应当由相关部门或岗位人员共同签字认可。申请变更为单一来源采购方式的，如符合本办法第二十五条第一项情形，在进行单位内部会商前，应当先组织3名以上专业人员对只能从唯一供应商处采购的理由进行论证。专业人员论证意见应当完整、清晰和明确，意见不明确或者含混不清的，属于无效意见，不作为审核依据。专业人员论证意见中应当载明专业人员姓名、工作单位、职称、联系电话和身份证号码。专业人员不能与论证项目有直接利害关系，不能是本单位或者潜在供应商及其关联单位的工作人员。

第四十六条 各单位符合《政府采购非招标采购方式管理办法》第二十七条第一款第一项和第二款情形，申请采用竞争性谈判采购方式的；公开招标过程中提交投标文件或者经评审实质性响应招标文件要求的供应商只有1家时，申请单一来源采购方式的，除按照本办法第四十五条第一项和第二项要求提供有关申请材料外，还应当提供以下材料：

（一）在中国政府采购网发布招标公告的证明材料；

（二）各单位、采购代理机构出具的对招标文件和招标过程没有供应商质疑的说明材料；

（三）评标委员会或3名以上评审专家出具的招标文件没有不合理条款的论证意见。

第四十七条 各单位申请采用单一来源采购方式，符合本办法第二十五条第一项情形的，在提出变更申请前，应当在中国政府采购网上公示，公示期不得少于5个工作日，公示材料为单一来源采购征求意见公示文书和专业人员论证意见。因公开招标过程中提交投标文件或者经评审实质性响应招标文件要求的供应商只有一家时，申请采用单一来源采购方式的，公示材料还包括评审专家和代理机构分别出具的招标文件无歧视性条款、招标过程未受质疑相关意见材料。公示情况随变更申请一并报送。因采购任务涉及国家秘密需要变更为单一来源采购方式的，可不进行公示。

单一来源采购征求意见公示文书内容应当包括：单位名称、采购项目名称和内容；公示的期限；拟采购的唯一供应商名称；国家卫生健康委员会、财政部政府采购监管部门的联系地址、联系人和联系电话。

任何供应商、单位或者个人对采用单一来源采购方式公示有异议的，可在公示期内将书面意见反馈给各单位，并同时抄送国家卫生健康委员会和财政部。

各单位收到对采用单一来源采购方式公示的异议后，应当在公示期满5个工作日内，组织补充论证，论证后认为异议成立的，应当依法采取其他采购方式；论证后认为异议不成立的，应当将异议意见、论证意见与公示情况一并报财政部。

第四十八条 未达到公开招标数额标准，符合本办法

第二十五条第一项规定情形，只能从唯一供应商处采购的政府采购项目，可以依法采用单一来源采购方式。此类项目在采购活动开始前，无需报上级部门批准，也无需在指定媒体上公示。

第四十九条 委预算管理的中央高校、科研院所达到公开招标数额标准的科研仪器设备采购项目需要采用公开招标以外的采购方式的，申请变更政府采购方式时可不再提供单位内部会商意见，但应当将单位内部会商意见随采购文件存档备查。

第五十条 按照财政部变更政府采购方式一揽子申报和批复的要求，各单位应当于每年4月30日、7月31日和10月31日前将本单位变更政府采购方式申请材料通过“计划管理系统”报送国家卫生健康委员会审核后上报财政部审批。

第八章 政府采购合同与执行管理

第五十一条 政府采购合同适用《中华人民共和国合同法》。各单位和供应商之间的权利和义务，应当按照平等、自愿的原则以书面合同方式约定。

第五十二条 各单位应当自中标、成交通知书发出之日起30日内，按照采购文件确定的事项，与中标、成交供应商签订书面政府采购合同。中标、成交通知书对各单位和中标、成交供应商均具有法律效力。中标、成交通知书发出后，各单位改变中标、成交结果的，或者中标、成交供应商放弃中标、成交项目的，应当依法承担法律责任。

第五十三条 政府采购合同格式应当参照财政部制定的政府采购合同标准文本。

第五十四条 各单位可以委托采购代理机构代表其与中标、成交供应商签订政府采购合同。由采购代理机构以单位名义签订合同的，应当提交各单位的授权委托书，作为合同附件。

第五十五条 中标或者成交供应商拒绝签订合同的，各单位可以按照评审报告推荐的中标或者成交候选人名单排序，确定下一候选人为中标或者成交供应商，也可以重新开展政府采购活动。

第五十六条 各单位应当自政府采购合同签订之日起2个工作日内，将政府采购合同在财政部指定的媒体上公告，但政府采购合同中涉及国家秘密、商业秘密的内容除外。

第五十七条 采购合同签订后，各单位应当及时通过“计划管理系统”，根据合同内容录入采购计划执行情况，并报送国家卫生健康委员会。

第五十八条 政府采购合同履行中，各单位需追加与合同标的相同的货物、工程或者服务的，在不改变合同其他条款的前提下，可以与供应商协商签订补充合同，但所有补充合同的采购金额不得超过原合同采购金额的10%。

第五十九条 各单位应当加强对涉密政府采购项目安全保密的管理。对于涉密政府采购项目，各单位应当与相关供应商或采购代理机构签订保密协议或者在合同中设定保密条款。

第六十条 政府采购合同订立后，各单位应当按照合同约定履行的义务和责任，不得擅自变更、中止或者终止合同，但政府采购合同继续履行将损害国家利益和社会公共利益的除外。

第六十一条 各单位应当加强对政府采购项目验收的管理。各单位或者采购代理机构应当成立验收小组，按照采购合同的约定对供应商履约情况进行验收。验收时，应当按照采购合同的约定对每一项技术、服务、安全标准的履约情况进行确认。验收结束后，应当出具验收书，列明各项标准的验收情况及项目总体评价标准，由验收双方共同签署。验收结果应当与采购合同约定的资金支付及履约保证金返还条件挂钩。履约验收的各项资料应当存档备查。

第六十二条 各单位应当加强对政府采购业务的记录管理。妥善保存政府采购文件，不得伪造、变造、隐匿或者销毁。采购文件的保存期限为从采购结束之日起至少保存15年。

采购文件包括采购活动记录、采购预算、招标文件、投标文件、评标标准、评估报告、定标文件、合同文本、验收证明、质疑答复、投诉处理决定、影像资料及其他有关文件、资料。采购文件可以用电子档案方式保存。

采购活动记录至少应当包括下列内容：

（一）采购项目类别、名称；

（二）采购项目预算、资金构成和合同价格；

（三）采用方式，采用公开招标以外的采购方式的，应当载明原因；

（四）邀请和选择供应商的条件及原因；

（五）评标标准及确定中标人的原因；

（六）废标的原因；

（七）采用招标以外采购方式的相应记载。

第六十三条　每季度结束后10日内，各单位应当通过“计划管理系统”生成计划执行情况信息统计报表，并报送国家卫生健康委员会。

年度结束后15日内，各单位应当总结上年度政府采购工作，分析政府采购预算执行情况，并向国家卫生健康委员会报送政府采购信息统计报表和分析报告。

第九章　监督检查

第六十四条　国家卫生健康委员会对各单位政府采购工作情况进行监督检查，定期或不定期开展专项检查，各单位应当如实反映情况，并提供有关材料。监督检查主要内容包括：

（一）政府采购有关法律法规和规章制度的执行情况；

（二）政府采购制度建设及内部控制管理情况；

（三）政府采购备案、审核或审批事项的执行情况；

（四）政府采购预算、计划和执行的编报情况；

（五）集中采购项目的执行情况；

（六）政府采购信息公开情况；

（七）政府采购合同的订立、履约验收和资金支付情况；

（八）对供应商询问和质疑的答复情况；

（九）政府采购其他相关事项。

第六十五条　各单位接受财政部、审计署等相关部门对政府采购工作的监督管理，应当积极配合有关部门对采购活动发现疑点问题进行核实处理，对违规问题及时进行整改。

第六十六条　任何单位和个人对政府采购活动的违法行为，有权检举和控告。有关部门、机关应当依照各自职责及时处理。

第十章　附　　则

第六十七条　各单位使用国际组织和外国政府贷款进行的政府采购，若双方协议中对采购事项有明确具体规定的，可以适用其规定，但不得损害国家利益和社会公共利益。若双方协议中对采购事项没有明确具体规定的，参照《政府采购法》及其实施条例、财政部政府采购有关规定和本办法执行。

第六十八条　因严重自然灾害和其他不可抗力事件所实施的紧急采购和涉及国家安全和秘密的采购，不适用本办法。

第六十九条　各单位根据本办法制订具体管理办法并报国家卫生健康委员会备案。

第七十条　本办法自印发之日起施行。原卫生部印发的《卫生部政府采购工作实施细则（试行）》（卫规财发〔2007〕302号）和原国家人口计生委印发的《国家人口和计划生育委员会政府采购实施细则》（人口厅发〔2009〕49号）同时废止。

国有金融企业集中采购管理暂行规定

1. 2018年2月5日财政部发布

2. 财金〔2018〕9号

3. 自2018年3月1日起施行

第一章　总　　则

第一条　为规范国有金融企业集中采购行为，加强对采购支出的管理，提高采购资金的使用效益，根据国家有关法律、行政法规和部门规章，制定本规定。

第二条　国有金融企业实施集中采购适用本规定。

本规定所称国有金融企业，包括所有获得金融业务许可证的国有企业，以及国有金融控股公司、国有担保公司和其他金融类国有企业。按现行法律法规实行会员制的金融交易场所参照本规定执行。

本规定所称集中采购，是指国有金融企业以合同方式有偿取得纳入集中采购范围的货物、工程和服务的行为。

第三条　国有金融企业集中采购应当遵循公开、公平、公正、诚实信用和效益原则。

第四条　国有金融企业开展集中采购活动应符合国家

有关规定，建立统一管理、分级授权、相互制约的内部管理体制，切实维护企业和国家整体利益。

第五条　国有金融企业集中采购应优先采购节能环保产品。

第二章　组织管理

第六条　国有金融企业应建立健全集中采购决策管理职能与操作执行职能相分离的管理体制。

第七条　国有金融企业应成立集中采购管理委员会，成员由企业相关负责人以及财务、法律等相关业务部门负责人组成，负责对公司集中采购活动进行决策管理。国有金融企业纪检、监察、审计等部门人员可列席集中采购管理委员会会议。

国有金融企业集中采购管理委员会的主要职责包括：

（一）审定企业内部集中采购管理办法等制度规定；

（二）确定企业集中采购目录及限额标准；

（三）审定采购计划并审查采购计划的执行情况；

（四）审议对业务活动和发展有较大影响的采购事项；

（五）采购活动中涉及的其他重要管理和监督事宜。

第八条　国有金融企业可指定具体业务部门或根据实际设立集中采购日常管理机构，具体实施集中采购活动。根据集中采购项目具体情况，国有金融企业可自行采购或委托外部代理机构办理采购事宜。

第九条　国有金融企业采用公开招标、邀请招标方式采购的，应依法组建评标委员会负责采购项目评审。采用竞争性谈判、竞争性磋商、询价等非招标方式采购的，应参照政府采购的相关要求并结合本单位实际，成立谈判、磋商或询价小组。

第十条　国有金融企业总部可建立或联合建立集中采购项目评审专家库。评审专家成员由国有金融企业财务、技术等内部专业人员，以及相关技术、经济等方面的外部专家组成。如不具备上述建库条件的企业，应合理使用招标代理机构等外部的评审专家库。

第十一条　一般采购项目从评审专家库中随机抽取选定评审专家，对技术复杂、专业性强或者有特殊要求的采购项目，通过随机抽取方式难以确定合适评审专家的，可由国有金融企业按程序自行选定。

第三章　制度建设

第十二条　国有金融企业可参考省级以上人民政府定期发布的集中采购目录及标准，结合企业实际情况，制定本企业的集中采购目录及限额标准。

第十三条　国有金融企业应依据国家有关法律法规和本规定，制定企业内部集中采购管理办法。

第十四条　国有金融企业内部集中采购管理办法，应至少包括以下内容：

（一）明确公司集中采购范围，以及不同采购方式的具体适用情形；

（二）实施集中采购的具体程序，包括编制采购计划、采购项目立项、编制采购需求、实施采购、签订合同、采购验收、资金结算、档案管理等；

（三）明确集中采购活动的内部监督检查主体及职责；

（四）对违法违规和违反职业道德等人员和单位的处理处罚措施等。

第十五条　国有金融企业应当建立健全内部监督管理制度，加强对集中采购的内部控制和监督检查，切实防范采购过程中的差错和舞弊行为。

第十六条　国有金融企业应建立相互监督、相互制约的采购活动决策和执行程序，并明确具体采购项目经办人员与负责采购合同审核、验收人员的职责权限，做到相互分离。

第十七条　国有金融企业应对分支机构的集中采购行为做好业务指导和管理。

第四章　采购方式

第十八条　国有金融企业集中采购可以采用公开招标、邀请招标、竞争性谈判、竞争性磋商、单一来源采购、询价，以及有关管理部门认定的其他采购方式。

第十九条　对纳入集中采购范围的采购项目，国有金融企业原则上应优先采用公开招标或邀请招标的方式。需要采用非招标采购方式的，应符合本规定要求，并在采购活动开始前，按企业内部集中采购管理规定报批。

第二十条 符合下列情形之一的集中采购项目,可以采用邀请招标方式采购:

(一)具有特殊性,只能从有限范围的供应商处采购的;

(二)采用公开招标方式的费用占该采购项目总价值的比例过大的;

(三)企业内部集中采购管理办法列明的其他适用情形。

第二十一条 符合下列情形之一的集中采购项目,可以采用竞争性谈判方式采购:

(一)招标后没有供应商投标或者没有合格标的或者重新招标未能成立的;

(二)技术复杂或者性质特殊,不能确定详细规格或者具体要求的;

(三)采用招标所需时间不能满足用户紧急需要的;

(四)不能事先计算出价格总额的;

(五)企业内部集中采购管理办法列明的其他适用情形。

第二十二条 符合下列情形之一的集中采购项目,可以采用竞争性磋商方式采购:

(一)购买服务项目;

(二)技术复杂或者性质特殊,不能确定详细规格或者具体要求的;

(三)因专利、专有技术或者服务的时间、数量事先不能确定等原因不能事先计算出价格总额的;

(四)市场竞争不充分的科研项目;

(五)按照招标投标法及其实施条例必须进行招标的工程建设项目以外的工程建设项目;

(六)企业内部集中采购管理办法列明的其他适用情形。

第二十三条 符合下列情形之一的集中采购项目,可以采用单一来源方式采购:

(一)只能从唯一供应商处采购的;

(二)发生了不可预见的紧急情况不能从其他供应商处采购的;

(三)必须保证原有采购项目一致性或者服务配套的要求,需要再次向原供应商采购的;

(四)企业内部集中采购管理办法列明的其他适用情形。

第二十四条 集中采购项目符合货物规格、标准统一,现货货源充足且价格变化幅度小等条件的,经企业内部集中采购管理办法列明,可以采用询价方式采购。

第五章 采购管理

第二十五条 国有金融企业应按采购计划实施集中采购,并纳入年度预算管理。计划外的集中采购事项,应按企业内部相关规定报批。采购计划的重大调整,应按程序报集中采购管理委员会审议。

第二十六条 国有金融企业不得将应当以公开招标方式采购的项目化整为零或者以其他任何方式规避公开招标采购。

第二十七条 国有金融企业根据中标或成交结果签订采购合同,采购合同应经内部法律部门或法律中介机构审核。

第二十八条 国有金融企业要做好集中采购信息公开工作,通过企业网站、招标代理机构网站或省级以上人民政府财政部门指定的政府采购信息公开媒体等公开渠道,向社会披露公开招标和非公开招标的采购项目信息,涉及国家秘密、商业秘密的内容除外。

采用公开招标方式的,应当按规定发布招标公告、资格预审公告,公示中标候选人、中标结果等全流程信息。中标结果公示内容包括但不限于招标项目名称、招标人、招标代理机构、招标公告日期、中标人、中标内容及价格等基本要素。招标公告及中标结果应在同一渠道公开。

采用非公开招标方式的,应在采购合同签订之日起 3 个工作日内,公告成交结果,包括但不限于采购内容、采购方式、候选供应商、中选供应商、合同确定的采购数量、采购价格等基本要素。

第六章 监督检查

第二十九条 国有金融企业应认真执行本规定,在年度财务报告中披露对企业成本、费用影响重大的集中采购事项,自觉接受财政、审计等相关部门的监督检查。

第三十条 对国有金融企业实施的招标等集中采购活

动,投标商及相关方认为有任何违法违规问题的,可按规定向国有金融企业的主管财政机关以及国家有关部门投诉。

第三十一条 企业采购当事人不得互相串通损害企业利益、国家利益、社会公共利益和其他当事人的合法权益。

第三十二条 对采购当事人泄露标底等应当保密的与采购活动有关的情况和资料以及其他违反有关法律、行政法规和本规定的行为,依法追究责任。

第七章 附 则

第三十三条 国有金融企业使用国际组织、外国政府、外国法人、以及其他组织和个人的贷款或者赠款进行采购,贷款或赠款人对采购方式有约定的,可从其约定,但不得损害国家利益和社会公共利益。

第三十四条 本规定自2018年3月1日起施行。《关于加强国有金融企业集中采购管理的若干规定》(财金〔2001〕209号)同时废止。

交通运输部部属单位政府采购管理办法

1. 2017年1月9日交通运输部发布

2. 交财审发〔2016〕221号

第一章 总 则

第一条 为加强交通运输部政府采购管理,规范政府采购行为,提高政府采购资金的使用效益,根据《中华人民共和国政府采购法》(以下简称《政府采购法》)及其实施条例等有关法律法规,制定本办法。

第二条 纳入交通运输部部门预算管理的部属单位(以下称采购人),使用财政性资金实施的政府采购活动,适用本办法。

财政性资金是指纳入预算管理的资金。以财政性资金作为还款来源的借贷资金,视同财政性资金。

采购项目既使用财政性资金又使用非财政性资金的,使用财政性资金采购的部分,适用《政府采购法》及其实施条例;财政性资金与非财政性资金无法分割采购的,统一适用《政府采购法》及其实施条例。

第三条 本办法所称政府采购,是指采购人使用财政性资金采购依法制定的集中采购目录以内的或者采购限额标准以上的货物、工程和服务的行为。

第四条 政府采购应当遵循公开、公平、公正和诚实信用的原则。

第五条 政府采购实行集中采购和分散采购相结合的组织形式。

集中采购,是指采购人将列入集中采购目录的项目委托集中采购机构代理采购或者进行部门集中采购的行为。集中采购目录包括集中采购机构采购项目和部门集中采购项目。

分散采购是指采购人将采购限额标准以上的未列入集中采购目录的项目自行采购或者委托采购代理机构代理采购的行为。

本办法所指的集中采购是属于中央预算的政府采购项目,其集中采购目录由国务院确定并公布。

第六条 政府采购工程以及与工程建设有关的货物、服务,采用招标方式采购的,适用《中华人民共和国招标投标法》及其实施条例;采用其他方式采购的,适用《政府采购法》及其实施条例。

前款所称工程,是指建设工程,包括建筑物和构筑物的新建、改建、扩建及其相关的装修、拆除、修缮等;所称与工程建设有关的货物,是指构成工程不可分割的组成部分,且为实现工程基本功能所必需的设备、材料等;所称与工程建设有关的服务,是指为完成工程所需的勘察、设计、监理等服务。

政府采购工程以及与工程建设有关的货物、服务,应当执行政府采购政策。

第七条 政府采购项目评审专家的确定,应当按照财政部有关规定,由采购人或采购代理机构从政府采购评审专家库中随机抽取。

京外采购人确有特殊需要的,可以从所在地市级或上一级财政部门专家库抽取并向上级单位备案。采购项目有特殊需要的,经向财政部备案后,可以在异地财政部门专家库中抽取评审专家。

第二章 机构设置与职责分工

第八条 交通运输部设立部政府采购领导小组,作为政府采购的领导机构,由主管副部长和相关司局的领导组成。主要职责是：

（一）审定交通运输部政府采购管理办法及相关规章制度；

（二）根据国务院规定，审定调整部门集中采购项目；

（三）审定部门集中采购代理机构；

（四）审定部门集中采购年度计划；

（五）对政府采购管理工作中遇到的重大问题进行决策和协调；

（六）研究处理政府采购工作中重大违纪违规问题。

第九条　部财务审计司是交通运输部政府采购工作的具体管理部门，负责交通运输部政府采购的管理和监督工作。主要职责是：

（一）研究制定交通运输部政府采购管理办法及相关制度；

（二）指导、监督、检查采购人和交通运输部委托的集中采购机构的政府采购工作；

（三）组织编制、汇审、报送交通运输部年度政府采购预算；

（四）审核、报送采购人的采购计划、执行情况和统计报表，编报交通运输部政府采购信息统计报表；

（五）审核、报送采购人填报的备案和审批事项；

（六）组织部属单位政府采购人员的培训；

（七）按规定权限受理采购活动中的投诉事项；

（八）其他事项。

第十条　部门集中采购项目应通过交通运输部委托的集中采购机构进行采购。

本办法所称交通运输部委托的集中采购机构是指：经国家有关部门同意设立的交通运输部集中采购机构和交通运输部委托办理集中采购事宜的其他集中采购代理机构。

第十一条　政府采购日常管理工作归口采购人的政府采购部门负责。采购人在政府采购中的主要职责是：

（一）研究制定本单位政府采购管理办法；

（二）编报本单位政府采购预算和采购计划，并组织实施；

（三）提供采购清单及有关资料，参与集中采购的相关招标工作；

（四）组织实施本单位的分散采购工作；

（五）按规定上报变更采购方式、进口产品采购申请资料；

（六）按要求签订和履行采购合同；

（七）编报本单位政府采购执行情况；

（八）编报本单位政府采购统计信息报表；

（九）按要求公开政府采购信息。

第三章　政府采购方式

第十二条　政府采购采用公开招标、邀请招标、竞争性谈判、竞争性磋商、单一来源、询价和国务院政府采购监督管理部门认定的其他采购方式。

第十三条　政府采购货物和服务，单项或批量采购金额达到国务院规定需公开招标数额标准的，应当采用公开招标采购方式。

采购人不得将政府采购项目化整为零或采取其他方式规避公开招标，有关人员不得利用职权干预和插手招投标工作。

第十四条　符合下列情形之一的货物或者服务，可以采用邀请招标方式采购：

（一）具有特殊性，只能从有限范围的供应商处采购的；

（二）采用公开招标方式的费用占采购项目总价值的比例过大的。

第十五条　符合下列情形之一的货物或者服务，可以采用竞争性谈判方式采购：

（一）招标后没有供应商投标或者没有合格标的或者重新招标未能成立的；

（二）技术复杂或者要求特殊，不能确定详细规格或具体要求的；

（三）采购人不可预见的或者非因采购人拖延导致采用招标所需时间不能满足用户紧急需要的；

（四）因艺术品采购、专利、专有技术或者因服务的时间、数量事先不能确定等原因不能事先计算出价格总额的。

第十六条 符合下列情形之一，可以采用竞争性磋商方式采购：

（一）政府购买服务项目；

（二）技术复杂或者性质特殊，不能确定详细规格或者具体要求的；

（三）因艺术品采购、专利、专有技术或者服务的时间、数量事先不能确定等原因不能事先计算出价格总额的；

（四）市场竞争不充分的科研项目，以及需要扶持的科技成果转化项目；

（五）按照招标投标法及其实施条例必须进行招标的工程建设项目以外的工程建设项目。

第十七条 符合下列情形之一的货物或者服务，可以采用单一来源采购方式采购：

（一）因货物或者服务使用不可替代的专利、专有技术，或者公共服务项目具有特殊要求，导致只能从某一特定供应商处采购的；

（二）发生不可预见的紧急情况不能从其他供应商处采购的；

（三）因保证原有采购项目一致性或者服务配套的要求，需要继续从原有供应商处添购，且添购金额不超过原合同采购金额10%的。

第十八条 采购的货物规格、标准统一，现货货源充足且价格变化幅度小的政府采购项目，可按国家法律规定采用询价方式采购。

第四章 政府采购程序

第十九条 政府采购程序应根据政府采购有关法律、法规和规章要求进行。主要包括：编制政府采购预算，制定政府采购计划，明确采购组织方式和选定采购方式，组织采购，签订采购合同，验收和付款，结算记账，编报执行情况和统计信息报表，政府采购文件的归档和管理等。

第二十条 采购人在编制单位年度预算时，应将政府采购项目及资金预算在政府采购预算表中单列，根据部门预算编制的要求细化到具体采购品目，并按规定程序逐级上报财政部，经批准后组织实施。

预算执行中部门预算资金调剂需要明确政府采购预算的，应按预算调剂的有关程序和规定一并办理，由部报财政部审核批复。

第二十一条 除部门预算资金调剂情形外，预算执行中预算支出总金额不变但需要单独调剂政府采购预算的类别（货物、工程、服务）和金额，以及使用非财政拨款资金采购需要明确政府采购预算的，由采购人按程序逐级报送至部，经部审核后报财政部备案。

第二十二条 未列入政府采购预算的采购项目，不得实施采购。

第二十三条 采购人应在财政部批复部门预算后，按规定编制政府采购计划，并通过财政部政府采购计划管理系统逐级报送至部，经部审核后报财政部备案。

第二十四条 列入政府集中采购目录的采购项目，应该委托政府集中采购代理机构采购。因特殊情况需要实行单位自行采购的，采购人应当在采购活动开始前向部提出申请，经部审核转报财政部批准后方可实施。

第二十五条 列入政府集中采购目录且以协议供货形式采购的项目，采购人可按中央国家机关政府采购中心的规定，办理具体采购事宜。

第二十六条 列入批量集中采购目录中的品目，采购人应按规定上报本单位批量集中采购计划。实施品目以财政部的规定为准。

第二十七条 列入批量采购范围的，确因特殊情况需要采用协议供货方式紧急采购或采购特殊配置品目的，应报部批准。当年协议供货采购数量按财政部有关规定执行。

第二十八条 属于部门集中采购目录范围但因特殊情况需要实行单位自行采购的，应报部审核批准后方可实施。

第二十九条 集中采购机构采购应当遵循以下工作程序：

（一）采购人根据已批复的政府采购预算编制政府采购计划。

（二）签订委托代理协议。采购人与集中采购机构应当在集中采购开始前签订委托代理协议，按照平等自愿原则确定委托代理事项，约定双方在编制采购文件、确定评标办法与中标标准、组建评标委员会、评标、定标等方面的权利与义务。

集中采购委托代理协议可以按项目签订,也可以按年度签订一揽子协议。按年度签订一揽子协议后,个别具体项目有特殊要求的,可另行签订补充协议。

(三)制订操作方案。采购人与集中采购机构应根据协议供货或定点采购项目的具体情况协商制定操作方案。

(四)组织采购。集中采购机构应采用公开招标方式或经批准的其他采购方式,以及经备案或审批的操作方案开展采购活动。

(五)确定中标、成交结果。采购人应与集中采购机构协商确定中标或成交结果的处理事宜,并按相关规定发出中标或成交通知书、发布中标或成交公告。

(六)采购人应当自中标、成交通知书发出之日起30日内,与中标、成交供应商签订采购合同。

第三十条　部门集中采购应当遵循以下工作程序:

(一)细化部门集中采购项目。采购人应当根据交通运输部下达的政府采购预算,将本单位及所属单位实行部门集中采购的项目预算,逐级下达到所属单位采购人。

(二)编制计划。采购人按规定的程序和要求编制部门集中采购实施计划逐级上报交通运输部委托的集中采购机构,同时报部备案。

(三)制定方案。交通运输部委托的集中采购机构汇总部门集中采购实施计划后,制定具体操作方案。

(四)实施采购。交通运输部委托的集中采购机构根据委托代理协议,依法采用相应的采购方式组织采购活动。

(五)上述采购活动完成后,应当及时确定中标、成交供应商,向其发出中标或成交通知书,同时发布中标、成交公告。

(六)采购人在中标、成交通知书发出之日起30日内,应与中标、成交供应商签订采购合同。交通运输部委托的集中采购机构与采购人应按采购合同组织验收工作。

(七)集中采购项目采用协议供货的,比照中央国家机关政府采购中心和交通运输部委托的集中采购机构的有关规定办理。

第三十一条　属于单位自行采购的项目,采购人可以自行组织采购,也可以委托交通运输部委托的集中采购机构或其它政府采购代理机构代理采购。单位自行采购应当遵循以下工作程序:

(一)编制计划。采购人根据已批复的政府采购预算,按照规定的程序和要求,编制采购计划。

(二)实施采购。采购人依法采用相应的采购方式组织采购活动。委托政府采购代理机构采购的,应当签订委托代理协议。

(三)采购活动完成后,应当及时确定中标、成交供应商,向其发出中标或成交通知书,同时发布中标、成交公告。

(四)采购人应在中标、成交通知书发出之日起30日内,与中标、成交供应商签订采购合同。

第三十二条　因特殊情况对单项或批量采购金额达到公开招标数额标准的采购项目需要采用公开招标以外的采购方式的或因特殊情况需要采购非本国货物、工程或服务的,应分别报送采购方式变更申请和采购进口商品申请,经部审核转报财政部批准后方可实施。

采购人是中央高校、科研院所的,采购进口科研仪器设备实行备案制管理。

第三十三条　采购人应当优先采购本国货物、工程和服务。采购货物时应落实国家节能、环保产品政府强制采购和优先采购相关政策,按规定采购节能产品和环境标志产品。

第五章　政府采购合同和信息管理

第三十四条　政府采购应当依法签订政府采购书面合同。采购合同应当由采购人与中标、成交供应商签订,也可以根据具体组织形式委托相关集中采购机构与中标、成交供应商签订。

第三十五条　采购合同应当明确采购商品或服务的名称、数量、规格、质量、性能、价格(酬金)以及履行合同的时间、地点、方式和违约责任等内容。

第三十六条　采购人委托政府采购代理机构进行采购的,应当签订委托代理协议,确定委托代理事项,约定采购人和采购代理机构的权利和义务。采购代理机构以采购人名义签订采购合同的,委托代理协议作为采购合同附件。

第三十七条 在政府采购合同履行过程中,采购人需追加与合同标的相同的货物或者服务的,在不改变合同其他条款的前提下,可以与供应商协商签订补充合同,但所有补充合同的采购金额不得超过原合同采购金额的10%。

第三十八条 除经政府采购合同的双方当事人协商一致,已签合同不得擅自变更、中止或者终止。

第三十九条 采购人、集中采购机构和其他政府采购代理机构应当按照合同约定的技术、服务、安全标准,对履约情况进行验收,并出具验收书。验收书应当包括每一项技术、服务、安全标准的履约情况。大型或者复杂的政府采购项目,应当邀请国家认可的质量检测机构参加验收工作。

政府向社会公众提供的公共服务项目,验收时应当邀请服务对象参与并出具意见,验收结果应当向社会公开。

履约验收应当依据事先规定的标准和要求,凡符合事先确定标准的,即为验收合格。当事人对验收结论有异议的,应当请国家有关专业检测机构进行检测。

第四十条 采购人应按合同约定支付采购合同款。纳入财政直接支付范围的采购项目,采购人按照确定的合同和财政部有关要求,确认供应商已严格按照合同约定提供采购服务后,填报直接支付申请书,经财政部专员办审核无误后,按照合同约定将采购资金直接支付供应商。

未纳入财政直接支付范围的采购项目,由采购人按规定的资金管理渠道和合同约定付款。

第四十一条 采购人向财政部门申请支付政府采购进口产品资金时,应当提供财政部门审核同意文件、采购合同和产品报关单等材料,确保所采购的产品规格、数量金额等与审批或采购文件的规定一致,否则不予支付。

第四十二条 有下列情况之一的,财务部门可不予支付资金:

(一)采购方式和程序不符合规定的;

(二)未按规定在指定媒体公告信息的;

(三)未使用财政部监制的政府采购合同标准文本的,但有特殊规定的除外;

(四)列入集中采购目录而未实行集中采购的;

(五)其他不符合政府采购相关规定的情况。

第四十三条 采购人应加强对实施政府采购新增资产的核算和管理,对已交付办理验收手续的资产,应在验收当月办理新增资产的登记入账手续。

第四十四条 采购活动结束后,采购人应按规定编报政府采购计划执行情况。

采购人应在每年年末将本单位年度政府采购情况,按规定格式编制政府采购统计信息报表,并对政府采购预算执行情况进行统计、分析,撰写统计分析报告,按规定程序报部汇总审核后,报送财政部。

第四十五条 采购文件的保存期限从采购结束之日起至少15年,可以用电子档案方式保存。采购文件包括采购活动记录、采购预算、招标文件、投标文件、评标标准、评估报告、定标文件、合同文本、验收证明、质疑答复、投诉处理决定及其他有关文件、资料。

第四十六条 采购人应按照国家有关法律、法规和规章,在财政部指定的政府采购信息发布媒体上向社会公开披露采购项目信息。其中涉及国家机密和商业秘密的内容除外。

采购项目信息,包括采购项目公告、采购文件、采购项目预算金额、采购结果等信息。

国家有关法律、法规和规章规定应当公开的其他政府采购信息,由相关主体依法公开。

第四十七条 采购人的政府采购工作制度、办事程序和重大采购事项必须在单位内部公开。

第六章 监督检查

第四十八条 部依法对采购人的政府采购活动进行监督检查,依托中国政府采购网、政府采购计划管理系统等信息系统对采购执行情况实行动态监管,及时纠正违反本办法的各种采购行为。采购人应当积极接受行业主管部门的监督检查,如实报告有关情况,及时提供有关材料。

第四十九条 采购人应按照分事行权、分岗设权、分级授权的原则，建立健全政府采购活动内部控制制度，并依据本办法的有关规定，加强对本单位及所属单位政府采购活动的监督检查。

第五十条　监督检查的主要内容：

（一）政府采购制度的制定及执行情况；

（二）单位内部政府采购职责分工及履行情况；

（三）政府采购人员职业素质和专业技能；

（四）政府采购预算和计划的编制情况；

（五）政府采购项目具体实施情况；

（六）政府采购审批和备案事项的执行情况；

（七）政府采购信息统计上报及公告情况；

（八）政府采购档案的保管情况；

（九）政府采购方式、采购程序和评审专家的选用情况；

（十）政府采购合同的订立、履行和资金支付情况；

（十一）对供应商询问和质疑的处理情况；

（十二）国家有关法律、法规和规章制度的执行情况；

（十三）其他与政府采购工作相关的内容。

第五十一条　政府采购活动过程中的各方法律责任依据《政府采购法》及其实施条例的规定执行。

第七章　附　　则

第五十二条　采购人应依据本办法制定本单位政府采购管理工作的具体规定，并报部备案。

第五十三条　本办法自2017年1月1日起施行，有效期5年。原《关于印发交通部行政事业单位政府采购管理办法的通知》（交财发〔2007〕474号）同时废止。

3. 政策功能

财政部关于做好政府采购框架协议采购工作有关问题的通知

1. 2022年5月16日
2. 财库〔2022〕17号

各中央预算单位，各省、自治区、直辖市、计划单列市财政厅（局），新疆生产建设兵团财政局，有关集中采购机构：

《政府采购框架协议采购方式管理暂行办法》（财政部令第110号，以下简称《办法》）已于2022年3月1日开始施行。为进一步做好政府采购框架协议采购工作，提升《办法》实施效果，现就有关问题通知如下：

一、加强框架协议采购组织协调。《办法》对多频次、小额度采购活动进行了规范，是落实《深化政府采购制度改革方案》的重要内容，也是对政府采购管理制度的一次重要完善与创新。各级集中采购机构、主管预算单位要充分理解把握《办法》对框架协议采购的规范性要求，切实做好需求标准确定、采购方案拟定、供应商入围征集和合同履约管理等工作。各级财政部门要认真做好组织协调，进一步清理违规设置的供应商备选库、名录库、资格库，加强对框架协议采购方案的审核备案管理，切实抓好《办法》确定的公平竞争机制建设，平稳有序推进框架协议采购的实施。

二、处理好集中采购相关问题的衔接。《办法》施行后，财政部关于协议供货、定点采购的规定不再执行，地方各级财政部门要对涉及协议供货、定点采购的制度规定进行清理规范。《办法》施行前订立的协议供货、定点采购协议，可以继续执行至期限届满。已实施批量集中采购的品目，按现有规定继续推进和完善批量集中采购工作。

对一些地方或者部门缺乏专业实施力量的问题，省级财政部门可以结合本地实际，通过修订集中采购目录或者制定专门办法，适当调整相关品目实施的组织形式。有条件的地方，还可以通过跨级次、跨地区统筹确定征集主体推进实施，并同步开展集中采购机构竞争试点。

三、推动采购需求标准的制定。各级财政部门要指导集中采购机构、主管预算单位结合业务特点合理确定各类产品的需求标准，逐步提高标准的科学性和完整程度，做到客观、细化、可评判、可验证，无明确需求标准的不得开展框架协议采购。要合理确定不同等次、规格产品的最高限制单价，综合考虑采购历史成交价格与市场调查情况，平衡采购需求标准与成本价格的关系，做到最高限制单价与采购需求标准相匹配。

集中采购机构、主管预算单位应当高度重视服务项目需求标准的制定工作。对实施开放式框架协议的服务类采购，特别是向社会提供公共服务的项目，各级财政部门要对主管预算单位的市场调查情况及成本构成重点把关，严禁服务内容及最高限制单价突破预算和其他购买公共服务的政策要求。条件成熟时，省级财政部门可以会同相关部门制定发布统一的服务需求标准。对新开展的公共服务类框架协议采购项目，财政部门可以指导相关部门先以封闭式框架协议采购开展试点，时机成熟后再按规定实施开放式框架协议采购。

四、加强采购方案审核备案管理。集中采购机构、主管预算单位应当按照不同品目分类拟定采购方案，报本级财政部门审核或者备案。各级财政部门要按照公平公正、促进竞争、讲求绩效的原则，加强对集中采购机构框架协议采购方案的审核。重点包括：一是实施范围审核。要认真落实“适用于小额零星采购”以及“以封闭式框架协议为主”的基本原则，严格把控相应实施范围。其中，小额零星采购严格限定在采购人需要多频次采购，且单笔采购金额未达到政府采购限额标准的范围内。严禁出现《办法》对政府限价服务、专用设备、公共服务等采购的一些特殊规定在适用范围上的扩大。二是竞争机制审核。要严格执行“需求明确、竞争价格”的评审要求，同时把握对各品目分级、分类、分包的合理性，防止品目拆分过细带来的竞争不充分等问题。对专用设备采购，要严格控制质量优先法的适用，加强对需求标准、最高限制单价以及竞争淘汰率的匹配性审核。三是其他重要问题审核。包括落实政府采购政策，以及防止政府采购“专供”、高价专用耗材捆绑问题的措施等。

主管预算单位的框架协议采购方案实行备案管理。财政部门在备案中发现存在擅自扩大适用范围、需求标准不合理不明确、开放式框架协议采购缺乏供应商申请办法、公共服务标准及最高限制单价不符合相关规定等问题的，可以要求相关单位改正后实施，也可以通过监督检查或者投诉处理进行监管。

五、落实政府采购政策。框架协议采购要落实政府采购政策，细化政策执行措施。政府绿色采购、促进中小企业发展等采购政策原则上在框架协议采购的第一阶段落实，第二阶段交易不再作要求；政府采购进口产品管理要求在第二阶段落实。在落实绿色采购政策方面，对实施强制采购或者执行强制性绿色采购标准的品目，应当将符合绿色采购政策作为实质性要求，对实施优先采购或者执行推荐性绿色采购标准的品目，应当在评审时给予相关供应商评审优惠；在支持中小企业政策方面，对符合条件的小微企业，应当按照《政府采购促进中小企业发展管理办法》的规定给予价格扣除优惠政策；在进口产品管理方面，对检测、实验、医疗等专用仪器设备，确有采购进口产品需求的，采购方案中可以就相应的进口产品设置采购包，但第二阶段采购人在采购入围进口产品前，需按规定履行相关核准程序。

省级财政部门可以探索选择特定货物、服务品目，专门面向残疾人福利性单位、基层群众性自治组织等特殊主体设置采购包，要求采购人在采购相关货物、服务时，将合同授予该采购包的入围供应商。

六、推进框架协议电子化采购系统建设。省级财政部门应当按照《办法》确定的业务规则、预算管理一体化规范和技术标准，统筹协调电子化采购系统的建设和拓展完善，实现互联互通和业务协同。集中采购目录以外、未达到采购限额标准的采购活动，可以继续通过电子卖场开展，但不得强制采购人通过电子卖场交易。

在框架协议采购全流程电子系统建设完成之前，框架协议采购可以在已有电子采购系统上分阶段实施，第一阶段入围征集活动可以依托项目采购的相关系统，第二阶段确定成交供应商可以依托电子卖场等系统，按照《办法》确定的规则开展。

七、维护供应商合法权益。货物采购中，入围供应商可以委托代理商接受采购人合同授予并履行采购合同，代理商根据与入围供应商签订的委托协议开展活动，其行为的法律后果由入围供应商承担。框架协议有效期内，入围供应商可以根据征集文件的规定调整代理商名单，征集人应当提供便利。对于代理商拒不履行合同义务的，征集人应当依法追究入围供应商责任，并按协议约定解除代理商在该框架协议中接受合同授予的资格。征集人不得未经入围供应商同意，擅自增减变动代理商。

各地区、各部门要加强统筹协调，认真安排部署，全面总结框架协议采购中好的经验和做法，对于执行中发现的问题，要研究完善办法措施，并及时向财政部反映。

政府采购促进中小企业发展管理办法

1. 2020 年 12 月 18 日财政部、工业和信息化部发布
2. 财库〔2020〕46 号
3. 自 2021 年 1 月 1 日起施行

第一条 为了发挥政府采购的政策功能，促进中小企业健康发展，根据《中华人民共和国政府采购法》、《中华人民共和国中小企业促进法》等有关法律法规，制定本办法。

第二条 本办法所称中小企业，是指在中华人民共和国境内依法设立，依据国务院批准的中小企业划分标准确定的中型企业、小型企业和微型企业，但与大企业的负责人为同一人，或者与大企业存在直接控股、管理关系的除外。

符合中小企业划分标准的个体工商户，在政府采购活动中视同中小企业。

第三条 采购人在政府采购活动中应当通过加强采购需求管理，落实预留采购份额、价格评审优惠、优先采购等措施，提高中小企业在政府采购中的份额，支持中小企业发展。

第四条 在政府采购活动中，供应商提供的货物、工程或者服务符合下列情形的，享受本办法规定的中小企业扶持政策：

（一）在货物采购项目中，货物由中小企业制造，即货物由中小企业生产且使用该中小企业商号或者注册商标；

（二）在工程采购项目中，工程由中小企业承建，即工程施工单位为中小企业；

（三）在服务采购项目中，服务由中小企业承接，即提供服务的人员为中小企业依照《中华人民共和国劳动合同法》订立劳动合同的从业人员。

在货物采购项目中，供应商提供的货物既有中小企业制造货物，也有大型企业制造货物的，不享受本办法规定的中小企业扶持政策。

以联合体形式参加政府采购活动，联合体各方均为中小企业的，联合体视同中小企业。其中，联合体各方均为小微企业的，联合体视同小微企业。

第五条 采购人在政府采购活动中应当合理确定采购项目的采购需求，不得以企业注册资本、资产总额、营业收入、从业人员、利润、纳税额等规模条件和财务指标作为供应商的资格要求或者评审因素，不得在企业股权结构、经营年限等方面对中小企业实行差别待遇或者歧视待遇。

第六条 主管预算单位应当组织评估本部门及所属单位政府采购项目，统筹制定面向中小企业预留采购份额的具体方案，对适宜由中小企业提供的采购项目和采购包，预留采购份额专门面向中小企业采购，并在政府采购预算中单独列示。

符合下列情形之一的，可不专门面向中小企业预留采购份额：

（一）法律法规和国家有关政策明确规定优先或者应当面向事业单位、社会组织等非企业主体采购的；

（二）因确需使用不可替代的专利、专有技术，基础设施限制，或者提供特定公共服务等原因，只能从中小企业之外的供应商处采购的；

（三）按照本办法规定预留采购份额无法确保充分供应、充分竞争，或者存在可能影响政府采购目标实现的情形；

（四）框架协议采购项目；

（五）省级以上人民政府财政部门规定的其他情形。

除上述情形外，其他均为适宜由中小企业提供的情形。

第七条 采购限额标准以上，200 万元以下的货物和服务采购项目、400 万元以下的工程采购项目，适宜由中小企业提供的，采购人应当专门面向中小企业采购。

第八条 超过 200 万元的货物和服务采购项目、超过 400 万元的工程采购项目中适宜由中小企业提供的，预留该部分采购项目预算总额的 30% 以上专门面向中小企业采购，其中预留给小微企业的比例不低于 60%。预留份额通过下列措施进行：

（一）将采购项目整体或者设置采购包专门面向中小企业采购；

（二）要求供应商以联合体形式参加采购活动，且联合体中中小企业承担的部分达到一定比例；

（三）要求获得采购合同的供应商将采购项目中的一定比例分包给一家或者多家中小企业。

组成联合体或者接受分包合同的中小企业与联合体内其他企业、分包企业之间不得存在直接控股、管理关系。

第九条 对于经主管预算单位统筹后未预留份额专门面向中小企业采购的采购项目，以及预留份额项目中的非预留部分采购包，采购人、采购代理机构应当对符合本办法规定的小微企业报价给予 6%—10%（工程项目为 3%—5%）的扣除，用扣除后的价格参加评审。适用招标投标法的政府采购工程建设项目，采用综合评估法但未采用低价优先法计算价格分的，评标时应当在采用原报价进行评分的基础上增加其价格得分的 3%—5% 作为其价格分。

接受大中型企业与小微企业组成联合体或者允

许大中型企业向一家或者多家小微企业分包的采购项目，对于联合协议或者分包意向协议约定小微企业的合同份额占到合同总金额30%以上的，采购人、采购代理机构应当对联合体或者大中型企业的报价给予2%—3%（工程项目为1%—2%）的扣除，用扣除后的价格参加评审。适用招标投标法的政府采购工程建设项目，采用综合评估法但未采用低价优先法计算价格分的，评标时应当在采用原报价进行评分的基础上增加其价格得分的1%—2%作为其价格分。组成联合体或者接受分包的小微企业与联合体内其他企业、分包企业之间存在直接控股、管理关系的，不享受价格扣除优惠政策。

价格扣除比例或者价格分加分比例对小型企业和微型企业同等对待，不作区分。具体采购项目的价格扣除比例或者价格分加分比例，由采购人根据采购标的相关行业平均利润率、市场竞争状况等，在本办法规定的幅度内确定。

第十条 采购人应当严格按照本办法规定和主管预算单位制定的预留采购份额具体方案开展采购活动。预留份额的采购项目或者采购包，通过发布公告方式邀请供应商后，符合资格条件的中小企业数量不足3家的，应当中止采购活动，视同未预留份额的采购项目或者采购包，按照本办法第九条有关规定重新组织采购活动。

第十一条 中小企业参加政府采购活动，应当出具本办法规定的《中小企业声明函》（附1），否则不得享受相关中小企业扶持政策。任何单位和个人不得要求供应商提供《中小企业声明函》之外的中小企业身份证明文件。

第十二条 采购项目涉及中小企业采购的，采购文件应当明确以下内容：

（一）预留份额的采购项目或者采购包，明确该项目或相关采购包专门面向中小企业采购，以及相关标的及预算金额；

（二）要求以联合体形式参加或者合同分包的，明确联合协议或者分包意向协议中中小企业合同金额应当达到的比例，并作为供应商资格条件；

（三）非预留份额的采购项目或者采购包，明确有关价格扣除比例或者价格分加分比例；

（四）规定依据本办法规定享受扶持政策获得政府采购合同的，小微企业不得将合同分包给大中型企业，中型企业不得将合同分包给大型企业；

（五）采购人认为具备相关条件的，明确对中小企业在资金支付期限、预付款比例等方面的优惠措施；

（六）明确采购标的对应的中小企业划分标准所属行业；

（七）法律法规和省级以上人民政府财政部门规定的其他事项。

第十三条 中标、成交供应商享受本办法规定的中小企业扶持政策的，采购人、采购代理机构应当随中标、成交结果公开中标、成交供应商的《中小企业声明函》。

适用招标投标法的政府采购工程建设项目，应当在公示中标候选人时公开中标候选人的《中小企业声明函》。

第十四条 对于通过预留采购项目、预留专门采购包、要求以联合体形式参加或者合同分包等措施签订的采购合同，应当明确标注本合同为中小企业预留合同。其中，要求以联合体形式参加采购活动或者合同分包的，应当将联合协议或者分包意向协议作为采购合同的组成部分。

第十五条 鼓励各地区、各部门在采购活动中允许中小企业引入信用担保手段，为中小企业在投标（响应）保证、履约保证等方面提供专业化服务。鼓励中小企业依法合规通过政府采购合同融资。

第十六条 政府采购监督检查、投诉处理及政府采购行政处罚中对中小企业的认定，由货物制造商或者工程、服务供应商注册登记所在地的县级以上人民政府中小企业主管部门负责。

中小企业主管部门应当在收到财政部门或者有关招标投标行政监督部门关于协助开展中小企业认定函后10个工作日内做出书面答复。

第十七条 各地区、各部门应当对涉及中小企业采购的预算项目实施全过程绩效管理，合理设置绩效目标和指标，落实扶持中小企业有关政策要求，定期开展绩效监控和评价，强化绩效评价结果应用。

第十八条 主管预算单位应当自2022年起向同级财政部门报告本部门上一年度面向中小企业预留份额和采购的具体情况，并在中国政府采购网公开预留项目执行情况（附2）。未达到本办法规定的预留份额比例的，应当作出说明。

第十九条 采购人未按本办法规定为中小企业预留采购份额，采购人、采购代理机构未按照本办法规定要求实施价格扣除或者价格分加分的，属于未按照规定执行政府采购政策，依照《中华人民共和国政府采购法》等国家有关规定追究法律责任。

第二十条 供应商按照本办法规定提供声明函内容不实的，属于提供虚假材料谋取中标、成交，依照《中华人民共和国政府采购法》等国家有关规定追究相应责任。

适用招标投标法的政府采购工程建设项目，投标人按照本办法规定提供声明函内容不实的，属于弄虚作假骗取中标，依照《中华人民共和国招标投标法》等国家有关规定追究相应责任。

第二十一条 财政部门、中小企业主管部门及其工作人员在履行职责中违反本办法规定及存在其他滥用职权、玩忽职守、徇私舞弊等违法违纪行为的，依照《中华人民共和国政府采购法》、《中华人民共和国公务员法》、《中华人民共和国监察法》、《中华人民共和国政府采购法实施条例》等国家有关规定追究相应责任；涉嫌犯罪的，依法移送有关国家机关处理。

第二十二条 对外援助项目、国家相关资格或者资质管理制度另有规定的项目，不适用本办法。

第二十三条 关于视同中小企业的其他主体的政府采购扶持政策，由财政部会同有关部门另行规定。

第二十四条 省级财政部门可以会同中小企业主管部门根据本办法的规定制定具体实施办法。

第二十五条 本办法自2021年1月1日起施行。《财政部　工业和信息化部关于印发〈政府采购促进中小企业发展暂行办法〉的通知》（财库〔2011〕181号）同时废止。

附：1. 中小企业声明函（略）

2. 面向中小企业预留项目执行情况公告（略）

政府采购需求管理办法

1. 2021年4月30日财政部发布

2. 财库〔2021〕22号

3. 自2021年7月1日起施行

第一章　总　　则

第一条 为加强政府采购需求管理，实现政府采购项目绩效目标，根据《中华人民共和国政府采购法》和《中华人民共和国政府采购法实施条例》等有关法律法规，制定本办法。

第二条 政府采购货物、工程和服务项目的需求管理适用本办法。

第三条 本办法所称政府采购需求管理，是指采购人组织确定采购需求和编制采购实施计划，并实施相关风险控制管理的活动。

第四条 采购需求管理应当遵循科学合理、厉行节约、规范高效、权责清晰的原则。

第五条 采购人对采购需求管理负有主体责任，按照本办法的规定开展采购需求管理各项工作，对采购需求和采购实施计划的合法性、合规性、合理性负责。主管预算单位负责指导本部门采购需求管理工作。

第二章　采 购 需 求

第六条 本办法所称采购需求，是指采购人为实现项目目标，拟采购的标的及其需要满足的技术、商务要求。

技术要求是指对采购标的的功能和质量要求，包括性能、材料、结构、外观、安全，或者服务内容和标准等。

商务要求是指取得采购标的的时间、地点、财务和服务要求，包括交付（实施）的时间（期限）和地点（范围），付款条件（进度和方式），包装和运输，售后服务，保险等。

第七条 采购需求应当符合法律法规、政府采购政策和国家有关规定，符合国家强制性标准，遵循预算、资产和财务等相关管理制度规定，符合采购项目特点和实际需要。

采购需求应当依据部门预算(工程项目概预算)确定。

第八条 确定采购需求应当明确实现项目目标的所有技术、商务要求,功能和质量指标的设置要充分考虑可能影响供应商报价和项目实施风险的因素。

第九条 采购需求应当清楚明了、表述规范、含义准确。

技术要求和商务要求应当客观,量化指标应当明确相应等次,有连续区间的按照区间划分等次。需由供应商提供设计方案、解决方案或者组织方案的采购项目,应当说明采购标的的功能、应用场景、目标等基本要求,并尽可能明确其中的客观、量化指标。

采购需求可以直接引用相关国家标准、行业标准、地方标准等标准、规范,也可以根据项目目标提出更高的技术要求。

第十条 采购人可以在确定采购需求前,通过咨询、论证、问卷调查等方式开展需求调查,了解相关产业发展、市场供给、同类采购项目历史成交信息,可能涉及的运行维护、升级更新、备品备件、耗材等后续采购,以及其他相关情况。

面向市场主体开展需求调查时,选择的调查对象一般不少于3个,并应当具有代表性。

第十一条 对于下列采购项目,应当开展需求调查:

(一)1000万元以上的货物、服务采购项目,3000万元以上的工程采购项目;

(二)涉及公共利益、社会关注度较高的采购项目,包括政府向社会公众提供的公共服务项目等;

(三)技术复杂、专业性较强的项目,包括需定制开发的信息化建设项目、采购进口产品的项目等;

(四)主管预算单位或者采购人认为需要开展需求调查的其他采购项目。

编制采购需求前一年内,采购人已就相关采购标的开展过需求调查的可以不再重复开展。

按照法律法规的规定,对采购项目开展可行性研究等前期工作,已包含本办法规定的需求调查内容的,可以不再重复调查;对在可行性研究等前期工作中未涉及的部分,应当按照本办法的规定开展需求调查。

第三章 采购实施计划

第十二条 本办法所称采购实施计划,是指采购人围绕实现采购需求,对合同的订立和管理所做的安排。

采购实施计划根据法律法规、政府采购政策和国家有关规定,结合采购需求的特点确定。

第十三条 采购实施计划主要包括以下内容:

(一)合同订立安排,包括采购项目预(概)算、最高限价,开展采购活动的时间安排,采购组织形式和委托代理安排,采购包划分与合同分包,供应商资格条件,采购方式、竞争范围和评审规则等。

(二)合同管理安排,包括合同类型、定价方式、合同文本的主要条款、履约验收方案、风险管控措施等。

第十四条 采购人应当通过确定供应商资格条件、设定评审规则等措施,落实支持创新、绿色发展、中小企业发展等政府采购政策功能。

第十五条 采购人要根据采购项目实施的要求,充分考虑采购活动所需时间和可能影响采购活动进行的因素,合理安排采购活动实施时间。

第十六条 采购人采购纳入政府集中采购目录的项目,必须委托集中采购机构采购。政府集中采购目录以外的项目可以自行采购,也可以自主选择委托集中采购机构,或者集中采购机构以外的采购代理机构采购。

第十七条 采购人要按照有利于采购项目实施的原则,明确采购包或者合同分包要求。

采购项目划分采购包的,要分别确定每个采购包的采购方式、竞争范围、评审规则和合同类型、合同文本、定价方式等相关合同订立、管理安排。

第十八条 根据采购需求特点提出的供应商资格条件,要与采购标的的功能、质量和供应商履约能力直接相关,且属于履行合同必需的条件,包括特定的专业资格或者技术资格、设备设施、业绩情况、专业人才及其管理能力等。

业绩情况作为资格条件时,要求供应商提供的同类业务合同一般不超过2个,并明确同类业务的具体范围。涉及政府采购政策支持的创新产品采购的，不得提出同类业务合同、生产台数、使用时长等业绩要求。

第十九条　采购方式、评审方法和定价方式的选择应当符合法定适用情形和采购需求特点，其中，达到公开招标数额标准，因特殊情况需要采用公开招标以外的采购方式的，应当依法获得批准。

采购需求客观、明确且规格、标准统一的采购项目，如通用设备、物业管理等，一般采用招标或者询价方式采购，以价格作为授予合同的主要考虑因素，采用固定总价或者固定单价的定价方式。

采购需求客观、明确，且技术较复杂或者专业性较强的采购项目，如大型装备、咨询服务等，一般采用招标、谈判（磋商）方式采购，通过综合性评审选择性价比最优的产品，采用固定总价或者固定单价的定价方式。

不能完全确定客观指标，需由供应商提供设计方案、解决方案或者组织方案的采购项目，如首购订购、设计服务、政府和社会资本合作等，一般采用谈判（磋商）方式采购，综合考虑以单方案报价、多方案报价以及性价比要求等因素选择评审方法，并根据实现项目目标的要求，采取固定总价或者固定单价、成本补偿、绩效激励等单一或者组合定价方式。

第二十条　除法律法规规定可以在有限范围内竞争或者只能从唯一供应商处采购的情形外，一般采用公开方式邀请供应商参与政府采购活动。

第二十一条　采用综合性评审方法的，评审因素应当按照采购需求和与实现项目目标相关的其他因素确定。

采购需求客观、明确的采购项目，采购需求中客观但不可量化的指标应当作为实质性要求，不得作为评分项；参与评分的指标应当是采购需求中的量化指标，评分项应当按照量化指标的等次，设置对应的不同分值。不能完全确定客观指标，需由供应商提供设计方案、解决方案或者组织方案的采购项目，可以结合需求调查的情况，尽可能明确不同技术路线、组织形式及相关指标的重要性和优先级，设定客观、量化的评审因素、分值和权重。价格因素应当按照相关规定确定分值和权重。

采购项目涉及后续采购的，如大型装备等，要考虑兼容性要求。可以要求供应商报出后续供应的价格，以及后续采购的可替代性、相关产品和估价，作为评审时考虑的因素。

需由供应商提供设计方案、解决方案或者组织方案，且供应商经验和能力对履约有直接影响的，如订购、设计等采购项目，可以在评审因素中适当考虑供应商的履约能力要求，并合理设置分值和权重。需由供应商提供设计方案、解决方案或者组织方案，采购人认为有必要考虑全生命周期成本的，可以明确使用年限，要求供应商报出安装调试费用、使用期间能源管理、废弃处置等全生命周期成本，作为评审时考虑的因素。

第二十二条　合同类型按照民法典规定的典型合同类别，结合采购标的的实际情况确定。

第二十三条　合同文本应当包含法定必备条款和采购需求的所有内容，包括但不限于标的名称，采购标的质量、数量（规模），履行时间（期限）、地点和方式，包装方式，价款或者报酬、付款进度安排、资金支付方式，验收、交付标准和方法，质量保修范围和保修期，违约责任与解决争议的方法等。

采购项目涉及采购标的的知识产权归属、处理的，如订购、设计、定制开发的信息化建设项目等，应当约定知识产权的归属和处理方式。采购人可以根据项目特点划分合同履行阶段，明确分期考核要求和对应的付款进度安排。对于长期运行的项目，要充分考虑成本、收益以及可能出现的重大市场风险，在合同中约定成本补偿、风险分担等事项。

合同权利义务要围绕采购需求和合同履行设置。国务院有关部门依法制定了政府采购合同标准文本的，应当使用标准文本。属于本办法第十一条规定范围的采购项目，合同文本应当经过采购人聘请的法律顾问审定。

第二十四条　履约验收方案要明确履约验收的主体、时间、方式、程序、内容和验收标准等事项。采购人、采购代理机构可以邀请参加本项目的其他供应商或者第三方专业机构及专家参与验收，相关验收意见作为验收的参考资料。政府向社会公众提供的公共服务项目，验收时应当邀请服务对象参与并出具意见，验收结果应当向社会公告。

验收内容要包括每一项技术和商务要求的履约情况，验收标准要包括所有客观、量化指标。不能明确客观标准、涉及主观判断的，可以通过在采购人、使用人中开展问卷调查等方式，转化为客观、量化的验收标准。

分期实施的采购项目，应当结合分期考核的情况，明确分期验收要求。货物类项目可以根据需要设置出厂检验、到货检验、安装调试检验、配套服务检验等多重验收环节。工程类项目的验收方案应当符合行业管理部门规定的标准、方法和内容。

履约验收方案应当在合同中约定。

第二十五条　对于本办法第十一条规定的采购项目，要研究采购过程和合同履行过程中的风险，判断风险发生的环节、可能性、影响程度和管控责任，提出有针对性的处置措施和替代方案。

采购过程和合同履行过程中的风险包括国家政策变化、实施环境变化、重大技术变化、预算项目调整、因质疑投诉影响采购进度、采购失败、不按规定签订或者履行合同、出现损害国家利益和社会公共利益情形等。

第二十六条　各级财政部门应当按照简便、必要的原则，明确报财政部门备案的采购实施计划具体内容，包括采购项目的类别、名称、采购标的、采购预算、采购数量（规模）、组织形式、采购方式、落实政府采购政策有关内容等。

第四章　风险控制

第二十七条　采购人应当将采购需求管理作为政府采购内控管理的重要内容，建立健全采购需求管理制度，加强对采购需求的形成和实现过程的内部控制和风险管理。

第二十八条　采购人可以自行组织确定采购需求和编制采购实施计划，也可以委托采购代理机构或者其他第三方机构开展。

第二十九条　采购人应当建立审查工作机制，在采购活动开始前，针对采购需求管理中的重点风险事项，对采购需求和采购实施计划进行审查，审查分为一般性审查和重点审查。

对于审查不通过的，应当修改采购需求和采购实施计划的内容并重新进行审查。

第三十条　一般性审查主要审查是否按照本办法规定的程序和内容确定采购需求、编制采购实施计划。审查内容包括，采购需求是否符合预算、资产、财务等管理制度规定；对采购方式、评审规则、合同类型、定价方式的选择是否说明适用理由；属于按规定需要报相关监管部门批准、核准的事项，是否作出相关安排；采购实施计划是否完整。

第三十一条　重点审查是在一般性审查的基础上，进行以下审查：

（一）非歧视性审查。主要审查是否指向特定供应商或者特定产品，包括资格条件设置是否合理，要求供应商提供超过 2 个同类业务合同的，是否具有合理性；技术要求是否指向特定的专利、商标、品牌、技术路线等；评审因素设置是否具有倾向性，将有关履约能力作为评审因素是否适当。

（二）竞争性审查。主要审查是否确保充分竞争，包括应当以公开方式邀请供应商的，是否依法采用公开竞争方式；采用单一来源采购方式的，是否符合法定情形；采购需求的内容是否完整、明确，是否考虑后续采购竞争性；评审方法、评审因素、价格权重等评审规则是否适当。

（三）采购政策审查。主要审查进口产品的采购是否必要，是否落实支持创新、绿色发展、中小企业发展等政府采购政策要求。

（四）履约风险审查。主要审查合同文本是否按规定由法律顾问审定，合同文本运用是否适当，是否围绕采购需求和合同履行设置权利义务，是否明确知识产权等方面的要求，履约验收方案是否完整、标准是否明确，风险处置措施和替代方案是否可行。

（五）采购人或者主管预算单位认为应当审查的其他内容。

第三十二条　审查工作机制成员应当包括本部门、本单位的采购、财务、业务、监督等内部机构。采购人可以根据本单位实际情况，建立相关专家和第三方机构参与审查的工作机制。

参与确定采购需求和编制采购实施计划的专家和第三方机构不得参与审查。

第三十三条　一般性审查和重点审查的具体采购项目范围，由采购人根据实际情况确定。主管预算单位可以根据本部门实际情况，确定由主管预算单位统一组织重点审查的项目类别或者金额范围。

属于本办法第十一条规定范围的采购项目，应当开展重点审查。

第三十四条　采购需求和采购实施计划的调查、确定、编制、审查等工作应当形成书面记录并存档。

采购文件应当按照审核通过的采购需求和采购实施计划编制。

第五章　监督检查与法律责任

第三十五条　财政部门应当依法加强对政府采购需求管理的监督检查，将采购人需求管理作为政府采购活动监督检查的重要内容，不定期开展监督检查工作，采购人应当如实反映情况，提供有关材料。

第三十六条　在政府采购项目投诉、举报处理和监督检查过程中，发现采购人未按本办法规定建立采购需求管理内控制度、开展采购需求调查和审查工作的，由财政部门采取约谈、书面关注等方式责令采购人整改，并告知其主管预算单位。对情节严重或者拒不改正的，将有关线索移交纪检监察、审计部门处理。

第三十七条　在政府采购项目投诉、举报处理和监督检查过程中，发现采购方式、评审规则、供应商资格条件等存在歧视性、限制性、不符合政府采购政策等问题的，依照《中华人民共和国政府采购法》等国家有关规定处理。

第三十八条　在政府采购项目投诉、举报处理和监督检查过程中，发现采购人存在无预算或者超预算采购、超标准采购、铺张浪费、未按规定编制政府采购实施计划等问题的，依照《中华人民共和国政府采购法》、《中华人民共和国预算法》、《财政违法行为处罚处分条例》、《党政机关厉行节约反对浪费条例》等国家有关规定处理。

第六章　附　　则

第三十九条　采购项目涉及国家秘密的，按照涉密政府采购有关规定执行。

第四十条　因采购人不可预见的紧急情况实施采购的，可以适当简化相关管理要求。

第四十一条　由集中采购机构组织的批量集中采购和框架协议采购的需求管理，按照有关制度规定执行。

第四十二条　各省、自治区、直辖市财政部门可以根据本办法制定具体实施办法。

第四十三条　本办法所称主管预算单位是指负有编制部门预算职责，向本级财政部门申报预算的国家机关、事业单位和团体组织。

第四十四条　本办法自2021年7月1日起施行。

政府采购贫困地区农副产品实施方案

1. 2019年8月5日财政部、国务院扶贫办、供销合作总社发布
2. 财库〔2019〕41号

为贯彻《国务院办公厅关于深入开展消费扶贫助力打赢脱贫攻坚战的指导意见》（国办发〔2018〕129号）要求，根据《财政部 国务院扶贫办关于运用政府采购政策支持脱贫攻坚的通知》（财库〔2019〕27号）有关规定，进一步运用好政府采购政策，鼓励动员各级预算单位等购买贫困地区农副产品，实施精准消费扶贫，带动建档立卡贫困户增收，助力打赢脱贫攻坚战，制定本方案。

一、总体要求

深入贯彻落实习近平总书记关于扶贫工作的重要论述，坚持精准扶贫精准脱贫基本方略，坚持政府引导、社会参与、市场运作、互利共赢原则，围绕贫困人口稳定脱贫和贫困地区长远发展，以国家级贫困县（以下简称贫困县）特别是深度贫困地区为重点，以促进贫困地区农副产品销售、建档立卡贫困户增收为目标，充分运用政府采购政策鼓励动员各级预算单位等通过优先采购、预留采购份额方式，采购贫困地区农副产品，助力打赢脱贫攻坚战。

二、任务目标

2019 年 10 月底前，建成集“交易、服务、监管”于一体的贫困地区农副产品网络销售平台（以下简称网络销售平台），实现贫困地区农副产品在线展示、网上交易、物流跟踪、在线支付、产品追溯的一站式聚合。

2019 年 10 月底前，编制国家级贫困县重点扶贫产品供应商名录（以下简称供应商名录），首批贫困地区农副产品入驻网络销售平台，鼓励各级预算单位通过网络销售平台先行启动贫困地区农副产品采购工作。建立政府采购政策支持消费扶贫数据库（以下简称消费扶贫数据库），启动政府采购贫困地区农副产品采购交易数据统计工作。

自 2020 年起，各级预算单位通过网络销售平台全面启动贫困地区农副产品采购工作，财政部、国务院扶贫办依托网络销售平台定期统计和通报采购情况。动态更新和丰富完善供应商名录，推动全社会广泛参与贫困地区农副产品采购工作，网络销售平台逐步向非政府采购领域拓展，全社会采购贫困地区农副产品的积极性活跃度显著增强。

三、重点工作

（一）加强贫困地区农副产品货源组织。

国务院扶贫办组织指导相关省份加强贫困地区农副产品货源组织，建立完善供给体系。

贫困县扶贫部门在本地区党委、政府领导下做好农副产品货源组织工作，向省级扶贫部门推荐本地区农副产品和带贫能力强、产品质量好、有诚信的企业、合作社、家庭农场等市场主体，并对拟推荐的市场主体带贫益贫成效进行审核，出具相关证明。贫困县要引导本地区市场主体按照市场需求发展本地区特色优势产业，打造区域公共品牌，实现贫困地区农副产品产地、质量等可追溯。

有关省（区、市）扶贫办要结合本地区脱贫攻坚实际，会同有关部门对贫困县推荐的农副产品及市场主体进行审核，并向国务院扶贫办报送本地区重点扶贫农副产品和供应商建议名录。产品和供应商建议名录要向深度贫困地区倾斜，优先支持参与全国民营企业“万企帮万村”行动的市场主体。

国务院扶贫办对有关省（区、市）扶贫部门报送的重点扶贫产品及供应商进行甄别、汇总，形成供应商名录。

（二）搭建贫困地区农副产品销售平台。

供销合作总社按照财政部、国务院扶贫办的有关要求，依托现有平台改造建设运营网络销售平台（网址：www. fupin832. com）。

网络销售平台按照落实政府采购支持脱贫攻坚政策要求、符合电商交易特点的原则，制定完善交易规则，编制用户操作手册，为采购人、供应商提供便捷高效的交易服务；列入供应商名录的市场主体按照网络销售平台有关要求注册上线，有关省份扶贫办和贫困县扶贫办在线对供应商身份进行审核把关；完善平台在线议价、价格监测、诚信评价等功能，按照市场化原则建立健全平台交易争议处理机制；做好交易信息统计工作，将各类采购主体纳入统计范围，为各级财政和扶贫部门交易监管、信息统计提供数据支撑。

网络销售平台实行“零收费”。除按商业原则由平台代收的通道费、第三方服务费及履约保证金外，不向供应商收取入场费、平台使用费等相关费用，不向预算单位收取交易服务费。

积极探索网络销售平台与其他经财政部和国务院扶贫办认可的贫困地区农副产品销售平台对接，拓宽预算单位采购贫困地区农副产品渠道，扩大平台影响力。

（三）组织引导预算单位购买贫困地区农副产品。

各级财政部门负责汇总预算单位预留贫困地区农副产品采购比例等信息，指导本级预算单位采购贫困地区农副产品。各预算单位要加强农副产品采购工作的计划安排，按照预留比例通过网络销售平台采购贫困地区农副产品，严格按照合同约定支付货款，不得拖欠。

鼓励各级预算单位工会组织通过网络销售平台采购工会福利、慰问品等。有关单位工会采购金额纳入本单位扶贫统计范围。鼓励承担定点帮扶任务的中央企业和地方国有企业预留一定采购比例，通过网络销售平台采购贫困地区农副产品。

国务院扶贫办依托消费扶贫数据库统计、汇总各地区、各单位采购情况，作为其参与消费扶贫的重要依据。有下列情况之一者，可通过其他渠道购买，购买数额列入消费扶贫数据库统计范围：

（1）承担扶贫协作任务的、贫困县定点扶贫任务的预算单位购买扶贫协作地区和定点贫困县农副产品，并能够提供任务证明、采购凭证、带贫成效等相关佐证材料的；

（2）贫困县所属预算单位购买本县农副产品，并能够提供采购凭证、带贫成效等相关佐证材料的；

（3）在国务院扶贫办指导下，各省（区、市）和中央定点扶贫单位通过产销对接会等方式，组织本地区、本系统、本行业集中采购贫困县农副产品，并能够提供采购凭证、带贫成效等相关佐证材料的；

（4）其他经国务院扶贫办、财政部共同认可的采购行为。

有以上情况的预算单位需将佐证材料，按月上传至消费扶贫数据库，其中带贫成效主要是指带动建档立卡贫困人口数和增收数额，经贫困县扶贫办初审后报省级扶贫办审核认定。购买扶贫协作地区贫困县农副产品的预算单位还需本地区扶贫协作部门复核。

四、工作机制

（一）组织保障机制。财政部、国务院扶贫办会同供销合作总社等有关部门统筹推进贫困地区农副产品采购工作。各省级财政部门、扶贫部门要会同供销等有关部门建立协作机制，明确责任，形成合力，统筹推进、指导、协调本地区贫困地区农副产品采购工作。贫困县财政部门、扶贫部门要在地方党委、政府领导下，积极引导地方有关机构建立金融保障机制，运用保险、担保、小额贷款等方式为贫困地区农副产品销售提供金融支持；以电子商务进农村综合示范为基础，建设和完善贫困地区农村电商公共服务体系，加强物流配送体系建设。各级供销合作社要积极与供应商对接，协助扶贫部门做好货源组织、宣传培训和扶贫属性追溯等工作，为供应商提供仓储物流、电商运营等服务，配合有关部门做好产品质量追溯工作。

（二）利益联结机制。各级扶贫部门要把促进贫困地区农副产品销售、增加建档立卡贫困户收入作为主要目标，建立完善建档立卡贫困户和供应商之间的利益联结机制，切实把政府采购支持脱贫攻坚的成效体现在帮助贫困地区脱贫、贫困户增收上。对带贫益贫效果好的供应商可做优先重点推介。对带贫益贫效果弄虚作假的供应商，将取消供应商资格，情节严重的对所在贫困县和省份进行通报。

（三）宣传引导机制。各级财政部门、扶贫部门要做好本级预算单位培训指导工作，加强政府采购支持脱贫攻坚政策与成效宣传，在部分地区开展试点示范，及时总结推广典型案例和优秀做法，鼓励和引导各级预算单位加大采购贫困地区农副产品力度。

（四）激励约束机制。财政部和国务院扶贫办将定期对预算单位购买贫困地区农副产品、有关省份推进政府采购支持脱贫攻坚、供应商带贫益贫等情况进行通报。对工作积极、成效明显的预算单位和地方，予以通报表扬。建立供应商评价和退出机制。对存在弄虚作假、以次充好、扰乱市场行为的供应商取消入驻和上架资格，出现严重产品质量和食品安全问题的供应商，按照相关法律法规追究责任，并向所在贫困县进行通报；对供应商出现问题较多的贫困县及其所在省份进行通报，情节严重的限制或取消其推荐本地区农副产品和市场主体的资格。

（五）监督举报机制。坚持阳光操作，接受社会公众监督。发现平台或供应商有违法违规、虚假瞒报等情况，可及时向国务院扶贫办消费扶贫工作专班和“12317”监督举报电话举报。国务院扶贫办将委托第三方开展核查评估，组织专家、媒体等开展暗访，坚决杜绝弄虚作假、借机敛财、“搭便车”等现象。

五、实施步骤

2019年9月15日前，各省级扶贫部门将本地区贫困县填写的《贫困县重点扶贫产品供应商推荐名录》（附1）和审核认定后的《贫困县重点扶贫产品供应商建议名录》（附2）报国务院扶贫办汇总。

2019年10月底前，网络销售平台上线运行，消费扶贫数据库系统启用，部分地区启动试点示范。

国务院扶贫办会同有关部门发布首批供应商名录，供销合作总社启动供应商培训工作。各省级财政部门会同扶贫部门按要求汇总本地区预算单位预留采购份额比例报财政部备案。

2020年起，各级预算单位全面启动贫困地区农副产品采购工作，财政部、国务院扶贫办定期通报预算单位购买贫困地区农副产品、有关省份推进政府采购支持脱贫攻坚、供应商带贫益贫等情况，国务院扶贫办组织开展核查评估等工作。

方案实施过程中遇到问题，请及时向相关部门反映。财政部国库司：010－68552389，68553724；国务院扶贫办社会扶贫司：010－84419783；供销合作总社财会部：010－66050431。

网络销售平台系统操作及具体交易过程中遇到问题，请联系010－80889017；电子邮箱：fupin832@fupin832. com。

附：1. 国家级贫困县重点扶贫产品供应商推荐名录（略）

2. 国家级贫困县重点扶贫产品供应商建议名录（略）

财政部关于促进政府采购公平竞争优化营商环境的通知

1. 2019年7月26日
2. 财库〔2019〕38号
3. 自2019年9月1日起施行

各中央预算单位，各省、自治区、直辖市、计划单列市财政厅（局），新疆生产建设兵团财政局：

为贯彻落实中央深改委审议通过的《深化政府采购制度改革方案》和《国务院办公厅关于聚焦企业关切进一步推动优化营商环境政策落实的通知》（国办发〔2018〕104号）有关要求，构建统一开放、竞争有序的政府采购市场体系，现就促进政府采购领域公平竞争、优化营商环境相关事项通知如下：

一、全面清理政府采购领域妨碍公平竞争的规定和做法

各地区、各部门应当严格落实《中华人民共和国政府采购法》等相关法律法规的要求，依法保障各类市场主体平等参与政府采购活动的权利。要全面清理政府采购领域妨碍公平竞争的规定和做法，重点清理和纠正以下问题：

（一）以供应商的所有制形式、组织形式或者股权结构，对供应商实施差别待遇或者歧视待遇，对民营企业设置不平等条款，对内资企业和外资企业在中国境内生产的产品、提供的服务区别对待；

（二）除小额零星采购适用的协议供货、定点采购以及财政部另有规定的情形外，通过入围方式设置备选库、名录库、资格库作为参与政府采购活动的资格条件，妨碍供应商进入政府采购市场；

（三）要求供应商在政府采购活动前进行不必要的登记、注册，或者要求设立分支机构，设置或者变相设置进入政府采购市场的障碍；

（四）设置或者变相设置供应商规模、成立年限等门槛，限制供应商参与政府采购活动；

（五）要求供应商购买指定软件，作为参加电子化政府采购活动的条件；

（六）不依法及时、有效、完整发布或者提供采购项目信息，妨碍供应商参与政府采购活动；

（七）强制要求采购人采用抓阄、摇号等随机方式或者比选方式选择采购代理机构，干预采购人自主选择采购代理机构；

（八）设置没有法律法规依据的审批、备案、监管、处罚、收费等事项；

（九）除《政府采购货物和服务招标投标管理办法》第六十八条规定的情形外，要求采购人采用随机方式确定中标、成交供应商；

（十）违反法律法规相关规定的其他妨碍公平竞争的情形。

各地区、各部门要抓紧清理政府采购领域妨碍公平竞争的规定和做法，有关清理结果要及时向社会公开，并于2019年10月31日前报送财政部。

二、严格执行公平竞争审查制度

各地区、各部门制定涉及市场主体的政府采购制度办法，要严格执行公平竞争审查制度，充分听取市场主体和相关行业协会商会意见，评估对市场竞

争的影响,防止出现排除、限制市场竞争问题。重点审查制度办法是否设置不合理和歧视性的准入条件排斥潜在供应商参与政府采购活动,是否设置没有法律法规依据的行政审批或者具有审批性质的备案,是否违规给予特定供应商优惠待遇等。经审查认为不具有排除、限制竞争效果的,可以颁布实施;具有排除、限制竞争效果的,应当不予出台或者调整至符合相关要求后出台;未经公平竞争审查的,不得出台。

在政府采购相关制度办法实施过程中,应当定期或者适时评估其对全国统一市场和公平竞争的影响,对妨碍统一市场和公平竞争的,要及时修改完善或者予以废止。

三、加强政府采购执行管理

优化采购活动办事程序。对于供应商法人代表已经出具委托书的,不得要求供应商法人代表亲自领购采购文件或者到场参加开标、谈判等。对于采购人、采购代理机构可以通过互联网或者相关信息系统查询的信息,不得要求供应商提供。除必要的原件核对外,对于供应商能够在线提供的材料,不得要求供应商同时提供纸质材料。对于供应商依照规定提交各类声明函、承诺函的,不得要求其再提供有关部门出具的相关证明文件。

细化采购活动执行要求。采购人允许采用分包方式履行合同的,应当在采购文件中明确可以分包履行的具体内容、金额或者比例。采购人、采购代理机构对投标(响应)文件的格式、形式要求应当简化明确,不得因装订、纸张、文件排序等非实质性的格式、形式问题限制和影响供应商投标(响应)。实现电子化采购的,采购人、采购代理机构应当向供应商免费提供电子采购文件;暂未实现电子化采购的,鼓励采购人、采购代理机构向供应商免费提供纸质采购文件。

规范保证金收取和退还。采购人、采购代理机构应当允许供应商自主选择以支票、汇票、本票、保函等非现金形式缴纳或提交保证金。收取投标(响应)保证金的,采购人、采购代理机构约定的到账(保函提交)截止时间应当与投标(响应)截止时间一致,并按照规定及时退还供应商。收取履约保证金的,应当在采购合同中约定履约保证金退还的方式、时间、条件和不予退还的情形,明确逾期退还履约保证金的违约责任。采购人、采购代理机构不得收取没有法律法规依据的保证金。

及时支付采购资金。政府采购合同应当约定资金支付的方式、时间和条件,明确逾期支付资金的违约责任。对于满足合同约定支付条件的,采购人应当自收到发票后30日内将资金支付到合同约定的供应商账户,不得以机构变动、人员更替、政策调整等为由延迟付款,不得将采购文件和合同中未规定的义务作为向供应商付款的条件。

完善对供应商的利益损害赔偿和补偿机制。采购人和供应商应当在政府采购合同中明确约定双方的违约责任。对于因采购人原因导致变更、中止或者终止政府采购合同的,采购人应当依照合同约定对供应商受到的损失予以赔偿或者补偿。

四、加快推进电子化政府采购

推进采购项目电子化实施。要加快完善电子化政府采购平台的网上交易功能,实现在线发布采购公告、提供采购文件、提交投标(响应)文件,实行电子开标、电子评审。逐步建立电子化政府采购平台与财政业务、采购单位内部管理等信息系统的衔接,完善和优化合同签订、履约验收、信用评价、用户反馈、提交发票、资金支付等线上流程。

加快实施"互联网+政府采购"行动。积极推进电子化政府采购平台和电子卖场建设,建立健全统一的技术标准和数据规范,逐步实现全国范围内的互联互通,推动与公共资源交易平台数据共享,提升供应商参与政府采购活动的便利程度。

五、进一步提升政府采购透明度

加强政府采购透明度建设。完善政府采购信息发布平台服务功能。中国政府采购网及地方分网等政府采购信息发布平台应当提供便捷、免费的在线检索服务,向市场主体无偿提供所有依法公开的政府采购信息。推进开标活动对外公开,在保证正常开标秩序的前提下,允许除投标人及其代表之外的其他人员观摩开标活动。

推进采购意向公开。采购意向包括主要采购项目、采购内容及需求概况、预算金额、预计采购时间等。为便于供应商提前了解采购信息，各地区、各部门应当创造条件积极推进采购意向公开（涉密信息除外）。自2020年起，选择部分中央部门和地方开展公开采购意向试点。在试点基础上，逐步实现各级预算单位采购意向公开。

六、完善政府采购质疑投诉和行政裁决机制

畅通供应商质疑投诉渠道。研究建立与“互联网+政府采购”相适应的快速裁决通道，为供应商提供标准统一、高效便捷的维权服务。对供应商提出的质疑和投诉，采购人、采购代理机构和各级财政部门应当依法及时答复和处理。完善质疑答复内部控制制度，有条件的采购人和集中采购机构应当实现政府采购质疑答复岗位与操作执行岗位相分离，进一步健全政府采购质疑投诉处理机制。

依法依规实施行政处罚。各级财政部门实施政府采购行政处罚，应当依法保障当事人的告知权、陈述权、申辩权、听证权等，保证程序合法。坚持处罚和教育相结合的原则，正确适用和区分从轻处罚、减轻处罚和不予处罚情形，作出的行政处罚应与违法行为的事实、性质、情节以及社会危害程度相当。

各地区、各部门要充分认识维护政府采购公平竞争市场秩序、优化政府采购营商环境的重要意义，加强组织领导，明确工作责任，周密安排部署，强化监督检查，确保各项要求落实到位。

本通知自2019年9月1日起施行。

财政部、农业农村部、国家乡村振兴局关于运用政府采购政策支持乡村产业振兴的通知

1. 2021年4月24日
2. 财库〔2021〕19号

各中央预算单位，各省、自治区、直辖市、计划单列市财政厅（局）、农业农村（农牧）厅（局、委）、乡村振兴局（扶贫办），新疆生产建设兵团财政局、农业农村局、乡村振兴局（扶贫办）：

为深入贯彻习近平总书记关于实施乡村振兴战略的重要论述和党的十九届五中全会精神，认真落实《中共中央　国务院关于实现巩固拓展脱贫攻坚成果同乡村振兴有效衔接的意见》关于调整优化政府采购政策继续支持脱贫地区产业发展的工作部署，进一步做好运用政府采购政策支持乡村产业振兴工作，现就有关事项通知如下：

一、充分认识运用政府采购政策支持乡村产业振兴的重要意义

党的十九届五中全会提出巩固拓展脱贫攻坚成果同乡村振兴有效衔接，对全面建设社会主义现代化国家和实现第二个百年奋斗目标具有十分重要的意义。运用政府采购政策，组织预算单位采购脱贫地区农副产品，通过稳定的采购需求持续激发脱贫地区发展生产的内生动力，促进乡村产业振兴，是贯彻落实党中央、国务院关于调整优化政府采购政策支持脱贫地区产业发展工作部署，构建以国内大循环为主体新发展格局的具体举措，有助于推动脱贫地区实现更宽领域、更高层次的发展。各级财政、农业农村、乡村振兴部门及各级预算单位要充分认识运用政府采购政策支持乡村产业振兴的重要意义，以高度的责任感、使命感、紧迫感投身到政府采购脱贫地区农副产品工作中，确保政策取得实效。

二、预留份额采购脱贫地区农副产品

自2021年起，各级预算单位应当按照不低于10%的比例预留年度食堂食材采购份额，通过脱贫地区农副产品网络销售平台（原贫困地区农副产品网络销售平台）采购脱贫地区农副产品。脱贫地区农副产品是指在832个脱贫县域内注册的企业、农民专业合作社、家庭农场等出产的农副产品。确因地域、相关政策限制等特殊原因难以完成10%预留份额任务的预算单位，可由中央主管预算单位或省级财政部门报经财政部（国库司）审核同意后，适当放宽预留比例要求。

三、建立健全相关保障措施

财政部会同农业农村部、国家乡村振兴局等部门制定政府采购脱贫地区农副产品工作的实施意见，加强脱贫地区农副产品货源组织、供应链管理和

网络销售平台运营管理，积极组织预算单位采购脱贫地区农副产品。地方各级财政、农业农村和乡村振兴部门要细化工作措施，加大工作力度，确保政府采购脱贫地区农副产品相关政策落实落细。

本通知自印发之日起施行。《财政部　国务院扶贫办关于运用政府采购政策支持脱贫攻坚的通知》（财库〔2019〕27号）同时废止。

财政部、民政部、中国残疾人联合会关于促进残疾人就业政府采购政策的通知

1. 2017年8月22日

2. 财库〔2017〕141号

党中央有关部门，国务院各部委、各直属机构，全国人大常委会办公厅，全国政协办公厅，高法院，高检院，各民主党派中央，有关人民团体，各省、自治区、直辖市、计划单列市财政厅（局）、民政厅（局）、残疾人联合会，新疆生产建设兵团财务局、民政局、残疾人联合会：

为了发挥政府采购促进残疾人就业的作用，进一步保障残疾人权益，依照《政府采购法》、《残疾人保障法》等法律法规及相关规定，现就促进残疾人就业政府采购政策通知如下：

一、享受政府采购支持政策的残疾人福利性单位应当同时满足以下条件：

（一）安置的残疾人占本单位在职职工人数的比例不低于25%（含25%），并且安置的残疾人人数不少于10人（含10人）；

（二）依法与安置的每位残疾人签订了一年以上（含一年）的劳动合同或服务协议；

（三）为安置的每位残疾人按月足额缴纳了基本养老保险、基本医疗保险、失业保险、工伤保险和生育保险等社会保险费；

（四）通过银行等金融机构向安置的每位残疾人，按月支付了不低于单位所在区县适用的经省级人民政府批准的月最低工资标准的工资；

（五）提供本单位制造的货物、承担的工程或者服务（以下简称产品），或者提供其他残疾人福利性单位制造的货物（不包括使用非残疾人福利性单位注册商标的货物）。

前款所称残疾人是指法定劳动年龄内，持有《中华人民共和国残疾人证》或者《中华人民共和国残疾军人证（1至8级）》的自然人，包括具有劳动条件和劳动意愿的精神残疾人。在职职工人数是指与残疾人福利性单位建立劳动关系并依法签订劳动合同或者服务协议的雇员人数。

二、符合条件的残疾人福利性单位在参加政府采购活动时，应当提供本通知规定的《残疾人福利性单位声明函》（见附件），并对声明的真实性负责。任何单位或者个人在政府采购活动中均不得要求残疾人福利性单位提供其他证明声明函内容的材料。

中标、成交供应商为残疾人福利性单位的，采购人或者其委托的采购代理机构应当随中标、成交结果同时公告其《残疾人福利性单位声明函》，接受社会监督。

供应商提供的《残疾人福利性单位声明函》与事实不符的，依照《政府采购法》第七十七条第一款的规定追究法律责任。

三、在政府采购活动中，残疾人福利性单位视同小型、微型企业，享受预留份额、评审中价格扣除等促进中小企业发展的政府采购政策。向残疾人福利性单位采购的金额，计入面向中小企业采购的统计数据。残疾人福利性单位属于小型、微型企业的，不重复享受政策。

四、采购人采购公开招标数额标准以上的货物或者服务，因落实促进残疾人就业政策的需要，依法履行有关报批程序后，可采用公开招标以外的采购方式。

五、对于满足要求的残疾人福利性单位产品，集中采购机构可直接纳入协议供货或者定点采购范围。各地区建设的政府采购电子卖场、电子商城、网上超市等应当设立残疾人福利性单位产品专栏。鼓励采购人优先选择残疾人福利性单位的产品。

六、省级财政部门可以结合本地区残疾人生产、经营的实际情况，细化政府采购支持措施。对符合国家有关部门规定条件的残疾人辅助性就业机构，可通过

上述措施予以支持。各地制定的有关文件应当报财政部备案。

七、本通知自 2017 年 10 月 1 日起执行。

附件：残疾人福利性单位声明函（略）

财政部办公厅关于政府采购进口产品管理有关问题的通知

1. 2008 年 7 月 9 日

2. 财办库〔2008〕248 号

各省、自治区、直辖市、计划单列市财政厅（局）、新疆生产建设兵团财务局，党中央有关部门办公厅（室），国务院各部委、各直属机构办公厅（室），全国人大常委会办公厅秘书局，全国政协办公厅机关事务管理局，高法院办公厅，高检院办公厅，有关人民团体办公厅（室）：

财政部于 2007 年 12 月印发了《政府采购进口产品管理办法》（财库〔2007〕119 号）。该办法印发后，各地采取措施贯彻落实，对规范政府部门采购进口产品行为发挥了积极作用。但在实际工作中，也反映了一些具体操作性问题，经与海关总署研究，现就进口产品采购中有关问题规定如下：

一、关于办法适用范围

根据《中华人民共和国政府采购法》的规定，财库〔2007〕119 号文件的适用范围为，各级国家机关、事业单位和团体组织使用财政性资金采购省级以上人民政府公布的政府集中采购目录以内或者采购限额标准以上的进口产品。

二、关于关境和海关特殊监管区域产品认定

根据《中华人民共和国海关法》（以下简称海关法）的规定，我国现行关境是指适用海关法的中华人民共和国行政管辖区域，不包括香港、澳门和台湾金马等单独关境地区。

保税区、出口加工区、保税港区、珠澳跨境工业区珠海园区、中哈霍尔果斯国际边境合作中心中方配套区、综合保税区等区域，为海关特殊监管区域，这些区域仅在关税待遇及贸易管制方面实施不同于我国关境内其他地区的特殊政策，但仍属于中华人民共和国关境内区域，由海关按照海关法去实施监管。因此，凡在海关特殊监管区域内企业生产或加工（包括从境外进口料件）销往境内其他地区的产品，不作为政府采购项下进口产品。对从境外进入海关特殊监管区域，再经办理报关手续后从海关特殊监管区进入境内其他地区的产品，应当认定为进口产品。

三、关于已在境内多次流转进口产品认定

对经过多次流转、无法提供报关单证的产品，应按照以下方法进行查证：

（一）通过正常渠道进口的产品，无论在境内流转多少次，尽管中间商业环节没有保留进口报关单证，但通过层层倒推，最终可以找到进口代理商或者进口收货人，从而可以向海关查询进口报关记录。这种方法一般适用于生产设备、机械、汽车等大宗商品。

（二）通过走私违法方式进口的产品，由于未进行进口申报，不存在进口报关记录，因此，应当通过商品或者其包装上的原产地标识等其他证据来间接证明其为境外生产的产品。

四、关于行业主管部门意见

财库〔2007〕119 号文件规定的国家限制进口产品，是指商务部、发展改革委、科技部等部门制订的相关目录。采购人采购产品属于国家限制进口产品时，除需要向设区的市、自治州以上人民政府财政部门（以下简称财政部门）出具专家论证意见外，还要同时出具产品所属行业主管部门的意见，其中，产品属于国家限制进口的重大技术装备和重大产业技术的，应当出具发展改革委的意见；属于国家限制进口的重大科学仪器和装备的，应当出具科技部的意见。当采购人的行政主管部门也是采购产品所属行业主管部门时，以产品所属行业主管部门出具意见。当采购人的行政主管部门与采购产品所属行业主管部门不一致时，仍以产品所属行业主管部门出具的意见为有效意见。

五、关于采购执行问题

采购人采购进口产品时，必须在采购活动开始前向财政部门提出申请并获得财政部门审核同意后，才能开展采购活动。在采购活动开始前没有获得财政部门同意而开展采购活动的，视同为拒绝采购进口产品，应当在采购文件中明确作出不允许进口产品参加的规定。未在采购文件中明确规定不允许进口产品参加的，也视为拒绝进口产品参加。采购活动组织开始后才报经财政部门审核同意的采购活动，属于违规行为。

财政部门审核同意购买进口产品的，应当在采购文件中明确规定可以采购进口产品，但如果因信息不对称等原因，仍有满足需求的国内产品要求参与采购竞争的，采购人及其委托的采购代理机构不得对其加以限制，应当按照公平竞争原则实施采购。

六、关于政府集中采购执行

对于实行协议供货的政府集中采购目录产品，集中采购机构在组织采购时，可以不限制进口产品入围，但采购人在采购入围进口产品前，需要报经财政部门审核同意。对于非协议供货的政府集中采购目录产品，采购人没有出具财政部门同意采购进口产品审核意见的，集中采购机构一律不得为其组织采购进口产品。

对于政府集中采购目录内的、采购量小且采购次数多的经常性产品，可以实行批量审核，即采购人向财政部门提出一揽子采购进口产品清单的申请、所需证明材料和采购计划，经财政部门审核同意后，在本年内随时按规定组织购买，无需再逐一申请报批。

七、关于论证专家问题

进口产品专家论证意见原则上由采购人自行组织，其论证专家应当是熟悉该产品，并且与采购人或采购代理机构没有经济和行政隶属等关系。因进口产品论证与采购文件评审不同，进口产品论证专家可以不从财政部门建立的专家库中抽取专家作为进口产品论证专家，凡从财政部门专家库中抽取的专家，应当告知被抽取专家其论证内容和相应的责任。财政部门应当制定相应的论证专家考核标准和监督办法，加强对论证专家的管理，确保论证意见科学准确，原则上不得承担或组织其专家论证工作。

八、关于资金支付问题

采购人向财政部门申请支付政府采购进口产品资金时，应当提供财政部门审核同意文件、采购合同和产品报关单等材料，以确保所采购的产品规格、数量金额等与审批或采购文件规定的一致，否则不予支付。

九、关于文件执行时间衔接

财库〔2007〕119 号文件规定，自 2007 年 12 月 27 日印发之日起施行。对于在该日期前已经通过公开招标等方式确定采购货物涉及进口产品的，在该日期前采购程序已经启动或启动后采购项目经财政部门批准需重新招标或采用其他采购方式的，不需要办理进口产品审核手续。

政府采购进口产品管理办法

1. 2007 年 12 月 27 日财政部发布
2. 财库〔2007〕119 号

第一章　总　　则

第一条　为了贯彻落实《国务院关于实施〈国家中长期科学和技术发展规划纲要（2006－2020 年）〉若干配套政策的通知》（国发〔2006〕6 号），推动和促进自主创新政府采购政策的实施，规范进口产品政府采购行为，根据《中华人民共和国政府采购法》等法律法规规定，制定本办法。

第二条　国家机关、事业单位和团体组织（以下统称采购人）使用财政性资金以直接进口或委托方式采购进口产品（包括已进入中国境内的进口产品）的活动，适用本办法。

第三条　本办法所称进口产品是指通过中国海关报关验放进入中国境内且产自关境外的产品。

第四条　政府采购应当采购本国产品，确需采购进口产品的，实行审核管理。

第五条　采购人采购进口产品时，应当坚持有利于本国企业自主创新或消化吸收核心技术的原则，优先购买向我方转让技术、提供培训服务及其他补偿贸易措施的产品。

第六条 设区的市、自治州以上人民政府财政部门(以下简称为财政部门)应当依法开展政府采购进口产品审核活动,并实施监督管理。

第二章 审核管理

第七条 采购人需要采购的产品在中国境内无法获取或者无法以合理的商业条件获取,以及法律法规另有规定确需采购进口产品的,应当在获得财政部门核准后,依法开展政府采购活动。

第八条 采购人报财政部门审核时,应当出具以下材料:

(一)《政府采购进口产品申请表》(详见附1);

(二)关于鼓励进口产品的国家法律法规政策文件复印件;

(三)进口产品所属行业的设区的市、自治州以上主管部门出具的《政府采购进口产品所属行业主管部门意见》(详见附2);

(四)专家组出具的《政府采购进口产品专家论证意见》(详见附3)。

第九条 采购人拟采购的进口产品属于国家法律法规政策明确规定鼓励进口产品的,在报财政部门审核时,应当出具第八条第(一)款、第(二)款材料。

第十条 采购人拟采购的进口产品属于国家法律法规政策明确规定限制进口产品的,在报财政部门审核时,应当出具第八条第(一)款、第(三)款和第(四)款材料。

采购人拟采购国家限制进口的重大技术装备和重大产业技术的,应当出具发展改革委的意见。采购人拟采购国家限制进口的重大科学仪器和装备的,应当出具科技部的意见。

第十一条 采购人拟采购其他进口产品的,在报财政部门审核时,应当出具第八条第(一)款材料,并同时出具第(三)款或者第(四)款材料。

第十二条 本办法所称专家组应当由五人以上的单数组成,其中,必须包括一名法律专家,产品技术专家应当为非本单位并熟悉该产品的专家。

采购人代表不得作为专家组成员参与论证。

第十三条 参与论证的专家不得作为采购评审专家参与同一项目的采购评审工作。

第三章 采购管理

第十四条 政府采购进口产品应当以公开招标为主要方式。因特殊情况需要采用公开招标以外的采购方式的,按照政府采购有关规定执行。

第十五条 采购人及其委托的采购代理机构在采购进口产品的采购文件中应当载明优先采购向我国企业转让技术、与我国企业签订消化吸收再创新方案的供应商的进口产品。

第十六条 采购人因产品的一致性或者服务配套要求,需要继续从原供应商处添购原有采购项目的,不需要重新审核,但添购资金总额不超过原合同采购金额的10%。

第十七条 政府采购进口产品合同履行中,采购人确需追加与合同标的相同的产品,在不改变合同其他条款的前提下,且所有补充合同的采购金额不超过原合同采购金额的10%的,可以与供应商协商签订补充合同,不需要重新审核。

第十八条 政府采购进口产品合同应当将维护国家利益和社会公共利益作为必备条款。合同履行过程中出现危害国家利益和社会公共利益问题的,采购人应当立即终止合同。

第十九条 采购人或者其委托的采购代理机构应当依法加强对进口产品的验收工作,防止假冒伪劣产品。

第二十条 采购人申请支付进口产品采购资金时,应当出具政府采购进口产品相关材料和财政部门的审核文件。否则不予支付资金。

第四章 监督检查

第二十一条 采购人未获得财政部门采购进口产品核准,有下列情形之一的,责令限期改正,并给予警告,对直接负责的主管人员和其他直接责任人员,由其行政主管部门或者有关机关给予处分,并予通报:

(一)擅自采购进口产品的;

(二)出具不实申请材料的;

(三)违反本办法规定的其他情形。

第二十二条 采购代理机构在代理政府采购进口产品业务中有违法行为的,给予警告,可以按照有关法律规定并处罚款;情节严重的,可以依法取消其进行相关业务的资格;构成犯罪的,依法追究刑事责任。

第二十三条 供应商有下列情形之一的,处以采购金额5‰以上10‰以下的罚款,列入不良行为记录名单,在1-3年内禁止参加政府采购活动,有违法所得的,并处没收违法所得,情节严重的,由工商行政管理机关吊销营业执照;涉嫌犯罪的,移送司法机关处理:

(一)提供虚假材料谋取中标、成交的;

(二)采取不正当手段诋毁、排挤其他供应商的;

(三)与采购人、其他供应商或者采购代理机构恶意串通的;

(四)向采购人、采购代理机构行贿或者提供其他不正当利益的;

(五)在招标采购过程中与采购人进行协商谈判的;

(六)拒绝有关部门监督检查或者提供虚假情况的。

供应商有前款第(一)至(五)项情形之一的,中标、成交无效。

第二十四条 专家出具不实论证意见的,按照有关法律规定追究法律责任。

第五章 附 则

第二十五条 采购人采购进口产品的,应当同时遵守国家其他有关法律法规的规定。涉及进口机电产品招标投标的,应当按照国际招标有关办法执行。

第二十六条 本办法未作出规定的,按照政府采购有关规定执行。

第二十七条 涉及国家安全和秘密的项目不适用本办法。

第二十八条 本办法自印发之日起施行。

附:1. 政府采购进口产品申请表(略)

2. 政府采购进口产品所属行业主管部门意见(略)

3. 政府采购进口产品专家论证意见(略)

4. 公共资源交易平台

公共资源交易平台管理暂行办法

1. 2016年6月24日国家发展和改革委员会、工业和信息化部、财政部、国土资源部、环境保护部、住房和城乡建设部、交通运输部、水利部、商务部、国家卫生和计划生育委员会、国务院国有资产监督管理委员会、国家税务总局、国家林业局、国家机关事务管理局令第39号公布
2. 自2016年8月1日起施行

第一章　总　　则

第一条　为规范公共资源交易平台运行,提高公共资源配置效率和效益,加强对权力运行的监督制约,维护国家利益、社会公共利益和交易当事人的合法权益,根据有关法律法规和《国务院办公厅关于印发整合建立统一的公共资源交易平台工作方案的通知》(国办发〔2015〕63号),制定本办法。

第二条　本办法适用于公共资源交易平台的运行、服务和监督管理。

第三条　本办法所称公共资源交易平台是指实施统一的制度和标准、具备开放共享的公共资源交易电子服务系统和规范透明的运行机制,为市场主体、社会公众、行政监督管理部门等提供公共资源交易综合服务的体系。

公共资源交易是指涉及公共利益、公众安全的具有公有性、公益性的资源交易活动。

第四条　公共资源交易平台应当立足公共服务职能定位,坚持电子化平台的发展方向,遵循开放透明、资源共享、高效便民、守法诚信的运行服务原则。

第五条　公共资源交易平台要利用信息网络推进交易电子化,实现全流程透明化管理。

第六条　国务院发展改革部门会同国务院有关部门统筹指导和协调全国公共资源交易平台相关工作。

设区的市级以上地方人民政府发展改革部门或政府指定的部门会同有关部门负责本行政区域的公共资源交易平台指导和协调等相关工作。

各级招标投标、财政、国土资源、国有资产等行政监督管理部门按照规定的职责分工,负责公共资源交易活动的监督管理。

第二章　平台运行

第七条　公共资源交易平台的运行应当遵循相关法律法规和国务院有关部门制定的各领域统一的交易规则,以及省级人民政府颁布的平台服务管理细则。

第八条　依法必须招标的工程建设项目招标投标、国有土地使用权和矿业权出让、国有产权交易、政府采购等应当纳入公共资源交易平台。

国务院有关部门和地方人民政府结合实际,推进其他各类公共资源交易纳入统一平台。纳入平台交易的公共资源项目,应当公开听取意见,并向社会公布。

第九条　公共资源交易平台应当按照国家统一的技术标准和数据规范,建立公共资源交易电子服务系统,开放对接各类主体依法建设的公共资源电子交易系统和政府有关部门的电子监管系统。

第十条　公共资源交易项目的实施主体根据交易标的专业特性,选择使用依法建设和运行的电子交易系统。

第十一条　公共资源交易项目依法需要评标、评审的,应当按照全国统一的专家专业分类标准,从依法建立的综合评标、政府采购评审等专家库中随机抽取专家,法律法规另有规定的除外。

有关行政监督管理部门按照规定的职责分工,对专家实施监督管理。

鼓励有条件的地方跨区域选择使用专家资源。

第十二条　公共资源交易平台应当按照省级人民政府规定的场所设施标准,充分利用已有的各类场所资源,为公共资源交易活动提供必要的现场服务设施。

市场主体依法建设的交易场所符合省级人民政府规定标准的,可以在现有场所办理业务。

第十三条　公共资源交易平台应当建立健全网络信息安全制度,落实安全保护技术措施,保障平台平稳运行。

第三章　平台服务

第十四条　公共资源交易平台的服务内容、服务流程、工作规范、收费标准和监督渠道应当按照法定要求确定，并通过公共资源交易电子服务系统向社会公布。

第十五条 公共资源交易平台应当推行网上预约和服务事项办理。确需在现场办理的，实行窗口集中，简化流程，限时办结。

第十六条 公共资源交易平台应当将公共资源交易公告、资格审查结果、交易过程信息、成交信息、履约信息等，通过公共资源交易电子服务系统依法及时向社会公开。涉及国家秘密、商业秘密、个人隐私以及其他依法应当保密的信息除外。

公共资源交易平台应当无偿提供依法必须公开的信息。

第十七条 交易服务过程中产生的电子文档、纸质资料以及音视频等，应当按照规定的期限归档保存。

第十八条 公共资源交易平台运行服务机构及其工作人员不得从事以下活动：

（一）行使任何审批、备案、监管、处罚等行政监督管理职能；

（二）违法从事或强制指定招标、拍卖、政府采购代理、工程造价等中介服务；

（三）强制非公共资源交易项目进入平台交易；

（四）干涉市场主体选择依法建设和运行的公共资源电子交易系统；

（五）非法扣押企业和人员的相关证照资料；

（六）通过设置注册登记、设立分支机构、资质验证、投标（竞买）许可、强制担保等限制性条件阻碍或者排斥其他地区市场主体进入本地区公共资源交易市场；

（七）违法要求企业法定代表人到场办理相关手续；

（八）其他违反法律法规规定的情形。

第十九条 公共资源交易平台运行服务机构提供公共服务确需收费的，不得以营利为目的。根据平台运行服务机构的性质，其收费分别纳入行政事业性收费和经营服务性收费管理，具体收费项目和收费标准按照有关规定执行。属于行政事业性收费的，按照本级政府非税收入管理的有关规定执行。

第二十条 公共资源交易平台运行服务机构发现公共资源交易活动中有违法违规行为的，应当保留相关证据并及时向有关行政监督管理部门报告。

第四章 信息资源共享

第二十一条 各级行政监督管理部门应当将公共资源交易活动当事人资质资格、信用奖惩、项目审批和违法违规处罚等信息，自作出行政决定之日起7个工作日内上网公开，并通过相关电子监管系统交换至公共资源交易电子服务系统。

第二十二条 各级公共资源交易平台应当依托统一的社会信用代码，记录公共资源交易过程中产生的市场主体和专家信用信息，并通过国家公共资源交易电子服务系统实现信用信息交换共享和动态更新。

第二十三条 国务院发展改革部门牵头建立国家公共资源交易电子服务系统，与省级公共资源交易电子服务系统和有关部门建立的电子系统互联互通，实现市场主体信息、交易信息、行政监管信息的集中交换和同步共享。

第二十四条 省级人民政府应当搭建全行政区域统一、终端覆盖市县的公共资源交易电子服务系统，对接国家公共资源交易电子服务系统和有关部门建立的电子系统，按照有关规定交换共享信息。有关电子招标投标、政府采购等系统应当分别与国家电子招标投标公共服务系统、政府采购管理交易系统对接和交换信息。

第二十五条 公共资源交易电子服务系统应当分别与投资项目在线审批监管系统、信用信息共享系统对接，交换共享公共资源交易相关信息、项目审批核准信息和信用信息。

第二十六条 市场主体已经在公共资源电子交易系统登记注册，并通过公共资源交易电子服务系统实现信息共享的，有关行政监督管理部门和公共资源交易平台运行服务机构不得强制要求其重复登记、备案和验证。

第二十七条 公共资源交易电子服务系统应当支持不同电子认证数字证书的兼容互认。

第二十八条 公共资源交易平台和有关行政监督管理部门在公共资源交易数据采集、汇总、传输、存储、公开、使用过程中，应加强数据安全管理。涉密数据的管理，按照有关法律规定执行。

第五章 监督管理

第二十九条 各级行政监督管理部门按照规定的职责分工，加强对公共资源交易活动的事中事后监管，依法查处违法违规行为。

对利用职权违规干预和插手公共资源交易活动的国家机关或国有企事业单位工作人员，依纪依法予以处理。

各级审计部门应当对公共资源交易平台运行依法开展审计监督。

第三十条 设区的市级以上地方人民政府应当推动建立公共资源交易电子监管系统，实现对项目登记，公告发布，开标评标或评审、竞价，成交公示，交易结果确认，投诉举报，交易履约等交易全过程监控。

公共资源交易电子服务系统和其对接的公共资源电子交易系统应当实时向监管系统推送数据。

第三十一条 建立市场主体公共资源交易活动事前信用承诺制度，要求市场主体以规范格式向社会作出公开承诺，并纳入交易主体信用记录，接受社会监督。

第三十二条 各级行政监督管理部门应当将公共资源交易主体信用信息作为市场准入、项目审批、资质资格审核的重要依据。

建立行政监督管理部门、司法机关等部门联合惩戒机制，对在公共资源交易活动中有不良行为记录的市场主体，依法限制或禁止其参加招标投标、国有土地使用权出让和矿业权出让、国有产权交易、政府采购等公共资源交易活动。

建立公共资源交易相关信息与同级税务机关共享机制，推进税收协作。

第三十三条 各级行政监督管理部门应当运用大数据技术，建立公共资源交易数据关联比对分析机制，开展监测预警，定期进行效果评估，及时调整监管重点。

第三十四条 各级行政监督管理部门应当建立联合抽查机制，对有效投诉举报多或有违法违规记录情况的市场主体，加大随机抽查力度。

行政监督管理部门履行监督管理职责过程中，有权查阅、复制公共资源交易活动有关文件、资料和数据。公共资源交易平台运行服务机构应当如实提供相关情况。

第三十五条 建立由市场主体以及第三方参与的社会评价机制，对所辖行政区域公共资源交易平台运行服务机构提供公共服务情况进行评价。

第三十六条 市场主体或社会公众认为公共资源交易平台运行服务机构及其工作人员存在违法违规行为的，可以依法向政府有关部门投诉、举报。

第三十七条 公共资源交易领域的行业协会应当发挥行业组织作用，加强自律管理和服务。

第六章 法律责任

第三十八条 公共资源交易平台运行服务机构未公开服务内容、服务流程、工作规范、收费标准和监督渠道，由政府有关部门责令限期改正。拒不改正的，予以通报批评。

第三十九条 公共资源交易平台运行服务机构及其工作人员违反本办法第十八条禁止性规定的，由政府有关部门责令限期改正，并予以通报批评。情节严重的，依法追究直接责任人和有关领导的责任。构成犯罪的，依法追究刑事责任。

第四十条 公共资源交易平台运行服务机构违反本办法第十九条规定收取费用的，由同级价格主管部门会同有关部门责令限期改正。拒不改正的，依照《中华人民共和国价格法》、《价格违法行为行政处罚规定》等给予处罚，并予以公示。

第四十一条 公共资源交易平台运行服务机构未按照本办法规定在公共资源交易电子服务系统公开、交换、共享信息的，由政府有关部门责令限期改正。拒不改正的，对直接负责的主管人员和其他直接责任人员依法给予处分，并予以通报。

第四十二条 公共资源交易平台运行服务机构限制市场主体建设的公共资源电子交易系统对接公共资源交易电子服务系统的，由政府有关部门责令限期改正。拒不改正的，对直接负责的主管人员和其他直接责任人员依法给予处分，并予以通报。

第四十三条 公共资源交易平台运行服务机构及其工

作人员向他人透露依法应当保密的公共资源交易信息的，由政府有关部门责令限期改正，并予以通报批评。情节严重的，依法追究直接责任人和有关领导的责任。构成犯罪的，依法追究刑事责任。

第四十四条　有关行政监督管理部门、公共资源交易平台运行服务机构及其工作人员徇私舞弊、滥用职权、弄虚作假、玩忽职守，未依法履行职责的，依法给予处分；构成犯罪的，依法追究刑事责任。

第七章　附　　则

第四十五条　公共资源电子交易系统是根据工程建设项目招标投标、土地使用权和矿业权出让、国有产权交易、政府采购等各类交易特点，按照有关规定建设、对接和运行，以数据电文形式完成公共资源交易活动的信息系统。

公共资源交易电子监管系统是指政府有关部门在线监督公共资源交易活动的信息系统。

公共资源交易电子服务系统是指联通公共资源电子交易系统、监管系统和其他电子系统，实现公共资源交易信息数据交换共享，并提供公共服务的枢纽。

第四十六条　公共资源交易平台运行服务机构是指由政府推动设立或政府通过购买服务等方式确定的，通过资源整合共享方式，为公共资源交易相关市场主体、社会公众、行政监督管理部门等提供公共服务的单位。

第四十七条　本办法由国务院发展改革部门会同国务院有关部门负责解释。

第四十八条　本办法自2016年8月1日起实施。

整合建立统一的公共资源交易平台工作方案

1. 2015年8月10日国务院办公厅发布
2. 国办发〔2015〕63号

为深入贯彻党的十八大和十八届二中、三中、四中全会精神，落实《国务院机构改革和职能转变方案》部署，现就整合建立统一的公共资源交易平台制定以下工作方案。

一、充分认识整合建立统一的公共资源交易平台的重要性

近年来，地方各级政府积极推进工程建设项目招标投标、土地使用权和矿业权出让、国有产权交易、政府采购等公共资源交易市场建设，对于促进和规范公共资源交易活动，加强反腐倡廉建设发挥了积极作用。但由于公共资源交易市场总体上仍处于发展初期，各地在建设运行和监督管理中暴露出不少突出问题：各类交易市场分散设立、重复建设，市场资源不共享；有些交易市场职能定位不准，运行不规范，公开性和透明度不够，违法干预交易主体自主权；有些交易市场存在乱收费现象，市场主体负担较重；公共资源交易服务、管理和监督职责不清，监管缺位、越位和错位现象不同程度存在。这些问题严重制约了公共资源交易市场的健康有序发展，加剧了地方保护和市场分割，不利于激发市场活力，亟需通过创新体制机制加以解决。

整合工程建设项目招标投标、土地使用权和矿业权出让、国有产权交易、政府采购等交易市场，建立统一的公共资源交易平台，有利于防止公共资源交易碎片化，加快形成统一开放、竞争有序的现代市场体系；有利于推动政府职能转变，提高行政监管和公共服务水平；有利于促进公共资源交易阳光操作，强化对行政权力的监督制约，推进预防和惩治腐败体系建设。

二、指导思想和基本原则

（一）指导思想。全面贯彻党的十八大和十八届二中、三中、四中全会精神，按照党中央、国务院决策部署，发挥市场在资源配置中的决定性作用和更好发挥政府作用，以整合共享资源、统一制度规则、创新体制机制为重点，以信息化建设为支撑，加快构筑统一的公共资源交易平台体系，着力推进公共资源交易法制化、规范化、透明化，提高公共资源配置的效率和效益。

（二）基本原则。

坚持政府推动、社会参与。政府要统筹推进公共资源交易平台整合，完善管理规则，优化市场环

境，促进公平竞争。鼓励通过政府购买服务等方式，引导社会力量参与平台服务供给，提高服务质量和效率。

坚持公共服务、资源共享。立足公共资源交易平台的公共服务职能定位，整合公共资源交易信息、专家和场所等资源，加快推进交易全过程电子化，实现交易全流程公开透明和资源共享。

坚持转变职能、创新监管。按照管办分离、依法监管的要求，进一步减少政府对交易活动的行政干预，强化事中事后监管和信用管理，创新电子化监管手段，健全行政监督和社会监督相结合的监督机制。

坚持统筹推进、分类指导。充分考虑行业特点和地区差异，统筹推进各项工作，加强分类指导，增强政策措施的系统性、针对性和有效性。

三、整合范围和整合目标

（三）整合范围。整合分散设立的工程建设项目招标投标、土地使用权和矿业权出让、国有产权交易、政府采购等交易平台，在统一的平台体系上实现信息和资源共享，依法推进公共资源交易高效规范运行。积极有序推进其他公共资源交易纳入统一平台体系。民间投资的不属于依法必须招标的项目，由建设单位自主决定是否进入统一平台。

统一的公共资源交易平台由政府推动建立，坚持公共服务职能定位，实施统一的制度规则、共享的信息系统、规范透明的运行机制，为市场主体、社会公众、行政监管部门等提供综合服务。

（四）整合目标。2016 年 6 月底前，地方各级政府基本完成公共资源交易平台整合工作。2017 年 6 月底前，在全国范围内形成规则统一、公开透明、服务高效、监督规范的公共资源交易平台体系，基本实现公共资源交易全过程电子化。在此基础上，逐步推动其他公共资源进入统一平台进行交易，实现公共资源交易平台从依托有形场所向以电子化平台为主转变。

四、有序整合资源

（五）整合平台层级。各省级政府应根据经济发展水平和公共资源交易市场发育状况，合理布局本地区公共资源交易平台。设区的市级以上地方政府应整合建立本地区统一的公共资源交易平台。县级政府不再新设公共资源交易平台，已经设立的应整合为市级公共资源交易平台的分支机构；个别需保留的，由省级政府根据县域面积和公共资源交易总量等实际情况，按照便民高效原则确定，并向社会公告。法律法规要求在县级层面开展交易的公共资源，当地尚未设立公共资源交易平台的，原交易市场可予以保留。鼓励整合建立跨行政区域的公共资源交易平台。各省级政府应积极创造条件，通过加强区域合作、引入竞争机制、优化平台结构等手段，在坚持依法监督前提下探索推进交易主体跨行政区域自主选择公共资源交易平台。

（六）整合信息系统。制定国家电子交易公共服务系统技术标准和数据规范，为全国公共资源交易信息的集中交换和共享提供制度和技术保障。各省级政府应整合本地区分散的信息系统，依据国家统一标准建立全行政区域统一、终端覆盖市县的电子交易公共服务系统。鼓励电子交易系统市场化竞争，各地不得限制和排斥市场主体依法建设运营的电子交易系统与电子交易公共服务系统对接。各级公共资源交易平台应充分发挥电子交易公共服务系统枢纽作用，通过连接电子交易和监管系统，整合共享市场信息和监管信息等。加快实现国家级、省级、市级电子交易公共服务系统互联互通。中央管理企业有关电子招标采购交易系统应与国家电子交易公共服务系统连接并按规定交换信息，纳入公共资源交易平台体系。

（七）整合场所资源。各级公共资源交易平台整合应充分利用现有政务服务中心、公共资源交易中心、建设工程交易中心、政府集中采购中心或其他交易场所，满足交易评标（评审）活动、交易验证以及有关现场业务办理需要。整合过程中要避免重复建设，严禁假借场所整合之名新建楼堂馆所。在统一场所设施标准和服务标准条件下，公共资源交易平台不限于一个场所。对于社会力量建设并符合标准要求的场所，地方各级政府可以探索通过购买服务等方式加以利用。

（八）整合专家资源。进一步完善公共资源评标专家和评审专家分类标准，各省级政府应按照全国统一的专业分类标准，整合本地区专家资源。推动实现专家资源及专家信用信息全国范围内互联共享，有条件的地方要积极推广专家远程异地评标、评审。评标或评审时，专家应采取随机方式确定，任何单位和个人不得以明示、暗示等任何方式指定或者变相指定专家。

五、统一规则体系

（九）完善管理规则。发展改革委要会同国务院有关部门制定全国统一的公共资源交易平台管理办法，规范平台运行、管理和监督。国务院有关部门要根据工程建设项目招标投标、土地使用权和矿业权出让、国有产权交易、政府采购等法律法规和交易特点，制定实施全国分类统一的平台交易规则和技术标准。各省级政府要根据全国统一的规则和办法，结合本地区实际，制定平台服务管理细则，完善服务流程和标准。

（十）开展规则清理。各省级政府要对本地区各级政府和有关部门发布的公共资源交易规则进行清理。对违法设置审批事项、以备案名义变相实施审批、干预交易主体自主权以及与法律法规相冲突的内容，要坚决予以纠正。清理过程和结果应在省级公共资源交易平台进行公告，接受社会监督。

六、完善运行机制

（十一）推进信息公开共享。建立健全公共资源交易信息和信用信息公开共享制度。各级公共资源交易平台应加大信息公开力度，依法公开交易公告、资格审查结果、成交信息、履约信息以及有关变更信息等。加快建立市场信息共享数据库和验证互认机制。对市场主体通过公共资源交易平台电子交易公共服务系统实现登记注册共享的信息，相应行政区域内有关行政监督部门和其他公共资源交易平台不得要求企业重复登记、备案和验证，逐步推进全国范围内共享互认。各级行政监管部门要履行好信息公开职能，公开有关公共资源交易项目审核、市场主体和中介机构资质资格、行政处罚等监管信息。公共资源交易平台应依托统一的社会信用代码，建立公共资源交易市场主体信用信息库，并将相关信息纳入国家统一的信用信息平台，实现市场主体信用信息交换共享。加强公共资源交易数据统计分析、综合利用和风险监测预警，为市场主体、社会公众和行政监管部门提供信息服务。

（十二）强化服务功能。按照简政放权、放管结合、优化服务的改革方向，简化交易环节，提高工作效率，完善公共资源交易平台服务功能，公开服务流程、工作规范和监督渠道，整治各种乱收费行为，切实降低市场主体交易成本、减轻相关负担。建立市场主体以及第三方参与的社会评价机制，对平台提供公共服务情况进行考核评价。各级公共资源交易平台不得取代依法设立的政府集中采购机构的法人地位、法定代理权以及依法设立的其他交易机构和代理机构从事的相关服务，不得违法从事或强制指定招标、拍卖等中介服务，不得行使行政审批、备案等管理职能，不得强制非公共资源交易项目在平台交易，不得通过设置注册登记、设立分支机构、资质验证、投标（竞买）许可、强制担保等限制性条件阻碍或者排斥其他地区市场主体进入本地区公共资源交易市场。凡是采取审核招标及拍卖文件、出让方案等实施行政审批，或者以备案名义变相实施行政审批的，一律限期取消。公共资源交易平台应与依法设立的相关专业服务机构加强业务衔接，保证法定职能正常履行。

七、创新监管体制

（十三）完善监管体制机制。按照决策权、执行权、监督权既相互制约又相互协调的要求，深化公共资源交易管理体制改革，推进公共资源交易服务、管理与监督职能相互分离，完善监管机制，防止权力滥用。发展改革部门会同有关部门要加强对公共资源交易平台工作的指导和协调。各级招标投标行政监督、财政、国土资源、国有资产监督管理等部门要按照职责分工，加强对公共资源交易活动的监督执法，依法查处公共资源交易活动中的违法违规行为。健全行政监督部门与监察、审计部门协作配合机制，严肃查处领导干部利用职权违规干预和插手公共资源交易活动的腐败案件。审计部门要加强对公共资源交易及平台运行的审计监督。

（十四）转变监督方式。各级行政主管部门要运用大数据等手段，实施电子化行政监督，强化对交易活动的动态监督和预警。将市场主体信用信息和公共资源交易活动信息作为实施监管的重要依据，健全守信激励和失信惩戒机制。对诚实守信主体参与公共资源交易活动要依法给予奖励，对失信主体参与公共资源交易活动要依法予以限制，对严重违法失信主体实行市场禁入。健全专家选聘与退出机制，建立专家黑名单制度，强化专家责任追究。加强社会监督，完善投诉处理机制，公布投诉举报电话，及时处理平台服务机构违法违规行为。发挥行业组织作用，建立公共资源交易平台服务机构和人员自律机制。

八、强化实施保障

（十五）加强组织领导。各地区、各部门要充分认识整合建立统一的公共资源交易平台的重要性，加强领导，周密部署，有序推进整合工作。建立由发展改革委牵头，工业和信息化部、财政部、国土资源部、环境保护部、住房城乡建设部、交通运输部、水利部、商务部、卫生计生委、国资委、税务总局、林业局、国管局、铁路局、民航局等部门参加的部际联席会议制度，统筹指导和协调全国公共资源交易平台整合工作，适时开展试点示范。各省级政府要根据本方案要求，建立相应工作机制，对行政区域内已有的各类公共资源交易平台进行清理，限期提出具体实施方案。在公共资源交易平台清理整合工作完成前，要保障原交易市场正常履行职能，实现平稳过渡。

（十六）严格督促落实。地方各级政府要将公共资源交易平台整合工作纳入目标管理考核，定期对本地区工作落实情况进行检查并通报有关情况。发展改革委要会同国务院有关部门加强对本方案执行情况的督促检查，协调解决工作中遇到的问题，确保各项任务措施落实到位。

财政部关于公共资源交易中心开展政府采购活动有关问题的通知

1. 2014年10月11日

2. 财库〔2014〕165号

各省、自治区、直辖市、计划单列市财政厅（局）、公共资源交易中心（办公室）、集中采购中心：

政府采购活动应遵循政府采购法的规定。近期，一些公共资源交易中心（以下简称交易中心）开展政府采购工作业务时，违法改变政府采购法定评审程序、干预评审结果、乱收费，以及在交易中心建设中存在“管采不分”等问题。为规范交易中心的政府采购活动，进一步加强政府采购监督管理，依据《中华人民共和国政府采购法》等法律法规规定，现就有关事项通知如下：

一、进入交易中心的政府采购活动，应当严格遵守《中华人民共和国政府采购法》及政府采购货物服务招标投标管理、信息公告和评审管理等有关制度规定，规范采购文件编制、信息发布、专家抽取、项目评审、质疑投诉、档案管理等行为，保证政府采购的公开、公平和公正。交易中心在政府采购活动中，不得改变采购人、采购代理机构和供应商等主体的法定权利义务，不得在法定程序外新设登记、报名、备案、资格审核等程序，限制或阻止采购代理机构、供应商进入本地的政府采购市场；不得违规组织对评审活动进行现场监督，干预政府采购评审结果。

二、交易中心在政府采购活动中应遵循非营利性的原则，不得对采购代理机构、供应商违规收取费用，也不得要求采购代理机构或采购人对现场监督人员支付评审费、劳务费等报酬，增加政府采购成本。集中采购机构应保留独立的法人地位，依法承担相应的法律责任，体现集中采购机构的公益性特征。

三、各级财政部门应依法履行对政府采购活动的监督管理职责，对进入交易中心的政府采购项目执行情况加强监督检查，依法受理供应商投诉，对违反政府采购法律法规的行为进行处理和处罚。对纳入交易中心的集中采购机构要加强考核与指导，促进落实政府采购政策功能等要求。要进一步落实“管采分离”的政府采购管理体制，财政部门不得违法采取授权、委托或者共同管理等方式，将政府采购的监管职责交由其他机构行使。对涉及政府采购活动的违法违规问题，交易中心应向政府采购监督管理部门如实反映情况，配合做好监督检查和投诉处理工作。

四、交易中心要对照政府采购法律法规和本通知规定开展自查，对存在的问题进行清理和整改。各级财政部门要切实加强对交易中心政府采购活动的业务指导和监督管理，督促交易中心做好清理整改工作。财政部将组织专项检查，对清理和整改不落实、不到位的单位予以通报。

5. 采购方式

(1)公开招标

财政部办公厅关于未达到公开招标数额标准政府采购项目采购方式适用等问题的函

1. 2015年5月28日
2. 财办库〔2015〕111号

山西财政厅：

《山西省财政厅关于未达到公开招标数额标准符合政府采购法第三十一条第一项规定情形的政府采购项目可否采用单一来源方式采购的请示》（晋财购〔2015〕16号）收悉。经研究，现答复如下：

根据《中华人民共和国政府采购法》第二十七条规定，未达到公开招标数额标准符合政府采购法第三十一条第一项规定情形只能从唯一供应商处采购的政府采购项目，可以依法采用单一来源采购方式。此类项目在采购活动开始前，无需获得设区的市、自治州以上人民政府采购监督管理部门的批准，也不用按照政府采购法实施条例第三十八条的规定在省级以上财政部门指定媒体上公示。对于此类采购项目，采购人、采购代理机构应当严格按照《政府采购非招标采购方式管理办法》（财政部令第74号）的有关规定，组织具有相关经验的专业人员与供应商商定合理的成交价格并保证采购项目质量，做好协商情况记录。

对于未达到公开招标数额标准的政府采购项目，采购人要建立和完善内部管理制度，强化采购、财务和业务部门（岗位）责任，结合采购项目具体情况，依法选择适用的采购方式，防止随意采用和滥用采购方式。

(2)竞争性磋商

政府采购竞争性磋商采购方式管理暂行办法

1. 2014年12月31日财政部发布
2. 财库〔2014〕214号

第一章 总 则

第一条 为了规范政府采购行为，维护国家利益、社会公共利益和政府采购当事人的合法权益，依据《中华人民共和国政府采购法》（以下简称政府采购法）第二十六条第一款第六项规定，制定本办法。

第二条 本办法所称竞争性磋商采购方式，是指采购人、政府采购代理机构通过组建竞争性磋商小组（以下简称磋商小组）与符合条件的供应商就采购货物、工程和服务事宜进行磋商，供应商按照磋商文件的要求提交响应文件和报价，采购人从磋商小组评审后提出的候选供应商名单中确定成交供应商的采购方式。

第三条 符合下列情形的项目，可以采用竞争性磋商方式开展采购：

（一）政府购买服务项目；

（二）技术复杂或者性质特殊，不能确定详细规格或者具体要求的；

（三）因艺术品采购、专利、专有技术或者服务的时间、数量事先不能确定等原因不能事先计算出价格总额的；

（四）市场竞争不充分的科研项目，以及需要扶持的科技成果转化项目；

（五）按照招标投标法及其实施条例必须进行招标的工程建设项目以外的工程建设项目。

第二章 磋商程序

第四条 达到公开招标数额标准的货物、服务采购项目，拟采用竞争性磋商采购方式的，采购人应当在采购活动开始前，报经主管预算单位同意后，依法向设区的市、自治州以上人民政府财政部门申请批准。

第五条 采购人、采购代理机构应当按照政府采购法和本办法的规定组织开展竞争性磋商,并采取必要措施,保证磋商在严格保密的情况下进行。

任何单位和个人不得非法干预、影响磋商过程和结果。

第六条 采购人、采购代理机构应当通过发布公告、从省级以上财政部门建立的供应商库中随机抽取或者采购人和评审专家分别书面推荐的方式邀请不少于3家符合相应资格条件的供应商参与竞争性磋商采购活动。

符合政府采购法第二十二条第一款规定条件的供应商可以在采购活动开始前加入供应商库。财政部门不得对供应商申请入库收取任何费用,不得利用供应商库进行地区和行业封锁。

采取采购人和评审专家书面推荐方式选择供应商的,采购人和评审专家应当各自出具书面推荐意见。采购人推荐供应商的比例不得高于推荐供应商总数的50%。

第七条 采用公告方式邀请供应商的,采购人、采购代理机构应当在省级以上人民政府财政部门指定的政府采购信息发布媒体发布竞争性磋商公告。竞争性磋商公告应当包括以下主要内容:

(一)采购人、采购代理机构的名称、地点和联系方法;

(二)采购项目的名称、数量、简要规格描述或项目基本概况介绍;

(三)采购项目的预算;

(四)供应商资格条件;

(五)获取磋商文件的时间、地点、方式及磋商文件售价;

(六)响应文件提交的截止时间、开启时间及地点;

(七)购项目联系人姓名和电话。

第八条 竞争性磋商文件(以下简称磋商文件)应当根据采购项目的特点和采购人的实际需求制定,并经采购人书面同意。采购人应当以满足实际需求为原则,不得擅自提高经费预算和资产配置等采购标准。

磋商文件不得要求或者标明供应商名称或者特定货物的品牌,不得含有指向特定供应商的技术、服务等条件。

第九条 磋商文件应当包括供应商资格条件、采购邀请、采购方式、采购预算、采购需求、政府采购政策要求、评审程序、评审方法、评审标准、价格构成或者报价要求、响应文件编制要求、保证金交纳数额和形式以及不予退还保证金的情形、磋商过程中可能实质性变动的内容、响应文件提交的截止时间、开启时间及地点以及合同草案条款等。

第十条 从磋商文件发出之日起至供应商提交首次响应文件截止之日止不得少于10日。

磋商文件售价应当按照弥补磋商文件制作成本费用的原则确定,不得以营利为目的,不得以项目预算金额作为确定磋商文件售价依据。磋商文件的发售期限自开始之日起不得少于5个工作日。

提交首次响应文件截止之日前,采购人、采购代理机构或者磋商小组可以对已发出的磋商文件进行必要的澄清或者修改,澄清或者修改的内容作为磋商文件的组成部分。澄清或者修改的内容可能影响响应文件编制的,采购人、采购代理机构应当在提交首次响应文件截止时间至少5日前,以书面形式通知所有获取磋商文件的供应商;不足5日的,采购人、采购代理机构应当顺延提交首次响应文件截止时间。

第十一条 供应商应当按照磋商文件的要求编制响应文件,并对其提交的响应文件的真实性、合法性承担法律责任。

第十二条 采购人、采购代理机构可以要求供应商在提交响应文件截止时间之前交纳磋商保证金。磋商保证金应当采用支票、汇票、本票或者金融机构、担保机构出具的保函等非现金形式交纳。磋商保证金数额应当不超过采购项目预算的2%。供应商未按照磋商文件要求提交磋商保证金的,响应无效。

供应商为联合体的,可以由联合体中的一方或者多方共同交纳磋商保证金,其交纳的保证金对联合体各方均具有约束力。

第十三条 供应商应当在磋商文件要求的截止时间前,将响应文件密封送达指定地点。在截止时间后送达的响应文件为无效文件,采购人、采购代理机构或者磋商小组应当拒收。

供应商在提交响应文件截止时间前,可以对所提交的响应文件进行补充、修改或者撤回,并书面通知采购人、采购代理机构。补充、修改的内容作为响应文件的组成部分。补充、修改的内容与响应文件不一致的,以补充、修改的内容为准。

第十四条 磋商小组由采购人代表和评审专家共3人以上单数组成,其中评审专家人数不得少于磋商小组成员总数的2/3。采购人代表不得以评审专家身份参加本部门或本单位采购项目的评审。采购代理机构人员不得参加本机构代理的采购项目的评审。

采用竞争性磋商方式的政府采购项目,评审专家应当从政府采购评审专家库内相关专业的专家名单中随机抽取。符合本办法第三条第四项规定情形的项目,以及情况特殊、通过随机方式难以确定合适的评审专家的项目,经主管预算单位同意,可以自行选定评审专家。技术复杂、专业性强的采购项目,评审专家中应当包含1名法律专家。

第十五条 评审专家应当遵守评审工作纪律,不得泄露评审情况和评审中获悉的商业秘密。

磋商小组在评审过程中发现供应商有行贿、提供虚假材料或者串通等违法行为的,应当及时向财政部门报告。

评审专家在评审过程中受到非法干涉的,应当及时向财政、监察等部门举报。

第十六条 磋商小组成员应当按照客观、公正、审慎的原则,根据磋商文件规定的评审程序、评审方法和评审标准进行独立评审。未实质性响应磋商文件的响应文件按无效响应处理,磋商小组应当告知提交响应文件的供应商。

磋商文件内容违反国家有关强制性规定的,磋商小组应当停止评审并向采购人或者采购代理机构说明情况。

第十七条 采购人、采购代理机构不得向磋商小组中的评审专家作倾向性、误导性的解释或者说明。

采购人、采购代理机构可以视采购项目的具体情况,组织供应商进行现场考察或召开磋商前答疑会,但不得单独或分别组织只有一个供应商参加的现场考察和答疑会。

第十八条 磋商小组在对响应文件的有效性、完整性和响应程度进行审查时,可以要求供应商对响应文件中含义不明确、同类问题表述不一致或者有明显文字和计算错误的内容等作出必要的澄清、说明或者更正。供应商的澄清、说明或者更正不得超出响应文件的范围或者改变响应文件的实质性内容。

磋商小组要求供应商澄清、说明或者更正响应文件应当以书面形式作出。供应商的澄清、说明或者更正应当由法定代表人或其授权代表签字或者加盖公章。由授权代表签字的,应当附法定代表人授权书。供应商为自然人的,应当由本人签字并附身份证明。

第十九条 磋商小组所有成员应当集中与单一供应商分别进行磋商,并给予所有参加磋商的供应商平等的磋商机会。

第二十条 在磋商过程中,磋商小组可以根据磋商文件和磋商情况实质性变动采购需求中的技术、服务要求以及合同草案条款,但不得变动磋商文件中的其他内容。实质性变动的内容,须经采购人代表确认。

对磋商文件作出的实质性变动是磋商文件的有效组成部分,磋商小组应当及时以书面形式同时通知所有参加磋商的供应商。

供应商应当按照磋商文件的变动情况和磋商小组的要求重新提交响应文件,并由其法定代表人或授权代表签字或者加盖公章。由授权代表签字的,应当附法定代表人授权书。供应商为自然人的,应当由本人签字并附身份证明。

第二十一条 磋商文件能够详细列明采购标的的技术、服务要求的,磋商结束后,磋商小组应当要求所有实质性响应的供应商在规定时间内提交最后报价,提交最后报价的供应商不得少于3家。

磋商文件不能详细列明采购标的的技术、服务要求，需经磋商由供应商提供最终设计方案或解决方案的，磋商结束后，磋商小组应当按照少数服从多数的原则投票推荐3家以上供应商的设计方案或者解决方案，并要求其在规定时间内提交最后报价。

最后报价是供应商响应文件的有效组成部分。符合本办法第三条第四项情形的，提交最后报价的供应商可以为2家。

第二十二条　已提交响应文件的供应商，在提交最后报价之前，可以根据磋商情况退出磋商。采购人、采购代理机构应当退还退出磋商的供应商的磋商保证金。

第二十三条　经磋商确定最终采购需求和提交最后报价的供应商后，由磋商小组采用综合评分法对提交最后报价的供应商的响应文件和最后报价进行综合评分。

综合评分法，是指响应文件满足磋商文件全部实质性要求且按评审因素的量化指标评审得分最高的供应商为成交候选供应商的评审方法。

第二十四条　综合评分法评审标准中的分值设置应当与评审因素的量化指标相对应。磋商文件中没有规定的评审标准不得作为评审依据。

评审时，磋商小组各成员应当独立对每个有效响应的文件进行评价、打分，然后汇总每个供应商每项评分因素的得分。

综合评分法货物项目的价格分值占总分值的比重（即权值）为30%至60%，服务项目的价格分值占总分值的比重（即权值）为10%至30%。采购项目中含不同采购对象的，以占项目资金比例最高的采购对象确定其项目属性。符合本办法第三条第三项的规定和执行统一价格标准的项目，其价格不列为评分因素。有特殊情况需要在上述规定范围外设定价格分权重的，应当经本级人民政府财政部门审核同意。

综合评分法中的价格分统一采用低价优先法计算，即满足磋商文件要求且最后报价最低的供应商的价格为磋商基准价，其价格分为满分。其他供应商的价格分统一按照下列公式计算：

磋商报价得分＝（磋商基准价/最后磋商报价）×价格权值×100

项目评审过程中，不得去掉最后报价中的最高报价和最低报价。

第二十五条　磋商小组应当根据综合评分情况，按照评审得分由高到低顺序推荐3名以上成交候选供应商，并编写评审报告。符合本办法第二十一条第三款情形的，可以推荐2家成交候选供应商。评审得分相同的，按照最后报价由低到高的顺序推荐。评审得分且最后报价相同的，按照技术指标优劣顺序推荐。

第二十六条　评审报告应当包括以下主要内容：

（一）邀请供应商参加采购活动的具体方式和相关情况；

（二）响应文件开启日期和地点；

（三）获取磋商文件的供应商名单和磋商小组成员名单；

（四）评审情况记录和说明，包括对供应商的资格审查情况、供应商响应文件评审情况、磋商情况、报价情况等；

（五）提出的成交候选供应商的排序名单及理由。

第二十七条　评审报告应当由磋商小组全体人员签字认可。磋商小组成员对评审报告有异议的，磋商小组按照少数服从多数的原则推荐成交候选供应商，采购程序继续进行。对评审报告有异议的磋商小组成员，应当在报告上签署不同意见并说明理由，由磋商小组书面记录相关情况。磋商小组成员拒绝在报告上签字又不书面说明其不同意见和理由的，视为同意评审报告。

第二十八条　采购代理机构应当在评审结束后2个工作日内将评审报告送采购人确认。

采购人应当在收到评审报告后5个工作日内，从评审报告提出的成交候选供应商中，按照排序由高到低的原则确定成交供应商，也可以书面授权磋商小组直接确定成交供应商。采购人逾期未确定成交供应商且不提出异议的，视为确定评审报告提出的排序第一的供应商为成交供应商。

第二十九条　采购人或者采购代理机构应当在成交供应商确定后2个工作日内，在省级以上财政部门指定的政府采购信息发布媒体上公告成交结果，同时向成交供应商发出成交通知书，并将磋商文件随成交结果同时公告。成交结果公告应当包括以下内容：

（一）采购人和采购代理机构的名称、地址和联系方式；

（二）项目名称和项目编号；

（三）成交供应商名称、地址和成交金额；

（四）主要成交标的的名称、规格型号、数量、单价、服务要求；

（五）磋商小组成员名单。

采用书面推荐供应商参加采购活动的，还应当公告采购人和评审专家的推荐意见。

第三十条　采购人与成交供应商应当在成交通知书发出之日起30日内，按照磋商文件确定的合同文本以及采购标的、规格型号、采购金额、采购数量、技术和服务要求等事项签订政府采购合同。

采购人不得向成交供应商提出超出磋商文件以外的任何要求作为签订合同的条件，不得与成交供应商订立背离磋商文件确定的合同文本以及采购标的、规格型号、采购金额、采购数量、技术和服务要求等实质性内容的协议。

第三十一条　采购人或者采购代理机构应当在采购活动结束后及时退还供应商的磋商保证金，但因供应商自身原因导致无法及时退还的除外。未成交供应商的磋商保证金应当在成交通知书发出后5个工作日内退还，成交供应商的磋商保证金应当在采购合同签订后5个工作日内退还。

有下列情形之一的，磋商保证金不予退还：

（一）供应商在提交响应文件截止时间后撤回响应文件的；

（二）供应商在响应文件中提供虚假材料的；

（三）除因不可抗力或磋商文件认可的情形以外，成交供应商不与采购人签订合同的；

（四）供应商与采购人、其他供应商或者采购代理机构恶意串通的；

（五）磋商文件规定的其他情形。

第三十二条　除资格性检查认定错误、分值汇总计算错误、分项评分超出评分标准范围、客观分评分不一致、经磋商小组一致认定评分畸高、畸低的情形外，采购人或者采购代理机构不得以任何理由组织重新评审。采购人、采购代理机构发现磋商小组未按照磋商文件规定的评审标准进行评审的，应当重新开展采购活动，并同时书面报告本级财政部门。

采购人或者采购代理机构不得通过对样品进行检测、对供应商进行考察等方式改变评审结果。

第三十三条　成交供应商拒绝签订政府采购合同的，采购人可以按照本办法第二十八条第二款规定的原则确定其他供应商作为成交供应商并签订政府采购合同，也可以重新开展采购活动。拒绝签订政府采购合同的成交供应商不得参加对该项目重新开展的采购活动。

第三十四条　出现下列情形之一的，采购人或者采购代理机构应当终止竞争性磋商采购活动，发布项目终止公告并说明原因，重新开展采购活动：

（一）因情况变化，不再符合规定的竞争性磋商采购方式适用情形的；

（二）出现影响采购公正的违法、违规行为的；

（三）除本办法第二十一条第三款规定的情形外，在采购过程中符合要求的供应商或者报价未超过采购预算的供应商不足3家的。

第三十五条　在采购活动中因重大变故，采购任务取消的，采购人或者采购代理机构应当终止采购活动，通知所有参加采购活动的供应商，并将项目实施情况和采购任务取消原因报送本级财政部门。

第三章　附　　则

第三十六条　相关法律制度对政府和社会资本合作项目采用竞争性磋商采购方式另有规定的，从其规定。

第三十七条　本办法所称主管预算单位是指负有编制部门预算职责，向同级财政部门申报预算的国家机关、事业单位和团体组织。

第三十八条　本办法自发布之日起施行。

财政部关于政府采购竞争性磋商采购方式管理暂行办法有关问题的补充通知

1. 2015年6月30日
2. 财库〔2015〕124号

党中央有关部门,国务院各部委、各直属机构,全国人大常委会办公厅,全国政协办公厅,高法院,高检院,各民主党派中央,有关人民团体,各省、自治区、直辖市、计划单列市财政厅(局),新疆生产建设兵团财务局,各集中采购机构:

为了深入推进政府采购制度改革和政府购买服务工作,促进实现"物有所值"价值目标,提高政府采购效率,现就《财政部关于印发〈政府采购竞争性磋商采购方式管理暂行办法〉的通知》(财库〔2014〕214号)有关问题补充通知如下:

采用竞争性磋商采购方式采购的政府购买服务项目(含政府和社会资本合作项目),在采购过程中符合要求的供应商(社会资本)只有2家的,竞争性磋商采购活动可以继续进行。采购过程中符合要求的供应商(社会资本)只有1家的,采购人(项目实施机构)或者采购代理机构应当终止竞争性磋商采购活动,发布项目终止公告并说明原因,重新开展采购活动。

请遵照执行。

(3)非招标采购

政府采购非招标采购方式管理办法

1. 2013年12月19日财政部令第74号公布
2. 自2014年2月1日起施行

第一章　总　　则

第一条　为了规范政府采购行为,加强对采用非招标采购方式采购活动的监督管理,维护国家利益、社会公共利益和政府采购当事人的合法权益,依据《中华人民共和国政府采购法》(以下简称政府采购法)和其他法律、行政法规的有关规定,制定本办法。

第二条　采购人、采购代理机构采用非招标采购方式采购货物、工程和服务的,适用本办法。

本办法所称非招标采购方式,是指竞争性谈判、单一来源采购和询价采购方式。

竞争性谈判是指谈判小组与符合资格条件的供应商就采购货物、工程和服务事宜进行谈判,供应商按照谈判文件的要求提交响应文件和最后报价,采购人从谈判小组提出的成交候选人中确定成交供应商的采购方式。

单一来源采购是指采购人从某一特定供应商处采购货物、工程和服务的采购方式。

询价是指询价小组向符合资格条件的供应商发出采购货物询价通知书,要求供应商一次报出不得更改的价格,采购人从询价小组提出的成交候选人中确定成交供应商的采购方式。

第三条　采购人、采购代理机构采购以下货物、工程和服务之一的,可以采用竞争性谈判、单一来源采购方式采购;采购货物的,还可以采用询价采购方式:

(一)依法制定的集中采购目录以内,且未达到公开招标数额标准的货物、服务;

(二)依法制定的集中采购目录以外、采购限额标准以上,且未达到公开招标数额标准的货物、服务;

(三)达到公开招标数额标准、经批准采用非公开招标方式的货物、服务;

(四)按照招标投标法及其实施条例必须进行招标的工程建设项目以外的政府采购工程。

第二章　一般规定

第四条　达到公开招标数额标准的货物、服务采购项目,拟采用非招标采购方式的,采购人应当在采购活动开始前,报经主管预算单位同意后,向设区的市、自治州以上人民政府财政部门申请批准。

第五条　根据本办法第四条申请采用非招标采购方式采购的,采购人应当向财政部门提交以下材料并对材料的真实性负责:

(一)采购人名称、采购项目名称、项目概况等项目基本情况说明;

（二）项目预算金额、预算批复文件或者资金来源证明；

（三）拟申请采用的采购方式和理由。

第六条　采购人、采购代理机构应当按照政府采购法和本办法的规定组织开展非招标采购活动，并采取必要措施，保证评审在严格保密的情况下进行。

任何单位和个人不得非法干预、影响评审过程和结果。

第七条　竞争性谈判小组或者询价小组由采购人代表和评审专家共3人以上单数组成，其中评审专家人数不得少于竞争性谈判小组或者询价小组成员总数的2/3。采购人不得以评审专家身份参加本部门或本单位采购项目的评审。采购代理机构人员不得参加本机构代理的采购项目的评审。

达到公开招标数额标准的货物或者服务采购项目，或者达到招标规模标准的政府采购工程，竞争性谈判小组或者询价小组应当由5人以上单数组成。

采用竞争性谈判、询价方式采购的政府采购项目，评审专家应当从政府采购评审专家库内相关专业的专家名单中随机抽取。技术复杂、专业性强的竞争性谈判采购项目，通过随机方式难以确定合适的评审专家的，经主管预算单位同意，可以自行选定评审专家。技术复杂、专业性强的竞争性谈判采购项目，评审专家中应当包含1名法律专家。

第八条　竞争性谈判小组或者询价小组在采购活动过程中应当履行下列职责：

（一）确认或者制定谈判文件、询价通知书；

（二）从符合相应资格条件的供应商名单中确定不少于3家的供应商参加谈判或者询价；

（三）审查供应商的响应文件并作出评价；

（四）要求供应商解释或者澄清其响应文件；

（五）编写评审报告；

（六）告知采购人、采购代理机构在评审过程中发现的供应商的违法违规行为。

第九条　竞争性谈判小组或者询价小组成员应当履行下列义务：

（一）遵纪守法，客观、公正、廉洁地履行职责；

（二）根据采购文件的规定独立进行评审，对个人的评审意见承担法律责任；

（三）参与评审报告的起草；

（四）配合采购人、采购代理机构答复供应商提出的质疑；

（五）配合财政部门的投诉处理和监督检查工作。

第十条　谈判文件、询价通知书应当根据采购项目的特点和采购人的实际需求制定，并经采购人书面同意。采购人应当以满足实际需求为原则，不得擅自提高经费预算和资产配置等采购标准。

谈判文件、询价通知书不得要求或者标明供应商名称或者特定货物的品牌，不得含有指向特定供应商的技术、服务等条件。

第十一条　谈判文件、询价通知书应当包括供应商资格条件、采购邀请、采购方式、采购预算、采购需求、采购程序、价格构成或者报价要求、响应文件编制要求、提交响应文件截止时间及地点、保证金交纳数额和形式、评定成交的标准等。

谈判文件除本条第一款规定的内容外，还应当明确谈判小组根据与供应商谈判情况可能实质性变动的内容，包括采购需求中的技术、服务要求以及合同草案条款。

第十二条　采购人、采购代理机构应当通过发布公告、从省级以上财政部门建立的供应商库中随机抽取或者采购人和评审专家分别书面推荐的方式邀请不少于3家符合相应资格条件的供应商参与竞争性谈判或者询价采购活动。

符合政府采购法第二十二条第一款规定条件的供应商可以在采购活动开始前加入供应商库。财政部门不得对供应商申请入库收取任何费用，不得利用供应商库进行地区和行业封锁。

采取采购人和评审专家书面推荐方式选择供应商的，采购人和评审专家应当各自出具书面推荐意见。采购人推荐供应商的比例不得高于推荐供应商总数的50%。

第十三条　供应商应当按照谈判文件、询价通知书的要求编制响应文件，并对其提交的响应文件的真实性、合法性承担法律责任。

第十四条　采购人、采购代理机构可以要求供应商在提交响应文件截止时间之前交纳保证金。保证金应当采用支票、汇票、本票、网上银行支付或者金融机构、担保机构出具的保函等非现金形式交纳。保证金数额应当不超过采购项目预算的2%。

供应商为联合体的，可以由联合体中的一方或者多方共同交纳保证金，其交纳的保证金对联合体各方均具有约束力。

第十五条　供应商应当在谈判文件、询价通知书要求的截止时间前，将响应文件密封送达指定地点。在截止时间后送达的响应文件为无效文件，采购人、采购代理机构或者谈判小组、询价小组应当拒收。

供应商在提交询价响应文件截止时间前，可以对所提交的响应文件进行补充、修改或者撤回，并书面通知采购人、采购代理机构。补充、修改的内容作为响应文件的组成部分。补充、修改的内容与响应文件不一致的，以补充、修改的内容为准。

第十六条　谈判小组、询价小组在对响应文件的有效性、完整性和响应程度进行审查时，可以要求供应商对响应文件中含义不明确、同类问题表述不一致或者有明显文字和计算错误的内容等作出必要的澄清、说明或者更正。供应商的澄清、说明或者更正不得超出响应文件的范围或者改变响应文件的实质性内容。

谈判小组、询价小组要求供应商澄清、说明或者更正响应文件应当以书面形式作出。供应商的澄清、说明或者更正应当由法定代表人或其授权代表签字或者加盖公章。由授权代表签字的，应当附法定代表人授权书。供应商为自然人的，应当由本人签字并附身份证明。

第十七条　谈判小组、询价小组应当根据评审记录和评审结果编写评审报告，其主要内容包括：

（一）邀请供应商参加采购活动的具体方式和相关情况，以及参加采购活动的供应商名单；

（二）评审日期和地点，谈判小组、询价小组成员名单；

（三）评审情况记录和说明，包括对供应商的资格审查情况、供应商响应文件评审情况、谈判情况、报价情况等；

（四）提出的成交候选人的名单及理由。

评审报告应当由谈判小组、询价小组全体人员签字认可。谈判小组、询价小组成员对评审报告有异议的，谈判小组、询价小组按照少数服从多数的原则推荐成交候选人，采购程序继续进行。对评审报告有异议的谈判小组、询价小组成员，应当在报告上签署不同意见并说明理由，由谈判小组、询价小组书面记录相关情况。谈判小组、询价小组成员拒绝在报告上签字又不书面说明其不同意见和理由的，视为同意评审报告。

第十八条　采购人或者采购代理机构应当在成交供应商确定后2个工作日内，在省级以上财政部门指定的媒体上公告成交结果，同时向成交供应商发出成交通知书，并将竞争性谈判文件、询价通知书随成交结果同时公告。成交结果公告应当包括以下内容：

（一）采购人和采购代理机构的名称、地址和联系方式；

（二）项目名称和项目编号；

（三）成交供应商名称、地址和成交金额；

（四）主要成交标的的名称、规格型号、数量、单价、服务要求；

（五）谈判小组、询价小组成员名单及单一来源采购人员名单。

采用书面推荐供应商参加采购活动的，还应当公告采购人和评审专家的推荐意见。

第十九条　采购人与成交供应商应当在成交通知书发出之日起30日内，按照采购文件确定的合同文本以及采购标的、规格型号、采购金额、采购数量、技术和服务要求等事项签订政府采购合同。

采购人不得向成交供应商提出超出采购文件以外的任何要求作为签订合同的条件，不得与成交供应商订立背离采购文件确定的合同文本以及采购标的、规格型号、采购金额、采购数量、技术和服务要求等实质性内容的协议。

第二十条　采购人或者采购代理机构应当在采购活动结束后及时退还供应商的保证金，但因供应商自身原因导致无法及时退还的除外。未成交供应商的保证金应当在成交通知书发出后5个工作日内退还，成交供应商的保证金应当在采购合同签订后5个工作日内退还。

有下列情形之一的，保证金不予退还：

（一）供应商在提交响应文件截止时间后撤回响应文件的；

（二）供应商在响应文件中提供虚假材料的；

（三）除因不可抗力或谈判文件、询价通知书认可的情形以外，成交供应商不与采购人签订合同的；

（四）供应商与采购人、其他供应商或者采购代理机构恶意串通的；

（五）采购文件规定的其他情形。

第二十一条 除资格性审查认定错误和价格计算错误外，采购人或者采购代理机构不得以任何理由组织重新评审。采购人、采购代理机构发现谈判小组、询价小组未按照采购文件规定的评定成交的标准进行评审的，应当重新开展采购活动，并同时书面报告本级财政部门。

第二十二条 除不可抗力等因素外，成交通知书发出后，采购人改变成交结果，或者成交供应商拒绝签订政府采购合同的，应当承担相应的法律责任。

成交供应商拒绝签订政府采购合同的，采购人可以按照本办法第三十六条第二款、第四十九条第二款规定的原则确定其他供应商作为成交供应商并签订政府采购合同，也可以重新开展采购活动。拒绝签订政府采购合同的成交供应商不得参加对该项目重新开展的采购活动。

第二十三条 在采购活动中因重大变故，采购任务取消的，采购人或者采购代理机构应当终止采购活动，通知所有参加采购活动的供应商，并将项目实施情况和采购任务取消原因报送本级财政部门。

第二十四条 采购人或者采购代理机构应当按照采购合同规定的技术、服务等要求组织对供应商履约的验收，并出具验收书。验收书应当包括每一项技术、服务等要求的履约情况。大型或者复杂的项目，应当邀请国家认可的质量检测机构参加验收。验收方成员应当在验收书上签字，并承担相应的法律责任。

第二十五条 谈判小组、询价小组成员以及与评审工作有关的人员不得泄露评审情况以及评审过程中获悉的国家秘密、商业秘密。

第二十六条 采购人、采购代理机构应当妥善保管每项采购活动的采购文件。采购文件包括采购活动记录、采购预算、谈判文件、询价通知书、响应文件、推荐供应商的意见、评审报告、成交供应商确定文件、单一来源采购协商情况记录、合同文本、验收证明、质疑答复、投诉处理决定以及其他有关文件、资料。采购文件可以电子档案方式保存。

采购活动记录至少应当包括下列内容：

（一）采购项目类别、名称；

（二）采购项目预算、资金构成和合同价格；

（三）采购方式，采用该方式的原因及相关说明材料；

（四）选择参加采购活动的供应商的方式及原因；

（五）评定成交的标准及确定成交供应商的原因；

（六）终止采购活动的，终止的原因。

第三章 竞争性谈判

第二十七条 符合下列情形之一的采购项目，可以采用竞争性谈判方式采购：

（一）招标后没有供应商投标或者没有合格标的，或者重新招标未能成立的；

（二）技术复杂或者性质特殊，不能确定详细规格或者具体要求的；

（三）非采购人所能预见的原因或者非采购人拖延造成采用招标所需时间不能满足用户紧急需要的；

（四）因艺术品采购、专利、专有技术或者服务的时间、数量事先不能确定等原因不能事先计算出价格总额的。

公开招标的货物、服务采购项目，招标过程中提交投标文件或者经评审实质性响应招标文件要求的供应商只有两家时，采购人、采购代理机构按照本办法第四条经本级财政部门批准后可以与该两家供应商进行竞争性谈判采购，采购人、采购代理机构应当根据招标文件中的采购需求编制谈判文件，成立谈判小组,由谈判小组对谈判文件进行确认。符合本款情形的,本办法第三十三条、第三十五条中规定的供应商最低数量可以为两家。

第二十八条 符合本办法第二十七条第一款第一项情形和第二款情形,申请采用竞争性谈判采购方式时,除提交本办法第五条第一至三项规定的材料外,还应当提交下列申请材料:

(一)在省级以上财政部门指定的媒体上发布招标公告的证明材料;

(二)采购人、采购代理机构出具的对招标文件和招标过程是否有供应商质疑及质疑处理情况的说明;

(三)评标委员会或者3名以上评审专家出具的招标文件没有不合理条款的论证意见。

第二十九条 从谈判文件发出之日起至供应商提交首次响应文件截止之日止不得少于3个工作日。

提交首次响应文件截止之日前,采购人、采购代理机构或者谈判小组可以对已发出的谈判文件进行必要的澄清或者修改,澄清或者修改的内容作为谈判文件的组成部分。澄清或者修改的内容可能影响响应文件编制的,采购人、采购代理机构或者谈判小组应当在提交首次响应文件截止之日3个工作日前,以书面形式通知所有接收谈判文件的供应商,不足3个工作日的,应当顺延提交首次响应文件截止之日。

第三十条 谈判小组应当对响应文件进行评审,并根据谈判文件规定的程序、评定成交的标准等事项与实质性响应谈判文件要求的供应商进行谈判。未实质性响应谈判文件的响应文件按无效处理,谈判小组应当告知有关供应商。

第三十一条 谈判小组所有成员应当集中与单一供应商分别进行谈判,并给予所有参加谈判的供应商平等的谈判机会。

第三十二条 在谈判过程中,谈判小组可以根据谈判文件和谈判情况实质性变动采购需求中的技术、服务要求以及合同草案条款,但不得变动谈判文件中的其他内容。实质性变动的内容,须经采购人代表确认。

对谈判文件作出的实质性变动是谈判文件的有效组成部分,谈判小组应当及时以书面形式同时通知所有参加谈判的供应商。

供应商应当按照谈判文件的变动情况和谈判小组的要求重新提交响应文件,并由其法定代表人或授权代表签字或者加盖公章。由授权代表签字的,应当附法定代表人授权书。供应商为自然人的,应当由本人签字并附身份证明。

第三十三条 谈判文件能够详细列明采购标的的技术、服务要求的,谈判结束后,谈判小组应当要求所有继续参加谈判的供应商在规定时间内提交最后报价,提交最后报价的供应商不得少于3家。

谈判文件不能详细列明采购标的的技术、服务要求,需经谈判由供应商提供最终设计方案或解决方案的,谈判结束后,谈判小组应当按照少数服从多数的原则投票推荐3家以上供应商的设计方案或者解决方案,并要求其在规定时间内提交最后报价。

最后报价是供应商响应文件的有效组成部分。

第三十四条 已提交响应文件的供应商,在提交最后报价之前,可以根据谈判情况退出谈判。采购人、采购代理机构应当退还退出谈判的供应商的保证金。

第三十五条 谈判小组应当从质量和服务均能满足采购文件实质性响应要求的供应商中,按照最后报价由低到高的顺序提出3名以上成交候选人,并编写评审报告。

第三十六条 采购代理机构应当在评审结束后2个工作日内将评审报告送采购人确认。

采购人应当在收到评审报告后5个工作日内,从评审报告提出的成交候选人中,根据质量和服务均能满足采购文件实质性响应要求且最后报价最低的原则确定成交供应商,也可以书面授权谈判小组直接确定成交供应商。采购人逾期未确定成交供应商且不提出异议的,视为确定评审报告提出的最后报价最低的供应商为成交供应商。

第三十七条 出现下列情形之一的,采购人或者采购代理机构应当终止竞争性谈判采购活动,发布项目终止公告并说明原因,重新开展采购活动:

(一)因情况变化,不再符合规定的竞争性谈判采购方式适用情形的；

（二）出现影响采购公正的违法、违规行为的；

（三）在采购过程中符合竞争要求的供应商或者报价未超过采购预算的供应商不足 3 家的，但本办法第二十七条第二款规定的情形除外。

第四章　单一来源采购

第三十八条　属于政府采购法第三十一条第一项情形，且达到公开招标数额的货物、服务项目，拟采用单一来源采购方式的，采购人、采购代理机构在按照本办法第四条报财政部门批准之前，应当在省级以上财政部门指定媒体上公示，并将公示情况一并报财政部门。公示期不得少于 5 个工作日，公示内容应当包括：

（一）采购人、采购项目名称和内容；

（二）拟采购的货物或者服务的说明；

（三）采用单一来源采购方式的原因及相关说明；

（四）拟定的唯一供应商名称、地址；

（五）专业人员对相关供应商因专利、专有技术等原因具有唯一性的具体论证意见，以及专业人员的姓名、工作单位和职称；

（六）公示的期限；

（七）采购人、采购代理机构、财政部门的联系地址、联系人和联系电话。

第三十九条　任何供应商、单位或者个人对采用单一来源采购方式公示有异议的，可以在公示期内将书面意见反馈给采购人、采购代理机构，并同时抄送相关财政部门。

第四十条　采购人、采购代理机构收到对采用单一来源采购方式公示的异议后，应当在公示期满后 5 个工作日内，组织补充论证，论证后认为异议成立的，应当依法采取其他采购方式；论证后认为异议不成立的，应当将异议意见、论证意见与公示情况一并报相关财政部门。

采购人、采购代理机构应当将补充论证的结论告知提出异议的供应商、单位或者个人。

第四十一条　采用单一来源采购方式采购的，采购人、采购代理机构应当组织具有相关经验的专业人员与供应商商定合理的成交价格并保证采购项目质量。

第四十二条　单一来源采购人员应当编写协商情况记录，主要内容包括：

（一）依据本办法第三十八条进行公示的，公示情况说明；

（二）协商日期和地点，采购人员名单；

（三）供应商提供的采购标的成本、同类项目合同价格以及相关专利、专有技术等情况说明；

（四）合同主要条款及价格商定情况。

协商情况记录应当由采购全体人员签字认可。对记录有异议的采购人员，应当签署不同意见并说明理由。采购人员拒绝在记录上签字又不书面说明其不同意见和理由的，视为同意。

第四十三条　出现下列情形之一的，采购人或者采购代理机构应当终止采购活动，发布项目终止公告并说明原因，重新开展采购活动：

（一）因情况变化，不再符合规定的单一来源采购方式适用情形的；

（二）出现影响采购公正的违法、违规行为的；

（三）报价超过采购预算的。

第五章　询　　价

第四十四条　询价采购需求中的技术、服务等要求应当完整、明确，符合相关法律、行政法规和政府采购政策的规定。

第四十五条　从询价通知书发出之日起至供应商提交响应文件截止之日止不得少于 3 个工作日。

提交响应文件截止之日前，采购人、采购代理机构或者询价小组可以对已发出的询价通知书进行必要的澄清或者修改，澄清或者修改的内容作为询价通知书的组成部分。澄清或者修改的内容可能影响响应文件编制的，采购人、采购代理机构或者询价小组应当在提交响应文件截止之日 3 个工作日前，以书面形式通知所有接收询价通知书的供应商，不足 3 个工作日的，应当顺延提交响应文件截止之日。

第四十六条　询价小组在询价过程中，不得改变询价通知书所确定的技术和服务等要求、评审程序、评定成交的标准和合同文本等事项。

第四十七条　参加询价采购活动的供应商，应当按照询价通知书的规定一次报出不得更改的价格。

第四十八条　询价小组应当从质量和服务均能满足采购文件实质性响应要求的供应商中，按照报价由低到高的顺序提出3名以上成交候选人，并编写评审报告。

第四十九条　采购代理机构应当在评审结束后2个工作日内将评审报告送采购人确认。

采购人应当在收到评审报告后5个工作日内，从评审报告提出的成交候选人中，根据质量和服务均能满足采购文件实质性响应要求且报价最低的原则确定成交供应商，也可以书面授权询价小组直接确定成交供应商。采购人逾期未确定成交供应商且不提出异议的，视为确定评审报告提出的最后报价最低的供应商为成交供应商。

第五十条　出现下列情形之一的，采购人或者采购代理机构应当终止询价采购活动，发布项目终止公告并说明原因，重新开展采购活动：

（一）因情况变化，不再符合规定的询价采购方式适用情形的；

（二）出现影响采购公正的违法、违规行为的；

（三）在采购过程中符合竞争要求的供应商或者报价未超过采购预算的供应商不足3家的。

第六章　法律责任

第五十一条　采购人、采购代理机构有下列情形之一的，责令限期改正，给予警告；有关法律、行政法规规定处以罚款的，并处罚款；涉嫌犯罪的，依法移送司法机关处理：

（一）未按照本办法规定在指定媒体上发布政府采购信息的；

（二）未按照本办法规定组成谈判小组、询价小组的；

（三）在询价采购过程中与供应商进行协商谈判的；

（四）未按照政府采购法和本办法规定的程序和要求确定成交候选人的；

（五）泄露评审情况以及评审过程中获悉的国家秘密、商业秘密的。

采购代理机构有前款情形之一，情节严重的，暂停其政府采购代理机构资格3至6个月；情节特别严重或者逾期不改正的，取消其政府采购代理机构资格。

第五十二条　采购人有下列情形之一的，责令限期改正，给予警告；有关法律、行政法规规定处以罚款的，并处罚款：

（一）未按照政府采购法和本办法的规定采用非招标采购方式的；

（二）未按照政府采购法和本办法的规定确定成交供应商的；

（三）未按照采购文件确定的事项签订政府采购合同，或者与成交供应商另行订立背离合同实质性内容的协议的；

（四）未按规定将政府采购合同副本报本级财政部门备案的。

第五十三条　采购人、采购代理机构有本办法第五十一条、第五十二条规定情形之一，且情节严重或者拒不改正的，其直接负责的主管人员和其他直接责任人员属于国家机关工作人员的，由任免机关或者监察机关依法给予处分，并予通报。

第五十四条　成交供应商有下列情形之一的，责令限期改正，情节严重的，列入不良行为记录名单，在1至3年内禁止参加政府采购活动，并予以通报：

（一）未按照采购文件确定的事项签订政府采购合同，或者与采购人另行订立背离合同实质性内容的协议的；

（二）成交后无正当理由不与采购人签订合同的；

（三）拒绝履行合同义务的。

第五十五条　谈判小组、询价小组成员有下列行为之一的，责令改正，给予警告；有关法律、行政法规规定处以罚款的，并处罚款；涉嫌犯罪的，依法移送司法机关处理：

（一）收受采购人、采购代理机构、供应商、其他利害关系人的财物或者其他不正当利益的；

（二）泄露评审情况以及评审过程中获悉的国家秘密、商业秘密的；

（三）明知与供应商有利害关系而不依法回

避的；

（四）在评审过程中擅离职守，影响评审程序正常进行的；

（五）在评审过程中有明显不合理或者不正当倾向性的；

（六）未按照采购文件规定的评定成交的标准进行评审的。

评审专家有前款情形之一，情节严重的，取消其政府采购评审专家资格，不得再参加任何政府采购项目的评审，并在财政部门指定的政府采购信息发布媒体上予以公告。

第五十六条 有本办法第五十一条、第五十二条、第五十五条违法行为之一，并且影响或者可能影响成交结果的，应当按照下列情形分别处理：

（一）未确定成交供应商的，终止本次采购活动，依法重新开展采购活动；

（二）已确定成交供应商但采购合同尚未履行的，撤销合同，从合格的成交候选人中另行确定成交供应商，没有合格的成交候选人的，重新开展采购活动；

（三）采购合同已经履行的，给采购人、供应商造成损失的，由责任人依法承担赔偿责任。

第五十七条 政府采购当事人违反政府采购法和本办法规定，给他人造成损失的，应当依照有关民事法律规定承担民事责任。

第五十八条 任何单位或者个人非法干预、影响评审过程或者结果的，责令改正；该单位责任人或者个人属于国家机关工作人员的，由任免机关或者监察机关依法给予处分。

第五十九条 财政部门工作人员在实施监督管理过程中违法干预采购活动或者滥用职权、玩忽职守、徇私舞弊的，依法给予处分；涉嫌犯罪的，依法移送司法机关处理。

第七章 附 则

第六十条 本办法所称主管预算单位是指负有编制部门预算职责，向同级财政部门申报预算的国家机关、事业单位和团体组织。

第六十一条 各省、自治区、直辖市人民政府财政部门可以根据本办法制定具体实施办法。

第六十二条 本办法自2014年2月1日起施行。

(4)其 他

政府采购合作创新采购方式管理暂行办法

1. 2024年4月24日财政部印发

2. 财库〔2024〕13号

3. 自2024年6月1日起施行

第一章 总 则

第一条 为贯彻落实党中央、国务院关于加快实施创新驱动发展战略有关要求，支持应用科技创新，根据《中华人民共和国政府采购法》和《中华人民共和国科学技术进步法》等有关法律，制定本办法。

第二条 合作创新采购是指采购人邀请供应商合作研发，共担研发风险，并按研发合同约定的数量或者金额购买研发成功的创新产品的采购方式。合作创新采购方式分为订购和首购两个阶段。

订购是指采购人提出研发目标，与供应商合作研发创新产品并共担研发风险的活动。

首购是指采购人对于研发成功的创新产品，按照研发合同约定采购一定数量或者一定金额相应产品的活动。

前款所称创新产品，应当具有实质性的技术创新，包含新的技术原理、技术思想或者技术方法。对现有产品的改型以及对既有技术成果的验证、测试和使用等没有实质性技术创新的，不属于本办法规定的创新产品范围。

第三条 采购项目符合国家科技和相关产业发展规划，有利于落实国家重大战略目标任务，并且具有下列情形之一的，可以采用合作创新采购方式采购：

（一）市场现有产品或者技术不能满足要求，需要进行技术突破的；

（二）以研发创新产品为基础，形成新范式或者新的解决方案，能够显著改善功能性能，明显提高绩

效的;

(三)国务院财政部门规定的其他情形。

第四条 中央和省级(含计划单列市)主管预算单位对符合本办法第三条规定情形的采购项目,可以采用合作创新采购方式。中央和省级主管预算单位可以开展合作创新采购,也可以授权所属预算单位开展合作创新采购。设区的市级主管预算单位经省级主管部门批准,可以采用合作创新采购方式。实施合作创新采购的,应当在部门预算中列明研发经费。

采购人可以委托采购代理机构代理合作创新采购,采购代理机构应当在委托的范围内依法开展采购活动。

第五条 合作创新采购应当建立合理的风险分担与激励机制,鼓励有研发能力的国有企业、民营企业、外商投资企业,高等院校,科研机构等各类供应商积极参与,发挥财政资金对全社会应用技术研发的辐射效应,促进科技创新。

第六条 合作创新采购应当落实国家安全有关法律法规要求。国家有关部门依法对涉及国家安全的合作创新采购活动开展安全审查。

第二章 需求管理

第七条 采购人开展合作创新采购前,应当开展市场调研和专家论证,科学设定合作创新采购项目的最低研发目标、最高研发费用和研发期限。

最低研发目标包括创新产品的主要功能、性能,主要服务内容、服务标准及其他产出目标。

最高研发费用包括该项目用于研发成本补偿的费用和创新产品的首购费用,还可以设定一定的激励费用。

第八条 合作创新采购,除只能从有限范围或者唯一供应商处采购以外,采购人应当通过公开竞争确定研发供应商。

第九条 合作创新采购中,采购人应当按照有利于降低研发风险的要求,围绕供应商需具备的研发能力设定资格条件,可以包括合作创新采购项目所必需的已有专利、计算机软件著作权、专有技术类别,同类项目的研发业绩,供应商已具备的研究基础等。

两个以上的供应商可以组成一个联合体,参与合作创新采购。

合作创新采购的研发活动应当在中国境内进行。除涉及国家安全和国家秘密的采购项目外,采购人应当保障内外资企业平等参与合作创新采购活动。

第十条 采购人开展合作创新采购应当落实政府采购支持中小企业发展相关政策。采购人应当结合采购项目情况和中小企业承接能力设置采购包,专门面向中小企业采购;对于工作内容难以分割的综合性采购项目,采购人应当要求获得采购合同的供应商将采购项目中的一定比例分包给中小企业,推动中小企业参与创新研发活动。

第十一条 合作创新采购中产生的各类知识产权,按照《中华人民共和国民法典》、《中华人民共和国科学技术进步法》以及知识产权等相关法律规定,原则上属于供应商享有,但是法律另有规定或者研发合同另有约定的除外。

知识产权涉及国家安全、国家利益或者重大社会公共利益的,应当约定由采购人享有或者约定共同享有。

第十二条 采购人开展合作创新采购前,应当制定采购方案。采购方案包括以下内容:

(一)创新产品的最低研发目标、最高研发费用、应用场景和研发期限;

(二)供应商邀请方式;

(三)谈判小组组成,评审专家选取办法,评审方法以及初步的评审标准;

(四)给予研发成本补偿的成本范围及该项目用于研发成本补偿的费用限额;

(五)是否开展研发中期谈判;

(六)关于知识产权权属、利益分配、使用方式的初步意见;

(七)创新产品的迭代升级服务要求;

(八)研发合同应当包括的主要条款;

(九)研发风险分析和风险管控措施;

(十)需要确定的其他事项。

采购人应当对采购方案的科学性、可行性、合规性等开展咨询论证,并按照《政府采购需求管理办法》有关规定履行内部审查、核准程序后实施。

第十三条 采购人应当按照政府采购有关规定，在省级以上人民政府财政部门指定的媒体上及时发布合作创新采购项目信息，包括采购意向、采购公告、研发谈判文件、成交结果、研发合同、首购协议等，但涉及国家秘密、商业秘密的信息，以及其他依照法律、行政法规和国家有关规定不得公开的信息除外。

第十四条 采购人、供应商、评审专家以及相关人员应当严格保守参与合作创新采购活动中所获悉的国家秘密、工作秘密和商业秘密。除已公开的信息外，未经当事人同意，不得将其提供的信息用于其他目的。

第三章 订购程序

第十五条 采购人应当组建谈判小组，谈判小组由采购人代表和评审专家共五人以上单数组成。采购人应当自行选定相应专业领域的评审专家。评审专家中应当包含一名法律专家和一名经济专家。谈判小组具体人员组成比例，评审专家选取办法及采购过程中的人员调整程序按照采购人内部控制管理制度确定。

谈判小组负责供应商资格审查、创新概念交流、研发竞争谈判、研发中期谈判和首购评审等工作。

第十六条 采购人应当发布合作创新采购公告邀请供应商，但受基础设施、行政许可、确需使用不可替代的知识产权或者专有技术等限制，只能从有限范围或者唯一供应商处采购的，采购人可以直接向所有符合条件的供应商发出合作创新采购邀请书。

以公告形式邀请供应商的，公告期限不得少于五个工作日。合作创新采购公告、合作创新采购邀请书应当包括采购人和采购项目名称，创新产品的最低研发目标、最高研发费用、应用场景及研发期限，对供应商的资格要求以及供应商提交参与合作创新采购申请文件的时间和地点等。同时，采购人应当在合作创新采购公告、合作创新采购邀请书中明确，最低研发目标、最高研发费用可能根据创新概念交流情况进行实质性调整。

提交参与合作创新采购申请文件的时间自采购公告、邀请书发出之日起不得少于二十个工作日。采购人应当在合作创新采购公告、合作创新采购邀请书中载明是否接受联合体参与。如未载明，不得拒绝联合体参与。

谈判小组依法对供应商的资格进行审查。提交申请文件或者通过资格审查的供应商只有两家或者一家的，可以按照本办法规定继续开展采购活动。

第十七条 谈判小组集中与所有通过资格审查的供应商共同进行创新概念交流，交流内容包括创新产品的最低研发目标、最高研发费用、应用场景及采购方案的其他相关内容。

创新概念交流中，谈判小组应当全面及时回答供应商提问。必要时，采购人或者其授权的谈判小组可以组织供应商进行集中答疑和现场考察。

采购人根据创新概念交流情况，对采购方案内容进行实质性调整的，应当按照内部控制管理制度有关规定，履行必要的内部审查、核准程序。

第十八条 采购人根据创新概念交流结果，形成研发谈判文件。研发谈判文件主要内容包括：

（一）创新产品的最低研发目标、最高研发费用、应用场景、研发期限及有关情况说明；

（二）研发供应商数量；

（三）给予单个研发供应商的研发成本补偿的成本范围和限额，另设激励费用的，明确激励费用的金额；

（四）创新产品首购数量或者金额；

（五）评审方法与评审标准，在谈判过程中不得更改的主要评审因素及其权重，以及是否采用两阶段评审；

（六）对研发进度安排及相应的研发中期谈判阶段划分的响应要求；

（七）各阶段研发成本补偿的成本范围和金额、标志性成果的响应要求；

（八）研发成本补偿费用的支付方式、时间和条件；

（九）创新产品的验收方法与验收标准；

（十）首购产品的评审标准；

（十一）关于知识产权权属、利益分配、使用方式等的响应要求；

（十二）落实支持中小企业发展等政策的要求；

（十三）创新产品的迭代升级服务要求；

（十四）研发合同的主要条款；

（十五）响应文件编制要求，提交方式、提交截止时间和地点，以及响应文件有效期；

（十六）省级以上财政部门规定的其他事项。

本办法所称评审因素，主要包括供应商研发方案，供应商提出的研发成本补偿金额和首购产品金额的报价，研发完成时间，创新产品的售后服务方案等。其中，供应商研发方案的分值占总分值的比重不得低于百分之五十。

本办法所称标志性成果，包括形成创新产品的详细设计方案、技术原理在实验室环境获得验证通过、创新产品的关键部件研制成功、生产出符合要求的模型样机以及创新产品通过采购人试用和履约验收等。

第十九条　采购人应当向所有参与创新概念交流的供应商提供研发谈判文件，邀请其参与研发竞争谈判。从研发谈判文件发出之日起至供应商提交首次响应文件截止之日止不得少于十个工作日。

采购人可以对已发出的研发谈判文件进行必要的澄清或者修改，但不得改变采购标的和资格条件。澄清或者修改的内容可能影响响应文件编制，导致供应商准备时间不足的，采购人按照研发谈判文件规定，顺延提交响应文件的时间。

第二十条　供应商应当根据研发谈判文件编制响应文件，对研发谈判文件的要求作出实质性响应。响应文件包括以下内容：

（一）供应商的研发方案。

（二）研发完成时间。

（三）响应报价，供应商应当对研发成本补偿金额和首购产品金额分别报价，且各自不得高于研发谈判文件规定的给予单个研发供应商的研发成本补偿限额和首购费用。首购产品金额除创新产品本身的购买费用以外，还包括创新产品未来一定期限内的运行维护等费用。

（四）各阶段的研发成本补偿的成本范围和金额。

（五）创新产品的验收方法与验收标准。

（六）创新产品的售后服务方案。

（七）知识产权权属、利益分配、使用方式等。

（八）创新产品的迭代升级服务方案。

（九）落实支持中小企业发展等政策要求的响应内容。

（十）其他需要响应的内容。

本办法所称供应商的研发方案，包括研发产品预计能实现的功能、性能，服务内容、服务标准及其他产出目标；研发拟采用的技术路线及其优势；可能出现的影响研发的风险及其管控措施；研发团队组成、团队成员的专业能力和经验；研发进度安排和各阶段标志性成果说明等。

第二十一条　谈判小组集中与单一供应商分别进行谈判，对相关内容进行细化调整。谈判主要内容包括：

（一）创新产品的最低研发目标、验收方法与验收标准；

（二）供应商的研发方案；

（三）研发完成时间；

（四）研发成本补偿的成本范围和金额，及首购产品金额；

（五）研发竞争谈判的评审标准；

（六）各阶段研发成本补偿的成本范围和金额；

（七）首购产品的评审标准；

（八）知识产权权属、利益分配、使用方式等；

（九）创新产品的迭代升级服务方案；

（十）研发合同履行中可能出现的风险及其管控措施。

在谈判中，谈判小组可以根据谈判情况实质性变动谈判文件有关内容，但不得降低最低研发目标、提高最高研发费用，也不得改变谈判文件中的主要评审因素及其权重。

谈判结束后，谈判小组根据谈判结果，确定最终的谈判文件，并以书面形式同时通知所有参加谈判的供应商。供应商按要求提交最终响应文件，谈判小组给予供应商的响应时间应当不少于五个工作日。提交最终响应文件的供应商只有两家或者一家的，可以按照本办法规定继续开展采购活动。

第二十二条　谈判小组对响应文件满足研发谈判文件

全部实质性要求的供应商开展评审，按照评审得分从高到低排序，推荐成交候选人。

谈判小组根据谈判文件规定，可以对供应商响应文件的研发方案部分和其他部分采取两阶段评审，先评审研发方案部分，对研发方案得分达到规定名次的，再综合评审其他部分，按照总得分从高到低排序，确定成交候选人。

第二十三条　采购人根据谈判文件规定的研发供应商数量和谈判小组推荐的成交候选人顺序，确定研发供应商，也可以书面授权谈判小组直接确定研发供应商。研发供应商数量最多不得超过三家。成交候选人数量少于谈判文件规定的研发供应商数量的，采购人可以确定所有成交候选人为研发供应商，也可以重新开展政府采购活动。采购人应当依法与研发供应商签订研发合同。

只能从唯一供应商处采购的，采购人与供应商应当遵照本办法规定的原则，根据研发成本和可参照的同类项目合同价格协商确定合理价格，明确创新产品的功能、性能，研发完成时间，研发成本补偿的成本范围和金额，首购产品金额，研发进度安排及相应的研发中期谈判阶段划分等合同条件。

第二十四条　采购人根据研发合同约定，组织谈判小组与研发供应商在研发不同阶段就研发进度、标志性成果及其验收方法与标准、研发成本补偿的成本范围和金额等问题进行研发中期谈判，根据研发进展情况对相关内容细化调整，但每个研发供应商各阶段补偿成本范围不得超过研发合同约定的研发成本补偿的成本范围，且各阶段成本补偿金额之和不得超过研发合同约定的研发成本补偿金额。研发中期谈判应当在每一阶段开始前完成。

每一阶段约定期限到期后，研发供应商应当提交成果报告和成本说明，采购人根据研发合同约定和研发中期谈判结果支付研发成本补偿费用。研发供应商提供的标志性成果满足要求的，进入下一研发阶段；研发供应商未按照约定完成标志性成果的，予以淘汰并终止研发合同。

第二十五条　对于研发供应商提交的最终定型的创新产品和符合条件的样品，采购人应当按照研发合同约定的验收方法与验收标准开展验收，验收时可以邀请谈判小组成员参与。

第四章　首购程序

第二十六条　采购人按照研发合同约定开展创新产品首购。

只有一家研发供应商研制的创新产品通过验收的，采购人直接确定其为首购产品。有两家以上研发供应商研制的创新产品通过验收的，采购人应当组织谈判小组评审，根据研发合同约定的评审标准确定一家研发供应商的创新产品为首购产品。

首购评审综合考虑创新产品的功能、性能、价格、售后服务方案等，按照性价比最优的原则确定首购产品。此时研发供应商对首购产品金额的报价不得高于研发谈判文件规定的首购费用。

采购人应当在确定首购产品后十个工作日内在省级以上人民政府财政部门指定的媒体上发布首购产品信息，并按照研发合同约定的创新产品首购数量或者金额，与首购产品供应商签订创新产品首购协议，明确首购产品的功能、性能，服务内容和服务标准，首购的数量、单价和总金额，首购产品交付时间，资金支付方式和条件等内容，作为研发合同的补充协议。

第二十七条　研发合同有效期内，供应商按照研发合同约定提供首购产品迭代升级服务，用升级后的创新产品替代原首购产品。

因采购人调整创新产品功能、性能目标需要调整费用的，增加的费用不得超过首购金额的百分之十。

第二十八条　其他采购人有需求的，可以直接采购指定媒体上公布的创新产品，也可以在不降低创新产品核心技术参数的前提下，委托供应商对创新产品进行定制化改造后采购。

其他采购人采购创新产品的，应当在该创新产品研发合同终止之日前，以不高于首购价格的价格与供应商平等自愿签订采购合同。

第二十九条　国务院财政部门会同国务院相关行业主管部门选择首购产品中的重点产品制定相应的采购需求标准，推荐在政府采购中使用；对涉及国家安全的创新产品,可以实行强制采购。

第五章 研发合同管理

第三十条 采购人应当根据研发谈判文件的所有实质性要求以及研发供应商的响应文件签订研发合同。研发合同应当包括以下内容:

(一)采购人以及研发供应商的名称、地址和联系方式;

(二)采购项目名称、编号;

(三)创新产品的功能、性能,服务内容、服务标准及其他产出目标;

(四)研发成本补偿的成本范围和金额,另设激励费用的,激励费用的金额;

(五)创新产品首购的数量、单价和总金额;

(六)研发进度安排及相应的研发中期谈判阶段划分;

(七)各阶段研发成本补偿的成本范围和金额、标志性成果;

(八)研发成本补偿费用的支付方式、时间和条件;

(九)创新产品验收方法与验收标准;

(十)首购产品评审标准;

(十一)创新产品的售后服务和迭代升级服务方案;

(十二)知识产权权属约定、利益分配、使用方式等;

(十三)落实支持中小企业发展等政策的要求;

(十四)研发合同期限;

(十五)合同履行中可能出现的风险及其管控措施;

(十六)技术信息和资料的保密;

(十七)合同解除情形;

(十八)违约责任;

(十九)争议解决方式;

(二十)需要约定的其他事项。

研发合同约定的各阶段补偿成本范围和金额、标志性成果,在研发中期谈判中作出细化调整的,采购人应当就变更事项与研发供应商签订补充协议。

第三十一条 研发合同期限包括创新产品研发、迭代升级以及首购交付的期限,一般不得超过两年,属于重大合作创新采购项目的,不得超过三年。

第三十二条 研发合同为成本补偿合同。成本补偿的范围包括供应商在研发过程中实际投入的设备费、业务费、劳务费以及间接费用等。

采购人应当按照研发合同约定向研发供应商支付研发成本补偿费用和激励费用。

预留份额专门面向中小企业的合作创新采购项目,联合协议或者分包意向协议应当明确按照研发合同成本补偿规定分担风险。

第三十三条 采购人应当向首购产品供应商支付预付款用于创新产品生产制造。预付款金额不得低于首购协议约定的首购总金额的百分之三十。

第三十四条 研发合同履行中,因市场已出现拟研发创新产品的同类产品等情形,采购人认为研发合同继续履行没有意义的,应当及时通知研发供应商终止研发合同,并按研发合同约定向研发供应商支付相应的研发成本补偿费用。

因出现无法克服的技术困难,致使研发失败或者部分失败的,研发供应商应当及时通知采购人终止研发合同,并采取适当补救措施减少损失,采购人按研发合同约定向研发供应商支付相应的研发成本补偿费用。因研发供应商违反合同约定致使研发工作发生重大延误、停滞或者失败的,采购人可以解除研发合同,研发供应商承担相应违约责任。

第六章 争议处理、监督检查和法律责任

第三十五条 供应商认为邀请参与合作创新采购的过程、资格审查的过程使自己的合法权益受到损害的,可以依法提起质疑、投诉。

参与研发竞争谈判、研发中期谈判、首购评审的供应商认为研发谈判文件、采购过程和成交结果使自己的合法权益受到损害的,可以依法提起质疑、投诉。

第三十六条 财政部门应当依法加强对合作创新采购活动的监督检查,检查发现采购人、采购代理机构、供应商存在违反本办法规定行为的,由财政部门责令限期改正。

第三十七条 违反本办法规定,经责令限期改正后仍

然影响或者可能影响成交结果或者合同履行的，依照政府采购法律、行政法规、规章处理。

第三十八条 政府采购当事人违反本办法规定，给他人造成损失的，依法承担民事责任。

第七章 附 则

第三十九条 合作创新采购项目涉及国家秘密的，其采购代理机构委托、供应商资格条件、竞争范围、信息发布等按照涉密政府采购有关规定执行。

第四十条 各省、自治区、直辖市财政部门可以根据本办法制定具体实施办法。

第四十一条 本办法所称中国境内，是指适用《中华人民共和国海关法》的中华人民共和国行政管辖区域，不包括香港、澳门和台湾金马等单独关境地区。

第四十二条 本办法自2024年6月1日起施行。

政府采购框架协议采购方式管理暂行办法

1. 2022年1月14日财政部令第110号公布

2. 自2022年3月1日起施行

第一章 总 则

第一条 为了规范多频次、小额度采购活动，提高政府采购项目绩效，根据《中华人民共和国政府采购法》、《中华人民共和国政府采购法实施条例》等法律法规规定，制定本办法。

第二条 本办法所称框架协议采购，是指集中采购机构或者主管预算单位对技术、服务等标准明确、统一，需要多次重复采购的货物和服务，通过公开征集程序，确定第一阶段入围供应商并订立框架协议，采购人或者服务对象按照框架协议约定规则，在入围供应商范围内确定第二阶段成交供应商并订立采购合同的采购方式。

前款所称主管预算单位是指负有编制部门预算职责，向本级财政部门申报预算的国家机关、事业单位和团体组织。

第三条 符合下列情形之一的，可以采用框架协议采购方式采购：

（一）集中采购目录以内品目，以及与之配套的必要耗材、配件等，属于小额零星采购的；

（二）集中采购目录以外，采购限额标准以上，本部门、本系统行政管理所需的法律、评估、会计、审计等鉴证咨询服务，属于小额零星采购的；

（三）集中采购目录以外，采购限额标准以上，为本部门、本系统以外的服务对象提供服务的政府购买服务项目，需要确定2家以上供应商由服务对象自主选择的；

（四）国务院财政部门规定的其他情形。

前款所称采购限额标准以上，是指同一品目或者同一类别的货物、服务年度采购预算达到采购限额标准以上。

属于本条第一款第二项情形，主管预算单位能够归集需求形成单一项目进行采购，通过签订时间、地点、数量不确定的采购合同满足需求的，不得采用框架协议采购方式。

第四条 框架协议采购包括封闭式框架协议采购和开放式框架协议采购。

封闭式框架协议采购是框架协议采购的主要形式。除法律、行政法规或者本办法另有规定外，框架协议采购应当采用封闭式框架协议采购。

第五条 集中采购目录以内品目以及与之配套的必要耗材、配件等，采用框架协议采购的，由集中采购机构负责征集程序和订立框架协议。

集中采购目录以外品目采用框架协议采购的，由主管预算单位负责征集程序和订立框架协议。其他预算单位确有需要的，经其主管预算单位批准，可以采用框架协议采购方式采购。其他预算单位采用框架协议采购方式采购的，应当遵守本办法关于主管预算单位的规定。

主管预算单位可以委托采购代理机构代理框架协议采购，采购代理机构应当在委托的范围内依法开展采购活动。

集中采购机构、主管预算单位及其委托的采购代理机构，本办法统称征集人。

第六条 框架协议采购遵循竞争择优、讲求绩效的原则，应当有明确的采购标的和定价机制，不得采用供应商符合资格条件即入围的方法。

第七条　框架协议采购应当实行电子化采购。

第八条　集中采购机构采用框架协议采购的，应当拟定采购方案，报本级财政部门审核后实施。主管预算单位采用框架协议采购的，应当在采购活动开始前将采购方案报本级财政部门备案。

第二章　一般规定

第九条　封闭式框架协议采购是指符合本办法第三条规定情形，通过公开竞争订立框架协议后，除经过框架协议约定的补充征集程序外，不得增加协议供应商的框架协议采购。

封闭式框架协议的公开征集程序，按照政府采购公开招标的规定执行，本办法另有规定的，从其规定。

第十条　开放式框架协议采购是指符合本条第二款规定情形，明确采购需求和付费标准等框架协议条件，愿意接受协议条件的供应商可以随时申请加入的框架协议采购。开放式框架协议的公开征集程序，按照本办法规定执行。

符合下列情形之一的，可以采用开放式框架协议采购：

（一）本办法第三条第一款第一项规定的情形，因执行政府采购政策不宜淘汰供应商的，或者受基础设施、行政许可、知识产权等限制，供应商数量在3家以下且不宜淘汰供应商的；

（二）本办法第三条第一款第三项规定的情形，能够确定统一付费标准，因地域等服务便利性要求，需要接纳所有愿意接受协议条件的供应商加入框架协议，以供服务对象自主选择的。

第十一条　集中采购机构或者主管预算单位应当确定框架协议采购需求。框架协议采购需求在框架协议有效期内不得变动。

确定框架协议采购需求应当开展需求调查，听取采购人、供应商和专家等意见。面向采购人和供应商开展需求调查时，应当选择具有代表性的调查对象，调查对象一般各不少于3个。

第十二条　框架协议采购需求应当符合以下规定：

（一）满足采购人和服务对象实际需要，符合市场供应状况和市场公允标准，在确保功能、性能和必要采购要求的情况下促进竞争；

（二）符合预算标准、资产配置标准等有关规定，厉行节约，不得超标准采购；

（三）按照《政府采购品目分类目录》，将采购标的细化到底级品目，并细分不同等次、规格或者标准的采购需求，合理设置采购包；

（四）货物项目应当明确货物的技术和商务要求，包括功能、性能、材料、结构、外观、安全、包装、交货期限、交货的地域范围、售后服务等；

（五）服务项目应当明确服务内容、服务标准、技术保障、服务人员组成、服务交付或者实施的地域范围，以及所涉及的货物的质量标准、服务工作量的计量方式等。

第十三条　集中采购机构或者主管预算单位应当在征集公告和征集文件中确定框架协议采购的最高限制单价。征集文件中可以明确量价关系折扣，即达到一定采购数量，价格应当按照征集文件中明确的折扣降低。在开放式框架协议中，付费标准即为最高限制单价。

最高限制单价是供应商第一阶段响应报价的最高限价。入围供应商第一阶段响应报价（有量价关系折扣的，包括量价关系折扣，以下统称协议价格）是采购人或者服务对象确定第二阶段成交供应商的最高限价。

确定最高限制单价时，有政府定价的，执行政府定价；没有政府定价的，应当通过需求调查，并根据需求标准科学确定，属于本办法第十条第二款第一项规定情形的采购项目，需要订立开放式框架协议的，与供应商协商确定。

货物项目单价按照台（套）等计量单位确定，其中包含售后服务等相关服务费用。服务项目单价按照单位采购标的价格或者人工单价等确定。服务项目所涉及的货物的费用，能够折算入服务项目单价的应当折入，需要按实结算的应当明确结算规则。

第十四条　框架协议应当包括以下内容：

（一）集中采购机构或者主管预算单位以及入围供应商的名称、地址和联系方式；

（二）采购项目名称、编号；

（三）采购需求以及最高限制单价；

（四）封闭式框架协议第一阶段的入围产品详细技术规格或者服务内容、服务标准，协议价格；

（五）入围产品升级换代规则；

（六）确定第二阶段成交供应商的方式；

（七）适用框架协议的采购人或者服务对象范围，以及履行合同的地域范围；

（八）资金支付方式、时间和条件；

（九）采购合同文本，包括根据需要约定适用的简式合同或者具有合同性质的凭单、订单；

（十）框架协议期限；

（十一）入围供应商清退和补充规则；

（十二）协议方的权利和义务；

（十三）需要约定的其他事项。

第十五条 集中采购机构或者主管预算单位应当根据工作需要和采购标的市场供应及价格变化情况，科学合理确定框架协议期限。货物项目框架协议有效期一般不超过1年，服务项目框架协议有效期一般不超过2年。

第十六条 集中采购机构或者主管预算单位应当根据框架协议约定，组织落实框架协议的履行，并履行下列职责：

（一）为第二阶段合同授予提供工作便利；

（二）对第二阶段最高限价和需求标准执行情况进行管理；

（三）对第二阶段确定成交供应商情况进行管理；

（四）根据框架协议约定，在质量不降低、价格不提高的前提下，对入围供应商因产品升级换代、用新产品替代原入围产品的情形进行审核；

（五）建立用户反馈和评价机制，接受采购人和服务对象对入围供应商履行框架协议和采购合同情况的反馈与评价，并将用户反馈和评价情况向采购人和服务对象公开，作为第二阶段直接选定成交供应商的参考；

（六）公开封闭式框架协议的第二阶段成交结果；

（七）办理入围供应商清退和补充相关事宜。

第十七条 采购人或者服务对象采购框架协议约定的货物、服务，应当将第二阶段的采购合同授予入围供应商，但是本办法第三十七条另有规定的除外。

同一框架协议采购应当使用统一的采购合同文本，采购人、服务对象和供应商不得擅自改变框架协议约定的合同实质性条款。

第十八条 货物项目框架协议的入围供应商应当为入围产品生产厂家或者生产厂家唯一授权供应商。入围供应商可以委托一家或者多家代理商，按照框架协议约定接受采购人合同授予，并履行采购合同。入围供应商应当在框架协议中提供委托协议和委托的代理商名单。

第十九条 入围供应商有下列情形之一，尚未签订框架协议的，取消其入围资格；已经签订框架协议的，解除与其签订的框架协议：

（一）恶意串通谋取入围或者合同成交的；

（二）提供虚假材料谋取入围或者合同成交的；

（三）无正当理由拒不接受合同授予的；

（四）不履行合同义务或者履行合同义务不符合约定，经采购人请求履行后仍不履行或者仍未按约定履行的；

（五）框架协议有效期内，因违法行为被禁止或限制参加政府采购活动的；

（六）框架协议约定的其他情形。

被取消入围资格或者被解除框架协议的供应商不得参加同一封闭式框架协议补充征集，或者重新申请加入同一开放式框架协议。

第二十条 封闭式框架协议入围供应商无正当理由，不得主动放弃入围资格或者退出框架协议。

开放式框架协议入围供应商可以随时申请退出框架协议。集中采购机构或者主管预算单位应当在收到退出申请2个工作日内，发布入围供应商退出公告。

第二十一条 征集人应当建立真实完整的框架协议采购档案，妥善保存每项采购活动的采购文件资料。除征集人和采购人另有约定外，合同授予的采购文件资料由采购人负责保存。

采购档案可以采用电子形式保存,电子档案和纸质档案具有同等效力。

第三章　封闭式框架协议采购

第一节　封闭式框架协议的订立

第二十二条　征集人应当发布征集公告。征集公告应当包括以下主要内容:

(一)征集人的名称、地址、联系人和联系方式;

(二)采购项目名称、编号,采购需求以及最高限制单价,适用框架协议的采购人或者服务对象范围,能预估采购数量的,还应当明确预估采购数量;

(三)供应商的资格条件;

(四)框架协议的期限;

(五)获取征集文件的时间、地点和方式;

(六)响应文件的提交方式、提交截止时间和地点,开启方式、时间和地点;

(七)公告期限;

(八)省级以上财政部门规定的其他事项。

第二十三条　征集人应当编制征集文件。征集文件应当包括以下主要内容:

(一)参加征集活动的邀请;

(二)供应商应当提交的资格材料;

(三)资格审查方法和标准;

(四)采购需求以及最高限制单价;

(五)政府采购政策要求以及政策执行措施;

(六)框架协议的期限;

(七)报价要求;

(八)确定第一阶段入围供应商的评审方法、评审标准、确定入围供应商的淘汰率或者入围供应商数量上限和响应文件无效情形;

(九)响应文件的编制要求,提交方式、提交截止时间和地点,开启方式、时间和地点,以及响应文件有效期;

(十)拟签订的框架协议文本和采购合同文本;

(十一)确定第二阶段成交供应商的方式;

(十二)采购资金的支付方式、时间和条件;

(十三)入围产品升级换代规则;

(十四)用户反馈和评价机制;

(十五)入围供应商的清退和补充规则;

(十六)供应商信用信息查询渠道及截止时点、信用信息查询记录和证据留存的具体方式、信用信息的使用规则等;

(十七)采购代理机构代理费用的收取标准和方式;

(十八)省级以上财政部门规定的其他事项。

第二十四条　供应商应当按照征集文件要求编制响应文件,对响应文件的真实性和合法性承担法律责任。

供应商响应的货物和服务的技术、商务等条件不得低于采购需求,货物原则上应当是市场上已有销售的规格型号,不得是专供政府采购的产品。对货物项目每个采购包只能用一个产品进行响应,征集文件有要求的,应当同时对产品的选配件、耗材进行报价。服务项目包含货物的,响应文件中应当列明货物清单及质量标准。

第二十五条　确定第一阶段入围供应商的评审方法包括价格优先法和质量优先法。

价格优先法是指对满足采购需求且响应报价不超过最高限制单价的货物、服务,按照响应报价从低到高排序,根据征集文件规定的淘汰率或者入围供应商数量上限,确定入围供应商的评审方法。

质量优先法是指对满足采购需求且响应报价不超过最高限制单价的货物、服务进行质量综合评分,按照质量评分从高到低排序,根据征集文件规定的淘汰率或者入围供应商数量上限,确定入围供应商的评审方法。货物项目质量因素包括采购标的的技术水平、产品配置、售后服务等,服务项目质量因素包括服务内容、服务水平、供应商的履约能力、服务经验等。质量因素中的可量化指标应当划分等次,作为评分项;质量因素中的其他指标可以作为实质性要求,不得作为评分项。

有政府定价、政府指导价的项目,以及对质量有特别要求的检测、实验等仪器设备,可以采用质量优先法,其他项目应当采用价格优先法。

第二十六条　对耗材使用量大的复印、打印、实验、医疗等仪器设备进行框架协议采购的,应当要求供应商同时对3年以上约定期限内的专用耗材进行报价。评审时应当考虑约定期限的专用耗材使用成本，修正仪器设备的响应报价或者质量评分。

征集人应当在征集文件、框架协议和采购合同中规定，入围供应商在约定期限内，应当以不高于其报价的价格向适用框架协议的采购人供应专用耗材。

第二十七条　确定第一阶段入围供应商时，提交响应文件和符合资格条件、实质性要求的供应商应当均不少于2家，淘汰比例一般不得低于20%，且至少淘汰一家供应商。

采用质量优先法的检测、实验等仪器设备采购，淘汰比例不得低于40%，且至少淘汰一家供应商。

第二十八条　入围结果公告应当包括以下主要内容：

（一）采购项目名称、编号；

（二）征集人的名称、地址、联系人和联系方式；

（三）入围供应商名称、地址及排序；

（四）最高入围价格或者最低入围分值；

（五）入围产品名称、规格型号或者主要服务内容及服务标准，入围单价；

（六）评审小组成员名单；

（七）采购代理服务收费标准及金额；

（八）公告期限；

（九）省级以上财政部门规定的其他事项。

第二十九条　集中采购机构或者主管预算单位应当在入围通知书发出之日起30日内和入围供应商签订框架协议，并在框架协议签订后7个工作日内，将框架协议副本报本级财政部门备案。

框架协议不得对征集文件确定的事项以及入围供应商的响应文件作实质性修改。

第三十条　征集人应当在框架协议签订后3个工作日内通过电子化采购系统将入围信息告知适用框架协议的所有采购人或者服务对象。

入围信息应当包括所有入围供应商的名称、地址、联系方式、入围产品信息和协议价格等内容。入围产品信息应当详细列明技术规格或者服务内容、服务标准等能反映产品质量特点的内容。

征集人应当确保征集文件和入围信息在整个框架协议有效期内随时可供公众查阅。

第三十一条　除剩余入围供应商不足入围供应商总数70%且影响框架协议执行的情形外，框架协议有效期内，征集人不得补充征集供应商。

征集人补充征集供应商的，补充征集规则应当在框架协议中约定，补充征集的条件、程序、评审方法和淘汰比例应当与初次征集相同。补充征集应当遵守原框架协议的有效期。补充征集期间，原框架协议继续履行。

第二节　采购合同的授予

第三十二条　确定第二阶段成交供应商的方式包括直接选定、二次竞价和顺序轮候。

直接选定方式是确定第二阶段成交供应商的主要方式。除征集人根据采购项目特点和提高绩效等要求，在征集文件中载明采用二次竞价或者顺序轮候方式外，确定第二阶段成交供应商应当由采购人或者服务对象依据入围产品价格、质量以及服务便利性、用户评价等因素，从第一阶段入围供应商中直接选定。

第三十三条　二次竞价方式是指以框架协议约定的入围产品、采购合同文本等为依据，以协议价格为最高限价，采购人明确第二阶段竞价需求，从入围供应商中选择所有符合竞价需求的供应商参与二次竞价，确定报价最低的为成交供应商的方式。

进行二次竞价应当给予供应商必要的响应时间。

二次竞价一般适用于采用价格优先法的采购项目。

第三十四条　顺序轮候方式是指根据征集文件中确定的轮候顺序规则，对所有入围供应商依次授予采购合同的方式。

每个入围供应商在一个顺序轮候期内，只有一次获得合同授予的机会。合同授予顺序确定后，应当书面告知所有入围供应商。除清退入围供应商和补充征集外，框架协议有效期内不得调整合同授予顺序。

顺序轮候一般适用于服务项目。

第三十五条　以二次竞价或者顺序轮候方式确定成交供应商的，征集人应当在确定成交供应商后2个工作日内逐笔发布成交结果公告。

成交结果单笔公告可以在省级以上财政部门指定的媒体上发布，也可以在开展框架协议采购的电子化采购系统发布，发布成交结果公告的渠道应当在征集文件或者框架协议中告知供应商。单笔公告应当包括以下主要内容：

（一）采购人的名称、地址和联系方式；

（二）框架协议采购项目名称、编号；

（三）成交供应商名称、地址和成交金额；

（四）成交标的名称、规格型号或者主要服务内容及服务标准、数量、单价；

（五）公告期限。

征集人应当在框架协议有效期满后10个工作日内发布成交结果汇总公告。汇总公告应当包括前款第一项、第二项内容和所有成交供应商的名称、地址及其成交合同总数和总金额。

第三十六条 框架协议采购应当订立固定价格合同。

根据实际采购数量和协议价格确定合同总价的，合同中应当列明实际采购数量或者计量方式，包括服务项目用于计算合同价的工日数、服务工作量等详细工作量清单。采购人应当要求供应商提供能证明其按照合同约定数量或者工作量清单履约的相关记录或者凭证，作为验收资料一并存档。

第三十七条 采购人证明能够以更低价格向非入围供应商采购相同货物，且入围供应商不同意将价格降至非入围供应商以下的，可以将合同授予非入围供应商。

采购项目适用前款规定的，征集人应当在征集文件中载明并在框架协议中约定。

采购人将合同授予非入围供应商的，应当在确定成交供应商后1个工作日内，将成交结果抄送征集人，由征集人按照单笔公告要求发布成交结果公告。采购人应当将相关证明材料和采购合同一并存档备查。

第四章 开放式框架协议采购

第三十八条 订立开放式框架协议的，征集人应当发布征集公告，邀请供应商加入框架协议。征集公告应当包括以下主要内容：

（一）本办法第二十二条第一项至四项和第二十三条第二项至三项、第十三项至十六项内容；

（二）订立开放式框架协议的邀请；

（三）供应商提交加入框架协议申请的方式、地点，以及对申请文件的要求；

（四）履行合同的地域范围、协议方的权利和义务、入围供应商的清退机制等框架协议内容；

（五）采购合同文本；

（六）付费标准，费用结算及支付方式；

（七）省级以上财政部门规定的其他事项。

第三十九条 征集公告发布后至框架协议期满前，供应商可以按照征集公告要求，随时提交加入框架协议的申请。征集人应当在收到供应商申请后7个工作日内完成审核，并将审核结果书面通知申请供应商。

第四十条 征集人应当在审核通过后2个工作日内，发布入围结果公告，公告入围供应商名称、地址、联系方式及付费标准，并动态更新入围供应商信息。

征集人应当确保征集公告和入围结果公告在整个框架协议有效期内随时可供公众查阅。

第四十一条 征集人可以根据采购项目特点，在征集公告中申明是否与供应商另行签订书面框架协议。申明不再签订书面框架协议的，发布入围结果公告，视为签订框架协议。

第四十二条 第二阶段成交供应商由采购人或者服务对象从第一阶段入围供应商中直接选定。

供应商履行合同后，依据框架协议约定的凭单、订单以及结算方式，与采购人进行费用结算。

第五章 法律责任

第四十三条 主管预算单位、采购人、采购代理机构违反本办法规定的，由财政部门责令限期改正；情节严重的，给予警告，对直接负责的主管人员和其他责任人员，由其行政主管部门或者有关机关依法给予处分，并予以通报。

第四十四条 违反本办法规定，经责令改正后仍然影响或者可能影响入围结果或者成交结果的，依照政府采购法等有关法律、行政法规处理。

第四十五条 供应商有本办法第十九条第一款第一项至三项情形之一，以及无正当理由放弃封闭式框架协议入围资格或者退出封闭式框架协议的，依照政府采购法等有关法律、行政法规追究法律责任。

第四十六条 政府采购当事人违反本办法规定，给他人造成损失的，依法承担民事责任。

第四十七条 财政部门及其工作人员在履行监督管理职责中存在滥用职权、玩忽职守、徇私舞弊等违法违纪行为的，依法追究相应责任。

第六章 附 则

第四十八条 除本办法第三十五条规定外，本办法规定的公告信息，应当在省级以上财政部门指定的媒体上发布。

第四十九条 本办法规定按日计算期间的，开始当天不计入，从次日开始计算。期限的最后一日是国家法定节假日的，顺延到节假日后的次日为期限的最后一日。

第五十条 本办法所称的“以上”、“以下”、“内”、“以内”、“不少于”、“不超过”，包括本数；所称的“不足”、“低于”，不包括本数。

第五十一条 各省、自治区、直辖市财政部门可以根据本办法制定具体实施办法。

第五十二条 本办法自2022年3月1日起施行。

中央预算单位变更政府采购方式审批管理办法

1. 2015年1月15日财政部发布
2. 财库〔2015〕36号
3. 自2015年3月1日起施行

第一章 总 则

第一条 为了加强中央预算单位政府采购管理，规范中央预算单位变更政府采购方式审批管理工作，根据《中华人民共和国政府采购法》、《政府采购非招标采购方式管理办法》及政府采购相关制度规定，制定本办法。

第二条 中央预算单位达到公开招标数额标准的货物、服务采购项目，需要采用公开招标以外采购方式的，应当在采购活动开始前，按照本办法规定申请变更政府采购方式。

本办法所称公开招标以外的采购方式，是指邀请招标、竞争性谈判、竞争性磋商、单一来源采购、询价以及财政部认定的其他采购方式。

第三条 变更政府采购方式申请应当由中央主管预算单位向财政部提出。财政部应当按照政府采购法和本办法规定进行审批。

第四条 中央主管预算单位应当加强对本部门所属预算单位变更政府采购方式工作的指导和监督。中央预算单位应当提交完整、明确、合规的申请材料，并对申请材料的真实性负责。

第二章 变更方式申请

第五条 中央预算单位应当建立和完善采购方式变更内部管理制度，明确采购、财务、业务相关部门（岗位）责任。业务部门应当结合工作实际，根据经费预算和资产配置等采购标准，提出合理采购需求。采购部门（岗位）应当组织财务、业务等相关部门（岗位），根据采购需求和相关行业、产业发展状况，对拟申请采用采购方式的理由及必要性进行内部会商。会商意见应当由相关部门（岗位）人员共同签字认可。

第六条 中央预算单位申请单一来源采购方式，符合政府采购法第三十一条第一项情形的，在进行单位内部会商前，应先组织3名以上专业人员对只能从唯一供应商处采购的理由进行论证。专业人员论证意见应当完整、清晰和明确，意见不明确或者含混不清的，属于无效意见，不作为审核依据。专业人员论证意见中应当载明专业人员姓名、工作单位、职称、联系电话和身份证号码。专业人员不能与论证项目有直接利害关系，不能是本单位或者潜在供应商及其关联单位的工作人员。

第七条 中央预算单位申请采用公开招标以外采购方式的，应当提交以下材料：

（一）中央主管预算单位出具的变更采购方式申请公文，公文中应当载明以下内容：中央预算单位名称、采购项目名称、项目概况等项目基本情况说明，拟申请采用的采购方式和理由，联系人及联系电话等。申请变更为单一来源采购方式的，还需提供拟定的唯一供应商名称、地址；

（二）项目预算金额、预算批复文件或者资金来源证明；

（三）单位内部会商意见。申请变更为单一来源采购方式的，如符合政府采购法第三十一条第一项情形，还需提供专业人员论证意见。

第八条 非中央预算单位所能预见的原因或者非中央预算单位拖延造成采用招标所需时间不能满足需要而申请变更采购方式的，中央预算单位应当提供项目紧急原因的说明材料。

第九条 中央预算单位因采购任务涉及国家秘密需要变更采购方式的，应当提供由国家保密机关出具的本项目为涉密采购项目的证明文件。

第十条 中央预算单位符合《政府采购非招标采购方式管理办法》第二十七条第一款第一项情形和第二款情形，申请采用竞争性谈判采购方式的；公开招标过程中提交投标文件或者经评审实质性响应招标文件要求的供应商只有一家时，申请单一来源采购方式的，除按照本办法第七条第一项和第二项要求提供有关申请材料外，还应当提供以下材料：

（一）在中国政府采购网发布招标公告的证明材料；

（二）中央预算单位、采购代理机构出具的对招标文件和招标过程没有供应商质疑的说明材料；

（三）评标委员会或3名以上评审专家出具的招标文件没有不合理条款的论证意见。

第十一条 中央主管预算单位在同一预算年度内，对所属多个预算单位因相同采购需求和原因采购同一品目的货物或者服务，拟申请采用同一种采购方式的，可统一组织一次内部会商后，向财政部报送一揽子方式变更申请。

第十二条 中央预算单位一般应通过“政府采购计划管理系统”报送采购方式变更申请，对系统中已导入政府采购预算的，不再提供部门预算批复文件复印件。因采购任务涉及国家秘密需要变更采购方式的，应当通过纸质文件报送。

第十三条 中央预算单位申请采用单一来源采购方式，符合政府采购法第三十一条第一项情形的，在向财政部提出变更申请前，经中央主管预算单位同意后，在中国政府采购网上进行公示，并将公示情况一并报财政部。

因采购任务涉及国家秘密需要变更为单一来源采购方式的，可不进行公示。

第十四条 中央预算单位申请变更为单一来源采购方式的申请前公示，公示期不得少于5个工作日，公示材料为单一来源采购征求意见公示文书和专业人员论证意见。因公开招标过程中提交投标文件或者经评审实质性响应招标文件要求的供应商只有一家时，申请采用单一来源采购方式的，公示材料还包括评审专家和代理机构分别出具的招标文件无歧视性条款、招标过程未受质疑相关意见材料。

单一来源采购征求意见公示文书内容应包括：中央预算单位、采购项目名称和内容；公示的期限；拟采购的唯一供应商名称；中央主管预算单位、财政部政府采购监管部门的联系地址、联系人和联系电话。

第十五条 任何供应商、单位或者个人对采用单一来源采购方式公示有异议的，可以在公示期内将书面意见反馈给中央预算单位，并同时抄送中央主管预算单位和财政部。

第十六条 中央预算单位收到对采用单一来源采购方式公示的异议后，应当在公示期满5个工作日内，组织补充论证，论证后认为异议成立的，应当依法采取其他采购方式；论证后认为异议不成立的，应当将异议意见、论证意见与公示情况一并报财政部。

第三章 审批管理

第十七条 财政部收到变更采购方式申请后应当及时审查，并按下列情形限时办结：

（一）变更政府采购方式申请的理由和申请材料符合政府采购法和本办法规定的，财政部应当在收到材料之日起，7个工作日内予以批复。

（二）申请材料不符合本办法规定的，财政部应当在3个工作日内通知中央主管预算单位修改补充。办结日期以财政部重新收到申报材料时算起。

（三）变更政府采购方式申请的理由不符合政府采购法规定的，财政部应当在收到材料之日起，3

个工作日内予以答复,并将不予批复的理由告知中央主管预算单位。

第十八条　中央预算单位应当按照财政部的批复文件,依法开展政府采购活动,未经批准,擅自采用公开招标以外采购方式的,财政部将依据政府采购法及有关法律法规予以处理。

第四章　附　　则

第十九条　中央预算单位采购限额标准以上公开招标数额标准以下的货物、工程和服务,以及达到招标规模标准依法可不进行招标的政府采购工程建设项目,需要采用公开招标以外采购方式的,由单位根据《政府采购非招标采购方式管理办法》及有关制度规定,自主选择相应采购方式。

第二十条　本办法自2015年3月1日起实施。原《中央单位变更政府采购方式审批管理暂行办法》(财库〔2009〕48号)、《财政部关于对中央单位申请单一来源采购实行审核前公示相关问题的通知》(财库〔2011〕130号)停止执行。

财政部关于加强中央预算单位批量集中采购管理有关事项的通知

1. 2014年9月19日
2. 财库〔2014〕120号

党中央有关部门,国务院各部委、各直属机构,全国人大常委会办公厅,全国政协办公厅,高法院,高检院,有关人民团体,中共中央直属机关采购中心、中央国家机关政府采购中心、全国人大机关采购中心,国家税务总局集中采购中心、海关总署物资装备采购中心、中国人民银行集中采购中心、公安部警用装备采购中心:

为进一步深化中央预算单位批量集中采购工作,强化合同和履约管理,提高采购效率,推动落实《中央预算单位批量集中采购管理暂行办法》(财库〔2013〕109号)和《关于中央预算单位实施批量集中采购工作的通知》(财办库〔2013〕334号),现就批量集中采购执行中有关事项通知如下:

一、批量集中采购品目的适用范围遵循国务院办公厅定期发布的政府集中采购目录及标准。自2014年12月1日起,传真机、扫描仪、碎纸机不再纳入批量集中采购范围。

二、集中采购机构可以根据采购品目的不同需求特点和计划数量,灵活选择采购方式,不断提高批量集中采购效率和服务质量。采购活动无法在预定时间内完成的,集中采购机构应当以适当方式通知中央预算单位;出现采购活动失败情形的,集中采购机构应当在中国政府采购网上公告后重新组织采购;因采购需求原因无法重新组织采购的,集中采购机构应当及时通知中央预算单位修改采购需求。

三、集中采购机构拟定的采购文件应当包含其与中标(成交)供应商签订的框架协议和采购人与中标(成交)供应商签订的采购合同文本,并对签订框架协议、采购合同以及送货的时间做出明确的约定。框架协议应当列明集中采购机构和中标(成交)供应商的权利和义务;采购合同签订、履行的期限和要求;无正当理由不依法签订合同或不履行合同义务的责任和救济措施等。采购合同文本应当详细列明中央预算单位、中标(成交)供应商及其授权供应商的权利和义务、产品名称、数量、质量、价格、履行期限以及地点和方式、违约责任、争议解决方法等内容。

四、集中采购机构应当在中标(成交)结果公告之日起3个工作日内,与中标(成交)供应商签订框架协议。中标(成交)供应商无正当理由拒不签订框架协议的,集中采购机构可以与排位在中标(成交)供应商之后第一位的候选供应商签订框架协议,并予公告,同时将有关情况报财政部处理。

五、框架协议签订后,中标(成交)供应商或其授权供应商应当在中标(成交)结果公告之日起5个工作日内,主动与中央预算单位联系,根据采购文件约定的内容签订采购合同,并在中标(成交)结果公告之日起20个工作日内完成送货。因中央预算单位原因未在规定期限内签订合同的,供应商应当将书面催告文件提交集中采购机构协调处理,经协调后中央预算单位仍拒不签约的,供应商可以依法不再与其签订采购合同。采购合同签订后，中央预算单位不履行合同义务或履行义务不符合约定的，中标（成交）供应商可以依法解除合同，并依照法律规定及合同约定追究对方的违约责任，同时将相关情况书面反馈给集中采购机构。

六、因中标（成交）供应商原因未在规定期限内签订采购合同的，中央预算单位应当将书面催告文件提交集中采购机构协调处理，经协调后，供应商仍拒不签约的，中央预算单位可以依法不再与其签订采购合同，并在预算金额内通过协议供货购买。采购合同签订后，中标（成交）供应商不履行合同义务或履行义务不符合约定的，中央预算单位可以依法解除合同，并依照法律规定及合同约定追究对方的违约责任，同时将相关情况书面反馈给集中采购机构。

七、集中采购机构应当根据框架协议，加强对批量集中采购项目的执行管理，督促中央预算单位、中标（成交）供应商在规定时间内签订采购合同，督促中标（成交）供应商在规定时间内完成送货，协调处理合同签订、履约过程中出现的问题，提请财政部对中央预算单位、供应商的违法违规问题进行处理。

八、集中采购机构不依法签订框架协议或者中央预算单位不依法签订采购合同的，财政部将依据《中华人民共和国政府采购法》第71条的规定，责令限期改正，给予警告。中标（成交）供应商不依法签订框架协议或者采购合同、拒绝履行框架协议或者合同义务的，财政部将依据《政府采购货物和服务招标投标管理办法》（财政部令第18号）第75条、《政府采购非招标采购方式管理办法》（财政部令第74号）第54条的规定，将中标（成交）供应商列入不良行为记录名单，在一至三年内禁止其参加政府采购活动，并予以通报。

九、本通知自2014年12月1日起施行。各单位在填报计划时如遇口径等政策问题，请及时与财政部国库司政府采购管理一处联系。如遇供应商送货等履约问题，请及时与集中采购机构联系。如遇系统软件操作问题请及时与中软公司联系。

财政部国库司政府采购管理一处 010－68553724；中央国家机关政府采购中心 010－83084967，63099478（空调）；中共中央直属机关采购中心 010－82273285；中软公司 4008101996。

中央预算单位批量集中采购管理暂行办法

1. 2013年8月21日财政部发布
2. 财库〔2013〕109号
3. 自2013年9月1日起施行

第一条　为了深化政府集中采购改革，进一步规范政府采购行为，提高财政资金使用效益，根据党中央、国务院厉行节约反对浪费要求和政府采购有关法律制度规定，制定本办法。

第二条　列入国务院公布的《中央预算单位政府集中采购目录及标准》中的集中采购机构采购品目应当逐步实施批量集中采购，中央预算单位要严格执行批量集中采购相关规定。对已纳入批量集中采购范围，因时间紧急或零星特殊采购不能通过批量集中采购的品目，中央预算单位可报经主管预算单位同意后通过协议供货方式采购，但各部门协议供货采购数量不得超过同类品目上年购买总数的10%。

第三条　实行批量集中采购的通用办公设备、家具的经费预算应当严格执行《中央行政单位通用办公设备家具购置费预算标准（试行）》（财行〔2011〕78号）规定，用于科研、测绘等特殊用途的专用办公设备、家具及其他采购品目经费预算应当按财政部批复的部门预算执行。

第四条　财政部定期公布批量集中采购品目，集中采购机构应当按照相关工作安排，综合考虑预算标准、办公需要、市场行情及产业发展等因素，提出相应品目完整、明确、符合国家法律法规及政府采购政策要求的采购需求技术服务标准报财政部。财政部在组织完成对相关技术服务标准的论证后发布中央预算单位批量集中采购品目基本配置标准（以下简称基本配置标准）。

第五条　中央预算单位应当执行基本配置标准，并根据预算及实际工作需要，确定当次采购品目不同的档次或规格。部分主管预算单位因特殊原因需要另行制定本部门统一执行的通用或专用办公设备等配置标准的,应当按基本配置标准规范确定相应配置指标,且相关指标不得指向特定的品牌或供应商。同时,还应明确专用办公设备等品目的预算金额上限。

第六条 中央预算单位应当加强对批量集中采购工作的计划安排,协调处理好采购周期、采购数量与品目配备时限的关系。应当认真组织填报批量集中采购计划,保证品目名称、配置标准、采购数量、配送地点和最终用户联系方式等内容的准确完整。各主管预算单位应于当月十日前向财政部报送本部门批量集中采购汇总计划,并明确当期采购工作的部门联系人。

第七条 集中采购机构应当广泛征求中央预算单位、供应商及相关专家意见,科学合理编制采购文件。应当根据每期不同品目的需求特点及计划数量,依法采用公开招标、询价等采购方式,于二十五个工作日内完成采购活动。应当及时将中标供应商名称、中标产品完整的技术服务标准等信息在中国政府采购网和各集中采购机构网站上公告。因需求特殊等原因导致采购活动失败的,应当及时通知相关中央预算单位调整需求标准,并重新组织采购。

第八条 中央预算单位应当通过中国政府采购网或各集中采购机构网站查询相关中标信息,严格按照计划填报数量和当期中标结果,及时与中标供应商或授权供货商签订采购合同。验收时,应当根据中标公告中的技术服务标准,认真核对送货时间、产品配置技术指标等内容并填写验收书。验收后,应当按照合同约定及时付款。对中标供应商在履约过程中存在的违约问题,应当通过验收书或其他书面形式向集中采购机构反映。

第九条 集中采购机构应当根据采购文件约定,督促供应商在中标通知公告发出后二十个工作日内,将中标产品送到中央预算单位指定地点。应当统一协调处理合同签订、产品送达、产品验收及款项支付等履约过程中出现的问题,分清责任。对于中央预算单位在验收书上或书面反映的产品质量、服务问题,应当及时组织核查或第三方检测机构检测,并按采购文件及有关合同的约定追究中标供应商赔偿责任。

第十条 各主管预算单位应当加强对本部门批量集中采购工作的管理,建立健全配置标准的制定和适用、协议供货方式审核、合同签订及验收付款等内部管理制度。应当指定专人配合集中采购机构统一协调处理计划执行、合同签订、产品验收及款项支付等事宜,对未按规定超标准采购及规避批量集中采购等行为,应当追究相关人员责任。

第十一条 集中采购机构应当切实做好批量集中采购执行工作。应当按照财政部推进批量集中采购工作安排,及时拟定包括需求标准、评审方式、合同草案条款及采购方式适用标准等内容的实施方案,并按照实施方案组织好采购活动,协调处理履约相关问题,保障批量集中采购活动规范、优质、高效的协调推进。应当将违约处理情况和季度批量集中采购执行情况报财政部备案。

第十二条 财政部应当加强对批量集中采购工作的组织监督管理,将批量集中采购工作纳入集中采购机构的业务考核范围。对主管预算单位及所属单位规避批量集中采购、不执行采购计划以及无故延期付款等行为应当及时进行通报批评。应当根据集中采购机构提供的报告,对中标供应商虚假承诺或拒不按合同履约的行为进行严肃处理。

第十三条 本办法自2013年9月1日起施行。《关于进一步推进中央单位批量集中采购试点工作的通知》(财办库〔2011〕87号)、《关于完善台式计算机和打印机批量集中采购试点工作的补充通知》(财办库〔2012〕340号)同时废止。

财政部办公厅关于中央预算单位实施批量集中采购工作的通知

1. 2013年9月4日

2. 财办库〔2013〕334号

党中央有关部门办公厅(室),国务院各部委、各直属机构办公厅(室),全国人大常委会办公厅,全国政协办公厅，高法院办公厅，高检院办公厅，中共中央直属机关采购中心、中央国家机关政府采购中心、全国人大机关采购中心：

为进一步深化政府集中采购工作，规范政府采购行为，根据《中央预算单位批量集中采购管理暂行办法》（财库〔2013〕109号）的有关规定，现就中央预算单位实施批量集中采购工作的有关事项通知如下：

一、批量集中采购范围

中央预算单位采购满足办公需求的台式计算机、打印机、便携式计算机、复印机、传真机、扫描仪、复印纸、空调机和碎纸机原则上全部纳入批量集中采购范围，用于科研、测绘等工作的专用台式计算机、便携式计算机也纳入批量集中采购范围。其中，台式计算机不包括低泄射计算机、无盘工作站、图形工作站、工控机；便携式计算机不包括移动图形工作站、加固型笔记本等特殊用途设备；空调机不包括用于机房、基站等特殊场所的空调机；打印机不包括便携式打印机等。

二、采购计划填报时间

台式计算机、打印机和便携式计算机的采购计划按月填报，当月填报下月计划。复印机、传真机、扫描仪、复印纸、空调机和碎纸机的采购计划按季填报，每季度最后一个月填报下一季度计划。各主管预算单位应于当月10日前将所属单位采购计划审核汇总后报送至财政部。

三、采购流程图和配置参考

中央预算单位批量集中采购工作基本流程图、中央预算单位批量集中采购问题反馈处理流程图以及《20××年中央预算单位批量集中采购品目配置参考》（以下简称《配置参考》），详见中国政府采购网（http://www.ccgp.gov.cn/）“中央单位批量集中采购”专栏。《配置参考》将定期在政府采购计划管理系统中更新，不再另行发文通知。

四、本通知自印发之日起施行。台式计算机、打印机的采购计划按规定时间报送，新推开批量集中采购品目的采购计划，各主管预算单位于2013年12月10日前开始汇总报送。

各单位在填报时如遇口径等问题，请及时与财政部国库司政府采购管理一处联系，电话：010－68552389，也可与主管预算单位联系。

如遇中标供应商不按合同约定供货、服务或产品质量不合格等问题，请及时与集中采购机构联系。中央国家机关政府采购中心电话010－83084967、010－63099478（空调），中共中央直属机关采购中心电话010－82273286。

如遇系统软件操作问题，请及时与北京用友政务软件有限公司联系，电话：400－6550－933［分机号：33713、33714、33715、33716、33717、33718］。

财政部关于加强中央预算单位政府采购管理有关事项的通知

1. 2012年5月8日
2. 财库〔2012〕49号

党中央有关部门，国务院各部委、各直属机构，全国人大常委会办公厅，全国政协办公厅，高法院，高检院，有关人民团体，新疆生产建设兵团，中央国家机关政府采购中心，中共中央直属机关采购中心，全国人大机关采购中心，中国人民银行集中采购中心，国家税务总局集中采购中心，海关总署物资装备采购中心：

近年来，各中央单位认真贯彻执行《中华人民共和国政府采购法》及相关制度规定，在规范政府采购行为、提高财政资金使用效益、落实政府采购政策功能等方面取得了明显成效。但一些单位不编政府采购预算、超预算超标准采购、规避集中采购以及不严格执行采购程序等问题仍然存在。为贯彻落实中共中央办公厅、国务院办公厅关于进一步做好党政机关厉行节约工作的通知精神，进一步规范中央单位政府采购行为，充分发挥政府采购功能作用，现就加强中央单位政府采购管理的有关事项通知如下：

一、加强和改进政府采购预算管理

中央单位要全面编制政府采购预算，大力推进部门预算细化工作。凡纳入国务院公布的《中央单位政府集中采购目录及标准》（以下简称《集中采购目录及标准》）范围内的集中采购品目和采购限额标准以上项目，都应当按照预算编制文件要求，在部门预算中列明货物、工程和服务的政府采购金额。通用办公设备家具的政府采购预算要根据《财政部关于印发〈中央行政单位通用办公设备家具购置费预算标准（试行）〉的通知》（财行〔2011〕78 号）规定编制，其他项目的政府采购预算要根据厉行节约的原则并结合同类项目历史成交结果编制。

中央单位应当严格按照财政部批复的部门预算开展政府采购活动，年度执行中的政府采购预算调整要按规定程序报财政部审核批复。主管部门向财政部申请变更所属单位政府采购方式和采购进口产品等事项时，必须提供相关预算批复文件。对于年初部门预算下达前需要变更政府采购方式和采购进口产品的，由主管部门向财政部国库司提出书面申请，国库司根据财政部部门司审核同意的预算资金落实情况进行办理。对于已经财政部部门司核准概算的中长期预算项目下不同年度的采购项目，国库司在办理政府采购方式变更、进口产品审核时可按同一采购项目处理。

二、强化政府采购计划管理

中央单位在开展政府采购活动前必须按照政府采购预算编制政府采购计划，所有使用财政性资金及配套资金开展的政府采购活动，均要编制采购计划并细化到政府采购项目和品目。对于纳入批量集中采购范围的办公设备、办公用品等品目采购，要按照《关于进一步推进中央单位批量集中采购试点工作的通知》（财办库〔2011〕87 号）要求编制批量采购计划。

中央单位要加强内部需求管理，强化政府采购计划管理中的购置费预算标准审核，对于尚无购置费预算标准的政府采购项目，要结合工作实际需要及历史成交结果进行审核，严禁配备明显超出机关办公基本需求的高档、高配置产品。对于纳入批量集中采购范围的品目，原则上应当根据财政部制定的配置参考确定采购需求，确因特殊需要且预算金额在财政部规定金额以上的采购项目，可以经主管部门同意后确定本次采购项目的特殊配置标准。但不得突破购置费预算标准，不得以特殊用途为由超出预算标准和规避批量集中采购。

三、严格执行政府集中采购规定

中央单位应当严格执行《集中采购目录及标准》，凡纳入《集中采购目录及标准》中的集中采购机构采购品目，应当委托集中采购机构采购，部门集中采购品目中包含集中采购机构采购品目的，也应当委托集中采购机构采购。集中采购机构采购品目达到公开招标限额标准的，中央单位应当委托集中采购机构进行公开招标，严禁通过协议供货或者其他方式化整为零规避公开招标。

对于已纳入批量集中采购范围的品目采购，主管部门要建立内部审核机制，严格控制通过协议供货方式采购的数量，确保本部门（含所属单位，下同）本年度通过协议供货采购的数量不超过规定比例。

四、规范政府采购程序和行为

中央单位要严格按照政府采购法和《政府采购货物服务招标投标管理办法》（财政部令第 18 号）及其他相关制度规定组织政府采购招标活动。符合公开招标的采购项目必须按规定程序进行招标，对于同一预算年度内的同一政府采购项目，不得对其相同品目或者相同类别的货物和服务进行拆分，以非公开招标方式进行采购。对个别中央单位有能力自行组织招标采购的，必须报经主管部门批准。严禁在招标文件中列示歧视性条款，不得提出与采购项目无关或过高的资质和业绩要求，参与评标的采购人代表不得引导或干预评标。

中央单位要严格执行政府采购方式审批制度，对未经批准擅自变更采购方式的项目，财政部将不予支付资金。主管部门要严格控制单一来源采购，加强专家论证管理，防止滥用单一来源采购方式。对确需采用单一来源方式采购的，应当按照《财政部关于对中央单位申请单一来源采购实行审核前公示相关问题的通知》（财库〔2011〕130 号）的规定执行。

中央单位要加强合同履约管理，做到采购、验收和项目使用单位相分离，严禁出现无故拖延和拒绝验收、不按国库集中支付规定支付资金等行为。

五、进一步落实政府采购政策功能

中央单位要继续带头实施政府采购支持节能环保、采购正版软件以及采购本国产品等政府采购政策。对涉及节能产品和环境标志产品的招标采购项目，要在采购文件中明确优先采购和强制采购的措施，载明对投标产品的相关要求。要严格执行政府采购进口产品管理规定，原则上国内产业已经成熟的产品不得采购进口产品。采购进口产品数量较多的部门，应建立本部门的专家复核制度，对所属单位申请采购进口产品的项目严格把关。

中央单位要根据《中华人民共和国招标投标法实施条例》要求，对实行招标投标的工程建设项目，也要严格执行保护环境、促进中小企业发展以及采购本国产品等政府采购政策。

主管部门要严格按照《财政部　工业和信息化部关于印发政府采购促进中小企业发展暂行管理办法的通知》（财库〔2011〕181 号）的规定，统筹安排本部门政府采购促进中小企业发展的各项工作，确保面向中小企业采购的预留采购份额、评审优惠等政策措施的落实，并在财政部指定的政府采购发布媒体公开面向中小企业采购的项目执行情况。

六、切实履行政府采购管理监督责任

主管部门要加大对本部门政府采购工作的管理力度，明确本部门政府采购管理的责任单位，建立健全内部管理制度，加强部门内部政府采购信息化建设，强化对政府采购预算编制、计划申报、批量集中采购以及政策功能实施等工作的执行和管理。要督促所属单位严格执行批量集中采购等政府采购招标结果，及时签订采购合同并按时验收采购产品。

财政部将加强对中央单位政府采购工作的监督检查，完善与审计、监察部门的协作配合机制，开展对政府采购（含政府采购工程建设项目）预算执行情况、政策执行情况的定期检查和专项检查工作，逐步建立日常检查和重点抽查相结合的监督检查机制，并针对监督检查出的问题进行严肃处理。

6. 其　他

（1）政府购买服务

政府购买服务管理办法

1. 2020年1月3日财政部令第102号公布
2. 自2020年3月1日起施行

第一章　总　　则

第一条　为规范政府购买服务行为，促进转变政府职能，改善公共服务供给，根据《中华人民共和国预算法》《中华人民共和国政府采购法》《中华人民共和国合同法》等法律、行政法规的规定，制定本办法。

第二条　本办法所称政府购买服务，是指各级国家机关将属于自身职责范围且适合通过市场化方式提供的服务事项，按照政府采购方式和程序，交由符合条件的服务供应商承担，并根据服务数量和质量等因素向其支付费用的行为。

第三条　政府购买服务应当遵循预算约束、以事定费、公开择优、诚实信用、讲求绩效原则。

第四条　财政部负责制定全国性政府购买服务制度，指导和监督各地区、各部门政府购买服务工作。

县级以上地方人民政府财政部门负责本行政区域政府购买服务管理。

第二章　购买主体和承接主体

第五条　各级国家机关是政府购买服务的购买主体。

第六条　依法成立的企业、社会组织（不含由财政拨款保障的群团组织），公益二类和从事生产经营活动的事业单位，农村集体经济组织，基层群众性自治组织，以及具备条件的个人可以作为政府购买服务的承接主体。

第七条　政府购买服务的承接主体应当符合政府采购法律、行政法规规定的条件。

购买主体可以结合购买服务项目的特点规定承接主体的具体条件，但不得违反政府采购法律、行政法规，以不合理的条件对承接主体实行差别待遇或者歧视待遇。

第八条　公益一类事业单位、使用事业编制且由财政拨款保障的群团组织，不作为政府购买服务的购买主体和承接主体。

第三章　购买内容和目录

第九条　政府购买服务的内容包括政府向社会公众提供的公共服务，以及政府履职所需辅助性服务。

第十条　以下各项不得纳入政府购买服务范围：

（一）不属于政府职责范围的服务事项；

（二）应当由政府直接履职的事项；

（三）政府采购法律、行政法规规定的货物和工程，以及将工程和服务打包的项目；

（四）融资行为；

（五）购买主体的人员招、聘用，以劳务派遣方式用工，以及设置公益性岗位等事项；

（六）法律、行政法规以及国务院规定的其他不得作为政府购买服务内容的事项。

第十一条　政府购买服务的具体范围和内容实行指导性目录管理，指导性目录依法予以公开。

第十二条　政府购买服务指导性目录在中央和省两级实行分级管理，财政部和省级财政部门分别制定本级政府购买服务指导性目录，各部门在本级指导性目录范围内编制本部门政府购买服务指导性目录。

省级财政部门根据本地区情况确定省以下政府购买服务指导性目录的编制方式和程序。

第十三条　有关部门应当根据经济社会发展实际、政府职能转变和基本公共服务均等化、标准化的要求，编制、调整指导性目录。

编制、调整指导性目录应当充分征求相关部门意见，根据实际需要进行专家论证。

第十四条　纳入政府购买服务指导性目录的服务事项，已安排预算的，可以实施政府购买服务。

第四章　购买活动的实施

第十五条　政府购买服务应当突出公共性和公益性，重点考虑、优先安排与改善民生密切相关，有利于转变政府职能、提高财政资金绩效的项目。

政府购买的基本公共服务项目的服务内容、水平、流程等标准要素，应当符合国家基本公共服务标准相关要求。

第十六条 政府购买服务项目所需资金应当在相关部门预算中统筹安排，并与中期财政规划相衔接，未列入预算的项目不得实施。

购买主体在编报年度部门预算时，应当反映政府购买服务支出情况。政府购买服务支出应当符合预算管理有关规定。

第十七条 购买主体应当根据购买内容及市场状况、相关供应商服务能力和信用状况等因素，通过公平竞争择优确定承接主体。

第十八条 购买主体向个人购买服务，应当限于确实适宜实施政府购买服务并且由个人承接的情形，不得以政府购买服务名义变相用工。

第十九条 政府购买服务项目采购环节的执行和监督管理，包括集中采购目录及标准、采购政策、采购方式和程序、信息公开、质疑投诉、失信惩戒等，按照政府采购法律、行政法规和相关制度执行。

第二十条 购买主体实施政府购买服务项目绩效管理，应当开展事前绩效评估，定期对所购服务实施情况开展绩效评价，具备条件的项目可以运用第三方评价评估。

财政部门可以根据需要，对部门政府购买服务整体工作开展绩效评价，或者对部门实施的资金金额和社会影响大的政府购买服务项目开展重点绩效评价。

第二十一条 购买主体及财政部门应当将绩效评价结果作为承接主体选择、预算安排和政策调整的重要依据。

第五章　合同及履行

第二十二条 政府购买服务合同的签订、履行、变更，应当遵循《中华人民共和国合同法》的相关规定。

第二十三条 购买主体应当与确定的承接主体签订书面合同，合同约定的服务内容应当符合本办法第九条、第十条的规定。

政府购买服务合同应当明确服务的内容、期限、数量、质量、价格，资金结算方式，各方权利义务事项和违约责任等内容。

政府购买服务合同应当依法予以公告。

第二十四条 政府购买服务合同履行期限一般不超过1年；在预算保障的前提下，对于购买内容相对固定、连续性强、经费来源稳定、价格变化幅度小的政府购买服务项目，可以签订履行期限不超过3年的政府购买服务合同。

第二十五条 购买主体应当加强政府购买服务项目履约管理，开展绩效执行监控，及时掌握项目实施进度和绩效目标实现情况，督促承接主体严格履行合同，按照合同约定向承接主体支付款项。

第二十六条 承接主体应当按照合同约定提供服务，不得将服务项目转包给其他主体。

第二十七条 承接主体应当建立政府购买服务项目台账，依照有关规定或合同约定记录保存并向购买主体提供项目实施相关重要资料信息。

第二十八条 承接主体应当严格遵守相关财务规定，规范管理和使用政府购买服务项目资金。

承接主体应当配合相关部门对资金使用情况进行监督检查与绩效评价。

第二十九条 承接主体可以依法依规使用政府购买服务合同向金融机构融资。

购买主体不得以任何形式为承接主体的融资行为提供担保。

第六章　监督管理和法律责任

第三十条 有关部门应当建立健全政府购买服务监督管理机制。购买主体和承接主体应当自觉接受财政监督、审计监督、社会监督以及服务对象的监督。

第三十一条 购买主体、承接主体及其他政府购买服务参与方在政府购买服务活动中，存在违反政府采购法律法规行为的，依照政府采购法律法规予以处理处罚；存在截留、挪用和滞留资金等财政违法行为的，依照《中华人民共和国预算法》《财政违法行为处罚处分条例》等法律法规追究法律责任；涉嫌犯罪的，移送司法机关处理。

第三十二条 财政部门、购买主体及其工作人员，存在违反本办法规定的行为，以及滥用职权、玩忽职守、徇私舞弊等违法违纪行为的，按照《中华人民共和国预算法》《中华人民共和国公务员法》《中华人民共和国监察法》《财政违法行为处罚处分条例》等国家有关规定追究相应责任；涉嫌犯罪的，移送司法机关处理。

第七章 附 则

第三十三条 党的机关、政协机关、民主党派机关、承担行政职能的事业单位和使用行政编制的群团组织机关使用财政性资金购买服务的，参照本办法执行。

第三十四条 涉密政府购买服务项目的实施，按照国家有关规定执行。

第三十五条 本办法自2020年3月1日起施行。财政部、民政部、工商总局2014年12月15日颁布的《政府购买服务管理办法（暂行）》（财综〔2014〕96号）同时废止。

财政部、中央编办关于做好事业单位政府购买服务改革工作的意见

1. 2016年11月30日
2. 财综〔2016〕53号

各省、自治区、直辖市人民政府，国务院各部委、各直属机构：

推广政府购买服务是党中央、国务院作出的重要决策，对于创新公共服务提供方式，促进政府职能转变，提高公共服务质量和效率具有重要意义。事业单位是提供公共服务的重要力量，在促进经济社会发展、改善人民群众生活等方面发挥着重要作用，但也存在一些事业单位政事不分、事企不分，服务质量和效率不高等问题。为做好事业单位政府购买服务改革工作，通过政府购买服务改革支持事业单位分类改革和转型发展，增强事业单位提供公共服务能力，经国务院同意，现提出如下意见。

一、总体要求

（一）指导思想。全面贯彻党的十八大、十八届三中、四中、五中、六中全会和习近平总书记系列重要讲话精神，认真落实党中央、国务院决策部署，通过推进事业单位政府购买服务改革，推动政府职能转变，深化简政放权、放管结合、优化服务改革，改进政府提供公共服务方式，支持事业单位改革，促进公益事业发展，切实提高公共服务质量和水平。

（二）基本原则。一是坚持分类施策。依据现行政策，事业单位分为承担行政职能事业单位、公益一类事业单位、公益二类事业单位、生产经营类事业单位四类，按其类别及职能，合理定位参与政府购买服务的角色作用，明确相应要求。二是坚持问题导向。针对事业单位存在的问题，加快转变政府职能，创新财政支持方式，将政府购买服务作为推动事业单位改革发展的重要措施，强化事业单位公益属性，增强服务意识，激发内在活力。三是坚持公开透明。遵循公开、公平、公正原则推进事业单位政府购买服务改革，注重规范操作，鼓励竞争择优，营造良好的改革环境。四是坚持统筹协调。做好政府购买服务改革与事业单位分类改革有关经费保障、机构编制、人事制度、收入分配、养老保险等方面政策的衔接，形成改革合力。五是坚持稳妥推进。充分考虑事业单位改革的复杂性和艰巨性，对事业单位政府购买服务改革给予必要的支持政策，妥善处理改革发展稳定的关系，确保事业单位政府购买服务改革工作顺利推进。

（三）总体目标。到2020年底，事业单位政府购买服务改革工作全面推开，事业单位提供公共服务的能力和水平明显提升；现由公益二类事业单位承担并且适宜由社会力量提供的服务事项，全部转为通过政府购买服务方式提供；通过政府购买服务，促进建立公益二类事业单位财政经费保障与人员编制管理的协调约束机制。

二、分类定位

（一）完全或主要承担行政职能的事业单位可以比照政府行政部门，作为政府购买服务的购买主体。部分承担行政职能的事业单位完成剥离行政职能改革后，应当根据新的分类情况执行相应的政府购买服务政策。不承担行政职能的事业单位不属于政府购买服务的购买主体，因履职需要购买辅助性服务的，应当按照政府采购法律制度有关规定执行。

（二）承担义务教育、基础性科研、公共文化、公共卫生及基层的基本医疗服务等基本公益服务，不

能或不宜由市场配置资源的公益一类事业单位，既不属于政府购买服务的购买主体，也不属于承接主体，不得参与承接政府购买服务。有关行政主管部门应当加强对所属公益一类事业单位的经费保障和管理，强化公益属性，有效发挥政府举办事业单位提供基本公共服务的职能作用。

（三）承担高等教育、非营利医疗等公益服务，可部分由市场配置资源的公益二类事业单位，可以作为政府购买服务的承接主体。现由公益二类事业单位承担并且适宜由社会力量提供的服务事项，应当纳入政府购买服务指导性目录，并根据条件逐步转为通过政府购买服务方式提供。有关行政主管部门应当创造条件积极支持公益二类事业单位与其他社会力量公平竞争参与承接政府购买服务，激发事业单位活力，增强提供公共服务能力。

（四）生产经营类事业单位可以作为政府购买服务的承接主体，在参与承接政府购买服务时，应当与社会力量平等竞争。

（五）尚未分类的事业单位，待明确分类后按上述定位实施改革。

三、主要措施

（一）推行政府向公益二类事业单位购买服务。2020年底前，凡是公益二类事业单位承担并且适宜由社会力量提供的服务事项，应当将财政拨款改为政府购买服务，可以由其行政主管部门直接委托给事业单位并实行合同化管理。其中，采取直接委托购买服务项目，属于政府采购集中采购目录以内或者采购限额标准以上的，通过单一来源采购方式实施；已经采用竞争性购买方式的，应当继续实行。政府新增用于公益二类事业单位的支出，应当优先通过政府购买服务方式安排。积极推进采用竞争择优方式向事业单位购买服务，逐步减少向公益二类事业单位直接委托的购买服务事项。

（二）探索建立与政府购买服务制度相适应的财政支持和人员编制管理制度。实施政府向事业单位购买服务的行政主管部门，应当将相关经费预算由事业单位调整至部门本级管理。积极探索建立事业单位财政经费与人员编制协调约束机制，创新事业单位财政经费与人员编制管理，推动事业单位改革逐步深入。

（三）将现由事业单位承担并且适宜由社会力量提供的服务事项纳入政府购买服务指导性目录。各行政主管部门要结合政府购买服务指导性目录编制工作，细化由本部门事业单位承担并且适宜由社会力量提供的服务事项，报经同级财政、机构编制等部门审核后纳入部门指导性目录，作为政府向事业单位购买服务的依据。

（四）落实税收等相关优惠政策。购买主体应当结合政府向事业单位购买服务项目特点和相关经费预算，综合物价、工资、税费等因素，合理测算安排项目所需支出。事业单位承接政府购买服务取得的收入，应当纳入事业单位预算统一核算，依法纳税并享受相关税收优惠等政策。税后收入由事业单位按相关政策规定进行支配。

（五）加强合同履约管理。购买主体应当做好对项目执行情况的跟踪，及时了解掌握购买项目实施进度及资金运作情况，督促承接服务的事业单位严格履行合同，确保服务质量，提高服务对象满意度。承接服务的事业单位履行合同约定后，购买主体应当及时组织对合同履行情况进行检查验收。购买主体向承接主体支付购买服务资金，应当根据合同约定和国库集中支付制度规定办理。

（六）推进绩效管理。购买主体应当会同财政部门建立全过程预算绩效管理机制，依据确定的绩效目标开展绩效管理。购买主体要结合购买服务合同履行情况，推进政府购买事业单位服务绩效评价工作，将绩效评价结果作为确定事业单位后续年度参与承接政府购买服务的考量因素，健全对事业单位的激励约束机制，提高财政资金使用效益和公共服务提供质量及效率。积极探索推进第三方评价。

（七）强化监督管理。各级财政部门要将政府向事业单位购买服务工作纳入财政监督范围，加强监督检查与绩效评价相结合，加大监督力度，保障政府购买服务工作规范开展。参与承接政府购买服务的事业单位应当自觉接受财政、审计和社会监督。

（八）做好信息公开。各级政府部门向事业单位购买服务，应当按照《中华人民共和国政府采购法》、《中华人民共和国政府信息公开条例》等相关规定，及时公开政府购买服务项目实施全过程相关信息，自觉接受社会监督。凡通过单一来源采购方式实施的政府向事业单位购买服务项目，要严格履行审批程序，需要事前公示的要按要求做好公示。积极推进政府向事业单位购买服务绩效信息公开。

四、工作要求

（一）落实工作责任。各省（区、市）财政、机构编制等部门要按照本意见要求，结合本地区实际制定事业单位政府购买服务改革工作实施方案，周密部署，认真组织做好本地区改革工作。各省（区、市）实施方案应于2016年12月底前送财政部、中央编办备案。各有关部门要做好本部门事业单位政府购买服务改革工作，指导推进本系统事业单位政府购买服务改革。

（二）扎实有效推进。2016年，财政部、中央编办将会同教育部、食品药品监管总局、中国残联在抓好典型项目政府购买服务改革试点工作中，认真探索政府向事业单位购买服务的有效做法和经验，及时研究完善相关政策；其他部门和地方要积极做好事业单位政府购买服务改革相关准备工作。2017年开始，各有关部门要根据本部门所属事业单位实际情况，推进事业单位政府购买服务改革，逐步增加公益二类事业单位实行政府购买服务的项目和金额；各省（区、市）要按照本地区改革实施方案，扎实推进事业单位政府购买服务改革，及时总结经验，完善政策，确保2020年底前完成本意见确定的事业单位政府购买服务改革目标任务。

（三）加强调研督导。事业单位政府购买服务改革涉及面广、政策性强，社会普遍关注，直接关系事业单位人员切身利益，各地区、各部门要切实加强对改革工作的领导，深入基层调研指导，及时研究并妥善处理改革中遇到的矛盾和问题。财政、机构编制部门要加强改革工作沟通协调，组织做好改革工作督导、专题调研、政策培训和经验推广，确保改革工作平稳有序推进。

财政部、民政部关于支持和规范社会组织承接政府购买服务的通知

1. 2014年10月24日
2. 财综〔2014〕87号

各省、自治区、直辖市、计划单列市财政厅（局）、民政厅（局），新疆生产建设兵团财务局、民政局：

为全面贯彻落实党的十八届三中全会精神，加快转变政府职能，推广政府购买服务，激发社会组织活力，根据《中共中央关于全面深化改革若干重大问题的决定》、《国务院办公厅关于政府向社会力量购买服务的指导意见》（国办发〔2013〕96号）有关要求，现就支持和规范社会组织承接政府购买服务有关工作通知如下：

一、充分认识社会组织在政府购买服务中的重要作用

党的十八届三中全会提出，适合由社会组织提供的公共服务和解决的事项，交由社会组织承担，对社会组织承接政府购买服务工作提出了新的更高要求。

改革开放以来，我国社会组织稳步发展，秉持非营利性、公益性和公共性原则，在教育科技、健康卫生、文化体育、社会福利、社会治理等公共服务领域发挥了重要作用，已成为社会治理和社会事业的重要主体。充分发挥社会组织在公共服务供给中的独特功能和积极作用，有利于加快转变政府职能，创新公共服务供给方式，提高公共服务供给水平和效率；有利于培育和引导社会组织，加快形成政社分开、权责明确、依法自治的现代社会组织体制；有利于推动整合利用社会资源，增强公众参与意识，激发社会发展活力。

随着政府购买服务工作的推进，社会组织承接政府公共服务能力不足的问题日益显现。突出表现为，社会组织在数量、规模等方面相对滞后，专业素质不够高，内部治理不健全，政社不分、管办一体、责任不清，独立运作能力较弱，社会公信力偏低，筹集和整合社会资源能力不强，这些问题成为影响社会

组织承接政府购买服务工作的重要因素。各地要认真贯彻落实党的十八届三中全会精神,按照国办发〔2013〕96号文件的要求,在推广政府购买服务改革中,将提升社会组织公共服务能力作为开展政府购买服务的基础性工作,支持和引导社会组织健康有序发展,充分发挥社会组织在承接政府购买服务中的主体作用。

二、加大对社会组织承接政府购买服务的支持力度

(一)加强社会组织培育发展。加快培育一批独立公正、行为规范、运作有序、公信力强、适应社会主义市场经济发展要求的社会组织。重点培育和优先发展行业协会商会类、科技类、公益慈善类、城乡社区服务类社会组织。统筹利用现有公共服务设施,以适当方式为社会组织开展服务创造必要条件,大力支持社会组织积极参与政府购买公共服务活动。各地要根据本地区经济社会发展情况和社会组织需要,为社会组织充分发挥作用给予政策支持和引导,提升社会组织自主发展、自我管理、筹资和社会服务等能力。鼓励采取孵化培育、人员培训、项目指导、公益创投等多种途径和方式,提升社会组织承接政府购买服务的能力。

(二)按照突出公共性和公益性原则,逐步扩大承接政府购买服务的范围和规模。充分发挥社会组织在公共服务供给中的独特功能和作用,在购买民生保障、社会治理、行业管理等公共服务项目时,同等条件下优先向社会组织购买。在民生保障领域,重点购买社会事业、社会福利、社会救助等服务项目。在社会治理领域,重点购买社区服务、社会工作、法律援助、特殊群体服务、矛盾调解等服务项目。在行业管理领域,重点购买行业规范、行业评价、行业统计、行业标准、职业评价、等级评定等服务项目。公平对待社会组织承接政府购买服务,鼓励社会组织进入法律法规未禁入的公共服务行业和领域,形成公共服务供给的多元化发展格局,满足人民群众多样化需求。

(三)探索多种有效方式,加大社会组织承接政府购买服务支持力度。按照政府采购法和国办发〔2013〕96号文件规定,采用公开招标、邀请招标、竞争性谈判、单一来源采购等方式确定承接主体,有针对性的培育和发展一批社会组织,促进社会组织的发展。有条件的地方可推广利用财政资金支持社会组织参与服务示范项目,逐步加大政府向社会组织购买服务的力度,适合采取市场化方式提供、社会组织能够承担的公共服务,都可以由社会组织参与、承接,所需资金按照预算管理要求在财政预算安排中统筹考虑。引导、支持社会组织募集资金参与服务。贯彻落实国家对社会组织各项税收优惠政策,符合条件的社会组织按照有关税收法律法规规定,享受相关税收优惠。

三、进一步建立健全社会组织承接政府购买服务信用记录管理机制

(一)社会组织承接政府购买服务应当具备以下条件:具有独立承担民事责任的能力;具有开展工作所必需的条件,具有固定的办公场所,有必要的专职工作人员;具有健全的法人治理结构,完善的内部管理、信息公开和民主监督制度;有完善的财务核算和资产管理制度,有依法缴纳税收、社会保险费的良好记录;近三年内无重大违法记录;法律、行政法规规定的其他条件。

(二)社会组织在承接政府购买服务时,应当按要求提供登记证书、年检结论、年度报告、财务审计报告、依法缴纳税收和社会保险费,无重大违法记录的声明等相关证明材料,供购买主体审查。购买主体可根据购买内容的特点规定社会组织的特定条件,但不得对承接主体实行歧视性差别待遇。

(三)按照公开、公正、公平原则,推进社会组织登记管理和承接政府购买服务的信息公开和信息共享,加强政府向社会组织购买服务的绩效管理和绩效评价。建立健全由购买主体、服务对象及专业机构组成的综合性评价机制。各级财政部门要配合购买主体及相关机构加强政府购买服务活动的监管和绩效评价,在推广政府购买服务过程中,对守信社会组织予以支持和激励,对失信社会组织予以限制和禁止。各级民政部门要建立完善社会组织信用体系,协助核实社会组织的资质及相关条件,及时收录承接政府购买服务的社会组织绩效评价结果和对违

法社会组织的处罚决定等内容,每年按时向社会公布社会组织名录和信用记录。有关部门要将社会组织承接政府购买服务情况纳入年检、评估和执法工作体系,加大对违法违规行为的执法监管力度。

四、切实做好社会组织承接政府购买服务的组织实施

各地要建立健全部门联动机制,统筹规划、协调指导政府向社会组织购买服务工作。及时披露、公开信息,鼓励社会监督,充分调动社会参与的积极性。要结合实际,制定支持和规范社会组织承接政府购买服务的具体政策,确保工作落到实处,取得成效。切实加强调查研究,认真总结好经验、好做法,及时发现并解决政府向社会组织购买服务工作中出现的问题。

执行中遇到的新情况和重大问题,以及有关意见和建议,请及时报送财政部、民政部。

(2)信息公开

政府采购信息发布管理办法

1. 2019年11月27日财政部令第101号公布
2. 自2020年3月1日起施行

第一条　为了规范政府采购信息发布行为,提高政府采购透明度,根据《中华人民共和国政府采购法》《中华人民共和国政府采购法实施条例》等有关法律、行政法规,制定本办法。

第二条　政府采购信息发布,适用本办法。

第三条　本办法所称政府采购信息,是指依照政府采购有关法律制度规定应予公开的公开招标公告、资格预审公告、单一来源采购公示、中标(成交)结果公告、政府采购合同公告等政府采购项目信息,以及投诉处理结果、监督检查处理结果、集中采购机构考核结果等政府采购监管信息。

第四条　政府采购信息发布应当遵循格式规范统一、渠道相对集中、便于查找获得的原则。

第五条　财政部指导和协调全国政府采购信息发布工作,并依照政府采购法律、行政法规有关规定,对中央预算单位的政府采购信息发布活动进行监督管理。

地方各级人民政府财政部门(以下简称财政部门)对本级预算单位的政府采购信息发布活动进行监督管理。

第六条　财政部对中国政府采购网进行监督管理。省级(自治区、直辖市、计划单列市)财政部门对中国政府采购网省级分网进行监督管理。

第七条　政府采购信息应当按照财政部规定的格式编制。

第八条　中央预算单位政府采购信息应当在中国政府采购网发布,地方预算单位政府采购信息应当在所在行政区域的中国政府采购网省级分网发布。

除中国政府采购网及其省级分网以外,政府采购信息可以在省级以上财政部门指定的其他媒体同步发布。

第九条　财政部门、采购人和其委托的采购代理机构(以下统称发布主体)应当对其提供的政府采购信息的真实性、准确性、合法性负责。

中国政府采购网及其省级分网和省级以上财政部门指定的其他媒体(以下统称指定媒体)应当对其收到的政府采购信息发布的及时性、完整性负责。

第十条　发布主体发布政府采购信息不得有虚假和误导性陈述,不得遗漏依法必须公开的事项。

第十一条　发布主体应当确保其在不同媒体发布的同一政府采购信息内容一致。

在不同媒体发布的同一政府采购信息内容、时间不一致的,以在中国政府采购网或者其省级分网发布的信息为准。同时在中国政府采购网和省级分网发布的,以在中国政府采购网上发布的信息为准。

第十二条　指定媒体应当采取必要措施,对政府采购信息发布主体的身份进行核验。

第十三条　指定媒体应当及时发布收到的政府采购信息。

中国政府采购网或者其省级分网应当自收到政府采购信息起1个工作日内发布。

第十四条　指定媒体应当加强安全防护,确保发布的政府采购信息不被篡改、不遗漏,不得擅自删除或者修改信息内容。

第十五条　指定媒体应当向发布主体免费提供信息发布服务，不得向市场主体和社会公众收取信息查阅费用。

第十六条　采购人或者其委托的采购代理机构未依法在指定媒体上发布政府采购项目信息的，依照政府采购法实施条例第六十八条追究法律责任。

采购人或者其委托的采购代理机构存在其他违反本办法规定行为的，由县级以上财政部门依法责令限期改正，给予警告，对直接负责的主管人员和其他直接责任人员，建议其行政主管部门或者有关机关依法依规处理，并予通报。

第十七条　指定媒体违反本办法规定的，由实施指定行为的省级以上财政部门依法责令限期改正，对直接负责的主管人员和其他直接责任人员，建议其行政主管部门或者有关机关依法依规处理，并予通报。

第十八条　财政部门及其工作人员在政府采购信息发布活动中存在懒政怠政、滥用职权、玩忽职守、徇私舞弊等违法违纪行为的，依照《中华人民共和国政府采购法》《中华人民共和国公务员法》《中华人民共和国监察法》《中华人民共和国政府采购法实施条例》等国家有关规定追究相应责任；涉嫌犯罪的，依法移送有关国家机关处理。

第十九条　涉密政府采购项目信息发布，依照国家有关规定执行。

第二十条　省级财政部门可以根据本办法制定具体实施办法。

第二十一条　本办法自2020年3月1日起施行。财政部2004年9月11日颁布实施的《政府采购信息公告管理办法》（财政部令第19号）同时废止。

财政部办公厅关于印发《政府采购公告和公示信息格式规范（2020年版）》的通知

1．2020年3月18日

2．财办库〔2020〕50号

各中央预算单位办公厅（室），各省、自治区、直辖市、计划单列市财政厅（局），新疆生产建设兵团财政局：

为规范政府采购公告和公示信息发布行为，提高政府采购活动透明度，财政部研究制定了《政府采购公告和公示信息格式规范（2020年版）》，现印发给你们，请遵照执行。

各部门、各地区要高度重视政府采购信息公开工作，督促指导采购单位和采购代理机构自2020年7月1日起按照本格式规范编制发布政府采购信息。执行中如遇政策问题，请及时向财政部国库司反馈。

政府采购公告和公示信息格式规范
（2020年版）

目　　录

公共服务项目验收结果公告
单一来源采购公示
投诉处理结果公告
监督检查处理结果公告
集中采购机构考核结果公告

政府采购意向公告

(单位名称)________年____(至)____月政府采购意向

为便于供应商及时了解政府采购信息，根据《财政部关于开展政府采购意向公开工作的通知》(财库〔2020〕10号)等有关规定，现将(单位名称)________年____(至)____月采购意向公开如下：

序号	采购项目名称	采购需求概况	预算金额（万元）	预计采购时间（填写到月）	备注
	(填写具体采购项目的名称)	(填写采购标的名称，采购标的需实现的主要功能或者目标，采购标的数量，以及采购标的需满足的质量、服务、安全、时限等要求)	(精确到万元)	(填写到月)	(其他需要说明的情况)
	……				
	……				

本次公开的采购意向是本单位政府采购工作的初步安排，具体采购项目情况以相关采购公告和采购文件为准。

(单位名称)
年　　月　　日

资格预审公告

> 项目概况
>
> (采购标的)招标项目的潜在资格预审申请人应在(地址)领取资格预审文件，并于________年____月____日____点____分(北京时间)前提交申请文件。

一、项目基本情况

项目编号(或招标编号、政府采购计划编号、采购计划备案文号等，如有)：

项目名称：

采购方式：□公开招标　□邀请招标

预算金额：

最高限价(如有)：

采购需求：(包括但不限于标的的名称、数量、简要技术需求或服务要求等)

合同履行期限：

本项目(是/否)接受联合体投标。

二、申请人的资格要求

1. 满足《中华人民共和国政府采购法》第二十二条规定;

2. 落实政府采购政策需满足的资格要求:(如属于专门面向中小企业采购的项目,供应商应为中小微企业、监狱企业、残疾人福利性单位);

3. 本项目的特定资格要求:(如项目接受联合体投标,对联合体应提出相关资格要求;如属于特定行业项目,供应商应当具备特定行业法定准入要求)。

三、领取资格预审文件

时间:________年____月____日至________年____月____日(提供期限自本公告发布之日起不得少于5个工作日),每天上午____至____,下午____至____(北京时间,法定节假日除外)。

地点:

方式:

四、资格预审申请文件的组成及格式

(可详见附件)

五、资格预审的审查标准及方法

六、拟邀请参加投标的供应商数量

□采用随机抽取的方式邀请____家供应商参加投标。如通过资格预审供应商数量少于拟邀请供应商数量,采用下列方式(□1 或□2)。(适用于邀请招标)

1. 如通过资格预审供应商数量少于拟邀请供应商数量,但不少于三家则邀请全部通过资格预审供应商参加投标。

2. 如通过资格预审供应商数量少于拟邀请供应商数量,则重新组织招标活动。

□邀请全部通过资格预审供应商参加投标。(适用于公开招标)

七、申请文件提交

应在________年____月____日____点____分(北京时间)前,将申请文件提交至________。

八、资格预审日期

资格预审日期为申请文件提交截止时间至________年____月____日前。

九、公告期限

自本公告发布之日起5个工作日。

十、其他补充事宜

十一、凡对本次资格预审提出询问,请按以下方式联系

1. 采购人信息

名　　称:________________________

地　　址:________________________

联系方式:________________________

2. 采购代理机构信息（如有）

名　　称：________________________

地　　址：________________________

联系方式：________________________

3. 项目联系方式

项目联系人：（组织本项目采购活动的具体工作人员姓名）

电　　话：________________________

（说明：1. 采用竞争性谈判、竞争性磋商、询价等非招标方式采购过程中，如需要使用资格预审的，可参照上述格式发布公告。2. 格式规范文本中标注斜体的部分是对文件相关内容提示或说明，下同。）

招 标 公 告

项目概况 （采购标的）招标项目的潜在投标人应在（地址）获取招标文件，并于________年____月____日____点____分（北京时间）前递交投标文件。

一、项目基本情况

项目编号（或招标编号、政府采购计划编号、采购计划备案文号等，如有）：

项目名称：

预算金额：

最高限价（如有）：

采购需求：（包括但不限于标的的名称、数量、简要技术需求或服务要求等）

合同履行期限：

本项目（是/否）接受联合体投标。

二、申请人的资格要求

1. 满足《中华人民共和国政府采购法》第二十二条规定；

2. 落实政府采购政策需满足的资格要求：（如属于专门面向中小企业采购的项目，供应商应为中小微企业、监狱企业、残疾人福利性单位）；

3. 本项目的特定资格要求：（如项目接受联合体投标，对联合体应提出相关资格要求；如属于特定行业项目，供应商应当具备特定行业法定准入要求）。

三、获取招标文件

时间：________年____月____日至________年____月____日（提供期限自本公告发布之日起不得少于5个工作日），每天上午____至____，下午____至____（北京时间，法定节假日除外）。

地点：

方式：

售价：

四、提交投标文件截止时间、开标时间和地点

________年____月____日____点____分（北京时间）（自招标文件开始发出之日起至投标人提交投标文件

截止之日止,不得少于20日)。

地点:

五、公告期限

自本公告发布之日起5个工作日。

六、其他补充事宜

七、对本次招标提出询问,请按以下方式联系

1. 采购人信息

名　　称:________________

地　　址:________________

联系方式:________________

2. 采购代理机构信息(如有)

名　　称:________________

地　　址:________________

联系方式:________________

3. 项目联系方式

项目联系人:(组织本项目采购活动的具体工作人员姓名)

电　　话:________________

竞争性谈判(竞争性磋商、询价)公告

项目概况 (采购标的)采购项目的潜在供应商应在(地址)获取采购文件,并于________年____月____日____点____分(北京时间)前提交响应文件。

一、项目基本情况

项目编号(或招标编号、政府采购计划编号、采购计划备案文号等,如有):

项目名称:

采购方式:□竞争性谈判　□竞争性磋商　□询价

预算金额:

最高限价(如有):

采购需求:(包括但不限于标的的名称、数量、简要技术需求或服务要求等)

合同履行期限:

本项目(是/否)接受联合体。

二、申请人的资格要求

1. 满足《中华人民共和国政府采购法》第二十二条规定；

2. 落实政府采购政策需满足的资格要求：(如属于专门面向中小企业采购的项目，供应商应为中小微企业、监狱企业、残疾人福利性单位)；

3. 本项目的特定资格要求：(如项目接受联合体投标，对联合体应提出相关资格要求；如属于特定行业项目，供应商应当具备特定行业法定准入要求)。

三、获取采购文件

时间：________年____月____日至________年____月____日(磋商文件的发售期限自开始之日起不得少于5个工作日)，每天上午____至____，下午____至____(北京时间，法定节假日除外)。

地点：

方式：

售价：

四、响应文件提交

截止时间：________年____月____日____点____分(北京时间)(从磋商文件开始发出之日起至供应商提交首次响应文件截止之日止不得少于10日；从谈判文件开始发出之日起至供应商提交首次响应文件截止之日止不得少于3个工作日；从询价通知书开始发出之日起至供应商提交响应文件截止之日止不得少于3个工作日)。

地点：

五、开启(竞争性磋商方式必须填写)

时间：________年____月____日____点____分(北京时间)

地点：

六、公告期限

自本公告发布之日起3个工作日。

七、其他补充事宜

八、凡对本次采购提出询问，请按以下方式联系

1. 采购人信息

名　　称：________________________

地　　址：________________________

联系方式：________________________

2. 采购代理机构信息(如有)

名　　称：________________________

地　　址：________________________

联系方式：________________________

3. 项目联系方式

项目联系人：(组织本项目采购活动的具体工作人员姓名)

电　　话：________________________

中标(成交)结果公告

一、项目编号(或招标编号、政府采购计划编号、采购计划备案文号等,如有):

二、项目名称:

三、中标(成交)信息

供应商名称:

供应商地址:

中标(成交)金额:(可填写下浮率、折扣率或费率)

四、主要标的信息

货物类	服务类	工程类
名称: 品牌(如有): 规格型号: 数量: 单价:	名称: 服务范围: 服务要求: 服务时间: 服务标准:	名称: 施工范围: 施工工期: 项目经理: 执业证书信息:

五、评审专家(单一来源采购人员)名单:

六、代理服务收费标准及金额:

七、公告期限

自本公告发布之日起1个工作日。

八、其他补充事宜

九、凡对本次公告内容提出询问,请按以下方式联系

1. 采购人信息

名　　称:________________

地　　址:________________

联系方式:________________

2. 采购代理机构信息(如有)

名　　称:________________

地　　址:________________

联系方式:________________

3. 项目联系方式

项目联系人:(组织本项目采购活动的具体工作人员姓名)

电　　话:________________

十、附件

1. 采购文件(已公告的可不重复公告);

2. 被推荐供应商名单和推荐理由(适用于邀请招标、竞争性谈判、询价、竞争性磋商采用书面推荐方式产生符合资格条件的潜在供应商的)；

3. 中标、成交供应商为中小企业的，应公告其《中小企业声明函》；

4. 中标、成交供应商为残疾人福利性单位的，应公告其《残疾人福利性单位声明函》；

5. 中标、成交供应商为注册地在国家级贫困县域内物业公司的，应公告注册所在县扶贫部门出具的聘用建档立卡贫困人员具体数量的证明。

更正公告

一、项目基本情况

原公告的采购项目编号(或招标编号、政府采购计划编号、采购计划备案文号等，如有)：________________________________

原公告的采购项目名称：____________________

首次公告日期：____________________

二、更正信息

更正事项：□采购公告　□采购文件　□采购结果

更正内容：(采购结果更正，还需同时在附件中公告变更后的中标(成交)供应商的相关信息)

更正日期：____________________

三、其他补充事宜

四、凡对本次公告内容提出询问，请按以下方式联系

1. 采购人信息

名　　称：____________________

地　　址：____________________

联系方式：____________________

2. 采购代理机构信息(如有)

名　　称：____________________

地　　址：____________________

联系方式：____________________

3. 项目联系方式

项目联系人：(组织本项目采购活动的具体工作人员姓名)

电　　话：____________________

五、附件(适用于更正中标、成交供应商)

1. 中标、成交供应商为中小企业的，应公告其《中小企业声明函》；

2. 中标、成交供应商为残疾人福利性单位的，应公告其《残疾人福利性单位声明函》；

3. 中标、成交供应商为注册地在国家级贫困县域内物业公司的，应公告注册所在县扶贫部门出具的聘用建档立卡贫困人员具体数量的证明。

终止公告

一、项目基本情况

采购项目编号（或招标编号、政府采购计划编号、采购计划备案文号等，如有）：＿＿＿＿＿＿＿＿＿＿

采购项目名称：＿＿＿＿＿＿＿＿＿＿

二、项目终止的原因

三、其他补充事宜

四、凡对本次公告内容提出询问，请按以下方式联系

1. 采购人信息

名　　称：＿＿＿＿＿＿＿＿＿＿

地　　址：＿＿＿＿＿＿＿＿＿＿

联系方式：＿＿＿＿＿＿＿＿＿＿

2. 采购代理机构信息（如有）

名　　称：＿＿＿＿＿＿＿＿＿＿

地　　址：＿＿＿＿＿＿＿＿＿＿

联系方式：＿＿＿＿＿＿＿＿＿＿

3. 项目联系方式

项目联系人：（组织本项目采购活动的具体工作人员姓名）

电　　话：＿＿＿＿＿＿＿＿＿＿

合同公告

一、合同编号：＿＿＿＿＿＿＿＿＿＿

二、合同名称：＿＿＿＿＿＿＿＿＿＿

三、项目编号（或招标编号、政府采购计划编号、采购计划备案文号等，如有）：＿＿＿＿＿＿＿＿＿＿

四、项目名称：＿＿＿＿＿＿＿＿＿＿

五、合同主体

采购人（甲方）：＿＿＿＿＿＿＿＿＿＿

地　址：＿＿＿＿＿＿＿＿＿＿

联系方式：＿＿＿＿＿＿＿＿＿＿

供应商（乙方）：＿＿＿＿＿＿＿＿＿＿

地　址：＿＿＿＿＿＿＿＿＿＿

联系方式：＿＿＿＿＿＿＿＿＿＿

六、合同主要信息

主要标的名称：＿＿＿＿＿＿＿＿＿＿

规格型号(或服务要求):______________________
主要标的数量:______________________
主要标的单价:______________________
合同金额:______________________
履约期限、地点等简要信息:______________________
采购方式:(如公开招标、竞争性磋商、单一来源采购等)
七、合同签订日期:______________________
八、合同公告日期:______________________
九、其他补充事宜:______________________

附件:上传合同(采购人应当按照《政府采购法实施条例》有关要求,将政府采购合同中涉及国家秘密、商业秘密的内容删除后予以公开)。

公共服务项目验收结果公告

一、合同编号:______________________
二、合同名称:______________________
三、项目编号(或招标编号、政府采购计划编号、采购计划备案文号等,如有):______________________
四、项目名称:______________________
五、合同主体
采购人(甲方):______________________
地　址:______________________
联系方式:______________________
供应商(乙方):______________________
地　址:______________________
联系方式:______________________
六、合同主要信息
服务内容:______________________
服务要求:______________________
服务期限:______________________
服务地点:______________________
七、验收日期:______________________
八、验收组成员(应当邀请服务对象参与):______________________
九、验收意见:______________________
十、其他补充事宜:______________________

单一来源采购公示

一、项目信息

采购人：____________________

项目名称：____________________

拟采购的货物或服务的说明：____________________

拟采购的货物或服务的预算金额：____________________

采用单一来源采购方式的原因及说明：____________________

二、拟定供应商信息

名称：____________________

地址：____________________

三、公示期限

_______年___月___日至_______年___月___日(公示期限不得少于5个工作日)

四、其他补充事宜：____________________

五、联系方式

1. 采购人

联 系 人：____________________

联系地址：____________________

联系电话：____________________

2. 财政部门

联 系 人：____________________

联系地址：____________________

联系电话：____________________

3. 采购代理机构(如有)

联 系 人：____________________

联系地址：____________________

联系电话：____________________

六、附件

专业人员论证意见(格式见附件)

附件

单一来源采购方式专业人员论证意见

专业人员信息	姓名：
	职称：
	工作单位：

续表

项目信息	项目名称：	
	供应商名称：	
专业人员论证意见	（专业人员论证意见应当完整、清晰和明确地表达从唯一供应商处采购的理由）	
专业人员签字		日期：_______年___月___日

注：本表格中专业人员论证意见由专业人员手工填写。

投诉处理结果公告

一、项目编号（或招标编号、政府采购计划编号、采购计划备案文号等，如有）：____________________

二、项目名称：____________________

三、相关当事人

投诉人：____________________

地　址：____________________

被投诉人：____________________

地　址：____________________

相关供应商：____________________

地　址：____________________

当事人：____________________

地　址：____________________

四、基本情况

五、处理依据及结果

六、其他补充事宜

（执法机关名称）

年　　月　　日

监督检查处理结果公告

一、项目编号（或招标编号、政府采购计划编号、采购计划备案文号等，如有）：____________________

二、项目名称：____________________

三、相关当事人

当事人1：____________________

地　址：______________________

当事人2：______________________

地　址：______________________

……

四、基本情况

五、处理依据及结果

六、其他补充事宜

（执法机关名称）

年　　月　　日

集中采购机构考核结果公告

一、考核单位名称：______________________

二、被考核单位名称：______________________

三、考核内容

四、考核方法

五、工作成效及存在问题

六、考核结果

七、其他补充事宜

年　　月　　日

财政部关于进一步做好政府采购信息公开工作有关事项的通知

1．2017年4月25日
2．财库〔2017〕86号

党中央有关部门，国务院各部委、各直属机构，全国人大常委会办公厅，全国政协办公厅，高法院，高检院，各民主党派中央，有关人民团体，各省、自治区、直辖市、计划单列市财政厅（局），新疆生产建设兵团财务局：

近年来，各地区、各部门落实建立政府采购全过程信息公开机制的要求，信息公开工作取得了积极进展，但也存在部分地区政府采购信息公开平台建设不到位、一些单位信息发布不及时不全面等问题。为了切实提高政府采购透明度，现就进一步做好政府采购信息公开工作有关事项通知如下：

一、推进各地区政府采购信息发布网络平台建设

（一）加强中国政府采购网地方分网建设。中国政府采购网（www. ccgp. gov. cn）是财政部依法指定的、向世界贸易组织秘书处备案的唯一全国性政府采购信息发布网络媒体，中国政府采购网地方分网（以下简称地方分网）是其有机组成部分。省级（含计划单列市，下同）财政部门是地方分网建设管理的第一责任主体，应当切实做好地方分网的建设维护工作，把地方分网建成本地区政府采购信息的统一发布平台。

（二）规范地方分网域名管理。省级财政部门应当严格执行中国政府采购网统一域名制度，使用财政部指定域名建设地方分网。地方分网采用双域名的，应当确保财政部指定域名可以正常访问，不得以其他网络媒体替代地方分网。

（三）提升地方分网服务功能。各地区要做好地方分网的升级改造和安全防护，改进栏目设置，完善地方分网信息发布和查询使用功能，确保数据安全和运行稳定。要建立健全地方分网与公共资源交易平台的信息互联互通机制，实现与公共资源交易电子服务系统之间的信息共享。

二、完整全面发布政府采购信息

（四）严格执行政府采购信息发布制度。各地区、各部门应当按照《政府采购法》、《政府采购法实施条例》和《财政部关于做好政府采购信息公开工作的通知》（财库〔2015〕135号）规定，认真做好政府采购信息公开工作。采购人或者其委托的采购代理机构应当切实做好采购项目公告、采购文件、采购项目预算金额、采购结果、采购合同等采购项目信息公开工作，实现政府采购项目的全过程信息公开。对于采购项目预算金额、更正事项、采购合同、公共服务项目采购需求和验收结果等信息公开薄弱环节，应当进一步完善相关工作机制，切实履行公开责任。各级财政部门应当严格按照财库〔2015〕135号文件规定的时间、内容等要求，及时完整公开投诉和监督检查处理决定、集中采购机构考核结果以及违法失信行为记录等监管处罚信息。

（五）推进协议供货和定点采购等信息公开。集中采购机构应当切实推进协议供货和定点采购信息公开，自2017年9月1日开始，除按照规定在中国政府采购网及地方分网公开入围采购阶段的相关信息外，还应当公开具体成交记录，包括采购人和成交供应商的名称、成交金额以及成交标的的名称、规格型号、数量、单价等。电子卖场、电子商城、网上超市等的具体成交记录，也应当予以公开。

三、健全政府采购信息发布工作机制

（六）加强政府采购信息公开内控管理。采购人和集中采购机构应当将政府采购信息公开作为本部门、本单位政务信息公开工作的重要内容，列入主动公开基本目录，嵌入内控管理环节，确保政府采购信息发布的及时、完整、准确。

（七）严格政府采购信息发布和推送机制。中央预算单位的政府采购信息应当在中国政府采购网中央主网（以下简称中央主网）发布，地方预算单位的政府采购信息应当在地方分网发布。地方分网应当按照财库〔2015〕135号文件的规定向中央主网推送信息。

四、加强对政府采购信息公开工作的考核与监督

（八）加强监督检查。各级财政部门应当加大对政府采购信息公开情况的监督检查力度，将信息公开情况作为对集中采购机构考核和对采购人、社会代理机构监督检查的重点内容，进一步完善考核与检查指标体系，对监督检查中发现的信息公开违法违规行为依法追究责任。

（九）实施动态监管和大数据分析。各级财政部门应当将政府采购项目全流程信息公开纳入动态监管范围，重点加强对单一来源公示、采购文件、采购结果和采购合同等信息的比对，运用大数据分析技术开展对采购项目执行情况和信息公开情况的核查和动态监管，不断推进信息公开工作。

（十）开展第三方评估。从 2017 年开始，财政部将委托社会力量开展对政府采购透明度的第三方评估，重点围绕政府采购信息发布平台建设管理、信息发布和信息推送的及时性完整性等情况进行综合评估，并对评估结果予以通报。

财政部关于做好政府采购信息公开工作的通知

1．2015 年 7 月 17 日
2．财库〔2015〕135 号

党中央有关部门，国务院各部委、各直属机构，全国人大常委会办公厅，全国政协办公厅，高法院，高检院，各民主党派中央，有关人民团体，各省、自治区、直辖市、计划单列市财政厅（局），新疆生产建设兵团财务局：

为深入贯彻落实党的十八届三中、四中全会精神，按照深化财税体制改革、实施公开透明预算制度的总体部署，根据《中华人民共和国政府采购法》、《中华人民共和国政府采购法实施条例》、《中华人民共和国政府信息公开条例》、《党政机关厉行节约反对浪费条例》等法律法规的规定，现就依法做好政府采购信息公开工作有关事项通知如下：

一、高度重视政府采购信息公开工作

公开透明是政府采购管理制度的重要原则。做好政府采购信息公开工作，既是全面深化改革、建立现代财政制度的必然要求，也是加强改进社会监督，提升政府公信力的重要举措，对于规范政府采购行为，维护政府采购活动的公开、公平和公正具有重要意义。《中华人民共和国预算法》、《中华人民共和国政府采购法实施条例》和《党政机关厉行节约反对浪费条例》从不同层面和角度提出了提高政府采购透明度、推进信息公开、加强社会监督的新要求，并确定了政府采购全过程信息公开的目标导向。各地区、各部门要依法公开政府采购项目信息，并按照财政预决算公开的要求，公布本单位政府采购预算安排及执行的总体情况，实现从采购预算到采购过程及采购结果的全过程信息公开。各地区、各部门要高度重视，充分认识政府采购信息公开工作的重要性和紧迫性，认真做好政府采购信息公开工作，将政府采购活动置于阳光之下，管好“乱伸的权力之手”。

二、认真做好政府采购信息公开工作

（一）总体要求。

建立健全责任明确的工作机制、简便顺畅的操作流程和集中统一的发布渠道，确保政府采购信息发布的及时、完整、准确，实现政府采购信息的全流程公开透明。

（二）公开范围及主体。

1. 采购项目信息，包括采购项目公告、采购文件、采购项目预算金额、采购结果等信息，由采购人或者其委托的采购代理机构负责公开；

2. 监管处罚信息，包括财政部门作出的投诉、监督检查等处理决定，对集中采购机构的考核结果，以及违法失信行为记录等信息，由财政部门负责公开；

3. 法律、法规和规章规定应当公开的其他政府采购信息，由相关主体依法公开。

（三）公开渠道。

中央预算单位的政府采购信息应当在财政部指定的媒体上公开，地方预算单位的政府采购信息应当在省级（含计划单列市，下同）财政部门指定的媒体上公开。财政部指定的政府采购信息发布媒体包括中国政府采购网（www. ccgp. gov. cn）、《中国财经报》（《中国政府采购报》）、《中国政府采购杂

志》、《中国财政杂志》等。省级财政部门应当将中国政府采购网地方分网作为本地区指定的政府采购信息发布媒体之一。

为了便于政府采购当事人获取信息，在其他政府采购信息发布媒体公开的政府采购信息应当同时在中国政府采购网发布。对于预算金额在500万元以上的地方采购项目信息，中国政府采购网各地方分网应当通过数据接口同时推送至中央主网发布（相关标准规范和说明详见中国政府采购网）。政府采购违法失信行为信息记录应当在中国政府采购网中央主网发布。

（四）政府采购项目信息的公开要求。

1. 公开招标公告、资格预审公告。

招标公告的内容应当包括采购人和采购代理机构的名称、地址和联系方法，采购项目的名称、数量、简要规格描述或项目基本概况介绍，采购项目预算金额，采购项目需要落实的政府采购政策，投标人的资格要求，获取招标文件的时间、地点、方式及招标文件售价，投标截止时间、开标时间及地点，采购项目联系人姓名和电话。

资格预审公告的内容应当包括采购人和采购代理机构的名称、地址和联系方法；采购项目名称、数量、简要规格描述或项目基本概况介绍；采购项目预算金额；采购项目需要落实的政府采购政策；投标人的资格要求，以及审查标准、方法；获取资格预审文件的时间、地点、方式；投标人应当提供的资格预审申请文件的组成和格式；提交资格预审申请文件的截止时间及资格审查日期、地点；采购项目联系人姓名和电话。

招标公告、资格预审公告的公告期限为5个工作日。

2. 竞争性谈判公告、竞争性磋商公告和询价公告。

竞争性谈判公告、竞争性磋商公告和询价公告的内容应当包括采购人和采购代理机构的名称、地址和联系方法，采购项目的名称、数量、简要规格描述或项目基本概况介绍，采购项目预算金额，采购项目需要落实的政府采购政策，对供应商的资格要求，获取谈判、磋商、询价文件的时间、地点、方式及文件售价，响应文件提交的截止时间、开启时间及地点，采购项目联系人姓名和电话。

竞争性谈判公告、竞争性磋商公告和询价公告的公告期限为3个工作日。

3. 采购项目预算金额。

采购项目预算金额应当在招标公告、资格预审公告、竞争性谈判公告、竞争性磋商公告和询价公告等采购公告，以及招标文件、谈判文件、磋商文件、询价通知书等采购文件中公开。采购项目的预算金额以财政部门批复的部门预算中的政府采购预算为依据；对于部门预算批复前进行采购的项目，以预算“二上数”中的政府采购预算为依据。对于部门预算已列明具体采购项目的，按照部门预算中具体采购项目的预算金额公开；部门预算未列明采购项目的，应当根据工作实际对部门预算进行分解，按照分解后的具体采购项目预算金额公开。对于部门预算分年度安排但不宜按年度拆分的采购项目，应当公开采购项目的采购年限、概算总金额和当年安排数。

4. 中标、成交结果。

中标、成交结果公告的内容应当包括采购人和采购代理机构名称、地址、联系方式；项目名称和项目编号；中标或者成交供应商名称、地址和中标或者成交金额；主要中标或者成交标的的名称、规格型号、数量、单价、服务要求或者标的的基本概况；评审专家名单。协议供货、定点采购项目还应当公告入围价格、价格调整规则和优惠条件。采用书面推荐供应商参加采购活动的，还应当公告采购人和评审专家的推荐意见。

中标、成交结果应当自中标、成交供应商确定之日起2个工作日内公告，公告期限为1个工作日。

5. 采购文件。

招标文件、竞争性谈判文件、竞争性磋商文件和询价通知书应当随中标、成交结果同时公告。中标、成交结果公告前采购文件已公告的，不再重复公告。

6. 更正事项。

采购人或者采购代理机构对已发出的招标文件、资格预审文件，以及采用公告方式邀请供应商参与的竞争性谈判文件、竞争性磋商文件进行必要的澄清或者修改的，应当在原公告发布媒体上发布更正公告，并以书面形式通知所有获取采购文件的潜在供应商。采购信息更正公告的内容应当包括采购人和采购代理机构名称、地址、联系方式，原公告的采购项目名称及首次公告日期，更正事项、内容及日期，采购项目联系人和电话。

澄清或者修改的内容可能影响投标文件、资格预审申请文件、响应文件编制的，采购人或者采购代理机构发布澄清公告并以书面形式通知潜在供应商的时间，应当在投标截止时间至少15日前、提交资格预审申请文件截止时间至少3日前，或者提交首次响应文件截止之日3个工作日前；不足上述时间的，应当顺延提交投标文件、资格预审申请文件或响应文件的截止时间。

7. 采购合同。

政府采购合同应当自合同签订之日起2个工作日内公告。批量集中采购项目应当公告框架协议。政府采购合同中涉及国家秘密、商业秘密的部分可以不公告，但其他内容应当公告。政府采购合同涉及国家秘密的内容，由采购人依据《保守国家秘密法》等法律制度规定确定。采购合同中涉及商业秘密的内容，由采购人依据《反不正当竞争法》、《最高人民法院关于适用〈中华人民共和国民事诉讼法〉若干问题的意见》(法发〔1992〕22号)等法律制度的规定，与供应商在合同中约定。其中，合同标的名称、规格型号、单价及合同金额等内容不得作为商业秘密。合同中涉及个人隐私的姓名、联系方式等内容，除征得权利人同意外，不得对外公告。

2015年3月1日以后签订的政府采购合同，未按要求公告的，应当于2015年10月31日以前补充公告。

8. 单一来源公示。

达到公开招标数额标准，符合《中华人民共和国政府采购法》第三十一条第一项规定情形，只能从唯一供应商处采购的，采购人、采购代理机构应当在省级以上财政部门指定媒体上进行公示。公示内容应当包括采购人、采购项目名称；拟采购的货物或者服务的说明、拟采购的货物或者服务的预算金额；采用单一来源方式的原因及相关说明；拟定的唯一供应商名称、地址；专业人员对相关供应商因专利、专有技术等原因具有唯一性的具体论证意见，以及专业人员的姓名、工作单位和职称；公示的期限；采购人、采购代理机构、财政部门的联系地址、联系人和联系电话。公示期限不得少于5个工作日。

9. 终止公告。

依法需要终止招标、竞争性谈判、竞争性磋商、询价、单一来源采购活动的，采购人或者采购代理机构应当发布项目终止公告并说明原因。

10. 政府购买公共服务项目。

对于政府向社会公众提供的公共服务项目，除按有关规定公开相关采购信息外，采购人还应当就确定采购需求在指定媒体上征求社会公众的意见，并将验收结果于验收结束之日起2个工作日内向社会公告。

（五）监管处罚信息的公开要求。

财政部门作出的投诉、监督检查等处理决定公告的内容应当包括相关当事人名称及地址、投诉涉及采购项目名称及采购日期、投诉事项或监督检查主要事项、处理依据、处理结果、执法机关名称、公告日期等。投诉或监督检查处理决定应当自完成并履行有关报审程序后5个工作日内公告。

财政部门对集中采购机构的考核结果公告的内容应当包括集中采购机构名称、考核内容、考核方法、考核结果、存在问题、考核单位等。考核结果应当自完成并履行有关报审程序后5个工作日内公告。

供应商、采购代理机构和评审专家的违法失信行为记录公告的内容应当包括当事人名称、违法失信行为的具体情形、处理依据、处理结果、处理日期、执法机关名称等。供应商、采购代理机构和评审专家的违法失信行为信息月度记录应当不晚于次月10日前公告。

三、工作要求

（一）加强组织领导。各级财政部门、各部门、各单位要建立政府采购信息公开工作机制，落实责任分工，切实履行政府采购信息公开的责任和义务。省级财政部门要加强对本地区政府采购信息公开工作的指导和督促，指定并管理政府采购信息公开媒体，确保政府采购信息公开工作落到实处。

（二）落实技术保障。各级财政部门要及时做好相关信息系统和网络媒体的升级改造，创新信息公开方式，完善信息公开功能，提高政府采购信息公开的自动化水平，为政府采购信息公开和社会监督创造便利条件。中国政府采购网地方分网应当在2015年8月31日以前完成主要技术改造工作，确保合同公开等新的信息公开要求落到实处。

（三）强化监督检查。各级财政部门要将政府采购信息公开作为监督检查的重要内容，对采购人、采购代理机构未依法发布政府采购项目信息的，要依照《中华人民共和国政府采购法》第七十一条、第七十八条和《中华人民共和国政府采购法实施条例》第六十八条等规定追究法律责任。

（四）做好跟踪回应。各地区、各部门要主动回应信息公开工作中出现的情况和问题，做好预判、预案和跟踪，主动发声，及时解惑。各政府采购信息发布媒体要以高度负责的精神做好政府采购信息公开工作，及时、完整、准确地免费刊登信息。

（3）行政处罚

财政部关于规范政府采购行政处罚有关问题的通知

1. 2015年8月20日
2. 财库〔2015〕150号

各省、自治区、直辖市、计划单列市财政厅（局）：

根据《中华人民共和国政府采购法》和《中华人民共和国政府采购法实施条例》的有关规定，为推进政府采购诚信体系建设，建立统一规范、竞争有序的政府采购市场机制，现就规范政府采购行政处罚有关问题通知如下：

一、各级人民政府财政部门在政府采购行政处罚工作中要做到证据确凿充分，适用法律法规正确。依法保障当事人的陈述权、申辩权和要求听证权，做到处罚程序合法。市级以上财政部门应做好行政复议案件的受理与处理工作，依法纠正错误的行政处罚。

二、各级人民政府财政部门依法对参加政府采购活动的供应商、采购代理机构、评审专家作出的禁止参加政府采购活动、禁止代理政府采购业务、禁止参加政府采购评审活动等行政处罚决定，要严格按照相关法律法规条款的规定进行处罚，相关行政处罚决定在全国范围内生效。

三、各级人民政府财政部门要依法公开对政府采购供应商、采购代理机构、评审专家的行政处罚决定，并按规定将相关信息上传至中国政府采购网开设的“政府采购严重违法失信行为记录名单”，推动建立政府采购供应商、采购代理机构、评审专家不良行为记录制度，加强对政府采购违法失信行为的曝光和惩戒。

财政部办公厅关于报送政府采购严重违法失信行为信息记录的通知

1. 2014年12月19日
2. 财办库〔2014〕526号

各省、自治区、直辖市、计划单列市财政厅（局）：

为推进社会信用体系建设，加强对政府采购违法失信行为记录的曝光和惩戒，进一步规范政府采购市场主体行为，维护政府采购市场秩序，根据《中华人民共和国政府采购法》、《国务院关于促进市场公平竞争维护市场正常秩序的若干意见》（国发〔2014〕20号）及《社会信用体系建设规划纲要（2014－2020年）》（国发〔2014〕21号）等相关规定，结合政府采购工作实际，财政部决定参与中央多部委开展的不良信用记录联合发布活动，启动建设“政府采购严重违法失信行为记录名单”专栏，在中国政府采购网上集中发布全国政府采购严重违法失信行为信息记录，现就有关事项通知如下：

一、政府采购严重违法失信行为的适用情形

供应商、采购代理机构在三年内受到财政部门作出下列情形之一的行政处罚，列入政府采购严重违法失信行为记录名单。

（一）三万元以上罚款；

（二）在一至三年内禁止参加政府采购活动（处罚期限届满的除外）；

（三）在一至三年内禁止代理政府采购业务（处罚期限届满的除外）；

（四）撤销政府采购代理机构资格（仅针对《政府采购法》第78条修改前作出的处罚决定）。

二、政府采购严重违法失信行为信息记录的主要内容

政府采购严重违法失信行为信息记录应包括以下主要内容：企业名称、企业地址、严重违法失信行为的具体情形、处罚结果、处罚依据、处罚日期和执法单位等。

三、政府采购严重违法失信行为信息记录的报送要求

地方各级财政部门应认真梳理近三年内本级作出上述行政处罚类的案件信息，按照附件格式整理形成本级的政府采购严重违法失信行为信息记录，随处罚文件一并以电子版形式报送上级财政部门。省级财政部门负责汇总本省三年内有效的政府采购严重违法失信行为信息记录，收集相应的处罚文件，于2014年12月30日前以电子版形式一并报送财政部。

自2015年1月1日起，省级财政部门负责本省政府采购严重违法失信行为信息记录的发布管理工作，及时汇总相关信息，确保自行政处罚决定形成或变更之日起20个工作日内，在中国政府采购网“政府采购严重违法失信行为记录名单”的专栏中完成信息发布工作。信息公布期限一般为3年，处罚期限届满的，相关信息记录从专栏中予以删除。

联系单位：财政部国库司政府采购管理一处

附件：政府采购严重违法失信行为信息记录（略）

财政部关于明确政府采购保证金和行政处罚罚款上缴事项的通知

1. 2011年1月20日
2. 财库〔2011〕15号

党中央有关部门，国务院各部委、各直属机构，全国人大常委会办公厅，全国政协办公厅，高法院，高检院，有关人民团体，新疆生产建设兵团财务局，中央国家机关政府采购中心，中共中央直属机关采购中心，全国人大机关采购中心：

为了加强政府采购活动的监督管理，根据《中华人民共和国政府采购法》和《罚款决定与罚款收缴分离实施办法》（国务院令第235号）等有关规定，现就政府采购保证金和行政处罚罚款上缴渠道有关问题通知如下：

一、关于保证金的上缴

在中央政府采购活动中，供应商出现政府采购相关规定和采购文件约定不予退还保证金（投标保证金和履约保证金）的情形，由集中采购机构、采购人按照就地缴库程序，将不予退还的保证金上缴中央国库。

二、关于行政处罚罚款的上缴

在中央政府采购活动中，政府采购相关方违反政府采购有关规定被财政部处以罚款的行政处罚，由被处罚人按照就地缴库程序将所罚款项上缴中央国库。

三、关于就地缴库程序

上述资金的性质属政府非税收入，缴款人应根据属地原则到财政部驻该地区财政监察专员办事处领取《一般缴款书》，通过填写《一般缴款书》将资金缴入中央国库。一般缴款书的填写方式：预算科目名称填“其他一般罚没收入（103050199）”；收款单位一栏：财政机关填财政部，预算级次填中央级，收款国库填写实际收纳款项的国库名称（国家金库总库或国家金库××省分库）。